"들어가는 말"

〈영단기 토익 솔루션〉이 토익 학습의 새로운 방향을 제시합니다.
빠르고 정확한 학습 방법을 통해 계획한 기간 내에 목표 점수를 얻고자 하는 여러분들을 위해 〈영단기 토익 솔루션 LC〉를 출간합니다.

풍부한 최신 토익 데이터 분석을 통해 만들어진 〈영단기 토익 솔루션 LC〉
토익 문제 유형 분석, 난이도 분석, 빈출도 분석, 오답률 분석과 같은 데이터에 기반을 두고 오랜 기간 연구하였습니다. 이를 바탕으로 토익을 위해 실제로 필요한 학습 내용을 선별하고 문제 풀이법을 고안하여 검증의 과정을 거쳤습니다. 또한 기출 기반의 많은 실전 문제를 수록하여 이 한 권으로 토익 LC에 완벽 대비할 수 있습니다.

토익 LC에 최적화된 리스닝 실력 향상을 위한 〈영단기 토익 솔루션 LC〉
LC는 기본적으로 듣기 실력이 뒷받침되어야 합니다. 〈영단기 토익 솔루션 LC〉는 토익 LC에 최적화된 듣기 실력 향상 코너를 다양하게 수록하였습니다. 주의해야 할 발음에 관해 다루는 '리스닝 point', 예제를 문장 단위로 집중적으로 듣는 연습을 할 수 있는 '주요 문장 미리 듣기', 점수 향상을 위해 필수적으로 연습해야 할 'paraphrasing' 코너를 통해 기초를 탄탄히 하는 동시에 LC 문제풀이 실력을 키울 수 있습니다.

무료 학습 자료를 위한 온라인 사이트, eng.conects.com
〈영단기 토익 솔루션 LC〉와 함께 학습 효과를 극대화시킬 무료 mp3를 eng.conects.com에서 제공합니다. 또한 토익 정보를 교류하고 학습 Q&A를 통해 적극적으로 학습하는 자세를 길러 나간다면 더욱 재미있게 학습할 수 있을 것입니다.

여러분의 입장에서 고민하고 또 고민한 결과물을 이제 선보입니다. 〈영단기 토익 솔루션 LC〉를 통해 단기간에 목표 점수를 획득하고 여러분의 꿈을 향해 한걸음 더 다가설 수 있길 바랍니다.

영단기 연구소 드림

CONTENTS

DAY	PAGE	PART 1 사진 묘사
DAY 01	010	1인 사진 / 2인 사진
DAY 02	026	다인 사진 / 사물·풍경 사진
DAY 03	042	실내 사진
DAY 04	058	야외 사진
DAY 05	074	
DAY 06	092	
DAY 07	110	
DAY 08	128	
DAY 09	146	
DAY 10	164	
DAY 11	182	
DAY 12	200	
DAY 13	218	
DAY 14	236	
DAY 15	254	

Actual Test   272

PART 2 질의 응답	PART 3 짧은 대화	PART 4 담화
When 의문문 / Where 의문문		
What 의문문 / Who 의문문		
How 의문문 (1)		
How 의문문 (2) / Why 의문문		
일반 의문문	주제·목적 문제 / 장소·직업 문제 / 세부사항 문제	
부가 의문문	제안·요청 문제 / 다음 할 일 문제 / 의도 파악 문제	
간접 의문문 / 선택 의문문	시각 자료 연계 문제 / 3인 대화 문제	
청유문		주제·목적 문제 / 장소·직업 문제 / 세부사항 문제
평서문		제안·요청 문제 / 다음 할 일 문제 / 의도 파악 문제
우회적 응답 모음		시각 자료 연계 문제
	회사	전화 메시지 / 설명
	상점	회의 발췌록 / 안내
	호텔 / 식당 / 병원·약국	관광 정보 / 소개
	공항 / 역	라디오 방송 / 뉴스 보도
	박물관·공연장 / 교통수단	광고 / 기타 담화

[해설집] 정답·스크립트·해석·해설

토익 LC, 이제 영단기 토익 솔루션 LC 로 공부해야 합니다.

매일 두 PART씩 균형 있게 학습할 수 있는 구성

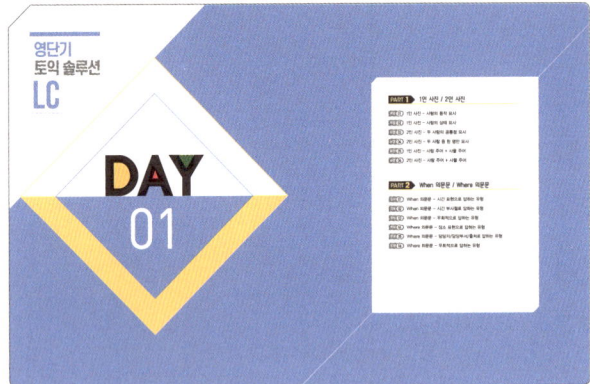

책 앞 부분에 있는 PART 1, 2만 학습하다 그만두는 LC 공부는 이제 그만!
15일 동안 매일 두 PART씩(PART 1과 2, PART 2와 3, PART 2와 4, PART 3와 4) 골고루 학습할 수 있게 구성하여 학습 성취도를 높일 수 있도록 하였습니다.

PART 1 & 2 출제 유형과 핵심 학습 포인트의 1:1 매칭 학습

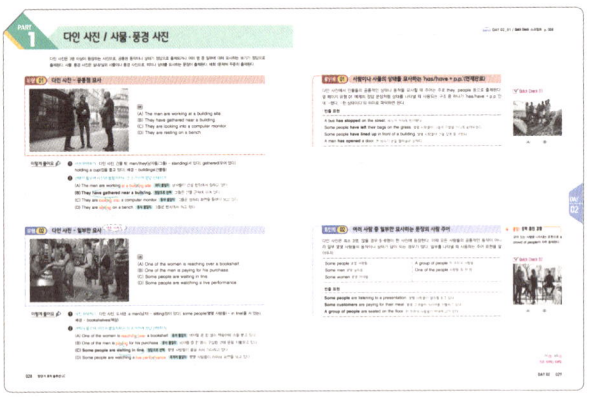

토익 700+를 위해 필요한 필수 유형과 관련 학습 포인트를 1:1로 매칭하여 구성하였습니다. 유형 대표 문제와 소거법을 시각적으로 구현한 풀이법, 관련 학습 포인트를 한눈에 보며 학습할 수 있습니다. 또한 Quick Check 문제를 통해 학습한 내용을 바로바로 점검해 볼 수 있도록 하였습니다.

영단기 토익 솔루션 LC

PART 2 난이도가 높아진 PART 2 대비를 위한 교재 구성

PART 2를 만만하게 보지 말자! 신토익 시행 이후 다양한 상황이 출제되고 우회적인 답변이 많이 출제되어 가장 난이도가 상승한 PART 2에 집중 대비할 수 있게 하였습니다. 출제 유형을 세분화하여 다루었고, 우회적 응답만 별도로 학습하여 집중 연습할 수 있도록 하였습니다.

PART 3 & 4 리스닝 학습을 도와주는 다양한 코너 수록

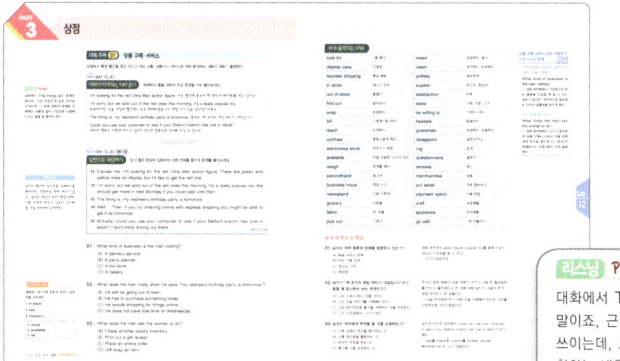

LC에서 주의해야 하는 발음에 대해 다루는 〈리스닝 point〉, 패러프레이징 연습을 해 볼 수 있는 〈paraphrasing〉 퀴즈를 유형 예제와 함께 제공하여 리스닝 기초를 탄탄히 할 수 있도록 하였습니다.

리스닝 Point
대화에서 The thing is는 '문제는 말이죠, 근데 있잖아'와 같은 의미로 쓰이는데, 그 뒤에 대화의 화제를 전환하는 내용의 말이 나오므로 다음에 나오는 말을 잘 들어야 한다.

paraphrasing
대화에 나온 아래 표현과 의미가 같은 것을 고르세요.
1. in stock ( )
2. see ( )

이 책의 특징 및 구성　005

05 PART 3 & 4 대화/담화가 이해되는 미리듣기

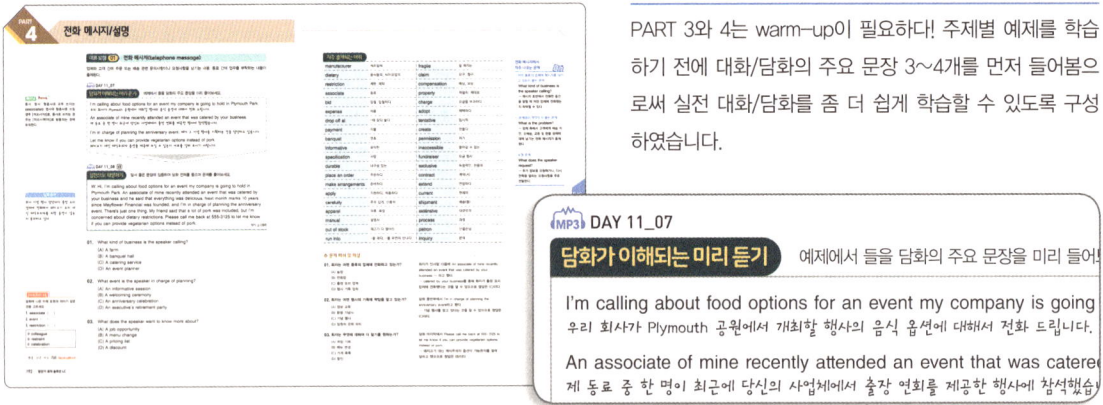

PART 3와 4는 warm-up이 필요하다! 주제별 예제를 학습하기 전에 대화/담화의 주요 문장 3~4개를 먼저 들어봄으로써 실전 대화/담화를 좀 더 쉽게 학습할 수 있도록 구성하였습니다.

06 학습한 내용을 적용해 보는 유형 연습 문제

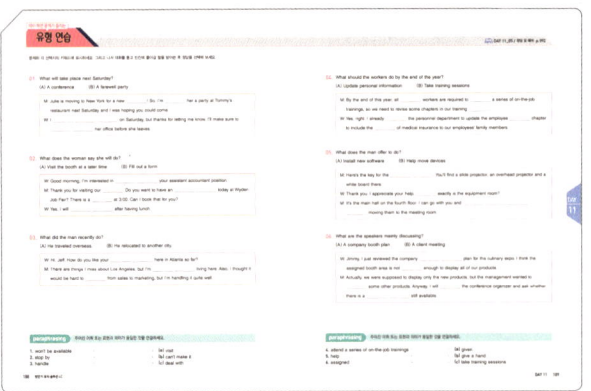

이론을 모두 학습해도 실전 문제가 풀리지 않는 답답함은 이제 그만! 연습 문제에 풀이법을 직접 적용해보는 훈련을 반복함으로써 자신의 것으로 만들 수 있습니다. 문제가 풀리는 경험을 해보세요!

토익 LC 실전 모의고사

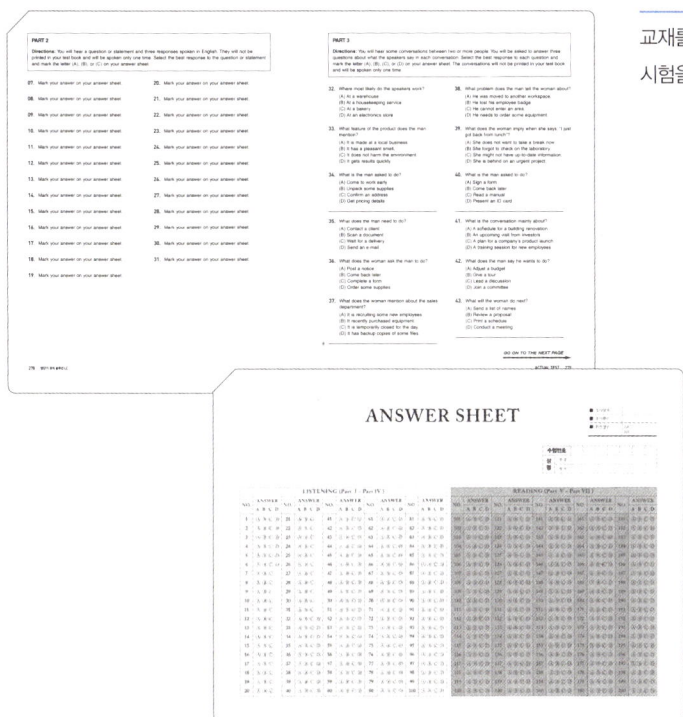

교재를 모두 학습한 후, OMR 답안지를 활용하여 실제 토익 시험을 보듯이 풀어보며 실전에 대비하세요.

 ## 든든한 조력자, 해설집

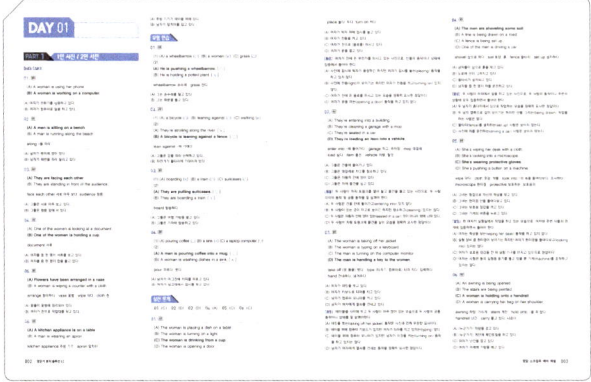

수록된 모든 문제에 대한 스크립트, 정확한 해석과 친절한 해설을 수록하여 함께 펴 놓고 공부하면 든든한 조력자의 역할을 할 수 있도록 하였습니다.

◆ TOEIC 시험이란?

TEST OF ENGLISH FOR INTERNATIONAL COMMUNICATION의 약자로, 모국어가 영어가 아닌 사람이 일상적인 생활 또는 업무에서 의사소통이 가능한지를 평가하는 시험입니다.

◆ 시험 구성

듣기(LC) 4개 파트 100문제와 읽기(RC) 3개 파트 100문제로 총 7개 파트에 걸쳐 200문제가 출제됩니다. 200문제 모두 선택지 중에서 정답을 찾는 객관식 문제로 출제됩니다.

구성	Part 구성	출제 내용	문항수	시간	점수
LC (Listening Comprehension)	Part 1	사진 묘사 (사진 보고 문제 풀기)	6	45분 내외	495점
	Part 2	질문-대답 (질문 듣고 답변 고르기)	25		
	Part 3	짧은 대화 (두 사람의 대화를 듣고 질문에 답하기)	39		
	Part 4	설명문 (전화 메시지, 연설문, 안내 방송, 일기예보 등을 듣고 질문에 답하기)	30		
RC (Reading Comprehension)	Part 5	문장 빈칸 채우기 (하나의 문장 안에 있는 빈칸에 알맞은 말(문법 & 어휘) 고르기)	30	75분	495점
	Part 6	지문 빈칸 채우기 (짧은 지문 안에 있는 빈칸에 알맞은 말(문법 & 어휘 & 문장) 고르기)	16		
	Part 7	싱글 지문 (1개의 지문을 읽고 질문에 답하기)	29		
		더블 지문 (2개의 지문을 읽고 질문에 답하기)	10		
		트리플 지문 (3개의 지문을 읽고 질문에 답하기)	15		
총계			200	약120분	990점

◆ 시험 진행 안내

오전 시험	오후 시험	시험 진행 내용
9:30~9:45 (15분)	2:30~2:45 (15분)	답안지 작성 오리엔테이션
9:45~9:50 (5분)	2:45~2:50 (5분)	쉬는 시간
9:50~10:05 (15분)	2:50~3:05 (15분)	신분증 확인
10:05~10:10 (5분)	3:05~3:10 (5분)	문제지 배부, 파본 확인
10:10~10:55 (45분)	3:10~3:55 (45분)	듣기 평가 (LC)
10:55~12:10 (75분)	3:55~5:10 (75분)	독해 평가 (RC)

◆ 출제 범위 및 주제

일상생활 및 업무에 대한 영어 의사소통 능력을 평가하기 때문에 특정 분야의 전문 지식 또는 이와 관련된 어휘는 출제하지 않습니다. 국제 업무 환경에 맞게 다양한 국가의 지명과 성명이 등장하며, 듣기 평가에서는 미국, 영국, 호주 발음이 고르게 섞여 출제됩니다. 다음의 주제를 참고해 봅시다.

기업일반	이사회, 편지, 공지, 전화, 팩스, 이메일, 사무실 장비 및 가구, 사무실 규정, 계약, 협상, 합병 및 인수, 판매, 보증, 사업계획, 회의, 노사관계
공식연회	식사 및 연회, 장소 예약
엔터테인먼트	영화, 공연, 전시
재무	은행업무, 투자, 세금, 회계, 청구
의료	건강보험, 병원 방문 및 예약
부동산	건설 및 보수 내역, 부동산 구매 및 임대, 기타 설비
제조	제품 조립, 공장 경영, 품질 관리
채용	모집, 고용, 퇴임, 승진, 급여, 일자리 지원서, 구인광고, 연금, 시상
구매	쇼핑, 주문, 배송, 송장
기술	전자장비, 기술지원, 컴퓨터, 연구실과 관련 장비
여행	교통 관련 일정, 교통 관련 각종 공지, 렌터카, 호텔 예약, 연착 및 취소

◆ 토익 접수 방법

- 토익 시험의 인터넷 접수 기간을 한국 TOEIC 위원회 사이트(www.toeic.co.kr)에서 확인합니다.
- 사이트에서 인터넷 접수를 선택하고 시험일, 고사장, 수험정보 등의 정보를 입력합니다.
- 시험 접수 시 최근 6개월 이내 사진(JPG 형식)이 필요하므로 미리 준비합니다.

＊시험 D-30부터는 특별추가접수에 해당하여 약 5천원 정도의 추가 비용이 발생합니다. 미리 시험을 접수하는 것이 좋습니다.

◆ 시험 당일 꼭! 챙겨야 할 준비물

- **규정 신분증**: 성인의 경우, 주민등록증, 운전면허증, 기간 만료 전 여권, 공무원증 등이 인정됩니다. 중고등학생에 한하여 학생증(국내 학생증만 허용)도 신분증으로 인정됩니다.
- **연필**(볼펜, 사인펜은 사용 불가): 연필 끝을 뭉뚝하게 만들어 준비하면 답안 마킹을 더 쉽게 할 수 있습니다.
- **지우개**
- **아날로그 손목시계** (전자식 시계는 사용 불가)

◆ 입실 전 유의사항

- 시험 시간이 오전일 경우, 오전 9:20까지, 시험 시간이 오후일 경우 오후 2:20까지 입실합니다.

＊오전 시험은 오전 9:50 이후, 오후 시험은 오후 2:50 이후로는 절대 입실할 수 없으니 꼭 시간을 지켜 미리 입실합니다. 시험 시간 직전에는 독해 문제를 풀기보다는 듣기 연습을 충분히 하여 귀를 훈련시키는 게 더 효과적입니다.

◆ 성적 확인 및 성적표 발급 방법 알아보기

- 시험일로부터 19일 후 오후 3시에 한국 TOEIC 위원회 사이트(www.toeic.co.kr) 혹은 ARS 060-800-0515로 성적 확인이 가능합니다. (단, ARS 성적 확인에 '동의'한 수험자에 한하여 ARS 성적 확인이 가능함)
- 성적 수령은 온라인 출력이나 우편 수령을 택할 수 있습니다.
- 온라인 출력 시, 성적 유효기간 내 홈페이지를 통해 출력 가능합니다.
- 우편 수령 시, 성적발표 후 접수 시 기입한 주소로 성적표가 우편 발송됩니다. (약 7~10일 소요)
- 온라인 출력과 우편 수령은 1회 발급만 무료이며, 이후에는 유료로 발급됩니다.

영단기
토익 솔루션
LC

DAY 01

PART 1 1인 사진 / 2인 사진

- **유형 01** 1인 사진 – 사람의 동작 묘사
- **유형 02** 1인 사진 – 사람의 상태 묘사
- **유형 03** 2인 사진 – 두 사람의 공통점 묘사
- **유형 04** 2인 사진 – 두 사람 중 한 명만 묘사
- **유형 05** 1인 사진 – 사람 주어 + 사물 주어
- **유형 06** 2인 사진 – 사람 주어 + 사물 주어

PART 2 When 의문문 / Where 의문문

- **유형 01** When 의문문 – 시간 표현으로 답하는 유형
- **유형 02** When 의문문 – 시간 부사절로 답하는 유형
- **유형 03** When 의문문 – 우회적으로 답하는 유형
- **유형 04** Where 의문문 – 장소 표현으로 답하는 유형
- **유형 05** Where 의문문 – 담당자/담당부서/출처로 답하는 유형
- **유형 06** Where 의문문 – 우회적으로 답하는 유형

PART 1

1인 사진 / 2인 사진

출제 비중이 가장 높은 유형으로 매 시험마다 2~3 문항이 출제된다. 주로 사람의 행동이나 상태가 뚜렷하게 드러나는 사진이 출제되지만 주변 사물이나 배경에 대한 보기가 정답이 되는 경우도 있다.

유형 01 1인 사진 – 사람의 동작 묘사 〔자주 나와요〕

[US]
(A) He's setting up a table.
(B) He's assembling a chair.
(C) He's sweeping the floor.
(D) He's opening a door.

이렇게 풀어요

① 사진 파악하기 1인 사진, 식당/카페, a man/he(남자), sweeping(쓸고 있다), floor(바닥), tables(테이블), chairs(의자), potted plant(화분), shelves(선반)

② 선택지 들으며 사진과 불일치하는 것 소거하여 정답 선택하기
(A) He's setting up a table. 〔동사 불일치〕 그는 상을 차리고 있다.
(B) He's assembling a chair. 〔동사 불일치〕 그는 의자를 조립하고 있다.
(C) He's sweeping the floor. 〔정답으로 선택〕 그는 바닥을 쓸고 있다.
(D) He's opening a door. 〔동사 불일치〕 그는 문을 열고 있다.

유형 02 1인 사진 – 사람의 상태 묘사

[BR]
(A) A woman is walking toward a building.
(B) A woman is repairing a machine.
(C) A woman is looking into a toolbox.
(D) A woman is wearing a protective helmet.

이렇게 풀어요

① 사진 파악하기 1인 사진, 건설 현장, a woman/she(여자), wearing(착용하고 있다), protective helmet(보호 헬멧), vest(조끼), holding(들고 있다), hammer(망치), roof(지붕)

② 선택지 들으며 사진과 불일치하는 것 소거하여 정답 선택하기
(A) A woman is walking toward a building. 〔동사 불일치〕 여자가 건물을 향해 걸어가고 있다.
(B) A woman is repairing a machine. 〔목적어 불일치〕 여자가 기계를 수리하고 있다.
(C) A woman is looking into a toolbox. 〔목적어 불일치〕 여자가 공구 상자 안을 들여다보고 있다.
(D) A woman is wearing a protective helmet. 〔정답으로 선택〕 여자가 보호 헬멧을 착용하고 있다.

포인트 01 · 동작을 묘사하는 'is/are + -ing'(현재진행형)

사진 속 인물의 동작을 묘사할 때(~하고 있는 중이다) 가장 대표적으로 쓰이는 구문으로, 한 사람의 동작을 묘사할 경우 'is + -ing', 두 사람 이상의 공통적인 동작을 묘사할 경우 'are + -ing'로 나타낸다.

빈출 동작 동사 및 표현	
동사	동작 표현
carry 옮기다, 들고 있다	carrying a ladder 사다리를 옮기고 있다 carrying a jacket over one's arm 팔에 재킷을 들고 있다
work 작업하다, 일하다	working on a laptop computer 노트북으로 작업하고 있다 working in a laboratory 실험실에서 일하고 있다
hold 들다, 잡다	holding a serving tray 서빙 쟁반을 들고 있다 holding a fishing pole 낚싯대를 잡고 있다
use 사용하다	using some equipment 장비를 사용하고 있다 using one's phone 전화기를 사용하고 있다
walk 걷다	walking toward a boat 보트를 향해 걸어가다 walking on a path 길에서 걷고 있다

Quick Check 01

(A)　　(B)

포인트 02 · 상태를 묘사하는 'is/are + -ing'(현재진행형)

사진 속 인물의 상태를 묘사할 때(~인/~하고 있는 상태이다)도 현재진행형을 사용하여 묘사할 수 있다. 'is/are + -ing'는 PART 1에서 나오는 문장의 약 66%를 차지하므로 문장 형태에 익숙해지도록 하자.

빈출 상태 동사 및 표현	
동사	상태 표현
wear 입다, 착용하다	wearing a backpack 배낭을 메고 있다 wearing a safety helmet 안전모를 쓰고 있다
stand 서다	standing on a busy street 분주한 거리에 서 있다 standing at a cash register 계산대에 서 있다
relax 휴식을 취하다	relaxing in the park 공원에서 휴식을 취하고 있다 relaxing by the water 물가에서 휴식을 취하고 있다
rest 쉬다	resting by a river 강가에서 쉬고 있다 resting on a bench 벤치에서 쉬고 있다
wait 기다리다	waiting in line 줄 서서 기다리고 있다 waiting to be seated (자리에) 앉으려고 기다리고 있다
sit 앉다	sitting at one's desk 책상에 앉아 있다 sitting on the lawn 잔디에 앉아 있다

실수 피하기

유사한 의미지만 동작을 나타내는 표현과 상태를 나타내는 표현을 구분해 두어야 한다.

- putting on/trying on: 입고 있는 동작
- wearing: 입고 있는 상태
  → 착용하고 있는 상태를 나타내는 wear의 출제 빈도가 더 높다.
- getting on/boarding: 타고 있는 동작
- riding: 타고 있는 상태
  → 상태를 나타내는 ride는 주로 자전거 또는 이륜차와 함께 출제된다.

Quick Check 02

(A)　　(B)

PART 1

유형 03 2인 사진 – 두 사람의 공통점 묘사

[BR]
(A) They are listening to a presentation.
(B) They are standing beside a window.
(C) They are entering a meeting room.
(D) They are seated at a table.

이렇게 풀어요

① 사진 파악하기 2인 사진, 실내 공간, they(그들), sitting(앉아 있다), looking at(보고 있다), document(서류), laptop computer(노트북 컴퓨터), ceiling(천장), potted plant(화분)

② 선택지 들으며 사진과 불일치하는 것 소거하여 정답 선택하기

(A) They are listening to a presentation. 동사 불일치 그들은 발표를 듣고 있다.
(B) They are standing beside a window. 동사 불일치 그들은 창문 옆에 서있다.
(C) They are entering a meeting room. 동사 불일치 그들은 회의실에 들어가고 있다.
(D) They are seated at a table. 정답으로 선택 그들은 탁자에 앉아 있다.

유형 04 2인 사진 – 두 사람 중 한 명만 묘사   자주 나와요

[AU]
(A) One of the men is having a snack.
(B) One of the men is turning off a computer monitor.
(C) One of the men is opening a file cabinet.
(D) One of the men is distributing some documents.

이렇게 풀어요

① 사진 파악하기 2인 사진, 실내 공간, 왼쪽 남자 – having food(음식을 먹고 있다), holding a pencil(연필을 쥐고 있다), wearing glasses(안경을 끼고 있다), 오른쪽 남자 – working on a laptop(노트북으로 일하고 있다)

② 선택지 들으며 사진과 불일치하는 것 소거하여 정답 선택하기

(A) One of the men is having a snack. 정답으로 선택 남자들 중 한 명이 간단한 식사를 하고 있다.
(B) One of the men is turning off a computer monitor. 동사 불일치-사진으로 알 수 없음 남자들 중 한 명이 컴퓨터 모니터를 끄고 있다.
(C) One of the men is opening a file cabinet. 동사 불일치 남자들 중 한 명이 파일 보관함을 열고 있다.
(D) One of the men is distributing some documents. 동사 불일치 남자들 중 한 명이 서류를 나누어주고 있다.

포인트 03-1 사람의 상태를 묘사하는 'is/are + p.p.' (현재 수동태)

사람의 상태를 'is/are + p.p.(동사의 과거분사형)'로 표현하는 문장은 출제 비중이 높지는 않지만, 이 형태로 자주 출제되는 동사들이 있으므로 알아두자.

| 빈출 상태 동사 및 표현 |

동사	상태 표현
seat 앉다, 앉히다	seated in a dining area 식당에 앉아 있다 seated next to each other 나란히 앉아 있다
stop 멈추다	stopped to watch a performance 공연을 보기 위해 멈춰 서 있다 stopped in front of a shop 가게 앞에 서 있다
gather 모이다	gathered in a waiting area 대기실에 모여 있다 gathered around an entrance 입구 주위에 모여 있다
line up 줄을 서다	lined up outside 밖에 줄 서 있다 lined up to board a bus 버스를 타기 위해 줄 서 있다

☑ **Quick Check 03**

(A)   (B)

포인트 03-2 두 사람의 동작에 특화된 동작 동사

두 사람만 할 수 있는 동작은 악수하기 등 몇 가지로 정해져 있으므로 자주 나오는 표현을 익혀두자.

They are **shaking hands**. 그들은 악수하고 있다.
They are **facing each other**. 그들은 마주보고 있다.
They are **facing away from each other**. 그들은 서로 등을 돌리고 있다.
They are **seated across from each other**. 그들은 서로 마주보고 앉아 있다.

포인트 04 두 사람 중 한 명만 묘사하는 사진의 사람 주어

2인 사진에서는 두 사람 중 한 명만 묘사하는 문장이 정답이 되는 경우가 종종 있으므로 개개인의 동작이나 상태도 파악해야 한다. 둘 중 한 명만 묘사하는 경우 보기에 나올 수 있는 사람 주어는 다음과 같다.

| 남자-남자 또는 여자-여자의 동성 사진일 경우 |

One of the men 남자들 중 한 명 One of the people 사람들 중 한 명 A man 한 남자	One of the women 여자들 중 한 명 One of the people 사람들 중 한 명 A woman 한 여자

| 남자-여자의 혼성 사진일 경우 |

The man / He 남자	The woman / She 여자

● **실수 피하기**

사진을 있는 그대로 가장 객관적으로 표현한 보기를 선택해야 한다. 옆 페이지 유형 04 예제의 (B) 보기와 같이 컴퓨터 모니터를 끄는지 켜는지와 같은 행동은 사진만으로는 파악할 수 없으므로 답이 될 수 없다.

☑ **Quick Check 04**

(A)   (B)

Quick Check 정답
03 (A) 04 (B)

PART 1

유형 05 · 1인 사진 – 사람 주어 + 사물 주어

[US]
(A) A man is riding a bicycle in the park.
(B) Some bicycles have been parked outdoors.
(C) Some trees have been lined along both sides of the road.
(D) A man is pouring water into a bottle.

이렇게 풀어요

1. **사진 파악하기** 1인 사진, 야외, a man(남자) – sitting on a bench(벤치에 앉아 있다), 배경 – water(물가), trees(나무), bicycles(자전거), parked(세워진)

2. **선택지 들으며 사진과 불일치하는 것 소거하여 정답 선택하기**
   (A) A man is riding a bicycle in the park. 동사 불일치 남자가 공원에서 자전거를 타고 있다.
   (B) Some bicycles have been parked outdoors. 정답으로 선택 자전거 몇 대가 야외에 세워져 있다.
   (C) Some trees have been lined along both sides of the road. 위치 불일치 나무 몇 그루가 도로 양쪽을 따라 늘어서 있다.
   (D) A man is pouring water into a bottle. 동사 불일치 남자가 병에 물을 따르고 있다.

유형 06 · 2인 사진 – 사람 주어 + 사물 주어

[BR]
(A) They're standing in a line.
(B) A man is pushing a shopping cart.
(C) Some produce is on display.
(D) Some chairs are stacked on top of each other.

이렇게 풀어요

1. **사진 파악하기** 2인 사진, 슈퍼마켓, they(그들) – shopping groceries(식료품 쇼핑을 하고 있다), the man(남자) – carrying a basket(바구니를 들고 있다), 배경 – produce(농산물), on display(진열되어 있는)

2. **선택지 들으며 사진과 불일치하는 것 소거하여 정답 선택하기**
   (A) They're standing in a line. 위치 불일치 그들은 한 줄로 서있다.
   (B) A man is pushing a shopping cart. 동사 불일치 남자가 쇼핑카트를 밀고 있다.
   (C) Some produce is on display. 정답으로 선택 몇몇 농산물이 진열되어 있다.
   (D) Some chairs are stacked on top of each other. 주어 불일치 몇몇 의자가 층층이 쌓여 있다.

포인트 05 — 사물의 상태를 묘사하는 'has/have been p.p.' (현재완료 수동태)

PART 1에서 현재완료 수동태는 앞서 포인트 03-1에서 배운 현재 수동태와 동일한 의미로 쓰인다. 따라서 두 문장 구조 모두 '~되어 있다, ~한 상태로 있다'의 의미로 이해하면 된다.

| 빈출 표현 |

Flowers **have been put** in a vase. 꽃이 꽃병에 꽂혀 있다.
A wheelbarrow **has been left** next to a tree. 손수레가 나무 옆에 놓여 있다.
A lamp **has been set** on top of a counter. 전등이 판매대 위에 설치되어 있다.
Books **have been arranged** on shelves. 책들이 선반 위에 정리되어 있다.
A seating area **has been set up** outside. 좌석이 야외에 설치되어 있다.
Shopping carts **have been lined up** against a wall. 쇼핑카트들이 벽을 마주보고 세워져 있다.
A floral arrangement **has been placed** on the table. 꽃꽂이가 테이블 위에 놓여 있다.
Some chairs **have been stacked** next to a table. 몇몇 의자가 테이블 옆에 쌓여 있다.
Some boxes **have been loaded** onto a truck. 몇몇 상자가 트럭에 실려 있다.
A telephone **has been mounted** on the wall. 전화기가 벽에 고정되어 있다.
Some cars **have been parked** along the street. 몇몇 자동차가 길을 따라 주차되어 있다.
Some boats **have been docked** in the harbor. 몇몇 보트가 항구에 정박해 있다.

실수 피하기
'be + set/put/placed'는 뒤에 나오는 전치사구가 정답 파악의 단서가 된다.

✓ Quick Check 05

(A)　　(B)

포인트 06 — 사물의 상태를 묘사하는 'is/are + 전치사구'

사람이 크게 보이는 사진이더라도 주위에 있는 사물의 상태를 묘사하는 문장이 정답이 되는 경우가 자주 출제된다. 사물의 상태나 위치를 묘사하는 'is/are + 전치사구' 표현들을 알아두자. 이때 전치사는 모두 장소 전치사이며, '~에 있다'라는 의미로 이해하면 된다.

| 빈출 표현 |

Bags of merchandise **are on display**. 상품 가방이 진열되어 있다.
A laptop computer **is on a desk**. 노트북 컴퓨터가 책상 위에 있다.
A box of books **is next to a table**. 책 한 상자가 테이블 옆에 있다.

실수 피하기
다양한 사물이 주어로 나올 수 있으므로 사진에 있는 사물의 영어 표현을 최대한 많이 알아두는 것이 중요하다.

꿀팁! 토익 최신 경향
be on display는 상점 사진에서 정답으로 자주 출제된다.

✓ Quick Check 06

(A)　　(B)

Quick Check 정답
05 (A)　06 (A)

유형 연습

DAY 01_04 / 정답 및 해설 p.002

01.

(1) 음원을 들으며 사진과 관련된 단어이면 ○, 아니면 ×에 표시하세요.

　(A) ○ | ×　　(B) ○ | ×　　(C) ○ | ×

(2) 음원을 들으며 빈칸을 채우고 정답에는 ○, 오답에는 × 표시하세요.

　(A) He is _____ a wheelbarrow. [　]

　(B) He is _____ a potted plant. [　]

02.

(1) 음원을 들으며 사진과 관련된 단어이면 ○, 아니면 ×에 표시하세요.

　(A) ○ | ×　　(B) ○ | ×　　(C) ○ | ×

(2) 음원을 들으며 빈칸을 채우고 정답에는 ○, 오답에는 × 표시하세요.

　(A) They're _____ along the river. [　]

　(B) A bicycle is _____ against a fence. [　]

03.

(1) 음원을 들으며 사진과 관련된 단어이면 ○, 아니면 ×에 표시하세요.

　(A) ○ | ×　　(B) ○ | ×　　(C) ○ | ×

(2) 음원을 들으며 빈칸을 채우고 정답에는 ○, 오답에는 × 표시하세요.

　(A) They are pulling _____. [　]

　(B) They are _____ a train. [　]

04.

(1) 음원을 들으며 사진과 관련된 단어이면 ○, 아니면 ×에 표시하세요.

　(A) ○ | ×　　(B) ○ | ×　　(C) ○ | ×

(2) 음원을 들으며 빈칸을 채우고 정답에는 ○, 오답에는 × 표시하세요.

　(A) A man is _____ coffee into a mug. [　]

　(B) A woman is washing dishes in a _____. [　]

실전 문제

MP3 DAY 01_05 / 정답 및 해석 p. 002

01.

(A)　　(B)　　(C)　　(D)

02.

(A)　　(B)　　(C)　　(D)

03.

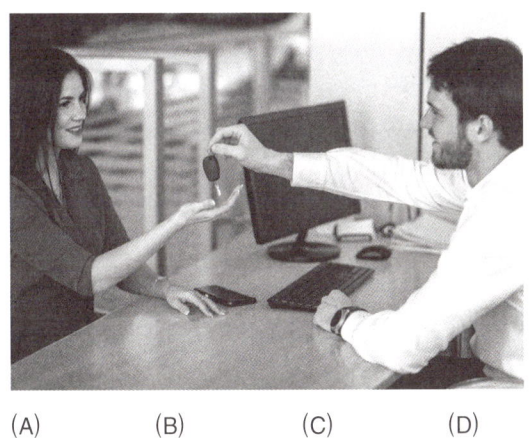

(A)　　(B)　　(C)　　(D)

04.

(A)　　(B)　　(C)　　(D)

05.

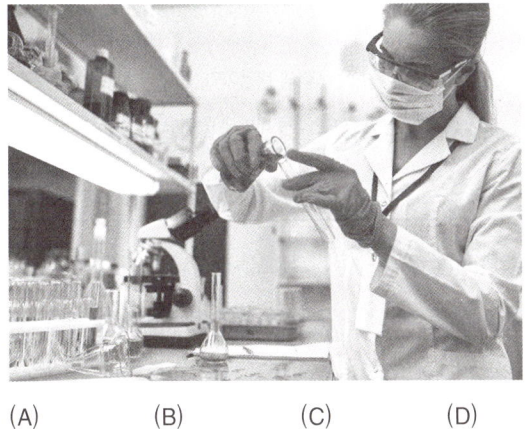

(A)　　(B)　　(C)　　(D)

06.

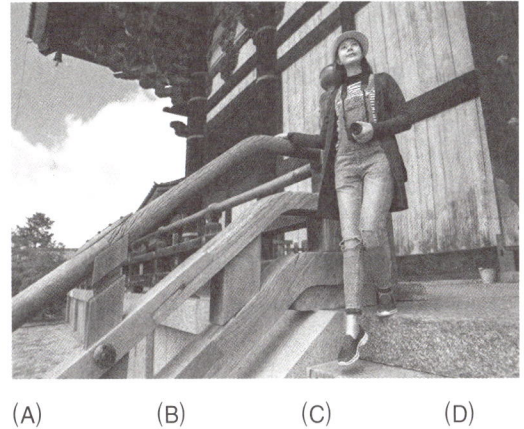

(A)　　(B)　　(C)　　(D)

PART 2 When 의문문 / Where 의문문

When 의문문은 시간/시점을 묻는 질문으로, 매회 2문제 정도 출제된다. 과거, 현재, 미래 등 다양한 시제로 출제되므로 시제에 주의해서 들어야 한다. Where 의문문은 위치/장소/출처에 대해 묻는 질문으로 매회 2문제 정도 출제된다.

유형 01 When 의문문 - 시간 표현으로 답하는 유형

When is the office rent due?

(A) For the newly hired accountants.
(B) Tomorrow, I think.
(C) Ski equipment rental service.

사무실 임대료를 언제까지 지불해야 하나요?

(A) 새로 채용된 회계사들을 위한 거예요.
(B) 내일일 거예요.
(C) 스키 장비 대여 서비스요.

이렇게 풀어요

① 질문 내용 파악하기 When is the office **rent due**?
　　　　　　　　　　　　언제인지　　　　임대료 지불 기한이

② 선택지 들으며 오답 소거하여 정답 선택하기

(A) For the newly hired accountants. 연상 어휘 오답(office-accountants)
(B) **Tomorrow, I think.** 정답으로 선택
(C) Ski equipment rental service. 유사 발음 오답(rent-rental)

유형 02 When 의문문 - 시간 부사절로 답하는 유형 〈자주 나와요〉

When will Steve send the invitation cards?

(A) Right after the manager approves.
(B) We accept credit cards.
(C) To anyone on the list.

Steve가 언제 초대장을 보낼 건가요?

(A) 부장님이 승인하자마자요.
(B) 저희는 신용카드를 받습니다.
(C) 목록에 있는 모든 사람들에게요.

이렇게 풀어요

① 질문 내용 파악하기 When will Steve **send** the invitation cards?
　　　　　　　　　　　　언제　　　　　　보낼 것인지

② 선택지 들으며 오답 소거하여 정답 선택하기

(A) **Right after the manager approves.** 정답으로 선택
(B) We accept credit cards. 동일 단어 반복 오답(cards-cards)
(C) To anyone on the list. 다른 의문사 답변 오답(who)

유형 03 When 의문문 - 우회적으로 답하는 유형 〈자주 나와요〉

When is Mr. Bacon's flight going to depart?

(A) He is from Vancouver.
(B) I will check the Web site now.
(C) An aisle seat, please.

Bacon 씨의 비행기가 언제 떠나나요?

(A) 그는 밴쿠버에서 왔어요.
(B) 제가 지금 웹사이트를 확인해 볼게요.
(C) 복도 좌석으로 주세요.

이렇게 풀어요

① 질문 내용 파악하기 When is Mr. Bacon's **flight going to depart**?
　　　　　　　　　　　　언제　　　　　　　비행기가 떠날 것인지

② 선택지 들으며 오답 소거하여 정답 선택하기

(A) He is from Vancouver. 다른 의문사 답변 오답(where)
(B) **I will check the Web site now.** 정답으로 선택
(C) An aisle seat, please. 연상 어휘 오답(flight-aisle seat)

포인트 01   시간 표현을 나타내는 부사구

When 의문에 대한 가장 대표적인 답변 방식으로, 시간 표현을 사용해 특정 시점으로 응답한다.

과거	last month/quarter 지난달/지난 분기 yesterday 어제 this morning 오늘 아침 a month ago 한 달 전 already 이미 a couple of days ago 며칠 전에
현재	right now 지금 당장 for now 지금은
미래	next month/quarter 다음 달/다음 분기 tomorrow 내일 in about 30 minutes 30분쯤 후에 soon 곧
기타	[in + 연도/월] in 2019 2019년에 in July 7월에
	[on + 특정일/요일] on May 2 5월 2일에 on Monday 월요일에
	[at/by/until + 시점] at three o'clock 3시에 by noon 정오까지 until this Friday 이번주 금요일까지

Q. **When** did you join the company? 언제 회사에 입사하셨나요?
A. **Last year.** 작년에요.

실수 피하기

when 의문문에 two hours, three days 등 기간으로 답변하면 오답이다. 기간은 how long으로 묻는 질문에 답변할 수 있다(DAY 03 참고).

☑ **Quick Check 01**
Mark your answer.
(A)   (B)

포인트 02   시간 부사절 접속사

시간 표현을 나타내는 접속사를 사용하여 응답하는 경우이다. 접속사의 의미를 잘 파악하여 시제가 일치하는 답변인지 확인해야 한다.

when ~할 때	When the prices go down. 가격이 내려갈 때요.
as soon as ~하자마자	As soon as he gets back. 그가 돌아오자마자요.
(right) before ~하기 (바로) 전에	Before the meeting starts. 회의가 시작하기 전에요.
(right) after ~한 (직)후에	Right after I finish the project. 제가 프로젝트를 끝낸 직후에요.
not until ~할 때까지는 아닌	Not until the manager is here. 매니저가 여기 올 때까지는 아니에요.

Q. **When** are we opening the branch in Madrid? 우리가 언제 마드리드에 지점을 개점하나요?
A. **After** we hire the staff. 우리가 직원을 고용한 후에요.

☑ **Quick Check 02**
Mark your answer.
(A)   (B)

포인트 03   우회적 응답

특정 시점이나 시간 표현이 아닌, '이미 했다', '할 것이다', '모른다'고 하거나 모호한 시점으로 응답하는 경우도 출제된다. 또한, 상대방에게 되묻는 응답도 최근 자주 출제되므로 아래와 같이 다양한 예시를 알아두자.

The sooner, the better. 빠르면 빠를수록 더 좋습니다.
Let me check the schedule. 제가 일정을 확인해 보겠습니다.
It depends on my schedule. 제 일정에 따라 다릅니다.
How about tomorrow afternoon? 내일 오후 어때요?

| 질문의 시제와 정답 답변의 시제가 다른 경우 |

When 의문문에서는 질문의 시제와 정답 답변의 시제가 일치하지 않는 경우가 출제되기도 한다. '언제 할 것인지' 묻는 미래 시제 질문에 '이미 했다'와 같이 과거 시제로 답하는 경우가 대표적인 예이다.

Q. **When are you going to** pick up the pizza? 언제 피자 가지러 갈 거예요?
A. I **had** it delivered. 저는 그것을 배달시켰어요.

☑ **Quick Check 03**
Mark your answer.
(A)   (B)

Quick Check 정답
01 (B)   02 (A)   03 (B)

유형 04 Where 의문문 – 장소 표현으로 답하는 유형

Where is the vending machine on this floor?

(A) At the end of this hallway.
(B) $2 each.
(C) No, it's not.

이 층에 자판기가 어디에 있나요?

(A) 이 복도 끝에 있어요.
(B) 한 개에 2달러입니다.
(C) 아뇨, 아니에요.

이렇게 풀어요

1. 질문 내용 파악하기 Where is the **vending machine** on this floor?
   어디에 / 자판기가

2. 선택지 들으며 오답 소거하여 정답 선택하기
   (A) At the end of this hallway. 정답으로 선택
   (B) ~~$2~~ each. 다른 의문사 답변 오답(How much)
   (C) ~~No~~, it's not. 의문사 의문문에 Yes/No로 답한 오답

유형 05 Where 의문문 – 담당자/담당부서/출처로 답하는 유형 *자주 나와요*

Where can I report this malfunctioning thermostat in my apartment?

(A) Ms. Malcom will handle it.
(B) It would be more energy-efficient.
(C) Maybe next Friday.

제 아파트의 오작동하는 이 온도 조절 장치를 어디에 말하면 되나요?

(A) Malcom 씨가 해결할 거예요.
(B) 그게 더 에너지 효율적일 거예요.
(C) 아마 다음 주 금요일에요.

이렇게 풀어요

1. 질문 내용 파악하기 Where can I **report** this malfunctioning thermostat in my apartment?
   어디에 / 말할지

2. 선택지 들으며 오답 소거하여 정답 선택하기
   (A) Ms. Malcom will handle it. 정답으로 선택
   (B) It would be more energy-efficient. 연상 어휘 오답(thermostat–energy-efficient)
   (C) Maybe next ~~Friday~~. 다른 의문사 답변 오답(when)

유형 06 Where 의문문 – 우회적으로 답하는 유형

Where did the delivery man leave the contract from Johnson Cosmetics?

(A) He will take a two-day leave.
(B) Check your mail box.
(C) The next-day delivery option.

배달원이 Johnson Cosmetics에서 온 계약서를 어디에 두었나요?

(A) 그는 이틀간 휴가를 가질 거예요.
(B) 당신의 우편함을 확인해 보세요.
(C) 익일 배송 옵션이요.

이렇게 풀어요

1. 질문 내용 파악하기 Where did the delivery man **leave the contract** from Johnson Cosmetics?
   어디에 / 계약서를 두었는지

2. 선택지 들으며 오답 소거하여 정답 선택하기
   (A) He will take a two-day ~~leave~~. 동일 단어 반복 오답(leave-leave)
   (B) **Check your mail box.** 정답으로 선택
   (C) The next-day ~~delivery~~ option. 동일 단어 반복 오답(delivery-delivery)

포인트 04 · 장소 전치사 또는 부사를 이용한 답변

Where 의문문에는 가장 기본적으로 장소나 위치를 나타내는 전치사나 부사를 사용해 답변할 수 있다.

at / in / on	at the station 역에서 at the customer service center 고객 서비스 센터에서 in the drawer 서랍에 in the yard 뜰에서 in Italy 이탈리아에서 on the third floor 3층에 on the board 게시판에
기타 전치사	next to the photocopier 복사기 옆에 opposite the hotel 호텔 건너편에 around the corner 모퉁이를 돈 곳에 in front of the post office 우체국 앞에 near the subway station 지하철 역 근처에
장소 부사	indoors 실내에 outdoors 실외에 (right) here (바로) 여기 over there 저쪽에 upstairs 위층에 downstairs 아래층에

Q. **Where** will they be opening the new store? 그들은 어디에 새 매장을 열 건가요?
A. Probably **in** Berlin. 아마도 베를린에요.

실수 피하기

When vs. Where
영국식 발음이나 호주식 발음의 경우, 모음 뒤의 r을 약하게 발음하므로 when[웬]과 where[웨-]의 구별이 어려운 경우가 있다. 이를 이용하여 오답을 유도하므로 주의하자.

☑ **Quick Check 04**
Mark your answer.
(A)　　(B)

포인트 05 · 사람이나 출처를 이용한 답변

왼쪽의 유형 05 예제에서 알 수 있듯이, '어디에 제출해야 하는지' 또는 '어디로 가야 하는지' 묻는 질문에 해당 업무를 담당하는 부서나 담당자 이름으로 답변할 수 있다.

담당자	My supervisor told me. 제 상사가 제게 말해주었어요. I'll ask my secretary. 제 비서에게 물어볼게요. It's up to the vice president. 그건 부사장님이 결정할 거예요.
담당부서	The marketing department will handle it. 마케팅 부서에서 그 일을 처리할 거예요. Someone from the personnel will do it. 인사부의 누군가가 할 거예요.
출처	Actually, it was a gift. 사실은, 선물로 받은 겁니다. My sister gave it to me yesterday. 제 여동생이 어제 제게 주었습니다. The manager should have it. 매니저님이 가지고 있을 거예요.

Q. **Where** did you get the ticket? 그 표 어디서 샀어요?
A. Actually, **a friend of mine gave me**. 사실은, 제 친구가 주었어요.

☑ **Quick Check 05**
Mark your answer.
(A)　　(B)

포인트 06 · 우회적 응답

장소나 담당자로 답변하지 않고 아래와 같이 우회적으로 답변하는 경우도 정답으로 출제된다.

권유, 제안	Stand in line over there. 저쪽에서 줄을 서주세요. Leave them on the desk. 책상 위에 두세요. Ask the manager. 매니저에게 물어보세요.
기타	Everyone has been talking about it. 모든 사람들이 그 얘기를 합니다. It hasn't been confirmed yet. 아직 확정되지 않았어요. It depends on the situation. 상황에 따라 다릅니다.

Q. **Where** can I check this week's work schedule? 이번 주 근무 일정을 어디에서 확인할 수 있나요?
A. **It hasn't been confirmed yet.** 아직 확정되지 않았어요.

☑ **Quick Check 06**
Mark your answer.
(A)　　(B)

Quick Check 정답
04 (A)   05 (B)   06 (A)

유형 연습

각 질문과 보기를 들으며 빈칸을 채운 뒤 정답에는 O, 오답에는 X 표시하세요.

01. _____ can I find Ms. Timber in the accounting department?
    (A) _____ is a senior _____. [   ]
    (B) _____ through the _____ door on the right. [   ]

02. _____ can I submit my job application?
    (A) _____ it _____. [   ]
    (B) Probably _____ 4 P.M. [   ]

03. _____ is Bernard going to meet with the new clients?
    (A) _____ met with them _____. [   ]
    (B) They are open _____ _____. [   ]

04. _____ are we announcing the company merger?
    (A) _____ _____ _____ the president _____ from the seminar. [   ]
    (B) It will be _____ in the _____. [   ]

05. _____ can I get this document photocopied?
    (A) There's a _____ on the _____ _____. [   ]
    (B) Two _____ per _____ should be sufficient. [   ]

06. _____ are you taking a coffee break?
    (A) Not for _____ _____. [   ]
    (B) I want to _____ a _____. [   ]

07. _____ can I find the notice about the personnel?
    (A) Yes, _____ _____ and turn left. [   ]
    (B) It will be _____ on our Web site. [   ]

08. _____ can I come in for my regular check-up?
    (A) Sorry, that book has already been _____ _____. [   ]
    (B) Can you spare sometime around three _____ _____? [   ]

실전 문제

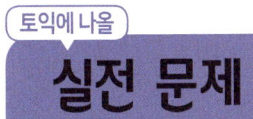

01. Mark your answer on your answer sheet.
   (A)   (B)   (C)

02. Mark your answer on your answer sheet.
   (A)   (B)   (C)

03. Mark your answer on your answer sheet.
   (A)   (B)   (C)

04. Mark your answer on your answer sheet.
   (A)   (B)   (C)

05. Mark your answer on your answer sheet.
   (A)   (B)   (C)

06. Mark your answer on your answer sheet.
   (A)   (B)   (C)

07. Mark your answer on your answer sheet.
   (A)   (B)   (C)

08. Mark your answer on your answer sheet.
   (A)   (B)   (C)

09. Mark your answer on your answer sheet.
   (A)   (B)   (C)

10. Mark your answer on your answer sheet.
   (A)   (B)   (C)

11. Mark your answer on your answer sheet.
   (A)   (B)   (C)

12. Mark your answer on your answer sheet.
   (A)   (B)   (C)

13. Mark your answer on your answer sheet.
   (A)   (B)   (C)

14. Mark your answer on your answer sheet.
   (A)   (B)   (C)

15. Mark your answer on your answer sheet.
   (A)   (B)   (C)

16. Mark your answer on your answer sheet.
   (A)   (B)   (C)

영단기 토익 솔루션
LC

DAY 02

PART 1 다인 사진 / 사물·풍경 사진

- **유형 01** 다인 사진 – 공통점 묘사
- **유형 02** 다인 사진 – 일부만 묘사
- **유형 03** 다인 사진 – 사람 주어 + 사물 주어
- **유형 04** 사물·풍경 사진 – 실내
- **유형 05** 사물·풍경 사진 – 야외
- **유형 06** 사물·풍경 사진 – 풍경 + 무리의 사람

PART 2 What 의문문 / Who 의문문

- **유형 01** What 의문문 – What + 명사
- **유형 02** What 의문문 – What + 동사
- **유형 03** What 의문문 – What 관용 표현
- **유형 04** Who 의문문 – 사람 이름/직위/부서명으로 답하는 유형
- **유형 05** Who 의문문 – he/she/they/someone/no one/one of로 답하는 유형
- **유형 06** Who 의문문 – 우회적으로 답하는 유형

PART 1

다인 사진 / 사물·풍경 사진

다인 사진은 3명 이상이 등장하는 사진으로, 공통된 동작이나 상태가 정답으로 출제되거나 여러 명 중 일부에 대해 묘사하는 보기가 정답으로 출제된다. 사물·풍경 사진은 실내/실외 사물이나 풍경 사진으로, 위치나 상태를 묘사하는 문장이 출제된다. 매회 1문제씩 꾸준히 출제된다.

유형 01   다인 사진 – 공통점 묘사

[BR]
(A) The men are working at a building site.
(B) They have gathered near a building.
(C) They are looking into a computer monitor.
(D) They are resting on a bench.

이렇게 풀어요

① **사진 파악하기**   다인 사진, 건물 밖, men/they(남자들/그들) – standing(서 있다), gathered(모여 있다), holding a cup(컵을 들고 있다), 배경 – buildings(건물들)

② **선택지 들으며 사진과 불일치하는 것 소거하여 정답 선택하기**
  (A) The men are working at a building site. 위치 불일치 남자들이 건설 현장에서 일하고 있다.
  (B) They have gathered near a building. 정답으로 선택 그들은 건물 근처에 모여 있다.
  (C) They are looking into a computer monitor. 동사 불일치 그들은 컴퓨터 화면을 들여다 보고 있다.
  (D) They are resting on a bench. 동사 불일치 그들은 벤치에서 쉬고 있다.

유형 02   다인 사진 – 일부만 묘사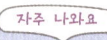

[US]
(A) One of the women is reaching over a bookshelf.
(B) One of the men is paying for his purchase.
(C) Some people are waiting in line.
(D) Some people are watching a live performance.

이렇게 풀어요

① **사진 파악하기**   다인 사진, 도서관, a man(남자) – sitting(앉아 있다), some people(몇몇 사람들) – in line(줄 서 있는), 배경 – bookshelves(책장)

② **선택지 들으며 사진과 불일치하는 것 소거하여 정답 선택하기**
  (A) One of the women is reaching over a bookshelf. 동사 불일치 여자들 중 한 명이 책꽂이에 손을 뻗고 있다.
  (B) One of the men is paying for his purchase. 동사 불일치 남자들 중 한 명이 구입한 것에 돈을 지불하고 있다.
  (C) Some people are waiting in line. 정답으로 선택 몇몇 사람들이 줄을 서서 기다리고 있다.
  (D) Some people are watching a live performance. 목적어 불일치 몇몇 사람들이 라이브 공연을 보고 있다.

포인트 01   사람이나 사물의 상태를 묘사하는 'has/have + p.p.'(현재완료)

다인 사진에서 인물들의 공통적인 상태나 동작을 묘사할 때 주어는 주로 they, people 등으로 출제된다. 옆 페이지 유형 01 예제의 정답 문장처럼 상태를 나타낼 때 사용되는 구조 중 하나가 'has/have + p.p.'인데 '~했다, ~한 상태이다'의 의미로 파악하면 된다.

| 빈출 표현 |

A bus **has stopped** on the street. 버스가 거리에 정차했다.
Some people **have left** their bags on the grass. 몇몇 사람들이 그들의 가방을 잔디에 놓아두었다.
Some people **have lined up** in front of a building. 몇몇 사람들이 건물 앞에 줄 서있다.
A man **has opened** a door. 한 남자가 문을 열어놓은 상태다.

✓ Quick Check 01

(A)   (B)

포인트 02   여러 사람 중 일부만 묘사하는 문장의 사람 주어

다인 사진은 최소 3명, 많을 경우 5~6명이 한 사진에 등장한다. 이때 모든 사람들의 공통적인 동작이 아니라 일부 몇몇 사람들의 동작이나 상태가 답이 되는 경우가 많다. 일부를 나타낼 때 사용하는 주어 표현을 알아두자.

Some people 몇몇 사람들	A group of people 한 무리의 사람들
Some men 몇몇 남자들	One of the people 사람들 중 한 명
Some women 몇몇 여자들	

| 빈출 표현 |

Some people are listening to a presentation. 몇몇 사람들이 발표를 듣고 있다.
Some customers are paying for their meal. 몇몇 고객들이 식사비를 지불하고 있다.
A group of people are seated on the floor. 한 무리의 사람들이 바닥에 앉아 있다.

꿀팁! 토익 최신 경향

모여 있는 사람을 나타내는 표현으로 a crowd of people이 자주 출제된다.

✓ Quick Check 02

(A)   (B)

Quick Check 정답
01 (B) 02 (A)

PART 1

유형 03 다인 사진 – 사람 주어 + 사물 주어

[AU]
(A) A man is taking boxes out of a car.
(B) A wheelbarrow is being pushed to a site.
(C) A truck is stopped at an intersection.
(D) Some workers are loading a truck with bricks.

이렇게 풀어요

① 사진 파악하기 다인 사진, 건설 현장, some workers(몇몇 근로자들) – working on a construction site(건설 현장에서 일하고 있다), a man(남자) – pushing a wheelbarrow(손수레를 밀고 있다), 배경 – truck(트럭)

② 선택지 들으며 사진과 불일치하는 것 소거하여 정답 선택하기

(A) A man is taking boxes out of a car. 목적어 불일치 남자가 차에서 상자들을 꺼내고 있다.
(B) A wheelbarrow is being pushed to a site. 정답으로 선택 손수레가 부지로 밀어지고 있다.
(C) A truck is stopped at an intersection. 위치 불일치 트럭이 교차로에 멈춰 서있다.
(D) Some workers are loading a truck with bricks. 동사 불일치 몇몇 근로자들이 트럭에 벽돌을 싣고 있다.

유형 04 사물·풍경 사진 – 실내

[BR]
(A) All chairs are occupied.
(B) Curtains have been left open.
(C) There are laptop computers on a desk.
(D) Some file folders are scattered on the floor.

이렇게 풀어요

① 사진 파악하기 사물·풍경 사진, 사무실, chairs(의자), desk(책상), laptop computers(노트북 컴퓨터), windows(창문)

② 선택지 들으며 사진과 불일치하는 것 소거하여 정답 선택하기

(A) All chairs are occupied. 동사 불일치 모든 의자에 사람들이 앉아 있다.
(B) Curtains have been left open. 주어 불일치 커튼이 열려 있다.
(C) There are laptop computers on a desk. 정답으로 선택 책상에 노트북 컴퓨터들이 있다.
(D) Some file folders are scattered on the floor. 위치 불일치 몇몇 파일 폴더들이 바닥에 흩어져 있다.

포인트 03 · 진행 중인 동작을 묘사하는 'is/are being p.p.'(현재진행 수동태)

사람의 동작을 묘사할 때 사물 주어를 이용하여 표현하는 보기가 정답으로 출제된다. 이 경우에 현재진행 수동태(is/are being p.p)를 사용한다. 따라서 현재진행 수동태가 정답이 되려면 반드시 사람이 사진에 있어야 한다. 사람이 없는 사진에서 출제되는 현재진행 수동태 문장은 오답이므로 × 표시하여 소거한다.

빈출 표현

A floor **is being swept**. 바닥이 쓸리고 있다. (사람이 바닥을 쓸고 있다.)
Some doors **are being painted**. 문이 칠해지고 있다. (사람이 문을 칠하고 있다.)
A bookshelf **is being assembled**. 책장이 조립되고 있다. (사람이 책장을 조립하고 있다.)
Some fruits **are being weighed** on a scale. 과일이 저울에서 무게가 재어지고 있다. (사람이 과일을 저울에 놓고 무게를 재고 있다.)
A set of musical instruments **is being set up** on a stage. 한 세트의 악기가 무대에 설치되고 있다. (사람이 악기를 무대에 설치하고 있다.)

☑ Quick Check 03

(A)　　(B)

포인트 04 · 상태나 위치를 묘사하는 'There is/are + 명사 + 전치사구/분사구'

- 'There is/are ~' 구문은 사물이나 사람의 상태나 위치를 묘사할 때 사용된다. 진주어인 명사가 'is/are' 뒤에 제시되므로 주의해야 한다. 명사 뒤에는 장소 전치사구가 따라 나와 주어인 명사의 위치를 묘사한다. 따라서 명사와 장소 전치사구 표현이 사진과 일치하는지 확인하는 것이 중요하다.
- 장소 전치사구 대신에 현재분사구(~ing) 또는 과거분사구(p.p)가 따라 나오는 보기는 출제 비중은 낮지만 난이도가 높은 문제이다. 명사와 분사 사이에 'is/are'를 넣고 의미를 파악하면 해결하기 쉽다.

빈출 표현 (There is/are + 명사 + 전치사구)

There is a water dispenser beside a door. 문 옆에 정수기가 있다.
There are dishes on the table. 테이블 위에 접시들이 있다.
There are trees along a roadway. 길을 따라 나무들이 있다.
There are lampposts along a walkway. 인도를 따라 가로등이 있다.

빈출 표현 (There is/are + 명사 + 분사구)

There are umbrellas blocking a road. 길을 막고 있는 파라솔들이 있다.
There are clothes hanging from racks. 선반에 걸려 있는 옷들이 있다.
There are boxes stacked on the shelves. 선반에 쌓여있는 상자들이 있다.

◉ 실수 피하기

'There is/are + 명사 + 전치사구/분사구' 형태의 보기는 뒤의 명사와 전치사구까지 잘 들어야 한다.

☑ Quick Check 04

(A)　　(B)

유형 05 사물·풍경 사진 – 야외 〔자주 나와요〕

[US]
(A) A car has been parked in a garage.
(B) Chairs are set up in front of a building.
(C) Some potted plants are arranged on the balcony.
(D) Centerpieces are placed on tables.

이렇게 풀어요

① **사진 파악하기** 사물·풍경 사진, 골목길, chairs and tables in front of a building(건물 앞에 의자와 테이블), a car(자동차), parked(주차된), buildings(건물), plants(식물)

② 선택지 들으며 사진과 불일치하는 것 소거하여 정답 선택하기

(A) A car has been parked in a garage. 〔위치 불일치〕 차가 차고에 주차되어 있다.
(B) Chairs are set up in front of a building. 〔정답으로 선택〕 의자들이 건물 앞에 배치되어 있다.
(C) Some potted plants are arranged on the balcony. 〔위치 불일치〕 화분 몇 개가 발코니에 배열되어 있다.
(D) Centerpieces are placed on tables. 〔주어 불일치〕 중앙부 장식품이 테이블 위에 놓여져 있다.

유형 06 사물·풍경 사진 – 풍경 + 무리의 사람

[US]
(A) Some people are getting off a bus.
(B) Some cars are driving on a bridge.
(C) Some people are stopped at a traffic light.
(D) Some trolley tracks run alongside the street.

이렇게 풀어요

① **사진 파악하기** 사람이 있는 사물·풍경 사진, walking on the street(거리를 걷고 있다), trolley(전차) 또는 street car(전차), stores(상점), trolley tracks(전차 선로)

② 선택지 들으며 사진과 불일치하는 것 소거하여 정답 선택하기

(A) Some people are getting off a bus. 〔동사 불일치〕 몇몇 사람들이 버스에서 내리고 있다.
(B) Some cars are driving on a bridge. 〔위치 불일치〕 몇몇 자동차들이 다리 위를 달리고 있다.
(C) Some people are stopped at a traffic light. 〔동사 불일치〕 몇몇 사람들이 신호등에 멈춰 서있다.
(D) Some trolley tracks run alongside the street. 〔정답으로 선택〕 몇몇 전차 선로가 거리 옆으로 나 있다.

포인트 05 사물의 상태를 묘사하는 'be + p.p. + 전치사구'

수동태 'be + p.p.' 뒤에 전치사구가 붙어서 사물의 상태 또는 위치를 묘사할 수 있다. 이때 전치사구가 사진과 일치하지 않아 오답이 되는 경우가 있으므로 반드시 문장을 끝까지 들어야 한다.

| 빈출 표현 |

Some vehicles **are parked on a street**. 몇몇 차량이 거리에 주차되어 있다.
Decorations **are arranged on a sofa**. 장식품이 소파 위에 놓여 있다.
A train **is stopped at a platform**. 기차가 승강장에 멈춰 있다.
Some tall buildings **are located behind an outdoor market**. 몇몇 높은 건물들이 야외 시장 뒤에 있다.

☑ **Quick Check 05**

(A)   (B)

포인트 06 사물의 상태를 묘사하는 '주어 + 일반동사 + 목적어/전치사구'

앞서 배웠던 문장 구조는 모두 be동사가 사용되지만, 현재 시제의 일반동사를 사용해서 사진 속 사물의 상태를 나타내는 경우도 있다. 출제 빈도는 높지 않지만, surround(둘러싸다), line(줄지어 있다), cross(가로지르다), lead(~로 이어져 있다)와 같이 자주 출제되는 동사의 의미를 알아두도록 하자.

| 빈출 표현 |

Mountains **surround** a town. 산이 마을을 둘러싸고 있다.
A bridge **crosses** over a river. 다리가 강을 가로지르고 있다.
Some stairs **lead to** a swimming pool. 몇몇 계단이 수영장으로 이어져 있다.
The trail **leads up to** the hill. 오솔길이 언덕으로 이어져 있다.

☑ **Quick Check 06**

(A)   (B)

Quick Check 정답
05 (B) 06 (A)

유형 연습

DAY 02_04 / 정답 및 해석 p. 008

01.

(1) 음원을 들으며 사진과 관련된 단어이면 ○, 아니면 ×에 표시하세요.

(A) ○ | ×　　(B) ○ | ×　　(C) ○ | ×

(2) 음원을 들으며 빈칸을 채우고 정답에는 ○, 오답에는 × 표시하세요.

(A) Some people are _____ at a _____ site. [　]

(B) Some people are standing on the _____. [　]

02.

(1) 음원을 들으며 사진과 관련된 단어이면 ○, 아니면 ×에 표시하세요.

(A) ○ | ×　　(B) ○ | ×　　(C) ○ | ×

(2) 음원을 들으며 빈칸을 채우고 정답에는 ○, 오답에는 × 표시하세요.

(A) They're _____ on a riverbank. [　]

(B) A tent _____ _____ _____ _____ on the grass. [　]

03.

(1) 음원을 들으며 사진과 관련된 단어이면 ○, 아니면 ×에 표시하세요.

(A) ○ | ×　　(B) ○ | ×　　(C) ○ | ×

(2) 음원을 들으며 빈칸을 채우고 정답에는 ○, 오답에는 × 표시하세요.

(A) There are _____ on a bed. [　]

(B) Some curtains are pulled _____. [　]

04.

(1) 음원을 들으며 사진과 관련된 단어이면 ○, 아니면 ×에 표시하세요.

(A) ○ | ×　　(B) ○ | ×　　(C) ○ | ×

(2) 음원을 들으며 빈칸을 채우고 정답에는 ○, 오답에는 × 표시하세요.

(A) A _____ crosses over a river. [　]

(B) A _____ is _____ on the water. [　]

실전 문제

DAY 02_05 / 정답 및 해석 p. 009

01.

(A) (B) (C) (D)

02.

(A) (B) (C) (D)

03.

(A) (B) (C) (D)

04.

(A) (B) (C) (D)

05.

(A) (B) (C) (D)

06.

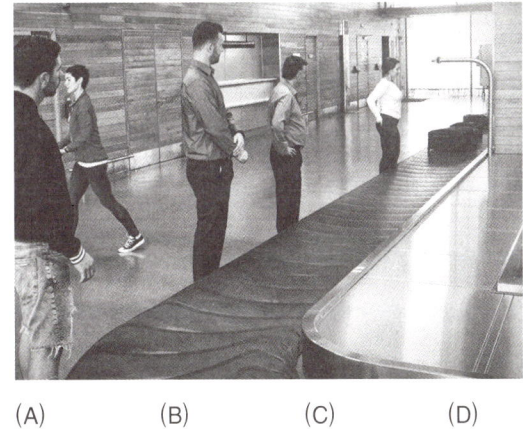

(A) (B) (C) (D)

PART 2 · What 의문문 / Who 의문문

What 의문문은 What 뒤에 오는 명사에 따라 시간, 방법, 종류 등 다양한 정보를 묻는다. 매회 1문제 정도 출제된다. Who 의문문은 담당자를 묻는 문제가 자주 나오며 매회 2문제 정도 출제된다.

유형 01 | What 의문문 - What + 명사 *자주 나와요*

What plans do you have during your trip to Chicago?

(A) I really enjoyed it.
(B) It would be triple.
(C) I'm going to attend my cousin's wedding.

시카고 여행하는 동안 무슨 계획이 있니?

(A) 정말 즐거웠어.
(B) 세배일 거야.
(C) 내 사촌의 결혼식에 참석할 거야.

이렇게 풀어요

① 질문 내용 파악하기   What **plans** do you have during your trip to Chicago?
　　　　　　　　　　　　　　　　무슨　계획

② 선택지 들으며 오답 소거하여 정답 선택하기

　(A) I really enjoyed it.   시제가 맞지 않는 오답(미래-과거)
　(B) It would be triple.   유사 발음 오답(trip-triple)
　(C) I'm going to attend my cousin's wedding.   정답으로 선택

유형 02 | What 의문문 - What + 동사

What did you discuss in the weekly meeting?

(A) In meeting room B on the second floor.
(B) Every other week, I think.
(C) It was mainly about the upcoming inspection.

주간 회의에서 무엇을 논의했나요?

(A) 2층의 회의실 B에서요.
(B) 격주마다 일 거예요.
(C) 주로 다가오는 감사에 관한 것이었어요.

이렇게 풀어요

① 질문 내용 파악하기   What **did you discuss** in the weekly meeting?
　　　　　　　　　　　　　　　무엇을　논의했나요

② 선택지 들으며 오답 소거하여 정답 선택하기

　(A) In meeting room B on the second floor.   동일 단어 반복 오답(meeting)
　(B) Every other week, I think.   다른 의문사 답변 오답(how often)
　(C) It was mainly about the upcoming inspection.   정답으로 선택

유형 03 | What 의문문 - What 관용 표현

What do you think of the TV commercial for the new shoes line?

(A) It's very creative and attractive.
(B) Yeah, I live close to the commercial area.
(C) A little bit small and tight for me.

새 신발 라인에 대한 TV 광고를 어떻게 생각하나요?

(A) 아주 창의적이고 매력적이에요.
(B) 네, 저는 상업 지구 가까이에 살아요.
(C) 저한테 좀 작고 꽉 끼어요.

이렇게 풀어요

① 질문 내용 파악하기   What **do you think** of the **TV commercial** for the new shoes line?
　　　　　　　　　　　　　　어떻게 생각하나요　　　　TV 광고를

② 선택지 들으며 오답 소거하여 정답 선택하기

　(A) It's very creative and attractive.   정답으로 선택
　(B) Yeah, I live close to the commercial area.   의문사 의문문에 Yes/No로 답한 오답
　(C) A little bit small and tight for me.   연상 어휘 오답(shoes-small and tight)

DAY 02_06 / Quick Check 스크립트 p. 010

포인트 01 다양한 의문사를 대체할 수 있는 What + (be동사) + 명사

What 다음에 나오는 명사에 따라 시간, 장소, 비용, 방법, 종류 등 다양한 내용을 물을 수 있다. 따라서 What 뒤의 명사를 반드시 들어야 한다.

What + time = When 시간을 묻는 표현	Q. **What's** the local **time** now in London? 런던의 지금 현지 시간은 몇 시인가요? A. A quarter past six. 6시 15분이요.
What date/day = When 날짜를 묻는 표현	Q. **What date** is the rent due? 며칠에 임대료를 내야 하죠? A. On the last day of every month. 매달 말일입니다.
What type/kind = Which 어떤 종류인지를 묻는 표현	Q. **What type** of phone do you want? 어떤 종류의 전화기를 원하세요? A. Something easy to use. 사용하기 편한 것이요.
What place/location = Where 장소를 묻는 표현	Q. **What place** do you recommend visiting? 어떤 장소를 방문하는 것을 추천하시나요? A. You should go to Times Square. 타임스퀘어에 가 보세요.
What + cost/estimate/fee/price = How much 비용을 묻는 표현	Q. **What's** the **cost** to send this package? 이 소포를 보내는 데 비용이 얼마인가요? A. It's 50 dollars. 50달러입니다.

Quick Check 01
Mark your answer.
(A)　　(B)

포인트 02 What 뒤에 나오는 동사가 정답을 결정한다.

- What 뒤에 명사가 나오지 않는 경우에는 동사를 잘 들어야 한다. 'What + 주어 + 동사'에서 동사가 정답을 결정하기 때문이다.

Q. **What** did the vice president **ask for**? 부사장님이 무엇을 요청했나요?
A. Updated contact information of all employees. 전 직원의 최신 연락처요.

- What 다음에 나오는 동사의 시제도 유의해서 들어야 한다.

Q. **What are you planning to do** tomorrow? 내일 무엇을 할 계획인가요? [미래 시제]
A. **I'll go** grocery shopping. (○) 식료품을 사러 갈 거예요.
A. I already **bought** some. (✗) 저는 이미 좀 샀어요.

Quick Check 02
Mark your answer.
(A)　　(B)

포인트 03 What 관용 표현

What 의문문에는 숙어처럼 관용 표현으로 굳어진 질문 형태가 있다. 듣는 즉시 이해할 수 있도록 표현과 의미를 통째로 암기해 두자.

이유, 원인	What made you ~? 왜~?
권유	What about ~? ~하는 거 어때요?　What do you say to ~? ~하는 거 어때요?
의견	What do you think of ~? ~에 대해서 어떻게 생각하세요?
외모	What does ~ look like? ~는 어떻게 생겼나요?
성격, 상태	What is ~ like? ~는 어떤 사람인가요?
선택	What would you like to ~? 무엇을 ~하시겠어요?

Q. **What would you like to** drink? 무엇을 마시겠습니까?
A. I'll have coffee, thank you. 저는 커피를 마시겠습니다. 감사합니다.

Quick Check 03
Mark your answer.
(A)　　(B)

Quick Check 정답
01 (A)　02 (B)　03 (B)

PART 2

유형 04 Who 의문문 – 사람 이름/직위/부서명으로 답하는 유형 *자주 나와요*

Who is organizing the cooking demonstration at Baltimore Electronics?

(A) Twice a week.
(B) Angelina Francona.
(C) No, the oven is for professional chefs.

Baltimore 전자에서의 요리 시연을 누가 준비할 건가요?

(A) 일주일에 두 번이요.
(B) Angelina Francona요.
(C) 아뇨, 그 오븐은 전문 요리사들을 위한 거예요.

이렇게 풀어요

① 질문 내용 파악하기 Who is organizing the cooking demonstration at Baltimore Electronics?
　　　　　　　　　　　　누가　　준비하는지

② 선택지 들으며 오답 소거하여 정답 선택하기

　(A) Twice a week. 다른 의문사 답변 오답(how often)
　(B) **Angelina Francona.** 정답으로 선택
　(C) No, the oven is for professional chefs. 의문사 의문문에 Yes/No로 답한 오답

유형 05 Who 의문문 – he/she/they/someone/no one/one of로 답하는 유형

Who can help me apply for the reward point card?

(A) My job is very rewarding.
(B) Someone will be with you soon.
(C) The position is still open.

제가 보상 포인트 카드를 신청하도록 누가 도와주실 수 있나요?

(A) 제 일은 아주 보람 있어요.
(B) 누군가 곧 당신을 도와드릴 겁니다.
(C) 그 자리는 아직 공석입니다.

이렇게 풀어요

① 질문 내용 파악하기 Who can help me apply for the reward point card?
　　　　　　　　　　　　누가　도와줄 수 있는지

② 선택지 들으며 오답 소거하여 정답 선택하기

　(A) My job is very rewarding. 유사 발음 오답(reward-rewarding)
　(B) **Someone will be with you soon.** 정답으로 선택
　(C) The position is still open. 연상 어휘 오답(apply-position)

유형 06 Who 의문문 – 우회적으로 답하는 유형 *자주 나와요*

Who should I talk to about returning this defective item?

(A) I can help you right now.
(B) The list should be itemized.
(C) No, I want a full refund.

이 결함있는 제품을 반품하는 것에 대해 누구에게 말해야 하나요?

(A) 제가 지금 바로 도와드리겠습니다.
(B) 목록은 항목별로 적혀 있어야 해요.
(C) 아뇨, 저는 전액 환불받고 싶어요.

이렇게 풀어요

① 질문 내용 파악하기 Who should I talk to about returning this defective item?
　　　　　　　　　　　　누구에게　말해야 하는지

② 선택지 들으며 오답 소거하여 정답 선택하기

　(A) **I can help you right now.** 정답으로 선택
　(B) The list should be itemized. 유사 발음 오답(item-itemized)
　(C) No, I want a full refund. 의문사 의문문에 Yes/No로 답한 오답

포인트 04 | 사람 이름/직위/부서명 관련 표현

Who 의문문에 대한 대표적인 답변은 사람 이름, 직위 등 사람을 지칭하는 명사로 답하는 내용이다. 직위나 부서명은 다양한 어휘로 답변할 수 있으므로 자주 출제되는 것들을 알아두자.

직위, 직업	manager 매니저, 부장　branch manager 지점장　vice president 부사장 supervisor 상사, 관리자　assistant 비서, 부하 직원　sales representative 영업사원 secretary 비서　technician 기술자　clerk 점원　accountant 회계사　inspector 검사관 architect 건축가　board of directors 이사진　real estate agent 부동산 중개인
부서	accounting 회계부　personnel/human resources 인사부　maintenance 시설 관리부 sales 영업부　payroll 급여 관리부　security office 보안 관리부
지인, 가족	associate 동료　colleague 동료　client 고객　cousin 사촌　aunt 이모, 고모

Q. **Who**'s going to pick up the vice president at the airport? 누가 부사장님을 공항에서 모셔올 건가요?
A. **My assistant** will. 제 비서가 할 거예요.

> **꿀팁! 토익 최신 경향**
> 단체나 회사 전체를 나타내는 어휘도 정답이 될 수 있다.
> Q. Who's in charge of the job fair? 누가 직업 박람회를 담당하고 있나요?
> A. Several agencies have been assigned to it. 몇 개의 대행사들이 그 일에 배정되었어요.

☑ **Quick Check 04**
Mark your answer.
(A)　　(B)

포인트 05 | 부정대명사와 인칭대명사 답변 표현

someone, no one, everyone, one of 등 부정/부분대명사가 쓰인 보기가 들리면 정답일 확률이 높다. 또한 he, she, they 등의 인칭대명사로 답하는 문장도 정답이 될 수 있다.

부정대명사를 사용한 답변	**Someone** in human resources. 인사부의 누군가요. I believe **one of** the new employees will. 신입사원들 중 한 명이 할 거예요. **Everyone** in the marketing department. 마케팅부의 모든 사람들이요. **No one**, for now. 지금으로선, 아무도 없어요. **Anyone** who's interested can participate. 관심 있는 사람은 누구나 참석할 수 있어요.
인칭대명사를 사용한 답변	**I**'ll send you the information. 제가 정보를 보내 줄게요. **He** is our new manager. 그는 우리의 새로운 매니저입니다. **She** will fix it tomorrow. 그녀가 내일 그것을 고칠 겁니다.

Q. **Who**'s supposed to go to the workshop? 누가 그 워크숍에 가기로 되어 있나요?
A. **Anyone** who's interested can attend it. 관심 있는 사람은 누구나 참석할 수 있습니다.

> **꿀팁! 토익 최신 경향**
> Who로 묻는 질문에 출처나 장소 표현으로도 답할 수 있다.
> Q. Who's responsible for the project? 누가 그 프로젝트를 책임지나요?
> A. That information is in the e-mail. 그 정보는 이메일에 있습니다.

☑ **Quick Check 05**
Mark your answer.
(A)　　(B)

포인트 06 | 우회적 응답 표현

구체적으로 누구인지 답변하지 않고, '모르겠다, 결정되지 않았다, ~에게 물어보세요' 등으로 답변할 수 있다.

'아직 결정되지 않았다' 유형	It hasn't been decided yet. 아직 결정되지 않았어요. They are still discussing. 여전히 논의 중입니다.
'모른다' 답변 유형	I have no idea. 모르겠습니다. No one told me. 아무도 저에게 말해 주지 않았어요.
그 외 간접 답변	How about we ask the manager? 매니저에게 물어보는 게 어때요? It's up to the board members. 임원들이 결정할 일입니다.

Q. **Who** was assigned to our team? 누가 우리 팀으로 배정되었나요?
A. **It hasn't been decided yet.** 아직 결정되지 않았어요.

☑ **Quick Check 06**
Mark your answer.
(A)　　(B)

Quick Check 정답: 04 (A)　05 (A)　06 (B)

각 질문과 보기를 들으며 빈칸을 채운 뒤 정답에는 O, 오답에는 X 표시하세요.

01. _____ do you intend to do after you retire?
   (A) I want to _____ _____ the world. [   ]
   (B) I think his _____ was impressive. [   ]

02. _____ is in charge of the annual awards banquet?
   (A) Samuel was the award _____. [   ]
   (B) Mr. Clark will _____ _____. [   ]

03. _____ should we wear to Mr. Wong's farewell party?
   (A) No, he's _____ to London. [   ]
   (B) I heard that _____ _____ is suggested. [   ]

04. _____ will notify employees of these changes?
   (A) The _____ _____ will. [   ]
   (B) I did not _____ _____. [   ]

05. _____ did the _____ say about our design proposal?
   (A) _____ _____ to do some revisions. [   ]
   (B) Yes, this is my favorite _____. [   ]

06. _____ _____ _____ call if I have a problem with the computer?
   (A) _____, we _____ ten computers.
   (B) _____ Frank.

07. _____ _____ we categorize these _____?
   (A) It's in the file _____. [   ]
   (B) That's a _____ _____. [   ]

08. _____ supposed to _____ the office today?
   (A) _____ was supposed to _____ me here. [   ]
   (B) It's _____ _____. [   ]

실전 문제

01. Mark your answer on your answer sheet.
    (A)   (B)   (C)

02. Mark your answer on your answer sheet.
    (A)   (B)   (C)

03. Mark your answer on your answer sheet.
    (A)   (B)   (C)

04. Mark your answer on your answer sheet.
    (A)   (B)   (C)

05. Mark your answer on your answer sheet.
    (A)   (B)   (C)

06. Mark your answer on your answer sheet.
    (A)   (B)   (C)

07. Mark your answer on your answer sheet.
    (A)   (B)   (C)

08. Mark your answer on your answer sheet.
    (A)   (B)   (C)

09. Mark your answer on your answer sheet.
    (A)   (B)   (C)

10. Mark your answer on your answer sheet.
    (A)   (B)   (C)

11. Mark your answer on your answer sheet.
    (A)   (B)   (C)

12. Mark your answer on your answer sheet.
    (A)   (B)   (C)

13. Mark your answer on your answer sheet.
    (A)   (B)   (C)

14. Mark your answer on your answer sheet.
    (A)   (B)   (C)

15. Mark your answer on your answer sheet.
    (A)   (B)   (C)

16. Mark your answer on your answer sheet.
    (A)   (B)   (C)

영단기
토익 솔루션
LC

DAY
03

PART 1 실내 사진

- 유형 01 사무실·회의실 사진
- 유형 02 상점 사진
- 유형 03 식당 사진
- 유형 04 거실·주방 사진
- 유형 05 도서관·박물관 사진
- 유형 06 실험실·창고 사진

PART 2 How 의문문 (1)

- 유형 01 방법을 묻는 질문
- 유형 02 빈도를 묻는 질문
- 유형 03 수를 묻는 질문
- 유형 04 가격이나 양을 묻는 질문
- 유형 05 기간을 묻는 질문
- 유형 06 시기를 묻는 질문

PART 1 실내 사진

사무실, 회의실, 상점 사진의 출제 빈도가 가장 높다. 식당, 실험실, 창고의 경우 해당 장소에서만 쓰이는 어휘들이 있으므로 자주 나오는 표현에 익숙해지도록 하자. 6문제 중 1~2문제가 출제된다.

유형 01 사무실·회의실 사진

[US]
(A) They are facing each other.
(B) They are reviewing some documents.
(C) The woman is reaching for a file folder.
(D) The man is holding a mug.

이렇게 풀어요

① **사진 파악하기** 2인 사진, 사무실, they – sitting next to each other(나란히 앉아 있다), reviewing documents(서류를 검토하고 있다), 배경 – bookshelves(책장들), file folders(파일함)

② **선택지 들으며 사진과 불일치하는 것 소거하여 정답 선택하기**
  (A) They are facing each other. 〔동사 불일치〕 그들은 서로 마주보고 있다.
  (B) They are reviewing some documents. 〔정답으로 선택〕 그들은 서류를 검토하고 있다.
  (C) The woman is reaching for a file folder. 〔동사 불일치〕 여자는 파일함에 손을 뻗고 있다.
  (D) The man is holding a mug. 〔목적어 불일치〕 남자는 머그잔을 들고 있다.

유형 02 상점 사진

[AU]
(A) A man's making a payment at a cash register.
(B) A woman's picking up an item from the shelf.
(C) A man's loading a shopping cart with some products.
(D) They're walking down an aisle in a store.

이렇게 풀어요

① **사진 파악하기** 다인 사진, 상점 안, they – walking down an aisle(복도를 걸어가고 있다), man – pushing a shopping cart(쇼핑 카트를 밀고 있다), 배경 – merchandise(상품), arranged(진열된), shelves(선반)

② **선택지 들으며 사진과 불일치하는 것 소거하여 정답 선택하기**
  (A) A man's making a payment at a cash register. 〔동사 불일치〕 남자가 계산대에서 돈을 지불하고 있다.
  (B) A woman's picking up an item from the shelf. 〔동사 불일치〕 여자가 선반에서 물건을 꺼내고 있다.
  (C) A man's loading a shopping cart with some products. 〔동사 불일치〕 남자가 쇼핑 카트에 몇몇 물건을 싣고 있다.
  (D) They're walking down an aisle in a store. 〔정답으로 선택〕 그들은 상점의 복도를 걸어가고 있다.

DAY 03_01 / Quick Check 스크립트 p. 014

포인트 01 사무실·회의실 사진

한 명이 여러 사람 앞에 서서 발표하는 모습, 서류를 검토하거나 컴퓨터, 복사기와 같은 사무기기를 사용하고 있는 사진의 출제 빈도가 높다.

| 사무실·회의실 사진에서 자주 나오는 표현 |

동사	point 가리키다 gather 모이다 arrange 정리하다 type 타자 치다 hold 들다 examine 검토하다, 살펴보다 work (at/on) (~에서/~로) 일하다 copy 복사하다
명사	discussion 토론 meeting 회의 whiteboard 화이트보드 screen 화면 notepad 메모장 document 서류 keyboard 키보드 copy machine 복사기 (laptop) computer (노트북) 컴퓨터 drawer 서랍 file folder 파일함 office equipment 사무용품 briefcase 서류가방 bulletin board 게시판

typing on a keyboard 키보드로 타자를 치고 있다
using the copy machine 복사기를 사용하고 있다
holding the machine's lid 기계의 뚜껑을 잡고 있다
examining some papers[document] 서류를 검토하고 있다
having a discussion[meeting] 토론하고[회의하고] 있다
pointing at a screen 화면을 가리키고 있다
have gathered around a table 테이블 주위에 모여 있다
speaking to a group of people 한 무리의 사람들에게 말하고 있다
writing on a notepad[some paper] 메모장에[종이에] 필기하고 있다
drawers have been left open 서랍이 열려 있다
papers are scattered 종이가 흐트러져 있다

> **꿀팁! 토익 최신 경향**
>
> PART 1에서 examine은 다양한 명사와 쓰여 서로 다른 의미가 된다.
> - examine paper/document 서류를 검토하다
> - examine the machine 기계를 살펴보다
> - examine a patient 환자를 진찰하다

☑ **Quick Check 01**

(A)　(B)

포인트 02 상점 사진

상점 사진은 출제 빈도가 높다. 사람이 등장할 경우 물건을 고르거나, 쇼핑 카트를 밀거나, 계산하기 위해 줄을 서 있는 모습을 묘사한 문장이 정답이 될 확률이 높다. 상품이 진열되어 있는 모습을 묘사한 표현이 정답으로 출제되기도 한다.

| 상점 사진에서 자주 나오는 표현 |

동사	carry 들다, 나르다 reach for ~을 향해 손을 뻗다 line 줄 서다 display 진열하다 restock 다시 채우다 try on 입어 보다, 먹어 보다 pay for 지불하다 push 밀다 pull 당기다 inspect 점검하다 stack 쌓다
명사	cash register 계산대 shelf 선반 counter 카운터 rack 옷걸이 product 상품 merchandise 상품 grocery 식료품 cashier 계산하는 직원 display case 진열장 aisle 복도

carrying a shopping basket 쇼핑 바구니를 들고 있다
reaching for a product 상품을 향해 손을 뻗고 있다
standing at a cash register 계산대에 서 있다
trying on headphones 헤드폰을 써보고 있다
paying for some groceries[merchandise] 식료품[상품]의 돈을 지불하고 있다
pushing a shopping cart 쇼핑 카트를 밀고 있다
Garments are hanging on the racks. 의류가 옷걸이에 걸려 있다.
Shopping carts have been lined up. 쇼핑 카트가 줄지어 있다.
Merchandise is arranged on shelves. 상품이 선반에 진열되어 있다.
Vegetables are on display. 야채가 진열되어 있다.
Customers are being assisted. 고객들이 도움을 받고 있다.

> **꿀팁! 토익 최신 경향**
>
> 상점 사진에서는 사람 주어로 shop owner(상점 주인), customers/shoppers(고객들) 등이 출제되기도 한다.

☑ **Quick Check 02**

(A)　(B)

Quick Check 정답
01 (A) 02 (A)

유형 03 식당 사진

[AU]
(A) A man is taking an order from a customer.
(B) A man is standing in front of a vending machine.
(C) A woman is paying for her meal.
(D) Some diners are helping themselves to a meal.

이렇게 풀어요

① 사진 파악하기 다인 사진, 식당[구내식당], lined up(줄 서있다), a woman – paying(계산하고 있다)

② 선택지 들으며 사진과 불일치하는 것 소거하여 정답 선택하기
(A) A man is taking an order from a customer. 동사 불일치 남자가 손님의 주문을 받고 있다.
(B) A man is standing in front of a vending machine. 위치 불일치 남자가 자판기 앞에 서있다.
(C) A woman is paying for her meal. 정답으로 선택 여자가 식사를 계산하고 있다.
(D) Some diners are helping themselves to a meal. 동사 불일치 몇몇 식사하는 사람들은 식사를 하고 있다.

유형 04 거실·주방 사진

[US]
(A) Some paintings are propped against the wall.
(B) A flower vase has been placed on top of a table.
(C) Some chairs have been pushed under the desk.
(D) A carpet has been rolled up in the corner.

이렇게 풀어요

① 사진 파악하기 사물·풍경 사진, 거실, sofa(소파), cushions(쿠션), lamp on the table(테이블 위에 전등), vase(꽃병), carpet(카펫), a painting(그림), hanging on the wall(벽에 걸려 있다)

② 선택지 들으며 사진과 불일치하는 것 소거하여 정답 선택하기
(A) Some paintings are propped against the wall. 동사 불일치 몇몇 그림이 벽에 기대어져 있다.
(B) A flower vase has been placed on top of a table. 정답으로 선택 꽃병이 테이블 위에 놓여져 있다.
(C) Some chairs have been pushed under the desk. 위치 불일치 몇몇 의자가 책상 아래로 밀어넣어져 있다.
(D) A carpet has been rolled up in the corner. 동사 불일치 카펫이 모퉁이에 말려져 있다.

포인트 03 식당 사진

식당 사진은 식사를 하는 손님과 응대하는 직원으로 나누어 주어에 따라 동작/상태 묘사가 일치하는지 확인한다. 식당에서 사용되는 가구, 도구 등을 지칭하는 표현을 알아두어야 한다.

Quick Check 03

(A)　　(B)

식당 사진에서 자주 나오는 표현	
동사	serve 서빙하다　carry 나르다　clear 치우다　wait 기다리다　pour 붓다　set up 차리다
명사	(serving) tray (서빙) 쟁반　glass 유리잔　mug 머그잔　napkin 냅킨　plate 접시　bottle 병 silverware 은 식기류　meal 식사　dish 요리　beverage 음료　diner 식사하는 사람 server 서빙하는 사람　cafeteria 구내식당　dining area 식사하는 공간

setting the table 테이블을 세팅하고 있다
holding a serving tray 서빙 쟁반을 들고 있다
paying for their meal 식사를 계산하고 있다
drinking from a cup/a bottle/a mug 컵/병/머그로 마시고 있다
pouring water into a glass 유리잔에 물을 따르고 있다
looking at/studying the menu 메뉴를 살펴보고 있다
waiting on a customer 손님을 응대하고 있다
taking an order/placing an order 주문을 받고 있다/주문을 하고 있다
talking to a server 점원과 이야기하고 있다
clearing the table 테이블을 정리하고 있다
customers are waiting to be seated 고객들이 앉기 위해 기다리고 있다
food is being served 음식이 제공되고 있다

포인트 04 거실·주방 사진

사람이 없는 사진일 경우, 가구나 조리 도구의 상태나 위치를 묘사하는 보기가 주로 정답이다. 사람이 등장할 경우 청소를 하거나 조리대에서 음식을 준비하는 동작 표현이 출제된다.

Quick Check 04

(A)　　(B)

거실·주방 사진에서 자주 나오는 표현	
동사	prop against ~에 기대어져 있다　roll up 말리다　hang 걸다　mount 고정시키다　mop 빗자루로 쓸다 wipe 닦다　wash 씻다　stack 쌓다
명사	lamp/light 전등　pillow 베개　furniture 가구　vase 꽃병　decoration 장식품　ceiling 천장 wall 벽　rug 러그　plate 접시　counter 조리대　apron 앞치마　cooking utensils 조리 도구 kitchen appliance 주방 기기　bowl 보울(그릇)　sink 싱크대　container 용기

A rug has been rolled up. 카펫이 말려 있다.
changing a light bulb 전구를 교체하고 있다
vacuuming the floor 바닥을 청소기로 청소하고 있다
preparing a meal 음식을 요리하고 있다
wiping a counter 조리대를 닦고 있다
Flowers have been put in a vase. 꽃이 화병에 들어 있다.
Curtains have been pulled open. 커튼이 걷혀 있다.
Pillows have been arranged on the couch. 쿠션들이 소파 위에 정리되어 있다.
Dishes are stacked on a counter. 접시들이 조리대에 쌓여 있다.
Kitchen utensils are placed on a counter. 조리 도구들이 조리대 위에 놓여 있다.
An apron is hanging from a hook. 앞치마가 고리에 걸려 있다.

Quick Check 정답 03 (B) 04 (A)

PART 1

유형 05 도서관·박물관 사진

[BR]
(A) Paintings are hanging on the wall.
(B) A woman is seated on the floor.
(C) Some people are walking down a hallway.
(D) A floor is being swept with a mop.

이렇게 풀어요

① 사진 파악하기 사람이 있는 사물·풍경 사진, 박물관, some people(몇몇 사람들) – standing(서 있다), a woman(여자) – sitting on a chair(의자에 앉아 있다), looking at the paintings(그림을 보고 있다), 배경 – paintings on a wall(벽에 걸린 그림)

② 선택지 들으며 사진과 불일치하는 것 소거하여 정답 선택하기
(A) **Paintings are hanging on the wall.** 정답으로 선택 그림들이 벽에 걸려 있다.
(B) A woman is seated on the floor. 위치 불일치 여자가 바닥에 앉아 있다.
(C) Some people are walking down a hallway. 동사 불일치 몇몇 사람들이 복도를 걷고 있다.
(D) A floor is being swept with a mop. 동사 불일치 바닥이 대걸레로 쓸리고 있다.

유형 06 실험실·창고 사진

[US]
(A) A woman is wearing a vest.
(B) A woman is standing on a ladder.
(C) One of the men is inspecting a machine.
(D) One of the men is carrying a carton.

이렇게 풀어요

① 사진 파악하기 다인 사진, 창고, one of the men(남자들 중 한 명) – carrying a box(상자를 들고 있다), some people(몇몇 사람들) – wearing safety hats(안전모를 쓰고 있다), one of the women(여자들 중 한 명) – taking notes(무언가를 적고 있다), 배경 – ladder(사다리)

② 선택지 들으며 사진과 불일치하는 것 소거하여 정답 선택하기
(A) A woman is wearing a vest. 목적어 불일치 여자가 조끼를 입고 있다.
(B) A woman is standing on a ladder. 위치 불일치 여자가 사다리에 서있다.
(C) One of the men is inspecting a machine. 목적어 불일치 남자들 중 한 명이 기계를 점검하고 있다.
(D) **One of the men is carrying a carton.** 정답으로 선택 남자들 중 한 명이 상자를 들고 있다.

포인트 05 도서관·박물관 사진

도서관 사진은 책이 진열되어 있거나 사람이 책을 보고 있는 모습, 또는 전체적인 배경에 대한 문장이 정답으로 출제된다. 박물관이나 미술관 사진은 작품을 감상하고 있는 사람들의 동작이나 작품이 전시되어 있는 상태를 묘사하는 문장이 자주 출제된다.

Quick Check 05

(A) (B)

도서관·박물관 사진에서 자주 나오는 표현	
동사	reach for ~을 향해 손을 뻗다 arrange 정리하다 check out 대여하다 spread 흩어져 있다 organize 정리하다 hang 걸다 display 전시하다 polish 닦다
명사	(book) shelf 책장 (book) cart 책을 나르는 카트 armchair 팔걸이 의자 picture/painting 그림 artwork 예술품

armchairs are occupied 팔걸이 의자에 사람이 앉아 있다
reaching for a book 책을 꺼내려 하고 있다
checking out some books 책을 대출하고 있다
reviewing a book 책을 보고 있다
handing out tickets 티켓을 나누어주고 있다
displaying some artwork 예술품을 전시하고 있다
hanging up a picture 그림을 걸고 있다
The floor is being polished. 바닥이 닦여지고 있다(누군가 바닥을 닦고 있다).
Some artwork is hanging on the wall. 예술품이 벽에 걸려 있다.
Books are spread out on a counter. 책들이 카운터에 흩어져 있다.

포인트 06 실험실·창고 사진

실험실은 장소의 특성에 맞게 실험을 하고 있는 인물 사진이 가장 대표적으로 출제된다. 기구를 사용하고 있는 동작이나 장비를 착용하고 있는 상태에 대한 보기가 자주 출제된다. 창고 사진에는 작업복을 입은 사람들이 주로 등장하여 장비를 작동하거나 도구를 사용하고 있는 모습이 나온다.

Quick Check 06

(A) (B)

실험실·창고 사진에서 자주 나오는 표현	
동사	examine 검사하다 look into ~을 들여다보다 lay 놓다, 두다 conduct 실시하다 repair 수리하다 assemble 조립하다 install 설치하다 carry 나르다 lift 들어올리다 inspect 검사하다
명사	(laboratory) equipment (실험실) 장비 microscope 현미경 safety glasses 보호 안경 work surface 작업대 protective gear 보호 장비 toolbox 공구상자 machine 기계 electric cord 전선 tool 도구 warehouse 창고 storage room 창고

wearing safety[protective] glasses 보호 안경을 착용하고 있다
looking into a microscope 현미경을 들여다보고 있다
using laboratory equipment 실험실 기구를 사용하고 있다
conducting an experiment 실험을 하고 있다
boxes are stacked 박스가 쌓여 있다
picking up a carton 상자를 들고 있다
working in a warehouse 창고에서 일하고 있다
sweeping a storage room[storage area] 창고를 (빗자루로) 쓸고 있다
assembling some shelves 선반을 조립하고 있다
equipment is being inspected 기기들이 점검되고 있다

Quick Check 정답
05 (A) 06 (B)

유형 연습

01.

(1) 음원을 들으며 사진과 관련된 단어이면 ○, 아니면 ×에 표시하세요.

(A) ○ | ×   (B) ○ | ×   (C) ○ | ×

(2) 음원을 들으며 빈칸을 채우고 정답에는 ○, 오답에는 × 표시하세요.

(A) They are _____ _____ to diners. [   ]

(B) They are _____ the tables. [   ]

02.

(1) 음원을 들으며 사진과 관련된 단어이면 ○, 아니면 ×에 표시하세요.

(A) ○ | ×   (B) ○ | ×   (C) ○ | ×

(2) 음원을 들으며 빈칸을 채우고 정답에는 ○, 오답에는 × 표시하세요.

(A) A chair is _____ _____. [   ]

(B) Some armchairs are _____. [   ]

03.

(1) 음원을 들으며 사진과 관련된 단어이면 ○, 아니면 ×에 표시하세요.

(A) ○ | ×   (B) ○ | ×   (C) ○ | ×

(2) 음원을 들으며 빈칸을 채우고 정답에는 ○, 오답에는 × 표시하세요.

(A) They are _____ in line. [   ]

(B) They are _____ _____ some items. [   ]

04.

(1) 음원을 들으며 사진과 관련된 단어이면 ○, 아니면 ×에 표시하세요.

(A) ○ | ×   (B) ○ | ×   (C) ○ | ×

(2) 음원을 들으며 빈칸을 채우고 정답에는 ○, 오답에는 × 표시하세요.

(A) A box _____ _____ _____ on the conveyor. [   ]

(B) An item is being put into a _____. [   ]

실전 문제

DAY 03_05 / 정답 및 해석 p. 015

01.

(A)　　　(B)　　　(C)　　　(D)

02.

(A)　　　(B)　　　(C)　　　(D)

03.

(A)　　　(B)　　　(C)　　　(D)

04.

(A)　　　(B)　　　(C)　　　(D)

05.

(A)　　　(B)　　　(C)　　　(D)

06.

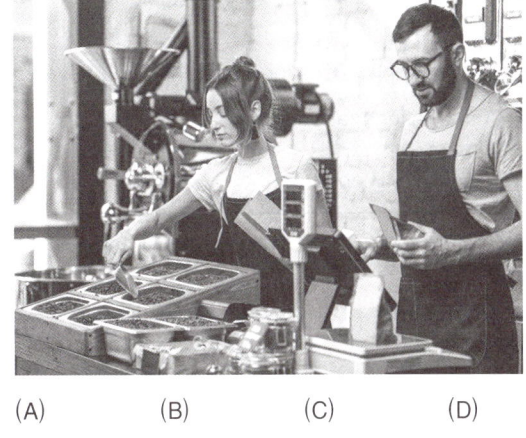

(A)　　　(B)　　　(C)　　　(D)

PART 2

How 의문문 (1)

How 의문문은 뒤에 오는 형용사나 부사에 따라 가격, 수량, 기간 등 다양한 내용을 물을 수 있다. 매회 1문제 정도 출제된다.

유형 01 방법을 묻는 질문

How do you usually get to your office?

(A) As usual.
(B) We open at 10 every morning.
(C) I take the subway.

당신은 회사에 주로 어떻게 가나요?

(A) 평소대로요.
(B) 저희는 매일 아침 10시에 열어요.
(C) 저는 지하철을 타요.

이렇게 풀어요

① 질문 내용 파악하기 **How** do you usually **get to your office**?
   어떻게   회사에 가나요

② 선택지 들으며 오답 소거하여 정답 선택하기

   (A) As ~~usual~~. 유사 발음 오답(usually-usual)
   (B) We ~~open at 10~~ every morning. 다른 의문사 답변 오답(when)
   (C) **I take the subway.** 정답으로 선택

유형 02 빈도를 묻는 질문

How often do you take a break during your shift?

(A) At an employee lounge.
(B) Yes, I broke them.
(C) Every 50 minutes.

교대 근무 중에 얼마나 자주 휴식을 취하나요?

(A) 직원 휴게실에서요.
(B) 네, 제가 그것들을 망가뜨렸어요.
(C) 50분마다요.

이렇게 풀어요

① 질문 내용 파악하기 **How often** do you **take a break** during your shift?
   얼마나 자주   휴식을 취하는지

② 선택지 들으며 오답 소거하여 정답 선택하기

   (A) ~~At~~ an employee lounge. 다른 의문사 답변 오답(where)
   (B) ~~Yes~~, I broke them. 의문사 의문문에 Yes/No로 답한 오답
   (C) **Every 50 minutes.** 정답으로 선택

유형 03 수를 묻는 질문

How many applications for the job opening have you received now?

(A) A marketing manager position.
(B) Almost 20.
(C) Yes, it is still open.

지금까지 공석에 몇 개의 지원서를 받았나요?

(A) 마케팅 부장 자리요.
(B) 거의 20개요.
(C) 네, 아직 모집 중입니다.

이렇게 풀어요

① 질문 내용 파악하기 **How many applications** for the job opening **have you received** now?
   몇 개의 지원서를   받았는지

② 선택지 들으며 오답 소거하여 정답 선택하기

   (A) A marketing manager ~~position~~. 연상 어휘 오답(applications-position)
   (B) **Almost 20.** 정답으로 선택
   (C) ~~Yes~~, it is still open. 의문사 의문문에 Yes/No로 답한 오답

DAY 03_06 / Quick Check 스크립트 p. 016

포인트 01 수단이나 방법을 묻는 How 의문문

How 뒤에 동사가 나오면 주로 수단이나 방법을 묻는 질문이다. by/through(~로/~를 통해)를 이용한 답변과 어떻게 하라고 알려주는 명령문 형태의 답변이 대표적이지만, 최근에는 옆 페이지의 예제처럼 단순히 방법이나 수단으로 답변하는 경우도 자주 출제된다.

by/through + 명사	by bus 버스로 by express mail 빠른 우편으로 through his help 그의 도움으로
명령문	Check the manual. 매뉴얼을 확인해 보세요. Take the bus across the street. 길 건너편에서 버스를 타세요. Fill out the application form. 신청서를 작성하세요.

Q. **How** can I operate this machine? 제가 이 기계를 어떻게 작동할 수 있죠?
A. **Check** the manual. 매뉴얼을 확인해 보세요.

> **꿀팁! 토익 최신 경향**
>
> 수단이나 방법을 묻는 질문에 간접적인 응답도 정답으로 출제된다.
> Q. How can we get some paper? 저희가 종이를 어떻게 얻을 수 있죠?
> A. I'll give you some. 제가 좀 드릴게요.

☑ **Quick Check 01**
Mark your answer.
(A)   (B)

포인트 02 빈도를 묻는 How often/How frequently 의문문

How 뒤에 형용사나 부사가 나오면 정도를 묻는 질문이 되는데, How often이나 How frequently로 시작하면 빈도를 묻는 내용이다. 따라서 이에 대한 대답은 빈도부사나 횟수를 나타내는 표현으로 해야 한다.

빈도부사	usually 주로 sometimes 때때로, 가끔 never 한 번도 ~않다 rarely 드물게
횟수를 나타내는 표현	once a week 일주일에 한 번 twice a month 한 달에 두 번 three times a year 일년에 세 번 at least three hours a week 적어도 일주일에 세 시간 every day 매일 every week 매주 every year(= annually) 매년 As often as I can. 제가 할 수 있는 한 자주요.

Q. **How often** do you contact the main office? 본사와 얼마나 자주 연락하세요?
A. **Sometimes** when it's an emergency. 긴급 상황일 때 가끔이요.

Q. **How frequently** do you go on business trips? 출장을 얼마나 자주 다니세요?
A. Probably, **three times a year**. 아마도, 일년에 세 번 정도요.

☑ **Quick Check 02**
Mark your answer.
(A)   (B)

포인트 03 수를 묻는 How many 의문문

- How many로 묻는 질문은 구체적인 수로 답변하거나, '약, 대략'이라는 의미의 부사를 사용하여 대략적인 수로 답변하는 문장이 정답이 된다.

대략적인 수를 나타낼 때 숫자 앞에 쓰는 표현

almost(= approximately) 거의 around/about/nearly 약/대략/거의 at least 최소한, 적어도	more than(= over) ~이상 less than ~이하

Q. **How many** employees have signed up for the event? 얼마나 많은 직원들이 그 행사에 등록했나요?
A. **More than** 200 so far. 지금까지 200명 이상이요.

- How many 뒤에 times가 붙어 How many times~?(몇 번을~)로 묻는 의문문은 횟수를 묻는 질문이므로 위의 02에서 배운 빈도부사나 횟수를 나타내는 표현으로 답변해야 한다.

Q. **How many times** do you go out to eat per week? 한 주에 몇 번 외식하시나요?
A. **Once a week**, regularly. 일주일에 한 번, 정기적으로요.

> **꿀팁! 토익 최신 경향**
>
> 숫자를 나타내는 아래의 표현들도 자주 출제되므로 알아두자.
> a dozen 12개
> a decade 10년
> a couple of 두 세 개의

☑ **Quick Check 03**
Mark your answer.
(A)   (B)

Quick Check 정답
01 (A) 02 (B) 03 (A)

유형 04 가격이나 양을 묻는 질문

How much do you pay for your apartment's rent?

(A) Sorry, I am past due.
(B) 750 dollars per month.
(C) On the last day of every month.

당신의 아파트 임대료로 얼마를 지불하시나요?

(A) 죄송해요, 제가 기한을 넘겼네요.
(B) 한 달에 750달러요.
(C) 매달 마지막 날에요.

이렇게 풀어요

❶ 질문 내용 파악하기 **How much** do you **pay for** your apartment's rent?
　　　　　　　　　　얼마를　　　지불하는지

❷ 선택지 들으며 오답 소거하여 정답 선택하기

(A) Sorry, I am past due. 연상 어휘 오답(rent-past due)
(B) 750 dollars per month. 정답으로 선택
(C) On the last day of every month. 다른 의문사 답변 오답(when)

유형 05 기간을 묻는 질문

How long will the festival last?

(A) Last Saturday.
(B) At the cultural district.
(C) For three days.

축제는 얼마나 오래 지속되나요?

(A) 지난주 토요일이요.
(B) 문화 지구에서요.
(C) 3일 동안이요.

이렇게 풀어요

❶ 질문 내용 파악하기 **How long** will the **festival last**?
　　　　　　　　　　얼마나 오래　　축제가 지속되는지

❷ 선택지 들으며 오답 소거하여 정답 선택하기

(A) Last Saturday. 다른 의문사 답변 오답(when)
(B) At the cultural district. 다른 의문사 답변 오답(where)
(C) For three days. 정답으로 선택

유형 06 시기를 묻는 질문

How soon can you finish repairing my car?

(A) It'll be done by tomorrow morning.
(B) He is a car mechanic.
(C) A flat tire.

제 차를 얼마나 빨리 수리할 수 있으신가요?

(A) 내일 아침까지는 끝날 겁니다.
(B) 그는 차 정비공입니다.
(C) 바람 빠진 타이어요.

이렇게 풀어요

❶ 질문 내용 파악하기 **How soon** can you **finish repairing** my car?
　　　　　　　　　　얼마나 빨리　　수리를 끝낼 수 있는지

❷ 선택지 들으며 오답 소거하여 정답 선택하기

(A) It'll be done by tomorrow morning. 정답으로 선택
(B) He is a car mechanic. 연상 어휘 오답(car-car mechanic)
(C) A flat tire. 연상 어휘 오답(repairing my car-flat tire)

포인트 04 · 가격이나 양을 묻는 How much 의문문

How much 의문문에는 가격이나 양으로 답변이 가능하며, 다시 확인해보겠다거나 다른 사람에게 물어보라는 우회적인 답변이 정답이 될 수도 있다.

가격	Ten dollars each. 하나에 10달러입니다. It's only 30 euros. 겨우 30유로에요. It comes to two hundred pounds. 200파운드입니다.
양	We offer a 25 percent discount. 저희는 25퍼센트 할인해 드립니다. Twice its original price. 원래 가격의 두 배입니다.
우회적 답변	Let me check the receipt. 제가 영수증을 확인해 보겠습니다. I'll ask the manager. 매니저에게 물어보겠습니다.

Q. **How much** does the daily special cost? 일일 특선 요리가 얼마인가요?
A. It's **15 euros** on weekdays. 평일에는 15유로입니다.

Q. **How much** have our profits increased this year? 올해 우리 수익이 얼마나 증가했나요?
A. **By 20 percent**. 20퍼센트요.

☑ **Quick Check 04**
Mark your answer.
(A)　　(B)

포인트 05 · 기간을 묻는 How long 의문문

How long으로 시작하는 질문은 기간을 묻는다. for, until, since등 기간을 나타내는 표현을 사용하여 답하는 것이 보편적이지만 최근에는 이러한 표현들을 생략하고 바로 답하는 경우도 자주 출제된다.

for + 기간	for almost a year 거의 1년 동안　for more than six months 6개월 넘게 for five hours 5시간 동안
until + 미래 시점	until next Friday 다음 주 금요일까지　until the end of the month 이번 달 말까지
since + 과거 시점	since last year 작년부터　since I was 20 내가 20살 때부터

Q. **How long** is the drive to the subway station? 지하철역까지 차로 얼마나 걸리죠?
A. It takes **about 15 minutes**. 15분 정도 걸려요.

Q. **How long** will the retirement party be? 은퇴 파티가 얼마나 오래 열릴까요?
A. (For) **Three hours**, I guess. 아마 3시간 정도요.

☑ **Quick Check 05**
Mark your answer.
(A)　　(B)

● **실수 피하기**

How long 의문문에는 기간을 나타내는 표현으로 응답해야 하지만, How soon이나 How quickly 의문문에는 시점 또는 기간으로 모두 답변할 수 있다.
Q. **How soon** can you finish the report? 보고서를 얼마나 빨리 끝낼 수 있으세요?
A. [시점] By tomorrow morning. 내일 아침까지요.
A. [기간] It will take for a couple of weeks. 2주 정도 걸릴 거예요.

포인트 06 · 시기를 묻는 How soon/How quickly 의문문

How soon/How quickly로 시작하는 질문은 '얼마나 빨리'를 묻는 내용이므로 시기를 묻는 질문이다. 따라서 When 의문문처럼 특정 시점이나 소요 시간(기간)으로 응답하는 답변이 정답이 된다.

특정 시점을 나타내는 표현	in about two hours 약 두 시간 후에　sometime next week 다음 주 쯤에 before lunch 점심 시간 전에　by the end of the day 오늘 내로

Q. **How soon** can I have the data I asked for? 제가 요청한 자료를 얼마나 빨리 받을 수 있을까요?
A. **Before** lunch. 점심 시간 전에요.

Q. **How quickly** can you deliver the package? 얼마나 빨리 소포를 배달할 수 있으세요?
A. I'll be done **by the end of the day**. 오늘 내로 끝날 겁니다.

☑ **Quick Check 06**
Mark your answer.
(A)　　(B)

따라 하면 문제가 풀리는 유형 연습

MP3 DAY 03_08 / 정답 및 해석 p. 017

각 질문과 보기를 들으며 빈칸을 채운 뒤 정답에는 O, 오답에는 × 표시하세요.

01. _____ _____ did the transportation _____?
- (A) I'll have to _____ the _____. [ ]
- (B) Yes, _____ is much faster. [ ]

02. _____ _____ will you be staying in Tokyo?
- (A) I'll _____ at my cousin's _____. [ ]
- (B) Only _____ _____. [ ]

03. _____ did you manage to _____ so early?
- (A) No, I _____ _____ last night. [ ]
- (B) I took a _____ _____. [ ]

04. _____ _____ can you finish the work?
- (A) Everything will be done _____ _____ _____. [ ]
- (B) Daniel will be here _____. [ ]

05. _____ _____ office supplies should I order?
- (A) We need _____ _____ _____. [ ]
- (B) The parts will be _____ this _____. [ ]

06. _____ should I _____ these files?
- (A) In an _____ _____. [ ]
- (B) He _____ a _____. [ ]

07. _____ can I change the _____?
- (A) May I have _____ _____, please? [ ]
- (B) _____, you can start now. [ ]

08. _____ _____ _____ do you need to fix the machine?
- (A) No, the _____ is over there. [ ]
- (B) _____ a couple of _____. [ ]

실전 문제

DAY 03_09 / 정답 및 해석 p. 017

01. Mark your answer on your answer sheet.
(A)　　　(B)　　　(C)

02. Mark your answer on your answer sheet.
(A)　　　(B)　　　(C)

03. Mark your answer on your answer sheet.
(A)　　　(B)　　　(C)

04. Mark your answer on your answer sheet.
(A)　　　(B)　　　(C)

05. Mark your answer on your answer sheet.
(A)　　　(B)　　　(C)

06. Mark your answer on your answer sheet.
(A)　　　(B)　　　(C)

07. Mark your answer on your answer sheet.
(A)　　　(B)　　　(C)

08. Mark your answer on your answer sheet.
(A)　　　(B)　　　(C)

09. Mark your answer on your answer sheet.
(A)　　　(B)　　　(C)

10. Mark your answer on your answer sheet.
(A)　　　(B)　　　(C)

11. Mark your answer on your answer sheet.
(A)　　　(B)　　　(C)

12. Mark your answer on your answer sheet.
(A)　　　(B)　　　(C)

13. Mark your answer on your answer sheet.
(A)　　　(B)　　　(C)

14. Mark your answer on your answer sheet.
(A)　　　(B)　　　(C)

15. Mark your answer on your answer sheet.
(A)　　　(B)　　　(C)

16. Mark your answer on your answer sheet.
(A)　　　(B)　　　(C)

영단기
토익 솔루션
LC

DAY
04

PART 1 야외 사진

- **유형 01** 거리 사진
- **유형 02** 광장·공원 사진
- **유형 03** 건설 현장 사진
- **유형 04** 부둣가·물가 사진
- **유형 05** 정원·마당 사진
- **유형 06** 역·공항 외부 사진

PART 2 How 의문문 (2) / Why 의문문

- **유형 01** How 의문문 – 의견을 묻는 질문 (1)
- **유형 02** How 의문문 – 의견을 묻는 질문 (2)
- **유형 03** How 의문문 – 제안하는 질문
- **유형 04** Why 의문문 – 이유나 원인을 묻는 질문
- **유형 05** Why 의문문 – 목적을 묻는 질문
- **유형 06** Why 의문문 – 제안하는 질문

PART 1 야외 사진

거리나 공원과 같은 야외 사진은 6문제 중 1문제 정도 출제된다. 여러 무리의 사람이 있는 배경 사진으로 주로 출제된다.

유형 01 거리 사진 〔자주 나와요〕

[US]
(A) Some pedestrians are crossing a street.
(B) A car is being repaired in the garage.
(C) Some workers are working on the construction site.
(D) Street lights line both sides of a road.

이렇게 풀어요

① **사진 파악하기** 사람이 있는 사물·풍경 사진, 거리, a man(남자) – walking on the road(길을 걷고 있다), 배경 – trucks are parked(트럭이 주차되어 있다), buildings lined up(줄지어져 있는 건물들), street lights(가로등), cars/vehicles(차량들)

② **선택지 들으며 사진과 불일치하는 것 소거하여 정답 선택하기**
(A) Some pedestrians are crossing a street. 〔동사 불일치〕 몇몇 보행자들이 길을 건너고 있다.
(B) A car is being repaired in the garage. 〔위치 불일치〕 차가 차고에서 수리되고 있다.
(C) Some workers are working on the construction site. 〔위치 불일치〕 몇몇 작업자들이 공사 현장에서 일하고 있다.
(D) Street lights line both sides of a road. 〔정답으로 선택〕 가로등이 도로 양쪽에 늘어서 있다.

유형 02 광장·공원 사진

[AU]
(A) A band of musicians is playing on an outdoor stage.
(B) Some people are relaxing on a bench.
(C) Picnic tables are arranged in a row.
(D) Some people are walking along the beach.

이렇게 풀어요

① **사진 파악하기** 사람이 있는 사물·풍경 사진, 공원, some people(몇몇 사람들) – sitting on a bench(벤치에 앉아 있다), sitting on the grass(잔디에 앉아 있다), 배경 – trees are planted(나무들이 심어져 있다)

② **선택지 들으며 사진과 불일치하는 것 소거하여 정답 선택하기**
(A) A band of musicians is playing on an outdoor stage. 〔주어 불일치〕 음악가 밴드가 야외 무대에서 공연하고 있다.
(B) Some people are relaxing on a bench. 〔정답으로 선택〕 몇몇 사람들이 벤치에서 쉬고 있다.
(C) Picnic tables are arranged in a row. 〔주어 불일치〕 피크닉 테이블이 일렬로 정렬되어 있다.
(D) Some people are walking along the beach. 〔위치 불일치〕 몇몇 사람들이 해변을 따라 걷고 있다.

포인트 01 거리 사진

거리 사진은 보행자가 길을 건너거나 신호를 기다리고 있는 모습, 자전거를 타는 모습, 자동차가 신호 대기하고 있거나 주차되어 있는 모습, 건물이나 가로등의 배열 모습을 묘사한 보기가 자주 출제된다. 사물 주어와 사람 주어가 혼재되어 있는 문제로 주로 출제되므로 다양한 표현들을 익혀두자.

꿀팁! 토익 최신 경향
거리 사진에서 사람들이 등장할 경우 일반적인 사람을 의미하는 some people 대신에 pedestrians(보행자들)가 자주 출제된다.

거리 사진에서 자주 나오는 표현	
동사	block 막다 get into 타다 stand 서 있다 ride 타다 cross 건너다 surround 둘러싸다 repair 수리하다 cycle 자전거를 타다 line 일렬로 늘어서다
명사	traffic light 신호등 walkway 보도 doorway 출입구 crosswalk 횡단보도 path 길 cyclist 자전거 타는 사람 streetlamp 가로등 intersection 교차로 pedestrian 보행자 lamppost 가로등 road sign 표지판 pavement (도로의) 포장 street light 가로등 curb 연석(도로 경계석)

blocking a road 도로를 막고 있다
parked near a curb 연석 근처에 주차되어 있다
stopped at an intersection 교차로에 정차해 있다
wiping a car window 자동차 창문을 닦고 있다
crossing an intersection 교차로를 건너고 있다
cycling on a road 도로에서 자전거를 타고 있다
descending some stairs 계단을 내려가고 있다
Trees are lining both sides of a street. 나무들이 도로 양쪽에 늘어서 있다.
Vehicles are stopped at the traffic signal. 차가 교통 신호에 멈춰 있다.
A walkway is divided by railing. 보도가 난간으로 분리되어 있다.

✓ Quick Check 01

(A)　(B)

포인트 02 광장·공원 사진

광장 사진은 사람들이 휴식을 취하고 있는 모습, 공연을 관람하는 모습, 광장 주위의 배경을 묘사하는 표현이 정답으로 출제된다. 공원 사진은 사람들이 조깅하는 모습, 벤치에 앉아 있는 모습, 나무 또는 공원의 잔디밭, 길의 모양을 묘사하는 문제가 자주 출제된다.

광장·공원 사진에서 자주 나오는 표현	
동사	stroll 거닐다 mow 잔디를 깎다 relax 휴식을 취하다 occupy 차지하다 jog 조깅하다
명사	grass 잔디 playground 놀이터 bench 벤치 umbrella 파라솔 plaza 광장

tying her shoelaces 신발 끈을 묶고 있다
jogging through a park 공원에서 조깅하고 있다
resting on a bench 벤치에서 쉬고 있다
having a picnic 소풍을 하고 있다
An outdoor market is being held. 야외 시장이 열리고 있다.
Umbrellas have been closed. 파라솔이 접혀 있다.
Benches are occupied. 벤치에 사람이 앉아 있다.
Picnic tables are lined up in a row. 피크닉 테이블이 일렬로 줄지어 있다.
Bicycles are leaning against a fence. 자전거들이 울타리에 기대어져 있다.
Picnic tables have been set up in a plaza. 광장에 피크닉 테이블이 설치되어 있다.

✓ Quick Check 02

(A)　(B)

PART 1

유형 03 건설 현장 사진   자주 나와요

[BR]
(A) A roof is being repaired.
(B) Some people are unloading some boxes.
(C) The men are installing a carpet.
(D) Some construction work is being done.

이렇게 풀어요

① **사진 파악하기** 다인 사진, 건설 현장, people/men(사람들) – working at a construction site(건설 현장에서 일하고 있다), using tools(도구를 사용하고 있다), 배경 – roof(지붕), ladder(사다리)

② 선택지 들으며 사진과 불일치하는 것 소거하여 정답 선택하기

(A) A roof is being repaired. 동사 불일치 지붕이 수리되고 있다.
(B) Some people are unloading some boxes. 동사 불일치 몇몇 사람들이 상자를 내리고 있다.
(C) The men are installing a carpet. 목적어 불일치 남자들이 카펫을 설치하고 있다.
(D) Some construction work is being done. 정답으로 선택 건설 작업이 진행되고 있다.

유형 04 부둣가·물가 사진

[US]
(A) Some men are getting into a boat.
(B) A boat is docked at a pier.
(C) A man is tying a rope on a pole.
(D) Some people are swimming in the water.

이렇게 풀어요

① **사진 파악하기** 사람이 있는 사물·풍경 사진, 부둣가, people(사람들) – approaching a boat(배에 다가가고 있다), 배경 – houses/buildings(집들/건물들), walkway(산책로), boat is docked(배가 정박해 있다)

② 선택지 들으며 사진과 불일치하는 것 소거하여 정답 선택하기

(A) Some men are getting into a boat. 동사 불일치 몇몇 남자들이 배를 타고 있다.
(B) A boat is docked at a pier. 정답으로 선택 배가 항구에 정박해 있다.
(C) A man is tying a rope on a pole. 동사 불일치 남자가 기둥에 끈을 묶고 있다.
(D) Some people are swimming in the water. 동사 불일치 몇몇 사람들이 바다에서 수영하고 있다.

포인트 03 건설 현장 사진

건설 현장이나 공사장 사진은 공사되고 있는 건물이나 구조물이 무엇인지 파악해야 한다. 또한 공사 현장에 있는 각종 도구와 안전 장비를 지칭하는 표현도 알아두도록 하자.

건설 현장 사진 자주 나오는 표현	
동사	load 싣다 unload 내리다 move 옮기다 carry 나르다 fix 수리하다 erect 세우다 install 설치하다 hammer 망치로 치다
명사	construction worker 공사 인부 construction site 공사 현장 scaffolding 비계, 발판 dirt 먼지 shovel 삽 helmet 헬멧 ladder 사다리 wheelbarrow 손수레 bucket 양동이 soil 흙 hammer 망치

standing on a ladder 사다리에 서 있다
using a shovel 삽을 사용하고 있다
wearing safety helmets 안전모를 착용하고 있다
wheeling/pushing a wheelbarrow 손수레를 밀고 있다
stacked in a pile 무더기로 쌓여 있다
hammering a piece of wood 나무 조각을 망치로 치고 있다
A cart is being loaded with bricks. 수레에 벽돌이 실리고 있다.
Maintenance work is being carried out. 유지보수 작업이 진행되고 있다.
A rooftop is being repaired. 지붕이 수리되고 있다.

꿀팁! 토익 최신 경향
야외에서 일하고 있는 사진은 인물의 구체적인 동작, 착용하고 있는 작업복, 사용하고 있는 기계와 관련된 보기 문장이 자주 출제된다.

✓ Quick Check 03

(A)   (B)

포인트 04 부둣가·물가 사진

부둣가나 물가(호수, 강, 해변 등) 사진은 물에 배가 떠 있거나 정박해 있는 사진, 다리가 이어져 있는 강 사진이 자주 출제되므로 관련 표현들을 알아두어야 한다. 사람이 등장할 경우 물가를 산책하거나 낚시하는 모습, 해변에서 쉬는 모습의 사진이 출제될 수 있다.

부둣가·물가 사진에서 자주 나오는 표현	
동사	swim 수영하다 tie 묶다 lie 눕다 float 뜨다 boat 배를 타다 sail 항해하다
명사	oar 노 fishing pole 낚싯대 beach umbrella 해변 파라솔 bridge 다리 rope 밧줄 sailor 선원 lake 호수 shore 해변 pier 부두 dock 부두 waterway 수로

strolling along the shore 물가를 따라 산책하고 있다
holding a fishing pole 낚싯대를 잡고 있다
getting into a boat 배에 타고 있다
boating on a river 강에서 배를 타고 있다
swimming in a lake 호수에서 수영하고 있다
lying on the beach 해변에 누워 있다
sailing on the water 항해하고 있다
walking along the water 물가를 따라 걷고 있다
A boat is tied to a dock. 배가 항구에 정박해 있다.
A ship is approaching a pier. 배가 항구에 접근하고 있다.
Houses overlook the lake. 집들이 호수를 내려다 본다.

✓ Quick Check 04

(A)   (B)

Quick Check 정답: 03 (A) 04 (B)

유형 05 정원·마당 사진

[US]
(A) They're watering lawns with water hoses.
(B) They're trimming bushes along a driveway.
(C) They're working near each other.
(D) They're setting up a wooden fence.

이렇게 풀어요

① 사진 파악하기 2인 사진, 정원, they(그들) – working(일하고 있다), wearing a hat(모자를 쓰고 있다), 배경 – bushes(관목), lawn(잔디)

② 선택지 들으며 사진과 불일치하는 것 소거하여 정답 선택하기
(A) They're watering lawns with water hoses. 동사 불일치 그들은 수도 호스로 잔디에 물을 주고 있다.
(B) They're trimming bushes along a driveway. 위치 불일치 그들은 진입로를 따라 있는 관목을 다듬고 있다.
(C) They're working near each other. 정답으로 선택 그들은 서로의 가까이에서 일하고 있다.
(D) They're setting up a wooden fence. 목적어 불일치 그들은 나무 울타리를 설치하고 있다.

유형 06 역·공항 외부 사진

[BR]
(A) Suitcases have been placed in the overhead compartment.
(B) Some people are descending stairs.
(C) Passengers are checking in their baggage.
(D) Some people are boarding an airplane.

이렇게 풀어요

① 사진 파악하기 사람이 있는 사물·풍경 사진, 공항 외부, people(사람들) – boarding an airplane(비행기에 탑승하고 있다), carrying suitcases(여행 가방을 들고 있다), 배경 – airplane/aircraft(비행기), stairs(계단)

② 선택지 들으며 사진과 불일치하는 것 소거하여 정답 선택하기
(A) Suitcases have been placed in the overhead compartment. 동사 불일치 여행 가방들이 머리 위 짐칸에 놓여 있다.
(B) Some people are descending stairs. 동사 불일치 몇몇 사람들이 계단을 내려오고 있다.
(C) Passengers are checking in their baggage. 동사 불일치 승객들이 수하물을 부치고 있다.
(D) Some people are boarding an airplane. 정답으로 선택 몇몇 사람들이 비행기에 탑승하고 있다.

포인트 05 정원·마당 사진

정원이나 마당이 배경이 되는 사진은 주로 정원에서 앉아서 쉬거나 정원을 가꾸는 사진이 주로 출제된다. 정원관리 도구를 사용하거나, 잔디를 깎거나 나무를 손질하는 모습, 식물에 물을 주는 모습을 묘사한 보기도 정답으로 출제된다.

정원·마당 사진에서 자주 나오는 표현

동사	water 물을 주다 trim 다듬다, 손질하다 mow 잔디를 깎다 plant 식물을 심다 surround 둘러싸다
명사	bush 관목 hose 호스 fence 울타리 patio 테라스 lawn 잔디

kneeling on the grass 잔디에 무릎을 꿇고 있다
watering a potted plant 화분에 물을 주고 있다
doing some gardening 정원을 가꾸고 있다
shoveling snow 눈을 삽질하고 있다
trimming the bushes 관목을 다듬고 있다
using a hose 호스를 사용하고 있다
watering the lawn 잔디에 물을 주고 있다
Balconies are being cleaned. 발코니가 청소되고 있다.
A fence surrounds the garden. 울타리가 정원을 둘러싸고 있다.

Quick Check 05

(A)　　(B)

포인트 06 역·공항 외부 사진

역 또는 공항의 외부 사진의 경우 야외 승강장이나 활주로의 모습이 배경이 되는 경우가 많다. 따라서 비행기에서 타거나 내리는 모습 또는 비행기의 상태를 묘사하는 표현이 출제된다. 외부 기차역 또는 버스 정거장의 경우 사람들이 기다리고 있는 모습, 타거나 내리는 모습이 가장 자주 출제되며, 기차가 서있거나 도착하는 모습이 출제되기도 한다.

역·공항 외부 사진에서 자주 나오는 표현

동사	step down 내리다 get out of 내리다 take off 이륙하다 board 탑승하다 leave 출발하다 approach 다가오다, 가까이 가다
명사	passenger 승객 platform 승강장 runway 활주로

stepping down from a train 기차에서 내리고 있다
boarding an airplane 비행기에 탑승하고 있다
approaching the platform 승강장에 들어오고 있다
getting out of a vehicle 차량에서 내리고 있다
taking off from a runway 활주로에서 이륙하고 있다
parked side by side 나란히 주차되어 있다
A train is leaving the station. 기차가 역을 떠나고 있다.
An aircraft is parked. 비행기가 세워져 있다.

Quick Check 06

(A)　　(B)

실수 피하기

사진에 있는 비행기나 기차 등과 관련된 연상 어휘가 오답 보기에 출제되므로 유의하자.

Quick Check 정답
05 (A)　06 (A)

유형 연습

01.

(1) 음원을 들으며 사진과 관련된 단어이면 ○, 아니면 ×에 표시하세요.

(A) ○ | ×   (B) ○ | ×   (C) ○ | ×

(2) 음원을 들으며 빈칸을 채우고 정답에는 ○, 오답에는 × 표시하세요.

(A) A _____ is _____ a street. [   ]
(B) A _____ is being resurfaced. [   ]

02.

(1) 음원을 들으며 사진과 관련된 단어이면 ○, 아니면 ×에 표시하세요.

(A) ○ | ×   (B) ○ | ×   (C) ○ | ×

(2) 음원을 들으며 빈칸을 채우고 정답에는 ○, 오답에는 × 표시하세요.

(A) A crowd of people are _____ _____. [   ]
(B) Some people are _____ performers. [   ]

03.

(1) 음원을 들으며 사진과 관련된 단어이면 ○, 아니면 ×에 표시하세요.

(A) ○ | ×   (B) ○ | ×   (C) ○ | ×

(2) 음원을 들으며 빈칸을 채우고 정답에는 ○, 오답에는 × 표시하세요.

(A) A _____ is being _____ with a brush. [   ]
(B) A man is standing on a _____. [   ]

04.

(1) 음원을 들으며 사진과 관련된 단어이면 ○, 아니면 ×에 표시하세요.

(A) ○ | ×   (B) ○ | ×   (C) ○ | ×

(2) 음원을 들으며 빈칸을 채우고 정답에는 ○, 오답에는 × 표시하세요.

(A) Some people are _____ under umbrellas. [   ]
(B) Some people are _____ in an _____ pool. [   ]

실전 문제

01.

(A) (B) (C) (D)

02.

(A) (B) (C) (D)

03.

(A) (B) (C) (D)

04.

(A) (B) (C) (D)

05.

(A) (B) (C) (D)

06.

(A) (B) (C) (D)

PART 2 How 의문문 (2) / Why 의문문

의견/이유를 묻거나 제안을 하는 How 의문문도 매회 1문제 정도 출제되므로 앞서 배운 How 의문문과 구분하여 알아두자. Why 의문문은 이유/원인/목적을 물으며 매회 2문제 정도 출제된다.

유형 01 How 의문문 - 의견을 묻는 질문 (1)

How was the workshop you attended last Friday?

(A) To a flight attendant position.
(B) It was really informative.
(C) Fill out this form.

지난 주 금요일에 참석한 워크숍은 어땠어요?

(A) 기내 승무원 직이에요.
(B) 정말 유익했어요.
(C) 이 양식을 작성하세요.

이렇게 풀어요

❶ 질문 내용 파악하기 How was the workshop you attended last Friday?
   어땠는지   워크숍이

❷ 선택지 들으며 오답 소거하여 정답 선택하기

(A) To a flight attendant position. 유사 발음 오답(attended-attendant)
(B) It was really informative. 정답으로 선택
(C) Fill out this form. 연상 어휘 오답(workshop-fill out this form)

유형 02 How 의문문 - 의견을 묻는 질문 (2)

How do you feel about the Thai restaurant on Mashal Street?

(A) I took a taxi.
(B) Yes, we accept any special requests.
(C) I enjoyed an exotic dish.

Mashal 가에 있는 태국 음식 레스토랑에 대해 어떻게 생각해요?

(A) 저는 택시를 탔어요.
(B) 네, 저희는 모든 특별 요청을 수락합니다.
(C) 저는 이국적인 요리를 즐겼어요.

이렇게 풀어요

❶ 질문 내용 파악하기 How do you feel about the Thai restaurant on Mashal Street?
   어떻게 생각하는지   태국 음식 레스토랑에 대해

❷ 선택지 들으며 오답 소거하여 정답 선택하기

(A) I took a taxi. 다른 의문사 오답(방법을 묻는 How)
(B) Yes, we accept any special requests. 의문사 의문문에 Yes/No로 답한 오답
(C) I enjoyed an exotic dish. 정답으로 선택

유형 03 How 의문문 - 제안하는 질문

How about volunteering to work in the Trade Fair next month?

(A) I was really eager to, but I have a prior engagement.
(B) We need more time.
(C) I don't think that's fair enough.

다음 달 무역 박람회에서 자원봉사 일을 하는 게 어때요?

(A) 정말 그러고 싶었는데, 선약이 있어요.
(B) 우리는 시간이 더 필요해요.
(C) 그건 공평하지 않은 것 같아요.

이렇게 풀어요

❶ 질문 내용 파악하기 How about volunteering to work in the Trade Fair next month?
   어떤지   자원하는 것이

❷ 선택지 들으며 오답 소거하여 정답 선택하기

(A) I was really eager to, but I have a prior engagement. 정답으로 선택
(B) We need larger one. 연상 어휘 오답(next time-more time)
(C) I don't think that's fair enough. 동일 단어 반복 오답(fair)

포인트 01 의견을 묻는 'How + be동사' 의문문

상대방 또는 지인의 안부를 묻거나 회의, 행사, 공연, 영화 등이 어땠는지 의견을 물어볼 때 자주 사용되며 긍정적/부정적 의미의 형용사나 동사를 이용하여 주로 답변한다.

긍정적 의미의 형용사	successful 성공적인 helpful 유익한 impressive 인상 깊은 worthwhile 가치 있는 promising 전도유망한 useful 유용한 effective 효과적인 informative 유익한 productive 생산적인
부정적 의미의 형용사	complicating 복잡한 difficult 어려운 disappointing 실망스러운 boring 지겨운
긍정적 의미의 동사	I really enjoyed it. 정말 즐거웠어요. Everything went smoothly. 모든 게 순조롭게 진행되었어요.
부정적 의미의 동사	It rained all day. 하루 종일 비가 내렸어요.

Q. **How was** your business trip to Moscow? 모스크바 출장은 어땠나요?
A. It was **successful**. 성공적이었어요.

Q. **How was** the company outing? 회사 야유회는 어땠어요?
A. It **rained** all day. 하루 종일 비가 내렸어요.

> **꿀팁! 토익 최신 경향**
> 의견을 묻는 'How + be동사' 의문문은 How was ~ 의 과거 시제로 묻는 형태가 가장 많이 출제된다.

☑ **Quick Check 01**
Mark your answer.
(A)   (B)

포인트 02 의견이나 이유를 묻는 How 관용 표현

상대방의 의견이나 이유를 묻는 다양한 How 관용 표현이 출제된다. 시험장에서 질문을 듣고 바로 의미를 파악할 수 있도록 통째로 외워두자.

How do you feel about ~? ~에 대해 어떻게 생각하나요?
How do you like ~? ~는 어떤가요?
How did ~ go? ~는 어땠어요? (행사 등이 어땠었는지 물을 때)
How is ~ coming along? ~는 어떻게 되어가고 있어요?
How come ~? 왜~?

Q. **How did you like** the seminar? 세미나는 어땠어요?
A. I found it very helpful. 매우 유익했어요.

Q. **How come** you rescheduled the workshop? 왜 워크숍 일정을 재조정했나요?
A. There were no conference rooms available. 이용 가능한 회의실이 없었어요.

☑ **Quick Check 02**
Mark your answer.
(A)   (B)

포인트 03 제안을 하는 How about 의문문

How about으로 묻는 질문은 제안을 하는 질문이며, 제안을 수락하거나 거절하는 답변이 출제된다. 직접적으로 yes나 no로 응답하기보다는 긍정적 또는 부정적 뉘앙스의 답변으로 수락이나 거절의 의미를 전달하므로 답변 내용을 유심히 들어야 한다.

Q. **How about** we hire some part-timers? 시간제 직원들을 몇 명 채용하는 게 어때요?
A. That's what I thought. 제가 생각했던 바예요. [수락, 동의]

Q. **How about** taking the morning flight to Paris? 파리로 가는 아침 비행기를 타는 게 어때요?
A. It's too expensive. 그건 너무 비싸요. [거절]

Q. **How about** taking a short break? 잠시 쉬는 게 어때요?
A. Let's finish this section first. 먼저 이 부분부터 끝냅시다. [거절]

☑ **Quick Check 03**
Mark your answer.
(A)   (B)

Quick Check 정답
01 (B) 02 (A) 03 (B)

PART 2

유형 04 | Why 의문문 - 이유나 원인을 묻는 질문

Why were you late this morning?

(A) No later than October 22.
(B) I missed the bus.
(C) I usually go to the gym after work.

오늘 아침에 왜 늦었나요?

(A) 늦어도 10월 22일까지는요.
(B) 버스를 놓쳤어요.
(C) 저는 퇴근 후에 보통 체육관에 가요.

이렇게 풀어요

① 질문 내용 파악하기 Why were you late this morning?
　　　　　　　　　　　왜　　　늦었는지

② 선택지 들으며 오답 소거하여 정답 선택하기

　(A) No later than October 22. 다른 의문사 답변 오답(How soon)
　(B) I missed the bus. 정답으로 선택
　(C) I usually go to the gym after work. 다른 의문사 답변 오답(What 또는 Where)

유형 05 | Why 의문문 - 목적을 묻는 질문

Why did the manager extend the deadline?

(A) An extended vacation.
(B) To get more feedback from colleagues.
(C) No, I didn't meet her.

부장님이 왜 마감일을 연장했나요?

(A) 장기 휴가에요.
(B) 동료들로부터 더 많은 의견을 받기 위해서요.
(C) 아뇨, 저는 그녀를 만나지 않았어요.

이렇게 풀어요

① 질문 내용 파악하기 Why did the manager extend the deadline?
　　　　　　　　　　　왜　　　　　　　　마감일을 연장했는지

② 선택지 들으며 오답 소거하여 정답 선택하기

　(A) An extended vacation. 유사 발음 오답(extend-extended)
　(B) To get more feedback from colleagues. 정답으로 선택
　(C) No, I didn't meet her. 의문사 의문문에 Yes/No로 답한 오답

유형 06 | Why 의문문 - 제안하는 질문

Why don't you add some visual aids to your presentation?

(A) The CEO was very impressed.
(B) Sure, that's a good idea.
(C) Because we are currently understaffed.

당신의 발표에 시각 자료를 좀 추가하는 게 어때요?

(A) 대표이사님이 매우 깊은 인상을 받았어요.
(B) 물론이죠, 그거 좋은 생각이네요.
(C) 저희가 현재 인원이 부족하기 때문이에요.

이렇게 풀어요

① 질문 내용 파악하기 Why don't you add some visual aids to your presentation?
　　　　　　　　　　　~하는 게 어떤지　　시각 자료를 좀 추가하는 것

② 선택지 들으며 오답 소거하여 정답 선택하기

　(A) The CEO was very impressed. 연상 어휘 오답(presentation-impressed)
　(B) Sure, that's a good idea. 정답으로 선택
　(C) Because we are currently understaffed. 주어 불일치 오답(you-we)

포인트 04 이유나 원인을 묻는 Why 의문문

Why 의문문은 가장 대표적으로 이유나 원인을 묻는다. 주로 날씨가 좋지 않거나, 교통체증이 심하거나, 다른 일정이 있는 등 부정적인 내용의 답변이 출제된다. For, Due to, Because (of) 등 이유를 나타내는 표현도 알아두자.

이유나 원인으로 답하는 예	
교통 상황 관련	(Probably) because of the traffic jam. (아마도) 교통 체증 때문에요. Due to the mechanical problem. 기계 결함 때문에요. The train was delayed. 기차가 연착되었어요.
날씨 관련	Because of the inclement weather condition. 악천후 때문에요. There was bad weather. 날씨가 안 좋았어요. The storm made the construction delayed. 폭풍 때문에 공사가 지연되었어요.
일정 관련	Something important came up. 갑자기 중요한 일이 생겼어요. I had no time to go. 갈 시간이 없었습니다. He has a doctor's appointment. 그는 병원 예약이 있어요.
기타	For personal business. 개인적인 사정 때문에요.

Q. **Why** was the flight to Tokyo canceled? 왜 도쿄로 가는 비행기가 취소되었나요?
A. **Due to** the mechanical problem. 기계 결함 때문에요.

꿀팁! 토익 최신 경향
because나 due to 등 이유를 나타내는 표현이 생략되고 바로 이유나 원인을 말하는 경우가 자주 출제된다.

실수 피하기
답변이 because로 시작하더라도 주어가 질문에서 묻는 것과 맞지 않을 경우 오답이므로 주의하자.
Q. Why did you order **this projector**? 이 프로젝터를 왜 주문했나요?
A. Because **she** is well-qualified. (X) 그녀는 자격을 갖추었기 때문입니다.

✓ **Quick Check 04**
Mark your answer.
(A)　(B)

포인트 05 목적을 묻는 Why 의문문

Why 의문문은 목적을 묻는 내용으로도 출제된다. 이 경우 '~하기 위해서'라는 의미를 갖는 To + 동사원형, So (that) 등의 표현을 사용한 답변이 주로 정답이 된다.

To + 동사원형	To get some information. 정보를 얻기 위해서요. To discuss the new project. 새 프로젝트를 논의하기 위해서요.
So (that)	So (that) I can confirm my reservation. 제 예약을 확인하려고요. So (that) I can avoid the heavy traffic. 교통 체증을 피하기 위해서요.

Q. **Why** are you meeting with Mr. Tylor? 왜 Tylor 씨와 만나시는 거죠?
A. **To discuss** the new project. 새 프로젝트를 논의하기 위해서요.

Q. **Why** do you come to work so early these days? 요즘 왜 그렇게 일찍 출근하세요?
A. **So (that)** I can avoid the heavy traffic. 교통 체증을 피하기 위해서요.

✓ **Quick Check 05**
Mark your answer.
(A)　(B)

포인트 06 제안을 하는 Why don't you[we/I] 의문문

Why don't you[we/I]~?는 '~하는 게 어때요?'라는 의미로 제안을 하는 의문문이다. 따라서 제안을 수락하거나 거절하는 답변을 할 수 있으며, Yes/No 답변도 가능하다.

Q. **Why don't you** come over for lunch? 점심 드시러 오시는 게 어때요?
A. Sure, why not! 물론이죠. 왜 안 되겠어요!

Q. **Why don't we** go swimming tomorrow? 내일 수영 가는 게 어때요?
A. I'm much too tired. 저는 너무 피곤해요.

Q. **Why don't I** organize the warehouse today? 제가 오늘 창고를 정리해 드릴까요?
A. Yes, that would be nice. 네, 그럼 좋겠네요.

실수 피하기
Why didn't[doesn't]로 묻는 질문은 제안이 아니라 이유나 목적을 묻는 Why 의문문의 부정문 형태이므로 혼동하지 않도록 주의하자.
Q. **Why didn't** you come to the meeting this morning? 왜 오늘 아침에 회의에 안 오셨어요?
A. Something urgent came up. 갑자기 급한 일이 생겼어요.

✓ **Quick Check 06**
Mark your answer.
(A)　(B)

Quick Check 정답: 04 (B) 05 (A) 06 (B)

각 질문과 보기를 들으며 빈칸을 채운 뒤 정답에는 O, 오답에는 X 표시하세요.

01. _____ do you _____ the new projectors and computers?
   (A) The _____ is _____ _____ _____. [   ]
   (B) They're _____ _____ so far. [   ]

02. _____ are they _____ the office?
   (A) Yes, I'm _____. [   ]
   (B) It's our _____ _____ day. [   ]

03. _____ _____ meeting for lunch at noon?
   (A) _____, I wanted to _____ that new Italian restaurant. [   ]
   (B) I _____ her _____ _____ _____ to work. [   ]

04. _____ do you _____ the store _____ today?
   (A) They _____ _____ eight in the morning. [   ]
   (B) Because of the _____ bad _____. [   ]

05. _____ isn't Paul _____ his phone this morning?
   (A) _____, _____ _____ him yesterday. [   ]
   (B) He's taking a _____ _____. [   ]

06. _____ _____ _____ file a complaint?
   (A) _____ my order has been _____ for a week. [   ]
   (B) I think that's a _____ _____. [   ]

07. _____ _____ last night's employee award ceremony?
   (A) _____ _____ _____ the new intern. [   ]
   (B) _____ was _____. [   ]

08. _____ _____ _____ bring up this issue at the board meeting?
   (A) No, _____ _____ _____. [   ]
   (B) Sorry, we don't have this _____ _____. [   ]

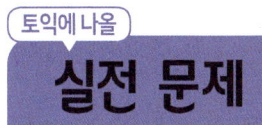

실전 문제

01. Mark your answer on your answer sheet.
    (A)   (B)   (C)

02. Mark your answer on your answer sheet.
    (A)   (B)   (C)

03. Mark your answer on your answer sheet.
    (A)   (B)   (C)

04. Mark your answer on your answer sheet.
    (A)   (B)   (C)

05. Mark your answer on your answer sheet.
    (A)   (B)   (C)

06. Mark your answer on your answer sheet.
    (A)   (B)   (C)

07. Mark your answer on your answer sheet.
    (A)   (B)   (C)

08. Mark your answer on your answer sheet.
    (A)   (B)   (C)

09. Mark your answer on your answer sheet.
    (A)   (B)   (C)

10. Mark your answer on your answer sheet.
    (A)   (B)   (C)

11. Mark your answer on your answer sheet.
    (A)   (B)   (C)

12. Mark your answer on your answer sheet.
    (A)   (B)   (C)

13. Mark your answer on your answer sheet.
    (A)   (B)   (C)

14. Mark your answer on your answer sheet.
    (A)   (B)   (C)

15. Mark your answer on your answer sheet.
    (A)   (B)   (C)

16. Mark your answer on your answer sheet.
    (A)   (B)   (C)

영단기
토익 솔루션
LC

DAY
05

PART 2　일반 의문문

- 유형 01　Do 의문문 / Have 의문문
- 유형 02　Be동사 의문문
- 유형 03　Can/May/Will/Should 의문문
- 유형 04　Don't/Didn't 의문문
- 유형 05　Haven't/Hasn't 의문문
- 유형 06　Isn't/Aren't/Wasn't/Weren't 의문문

PART 3　문제 유형

- 유형 01　주제·목적 문제
- 유형 02　장소·직업 문제
- 유형 03　세부사항 문제

PART 2 일반 의문문

일반 의문문은 다양한 정보를 물을 수 있으므로 출제되는 질문의 내용도 매우 다양하다. 따라서 의문사 의문문에 비해 난이도가 높은 편이며 매회 2~3문제 정도 출제된다.

유형 01 Do 의문문/Have 의문문

Have they turned in the travel expense report?

(A) No, not yet.
(B) You have to report to the Human Resources.
(C) $600 a month.

그들이 출장 비용 보고서를 제출했나요?

(A) 아뇨, 아직 안 했어요.
(B) 인사부에 알리셔야 해요.
(C) 한 달에 600달러요.

이렇게 풀어요

① 질문 내용 파악하기　Have **they turned in** the travel expense **report**?
　　　　　　　　　　　　　　그들이 (출장 비용) 보고서를 제출했는지

② 선택지 들으며 오답 소거하여 정답 선택하기

(A) **No, not yet.**　정답으로 선택
(B) You have to re**port** to the Room B.　동일 단어 반복 오답(report-report)
(C) $600 a month.　연상 어휘 오답(expense-$600)

유형 02 Be동사 의문문

Are you serious about transferring to the branch in Miami?

(A) A series of TV shows.
(B) Yes, I want to live with my family.
(C) I will take a train.

마이애미에 있는 지사로 전근 가려는 거 진심이에요?

(A) TV쇼 시리즈요.
(B) 네, 저는 가족과 함께 살고 싶어요.
(C) 저는 기차를 탈 거예요.

이렇게 풀어요

① 질문 내용 파악하기　Are you **serious about transferring** to the branch in Miami?
　　　　　　　　　　　　　　전근 가려는 게 진심인지

② 선택지 들으며 오답 소거하여 정답 선택하기

(A) A **series** of TV shows.　유사 발음 오답(serious-series)
(B) **Yes, I want to live with my family.**　정답으로 선택
(C) I will take a train.　연상 어휘 오답(Miami-take a train)

유형 03 Can/May/Will/Should 의문문

Will our wait staff members be wearing new uniforms?

(A) Okay, I will put your name on the waiting list.
(B) Yes, probably from next month.
(C) We need to replace this worn-out part.

우리의 종업원들이 새 유니폼을 입을 건가요?

(A) 좋아요, 당신의 이름을 대기자 명단에 올릴게요.
(B) 네, 아마도 다음 달부터요.
(C) 우리는 이 닳은 부분을 교체해야 해요.

이렇게 풀어요

① 질문 내용 파악하기　**Will** our wait staff members **be wearing new uniforms**?
　　　　　　　　　　　　　　종업원들이 새 유니폼을 입을 것인지

② 선택지 들으며 오답 소거하여 정답 선택하기

(A) Okay, I will put your name on the **waiting** list.　유사 발음 오답(wait-waiting)
(B) **Yes, probably from next month.**　정답으로 선택
(C) We need to replace this **worn-out** part.　연상 어휘 오답(uniforms-worn-out)

포인트 01 · 다양한 정보를 묻는 Do 의문문/완료 여부를 묻는 Have 의문문

- Do/Does/Did로 시작하는 의문문은 과거, 현재, 미래의 사건이나 상태를 묻는 질문으로 주어와 본동사를 집중해서 들어야 하며 시제도 파악해야 한다.

  Q. **Do** you have a key to the warehouse? 창고 열쇠 갖고 있나요?
  A. No, Tim has it. 아뇨, Tim이 가지고 있어요.

- 'Have + 사람 주어 + p.p.' 형태로 묻는 질문은 사람 주어가 어떤 일을 완료했는지 묻는 내용이다.

  Q. **Has the plumber finished** fixing the faucet? 배관공이 수도꼭지를 고치는 것을 끝냈나요?
  A. Probably not. I'll call him again. 아마 아닐 거예요. 그에게 다시 전화하겠습니다.

- 'Have + 사물 주어 + been p.p.' 형태로 묻는 질문은 사건이 완료되었는지 묻는 내용이다.

  Q. **Has the budget been approved** for the new campaign? 새로운 캠페인에 대한 예산이 승인되었나요?
  A. It's still being reviewed. 아직 검토 중입니다.

실수 피하기

① 질문의 주어(인칭 및 수)와 답변의 주어가 일치해야 한다.
Q. Do **you** want to leave now?
  당신 지금 갈 건가요?
A. No, **she**'s busy right now.
  (X) 아니요. 그녀는 지금 바빠요.
② Have 의문문은 과거에 대해 묻는 질문이므로 미래 시제로 답한 보기는 오답일 가능성이 높다.

☑ Quick Check 01
Mark your answer.
(A) (B)

포인트 02 · 현재/과거의 사실이나 미래의 계획을 묻는 be동사 의문문

- Is, Are, Was, Were로 시작하며, 주어의 상태나 신분을 묻거나 건물, 물건의 위치를 확인할 때 묻는 질문이다. Yes/No 답변이 가능하고, 생략할 수도 있다.

  Q. **Is** there a grocery store on this street? 이 거리에 식료품점이 있나요?
  A. (No.) It was relocated last month. (아니요.) 지난 달에 이전했어요.

- '현재 진행형(be+-ing),' 'be going to 동사원형', 'be supposed to 동사원형'으로 묻는 의문문은 미래의 계획 또는 일정을 묻는 질문이다.

  Q. **Are you going** to the trade fair? 무역 박람회에 가실 거예요?
  A. I'm planning to. 그럴 계획입니다.

  Q. **Is** Jack **supposed to attend** the sales meeting today? Jack이 오늘 영업 회의에 참석하기로 되어 있나요?
  A. He called in sick this morning. 그는 오늘 아침에 병가를 냈습니다.

☑ Quick Check 02
Mark your answer.
(A) (B)

포인트 03 · Can/May/Will/Should 의문문

- Can/May/Will/Should로 시작하는 조동사 의문문은 주로 부탁, 허가, 요청, 제안의 의미를 갖는다.

어떤 행위를 해 달라고 부탁할 때	Can you ~? Could you ~? Will you ~? Would you ~?
화자가 하는 행위에 대한 허가를 요청할 때	Can I ~? Could I ~? May I ~? Should I ~?

  Q. **Can I** suggest several changes to the presentation? 발표에 몇 가지 수정사항을 제안해도 될까요?
  A. I'd be glad to consider your opinions. 당신의 의견을 기꺼이 고려하고 싶습니다.

- Will은 단순히 미래의 사실이나 계획을 물을 때도 쓰인다.

  Q. **Will you** be attending Mr. Baker's farewell party tomorrow? 내일 Baker 씨의 송별회에 갈 건가요?
  A. I'll definitely be there. 당연히 가야죠.

☑ Quick Check 03
Mark your answer.
(A) (B)

Quick Check 정답
01 (A) 02 (B) 03 (B)

PART 2

유형 04 Don't/Didn't 의문문

Don't you need a security card to enter this restricted area? (A) I don't see any guards. (B) Yes, but I forgot to bring it. (C) Beside the main entrance.	이 제한구역에 들어가려면 보안 카드가 필요하지 않나요? (A) 경비원이 없어요. (B) 네, 그런데 가져오는 것을 잊어버렸어요. (C) 정문 옆에요.

이렇게 풀어요

① 질문 내용 파악하기   Don't **you need a security card** to enter this restricted area?
   (보안 카드가 필요하지 않은지)

② 선택지 들으며 오답 소거하여 정답 선택하기

   (A) I don't see any guards. 연상 어휘 오답(restricted area-guards)
   (B) Yes, but I forgot to bring it. 정답으로 선택
   (C) Beside the main entrance. 유사 발음 오답(enter-entrance)

유형 05 Haven't/Hasn't 의문문

Hasn't Mr. Shaw received his on-the-job training yet? (A) He is seeking a full-time position. (B) I'm sure he did last month. (C) The delivery man arrived late.	Shaw 씨가 실무 교육을 아직 받지 않았나요? (A) 그는 정규직을 구하고 있어요. (B) 지난 달에 받았다고 확신해요. (C) 배달원이 늦게 도착했어요.

이렇게 풀어요

① 질문 내용 파악하기   **Hasn't Mr. Shaw received** his on-the-job **training** yet?
   (Shaw 씨가 교육을 아직 받지 않았는지)

② 선택지 들으며 오답 소거하여 정답 선택하기

   (A) He is seeking a full-time position. 시제 불일치 오답(과거-현재)
   (B) I'm sure he did last month. 정답으로 선택
   (C) The delivery man arrived late. 연상 어휘 오답(received-delivery man)

유형 06 Isn't/Aren't/Wasn't/Weren't 의문문

Isn't Hirose coming to lunch with us? (A) At the outdoor patio. (B) No, he has a project due tomorrow. (C) I have a discount coupon.	Hirose는 우리와 함께 점심 식사를 하러 안 가나요? (A) 야외 테라스에서요. (B) 안 가요, 그는 내일 마감인 프로젝트가 있어요. (C) 제게 할인 쿠폰이 있어요.

이렇게 풀어요

① 질문 내용 파악하기   Isn't **Hirose coming** to lunch **with us**?
   (Hirose가 함께 안 가는지)

② 선택지 들으며 오답 소거하여 정답 선택하기

   (A) At the outdoor patio. 다른 의문사 답변 오답(Where)
   (B) No, he has a project due tomorrow. 정답으로 선택
   (C) I have a discount coupon. 주체가 맞지 않는 오답(Hirose-I)

포인트 04 Don't/Didn't 의문문

Do동사 부정 의문문은 Do나 Did에 not을 붙여 Don't 또는 Didn't로 묻는 질문이다. 사실 여부를 확인하거나 상대방에게 간접적으로 재확인하는 의미를 갖는다.

Q. **Didn't** you open a bank account last month? 당신 지난달에 계좌 개설하지 않았어요?
A. [긍정] Yes, in the downtown branch. 네, 도심 지점에서 했어요.
   [부정] No, not yet. 아니요, 아직 못했습니다.
   [긍정(Yes,) + 부연설명] (Yes,) but I've never used it. (네,) 하지만 한 번도 사용하지 않았어요.
   [부정(No,) + 부연설명] (No,) I was busy last month. (아뇨,) 지난달에 바빴습니다.

실수 피하기
부정 의문문은 긍정 의문문으로 이해하고 정답을 찾아도 된다. 질문이 긍정문인지 부정문인지는 답변에 영향을 주지 않기 때문이다.

☑ **Quick Check 04**
Mark your answer.
(A)　(B)

포인트 05 Haven't/Hasn't 의문문

동작의 완료나 경험을 묻는 'Haven't/Hasn't + 주어 + p.p.' 형태의 부정 의문문은 주어와 동사의 과거분사 형태인 '주어 + p.p.' 부분을 잘 듣고 목적어나 전치사구 등에 유의하면서 답을 찾아야 한다.

Q. **Haven't** all the employees been given the brochure already?
   모든 직원들이 이미 안내책자를 받지 않았나요?
A. [긍정] Yes, they are going over it. 네, 그들은 그것을 검토하고 있어요.
   [부정] (No,) the research department hasn't got enough. (아니요,) 연구 부서는 충분히 받지 못했습니다.
   [(Yes,) + 부연설명] (Yes,) but some pages are missing. (네,) 그런데 몇몇 페이지가 없어요.
   [반문] Who was in charge of it? 그거 담당자가 누구였나요?

☑ **Quick Check 05**
Mark your answer.
(A)　(B)

포인트 06 Isn't/Aren't/Wasn't/Weren't 의문문

- be동사의 부정형인 Isn't/Aren't로 시작하는 의문문은 일반적인 사실에 대해 묻는다.
- 'Isn't there + 주어(명사구) + 부사/전치사구 ~?(~가 …에 있는 거 아니에요?)'의 문장은 장소나 위치를 재확인하는 의미를 갖는다.
- 'Isn't/Aren't + 주어 + ing[going to 동사원형]'로 물을 경우 미래 사실에 대해 확인하는 의미이다.

Q. **Aren't you going to** buy a new laptop computer? 새 노트북 컴퓨터를 살 거 아닌가요?
A. Mine still works fine. 제 것은 아직 잘 작동해요.

- 아래와 같은 질문 형태도 미래 시제를 나타낼 수 있다.

Isn't/Aren't + 주어 + expected[supposed] to ~? ~하기로 되어 있지 않나요?
Isn't/Aren't + 주어 + scheduled to ~? ~할 예정이지 않나요?

Q. **Isn't David scheduled to** go on a business trip next week?
   David이 다음 주에 출장 가기로 되어 있지 않나요?
A. He departs on Tuesday. 그는 화요일에 출발해요.

- Wasn't/Weren't 의문문은 과거 사실을 재확인하며 '~했던 거 아니었어요?'라는 의미로 묻는 질문이다.

Q. **Weren't you supposed to** be at a conference yesterday? 어제 학회에 가셔야 했던 거 아니었어요?
A. Mr. Gonzales went instead. Gonzales 씨가 대신 갔어요.

꿀팁! 토익 최신 경향
be동사 부정 의문문은 상대방의 동의를 요구하는 뉘앙스로도 자주 출제된다.
Q. Wasn't it great to see him dance on the stage? 그가 무대에서 춤추는 것을 보는 게 좋지 않았어요?
A. Yes, I was impressed. 네, 인상 깊었어요. (동의)

☑ **Quick Check 06**
Mark your answer.
(A)　(B)

Quick Check 정답 04 (A) 05 (B) 06 (A)

유형 연습

MP3 DAY 05_03 / 정답 및 해석 p.027

각 질문과 보기를 들으며 빈칸을 채운 뒤 정답에는 O, 오답에는 X 표시하세요.

01. Aren't the table and chairs supposed to _____ _____ _____?
   (A) _____ _____ check the _____. [   ]
   (B) _____, I think that _____ is _____ opened. [   ]

02. Don't we _____ _____ _____ some more office supplies?
   (A) Yes, I was _____. [   ]
   (B) Mr. Han _____ _____ _____ _____ it. [   ]

03. _____ _____ a discount for _____?
   (A) I'm _____ _____. Let me ask. [   ]
   (B) Yes, just _____ the street. [   ]

04. Has the _____ _____ for the monthly meeting been _____ yet?
   (A) I'll leave it on your _____ _____ _____. [   ]
   (B) No, I've _____ _____ there. [   ]

05. Did you _____ on the _____ for the workshop?
   (A) _____ _____ May 20? [   ]
   (B) Yes, the _____ was well-organized. [   ]

06. Doesn't the _____ _____ _____ for these boxes?
   (A) No, it's _____ _____ [   ]
   (B) The room _____ $100 per night. [   ]

07. Do you _____ Mr. Song's _____ _____?
   (A) He _____ _____ this morning. [   ]
   (B) I think I have it in my _____ _____. [   ]

08. _____ _____ going to _____ to the _____ today?
   (A) I got my _____ _____. [   ]
   (B) Are these your _____ _____? [   ]

실전 문제

DAY 05_04 / 정답 및 해석 p. 028

01. Mark your answer on your answer sheet.
    (A)   (B)   (C)

02. Mark your answer on your answer sheet.
    (A)   (B)   (C)

03. Mark your answer on your answer sheet.
    (A)   (B)   (C)

04. Mark your answer on your answer sheet.
    (A)   (B)   (C)

05. Mark your answer on your answer sheet.
    (A)   (B)   (C)

06. Mark your answer on your answer sheet.
    (A)   (B)   (C)

07. Mark your answer on your answer sheet.
    (A)   (B)   (C)

08. Mark your answer on your answer sheet.
    (A)   (B)   (C)

09. Mark your answer on your answer sheet.
    (A)   (B)   (C)

10. Mark your answer on your answer sheet.
    (A)   (B)   (C)

11. Mark your answer on your answer sheet.
    (A)   (B)   (C)

12. Mark your answer on your answer sheet.
    (A)   (B)   (C)

13. Mark your answer on your answer sheet.
    (A)   (B)   (C)

14. Mark your answer on your answer sheet.
    (A)   (B)   (C)

15. Mark your answer on your answer sheet.
    (A)   (B)   (C)

16. Mark your answer on your answer sheet.
    (A)   (B)   (C)

PART 3 주제·목적 문제 / 장소·직업 문제 / 세부사항 문제

유형 01 주제·목적 문제

대화의 주제와 목적을 묻는 문제는 매달 3~4문제 정도 출제된다. 선택지를 먼저 파악한 후, 대화의 시작 부분에 집중하면서 첫 1~2문장이 들릴 때 정답의 단서를 찾을 수 있어야 한다.

🎵 DAY 05_05

VOCA
- flyer 전단지
- warehouse 창고
- office supply 사무용품
- branch 지점
- by mistake 실수로
- confirm 확인하다

리스닝 Point
branch는 미국식 발음으로는 [브랜치], 영국이나 호주식 발음으로는 [브란치]로 들린다.

문제지
What are the speakers **mainly talking about**?

(A) An office supply order
(B) A client meeting
(C) An ad flyer design
(D) A job opening

화자들은 주로 무엇에 대해 이야기하고 있는가?

(A) 사무용품 주문
(B) 고객 미팅
(C) 광고 전단지 디자인
(D) 일자리 공석

대화 [US] [BR]

W: Barry, this is Gloria from the warehouse. **I'm reviewing the office supply order for your branch and you only asked for one box of printer paper.** That doesn't seem right.
M: That does sound like there was a mistake. We usually go through way more than that printing flyers.
W: That's what I thought. Your manager must have deleted a zero by mistake. Could you confirm that for me?
M: Actually, the manager isn't in the office at the moment. I'll call her now and confirm how much we actually need. Thanks for letting us know.

여: Barry, 저는 창고에서 근무하는 Gloria입니다. 제가 당신의 지점의 사무용품 주문을 검토하는 중인데요, 프린터용 용지를 한 박스만 요청하셨더군요. 그게 제대로 된 것 같지 않습니다.
남: 실수가 있었던 것 같네요. 우리는 전단지를 인쇄하는 데 보통 그것보다 훨씬 더 많이 사용하거든요.
여: 저도 그렇게 생각했어요. 당신의 매니저가 실수로 0을 지웠음에 틀림없습니다. 저를 위해 다시 확인해 주시겠어요?
남: 사실, 매니저님이 지금 사무실에 없습니다. 그녀에게 지금 전화해서 우리가 실제로 얼마나 필요한지 물어볼게요. 알려주셔서 감사합니다.

이렇게 풀어요 ✏️
문제와 선택지의 키워드는 대화가 시작되기 전에 미리 파악되어 있어야 해요!

① 문제 파악하기
mainly talking about → 주제 문제임을 파악한다.

② 선택지 키워드 파악하기
(A) 사무용품 주문   (B) 고객 미팅   (C) 광고 전단지 디자인   (D) 일자리 공석
중 무엇에 관한 내용일지 염두에 두며 대화를 듣는다.

③ 대화 앞부분 들으며 정답 선택하기
I'm reviewing the office supply order for your branch and you only asked for one box of printer paper.
→ office supply order가 그대로 제시된 (A)를 정답으로 선택하고 다음 문제로 넘어간다.

◆ **질문 유형**

|주제 문제|

What are the speakers **talking about**? 화자들은 무엇에 대해 이야기하고 있는가?
What are the speakers **mainly discussing**? 화자들은 주로 무엇에 대해 논의하고 있는가?
What's the **main topic** of the conversation? 대화의 주제는 무엇인가?
What are the speakers **doing**? 화자들은 무엇을 하고 있는가?

|전화 목적 문제|

Why is the man[woman] **calling**? 왜 남자[여자]가 전화했는가?
Why did the woman **call** the man? 왜 여자가 남자에게 전화했는가?
What is the **purpose** of the (phone) **call**? 전화를 건 목적은 무엇인가?
What is the woman **calling about**? 여자는 무엇에 대해 전화를 하는가?

◆ **핵심 포인트**

1 대화의 앞 부분을 잘 들어야 한다.

주제나 목적 문제는 3문제 중 주로 첫 번째 문제로 제시되고, 단서도 대화 앞 부분에서 파악할 수 있는 경우가 대부분이다. 따라서 미리 파악해 둔 선택지의 핵심 어휘와 관련된 단어나 표현이 나오는지 유심히 듣는다.

● **실수 피하기**

대화에 언급된 특정 단어나 관련 단어를 오답 보기에 포함시키는 경우가 있으므로 주의하자.

2 정답의 단서를 끌고 나오는 표현을 들어야 한다.

특정 상황이나 사실, 계획, 요청, 문제점을 언급할 때 자주 쓰는 표현을 알아두자. 그 뒤에 대화의 주제나 목적이 언급되는 경우가 많다.

전화 목적을 직접 언급하는 표현	**I'm calling about[regarding]** ~와 관련하여 전화 드렸습니다 **I'm calling to** ~하기 위해 전화 드렸습니다 **I'm calling because** ~ 때문에 전화 드렸습니다
특정 상황이나 사실을 언급하는 표현	**I'm reviewing** ~을 검토하고 있습니다 **I'm here to** ~하기 위해 여기 왔습니다
계획을 언급하는 표현	**I'm planning to** ~할 계획입니다 **I'm going to** ~할 것입니다
원하는 것을 직접 언급하는 표현	**I'd like to** ~하고 싶습니다 **I'd like to see if** ~인지 알고 싶습니다 **I want you to** 당신이 ~하기를 바랍니다 **I'm looking for** ~을 찾고 있습니다
상대방에게 질문하는 표현	**Did you hear (that)** ~? ~에 대해 들었어요? **Did you know (that)** ~? ~에 대해 알고 있었어요?

● **꿀팁! 토익 최신 경향**

단서 표현 뒤에 나오는 내용이 정답 보기에 패러프레이징 되는 경우가 많다.
· materials for new hire training
  신입 사원 교육을 위한 자료
  → a training manual
    교육 안내서
· a volleyball team 배구팀
  → a sports team 스포츠팀

[단서] **I'm calling regarding** the workshop next week. 다음 주 워크숍과 관련하여 전화 드렸습니다.
[정답] The upcoming event 다가오는 행사

[단서] **I'd like to** get a library card. 도서관 카드를 만들고 싶습니다.
[정답] Getting a membership 회원 자격을 얻는 것

유형 02 장소·직업 문제

첫 대사에서 장소가 직접적으로 언급되거나 대화 전반에 걸쳐 간접적으로 대화 장소가 드러난다. 화자들이 사용하는 특정 어휘나 표현을 통해 장소나 직업을 유추할 수 있어야 한다. 장소와 직업 문제는 매회 3~4문제 정도 출제된다.

🎧 DAY 05_06

VOCA
seated 앉아 있는
entrance 입구
live performance 라이브 공연
theater 극장
put on 상연하다
take A out A를 포장해 가다
take a break 쉬다

문제지

Where is the conversation **taking place**?

(A) At a park
(B) At a theater
(C) At a restaurant
(D) At a supermarket

대화는 어디에서 일어나고 있는가?

(A) 공원에서
(B) 극장에서
(C) 레스토랑에서
(D) 슈퍼마켓에서

대화 [BR] [AU]

W: Chris, **the customers seated at the table by our restaurant's entrance** want to know about live performances in this city. I know you go to the theater quite often. Do you know of anything going on this weekend?

M: Actually, the Westbrook Drama Club is putting on a show at Hudson Park tomorrow. There's going to be an afternoon and an evening show. I think they're doing one of Shakespeare's plays.

W: Great! By the way, **after I take their food out to them**, I think I'll take my dinner break since we're not very busy right now.

여: Chris, 우리 레스토랑의 입구 옆 테이블에 앉아 있는 손님들이 이 도시의 라이브 공연에 대해 알고 싶어 해요. 당신이 극장에 꽤 자주 가는 것으로 알고 있어요. 이번 주말에 진행되는 게 있는지 아나요?

남: 사실, Westbrook Drama Club이 내일 Hudson 공원에서 공연을 해요. 오후와 저녁 공연이 있을 거예요. 셰익스피어의 연극 중 하나를 할 거예요.

여: 좋네요! 그나저나, **제가 그들에게 음식을 포장해 준 뒤에**, 지금 우리가 그렇게 바쁘지 않으니 저는 저녁 휴식 시간을 가질게요.

이렇게 풀어요 ✏️

문제와 선택지의 키워드는 대화가 시작되기 전에 미리 파악되어 있어야 해요!

1 문제 파악하기
Where, taking place → 장소 문제임을 파악한다.

2 선택지 키워드 파악하기
장소 전치사 at, on, in 등의 뒤에 나오는 명사만 빠르게 파악한다.

  (A) 공원   (B) 극장   (C) 식당   (D) 슈퍼마켓

3 대화가 이루어지는 특정 장소와 관련된 단어를 토대로 정답 선택하기
customers seated at the table by our restaurant's entrance, take their food out
→ 레스토랑임을 알 수 있으므로 (C)를 정답으로 선택하고 다음 문제로 넘어간다.

◆ 질문 유형

|대화 장소/근무하는 장소 문제|

Where is the conversation **taking place**? 대화는 어디에서 일어나고 있는가?
Where does the conversation most likely **occur**? 대화는 어디에서 일어나고 있겠는가?
Where are the speakers? 화자들은 어디에 있는가?
Where do the speakers most likely **work**? 화자들은 어디에서 근무하겠는가?
What department does the **woman work** in? 여자는 어느 부서에서 일하는가?

|직업 문제|

Who most likely is the **woman**? 여자는 누구이겠는가?
Who is the **man talking to**? 남자는 누구에게 말하고 있는가?
What type of business[company] does the **man work for**? 남자는 어떤 업종의 회사에 근무하는가?

◆ 실수 피하기
장소·직업 문제는 난이도는 높지 않지만 간혹 혼동되는 보기가 나오는 경우가 있다. 따라서 하나의 특정 단어만 듣고 답을 골라서는 안 되며, 확실하지 않을 경우 대화 전체를 듣고 답을 선택해야 한다.

◆ 핵심 포인트

1 시험에 자주 나오는 장소와 단서가 되는 어휘들을 연결시켜 알아두자.

restaurant/cafeteria 식당	table 식탁, 자리 menu 메뉴 lunch special 점심 특선 ingredients 재료 order 주문, 주문하다 server 종업원
doctor's office/medical clinic/ pharmacy 병원/약국	doctor 의사 appointment 진료 예약 nurse 간호사 check-up 건강 검진 patient 환자 health screening 건강 검진 dentist office 치과 take medicine 약을 복용하다
airport/train station 공항/기차역	departure 출발 boarding 탑승 take off 이륙 baggage claim 짐 찾는 곳 gate 탑승 게이트 platform 승강장

꿀팁! 토익 최신 경향
그 밖의 빈출 대화 장소
museum 박물관
store 상점
library 도서관
bookstore 서점
hotel 호텔

2 직업 문제의 경우, 단서를 끌고 나오는 표현을 사용하여 직접적으로 언급하는 경우가 많다.

|**This is** 이름 **(calling) from** 부서명/회사명|

This is Angelina (calling) from accounting. 저는 회계 부서의 Angelina입니다.

|**This is** 이름, 직업/직책|

This is Eric Choi, the vice president of TW Motors. 저는 TW Motors의 부사장 Eric Choi입니다.

3 시험에 자주 나오는 직업과 단서가 되는 어휘들을 연결시켜 알아두자.

real estate agent 부동산 중개인	property 부지 studio apartment 원룸 furnished 가구를 모두 갖춘 tenant 세입자 within walking distance 걸어갈 수 있는 거리인
journalist/reporter/ editor 기자/편집자	article 기사 publish 출판하다 interview 인터뷰하다 revise 수정하다 publisher 출판사 edit 편집하다
architect 건축가	renovation 보수 space 공간 construct 짓다, 건설하다 blueprint 청사진

꿀팁! 토익 최신 경향
그 밖의 빈출 직업
receptionist 안내원, 접수 담당자
technician 기술자
salesperson 판매사원

유형 03 세부사항 문제

여자 또는 남자가 걱정하는 점을 묻는 문제, 이유/방법을 묻는 문제, 특정 키워드에 관한 정보를 묻는 문제가 매회 5~12문제 가량 출제된다.

 DAY 05_07

VOCA

job fair 채용 박람회
reach out 접근하다
advertise 광고하다
get one's attention ~의 관심을 끌어들이다
nearby 근처의, 인근의
job hunting 구직

문제지

According to the **woman**, what will be **held on Friday**?

(A) A job fair
(B) A clearance sale
(C) A graduation ceremony
(D) A grand opening celebration

여자에 따르면, 금요일에 무엇이 일어날 것인가?
(A) 채용 박람회
(B) 재고정리 세일
(C) 졸업식
(D) 개장식

대화 US AU

W: Ricardo, I've been thinking. I don't think many young people like students know about our job fair. We should try to reach out to them by advertising on the Internet. That should get their attention.

M: That's not a bad idea, but I'm not very good with computers. Do you think you could upload pictures from last year's job fair? Maybe that would interest them.

W: Sure, I can do that. By the way, I think the Saturday we chose is the perfect date to hold the job fair. **The students at the nearby college are going to graduate on Friday.** They'll definitely be thinking about job hunting.

여: Ricardo, 제가 생각을 해 봤어요. 학생들 같은 많은 젊은 사람들은 우리의 채용 박람회에 대해 알지 못하는 것 같아요. 인터넷에 광고를 해서 그들에게 접근하는 것을 시도해야 해요. 그게 그들의 관심을 끌 거예요.

남: 나쁜 생각은 아니지만 저는 컴퓨터를 잘 못해요. 당신이 작년 채용 박람회의 사진을 업로드할 수 있을까요? 그게 그들의 흥미를 끌지도 몰라요.

여: 물론이죠, 할 수 있어요. 그나저나, 우리가 고른 토요일이 채용 박람회를 열기에 완벽한 날짜 같아요. 근처에 있는 대학의 학생들이 금요일에 졸업을 하거든요. 그들은 분명 구직을 생각하고 있을 거예요.

리스닝 Point

fair는 영국이나 호주식 발음으로는 [r]이 들리지 않고 끝에 [어] 발음을 강하게 해서 [페아]처럼 들린다.

이렇게 풀어요

문제와 선택지의 키워드는 대화가 시작되기 전에 미리 파악되어 있어야 해요!

❶ 문제 파악하기
woman, held on Friday → 여자의 말에 단서가 있으며, 금요일에 무엇이 열릴지 찾는 문제임을 파악한다.

❷ 선택지 키워드 파악하기
(A) 채용 박람회   (B) 재고정리 세일   (C) 졸업식   (D) 개장식

❸ 문제의 키워드 주위에서 단서 캐치하여 정답 선택하기
The students at the nearby college are going to graduate on Friday.
→ graduate를 A graduation ceremony로 표현한 (C)를 정답으로 선택하고 다음 문제로 넘어간다.

◆ 질문 유형

|문제점/걱정되는 점을 묻는 문제|

What does the **woman** say is a **problem**? 여자는 무엇이 문제라고 말하는가?
What **problem** does the **man** mention? 남자는 어떤 문제점을 언급하는가?
What is the **man concerned** about? 남자는 무엇에 대해 염려하는가?

|이유/방법을 묻는 문제|

Why does the **man** want to **use the room today**? 남자는 왜 오늘 방을 사용하고 싶어 하는가?
Why is the **woman concerned**? 여자는 왜 염려하는가?
According to the man, **how** can the **woman find additional information**? 남자에 따르면, 여자는 어떻게 추가 정보를 얻을 수 있는가?

|키워드를 제시하는 세부사항 문제|

What does the **man need to do** on **Tuesday**? 남자는 화요일에 무엇을 해야 하는가?
What will take place **tomorrow**? 내일 무슨 일이 일어날 것인가?
What does the **man remind the woman to bring**? 남자는 여자에게 무엇을 가져오라고 다시 알려주는가?

● **꿀팁! 토익 최신 경향**

키워드를 제시하는 세부사항 문제는 시간 관련 키워드(요일, 시간, today/tomorrow 등)가 가장 자주 출제된다.

◆ 핵심 포인트

1 문제점/걱정되는 점을 묻는 문제는 단서 표현을 캐치하여 그 뒤에 나오는 내용을 파악한다.

I'm[We're] concerned because[about] 저는[우리는] ~때문에[~에 대해] 걱정돼요
Unfortunately, 안타깝게도 ~
The problem is 문제는 ~입니다
I noticed[found out] that ~을 알았어요[발견했어요]

[단서] **I'm concerned because** the deadline is tomorrow. 내일이 마감일이라 걱정돼요.
[정답] Meeting a deadline 마감일을 맞추는 것

● **실수 피하기**

단서 표현을 사용하여 직접적으로 문제점을 언급하지 않고 대화 상황이 좋지 않은 방향으로 흘러감에 따라 '비용이 증가했어', '일이 오래 걸릴 거야'와 같이 문맥으로 파악해야 하는 경우도 있음을 알아두자.

2 방법을 묻는 문제는 주로 대화 후반부에 단서가 제시된다.

주로 정보를 얻을 수 있는 방법이나 할인을 받을 수 있는 방법 등을 묻고, 대화 후반부에서 'If you have more questions, ~', 'You can find out more on our Web site'와 같이 어느 정도 정해진 표현이 등장하므로 비교적 수월하게 단서를 파악할 수 있다.

3 키워드가 제시되는 문제의 경우, 대화에서 해당 키워드가 그대로 언급되는 경우가 많지만 패러프레이징 되는 경우도 있으므로 특히 집중해서 들어야 한다.

|그대로 언급되는 경우|

M: When are you leading your first workshop? 당신의 첫 워크숍을 언제 진행하나요?
W: **Tuesday** afternoon. 화요일 오후에요.

Q. What will the woman do on **Tuesday**? 여자는 화요일에 무엇을 할 것인가?

|패러프레이징 되는 경우|

M: Surveys are conducted **on a weekly basis**. 설문조사는 주 단위로 시행됩니다.

Q. What does the man say happens **every week**? 남자는 매주 무엇이 일어난다고 말하는가?

DAY 05

유형 연습

문제와 각 선택지의 키워드에 표시하세요. 그리고 나서 대화를 듣고 빈칸에 들어갈 말을 받아쓴 후 정답을 선택해 보세요.

01. What are the speakers talking about?

(A) A budget proposal (B) Job application reviews

> M: I still have a lot of _____ _____ to be reviewed by this Friday. Could you help me?
> W: Sure, I have some _____ _____ this afternoon. I just finished the _____ _____ for next quarter. Can you print some of them? It will be much easier to _____ it.

02. Why is the woman calling the man?

(A) To ask for a list (B) To schedule a meeting

> W: Hi, Chris, this is Beth from Personnel. I'm calling you to _____ the _____ of the participants who _____ the conference last week.
> M: Sure, do you need it right now? I'm _____ _____ _____ _____ to visit one of our clients.

03. Where does the man most likely work?

(A) At a delivery company (B) At a furniture store

> M: Thank you for shopping at Comfort Furniture. Would you like to _____ _____ these chairs now or have them _____ to your office?
> W: I'd like to get them delivered. And then, do they _____ some assembly?

paraphrasing
주어진 어휘 또는 표현과 의미가 동일한 것을 연결하세요.

1. have some free time   •   • (a) available
2. request   •   • (b) shipping
3. delivery   •   • (c) ask for

04. Who most likely is the woman?

(A) A dentist   (B) A pharmacist

> M: Hello, My name is David Baker. I'm here to _____ _____ my medicine. My doctor sent the _____ to you.
>
> W: Wait a second... here it is. You should _____ one of these _____ three times a day, 30 minutes _____ you have a meal.

05. What did the company do last week?

(A) Won an award   (B) Released a new product

> W: Did you _____ the _____ from the management? Our company _____ the Most Innovative Design Award last week.
>
> M: Yes, it was exciting news. Our team members _____ hard to _____ the new blender.

06. Why is the woman unable to enter?

(A) A device is malfunctioning.   (B) She doesn't have her security card.

> W: Hello, I'm Lucy from the marketing department. I forgot to _____ my _____ _____. Would you _____ the door please?
>
> M: Sorry, I'm not _____ to do that. I will send someone down to _____ you to the security office. A _____ card will be _____ after a verification procedure.

---

paraphrasing   주어진 어휘 또는 표현과 의미가 동일한 것을 연결하세요.

4. pick up   •   • (a) be given
5. release   •   • (b) get
6. be issued   •   • (c) launch

실전 문제

01. What is the conversation about?
    (A) A hotel policy
    (B) A travel fare
    (C) A bus route
    (D) A luggage limit

02. Where are the speakers?
    (A) At a vehicle repair shop
    (B) At a parking lot
    (C) At a travel agency
    (D) At a bus stop

03. What does the woman suggest doing?
    (A) Visiting a Web site
    (B) Exchanging a ticket
    (C) Presenting a form of ID
    (D) Making a formal complaint

04. What kind of project is being discussed?
    (A) Replacing a roof
    (B) Painting a house
    (C) Installing some windows
    (D) Planting a garden

05. What is scheduled to take place on Thursday?
    (A) A new regulation will go into effect.
    (B) An inspection will be carried out.
    (C) Some photographs will be taken.
    (D) Some supplies will be delivered.

06. What does the man mention about his crew members?
    (A) They took shorter breaks.
    (B) They can work on weekends.
    (C) They are highly experienced.
    (D) They will contact Ms. Fletcher.

07. What kind of business does the man work for?
    (A) A manufacturing facility
    (B) A hotel
    (C) A taxi service
    (D) An airline

08. What is the purpose of the call?
    (A) To make a payment
    (B) To inquire about a fee
    (C) To apply for a job
    (D) To change a reservation

09. What does the man suggest?
    (A) Labeling some luggage
    (B) Checking an address
    (C) Downloading a coupon
    (D) Making an advance booking

10. What is the conversation mainly about?
    (A) A schedule change
    (B) A lost ticket
    (C) A seat reservation
    (D) A music lesson

11. What does the man apologize for?
    (A) A fee has recently increased.
    (B) A group discount is not available.
    (C) Some seats will not be together.
    (D) The tickets cannot be exchanged.

12. What will the woman most likely do next?
    (A) Check a Web site
    (B) Make some phone calls
    (C) Pay for the tickets
    (D) Visit another branch

13. What problem is being discussed?
    (A) A menu has been changed.
    (B) A shipment has not arrived.
    (C) Some customers complained.
    (D) An employee is late for work.

14. Where are the speakers most likely employed?
    (A) At a restaurant
    (B) At a warehouse
    (C) At a local supermarket
    (D) At a shipping center

15. What does the man say that the woman should do?
    (A) Hire more staff
    (B) Contact the manager
    (C) Call other employees
    (D) Organize some merchandise

16. What is the purpose of the man's call?
    (A) To make a complaint
    (B) To purchase a television
    (C) To ask about local channels
    (D) To request a different room

17. Who most likely is the woman?
    (A) A construction worker
    (B) A cable technician
    (C) An electronics salesperson
    (D) A hotel front desk worker

18. What does the woman offer to do?
    (A) E-mail a bill
    (B) Send room service
    (C) Contact a supervisor
    (D) Provide a full refund

19. Where do the speakers most likely work?
    (A) At a bakery
    (B) At a grocery store
    (C) At an organic farm
    (D) At a marketing firm

20. What does the man say he likes about a new supplier?
    (A) It grows produce organically.
    (B) It provides friendly service.
    (C) It has affordable prices.
    (D) It offers free delivery.

21. What does the woman ask the man to do?
    (A) Take inventory
    (B) Create a flyer
    (C) Contact a supplier
    (D) Make an announcement

22. What did the man recently do?
    (A) He moved into a nearby neighborhood.
    (B) He transferred to a new office.
    (C) He went on a vacation.
    (D) He got a promotion.

23. According to the woman, what is a benefit of Southern California?
    (A) It is welcoming to tourists.
    (B) It is affordable to visit.
    (C) It has many tourist attractions.
    (D) It has favorable weather.

24. What will the woman most likely do next?
    (A) Contact a travel agency
    (B) Send some information
    (C) Write a blog entry
    (D) Book a flight

영단기
토익 솔루션
LC

DAY 06

PART 2 부가 의문문

- **유형 01** Be동사 부가 의문문
- **유형 02** Have동사 부가 의문문
- **유형 03** Do동사 부가 의문문
- **유형 04** 조동사 부가 의문문
- **유형 05** 특수 부가 의문문

PART 3 문제 유형

- **유형 01** 제안·요청 문제
- **유형 02** 다음 할 일 문제
- **유형 03** 의도 파악 문제

PART 2 부가 의문문

부가 의문문은 알고 있는 정보를 평서문으로 말한 후, 문장 끝에 'be동사/조동사 + 주어의 대명사' 형태의 짧은 의문문을 붙여서 묻는 형태로, 화자가 특정 내용을 확인하는 뉘앙스의 의문문이며, 매회 2문제 정도 출제된다.

유형 01 Be동사 부가 의문문

The overhead projector in this room is out of order, isn't it?

(A) Yes, but we have a portable one.
(B) Please close the overhead compartment.
(C) There is room for new arrivals.

이 방에 있는 오버헤드 프로젝터는 고장났죠, 그렇지 않나요?

(A) 네, 그렇지만 우리에게 휴대용 프로젝터가 있어요.
(B) 머리 위 짐칸을 닫아주세요.
(C) 새로 도착하는 물건들을 위한 공간이 있어요.

이렇게 풀어요

① 질문 내용 파악하기 The **overhead projector** in this room is **out of order**, **isn't it**?
   (오버헤드 프로젝터가 고장났는지 확인)

② 선택지 들으며 오답 소거하여 정답 선택하기

   (A) **Yes, but we have a portable one.** 정답으로 선택
   (B) Please close the overhead compartment. 동일 단어 반복 오답(overhead)
   (C) There is room for new arrivals. 동일 단어 반복 오답(room)

유형 02 Have동사 부가 의문문

Carl hasn't submitted the sales report yet, has he?

(A) You will find new prices.
(B) He is probably working on it now.
(C) Yes, there is a photocopier.

Carl이 매출 보고서를 아직 제출하지 않았어요, 그렇죠?

(A) 새 가격을 확인하실 수 있을 거예요.
(B) 그는 아마 지금 그 작업을 하고 있을 거예요.
(C) 네, 복사기가 있어요.

이렇게 풀어요

① 질문 내용 파악하기 Carl hasn't submitted the sales report yet, has he?
   (Carl이 보고서를 아직 제출 안 했는지 확인)

② 선택지 들으며 오답 소거하여 정답 선택하기

   (A) You will find new prices. 연상 어휘 오답(sales report-prices)
   (B) **He is probably working on it now.** 정답으로 선택
   (C) Yes, there is a photocopier. 주체가 맞지 않는 오답(Carl-photocopier)

유형 03 Do동사 부가 의문문

The city has another children's hospital on Montgomery, doesn't it?

(A) All proceeds go to the hospital.
(B) They must be accompanied by their guardians.
(C) Yes, one on Oakland Street.

시가 몽고메리에 또 다른 아동 병원을 가지고 있죠, 그렇지 않나요?

(A) 모든 수익금은 병원으로 갑니다.
(B) 그들은 보호자들과 동반해야 해요.
(C) 네, Oakland 가에 하나 있어요.

이렇게 풀어요

① 질문 내용 파악하기 The city has another children's hospital on Montgomery, doesn't it?
   (몽고메리에 또 다른 아동 병원이 있는지 확인)

② 선택지 들으며 오답 소거하여 정답 선택하기

   (A) All proceeds go to the hospital. 동일 단어 반복 오답(hospital)
   (B) They must be accompanied by their guardians. 연상 어휘 오답(children, hospital-accompanied by their guardians)
   (C) **Yes, one on Oakland Street.** 정답으로 선택

포인트 01 · Be동사 부가 의문문

평서문의 본동사가 be동사인 경우, 앞의 평서문이 긍정문이면 'isn't/aren't/wasn't/weren't + 대명사 주어'의 부정문으로, 평서문이 부정문이면 'is/are/was/were + 대명사 주어'의 긍정문 형태로 의문문이 붙는다. 일반 의문문과 마찬가지로 Yes/No로 대답할 수 있고, 그 외 '정해지지 않았다', '모른다' 등 제 3의 답변이 나올 수도 있다.

Q. **Mr. Simpson was** promoted to a vice president, **wasn't he**?
  Simpson 씨가 부사장으로 승진됐죠, 그렇지 않나요?
A. [긍정] Yes, that's what I was told. 네, 제가 들은 바로는 그렇습니다.
  [부정] No, he's not the one. 아니요, 그가 아닙니다.
  [제3의 답변] I'm not sure. I'll ask the personnel department. 잘 모르겠어요. 인사과에 물어볼게요.

실수 피하기
의문문에 not이 있든 없든 긍정적인 답변일 때는 Yes, 부정적인 답변일 때는 No로 답한다.

☑ **Quick Check 01**
Mark your answer.
(A)　(B)

포인트 02 · Have동사 부가 의문문

• 평서문의 본동사가 완료 형태인 경우, 앞의 평서문이 긍정문이면 'haven't/hasn't + 대명사 주어, 부정문이면 'have/has + 대명사 주어'가 붙는다.

Q. You **have finished** the financial report, **haven't you**? 재정 보고서 끝내셨죠, 그렇지 않나요?
A. [긍정] Yes, I sent it by e-mail. 네, 이메일로 보냈습니다.
  [부정] Not yet, but I'm almost done. 아직 안 끝났어요, 하지만 거의 다 했습니다.
  [제3의 답변] When is the due date? 언제가 마감일이죠?

• 주절의 have가 일반동사로 쓰인 경우, 부가 의문문은 do동사를 쓰고, 현재완료 형태의 조동사 have일 경우에는 have를 쓴다.

Thomas **has** a driver's license, **doesn't he**? Thomas는 운전면허증을 가지고 있죠, 그렇지 않나요?
→ have가 '가지다'라는 의미의 일반동사로 쓰인 경우

Ann **has been** to Italy, **hasn't she**? Ann은 이탈리아에 가본 적 있죠, 그렇지 않나요?
→ has가 조동사로 쓰인 경우(본동사는 been)

☑ **Quick Check 02**
Mark your answer.
(A)　(B)

포인트 03 · 일반동사의 부가 의문문

평서문에 be동사나 have동사가 아닌 일반동사가 쓰였을 때는 꼬리에 do동사 부가 의문문이 붙는다. 평서문이 긍정이면 'do/does + 대명사 주어', 부정이면 'don't/doesn't + 대명사 주어'가 붙는다. 또한 평서문의 동사 시제가 현재이면 do/does/don't/doesn't, 과거이면 did/didn't가 사용된다.

Q. You **confirmed** the hotel reservation, **didn't you**? 호텔 예약 확인하셨죠, 그렇지 않나요?
A. [긍정] Yes, I just called them. 네 방금 전화했어요.
  [부정] I'll do it right now. 지금 바로 하겠습니다.
  [제3의 답변] I totally forgot. Thank you for reminding me. 완전히 잊고 있었습니다. 알려 주셔서 감사합니다.

Q. They **don't accept** credit cards, **do they**? 그들은 신용카드를 받지 않죠, 그렇죠?
A. [긍정] Yes, you can use them. 받습니다, 신용카드를 사용할 수 있어요.
  [부정] No, you have to pay in cash. 받지 않아요, 현금으로 지불해야 합니다.
  [제3의 답변] Let's ask the manager. 매니저에게 물어봅시다.

☑ **Quick Check 03**
Mark your answer.
(A)　(B)

Quick Check 정답
01 (A) 02 (B) 03 (A)

유형 04 조동사 부가 의문문

All assembly line workers will leave early this Friday, won't they?

(A) Yes, the regular inspection is scheduled.
(B) He leaves for Chicago tomorrow.
(C) It will start later in the month.

모든 조립라인 근로자들은 금요일에 일찍 퇴근할 거예요, 그렇지 않나요?

(A) 네, 정기 검사가 예정되어 있어요.
(B) 그는 내일 시카고로 떠나요.
(C) 그건 이번 달 후반에 시작될 거예요.

이렇게 풀어요

❶ 질문 내용 파악하기 All assembly line **workers will leave early** this Friday, **won't they**?
　근로자들이 일찍 퇴근할 것인지 확인

❷ 선택지 들으며 오답 소거하여 정답 선택하기
　(A) Yes, the regular inspection is scheduled. 정답으로 선택
　(B) He leaves for Chicago tomorrow. 동일 단어 반복 오답(leave)
　(C) It will start later in the month. 주체가 맞지 않는 오답(workers-It)

유형 05 특수 부가 의문문

I need to bring the original receipt, right?

(A) At the customer service center.
(B) Yes, if you want a full refund.
(C) Cash or credit?

제가 원본 영수증을 가져와야 하죠, 그렇죠?

(A) 고객 서비스 센터에서요.
(B) 네, 전액 환불을 원하신다면요.
(C) 현금으로 하시겠어요, 카드로 하시겠어요?

이렇게 풀어요

❶ 질문 내용 파악하기 **I need to bring** the original **receipt**, **right**?
　영수증을 가져와야 하는지 확인

❷ 선택지 들으며 오답 소거하여 정답 선택하기
　(A) At the customer service center. 다른 의문사 답변 오답(Where)
　(B) Yes, if you want a full refund. 정답으로 선택
　(C) Cash or credit? 연상 어휘 오답(receipt-cash, credit)

포인트 04 조동사 부가 의문문

평서문에 쓰이는 조동사(can, will, should)로 부가 의문문을 만들 수 있다. 또한 Let's로 시작되는 문장은 shall we?, 명령문은 will you?가 꼬리에 붙는다는 것도 알아두자.

Q. **We can** afford to hire more full-time employees, **can't we**?
　우리 정규직 직원을 좀 더 채용할 여력이 있죠, 그렇지 않나요?
A. Probably, but I have to check the budget. 아마도요, 하지만 예산을 확인해 봐야 해요.

| Let's ~, shall we? |

Q. **Let's** take a break after the meeting, **shall we**? 우리 회의 마치고 잠시 쉽시다, 그럴까요?
A. That's a good idea. 좋은 생각입니다.

| 명령문, will you? |

Q. **Look over** the proposal before you submit it, **will you**? 제안서를 제출하기 전에 검토해 보세요, 그럴거죠?
A. Sure, I'll do it after lunch. 물론이죠. 점심식사 후에 하겠습니다.

☑ **Quick Check 04**
Mark your answer.
(A)　　(B)

포인트 05 특수 부가 의문문

평서문의 동사와 무관하게 right?/correct?/don't you think?/don't you agree? 형태의 의문문이 붙는 질문 유형도 출제된다.

Q. This is the book you are looking for, **right**? 이것이 당신이 찾던 책이에요, 맞죠?
A. Yes, thank you so much. 네, 정말 감사합니다.

Q. The hotel offers a shuttle service, **correct**? 호텔은 셔틀 서비스를 제공해요, 맞죠?
A. You should check it on their Web site. 웹사이트에서 확인해 보셔야 할 거예요.

Q. Mr. Miller is the best salesperson in the team, **don't you think**?
　Miller 씨는 팀에서 최고의 영업사원이에요, 그렇게 생각하지 않아요?
A. He certainly is. 확실히 그래요.

Q. The presentation was well-prepared and informative, **don't you agree**?
　그 발표는 준비가 잘 되었고 유익했어요, 그렇게 생각하지 않으세요?
A. Yeah, but it was a bit boring. 네, 하지만 약간 지루했습니다.

☑ **Quick Check 05**
Mark your answer.
(A)　　(B)

Quick Check 정답
04 (B) 05 (B)

각 질문과 보기를 들으며 빈칸을 채운 뒤 정답에는 O, 오답에는 X 표시하세요.

01. The _____ is _____ this _____, isn't it?
   (A) You can _____ it _____ next _____. [ ]
   (B) He _____ the proposal. [ ]

02. You _____ be _____ for our annual conference, will you?
   (A) No, I'll be there _____ _____. [ ]
   (B) You are supposed to _____ a _____. [ ]

03. Ms.Curtis is _____ the workshop, isn't she?
   (A) No, she's _____ _____. [ ]
   (B) It will _____ for a _____. [ ]

04. You've _____ the latest Anthony Russo _____, haven't you?
   (A) I like to _____ _____ _____. [ ]
   (B) Not yet, I'll _____ it this _____. [ ]

05. You've already _____ the _____ to the _____, haven't you?
   (A) No, it's my first time _____ this event. [ ]
   (B) Yeah, but I _____ ten _____ of them. [ ]

06. _____ is Tina's birthday, _____ _____?
   (A) Yeah, we should _____ it together. [ ]
   (B) The _____ has been changed. [ ]

07. You _____ from Carlson University, right?
   (A) _____ did you _____ that? [ ]
   (B) _____ is a _____ student. [ ]

08. We should _____ the _____ to _____ _____ next week, don't you agree?
   (A) _____ _____ I was thinking about. [ ]
   (B) I want to _____ the survey _____. [ ]

실전 문제

DAY 06_04 / 정답 및 해석 p. 038

01. Mark your answer on your answer sheet.
    (A)   (B)   (C)

02. Mark your answer on your answer sheet.
    (A)   (B)   (C)

03. Mark your answer on your answer sheet.
    (A)   (B)   (C)

04. Mark your answer on your answer sheet.
    (A)   (B)   (C)

05. Mark your answer on your answer sheet.
    (A)   (B)   (C)

06. Mark your answer on your answer sheet.
    (A)   (B)   (C)

07. Mark your answer on your answer sheet.
    (A)   (B)   (C)

08. Mark your answer on your answer sheet.
    (A)   (B)   (C)

09. Mark your answer on your answer sheet.
    (A)   (B)   (C)

10. Mark your answer on your answer sheet.
    (A)   (B)   (C)

11. Mark your answer on your answer sheet.
    (A)   (B)   (C)

12. Mark your answer on your answer sheet.
    (A)   (B)   (C)

13. Mark your answer on your answer sheet.
    (A)   (B)   (C)

14. Mark your answer on your answer sheet.
    (A)   (B)   (C)

15. Mark your answer on your answer sheet.
    (A)   (B)   (C)

16. Mark your answer on your answer sheet.
    (A)   (B)   (C)

PART 3 제안·요청 문제 / 다음 할 일 문제 / 의도 파악 문제

유형 01 제안·요청 문제

상대방에게 무언가를 해주겠다고 제안하거나 요청한 것을 묻는 문제는 대화 중/후반부에 정답의 단서가 나오는 경우가 많다. 제안·요청 문제는 매회 5~7문제가 출제된다.

🎧 DAY 06_05

VOCA
rearrange 재조정하다
reserve 예약하다
venue 장소
awards ceremony 시상식
insurance 보험
reputation 명성
make it on time 제시간에 도착하다
switch 변경하다

문제지

What does the **man offer to do** for the woman?

(A) Rearrange a schedule
(B) Reserve a venue
(C) Contact a client
(D) Plan a trip

남자는 여자에게 무엇을 해주겠다고 제안하는가?

(A) 일정 재조정하기
(B) 장소 예약하기
(C) 고객에게 연락하기
(D) 여행 계획하기

대화 US AU

W: Seth, you're the planner for our company's upcoming awards ceremony, aren't you? You asked me about doing a speech about the importance of insurance companies. Do you still need me to do that?
M: Yes, that would be great. Our company has a good reputation, so especially our newer employees are really proud to work here.
W: I see... The problem is, I'm going to be coming back from a business trip on the day of the event. If my flight is delayed, I might not make it on time.
M: Changing the day of the event won't work. **How about if I switch your speech to the last event that evening?**
W: Okay, that should work well.

여: Seth, 당신이 우리 회사의 다가오는 시상식의 기획자죠, 그렇지 않나요? 당신이 제게 보험 회사의 중요성에 대해 연설을 해달라고 부탁했었어요. 제가 여전히 그것을 해야 하나요?
남: 네, 그럼 좋겠어요. 우리 회사는 훌륭한 명성을 갖고 있어서, 특히 신입 사원들이 여기서 일하는 것을 자랑스러워 해요.
여: 알겠어요... 문제는, 제가 행사 당일에 출장에서 돌아올 예정이에요. 비행기가 지연되면 제시간에 못 올 수도 있어요.
남: 행사일을 변경할 수는 없어요. 제가 당신의 연설을 그날 저녁의 마지막 행사로 옮기면 어때요?
여: 좋아요, 그건 괜찮을 거예요.

리스닝 Point
대화에서 'I see...'라고 할 경우 '알겠다'는 의미로 이해하면 된다.

이렇게 풀어요
문제와 선택지의 키워드는 대화가 시작되기 전에 미리 파악되어 있어야 해요!

❶ 문제 파악하기
man offer to do → 남자의 말에서 단서가 제시될 것임을 예상한다.

❷ 선택지 키워드 파악하기
선택지의 동사가 핵심이 되므로 시간이 없을 경우 동사 위주로 빠르게 파악한다.

(A) 재조정하기 (B) 예약하기 (C) 연락하기 (D) 계획하기

❸ 대화 후반부에서 단서 파악하여 정답 선택하기
How about if I switch your speech to the last event that evening?
→ 연설 시간을 바꾸어 주겠다고 제안한 것을 Rearrange a schedule로 표현한 (A)를 정답으로 선택한다.

◆ 질문 유형

What does the **woman ask the man to do**? 여자는 남자에게 무엇을 해달라고 요청하는가?
What does the **man offer to do** for the woman? 남자는 여자에게 무엇을 해주겠다고 하는가?
What is the **woman asked to do**? 여자는 무엇을 하도록 요청받는가?
What does the **man suggest[recommend]**? 남자는 무엇을 제안하는가?

◆ 핵심 포인트

1 요청 문제에 대한 단서를 끌고 나오는 표현을 알아두자.

Can you ~? ~해주실 수 있으세요?	Could you ~? ~해주실 수 있으세요?
Would you ~? ~해주시겠어요?	I'd like you to ~ 당신이 ~을 해주었으면 합니다.
Why don't you ~? ~하는 게 어때요?	I wonder if you can ~ 당신이 ~해줄 수 있는지 궁금합니다.

[단서] **Can you** send me the brochures containing new pictures?
　　　새로운 사진을 포함하고 있는 안내 책자를 보내주시겠어요?
[정답] Send the updated brochure 수정된 안내 책자 보내기

2 제안 문제에 대한 단서를 끌고 나오는 표현을 알아두자.

How about if I ~ 제가 ~하면 어때요?	Why don't I ~ 제가 ~할까요?
Let me ~ 제가 ~할게요	I suggest ~ ~하기를 제안합니다
You should ~ 당신은 ~하셔야 해요	I can ~ 제가 ~할게요

[단서] **Let me** check the warehouse to see if we still have one in stock.
　　　아직 재고가 남아있는지 제가 창고를 확인해 보겠습니다.
[정답] Look for a product 제품 찾아보기

3 요청한 것을 묻는 문제인지 요청 받은 사항을 묻는 문제인지 구분해야 한다.

What does the woman ask the man to do? 여자는 남자에게 무엇을 하라고 요청하는가?
→ 여자의 말에서 단서 표현이 나올 것임을 예상하며 대화를 들어야 한다.

What is the woman asked to do? 여자는 무엇을 하도록 요청받는가?
→ 남자가 여자에게 무엇을 하라고 요청할 것이므로, 남자의 말에서 단서 표현이 나올 것임을 예상하며 대화를 들어야 한다.

What is the man offer to do? 남자는 무엇을 하겠다고 제안하는가?
→ 남자가 주체가 되므로, 남자의 말에서 단서 표현이 나올 것임을 예상하며 대화를 들어야 한다.

● **실수 피하기**

제안·요청 문제는 정답 보기가 패러프레이징 되는 경우가 많은 유형이다. 대표적인 패러프레이징 표현을 알아두자.
call/e-mail → contact
send/mail → provide
fill out → complete

● **꿀팁! 토익 최신 경향**

무엇을 보내달라고 요청하는지와 같이 좀 더 구체적으로 질문이 출제되는 경우도 있다.
What does the woman ask the man to send? 여자는 남자에게 무엇을 보내달라고 요청하는가?
→ A revised plan 수정된 계획

유형 02 다음 할 일 문제

다음 할 일을 묻는 문제는 대화가 끝난 다음에 어떤 행동을 하거나 어떤 일이 일어날지를 묻는 문제이다. 대화 마지막에 주로 단서가 제시되며 매회 2~5문제 정도 출제된다.

 DAY 06_06

VOCA

reimbursement 상환, 변제
jam (기기에 무엇이 끼어) 움직이지 않다
fix 고치다
on-duty 근무중인
technician 기술자
hearing 공청회
hang on 기다리다
transfer (전화를) 연결해 주다

문제지

What will the **woman** most likely **do next**?

(A) Schedule an appointment
(B) Issue a reimbursement
(C) Transfer the man's call
(D) Take a message

여자는 다음에 무엇을 하겠는가?

(A) 약속 일정 잡기
(B) 상환하기
(C) 남자의 전화 연결해주기
(D) 메시지 받아 적기

대화 [BR] [BR]

M: Hello, this is George Ludlow from Ludlow Legal Services. I use one of your Office Jet 400 printers in my office, but it keeps jamming. I need someone to come fix it.
W: I'm sorry to hear about that, sir. All of our on-duty technicians are currently out on calls. How about we send someone tomorrow?
M: That's too late. I have to print a lot of paperwork to bring to court for a hearing in the morning. I need a repairperson now.
W: **Hang on while I transfer you to my manager.** Hopefully he can work something out.

남: 안녕하세요, 저는 Ludlow 법률 사무소의 George Ludlow입니다. 제가 사무실에서 귀사의 Office Jet 400 프린터기를 사용하는데요, 계속 (종이가) 걸려 작동하지 않아요. 와서 수리해 주실 누군가가 필요합니다.
여: 죄송합니다. 근무중인 기술자 전원이 현재 호출에 응하느라 외부에 있습니다. 내일 누군가를 보내 드려도 될까요?
남: 그러면 너무 늦어요. 아침에 공청회 때문에 법원에 가져가야 할 많은 서류를 인쇄해야 해요. 지금 수리하는 분이 필요합니다.
여: 제가 우리 매니저를 연결해 드릴 테니 기다려 주세요. 그가 해결해 드릴 수 있기를 바라겠습니다.

리스닝 Point

hang on은 전화 통화를 하는 대화에서 자주 나오는 표현이므로 잘 알아두자.

이렇게 풀어요

문제와 선택지의 키워드는 대화가 시작되기 전에 미리 파악되어 있어야 해요!

❶ 문제 파악하기
　woman, do next → 여자가 다음에 할 일을 묻는 문제임을 파악한다.

❷ 선택지 키워드 파악하기
　(A) 일정 잡기　　(B) 상환　　(C) 전화 연결　　(D) 메시지

❸ 대화 마지막 부분에서 단서 파악하여 정답 선택하기
　여자의 마지막 대사에서 Hang on while I transfer you to my manager를 캐치한다.
　→ (C)를 정답으로 선택하고 다음 문제로 넘어간다.

◆ **질문 유형**

What will the **man[woman]** probably **do next**? 남자[여자]는 다음에 무엇을 하겠는가?
What will **happen next**? 다음에 무슨 일이 일어나겠는가?
What does the **woman** say she will **do next**? 여자는 다음에 무엇을 할 것이라고 말하는가?
What does the **man** say he will **do this afternoon**? 남자는 오늘 오후에 무엇을 할 것이라고 말하는가?

◆ **핵심 포인트**

1 다음에 할 일을 본인이 직접 말하는 경우도 있지만, 상대방이 먼저 제안하고 수락하는 것을 통해 파악해야 하는 경우도 있다.

| 본인이 직접 말하는 경우 |

M: **I'll** look over the Web site. 웹사이트를 둘러볼게요.

Q. What will the man do next? 남자는 다음에 무엇을 하겠는가?
A. Go online 인터넷 하기

| 상대방의 제안이나 요청을 통해 파악해야 하는 경우 |

W: **Could you send me a serial number** that I can refer to for the shipping? 배송 관련해서 제가 참고할 수 있는 일련 번호를 보내주실 수 있나요?
M: **Sure**. I'll do it right away. 물론이죠. 지금 바로 해드릴게요.

Q. What does the man say he will do? 남자는 무엇을 하겠다고 말하는가?
A. Provide the number 번호 제공하기

2 다음 할 일에 대한 단서를 끌고 나오는 표현을 알아두자.

I will / I'm going to 제가 ~할 거예요.	Let me 제가 ~할게요.
I'd better 제가 ~하는 게 좋겠네요.	Could you ~? ~해줄 수 있나요?
You'll have to 당신은 ~해야 할 거예요.	

I'll phone the real estate agent now. 제가 지금 부동산 중개인에게 전화할게요.
Could you forward me the link? 링크를 제게 보내주시겠어요?

◆ **꿀팁! 토익 최신 경향**

3인 대화의 경우 문제에 화자의 이름이 제시되는 질문 유형이 출제된다. 따라서 문제에 이름이 있을 경우 그 사람이 누구인지 대화에서 반드시 파악해야 한다.

M1: **James**, I'll show you around the factory.

Q. What will **James** do next?
A. Take a tour of the factory

DAY 06

PART 3

유형 03 의도 파악 문제

의도 파악 문제는 화자가 한 말의 의도를 대화의 맥락을 통해 파악하는 문제이다. 표현 자체의 의미가 정답과 바로 연결되지 않으므로 반드시 문제를 먼저 읽어 두어야 한다. 이 유형은 매회 2~3문제가 출제된다.

 DAY 06_07

VOCA
digitize 디지털화하다
commercial 광고
serious 중요한
professional 전문적인
advertising company 광고 회사
contract 계약하다
look into 조사하다

문제지

What does the **woman mean** when she says, "**That was several years ago**"?

(A) The logo should be updated.
(B) The building needs renovations.
(C) The business has been successful.
(D) The client files should be digitized.

여자가 "그건 몇 년 전이에요"라고 말할 때 의미하는 바는 무엇인가?

(A) 로고가 업데이트되어야 한다.
(B) 건물이 보수되어야 한다.
(C) 사업이 잘되고 있다.
(D) 고객 파일은 디지털화되어야 한다.

대화 US US

M: Hailey, don't you think the commercials for our store are a bit old? I'm afraid that people won't consider us a serious place to buy furniture from.
W: That's true. I think it's time for us to hire a professional advertising company.
M: **Didn't we decide that contracting an ad agency would be too expensive?**
W: That was several years ago. We're not as small as we used to be.
M: Good point. It would be best for us to make some higher quality commercials.
W: I'll get online and look into some possible ad companies that might be able to help us out.

남: Hailey, 우리 상점의 광고가 좀 오래되었다고 생각하지 않으세요? 사람들이 우리가 가구를 구입할 중요한 장소라고 생각하지 않을까 봐 걱정이 됩니다.
여: 맞아요. 우리가 전문적인 광고 회사를 고용할 때라고 생각해요.
남: 광고 회사와 계약하는 것이 너무 비용이 많이 들 것 같다고 결정을 하지 않았었나요?
여: 그건 몇 년 전이에요. 우리는 예전의 작은 회사가 아니에요.
남: 좋은 지적입니다. 고품질의 광고를 만드는 것이 우리에게 가장 좋을 거예요.
여: 제가 인터넷으로 우리에게 도움을 줄 수 있는 광고 회사를 찾아 보겠습니다.

이렇게 풀어요

문제와 선택지의 키워드는 대화가 시작되기 전에 미리 파악되어 있어야 해요!

❶ 문제 파악하기
woman mean, That was several years ago → 여자가 해당 문장을 말할 때 앞뒤 문맥을 파악할 준비를 한다.

❷ 선택지 키워드 파악하기
(A) 로고, 업데이트   (B) 건물, 보수   (C) 사업, 잘되는   (D) 파일, 디지털화

❸ 대화 흐름을 파악하면서 듣고, 해당 문장이 나올 때 앞뒤 내용을 통해 단서 파악하기
남자가 전문 광고 회사를 고용하는 것은 너무 비싸서 안 하기로 하지 않았냐는 의도로 질문한 것에 대해 여자가 "That was several years ago"라고 말했고, 뒤이어 "우리는 예전의 작은 회사가 아니다"라고 했다.
→ 현재는 사업이 잘되서 광고 회사를 고용할 형편이 된다는 뉘앙스로 말했음을 파악한다.
→ (C)를 정답으로 선택하고 다음 문제로 넘어간다.

◆ 질문 유형

What does the **woman[man] mean** when she[he] says, "That's not good enough"?
여자[남자]가 "그것으로 충분하지 않아요"라고 말할 때 의미하는 바는 무엇인가?

What does the **woman[man] imply** when she[he] says, "We have to change our supplier"?
여자[남자]가 "우리는 공급업체를 바꿔야 해요"라고 말할 때 암시하는 바는 무엇인가?

Why does the **woman[man] say**, "What a surprise"?
왜 여자[남자]는 "놀랍네요"라고 말하는가?

◆ 핵심 포인트

1 반드시 문제를 먼저 읽는다.

대화를 듣기 전에 따옴표 안의 문장을 읽어두고 어떤 내용이 나올지 예측하며 들어야 한다.

What does the woman mean when she says, "I've never been there before"?
여자가 "저는 전에 거기에 가 본 적이 없어요"라고 말할 때 의미하는 바는 무엇인가?
→ 대화에서 특정 장소가 언급될 것임을 예측할 수 있다.

2 정답의 단서는 앞뒤 문맥과 연관되어 있다.

정답은 대부분 앞 사람의 말과 관련이 있으므로, 해당 문장의 앞뒤를 잘 파악해야 한다.

M: Can you stop by Dr. Shawn's office tomorrow morning?
　내일 아침에 Shawn 박사님의 사무실에 들를 수 있어요?
W: Sure. But, I've never been there before. 물론이죠. 그런데, 저는 전에 거기에 가 본 적이 없어요.
Q. What does the woman mean when she says, "I've never been there before"?
　여자가 "저는 전에 거기에 가 본 적이 없어요"라고 말할 때 의미하는 바는 무엇인가?
A. She wants to get some information. 그녀는 정보를 얻고 싶어 한다.

3 화자의 어조를 통해 긍정적인 뉘앙스인지 부정적인 뉘앙스인지 파악할 수 있다.

긍정적인 뉘앙스일 경우 높은 어조, 부정적인 뉘앙스일 경우 주로 낮은 어조로 말하므로 어조 또한 문맥을 이해하는 데 도움이 될 수 있다.

4 의미가 굳어진 관용 표현을 외우기보다는 대화의 맥락을 파악하는 것이 중요하다.

'It's up in the air(아직 미정입니다)'와 같이 의미가 정해져 있는 관용 표현보다는 일반적인 문장이 주로 출제된다. 따라서 화자들의 어조와 대화의 맥락을 통해 의미를 파악하는 연습을 해야 한다.

꿀팁! 토익 최신 경향

Why does the woman[man] say~로 물을 경우 선택지는 To부정사 형태로 제시된다. 따라서 따옴표 안의 문장을 왜 말하는지 목적을 묻는 문제로 파악하면 된다.

실수 피하기

의도 파악 문제의 정답은 문제로 제시된 화자의 말을 단순히 유사한 의미로 패러프레이징한 표현이 아니다. 보기가 의미상 문제 표현과 직접적으로 연관될수록 오답일 확률이 높다.

유형 연습

문제와 각 선택지의 키워드에 표시하세요. 그리고 나서 대화를 듣고 빈칸에 들어갈 말을 받아쓴 후 정답을 선택해 보세요.

01. What does the man suggest the woman do?

(A) Contact the printing shop   (B) Use another printer

> W: James, this printer is _____ _____ again. The papers are jammed. I will give a _____ to the board members in an hour and I need 20 _____ to be printed.
>
> M: Um... why don't you _____ the _____ _____ located at the corner and ask them to print them?

02. What does the man ask the woman to do?

(A) Schedule a meeting   (B) Revise the proposal

> M: I think the _____ for the proposal is too tight. Could you call the client and _____ a _____ this week?
>
> W: Sure. _____ _____ is the most convenient for you?
>
> M: I _____ _____ _____ on Tuesday and Wednesday morning.

03. What will the man probably do next?

(A) Convert the file format   (B) Fax a document

> M: Clara, did you _____ my e-mail about the price quote for the office renovation?
>
> W: Yes, but I have a _____. I downloaded the file you _____ to the e-mail, but it did not open on my computer. Could you _____ it to me _____ _____?

---

paraphrasing   주어진 어휘 또는 표현과 의미가 동일한 것을 연결하세요.

1. call   (a) change
2. revise   (b) issue
3. problem   (c) contact

04. What will the man probably do next?

(A) Call another branch   (B) Go to the storage room

> W: I like these shoes but I'm not able to _____ _____ _____ on the shelf. Do you have the shoe in 6.5?
>
> M: Just give me a second to check the _____. According to our records, there are a couple _____ in the storage room. I will _____ _____ in a minute.

05. Why does the woman say, "I don't have any special plans this weekend"?

(A) To accept an offer   (B) To cancel an event

> M: Jenny, will you _____ to the rock climbing club this Saturday? We will have a _____ _____ with the members at the restaurant Atkins' Table.
>
> W: I don't have any special plans this weekend. _____ will it be _____? It will start at 4 P.M., right?

06. What does the woman mean when she says, "I'm not really surprised"?

(A) She has already read the news.   (B) She expected the results.

> M: Our _____ was _____ as one of the best _____ this year!
>
> W: That's good news, but I'm not really surprised. We've been _____ lots of money and time on that _____.

---

paraphrasing   주어진 어휘 또는 표현과 의미가 동일한 것을 연결하세요.

4. inventory   •   • (a) suggestion
5. offer   •   • (b) stock
6. item   •   • (c) product

실전 문제

01. Who most likely is the woman?
    (A) A furniture salesperson
    (B) A restaurant worker
    (C) A shop owner
    (D) A repair person

02. Why does the woman say, "The rooftop is open"?
    (A) To offer another option
    (B) To verify a design
    (C) To announce a policy change
    (D) To assign a task

03. What does the man plan to do?
    (A) Place a rush order
    (B) Check a weather report
    (C) Turn off his phone
    (D) Go to another business

04. Why is the man calling the woman?
    (A) To change a location
    (B) To extend a deadline
    (C) To cancel a meeting
    (D) To confirm a guest list

05. According to the man, what recently happened at his branch?
    (A) Some budget categories were cut.
    (B) Some clients made a complaint.
    (C) A renovation project was started.
    (D) A team hired more members.

06. What does the woman say she will do next?
    (A) E-mail the man
    (B) Reserve a room
    (C) Print an agenda
    (D) Review a report

07. Where is the conversation taking place?
    (A) At a manufacturing facility
    (B) At an advertising agency
    (C) At a grocery store
    (D) At a clothing shop

08. What problem does the woman tell the man about?
    (A) A product has been discontinued.
    (B) An employee is absent.
    (C) A shipment is late.
    (D) A machine is malfunctioning.

09. What does the woman ask the man to do?
    (A) Return some items
    (B) Adjust a work schedule
    (C) Request some samples
    (D) Post some information online

10. What does the woman plan to do next week?
    (A) Hire some new employees
    (B) Attend an industry event
    (C) Transfer to another branch
    (D) Lead a training seminar

11. What does the man mean when he says, "that's not much"?
    (A) He is surprised by a project's budget.
    (B) He is concerned about a lack of time.
    (C) He is pleased with the low price.
    (D) He is able to assist the woman.

12. What does the woman say she will do?
    (A) Make an overtime payment
    (B) Check a company policy
    (C) Speak to a manager
    (D) Give the man some instructions

13. What kind of business do the speakers most likely work at?
    (A) A computer graphic design agency
    (B) A video game company
    (C) An electronics manufacturer
    (D) A computer repair service

14. Why does the man say, "but we have plenty of people who want extra hours"?
    (A) He thinks their goal is not feasible.
    (B) He will assign more work shifts.
    (C) He wants to offer an extra service.
    (D) He plans to interview some applicants.

15. What does the man say he will do?
    (A) Hire more workers
    (B) Contact a client
    (C) Take a break
    (D) Post a memo

16. Why did the man visit the business?
    (A) To conduct an interview
    (B) To deliver a document
    (C) To take a guided tour
    (D) To inspect a facility

17. What does the woman request from the man?
    (A) A beverage
    (B) A work contract
    (C) Photo identification
    (D) The name of a contact

18. What does the woman tell the man to do?
    (A) Put on safety gear
    (B) Wait for an escort
    (C) Display a visitor's pass
    (D) Speak with a manager

19. Why is the woman calling?
    (A) To gather feedback
    (B) To request a change
    (C) To reschedule a service
    (D) To respond to a complaint

20. What problem does the woman mention?
    (A) An item was incorrect.
    (B) A shipment was delayed.
    (C) Some workers are out sick.
    (D) Some products were damaged.

21. What does the woman offer the man?
    (A) A deposit refund
    (B) A discounted charge
    (C) Free maintenance service
    (D) Some product samples

22. Where is the conversation most likely taking place?
    (A) In a bakery
    (B) In a kitchen
    (C) In a grocery store
    (D) In a home appliance store

23. What does the woman mean when she says, "This is my first time using a dough mix"?
    (A) She has to purchase a new mixer.
    (B) She is allergic to an ingredient.
    (C) She prefers a different product.
    (D) She wants to get some advice.

24. Where will the speakers most likely go next?
    (A) To a service counter
    (B) To another branch
    (C) To a cash register
    (D) To another aisle

영단기
토익 솔루션
LC

DAY 07

PART 2 간접 의문문 / 선택 의문문

- **유형 01** 간접 의문문 – Yes/No로 답변하는 유형
- **유형 02** 간접 의문문 – Yes/No를 생략하고 답변하는 유형
- **유형 03** 간접 의문문 – 접속사와 결합하는 간접 의문문
- **유형 04** 선택 의문문 – Which, Which of로 묻는 질문
- **유형 05** 선택 의문문 – 'Which + 명사' 형태의 질문
- **유형 06** 선택 의문문 – 'A or B' 형태의 질문

PART 3 문제 유형

- **유형 01** 시각 자료 연계 문제
- **유형 02** 3인 대화 문제

PART 2 간접 의문문 / 선택 의문문

간접 의문문은 일반 의문문에 의문사 의문문이 들어가 있는 형태로, 의문사 부분을 잘 들어야 한다. 매회 1문제 정도 출제된다. 선택 의문문은 어떤 것을 선택할지 묻는 내용으로, 매회 2문제 정도 출제된다.

유형 01 간접 의문문 - Yes/No로 답변하는 유형

Do you know where I can find a photocopier?

(A) About 10 copies.
(B) Yes, there is one in the corner.
(C) You look fine.

복사기가 어디 있는지 아세요?

(A) 약 10부 정도요.
(B) 네, 모퉁이에 한 개 있어요.
(C) 당신 좋아 보이네요.

이렇게 풀어요

❶ 질문 내용 파악하기 Do you know **where** I can **find a photocopier**?
   (복사기가 어디 있는지)

❷ 선택지 들으며 오답 소거하여 정답 선택하기
   (A) About 10 ~~copies~~. 연상 어휘 오답(photocopier-copies)
   (B) Yes, there is one in the corner. 정답으로 선택
   (C) You look ~~fine~~. 유사 발음 오답(find-fine)

유형 02 간접 의문문 - Yes/No를 생략하고 답변하는 유형

Do you know when the train for Central Station departs?

(A) Maybe in 20 minutes.
(B) No, she is well-trained.
(C) $15 for the round trip?

중앙역으로 가는 기차가 언제 출발하는지 아시나요?

(A) 아마 20분 후에요.
(B) 아뇨, 그녀는 숙련되었어요.
(C) 왕복에 15달러요?

이렇게 풀어요

❶ 질문 내용 파악하기 Do you know **when** the **train** for Central Station **departs**?
   (기차가 언제 출발하는지)

❷ 선택지 들으며 오답 소거하여 정답 선택하기
   (A) Maybe in 20 minutes. 정답으로 선택
   (B) No, ~~she~~ is well-trained. 주체가 맞지 않는 오답(train-she)
   (C) $15 for the ~~round trip~~? 연상 어휘 오답(train-round trip)

유형 03 간접 의문문 - 접속사와 결합하는 간접 의문문

Do you know if human resources is hiring new employees?

(A) I'll ask Hanna.
(B) The seats higher up are already sold.
(C) Thanks for letting me know.

인사부에서 신입사원들을 채용하고 있는지 아시나요?

(A) Hanna에게 물어볼게요.
(B) 더 높은 (등급의) 좌석은 이미 팔렸어요.
(C) 알려주셔서 감사해요.

이렇게 풀어요

❶ 질문 내용 파악하기 Do you know **if human resources is hiring** new employees?
   (인사부에서 채용하고 있는지)

❷ 선택지 들으며 오답 소거하여 정답 선택하기
   (A) I'll ask Hanna. 정답으로 선택
   (B) The seats **higher** up are already sold. 유사 발음 오답(hiring-higher)
   (C) Thanks for letting me ~~know~~. 동일 단어 반복 오답(know)

포인트 01 간접 의문문의 유형 및 Yes/No 답변

간접 의문문은 일반 의문문에 when, where, who 등으로 시작하는 의문사 의문문이 들어가 있는 질문 형태이다.

Do you know + 의문사 + 주어 + 동사 ~?	**Do you know where** the gas station is? 주유소가 어디 있는지 아세요?
Can you tell[show] me + 의문사 + 주어 + 동사 ~?	**Can you tell me who** that man is? 저 남자가 누구인지 말해줄 수 있나요?
Did you hear + 의문사 + 주어 + 동사 ~?	**Did you hear who** is going to be promoted? 누가 승진하게 될지 들었어요?
Do you remember + 의문사 + 주어 + 동사 ~?	**Do you remember where** Patrick lives now? 지금 Patrick이 어디 사는지 기억나세요?

- 의문사 의문문은 Yes/No로 답변할 수 없지만, 간접 의문문은 의문사가 아닌 조동사로 시작하므로 Yes/No로 답변할 수 있다.

Q. **Do you know why** Mr. Smith was late this morning? Smith 씨가 오늘 아침에 왜 늦었는지 아세요?
A. **Yes**, I was told that there was a heavy traffic jam. 네, 교통 체증이 심했다고 들었어요.

실수 피하기
간접 의문문은 '의문사 + 주어 + 동사' 부분이 내용을 파악하는 데 핵심이 되므로 이 부분을 반드시 들어야 답을 고를 수 있다.

☑ **Quick Check 01**
Mark your answer.
(A)　　(B)

포인트 02 Yes/No를 생략하고 답변하는 다양한 예시

간접 의문문은 Yes/No를 생략하고 답변하는 경우가 훨씬 많다. 이 경우, 문맥을 통해 적절한 응답인지 파악할 수 있어야 하므로 다양한 예시를 통해 익숙해지도록 하자.

Q. **Can you tell me why** you didn't accept the job offer? 그 일자리 제안을 왜 받아들이지 않았는지 말씀해 주실래요?
A. Actually, I wanted to work in a bigger firm. 사실, 저는 더 큰 회사에서 일하고 싶었어요.

Q. **Do you know which** department Harry works in? Harry가 어느 부서에서 일하는지 아세요?
A. He's in accounting. 그는 회계부서에 있어요.

Q. **May I ask where** I can buy some paper cups? 제가 어디에서 종이컵을 좀 살 수 있는지 물어봐도 될까요?
A. At the shop next door. 옆 매장에서요.

☑ **Quick Check 02**
Mark your answer.
(A)　　(B)

포인트 03 접속사와 결합하는 간접 의문문

간접 의문문 중간에 의문사 의문문이 아닌 that/whether/if절이 들어가는 질문 형태도 출제된다. 이 질문 형태 역시 접속사 뒤의 내용이 질문의 핵심이므로 끝까지 잘 들어야 한다.

Q. **Do you know whether** our company developed this software or not? 우리 회사가 이 소프트웨어를 개발했는지 아닌지를 알고 계시나요?
A. Yes, it's ours. 네, 그건 우리 회사 것입니다.

Q. **Do you think (that)** we should sign up for a tour? 우리가 투어를 신청해야 한다고 생각하시나요?
A. That depends on our schedule. 우리의 일정에 따라 달라요.

Q. **Do you know if** the boxes I ordered last week have arrived? 제가 지난주에 주문한 상자들이 도착했는지 아시나요?
A. I'll call the person in charge of it. 그것을 담당하고 있는 분에게 전화해볼게요.

☑ **Quick Check 03**
Mark your answer.
(A)　　(B)

Quick Check 정답
01 (A)　02 (A)　03 (B)

유형 04 선택 의문문 - Which, Which of로 묻는 질문

Which do you want to purchase?

(A) The yellow one.
(B) A proof of your purchase.
(C) No, I don't need it anymore.

어떤 것을 구입하고 싶으세요?

(A) 노란색이요.
(B) 당신의 구입에 대한 증빙이요.
(C) 아뇨, 저는 더 이상 그게 필요 없어요.

이렇게 풀어요

① 질문 내용 파악하기 **Which** do you **want to purchase**?
　　　　　　　　　　　　어떤 것을　　　　구입하고 싶은지

② 선택지 들으며 오답 소거하여 정답 선택하기

(A) The yellow one. 　정답으로 선택
(B) A proof of your purchase. 　동일 단어 반복 오답(purchase)
(C) No, I don't need it anymore. 　의문사 의문문에 Yes/No로 답한 오답

유형 05 선택 의문문 - 'Which + 명사' 형태의 질문

Which printer would fit your office needs?

(A) I want it to be faster than the existing one.
(B) No, it was a standard room.
(C) The company dress code.

어떤 프린터가 당신의 회사의 요구에 맞나요?

(A) 저는 기존 것보다 더 빠르길 원해요.
(B) 아뇨, 그건 일반실이었어요.
(C) 회사 복장 규칙이요.

이렇게 풀어요

① 질문 내용 파악하기 **Which printer** would **fit your office needs**?
　　　　　　　　　　　　어떤 프린터가　　　　회사의 요구에 맞는지

② 선택지 들으며 오답 소거하여 정답 선택하기

(A) I want it to be faster than the existing one. 　정답으로 선택
(B) No, it was a standard room. 　의문사 의문문에 Yes/No로 답한 오답
(C) The company dress code. 　연상 어휘 오답(office-company dress code)

유형 06 선택 의문문 - 'A or B' 형태의 질문

Do you want to go to the cafeteria or Italian restaurant for lunch?

(A) A cup of green tea, please.
(B) It will be charged to your account.
(C) Either is fine.

점심 먹으러 구내식당에 가고 싶은가요, 이탈리안 레스토랑에 가고 싶은가요?

(A) 녹차 한 잔 주세요.
(B) 당신의 계좌로 비용이 부과될 겁니다.
(C) 둘 다 좋아요.

이렇게 풀어요

① 질문 내용 파악하기 **Do you want** to **go to the cafeteria or Italian restaurant** for lunch?
　　　　　　　　　　　　　　　　　　　　　구내식당 또는 이탈리안 레스토랑

② 선택지 들으며 오답 소거하여 정답 선택하기

(A) A cup of green tea, please. 　연상 어휘 오답(cafeteria, restaurant-green tea)
(B) It will be charged to your account. 　주체가 맞지 않는 오답(you-It)
(C) Either is fine. 　정답으로 선택

포인트 04 · Which, Which of로 묻는 선택 의문문

대명사 which가 쓰인 선택 의문문으로, which가 단독으로 쓰이거나 'which of + 선택 대상'으로 질문이 시작한다.
'the one(~한 것)'을 사용한 답변이 가장 많이 출제된다. 아무것도 해당되지 않는다고 할 때는 none을 사용하여 대답할 수도 있다.

Q. **Which** is the computer that needs to be fixed? 수리되어야 하는 컴퓨터가 어떤 것인가요?
A. The one in the meeting room. 회의실에 있는 것이요.

Q. **Which of** you approved the proposal? 여러분 중 누가 그 제안을 승인했나요?
A. Sam did. Sam이 했습니다.

Q. **Which of** you can work late tomorrow? 여러분 중 누가 내일 야근할 수 있나요?
A. I guess none of us. 아무도 안 될 겁니다.

☑ **Quick Check 04**
Mark your answer.
(A)　　(B)

포인트 05 · 'Which + 명사'로 묻는 선택 의문문

형용사 which가 쓰인 경우로, 'which + 명사'로 질문이 시작한다. which 다음에 오는 명사를 반드시 들어야 한다.

Q. **Which course** did you sign up for? 어떤 수업에 등록하셨어요?
A. The one about the time management. 시간 관리에 관한 것이요.

Q. **Which floor** is Dr. Kimberly's office on? 어느 층에 Kimberly 박사님의 사무실이 있나요?
A. I think it's on the 3rd floor. 3층에 있는 것 같아요.

☑ **Quick Check 05**
Mark your answer.
(A)　　(B)

포인트 06 · 'A or B'로 묻는 선택 의문문 및 답변 유형

- or로 연결된 두 가지 중 하나를 선택하도록 묻는 형태이다. A와 B 자리에는 단어, 구 또는 절 형태가 올 수 있다.

[단어] Q. Should we take the bus **or** the subway? 우리 버스를 탈까요, 지하철을 탈까요?
[구] Q. Do you want to watch a movie **or** go shopping? 영화를 볼래요, 아니면 쇼핑하러 갈까요?
[절] Q. Do we have enough paper **or** should we buy some more? 우리에게 종이가 충분한가요, 아니면 좀 더 사야할까요?

- 선택 의문문의 답변은 둘 중 하나를 선택하거나, 둘 다 괜찮다[싫다]고 하는 경우, 선택권을 다른 사람에게 넘기는 경우가 있다.

☑ **Quick Check 06**
Mark your answer.
(A)　　(B)

둘 중 하나 선택	I prefer summer. 저는 여름이 더 좋아요. I feel like going shopping. 쇼핑 가고 싶어요. A window seat, please. 창가 좌석으로 주세요.
둘 다 선택	Either will be fine. 둘 다 좋아요. I like them both. 둘 다 좋아요. I don't care. / I don't mind. / It doesn't matter. 상관없습니다. It doesn't make much difference. 별 차이가 없습니다.
둘 다 선택 안 함	Neither. 둘 다 아니에요. I don't like either of them. 둘 다 별로예요.
상대방이 결정하도록 하는 응답	It's up to you. 당신에게 달렸어요. I leave it up to you. 당신이 결정하도록 두겠습니다. Whichever you like. 당신이 좋아하는 것으로 아무거나요.

Quick Check 정답: 04 (A) 05 (B) 06 (B)

유형 연습

각 질문과 보기를 들으며 빈칸을 채운 뒤 정답에는 O, 오답에는 × 표시하세요.

01. _____ _____ _____ is for employees?
   (A) Approximately 100 _____. [ ]
   (B) The _____ _____ the _____. [ ]

02. Do you know _____ is working extra hours tonight?
   (A) _____ not _____. [ ]
   (B) I'll _____ the _____. [ ]

03. Do you think I should _____ _____ the _____?
   (A) _____ right at the _____. [ ]
   (B) Are you _____? [ ]

04. Are _____ going to _____ the _____ _____ or should _____ _____ it?
   (A) He said _____ was _____ in _____. [ ]
   (B) _____ _____ _____, if you are okay with it. [ ]

05. Can you tell me _____ Susan is moving into her new apartment?
   (A) It's about $800 _____ _____. [ ]
   (B) On the _____ of _____. [ ]

06. Would you like _____ to _____ out the document or will you _____ it on the _____?
   (A) Yes, we will _____ it _____. [ ]
   (B) I'd _____ a _____ _____. [ ]

07. Does your soup _____ _____ or does it need more _____?
   (A) It's _____ as it is. [ ]
   (B) Yes, I'll _____ _____. [ ]

08. Would you like a table _____ or on the _____?
   (A) _____ is _____. [ ]
   (B) _____ on the _____. [ ]

실전 문제

01. Mark your answer on your answer sheet.
(A) (B) (C)

02. Mark your answer on your answer sheet.
(A) (B) (C)

03. Mark your answer on your answer sheet.
(A) (B) (C)

04. Mark your answer on your answer sheet.
(A) (B) (C)

05. Mark your answer on your answer sheet.
(A) (B) (C)

06. Mark your answer on your answer sheet.
(A) (B) (C)

07. Mark your answer on your answer sheet.
(A) (B) (C)

08. Mark your answer on your answer sheet.
(A) (B) (C)

09. Mark your answer on your answer sheet.
(A) (B) (C)

10. Mark your answer on your answer sheet.
(A) (B) (C)

11. Mark your answer on your answer sheet.
(A) (B) (C)

12. Mark your answer on your answer sheet.
(A) (B) (C)

13. Mark your answer on your answer sheet.
(A) (B) (C)

14. Mark your answer on your answer sheet.
(A) (B) (C)

15. Mark your answer on your answer sheet.
(A) (B) (C)

16. Mark your answer on your answer sheet.
(A) (B) (C)

PART 3 시각 자료 연계 문제 / 3인 대화

유형 01 시각 자료 연계 문제

시각 자료 연계 문제는 주어진 표, 평면도, 쿠폰 등의 시각 자료와 대화 내용을 연계하여 정답을 찾는 유형이다. PART 3의 후반부 문제에 위치하며, 매회 2~3 문항이 출제된다.

🎵 DAY 07_05

VOCA
SUV 스포츠 실용차 (sport utility vehicle)
food fair 음식 박람회
host 개최하다, 열다
handout 유인물

문제지

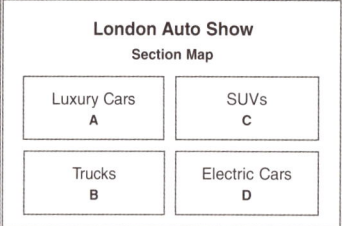

Look at the graphic. In **which section** will the **woman meet** her **friends**?

(A) Section A   (B) Section B
(C) Section C   (D) Section D

시각자료를 보시오. 여자는 그녀의 친구들을 어느 구역에서 만날 것인가?

(A) A 구역   (B) B 구역
(C) C 구역   (D) D 구역

대화 [AU] [US]

M: Welcome to the London Auto Show! Do you have a question?
W: Hi, **my friends asked me to meet them at the SUV section here**. Which section would that be?
M: Here's a map of the convention center. It shows you what's going on in each section today. Is there anything else I can help you with?
W: I saw an ad for an international food fair. When will that be?
M: We will host that in January. Here's a handout about it.
W: Great, thank you!

남: 런던 자동차 쇼에 오신 것을 환영합니다. 질문 있으신가요?
여: 안녕하세요. 제 친구들이 저에게 SUV 구역에서 만나자고 했습니다. 그게 어느 구역인가요?
남: 여기 컨벤션 센터 지도가 있습니다. 오늘 어느 구역에서 어떤 행사가 진행 중인지 알 수 있습니다. 그 외에 다른 도와드릴 것이 더 있나요?
여: 제가 국제 음식 박람회에 대한 광고를 봤습니다. 언제 열리나요?
남: 1월에 개최할 거예요. 여기 그것에 관한 유인물이 있습니다.
여: 좋습니다. 감사합니다!

리스닝 Point
ad는 advertisement(광고)를 줄여서 말하는 것이다. 구어체에서는 주로 이렇게 줄여서 말한다.

이렇게 풀어요
문제와 선택지의 키워드는 대화가 시작되기 전에 미리 파악되어 있어야 해요!

❶ **시각 자료와 문제 파악하기**
   |시각 자료| 자동차 쇼의 구역 지도이고, 차의 종류별로 구역이 나뉘어져 있음.
   |문제 키워드| which section, woman meet, friends
        → 여자가 친구들을 만나기로 한 구역을 찾아야 함을 파악

❷ **대화를 들으며 문제와 관련된 내용을 시각 자료에서 찾아 정답 선택하기**
   |대화| my friends asked me to meet them at the SUV section here.
   |시각 자료| SUV 구역: Section C → (C)를 정답으로 선택하고 다음 문제로 넘어간다.

◆ 질문 유형

Look at the graphic. Which room will the woman most likely go to?
시각 자료를 보시오. 여자는 어떤 방으로 가겠는가?

'Look at the graphic.'으로 시작하는 문제는 시각 자료와 연계하여 푸는 문제이다. 뒤에는 시각 자료의 종류에 따라 구체적인 질문이 나온다.

◆ 핵심 포인트

1 시각 자료의 내용을 먼저 신속하게 파악한다.

대화가 시작되기 전에 시각 자료와 문제를 먼저 파악하여 대화에서 어떤 내용으로 단서가 제시될지 추측하는 것이 중요하다.

2 대화와 시각 자료의 연결 고리를 캐치해야 한다.

문제의 보기에 제시된 단어를 대화에서 직접 언급하지 않으므로 시각 자료의 정보와 대화의 정보를 연결하여 답을 찾아야 한다.

MENU	
Lunch Set 1 (Chicken)	$20
Lunch Set 2 (Beef)	$25

Q. Look at the graphic. How much will the man pay? 시각 자료를 보시오. 남자는 얼마를 지불하겠는가?
→ 대화에서 가격이 직접적으로 언급되는 것이 아니라 Lunch Set 1, 2에 대해 언급할 것임을 예측해야 한다.
M: I will try the one with chicken today. 저는 오늘은 치킨이 포함된 것을 먹겠어요.
→ Lunch Set 1을 골랐음을 파악한다. 이때 chicken이 대화와 시각 자료의 연결 고리 역할을 한다.
정답: $20 → Lunch Set 1의 가격인 20달러를 지불할 것임을 알 수 있다.

◆ 빈출 시각 자료 유형

1 일정표

학회나 행사 일정표 또는 여행 일정표가 주어지며 시간대에 따른 행사명이나 담당자 정보가 제시된다.

London Design Conference, June 10	
9 A.M.	Web Design, Carla Gonzales
10 A.M.	Book Design, Su-min Choi
11 A.M.	Furniture Design, Alex McMille
12 P.M.	Lunch

→ Su-min Choi가 아파서 학회에 참석하지 못한다고 하고, Min-su Kim이 그녀 대신 강연을 진행할 것이라고 하면 Min-su Kim이 진행할 강연이 어떤 것일지(Book Design) 묻는 문제가 출제된다.

꿀팁! 토익 최신 경향

일정표, 차트, 지도가 자주 출제되긴 하지만 점점 다양한 시각 자료가 나오는 추세이다. 시각 자료 자체를 해석하는 것은 어렵지 않으므로 대화 내용과의 연결 고리만 잘 캐치하면 쉽게 풀 수 있다.

PART 3

쿠폰에서 나오는 어휘

valid 유효한
in-store purchases 상점에서의 구매
gift certificate 상품권
holder 소지자

2 쿠폰

할인 쿠폰이나 무료 쿠폰이 출제되며, 대화를 듣기 전에 쿠폰에 기재된 정보(혜택, 사용법, 만료일 등)를 파악해둔다.

Discount Coupon
Gordon's Department Store
20% off on purchases of $80 – $100
25% off on purchases of $110 – $150
Discount Code: **Willis17586AD**

→ 화자가 90달러 상당의 물건을 구입했다고 했을 때 몇 퍼센트 할인을 받을 것인지(20%) 묻는 문제가 출제된다.

3 라벨/안내판

제품이나 기계의 정보가 명시된 라벨이나 도로 표지판이 출제된다. 표지판의 경우 그림이 등장하므로 어떤 정보를 나타내는 그림인지 파악해 두어야 한다.

라벨/안내판에서 나오는 어휘

fragile 깨지기 쉬운
handle 다루다
material 소재
under construction 공사 중인
no entry 출입 금지

Nutrition Information Serving Size 500g	
Calories	450kcal
Fat	15g
Protein	21g
Sugar	5g
Sodium	2g

→ 화자가 지방(fat)의 양이 잘못 표기되었다고 할 경우, 수정해야 하는 숫자가 무엇인지(15g) 묻는 문제가 출제된다.

4 가격표/영수증

가격표의 경우 상품별 가격표가 주어지고 화자가 어떤 것을 구입할지 물을 수 있다. 영수증의 경우 화자가 구입한 물건 내역에 대해 오류가 발생한 경우가 자주 출제된다.

가격표/영수증에서 나오는 어휘

invoice 송장
receipt 영수증
quantity 수량
unit price 단가

Product Invoice	
1 table	$125.00
1 tablecloth	$20.00
2 chairs	$99.99
5 towels	$19.99

→ table만 주문하고 tablecloth는 주문하지 않았다고 말할 경우, 화자가 얼마를 환불 받을지(20달러) 묻는 문제가 출제된다.

실수 피하기

가격이 제시된 시각 자료는 단순히 가장 비싸거나 저렴한 것이 아니라, 예산이나 한도 기준이 함께 제시되는 경우가 많으므로 이에 유의한다.

5 차트

막대 그래프는 품목별 판매량과 직원 별 계약 성사 건수 등을 나타내는 그래프가 출제될 수 있다.

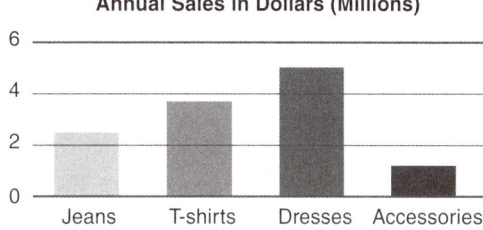

→ 매출이 가장 낮은 제품의 마케팅 전략을 세우자고 했을 때, 어떤 제품을 더 홍보할지 묻는 문제 (Accessories)가 출제된다.

원 그래프는 각 항목에 대한 점유율을 한 눈에 보기 쉽도록 작성한 그래프이고, 선 그래프는 기간에 따른 변화 추이를 보여준다.

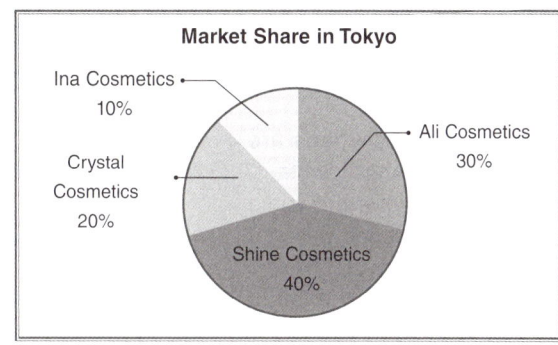

→ 도쿄에서 30퍼센트의 점유율을 가지고 있는 회사와 콜라보레이션을 할 것이라고 대화에서 언급됐을 때, 어떤 회사와 함께 일을 할지(Ali Cosmetics) 묻는 문제가 출제된다.

차트에서 나오는 어휘

sales 매출
region 지역
market share 시장 점유율
quarterly 분기의
amount 양

6 지도/평면도

지도는 거리나 행사장의 약도, 또는 지하철 노선도가 출제될 수 있고 평면도의 경우 사무실 평면도가 자주 출제된다.

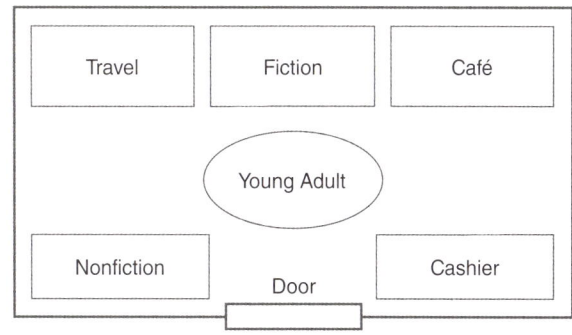

→ 화자가 특정 책의 위치를 묻고 그 책은 카페 옆에 있는 섹션에서 찾을 수 있다고 말할 경우, 화자가 갈 곳을 묻는 문제(Fiction)가 출제된다.

지도에서 나오는 어휘

layout 배치도
stairs 계단
hallway 통로
display area 진열 공간
intersection 교차로
entrance 입구
guide map 안내도

유형 02 | 3인 대화

3인 대화는 남1-남2-여 또는 남-여1-여2의 3인이 대화를 주고 받는다. 대화 시작에 앞서 디렉션에서 'refer to the following conversation with three speakers'라고 말해주는 부분을 통해 대화에 3인이 나올 것을 예상하고 들어야 한다. 매회 1~2개의 대화문이 출제된다.

🎵 DAY 07_06

VOCA
on the line 전화상으로
assure 확실히 ~라고 말하다
make up 보상하다
autographed 사인이 된

[문제지]

What will **Greg** most likely **receive**?

(A) A music CD
(B) A signed book
(C) A free T-shirt
(D) A concert ticket

Greg는 무엇을 받을 것 같은가?

(A) 음악 CD
(B) 사인이 된 책
(C) 무료 티셔츠
(D) 콘서트 티켓

[대화] [BR] [US] [AU]

M1: I'm Lester Jenkins! Welcome back to 97.7 FM. Today here in the studio with us is the great singer Paula Short. So, Paula, you're back on tour again?

W: That's right, Lester. I think my fans are really going to like the new songs I wrote.

M1: I'm sure it will be great. We've got some fans waiting on the line to speak with you here. First caller, you're on the air.

M2: **Hi, I'm Greg from LA.** I'm a huge fan of Paula's music. But, you haven't visited any cities on the West coast yet. I looked up the tour schedule, and I was disappointed again this time.

W: I know. Please be assured that my agency is still considering it. **Greg, I want to make it up to you. I'll send you an autographed copy of my new album.**

남1: 저는 Lester Jenkins입니다. 97.7 FM에 오신 것을 환영합니다. 오늘 여기 우리와 함께 스튜디오에는 유명한 가수인 Paula Short 씨가 함께 합니다. 자 Paula 씨, 다시 투어 공연을 하신다고요?

여: 맞습니다, Lester. 저의 팬들은 제가 쓴 곡을 정말 좋아할 거예요.

남1: 성공할 것이라 확신합니다. 당신과 이야기를 나누고 싶어하는 팬들이 전화상에서 기다리고 있습니다. 첫 번째 분, 연결되셨습니다.

남2: 안녕하세요? 저는 LA에 사는 Greg입니다. 저는 Paula의 음악의 열렬한 팬입니다. 그런데 당신은 서부 해안 지역의 어느 도시도 아직 방문하지 않았어요. 저는 투어 스케줄을 보았고, 이번에도 실망을 했습니다.

여: 알고 있습니다. 저의 기획사가 여전히 고려 중이니 안심하세요. Greg, 당신에게 보상을 해주고 싶군요. 제가 저의 새 앨범에 사인을 해서 보내드리겠습니다.

실수 피하기
대화의 autographed만 듣고 (B)의 signed book을 고르지 않도록 주의하자.

이렇게 풀어요 ✏️
문제와 선택지의 키워드는 대화가 시작되기 전에 미리 파악되어 있어야 해요!

❶ **문제 파악하기**
What, Greg, receive → 대화에서 Greg라는 이름이 제시될 것임을 파악한다.

❷ **선택지 키워드 파악하기**
(A) 음악 CD　　(B) 사인이 된 책　　(C) 무료 티셔츠　　(D) 콘서트 티켓

❸ **대화에서 단서 파악하여 정답 선택하기**
대화 중반부에서 Greg라는 이름이 처음 언급되었고, 전화를 건 사람이라는 것을 알 수 있다. 이어서 대화 마지막에서 여자가 Greg에게 사인 앨범을 보내주겠다고 한 것을 파악한다.
→ (A)를 정답으로 선택하고 다음 문제로 넘어간다.

◆ **질문 유형**

|세 명의 화자가 대화를 나누는 장소 또는 일하는 장소를 묻는 문제|

Where does the conversation probably take place? 대화는 어디에서 일어나겠는가?
In which department do the speakers work? 화자들은 어느 부서에서 일하는가?

|특정 화자의 이름이 포함된 문제|

What is Daisy's field of research? Daisy의 연구 분야는 무엇인가?
What does Paul give to Mr. Reed? Paul은 Reed 씨에게 무엇을 주는가?
What does Jessica ask about? Jessica는 무엇에 대해 묻는가?

|두 명의 동성 화자(men 또는 women)에 대해 묻는 문제|

What are the men concerned about? 남자들은 무엇에 대해 걱정하는가?
Why did the women visit Vancouver? 여자들은 왜 밴쿠버를 방문했는가?

> **꿀팁! 토익 최신 경향**
>
> 3인 대화에서는 사람 이름이 자주 등장하며, 그 인물에 대해 묻는 문제가 출제된다.

◆ **핵심 포인트**

1 세 명의 화자를 구별하며 들어야 한다.

3인 대화는 특히 성별이 같은 두 화자를 구별해야 한다. 이들은 목소리 외에도 다른 국적의 발음으로 구별이 가능한 경우가 많다. 또한 상대방의 이름을 불러주는 경우에는 이름을 기억해야 한다. 하지만, 세 명의 화자가 아닌 제3자의 이름이 언급되기도 하므로 주의해야 한다.

2 화자들의 관계를 빨리 파악할수록 대화 내용 파악이 수월하다.

|3인 대화에서 자주 출제되는 화자들의 관계|

신입 직원 2명 – 상사 1명
인턴 1명 – 기존 직원 2명
학생 2명 – 교사 1명
직원 2명 – 손님 1명
회사 동료 3명

3 3인 대화는 턴 수가 긴 대화도 자주 출제되므로 끝까지 흐름을 놓치지 말아야 한다.

3인 대화는 한 명이 짧게 말하는 대신 대화가 전환되는 턴 수가 6~8회가 되는 경우도 있다. 상대적으로 대화가 길게 느껴질 수 있으므로 끝까지 흐름을 놓치지 말고 집중해서 들어야 한다.

유형 연습

문제와 각 선택지의 키워드에 표시하세요. 그리고 나서 대화를 듣고 빈칸에 들어갈 말을 받아쓴 후 정답을 선택해 보세요.

01. Look at the graphic. Where will the woman deliver a speech?

(A) Madrid   (B) Barcelona

Schedule — Carl Butler

Date	City
October 11, Tuesday	Madrid
October 13, Thursday	Barcelona

W: The book signing event in Madrid is _____, so I will _____ the Q&A session in your book club. But, as you know, I will _____ a keynote _____ at a convention on _____ afternoon.

M: Oh, really? That's great. You will have a great time with my _____ _____ members.

02. Why did Jason send a reminder to the members?

(A) To ask them to update contact information   (B) To solicit their feedback on the conference

M1: The _____ to next month's conference will be ready on Wednesday.

W: Jason, how about the address _____?

M2: They will be _____ by then. I sent an e-mail reminder to the association members to _____ their _____ _____.

03. Look at the graphic. When will the woman pay for the remainder?

(A) Sep. 14th   (B) Sep. 19th

ITEM	Delivery Date
Bookshelves	Wed, Sep. 14th
Tables	Thurs, Sep. 15th
Chairs	Fri, Sep. 16th
Lamps	Mon, Sep. 19th

W: Let me check the _____ schedule. You said we already made a $5,000 _____ _____ when we placed the order. When should the _____ be paid?

M: You can make the final payment on the _____ _____ that the _____ arrive.

paraphrasing
주어진 어휘 또는 표현과 의미가 동일한 것을 연결하세요.

1. give a speech   (a) the rest
2. mailing address   (b) deliver a speech
3. remainder   (c) contact information

04. Look at the graphic. Which window should the man go to tomorrow?

(A) Window 1   (B) Window 4

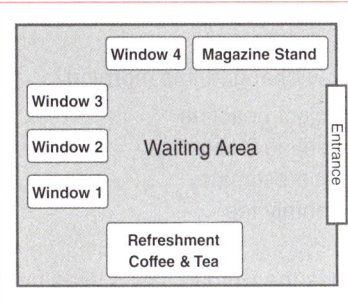

W: Sorry, we are already closed. Here are our _____ _____ on the board.

M: Oh, okay. I came here to _____ a new business _____.

W: If so, it usually takes about 30 minutes to _____ it. You'd better come by 4:30 tomorrow at the latest. Mr. Harris will help you. His window is _____ _____ the magazine stand.

05. Who probably is the woman?

(A) A construction worker   (B) A restaurant owner

W: I checked on the renovation _____ you submitted for my _____, but I'm worried that it is a little bit _____ _____. What happened?

M1: Well, some work was delayed due to the _____.

M2: But some materials arrived _____ than scheduled, so we expect all the work to be done on time.

06. What do the women agree to do?

(A) Work extra shifts   (B) Postpone a meeting

M: Angela, would you mind _____ _____ _____ to your schedule this week? Olivia has a family emergency.

W1: I already knew that. I was asked if I can _____ her shifts. I can cover her Monday shift, but I have a _____ _____ with my academic advisor on Tuesday. Miranda, could you cover her Tuesday shift?

W2: _____. What time do I need to _____ _____?

paraphrasing 주어진 어휘 또는 표현과 의미가 동일한 것을 연결하세요.

4. process   (a) delayed
5. behind schedule   (b) fill in for
6. cover   (c) take care of

실전 문제

Refrigerator Model	Storage Capacity (in cubic feet)
Gourley	14
Wilkins	18
Marion	16
Abbott	20

01. Why is the business holding a sale?
(A) To celebrate an anniversary
(B) To introduce a new brand
(C) To promote a relocation
(D) To recognize a national holiday

02. Look at the graphic. Which model does the woman plan to buy?
(A) Gourley
(B) Wilkins
(C) Marion
(D) Abbott

03. What does the man offer to do?
(A) Update a delivery address
(B) Send a discount voucher
(C) Check an inventory list
(D) Hold an item for the woman

04. Who most likely is the man?
(A) A factory supervisor
(B) A repair shop worker
(C) A restaurant owner
(D) A clothing store manager

05. What does the man ask for?
(A) Proof of purchase
(B) Delivery details
(C) A photo ID
(D) A customer's signature

06. What is Tanya asked to do?
(A) Explain a policy
(B) Print a document
(C) Check a storage area
(D) Schedule a delivery

07. Where most likely do the speakers work?
(A) At a computer store
(B) At a moving firm
(C) At a publishing company
(D) At a real estate agency

08. What was changed this morning?
(A) A project deadline
(B) A meeting location
(C) A price estimate
(D) A monthly fee

09. Why does the woman say, "Lucas provided training for the software"?
(A) To suggest adding a member to the team
(B) To nominate Lucas for an award
(C) To explain an absence from a meeting
(D) To correct some outdated information

www.quickbusinessreview.net	
Cuyahoga Sporting Goods	
Service	5/5
Variety	5/5
Quality	4/5
Location	1/5

10. What is the man concerned about?
(A) Losing market share
(B) Canceling a contract
(C) Failing an inspection
(D) Having employees quit

11. Look at the graphic. What will the man discuss with Ms. Lewis?
(A) Service
(B) Variety
(C) Quality
(D) Location

12. What does the woman offer to do?
(A) Print a product catalog
(B) Contact a Web site owner
(C) Create a survey
(D) Order some supplies

13. Where is the conversation most likely taking place?
    (A) At a gym
    (B) At a park
    (C) At a school
    (D) At a stadium

14. Why should the woman present her student identification?
    (A) To reserve a spot
    (B) To get a discount
    (C) To apply for a position
    (D) To prove her date of birth

15. What will the woman most likely do next?
    (A) Input her personal information
    (B) Speak with the manager
    (C) Go to another facility
    (D) File a complaint

16. Who most likely are George and Stephanie?
    (A) Property owners
    (B) Real estate agents
    (C) Hardware store clerks
    (D) Professional gardeners

17. What are George and Stephanie concerned about?
    (A) The cost of equipment
    (B) The availability of flower seeds
    (C) The amount of work requested
    (D) The location of a client's property

18. What is said about the client?
    (A) He is available in the evenings.
    (B) He operates his own business.
    (C) He will provide equipment.
    (D) He is going out of town.

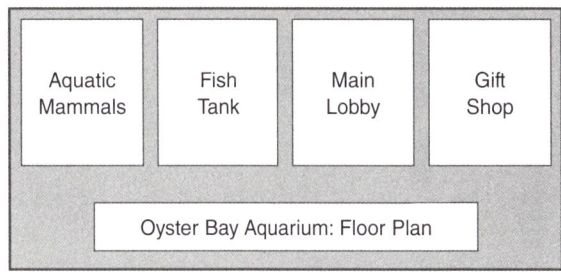

Oyster Bay Aquarium: Floor Plan

| Aquatic Mammals | Fish Tank | Main Lobby | Gift Shop |

19. What does the man want to know?
    (A) The price of the ticket
    (B) Availability to join the tour
    (C) The names of the fish
    (D) Directions to the exhibit

20. Look at the graphic. Which area does the woman give directions to get to?
    (A) The Aquatic Mammals
    (B) The Fish Tank
    (C) The Main Lobby
    (D) The Gift Shop

21. What does the woman tell the man about his ticket?
    (A) It includes VIP member benefits.
    (B) It provides a discount at the shop.
    (C) It is valid throughout the weekend.
    (D) It allows admission into special events.

영단기
토익 솔루션
LC

DAY
08

PART 2 　 청유문

- **유형 01** Could you/Can you/Would you/Will you ~
- **유형 02** Why don't you[we/I] ~
- **유형 03** Would you mind/Do you mind ~
- **유형 04** Let's ~/I will~/I can ~
- **유형 05** I need to ~/I want to ~/I'd like to ~
- **유형 06** Please + 명령문

PART 4 　 문제 유형

- **유형 01** 주제·목적 문제
- **유형 02** 장소·직업 문제
- **유형 03** 세부사항 문제

PART 2 청유문

제안이나 권유를 하는 내용의 문장으로, 의문문과 평서문으로 모두 제시될 수 있다. 매회 1~2문제가 출제되는데, 질문의 형태를 통째로 암기해두면 내용을 쉽게 파악할 수 있다.

유형 01 Could you/Can you/Would you/Will you ~

Could you pass me the water jug, please?

(A) No, It's free.
(B) I usually water them every week.
(C) Sure, here you are.

물 주전자를 제게 건네주시겠어요?

(A) 아뇨, 무료입니다.
(B) 저는 보통 그것들에 매주 물을 줘요.
(C) 물론이죠, 여기 있습니다.

이렇게 풀어요

❶ 질문 내용 파악하기   Could you **pass me the water jug**, please?
   (물 주전자를 건네달라고 요청)

❷ 선택지 들으며 오답 소거하여 정답 선택하기
   (A) No, It's ~~free~~.   연상 어휘 오답(water-free)
   (B) I usually ~~water~~ them every week.   동일 어휘 반복 오답(water)
   (C) Sure, here you are.   정답으로 선택

유형 02 Why don't you[we/I] ~

Why don't we register for the workshop in advance for a discount?

(A) No, just one day.
(B) Yes, that's a good idea.
(C) You can pick it up at the registration desk.

할인을 위해 워크숍에 미리 등록하는 게 어때요?

(A) 아뇨, 하루 만이에요.
(B) 네, 좋은 생각이네요.
(C) 접수처에서 그것을 가져가면 돼요.

이렇게 풀어요

❶ 질문 내용 파악하기   Why don't we **register for the workshop in advance** for a discount?
   (워크숍에 미리 등록하자고 제안)

❷ 선택지 들으며 오답 소거하여 정답 선택하기
   (A) No, ~~just one day~~.   연상 어휘 오답(workshop-just one day)
   (B) Yes, that's a good idea.   정답으로 선택
   (C) You can pick it up at the ~~registration~~ desk.   유사 발음 오답(register-registration)

유형 03 Would you mind/Do you mind ~

Would you mind me opening the window?

(A) No, go ahead.
(B) Sorry, we are already closed.
(C) The window should be replaced.

제가 창문을 열어도 괜찮을까요?

(A) 네, 그러세요.
(B) 죄송합니다, 저희는 이미 영업이 종료되었습니다.
(C) 창문을 교체해야 합니다.

이렇게 풀어요

❶ 질문 내용 파악하기   Would you mind me **opening the window**?
   (창문을 여는 게 괜찮은지 허락을 요청)

❷ 선택지 들으며 오답 소거하여 정답 선택하기
   (A) No, go ahead.   정답으로 선택
   (B) Sorry, we are already ~~closed~~.   연상 어휘 오답(window-closed)
   (C) The ~~window~~ should be replaced.   동일 어휘 반복 오답(window)

포인트 01 Could you/Can you/Would you/Will you로 묻는 청유문

조동사 Could/Can/Would/Will로 시작하는 제안, 제공, 요청의 의미를 가진 의문문의 형태를 알아두자.

Could[Can] you ~? ~을 해 주시겠어요?	Q. **Could you** show me your driver's license? 운전 면허증을 보여주시겠어요? A. Sure, no problem. 네, 문제 없습니다.
Would you like to ~? ~을 하시겠어요?	Q. **Would you like to** come to the concert with us? 우리와 콘서트에 함께 갈래요? A. No, thanks. I'm quite busy today. 아뇨, 괜찮아요. 제가 오늘 꽤 바빠서요.
Would you like me to ~? 제가 ~을 해 드릴까요?	Q. **Would you like me to** give you the analysis report today? 오늘 분석 보고서를 드릴까요? A. I'll be in the office until 5 P.M. 저는 오후 5시까지 사무실에 있을 거예요.
Will you ~? ~ 하시겠어요?	Q. **Will you** give me a ride to the airport? 공항까지 저를 태워다 주시겠어요? A. Tell me when to pick you up. 언제 태우러 가야 하는지 말해주세요.

꿀팁! 토익 최신 경향

제안은 보통 상대방인 you에게 하는 내용이 많으므로, he, she, they가 보기에서 들릴 경우 오답일 확률이 높다.
Q. Can you help me move these boxes? 이 상자 나르는 것을 도와주시겠어요?
A. Sure, I'd be happy to. (O) 물론이죠. 좋습니다.
A. Sure, she'll be there. (✕) 물론이죠. 그녀는 그곳에 있을 거예요.

☑ **Quick Check 01**
Mark your answer.
(A)   (B)

포인트 02 Why don't you[we/I]로 묻는 청유문

의문사 Why로 시작하는 제안, 제공, 요청의 의미를 가진 의문문의 형태를 알아두자. 단, Why didn't로 물을 경우 이유를 묻는 질문이 되므로 듣고 구분할 수 있어야 한다.

Q. **Why don't you** go fishing with us? 우리와 낚시 가는 거 어때요?
A. [수락하는 응답] Sure, what time shall we meet? 좋아요, 몇 시에 만날까요?
   Yes, that's a great idea. 네, 좋은 생각이에요.
  [거절하는 응답] I don't have time to go. 저는 갈 시간이 없어요.
   I'm not sure if I'll be available. 제가 가능할지 잘 모르겠어요.

Q. **Why don't we** ask for more office desks? 우리 사무용 책상을 더 요청하는 게 어때요?
A. [수락하는 응답] Go ahead. 그렇게 하세요.
   We really need some more. 우리 정말 몇 개가 더 필요해요.
  [거절하는 응답] I've never considered that. 그건 생각해 본 적이 없어요.
   I'm not sure the manager would accept it. 부장님이 승인할지 모르겠네요.

☑ **Quick Check 02**
Mark your answer.
(A)   (B)

포인트 03 Would you mind/Do you mind로 묻는 청유문

Would you mind/Do you mind~?는 '~해도 될까요, 제가 ~하는 게 싫은가요'의 의미로 허가를 구하거나 요청할 때 쓰이는 의문문이다. 수락할 경우 No, 거절할 경우 Yes라고 답변하므로 혼동하지 않도록 주의해야 한다.

Q. **Would you mind** if I turn on the air-conditioner? 제가 에어컨을 켜도 될까요? (제가 에어컨을 켜는 게 싫으신가요?)
A. [수락하는 응답] No, not at all. 아뇨, 전혀요.
   Certainly not.(= Of course not.) 물론이죠.
   No, go ahead. 네, 그렇게 하세요.
  [거절하는 응답] Actually, yes. I'm a bit cold. 사실, 그렇습니다. 저는 약간 추워요.
   Sorry, but I caught a cold. 죄송하지만 저는 감기에 걸렸어요.

☑ **Quick Check 03**
Mark your answer.
(A)   (B)

Quick Check 정답
01 (A) 02 (B) 03 (B)

유형 04 Let's~/I will~/I can ~

Let's stop by a café to grab a snack.

(A) Sure, I feel hungry too.
(B) Slow down at the stop sign.
(C) Tuna sandwiches.

간식 먹으러 카페에 가자.

(A) 그래, 나도 배고파.
(B) 정지 신호에서 속도를 줄여.
(C) 참치 샌드위치.

이렇게 풀어요

① 질문 내용 파악하기 Let's **stop by a café** to grab a snack.
   (카페에 가자고 제안)

② 선택지 들으며 오답 소거하여 정답 선택하기

   (A) **Sure, I feel hungry too.**   정답으로 선택
   (B) Slow down at the ~~stop~~ sign.   동일 어휘 반복 오답(stop)
   (C) ~~Tuna sandwiches.~~   연상 어휘 오답(café, snack-tuna sandwiches)

유형 05 I need to~/I want to~/I'd like to ~

I need to mail my checks for my gas and water.

(A) By express mail.
(B) You can do that online.
(C) A bottle of water, please.

저는 가스와 수도비 영수증을 우편으로 보내야 해요.

(A) 속달 우편으로요.
(B) 인터넷상에서 그걸 하실 수 있어요.
(C) 물 한 병 주세요.

이렇게 풀어요

① 질문 내용 파악하기 I **need to mail my checks** for my gas and water.
   (영수증을 우편으로 보내야 한다고 전달)

② 선택지 들으며 오답 소거하여 정답 선택하기

   (A) By express ~~mail~~.   동일 어휘 반복 오답(mail)
   (B) **You can do that online.**   정답으로 선택
   (C) A bottle of ~~water~~ please.   동일 어휘 반복 오답(water)

유형 06 Please + 명령문

Please activate the security alarm when you leave.

(A) You have to keep it in a secure place.
(B) Sure, I know how to do that.
(C) He woke up late today.

나가실 때 보안 알람을 켜 주세요.

(A) 그것을 안전한 장소에 보관하셔야 해요.
(B) 물론이죠, 저는 그걸 어떻게 하는지 알아요.
(C) 그는 오늘 늦게 일어났어요.

이렇게 풀어요

① 질문 내용 파악하기 Please **activate the security alarm** when you leave.
   (보안 알람을 켜 달라고 요청)

② 선택지 들으며 오답 소거하여 정답 선택하기

   (A) You have to keep it in a ~~secure~~ place.   유사 발음 오답(security-secure)
   (B) **Sure, I know how to do that.**   정답으로 선택
   (C) He ~~woke up late~~ today.   연상 어휘 오답(alarm-woke up late)

포인트 04 권유/제안을 나타내는 Let's~/I will~/I can ~

의문문이 아닌 평서문으로 상대방에게 권유나 제안을 하는 문장도 자주 출제된다.

Let's ~. ~합시다.	Q. **Let's** show our budget proposal to our president. 사장님께 예산 제안서를 보여드립시다. A. That won't be necessary. 그럴 필요 없습니다.
I will ~ for you. ~을 해 드릴게요.	Q. I **will** proofread this report **for you**. 제가 이 보고서를 교정 봐 드릴게요. A. Thanks, but I can manage it. 감사하지만, 제가 할 수 있어요.
I can ~ if you'd like. 원하시면 제가 ~을 해 드릴게요.	Q. **I can** make a reservation for next week **if you'd like**. 원하시면 제가 다음 주로 예약을 해 드릴게요. A. It would be helpful. 도움이 되겠네요.

실수 피하기

제안, 청유는 앞으로 발생할 사실에 대해 이야기하므로, 과거 시제로 답한 보기는 오답일 확률이 높다.

Q. **Let's** meet at 10 A.M. tomorrow. 내일 오전 10시에 만나요.
A. I **thought** there were only seven left. 저는 7개만 남아 있다고 생각했어요.

☑ **Quick Check 04**
Mark your answer.
(A)   (B)

포인트 05 요청/부탁하는 의미의 I need to ~, I want to ~, I'd like to ~

요구, 요청, 부탁 등의 표현이 평서문으로 출제되면 난이도가 높아진다. 고득점을 위해서 다양한 평서문 유형을 잘 익혀두어야 한다.

I need to~ ~을 해야 해요.	Q. **I need to** register for the online training session. 저는 온라인 교육 과정에 등록해야 합니다. A. I can help you with that. 제가 도와 드리겠습니다.
I want to ~하고 싶어요.	Q. **I want to** exchange this coffee machine. 이 커피 기계를 교환하고 싶습니다. A. Do you have the receipt? 영수증을 가지고 있으신가요?
I'd like to ~ ~을 하고 싶어요.	Q. **I'd like to** get the information by e-mail. 저는 이메일로 정보를 받고 싶습니다. A. Can I have your e-mail address? 이메일 주소를 알려주시겠어요?

☑ **Quick Check 05**
Mark your answer.
(A)   (B)

포인트 06 정중히 부탁하는 의미의 평서문

Please 뒤에 명령문이 오면 상대방에게 정중하게 무엇을 해달라고 요청하는 의미이다.

Q. **Please remind** Mr. Yamamoto of the annual meeting.
　Yamamoto 씨에게 연례 회의에 대해서 다시 한번 알려주시기 바랍니다.
A. [수락하는 응답] I'll contact him right now. 지금 즉시 그에게 연락할게요.
　[거절하는 응답] Sorry, but I have to leave now. 죄송하지만, 저는 지금 나가야 해요.
　[제3의 답변] What was his phone number? 그의 전화번호가 뭐였죠?

Q. **Please let me know** when you are done with the report. 보고서 끝내면 제게 알려주세요.
A. [수락하는 응답] Sure, I just need a few more minutes. 물론이죠, 몇 분이면 돼요.
　[제3의 답변] Can you help me with the proofreading? 검토하는 것을 도와주실 수 있으세요?

☑ **Quick Check 06**
Mark your answer.
(A)   (B)

Quick Check 정답
04 (A) 05 (A) 06 (B)

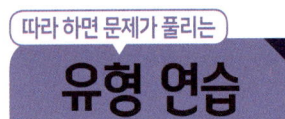

유형 연습

DAY 08_03 / 정답 및 해석 p. 059

각 질문과 보기를 들으며 빈칸을 채운 뒤 정답에는 O, 오답에는 × 표시하세요.

01. _____ take a _____ after the meeting.
  (A) The _____ was _____ again. [ ]
  (B) That _____ _____ . [ ]

02. Would _____ like some _____ _____?
  (A) They're _____ _____ . [ ]
  (B) I'd _____ a _____ _____ . [ ]

03. _____ _____ _____ give you a tour of our gym?
  (A) _____ _____ to. [ ]
  (B) One of the _____ attractions. [ ]

04. Why don't we _____ Sophia to _____ in the meeting this afternoon?
  (A) Is _____ _____ today? [ ]
  (B) Let's go to the _____ . [ ]

05. Why don't you _____ _____ a _____ in the park during the lunch break?
  (A) I'll have a burger for _____ . [ ]
  (B) I will, I need some _____ _____ . [ ]

06. _____ _____ going to the beach this weekend?
  (A) I _____ the subway. [ ]
  (B) I'm _____ I _____ . [ ]

07. Do you _____ if I _____ _____ the volume?
  (A) I turned the _____ _____ . [ ]
  (B) As a matter of fact, _____ _____ . [ ]

08. I need to get a _____ _____ before the movie.
  (A) There's a _____ _____ _____ nearby. [ ]
  (B) _____ _____ that romance _____ ? [ ]

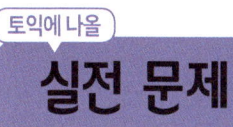

실전 문제

DAY 08_04 / 정답 및 해석 p. 060

01. Mark your answer on your answer sheet.
(A) (B) (C)

02. Mark your answer on your answer sheet.
(A) (B) (C)

03. Mark your answer on your answer sheet.
(A) (B) (C)

04. Mark your answer on your answer sheet.
(A) (B) (C)

05. Mark your answer on your answer sheet.
(A) (B) (C)

06. Mark your answer on your answer sheet.
(A) (B) (C)

07. Mark your answer on your answer sheet.
(A) (B) (C)

08. Mark your answer on your answer sheet.
(A) (B) (C)

09. Mark your answer on your answer sheet.
(A) (B) (C)

10. Mark your answer on your answer sheet.
(A) (B) (C)

11. Mark your answer on your answer sheet.
(A) (B) (C)

12. Mark your answer on your answer sheet.
(A) (B) (C)

13. Mark your answer on your answer sheet.
(A) (B) (C)

14. Mark your answer on your answer sheet.
(A) (B) (C)

15. Mark your answer on your answer sheet.
(A) (B) (C)

16. Mark your answer on your answer sheet.
(A) (B) (C)

PART 4 주제·목적 문제 / 장소·직업 문제 / 세부사항 문제

유형 01 주제·목적 문제

주제와 목적을 묻는 문제는 매회 3~4문제가 출제되며 하나의 담화에 딸려 나오는 세 문제 중 첫 번째 문제로 나온다. 정답의 단서는 주로 담화가 시작될 때 나오는 인사말 다음에 제시되는 경우가 많으므로 초반부를 반드시 들어야 한다.

🎧 DAY 08_05

VOCA
fee 요금
complimentary 무료의
charge 요금을 부과하다
improve 향상시키다, 개선하다
satisfaction score 만족 점수
strive to ~에 매진하다
go over 검토하다

리스닝 Point
조동사 can은 긍정문에서 쓰일 경우 약하게 발음하여 [큰]과 같이 들린다.

문제지

What is the speaker **mainly discussing**?
(A) Baggage fees
(B) Training sessions
(C) Complimentary food
(D) Leg room for passengers

화자는 주로 무엇에 대해 이야기하고 있는가?
(A) 수하물 요금
(B) 교육 시간
(C) 무료 음식
(D) 승객들이 다리를 뻗을 수 있는 공간

담화 US

excerpt from a meeting

W: Thank you all for coming today. **Let's start off by talking about complimentary snacks.** Some airlines are charging for them, and it has really hurt their public image. Most customers expect to get some pretzels or nuts for free when they fly. I think by offering them for free to our customers, we can improve our satisfaction score. Here at Alpha Air, we strive to keep our customers happy. So, now let's take a minute to go over the most recent survey to see what the customers have to say.

회의 발췌록

여: 오늘 와 주셔서 모두 감사합니다. **무료 간식에 대한 이야기로 시작하겠습니다.** 몇몇 항공사들은 그것에 대해 요금을 부과하고 이것은 그들의 이미지에 매우 타격을 주었습니다. 대부분의 승객들은 비행할 때 프레첼이나 견과류를 무료로 받기를 기대합니다. 저는 우리의 고객들에게 무료로 간식을 제공함으로써 우리의 만족 점수를 향상시킬 수 있다고 생각합니다. 이곳 Alpha Air에서, 우리는 고객들을 행복하게 하기 위하여 노력하고 있습니다. 그러니, 이제 고객들이 무엇을 말하고자 하는지 알아보기 위하여 최근 설문 조사를 검토하는 시간을 갖도록 하겠습니다.

이렇게 풀어요
문제와 선택지의 키워드는 담화가 시작하기 전에 미리 파악되어 있어야 해요!

❶ 문제 파악하기
What, mainly discussing → 주제 문제임을 파악한다.

❷ 선택지 키워드 파악하기
(A) 수하물 요금 (B) 교육 시간 (C) 무료 음식 (D) 승객들이 다리를 뻗을 수 있는 공간

❸ 담화 앞부분 들으며 정답 선택하기
Let's start off by talking about complimentary snacks.
→ Complimentary food로 패러프레이징 된 (C)를 정답으로 선택하고 다음 문제로 넘어간다.

◆ **질문 유형**

|주제 문제|

What is the speaker **mainly discussing**? 화자는 주로 무엇에 대해 이야기하고 있는가?
What is the talk mainly **about**? 담화는 주로 무엇에 대한 것인가?
What is being **announced[advertised]**? 무엇이 공지되고[광고되고] 있는가?
What is the main **topic** of the talk? 담화의 주제는 무엇인가?

|목적 문제|

What is the **purpose** of the message? 메시지의 목적은 무엇인가?
Why is the speaker **calling**? 화자는 왜 전화하고 있는가?

◆ **핵심 포인트**

1 담화의 앞 부분을 잘 들어야 한다.

담화의 주제 또는 목적은 주로 앞부분에서 언급되므로 반드시 첫 2~3문장을 들어야 한다. 간혹 앞부분을 듣고 주제를 파악하기 어려운 경우, 담화 전체를 듣고 파악해야 하는 경우도 있다. 이때는 다른 문제를 먼저 풀고 마지막으로 주제/목적 문제의 답을 고르면 수월하게 풀 수 있다.

2 주제나 목적을 끌고 나오는 표현 다음을 주의 깊게 들어야 한다.

I want to inform you that ~을 알려드리고자 합니다
~ announced today 오늘 ~을 발표했습니다
Today we are going to focus on 오늘은 ~에 대해 집중적으로 다룰 것입니다
I'm calling to ~하기 위해 전화드립니다
I'm calling about ~에 대해 전화드립니다
I'd like to/I want to/I need to ~하고 싶습니다/~해야 합니다
I'd like to remind everyone that 모두에게 ~을 상기시켜드리고 싶습니다

The vice president **announced today** that he will leave his position next month.
부사장은 오늘 그가 다음 달에 직책에서 물러날 것이라고 발표했습니다.
→ To inform the retirement 퇴직을 알리기 위해

I'm calling about the change in your schedule for your next business trip.
귀하의 다음 출장에 대한 일정 변경 사항에 대해 전화 드립니다.
→ Change in itinerary 일정 변경

Today we are going to focus on some complaints that we've received.
오늘은 우리가 받은 불만 사항에 대해 집중적으로 다룰 것입니다.
→ To deal with the issues 문제를 해결하기 위해

● **꿀팁! 토익 최신 경향**

담화가 광고인 경우 상호명이나 제품명을 통해 무엇이 광고되는지 파악할 수 있다.

● **꿀팁! 토익 최신 경향**

단서 표현 뒤에 나오는 내용이 정답 보기에 패러프레이징 되는 경우가 많다.
· changes in our reimbursement policy
  상환 정책에 있어서의 변경
  → introduce a new procedure 새로운 절차 소개

PART 4

유형 02 장소·직업 문제

장소와 직업에 대한 단서는 대체로 담화의 시작 부분에 제시되지만, 특정 한 곳에서가 아니라 담화 전반에 걸쳐 나올 수도 있으므로 주의한다. 장소와 직업 문제는 매달 3~4문제가 출제된다.

🎧 DAY 08_06

VOCA

- technician 기술자
- real estate agent 부동산 중개인
- representative 직원
- appliance 가전제품
- file a complaint 불만을 제기하다
- bill 청구서
- washing machine 세탁기
- warranty 보증서
- expire 만기되다
- contract 계약서
- expiration date 만기일

문제지

Who most likely is the **speaker**?

(A) A repair technician
(B) A real estate agent
(C) A service representative
(D) A restaurant manager

화자는 누구이겠는가?

(A) 수리 기술자
(B) 부동산 중개인
(C) 서비스 직원
(D) 레스토랑 지배인

담화 [AU]

telephone message

M: Hello, **this is Jeffrey from Homeley Appliances calling for Ms. Lincoln. You filed a complaint because you received a bill for servicing your washing machine when it broke last week.** You were sent that bill because your warranty had already expired two months before the service. Please look at the contract you signed upon purchasing the washing machine to check the expiration date. If our records are incorrect, please fax us your copy of the transcript.

전화 메시지

남: 안녕하세요? 저는 Homeley 가전제품에서 Lincoln 씨에게 전화드리는 Jeffrey입니다. 고객님은 지난주에 귀하의 세탁기가 고장이 났을 때 받았던 서비스에 대해 청구서를 받으셔서 불만을 제기하셨습니다. 서비스를 받기 전에 귀하의 보증기간이 이미 만료가 되어 그 청구서를 받으신 것입니다. 만기일을 확인하기 위하여 세탁기를 구매하실 때 서명하셨던 계약서를 보시기 바랍니다. 만약 저희의 기록이 잘못되었다면, 귀하의 복사본을 저희에게 보내주시기 바랍니다

리스닝 Point

last는 영국이나 호주식 발음으로는 [라스트]로 들린다.

이렇게 풀어요

문제와 선택지의 키워드는 담화가 시작하기 전에 미리 파악되어 있어야 해요!

❶ 문제 파악하기
Who, speaker → 화자의 직업을 묻는 문제임을 파악한다.

❷ 선택지 키워드 파악하기
(A) 수리 기술자   (B) 부동산 중개인   (C) 서비스 직원   (D) 레스토랑 지배인

❸ 담화 앞 부분에서 단서 파악하여 정답 선택하기
Appliances, you filed a complaint
→ 고객의 불만에 응대하고 있음을 알 수 있으므로 (C)를 정답으로 선택하고 다음 문제로 넘어간다.

◆ 질문 유형

|장소 문제|

Where is the **talk taking place**? 담화는 어디에서 일어나고 있는가?
Where most likely is the **announcement being made**? 공지는 어디에서 이루어지고 있겠는가?
Where are most likely are the **listeners**? 청자들은 어디에 있겠는가?

|직업 문제|

Who most likely is the **speaker**? 화자는 누구이겠는가?
Who most likely are the **listeners**? 청자들은 누구이겠는가?
Who is the message **intended for**? 메시지는 누구를 위한 것인가?
Where does the **speaker** probably **work**? 화자는 어디에서 일하겠는가?

● 실수 피하기

화자의 직업을 묻는 문제인지, 청자의 직업을 묻는 문제인지 확실히 파악한 후 담화를 들어야 한다.

◆ 핵심 포인트

1 담화 유형별로 장소와 직업을 파악할 수 있는 단서 표현을 구분하여 알아두자.

|announcement(공지)|

Good morning everyone, we hope you've been enjoying **the conference on** ~
안녕하세요 여러분, ~에 대한 학회를 즐기고 계시길 바랍니다.

Attention shoppers, today is the last day of our winter sales event.
주목해주세요 쇼핑객 여러분, 오늘이 겨울 할인 행사의 마지막 날입니다.

|telephone message(전화 메시지)|

Hi, Josh. **This is** Kim from **the management office** of Ace Apartments.
안녕하세요, Josh. 저는 Ace 아파트 관리사무소의 Kim입니다.

|talk(담화)|

Hello everyone, and **welcome to** our first day of beginners' guitar **lesson**.
안녕하세요 여러분, 초급자 기타 수업의 첫 날에 오신 것을 환영합니다.

|excerpt from a meeting(회의 발췌록)|

Thank you for **meeting with me to discuss** our package design.
우리의 포장 디자인에 대해 논의하기 위해 저와 회의를 해주셔서 감사합니다.

As you know, **the purpose of these staff meetings is** to ensure customer satisfaction of our restaurant. 아시다시피, 이 직원 회의들의 목적은 우리 레스토랑의 고객 만족도를 보장하기 위해서입니다.

2 화자가 직접 자신의 직업이나 근무지를 밝히는 경우도 있지만, 담화 전반적으로 관련 어휘들을 조합하여 유추해야 하는 경우도 있으므로 유의하자.

upcoming building project, contract, client, construction → A construction company
다가오는 건설 프로젝트, 계약, 고객, 건설 → 건설회사

reserve a table, accommodate, free drink → At a restaurant
테이블을 예약하다, 수용하다, 무료 음료 → 식당에서

유형 03 세부사항 문제

특정 정보를 묻는 문제로 주로 담화 중반부에서 단서가 제시된다. 문제점/걱정하는 점을 묻는 문제, 이유/방법을 묻는 문제, 특정 키워드에 관한 정보를 묻는 문제 등이 출제되므로 질문 내용을 정확하게 파악할 수 있어야 한다. 매회 15~17문제가 출제된다.

🎵 DAY 08_07

VOCA

- decrease 감소하다
- expense 비용
- award 상
- luncheon 오찬
- present 수여하다
- initiative (새로운) 계획, 진취 정신
- significantly 상당히
- reduce 줄이다
- correspondence 서신, 편지
- sign up for 등록하다

문제지

According to the speaker, **what** has **decreased this year**?

(A) Business trip spending
(B) Customer complaints
(C) Office utility bills
(D) Supply expenses

화자에 따르면, 올해 무엇이 감소했는가?

(A) 출장 경비
(B) 고객 불만
(C) 사무실 공공요금
(D) 사무용품 비용

담화 [BR]

talk

M: Good afternoon everyone, and welcome to this awards luncheon. It's my honor to present the first award to Alicia Decker for leading the company's eco-friendly initiative. Thanks to her efforts, nearly 80% of our clients have chosen to receive paperless correspondence. By greatly cutting down the amount of paper we need, **her program has significantly reduced the amount of money we spent on office supplies this year.** For those of you who are interested in environmentally friendly practices, don't forget to sign up for the workshop she will lead next month at the Denver Convention Center. Come up to receive your award, Ms. Decker.

담화

남: 안녕하세요 여러분. 시상식 오찬에 오신 것을 환영합니다. 회사의 친환경 계획을 이끌어주신 Alicia Decker 씨에게 첫 번째 상을 수여하게 되어 영광입니다. 그녀의 노력 덕분에 거의 80%의 고객들이 종이를 쓰지 않는 서신을 받는 것을 선택하였습니다. 우리가 필요로 하는 종이의 양을 크게 줄임으로써, **그녀의 프로그램은 올해 우리가 사무용품에 쓴 비용을 상당히 줄일 수 있었습니다.** 친환경적인 실행에 관심 있는 여러분을 위하여, Denver 컨벤션 센터에서 다음 달에 그녀가 진행할 워크숍에 등록하는 것을 잊지 마세요. 당신의 상을 받기 위해서 올라오시기 바랍니다, Decker 씨.

리스닝 Point

year는 영국식 발음으로 말할 경우 끝의 [r] 발음을 하지 않아 [이어]로 들린다.

이렇게 풀어요

문제와 선택지의 키워드는 담화가 시작하기 전에 미리 파악되어 있어야 해요!

❶ 문제 파악하기
what, decreased this year → 올해 무엇이 감소되었는지 찾는 문제임을 파악한다.

❷ 선택지 키워드 파악하기
(A) 출장 경비   (B) 고객 불만   (C) 사무실 공공요금   (D) 사무용품 비용

❸ 문제의 키워드가 제시되는 부분에서 단서 파악하여 정답 선택하기
her program has significantly reduced the amount of money we spent on office supplies this year
→ amount of money we spent on office supplies를 supply expenses로 표현한 (D)를 정답으로 선택하고 다음 문제로 넘어간다.

◆ 질문 유형

|문제점/걱정하는 점을 묻는 문제|

What is the **speaker concerned** about? 화자는 무엇에 대해 걱정하는가?
What problem does the speaker mention? 화자는 무슨 문제점을 언급하는가?

|이유/방법을 묻는 문제|

How can the **listeners** get more **information**? 청자들은 어떻게 정보를 더 얻을 수 있는가?
Why does the **speaker apologize**? 화자는 왜 사과하는가?
Why should the **listener come to work early** tomorrow? 청자는 왜 내일 일찍 출근해야 하는가?

|키워드를 제시하는 세부사항 문제|

What is **scheduled** for **two o'clock**? 2시에 예정되어 있는 일은 무엇인가?
According to the speaker, what can the **listeners do on a Web site**?
화자에 따르면, 청자들은 웹사이트에서 무엇을 할 수 있는가?

◆ 핵심 포인트

1 세부사항 문제는 담화에 나오는 표현이 패러프레이징 되어 보기에 제시되는 경우가 많으므로 패러프레이징에 익숙해 져야 한다.

review the sales figures 매출 수치를 검토하다 → go over the sales data 매출 자료를 검토하다
prepare new work spaces 새 업무 장소 준비하기 → set up workstations 업무 자리 준비하기

2 문제점 문제는 but, unfortunately, can't, we're not able to~ 와 같은 부정어 표현이나 It seems that, the problem is~ 와 같은 표현 뒤에 단서가 제시된다.

We're not able to finish the budget report until the data is revised. 우리는 자료가 수정될 때까지 예산 보고서를 끝낼 수 없습니다.

3 세부사항 문제는 세 문제 중 주로 두 번째 문제로 제시되므로 첫 번째 문제(주로 주제/목적/장소/직업 문제)를 빠르게 풀고 세부사항 문제의 단서를 파악하는 데 집중하는 것이 좋다.

● **실수 피하기**

세부사항을 묻는 문제는 키워드인 의문사, 명사(시간 표현, 장소 등), 동사 등을 빠르게 파악하는 연습을 해야 한다. What, When, Where, Why, How long(much/many), mention, going to do tonight, what advice, during the meeting 등

● **꿀팁! 토익 최신 경향**

이유/방법 문제는 정보를 얻을 수 있는 방법, 할인 방법, 담당자 연락 방법 등을 묻는 문제가 자주 출제된다.

유형 연습

따라 하면 문제가 풀리는

문제와 각 선택지의 키워드에 표시하세요. 그리고 나서 담화를 듣고 빈칸에 들어갈 말을 받아쓴 후 정답을 선택해 보세요.

01. What is the announcement about?

(A) A new grocery store   (B) A special sale

announcement

> W: Thank you for _____ at Wendy's Mart today! We'd like to _____ that we're now offering a 30% _____ on all vegetables and fruits in the _____ section. This is for Wendy's _____ _____ only.

02. What is the purpose of the call?

(A) To schedule a delivery   (B) To report a faulty item

telephone message

> M: Hi, this is Tim Smith from Cedarville Construction. The wireless _____ _____ that I ordered last week _____ yesterday. I charged it for a full night and _____ it to my work site. Unfortunately, it _____ _____. The battery indicator is green. That should mean it is _____ _____.

03. Who is the intended audience for the announcement?

(A) Volunteers   (B) Tourists

announcement

> M: Hello, everyone, and welcome to Delaware Nature Park. Before we _____ this year's Park Cleaning Day, thank you for _____ _____ this annual event. More and more tourists and hikers are _____ us every year. So, we need to _____ _____ _____ to preserve this park.

---

paraphrasing 주어진 어휘 또는 표현과 의미가 동일한 것을 연결하세요.

1. offer a discount   •   • (a) tool
2. power drill   •   • (b) price reduction
3. annual   •   • (c) once a year

04. Who most likely is the caller?

(A) A customer service agent   (B) A restaurant chef

telephone message

> M: Hello, this is Andrea Denzel from the _____ _____ Department at Happy Kitchen Supplies. I'm calling to let you know about the _____ of your order. The multi-purpose oven you ordered through our Web site is _____ ____ _____.

05. Who most likely is Emily White?

(A) A teacher   (B) A writer

talk

> W: I'm honored to _____ Emily White who will announce the _____ of this year's Dickenson Award. She also _____ this award last year. As you already know, it is awarded to the most _____ _____ of the year.

06. What can listeners do on the company's Web site?

(A) Get an application form   (B) Select a parking space

announcement

> W: I'm very pleased to announce that the _____ of the new parking _____ will be completed at the end of this month. As planned, this five-story building will _____ all of the employees' cars. The security office will take applications for _____ parking _____ next week. You can _____ the _____ from the company Web site.

---

paraphrasing 주어진 어휘 또는 표현과 의미가 동일한 것을 연결하세요.

4. through our Web Site   •   • (a) hold
5. winner   •   • (b) recipient
6. accommodate   •   • (c) online

DAY 08   143

01. Who is the speaker addressing?

(A) Postal workers
(B) Corporate accountants
(C) Web designers
(D) Research scientists

02. Why is the speaker giving the talk?

(A) To gather opinions from listeners
(B) To give an overview of a class
(C) To recruit volunteers for a task
(D) To explain a regulation change

03. What will the speaker most likely do next?

(A) Pass out brochures
(B) Write down some questions
(C) Demonstrate some equipment
(D) Present a video clip

04. What does the advertisement inform listeners about?

(A) A loyalty program
(B) A product launch
(C) A store relocation
(D) A clearance sale

05. What kind of business is Sierra Summit?

(A) An auto manufacturer
(B) A clothing designer
(C) A camping store
(D) A coffee shop

06. According to the speaker, what can be done on a Web site?

(A) Downloading a coupon
(B) Viewing a map
(C) Placing an order
(D) Entering a contest

07. Where does the speaker work?

(A) At an architectural firm
(B) At an appliance store
(C) At a real estate agency
(D) At a financial institution

08. According to the speaker, what is the problem?

(A) An employee lost some documents.
(B) A computer is not working.
(C) A payment was received late.
(D) A product has been discontinued.

09. Why should the listener call the speaker?

(A) To request a refund
(B) To get a product description
(C) To confirm a preferred size
(D) To provide a mailing address

10. Where most likely are the listeners?

(A) On a train
(B) At an airport
(C) In a department store
(D) At a bus stop

11. What are the listeners asked to do?

(A) Stay in the area
(B) Exchange a ticket
(C) Call a helpline
(D) Present an ID card

12. What can the listeners get at the counter?

(A) Some refreshments
(B) A discount coupon
(C) An updated schedule
(D) A sign-up form

13. What does the speaker say he is happy about?
    (A) Launching a product successfully
    (B) Opening another branch
    (C) Receiving a promotion
    (D) Reducing energy use

14. What kind of business does the speaker work at?
    (A) A law firm
    (B) An appliance manufacturer
    (C) An advertising agency
    (D) An electricity service provider

15. What is scheduled for June 9?
    (A) A company-wide training session
    (B) An international expansion
    (C) A factory inspection
    (D) A board meeting

16. What kind of service is being advertised?
    (A) Software customization
    (B) Electronics repair
    (C) Battery recycling
    (D) Mobile data

17. How can the listeners get a discount?
    (A) By joining a membership
    (B) By signing up a friend
    (C) By providing some feedback
    (D) By entering a code

18. According to the speaker, what can be found on a Web site?
    (A) A membership application
    (B) An introductory video
    (C) A business profile
    (D) A service price list

19. What is the main topic of the message?
    (A) Fashion trends
    (B) Employee training
    (C) New software
    (D) Annual inventory

20. What does the speaker say pleases him?
    (A) Friendly customer support
    (B) Increased work efficiency
    (C) Seasonal promotions
    (D) Fast service

21. What does the speaker want to discuss in more detail?
    (A) Receiving e-mail updates
    (B) Hiring more employees
    (C) Changing a supplier
    (D) Holding a training session

22. Who most likely is the speaker?
    (A) A salesperson
    (B) A building tenant
    (C) A real estate agent
    (D) A maintenance worker

23. What does the speaker say he can do tomorrow?
    (A) Repair an appliance
    (B) Make a delivery
    (C) Conduct an inspection
    (D) Review a contract

24. What does the speaker ask the listener to confirm?
    (A) A security code
    (B) An appliance brand
    (C) An appointment time
    (D) A warranty agreement

영단기
토익 솔루션
LC

DAY 09

PART 2 평서문

- **유형 01** 정보 및 사실 전달
- **유형 02** 문제 상황 설명
- **유형 03** 의견 전달
- **유형 04** 감정 표현
- **유형 05** 정보 요청

PART 4 문제 유형

- **유형 01** 제안·요청 문제
- **유형 02** 다음 할 일/일어날 일을 묻는 문제
- **유형 03** 의도 파악 문제

PART 2 평서문

평서문은 정보 전달, 의견 제기, 감정 전달 등 다양한 내용으로 출제되며 문장 전체를 이해해야 답변을 고를 수 있으므로 난이도가 가장 높은 유형이다. 매회 2문제 정도 출제된다.

유형 01 정보 및 사실 전달

Hello, I have a job interview with Mr. Watson. (A) The hotel room has a nice view. (B) You must be Juliet Sanderson, right? (C) Turn in the application on time.	안녕하세요, 저는 Watson 씨와 면접이 잡혀 있습니다. (A) 그 호텔 방은 경관이 좋아요. (B) 당신이 Juliet Sanderson 씨겠군요, 맞죠? (C) 지원서를 제때 제출하세요.

이렇게 풀어요

❶ 질문 내용 파악하기 Hello, **I have a job interview** with Mr. Watson.
   (면접이 있다는 사실 전달)

❷ 선택지 들으며 오답 소거하여 정답 선택하기
   (A) The hotel room has a nice view. 유사 발음 오답(interview-view)
   (B) You must be Juliet Sanderson, right? 정답으로 선택
   (C) Turn in the application on time. 연상 어휘 오답(job-application)

유형 02 문제 상황 설명

The software program that I downloaded isn't installed on my computer. (A) We offer a new installment plan. (B) Sorry, I will send the updated one. (C) The session is very informative.	제가 다운로드한 소프트웨어 프로그램이 제 컴퓨터에 설치되어 있지 않아요. (A) 저희는 새로운 할부 제도를 제공합니다. (B) 죄송해요, 업데이트된 프로그램을 보내드릴게요. (C) 그 시간은 매우 유익해요.

이렇게 풀어요

❶ 질문 내용 파악하기 The **software program that I downloaded isn't installed** on my computer.
   (다운받은 프로그램이 설치되어 있지 않은 문제 상황 설명)

❷ 선택지 들으며 오답 소거하여 정답 선택하기
   (A) We offer a new installment plan. 유사 발음 오답(installed-installment)
   (B) Sorry, I will send the updated one. 정답으로 선택
   (C) The session is very informative. 주체가 맞지 않는 오답(software program-session)

유형 03 의견 전달

I thought it is easier to collect customer feedback via online. (A) I was very satisfied. (B) Depending on what you want to know. (C) Fill out the blanks.	온라인을 통해 고객 의견을 수집하는 게 더 쉬울 것 같았어요. (A) 저는 아주 만족했어요. (B) 당신이 무엇을 알고 싶어하는지에 따라 달라요. (C) 빈칸을 채우세요.

이렇게 풀어요

❶ 질문 내용 파악하기 **I thought it is easier to collect customer feedback** via online.
   (고객 의견을 수집하는 게 더 쉬울 줄 알았다는 의견 전달)

❷ 선택지 들으며 오답 소거하여 정답 선택하기
   (A) I was very satisfied. 연상 어휘 오답(customer feedback-satisfied)
   (B) Depending on what you want to know. 정답으로 선택
   (C) Fill out the blanks. 연상 어휘 오답(customer feedback-fill out the blanks)

포인트 01 | 정보 및 사실을 전달하는 평서문

정보를 제공하거나 객관적인 사실을 전달하는 문장이다. 평서문에는 Yes/No 응답, 의문문으로 되묻는 응답 등 다양한 답변이 가능하므로 예시를 알아두도록 하자.

| 정보 전달에 대해 동의하는 답변 |

Q. The security system in our building needs to be inspected.
　　우리 건물의 보안 시스템은 점검될 필요가 있습니다.
A. You're right. It's urgent. 맞습니다. 시급합니다.

| 정보를 알려주는 것에 대해 감사를 전하는 답변 |

Q. The annual conference has been postponed until next month. 연례 회의가 다음 달로 연기되었어요.
A. Thanks for letting me know. 알려주셔서 감사합니다.

| 사실 전달에 대해 추가 정보를 묻는 답변 |

Q. I'd like to cancel my reservation for tomorrow. 내일 예약을 취소하고 싶습니다.
A. Would you like to reschedule it? 일정을 다시 잡으시겠어요?

실수 피하기

평서문도 동의함을 나타낼 때는 Yes, 반대함을 나타낼 때는 No로 답변할 수 있다.
Q. The new secretary is very hardworking.
　　새 비서가 아주 열심히 일합니다.
A. Yes, she is also good at foreign languages.
　　네, 게다가 외국어도 잘 해요.

☑ **Quick Check 01**
Mark your answer.
(A)　　(B)

포인트 02 | 문제 상황을 설명하는 평서문

'사무용품이 부족하다', '물건을 잃어버렸다', '기기가 제대로 작동하지 않는다', '날씨/교통이 좋지 않다' 등 문제 상황 관련 문장이 자주 등장한다. 이에 대해 해결책을 제시하는 답변이 가장 대표적이다.

Q. I'm looking for my glasses I left on the table during the conference.
　　회의 동안 테이블 위에 두었던 제 안경을 찾고 있습니다.
A. Do you want me to call the reception desk? 제가 안내 데스크에 전화해 드릴까요?

Q. Excuse me. My ticket doesn't show the platform number.
　　실례합니다. 제 티켓에 플랫폼 번호가 보이지 않아요.
A. You can check it on the schedule board. 일정 게시판에서 확인하실 수 있어요.

Q. I'm having trouble making a copy of this document.
　　이 문서를 복사하는 것에 어려움을 겪고 있어요.
A. Oh, I can help you with that. 아, 제가 도와드릴게요.

☑ **Quick Check 02**
Mark your answer.
(A)　　(B)

포인트 03 | 의견을 전달하는 평서문

'행사가 훌륭했다', '날씨가 좋다', '사람이 좋다' 등과 같은 긍정적인 의견을 말하거나, '유감이다'라는 부정적인 의견을 말하는 문장이다.

Q. Your presentation was well-prepared. 당신의 발표는 잘 준비되었던데요.
A. It went smoother than I thought. 제가 생각했던 것보다 순조롭게 진행되었어요.

Q. I think this training program is worth taking. 이 교육 프로그램을 듣는 게 가치 있다고 생각합니다.
A. Why don't you register for the next session as well? 다음 세션도 등록하는 게 어때요?

Q. I think we need more refreshments for the upcoming event.
　　곧 있을 행사를 위해서 더 많은 다과가 필요하다고 생각합니다.
A. I'll call the catering company this afternoon. 오늘 오후에 제가 출장 요리 업체에 연락하겠습니다.

☑ **Quick Check 03**
Mark your answer.
(A)　　(B)

Quick Check 정답
01 (A) 02 (B) 03 (A)

유형 04 감정 표현

I was surprised to hear that Mr. Wilson will retire next month.

(A) She won the first prize.
(B) I had to replace both tires.
(C) Me too. Let's throw a party for him.

Wilson 씨가 다음 달에 퇴직한다는 걸 듣고 놀랐어요.

(A) 그녀는 1등을 했어요.
(B) 저는 타이어를 둘 다 교체해야 했어요.
(C) 저도요. 그를 위한 파티를 엽시다.

이렇게 풀어요

❶ 질문 내용 파악하기 I was **surprised to hear** that **Mr. Wilson will retire** next month.
   _{Wilson 씨가 퇴직한다는 걸 듣고 놀람}

❷ 선택지 들으며 오답 소거하여 정답 선택하기

   (A) ~~She~~ won the first prize. 주체가 맞지 않는 응답(Mr. Wilson-She)
   (B) I had to replace both tires. 유사 발음 오답(retire-tires)
   (C) **Me too. Let's throw a party for him.** 정답으로 선택

유형 05 정보 요청

I'd like you to fill out this form if you are new here.

(A) I already renewed my contract.
(B) Sure, I'd be happy to.
(C) No, I'm not familiar with this town.

여기 처음 오셨다면 이 양식을 작성해 주세요.

(A) 저는 이미 계약을 갱신했어요.
(B) 물론이죠, 기꺼이 할게요.
(C) 아뇨, 저는 이 동네에 익숙하지 않아요.

이렇게 풀어요

❶ 질문 내용 파악하기 **I'd like you to fill out this form** if you are new here.
   _{양식을 작성해달라고 요청}

❷ 선택지 들으며 오답 소거하여 정답 선택하기

   (A) I already renewed my contract. 유사 발음 오답(new-renewed)
   (B) **Sure, I'd be happy to.** 정답으로 선택
   (C) No, I'm not familiar with this town. 연상 어휘 오답(new-not familiar)

포인트 04 감정을 표현하는 평서문

후회, 실망, 칭찬, 놀람 등 화자의 감정을 전달하는 평서문도 자주 등장한다. 이때 논리적으로 좋은 일에 대해서는 축하와 격려를, 안 좋은 일에 대해서는 위로를, 칭찬하는 말에 대해서는 감사의 표현을 정답으로 고르면 된다.

Q. You look wonderful in that suit tonight. 오늘 밤 그 양복이 잘 어울리시네요.
A. I bought it last weekend for the banquet. 연회를 위해서 지난 주말에 샀습니다.

Q. I shouldn't have taken this class. It's too difficult. 이 수업을 듣지 말았어야 했어요. 너무 어려워요.
A. It'll get better. I can help you. 좋아질 거예요. 제가 도와드릴게요.

Q. I finally finished the project by myself. 마침내 제가 프로젝트를 스스로 마쳤어요.
A. Congratulations! You should be proud of yourself. 축하합니다! 자신을 자랑스러워 하세요.

Quick Check 04
Mark your answer.
(A)　　(B)

포인트 05 정보를 요청하는 평서문

'I'd like to ~', 'I'd like you to ~', 'I wonder ~', 'I was wondering ~' 구문을 이용하여 구체적인 정보를 요청하는 문장이다.

Q. **I'd like to** know if the software on my computer has been updated while I was away.
　제가 없었던 동안 제 컴퓨터에 있는 소프트웨어가 업데이트되었는지 알고 싶습니다.
A. Yes, the technical support team worked on it. 네, 기술 지원팀이 그 작업을 했어요.

Q. **I wonder** who'll be hired for the marketing manager position.
　누가 마케팅 부장 자리에 채용될지 궁금합니다.
A. I heard they are still discussing. 아직 논의 중이라고 들었습니다.

Q. **I was wondering** if the deadline for the annual report was extended.
　연례 보고서의 마감일이 연장되었는지 궁금합니다.
A. It's still due next Monday. 여전히 다음 주 월요일까지입니다.

꿀팁! 토익 최신 경향

'I wonder + 의문사' 뿐만 아니라 I wonder if/whether로 시작하는 평서문은 끝을 올려 마치 의문문인 것처럼 사실을 확인하려 할 때도 많이 쓰인다.

Quick Check 05
Mark your answer.
(A)　　(B)

Quick Check 정답
04 (B) 05 (A)

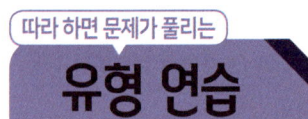

각 질문과 보기를 들으며 빈칸을 채운 뒤 정답에는 O, 오답에는 × 표시하세요.

01. One of the _____ just _____ _____ on the floor.
  (A) I'll send someone to _____ it _____. [　]
  (B) Did you _____ some _____ of it? [　]

02. I _____ _____ completing the project.
  (A) I haven't been _____ _____. [　]
  (B) You must be _____. [　]

03. Ms.Jacobson is _____ _____ over there.
  (A) That _____ is too _____. [　]
  (B) Thanks, I'll go _____ _____. [　]

04. You must be _____ about the _____ of the new store.
  (A) How do I _____ _____? [　]
  (B) I can _____ _____. [　]

05. It _____ _____ _____ _____ to see Carla before she left.
  (A) The _____ on the _____ is better. [　]
  (B) _____ _____, we were _____ on vacation. [　]

06. I want to _____ this hair dryer.
  (A) Sure, please _____ _____. [　]
  (B) Thanks, but I like my _____ _____. [　]

07. I'd like to _____ a _____ for tonight, please.
  (A) Sorry, we're all _____ _____. [　]
  (B) I can _____ _____ with that. [　]

08. Your _____ _____ will be ready to _____ _____ in 20 minutes.
  (A) Okay, I'll just _____ _____. [　]
  (B) Can you _____ them _____ _____? [　]

실전 문제

01. Mark your answer on your answer sheet.
(A) (B) (C)

02. Mark your answer on your answer sheet.
(A) (B) (C)

03. Mark your answer on your answer sheet.
(A) (B) (C)

04. Mark your answer on your answer sheet.
(A) (B) (C)

05. Mark your answer on your answer sheet.
(A) (B) (C)

06. Mark your answer on your answer sheet.
(A) (B) (C)

07. Mark your answer on your answer sheet.
(A) (B) (C)

08. Mark your answer on your answer sheet.
(A) (B) (C)

09. Mark your answer on your answer sheet.
(A) (B) (C)

10. Mark your answer on your answer sheet.
(A) (B) (C)

11. Mark your answer on your answer sheet.
(A) (B) (C)

12. Mark your answer on your answer sheet.
(A) (B) (C)

13. Mark your answer on your answer sheet.
(A) (B) (C)

14. Mark your answer on your answer sheet.
(A) (B) (C)

15. Mark your answer on your answer sheet.
(A) (B) (C)

16. Mark your answer on your answer sheet.
(A) (B) (C)

PART 4 제안·요청 문제 / 다음 할 일 문제 / 의도 파악 문제

유형 01 제안·요청 문제

화자가 청자에게 요청, 지시, 제안, 추천한 것이 무엇인지 묻는 문제이다. 매회 4~6문제가 출제되며 주로 세 번째 문제로 나오므로 담화 마지막 부분에 단서가 언급되는 경우가 많다.

 DAY 09_05

VOCA
conduct (특정 활동을) 하다
donation 기부
fundraiser 모금행사
progress 발전, 진보
employment 고용
needy 가난한, 빈곤한
venue 장소
input 의견

문제지

What does the **speaker request** that the **listeners do**?

(A) Conduct a survey
(B) Review a proposal
(C) Gather some donations
(D) Submit recommendations

화자는 청자들이 무엇을 하기를 요청하는가?

(A) 설문조사 시행하기
(B) 제안서 검토하기
(C) 기부금 모으기
(D) 추천서 제출하기

담화 [BR]

excerpt from a meeting

M: That's about it for this planning meeting. I'm sure that this fundraiser will be a huge success. Our organization has made some major progress in providing educational and employment opportunities to the needy, and I'm very proud of that. We'll need to finalize the venue for this event, but I'm still waiting to hear back from one of our sponsors. I'll definitely do that by the end of this week, though. Also, we need to decide on a catering company. I'd like some input from all of you on that. **Please send me an e-mail with a place that you would recommend.**

회의 발췌록

남: 이번 기획 회의는 대략 이 정도입니다. 저는 이 모금 행사가 큰 성공을 거두리라 확신합니다. 우리 단체는 빈곤한 사람들에게 교육적인 고용 기회를 제공해 주는 것에 몇몇 주요한 발전을 이루었으며, 저는 그것을 매우 자랑스럽게 생각합니다. 우리는 이번 행사를 위한 장소를 최종 확정지어야 할 필요가 있지만, 저는 여전히 우리의 후원자들 중 한 분의 의견을 듣기 위해 기다리고 있습니다. 하지만 이번 주 말까지는 확실히 할 것입니다. 또한 우리는 출장 요리 업체를 결정해야 합니다. 그 부분에 대해 여러분들의 의견을 듣고 싶습니다. 여러분이 추천하시는 장소를 적어 저에게 이메일로 보내주시기 바랍니다.

이렇게 풀어요

문제와 선택지의 키워드는 담화가 시작하기 전에 미리 파악되어 있어야 해요!

❶ **문제 파악하기**
What, speaker request, listeners do → 화자가 청자에게 요청한 사항을 묻고 있음을 파악한다.

❷ **선택지 키워드 파악하기**
(A) 설문조사   (B) 제안서   (C) 기부금   (D) 추천서

❸ **담화 마지막 부분에서 단서 파악하여 정답 선택하기**
Please send me an e-mail with a place that you would recommend.
→ Submit recommendations로 표현한 (D)를 정답으로 선택하고 다음 문제로 넘어간다.

◆ 질문 유형

What does the **speaker request** that the **listeners do**? 화자는 청자들이 무엇을 하기를 요청하는가?
What does the **speaker offer to do**? 화자는 무엇을 하겠다고 제안하는가?
What are the **listeners asked to do**? 청자들은 무엇을 하라는 요청을 받는가?
What does the **speaker suggest** that the **listeners do**? 화자는 청자들이 무엇을 할 것을 제안하는가?
What are the **listeners advised to do**? 화자들은 무엇을 하라고 권고받는가?

◆ 핵심 포인트

1 제안이나 요청을 하는 평서문, 명령문, 의문문의 형태를 알아두자.

I recommend ~할 것을 권장합니다	I encourage you to ~할 것을 권장합니다
I suggest you to ~ ~할 것을 제안합니다	Please ~ ~해주세요
Remember to ~ ~할 것을 잊지마세요	Be sure to ~ 꼭 ~하세요
Why don't you ~? ~하는 게 어때요?	Can you ~? ~해주실 수 있으세요?

Can you ask Steven about the starting date? 시작 날짜에 대해 Steven에게 물어봐주시겠어요?
→ Contact a colleague 동료에게 연락하기

I encourage you to download her newest e-book. 그녀의 최신 e-book을 다운로드 할 것을 권장합니다.
→ Download a book 책 다운로드 하기

I recommend leaving your bags under the desk. 여러분들의 가방을 책상 아래에 두는 것을 권장합니다.
→ Put their belongings somewhere else 다른 곳에 소지품 두기

2 제안·요청 문제는 선택지가 동사구로 이루어져 있으므로 담화를 듣기 전에 제일 앞에 제시되는 동사 위주로 의미를 파악해 두자.

| 선택지에 자주 출제되는 동사 |

contact 연락하다   send 보내다   review 검토하다   submit 제출하다   sign 서명하다   complete 작성하다, 완료하다   visit 방문하다   sign up 신청하다   watch 시청하다, 보다

◉ **실수 피하기**

speaker offer to do로 묻는 문제는 상대방에게 부탁하는 것이 아니라 화자가 직접 무언가를 하겠다고 하는 부분에서 단서를 파악해야 한다.

• I'd be happy to explain the new procedure.
  제가 새 절차를 설명하게 되어 기쁩니다.

◉ **꿀팁! 토익 최신 경향**

PART 3과 마찬가지로 PART 4에서도 제안·요청을 하는 표현 뒤에 나오는 단서 내용이 보기에서 패러프레이징 되는 경우가 많다.
photo ID card → identification
take pictures → a photo shoot

유형 02 다음 할 일/일어날 일을 묻는 문제

다음에 할 일이나 일어날 일을 묻는 문제의 정답 단서는 주로 담화의 마지막에서 제시된다. 매달 3~4문제가 출제되며, 주로 세 번째 문제로 나온다.

🎧 DAY 09_06

VOCA
- personal 개인의
- assistant 비서
- hand out 나눠주다
- registration 등록
- reserve 예약하다
- autograph 자서전
- keep up 따라가다
- latest 최신의
- industry 업계
- race car 경주용 차
- in person 직접

문제지

What is the **speaker** going to **do next**?

(A) Introduce a personal assistant
(B) Hand out registration details
(C) Reserve tickets for an event
(D) Sign some autographs

화자는 다음에 무엇을 할 것인가?

(A) 개인 비서 소개하기
(B) 등록에 관련된 세부사항 나누어주기
(C) 행사 티켓 예약하기
(D) 몇몇 자서전에 사인하기

담화 [US]

excerpt from a meeting

W: And finally, don't forget that next month the Motor City Automobile Expo will come to Daytona. It's a great way to keep up on the latest trends in our industry, so I strongly recommend going to it. Actually, I heard that the famous race car driver Tyler McCoy is going to be signing autographs at the event. If you're a fan, you won't want to miss out on this chance to see him in person. For anyone who is interested in going, **come on up here and I'll give you a pamphlet that explains how to register.** It also has more specific details about the expo.

회의 발췌록

여: 그리고 마지막으로, 다음 달 Motor City 자동차 박람회가 Daytona에 올 것입니다. 우리 업계의 최신 경향을 따라갈 수 있는 좋은 방법이므로 저는 그곳에 갈 것을 강력히 추천합니다. 사실, 유명한 경주용 차 운전자인 Tylor McCoy 씨가 그 행사에서 자서전에 사인회를 할 예정입니다. 만약 여러분이 팬이라면, 직접 그를 만날 기회를 놓치는 것을 원하지 않을 것입니다. 가기를 원하는 분들을 위해서 여기 올라오시면 어떻게 등록하는지 설명해 놓은 팸플릿을 드리겠습니다. 또한 박람회에 대한 구체적인 세부사항도 수록되어 있습니다.

리스닝 Point
우리가 흔히 '팜플렛'이라고 말하는 영어의 pamphlet은 [팸릿]처럼 들린다.

이렇게 풀어요

문제와 선택지의 키워드는 담화가 시작하기 전에 미리 파악되어 있어야 해요!

❶ 문제 파악하기
What, speaker, do next → 화자가 다음에 할 일을 파악해야 한다.

❷ 선택지 키워드 파악하기
(A) 개인 비서 소개하기
(B) 등록에 관련된 세부사항 나누어주기
(C) 행사 티켓 예약하기
(D) 몇몇 자서전에 사인하기

❸ 담화 마지막 부분에서 단서 파악하여 정답 선택하기
come on up here and I'll give you a pamphlet that explains how to register.
→ Hand out registration details로 패러프레이징 된 (B)를 정답으로 선택하고 다음 문제로 넘어간다.

◆ 질문 유형

What is the **speaker** going to **do next**? 화자는 다음에 무엇을 할 것인가?
What will the **listeners do next**? 청자들은 다음에 무엇을 할 것인가?
What will **happen next week**? 다음 주에 무슨 일이 있을 것인가?
What will the **listeners hear next**? 청자들은 다음에 무엇을 들을 것인가?

◆ 핵심 포인트

1 다음 할 일/일어날 일에 대한 단서를 끌고 나오는 표현을 알아두자.

Now, let's ~ 이제, ~합시다
Now, I'll[I'm going to] ~ 이제, 제가 ~하겠습니다
But first, let me ~ 하지만 먼저 제가 ~하겠습니다
Now, we'd like to ~ 이제, 우리는 ~하고자 합니다
Before I ~, I'll ~ 제가 ~하기 전에, ~하겠습니다
To start, let me ~ 시작하기 위해, 제가 ~하겠습니다

Now, **I'll** give you a tour of our factory. 이제, 제가 저희 공장을 견학시켜드리겠습니다.
→ Tour a facility 시설 견학하기

Let's take a look at some examples of the product. 제품의 견본을 몇 가지 살펴봅시다.
→ View sample item 샘플 상품 보기

Let me talk about my own experience. 저의 경험을 이야기해 드리겠습니다.
→ Give a personal experience 개인적인 경험 말하기

2 미래 시간 키워드가 언급된 문제의 경우 키워드가 담화에서 그대로 언급되는 경우가 많으므로 반드시 키워드를 기억해 두자.

What will happen in **September**? 9월에 무엇이 일어날 것인가?
What does the speaker say will happen **in the afternoon**?
화자는 오후에 무엇이 일어날 것이라고 말하는가?

● 꿀팁! **토익 최신 경향**

자주 출제되는 미래 시간 키워드로는 tonight, next month, next week, tomorrow 등이 있다.

유형 03  의도 파악 문제

화자가 언급한 말이 담화의 맥락에서 어떤 의미로 쓰였는지 파악하는 문제이다. 매회 2~3문제가 출제된다.

🎧 DAY 09_07

VOCA

- designate 지정하다
- assistance 도움
- journalist 언론인, 기자
- ongoing 진행중인
- forward 발송하다

리스닝 Point

later는 호주식이나 영국식 발음으로는 [t]를 강하게 발음하여 [레이터]로 들린다.

문제지

Why does the speaker **say**, "**She's scheduled to interview me from 2:30 to 3 P.M.**"?

(A) To recommend cancelling an event
(B) To suggest a meeting time
(C) To designate a location
(D) To offer his assistance

화자는 왜 "그녀가 2시 30분부터 3시까지 저를 인터뷰하기로 되어 있습니다"라고 말하는가?

(A) 행사를 취소할 것을 권하기 위해
(B) 만나는 시간을 제안하기 위해
(C) 위치를 지정하기 위해
(D) 그의 도움을 제안하기 위해

담화 [AU]

telephone message

M: Debbie, this is Allen. There's a journalist coming to our office later today to interview me about the ongoing Kennedy Tower project. Since you played a big part in it as well, she might want to speak with you while she's here. I forwarded the e-mail she sent me with questions she expects to ask. **She's scheduled to interview me from 2:30 to 3 P.M.** Let me know if you're available this afternoon to meet her. I can send her to your office.

전화 메시지

남: Debbie, 저 Allen입니다. 진행중인 Kennedy Tower 프로젝트에 대하여 저를 인터뷰하기 위하여 오늘 늦게 우리의 사무실에 오기로 한 기자가 있습니다. 당신도 그 일에 대해 큰 역할을 했기 때문에, 그녀가 여기 있는 동안 당신과 이야기 나누기를 원할 거예요. 그녀가 묻기로 되어 있는 질문이 포함된 그녀의 이메일을 당신에게 보냈어요. 그녀가 2시 30분부터 3시까지 저를 인터뷰하기로 되어 있습니다. **오늘 오후 시간대에 당신이 시간이 괜찮은지를 알려주세요.** 제가 그녀를 당신의 사무실로 보내겠습니다.

이렇게 풀어요 ✏️

문제와 선택지의 키워드는 담화가 시작하기 전에 미리 파악되어 있어야 해요!

❶ 문제 파악하기
"She's scheduled to interview me from 2:30 to 3 P.M." → 이 문장의 앞뒤 문맥을 파악할 준비를 한다.

❷ 선택지 키워드 파악하기
(A) 행사 취소   (B) 만나는 시간   (C) 위치 지정   (D) 도움 제안

❸ 담화 흐름을 파악해가며 듣고, 해당 문장이 나올 때 앞 뒤 내용을 통해 단서 파악하기
She's scheduled to interview me from 2:30 to 3 P.M. Let me know if you're available this afternoon to meet her.
→ 2시 30분부터 3시까지 인터뷰하기로 되어 있으니, 이 시간대에 괜찮은지를 알려 달라는 의미이다.
→ To suggest a meeting time으로 표현한 (B)를 정답으로 선택하고 다음 문제로 넘어간다.

◆ 질문 유형

Why does the speaker **say**, "~"? 화자는 왜 "~"라고 말하는가?
What does the speaker **mean** when he says, "~"? 화자가 "~"라고 말할 때 의미하는 바는 무엇인가?
What does the speaker **imply** when she says, "~"? 화자가 "~"라고 말할 때 암시하는 바는 무엇인가?

> **꿀팁! 토익 최신 경향**
>
> Why does the speaker say로 물을 경우 선택지는 to부정사 형태로 제시된다. 따라서 따옴표 안의 문장을 왜 말하는지 목적을 묻는 문제로 파악하면 된다.

◆ 핵심 포인트

1 반드시 문제를 먼저 읽는다.

담화를 듣기 전에 따옴표 안의 문장을 읽어두고 어떤 내용이 나올지 예측하며 들어야 한다.
What does the speaker mean when he says, "we've already received 60 orders"?
화자가 "우리는 이미 60건의 주문을 받았어요"라고 말할 때 의미하는 바는 무엇인가?
→ 주문을 받는 것에 관한 내용이 전개될 것임을 예측한다.

2 정답의 단서는 앞뒤 문맥과 연관되어 있다.

정답은 앞뒤 문맥과 밀접한 관련이 있으므로 전반적인 흐름을 잘 파악해야 한다.

M: I heard that you are worried about our new sandwich menu. Well, <mark>we've already received 60 orders</mark>. So, you should be quite satisfied. 우리의 새 샌드위치 메뉴에 대해 걱정한다고 들었어요. 음, 우리는 이미 60개의 주문을 받았어요. 그러니, 당신은 꽤 만족하실 거예요.

Q. What does the speaker mean when he says, "we've already received 60 orders"?
화자가 "우리는 이미 60건의 주문을 받았어요"라고 말할 때 의미하는 바는 무엇인가?
A. A new menu item has been successful. 새 메뉴 품목이 성공적이었다.

3 화자의 어조를 통해 긍정적인 뉘앙스인지 부정적인 뉘앙스인지 파악할 수 있다.

긍정적인 뉘앙스일 경우 높은 어조, 부정적인 뉘앙스일 경우 낮은 어조로 주로 말하므로 문맥을 이해하는 데 도움이 될 수 있다.

> **실수 피하기**
>
> 화자의 의도 파악 문제의 정답은 문제로 제시된 화자의 말이 단순히 유사한 의미로 패러프레이징 된 표현이 아니다. 보기가 문제 표현과 직접적으로 의미가 연관될수록 오답일 확률이 높다.

4 의미가 굳어진 관용 표현을 외우기보다는 담화의 맥락을 파악하는 것이 중요하다.

'It's up in the air(아직 미정입니다)'와 같이 의미가 정해져 있는 관용 표현보다는 일반적인 문장이 주로 출제된다. 따라서 어조와 맥락을 통해 의미를 파악하는 연습을 해야 한다.

따라 하면 문제가 풀리는 유형 연습

문제와 각 선택지의 키워드에 표시하세요. 그리고 나서 담화를 듣고 빈칸에 들어갈 말을 받아쓴 후 정답을 선택해 보세요.

01. What are listeners advised to do?

(A) Listen to traffic updates   (B) Avoid driving through an area

radio broadcast

> W: Due to recent unexpected freezing _____ _____ , main water pipes burst right in front of Graham Movie Theater on South Central Boulevard. The police department is _____ the street and _____ traffic now. The Department of Energy and Water Supply expects that the repair work will be completed in two days. _____ are advised to _____ this area.

02. What will the listeners do next?

(A) Listen to weather news   (B) Post their questions online

radio broadcast

> M: Hello, we are going to _____ the CEO of Cinema Plus, Morgan Smith. He will tell us how he became a successful _____. We will be right back in a few minutes after the _____ _____. Stay tuned.

03. What does the speaker suggest doing?

(A) Holding a meeting   (B) Upgrading a computer

telephone message

> M: Hello, this is Min-ho from Daniel Investment. I'm afraid the printers may have been _____ too _____. Could you tell me when you are available to _____ this issue? I'm _____ this Wednesday afternoon. Someone from the _____ department will also _____ _____.

paraphrasing
주어진 어휘 또는 표현과 의미가 동일한 것을 연결하세요.

1. complete   • (a) finish
2. discuss   • (b) office equipment
3. printer   • (c) have a meeting

04. What will the listeners most likely do next?

(A) Have a Q&A session　　(B) Go to a cafeteria

announcement

> W: Attention please. As I said this morning, the _____ _____ of the conveyer belts will take place this afternoon. Inspectors will _____ the inspection in 10 minutes. So, the _____ on Assembly Line A may _____ to the cafeteria now and take some rest. Inspectors will _____ some _____ about the conveyor belts when you are back _____ _____. Thanks.

05. What does the speaker mean when she says, "50 cans of light grey paint is too many"?

(A) She thinks there might be a mistake.　　(B) She is happy with a large order.

telephone message

> W: Hello, Ms. Kimberly. This is Linda Yang from LY Home Improvement. I'm calling _____ your order that you _____ this morning. 50 cans of light grey paint is too many. It is _____ _____ _____. Please call me back as soon as possible to let me know if that _____ is _____. Thank you.

06. Why does the speaker say, "I really enjoyed it last time with my family"?

(A) To recommend a restaurant　　(B) To give detailed information

tour information

> M: All right, everyone. We are _____ at the area called Old Town. You will _____ buildings with traditional gothic styles. You will be given two hours of free time to _____ _____ the area. If you _____ ____ _____, go to Belgian Treats & Coffee. I really enjoyed it last time with my family. Please come back to the bus by 4 P.M.

---

paraphrasing　주어진 어휘 또는 표현과 의미가 동일한 것을 연결하세요.

4. take some rest　　　•　　　　　•　(a) see
5. detailed　　　　　　•　　　　　•　(b) specific
6. encounter　　　　　•　　　　　•　(c) have a break time

실전 문제

01. Where did the speaker meet Mr. Navarro?
(A) At an awards banquet
(B) At a building tour
(C) At an industry conference
(D) At a career fair

02. Why does the speaker say, "she has a program called Montague"?
(A) To correct an error
(B) To cancel an order
(C) To give information about a product
(D) To recommend a colleague

03. Why does the speaker encourage the listener to act quickly?
(A) Some deliveries may take a long time.
(B) Some supplies are likely to run out.
(C) A deadline has been changed.
(D) A sale event will end soon.

04. Why is the speaker giving the talk?
(A) To provide an art critique
(B) To give an overview to volunteers
(C) To explain a hiring process
(D) To promote an art exhibit

05. What does the speaker recommend?
(A) Taking some notes
(B) Saving a receipt
(C) Turning off cell phones
(D) Checking a Web site

06. What will the listeners most likely do next?
(A) Watch a film
(B) Submit some questions
(C) Enjoy a meal together
(D) Introduce themselves

07. What is the purpose of the call?
(A) To set up a meeting time
(B) To get approval on a design
(C) To enroll in a career fair
(D) To point out an error in a document

08. What does the speaker imply when he says, "they have an online option"?
(A) He wants to make a correction to a deadline.
(B) He thinks they should change to another business.
(C) He found a way to reduce the cost of a project.
(D) He is surprised that a task is not finished.

09. What does the speaker plan to do next?
(A) Forward a form
(B) Speak to a manager
(C) Call a client
(D) Review a budget

10. What is the speaker mainly talking about?
(A) Security measures
(B) An exchange policy
(C) Employee training
(D) Food options

11. What did Selby Rail do last month?
(A) Underwent an inspection
(B) Added more journeys
(C) Increased its fares
(D) Conducted a survey

12. What does the speaker ask the listeners to review?
(A) A training manual
(B) A work schedule
(C) A business contract
(D) A department budget

13. Where is the announcement being made?
   (A) In an airport
   (B) In a restaurant
   (C) In a bus terminal
   (D) In a train station

14. What does the speaker ask the listeners to do?
   (A) Show a photo ID
   (B) Listen for updates
   (C) Use a self-ticketing machine
   (D) Find another mode of transportation

15. Why should listeners see an agent?
   (A) To get a refund
   (B) To verify meal vouchers
   (C) To sign up for membership
   (D) To pick up local maps

16. What product does the talk focus on?
   (A) A sports drink
   (B) A gear bag
   (C) A camera
   (D) A bicycle

17. What does the speaker imply when she says, "It needs to be smaller"?
   (A) Their product received poor reviews.
   (B) There are too many salespeople.
   (C) Production needs to decrease.
   (D) A sales goal was not met.

18. What will the listeners most likely do next?
   (A) Read a report
   (B) Watch some ads
   (C) Review survey results
   (D) Vote on a color pattern

19. Why did the speaker call the listener?
   (A) To schedule a meeting
   (B) To request time off work
   (C) To volunteer for an event
   (D) To announce a promotion

20. What does the speaker imply when he says, "personnel reviews are coming up"?
   (A) He wants to transfer to another department.
   (B) Only a few volunteer opportunities are offered.
   (C) An event may be moved indoors due to weather.
   (D) He can improve his chances of getting promoted.

21. What will the speaker most likely do next?
   (A) Visit a local park
   (B) Update his résumé
   (C) Submit an application
   (D) Contact someone in HR

22. What section does the speaker work in?
   (A) Product development
   (B) Online marketing
   (C) Human resources
   (D) Building security

23. What does the speaker ask the listener to do?
   (A) Present some form of identification
   (B) Have an employee retrieve an item
   (C) Sign up for an orientation
   (D) Submit a lost item form

24. What does the speaker most likely mean when he says, "this already has her name and picture"?
   (A) A new policy will go into effect.
   (B) An exception can be made.
   (C) A picture should be taken.
   (D) A card has expired.

영단기
토익 솔루션
LC

DAY
10

PART 2 우회적 응답 모음

- 유형 01 되묻는 유형
- 유형 02 I don't know 유형
- 유형 03 Someone knows 유형
- 유형 04 Not decided 유형
- 유형 05 Sorry, but ~ 유형

PART 4 문제 유형

- 유형 01 시각 자료 연계 문제

PART 2 우회적 응답 모음

2017년 이후로 질문에 Yes/No로 직접적인 답변을 하기보다는 추가 정보를 묻거나 다른 사람에게 확인하라고 하는 등 간접적으로 답변하는 유형의 출제빈도가 높아지고 있다. 이러한 유형의 답변을 모아서 학습하여 우회적 응답에 익숙해지도록 하자.

유형 01 되묻는 유형

Who do I need to talk to about the cooling system?

(A) What problem do you have?
(B) Take a break.
(C) No, it is too hot here.

냉방 시스템과 관련해서 누구와 이야기해야 하나요?

(A) 어떤 문제가 있으세요?
(B) 휴식을 취하세요.
(C) 아뇨, 여기는 너무 덥네요.

이렇게 풀어요

① 질문 내용 파악하기 Who do I need to **talk to** about the **cooling system**?
　　　　　　　　　　누구와　　　　　　냉방 시스템에 대해 이야기해야 하는지

② 선택지 들으며 오답 소거하여 정답 선택하기

(A) **What problem do you have?** 정답으로 선택
(B) ~~Take~~ a break. 유사 발음 오답 (talk-take)
(C) ~~No~~, it is too hot here. 의문사 의문문에 Yes/No로 답한 오답

유형 02 I don't know 유형

Why was the weekly meeting canceled yesterday?

(A) No, it should be reported daily.
(B) You will be charged the extra.
(C) I don't know the exact reason.

어제 주간 회의가 왜 취소되었나요?

(A) 아뇨, 그건 매일 보고되어야 해요.
(B) 당신에게 추가 금액이 부과될 거예요.
(C) 정확한 이유는 모르겠어요.

이렇게 풀어요

① 질문 내용 파악하기 **Why** was **the weekly meeting canceled** yesterday?
　　　　　　　　　　왜　　주간 회의가 왜 취소되었는지

② 선택지 들으며 오답 소거하여 정답 선택하기

(A) ~~No~~, it should be reported daily. 의문사 의문문에 Yes/No로 답한 오답
(B) You ~~will be charged~~ the extra. 시제가 맞지 않는 오답(과거-미래)
(C) **I don't know the exact reason.** 정답으로 선택

유형 03 Someone knows 유형

Where is the signed contract from Nelson Supplies?

(A) Mark might know.
(B) They offered better deals.
(C) Sign at the bottom of the form.

Nelson Supplies에서 온 서명된 계약서가 어디 있나요?

(A) Mark가 알 거예요.
(B) 그들이 더 나은 조건을 제시했어요.
(C) 양식 하단에 서명하세요.

이렇게 풀어요

① 질문 내용 파악하기 **Where** is **the signed contract** from Nelson Supplies?
　　　　　　　　　　어디 있는지　서명된 계약서가

② 선택지 들으며 오답 소거하여 정답 선택하기

(A) **Mark might know.** 정답으로 선택
(B) They offered ~~better deals~~. 연상 어휘 오답(contract-better deals)
(C) ~~Sign~~ at the bottom of the form. 유사 발음 오답(signed-sign)

포인트 01　상대방에게 되묻는 답변

우회적 응답 중에서도 난이도가 높은 유형으로, 문제의 의미를 정확히 이해해야만 어떤 내용으로 되물을 수 있을지 파악할 수 있다.

Q. It'll take around two hours to clean the garage. 차고를 청소하는 데 두 시간 정도 걸릴 거예요.
A. Do you need any help? 도움이 필요하세요?

Q. If you're going downtown, I suggest avoiding Highway 13.
　만약 시내로 가시는 거면, 13번 고속도로는 피하세요.
A. Is there a heavy traffic jam? 교통 체증이 있나요?

Q. When is my car going to be ready? 언제 제 자동차가 준비될까요?
A. How soon do you need it? 얼마나 빨리 필요하신가요?

☑ **Quick Check 01**
Mark your answer.
(A)　(B)

포인트 02　'모르겠다'는 의미의 답변

'모르겠다'는 의미로 답하는 응답은 거의 모든 질문에 대한 답이 될 수 있으므로 정답이 될 확률이 높다.

| 아는 바가 없어요. |

I haven't heard. / I haven't been told. 못 들었어요.
I haven't been notified. / I haven't been informed. 공지 못 받았어요.
Actually, I'm not sure. 사실 저는 잘 모르겠어요.
I wish I knew. 저도 알면 좋겠어요.
I don't really know. 저는 정말 몰라요.
I haven't checked it yet. 아직 확인해보지 못했어요.

| 기억이 나지 않아요. |

I'm sorry, I forgot. 미안해요, 잊어버렸어요.
I can't remember. 기억이 나지 않아요.
It slipped my mind. 잊어버렸어요.
It's on the tip of my tongue. 생각이 날 듯 말 듯 해요.

☑ **Quick Check 02**
Mark your answer.
(A)　(B)

● **실수 피하기**

'다른 사람이 안다' 또는 '~에게 달려있다'고 답을 할 수는 있으나, 주어와 동사가 질문과 맞는지 잘 들은 후 답을 골라야 한다.
Q. Why did **you leave** the office so early yesterday? 어제 왜 그렇게 일찍 퇴근했어요?
A. **She** didn't give me the reason. (X) 그녀가 이유를 말해주지 않았어요.

포인트 03　'다른 사람에게 확인하라'는 의미의 답변

본인이 몰라서 답변해 줄 수 없으니 '다른 사람에게 확인하라'의 의미로 답하는 유형이다.

| ~에게 확인해 볼게요. |

I'll ask the manager. 매니저에게 물어보겠습니다.
Let me check (that for you). (당신을 위해) 제가 확인해 볼게요.
Let me find out. 제가 알아보겠습니다.
Amy is in charge of it. Amy가 그것을 담당하고 있어요.
Ask Bob about that. 그것에 대해서는 Bob에게 물어보세요.
I'll get back to you on that. 그것에 대해 나중에 알려드리겠습니다.
I'll check with the maintenance department. 유지관리부서에 확인해 보겠습니다.
I'll send you some guidelines. (제가 모르니) 지침서를 보내드릴게요.

☑ **Quick Check 03**
Mark your answer.
(A)　(B)

Quick Check 정답
01 (B)　02 (A)　03 (A)

유형 04 Not decided 유형

What gift will be given out at the company booth?

(A) I really loved it.
(B) We haven't decided yet.
(C) Yes, I've been there.

회사 부스에서 어떤 사은품을 나누어 줄 건가요?

(A) 저는 그게 정말 좋았어요.
(B) 우리는 아직 결정하지 못했어요.
(C) 네, 저는 거기 가봤어요.

이렇게 풀어요

① 질문 내용 파악하기 What gift will be given out at the company booth?
　　　　　　　　　　　어떤 사은품을　　나누어 줄 지

② 선택지 들으며 오답 소거하여 정답 선택하기

(A) I really loved it. 　시제가 맞지 않는 오답(미래-과거)
(B) We haven't decided yet. 　정답으로 선택
(C) Yes, I've been there. 　의문사 의문문에 Yes/No로 답한 오답

유형 05 Sorry, but ~ 유형

Could you lead the orientation for the new sales representatives next Thursday?

(A) Sorry, but I have a schedule conflict.
(B) This is not for sale.
(C) On page 6 of the employee handbook.

당신이 다음 주 목요일에 신입 영업사원들을 위해 오리엔테이션을 진행해 줄 수 있나요?

(A) 죄송하지만, 저는 일정이 겹쳐요.
(B) 이건 판매용이 아닙니다.
(C) 직원 안내서의 6페이지에 있어요.

이렇게 풀어요

① 질문 내용 파악하기 Could you lead the orientation for the new sales representatives next Thursday?
　　　　　　　　　　　~해 줄 수 있는지　　오리엔테이션을 진행

② 선택지 들으며 오답 소거하여 정답 선택하기

(A) Sorry, but I have a schedule conflict. 　정답으로 선택
(B) This is not for sale. 　유사 발음 오답(sales-sale)
(C) On page 6 of the employee handbook. 　연상 어휘 오답(orientation-employee handbook)

포인트 04 '아직 결정되지 않았다'는 의미의 답변

사실 확인을 하기 위해 묻는 질문에 대해 아직 결정된 바가 없다고 답하는 유형이다.

결정되지 않았어요.

It hasn't been decided. 아직 결정되지 않았습니다.
It is not confirmed yet. 아직 확정되지 않았습니다.
They haven't decided yet. 그들이 아직 결정하지 않았습니다.
It depends on the budget. 그건 예산에 따라 달라요.

아직 논의 중입니다.

They are still discussing it. 여전히 논의 중입니다.
They are still reviewing. 여전히 검토 중입니다.
I'm still considering it. 아직 고려 중이에요.

옵션이 여러 개 있습니다.

There are several options. 여러 옵션이 있어요.

✓ Quick Check 04
Mark your answer.
(A)　(B)

포인트 05 우회적으로 거절하는 의미의 답변

상대방의 요청이나 제안에 대해 우회적으로 거절할 때 쓰이는 유형이다.

Sorry, but I have prior appointment. 죄송하지만, 선약이 있습니다.
Sorry, but I don't have much time. 죄송하지만, 제가 시간이 별로 없습니다.
Sorry, but we have to finish this first. 죄송하지만, 이것을 먼저 마쳐야 합니다.
I'm sorry but I'm not allowed to do that. 죄송하지만, 저는 그것을 해드릴 수 없습니다.(저에게 권한이 없습니다.)

✓ Quick Check 05
Mark your answer.
(A)　(B)

Quick Check 정답
04 (B)　05 (B)

유형 연습

각 질문과 보기를 들으며 빈칸을 채운 뒤 정답에는 O, 오답에는 × 표시하세요.

01. _____ _____ will be sponsoring the annual banquet?
    (A) That _____ been _____ yet. [   ]
    (B) It looks like a _____ _____. [   ]

02. Which _____ did the research department _____?
    (A) I _____ the _____ _____ are left. [   ]
    (B) _____ _____ was impressive. [   ]

03. _____ isn't my last _____ _____ _____ on my statement?
    (A) I'll _____ _____ and _____ you _____. [   ]
    (B) From the _____ department. [   ]

04. Has the _____ been _____ for the company _____?
    (A) No, we don't _____ new _____. [   ]
    (B) Jason _____ _____. [   ]

05. _____ do you plan to go for the _____?
    (A) There are _____ _____ _____ I want to go. [   ]
    (B) Yes, that's the _____. [   ]

06. _____ _____ will it cost to have a dozen roses _____?
    (A) It _____ on the _____. [   ]
    (B) _____ _____ you _____ them everyday. [   ]

07. I have no idea _____ _____ _____ for the security training.
    (A) It's very _____. [   ]
    (B) _____ _____ Mr. Roy. [   ]

08. _____ has the workshop been _____?
    (A) They _____ _____ on Tuesday. [   ]
    (B) You _____ _____ your e-mail, have you? [   ]

실전 문제

DAY 10_04 / 정답 및 해석 p. 080

01. Mark your answer on your answer sheet.
    (A)   (B)   (C)

02. Mark your answer on your answer sheet.
    (A)   (B)   (C)

03. Mark your answer on your answer sheet.
    (A)   (B)   (C)

04. Mark your answer on your answer sheet.
    (A)   (B)   (C)

05. Mark your answer on your answer sheet.
    (A)   (B)   (C)

06. Mark your answer on your answer sheet.
    (A)   (B)   (C)

07. Mark your answer on your answer sheet.
    (A)   (B)   (C)

08. Mark your answer on your answer sheet.
    (A)   (B)   (C)

09. Mark your answer on your answer sheet.
    (A)   (B)   (C)

10. Mark your answer on your answer sheet.
    (A)   (B)   (C)

11. Mark your answer on your answer sheet.
    (A)   (B)   (C)

12. Mark your answer on your answer sheet.
    (A)   (B)   (C)

13. Mark your answer on your answer sheet.
    (A)   (B)   (C)

14. Mark your answer on your answer sheet.
    (A)   (B)   (C)

15. Mark your answer on your answer sheet.
    (A)   (B)   (C)

16. Mark your answer on your answer sheet.
    (A)   (B)   (C)

PART 4 시각 자료 연계 문제

유형 01 시각 자료 연계 문제

시각 자료 연계 문제는 주어진 표, 평면도, 쿠폰 등의 시각 자료와 담화 내용을 연계하여 정답을 찾는 유형이다. PART 4 문제들 중 후반부에 위치하며, 매회 2~3문항이 출제된다.

 DAY 10_05

문제지

AIR TICKET	Boarding Pass
Detroit ⟶ Richmond	
Departure	2:15 P.M.
Arrival	3:50 P.M.
Boarding Gate	C14
Seat	29B
Zone	3

Look at the graphic. According to the speaker, **which** piece of **information** has **changed**?

(A) 2:15 P.M.
(B) C14
(C) 29B
(D) 3

담화 [US]

announcement and flight ticket

W: Attention passengers waiting to board flight VA69 to Richmond. We regret to report a problem with our computer system. **Your plane has begun pre-departure preparations at a different boarding gate. We ask that you gather your things and proceed to the new boarding gate.** In order to make up for this inconvenience, our staff can shuttle you and your luggage directly there. If you prefer to walk, you may do so, but please keep in mind that your flight should be taking off on time.

AIR TICKET	Boarding Pass
디트로이트 ⟶ 리치몬드	
출발	오후 2:15
도착	오후 3:50
탑승 게이트	C14
좌석	29B
구역	3

시각 자료를 보시오. 화자에 따르면, 어떤 정보가 변경되었는가?

(A) 2:15 P.M.
(B) C14
(C) 29B
(D) 3

안내 방송과 비행기 티켓

여: 리치몬드 행 VA69 항공편 탑승을 기다리시는 여러분들께 알려드립니다. 저희 컴퓨터 시스템에 문제가 생겼다는 것을 알려드리게 되어 유감입니다. 여러분의 비행기는 다른 탑승 게이트에서 출발 전 준비를 시작했습니다. 여러분의 소지품을 챙겨 새 탑승 게이트로 가실 것을 요청 드립니다. 이 불편함을 보상해 드리기 위하여, 저희 직원들이 여러분들과 짐을 직접 이동시켜 드리겠습니다. 걷는 것을 선호하시면 그렇게 하셔도 됩니다만, 여러분의 비행기가 정시에 이륙한다는 것을 유념해 주세요.

VOCA
- pre-departure 출발 전의
- proceed ~로 가다
- make up for 보상하다
- shuttle 실어 나르다
- directly 직접
- take off 이륙하다

이렇게 풀어요

담화를 듣기 전에 먼저 시각 자료의 유형과 문제를 파악해야 해요.

❶ **시각 자료와 문제 파악하기**
- 시각 자료 | 비행기 티켓이고 출발/도착 정보가 쓰여져 있음
- 문제 키워드 | which, information, changed → 변경된 정보를 찾아야 함을 파악한다.

❷ **담화를 들으며 문제와 관련된 내용을 시각 자료에서 찾아 정답 선택하기**
- 담화 | We ask that you gather your things and proceed to the new boarding gate.
- 시각 자료 | Boarding Gate: C14 → (B)를 정답으로 선택하고 다음 문제로 넘어간다.

◆ 질문 유형

Look at the graphic. Which route is closed today? 시각 자료를 보시오. 오늘 어떤 길이 폐쇄되었는가?

'Look at the graphic.'으로 시작하는 문제는 시각 자료와 연계하여 푸는 문제이다. 뒤에는 시각 자료의 종류에 따라 구체적인 질문이 나온다.

◆ 핵심 포인트

1 시각 자료의 내용을 먼저 신속하게 파악한다.

담화가 시작되기 전에 시각 자료와 문제를 먼저 파악하여 담화에서 어떤 내용으로 단서가 제시될지 추측하는 것이 중요하다.

2 담화와 시각 자료의 연결 고리를 캐치해야 한다.

문제의 보기에 제시된 단어를 담화에서 직접 언급하지 않으므로 시각 자료의 정보와 담화의 정보를 연결하여 답을 찾아야 한다.

> **꿀팁! 토익 최신 경향**
>
> 일정표, 차트, 지도가 자주 출제되긴 하지만 점점 다양한 시각 자료가 나오는 추세이다. 시각 자료 자체를 해석하는 것은 어렵지 않으므로 담화 내용과의 연결 고리만 잘 캐치하면 쉽게 풀 수 있다.

Santiago Hiking Club

Route	Length
A	5 kilometers
B	10 kilometers
C	15 kilometers

Q. Look at the graphic. Which route is closed today? 시각 자료를 보시오. 오늘 어떤 길이 폐쇄되었는가?

M: The 10-kilometer route is not available today due to road repair work.

10킬로미터 길은 도로 보수 공사로 인해 오늘 이용할 수 없습니다.

→ 10킬로미터인 도로에 갈 수 없음을 파악한다. 이때 **10-kilometer**가 담화와 시각 자료의 연결 고리 역할을 한다.

정답: The B Route

PART 4

주문서에서 나오는 어휘
item 품목
product 제품
quantity 수량
catering order 출장연회 주문

차트에서 나오는 어휘
earnings 수익
profit 수익
branch 지점, 지사
quarterly 분기의
summary 요약
per year 연간, 일년당

교통편 티켓에서 나오는 어휘
departure 출발
arrival 도착
platform 승강장
gate 탑승구

◆ 빈출 시각 자료 유형

1 주문서(order form)

음식 주문, 가구 주문, 사무용품 주문 내역이 담긴 양식이 제시된다. 주문서에 오류가 있는 부분이나 변경된 내용을 찾아야 하는 문제가 출제된다.

Order Form # 8910
Name: Danny's Law Firm

Item	Quantity
tuna sandwich	30
low-fat milk	50
vanilla cake	20

→ 화자가 음료 메뉴의 수량을 늘리고 싶다고 말할 경우, 어떤 수치가 변경되어야 하는지(50) 묻는 문제가 출제된다. 주문서에서 '음료' 메뉴인 low-fat milk(저지방 우유)를 찾아낼 수 있어야 한다.

2 차트

막대 그래프는 신제품 판매량의 분기별 증감 변화를 나타내는 그래프가 출제될 수 있다.

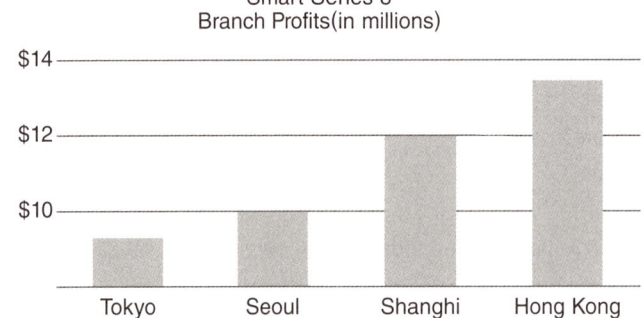

Smart Series 8
Branch Profits(in millions)

→ 매출이 가장 높았던 도시의 광고 방식을 다시 한 번 해보자고 할 때, 어느 도시(Hong Kong)의 홍보 방식을 채택할지 묻는 문제가 출제된다.

3 기차 티켓/비행기 티켓

출발/도착 관련 정보가 쓰여 있으며, 변동 사항에 대해 묻는 문제가 출제된다.

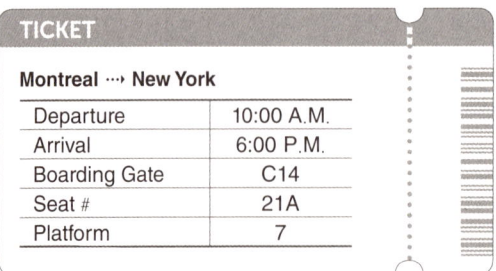

TICKET
Montreal ···▶ New York

Departure	10:00 A.M.
Arrival	6:00 P.M.
Boarding Gate	C14
Seat #	21A
Platform	7

→ 플랫폼 공사가 지연되어 다른 플랫폼에서 탑승하라고 했을 때 어떤 정보가 변경되었는지(7) 묻는 문제가 출제된다.

4 일정표(schedule)

한 개인의 하루 일과표, 출장 또는 여행 일정표가 제시된다.

Mr. Johnson's schedule – Monday, March 6th	
10:00 A.M.	board meeting
noon	lunch with branch manager
2:30 P.M.	new employee training

→ 담화에서 2시 30분 일정이 내일로 미뤄졌다고 했을 때 어떤 일정을 오늘 하지 않을 것인지(new employee training) 묻는 문제가 출제된다.

5 지도/약도(map)

건물의 평면도, 등산로, 거리 지도 등이 제시되며, 접근할 수 없는 길, 화자가 방문할 방의 번호 등을 묻는 문제가 출제된다.

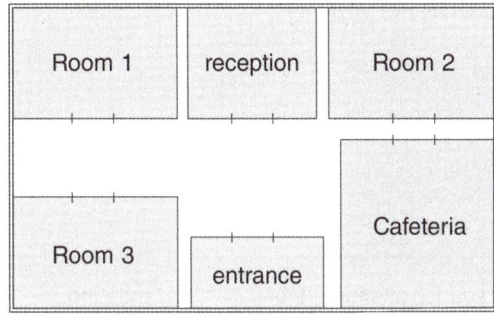

→ 화자가 자신을 방문할 예정인 청자에게 본인의 사무실 위치를 알려줄 때, 입구 바로 옆에 있는 방이라고 한다면 청자가 어디로 갈지(Room 3) 묻는 문제가 출제된다.

지도/약도에서 나오는 어휘

route 길
path 길
restricted 제한된, 금지된
bike path 자전거 길
rest area 휴게소

6 빌딩 안내판(directory)

건물의 층별 안내도를 보여주는 시각 자료이다. 청자가 어디로 가야 하는지, 이벤트를 하는 층은 어디인지, 공사를 하는 층은 어디인지 등을 묻는 문제가 출제된다.

→ 신발 파는 층에서 타임 세일 행사가 진행될 것이라고 안내할 때, 어떤 층에서 할인이 진행될지(first floor) 묻는 문제가 출제된다.

유형 연습

문제와 각 선택지의 키워드를 파악하여 표시하세요. 그리고 나서 담화를 듣고 빈칸에 들어갈 말을 받아쓴 후 정답을 선택해 보세요.

01. Look at the graphic. Which item does the speaker want to increase?

(A) Sandwiches　　　(B) Orange Juice

telephone message and form

Order Form # 8910	
Name: Danny's Law Firm	
Item	Quantity
Sandwiches	30
Orange Juice	50

W: Hi, I'm Linda from Danny's Law Firm. I'm calling about the _____ _____ our company placed yesterday. One of our staff members made a _____. I think we have to order more _____.
Also, we need a _____ hamburgers. If you have any questions, please call me anytime.

02. Look at the graphic. In which quarter was the new product most likely released?

(A) 2nd quarter　　　(B) 3rd quarter

talk and graph

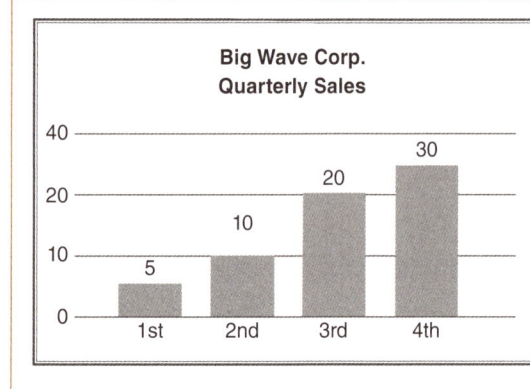

M: Thank you for attending the _____ meeting. I want to begin with good news. Our _____ _____, the Big Wave Bluetooth headset, has had _____ _____ from customers as well as industry critics. As in the report, our sales _____ in the _____ when it was _____. Give Mr. Timber and his team a round of applause and congratulate them on their _____.

---

paraphrasing　주어진 어휘 또는 표현과 의미가 동일한 것을 연결하세요.

1. made a mistake
2. favorable
3. doubled

(a) increased
(b) contains wrong information
(c) positive

03. Look at the graphic. Which item in the monthly report requires additional documentation?

(A) Transportation   (B) Lunch & Dinner

telephone message and report

Name: Gary Butler	
Item	Expense
Transportation	$400.00(4 days)
Accommodations	$899.19
Lunch & Dinner	$450.00
Telephone	$99.89

W: Hello. Mr. Butler. This is Sandra Peterson from accounting. I'm returning your call. I received your _____ _____ report for October. While reviewing it, I noticed that you did not _____ receipts for the expense of $450. Please make sure that you _____ itemized tables and attach all _____ for them. _____ we will be unable to _____ you.

04. Look at the graphic. What gate is not available during the construction period?

(A) East Gate   (B) West Gate

broadcast and map

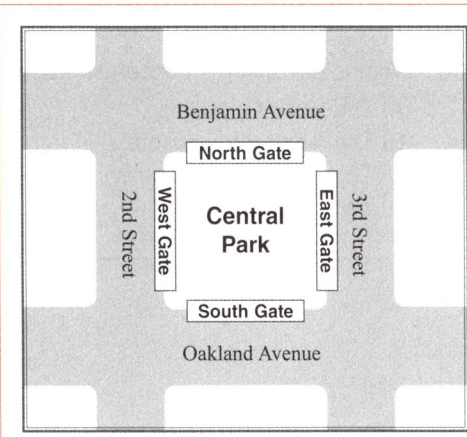

M: Yesterday the City Council announced the _____ of 3rd Street, between Benjamin Avenue and Oakland Avenue. This 4-month construction will begin at the _____ of next month, July 1st, and will _____ _____ 2 million dollars. So, during this period, be assured that you are not able to _____ Central Park _____ the parking entrance _____ the _____ area.

---

paraphrasing 주어진 어휘 또는 표현과 의미가 동일한 것을 연결하세요.

4. expense   •   • (a) pay back
5. reimburse   •   • (b) go
6. access   •   • (c) spending

실전 문제

Main Stage Events	
9 A.M. – 10 A.M.	Opening Ceremony
10 A.M. – Noon	Cooking Contest
1 P.M. – 3 P.M.	Dance Performance
7 P.M. – 9 P.M.	Televised Concert

Fontaine Theater	Bergman Designs	Lena's Ice Cream
Cheshire Street		
Crosby Shoes	Retro Mart	DC Apartments

01. What does the speaker warn the listeners about?

(A) A ticket shortage
(B) A lack of parking
(C) Possible bad weather
(D) Last-minute changes

02. Look at the graphic. When can festival attendees see a star from France?

(A) 9 A.M.– 10 A.M.
(B) 10 A.M.– Noon
(C) 1 P.M.– 3 P.M.
(D) 7 P.M.– 9 P.M.

03. Who is Miguel Alexander?

(A) An event planner
(B) A city official
(C) A professional singer
(D) A local businessperson

04. Who most likely is calling the listener?

(A) A real estate agent
(B) A construction worker
(C) A loan officer
(D) A clothing designer

05. Look at the graphic. Which location will be used by the listener?

(A) Fontaine Theater
(B) Bergman Designs
(C) Crosby Shoes
(D) Retro Mart

06. What is the speaker concerned about?

(A) The size of a building
(B) The length of a closure
(C) The number of customers
(D) The cost of renovations

5-Day Forecast: Chance of Snow				
WED	THU	FRI	SAT	SUN
50%	70%	40%	30%	10%

07. Who most likely are the listeners?
 (A) Tour participants
 (B) Theater critics
 (C) New employees
 (D) Bus drivers

08. Look at the graphic. On which day is the speaker making the announcement?
 (A) Wednesday
 (B) Thursday
 (C) Friday
 (D) Sunday

09. What does the speaker recommend the listeners do?
 (A) Bring a camera
 (B) Attend a performance
 (C) Lock checked luggage
 (D) Verify a ticket

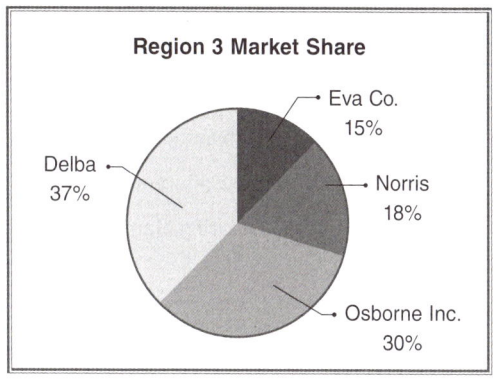

10. According to the speaker, what has the company recently done?
 (A) Received publicity in a magazine
 (B) Surpassed a sales record
 (C) Opened a new branch
 (D) Celebrated an anniversary

11. Why did Mr. Renner travel to Philadelphia?
 (A) To participate in a negotiation
 (B) To tour a headquarters site
 (C) To present a new product
 (D) To attend an industry conference

12. Look at the graphic. Which company may be purchased soon?
 (A) Eva Co.
 (B) Norris
 (C) Osborne Inc.
 (D) Delba

Jennifer's Schedule: Wednesday, April 7	
10:00 A.M.	Sales review meeting
12:00 P.M.	Lunch with author Neil Walsh
1:30 P.M.	Corporate conference call
3:00 P.M.	Seasonal hiring plan

13. What does the speaker want to speak with the listener about?
(A) A relocation schedule
(B) Membership benefits
(C) A new book series
(D) A store expansion

14. Look at the graphic. Which appointment was cancelled?
(A) Sales review meeting
(B) Lunch with author Neil Walsh
(C) Corporate conference call
(D) Seasonal hiring plan

15. What does the speaker request that the listener bring?
(A) A company profile
(B) A building model
(C) A cost estimate
(D) A writing sample

16. What event did the speaker recently participate in?
(A) An international fashion show
(B) A public speaking workshop
(C) A business owners' seminar
(D) An annual training session

17. What topic did the speaker mainly learn about?
(A) Increasing profits
(B) Boosting popularity
(C) Marketing effectively
(D) Improving customer service

18. Look at the graphic. Which section of the store will be renovated?
(A) Children
(B) Shoes
(C) Men
(D) Women

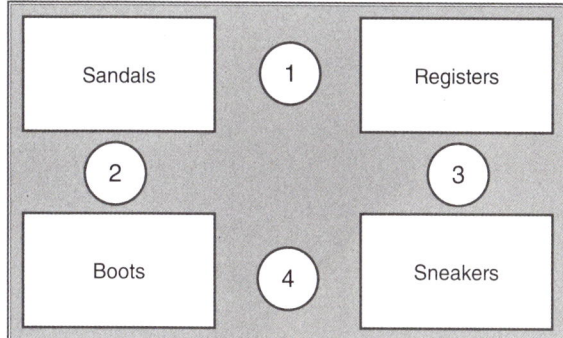

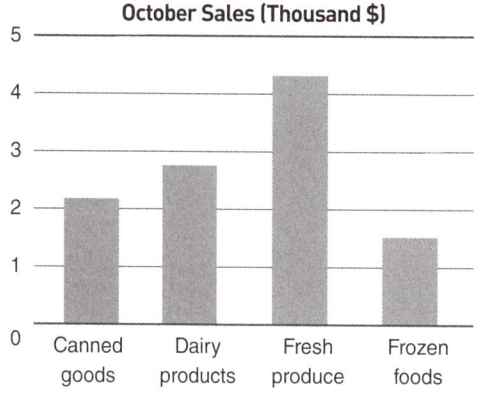

19. What is the main purpose of the change?
    (A) To improve customer satisfaction
    (B) To increase work efficiency
    (C) To reduce shipment sizes
    (D) To offer a wider variety

20. Look at the graphic. In which location were the new seats placed?
    (A) Location 1
    (B) Location 2
    (C) Location 3
    (D) Location 4

21. According to the speaker, what can be found at the registers?
    (A) A receipt
    (B) A training manual
    (C) A sign-up sheet
    (D) A coupon

22. What kind of business does the speaker work at?
    (A) A dairy farm
    (B) A grocery store
    (C) A food cannery
    (D) A market research firm

23. Look at the graphic. According to the speaker, which section will be expanded?
    (A) Canned goods
    (B) Dairy products
    (C) Fresh produce
    (D) Frozen foods

24. What does the speaker say she will do next?
    (A) Sign a contract
    (B) Schedule a meeting
    (C) Request an estimate
    (D) Restock some inventory

영단기
토익 솔루션
LC

DAY
11

PART 3 대화 주제 - 회사

- 대표 주제 01   출장·행사
- 대표 주제 02   사내 교육

PART 4 담화 유형 - 전화 메시지/설명

- 대표 유형 01   전화 메시지(telephone message)
- 대표 유형 02   설명(instructions)

PART 3 회사

대표 주제 01 출장·행사

출장 계획에 대해 말하거나, 직원 연수, 워크숍, 콘퍼런스 참석 등의 사내 행사에 대해 대화하는 내용이 출제된다.

🎵 DAY 11_01

대화가 이해되는 미리 듣기 예제에서 들을 대화의 주요 문장을 미리 들어보세요.

This is my first time to attend a conference abroad, so could you help me arrange my travel?
저는 해외 학회에 참석하는 것이 이번이 처음이어서요, 제가 출장 준비하는 것을 도와 주실 수 있으신가요?

The management is now trying to reduce travel expenses, so you'd better select the least expensive option. 경영진이 현재 출장 경비를 줄이려고 하고 있으니, 가장 저렴한 옵션을 선택하는 게 좋을 거예요.

The company only covers 20 dollars for each meal unless you have a lunch or dinner with clients. 고객과 점심 식사나 저녁 식사를 하는 경우가 아니라면, 회사는 각 식사에 대해 20달러만 대줍니다.

리스닝 Point
'비용'이라는 의미의 expense와 '비싼'이라는 의미의 expensive는 발음이 유사하므로 혼동하지 않도록 구별해 두자.

🎵 DAY 11_02 US BR

실전으로 확장하기 앞서 들은 문장에 집중하여 대화 전체를 들으며 문제를 풀어보세요.

W: Mike, I'm assigned to work at a company booth in the Mobile Technology Conference in Berlin. This is my first time to attend a conference abroad, so could you help me arrange my travel?

M: Sure, the first thing you should do is contact Chicago Travel, which usually takes care of everything related to all of our business travel. And then, they will give you a list of available flights and hotel rooms. The management is now trying to reduce travel expenses, so you'd better select the least expensive option.

W: Okay, I'll do that. By the way, can we still get reimbursed for meals?

M: Yes, but the company only covers 20 dollars for each meal unless you have a lunch or dinner with clients.

해석 p.091

대화 요약
처음으로 해외 출장을 가는 여자가 남자에게 출장 준비에 대해 묻고, 남자는 전담 여행사와 알아두면 좋을 사항을 조언한다. 식사 비용을 상환 받는 것에 대한 정보도 알려준다.

01. What does the woman need help with?
(A) Making travel arrangements
(B) Writing a report
(C) Reviewing a proposal
(D) Locating a file

02. What is the company trying to do?
(A) Increase productivity
(B) Expand its client base
(C) Change the supplier
(D) Cut expenses

03. According to the man, what expense will be fully reimbursed?
(A) Meals with clients
(B) Room services
(C) Local transportation costs
(D) Car rental fees

paraphrasing
대화에 나온 아래 표현과 의미가 같은 것을 고르세요.
1. reduce ( )
2. lunch or dinner ( )
3. cover ( )

ⓐ pay for
ⓑ meal
ⓒ cut

paraphrasing 정답 1.ⓒ 2.ⓑ 3.ⓐ

184 영단기 토익 솔루션 LC

자주 출제되는 어휘

represent	대표하다	gather	모이다, 모으다
assign	맡기다, 배치하다	conclusion	결론, 결말
depart	출발하다, 떠나다	detailed	상세한, 자세한
accommodation	숙박시설	organize	조직하다, 정리하다
arrange	준비하다	podium	연단
destination	목적지	caterer	출장 요식 업체
refreshments	다과, 간식	catering company	출장 요리 회사
expense	비용	lecturer	강사, 강연자
frequent	빈번한, 단골의	luncheon	오찬
reimburse	상환하다, 변제하다	overbooked	정원 이상으로 예약을 받은
business trip	출장	ballroom	대연회장
company outing	회사 야유회	organizer	주최측, 기획자
coworker	동료	culinary	요리의
prepare	준비하다	admission	입장
press conference	기자회견	video conference	화상 회의
equipment	장비	focus on	~에 집중하다
registration	등록	in the meantime	그 동안에
sign up for	~에 등록하다	demonstrate	시연하다
professional	전문적인	related to	~에 관련된

출장·행사 관련 대화에서 자주 나오는 문제

• 출장에 대한 환급과 관련된 문제
According to the man, what expense will be fully reimbursed?
→ 환급 관련 내용은 대화에서 reimburse, reimbursement 라는 단어를 직접 언급하는 경우가 많으며 cover, pay for도 자주 등장한다.

• 행사에 대한 세부사항과 관련된 문제
→ 행사가 열리는 장소, 초청되는 강연자 등 세부사항에 대해 묻는다.

◆ 문제 해석 및 해설

01. 여자는 무엇에 대한 도움이 필요한가?
 (A) 출장 준비를 하는 것
 (B) 보고서를 작성하는 것
 (C) 제안서를 검토하는 것
 (D) 파일을 찾는 것

여자가 첫 대사에서 This is my first time to attend a conference abroad, so could you help me arrange my travel?이라고 직접적으로 도움을 요청했다.
→ (A)가 정답이다.

02. 회사는 무엇을 하려고 하는가?
 (A) 생산성 늘리기
 (B) 고객층 확장하기
 (C) 공급업체 변경하기
 (D) 비용 줄이기

남자가 The management is now trying to reduce travel expenses라고 했다.
→ reduce를 cut으로 패러프레이징 한 (D)가 정답이다.

03. 남자에 따르면, 어떤 비용이 전액 변제될 것인가?
 (A) 고객과의 식사
 (B) 룸 서비스
 (C) 지역 교통비
 (D) 자동차 렌트 비용

여자가 can we still get reimbursed for meals?라고 물은 것에 대해 남자가 the company only covers 20 dollars for each meal unless you have a lunch or dinner with clients라고 했다.
→ 고객과 식사한 경우에만 전액 돌려받을 수 있으므로 (A)가 정답이다.

대표 주제 02 사내 교육

신입사원이나 수습 직원의 교육, 특정 부서를 대상으로 하는 직무 관련 교육에 대한 내용이 출제된다.

DAY 11_03

대화가 이해되는 미리 듣기 예제에서 들을 대화의 주요 문장을 미리 들어보세요.

Welcome to your first day here at our department store.
우리 백화점에서의 (출근) 첫 날에 오신 것을 환영합니다.

The training session was very informative, but I'm still not sure what to do with newly arrived inventory. 교육 시간은 매우 유익했지만, 새로 도착한 물품 목록으로 무엇을 해야 할지 여전히 잘 모르겠습니다.

If you have further questions, feel free to use this radio to contact a supervisor.
추가 질문이 있으시면, 이 무전기를 사용해 상사에게 연락하세요.

DAY 11_04 [BR] [AU]

실전으로 확장하기 앞서 들은 문장에 집중하여 대화 전체를 들으며 문제를 풀어보세요.

W: Good morning, Phil. Welcome to your first day here at our department store. I'll show you the basics and help you get used to being on the sales floor.

M: Okay, great. The training session was very informative, but I'm still not sure what to do with newly arrived inventory. How are we supposed to handle it?

W: Just hit this button on the register to switch it to check-in mode. Then scan each item and put it out on the sales floor.

M: That sounds pretty simple.

W: It is. If you have further questions, feel free to use this radio to contact a supervisor.

해석 p.092

01. What kind of business do the speakers work at?
(A) A bookstore
(B) A supermarket
(C) A department store
(D) A shipping company

02. What does the man ask about?
(A) An inventory procedure
(B) An interview schedule
(C) A commission policy
(D) A training process

03. According to the woman, how can the man get more information?
(A) By reading an employee handbook
(B) By contacting a supervisor
(C) By looking at a Web site
(D) By checking a board

리스닝 Point
inventory는 미국식 발음으로는 [인 븐토리]로 발음되지만, 영국식 발음으로는 [인븐트리]로 '-tory' 부분이 정확히 발음되지 않으므로 주의한다.

대화 요약
백화점 출근 첫 날인 남자가 여자에게 물품 목록을 처리하는 방법을 묻는다. 여자는 방법을 설명해 준 후 추가 질문이 있으면 상사에게 연락하라고 알려준다.

paraphrasing
대화에 나온 아래 표현과 의미가 같은 것을 고르세요.
1. handle (   )
2. further questions (   )
3. shipping (   )

ⓐ take care of
ⓑ delivery
ⓒ information

paraphrasing 정답 1 ⓐ 2 ⓒ 3 ⓑ

자주 출제되는 어휘

basics	기본, 필수적인 것들	essential	필수적인
sales floor	매장	training	교육
get used to	~에 익숙해지다	workshop	워크숍
informative	유익한	attendance	출석, 참석, 참석률
inventory	물품 목록, 재고	lecture	강의, 강연
process	과정, 절차	attendee	참석자
reminder	상기시키는 것	reserve	예약하다, 보유하다
apprenticeship	수습 기간, 수습직	confidence	자신감, 확신
procedure	절차	grateful	감사하는, 고마워하는
trade show	무역 박람회	refer	참고하다, 언급하다
handle	다루다	authorize	권한을 부여하다
reception	접수처	accurate	정확한
fill out[in]	작성하다, 기입하다	commit to	~에 전념하다, 헌신하다
previous	이전의	particular	특정한, 특별한
expertise	전문성, 전문지식	absence	부재, 결석
train	교육시키다	go smoothly	순조롭게 진행되다
trainee	교육을 받는 사람	company-wide	회사 전반의
agenda	의제, 안건	handout	유인물
draft	초안	demonstration	시연, 시범 설명

사내 교육 관련 대화에서 자주 나오는 문제

- 질문하는 것이 무엇인지 묻는 문제
  What does the man ask about?
  → 주로 교육받는 내용에 대해 문의하는데, 대화에서 언급된 말이 정답에 패러프레이징되는 경우가 많은 문제 유형이다. 또한 ask for로 묻는 요청 문제와 혼동하지 않도록 주의하자.

- 방법을 묻는 문제
  How can the man get more information?
  → 추가 정보를 얻는 방법에 대해서는 주로 대화 마지막에 언급된다. Contact a supervisor/coworker, Check a Web site 등이 자주 출제된다.

◆ 문제 해석 및 해설

01. 화자들은 어떤 종류의 사업체에서 근무하는가?
(A) 서점
(B) 슈퍼마켓
(C) 백화점
(D) 배송 회사

여자가 첫 대사에서 Welcome to your first day here at our department store라고 했다.
→ 화자들은 백화점에서 근무한다는 것을 알 수 있으므로 (C)가 정답이다.

02. 남자는 무엇에 대해 물어보는가?
(A) 물품 목록(을 다루는) 절차
(B) 면접 일정
(C) 수수료 정책
(D) 교육 과정

남자가 but I'm still not sure what to do with newly arrived inventory. How are we supposed to handle it?이라고 물어봤다.
→ 물품 목록을 어떻게 다루어야 하는지 물었으므로 (A)가 정답이다.

03. 여자에 따르면, 남자는 어떻게 정보를 더 얻을 수 있는가?
(A) 직원 안내책자를 읽음으로써
(B) 상사에게 연락함으로써
(C) 웹사이트를 봄으로써
(D) 게시판을 확인함으로써

여자가 마지막 대사에서 If you have further questions, feel free to use this radio to contact a supervisor라고 했다.
→ (B)가 정답이다.

유형 연습

문제와 각 선택지의 키워드에 표시하세요. 그리고 나서 대화를 듣고 빈칸에 들어갈 말을 받아쓴 후 정답을 선택해 보세요.

01. What will take place next Saturday?

(A) A conference   (B) A farewell party

> M: Julie is moving to New York for a new _____! So, I'm _____ her a party at Tommy's restaurant next Saturday and I was hoping you could come.
>
> W: I _____ _____ _____ on Saturday, but thanks for letting me know. I'll make sure to _____ _____ her office before she leaves.

02. What does the woman say she will do?

(A) Visit the booth at a later time   (B) Fill out a form

> W: Good morning, I'm interested in _____ _____ your assistant accountant position.
>
> M: Thank you for visiting our _____. Do you want to have an _____ _____ today at Wyden Job Fair? There is a _____ at 3:00. Can I book that for you?
>
> W: Yes, I will _____ _____ after having lunch.

03. What did the man recently do?

(A) He traveled overseas.   (B) He relocated to another city.

> W: Hi, Jeff. How do you like your _____ _____ here in Atlanta so far?
>
> M: There are things I miss about Los Angeles, but I'm _____ _____ living here. Also, I thought it would be hard to _____ from sales to marketing, but I'm handling it quite well.

paraphrasing
주어진 어휘 또는 표현과 의미가 동일한 것을 연결하세요.

1. won't be available   •   • (a) visit
2. stop by   •   • (b) can't make it
3. handle   •   • (c) deal with

04. What should the workers do by the end of the year?
(A) Update personal information   (B) Take training sessions

M: By the end of this year, all _____ workers are required to _____ a series of on-the-job trainings, so we need to revise some chapters in our training _____.
W: Yes, right. I already _____ the personnel department to update the employee _____ chapter to include the _____ of medical insurance to our employees' family members.

05. What does the man offer to do?
(A) Install new software   (B) Help move devices

M: Here's the key for the _____ _____. You'll find a slide projector, an overhead projector and a white board there.
W: Thank you. I appreciate your help. _____ exactly is the equipment room?
M: It's the main hall on the fourth floor. I can go with you and _____ _____ _____ _____ moving them to the meeting room.

06. What are the speakers mainly discussing?
(A) A company booth plan   (B) A client meeting

W: Jimmy, I just reviewed the company _____ _____ plan for the culinary expo. I think the assigned booth area is not _____ enough to display all of our products.
M: Actually, we were supposed to display only the new products, but the management wanted to _____ some other products. Anyway, I will _____ the conference organizer and ask whether there is a _____ _____ still available.

---

paraphrasing 주어진 어휘 또는 표현과 의미가 동일한 것을 연결하세요.

4. attend a series of on-the-job trainings •   • (a) given
5. help •   • (b) give a hand
6. assigned •   • (c) take training sessions

실전 문제

01. What is the purpose of the call?

    (A) To reserve a meeting space
    (B) To inquire about some paperwork
    (C) To inform the man of a broken device
    (D) To invite the man to an event

02. Why does the man expect a task to be delayed?

    (A) The office will close soon.
    (B) Some meeting rooms are in use.
    (C) A team is short-staffed today.
    (D) Some components must be ordered.

03. What does the woman say she wants to do?

    (A) Sign a new contract
    (B) Complete some forms
    (C) Sample some new products
    (D) Make a good impression

04. What is the woman impressed with?

    (A) An industry award
    (B) A letter of recommendation
    (C) Some work experience
    (D) A portfolio of designs

05. Why does the man tell the woman about his friend?

    (A) To inquire about the status of an application
    (B) To explain how he found out about the company
    (C) To recommend an employee for a promotion
    (D) To give an example of a project he worked on

06. What is the man's specialty?

    (A) International economics
    (B) Resource management
    (C) Web site security
    (D) Architectural design

07. What is the conversation mainly about?

    (A) Transferring overseas
    (B) Improving quarterly sales
    (C) Attending a conference
    (D) Hiring more workers

08. What is the man concerned about?

    (A) Organizing a ceremony
    (B) Finding a place to live
    (C) Selecting a factory site
    (D) Training temporary workers

09. What does Theresa plan to give the man?

    (A) A popular book
    (B) An updated schedule
    (C) Some sample contracts
    (D) Some contact information

10. What are the speakers discussing?

    (A) An employee retreat
    (B) A renovation project
    (C) A compensation package
    (D) A security plan

11. What does the woman suggest?

    (A) Posting some information online
    (B) Storing items off-site
    (C) Upgrading some equipment
    (D) Having employees share offices

12. What does the woman agree to do?

    (A) Set up an interview
    (B) Print an invoice
    (C) Adjust a budget
    (D) Contact some businesses

13. What did the man forget to do?

    (A) Register for a conference
    (B) Get spending approval
    (C) Respond to an invitation
    (D) Book accommodations

14. Why does the man thank the woman?

    (A) She sent him some documents.
    (B) She completed a task for him.
    (C) She made a helpful recommendation.
    (D) She assigned more workers to his team.

15. What should the man do next week?

    (A) Lead a training session
    (B) Submit some receipts
    (C) Give a presentation
    (D) Request vacation time

16. What does the man imply when he says, "I attended last month's communication workshop"?

    (A) He has fallen behind schedule.
    (B) He can give the woman some advice.
    (C) He will be absent from a training session.
    (D) He had forgotten about an event.

17. According to the man, what has the company recently done?

    (A) Acquired more overseas clients
    (B) Added an express service
    (C) Hired some experienced workers
    (D) Installed some new software

18. What does the woman say she wants to do?

    (A) Discuss a problem later
    (B) Consult a colleague
    (C) Get a good seat
    (D) Check some figures

Greensboro Public Library Management Certification Classes		
Period 1	Tuesdays	7 – 8 P.M.
Period 2	Wednesdays	8 – 9 A.M.
Period 3	Fridays	12 – 1 P.M.
Period 4	Saturdays	10 – 11 A.M.

19. What information was announced in a newsletter?

    (A) A company will open its first international branch.
    (B) A manager will transfer overseas.
    (C) A coworker will be promoted.
    (D) A merger will take place.

20. What does the man say he is worried about?

    (A) Giving a presentation to the management
    (B) Getting turned down for a promotion
    (C) Working at an international branch
    (D) Being fired due to downsizing

21. Look at the graphic. Which period will the man most likely register for?

    (A) Period 1
    (B) Period 2
    (C) Period 3
    (D) Period 4

PART 4 전화 메시지/설명

대표 유형 01 전화 메시지(telephone message)

업체와 고객 간에 주문 또는 배송 관련 문의사항이나 요청사항을 남기는 내용, 동료 간에 업무를 부탁하는 내용이 출제된다.

리스닝 Point
동사, 명사, 형용사로 모두 쓰이는 associate는 명사와 형용사로 쓰일 경우 [어쏘시어트]로, 동사로 쓰이는 경우는 [어쏘시에이트]로 발음되는 것에 유의한다.

MP3 DAY 11_07

담화가 이해되는 미리 듣기 예제에서 들을 담화의 주요 문장을 미리 들어보세요.

I'm calling about food options for an event my company is going to hold in Plymouth Park. 우리 회사가 Plymouth 공원에서 개최할 행사의 음식 옵션에 대해서 전화 드립니다.

An associate of mine recently attended an event that was catered by your business. 제 동료 중 한 명이 최근에 당신의 사업체에서 출장 연회를 제공한 행사에 참석했습니다.

I'm in charge of planning the anniversary event. 제가 그 기념 행사를 기획하는 것을 담당하고 있습니다.

Let me know if you can provide vegetarian options instead of pork. 돼지고기 대신 채식주의자 옵션을 제공해 주실 수 있는지 여부를 알려 주시기 바랍니다.

MP3 DAY 11_08 US

실전으로 확장하기 앞서 들은 문장에 집중하여 담화 전체를 들으며 문제를 풀어보세요.

W: Hi, I'm calling about food options for an event my company is going to hold in Plymouth Park. An associate of mine recently attended an event that was catered by your business and he said that everything was delicious. Next month marks 10 years since Mayflower Financial was founded, and I'm in charge of planning the anniversary event. There's just one thing. My friend said that a lot of pork was included, but I'm concerned about dietary restrictions. Please call me back at 555-3125 to let me know if you can provide vegetarian options instead of pork.

해석 p.098

담화 요약
회사 기념 행사 담당자가 출장 요리 업체에 전화해서 돼지고기 요리 대신 채식주의자를 위한 옵션이 있는지 문의하고 있다.

01. What kind of business is the speaker calling?
 (A) A farm
 (B) A banquet hall
 (C) A catering service
 (D) An event planner

02. What event is the speaker in charge of planning?
 (A) An informative session
 (B) A welcoming ceremony
 (C) An anniversary celebration
 (D) An executive's retirement party

paraphrasing
담화에 나온 아래 표현과 의미가 같은 것을 고르세요.
1. associate ( )
2. event ( )
3. restriction ( )

ⓐ colleague
ⓑ restraint
ⓒ celebration

03. What does the speaker want to know more about?
 (A) A job opportunity
 (B) A menu change
 (C) A pricing list
 (D) A discount

정답 1ⓐ 2ⓒ 3ⓑ

자주 출제되는 어휘

manufacturer	제조업체	fragile	잘 깨지는
dietary	음식물의, 식이요법의	claim	요구, 청구
restriction	제한, 제약	compensation	배상, 보상
associate	동료	properly	적절히, 제대로
bid	입찰, 입찰하다	charge	요금을 부과하다
expense	비용	adopt	채택하다
drop off at	~에 갖다 놓다	tentative	임시의
payment	지불	create	만들다
banquet	연회	permission	허가
informative	유익한	inaccessible	들어갈 수 없는
specification	사양	fundraiser	모금 행사
durable	내구성 있는	exclusive	독점적인, 전용의
place an order	주문하다	contract	계약(서)
make arrangements	준비하다	extend	연장하다
apply	지원하다, 적용하다	current	현재의
carefully	주의 깊게, 신중히	shipment	배송(품)
apparel	의류, 복장	extensive	대규모의
manual	설명서	process	과정
out of stock	재고가 다 떨어진	patron	단골손님
run into	~을 겪다, ~를 우연히 만나다	inquiry	문의

전화 메시지에서 자주 나오는 문제

- 어떤 종류의 업체에 메시지를 남기고 있는지 묻는 문제
  What kind of business is the speaker calling?
  → 메시지 초반에서 전화한 용건을 말할 때 어떤 업체에 전화했는지 파악할 수 있다.

- 문제점이 무엇인지 묻는 문제
  What is the problem?
  → 업체 측에서 고객에게 배송 지연, 오배송, 교환 및 환불 정책에 대해 남기는 전화 메시지가 출제된다.

- 요청 문제
  What does the speaker request?
  → 추가 정보를 요청하거나, 다시 연락을 달라는 요청사항을 주로 전달한다.

◆ 문제 해석 및 해설

01. 화자는 어떤 종류의 업체에 전화하고 있는가?
  (A) 농장
  (B) 연회장
  (C) 출장 요리 업체
  (D) 행사 기획 업체

화자가 인사말 다음에 An associate of mine recently attended an event that was catered by your business ~ 라고 했다.
→ catered by your business를 통해 화자가 출장 요리 업체에 전화했다는 것을 알 수 있으므로 정답은 (C)이다.

02. 화자는 어떤 행사의 기획에 책임을 맡고 있는가?
  (A) 정보 교육
  (B) 환영 기념식
  (C) 기념 행사
  (D) 임원의 은퇴 파티

담화 중반부에서 I'm in charge of planning the anniversary event라고 했다.
→ 기념 행사를 맡고 있다는 것을 알 수 있으므로 정답은 (C)이다.

03. 화자는 무엇에 대하여 더 알기를 원하는가?
  (A) 취업 기회
  (B) 메뉴 변경
  (C) 가격 목록
  (D) 할인

담화 마지막에서 Please call me back at 555-3125 to let me know if you can provide vegetarian options instead of pork.
→ 돼지고기 대신 채식주의자 옵션이 가능한지를 알려 달라고 했으므로 정답은 (B)이다.

DAY 11

PART 4

대표 유형 02 설명(instructions)

수업에서 수업 개요를 설명하거나, 회사에서 업무 절차나 주의해야 할 점을 설명하는 내용이 주로 출제된다.

🎵 DAY 11_09

담화가 이해되는 미리 듣기 예제에서 들을 담화의 주요 문장을 미리 들어보세요.

Some customers complain that scanners at self-checkout registers cannot read it, so they couldn't get a discount.
몇몇 고객들이 셀프 계산대의 스캐너가 그것을 읽지 못해서 할인을 받지 못했다고 불평합니다.

In order to get a discount, customers need to just type in the 8-digit number on the screen instead of scanning it.
할인을 받기 위해서 고객들은 그것을 스캔하는 대신 스크린에 8자리 번호를 입력하기만 하면 됩니다.

I will distribute them to you. 제가 여러분들께 나누어 드리도록 하겠습니다.

🎵 DAY 11_10 [US]

실전으로 확장하기 앞서 들은 문장에 집중하여 담화 전체를 들으며 문제를 풀어보세요.

W: Thank you for coming to the meeting on such short notice. I want to talk about the online discount coupon that we issued for the sales promotion. Some customers complain that scanners at self-checkout registers cannot read it, so they couldn't get a discount. It accidentally happened at some self-checkout registers with old versions of scanners. So, I posted a sign on each register about how customers can apply coupons to their purchase. In order to get a discount, customers need to just type in the 8-digit number on the screen instead of scanning it. And, here are new coupons with bar codes that our scanners can read. I will distribute them to you. You can just scan it for the customers who have trouble following the directions.

해석 p.098

01. What is the problem?

(A) A device is malfunctioning.
(B) The wrong price tag is attached.
(C) Some merchandise is defective.
(D) The delivery was delayed.

02. What are customers instructed to do to get a discount?

(A) Spend a certain amount of money
(B) Enter numbers directly on a screen
(C) Order some items online
(D) Mention the ads to the cashier

03. What will the listeners receive?

(A) A new scanner
(B) Free shipping vouchers
(C) New coupons
(D) A training manual

리스닝 Point
couldn't/wouldn't/shouldn't 등에서 not은 거의 들리지 않는다.

담화 요약
고객들이 셀프 계산대에서 스캐너의 문제 때문에 할인을 받지 못하고 있다. 화자가 안내 문구를 붙였고, 이제 고객들은 직접 번호를 입력하면 할인을 받을 수 있다.

paraphrasing
담화에 나온 아래 표현과 의미가 같은 것을 고르세요.
1. scanner (   )
2. can't read it (   )
3. type (   )

ⓐ malfunction
ⓑ device
ⓒ enter

paraphrasing 정답 1ⓑ 2ⓐ 3ⓒ

자주 출제되는 어휘

guideline	지침	self-check register	셀프 계산대
accidentally	우연히	in the interest of	~을 위해서
issue	발행하다	device	장비, 기기
summary	요약, 개요	instructor	강사
price tag	가격표	defective	결함이 있는
assist	돕다, 보조하다	deadline	마감 기한
admit	인정하다	coordinate	조정하다, 편성하다
forward	보내다, 전달하다	leading	선도하는
conduct	수행하다, 실시하다	replace	~을 대신하다
negotiate	협상하다	in person	직접
approval	승인, 허가	volunteer	자원봉사자, 자원하다
instruct	지시하다, 가르치다	separate	분리된
challenging	도전적인, 힘든	following	다음의
assume	떠맡다, 가정하다	engage	관여하다
fulfill	이행하다	assign	할당하다
stay around	(떠나지 않고) 기다리다	add	추가하다
concern	우려, 걱정	split into groups	그룹으로 나뉘다

설명하는 담화에서 자주 나오는 문제

- 청자가 무엇을 받을지 묻는 질문

What will the listeners receive?

→ I will distribute them to you 등과 같이 receive의 반대말인 distribute 다음에 언급되는 명사 혹은 대명사가 무엇을 의미하는지 파악하면 된다.

◆ 문제 해석 및 해설

01. 무엇이 문제인가?

(A) 장비가 제대로 작동하지 않는다.
(B) 잘못된 가격표가 붙여져 있다.
(C) 몇몇 물건에 결함이 있다.
(D) 배송이 지연되었다.

초반부에서 Some customers complain that scanners at self-checkout registers cannot read it, so they couldn't get a discount.라고 했다.
→ 셀프 계산대의 스캐너가 온라인 할인 쿠폰을 제대로 읽지 못한다고 말하고 있으므로 cannot read it이 malfunction으로 패러프레이징 된 (A)가 정답이다.

02. 할인을 받기 위해서 고객들은 무엇을 하도록 지시받는가?

(A) 특정 금액을 소비하기
(B) 화면에 직접 번호를 입력하기
(C) 몇몇 품목은 온라인으로 주문하기
(D) 계산원에게 광고를 언급하기

중반부에서 In order to get a discount, customers need to just type in the 8-digit number on the screen instead of scanning it.이라고 했다.
→ 고객이 화면에 직접 입력을 하면 된다는 것을 알 수 있으므로 type이 enter로 패러프레이징 된 (B)가 정답이다.

03. 청자들은 무엇을 받을 것인가?

(A) 새로운 스캐너
(B) 무료 배송 쿠폰
(C) 새로운 쿠폰
(D) 교육 매뉴얼

후반부에서 here are new coupons with bar codes that our scanners can read. I will distribute them to you.라고 했다.
→ 새로운 쿠폰을 나누어 주겠다고 했으므로 (C)가 정답이다.

DAY 11

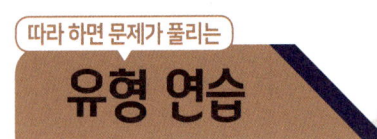

문제와 각 선택지의 키워드에 표시하세요. 그리고 나서 담화를 듣고 빈칸에 들어갈 말을 받아쓴 후 정답을 선택해 보세요.

01. What is the purpose of the message?

(A) To cancel an online order   (B) To confirm the product specification

telephone message

W: Hello, Dr. Williams. This is Sharon Gilbert from Real Scientific Instrument. I'm calling you to _____ the order you placed this morning. You ordered _____ _____ of 20 milliliter test tubes. Is this correct? According to our _____, you usually order 40 milliliter test tubes. Please call back as soon as possible and let me know if the _____ is correct. Thank you.

02. What does the speaker recommend?

(A) Visiting the store   (B) Ordering a different product

telephone message

M: Hi, Amelia! This is Jeremy from Purchasing. The _____ you ordered for your office is _____ _____ in stock. I can _____ _____ a special order for you but it will take around 6 weeks for it to be delivered. If you need it very soon, you'd better order a _____ _____. I will e-mail a link to an online catalog. You will find _____ bookcases with _____ styles and most of them can be delivered just in two or three days.

03. Why is the speaker calling?

(A) To complain about a wrong bill   (B) To request a refund for a shipping fee

telephone message

W: Hello, my name is Karla Smith. I'm calling about a _____ I received in the mail from your company. $220.89 was _____ for an order of desks and chairs. I placed the order on November 10, but _____ it on November 11. I also received an e-mail to confirm the order cancellation. Please pay attention to this _____ and _____ it immediately.

paraphrasing 주어진 어휘 또는 표현과 의미가 동일한 것을 연결하세요.

1. different product   •   • (a) shipped
2. delivered   •   • (b) alternative item
3. address   •   • (c) deal with

04. What did listeners receive at the entrance?

(A) A meal voucher   (B) A welcome packet

instructions

> M: Attention please! I will tell you what you are going to do to _____ _____ your employee badge. You can find an application form in the _____ _____ that you received at the entrance. Would you please fill it out _____ now? I will call the name of a _____ and then they will go down to the security office in the basement.

05. What does the speaker ask the listeners to do?

(A) Give corrected price information   (B) Distribute a discount coupon

instructions

> W: Hi, everyone. It's the first day of our seasonal _____ _____. I think today will be the _____ day of this three-day event. Before we open, I want to tell you about a _____ in the _____ on the advertisement. I will _____ _____ boards with the _____ information throughout the store. Just in case, I ask you to _____ it to every incoming customer and apologize for the mistake.

06. What are the listeners required to do?

(A) Wear protective gear   (B) Use basic tools

instructions

> M: Yesterday, you learned how to use the _____ _____ for woodwork. Today, we are going to use an electric saw to _____ _____. It is the most _____ tool that we are using during the class. So, please make sure to wear these _____ _____ and goggles. They are all in the box beside the electric saw.

paraphrasing
주어진 어휘 또는 표현과 의미가 동일한 것을 연결하세요.

4. employee badge   (a) gear
5. incoming   (b) identification
6. gloves and goggles   (c) visiting

DAY 11

실전 문제

01. Why is the speaker calling the listener?
(A) To thank him for his assistance
(B) To promote a bookstore opening
(C) To request copies of a book
(D) To provide a schedule update

02. What does the speaker say she has done?
(A) Contacted a hotel
(B) Proofread a file
(C) E-mailed a contract
(D) Reserved a flight

03. What is the listener asked to do?
(A) Send some images
(B) Approve a budget
(C) Submit an application
(D) Put up some posters

04. In which department does the speaker work?
(A) Security
(B) Sales
(C) Finance
(D) IT

05. What does the speaker ask the listeners to do?
(A) Attend a workshop
(B) Select a password
(C) Read a user manual
(D) Memorize a code

06. According to the speaker, why should the listeners press the star key?
(A) To search for a number
(B) To report an error
(C) To turn on a device
(D) To try a process again

07. What is the purpose of the call?
(A) To report a broken item
(B) To inquire about shipping fees
(C) To check the status of a delivery
(D) To make a job offer

08. Why does the speaker expect the business to be busy this weekend?
(A) A positive review was just printed.
(B) A new service will be offered.
(C) A promotional sale will be held.
(D) A musical event is taking place.

09. What does the speaker ask the listener for?
(A) An estimated date
(B) A partial refund
(C) A confirmation code
(D) A product catalog

10. What kind of business do the listeners work for?
(A) A grocery store
(B) A repair shop
(C) A luxury hotel
(D) A car rental agency

11. What is the speaker giving instructions about?
(A) How to empty a vacuum
(B) How to complete a form
(C) How to install some software
(D) How to operate printers

12. What does the speaker imply when she says, "Jake will be here until six o'clock"?
(A) A delivery will be accepted by Jake.
(B) The speaker sent an incorrect schedule.
(C) Jake knows how to use a device.
(D) Jake will speak to an important client.

13. What most likely is the speaker's job?
    (A) Real estate agent
    (B) Newspaper journalist
    (C) Repair technician
    (D) Interior designer

14. What does the speaker tell the listener about?
    (A) A customer appreciation event will be held.
    (B) A contract has been terminated.
    (C) A price discount will be available.
    (D) A business is asking for customer feedback.

15. Why should the listener call the speaker back?
    (A) To book a tour
    (B) To provide an address
    (C) To arrange a payment
    (D) To claim a free gift

16. What kind of event is the speaker preparing for?
    (A) A company barbecue
    (B) A graduation ceremony
    (C) A community celebration
    (D) An educational workshop

17. According to the speaker, what is a problem?
    (A) A Web site has crashed.
    (B) An event speaker had to cancel.
    (C) The weather will be unfavorable.
    (D) People are not responding to invitations.

18. What does the speaker ask the listener to do?
    (A) Set up chairs for an event
    (B) Contact the ticket holders
    (C) Make an announcement
    (D) Check venue availability

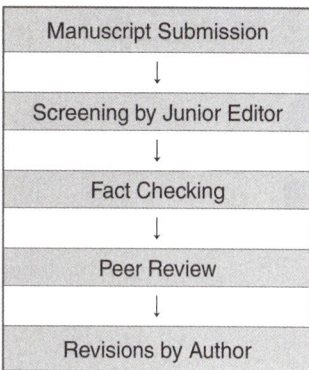

19. What does the speaker say has helped the company find new writers?
    (A) Sending messages to writing groups
    (B) Attending an industry event
    (C) Advertising on social media
    (D) Hosting writing workshops

20. Look at the graphic. According to the speaker, what is the newest step in the flowchart?
    (A) Screening by Junior Editor
    (B) Fact Checking
    (C) Peer Review
    (D) Revisions by Author

21. What concern does the speaker tell the listeners about?
    (A) A team's workload is too heavy.
    (B) Some manuscripts are not original.
    (C) A software program is difficult to use.
    (D) New competitors have entered the market.

영단기
토익 솔루션
LC

DAY
12

PART 3   대화 주제 - 상점

대표 주제 01   상품 구매·서비스
대표 주제 02   멤버십·고객 의견

PART 4   담화 유형 - 회의 발췌록/안내

대표 유형 01   회의 발췌록(excerpt from a meeting)
대표 유형 02   안내(announcement)

PART 3 상점

대표 주제 01 상품 구매·서비스

상점에서 특정 물건을 찾고 있다고 하는 상황, 상품이나 서비스에 대해 문의하는 내용의 대화가 출제된다.

🎧 DAY 12_01
대화가 이해되는 미리 듣기 예제에서 들을 대화의 주요 문장을 미리 들어보세요.

I'm looking for the red Ultra Man action figure. 저는 빨간색 울트라 맨 액션 피겨(인형)를 찾고 있어요.

I'm sorry, but we sold out of the red ones this morning. It's a really popular toy.
죄송하지만, 오늘 아침에 빨간색이 모두 판매되었습니다. 정말 인기 있는 장난감이거든요.

The thing is, my nephew's birthday party is tomorrow. 문제는, 제 조카의 생일 파티가 내일입니다.

Could you use your computer to see if your Belford branch has one in stock?
귀사의 벨포드 지점에 재고가 있는지 당신의 컴퓨터로 알아봐 주실 수 있나요?

🎧 DAY 12_02 [BR] [US]
실전으로 확장하기 앞서 들은 문장에 집중하여 대화 전체를 들으며 문제를 풀어보세요.

M: Excuse me, I'm looking for the red Ultra Man action figure. There are green and yellow ones on display, but I'd like to get the red one.

W: I'm sorry, but we sold out of the red ones this morning. It's a really popular toy. We should get more in next Monday if you could wait until then.

M: The thing is, my nephew's birthday party is tomorrow.

W: Well… Then, if you try ordering online with express shipping you might be able to get it by tomorrow.

M: Actually, could you use your computer to see if your Belford branch has one in stock? I don't mind driving out there.

해석 p.104

01. What kind of business is the man visiting?
 (A) A delivery service
 (B) A party planner
 (C) A toy store
 (D) A bakery

02. What does the man imply when he says, "my nephew's birthday party is tomorrow"?
 (A) He will be going out of town.
 (B) He has to purchase something today.
 (C) He avoids shopping for things online.
 (D) He does not have free time on Wednesday.

03. What does the man ask the woman to do?
 (A) Check another store's inventory
 (B) Print out a gift receipt
 (C) Place an online order
 (D) Gift wrap an item

리스닝 Point
대화에서 The thing is는 '문제는 말이죠, 근데 있잖아'와 같은 의미로 쓰이는데, 그 뒤에 대화의 화제를 전환하는 내용의 말이 나오므로 다음에 나오는 말을 잘 들어야 한다.

대화 요약
남자가 빨간색 장난감을 구매하기를 원하지만, 상점에는 현재 재고가 없다. 남자는 내일이 조카 생일이라며, 다른 지점에 재고가 있는지 알아봐 줄 것을 여자에게 요청한다.

paraphrasing
대화에 나온 아래 표현과 의미가 같은 것을 고르세요.
1. in stock ( )
2. see ( )
3. inventory ( )

ⓐ check
ⓑ available
ⓒ list

paraphrasing 정답 1 ⓑ 2 ⓐ 3 ⓒ

자주 출제되는 어휘

look for	~을 찾다	insert	삽입하다, 넣다
display case	진열장	retain	유지하다, 보유하다
express shipping	특급 배송	politely	공손하게
in stock	재고가 있는	superb	최고의, 최상의
out of stock	품절인	satisfaction	만족
find out	알아보다	basis	기준, 기초, 근거
wrap	포장하다	be willing to	기꺼이 ~하다
bill	(~에게) 청구하다	hesitate	망설이다
reach	도착하다	guarantee	보장하다, 보증하다
confuse	혼란스럽게 하다	disappoint	실망시키다
electronics store	전자기기 매장	rug	깔개
available	이용 가능한, 시간이 있는	questionnaire	설문지
weigh	무게를 재다	renewal	갱신
secondhand	중고의	merchandise	상품
business hours	영업 시간	put aside	따로 맡아두다
newsstand	신문 가판대	payment option	지불 방법
grocery	식료품	craft	수공예품
fabric	천, 직물	appliance	전자제품
pick out	고르다	go with	~와 어울리다

상품 구매·서비스 관련 대화에서 자주 나오는 문제

• 어떤 업종의 상점에서 이루어지는 대화인지 묻는 문제

What kind of business is the man visiting?
→ 대화 초반부에서 구입하고자 하는 물품을 언급할 때 알 수 있는 경우가 많지만, 전반적으로 등장하는 단어의 공통점을 찾으면 된다.

• 요청사항을 묻는 문제

What does the man ask the woman to do?
→ 대화 후반부에서 단서가 등장하며 상품 구매나 서비스 이용 관련하여 무엇을 확인하거나 문의/연락해보라는 요청사항이 자주 출제된다.

DAY 12

◆ 문제 해석 및 해설

01. 남자는 어떤 종류의 업체를 방문하고 있는가?
(A) 배송 서비스 업체
(B) 파티 기획 업체
(C) 장난감 가게
(D) 제과점

대화 초반부의 action figure, popular toy를 통해 이곳이 장난감 가게임을 알 수 있다.
→ (C)가 정답이다.

02. 남자가 "제 조카의 생일 파티가 내일입니다"라고 말할 때 암시하는 바는 무엇인가?
(A) 그는 시에서 떠나 있을 것이다.
(B) 그는 오늘 무언가를 구매해야 한다.
(C) 그는 온라인으로 물건을 구매하는 것을 꺼려한다.
(D) 그는 수요일에는 시간이 없다.

주어진 문장 앞에서 상점 직원인 여자가 다음 주 월요일에 물건이 더 들어온다고 한 것에 대해 남자가 내일이 조카 생일 파티라고 한 상황이다.
→ 내일 조카에게 주기 위해 오늘 구매해야 한다는 의미를 내포하므로 (B)가 정답이다.

03. 남자는 여자에게 무엇을 할 것을 요청하는가?
(A) 다른 상점의 재고를 확인하는 것
(B) 선물 영수증을 출력하는 것
(C) 온라인 주문을 하는 것
(D) 물건을 선물 포장하는 것

남자의 마지막 대사에서 could you use your computer to see if your Belford branch has one in stock?이라고 했다.
→ see를 check로, branch를 another store로 패러프레이징 한 (A)가 정답이다.

DAY 12 203

대표 주제 02 멤버십·고객 의견

마트나 체육관의 멤버십 가입과 혜택, 상점의 제품이나 서비스에 대해 점원과 손님이 대화를 나누는 내용이 주로 출제된다.

리스닝 Point

produce는 명사(농산물)로 쓰이면 첫 번째 음절 [pro]에 강세를 주어 말한다. 동사(생산하다)로도 자주 쓰이는데, 이때는 두 번째 음절 [du]에 강세를 주어 말하므로 단어를 듣고 구별할 수 있어야 한다.

DAY 12_03

대화가 이해되는 미리 듣기 예제에서 들을 대화의 주요 문장을 미리 들어보세요.

I saw a banner that you introduced a new membership program for organic produce buyers.
제가 유기농 농산물을 구매한 사람들에게 새 멤버십 프로그램을 도입했다는 배너를 봤어요.

We have made a partnership with local farms and orchards that grow vegetables and fruits without pesticides. 저희는 채소와 과일을 살충제 없이 재배하는 지역 농장 및 과수원과 제휴를 맺었어요.

You will also be invited to the cooking classes and tours to the farms.
요리 수업과 농장 투어에도 초대받으실 겁니다.

I'm moving to a townhouse with a garden in August. 저는 8월에 정원이 있는 집으로 이사가요.

DAY 12_04 US AU

실전으로 확장하기 앞서 들은 문장에 집중하여 대화 전체를 들으며 문제를 풀어보세요.

W: Is that all you need today?

M: Yes, and I saw a banner that you introduced a new membership program for organic produce buyers. Can you tell me more about that?

W: Sure. We have made a partnership with local farms and orchards that grow vegetables and fruits without pesticides. In an effort to promote their produce, we introduced this membership program. With it, you will get 10% off any of the items with organic stickers. You will also be invited to the cooking classes and tours to the farms.

M: Awesome. I'm moving to a townhouse with a garden in August. Visiting organic farms gives me helpful tips for how to raise a garden without pesticides.

해석 p.104

대화 요약

상점에서 손님인 남자가 유기농 농산물 구매에 대한 새 멤버십 프로그램에 대해 문의했고, 점원인 여자는 그것에 대해 설명해주고 있다.

01. How did the man hear about the new membership program?

(A) From a TV commercial
(B) From a store banner
(C) From a magazine
(D) From a colleague

02. According to the woman, what is a benefit of the membership?

(A) It comes with free items.
(B) It offers free deliveries.
(C) It gives double reward points.
(D) It provides a chance to visit farms.

03. What will the man do in August?

(A) Hold a retirement party
(B) Lead a seminar
(C) Relocate to a new location
(D) Open a restaurant

paraphrasing

대화에 나온 아래 표현과 의미가 같은 것을 고르세요.

1. introduce ( )
2. tour ( )
3. move ( )

ⓐ relocate
ⓑ launch
ⓒ chance to visit

paraphrasing 정답 1.ⓑ 2.ⓒ 3.ⓐ

자주 출제되는 어휘

buyer	구매자	steady	꾸준한
recall	회수하다, 리콜	misunderstand	착각하다
have A in stock	A의 재고가 있다	periodically	주기적으로
gift wrap	선물 포장하다	keep up with	~을 따라가다
on hand	구할 수 있는, 수중에	under warranty	보증 기간 내에 있는
in that case	그런 경우에는	crack	금이 가다
trial order	샘플 주문(품)	shelf	선반
lighting fixture	조명 기구	locate	찾다
rack	걸이, 선반	checkout counter	계산대
energy efficiency	에너지 효율성	primary	주된, 주요한
mail	우편을 보내다	in preparation for	~에 대비하여
supply	공급, 공급하다	emphasize	강조하다
publication	출판(물)	verify	확인하다
renew	갱신하다	specialize in	~을 전문으로 하다
empty	비어 있는	spill	~을 쏟다, 엎지르다
unpopular	인기 없는	remaining	남아 있는
folding	접이식의	certain	특정한, 확실한
sufficient	충분한	record	기록, 기록하다

멤버십·고객 의견 관련 대화에서 자주 나오는 문제

- 멤버십 혜택에 대해 묻는 세부사항 문제

  What is a benefit of the membership?
  → 주로 대화 중반부에서 멤버십에 대해 설명하는데, you will get, we provide~ 등의 표현 다음에 제시된다.

◆ 문제 해석 및 해설

01. 남자는 어떻게 새 멤버십 프로그램에 대해 들었는가?
(A) TV 광고에서
(B) 매장 배너에서
(C) 잡지에서
(D) 동료로부터

남자의 첫 대사에서 I saw a banner that you introduced a new membership program~이라고 했다.
→ (B)가 정답이다.

02. 여자에 따르면, 멤버십의 혜택은 무엇인가?
(A) 무료 품목이 딸려 온다.
(B) 무료 배송을 제공한다.
(C) 두 배의 보상 포인트를 준다.
(D) 농장을 방문할 기회를 제공한다.

멤버십에 대해 설명하는 여자의 대사에서 You will also be invited to the cooking classes and tours to the farms라고 했다.
→ tours를 chance to visit으로 패러프레이징 한 (D)가 정답이다.

03. 남자는 8월에 무엇을 할 것인가?
(A) 은퇴 파티 개최하기
(B) 세미나 진행하기
(C) 새로운 장소로 이전하기
(D) 레스토랑 개점하기

남자의 마지막 대사에서 I'm moving to a townhouse with a garden in August라고 했다.
→ move를 relocate로 패러프레이징 한 (C)가 정답이다.

유형 연습

문제와 각 선택지의 키워드에 표시하세요. 그리고 나서 대화를 듣고 빈칸에 들어갈 말을 받아쓴 후 정답을 선택해 보세요.

01. What will the woman send?

(A) Detailed information   (B) An e-mail address

> M: Hello, I saw a TV advertisement about your cable TV service and it said you are _____ a _____ period.
>
> W: Yes, right. _____ _____, you can receive a free upgrade to Super Channels if you _____ to Basic Channels. You can enjoy 150 TV channels instead of 100.
>
> M: Can you _____ me _____ information about the TV channels you are offering now?

02. What is the man invited to do?

(A) Complete an order form   (B) Visit the store tomorrow

> W: Good evening. May I _____ you?
>
> M: Excuse me, do you have any more of this digital camera? I want a _____ _____.
>
> W: Sorry, it is currently _____ _____ _____. Another shipment will arrive tomorrow, so will you _____ _____ tomorrow afternoon? I will put a red one on hold for you.

03. What kind of business does the woman most likely work at?

(A) A restaurant   (B) A landscaping company

> M: Hello, I'm just calling to _____ some more information about your _____ services. I have a garden at my house but I'll be _____ of the country for more than six months. Do you offer any short term _____?
>
> W: Sure, we can offer any contract term _____ one-time service.

paraphrasing
주어진 어휘 또는 표현과 의미가 동일한 것을 연결하세요.

1. further information   •   •   (a) provide
2. out of stock   •   •   (b) detailed information
3. offer   •   •   (c) not available

04. What is given out to new members?

(A) An assigned locker (B) Free items

> M: Hello, I'm here to _____ _____ your facility and exercise equipment.
> W: Welcome to Stay Fit. We are a nationwide chain. You can visit and _____ _____ at one of more than 200 _____ locations. In addition, if you become a member today, you will _____ _____ a _____ towel and bags.

05. What is the woman asked to do?

(A) Print out a discount coupon (B) Come at later time

> W: Hello, I'm looking for the strawberry cheesecakes in this _____. I read your ad in the local newspaper and they are 30% off the _____ _____.
> M: I'm sorry. They all _____ _____ in the morning. If you don't mind, would you _____ _____ in about two hours? Our bakers are baking new cakes now and they will be _____ at that time.

06. What is the man planning to do?

(A) Go on a vacation (B) Participate in a race

> M: Well, I'd like to _____ _____ _____ for my vacation, and I've been told that this is the best place in town. I'll be _____ to Black Mountain to ski with some of my friends, so we'd like _____ a minivan or SUV.
> W: Okay, that shouldn't be a _____. And we're offering one free day to _____ who rent any car for more than three days.

paraphrasing
주어진 어휘 또는 표현과 의미가 동일한 것을 연결하세요.

4. be given out   　　　　(a) be offered
5. coupon   　　　　　　　(b) take part in
6. participate   　　　　　(c) voucher

실전 문제

01. What is the man's problem?

(A) His colleague has not arrived.
(B) His membership card is damaged.
(C) He lost some of his golf equipment.
(D) He forgot to pay his membership fees.

02. What does the woman imply when she says, "this is my first day"?

(A) She is unfamiliar with some equipment.
(B) She cannot authorize discounts.
(C) She is excited about an opportunity.
(D) She plans to work later than usual.

03. What does the woman tell the man to do?

(A) E-mail a manager
(B) Come back tomorrow
(C) Wait in the lobby
(D) Complete a form

---

04. Where most likely is the conversation taking place?

(A) At a movie theater
(B) At a public library
(C) At a fitness facility
(D) At a post office

05. What does Ivan ask the woman for?

(A) Her membership number
(B) Her mailing address
(C) Her friend's name
(D) Her phone number

06. What will the woman probably do next?

(A) Show an ID card
(B) Make a payment
(C) Sign a contract
(D) Go on a tour

---

07. Why did the woman visit the business?

(A) To purchase equipment
(B) To exchange an item
(C) To make a delivery
(D) To request a repair

08. What is the woman's occupation?

(A) Software developer
(B) Construction worker
(C) Graphic designer
(D) Laboratory technician

09. What does the man suggest doing?

(A) Contacting another branch
(B) Browsing a catalog
(C) Waiting for a sale period
(D) Using a coupon

Item Description	Charge
Casserole Dish	$20
Frying Pan	$35
Stainless Steel Pot	$40
Tea Set	$60
Total	**$155**

10. What does the man ask the woman about?

(A) A membership number
(B) A delivery time
(C) A customer survey
(D) A payment preference

11. Why is the woman unable to get a discount?

(A) The coupon that she has is expired.
(B) Her merchandise is for the wrong brand.
(C) She does not have enough items.
(D) The prices were already lowered.

12. Look at the graphic. Which amount will be deleted from the invoice?

(A) $20
(B) $35
(C) $40
(D) $60

13. How did the woman learn about Hamilton Book Club?

    (A) From a news article
    (B) From a coworker
    (C) From a radio ad
    (D) From a flyer

14. According to the man, what makes Hamilton Book Club unique?

    (A) It has a café area that sells snacks.
    (B) It focuses on a new book every month.
    (C) It provides discounts on all store purchases.
    (D) It buys books back from members after reading them.

15. What will the woman do in September?

    (A) Join a book club
    (B) Publish an article
    (C) Complete her degree
    (D) Begin graduate school

16. What does the woman ask the man for?

    (A) A receipt
    (B) A rewards card
    (C) Some coupons
    (D) Some bags

17. What does the woman say is a problem?

    (A) A supplier did not send a shipment.
    (B) A delivery truck broke down.
    (C) A product sells out quickly.
    (D) A sale event has ended.

18. What does the woman imply when she says, "I'll take care of that"?

    (A) The scanner did not recognize a sale price.
    (B) She will put an item back where it belongs.
    (C) There is more of a product in the stock room.
    (D) She will request larger shipments from a supplier.

Macon Home Store Wallpaper Sale

Wallpaper Roll Size	Save
25 sq. feet	5%
50 sq. feet	10%
100 sq. feet	15%
250 sq. feet	20%

Valid in store or with online code
5WALL20

19. What will the woman do next week?

    (A) Have photos taken
    (B) Renovate her home
    (C) Reopen a restaurant
    (D) Meet an interior designer

20. What does the woman say about Playful Checkers?

    (A) She thinks it matches her current décor.
    (B) She prefers patterns with only two colors.
    (C) It is common in dining establishments.
    (D) It can be used for outdoor surfaces.

21. Look at the graphic. How much of a discount will the woman receive?

    (A) 5%
    (B) 10%
    (C) 15%
    (D) 20%

PART 4 회의 발췌록/안내

대표 유형 01 회의 발췌록(excerpt from a meeting)

주간 회의나 분기별 회의에서 논의하는 형태로 제시되며, 새로운 계획이나 고객 칭찬/불만, 매출 목표에 대해 이야기하는 내용이 출제된다.

🎧 **DAY 12_07**

담화가 이해되는 미리 듣기 예제에서 들을 담화의 주요 문장을 미리 들어보세요.

> Let's discuss the drop in our customer satisfaction rating.
> 우리의 고객 만족 등급 하락에 대해 논의해 봅시다.
>
> Let's try to brainstorm some ideas for promotions that might make our customers happy.
> 우리의 고객들을 만족시킬 수 있는 홍보 방안에 대해서 몇 가지 아이디어를 내봅시다.
>
> Vicky, since you're my assistant, I'd like you to write down all the ideas that we come up with.
> Vicky, 당신이 제 비서이니, 제안되는 모든 아이디어를 적길 바랍니다.

🎧 **DAY 12_08** [BR]

실전으로 확장하기 앞서 들은 문장에 집중하여 담화 전체를 들으며 문제를 풀어보세요.

> W: Next, let's discuss the drop in our customer satisfaction rating. At this time last year we had an average of 4.1 out of 5, but now it's down to 3.8. This is a serious problem because we could start losing business to our competitors. Let's try to brainstorm some ideas for promotions that might make our customers happy. We'll start here and go around the table. Vicky, since you're my assistant, I'd like you to write down all the ideas that we come up with and e-mail the list to us all after the meeting.

해석 p.111

01. Why is the speaker worried?
(A) A department exceeded its budget.
(B) Customers are less satisfied.
(C) There isn't enough staff.
(D) Sales are down.

02. What are the meeting participants expected to do?
(A) Discuss sales figures
(B) Recommend a product
(C) Share promotional ideas
(D) Review customer surveys

03. What does the speaker ask her assistant to do?
(A) Present some data
(B) Arrange a schedule
(C) Take meeting notes
(D) Print some handouts

리스닝 Point
'제시하다, 제안하다'의 의미를 가진 come up with는 연음 현상으로 [카맢위(드)]처럼 들린다.

담화 요약
작년에 비해 고객만족이 떨어져, 홍보에 대한 의견을 나누려고 한다.

paraphrasing
담화에 나온 아래 표현과 의미가 같은 것을 고르세요.
1. drop ( )
2. brainstorm ( )
3. write down ( )

ⓐ decline
ⓑ take notes
ⓒ come up with

paraphrasing 정답 1.ⓐ 2.ⓒ 3.ⓑ

자주 출제되는 어휘

initiative	(새로운) 계획	average	평균의
management	경영(진)	competitor	경쟁업체
major	주된	outline	개요
matter	사안	mandatory	의무적인, 강제적인
conclude	결론짓다	accustomed	~에 익숙한
manageable	관리할 수 있는	acquaint	알려주다, 숙지하다
insist	주장하다	board members	임원, 이사진
concentration	집중	consecutive	연속의
sponsor	후원자, 후원하다	overlap	겹치다
analyst	분석가	ban	금지하다
differ	다르다	oversee	감독하다
loyalty	충성(심)	preliminary	예비의
goal	목표	existing	기존의
promptly	즉시, 정확히 제 시간에	disapprove	반대하다
duplicate	복사하다, 사본	strengthen	강화하다
productive	생산적인	successive	연속의
lose business	거래를 놓치다	solicit	요청하다
brainstorm	브레인스토밍하다	relevant	관련된
drop	하락, 하락하다	former	이전의
rating	등급, 순위	ultimately	궁극적으로

회의 발췌록에서 자주 나오는 문제

• 주제·목적 문제

What is the speaker mainly talking about?

→ 주로 처음 한 두 문장에서 회의 주제나 목적이 언급되는 경우가 많다. A company policy(정책 변경), To remind of a procedure(절차를 다시 알려주기 위해) 등의 형태로 정답이 출제된다.

• 화자의 의도 파악 문제

Why does the speaker say "~"?

→ 회의에서 논의되는 내용 중 한 문장이 발췌되므로, 논의 내용의 앞뒤 흐름(긍정적인 내용인지, 부정적인 내용인지)을 잘 파악하며 들어야 한다.

DAY 12

◆ 문제 해석 및 해설

01. 화자는 왜 걱정을 하는가?

(A) 부서가 예산을 초과했다.
(B) 고객들이 덜 만족스러워 한다.
(C) 직원이 충분하지 않다.
(D) 판매가 감소하고 있다.

고객 만족 등급에 대해 이야기를 꺼내면서 At this time last year we had an average of 4.1 out of 5, but now it's down to 3.8이라고 했다.

→ the drop in our customer satisfaction을 less satisfied로 패러프레이징 한 (B)가 정답이다.

02. 회의 참석자들은 무엇을 할 것인가?

(A) 판매 수치 논의하기
(B) 제품 추천하기
(C) 홍보 아이디어 공유하기
(D) 고객 설문 검토하기

담화 중반부에서 Let's try to brainstorm some ideas for promotions that might make our customers happy라고 했다.

→ brainstorm을 share ideas로 패러프레이징 한 (C)가 정답이다.

03. 화자는 그녀의 비서에게 무엇을 하라고 하는가?

(A) 몇 가지 자료 보여주기
(B) 일정 짜기
(C) 회의록 작성하기
(D) 유인물 출력하기

담화 마지막에서 Vicky, since you're my assistant, I'd like you to write down all the ideas that we come up with and e-mail the list to us all after the meeting.

→ 비서인 Vicky에게 논의 내용을 적으라고 했으므로 (C)가 정답이다.

대표 유형 02 안내(announcement)

역이나 공항에서 교통편의 지연이나 취소 안내, 변경사항에 관련된 안내가 출제된다. 또한, 학회나 콘퍼런스에서 참석자들에게 행사 일정이나 프로그램, 연설자에 대해 안내하는 담화도 출제된다.

🎧 DAY 12_09

담화가 이해되는 미리 듣기
예제에서 들을 담화의 주요 문장을 미리 들어보세요.

This intercity bus terminal will be closed on Wednesday, June 14th due to a TV show filming.
TV 쇼 촬영 때문에 6월 14일 수요일에 시외 버스 터미널이 폐쇄될 것입니다.

We recommend that you use the local bus and train networks for any travel that you need to do on that day. 그날 이동을 하셔야 하는 분들은 지역 버스와 기차 노선을 이용하실 것을 권장합니다.

If you have already purchased a ticket to travel through our intercity bus terminal on that day, please report to a customer service counter so that you can be issued a refund.
이미 그날 시외 버스 터미널을 통해 가는 표를 구매하셨다면, 환불받으실 수 있도록 고객 서비스 카운터에 알리시기 바랍니다.

🎧 DAY 12_10 [BR]

실전으로 확장하기
앞서 들은 문장에 집중하여 담화 전체를 들으며 문제를 풀어보세요.

M: Attention, travelers. This intercity bus terminal will be closed on Wednesday, June 14th due to a TV show filming. Anyone without a security pass for the filming crew will not be allowed into the area. We recommend that you use the local bus and train networks for any travel that you need to do on that day. Please refer to the City of San Antonio Web site for more details and local public transportation schedules. If you have already purchased a ticket to travel through our intercity bus terminal on that day, please report to a customer service counter so that you can be issued a refund.

해석 p.111

리스닝 Point
명사, 동사로 모두 쓰이는 report는 영국이나 호주 성우가 읽을 경우 두 번째 r이 발음되지 않아 [리포-t]로 들린다.

담화 요약
TV 쇼 촬영 때문에 시외 버스 터미널이 폐쇄되므로, 지역 버스와 기차 노선을 이용할 것을 권장한다. 이미 예매한 티켓은 환불받을 수 있다.

01. Why will the intercity terminal be closed on June 14th?
    (A) A construction work will be carried out.
    (B) A new electrical board will be installed.
    (C) A TV show will do filming there.
    (D) Government officials will inspect its facilities.

02. What are the listeners advised to do?
    (A) Use local transportation
    (B) Upgrade their tickets
    (C) Apply for a refund
    (D) Avoid travelling

03. According to the speaker, why should certain listeners go to the customer service counter?
    (A) To look at a map
    (B) To retrieve a lost item
    (C) To get a transportation schedule
    (D) To be refunded for a reservation

paraphrasing
담화에 나온 아래 표현과 의미가 같은 것을 고르세요.
1. bus and train network (   )
2. purchase a ticket (   )
3. refund (   )

ⓐ get a ticket
ⓑ pay back
ⓒ transportation

paraphrasing 정답 1.ⓒ 2.ⓐ 3.ⓑ

자주 출제되는 어휘

feasible	실현 가능한	convene	소집하다, 모으다
local	지역의	breakthrough	큰 발전, 새 발견
alternative	대안의	fairground	축제 마당, 박람회장
temporary	임시적인, 임시의	charity	자선 단체
tend to	~하는 경향이 있다	fundraiser	모금 행사
obstruct	방해하다	take part in	~에 참석하다
official	공식적인, 공무원	instrumental	중요한
fuel	연료	notable	유명한, 주목할 만한
detour	우회(로), 우회하다	guest speaker	초대 연사
convey	운반하다, 전달하다	keynote speaker	기조 연설자
strictly	엄격하게	investor	투자자
prohibit	금지하다	patron	고객
determine	알아내다, 결정하다	separate	별개의
block	막다, 차단하다	transit	운송, 수송
impose	부과하다	developer	개발자
fleet	(차량, 선박의) 무리	limitation	제한
ahead of	~에 앞서	auditorium	강당
ongoing	진행 중인	contest	대회, 시합
pave	(도로를) 포장하다	on time	정시에, 시간을 어기지 않고
tow	견인하다	placement	배치

안내에서 자주 나오는 문제

- 안내가 어떤 행사에서 이루어지고 있는지 묻는 질문

  What kind of event is the announcement being made at?

  → 처음 인사말 다음에 어디에서 안내가 이루어지고 있는지 파악할 수 있다. conference, expo, seminar 등의 어휘가 등장하고 어떤 분야인지(automotive, medical 등)도 함께 언급되는 경우가 많다.

- 제안·요청 문제

  What are the listeners asked to do?

  → 교통편 관련 안내에서는 우회로를 이용하거나, 다른 교통 수단을 이용하라고 제안하는 내용이 자주 출제된다.

◆ 문제 해석 및 해설

01. 왜 6월 14일에 시외 버스 터미널이 폐쇄되는가?

(A) 공사가 시행될 것이다.
(B) 새로운 전광판이 설치될 것이다.
(C) TV쇼가 그곳에서 촬영을 할 것이다.
(D) 정부 공무원들이 시설들을 점검할 것이다.

담화 초반부에 This intercity bus terminal will be closed on Wednesday, June 14th due to a TV show filming.이라고 했다.
→ TV 쇼 촬영 때문에 시외 버스 터미널이 폐쇄된다고 하였으므로 정답은 (C)이다.

02. 청자들은 무엇을 하도록 권고받는가?

(A) 지역 교통을 이용할 것
(B) 그들의 표를 업그레이드 할 것
(C) 환불을 신청할 것
(D) 여행을 피할 것

시외 버스 터미널의 폐쇄를 알린 후, We recommend that you use the local bus and train networks ~ on that day.라고 했다.
→ 지역 버스와 기차 노선을 이용할 것을 권장하므로 local bus and train networks가 local transportation으로 패러프레이징 된 (A)가 정답이다.

03. 화자에 따르면, 왜 특정 청자들은 고객 서비스 카운터로 가야 하는가?

(A) 지도를 보기 위해
(B) 잃어버린 물건을 찾기 위해
(C) 교통편 스케줄을 받기 위해
(D) 예약에 대해 환불받기 위해

담화 마지막에서 If you have already purchased a ticket ~ please report to a customer service counter so that you can be issued a refund.라고 했다.
→ 이미 표를 구매했다면 환불받을 수 있도록 고객 서비스 카운터에 알리라고 했으므로 already purchased a ticket이 reservation으로 패러프레이징 된 (D)가 정답이다.

유형 연습

문제와 각 선택지의 키워드에 표시하세요. 그리고 나서 담화를 듣고 빈칸에 들어갈 말을 받아쓴 후 정답을 선택해 보세요.

01. What will happen next week?

(A) A client dinner will take place.　　(B) Policy changes will be implemented.

excerpt from a meeting

> W: I have one _____ item on the meeting agenda. The accounting department decided to _____ a new travel expense reimbursement _____. Beginning next week, any expenses for meals should _____ original receipts and the _____ of _____ who you have meals with. In addition, business-class seats are _____ _____ except in urgent cases. Thanks in advance for your _____.

02. What did the employees complain about?

(A) Vending machines have limited beverage choices.　　(B) The employee lounge is too small.

excerpt from a meeting

> M: Let's _____ _____ the next agenda. I have received many complaints about the _____ _____ in the employee lounge. People _____ that there are only a few _____ _____ of drinks and snacks. Also, the _____ are higher than in the store. So, I want you to do a _____ about what employees want.

03. What are the listeners asked to do?

(A) Check their schedule　　(B) Volunteer to work extra hours

excerpt from a meeting

> W: Thank you for attending the weekly meeting. As I said in the _____ meeting, the self-check-in counters were already _____ at the both ends of our airline's service area. Only _____ who travel with a carry-on bag can use those counters. Therefore, I will _____ you to work at these counters and _____ passengers on a rotating basis. Please check your _____ _____ on the board in the office.

paraphrasing
주어진 어휘 또는 표현과 의미가 동일한 것을 연결하세요.

1. reimbursement procedure　　　　　　　　(a) help
2. complain　　　　　　　　　　　　　　　(b) policy
3. assist　　　　　　　　　　　　　　　　(c) raise an issue

04. What is the cause of the delay?

(A) The engine was malfunctioning.   (B) A tree blocked the track.

announcement

> M: Attention, passengers for Train 345 to Cleveland. The train was _____ scheduled to depart at Platform 7. There will be a 30 minute delay due to a _____ tree on the _____. If you plan to _____ to other trains in Cleveland, please come to the ticketing desk and make sure that this delay will not affect your _____ train. Thank you for your understanding.

05. What are the listeners reminded to do?

(A) Pick up a welcome packet   (B) Validate their parking

announcement

> M: Welcome to the Highland _____ Conference for computer software developers. We will begin with the opening ceremony at 10 A.M. All _____ sessions are _____ on the second floor in the East Wing. You will have a one and a half _____ _____. And don't forget to _____ your _____ at the reception desk. Thank you.

06. What will be sent to the listeners?

(A) Text messages   (B) Meal vouchers

announcement

> W: Attention, all passengers leaving on the 9 P.M. _____ _____ to Queensland. Due to heavy snowfall around the Dutch County area, this bus has been _____. The Department of Transportation decided to stop _____ express buses until tomorrow morning. All cancelled buses are _____ for tomorrow. We will keep you posted about your bus schedules _____ _____.

---

paraphrasing   주어진 어휘 또는 표현과 의미가 동일한 것을 연결하세요.

4. railroad • • (a) depart
5. validate • • (b) track
6. leave • • (c) confirm

실전 문제

01. What kind of business does the speaker work at?

(A) A university
(B) A pharmacy
(C) A medical clinic
(D) A research laboratory

02. What does the speaker imply when he says, "we might not get to you by your appointment time"?

(A) He needs more staff members.
(B) He asks the listeners to be patient.
(C) He cannot accept any more people.
(D) He recommends returning at a later date.

03. What does the speaker remind certain listeners to do?

(A) Update their contact information
(B) Make an appointment online
(C) Fill out an additional form
(D) Present a photo ID

---

04. What problem does the speaker tell the listeners about?

(A) A new branch is not performing well.
(B) A survey was not returned by customers.
(C) A competitor has lowered its prices.
(D) A sales report contained some errors.

05. What does the speaker imply when she says, "this is a critical time for us"?

(A) She will provide reports more regularly.
(B) She hopes that staff members feel supported.
(C) She expects to hire more workers soon.
(D) She wants all listeners to provide suggestions.

06. What will the listeners do next week?

(A) Give a product demonstration
(B) Vote on a proposal
(C) Meet with their counterparts
(D) Begin an inspection

---

07. Why does the speaker think the listeners will be pleased?

(A) A budget has been approved.
(B) They will be moved to larger offices.
(C) Some necessary supplies have arrived.
(D) The staff will receive extra time off.

08. What has Ambrose Consulting offered to do?

(A) Set up some equipment
(B) Send a consultant
(C) Share a meeting space
(D) Review a proposal

09. What is Ms. Owens in charge of?

(A) Keeping track of a schedule
(B) Planning a staff party
(C) Recruiting new employees
(D) Handling incoming deliveries

---

10. What is the main topic of the talk?

(A) Offering scholarships
(B) Renovating a school
(C) Planning a class reunion
(D) Recruiting qualified teachers

11. What problem does the speaker mention?

(A) Construction contract disputes
(B) Insufficient classroom space
(C) Scheduling conflicts
(D) Delayed permits

12. What does the speaker ask the listeners to do?

(A) Donate some supplies
(B) Select a contractor
(C) Sign a document
(D) Teach a class

13. What kind of business does the speaker most likely work for?

    (A) A bookstore
    (B) A supermarket
    (C) A clothing shop
    (D) A restaurant

14. Why is the business making a special offer?

    (A) To promote a new brand
    (B) To advertise a relocation
    (C) To celebrate an anniversary
    (D) To get rid of excess stock

15. What does the speaker say the listeners should do to get a discount?

    (A) Recommend a product
    (B) Show a membership card
    (C) Present a coupon
    (D) Join a mailing list

16. What does the speaker say about the company?

    (A) It manages many more properties than last year.
    (B) It has markedly increased its profit margin.
    (C) It will merge with another company.
    (D) It intends to downsize soon.

17. What did the speaker recently decide to do?

    (A) Update a policy
    (B) Launch a product
    (C) Relocate the office
    (D) Hire more employees

18. What does the speaker ask the listeners to do?

    (A) Complete a survey
    (B) Refer job candidates
    (C) Visit some properties
    (D) Attend a training session

Session Plan	Presenter
Session A	Paul Vance
Session B	Tammy Finnigan
Session C	Joan Carlyle
session D	Herman Lester

19. Why does the speaker apologize?

    (A) A room is not available.
    (B) An event is starting late.
    (C) There are not enough seats.
    (D) A name is misspelled.

20. Look at the graphic. Which session has been changed?

    (A) Session A
    (B) Session B
    (C) Session C
    (D) Session D

21. According to the speaker, how can the listeners provide feedback?

    (A) By completing a card
    (B) By attending a group session
    (C) By contacting the speaker
    (D) By commenting on a Web site

영단기
토익 솔루션
LC

DAY
13

PART 3 대화 주제 - 호텔/식당/병원·약국

대표 주제 01 호텔/식당
대표 주제 02 병원·약국

PART 4 담화 유형 - 관광 정보/소개

대표 유형 01 관광 정보(tour information)
대표 유형 02 소개(introduction)

PART 3 호텔/식당/병원·약국

대표 주제 01 호텔/식당

주로 전화 통화를 하는 대화로 출제되며, 예약 시간 및 인원 수, 선호하는 방/좌석에 대한 대화를 나눈다.

🎵 DAY 13_01

대화가 이해되는 미리 듣기 예제에서 들을 대화의 주요 문장을 미리 들어보세요.

I have a dinner reservation for six at your restaurant this Friday evening.
이번 주 금요일 저녁에 당신의 레스토랑에 6명 저녁 식사를 예약했습니다.

Do you need to change the reservation? 예약을 변경하셔야 하나요?

Two of my associates will have to leave town urgently on business.
제 동료들 중 두 명이 급하게 업무차 떠나야 합니다.

Did you know that we now have an online reservation system?
저희가 이제 온라인 예약 시스템이 있다는 것을 아셨나요?

리스닝 Point

associate(동료; 연관짓다)은 명사와 동사로 쓰일 때의 발음이 다르다. 명사일 경우 [어쏘시엇], 동사일 경우 [어쏘시에이t]로 발음되므로 듣고 구별할 수 있어야 한다.

🎵 DAY 13_02 [BR] [US]

실전으로 확장하기 앞서 들은 문장에 집중하여 대화 전체를 들으며 문제를 풀어보세요.

W: Hello, I'm Lisa O'Connor. I have a dinner reservation for six at your restaurant this Friday evening.

M: Hello, Ms. O'Connor. Do you need to change the reservation?

W: Yes, it was supposed to be a company outing, but two of my associates will have to leave town urgently on business. They won't be back from their trip until the 21, so we'll have to have the dinner on that day.

M: Okay, I can do that for you. By the way, did you know that we now have an online reservation system? You can also browse the menu on our Web site.

해석 p.117

대화 요약

여자가 레스토랑에 전화를 걸어 그녀의 동료들이 출장을 가야 해서 예약을 변경하고 싶다고 말한다. 남자는 예약을 변경해주겠다고 하며 온라인 예약 시스템을 운영하고 있다는 것을 알려준다.

01. What kind of business is the woman calling?
(A) A travel agency
(B) A restaurant
(C) An airline
(D) A hotel

02. What does the woman mention about her associates?
(A) Their family will join the trip.
(B) Their work hours have been changed.
(C) They have to go on a business trip.
(D) They requested a vegetarian meal.

paraphrasing

대화에 나온 아래 표현과 의미가 같은 것을 고르세요.

1. reservation ( )
2. associate ( )
3. leave on business ( )

ⓐ go on a business trip
ⓑ colleague
ⓒ booking

03. What does the man say can be done online?
(A) Reserve a table
(B) Select a seat
(C) Place an order
(D) View a recipe

정답 1.ⓒ 2.ⓑ 3.ⓐ paraphrasing

자주 출제되는 어휘

book	예약하다	accommodate	수용하다
reserve	예약하다	travel agency	여행사
reservation	예약	suitable	적합한
recipe	요리법	chef	주방장
lack	부족	pay off	성공하다, 성과를 올리다
gather	모으다, 모이다	packed	(사람들이) 꽉 들어찬
serve	제공하다, 대접하다	process	과정, 진행
taste	맛보다	itinerary	여행 일정(표)
up to	(수·정도) ~까지	beforehand	미리
brochure	안내 책자	expenditure	지출
suitcase	여행가방	assure	보장하다, 장담하다
broaden	넓히다	outgoing	떠나는, 출발하는
souvenir	기념품	overseas	해외로, 해외의
comfortably	편안하게	rush	혼잡, 번잡
tourist attraction	관광지	dine	식사하다
outing	야유회	plug in	플러그를 꽂다
help oneself to	마음껏 먹다	room rate	객실 요금
diner	식당 손님	vacant	비어 있는
ahead of schedule	예정보다 먼저	go on a business trip	출장 가다

> **호텔/식당에서의 대화에서 자주 나오는 문제**
>
> • 예약 관련하여 어디에 전화하는지 묻는 문제
>
> What kind of business is the woman calling?
> → 주로 대화의 전반부에서 restaurant, hotel, table, room 등의 키워드를 통해 파악할 수 있다.
>
> • 예약 또는 예약 변경과 관련한 세부사항 문제
> → 주로 대화 중반부에서 단서가 제시되며 it was supposed to~, but~ 등의 표현이 사용된다.

◆ 문제 해석 및 해설

01. 여자는 어떤 종류의 업체에 전화하고 있는가?
  (A) 여행사
  (B) 레스토랑
  (C) 항공사
  (D) 호텔

여자의 첫 대사에서 dinner reservation at your restaurant를 통해 레스토랑에 전화하고 있음을 알 수 있다.
→ (B)가 정답이다.

02. 여자는 그녀의 동료들에 대해 무엇을 언급하는가?
  (A) 그들의 가족이 여행에 합류할 것이다.
  (B) 그들의 업무 시간이 변경되었다.
  (C) 그들은 출장을 가야 한다.
  (D) 그들은 채식 요리를 요청했다.

여자가 my associates라고 언급되는 부분에서 leave town urgently on business라고 했다.
→ leave town urgently on business를 go on a business trip으로 패러프레이징 한 (C)가 정답이다.

03. 남자는 온라인으로 무엇을 할 수 있다고 말하는가?
  (A) 테이블을 예약하는 것
  (B) 좌석을 선택하는 것
  (C) 주문하는 것
  (D) 요리법을 보는 것

남자가 마지막 대사에서 we now have an online reservation system이라고 했다.
→ have an online reservation system을 reserve a table로 패러프레이징 한 (A)가 정답이다.

대표 주제 02 병원·약국

병원에서의 진료 예약 및 확인, 약국에서 처방전을 주며 약을 처방받는 상황 등이 출제된다.

🎧 DAY 13_03

대화가 이해되는 미리 듣기 예제에서 들을 대화의 주요 문장을 미리 들어보세요.

Dr. Burns sent me here to pick up my prescription.
Burns 박사님께서 여기서 처방전을 받으라고 보내셨습니다.

Did he give you a slip to bring here?
그가 당신이 여기 가지고 올 종이를 주셨나요?

Will you be paying by cash or credit?
현금으로 지불하시겠어요, 신용카드로 지불하시겠어요?

🎧 DAY 13_04

실전으로 확장하기 앞서 들은 문장에 집중하여 대화 전체를 들으며 문제를 풀어보세요.

W: Hello, I'm Stephanie Coors. Dr. Burns sent me here to pick up my prescription.
M: Hello, Ms. Coors. I haven't received a call from his office about you yet. Did he give you a slip to bring here?
W: Oh, I almost forgot. Here it is.
M: Thank you. I'll prepare your pill bottle in just a moment. Will you be paying by cash or credit?

해석 p.117

리스닝 Point
'A or B?' 형태의 선택 의문문은 or B 부분에서 억양이 내려가므로 by cash는 강조되어 들리고 or credit은 상대적으로 약하게 들릴 것이다.

대화 요약
여자가 처방된 약을 받기 위해 방문했고, 남자는 종이를 확인한 후 알약 병을 주겠다고 하며 비용 지불 방법을 묻는다.

01. Where most likely are the speakers?
(A) At a restaurant
(B) At a pharmacy
(C) At a hospital
(D) At a law firm

02. What did the woman bring with her?
(A) An appointment slip
(B) A medicine bottle
(C) A medical record
(D) A prescription

03. What does the man ask the woman about?
(A) How she intends to pay
(B) How much time she has
(C) How satisfied she was
(D) How she feels

paraphrasing
대화에 나온 아래 표현과 의미가 같은 것을 고르세요.
1. pill (   )
2. slip (   )
3. bring (   )

ⓐ medicine
ⓑ carry
ⓒ note

paraphrasing 정답 1 ⓐ 2 ⓒ 3 ⓑ

자주 출제되는 어휘

treatment	치료, 대우, 처우	diagnosis	진단
pill	알약	prescription	처방전
slip	(작은 종이) 조각, 쪽지	medication	약물
medical	의학의	confidential	기밀의, 비밀의
symptom	증상	cancelation	취소
dose	1회 복용량	disease	질병, 질환
recovery	회복	cautiously	조심스럽게, 신중하게
examine	검진하다	ingredient	재료, 성분
checkup	건강 검진	fatigue	피로
condition	상태, 조건	refrain	삼가다
treat	치료하다	relieve	덜어주다, 완화시키다
concern	우려, 관심사	prescribe	처방하다
physical	신체의	periodically	주기적으로
pharmacist	약사	urgent	긴급한
patient	환자; 인내심 있는	care	돌보다, 관심을 가지다
first aid	응급 치료	sore	아픈, 쓰린
injury	부상	recover	회복하다
medical insurance	의료 보험	surgery	수술

병원·약국 대화에서 자주 나오는 문제

• 대화 장소를 묻는 문제

Where most likely are the speakers?
→ doctor, prescription, checkup 등 병원이나 약국 관련 단어는 정해져 있으므로 키워드를 통해 쉽게 파악할 수 있다.

◆ 문제 해석 및 해설

01. 화자들은 어디에 있겠는가?
(A) 레스토랑에
(B) 약국에
(C) 병원에
(D) 법률 사무소에

pick up my prescription, prepare your pill bottle 등의 키워드를 통해 약국임을 알 수 있다.
→ (B)가 정답이다.

02. 여자는 무엇을 가져왔는가?
(A) 예약증
(B) 약 병
(C) 의료 기록
(D) 처방전

남자가 의사가 준 종이를 가지고 왔는지 물었고, 여자가 그것을 건네자 남자가 약을 주겠다고 했다.
→ slip을 prescription으로 패러프레이징 한 (D)가 정답이다.

03. 남자는 여자에게 무엇에 대해 묻는가?
(A) 그녀가 어떻게 돈을 지불할 것인지
(B) 그녀가 시간이 얼마나 있는지
(C) 그녀가 어느 정도 만족했는지
(D) 그녀의 기분이 어떤지

대화 마지막에서 남자가 Will you be paying by cash or credit?이라고 물었다.
→ 현금 또는 신용카드 중 무엇으로 돈을 지불할지를 묻고 있으므로 (A)가 정답이다.

유형 연습

문제와 각 선택지의 키워드에 표시하세요. 그리고 나서 대화를 듣고 빈칸에 들어갈 말을 받아쓴 후 정답을 선택해 보세요.

01. What is the man encouraged to do?

(A) Come to the office earlier   (B) Visit a Web site

> W: Dr. Grant's office, how may I help you?
>
> M: Hello, this is Mark Perkins. I'd like to _____ my _____ for a checkup on Tuesday.
>
> W: Sure, I'll _____ you _____ there. But as you may already know, we _____ to a building on Franklin Avenue. Please _____ to the directions on our Web site.

02. What day will the woman most likely visit?

(A) Tuesday   (B) Wednesday

> M: This is John calling from Indiana _____ _____. Our records say you have an appointment with Dr. Anderson next Monday. Unfortunately, he will be _____ of the office that day due to a _____ _____. He will be back to the office _____ _____. Can you come on Tuesday afternoon or Wednesday morning?
>
> M: Hmm... Actually, I will not be _____ for next Tuesday afternoon since I am _____ to have a client meeting.

03. What will the man most likely do next?

(A) Reschedule an appointment   (B) Go to a waiting area

> M: Hello. I'm here for an _____ _____ Dr. Douglas at 3 P.M.
>
> W: Here is your name on the schedule. But he is busy now, so your appointment will be _____ _____. He can see you at 3:15 P.M. _____ _____ _____ taking a seat in the waiting area and helping yourself to some tea or coffee?

paraphrasing
주어진 어휘 또는 표현과 의미가 동일한 것을 연결하세요.

1. make appointment   (a) personal matter
2. family emergency   (b) postpone
3. delay   (c) set a schedule

04. Where does the woman most likely work?

(A) At a museum   (B) At a hotel

> M: I have a _____ under the name of Mark Smith.
> W: Okay, you _____ a standard room for three nights from today. You have been a _____ _____ for more than five years. Would you like to _____ _____ _____ to an ocean-view executive room?

05. What does the woman request?

(A) A group discount   (B) A private space

> W: Hi. I'm calling to make a reservation for eight people at 6:00 this Thursday.
> M: Wait a second while I _____ the _____. Do you have any other _____?
> W: Well, actually it will be a dinner with a client, so do you have a _____ _____ for us?

06. Who most likely is the man?

(A) A wait staff member   (B) A general manager

> M: Good evening. I'm Benjamin, your _____ today. Are you ready to _____ or do you need more time?
> W: I'm ready to order. I _____ a Caesar salad with Italian dressing, and seafood pasta with grilled squid. _____ _____ _____ serve the salad dressing on the side?
> M: Sure, any drink for you?

DAY 13

paraphrasing   주어진 어휘 또는 표현과 의미가 동일한 것을 연결하세요.

4. have a reservation   •   • (a) space
5. room   •   • (b) booked
6. server   •   • (c) wait staff member

실전 문제

01. Who most likely is the woman?

(A) A car mechanic
(B) A taxi driver
(C) A doctor
(D) A pharmacist

02. Why does the man say, "I have to drive for work"?

(A) To list his qualities
(B) To emphasize a problem
(C) To apologize for a mistake
(D) To request time off from work

03. What does the woman tell the man he should do?

(A) Look for other work
(B) Register at a pharmacy
(C) Purchase an insurance plan
(D) Take a different medication

---

04. What kind of event is being planned?

(A) A company anniversary
(B) A wedding ceremony
(C) A training seminar
(D) A trade show

05. What does the woman ask about?

(A) Room availability
(B) Internet access
(C) Transportation
(D) Hosting fees

06. What does the hotel provide for free?

(A) Event seating
(B) Food options
(C) Guest parking
(D) Entertainment

---

07. Where does the man work?

(A) At a hotel
(B) At a candy store
(C) At a medical clinic
(D) At a real estate agency

08. What does the woman say has become a problem?

(A) A lack of clients
(B) Working late
(C) Painful teeth
(D) Giving presentations

09. What does the woman imply when she says, "I get off at 5 P.M. on Wednesdays"?

(A) She recently started a full-time position.
(B) She cannot make an appointment time.
(C) She only has time on weekends.
(D) She has to attend a meeting.

---

10. What does the man want to do?

(A) Eat at a restaurant
(B) Use valet parking
(C) Prepare a meal
(D) Visit a park

11. What information does the man tell the woman?

(A) His car is parked out front.
(B) His group is on the way.
(C) He prefers booth seating.
(D) He has a reservation.

12. What does the woman inform the man about?

(A) A daily special
(B) A membership discount
(C) A change in business hours
(D) An updated company policy

13. Who most likely is the man?

    (A) A lab technician
    (B) A business client
    (C) A patient
    (D) A receptionist

14. What is the purpose of the woman's call?

    (A) To schedule a meeting
    (B) To offer some feedback
    (C) To change an appointment
    (D) To make a monetary donation

15. What will the woman do on Friday?

    (A) Meet a client
    (B) Open an account
    (C) Get a physical checkup
    (D) Donate blood

16. Who most likely is the man?

    (A) A restaurant worker
    (B) A hotel owner
    (C) A call center employee
    (D) A department store manager

17. What does Kimberly apologize for?

    (A) Overcharging a customer
    (B) Arriving for work later than scheduled
    (C) Bringing the wrong order
    (D) Forgetting to record a reservation

18. What does the man ask Ms. Sherman to do?

    (A) Accept a refund
    (B) Wait in the area
    (C) Speak to Kimberly
    (D) Settle a bill

19. Why does the man thank the woman?

    (A) She recommended a nearby business.
    (B) She moved him to a larger room.
    (C) She waived a fee on his bill.
    (D) She extended his checkout time.

20. What does the man plan to do in Melbourne next month?

    (A) Conduct an inspection
    (B) Negotiate a contract
    (C) Visit a family member
    (D) Interview for a job

21. What does the woman give to the man?

    (A) A room key
    (B) An application form
    (C) A shuttle schedule
    (D) A city map

22. What kind of business is the woman calling?

    (A) A nail salon
    (B) A financial institution
    (C) A computer shop
    (D) A medical clinic

23. What did the woman do this month?

    (A) Moved to a new city
    (B) Took a vacation
    (C) Signed up for a program
    (D) Attended a conference

24. What does the man imply when he says, "I'd give it half an hour"?

    (A) There is a lot of paperwork to complete.
    (B) The business has changed its opening hours.
    (C) He wants the woman to call back later.
    (D) He thinks a problem will be resolved soon.

PART 4 관광 정보/소개

대표 유형 01 관광 정보(tour information)

특정 지역, 박물관, 동물원, 생산 공장 등의 견학을 안내하는 가이드 담화가 출제된다.

 DAY 13_07

담화가 이해되는 미리 듣기 예제에서 들을 담화의 주요 문장을 미리 들어보세요.

> Hello everyone, and welcome to this tour of Pennington Candy Factory!
> 안녕하세요 여러분. Pennington 사탕 공장 견학에 오신 것을 환영합니다!
>
> At the end, I highly recommend going to our gift shop.
> 마지막에는, 기념품점에 가실 것을 매우 추천합니다.
>
> Now, before we enter the production floor, please put on one of these masks to avoid spreading germs.
> 이제, 생산 작업장에 들어가기 전에, 세균이 퍼지는 것을 막기 위하여 이 마스크를 착용해 주세요.

DAY 13_08 [BR]

실전으로 확장하기 앞서 들은 문장에 집중하여 담화 전체를 들으며 문제를 풀어보세요.

> W: Hello everyone, and welcome to this tour of Pennington Candy Factory! My name is Lucy, and I'll be your tour guide today. As you follow me throughout the facility, you will get to watch and learn all about how the delicious treats you enjoy are made. At the end, I highly recommend going to our gift shop. Candies that come out in unusual shapes are sold there. When you're purchasing something, don't forget to show them your tour ticket stub for a 10% discount. Now, before we enter the production floor, please put on one of these masks to avoid spreading germs.

해석 p.123

담화 요약

사탕 공장을 방문한 사람들에게 기념품점에 방문할 것을 추천하고, 생산 작업장에 들어가기 전에 마스크를 착용하라고 당부하고 있다.

01. Where is the talk being given?
 (A) At a factory
 (B) At a hospital
 (C) At a restaurant
 (D) At a laboratory

02. What does the speaker suggest doing?
 (A) Ordering a dish
 (B) Trying a sample
 (C) Riding a shuttle
 (D) Visiting a gift shop

03. What are the listeners asked to do?
 (A) Wear masks
 (B) Fill out a survey
 (C) Turn off their phones
 (D) Return some equipment

paraphrasing

담화에 나온 아래 표현과 의미가 같은 것을 고르세요.

1. go to (   )
2. recommend (   )
3. put on (   )

ⓐ suggest
ⓑ wear
ⓒ visit

paraphrasing 정답 1ⓒ 2ⓐ 3ⓑ

자주 출제되는 어휘

wander	거닐다, 돌아다니다	artifact	공예품
tourist attraction	관광 명소	site	부지, 장소
facility	시설	preference	선호, 애호
souvenir	기념품	recipe	요리법
silence	(휴대전화 등이) 소리가 나지 않게 하다	exit through	~을 통해 나가다
variety	다양성, 여러가지	organization	단체, 기구, 조직
pavilion	전시관, 가설 건물	comparison	비유, 비교
floor	층, 작업장	institution	기관, 협회
attract	(주의를) 끌다	concierge	(호텔 등의) 안내인
belongings	소지품	gift-wrapping	선물 포장
flavor	맛, 풍미	wait on	시중 들다
delighted	아주 기뻐하는	sightseeing	관광
decorate	장식하다, 꾸미다	scenery	경치, 풍경
patience	참을성, 인내	landscape	풍경
ceramics	도자기	landmark	주요 지형지물
artist	예술가	be made out of	~로 만들어지다
recreate	되살리다, 재현하다	feed	먹이를 주다

관광 정보 담화에서 자주 나오는 문제

- 담화가 이루어지는 장소를 묻는 문제

  Where is the talk being given?
  → 관광 가이드 담화에서는 welcome to 다음에 등장하는 장소 표현이 정답이다.

- 제안·요청 문제

  What does the speaker suggest doing?
  → recommend, suggest, please 다음에 단서가 제시되며, 특정 장소를 방문하기, 몇 시까지 다시 모이기 등이 정답 보기 내용으로 주로 출제된다.

DAY 13

◆ 문제 해석 및 해설

01. 담화는 어디에서 이루어지는가?

(A) 공장에서
(B) 병원에서
(C) 레스토랑에서
(D) 실험실에서

첫 문장에서 welcome to this tour of Pennington Candy Factory!라고 했다.
→ 사탕 공장이므로 정답은 (A)이다.

02. 화자는 무엇을 할 것을 제안하는가?

(A) 음식 주문하기
(B) 샘플 시식하기
(C) 셔틀버스 타기
(D) 기념품점 방문하기

담화 중반부에서 I highly recommend going to our gift shop이라고 했다.
→ recommend는 suggest로, go to는 visit로 패러프레이징 된 (D)가 정답이다.

03. 청자들은 무엇을 하라고 요청받는가?

(A) 마스크 착용하기
(B) 설문지 작성하기
(C) 휴대전화 끄기
(D) 장비 반납하기

담화 후반부에서 before we enter the production floor, please put on one of these masks라고 했다.
→ put on이 wear로 패러프레이징 된 (A)가 정답이다.

PART 4

대표 유형 02 소개(introduction)

세미나나 컨퍼런스에서 강연자를 소개하는 내용이 출제된다. 강연자의 전문 분야, 업적 등에 대해 이야기한다.

🎧 DAY 13_09

담화가 이해되는 미리 듣기 예제에서 들을 담화의 주요 문장을 미리 들어보세요.

> Good morning everyone, and thank you all for coming to the Mayfield Heights Marketing Conference. 안녕하세요, Mayfield Heights 마케팅 컨퍼런스에 와주셔서 감사합니다.
>
> Today, he's going to present a lecture on the importance of colors and patterns, and how to use them effectively when creating advertisements.
> 오늘, 그는 색과 패턴의 중요성과 광고를 만들 때 어떻게 그것들을 효과적으로 이용하는지에 대해 강의할 겁니다.
>
> So, if there is anything you would like to ask Mr. Cantu, please save it for after he finishes speaking. 그러므로, 만약 Cantu 씨에게 질문이 있으시면, 그의 연설이 끝난 후를 위해서 남겨두세요.

🎧 DAY 13_10 [US]

실전으로 확장하기 앞서 들은 문장에 집중하여 담화 전체를 들으며 문제를 풀어보세요.

> M: Good morning everyone, and thank you all for coming to the Mayfield Heights Marketing Conference. I'm sure you're all just as excited as I am to meet our first speaker of the day, Robert Cantu. He's been a prominent producer of commercials for over twenty years. Today, he's going to present a lecture on the importance of colors and patterns, and how to use them effectively when creating advertisements. His speech should last about an hour, which leaves some time set aside for questions and answers afterwards. So, if there is anything you would like to ask Mr. Cantu, please save it for after he finishes speaking. With no further ado, I present to you Mr. Robert Cantu!

해석 p.123

01. Which field does Robert Cantu work in?
(A) Tourism
(B) Marketing
(C) Accounting
(D) Customer service

02. What will Robert Cantu talk about?
(A) Using color schemes
(B) Directing commercials
(C) Attracting customers
(D) Providing quick services

03. What are the listeners asked to do?
(A) Refer to a pamphlet
(B) Wait to ask questions
(C) Split into discussion groups
(D) Move to empty seats in front

리스닝 Point

advertisement는 미국식 발음으로는 [에드버**타이즈**먼트], 영국이나 호주식 발음으로는 [에드버**티즈**먼트]로 다르게 발음된다.

담화 요약

마케팅 컨퍼런스에서 광고 제작자인 Cantu 씨를 소개하며 발표를 할 예정임을 알리고, 질의응답 시간은 연설이 끝난 후에 있을 예정이므로 기다려 달라는 부탁을 하고 있다.

paraphrasing

담화에 나온 아래 표현과 의미가 같은 것을 고르세요.

1. scheme ( )
2. prominent ( )
3. save it for ( )

ⓐ strategy
ⓑ wait
ⓒ outstanding

자주 출제되는 어휘

introduce	소개하다	founder	설립자
speech	연설	with no further ado	지체없이
dedication	헌신	present	소개하다
prominent	중요한, 유명한	scheme	계획, 배합, 구성
producer	제작자	accomplish	성취하다, 해내다
set aside	챙겨 두다, 확보하다	direct	지휘하다, 총괄하다
give a lecture	강연하다	split	나누다, 나뉘다
afterwards	나중에	involve	수반하다, 관련되다
succeed	성공하다	growth	성장
persuasive	설득력 있는	unanimously	만장일치로
preview	시사회, 미리 보기	archive	기록 보관소
appeal	관심을 끌다	manuscript	원고
interpret	설명하다, 통역하다	transcript	글로 옮긴 글
prevalent	널리 퍼진, 일반적인	supplement	보충하다, 보완하다
subsequent	다음의	method	방법
switch off	~을 끄다	distraction	방해
minimize	최소화하다	continue	계속되다

> **소개 담화에서 자주 나오는 문제**
>
> • 특정 인물이 어떤 분야에서 일을 하고 있는지 묻는 문제
>
> Which field does Robert Cantu work in?
> → 특정 인물의 직업, 업적에 대해 직접 알려 주기도 하지만, 어떤 종류의 conference, seminar, workshop인지 등을 파악한 후 전체 내용을 듣고 정답을 찾아야 하는 경우도 있으니 주의한다.

◆ 문제 해석 및 해설

01. Robert Cantu는 어떤 분야에서 일하는가?

(A) 관광
(B) 마케팅
(C) 회계
(D) 고객 서비스

첫 문장에서 Mayfield Heights Marketing Conference라고 했고, Robert Cantu 씨는 상업 광고 업계에서 중요한 제작자였다고 소개했다.
→ 정답은 (B)이다.

02. Robert Cantu는 무엇에 대하여 이야기 할 것인가?

(A) 색채의 배합을 사용하는 것
(B) 광고를 감독하는 것
(C) 고객을 끌어 들이는 것
(D) 빠른 서비스를 제공하는 것

담화 중반에서 he's going to present a lecture on the importance of colors and patterns, and how to use them effectively when creating advertisements라고 했다.
→ 색과 패턴의 중요성과 광고를 만들 때 어떻게 그것들을 효과적으로 이용하는지에 대해 강연한다고 하였으므로 정답은 (A)이다.

03. 청자들은 무엇을 하도록 요청받는가?

(A) 팸플릿 참고하기
(B) 질문하는 것을 기다리기
(C) 토론 그룹으로 나뉘기
(D) 앞의 빈 좌석으로 이동하기

담화 마지막에서 if there is anything you would like to ask Mr. Cantu, please save it for after he finishes speaking이라고 했다.
→ save it for after를 wait으로 패러프레이징 한 (B)가 정답이다.

유형 연습

문제와 각 선택지의 키워드에 표시하세요. 그리고 나서 담화를 듣고 빈칸에 들어갈 말을 받아쓴 후 정답을 선택해 보세요.

01. What does the speaker recommend?

(A) Taking a taxi (B) Wearing comfortable shoes

tour information

> W: Hello, everyone. I will briefly talk about today's _____. We are going to _____ downtown Milan and spend the whole afternoon, _____ one hour of free time. We will move around _____ _____ mostly by foot, so I suggest that you _____ _____ or running shoes and _____ your hats and sunglasses.

02. Where is the talk taking place?

(A) On a bus (B) On a boat

tour information

> M: Welcome _____ _____ Tiger City Bus Tour. I'm your driver and guide. Our company operates two city tour _____ _____. This is line A. We are _____ _____ the city from north to south. The other one is from east to west. This tour is three hours _____. We will stop at the famous café, Wong's Tea Café, to _____ _____ _____.

03. What will the listeners do next?

(A) Go to the testing room (B) Watch a performance

tour information

> W: Welcome to Vernon Coffee Factory. First, I wanted to _____ you a _____ _____ about how the coffee beans are turned into a _____ from harvest to packaging. But there is a _____ with the screen now and it will _____ _____ in 15 minutes. _____ _____ _____ taste a cup of freshly brewed coffee at our taste _____ room? Let's move upstairs.

paraphrasing 주어진 어휘 또는 표현과 의미가 동일한 것을 연결하세요.

1. by foot   (a) well-known
2. famous   (b) walk
3. turn into   (c) become

04. Who is Dr. Hopkins?

(A) A yoga instructor   (B) A nutritionist

introduction

> M: Welcome to What's New in Finance on TNBC Radio. Today, we will meet Dr. Emilia Hopkins, professor of _____ science at Johnstown College, and she will share _____ _____ on easy ways to manage your daily _____. If you want to have a brief _____ on your _____ _____, please call us at 234-872-4569.

05. What will happen after the presentation?

(A) Mr. Haywood will answer questions.   (B) A reception will be held.

introduction

> W: Thanks for coming to the tax seminar. Before we start, I want to introduce our _____, Mark Haywood. He is a chief tax _____ at Jonathan Accounting Firm. He will present how new business _____ _____ are different and how they _____ your business. _____ the presentation, we will have a Q&A session. Now, let's welcome Mr. Haywood to the podium.

06. Where do the listeners most likely work?

(A) At a product design company   (B) At a marketing agency

introduction

> M: Good morning. We have Jason Peterson here today who will lead the online _____ training for all Pennington _____ _____ employees. He will share his personal _____ about what just a tiny careless _____ can bring to the company. In addition, he will give clear _____ of what you have to do and what you _____ _____ do.

paraphrasing
주어진 어휘 또는 표현과 의미가 동일한 것을 연결하세요.

4. have a consultation   (a) influence
5. affect   (b) get advice
6. firm   (c) agency

실전 문제

01. Where is the talk taking place?
   (A) At a historical home
   (B) At a museum
   (C) At a garden
   (D) At a market

02. What does the speaker recommend doing?
   (A) Breaking into two groups
   (B) Watching a demonstration
   (C) Taking a lot of photographs
   (D) Making a donation

03. What will the speaker give to the listeners?
   (A) An event schedule
   (B) An entry ticket
   (C) A visitor badge
   (D) A site map

---

04. What is the purpose of the event?
   (A) To introduce a new employee
   (B) To celebrate a company anniversary
   (C) To present a staff award
   (D) To provide some training

05. What does the speaker say the company will focus on?
   (A) Launching a new product
   (B) Meeting a sales goal
   (C) Finishing a project early
   (D) Improving customer service

06. What will most likely happen next?
   (A) A meal will be served.
   (B) A newsletter will be distributed.
   (C) A photograph will be taken.
   (D) A speech will be given.

---

07. Where does the speaker work?
   (A) At a design institute
   (B) At a manufacturing facility
   (C) At a national park
   (D) At an art museum

08. What does the speaker mention about the next phase of the tour?
   (A) It requires safety gear.
   (B) It includes a video.
   (C) It is very popular.
   (D) It will be noisy.

09. Why does the speaker say, "Douglas, the on-duty supervisor, will be there"?
   (A) To suggest directing questions to her colleague
   (B) To encourage listeners to take another tour
   (C) To recommend a way to resolve complaints
   (D) To explain why a schedule was changed

---

10. In what industry does Ann Rodriguez work?
   (A) Construction
   (B) Manufacturing
   (C) Insurance
   (D) Real estate

11. What will be the topic of Ms. Rodriquez's talk?
   (A) Developing new products
   (B) Keeping employees motivated
   (C) Reducing operating costs
   (D) Attracting new customers

12. What are the listeners asked to do?
   (A) Save questions for the end
   (B) Turn off their cell phones
   (C) Take notes during the talk
   (D) Complete a survey form

13. Where is the tour most likely taking place?
    (A) At a zoo
    (B) At a bottling factory
    (C) At a fitness center
    (D) At a train station

14. What does the speaker say is new about the tour?
    (A) The gift shop discount
    (B) The ending point
    (C) The duration
    (D) The rules

15. What does the speaker offer to the listeners?
    (A) Some free samples
    (B) Discount coupons
    (C) Parking passes
    (D) Safety gear

16. Where is the talk most likely being given?
    (A) At a historical village
    (B) At an indoor museum
    (C) At a theater
    (D) At a grocery store

17. What is the purpose of the talk?
    (A) To introduce a guide
    (B) To outline a tour plan
    (C) To explain a lifestyle
    (D) To review a policy

18. What does the speaker encourage the listeners to do?
    (A) Ask questions
    (B) Buy souvenirs
    (C) Read handouts
    (D) Take pictures

19. Where do the listeners most likely work?
    (A) At a manufacturing plant
    (B) At a bookstore
    (C) At a research firm
    (D) At an electronics store

20. Who is Steven Jones?
    (A) An electrician
    (B) A motivational speaker
    (C) A computer programmer
    (D) An author

21. What does the speaker ask the listeners to do?
    (A) Sign a form
    (B) Discuss their ideas
    (C) Practice a technique
    (D) Attend an event

22. Where does the speaker most likely work?
    (A) At a magazine company
    (B) At a research laboratory
    (C) At a public library
    (D) At a television station

23. What does the speaker say about Michael Wagner?
    (A) He recently won an award.
    (B) He is a world-renowned photographer.
    (C) He travels to speak about climate change.
    (D) He was first published in *This, Our Planet*.

24. What are listeners encouraged to do?
    (A) Join a subscription
    (B) Text in questions
    (C) Sign a petition
    (D) Take notes

영단기 토익 솔루션
LC

DAY 14

PART 3 대화 주제 - 공항/역

대표 주제 01 공항/역에서의 체크인
대표 주제 02 공항/역에서의 요청 사항

PART 4 담화 유형 - 라디오 방송/뉴스 보도

대표 유형 01 라디오 방송(radio broadcast)
대표 유형 02 뉴스 보도(news report)

PART 3 공항/역

대표 주제 01 공항/역에서의 체크인

표 구매, 체크인, 탑승 대기 등의 상황에서 할 수 있는 대화가 출제된다.

🎧 DAY 14_01

대화가 이해되는 미리 듣기 예제에서 들을 대화의 주요 문장을 미리 들어보세요.

I was just wondering if I am at the right gate. 제가 맞는 게이트에 있는지 궁금합니다.
I apologize for your inconvenience. 불편함에 대해 사과드립니다.
Our luggage team is understaffed today and there is an unusually large amount to be loaded.
저희 수하물 팀이 오늘 직원이 부족하고 실어야 할 짐들이 특히 많습니다.
Please stay in this area so that you don't miss the boarding announcement.
탑승 안내 방송을 놓치지 않기 위해 이곳에 계시기 바랍니다.

🎧 DAY 14_02

실전으로 확장하기 앞서 들은 문장에 집중하여 대화 전체를 들으며 문제를 풀어보세요.

M: Excuse me, I'm travelling to Detroit and I was supposed to depart at 3 P.M. The problem is, my boarding time is now, but the gate is still not open yet. So, I was just wondering if I am at the right gate.
W: I apologize for your inconvenience. What's your flight number?
M: Alliance Airlines 58.
W: Well, you are at the right gate. Our luggage team is understaffed today and there is an unusually large amount to be loaded. Bags are being loaded now, so it shouldn't be long. Please stay in this area so that you don't miss the boarding announcement.

해석 p.130

리스닝 Point
boarding은 미국식 발음으로는 [보올딩], 영국식 발음으로는 [보-오딩]이라고 들린다.

대화 요약
남자가 탑승 시간이 되었는데 게이트가 열리지 않자 맞는 게이트로 온 것인지 여자에게 묻는다. 여자는 직원이 부족해서 짐을 싣는 데 시간이 걸리고 있다며 탑승 안내 방송을 기다리라고 한다.

paraphrasing
대화에 나온 아래 표현과 의미가 같은 것을 고르세요.
1. depart ( )
2. understaffed ( )
3. stay ( )

ⓐ lack of staff
ⓑ leave
ⓒ wait

01. What is the man asking about?
   (A) Meal options
   (B) Lost luggage
   (C) A departure gate
   (D) An online check-in

02. According to the woman, what caused the problem?
   (A) A lack of staff
   (B) A gate change
   (C) Severe weather
   (D) A malfunctioning device

03. What does the woman ask the man to do?
   (A) Have his ticket ready
   (B) Fill out the form
   (C) Proceed to a different gate
   (D) Wait for an announcement

자주 출제되는 어휘

backpack	배낭	miss	놓치다
distant	먼, 떨어져 있는	on schedule	일정에 맞춰서
aircraft	비행기	get to	~에 도착하다
location	위치	leave for	~로 떠나다
passport	여권	go on a vacation	휴가를 떠나다
on time	시간을 어기지 않고	stopover(=layover)	경유
solve	해결하다	bound for	~로 향하는
airfare	항공 요금	on board	기내에
pack	짐을 싸다	schedule board	일정 안내판
one way	편도	round trip	왕복
sightseeing	관광	head to	~로 가다, 향하다
customs	세관, 관세	understaffed	직원이 부족한
declare	(세관 등에) 신고하다	load	짐을 싣다
otherwise	그렇지 않다면	transfer	갈아타다
attempt	시도하다, 시도	via	~을 통해, ~을 거쳐
land	착륙하다, 내리다	gate	게이트, 탑승구
takeoff	이륙	flight attendant	승무원
captain	기장	crew	승무원
return flight	돌아오는 항공편	overhead compartment	(비행기의) 머리 위 짐칸

공항/역에서의 대화에서 자주 나오는 문제

- 문제점이 무엇인지 묻는 문제

According to the woman, what caused the problem?
→ 직원 부족(understaffed), 좋지 않은 날씨(bad weather), 기계적 문제(technical issues) 등이 이유로 출제된다.

◆ 문제 해석 및 해설

01. 남자는 무엇에 대하여 묻고 있는가?
  (A) 식사 옵션
  (B) 잃어버린 짐
  (C) 출발 게이트
  (D) 온라인 체크인

남자가 첫 대사에서 So, I was just wondering if I am at the right gate라고 했다.
→ (C)가 정답이다.

02. 여자에 따르면, 무엇이 문제를 야기했는가?
  (A) 직원 부족
  (B) 게이트 변경
  (C) 험한 날씨
  (D) 고장 난 장비

여자가 Our luggage team is understaffed today and there is an unusually large amount to be loaded라고 했다.
→ understaffed를 lack of staff으로 패러프레이징 한 (A)가 정답이다.

03. 여자는 남자에게 무엇을 하라고 요청하는가?
  (A) 티켓을 준비해 놓기
  (B) 양식을 작성하기
  (C) 다른 게이트로 가기
  (D) 안내 방송 기다리기

여자가 마지막에 Please stay in this area so that you don't miss the boarding announcement라고 했다.
→ stay를 wait for로 패러프레이징 한 (D)가 정답이다.

대표 주제 02 공항/역에서의 변경 요청

티켓을 다른 날짜로 교환하거나 좌석을 변경하는 상황 등이 출제된다.

DAY 14_03

대화가 이해되는 미리 듣기 예제에서 들을 대화의 주요 문장을 미리 들어보세요.

I just purchased some plane tickets online through your Web site, but you didn't e-mail the receipt. 제가 귀사의 웹사이트를 통해 방금 비행기 표를 구매했는데, 제게 영수증을 이메일로 보내주시지 않았습니다.

Since you used an overseas card, the payment cannot be confirmed until the next business day in both countries. 당신이 해외 카드를 사용해서 지불이 두 나라에서 모두 영업일 기준으로 익일이 되어야 승인될 수 있습니다.

Would you like me to cancel your purchase so that you can retry with a domestic card? 국내 카드로 다시 시도하실 수 있도록 구매를 취소해 드릴까요?

DAY 14_04 [BR] [US]

실전으로 확장하기 앞서 들은 문장에 집중하여 대화 전체를 들으며 문제를 풀어보세요.

M: Hi, I just purchased some plane tickets online through your Web site, but you didn't e-mail the receipt. The transaction number is KA-474. I normally get an e-mail right away when I buy tickets online.

W: Okay, let me see... Here's the problem. Since you used an overseas card, the payment cannot be confirmed until the next business day in both countries. Today is Saturday, so that could take a few days. Would you like me to cancel your purchase so that you can retry with a domestic card? Then it would be processed right away.

M: Yes, definitely. I'm attending an award banquet in my honor this weekend, so I need to reserve my tickets right away.

해석 p.130

01. According to the woman, what couldn't her company do?

(A) Confirm a payment
(B) Open an account
(C) Apply a discount
(D) Ship an order

02. What does the woman offer to do?

(A) Give a refund
(B) Change a flight
(C) Send an e-mail
(D) Cancel a transaction

03. Why does the man have to make a reservation soon?

(A) He is going out of town for business.
(B) He plans to attend a formal event.
(C) An airline lost his luggage.
(D) A deadline is approaching.

리스닝 Point

상대방에게 제안할 때 쓰이는 Would you like me to~는 앞 부분에 연음 현상이 발생하여 [우쥬라잌]으로 빠르게 말하고 지나가므로 잘 캐치할 수 있어야 한다.

대화 요약

남자가 해외 카드로 구매한 비행기 표의 지불 승인을 받지 못했다. 여자는 그 이유를 설명해 주고 구매를 취소해 줄지 제안한다. 남자는 티켓을 당장 예약해야 하므로 그렇게 하겠다고 한다.

paraphrasing

대화에 나온 아래 표현과 의미가 같은 것을 고르세요.

1. award banquet (　)
2. purchase (　)
3. confirm (　)

ⓐ formal event
ⓑ approve
ⓒ transaction

정답 1ⓐ 2ⓒ 3ⓑ

자주 출제되는 어휘

transaction	거래	be supposed to do	~하기로 되어 있다
formal	공식적인	scheduling conflict	일정이 겹치는 것
cancel	취소하다	timetable	시간표
route	길, 노선	confirmation number	확인 번호
current	현재의	plan to부정사	~할 계획이다
through	~을 통하여	catch a bus	버스를 타다
retry	다시 시도하다	rearrange	재조정하다
renew	갱신하다	outage	정전
invoice	청구서	connecting flight	연결 항공편
approach	다가오다	track	선로
deadline	마감일	full	꽉 찬, 만석인
ship	배송하다	within walking distance	도보 거리에 있는
reschedule	다시 일정을 잡다	time zone	시간대
apply	신청하다	ask[do] a favor	부탁하다
inclement weather	악천후	cooperation	협조
assist	돕다	status	상황
alternative	대안의	notify	알리다
permit	허용하다	empty seat	빈 좌석
suspend	연기하다, 보류하다	unavailable	(사용이) 불가능한

변경 사항 관련 대화에서 자주 나오는 문제

• 시각 자료 연계 문제

Look at the graphic. What is the new departure time for the delayed train?
→ 항공 티켓이나 기차 티켓이 시각 자료로 제시되고 변경되는 정보에 대해 이야기하는 대화가 출제된다.

◆ 문제 해석 및 해설

01. 여자에 따르면, 그녀의 회사는 무엇을 할 수 없었는가?
(A) 지불 승인하기
(B) 계좌 개설하기
(C) 할인 적용하기
(D) 주문품 배송하기

여자가 Since you used an overseas card, the payment cannot be confirmed until the next business day in both countries라고 했다.
→ 해외 카드를 사용해서 지불 승인이 즉시 안 된다는 것을 알 수 있으므로 (A)가 정답이다.

02. 여자는 무엇을 해주겠다고 제안하는가?
(A) 환불해 주기
(B) 항공편 변경하기
(C) 이메일 보내기
(D) 거래 취소하기

여자가 Would you like me to cancel your purchase so that you can retry with a domestic card?라고 제안했다.
→ purchase를 transaction으로 패러프레이징 한 (D)가 정답이다.

03. 남자는 왜 빨리 예약을 해야 하는가?
(A) 그는 업무차 출장을 갈 것이다.
(B) 그는 공식적인 행사에 참석할 계획이다.
(C) 항공사가 그의 짐을 분실했다.
(D) 마감일이 다가오고 있다.

남자가 마지막 대사에서 I'm attending an award banquet in my honor this weekend, so I need to reserve my tickets right away라고 했다.
→ award banquet을 formal event로 패러프레이징 한 (B)가 정답이다.

따라 하면 문제가 풀리는 유형 연습

문제와 각 선택지의 키워드에 표시하세요. 그리고 나서 대화를 듣고 빈칸에 들어갈 말을 받아쓴 후 정답을 선택해 보세요.

01. What will the speakers do next?

(A) Go to a self-kiosk   (B) Claim their luggage

M: There are long lines at the _____ _____. We should have arrived at the airport _____ than usual.
W: Yes, you know, it's the _____ _____ for summer vacations. _____ _____ _____ use the self-check-in kiosk since we just have _____ bags?
M: That sounds great.

02. What caused a problem?

(A) Heavy traffic   (B) An engine failure

W: Excuse me, can I get a _____ _____ for Middleborough that departs at 9:30?
M: Yes, but unfortunately due to the _____ engine, it will depart 50 minutes _____ than scheduled, and at Platform 10 _____ _____ Platform 5.

03. Where does this conversation take place?

(A) At a subway station   (B) At an airport

W: Mike, I'm Jennifer at Gate 5. There are some _____ here who are going to _____ to a flight for Beijing, but it will _____ _____ just in a half an hour. Can you _____ me a cart since some of them are seniors and kids?
M: Sure, and can you call to International Terminal and _____ _____ _____ the passengers will be at the boarding gate in 15 minutes?

paraphrasing
주어진 어휘 또는 표현과 의미가 동일한 것을 연결하세요.

1. luggage   • (a) depart
2. malfunctioning engine • (b) bag
3. take off   • (c) engine failure

04. Why will the woman visit New York City?

(A) To attend an awards ceremony   (B) To give a speech

> W: Hello, I _____ my connecting flight to New York City. Is there _____ _____ _____ available today? I have to give a _____ tomorrow morning at 9.
>
> M: Let me check... I'm looking it up... and there is only one option you have. The flight will depart in an hour but you have a _____ in Detroit for two hours.

05. What does the woman recommend the man do?

(A) Take a taxi   (B) Use a company car

> M: I saw the schedule on the Web site and it said that buses _____ every 15 minutes. But I've been _____ _____ one for more than 30 minutes. What happened? I have to _____ a client meeting in 30 minutes.
>
> W: There is _____ _____ downtown, so the buses are getting delayed. Why don't you _____ _____ _____? If you do, you can make on time.

06. What caused the delay?

(A) Bad weather   (B) A malfunctioning engine

> M: Hello, has flight KE621 arrived _____ _____? It was expected to land 20 minutes ago.
>
> W: Actually, no. It was _____ 30 minutes at Chicago Airport due to _____ _____. It will arrive in 15 minutes.
>
> M: Oh, that's great. I thought I was late to _____ _____ my client.

---

paraphrasing 주어진 어휘 또는 표현과 의미가 동일한 것을 연결하세요.

4. give a presentation   •   • (a) bad weather
5. operate   •   • (b) give a speech
6. stormy   •   • (c) run

실전 문제

01. Where is the conversation most likely taking place?

(A) At a travel agency
(B) At a bus station
(C) At an airport
(D) At a hotel

02. Why will the man be charged a fee?

(A) He brought an extra bag.
(B) He purchased a meal.
(C) He asked for an upgrade to first class.
(D) He wanted to depart earlier.

03. What does the man plan to do in Los Angeles?

(A) Tour a property
(B) Conduct an inspection
(C) Attend an interview
(D) Give a demonstration

---

04. What is the woman trying to do?

(A) Change a seat
(B) Purchase a ticket
(C) Find a platform
(D) Receive a refund

05. What does the woman mean when she says, "there are so many"?

(A) She is disappointed with a high price.
(B) She thinks the train station is too crowded.
(C) She needs some help making a decision.
(D) She will require assistance with her bags.

06. What benefit of the 3:40 train does the man mention?

(A) It includes free refreshments.
(B) It has more comfortable seats.
(C) It is the next train to depart.
(D) It does not make multiple stops.

---

07. How did the man find out about the flight cancelation?

(A) By speaking to another passenger
(B) By listening to an announcement
(C) By reading a text message alert
(D) By looking at the departures board

08. According to the woman, what has caused a problem?

(A) A ticketing error
(B) Bad weather conditions
(C) Some faulty equipment
(D) An absent employee

09. What does the woman ask the man to do?

(A) Show his passport
(B) Move to the back of the line
(C) Stay in the area
(D) Keep his boarding pass

DEPARTURES INFORMATION

Airline	Destination	Gate
Starway	Shanghai	G7
Olvera	Tokyo	B22
Toth Air	Istanbul	F9
Lemax	Delhi	A16

10. Why is the man calling the woman?

(A) To request a repair
(B) To announce a cancelation
(C) To report missing luggage
(D) To check a flight's status

11. Look at the graphic. Which airline is affected?

(A) Starway
(B) Olvera
(C) Toth Air
(D) Lemax

12. What does the man plan to do?

(A) Check some tickets
(B) Move to a new gate
(C) Post a notice
(D) Ask passengers to board

13. What does the man say has caused a problem?

    (A) Engine failures
    (B) An incoming storm
    (C) Increased fuel prices
    (D) A renovation project

14. What is the woman supposed to do tomorrow?

    (A) Speak at a conference
    (B) Participate in a meeting
    (C) Attend a training session
    (D) Interview for a job opening

15. Why does the man say, "There is one at 7:30 P.M. if that would work for you"?

    (A) To recommend a different mode of transportation
    (B) To inform the woman of a security procedure
    (C) To provide another option
    (D) To apologize for a delay

16. What problem does the man mention?

    (A) He lost his wallet.
    (B) He missed his bus.
    (C) His rental car is not ready.
    (D) His luggage was damaged.

17. What does the woman ask for?

    (A) A reservation number
    (B) A departure station
    (C) A baggage receipt
    (D) A ticket stub

18. Where will the man most likely go next?

    (A) To a baggage claim area
    (B) To a passenger lounge
    (C) To a station office
    (D) To a ticket booth

Train Schedule				
	East Hampton	Amityville	Hartford	Brentwood
Red Line	5:05	5:15		5:45
Blue Line	5:10	5:20	5:35	

19. What problem does the woman have?

    (A) She took the wrong train.
    (B) A concert has been sold out.
    (C) Her ticket does not allow transfers.
    (D) A location was changed at the last minute.

20. Look at the graphic. Where will the woman transfer to another train?

    (A) East Hampton
    (B) Amityville
    (C) Hartford
    (D) Brentwood

21. Why is the woman in a rush?

    (A) She has to take part in a photo shoot.
    (B) She is on her way to see a live show.
    (C) She is running late for a meeting.
    (D) She needs time to practice.

PART 4 라디오 방송/뉴스 보도

대표 유형 01 라디오 방송(radio broadcast)

지역 사회에서 열리는 각종 행사나 사업체에 대해 알리는 방송 등이 출제된다.

DAY 14_07

담화가 이해되는 미리 듣기 예제에서 들을 담화의 주요 문장을 미리 들어보세요.

The Copperhead Community Center will be holding a special cooking workshop.
Copperhead 주민 센터는 특별 요리 워크숍을 열 예정입니다.

This course will include basic cooking fundamentals, professional tips, and even a few quick and easy recipes for you to try at home. 이 과정은 기본적인 요리법, 전문적인 조언, 그리고 당신이 집에서 해 볼 수 있는 몇몇의 빠르고 쉬운 요리법도 포함할 것입니다.

Afterwards, feel free to bring home whatever dishes you made.
그 후에 여러분이 만든 요리가 무엇이든 댁으로 가지고 갈 수 있습니다.

Seats are limited and reservations are only available online, so go online to reserve yours!
좌석은 한정되어 있고 예약은 온라인으로만 가능하므로 예약을 하기 위해 온라인에 접속해주세요!

DAY 14_08 [BR]

실전으로 확장하기 앞서 들은 문장에 집중하여 담화 전체를 들으며 문제를 풀어보세요.

W: This is a Radio 9 public service announcement. The Copperhead Community Center will be holding a special cooking workshop on April 9th from 2 to 5 P.M. This course will include basic cooking fundamentals, professional tips, and even a few quick and easy recipes for you to try at home. The 'Try it yourself' part of the workshop will give participants a chance to cook some of the featured dishes. Afterwards, feel free to bring home whatever dishes you made. Seats are limited and reservations are only available online, so go online to reserve yours!

해석 p.136

담화 요약

주민 센터에서 요리법에 대한 워크숍을 개최할 것을 알리는 방송이다. 워크숍에 대한 세부 설명과 예약 방법을 알려주고 있다.

01. What will be taught at the workshop?
    (A) Cooking tips
    (B) Creative thinking
    (C) Interview strategies
    (D) Basic computer skills

02. What can attendees do after the workshop?
    (A) Meet a chef
    (B) Take food home
    (C) Purchase a cookbook
    (D) Receive a coupon

03. Why does the speaker ask the listeners to visit the Web site?
    (A) To read a profile
    (B) To write feedback
    (C) To make a payment
    (D) To secure a seat

paraphrasing

담화에 나온 아래 표현과 의미가 같은 것을 고르세요.
1. tip ( )
2. dishes ( )
3. secure ( )

ⓐ obtain
ⓑ food
ⓒ advice

246 영단기 토익 솔루션 LC

자주 출제되는 어휘

radio station	라디오 방송국	acquisition	인수, 획득, 습득
afterwards	그 후에, 나중에	favorable	호의적인
stay tuned	채널 고정하다	typical	전형적인
host	(TV나 라디오의) 진행자	reputation	명성, 평판
profession	직업	period	기간, 시기
unique	독특한	persuade	설득하다
approximately	대략, 거의	approach	다가가다
amenity	편의 시설	expire	만료되다
encounter	맞닥뜨리다, 만나다	proceed	진행하다
integrate	통합시키다	roadwork	도로 공사
report	보도하다	fraud	사기(죄)
thought	생각	phase	단계, 국면
professional	전문적인	constant	끊임없는
fundamental	핵심적인, 기본 원칙	prospective	잠재적인
obtain	획득하다, 얻다	finalize	마무리 짓다
hourly	1시간마다	reveal	밝히다
in response	이에 대응하여	settle	해결하다
broadcast	방송하다, 방송	talented	재능 있는
region	지역	convert	전환시키다
closely	면밀하게, 철저하게	top-rated	최고 등급의

라디오 방송에서 자주 나오는 문제

- **세부사항 문제**

  According to the speaker, why/what ~?
  → 방송에서 안내하는 행사의 구체적인 정보에 대해 묻는데, 주로 담화 중반부에서 단서가 제시된다.

- **다음에 할 일을 묻는 문제**

  What will the speaker most likely do next?/What will the listeners hear next?
  → 화자가 할 일이나 청자가 할 일에 대해 묻는다. 방송 내용에 대해 더 설명한다고 하거나, 다음에 들을 방송(날씨, 교통 방송 등)을 소개하는 내용이 자주 출제된다.

◆ 문제 해석 및 해설

01. 워크숍에서 무엇을 배울 것인가?

(A) 요리법
(B) 창의적 사고
(C) 면접 전략
(D) 기본적인 컴퓨터 기술

담화 초반부에서 요리 워크숍이 열릴 것이라고 안내한 뒤, This course will include basic cooking fundamentals, ~ quick and easy recipes for you라고 했다.
→ 요리법을 배운다는 것을 알 수 있으므로 정답은 (A)이다.

02. 워크숍 후에 참석자들은 무엇을 할 수 있는가?

(A) 요리사 만나기
(B) 음식을 집으로 가져가기
(C) 요리책 구매하기
(D) 쿠폰 받기

담화 후반부에서 Afterwards, feel free to bring home whatever dishes you made라고 했다.
→ dishes you made는 food로, bring은 take로 패러프레이징 된 (B)가 정답이다.

03. 왜 화자는 청자들에게 웹사이트를 방문하라고 요청하는가?

(A) 개요를 읽기 위해
(B) 피드백을 쓰기 위해
(C) 돈을 지불하기 위해
(D) 좌석을 확보하기 위해

담화 마지막에서 Seats are limited and reservations are only available online, so go online to reserve yours!라고 했다.
→ 좌석이 한정되어 있으므로 온라인으로 좌석을 확보할 것을 요청하고 있으므로 정답은 (D)이다.

대표 유형 02 뉴스 보도(news report)

기업의 신제품 출시, 프로모션 행사, 합병 등 다양한 내용이 뉴스 형태로 출제된다.

DAY 14_09

담화가 이해되는 미리 듣기
예제에서 들을 담화의 주요 문장을 미리 들어보세요.

The electronics company OverSurge is sending shockwaves throughout the mobile device industry. 전자 제품 회사인 OverSurge는 무선 단말기 업계에 충격적인 여파를 보내고 있습니다.

It has just created a battery that can be charged remotely without any wires.
어떠한 선도 없이 떨어져 있어도 충전이 되는 배터리를 만들었습니다.

The first mobile phone with this breakthrough battery is scheduled to be released in July.
이 혁신적인 배터리가 장착된 첫 번째 휴대폰이 7월에 출시될 예정입니다.

DAY 14_10 US

실전으로 확장하기
앞서 들은 문장에 집중하여 담화 전체를 들으며 문제를 풀어보세요.

M: Good morning, this is Joshua Young. You're watching Business Update from the number one TV channel, BNF America. The electronics company OverSurge is sending shockwaves throughout the mobile device industry. It has just created a battery that can be charged remotely without any wires. One power source can charge up to 50 batteries at the same time. According to the company's spokesperson, Jessie Vaughn, the battery will be used in the company's mobile phones. The first mobile phone with this breakthrough battery is scheduled to be released in July.

해석 p.136

---

01. What kind of business is OverSurge?

(A) A mobile phone service provider
(B) An electronics manufacturer
(C) A software company
(D) A department store

02. What does the speaker say is special about a new product?

(A) It lasts longer than others of its kind.
(B) It features a high connection speed.
(C) It can fit into a person's pocket.
(D) It does not require any wires.

03. According to the speaker, what is scheduled to be held in July?

(A) A product release
(B) An opening party
(C) An ad campaign
(D) An exposition

리스닝 Point
schedule은 미국식과 영국식 발음이 아주 다른 대표적인 단어이다. 미국식 발음으로는 [스케줄], 영국식 발음으로는 [쉐줄]이라고 들린다.

담화 요약
한 전자 제품 회사가 무선 충전 배터리를 만들었으며, 이 배터리가 장착된 첫 번째 휴대폰이 7월에 출시될 예정이라는 소식을 전하고 있다.

paraphrasing
담화에 나온 아래 표현과 의미가 같은 것을 고르세요.

1. breakthrough (   )
2. without (   )
3. mobile phone (   )

ⓐ does not require
ⓑ discovery
ⓒ product

정답 paraphrasing 1ⓑ 2ⓐ 3ⓒ

자주 출제되는 어휘

cover	보도하다, 취재하다	press	언론
subscribe	구독하다	media coverage	취재 범위
shockwave	충격적인 여파	wage	임금
nationwide	전국적으로	motivate	동기를 부여하다
consume	섭취하다, 소비하다	boost	촉진하다
exposition	전시회	oversee	감독하다
subsidiary	자회사	anticipate	예상하다
benefit	이익, 복지 혜택	much-needed	매우 필요한
assess	평가, 평가하다	consultant	상담가, 자문위원
advance	발전, 진보	findings	연구 결과
compensation	보상(금), 배상	reliability	신뢰도
recognize	인정하다	family-run	가족 경영의
comprehensive	포괄적인	start-up	신규업체, 착수의
regard	여기다, 간주하다	trigger	계기, 촉발시키다
substance	물질	corporation	기업, 법인
segment	단편, 조각, 부분	analyze	분석하다
propose	제안하다	side effect	부작용
pattern	양식, 패턴	point out	설명하다, 지적하다
cost-effective	비용 효율적인	journal	학술지
immensely	엄청나게, 대단히	factor	요인

뉴스 보도에서 자주 나오는 문제

- 무엇에 대한 방송인지 묻는 문제
  What is the broadcast about?
  → 방송이나 뉴스는 처음 소개 이후에 바로 어떤 주제에 대해 다룰지 언급된다. Today~ 이후를 잘 듣도록 한다.

- 어떤 종류의 회사인지 묻는 문제
  What kind of business is OverSurge?
  → 회사명인 고유명사 앞이나 뒤에 어떤 업종인지 제시된다. 첫 문장에서 방송 소개를 하고 바로 뒤이어 나오는 경우가 많으므로 초반부에서 파악할 수 있다.

◆ 문제 해석 및 해설

01. OverSurge는 어떤 종류의 회사인가?
(A) 휴대폰 서비스 제공업체
(B) 전자 제품 제조 업체
(C) 소프트웨어 회사
(D) 백화점

The electronics company OverSurge라고 했다.
→ 전자 제품 업체라는 사실을 알 수 있으므로 정답은 (B)이다.

02. 화자는 신제품에 대하여 무엇이 특별하다고 하는가?
(A) 그 종류의 다른 제품들보다 오래 유지된다.
(B) 빠른 연결 속도가 특징이다.
(C) 사람의 주머니 속에 딱 맞게 들어간다.
(D) 어떠한 선도 필요 없다.

기업 소개에 이어서 It has just created a battery that can be charged remotely without any wires라고 했다.
→ 선(wires)이 필요 없다는 것을 알 수 있으므로 정답은 (D)이다.

03. 화자에 따르면, 7월에 무엇이 열릴 예정인가?
(A) 제품 출시
(B) 개업 파티
(C) 광고 캠페인
(D) 전시회

담화 마지막에서 The first mobile phone with this breakthrough battery is scheduled to be released in July라고 했다.
→ 7월에 휴대폰이 출시될 예정이라고 했으므로 정답은 (A)이다.

DAY 14

유형 연습

문제와 각 선택지의 키워드에 표시하세요. 그리고 나서 담화를 듣고 빈칸에 들어갈 말을 받아쓴 후 정답을 선택해 보세요.

01. What is the news report about?

(A) A new bookstore opening   (B) A change in management

news report

> W: Welcome to Business World Today. This is Emilia Williams. Last Wednesday, the nationwide _____ _____ Owl's Nest announced that Maria Perez will start working as _____ executive _____ beginning September 20. Her extensive _____ and valuable insight will _____ to bouncing up Owl's Nest's lagging sales.

02. What did Toys' Land experience in December?

(A) Relocation of its headquarters   (B) A drop in sales

news report

> M: Good morning. In today's business news, the city's largest toy _____, Toys' Land, released its monthly sales _____ and reported a significant sales _____ of December compared to the same month of the _____ year. Most industry experts are surprised by the almost 30% decrease _____ the fact that December is the _____ _____ for the toy industry.

03. What is the news report about?

(A) A construction project for a new apartment   (B) A recent increase in housing rent

news report

> M: In local news, a city official reported that the City of Battleston has experienced a large _____ of newcomers over the past 18 months. This has caused monthly rent to _____ up to 50%. A _____ at Height Hill Apartment said that the landlord wants to _____ the monthly _____ to $600. His current monthly rental is $450. Most residents are worried about their _____ next year.

paraphrasing
주어진 어휘 또는 표현과 의미가 동일한 것을 연결하세요.

1. extensive   (a) increase
2. decline   (b) comprehensive
3. soar   (c) drop

04. What information can the listeners get from the city's Web site?

(A) Detours (B) Event schedules

radio broadcast

> W: Thanks for listening to HBS Radio. We are only one week _____ _____ the annual Iron Valley Festival. It _____ a talent competition, a night market, and many _____ activities for children. The detailed _____ _____ are _____ on the city's Web site. Traditionally, it begins with a street parade. So, there will be some _____ downtown on the first day of the festival.

05. Who is Patrick Hans?

(A) A worker at the hotel (B) A radio program host

radio broadcast

> W: Good evening WUNB Radio listeners, and welcome to the Redding Local news. Last Saturday, over 300 people _____ at Riverside Park to clean the Sacramento River Trail. The Seaside Redding Hotel sponsored this _____ event and 56 employees _____ this big cause. Patrick Hans, _____ of the hotel's public relations, said that this shows how we can _____ _____ the community for this beautiful nature.

06. What is Cedarville Builders known for?

(A) Short construction periods (B) Ecofriendly building methods

radio broadcast

> M: Welcome to CBN radio's weekly news. Yesterday, Cedarville Builders officially announced that it _____ a three-million-dollar _____ contract with the city government for a new _____ _____. Cedarville Builders was _____ just three years ago, but it became one of the most _____ construction companies with _____ _____ construction methods.

paraphrasing 주어진 어휘 또는 표현과 의미가 동일한 것을 연결하세요.

4. detour • • (a) environmentally friendly
5. manager • • (b) worker
6. ecofriendly • • (c) take alternative routes

01. According to the news report, what will happen by the end of next year?

(A) A major airport will be expanded.
(B) An airline will offer new VIP services.
(C) A new subway line will be completed.
(D) A tourist agency will begin offering more packages.

02. What does Mr. Marsh say will be a benefit of the project?

(A) Comfortable seating
(B) Reduced travel time
(C) Automated service
(D) Cheaper fares

03. According to the speaker, who is most excited by the news?

(A) Construction companies
(B) Airline club members
(C) Airline employees
(D) Travel agents

---

04. What will the city of Engleburg do next year?

(A) Construct a new library
(B) Hold a sports tournament
(C) Launch a tourism campaign
(D) Host an international conference

05. What problem with the project does the speaker mention?

(A) Price increases are expected.
(B) There is not enough funding.
(C) The staff is not large enough.
(D) Most residents oppose it.

06. What will the speaker do next?

(A) Provide some contact information
(B) Interview a city official
(C) Attend an opening ceremony
(D) Take a tour of a site

---

07. What has changed about the festival this year?

(A) It will include special guests.
(B) It will implement new technology.
(C) It will last for one week.
(D) It will use multiple screens.

08. According to the speaker, how can listeners get tickets?

(A) By e-mailing the event planners
(B) By calling the theater's box office
(C) By logging on to the theater's Web site
(D) By visiting the theater in person

09. Why does the speaker say, "The doors for the first film open at 6 P.M."?

(A) To point out an error in a program
(B) To encourage listeners to arrive early
(C) To suggest watching a different film
(D) To emphasize a deadline for buying tickets

---

10. Who is the show intended for?

(A) Small business owners
(B) Human resources workers
(C) Sales representatives
(D) Computer technicians

11. What does Ms. Cohen specialize in?

(A) Language skills
(B) Training methods
(C) Personal finance
(D) Social media

12. What are the listeners asked to do?

(A) Attend an event
(B) Submit their questions
(C) Send a payment
(D) Review a product

13. What kind of event is the broadcast about?

    (A) A grand opening
    (B) A long-distance race
    (C) A community picnic
    (D) A musical performance

14. What will the donations be used for?

    (A) Conducting a study
    (B) Renovating a stadium
    (C) Planting a garden
    (D) Holding some classes

15. According to the speaker, what can listeners do on the Web site?

    (A) Purchase some tickets
    (B) Share their opinions
    (C) Sign up for updates
    (D) View some pictures

16. What is the main topic of the broadcast?

    (A) Selecting locations
    (B) Attracting investors
    (C) Negotiating contracts
    (D) Recruiting good workers

17. What does the speaker imply when she says, "Since then, the number of interested investors has more than doubled"?

    (A) A business had to agree to a merger.
    (B) An audience is easy to target.
    (C) An advertising cost may be too high.
    (D) A method has worked well.

18. What does the speaker say will happen next?

    (A) A specialist will share her thoughts.
    (B) They will return after commercials.
    (C) A contest will be announced.
    (D) They will play some music.

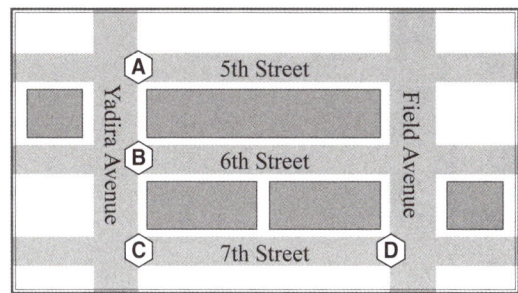

19. What has caused a problem?

    (A) A missing signal
    (B) A broken pipe
    (C) A power outage
    (D) A traffic accident

20. Look at the graphic. Which location does the speaker refer to?

    (A) Location A
    (B) Location B
    (C) Location C
    (D) Location D

21. What will the listeners hear in fifteen minutes?

    (A) Another traffic report
    (B) A sports update
    (C) A weather report
    (D) International news

영단기
토익 솔루션
LC

DAY
15

PART 3 대화 주제 - 박물관·공연장/교통수단

- 대표 주제 01 박물관·공연장
- 대표 주제 02 교통수단

PART 4 담화 유형 - 광고/기타 담화

- 대표 유형 01 광고(advertisement)
- 대표 유형 02 기타 담화

PART 3 박물관·공연장/교통수단

대표 주제 01 박물관·공연장

진행 중인 전시 관련 대화나 공연 관람 후 공연에 대해 의견을 나누는 내용이 출제된다.

DAY 15_01
대화가 이해되는 미리 듣기 예제에서 들을 대화의 주요 문장을 미리 들어보세요.

Can I get four more? 4장 더 구매할 수 있을까요?

I apologize, but there are no more tickets left for that show.
죄송하지만, 그 공연의 티켓은 더 이상 남아있지 않습니다.

And can we all get seated next to each other? 그리고 저희가 모두 서로의 옆에 앉을 수 있을까요?

Don't forget to bring a camera! 카메라 가지고 오시는 것을 잊지 마세요!

리스닝 Point
seated는 미국식 발음으로는 [시리드], 영국이나 호주식 발음으로는 [시티드]로 들린다.

DAY 15_02 [US] [AU]
실전으로 확장하기 앞서 들은 문장에 집중하여 대화 전체를 들으며 문제를 풀어보세요.

W: Hi, I already have two tickets for this theater's play on Saturday afternoon, but some other friends would like to join. Can I get four more?

M: I apologize, but there are no more tickets left for that show. However, there are plenty of seats left for the Sunday evening one.

W: So, could I exchange these tickets for that show instead of having to pay for six tickets for us to all see it together? And can we all get seated next to each other?

M: No problem. By the way, after the evening shows, you can get your picture taken with the cast. Don't forget to bring a camera!

해석 p.142

대화 요약
여자가 토요일 공연 티켓을 추가로 구매할 수 있는지 묻는다. 이에 대해 남자는 토요일은 매진이고 일요일은 가능하다고 하면서 출연진과 사진을 찍을 수 있으니 카메라를 들고 오라고 한다.

01. What are the speakers talking about?
(A) Ticket availability
(B) A floor plan of exhibition room
(C) A meal preference
(D) A seating arrangement

02. Why does the man say he is sorry?
(A) A coupon has expired.
(B) A location has changed.
(C) A parking pass is invalid.
(D) An event is already sold out.

03. What does the man recommend the woman do?
(A) Take a shuttle
(B) Call back later
(C) Bring a camera
(D) Purchase a souvenir

paraphrasing
대화에 나온 아래 표현과 의미가 같은 것을 고르세요.
1. play (   )
2. no more tickets left (   )
3. cast (   )

ⓐ sold out
ⓑ actors
ⓒ event

paraphrasing 정답 1ⓒ 2ⓐ 3ⓑ

자주 출제되는 어휘

play	연극, 공연	fair	박람회
availability	가능성, 유효성	floor plan	도면
cast	출연진	exhibition room	전시실
performance	공연; 업무 성과	seating arrangement	좌석 배치
community	지역사회	enter a raffle	추첨하다
admission	입장	show one's interest	관심을 보이다
rehearsal	리허설	stage	무대
audience	청중, 관객	opening performance	개막식
entertain	즐겁게 하다	entitled	~라는 제목의
collection	수집(물)	allow	허락하다
playhouse	극장	intermission	중간 휴식 시간
fundraising	자금 조달	masterpiece	걸작, 명작
passion	열정	instrument	악기, 도구
portrait	초상화	sculpture	조각(품)
theater	극장	renowned	유명한, 명성있는
release	개봉하다	critic	평론가
lighting	조명	impress	깊은 인상을 주다
exchange A for B	A를 B로 교환하다	anniversary	기념일

> **박물관·공연장에서의 대화에서 자주 나오는 문제**
>
> • 주제 문제
> What are the speakers talking about?
> → 박물관이나 공연장에서 티켓을 구입하거나 공연 관람 후기에 대해 이야기하는 대화가 자주 나온다.
>
> • 제안하는 것을 묻는 문제
> What does the man recommend the woman do?
> → You can~, Don't forget to~, Why don't you~ 와 같은 표현 뒤에 정답의 단서가 제시된다.

◆ 문제 해석 및 해설

01. 화자들은 무엇에 대해 이야기하고 있는가?
(A) 티켓 구매 가능 여부
(B) 전시실의 도면
(C) 선호 음식
(D) 좌석 배치

get four more, no more tickets left, seats left for Sunday, exchange 등의 키워드를 파악한다.
→ 티켓을 더 구매할 수 있는지에 대한 대화를 나누고 있으므로 (A)가 정답이다.

02. 남자는 왜 미안하다고 말하는가?
(A) 쿠폰이 만기되었다.
(B) 장소가 변경되었다.
(C) 주차증이 유효하지 않다.
(D) 행사가 이미 매진이다.

남자가 I apologize, but there are no more tickets left for that show라고 했다.
→ no more tickets를 sold out으로, show를 event로 패러프레이징 한 (D)가 정답이다.

03. 남자는 여자에게 무엇을 할 것을 제안하는가?
(A) 셔틀버스 타기
(B) 나중에 다시 전화하기
(C) 카메라 가져오기
(D) 기념품 구매하기

남자가 대화 마지막에서 By the way, after the evening shows, you can get your picture taken with the cast. Don't forget to bring a camera!라고 했다.
→ (C)가 정답이다.

대표 주제 02 교통수단

셔틀 버스, 카풀, 택시 등 다양한 교통수단을 이용하는 상황에서 이루어지는 대화가 출제된다.

🎵 DAY 15_03

대화가 이해되는 미리 듣기 예제에서 들을 대화의 주요 문장을 미리 들어보세요.

I'm glad to see you here. It means I'm not too late to get a shuttle to the office.
여기서 당신을 만나서 반갑네요. 그건 제가 회사로 가는 셔틀 버스를 타는 데 너무 늦지 않았다는 거니까요.

It should have been here ten minutes ago. 10분 전에 셔틀버스가 여기 왔어야 해요.

I'm a little bit worried that I will be late for the weekly meeting starting at 8:40.
제가 8시 40분에 시작하는 주간 회의에 늦을 것 같아 조금 걱정이 됩니다.

I will call Minsu and ask him to give us a ride today.
Minsu에게 전화해서 오늘 우리를 태워 달라고 부탁해 볼게요.

🎵 DAY 15_04 [BR] [US]

실전으로 확장하기 앞서 들은 문장에 집중하여 대화 전체를 들으며 문제를 풀어보세요.

W: Good morning, Jason. I'm glad to see you here. It means I'm not too late to get a shuttle to the office.

M: Good morning, Olivia. It's unusual for the shuttle bus to not arrive by 8. It should have been here ten minutes ago. I'm a little bit worried that I will be late for the weekly meeting starting at 8:40.

W: I heard a traffic update before I left my home and there was a car accident on the route of our bus. I think that probably caused the delay.

M: Really? If so, I will call Minsu and ask him to give us a ride today. I hope he is still home now.

해석 p.142

리스닝 Point
should have been에서 should의 [d] 발음은 거의 들리지 않고, 세 단어를 한 번에 붙여 말하기 때문에 [슈해빈]과 같이 들린다.

대화 요약
여자와 남자가 출근 길에 셔틀 버스가 도착하지 않는 것을 걱정한다. 남자는 직장 동료인 민수에게 전화를 해서 태워달라고 부탁을 해 보겠다고 한다.

01. Where is the conversation taking place?
    (A) At an office
    (B) At a bus stop
    (C) On a train
    (D) At an airport

02. What does the man imply when he says, "It should have been here ten minutes ago"?
    (A) He could be late for a meeting.
    (B) He might miss a connection.
    (C) He will buy a car.
    (D) He was waiting at the wrong bus stop.

03. What will the man do next?
    (A) Refer to an e-mail
    (B) Change a ticket
    (C) Contact another colleague
    (D) Go to the information center

paraphrasing
대화에 나온 아래 표현과 의미가 같은 것을 고르세요.
1. unusual ( )
2. worried ( )
3. contact ( )

ⓐ call
ⓑ concerned
ⓒ uncommon

paraphrasing 정답 1. ⓒ 2. ⓑ 3. ⓐ

자주 출제되는 어휘

fix a car	차를 수리하다	platform	승강장
stop for fuel	주유소에 들르다	railway	철로
bus route	버스 노선	bypass	우회 도로, 우회하다
transit card	교통 카드	cabin	기내
give A a ride	A를 태워주다	mist	안개
miss a connection	(열차, 비행기 등의) 연결편을 놓치다	runway	활주로
walk over to	~로 걸어가다	cab	택시
highway	고속도로	commute	통근하다, 통근
board a bus	버스에 타다	fare	교통요금
direct flight	직항 항공편	fee	요금
get out of a car	차에서 내리다	fine	벌금
exit the plane	비행기에서 내리다	vehicle	차량, 탈 것
make a stop	정차하다	timely	시기적절하게
driving direction	운전 경로 정보	closure	폐쇄
be backed up	차가 막히는	congestion	(교통의) 혼잡, 정체
ferry dock	선착장	stroll	산책하다
cross the street	길을 건너다	intersection	교차로

교통수단 관련 대화에서 자주 나오는 문제

- 장소 문제
  Where is the conversation taking place?
  → 교통 수단 관련 대화에서 대화가 이루어 지는 장소로 자주 등장하는 곳은 버스 정류장, 승강장(플랫폼), 공항, 기차역이다.

◆ 문제 해석 및 해설

01. 대화가 이루어지는 곳은 어디인가?
  (A) 사무실에서
  (B) 버스 정류장에서
  (C) 기차에서
  (D) 공항에서

여자가 It means I'm not too late to get a shuttle to the office라고 했고, 남자가 It's unusual for the shuttle bus to not arrive by 8. It should have been here ten minutes ago라고 했다.
→ 셔틀 버스를 타려고 하고 있으므로 (B)가 정답이다.

02. 남자가 "10분 전에 셔틀버스가 여기 왔어야 해요"라고 말할 때 암시하는 바는 무엇인가?
  (A) 회의에 늦을 수도 있다.
  (B) 연결편을 놓칠 수도 있다.
  (C) 그는 자동차를 살 것이다.
  (D) 그는 잘못된 버스 정류장에서 기다리고 있었다.

남자가 It should have been here ten minutes ago. I'm a little bit worried that I will be late for the weekly meeting starting at 8:40라고 했다.
→ 8시 40분에 시작하는 회의에 늦을 것을 걱정하면서 10분 전에는 여기 버스가 왔어야 했다고 말하는 것을 알 수 있으므로 (A)가 정답이다.

03. 남자는 다음에 무엇을 할 것인가?
  (A) 이메일을 참고하기
  (B) 티켓을 바꾸기
  (C) 다른 동료에게 연락하기
  (D) 안내 센터로 가기

남자가 대화 마지막에서 If so, I will call Minsu and ask him to give us a ride today라고 했다.
→ call을 contact로, Minsu는 colleague로 패러프레이징 한 (C)가 정답이다.

유형 연습

문제와 각 선택지의 키워드에 표시하세요. 그리고 나서 대화를 듣고 빈칸에 들어갈 말을 받아쓴 후 정답을 선택해 보세요.

01. What caused the detour?

(A) Construction work   (B) A car accident

> W: Good morning, Jason. How was your _____ to the office today? There was an unexpected _____ on Main Street. I was _____ this morning.
>
> M: I listened to the _____ _____ and it said that _____ work started this morning. It won't be _____ until next month. I commuted to the office _____ _____ this morning. It will be good for my health.

02. Where is the conversation most likely taking place?

(A) At a post office   (B) At a theater

> W: Excuse me, I booked a _____ _____ for the 6:30 show. The _____ e-mail said that I need to _____ it _____ at the box office.
>
> M: Okay. What's your last name? And would you please _____ a photo ID?

03. What does the man offer to do?

(A) Give a discount coupon   (B) Sign the woman up for a tour

> M: Welcome to Bologna Museum. Here is your ticket and a _____ _____. Do you need anything else?
>
> W: Yes, I want to _____ more about Angela Russo's artwork. Do you have any _____ guide services?
>
> M: _____, we don't because it is a special exhibition. But we do _____ a guided tour instead. You need to _____ for it first. Shall I do that for you?

paraphrasing
주어진 어휘 또는 표현과 의미가 동일한 것을 연결하세요.

1. resurfacing
2. present
3. register

(a) sign up
(b) show
(c) construction

04. What does the woman suggest doing?

(A) Renting a car (B) Using a shuttle bus

M: Jaime, do you think we need to _____ a car _____ the conference?
W: That would be more _____ if we have something to be handled urgently. But we have a _____ _____, so why don't we just _____ the hotel _____? During the conference, it _____ every 30 minutes from our hotel to the conference center.

05. What will the man do next?

(A) Take some photos (B) Buy some souvenirs

M: The Centerville Ball Park is one of the _____ sports stadiums that I have ever visited.
W: Yes, I read on the board that it was _____ in 1922 and maintained with minimum renovations.
M: Wow, amazing. I'm going to go to the players' locker room and _____ _____ _____ before I stop by the gift shop.

06. What will the speakers take to the airport?

(A) Airport bus (B) Subway

W: We are supposed to _____ _____ the airport in an hour to pick up Mr. Kim. Do you think we need to _____ _____ _____ _____?
M: I don't think so. The airport expressway is fine but there might be _____ _____ downtown. Therefore, we'd better take the _____ to arrive on time.

paraphrasing
주어진 어휘 또는 표현과 의미가 동일한 것을 연결하세요.

4. limited budget   •   • (a) traffic congestion
5. construct   •   • (b) not enough money
6. heavy traffic   •   • (c) build

실전 문제

01. Who most likely is the man?

(A) A theater owner
(B) A film director
(C) A singer
(D) A reporter

02. What does the man ask the woman about?

(A) The available equipment
(B) The expected attendance
(C) The lighting arrangement
(D) The rehearsal times

03. What does the woman say the theater did for the first time?

(A) Offered discounted rates for groups
(B) Broadcasted a show on its Web site
(C) Advertised exclusively online
(D) Extended the box office hours

---

04. Why is the woman calling the business?

(A) To report a lost item
(B) To request a refund
(C) To change her flight
(D) To sign up for a program

05. What does the man ask the woman for?

(A) A confirmation code
(B) A passport number
(C) A seat preference
(D) A credit card number

06. Why does the man say, "There's one departing at 6 A.M."?

(A) To suggest a solution
(B) To correct a scheduling error
(C) To apologize for a delay
(D) To explain when to call back

---

07. What kind of event are the speakers discussing?

(A) A film festival
(B) A sales workshop
(C) A musical performance
(D) A gallery opening

08. What do the men decide to do?

(A) Read some reviews
(B) Leave the office early
(C) Have a meal together
(D) Make a booking online

09. What does Leon ask the woman to do?

(A) Practice a presentation
(B) Update a schedule
(C) Print a receipt
(D) Contact a client

---

10. What do the speakers plan to do next week?

(A) Host a client appreciation banquet
(B) Go on a business trip together
(C) Train some newly hired staff members
(D) Tour a potential building site

11. According to the man, what has the company recently done?

(A) Changed a reimbursement policy
(B) Canceled a car rental contract
(C) Finalized some service agreements
(D) Paid bonuses to employees

12. Why does the man say, "the 408 bus runs every half hour"?

(A) To correct some outdated details
(B) To encourage the woman to hurry
(C) To confirm an itinerary
(D) To suggest a change of plans

13. What does the woman offer the man?

    (A) A role in an upcoming show
    (B) Tickets to a performance
    (C) Some meal vouchers
    (D) A ride to the office

14. What does the man imply when he says, "I live close to Brookshire Theater"?

    (A) He needs driving directions.
    (B) He is interested in the offer.
    (C) He does not like theater shows.
    (D) He cannot afford to purchase tickets.

15. What does the woman agree to do?

    (A) Take some pictures
    (B) Reserve some seats
    (C) Have a meal with the man
    (D) Work from another office for a day

---

16. Why did the woman call the man?

    (A) To remind him of an upcoming event
    (B) To ask him to postpone a meeting
    (C) To introduce a business associate
    (D) To tell him that she will be late

17. What does the man suggest doing?

    (A) Offering an apology
    (B) Requesting a refund
    (C) Using public transportation
    (D) Rescheduling a client meeting

18. What does the woman say she will do?

    (A) Give a presentation
    (B) Contact some clients
    (C) Forward a text message
    (D) Apply for a parking pass

Stamford Museum of History

HISTORY MUSICAL (AGES 6~13)	$5.25
LECTURE: LOCAL HISTORICAL FIGURES	$7.75
MOVIE: FIRST SETTLERS	$8.50
GUIDED ARTIFACT TOUR	$9.90

19. Look at the graphic. How much will the man pay to attend a special event?

    (A) $5.25
    (B) $7.75
    (C) $8.50
    (D) $9.90

20. What does the woman say about the noon showing?

    (A) It is popular among visitors.
    (B) Seating is assigned in advance.
    (C) The museum is offering a discount.
    (D) It might be hard to find a seat.

21. What does the woman say the man will have to provide?

    (A) A membership card
    (B) A photo ID
    (C) A ticket
    (D) A receipt

PART 4 광고/기타 담화

대표 유형 01 광고(advertisement)

가전 제품이나 가구와 같은 제품이나 무료 배송 서비스, 정원 관리 서비스 등 서비스에 관한 광고가 출제된다.

🎵 DAY 15_07

담화가 이해되는 미리 듣기 예제에서 들을 담화의 주요 문장을 미리 들어보세요.

If you need to go grocery shopping, then Tammy's Market is the place!
만약 식료품 쇼핑을 가셔야 한다면, Tammy's Market이 그 장소입니다!

As of next month, there will be several tasting stations set up throughout our store so that you can sample some of the foods we sell for free.
다음 달부터 저희가 판매하는 음식들을 무료로 시식해 보실 수 있도록 저희 매장 여기 저기에 시식할 수 있는 장소를 설치해 놓을 것입니다.

We have posted our weekly sales flyer on our Web site.
저희 웹사이트에 주간 판매 전단지를 게시해 두었습니다.

🎵 DAY 15_08 [US]

실전으로 확장하기 앞서 들은 문장에 집중하여 담화 전체를 들으며 문제를 풀어보세요.

W: If you need to go grocery shopping, then Tammy's Market is the place! We offer the freshest meats and produce, and even have an in-house bakery to provide fresh bread options. Also, as of next month, there will be several tasting stations set up throughout our store so that you can sample some of the foods we sell for free. In order to help you prepare a shopping list, we have posted our weekly sales flyer on our Web site. Be sure to look there so that you can plan your meals for the week!

해석 p.148

리스닝 Point
set up의 경우 미국식 발음에서는 [세럽]으로, 영국이나 호주식 발음에서는 [세텁]으로 들린다.

담화 요약
식료품점에서 다음 달부터 무료 시식 장소가 마련될 것이며, 한 주 동안의 판매 전단지를 확인할 수 있도록 웹사이트를 확인할 것을 알리고 있다.

paraphrasing
담화에 나온 아래 표현과 의미가 같은 것을 고르세요.
1. look ( )
2. meat and produce ( )
3. sample ( )

ⓐ groceries
ⓑ view
ⓒ taste

01. What kind of business is the advertisement for?
    (A) A catering service
    (B) A grocery store
    (C) A restaurant
    (D) A café

02. What will members be able to do as of next month?
    (A) Try free samples
    (B) Place orders online
    (C) Consult a nutritionist
    (D) Purchase organic foods

03. Why should the listeners visit a Web site?
    (A) To get recipes
    (B) To give feedback
    (C) To check a location
    (D) To view an online flyer

paraphrasing 정답 1 ⓑ 2 ⓐ 3 ⓒ

자주 출제되는 어휘

groceries	식료품	flea market	벼룩 시장
be bound to	~하려고 하다	mark down	할인하다
daytime	낮 동안의	charger	충전기
expert	전문가	basically	기본적으로
nutritionist	영양사	disposable product	일회용품
interrupt	방해하다	gladly	기쁘게
produce	농산물	in need of	~을 필요로 하는
make a payment	결제하다	in installments	할부로
look over	검토하다	as of	~로 부터, 현재로
for free	무료로	wearable	착용할 수 있는
debut	첫 출시, 데뷔	at no extra charge	추가 요금 없이
normal	보통의	instructional	교육용의
be on display	전시 중이다	save	절약하다, 아끼다
purse	지갑	cosmetics	화장품
take effort	힘이 들다, 노력을 필요로 하다	store security system	매장 보안 시스템
shorten	짧아지다, 단축하다	narrow	좁은
stick to	방침을 고수하다	mere	겨우 ~의
hassle	귀찮은 일	sync with	~와 동시에 움직이다

서비스 광고에서 자주 나오는 문제

- 업체의 웹사이트를 왜 방문해야 하는지 묻는 문제
  Why should the listeners visit a Web site?
  → 할인 정보, 행사 정보, 카탈로그를 보기 위해 업체의 웹사이트에 방문하라는 내용이 자주 출제된다.

◆ 문제 해석 및 해설

01. 광고는 어떤 종류의 사업체를 위한 것인가?
  (A) 출장 요리 서비스
  (B) 식료품점
  (C) 레스토랑
  (D) 카페

첫 문장에서 If you're need to go grocery shopping, then Tammy's Market is the place!라고 했다.
→ 식료품점을 광고하고 있다는 것을 알 수 있으므로 정답은 (B)이다.

02. 다음 달부터 회원들은 무엇을 할 수 있는가?
  (A) 무료 시식하기
  (B) 온라인으로 주문하기
  (C) 영양사와 상담하기
  (D) 유기농 음식 구매하기

중반부에서 Also, as of next month, there will be several tasting stations set up throughout our store so that you can sample some of the foods we sell for free라고 했다.
→ 다음 달부터 무료 시식을 할 수 있으므로 정답은 (A)이다.

03. 청자들은 왜 웹사이트를 방문해야 하는가?
  (A) 요리법을 얻기 위해
  (B) 피드백을 주기 위해
  (C) 위치를 확인하기 위해
  (D) 온라인 전단지를 보기 위해

후반부에서 we have posted our weekly sales flyer on our Web site. Be sure to look there ~ 라고 했다.
→ look이 view로 패러프레이징 된 (D)가 정답이다.

PART 4

대표 유형 02 기타 담화(talk)

신제품 출시 행사에서 제품을 소개 및 시연하거나 강연에서 발표하는 내용이 출제된다.

🎧 DAY 15_09

담화가 이해되는 미리 듣기 예제에서 들을 담화의 주요 문장을 미리 들어보세요.

Delaney Auto, in collaboration with Millenium Electronics, has created a new digital windshield for cars.
Delaney 자동차는 Millenium 전자와 협력하여 새로운 자동차 디지털 바람막이 유리를 만들었습니다.

The driver can customize the display to show things such as speed, fuel, and GPS directions.
운전자는 속도, 연료, 그리고 GPS 방향을 보여주는 화면을 맞춤화 할 수 있습니다.

Now, the camera crew and I are going to take a turn inside the car to give you a demonstration of how it works. 이제, 카메라 팀과 제가 차 안으로 들어가 어떻게 작동하는지 보여드리겠습니다.

🎧 DAY 15_10

실전으로 확장하기 앞서 들은 문장에 집중하여 담화 전체를 들으며 문제를 풀어보세요.

M: Delaney Auto, in collaboration with Millenium Electronics, has created a new digital windshield for cars. At first glance, it looks like any ordinary windshield. However, from inside the car, you can see digital displays on a see-through screen. The driver can customize the display to show things such as speed, fuel, and GPS directions. People who have test driven cars equipped with it say that it makes them feel like they were in a science fiction movie. Now, the camera crew and I are going to take a turn inside the car to give you a demonstration of how it works.

해석 p.148

01. Why is the talk being given?

(A) To announce a company merger
(B) To introduce new technology
(C) To report on driving statistics
(D) To promote a brand

02. What does the speaker say is a feature of the screen?

(A) Internet connectivity
(B) Touch screen interface
(C) Customizable displays
(D) Automatic software updates

03. What is the speaker most likely going to do next?

(A) Demonstrate a product
(B) Begin accepting orders
(C) Cut to a commercial
(D) Interview a driver

리스닝 Point

directions은 미국식 발음의 경우 [디렉션s]로, 영국이나 호주식 발음의 경우 [다이렉션s]로 들린다.

담화 요약

자동차의 새 디지털 바람막이 유리를 소개하고 있다. 맞춤화된 화면이 차별화되는 특징이며, 화자가 차에 타서 시범을 보여주려고 한다.

paraphrasing

담화에 나온 아래 표현과 의미가 같은 것을 고르세요.

1. collaboration (   )
2. screen (   )
3. demonstrate (   )

ⓐ working together
ⓑ show
ⓒ display

정답 paraphrasing 1 ⓐ 2 ⓒ 3 ⓑ

자주 출제되는 어휘

collaboration	협동, 협력	detach	분리하다
windshield	방풍 유리, 바람막이 유리	shorten	짧게 하다
glance	훑어보다, 곁눈질	commercial	광고, 상업적인
ordinary	평범한, 보통의	devise	고안하다, 생각해내다
occur	발생하다	prove	증명하다
display	전시하다, 화면	assemble	조립하다
publicize	광고하다, 홍보하다	reliable	믿을 수 있는
operator	(기계를) 조작하는 사람	habit	습관, 취미
instrument	기구, 악기	unique	독특한, 유일무이한
equipped	장비가 갖추어진	obtain	받다, 얻다
auditorium	강당	automate	자동화하다
merger	합병	feasible	실현 가능한
reassure	재확인시키다	invent	고안하다, 발명하다
demonstration	시연	complicated	복잡한, 까다로운
spectator	관중	manufacture	제조하다, 생산하다
floor manager	현장 감독관	individual	개인의, 개개의

제품 시연 담화에서 자주 나오는 문제

• 목적 문제

Why is the talk being given?
→ 신제품이나 새로운 서비스를 소개하는 내용이 가장 자주 출제된다.

◆ 문제 해석 및 해설

01. 담화는 왜 이루어지고 있는가?
(A) 회사 합병을 발표하기 위해
(B) 새로운 기술을 소개하기 위해
(C) 운전 통계 자료를 보고하기 위해
(D) 브랜드를 홍보하기 위해

첫 문장에서 Delaney Auto, in collaboration with Millenium Electronics, has created a new digital windshield for cars.라고 했다.
→ 첫 문장에서 신제품을 소개하고 있다는 것을 알 수 있고, 전체 내용이 a new digital windshield에 관한 내용이므로 정답은 (B)이다.

02. 화자는 화면의 특징이 무엇이라고 말하는가?
(A) 인터넷 접속 가능성
(B) 터치 스크린 인터페이스
(C) 맞춤화 된 화면
(D) 자동 소프트웨어 업데이트

중반부에서 The driver can customize the display to show things such as speed, fuel, and GPS directions.라고 했다.
→ 화면의 특징이 개인에 맞춤화 될 수 있다고 했으므로 정답은 (C)이다.

03. 화자는 다음에 무엇을 할 것인가?
(A) 상품을 시연하기
(B) 주문을 받기 시작하기
(C) 광고로 바꾸기
(D) 운전자와 인터뷰하기

마지막에 Now, the camera crew and I are going to take a turn inside the car to give you a demonstration of how it works.라고 했다.
→ 화자가 어떻게 작동하는지 보여주겠다고 했으므로 정답은 (A)이다.

유형 연습

문제와 각 선택지의 키워드에 표시하세요. 그리고 나서 담화를 듣고 빈칸에 들어갈 말을 받아쓴 후 정답을 선택해 보세요.

01. What will the listeners do next?

(A) See a video   ((B) Tour a house

talk

> M: Good afternoon. I'm Bob Ring, director of Wellington Valley Homes and Property. Thank you for coming to this _____ seminar about _____ _____ transactions. I will give you a clear overview of what you will _____ when buying or renting a _____. I will share with you both good and bad cases. Now, would you please _____ this short _____?

02. Where is the talk taking place?

(A) At an industry exhibition   (B) At an electronics store

talk

> W: Thank you for visiting our _____. We, Irwin Electronics, are one of the most reliable kitchen utensil _____ and we attend the Chicago Culinary Expo with _____ _____ every year. This year, we have _____ a new fryer for commercial use. It features a non-chemical auto filtering technology, so you can reduce oil use. I will show you _____ _____ _____ now.

03. What product is being discussed?

(A) Sunglasses   (B) A digital camera

talk

> M: Hello, welcome to the Optical Instrument Expo. My name is Jeff. Today, I will introduce a new _____ _____ that we just released on the _____. You have probably missed a great moment to _____ _____ _____ due to a long response time of your digital camera. That's why people _____ to take a photo with their _____. If you just _____ the shutter, it will be ready to take a photo in a second.

paraphrasing 주어진 어휘 또는 표현과 의미가 동일한 것을 연결하세요.

1. watch   •   • (a) see
2. show how it works   •   • (b) present
3. introduce   •   • (c) demonstrate

04. Why are items on sale?

(A) A store is moving to another location. (B) New products will arrive soon.

advertisement

> M: After over 20 years _____ _____ downtown, Bed & Beddings is about to _____ to Lloyd Mall. All of the items currently in stock will _____ _____ at 20% off. All displayed items in the showroom are drastically _____ for clearance. Come today and check their _____. Hurry up! Don't miss this _____ opportunity.

05. How can listeners get a discount?

(A) By referring to an advertisement (B) By registering for a newsletter

advertisement

> W: Do you want to avoid _____ of _____ work such as tree trimming and grass mowing? That's why Dominguez Landscaping is here at Centerville. Call us today to get a free _____ _____. One of our experienced _____ will visit your home or building. _____ this ad when you _____ our service, and you will get 20% off.

06. Where does the speaker most likely work?

(A) At a delivery company   (B) At a supermarket

advertisement

> W: Are you _____ _____ to go grocery shopping every day? We will _____ the Pick-up Grocery service. Just _____ your groceries online at our Web site and _____ a time for you to pick them up. Our workers will bag the _____ you ordered. All you have to do is _____ _____ one of the counters and pick up your order. We will open a drive-through window soon.

---

paraphrasing 주어진 어휘 또는 표현과 의미가 동일한 것을 연결하세요.

4. drastically •   • (a) mention
5. refer to   •   • (b) launch
6. introduce   •   • (c) greatly

실전 문제

01. What kind of product does the company sell?

(A) Cash registers
(B) Inventory software
(C) Packaging materials
(D) Security systems

02. What feature does the speaker emphasize?

(A) The product is affordable.
(B) It is an all-in-one product.
(C) Customers have written positive reviews.
(D) Updates are given automatically.

03. What is being offered for free for a limited time?

(A) An extended warranty
(B) Delivery
(C) A trial period
(D) Installation

---

04. According to the speaker, what has the business recently done?

(A) Added more classes
(B) Expanded a building
(C) Opened a second branch
(D) Reduced its prices

05. Who is Carol?

(A) A tour guide
(B) A fitness instructor
(C) A charity founder
(D) A business owner

06. What does the speaker mean when he says, "I always have mine with me"?

(A) He is able to respond to listeners' needs quickly.
(B) He wants to find a more lightweight item.
(C) He can show an updated copy of some information.
(D) He is encouraging the listeners to buy a product.

---

07. Who most likely is the speaker?

(A) A film director
(B) An event planner
(C) A company founder
(D) A board member

08. What will the quarterly profits be used for?

(A) Funding environmental research
(B) Setting up a scholarship fund
(C) Investing in alternative energy
(D) Providing training to employees

09. According to the speaker, what is available near the entrance?

(A) Company brochures
(B) Light refreshments
(C) Registration forms
(D) Presenter schedules

---

10. What is Green Table?

(A) A farmers' association
(B) A meal plan service
(C) A grocery store
(D) A restaurant

11. What does the speaker mean when she says, "No one has time for that"?

(A) A task requires too much time and effort.
(B) A team needs to recruit more members.
(C) An application deadline has passed.
(D) An event has been canceled.

12. Why should listeners act quickly?

(A) It takes time to schedule deliveries.
(B) There are not many availabilities left.
(C) A special promotion is being offered.
(D) A deadline has been changed.

13. What is the advertisement about?

    (A) A hair salon
    (B) A fashion studio
    (C) A dental clinic
    (D) A fitness facility

14. What has the business recently done?

    (A) Extended its hours
    (B) Opened another branch
    (C) Changed its location
    (D) Received an award

15. Why are the listeners invited to visit a Web site?

    (A) To read about the staff
    (B) To download a coupon
    (C) To view some images
    (D) To book an appointment

16. What is being advertised?

    (A) A kitchen appliance
    (B) A power tool
    (C) A software program
    (D) A smartphone app

17. What does the speaker highlight about the product?

    (A) Its lightweight design
    (B) Its low price
    (C) Its generous warranty
    (D) Its long-lasting battery

18. According to the speaker, what will be available next month?

    (A) Comment forums
    (B) Membership discounts
    (C) Instructional videos
    (D) Monthly newsletters

Coyote Cable Package Options		
Package	Includes	Monthly Fee
A	Local TV	$14.99
B	Local TV + Internet	$24.99
C	Local & Cable TV + Internet	$34.99
D	Local & Cable & Movie TV + Internet	$44.99

19. Where most likely are the listeners?

    (A) At a training session
    (B) At a shopping mall
    (C) At a product demonstration
    (D) At a TV show

20. Look at the graphic. According to the speaker, which package should the listeners recommend?

    (A) Package A
    (B) Package B
    (C) Package C
    (D) Package D

21. What is provided as an incentive?

    (A) Movie tickets
    (B) Cash bonuses
    (C) Equipment upgrades
    (D) Extra paid vacation days

영단기
토익 솔루션
LC

ACTUAL TEST

LISTENING TEST

In the listening test, you will be asked to demonstrate how well you understand spoken English. The entire Listening test will last approximately 45 minutes. There are four parts, and directions are given for each part. You must mark your answers on the separate answer sheet. Do not write your answers in your test book.

PART 1

Directions: For each question in this part, you will hear four statements about a picture in your test book. When you hear the statements, you must select the one statement that best describes what you see in the picture. Then find the number of the question on your answer sheet and mark your answer. The statements will not be printed in your test book and will be spoken only one time.

Statement (C), "The man is holding a book", is the best description of the picture, so you should select answer (C) and mark it on your answer sheet.

01.

02.

03.

04.

05.

06.

PART 2

Directions: You will hear a question or statement and three responses spoken in English. They will not be printed in your test book and will be spoken only one time. Select the best response to the question or statement and mark the letter (A), (B), or (C) on your answer sheet.

07. Mark your answer on your answer sheet.

08. Mark your answer on your answer sheet.

09. Mark your answer on your answer sheet.

10. Mark your answer on your answer sheet.

11. Mark your answer on your answer sheet.

12. Mark your answer on your answer sheet.

13. Mark your answer on your answer sheet.

14. Mark your answer on your answer sheet.

15. Mark your answer on your answer sheet.

16. Mark your answer on your answer sheet.

17. Mark your answer on your answer sheet.

18. Mark your answer on your answer sheet.

19. Mark your answer on your answer sheet.

20. Mark your answer on your answer sheet.

21. Mark your answer on your answer sheet.

22. Mark your answer on your answer sheet.

23. Mark your answer on your answer sheet.

24. Mark your answer on your answer sheet.

25. Mark your answer on your answer sheet.

26. Mark your answer on your answer sheet.

27. Mark your answer on your answer sheet.

28. Mark your answer on your answer sheet.

29. Mark your answer on your answer sheet.

30. Mark your answer on your answer sheet.

31. Mark your answer on your answer sheet.

PART 3

Directions: You will hear some conversations between two or more people. You will be asked to answer three questions about what the speakers say in each conversation. Select the best response to each question and mark the letter (A), (B), (C), or (D) on your answer sheet. The conversations will not be printed in your test book and will be spoken only one time.

32. Where most likely do the speakers work?
    (A) At a warehouse
    (B) At a housekeeping service
    (C) At a bakery
    (D) At an electronics store

33. What feature of the product does the man mention?
    (A) It is made at a local business.
    (B) It has a pleasant smell.
    (C) It does not harm the environment.
    (D) It gets results quickly.

34. What is the man asked to do?
    (A) Come to work early
    (B) Unpack some supplies
    (C) Confirm an address
    (D) Get pricing details

35. What does the man need to do?
    (A) Contact a client
    (B) Scan a document
    (C) Wait for a delivery
    (D) Send an e-mail

36. What does the woman ask the man to do?
    (A) Post a notice
    (B) Come back later
    (C) Complete a form
    (D) Order some supplies

37. What does the woman mention about the sales department?
    (A) It is recruiting some new employees.
    (B) It recently purchased equipment.
    (C) It is temporarily closed for the day.
    (D) It has backup copies of some files.

38. What problem does the man tell the woman about?
    (A) He was moved to another workspace.
    (B) He lost his employee badge.
    (C) He cannot enter an area.
    (D) He needs to order some equipment.

39. What does the woman imply when she says, "I just got back from lunch"?
    (A) She does not want to take a break now.
    (B) She forgot to check on the laboratory.
    (C) She might not have up-to-date information.
    (D) She is behind on an urgent project.

40. What is the man asked to do?
    (A) Sign a form
    (B) Come back later
    (C) Read a manual
    (D) Present an ID card

41. What is the conversation mainly about?
    (A) A schedule for a building renovation
    (B) An upcoming visit from investors
    (C) A plan for a company's product launch
    (D) A training session for new employees

42. What does the man say he wants to do?
    (A) Adjust a budget
    (B) Give a tour
    (C) Lead a discussion
    (D) Join a committee

43. What will the woman do next?
    (A) Send a list of names
    (B) Review a proposal
    (C) Print a schedule
    (D) Conduct a meeting

GO ON TO THE NEXT PAGE

44. What kind of event is the conversation about?
(A) A store sale
(B) A musical performance
(C) An art exhibition
(D) An academic lecture

45. What do the men decide to do?
(A) Reserve some tickets online
(B) Ride to an event together
(C) Confirm their interest by e-mail
(D) Have dinner before the event

46. What does the woman say she will do later today?
(A) Collect a payment
(B) Download a brochure
(C) Visit the men's offices
(D) Print driving directions

47. Why is the woman calling?
(A) To set up an interview
(B) To reschedule an appointment
(C) To inquire about service fees
(D) To recommend a job applicant

48. What does the man imply when he says, "she's been here longer than Elizabeth"?
(A) He believes that a price difference is fair.
(B) He thinks Sandra should get a promotion.
(C) He wants to explain a hiring decision.
(D) He is confident in Sandra's abilities.

49. What does the woman plan to do?
(A) E-mail a file
(B) Visit another branch
(C) Call back later
(D) Check a contract

50. What did the man do last month?
(A) He purchased a new home.
(B) He went on a business trip.
(C) He received a job promotion.
(D) He joined a fitness center.

51. Why does the woman recommend Bernie's?
(A) It received positive customer reviews.
(B) It is near the speakers' office.
(C) It gives free repairs to customers.
(D) It has a wide selection of goods.

52. What does the woman offer to do?
(A) Bring a catalog
(B) Check some components
(C) Find a business card
(D) Print a coupon

53. What will participants be able to do on the tour?
(A) Purchase farming machinery
(B) Pick their own fruit
(C) Watch juice being produced
(D) Interact with animals

54. What are participants encouraged to do?
(A) Take frequent breaks
(B) Get a lot of photos
(C) Stay on the trail
(D) Wear protective gear

55. According to the man, what is the site famous for?
(A) Its beautiful scenery
(B) Its educational programs
(C) Its donations to charity
(D) Its environmental responsibility

56. What most likely is the man's occupation?
(A) Safety inspector
(B) Landscaping worker
(C) Property appraiser
(D) Financial advisor

57. What is the woman considering doing?
(A) Starting her own business
(B) Selling a piece of land
(C) Making her home larger
(D) Retiring from her job

58. According to the man, why should the woman visit a Web site?
(A) To read a list of regulations
(B) To sign up for an initial consultation
(C) To view feedback from past clients
(D) To get another branch's contact number

59. What does the man want to do?
(A) Purchase some food
(B) Send a package
(C) Print some documents
(D) Book a hotel room

60. What does the man express surprise about?
(A) The limited selection
(B) The fee for a service
(C) The distance to a site
(D) The hours of operation

61. What does the woman offer to give the man?
(A) A refund
(B) A map
(C) A coupon
(D) A beverage

Business Directory	
Building 101	Meadow Supplies
Building 102	Shoreline Co.
Building 103	Crescent Insurance
Building 104	Yahola Inc.

62. What is the man trying to do?
(A) Request a repair
(B) Promote a product
(C) Order some equipment
(D) Make a delivery

63. Why should the man visit the woman's office?
(A) To pick up a business card
(B) To complete a form
(C) To meet a client
(D) To return some goods

64. Look at the graphic. In which building does the man work?
(A) Building 101
(B) Building 102
(C) Building 103
(D) Building 104

Vienna Dance Troupe at Oso Theater
November 3 at 7:30 P.M.

| Café opens | at 6:00 P.M. |
| Theater opens | at 6:30 P.M. |

65. Look at the graphic. When do the speakers agree to meet?
(A) At 6:00 P.M.
(B) At 6:30 P.M.
(C) At 7:00 P.M.
(D) At 7:30 P.M.

66. According to the man, why did the show's tickets sell quickly?
(A) It features a famous dancer.
(B) It was given great reviews by critics.
(C) It is the last show of the tour.
(D) It had discounted entrance tickets.

67. What does the man suggest doing?
(A) Purchasing a souvenir
(B) Inviting some coworkers
(C) Having dinner together
(D) Taking public transportation

Management Team: Department Heads	
Sales and Marketing	Nicole Reed
Accounting	Karl Medlock
Human Resources	Randy Santiago
Public Relations	Gloria Watts

68. Where most likely is the conversation taking place?
(A) At a law firm
(B) At a real estate company
(C) At an insurance agency
(D) At a Web development business

69. Look at the graphic. Which department will have an opening from next month?
(A) Sales and Marketing
(B) Accounting
(C) Human Resources
(D) Public Relations

70. What does the woman offer to do?
(A) Make an announcement
(B) Post a job description
(C) Train a new employee
(D) Meet with the president

PART 4

Directions: You will hear some talks given by a single speaker. You will be asked to answer three questions about what the speaker says in each talk. Select the best response to each question and mark the letter (A), (B), (C), or (D) on your answer sheet. The talks will not be printed in your book and will be spoken only one time.

71. What is the advertisement about?
    (A) A travel agency
    (B) Some language classes
    (C) Translation services
    (D) A lecture on international trade

72. What benefit does the speaker mention?
    (A) A money-back guarantee
    (B) A convenient location
    (C) A free assessment
    (D) A low price

73. What are new customers eligible to win?
    (A) A flight upgrade
    (B) A hotel stay
    (C) A spa voucher
    (D) A free gift

74. Who is Natalia Kolstad?
    (A) A musician
    (B) A scientist
    (C) An athlete
    (D) A politician

75. What is Natalia Kolstad working on now?
    (A) Passing government regulations
    (B) Planning a building project
    (C) Participating in cleanup efforts
    (D) Promoting a tourist site

76. According to the speaker, what will Natalia Kolstad do in April?
    (A) Publish a book
    (B) Judge a competition
    (C) Open an institute
    (D) Change her career field

77. Who most likely is the speaker?
    (A) A supermarket employee
    (B) A food critic
    (C) A restaurant server
    (D) A cooking instructor

78. What does the speaker imply when she says, "most people consider sharing"?
    (A) The bill is calculated fairly.
    (B) A portion size is large.
    (C) The business is asking for feedback.
    (D) A seating area is crowded.

79. According to the speaker, what will the business do next month?
    (A) Interview job applicants
    (B) Provide samples to customers
    (C) Offer a wider range of items
    (D) Receive publicity in a publication

80. Who is the message for?
    (A) A property manager
    (B) An electrician
    (C) A construction worker
    (D) A delivery person

81. What does the speaker most likely mean when he says, "it's been two weeks"?
    (A) Some workers are waiting for payment.
    (B) An entrance should be reopened.
    (C) Some trash should be removed.
    (D) He has recently moved to a new home.

82. What does the speaker say he will do this afternoon?
    (A) Call the listener back
    (B) Depart for a business trip
    (C) Attend a medical appointment
    (D) Wait in the lobby

83. What type of item is the speaker discussing?
(A) T-shirts
(B) Business cards
(C) Tote bags
(D) Ballpoint pens

84. What is the listener eligible to receive?
(A) Free shipping
(B) A discount voucher
(C) Additional items
(D) A product catalog

85. What does the speaker imply when she says, "our printers work around the clock"?
(A) No malfunctions have been reported.
(B) The company uses state-of-the-art equipment.
(C) There is an extra charge for overtime work.
(D) Items can be available on short notice.

86. Why is the speaker giving the talk?
(A) To introduce a device
(B) To request some adjustments
(C) To train some employees
(D) To gather some feedback

87. What feature of the Utley-180 does the speaker discuss?
(A) Its shuts off automatically.
(B) It is easy to carry.
(C) Its does not use much energy.
(D) It has a compact size.

88. What will the speaker probably do next?
(A) Recruit some volunteers
(B) Present a slideshow
(C) Summarize a manual
(D) Demonstrate some accessories

89. Who most likely are the listeners?
(A) Potential employees
(B) Company managers
(C) Government inspectors
(D) Newspaper journalists

90. What does the speaker imply when she says, "Ms. Martinez will make the arrangements"?
(A) The listeners will be required to travel.
(B) Ms. Martinez plans to give a presentation.
(C) Some groups have not been determined yet.
(D) The speaker wants to correct an error.

91. What will the speaker do next?
(A) Introduce a colleague
(B) Distribute some paperwork
(C) Show a video
(D) Give a presentation

92. What is the talk mainly about?
(A) A vacation policy
(B) A job promotion
(C) A payment schedule
(D) A new manager

93. What does the speaker ask the listeners to do?
(A) Express a preference
(B) Attend a reception
(C) Work additional hours
(D) Review a pay slip

94. What will the speaker do by the end of the week?
(A) Post a sign-up sheet
(B) Hold a training session
(C) Send some forms
(D) Select a topic

Training Room Assignments	
Administration	204
Finance	206
Human Resources	301
Marketing	302

95. According to the speaker, what will the company do next month?
 (A) Increase security measures
 (B) Hire some part-time workers
 (C) Develop a new database
 (D) Change a compensation package

96. Look at the graphic. In which department does the speaker most likely work?
 (A) Administration
 (B) Finance
 (C) Human Resources
 (D) Marketing

97. What will the listeners do in two hours?
 (A) Leave for the day
 (B) Take an examination
 (C) Watch an instructional video
 (D) Have a meal together

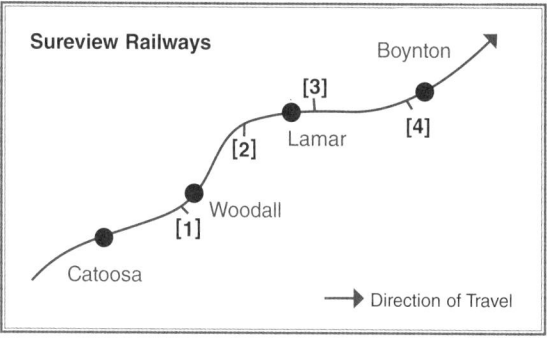

98. According to the speaker, what are the listeners now permitted to do?
 (A) Exchange some tickets
 (B) Order hot beverages
 (C) Store their luggage
 (D) Get a seat upgrade

99. Look at the graphic. Where most likely is the train now?
 (A) Point 1
 (B) Point 2
 (C) Point 3
 (D) Point 4

100. Where does the speaker say that the listeners can get more information?
 (A) From a smartphone application
 (B) From an on-board magazine
 (C) From a departures board
 (D) From a ticket receipt

ANSWER SHEET

LISTENING (Part I ~ Part IV)

NO.	ANSWER	NO.	ANSWER	NO.	ANSWER	NO.	ANSWER	NO.	ANSWER
1	Ⓐ Ⓑ Ⓒ Ⓓ	21	Ⓐ Ⓑ Ⓒ Ⓓ	41	Ⓐ Ⓑ Ⓒ Ⓓ	61	Ⓐ Ⓑ Ⓒ Ⓓ	81	Ⓐ Ⓑ Ⓒ Ⓓ
2	Ⓐ Ⓑ Ⓒ Ⓓ	22	Ⓐ Ⓑ Ⓒ Ⓓ	42	Ⓐ Ⓑ Ⓒ Ⓓ	62	Ⓐ Ⓑ Ⓒ Ⓓ	82	Ⓐ Ⓑ Ⓒ Ⓓ
3	Ⓐ Ⓑ Ⓒ Ⓓ	23	Ⓐ Ⓑ Ⓒ Ⓓ	43	Ⓐ Ⓑ Ⓒ Ⓓ	63	Ⓐ Ⓑ Ⓒ Ⓓ	83	Ⓐ Ⓑ Ⓒ Ⓓ
4	Ⓐ Ⓑ Ⓒ Ⓓ	24	Ⓐ Ⓑ Ⓒ Ⓓ	44	Ⓐ Ⓑ Ⓒ Ⓓ	64	Ⓐ Ⓑ Ⓒ Ⓓ	84	Ⓐ Ⓑ Ⓒ Ⓓ
5	Ⓐ Ⓑ Ⓒ Ⓓ	25	Ⓐ Ⓑ Ⓒ Ⓓ	45	Ⓐ Ⓑ Ⓒ Ⓓ	65	Ⓐ Ⓑ Ⓒ Ⓓ	85	Ⓐ Ⓑ Ⓒ Ⓓ
6	Ⓐ Ⓑ Ⓒ	26	Ⓐ Ⓑ Ⓒ	46	Ⓐ Ⓑ Ⓒ Ⓓ	66	Ⓐ Ⓑ Ⓒ Ⓓ	86	Ⓐ Ⓑ Ⓒ Ⓓ
7	Ⓐ Ⓑ Ⓒ	27	Ⓐ Ⓑ Ⓒ	47	Ⓐ Ⓑ Ⓒ Ⓓ	67	Ⓐ Ⓑ Ⓒ Ⓓ	87	Ⓐ Ⓑ Ⓒ Ⓓ
8	Ⓐ Ⓑ Ⓒ	28	Ⓐ Ⓑ Ⓒ	48	Ⓐ Ⓑ Ⓒ Ⓓ	68	Ⓐ Ⓑ Ⓒ Ⓓ	88	Ⓐ Ⓑ Ⓒ Ⓓ
9	Ⓐ Ⓑ Ⓒ	29	Ⓐ Ⓑ Ⓒ	49	Ⓐ Ⓑ Ⓒ Ⓓ	69	Ⓐ Ⓑ Ⓒ Ⓓ	89	Ⓐ Ⓑ Ⓒ Ⓓ
10	Ⓐ Ⓑ Ⓒ	30	Ⓐ Ⓑ Ⓒ	50	Ⓐ Ⓑ Ⓒ Ⓓ	70	Ⓐ Ⓑ Ⓒ Ⓓ	90	Ⓐ Ⓑ Ⓒ Ⓓ
11	Ⓐ Ⓑ Ⓒ	31	Ⓐ Ⓑ Ⓒ	51	Ⓐ Ⓑ Ⓒ Ⓓ	71	Ⓐ Ⓑ Ⓒ Ⓓ	91	Ⓐ Ⓑ Ⓒ Ⓓ
12	Ⓐ Ⓑ Ⓒ	32	Ⓐ Ⓑ Ⓒ Ⓓ	52	Ⓐ Ⓑ Ⓒ Ⓓ	72	Ⓐ Ⓑ Ⓒ Ⓓ	92	Ⓐ Ⓑ Ⓒ Ⓓ
13	Ⓐ Ⓑ Ⓒ	33	Ⓐ Ⓑ Ⓒ Ⓓ	53	Ⓐ Ⓑ Ⓒ Ⓓ	73	Ⓐ Ⓑ Ⓒ Ⓓ	93	Ⓐ Ⓑ Ⓒ Ⓓ
14	Ⓐ Ⓑ Ⓒ	34	Ⓐ Ⓑ Ⓒ Ⓓ	54	Ⓐ Ⓑ Ⓒ Ⓓ	74	Ⓐ Ⓑ Ⓒ Ⓓ	94	Ⓐ Ⓑ Ⓒ Ⓓ
15	Ⓐ Ⓑ Ⓒ	35	Ⓐ Ⓑ Ⓒ Ⓓ	55	Ⓐ Ⓑ Ⓒ Ⓓ	75	Ⓐ Ⓑ Ⓒ Ⓓ	95	Ⓐ Ⓑ Ⓒ Ⓓ
16	Ⓐ Ⓑ Ⓒ	36	Ⓐ Ⓑ Ⓒ Ⓓ	56	Ⓐ Ⓑ Ⓒ Ⓓ	76	Ⓐ Ⓑ Ⓒ Ⓓ	96	Ⓐ Ⓑ Ⓒ Ⓓ
17	Ⓐ Ⓑ Ⓒ	37	Ⓐ Ⓑ Ⓒ Ⓓ	57	Ⓐ Ⓑ Ⓒ Ⓓ	77	Ⓐ Ⓑ Ⓒ Ⓓ	97	Ⓐ Ⓑ Ⓒ Ⓓ
18	Ⓐ Ⓑ Ⓒ	38	Ⓐ Ⓑ Ⓒ Ⓓ	58	Ⓐ Ⓑ Ⓒ Ⓓ	78	Ⓐ Ⓑ Ⓒ Ⓓ	98	Ⓐ Ⓑ Ⓒ Ⓓ
19	Ⓐ Ⓑ Ⓒ	39	Ⓐ Ⓑ Ⓒ Ⓓ	59	Ⓐ Ⓑ Ⓒ Ⓓ	79	Ⓐ Ⓑ Ⓒ Ⓓ	99	Ⓐ Ⓑ Ⓒ Ⓓ
20	Ⓐ Ⓑ Ⓒ	40	Ⓐ Ⓑ Ⓒ Ⓓ	60	Ⓐ Ⓑ Ⓒ Ⓓ	80	Ⓐ Ⓑ Ⓒ Ⓓ	100	Ⓐ Ⓑ Ⓒ Ⓓ

READING (Part V ~ Part VII)

NO.	ANSWER	NO.	ANSWER	NO.	ANSWER	NO.	ANSWER	NO.	ANSWER
101	Ⓐ Ⓑ Ⓒ Ⓓ	121	Ⓐ Ⓑ Ⓒ Ⓓ	141	Ⓐ Ⓑ Ⓒ Ⓓ	161	Ⓐ Ⓑ Ⓒ Ⓓ	181	Ⓐ Ⓑ Ⓒ Ⓓ
102	Ⓐ Ⓑ Ⓒ Ⓓ	122	Ⓐ Ⓑ Ⓒ Ⓓ	142	Ⓐ Ⓑ Ⓒ Ⓓ	162	Ⓐ Ⓑ Ⓒ Ⓓ	182	Ⓐ Ⓑ Ⓒ Ⓓ
103	Ⓐ Ⓑ Ⓒ Ⓓ	123	Ⓐ Ⓑ Ⓒ Ⓓ	143	Ⓐ Ⓑ Ⓒ Ⓓ	163	Ⓐ Ⓑ Ⓒ Ⓓ	183	Ⓐ Ⓑ Ⓒ Ⓓ
104	Ⓐ Ⓑ Ⓒ Ⓓ	124	Ⓐ Ⓑ Ⓒ Ⓓ	144	Ⓐ Ⓑ Ⓒ Ⓓ	164	Ⓐ Ⓑ Ⓒ Ⓓ	184	Ⓐ Ⓑ Ⓒ Ⓓ
105	Ⓐ Ⓑ Ⓒ Ⓓ	125	Ⓐ Ⓑ Ⓒ Ⓓ	145	Ⓐ Ⓑ Ⓒ Ⓓ	165	Ⓐ Ⓑ Ⓒ Ⓓ	185	Ⓐ Ⓑ Ⓒ Ⓓ
106	Ⓐ Ⓑ Ⓒ Ⓓ	126	Ⓐ Ⓑ Ⓒ Ⓓ	146	Ⓐ Ⓑ Ⓒ Ⓓ	166	Ⓐ Ⓑ Ⓒ Ⓓ	186	Ⓐ Ⓑ Ⓒ Ⓓ
107	Ⓐ Ⓑ Ⓒ Ⓓ	127	Ⓐ Ⓑ Ⓒ Ⓓ	147	Ⓐ Ⓑ Ⓒ Ⓓ	167	Ⓐ Ⓑ Ⓒ Ⓓ	187	Ⓐ Ⓑ Ⓒ Ⓓ
108	Ⓐ Ⓑ Ⓒ Ⓓ	128	Ⓐ Ⓑ Ⓒ Ⓓ	148	Ⓐ Ⓑ Ⓒ Ⓓ	168	Ⓐ Ⓑ Ⓒ Ⓓ	188	Ⓐ Ⓑ Ⓒ Ⓓ
109	Ⓐ Ⓑ Ⓒ Ⓓ	129	Ⓐ Ⓑ Ⓒ Ⓓ	149	Ⓐ Ⓑ Ⓒ Ⓓ	169	Ⓐ Ⓑ Ⓒ Ⓓ	189	Ⓐ Ⓑ Ⓒ Ⓓ
110	Ⓐ Ⓑ Ⓒ Ⓓ	130	Ⓐ Ⓑ Ⓒ Ⓓ	150	Ⓐ Ⓑ Ⓒ Ⓓ	170	Ⓐ Ⓑ Ⓒ Ⓓ	190	Ⓐ Ⓑ Ⓒ Ⓓ
111	Ⓐ Ⓑ Ⓒ Ⓓ	131	Ⓐ Ⓑ Ⓒ Ⓓ	151	Ⓐ Ⓑ Ⓒ Ⓓ	171	Ⓐ Ⓑ Ⓒ Ⓓ	191	Ⓐ Ⓑ Ⓒ Ⓓ
112	Ⓐ Ⓑ Ⓒ Ⓓ	132	Ⓐ Ⓑ Ⓒ Ⓓ	152	Ⓐ Ⓑ Ⓒ Ⓓ	172	Ⓐ Ⓑ Ⓒ Ⓓ	192	Ⓐ Ⓑ Ⓒ Ⓓ
113	Ⓐ Ⓑ Ⓒ Ⓓ	133	Ⓐ Ⓑ Ⓒ Ⓓ	153	Ⓐ Ⓑ Ⓒ Ⓓ	173	Ⓐ Ⓑ Ⓒ Ⓓ	193	Ⓐ Ⓑ Ⓒ Ⓓ
114	Ⓐ Ⓑ Ⓒ Ⓓ	134	Ⓐ Ⓑ Ⓒ Ⓓ	154	Ⓐ Ⓑ Ⓒ Ⓓ	174	Ⓐ Ⓑ Ⓒ Ⓓ	194	Ⓐ Ⓑ Ⓒ Ⓓ
115	Ⓐ Ⓑ Ⓒ Ⓓ	135	Ⓐ Ⓑ Ⓒ Ⓓ	155	Ⓐ Ⓑ Ⓒ Ⓓ	175	Ⓐ Ⓑ Ⓒ Ⓓ	195	Ⓐ Ⓑ Ⓒ Ⓓ
116	Ⓐ Ⓑ Ⓒ Ⓓ	136	Ⓐ Ⓑ Ⓒ Ⓓ	156	Ⓐ Ⓑ Ⓒ Ⓓ	176	Ⓐ Ⓑ Ⓒ Ⓓ	196	Ⓐ Ⓑ Ⓒ Ⓓ
117	Ⓐ Ⓑ Ⓒ Ⓓ	137	Ⓐ Ⓑ Ⓒ Ⓓ	157	Ⓐ Ⓑ Ⓒ Ⓓ	177	Ⓐ Ⓑ Ⓒ Ⓓ	197	Ⓐ Ⓑ Ⓒ Ⓓ
118	Ⓐ Ⓑ Ⓒ Ⓓ	138	Ⓐ Ⓑ Ⓒ Ⓓ	158	Ⓐ Ⓑ Ⓒ Ⓓ	178	Ⓐ Ⓑ Ⓒ Ⓓ	198	Ⓐ Ⓑ Ⓒ Ⓓ
119	Ⓐ Ⓑ Ⓒ Ⓓ	139	Ⓐ Ⓑ Ⓒ Ⓓ	159	Ⓐ Ⓑ Ⓒ Ⓓ	179	Ⓐ Ⓑ Ⓒ Ⓓ	199	Ⓐ Ⓑ Ⓒ Ⓓ
120	Ⓐ Ⓑ Ⓒ Ⓓ	140	Ⓐ Ⓑ Ⓒ Ⓓ	160	Ⓐ Ⓑ Ⓒ Ⓓ	180	Ⓐ Ⓑ Ⓒ Ⓓ	200	Ⓐ Ⓑ Ⓒ Ⓓ

수험번호							
성명	한글						
	영자						

■ 응시일자
■ 응시횟수
■ 환산점수

L/C:
R/C:

영단기 토익 솔루션 LC

정답 · 스크립트 · 해석/해설

eng.conects.com

커넥츠 영단기

DAY 01

PART 1 1인 사진 / 2인 사진

Quick Check

01. [BR]

(A) A woman is using her phone.
(B) A woman is working on a computer.

(A) 여자가 전화기를 사용하고 있다.
(B) 여자가 컴퓨터로 일을 하고 있다.

02. [US]

(A) A man is sitting on a bench.
(B) A man is running along the beach.

along ~을 따라

(A) 남자가 벤치에 앉아 있다.
(B) 남자가 해변을 따라 달리고 있다.

03. [AU]

(A) They are facing each other.
(B) They are standing in front of the audience.

face each other 서로 마주 보다 audience 청중

(A) 그들은 서로 마주 보고 있다.
(B) 그들은 청중 앞에 서 있다.

04. [US]

(A) One of the women is looking at a document.
(B) One of the women is holding a cup.

document 서류

(A) 여자들 중 한 명이 서류를 보고 있다.
(B) 여자들 중 한 명이 컵을 들고 있다.

05. [BR]

(A) Flowers have been arranged in a vase.
(B) A woman is wiping a counter with a cloth.

arrange 정리하다 vase 꽃병 wipe 닦다 cloth 천

(A) 꽃들이 꽃병에 정리되어 있다.
(B) 여자가 천으로 작업대를 닦고 있다.

06. [US]

(A) A kitchen appliance is on a table.
(B) A man is wearing an apron.

kitchen appliance 주방 기기 apron 앞치마

(A) 주방 기기가 테이블 위에 있다.
(B) 남자가 앞치마를 입고 있다.

유형 연습

01. [US]

(1) (A) a wheelbarrow (○) (B) a woman (×) (C) grass (○)
(2)
(A) He is pushing a wheelbarrow. [○]
(B) He is holding a potted plant. [×]

wheelbarrow 손수레 grass 잔디

(A) 그는 손수레를 밀고 있다.
(B) 그는 화분을 들고 있다.

02. [AU]

(1) (A) a bicycle (○) (B) leaning against (○) (C) walking (×)
(2)
(A) They're strolling along the river. [×]
(B) A bicycle is leaning against a fence. [○]

lean against ~에 기대다

(A) 그들은 강을 따라 산책하고 있다.
(B) 자전거가 울타리에 기대어져 있다.

03. [BR]

(1) (A) boarding (×) (B) a train (○) (C) suitcases (○)
(2)
(A) They are pulling suitcases. [○]
(B) They are boarding a train. [×]

board 탑승하다

(A) 그들은 여행 가방을 끌고 있다.
(B) 그들은 기차에 탑승하고 있다.

04. [BR]

(1) (A) pouring coffee (○) (B) a sink (×) (C) a laptop computer (○)
(2)
(A) A man is pouring coffee into a mug. [○]
(B) A woman is washing dishes in a sink. [×]

pour 따르다, 붓다

(A) 남자가 머그잔에 커피를 따르고 있다.
(B) 여자가 싱크대에서 접시를 닦고 있다.

실전 문제

01. (C) **02.** (D) **03.** (D) **04.** (A) **05.** (C) **06.** (C)

01. [US]

(A) The woman is placing a dish on a table.
(B) The woman is turning on a light.
(C) The woman is drinking from a cup.
(D) The woman is opening a door.

place 놓다, 두다 turn on 켜다

(A) 여자가 탁자 위에 접시를 놓고 있다.
(B) 여자가 전등을 켜고 있다.
(C) 여자가 잔으로 (음료를) 마시고 있다.
(D) 여자가 문을 열고 있다.

[해설] 여자가 잔에 든 무언가를 마시고 있는 사진으로, 인물의 동작이나 상태에 집중해서 들어야 한다.
(A) 사진에 접시와 탁자가 등장하긴 하지만 여자가 접시를 놓는(placing) 동작을 하고 있지 않다.
(B) 사진에 전등(light)이 보이기는 하지만 여자가 전등을 켜고(turning on) 있지 않다.
(C) 여자가 잔에 든 음료를 마시고 있는 모습을 정확히 묘사한 정답이다.
(D) 여자가 문을 여는(opening a door) 동작을 하고 있지 않다.

02. [AU]

(A) They're entering into a building.
(B) They're cleaning a garage with a mop.
(C) They're seated in a car.
(D) They're loading an item into a vehicle.

enter into ~에 들어가다   garage 차고, 주차장   mop 대걸레
load 싣다   item 물건   vehicle 차량, 탈것

(A) 그들은 건물에 들어가고 있다.
(B) 그들은 대걸레로 차고를 청소하고 있다.
(C) 그들은 자동차 안에 앉아 있다.
(D) 그들은 차에 물건을 싣고 있다.

[해설] 두 사람이 차의 트렁크를 열어 놓고 물건을 들고 있는 사진으로, 두 사람 각각의 동작 및 공통 동작을 잘 살펴야 한다.
(A) 두 사람은 건물 안에 들어가고(entering into) 있지 않다.
(B) 두 사람이 있는 곳이 차고로 보이긴 하지만 청소하고(cleaning) 있지는 않다.
(C) 두 사람은 자동차 안에 앉아 있는(seated in a car) 것이 아니라 밖에 나와 있다.
(D) 두 사람이 차량 트렁크에 물건을 싣는 모습을 정확히 묘사한 정답이다.

03. [BR]

(A) The woman is taking off her jacket.
(B) The woman is typing on a keyboard.
(C) The man is turning on the computer monitor.
(D) The man is handing a key to the woman.

take off (옷 등을) 벗다   type (타자기·컴퓨터로) 타자 치다, 입력하다
hand 건네주다, 넘겨주다

(A) 여자가 재킷을 벗고 있다.
(B) 여자가 키보드로 타자를 치고 있다.
(C) 남자가 컴퓨터 모니터를 켜고 있다.
(D) 남자가 여자에게 열쇠를 건네고 있다.

[해설] 테이블을 사이에 두고 두 사람이 마주 앉아 있는 모습으로, 두 사람의 공통 동작이나 상태를 잘 살펴야한다.
(A) 재킷을 벗는(taking off her jacket) 동작은 사진과 전혀 무관한 묘사이다.
(B) 테이블 위에 컴퓨터 키보드가 있지만 여자가 타자를 치고 있지는(typing) 않다.
(C) 테이블 위에 컴퓨터 모니터가 있지만 남자가 이것을 켜는(turning on) 동작을 하고 있지는 않다.
(D) 남자가 여자에게 열쇠를 건네는 동작을 정확히 묘사한 정답이다.

04. [US]

(A) The men are shoveling some soil.
(B) A line is being drawn on a road.
(C) A fence is being set up.
(D) One of the men is driving a car.

shovel 삽으로 파다   soil 토양, 흙   fence 울타리   set up 설치하다

(A) 남자들이 삽으로 흙을 파고 있다.
(B) 도로에 선이 그려지고 있다.
(C) 울타리가 설치되고 있다.
(D) 남자들 중 한 명이 차를 운전하고 있다.

[해설] 두 사람이 야외에서 일을 하고 있는 사진으로, 두 사람의 동작이나 주변의 상황에 모두 집중하면서 들어야 한다.
(A) 두 남자가 흙더미에서 삽으로 작업하는 모습을 정확히 묘사한 정답이다.
(B) 두 남자 옆쪽으로 길이 보이기는 하지만 선을 그리는(being drawn) 작업을 하는 사람은 없다.
(C) 울타리(fence)를 설치하는(set up) 사람은 보이지 않는다.
(D) 사진에 차를 운전하는(driving a car) 사람은 보이지 않는다.

05. [BR]

(A) She's wiping her desk with a cloth.
(B) She's looking into a microscope.
(C) She's wearing protective gloves.
(D) She's pushing a button on a machine.

wipe 닦다   cloth 옷감, 직물   look into ~의 속을 들여다보다, 조사하다
microscope 현미경   protective 보호하는, 보호용의

(A) 그녀는 헝겊으로 자신의 책상을 닦고 있다.
(B) 그녀는 현미경 안을 들여다보고 있다.
(C) 그녀는 보호용 장갑을 끼고 있다.
(D) 그녀는 기계의 버튼을 누르고 있다.

[해설] 한 여자가 실험실에서 작업을 하고 있는 모습으로, 여자와 주변 사물의 관계에 집중하면서 들어야 한다.
(A) 여자는 책상을 닦는(wiping her desk) 동작을 하고 있지 않다.
(B) 실험 장비 중 현미경이 보이기는 하지만 여자가 현미경을 들여다보고(looking into) 있지는 않다.
(C) 여자가 보호용 장갑을 낀 채 실험 기구를 만지고 있으므로 정답이다.
(D) 여자는 시험관 등의 실험용 용기를 들고 있을 뿐 기계(machine)를 조작하고 있지는 않다.

06. [AU]

(A) An awning is being opened.
(B) The stairs are being painted.
(C) A woman is holding onto a handrail.
(D) A woman is carrying her bag on her shoulder.

awning 차양, 가리개   stairs 계단   hold onto ~을 꼭 잡다
handrail 난간   carry 들고 있다, 나르다

(A) (누군가가) 차양을 걷고 있다.
(B) (누군가가) 계단에 페인트칠을 하고 있다.
(C) 여자가 난간을 잡고 있다.
(D) 여자가 어깨에 가방을 메고 있다.

[해설] 한 여자가 난간을 잡고 있는 사진으로, 인물의 동작이나 상태에 집중하면서 들어야 한다.
(A) 사진에서 창이나 문에 드리우는 차양(awning)은 보이지 않는다.
(B) 계단에 페인트칠을 하고 있는(being painted) 사람은 보이지 않는다.
(C) 여자가 난간을 잡고 있는 모습을 정확히 묘사한 정답이다.
(D) 여자의 가방은 보이지 않으므로 오답이다.

PART 2 — When 의문문 / Where 의문문

Quick Check

01. US BR

When does your train depart?
(A) To Paris.
(B) At three.

depart 출발하다

당신의 기차는 언제 출발하나요?
(A) 파리로요.
(B) 3시에요.

02. AU BR

When can I get the shipping code?
(A) As soon as the order is confirmed.
(B) I packed your items.

shipping code 주문 번호

제가 주문 번호를 언제 받을 수 있나요?
(A) 주문이 확인되자마자요.
(B) 제가 당신의 물건들을 포장했습니다.

03. US AU

When is your final presentation?
(A) It's my present.
(B) They didn't tell me an exact date.

exact 정확한

당신의 최종 발표는 언제입니까?
(A) 저의 선물이에요.
(B) 그들은 저에게 정확한 날짜를 알려주지 않았어요.

04. BR US

Where did you leave your key?
(A) On the table.
(B) At noon.

당신의 열쇠를 어디에 두셨나요?
(A) 테이블 위에요.
(B) 정오에요.

05. BR AU

Where did you put the sales report?
(A) About the sales figures.
(B) The vice president should have it.

vice president 부사장

판매 보고서를 어디에 두셨나요?
(A) 매출 수치에 대해서요.
(B) 그거 부사장님이 가지고 있을 거예요.

06. BR US

Where did you hear the news?
(A) Actually, everybody is talking about it.
(B) It is newly released.

release 출시하다

그 소식은 어디서 들으셨나요?
(A) 사실, 모든 사람이 그 이야기를 하고 있어요.
(B) 그거 새로 출시되었어요.

유형 연습

01. (B) 02. (A) 03. (A) 04. (A) 05. (A) 06. (A)
07. (B) 08. (B)

01. US AU

Where can I find Ms. Timber in the accounting department?
(A) She is a senior accountant. [×]
(B) Go through the fifth door on the right. [○]

accounting department 회계부서   accountant 회계사

제가 회계부서에 있는 Timber 씨를 어디서 찾을 수 있나요?
(A) 그녀는 선임 회계사입니다.
(B) 오른쪽 다섯 번째 문으로 들어 가세요.

02. US BR

Where can I submit my job application?
(A) Put it here. [○]
(B) Probably around 4 P.M. [×]

제가 입사 지원서를 어디에 제출하면 되나요?
(A) 여기에 놔두세요.
(B) 아마 오후 4시 정도에요.

03. BR US

When is Bernard going to meet with the new clients?
(A) He met with them yesterday. [○]
(B) They are open until ten. [×]

Bernard는 언제 새로운 고객들을 만나러 갈 건가요?
(A) 그는 어제 그들을 만났습니다.
(B) 그들은 10시까지 문을 엽니다.

04. BR AU

When are we announcing the company merger?
(A) As soon as the president returns from the seminar. [○]
(B) It will be held in the auditorium. [×]

merger 합병   auditorium 강당

저희는 언제 회사 합병에 대해 발표하나요?
(A) 세미나에서 사장님이 돌아오시자마자요.
(B) 강당에서 열릴 거예요.

05. US BR

Where can I get this document photocopied?
(A) There's a machine on the third floor. [○]
(B) Two copies per person should be sufficient. [×]

이 서류를 어디서 복사할 수 있죠?
(A) 3층에 기계가 있습니다.
(B) 한 사람당 두 장이면 충분합니다.

06. AU US

When are you taking a coffee break?
(A) Not for another hour. [○]
(B) I want to take a walk. [×]

언제 휴식을 가질 건가요?
(A) 앞으로 한 시간 동안은 못 쉽니다.
(B) 저는 산책을 하고 싶어요.

07. BR AU

Where can I find the notice about the personnel?
(A) Yes, go straight and turn left. [×]
(B) It will be posted on our Web site. [○]

personnel 인사

인사 발령에 대한 공고를 어디서 찾을 수 있죠?
(A) 네, 곧장 가서 왼쪽으로 도세요.
(B) 우리의 웹사이트에 공지될 거예요.

08. US US

When can I come in for my regular check-up?
(A) Sorry, that book has already been checked out. [×]
(B) Can you spare some time around three tomorrow afternoon? [○]

check-up 건강 검진   spare (시간·돈 등을) 할애하다

제가 언제 정기 건강 검진을 받으러 갈 수 있나요?
(A) 죄송합니다만, 그 책은 이미 대출되었습니다.
(B) 내일 오후 3시쯤에 시간 되시나요?

실전 문제

01. (C)	02. (C)	03. (B)	04. (C)	05. (C)	06. (A)
07. (C)	08. (C)	09. (A)	10. (B)	11. (B)	12. (C)
13. (A)	14. (C)	15. (C)	16. (A)		

01. US BR

Where will your new office be?
(A) No, not yet.
(B) Fourteen stories.
(C) In the downtown area.

story (건물의) 층   downtown area 도심 지역

당신의 새 사무실은 어디에 있게 되나요?
(A) 아니요, 아직이에요.
(B) 14층이에요.
(C) 도심 지역에요.

[해설] 새 사무실의 위치를 묻는 Where 의문이다.
(A) 의문사 의문에는 Yes/No로 응답하지 않으며, not yet 또한 주로 무언가를 완료했는지 묻는 질문에 대한 응답으로 쓰이므로 오답이다.
(B) 이때의 story는 '건물의 층'을 뜻하는 단어로, 건물의 층수를 물었을 때 어울리는 답변이므로 오답이다.
(C) 장소 부사구를 써서 특정 장소를 알려주는 정답이다.

02. BR US

Where's the nearest ATM?
(A) I'd rather pay in cash.
(B) A seminar about investing.
(C) On the other side of Main Street.

nearest 가장 가까운   I'd rather 차라리 ~하겠다   invest 투자하다
on the other side of ~의 반대편에

가장 가까운 현금 자동 입출금기는 어디에 있나요?
(A) 차라리 현금으로 지불하겠어요.
(B) 투자에 관한 세미나예요.
(C) Main가 반대편에요.

[해설] 현금 자동 입출금기의 위치를 묻는 Where 의문이다.
(A) ATM에서 연상되는 cash를 이용하여 혼동을 유도한 오답으로, 지불 수단을 묻는 How 의문에 어울리는 응답이다.
(B) ATM과 직접적인 관련이 있는 '돈'에서 연상되는 investing을 이용하여 혼동을 유도한 오답이다.
(C) 구체적인 위치로 답한 정답이다.

03. US AU

When will you get your certificate?
(A) She is a certified dealer.
(B) Right after I pass the final test.
(C) From a private institution.

certificate 자격증, 증명서   certified 보증[증명]된, 공인의   dealer (상품을 사고파는) 딜러, 중개인   private institution 사설 기관, 민간 단체

당신은 자격증을 언제 취득하나요?
(A) 그녀는 공인된 중개인이에요.
(B) 제가 최종 시험을 통과한 직후에요.
(C) 사설 기관으로부터요.

[해설] 자격증을 취득하는 시점을 묻는 When 의문이다.
(A) 질문의 certificate에서 연상 가능한 certified를 이용하여 혼동을 유도한 오답이다. 또한 질문에서 she로 지칭할 만한 인물이 언급되지도 않았다.
(B) 언제 자격증을 취득하는지 묻는 질문에 '최종 시험을 통과한 직후'라고 구체적인 시점으로 답했으므로 정답이다.
(C) 자격증을 어디서 받는지 묻는 Where 의문에 적합한 응답이므로 오답이다.

04. [AU] [BR]

Where should I set up the new display?
(A) Because the price tags aren't attached.
(B) That's too expensive.
(C) Here's the latest floor plan.

set up 설치하다, 세우다   display 전시(품), 진열(품)   price tag 가격표
attach 붙이다, 첨부하다   latest 최근의, 최신의   floor plan 평면도

새 진열품을 어디에 설치해야 하나요?
(A) 가격표가 붙어 있지 않기 때문입니다.
(B) 그건 너무 비싸요.
(C) 여기 가장 최근의 평면도입니다.

[해설] 새 진열품을 설치할 장소를 묻는 Where 의문이다.
(A) Because로 시작하여 이유를 설명하는 응답이므로 Why 의문문에 적합하다.
(B) 가격이나 요금 같은 비용에 관련된 응답으로 적합하므로 오답이다.
(C) 평면도를 보여줌으로써 질문자가 직접 위치를 확인하도록 유도한 응답이므로 정답이다.

05. [US] [US]

Where is your organic milk?
(A) From Dakota Farms.
(B) That should do it.
(C) Sorry, but we're all sold out.

That should do it. 확실하다.

유기농 우유는 어디에 있나요?
(A) Dakota 농장으로부터요.
(B) 확실해요.
(C) 죄송하지만 다 팔렸어요.

[해설] 상점에서 특정 제품의 위치를 묻는 Where 의문이다.
(A) milk에서 연상 가능한 farm을 이용한 오답으로, 우유가 어디에서 나온 제품인지 물었다면 정답이 될 수 있다.
(B) That should do it은 I'm sure 또는 I guarantee it처럼 '확실하다'는 의미로, 유기농 우유가 맞는지 묻는 질문에 적합한 응답이므로 오답이다.
(C) 다 팔렸다는 말로 현재 유기농 우유가 없다고 응답한 정답이다.

06. [BR] [AU]

Where can I get a new name badge?
(A) You have to go to Human Resources.
(B) A security background check.
(C) Please show it to a security guard.

name badge 명찰   background (사람의) 배경
security guard 경비원, 보안 요원

새 명찰은 어디에서 받을 수 있나요?
(A) 인사부로 가셔야 합니다.
(B) 보안 목적의 배경 조사입니다.
(C) 보안 요원에게 그것을 보여주세요.

[해설] 명찰을 받을 수 있는 곳을 묻는 Where 의문이다.
(A) 인사부로 가라고 구체적인 장소를 알려준 정답이다.
(B) name badge에서 연상되는 신원 확인의 용도를 묻는 질문에 적합한 응답이므로 오답이다.
(C) name badge를 누구에게 보여줘야 하는지 묻는 Who 질문에 적절한 응답이므로 오답이다.

07. [BR] [US]

When will I get my reimbursement check?
(A) The full $500.
(B) Let's put it on the company card.
(C) Try asking Wilfred.

reimbursement 상환, 배상   put it on one's card ~의 신용카드로 계산하다   full 충분히, 완전히, 적어도

제가 환급 수표를 언제 받게 되나요?
(A) 500달러 전액이요.
(B) 그것을 회사 카드로 계산합시다.
(C) Wilfred에게 물어보세요.

[해설] 자신에게 언제 환급 수표가 지급되는지 묻는 When 의문이다.
(A) 구체적인 금액을 제시하였으므로 가격이나 비용을 묻는 How much 의문문에 적합한 오답이다.
(B) check에서 연상되는 대금 결제 상황에서 나올 수 있는 표현으로 혼동을 유도한 오답이다.
(C) 언제 환급 수표가 지급되는지 묻는 질문에 제3자에게 물어보라고 응답함으로써 자신은 알지 못한다는 것을 우회적으로 드러낸 정답이다.

08. [BR] [US]

Where are the storage lockers?
(A) No, by the entrance.
(B) Until next Friday.
(C) Mr. Klauss will show you around.

storage 저장(고), 보관(소)   locker 개인 물품 보관함   entrance (출)입구
show A around A에게 (…를) 둘러보도록 안내하다

보관함들은 어디에 있나요?
(A) 아니요, 입구 옆이에요.
(B) 다음주 금요일까지요.
(C) Klauss 씨가 안내해줄 거예요.

[해설] 보관함의 위치를 묻는 Where 의문이다.
(A) 의문사 의문문에는 Yes/No로 응답할 수 없으므로 오답이다.
(B) 특정 시점을 나타내는 표현은 When 의문문에 적합하므로 오답이다.
(C) 보관함의 위치를 묻는 질문에 구체적 장소로 대답하는 대신 특정 인물이 보관함을 둘러보도록 안내해줄 거라고 우회적으로 응답하고 있으므로 정답이다.

09. [AU] [BR]

Where should I take my clients for lunch?
(A) Ms. Brenner knows this area well.
(B) Try the daily special.
(C) 9 dollars per person.

try 먹어보다, 써보다, 해보다   per person 1인당

점심 식사를 위해서 제 고객들을 어디로 모시고 가야 할까요?
(A) Brenner 씨가 이 지역을 잘 알아요.
(B) 오늘의 특별 요리를 드셔보세요.
(C) 한 사람당 9달러입니다.

[해설] 고객에게 점심 식사를 대접할 장소를 묻는 Where 의문이다.

(A) 식사 장소를 묻는 질문에 Brenner 씨가 이 지역을 잘 안다고 말함으로써 자신은 잘 모르니 Brenner 씨에게 물어볼 것을 우회적으로 권하는 정답이다.
(B) 어떤 음식을 먹는 것이 좋을지 묻는 What 의문문에 적합한 응답이다.
(C) 음식의 가격을 묻는 How much 의문문에 적합한 응답이다.

10. [BR] [BR]

When should I expect my order to arrive?
(A) In your mailbox.
(B) Usually in three business days.
(C) Express shipping options.

expect 기대[예상]하다 order 주문(품) mailbox 우편함 business day 영업일, 평일 express 급행의, 신속한 shipping 운송, 수송

제 주문품이 언제 도착할 것으로 예상하세요?
(A) 당신의 우편함에요.
(B) 보통 영업일로 3일 후에요.
(C) 급송 옵션입니다.

[해설] 주문품의 도착 시점을 묻는 When 의문문이다.
(A) 장소 부사구(in)를 사용했으므로 Where 의문문에 적합한 응답이다.
(B) 주문품이 도착하는 시점을 묻는 질문에 '영업일로 3일 후'라는 구체적인 시점을 제시했으므로 정답이다.
(C) 주문품이 배송되는 상황에서 연상할 수 있는 배송 옵션의 하나인 express shipping으로 혼동을 유도한 오답이다.

11. [US] [AU]

Where can I find a quiet place to read?
(A) Here's my library card.
(B) There is a lot of construction noise around here.
(C) In the table of contents.

construction 건설, 공사 noise 소음 table of contents 목차

책을 읽을 만한 조용한 장소가 어디 있나요?
(A) 여기 제 도서 대출 카드입니다.
(B) 이 주변에는 공사 소음이 너무 큽니다.
(C) 목차에서요.

[해설] 책 읽기에 조용한 장소를 묻는 Where 의문문이다.
(A) read에서 연상되는 library card를 이용하여 혼동을 유도하는 오답이다.
(B) 조용한 곳의 위치를 묻는 말에 이 근처에는 공사 소음이 심하다고 말함으로써 가까운 곳에는 조용한 장소가 없음을 돌려서 말한 정답이다.
(C) read에서 쉽게 연상되는 책이나 잡지의 table of contents를 이용해 혼동을 유도하는 오답이다.

12. [US] [US]

When should we put out the new merchandise?
(A) Because the sale hasn't started yet.
(B) How about by the mall entrance?
(C) As soon as we attach the price tags.

put out 내놓다 merchandise 상품

우리가 신상품을 언제 꺼내 놓아야 하나요?
(A) 판매가 아직 시작되지 않았기 때문입니다.
(B) 쇼핑몰 입구 옆은 어때요?
(C) 우리가 가격표를 부착하자마자요.

[해설] 신상품을 꺼내 놓아야 하는 시기를 묻는 When 의문문이다.
(A) merchandise에서 연상 가능한 sale을 이용하여 혼동을 유도하고 있을 뿐만 아니라 Because로 시작하는 Why 의문문에 적합하므로 오답이다.
(B) 장소 부사구(by)를 사용했으므로 Where 의문문에 적합한 응답이다.
(C) 시간 접속사 as soon as를 이용하여 '가격표를 부착하자마자'라고 구체적 시점을 제시했으므로 정답이다.

13. [US] [BR]

When will the new dress code be implemented?
(A) It's posted on the message board.
(B) A white shirt with black pants.
(C) The system was effective.

dress code 복장 규정 implement 시행하다 effective 효과적인

새 복장 규정은 언제 시행될 것인가요?
(A) 게시판에 공고되어 있어요.
(B) 흰색 셔츠와 검정색 바지입니다.
(C) 그 시스템은 효율적이었어요.

[해설] 새 복장 규정이 시행되는 시점을 묻는 When 의문문이다.
(A) 새 복장 규정이 언제 시행되는지 묻는 질문에 게시판에 공고되어 있다고 답함으로써 직접 구체적인 시기를 제시하기보다는 질문자가 게시판을 통해 직접 확인할 것을 우회적으로 제안하고 있으므로 정답이다.
(B) dress code에서 연상 가능한 white shirt with black pants를 이용하여 혼동을 유도한 오답이다.
(C) dress code와 implemented에서 연상 가능한 system을 이용해 혼동을 유도하는 오답으로, 질문의 시제는 미래인데 과거로 답했으므로 시제 역시 불일치한다.

14. [US] [BR]

Where can I go to submit this request form?
(A) Mr. Jefferson will be right with you.
(B) Sure, we accept special requests.
(C) She is not a former manager.

submit 제출하다 request form 신청서 accept 받아들이다, 접수하다 former 이전의

이 신청서를 제출하러 어디로 가면 되나요?
(A) Jefferson 씨가 곧 안내해드릴 겁니다.
(B) 물론이죠, 저희는 특별 요청을 받습니다.
(C) 그녀는 이전 매니저가 아니에요.

[해설] 신청서 제출 장소를 묻는 Where 의문문이다.
(A) 신청서를 어디에 가서 제출하면 되는지 묻는 질문에 Jefferson 씨가 안내해 줄 것이라고 했으므로 정답이다. Where 의문문에 직접적인 장소로 답하는 대신 이렇게 도와줄 누군가를 알려주는 간접적인 응답도 가능하다.
(B) 질문의 request를 반복 사용하여 혼동을 유도한 오답이다.
(C) 질문에서 대명사 she로 지칭할 만한 사람이 언급되지 않았으므로 오답이다.

15. [AU] [BR]

When will the Finance Department release the new budget?
(A) No, I haven't read the e-mail yet.
(B) About thousand dollars.
(C) It's not due until the end of the month.

release 공개[발표]하다 budget 예산 due ~하기로 되어 있는, 예정된

회계부는 새 예산을 언제 발표할 건가요?
(A) 아니요, 저는 아직 이메일을 읽지 않았어요.
(B) 약 1천 달러요.
(C) 이달 말은 되어야 합니다.

[해설] 새 예산이 발표되는 시점을 묻는 When 의문문이다.
(A) 의문사 의문문에는 Yes/No로 응답할 수 없으므로 오답이다.
(B) 구체적 금액으로 답변했으므로 How much 의문문에 적합한 오답이다.
(C) 회계부에서 새 예산을 발표하는 시기를 묻는 질문에 '이달 말'이라는 구체적인 시점을 제시했으므로 정답이다.

16. US US

When did the new policy go into effect?
(A) Didn't you receive an e-mail from HR?
(B) Yes, it seems very effective.
(C) To improve the work environment.

policy 정책, 방침   go into effect 효력이 발생되다, 실시되다
effective 효율적인   improve 개선하다, 향상시키다
work environment 근무 환경

새 정책은 언제 실시되었나요?
(A) 인사부에서 이메일 안 받았어요?
(B) 네, 아주 효율적인 것 같아요.
(C) 근무 환경을 개선시키기 위해서요.

[해설] 새 정책이 실시된 시점을 묻는 When 의문문이다.
(A) 새 정책이 언제 실시되었는지 묻는 질문에 인사부에서 보낸 메일을 받지 못했느냐고 되물음으로써 인사부에서 보낸 이메일을 확인하면 된다고 간접적으로 전하고 있으므로 정답이다.
(B) 의문사 의문문에는 Yes/No로 답변하지 않으므로 오답이다.
(C) 새 정책을 실시한 이유를 묻는 Why 의문문에 적합한 응답이므로 오답이다.

DAY 02

PART 1   다인 사진/사물·풍경 사진

Quick Check

01. US

(A) They are setting up tents.
(B) They have gathered beside the sea.

set up 설치하다   gather 모이다, 모으다

(A) 그들은 텐트를 설치하고 있다.
(B) 그들은 바다 옆에 모여 있다.

02. AU

(A) Some people are sitting on stools.
(B) One of the women is paying for an item.

stool (등받이와 팔걸이가 없는) 의자, 스툴

(A) 몇몇 사람들이 의자에 앉아 있다.
(B) 여자들 중 한 명이 상품에 대한 돈을 지불하고 있다.

03. US

(A) Some people are pulling some cakes out of an oven.
(B) A piece of dough is being weighed on a scale.

weigh 무게를 재다   scale 저울

(A) 몇몇 사람들이 오븐에서 케이크를 꺼내고 있다.
(B) 밀가루 반죽이 저울에서 무게가 재어지고 있다.

04. BR

(A) There is a table on a carpet.
(B) A chair is being assembled in a room.

assemble 조립하다

(A) 카펫 위에 탁자가 있다.
(B) 의자가 방에서 조립되고 있다.

05. BR

(A) A road is blocked by a barricade.
(B) Some cars are parked along the street.

block 막다   barricade 바리케이드, 방어벽

(A) 도로가 바리케이드에 의해 막혀 있다.
(B) 몇몇 차량이 거리를 따라 주차되어 있다.

06. US

(A) Stairs lead to the upper floor.
(B) Some people are watching a performance.

upper floor 위층

(A) 계단이 위층으로 이어진다.
(B) 몇몇 사람들이 공연을 보고 있다.

유형 연습

01. AU

(1) (A) working (○) (B) sitting on a bench (×) (C) a road (○)
(2)
(A) Some people are working at a construction site. [○]
(B) Some people are standing on the scaffoldings. [×]

scaffolding 비계, 발판

(A) 몇몇 사람들이 건설 현장에서 일하고 있다.
(B) 몇몇 사람들이 발판에 서 있다.

02. US

(1) (A) people (○) (B) a tent (○) (C) fishing (×)
(2)
(A) They're fishing on a riverbank. [×]
(B) A tent is being set up on the grass. [○]

riverbank 강둑

(A) 그들은 강둑에서 낚시를 하고 있다.
(B) 텐트가 잔디 위에 설치되고 있다.

03. US

(1) (A) a bed (○) (B) curtains (○) (C) a man (×)
(2)
(A) There are cushions on a bed. [○]
(B) Some curtains are pulled closed. [×]

(A) 침대 위에 쿠션이 있다.
(B) 몇몇 커튼이 닫혀지고 있다.

04. US

(1) (A) people (×) (B) a bridge (○) (C) a boat (×)
(2)
(A) A bridge crosses over a river. [○]
(B) A boat is floating on the water. [×]

float 뜨다

(A) 다리가 강을 가로지른다.
(B) 물에 배가 떠 있다.

실전 문제

01. (B) 02. (B) 03. (D) 04. (C) 05. (D) 06. (B)

01. US

(A) One of the men is setting up a board.
(B) One of the men is standing behind a counter.
(C) Some dishes are being prepared on a stove.
(D) One of the women is cutting a loaf of bread.

set up 설치하다, 세우다   counter 계산대, 판매대   prepare 준비하다
stove (요리용) 레인지, 난로

(A) 남자들 중 한 명이 판자를 세우고 있다.
(B) 남자들 중 한 명이 판매대 뒤에 서 있다.
(C) 레인지 위에서 음식이 조리되고 있다.
(D) 여자들 중 한 명이 빵을 자르고 있다.

[해설] 다수의 인물과 사물이 섞여 있는 사진으로, 음식을 판매/구매하는 사람과 주변 사물 모두에 집중하면서 들어야 한다.
(A) 사진에서 판자(board)를 세우는 사람은 보이지 않는다.
(B) 판매대 뒤에 남자와 여자가 서 있으므로 바르게 묘사한 정답이다.
(C) 음식 판매대인 것은 맞지만 불 위에서 조리 중인(being prepared) 음식은 보이지 않는다.
(D) 빵을 자르는(cutting a loaf of bread) 사람은 보이지 않는다.

02. BR

(A) One of the women is purchasing a ticket at a booth.
(B) One of the women is boarding a bus.
(C) One of the men is talking on the phone.
(D) One of the men is coming up the stairs.

purchase 구매하다   booth (칸막이를 한) 작은 공간, 부스   board 승선[승차/탑승]하다   stairs 계단

(A) 여자들 중 한 명이 부스에서 표를 구입하고 있다.
(B) 여자들 중 한 명이 버스에 타고 있다.
(C) 남자들 중 한 명이 전화 통화를 하고 있다.
(D) 남자들 중 한 명이 계단을 오르고 있다.

[해설] 버스에 타려고 하는 다수의 인물이 등장하는 사진으로, 각 인물의 동작을 잘 살펴야 한다.
(A) 표를 파는 곳(booth)이나 표를 구매하는(purchasing a ticket) 사람이 보이지 않는다.
(B) 맨 앞의 여자가 막 버스에 승차하고 있는 것을 정확히 묘사한 정답이다.
(C) 전화를 하고 있는(talking on the phone) 사람은 보이지 않는다.
(D) 계단을 오르고 있는(coming up the stairs) 남자는 없다.

03. AU

(A) Some guests are reading a menu together.
(B) Some food trays are set up in a corner.
(C) A waiter is pouring water from a pitcher.
(D) A server is writing on a notepad.

food tray 식판   set up 세우다, 놓다   pour 붓다, 따르다   pitcher 손 잡이가 달린 물병   server (식당에서) 서빙하는 사람   notepad 메모지

(A) 손님들이 함께 메뉴를 읽고 있다.
(B) 식판들이 한구석에 놓여져 있다.
(C) 웨이터가 물병에서 물을 따르고 있다.
(D) 식당 종업원이 메모지에 무언가를 적고 있다.

[해설] 식당 종업원 1인과 식당 손님 3인의 모습으로, 모든 등장 인물의 동작을 잘 살펴야 한다.
(A) 무언가를 보고 있긴 하지만 메뉴인지 알 수 없다. 남자 손님들이 한 남자가 손에 든 무언가를 보고 있긴 하지만 메뉴인지 알 수 없다.
(B) 식판(food trays)을 놓고 있는 사람은 보이지 않는다.
(C) 물을 따르고 있는(pouring water) 웨이터(waiter)는 보이지 않는다.
(D) 식당 종업원으로 보이는 여자가 메모를 하면서 주문을 받는 모습을 묘사한 정답이다.

04. BR

(A) A table is being placed on the carpet.
(B) Some decorations are set on the windowsill.
(C) Some books have been arranged on the table.
(D) A sofa is being moved to the entrance.

place 놓다, 두다   decoration 장식(물)   set 놓다   windowsill 창턱
arrange 정리하다, 배열하다   entrance (출)입구

(A) 탁자가 카펫 위에 놓여지고 있다.
(B) 창턱에 장식물들이 놓여 있다.
(C) 책들이 테이블 위에 가지런히 놓여 있다.

(D) 소파가 출구로 옮겨지고 있다.

[해설] 사람이 등장하지 않는 실내 사진으로, 사진 속 모든 사물의 위치나 상태를 잘 살펴야 한다.
(A) 사람이 등장하지 않는 사진에서 수동태 진행형(is being placed)은 오답이다.
(B) 사진에서 창턱(windowsill)은 보이지 않는다.
(C) 테이블 위에 책들이 잘 정리되어 놓여 있는 모습을 정확히 묘사한 정답이다.
(D) 사람이 등장하지 않는 사진에서 수동태 진행형(is being moved)은 오답이다.

05. US

(A) A tree is being planted in a pot.
(B) A dining table has been set up on an outdoor patio.
(C) A driveway is being swept with a broom.
(D) Benches are lined along a walkway.

pot 화분 outdoor 야외의 patio 파티오(집 뒤의 테라스)
driveway (도로에서 집·차고까지의) 진입로 sweep (빗자루로) 쓸다
broom 빗자루 walkway 통로, 보도

(A) 나무가 화분에 심어지고 있다.
(B) 야외 파티오에 식탁이 차려져 있다.
(C) 진입로를 빗자루로 쓸고 있다.
(D) 벤치들이 보도를 따라 늘어서 있다.

[해설] 사람이 등장하지 않는 야외의 풍경 사진으로, 사진 속 모든 사물의 위치나 상태에 주목해야 한다.
(A) 사람이 등장하지 않는 사진에서 수동태 진행형(is being planted)은 오답이다.
(B) 사진 속 장소는 야외 파티오(patio)가 아니라 공원이며, 식탁(dining table)도 보이지 않는다.
(C) 사람이 등장하지 않는 사진에서 수동태 진행형(is being swept)은 오답이다.
(D) 보도 양쪽에 벤치가 늘어서 있는 모습을 정확히 묘사한 정답이다.

06. AU

(A) Some people are sitting in an airplane.
(B) Some people are gathered in a baggage claim area.
(C) Some people are passing through an entrance.
(D) Some people are checking their luggage in at the counter.

be gathered 모이다 baggage claim area 수하물 찾는 곳
pass through ~을 통과해 지나가다

(A) 몇몇 사람들이 비행기 안에 앉아 있다.
(B) 몇몇 사람들이 수하물 찾는 곳에 모여 있다.
(C) 몇몇 사람들이 출입구를 통과해 지나가고 있다.
(D) 몇몇 사람들이 카운터에서 짐을 부치고 있다.

[해설] 다수의 인물이 공항의 수하물 찾는 곳에 있는 사진으로, 각 인물들의 개별 동작과 공통 동작에 집중하며 들어야 한다.
(A) 사람들은 비행기 안(in an airplane)이 아니라 공항 내 수하물 찾는 곳에 있다.
(B) 사람들이 수하물이 나오기를 기다리고 있는 모습을 정확히 묘사한 정답이다.
(C) 출입구를 통과하는(passing through an entrance) 사람들은 보이지 않는다.
(D) 사람들은 짐을 부치고 있는(checking their luggage) 것이 아니라 짐을 찾으려고 기다리고 있고 카운터도 보이지 않으므로 오답이다.

PART 2 What 의문문 / Who 의문문

Quick Check

01. US BR

What time do you usually get up?
(A) Between 6 and 7.
(B) It was yesterday.

주로 몇 시에 일어나세요?
(A) 6시에서 7시 사이예요.
(B) 어제였습니다.

02. US US

What should I do if I'm late?
(A) I've been there lately.
(B) Just let your supervisor know.

제가 늦으면 어떻게 해야 하죠?
(A) 저는 최근에 그곳에 다녀왔습니다.
(B) 상사에게 알리시기만 하면 돼요.

03. AU BR

What do you think of the new parking policy?
(A) You aren't allowed to park here.
(B) I'm quite satisfied.

새 주차 정책에 대해 어떻게 생각해요?
(A) 여기에 주차하시면 안 됩니다.
(B) 저는 꽤 만족해요.

04. US US

Who's Mr. Johnson meeting with?
(A) The new interns.
(B) I have met him before.

Johnson 씨가 누구를 만나고 있나요?
(A) 새 인턴들이요.
(B) 저는 전에 그를 만난 적이 있어요.

05. BR US

Who do you recommend for the department head?
(A) I need to think of someone, too.
(B) It is a newly established department.

부서장으로 누구를 추천하시나요?
(A) 저도 누군가를 생각해봐야 해요.
(B) 그건 새로 생긴 부서예요.

06. US AU

Who is supposed to give a speech tomorrow?
(A) Mr. Lee is our regular customer.
(B) How about we ask Jamie?

누가 내일 연설하기로 되어 있나요?
(A) Lee 씨는 우리의 단골 고객입니다.

(B) 우리 Jamie에게 물어보는 게 어때요?

유형 연습

01. (A) 02. (B) 03. (B) 04. (A) 05. (A) 06. (B)
07. (B) 08. (B)

01. AU BR

What do you intend to do after you retire?
(A) I want to travel throughout the world. [○]
(B) I think his performance was impressive. [×]

intend to ~하려고 하다   retire 은퇴하다

당신은 은퇴 후에 무엇을 할 계획인가요?
(A) 저는 전 세계를 여행하고 싶어요.
(B) 저는 그의 공연이 인상 깊었다고 생각해요.

02. US AU

Who is in charge of the annual awards banquet?
(A) Samuel was the award winner. [×]
(B) Mr. Clark will manage it. [○]

awards banquet 시상식   manage 관리하다

연례 시상식을 누가 담당하고 있나요?
(A) Samuel이 수상자였어요.
(B) Clark 씨가 관리할 것입니다.

03. BR US

What should we wear to Mr. Wong's farewell party?
(A) No, he's transferring to London. [×]
(B) I heard that formal clothing is suggested. [○]

transfer 전근가다

Wong 씨의 송별 파티에 무엇을 입고 가야 할까요?
(A) 아뇨, 그는 런던으로 전근갑니다.
(B) 저는 정장을 입는 것이 권장된다고 들었습니다.

04. US US

Who will notify employees of these changes?
(A) The personnel department will. [○]
(B) I did not notice him. [×]

notify A of B A에게 B를 알려주다   notice 알아채다

누가 이러한 변경 사항들을 직원들에게 알릴 건가요?
(A) 인사부에서요.
(B) 저는 그를 알아보지 못했어요.

05. BR AU

What did the client say about our design proposal?
(A) He suggested to do some revisions. [○]
(B) Yes, this is my favorite painting. [×]

proposal 제안서   revision 수정

고객이 우리의 디자인 제안서에 대해서 뭐라고 했나요?
(A) 그는 몇 가지 수정할 것을 제안했어요.
(B) 네, 이게 제가 가장 좋아하는 그림입니다.

06. US AU

Who can I call if I have a problem with the computer?
(A) Yes, we need ten computers. [×]
(B) Call Frank. [○]

컴퓨터에 문제가 있으면 누구에게 전화해야 하나요?
(A) 네, 우리는 컴퓨터 10대가 필요해요.
(B) Frank에게 전화하세요.

07. BR BR

What if we categorize these files?
(A) It's in the file drawer. [×]
(B) That's a good idea. [○]

drawer 서랍

우리가 이 파일들을 분류하면 어때요?
(A) 그건 파일 서랍에 있어요.
(B) 좋은 생각이에요.

08. BR US

Who's supposed to clean the office today?
(A) She was supposed to meet me here. [×]
(B) It's my turn. [○]

turn 차례

누가 오늘 사무실 청소를 하기로 되어 있나요?
(A) 그녀는 저를 여기서 만나기로 했습니다.
(B) 제가 할 차례입니다.

실전 문제

01. (A) 02. (C) 03. (C) 04. (C) 05. (A) 06. (C)
07. (B) 08. (B) 09. (A) 10. (B) 11. (A) 12. (C)
13. (B) 14. (C) 15. (A) 16. (A)

01. US US

Who should I contact about lost and found items?
(A) The security department.
(B) Be careful not to lose it.
(C) Yesterday around noon.

lost and found items 분실물

분실물에 관해서는 누구한테 연락해야 하나요?
(A) 보안팀이요.
(B) 그것을 잃어버리지 않도록 주의하세요.
(C) 어제 정오쯤에요.

[해설] 분실물에 관해 알아보려면 누구에게 연락해야 하는지 묻는 Who 의문문이다.
(A) 분실물 담당자가 누구인지 묻는 질문에 특정 부서명으로 답한 정답이다.
(B) lost and found items에서 연상되는 lose를 이용하여 혼동을 유도한 오답

이다.
(C) 시간 부사구로 답변했으므로 When 의문문에 적합한 응답이다.

02. [US] [BR]

What will we cover in the annual training session?
(A) We'll interview some candidates.
(B) There will be more people than usual.
(C) Mostly providing good service.

cover 다루다, 포함시키다   annual 연례의, 매년의
mostly 주로, 일반적으로

우리는 연례 교육에서 무엇을 다룰 것인가요?
(A) 몇몇 지원자들의 면접을 볼 거예요.
(B) 평소보다 사람들이 많을 거예요.
(C) 주로 좋은 서비스를 제공하는 것이요.
[해설] 연례 교육에서 다룰 주제를 묻는 What 의문문이다.
(A) 질문의 training session에서 연상되는 직장이나 취업과 관련된 interview나 candidate를 이용해 혼동을 유도한 오답이다.
(B) 교육에 얼마나 많은 인원이 참석하는지 물어보는 질문에 적합한 응답이므로 오답이다.
(C) 연례 교육에서 다루게 될 주제로 답변했으므로 정답이다.

03. [AU] [BR]

Who will make our flight reservation?
(A) An early departure.
(B) No, I don't have my boarding pass.
(C) Mark from personnel will handle that.

reservation 예약   departure 출발   personnel 인사부
handle 처리하다, 다루다

누가 우리의 항공편을 예약할 것인가요?
(A) 이른 출발입니다.
(B) 아니요, 저는 탑승권을 갖고 있지 않아요.
(C) 인사부의 Mark가 그것을 처리할 거예요.
[해설] 항공편 예약을 누가 할 예정인지 묻는 Who 의문문이다.
(A) 질문의 flight에서 연상할 수 있는 departure를 이용해 혼동을 유도하는 오답이다.
(B) 질문의 flight에서 연상할 수 있는 boarding pass를 이용해 혼동을 유도하고 있으며, 의문사 의문문에는 Yes/No로 답하지 않으므로 오답이다.
(C) 인사부의 Mark가 처리할 것이라며 구체적인 인물을 제시해 답하고 있으므로 정답이다.

04. [US] [BR]

What plans do you have for your summer vacation this year?
(A) An event calendar.
(B) We'll have a full week off.
(C) I'd like to go on an Alaskan cruise.

have ~ off ~동안 쉬다   go on a cruise 크루즈 여행을 가다

올해 여름 휴가 동안 무슨 계획이 있나요?
(A) 행사 일정표예요.
(B) 우리는 꼬박 일주일 휴가를 낼 거예요.
(C) 저는 알래스카 크루즈 여행을 가고 싶어요.
[해설] 여름 휴가 계획을 묻는 What 의문문이다.
(A) 질문의 plan에서 연상 가능한 calendar를 이용하여 혼동을 유도하는 오답이다.
(B) 질문의 vacation에서 연상되는 휴가 기간(a full week off)을 이용하여 혼동을 유도하는 오답이다. 얼마 동안 휴가를 갈 계획인지 묻는 질문에 어울리는 응답이다.
(C) 알래스카 크루즈 여행을 가고 싶다고 희망 사항을 구체적으로 제시한 정답이다.

05. [BR] [US]

Who should I talk to about my computer running slowly?
(A) Someone from IT could help you.
(B) The system requirements.
(C) Ever since Ms. Taylor retired.

run 작동하다   slowly 천천히   requirements 필요(한 것)
ever since ~이후로 줄곧[계속]

제 컴퓨터가 느리게 작동하는 것에 대해 누구에게 말해야 하나요?
(A) IT 부서의 누군가가 당신을 도와줄 수 있어요.
(B) 시스템 요구 사항이요.
(C) Taylor 씨가 퇴직한 이후로 줄곧이요.
[해설] 컴퓨터 관련 문제의 담당자가 누구인지 묻는 Who 의문문이다.
(A) 특정 부서를 제시하여 답변했으므로 정답이다.
(B) 질문의 computer에서 연상 가능한 system을 이용하여 혼동을 유도한 오답이다.
(C) 특정 시점이나 지속 기간을 묻는 질문에 적합한 응답이다. 특정 인물(Ms. Taylor)이 언급되었다고 무조건 정답으로 고르지 않도록 주의해야 한다.

06. [BR] [AU]

Who is in charge of calling customers today?
(A) A plan with unlimited talk and text included.
(B) From 11 A.M.
(C) The department schedule is on the desk.

be in charge of ~을 담당하다

오늘 누가 고객들에게 전화하는 일을 담당하나요?
(A) 무제한 통화와 문자가 포함된 상품입니다.
(B) 오전 11시부터요.
(C) 부서 일정표가 책상 위에 있습니다.
[해설] 고객들에게 전화하는 업무를 담당하는 사람을 묻는 Who 의문문이다.
(A) 질문의 calling에서 연상 가능한 휴대폰으로 이용 가능한 서비스인 talk(통화)과 text(문자)를 이용하여 혼동을 유도하는 오답이다.
(B) 시점을 묻는 When 의문문에 적합한 응답이므로 오답이다.
(C) 부서 일정이 책상 위에 있다는 말로 담당자에 대한 정보를 간접적으로 제시하고 있으므로 정답이다.

07. [US] [US]

Who are we supposed to interview with tomorrow?
(A) About half an hour long.
(B) Here is the list of candidates.
(C) First thing in the morning.

candidate 지원자

우리는 내일 누구와 면접을 하기로 되어 있나요?
(A) 약 30분간 진행됩니다.

(B) 여기 지원자 명단이 있습니다.
(C) 내일 아침 제일 먼저요.

[해설] 면접 대상을 묻는 Who 의문문이다.
(A) 약 30분간 진행된다고 했으므로 지속 시간을 묻는 How long 의문문에 적합한 응답이다.
(B) 지원자 명단을 제시함으로써 질문자가 면접 대상을 직접 확인하도록 유도하고 있으므로 정답이다.
(C) 구체적인 시점을 제시했으므로 When 의문문에 적합한 응답이다.

08. US BR

What ingredients go into that dish?
(A) A Chinese tradition.
(B) Let me check the recipe.
(C) It tastes delicious.

ingredient (요리 등의) 재료 dish 요리

저 요리에는 어떤 재료가 들어가나요?
(A) 중국의 전통입니다.
(B) 제가 조리법을 확인해 볼게요.
(C) 맛있어요.

[해설] 요리에 들어가는 재료를 묻는 What 의문문이다.
(A) dish에서 연상 가능한 chinese를 이용하여 혼동을 유도한 오답이다.
(B) 요리에 어떤 재료가 들어가는지 묻는 질문에 조리법을 확인해보겠다는 말로 '나도 잘 모른다'는 의미를 우회적으로 전달하는 정답이다.
(C) 질문의 dish에서 연상되는 tastes delicious를 이용해 혼동을 유도하는 오답이다.

09. US BR

Who will be representing our company at the conference?
(A) Mr. Hamilton, our regional manager.
(B) Lunch will not be provided.
(C) At the West Hampton Conference Center.

represent 대표하다 regional 지방[지역]의

학회에서 누가 우리 회사를 대표할 건가요?
(A) 우리 지역 매니저인 Hamilton 씨요.
(B) 점심 식사는 제공되지 않을 겁니다.
(C) West Hampton 학회장에서요.

[해설] 누가 회사를 대표할 예정인지 묻는 Who 의문문이다.
(A) 구체적인 인물(Mr. Hamilton)을 제시하여 응답했으므로 정답이다.
(B) 점심 식사 제공 여부에 대해 묻지 않았으므로 질문과 무관한 내용의 오답이다.
(C) 구체적인 장소를 언급했으므로 Where 의문문에 적합한 응답이다.

10. BR BR

What happened at the factory last night?
(A) Some assembly line workers.
(B) I had a day off yesterday.
(C) I think we can meet the quota.

assembly line (공장의) 조립 라인 day off 쉬는 날 meet 충족시키다 quota 할당량

어젯밤에 공장에서 무슨 일이 있었어요?
(A) 몇몇의 조립 라인 근로자들이요.
(B) 저는 어제 쉬었어요.
(C) 저는 우리가 할당량을 채울 수 있다고 생각해요.

[해설] 어제 공장에서 있었던 일을 묻는 What 의문문이다.
(A) 질문의 factory에서 연상되는 assembly line을 이용해 혼동을 유도하는 오답이다. 특정 업무 작업자들로 답변했으므로 Who 의문문에 적합한 응답이다.
(B) 어제 쉬었다는 말로 어제 무슨 일이 있었는지 모른다는 것을 우회적으로 표현한 정답이다.
(C) 질문의 factory에서 연상되는 meet the quota(할당량을 채우다)를 이용하여 혼동을 유도하는 오답이다.

11. AU BR

What room should I prepare for the meeting?
(A) Conference Room B.
(B) About last year's sales figures.
(C) During lunch tomorrow.

sales figures 매출액

회의를 위해서 제가 어느 방을 준비해야 하나요?
(A) B 회의실이요.
(B) 작년 매출액에 대해서요.
(C) 내일 점심 시간 동안이요.

[해설] 어느 방을 준비해야 하는지 묻는 What 의문문이다.
(A) 'B 회의실'이라며 특정 회의실을 분명하게 제시했으므로 정답이다.
(B) 질문의 meeting에서 연상 가능한 sales figures로 혼동을 유도하는 오답이다. 회의의 안건을 묻는 What 의문문에 적합한 응답이다.
(C) 구채적인 시간으로 답했으므로 When 의문문에 적합한 응답이다.

12. US BR

Who drew this poster design?
(A) I need 50 copies.
(B) Here are some markers.
(C) One of the sales team's interns.

copy (책·신문 등의) 한 부

누가 이 포스터 디자인을 그렸나요?
(A) 저는 50부가 필요합니다.
(B) 여기 마커펜이 좀 있습니다.
(C) 영업팀의 인턴 사원들 중 한 명이요.

[해설] 포스터 디자인을 그린 사람이 누구인지 묻는 Who 의문문이다.
(A) 질문의 poster에서 연상할 수 있는 copies를 이용하여 혼동을 유도한 오답이다. 수량(50 copies)으로 답했으므로 How many 의문문에 적합하다.
(B) 질문의 drew에서 연상되는 그림 도구인 marker를 이용하여 혼동을 유도한 오답이다.
(C) 구체적인 부서명과 직위로 답변한 정답이다.

13. US US

What kind of research are you working on?
(A) Thanks to a reliable source.
(B) Renewable energy.
(C) Yes, everyone is very nice here.

thanks to ~ 덕분에 reliable 믿을 수 있는 source (연구) 자료, (자료의) 출처, 정보원[소식통] renewable energy 재생 가능 에너지

당신은 어떤 종류의 연구를 하고 있나요?
(A) 믿을 수 있는 소식통 덕분에요.

(B) 재생 가능 에너지요.
(C) 네, 이곳의 모든 사람들이 아주 괜찮아요.

[해설] 무엇에 대해 연구하고 있는지 묻는 What 의문문이다.
(A) 질문의 research에서 연상 가능한 source를 이용해 혼동을 유도한 오답이다.
(B) '재생 가능 에너지'라고 구체적인 연구 분야를 밝혔으므로 정답이다.
(C) 의문사 의문문에는 Yes/No로 답변할 수 없으므로 오답이다.

14. [BR] [BR]

What time will the orientation be over?
(A) The new transfer students.
(B) Yes, I completed the training.
(C) It won't run past noon.

transfer student 전학생   complete 완료하다, 끝마치다
run (얼마의 기간동안) 계속되다

오리엔테이션은 몇 시에 끝날 예정인가요?
(A) 새로 온 전학생들이에요.
(B) 네, 저는 교육을 이수했습니다.
(C) 정오 전에는 끝날 거예요.

[해설] 오리엔테이션이 끝나는 시간을 묻는 What 의문문이다.
(A) 질문의 orientation에서 연상 가능한 new transfer students를 이용해 혼동을 유도하는 오답이다.
(B) 의문사 의문문에는 Yes/No로 응답할 수 없으므로 오답이다.
(C) 정오 전에는 끝날 것이라고 구체적 시점을 제시하여 답변했으므로 정답이다.

15. [US] [BR]

What's on the daily special menu for today?
(A) A vegetarian pasta dish.
(B) I'd like to sit outside.
(C) This restaurant has great reviews.

vegetarian 채식주의자; 채식주의(자)의

오늘의 특별 요리 메뉴에는 무엇이 있나요?
(A) 채식주의자를 위한 파스타 요리입니다.
(B) 저는 밖에 앉고 싶어요.
(C) 이 식당은 후기가 훌륭해요.

[해설] 오늘의 특별 요리 메뉴를 묻는 What 의문문이다.
(A) 오늘의 특별 요리 메뉴를 묻는 질문에 구체적인 음식 메뉴로 답변했으므로 정답이다.
(B) 식당 등에서 어떤 자리에 앉길 원하는지 묻는 질문에 적합한 응답이므로 오답이다.
(C) daily special menu에서 연상되는 restaurant를 이용해 혼동을 유도한 오답이다.

16. [BR] [US]

What logo design will we be using for the new package?
(A) It's still under review.
(B) Yes, we made a new company logo.
(C) You have to put in enough time.

under review 검토 중인   put in (시간·노력을) 들이다

우리가 새 포장 상자에 어떤 로고 디자인을 사용할 것인가요?
(A) 아직 검토 중이에요.
(B) 네, 우리는 새로운 회사 로고를 만들었어요.
(C) 당신은 충분한 시간을 들여야 해요.

[해설] 포장 상자에 어떤 로고 디자인을 사용할지 묻는 What 의문문이다.
(A) 어떤 디자인을 사용할지 묻는 질문에 아직 검토 중이라는 말로, 아직 디자인을 결정하지 못한 상황임을 우회적으로 드러낸 정답이다.
(B) 의문사 의문문에는 Yes/No 답변을 할 수 없을 뿐만 아니라 미래 시제 질문에 과거 시제로 답변했으므로 시제도 일치하지 않는다.
(C) 어떤 디자인을 사용할 것인지 묻는 사람에게 충분한 시간을 들이라고 충고하는 것은 부자연스러우므로 오답이다.

DAY 03

PART 1   실내 사진

Quick Check

01. [AU]

(A) One of the women is speaking to a group of people.
(B) One of the women is writing on a whiteboard.

(A) 여자들 중 한 명이 한 무리의 사람들에게 말하고 있다.
(B) 여자들 중 한 명이 화이트보드에 쓰고 있다.

02. [BR]

(A) A woman is carrying a basket.
(B) A woman is reaching for an item.

reach for ~을 향해 손을 뻗다

(A) 여자가 바구니를 들고 있다.
(B) 여자가 물건을 향해 손을 뻗고 있다.

03. [AU]

(A) A man is looking at a menu.
(B) A woman is holding a serving tray.

(A) 남자가 메뉴를 보고 있다.
(B) 여자가 서빙 쟁반을 들고 있다.

04. [US]

(A) A man is washing a dish in a sink.
(B) A man is using a mobile phone.

(A) 남자가 싱크대에서 접시를 닦고 있다.
(B) 남자가 휴대전화를 사용하고 있다.

05. [US]

(A) Some books are placed on a cart.
(B) A man is borrowing a book at the circulation desk.

circulation desk 대출 데스크

(A) 몇몇 책들이 카트에 놓여져 있다.
(B) 남자가 대출 데스크에서 책을 빌리고 있다.

06. [BR]

(A) A woman is turning on a computer.
(B) A woman is looking into a microscope.

turn on ~을 켜다

(A) 여자가 컴퓨터를 켜고 있다.
(B) 여자가 현미경을 들여다보고 있다.

유형 연습

01. [AU]

(1) (A) servers (○) (B) tables (○) (C) food (×)
(2)
(A) They are serving food to diners. [×]
(B) They are setting the tables. [○]

(A) 그들은 식사하는 사람들에게 음식을 서빙하고 있다.
(B) 그들은 테이블을 차리고 있다.

02. [US]

(1) (A) bookshelves (○) (B) reading books (×)
(C) armchairs (○)
(2)
(A) A chair is being assembled. [×]
(B) Some armchairs are unoccupied. [○]

(A) 의자가 조립되고 있다.
(B) 몇몇 팔걸이 의자가 비어 있다.

03. [AU]

(1) (A) a shopping cart (○) (B) picking up (○) (C) running (×)
(2)
(A) They are waiting in line. [×]
(B) They are picking up some items. [○]

(A) 그들은 줄을 서서 기다리고 있다.
(B) 그들은 몇몇 물건을 고르고 있다.

04. [BR]

(1) (A) conveyor (○) (B) sweeping (×) (C) a box (○)
(2)
(A) A box has been opened on the conveyor. [○]
(B) An item is being put into a carton. [×]

(A) 상자가 컨베이어 위에 열려 있다.
(B) 물건이 상자 안에 넣어지고 있다.

실전 문제

01. (B)   02. (C)   03. (B)   04. (C)   05. (B)   06. (D)

01. [US]

(A) Some books are being stored in a box.
(B) The workstations are all unoccupied.
(C) The tables have been stacked at a corner.
(D) Some lights are being turned off.

store 저장[보관]하다   workstation 1명의 작업자가 작업하기 위한 자리   unoccupied 비어 있는   stack 쌓다, 포개다   turn off 끄다

(A) 책들을 상자 안에 넣어 보관하는 중이다.
(B) 자리가 모두 비어 있다.
(C) 테이블들이 구석에 쌓여 있다.
(D) 전등을 끄고 있다.

[해설] 컴퓨터 작업이 가능한 공간의 사진으로, 사람이 등장하지 않는다. 사진 속 모든 사물의 위치나 상태에 집중한다.
(A) 책(books)이나 상자(box)는 보이지 않는다.
(B) 모든 자리가 비어 있는 상태를 정확히 묘사한 정답이다.
(C) 테이블은 쌓여 있지(have been stacked) 않고 잘 배열되어 있다.
(D) 사람이 없는 사진에서 사물을 주어로 하는 수동태 진행(are being turned off)은 오답이다.

02. [AU]

(A) Some merchandise has been put into a bag.
(B) A shelf is being set against the wall.
(C) A cash register has been mounted on the counter.
(D) Boxes are stacked on top of each other.

merchandise 상품   put into ~에 넣다   shelf 선반   against the wall 벽에 기대어   cash register 금전 등록기   mount 고정시키다   counter 계산대, 판매대

(A) 상품이 가방에 넣어져 있다.
(B) 벽에 선반이 설치되고 있다.
(C) 금전 등록기가 계산대 위에 고정되어 있다.
(D) 상자들이 켜켜이 쌓여 있다.

[해설] 여자와 남자가 상점 계산대에 있는 모습으로, 인물의 동작이나 상태는 물론 주변 사물의 위치와 상태에도 주목해야 한다.
(A) 상품들의 선반에 진열되어 있을 뿐 상품이 들어 있는 가방(bag)은 보이지 않는다.
(B) 선반이 보이기는 하지만 현재 벽에 설치되는 중(being set against the wall)은 아니다.
(C) 여자 앞의 계산대 위에 놓여져 있는 금전 등록기를 바르게 묘사한 정답이다.
(D) 사진에서 상자는 보이지 않는다.

03. [US]

(A) Some bread is being pulled out of an oven.
(B) Vegetables have been put in a basket.
(C) There are some dishes on a kitchen sink.
(D) A pot is boiling on a gas stove.

pull out of ~에서 꺼내다   vegetable 채소   pot 냄비, 솥   boil 끓다, 끓이다   gas stove 가스 레인지

(A) 빵을 오븐에서 꺼내고 있다.
(B) 채소가 바구니에 담겨 있다.
(C) 주방 싱크대에 접시들이 있다.

(D) 냄비가 가스 레인지 위에서 끓고 있다.

[해설] 두 명의 요리사가 음식을 준비하고 있는 사진으로, 두 사람의 개별 동작은 물론 주변 사물의 위치와 상태를 파악해야 한다.
(A) 사진에서 빵(bread)이나 오븐(oven)은 보이지 않는다.
(B) 남자 옆의 바구니에 채소가 담겨 있는 것을 정확히 묘사한 정답이다.
(C) 싱크대(kitchen sink)는 보이지 않는다.
(D) 가스 레인지(gas stove) 위에 올려진 냄비(pot)는 보이지 않는다.

04. [BR]

(A) One of the men is distributing a handout.
(B) A woman is working on a computer.
(C) Some people are looking at documents.
(D) Some people are writing on a board.

distribute 나누어주다   handout 인쇄물, 유인물

(A) 남자들 중 한 명이 인쇄물을 나누어 주고 있다.
(B) 여자가 컴퓨터로 작업하고 있다.
(C) 사람들이 문서를 보고 있다.
(D) 사람들이 보드에 무언가를 적고 있다.

[해설] 3명의 사람이 사무실에 있는 사진으로, 각 인물의 개별 동작이나 공통 동작에 초점을 맞추고 들어야 한다.
(A) 인쇄물이 보이기는 하지만 인쇄물을 나누어주는(distributing) 사람은 없다.
(B) 여자는 컴퓨터로 작업하고 있지(working on a computer) 않다.
(C) 사진 속의 두 남자가 각자 앞에 있는 문서를 보고 있는 모습을 묘사한 정답이다.
(D) 사람들 뒤쪽으로 보드가 보이기는 하지만 무언가를 적고 있는(writing) 사람은 없다.

05. [US]

(A) Some people are leaning against the wall.
(B) A man is pointing to a statue.
(C) The men are hanging a painting.
(D) Some people are sitting on a floor.

leaning against ~에 기대다   statue 조각상   hang 걸다

(A) 몇몇 사람들이 벽에 기대어 있다.
(B) 한 남자가 조각상을 가리키고 있다.
(C) 남자들이 그림을 걸고 있다.
(D) 몇몇 사람들이 바닥에 앉아 있다.

[해설] 미술관의 작품들을 관람하고 있는 사람들의 모습으로, 각 인물들의 개별 동작 및 공통 동작을 모두 잘 파악해야 한다.
(A) 사람들이 벽에 기대어(leaning against the wall) 있지 않다.
(B) 안내원으로 보이는 중앙의 남자가 조각상을 가리키고 있는 모습을 정확히 묘사한 정답이다.
(C) 그림을 걸고 있는(hanging a painting) 사람은 보이지 않는다.
(D) 사람들은 바닥에 앉아 있지(sitting on a floor) 않고 모두 서 있다.

06. [AU]

(A) The woman is paying for a purchase.
(B) The man is removing his apron.
(C) The woman is operating a machine.
(D) The man is weighing a bag on a scale.

remove (옷 등을) 벗다   apron 앞치마   operate 가동[조작]하다   weigh 무게를 달다   scale 저울

(A) 여자가 물건 값을 지불하고 있다.
(B) 남자가 앞치마를 벗고 있다.
(C) 여자가 기계를 조작하고 있다.
(D) 남자가 저울로 봉지의 무게를 재고 있다.

[해설] 앞치마를 입고 작업 중인 두 사람의 사진으로, 두 사람의 개별 동작에 주목해서 들어야 한다.
(A) 여자는 앞에 놓인 무언가를 퍼서 담고 있을 뿐 돈을 지불하고(paying) 있지는 않다.
(B) 남자는 앞치마를 착용한 상태이고 앞치마를 벗고 있는(removing his apron) 중은 아니다.
(C) 여자 뒤로 기계가 보이기는 하지만 여자가 이것을 조작하고(operating) 있지는 않다.
(D) 남자가 앞에 놓인 저울로 봉지에 든 것의 무게를 재는 모습을 묘사한 정답이다.

PART 2 How 의문문 (1)

Quick Check

01. [US] [BR]

How do you turn this coffee maker on?
(A) Push the button here.
(B) A cup of water, please.

이 커피 메이커를 어떻게 켜나요?
(A) 여기 있는 버튼을 누르세요.
(B) 물 한 잔 부탁합니다.

02. [BR] [US]

How often do you attend the seminar?
(A) For three hours.
(B) Once a month.

그 세미나에 얼마나 자주 참석하시나요?
(A) 3시간 동안이요.
(B) 한 달에 한 번이요.

03. [BR] [BR]

How many brochures do you need for the show?
(A) Thirty would be enough.
(B) Sure, I'd be happy to.

그 쇼에 얼마나 많은 책자가 필요한가요?
(A) 30개면 충분할 거예요.
(B) 물론이죠, 기꺼이 할게요.

04. [AU] [BR]

How much is the ticket for the concert?
(A) Yes, it's expensive.
(B) About 50 dollars.

그 콘서트 표는 얼마인가요?
(A) 네, 비싸요.
(B) 50달러 정도예요.

05. US US

How long have you been living in New York?
(A) **Since I was twenty.**
(B) Three years ago.

뉴욕에 사신 지는 얼마나 되셨나요?
(A) 제가 20살일때부터요.
(B) 3년 전에요.

06. US AU

How quickly will the weekly report be done?
(A) **I'll finish it by tomorrow.**
(B) It's valid only for this week.

주간 보고서가 얼마나 빨리 마무리될까요?
(A) 내일까지 끝내겠습니다.
(B) 이번 주 동안만 유효합니다.

유형 연습

01. (A) 02. (B) 03. (B) 04. (A) 05. (A) 06. (A)
07. (A) 08. (B)

01. US BR

How much did the transportation cost?
(A) **I'll have to check the receipt.** [○]
(B) Yes, subway is much faster. [×]

교통편이 얼마가 들었나요?
(A) 영수증을 확인해봐야 해요.
(B) 네, 지하철이 훨씬 더 빨라요.

02. US BR

How long will you be staying in Tokyo?
(A) I'll stay at my cousin's place. [×]
(B) **Only three days.** [○]

도쿄에 얼마나 오래 머무르실 건가요?
(A) 저는 제 사촌 집에서 머무를 거예요.
(B) 3일 동안만요.

03. US AU

How did you manage to arrive so early?
(A) No, I worked late last night. [×]
(B) **I took a different route.** [○]

어떻게 그렇게 일찍 도착하실 수 있었어요?
(A) 아니요, 저는 어젯밤에 늦게까지 일했어요.
(B) 저는 다른 길로 왔어요.

04. BR US

How soon can you finish the work?
(A) **Everything will be done by next Monday.** [○]
(B) Daniel will be here soon. [×]

그 일을 얼마나 빨리 끝낼 수 있나요?
(A) 다음 주 월요일까지 다 끝날 거예요.
(B) Daniel이 곧 여기 올 거예요.

05. AU BR

How many office supplies should I order?
(A) **We need quite a few.** [○]
(B) The parts will be ordered this afternoon. [×]

제가 얼마나 많은 사무용품을 주문해야 하죠?
(A) 우리는 꽤 많이 필요합니다.
(B) 부품들은 오늘 오후에 주문될 것입니다.

06. BR BR

How should I organize these files?
(A) **In an alphabetical order.** [○]
(B) He filed a lawsuit. [×]

이 파일들을 어떻게 정리해야 하나요?
(A) 알파벳 순으로요.
(B) 그는 소송을 제기했어요.

07. US BR

How can I change the reservation?
(A) **May I have your name, please?** [○]
(B) Yes, you can start now. [×]

예약을 어떻게 변경할 수 있나요?
(A) 성함을 알려주시겠어요?
(B) 네, 지금 시작하셔도 됩니다.

08. US AU

How much longer do you need to fix the machine?
(A) No, the printer is over there. [×]
(B) **Just a couple of hours.** [○]

기계를 수리하는 데 시간이 얼마나 더 오래 필요하시나요?
(A) 아뇨, 프린터는 저기 있어요.
(B) 몇 시간이면 됩니다.

실전 문제

01. (B) 02. (C) 03. (B) 04. (C) 05. (B) 06. (A)
07. (C) 08. (B) 09. (A) 10. (C) 11. (A) 12. (A)
13. (B) 14. (C) 15. (B) 16. (B)

01. BR US

How do you set the timer on this unit?
(A) I don't know what time it is.
(B) **Use the remote control.**
(C) Yes, it will arrive on schedule.

set the timer 타이머를 설정하다   unit 기구, 장치   remote control 리모컨   on schedule 예정된 시간에

이 장치의 타이머를 어떻게 설정하나요?
(A) 몇 시인지 모르겠어요.
(B) 리모컨을 사용하세요.

(C) 네, 그것은 예정된 시간에 도착할 거예요.
[해설] 장치의 타이머 설정 방법을 묻는 How 의문문이다.
(A) 질문의 timer에서 연상되는 time을 이용해 혼동을 유도하는 오답이다.
(B) 리모컨을 사용하라며 구체적인 방법을 제시한 정답이다.
(C) 의문사 의문문에는 Yes/No로 응답할 수 없으므로 오답이다.

02. [US] [US]

How are we going to get to New York for the conference?
(A) Before the registration deadline.
(B) It seems like it will be informative.
(C) HR will reserve plane tickets for us.

registration 등록   deadline 마감일   informative 유익한

우리는 콘퍼런스를 위해서 뉴욕에 어떻게 갈 예정인가요?
(A) 등록 마감일 전에요.
(B) 유용할 것 같아요.
(C) 인사부에서 우리를 위해 비행기 티켓을 예약해줄 거예요.
[해설] 콘퍼런스를 위해서 뉴욕에 가는 방법을 묻는 How 의문문이다.
(A) 질문의 conference에서 연상 가능한 registration을 이용해 혼동을 유도하는 오답으로, 시간 표현 before가 있으므로 When 의문문에 적합한 응답이다.
(B) 질문의 conference에서 연상 가능한 informative를 이용해 혼동하는 오답으로, 콘퍼런스가 어떨 것 같은지 묻는 질문에 어울리는 응답이다.
(C) 인사부에서 비행기 티켓을 예약해줄 거라는 말로 항공편을 이용할 것임을 우회적으로 전달하고 있으므로 정답이다.

03. [US] [AU]

How do you enter information into the new database?
(A) Yes, I was able to learn a lot.
(B) I haven't installed that software yet.
(C) We should use the back entrance.

install 설치하다   back entrance 뒷문

어떻게 새로운 데이터베이스에 정보를 입력하나요?
(A) 네, 저는 많이 배울 수 있었어요.
(B) 아직 그 소프트웨어를 설치하지 않았어요.
(C) 우리는 뒷문을 이용해야 해요.
[해설] 새로운 데이터베이스에 정보를 입력하는 방법을 묻는 How 의문문이다.
(A) 의문사 의문문에는 Yes/No로 답할 수 없으므로 오답이다.
(B) 정보 입력과 관련된 소프트웨어를 설치하지 않아 정보 입력 방법을 잘 모른다는 뜻이므로 정답이다.
(C) 질문의 enter와 발음이 유사한 entrance를 이용해 혼동을 유도하는 오답이다.

04. [BR] [BR]

How many guests will we be serving?
(A) A highly-rated caterer.
(B) Sure, I'll take a look at the menu.
(C) Around fifty.

serve (식당에서 음식을) 제공하다, (상점에서 손님) 시중을 들다
highly-rated 높이 평가받는   caterer (행사의) 음식 공급 업체

우리는 얼마나 많은 손님을 응대할 것인가요?
(A) 높이 평가받는 음식 공급 업체입니다.
(B) 물론이죠, 제가 메뉴를 볼게요.
(C) 약 50명이요.
[해설] 응대하게 될 손님의 인원수를 묻는 How many 의문문이다.
(A) 질문의 guest와 serving에서 연상 가능한 caterer를 이용해 혼동을 유도하는 오답이다.
(B) Yes/No 응답과 마찬가지로 Sure도 의문사 의문문에 대한 응답이 될 수 없으므로 오답이다.
(C) '약 50명'이라고 구체적인 수치를 제시했으므로 정답이다.

05. [BR] [AU]

How many boxes of paper did you order?
(A) I'll sort them in an alphabetical order.
(B) About a dozen.
(C) The job comes with a lot of paperwork.

in an alphabetical order 알파벳 순서로   dozen 12개짜리 한 묶음, 십여 개   come with ~이 딸려 있다   paperwork 서류 작업

종이 몇 상자를 주문했나요?
(A) 저는 그것들을 알파벳 순서로 분류할 거예요.
(B) 약 12상자요.
(C) 그 일은 서류 작업이 많아요.
[해설] 종이 몇 상자를 주문했는지 수량을 묻는 How many 의문문이다.
(A) 질문의 order(주문하다)와 동음이의어인 order(순서)를 반복 사용해 혼동을 유도하는 오답이다.
(B) '약 12상자'라는 구체적인 수량으로 답변했으므로 정답이다.
(C) 질문의 paper가 들어간 단어인 paperwork을 이용해 혼동을 유도하는 오답이다.

06. [US] [BR]

How often do you go out to eat?
(A) Almost every day for lunch.
(B) How much would you like?
(C) My favorite restaurant.

얼마나 자주 외식을 하나요?
(A) 점심은 거의 매일이요.
(B) 얼마나 원하세요?
(C) 제가 가장 좋아하는 식당이요.
[해설] 얼마나 자주 외식을 하는지 빈도를 묻는 How often 의문문이다.
(A) 점심은 거의 '매일' 외식을 한다고 구체적인 빈도로 답변했으므로 정답이다.
(B) 외식 빈도를 묻는 질문에 '얼마나 원하세요?'라고 되묻는 것은 어색하므로 오답이다.
(C) 질문의 go out to eat에서 연상 가능한 restaurant를 이용해 혼동을 유도하는 오답이다.

07. [BR] [US]

How much will the renovations cost?
(A) Yes, it looks much better.
(B) By the end of the summer.
(C) I will send the quote to your e-mail.

renovation 수리, 수선, 보수   cost (값·비용이) ~ 들다
quote (= quotation) 견적

수리 비용이 얼마나 들까요?

(A) 네, 그게 훨씬 더 보기 좋아요.
(B) 여름이 끝날 때쯤이요.
(C) 견적을 당신의 이메일로 보내줄게요.

[해설] 수리 비용이 얼마나 들지 비용을 묻는 How much 의문문이다.
(A) 의문사 의문문에는 Yes/No 답변을 할 수 없으므로 오답이다.
(B) 시간 부사구로 답변했으므로 When 의문문에 적합한 응답이다.
(C) 직접적으로 구체적인 금액을 제시하는 대신 이메일로 견적을 보내주겠다고 답변한 것은 견적서를 보고 직접 확인하라는 의도이므로 정답이다.

08. [AU] [BR]

How long are you waiting for your pizza order?
(A) Our cheese is imported from France.
(B) Approximately 30 minutes.
(C) What toppings would you like?

order 주문(하다) import 수입하다 approximately 거의

얼마 동안 피자 주문을 기다리고 있는 중인가요?
(A) 우리 치즈는 프랑스에서 수입한 것이에요.
(B) 거의 30분이요.
(C) 어떤 토핑을 원하세요?

[해설] 피자를 얼마나 오래 기다리고 있는지 소요 시간을 묻는 How long 의문문이다.
(A) 질문의 pizza에서 연상되는 cheese를 이용해 혼동을 유도하는 오답이다.
(B) '거의 30분'이라는 구체적인 소요 시간으로 답변했으므로 정답이다.
(C) 질문의 pizza에서 연상되는 toppings를 이용해 혼동을 유도하는 오답이다.

09. [US] [BR]

How soon can you start working at this branch?
(A) Right from next Monday.
(B) Many tall trees.
(C) In my cover letter.

branch 지사, 지점; 나뭇가지 cover letter 자기소개서

이 지점에서 얼마나 빨리 근무를 시작할 수 있나요?
(A) 다음 주 월요일부터 바로요.
(B) 많은 키가 큰 나무들이요.
(C) 제 자기소개서에서요.

[해설] 얼마나 빨리 근무를 시작할 수 있는지, 즉 언제부터 근무가 가능한지 묻는 How soon 의문문이다.
(A) '다음 주 월요일부터 바로'라며 구체적 시점으로 답변했으므로 정답이다.
(B) 질문의 branch를 '나뭇가지'로 이해할 경우 연상되는 tree를 이용하여 혼동을 유도하는 오답이다.
(C) 보통 취업 면접 시 지원자에게 근무 시작 가능일을 물을 때 하는 질문인 점을 고려하여, 입사 지원과 연관된 어휘인 cover letter로 혼동을 유도한 오답이다.

10. [BR] [BR]

How long was the episode you watched last night?
(A) Yes, the critics loved it.
(B) A new movie theater.
(C) Just one hour.

critic 비평가, 평론가

당신이 어젯밤에 본 에피소드는 얼마나 길었나요?
(A) 네, 비평가들이 그것을 좋아했어요.
(B) 새로운 영화관이에요.
(C) 겨우 한 시간이요.

[해설] 어젯밤 시청한 에피소드의 길이, 즉 소요 시간을 묻는 How long 의문문이다.
(A) 의문사 의문문에는 Yes/No로 답변할 수 없으므로 오답이다.
(B) 질문의 watched에서 연상되는 movie를 이용해 혼동을 유도하는 오답이다.
(C) '겨우 한 시간'이라며 구체적인 소요 시간으로 답변했으므로 정답이다.

11. [BR] [AU]

How long is the orientation supposed to last?
(A) It depends on how many questions there are.
(B) We'll be welcoming the new employees.
(C) There should be enough handbooks.

last 계속하다, 지속하다 depend on ~에 달려 있다, 좌우되다
handbook 안내서

오리엔테이션은 얼마 동안 지속될 예정인가요?
(A) 질문이 얼마나 많은지에 달려 있어요.
(B) 우리가 새로운 직원들을 맞이할 거예요.
(C) 안내서가 충분히 있어야 해요.

[해설] 오리엔테이션 지속 시간을 묻는 How long 의문문이다.
(A) 질문이 얼마나 많은지에 따라 다르다는 말로 오리엔테이션 지속 시간이 정해져 있지 않음을 나타내고 있으므로 정답이다.
(B) 질문의 orientation에서 연상 가능한 new employees를 이용하여 혼동을 유도하는 오답이다.
(C) 질문의 orientation에서 연상 가능한 handbook을 이용하여 혼동을 유도하는 오답이다.

12. [US] [BR]

How much did we spend on office supplies last quarter?
(A) Nearly four thousand dollars.
(B) In the supply closet.
(C) Usually by the next day.

office supplies 사무용품 quarter 분기 nearly 거의 supply closet 비품 창고

우리가 지난 분기에 사무용품에 얼마나 많이 지출했나요?
(A) 거의 4천 달러요.
(B) 비품 창고 안에요.
(C) 보통 다음날까지요.

[해설] 사무용품에 쓴 돈이 얼마인지 금액을 묻는 How 의문문이다.
(A) '거의 4천 달러'라는 구체적 금액으로 답변했으므로 정답이다.
(B) 장소 부사구로 답변했으므로 사무용품이 어디 있는지 묻는 Where 의문문에 적합한 응답이다.
(C) 시간 부사구로 답변했으므로 When 의문문에 적합한 응답이다.

13. [BR] [US]

How often do you take a flight?
(A) You can upgrade to business class.
(B) A couple times a year.
(C) May I see your boarding pass?

당신은 얼마나 자주 비행기를 타나요?

(A) 당신은 비즈니스석으로 업그레이드하실 수 있습니다.
(B) 일 년에 두세 번이요.
(C) 탑승권을 보여주시겠습니까?

[해설] 얼마나 자주 비행기를 타는지 빈도를 묻는 How often 의문문이다.
(A) 질문의 flight에서 연상되는 upgrade to business class를 이용한 오답이다.
(B) '일 년에 두세 번'이라는 빈도로 답변했으므로 정답이다.
(C) 질문의 flight에서 연상되는 boarding pass를 이용한 오답이다.

14. US US

How old is your bookstore?
(A) An anniversary promotion.
(B) Our customers are highly satisfied.
(C) We've been in business for 20 years.

highly 매우 be in business 영업을 하고 있다

당신의 서점은 얼마나 오래되었나요?
(A) 기념일 판촉 행사입니다.
(B) 저희 고객들이 매우 만족해 합니다.
(C) 저희는 20년 동안 운영해오고 있습니다.

[해설] 서점이 얼마나 오래되었는지, 즉 서점이 얼마나 오랫동안 운영되어 왔는지 묻는 How old 의문문이다.
(A) 의문사 What을 사용해 서점에서 어떤 행사를 열고 있는지 물어보는 질문에 할 수 있는 응답이다.
(B) 질문의 bookstore에서 연상되는 customers를 이용해 혼동을 유도하는 오답이다.
(C) '20년 동안 운영해오고 있다'며 구체적인 기간을 제시했으므로 정답이다.

15. US US

How long will it take you to get to the office?
(A) It's Monday.
(B) Less than an hour.
(C) The subway is more reliable.

less than ~보다 적은 reliable 믿을[신뢰할] 수 있는

당신이 사무실에 도착하는 데 얼마나 걸릴까요?
(A) 월요일이에요.
(B) 한 시간 미만이요.
(C) 지하철이 더 믿을만해요.

[해설] 사무실까지 가는 데 걸리는 소요 시간을 묻는 How long 의문문이다.
(A) 오늘이 무슨 요일인지 묻는 What day is it? 같은 질문에 적합한 응답이다.
(B) '한 시간 미만'이라며 소요 시간으로 답변했으므로 정답이다.
(C) 질문을 사무실에 가는 방법, 즉 교통편을 묻는 How 의문문으로 착각하도록 유도하는 오답이다.

16. US AU

How soon can you complete the digitization project?
(A) This is a very useful database.
(B) I should be finished by the end of the week.
(C) Please check the file cabinet.

complete 완료하다 digitization 디지털화 useful 유용한

얼마나 빨리 디지털화 프로젝트를 완료할 수 있나요?
(A) 이것은 아주 유용한 데이터베이스입니다.
(B) 저는 이번 주말까지는 끝낼 겁니다.
(C) 서류 캐비닛을 확인하시기 바랍니다.

[해설] 얼마나 빨리 디지털화 프로젝트를 완료할 수 있는지, 즉, 완료 시점을 묻는 How soon 의문문이다.
(A) 질문의 digitization처럼 정보 기술 관련 어휘인 database를 이용해 혼동을 유도하는 오답이다.
(B) 주말까지 끝내겠다고 구체적 시점을 제시하여 답변했으므로 정답이다.
(C) 특정 공간을 확인하라는 응답은 Where 의문문에 적합하다.

DAY 04

PART 1 — 야외 사진

Quick Check

01. US

(A) **Pedestrians are crossing the street.**
(B) Some people are cycling on a road.

(A) 보행자들이 거리를 건너고 있다.
(B) 몇몇 사람들이 도로에서 자전거를 타고 있다.

02. AU

(A) Some people are seated on the grass.
(B) A bench is occupied.

occupied (자리를) 차지한

(A) 몇몇 사람들이 잔디에 앉아 있다.
(B) 벤치를 (사람들이) 차지하고 있다.

03. US

(A) **They are wearing protective helmets.**
(B) One of the men is using a tool.

(A) 그들은 안전모를 착용하고 있다.
(B) 남자들 중 한 명은 도구를 사용하고 있다.

04. BR

(A) A woman is fixing a tire.
(B) A boat is floating on the water.

tire 타이어 float 뜨다

(A) 여자가 타이어를 수리하고 있다.
(B) 배가 물 위에 떠 있다.

05. [BR]

(A) A woman is watering plants.
(B) A woman is shoveling dirt.

shovel 삽질하다   dirt 흙

(A) 여자가 식물에 물을 주고 있다.
(B) 여자가 흙을 삽질하고 있다.

06. [US]

(A) A train is approaching the platform.
(B) Some people are boarding a train.

(A) 기차가 승강장에 들어오고 있다.
(B) 몇몇 사람들이 기차에 탑승하고 있다.

유형 연습

01. [AU]

(1) (A) a man (×) (B) a barrier (○) (C) crossing the street (×)
(2)
(A) A barrier is blocking a street. [○]
(B) A street is being resurfaced. [×]

barrier 장벽   resurface 표면을 보수하다

(A) 장벽이 거리를 막고 있다.
(B) 거리의 표면이 보수되고 있다.

02. [US]

(1) (A) people (○) (B) outdoors (○) (C) standing in line (×)
(2)
(A) A crowd of people are gathered outdoors. [○]
(B) Some people are applauding performers. [×]

applaud 박수를 치다

(A) 한 무리의 사람들이 야외에 모여 있다.
(B) 몇몇 사람들이 공연자들에게 박수를 치고 있다.

03. [BR]

(1) (A) a ladder (○) (B) a wall (×) (C) standing (○)
(2)
(A) A wall is being painted with a brush. [×]
(B) A man is standing on a ladder. [○]

(A) 벽이 붓으로 페인트칠 되어지고 있다.
(B) 남자가 사다리에 서 있다.

04. [US]

(1) (A) umbrellas (○) (B) swimming (×) (C) boarding (×)
(2)
(A) Some people are relaxing under umbrellas. [○]
(B) Some people are swimming in an indoor pool. [×]

indoor 실내의

(A) 몇몇 사람들이 파라솔 아래에서 휴식을 취하고 있다.
(B) 몇몇 사람들이 실내 수영장에서 수영하고 있다.

실전 문제

01. (B)   02. (D)   03. (A)   04. (B)   05. (C)   06. (A)

01. [US]

(A) They are posing for a photo.
(B) They are descending a mountain trail.
(C) They are resting on a rock.
(D) They are having a snack.

pose for ~을 위해 포즈를 취하다   descend 내려오다, 내려가다   trail 오솔길, 시골길

(A) 그들은 사진을 찍기 위해 포즈를 취하고 있다.
(B) 그들은 산길을 내려가고 있다.
(C) 그들은 바위에서 쉬고 있다.
(D) 그들은 간식을 먹고 있다.

[해설] 산길을 걷고 있는 한 무리의 사람들의 사진으로, 등장 인물들의 공통 동작에 초점을 맞춰 듣는다.
(A) 카메라를 들고 있거나 사진 찍을 포즈를 취하는(posing for a photo) 사람은 보이지 않는다.
(B) 산길을 내려가고 있는 사람들의 모습을 바르게 묘사한 정답이다.
(C) 사진에 등장하는 인물들은 모두 아래쪽으로 걸어가고 있을 뿐 쉬고 있는(resting) 사람은 없다.
(D) 무언가를 먹고 있는(having a snack) 사람은 보이지 않는다.

02. [BR]

(A) One of the women is looking at her mobile phone.
(B) A car is stopped at a traffic signal.
(C) Some people are boarding a bus.
(D) Some people are crossing at a crosswalk.

traffic signal 교통 신호

(A) 여자들 중 한 명이 휴대 전화를 보고 있다.
(B) 자동차 한 대가 신호등 앞에 멈춰 있다.
(C) 몇몇 사람들이 버스에 타고 있다.
(D) 몇몇 사람들이 횡단보도를 건너고 있다.

[해설] 다수의 사람들이 길을 건너는 사진으로, 등장 인물의 동작은 물론 사진 속 사물의 위치/상태에도 주목해야 한다.
(A) 사진에서 휴대 전화는 보이지 않는다.
(B) 일부 차량들이 보이기는 하지만 신호등(traffic signal) 앞에서 멈춰 있는 것이 아니라 도로를 따라 주차되어 있다.
(C) 버스에 오르고 있는(boarding a bus) 사람들은 보이지 않는다.
(D) 횡단보도에서 길을 건너고 있는 사람들의 모습을 바르게 묘사한 정답이다.

03. [AU]

(A) Some people are riding bicycles along the water.
(B) Some people are gathered on a boat.
(C) Some people are sitting on the grass.
(D) Some people are examining a piece of equipment.

ride 타다   grass 풀, 잔디   examine 조사[검토]하다
equipment 장비, 용품

(A) 몇몇 사람들이 물가를 따라 자전거를 타고 있다.
(B) 몇몇 사람들이 보트 위에 모여 있다.
(C) 몇몇 사람들이 잔디 위에 앉아 있다.
(D) 몇몇 사람들이 장비 하나를 살펴보고 있다.

[해설] 야외를 배경으로 다수의 인물이 등장하는 사진으로, 사람들의 공통 동작을 잘 살펴야 한다.
(A) 물 옆으로 난 길을 따라 자전거를 타고 있는 사람들을 묘사한 정답이다.
(B) 보트(boat)를 타고 있는 사람들은 보이지 않는다.
(C) 사진 우측에 잔디가 보이기는 하지만 그 위에 앉아 있는(sitting) 사람은 없다.
(D) 장비를 살펴보고 있는(examining a piece of equipment) 사람은 보이지 않는다.

04. US

(A) A woman is trimming a tree.
(B) Water is being sprayed from a hose.
(C) A woman is repairing a fence.
(D) A gardening tool is placed against a wall.

trim 다듬다, 손질하다   spray 뿌리다, 살포하다   fence 울타리
gardening tool 정원용 기구   against a wall 벽에 기대어

(A) 여자가 나무를 다듬고 있다.
(B) 호스에서 물이 뿜어져 나오고 있다.
(C) 여자가 울타리를 수리하고 있다.
(D) 정원용 기구가 벽에 기대어 놓여 있다.

[해설] 호스로 나무에 물을 뿌리는 여자의 모습으로, 여자의 동작 및 주변 사물의 상태에 초점을 맞추고 들어야 한다.
(A) 나무가 보이기는 하지만 여자가 나무를 손질하는(trimming) 중은 아니다.
(B) 여자가 호스를 이용해 정원의 나무에 물을 뿌리는 모습을 정확히 묘사한 정답이다.
(C) 여자 앞으로 낮은 울타리가 보이기는 하지만 울타리를 수리하는(repairing) 중은 아니다.
(D) 벽에 기대어(against a wall) 놓은 정원용 기구(gardening tool)는 보이지 않는다.

05. BR

(A) Some people are walking on a bridge.
(B) The stairs lead to the building entrance.
(C) A boat is floating on the river.
(D) A road is being repaved.

stairs 계단   lead to ~로 이어지다   repave (도로를) 재포장하다

(A) 사람들이 다리 위를 걷고 있다.
(B) 계단이 건물 입구로 이어진다.
(C) 배가 강 위에 떠 있다.
(D) 도로를 재포장하고 있다.

[해설] 사람과 사물/배경이 섞여 있는 사진으로, 사람은 물론 사물/배경 등 사진 속 모든 요소를 잘 살펴야 한다.
(A) 사진에 사람이 여자 한 명뿐이므로 오답이다.
(B) 여자 앞으로 계단이 놓여 있긴 하지만 건물 입구로 이어지는지는(lead to the building entrance) 알 수 없다.
(C) 강 위에 떠 있는 배를 바르게 묘사한 정답이다.
(D) 도로(road)를 재포장하고(repaved) 있는 사람들은 보이지 않는다.

06. US

(A) Some people are shopping at an outdoor market.
(B) One of the women is paying for her purchase.
(C) One of the women is sampling some pie.
(D) Some people are entering a building.

enter 들어가다

(A) 사람들이 야외 시장에서 쇼핑을 하고 있다.
(B) 여자들 중 한 명이 구입한 물건의 값을 치르고 있다.
(C) 여자들 중 한 명이 파이를 시식하고 있다.
(D) 사람들이 건물로 들어가고 있다.

[해설] 야외 시장을 배경으로 다수의 인물이 등장하는 사진으로, 각 인물의 개별 동작과 공통 동작 모두 잘 살펴야 한다.
(A) 야외의 파이 판매대 앞에서 파이를 고르고 있는 사람들의 모습을 묘사한 정답이다.
(B) 돈을 지불하고 있는(paying for her purchase) 사람의 모습은 보이지 않는다.
(C) 파이들이 많이 진열되어 있긴 하지만 이를 시식하는(sampling) 사람은 없다.
(D) 배경에 건물이 보이긴 하지만 건물에 들어가는(entering) 사람은 보이지 않는다.

PART 2   How 의문문 (2) / Why 의문문

Quick Check

01. BR US

How was the movie you saw yesterday?
(A) I am very tired at the moment.
(B) It was disappointing.

당신이 어제 봤던 영화는 어땠나요?
(A) 저는 지금 매우 피곤해요.
(B) 실망스러웠어요.

02. US US

How do you like your new company?
(A) I like how flexible they are.
(B) You look great.

당신의 새 회사는 어떤가요?
(A) 그들이 융통성이 있어서 좋아요.
(B) 당신 아주 좋아 보여요.

03. AU BR

How about we stop by a coffee shop?
(A) I have been working here for two years.
(B) I know a nice place not far from here.

우리 커피숍에 들르는 게 어때요?
(A) 저는 이곳에서 2년 동안 근무하고 있어요.
(B) 제가 여기서 멀지 않은 좋은 곳을 알아요.

04. US AU

Why was everyone so busy in the warehouse?
(A) Yes, I read about it.
(B) A shipment arrived late due to the storm.

창고에서 다들 왜 그렇게 바빴나요?
(A) 네, 그것에 대해 읽었어요.
(B) 폭풍 때문에 물건이 늦게 왔어요.

05. US US

Why did you call the technician?
(A) To ask him to check some wiring.
(B) It's cold this morning.

왜 기술자에게 연락하셨나요?
(A) 배선 점검을 요청하기 위해서요.
(B) 오늘 아침 춥네요.

06. US BR

Why don't we order some more sandwiches for attendees?
(A) Once your order is confirmed.
(B) Okay. That sounds good.

참석자들을 위해서 샌드위치를 좀 더 주문하는 게 어떨까요?
(A) 당신의 주문이 승인되면요.
(B) 그래요. 좋을 것 같아요.

유형 연습

01. (B)　02. (B)　03. (A)　04. (B)　05. (B)　06. (A)
07. (B)　08. (A)

01. BR BR

How do you like the new projectors and computers?
(A) The project is ahead of schedule. [×]
(B) They're working well so far. [○]

ahead of schedule 예정보다 앞서

새 프로젝터와 컴퓨터들은 어때요?
(A) 그 프로젝트는 예정보다 앞서 있어요.
(B) 지금까지는 잘 작동하고 있습니다.

02. US US

Why are they vacuuming the office?
(A) Yes, I'm available. [×]
(B) It's our regular cleaning day. [○]

vacuum 청소기로 청소하다

왜 그들이 사무실을 청소기로 청소하고 있나요?
(A) 네, 저는 가능해요.
(B) 우리의 정기적인 청소 날이에요.

03. BR US

How about meeting for lunch at noon?
(A) Sure, I wanted to try that new Italian restaurant. [○]
(B) I met her on my way to work. [×]

on one's way to ~로 가는 길에

우리 점심 먹으러 12시에 만나는 거 어때요?
(A) 좋아요, 저는 그 새로 생긴 이탈리안 레스토랑에 가보고 싶었어요.
(B) 저는 출근하는 길에 그녀를 만났어요.

04. AU BR

Why do you close the store early today?
(A) They open at eight in the morning. [×]
(B) Because of the unexpected bad weather. [○]

unexpected 예상치 못한

오늘은 왜 상점을 일찍 닫으시나요?
(A) 그들은 아침 8시에 문을 열어요.
(B) 예상치 못한 나쁜 날씨 때문에요.

05. BR AU

Why isn't Paul answering his phone this morning?
(A) No, I phoned him yesterday. [×]
(B) He's taking a sick leave. [○]

sick leave 병가

Paul이 오늘 아침에 왜 전화를 받지 않나요?
(A) 아뇨, 저는 어제 그에게 전화했어요.
(B) 그는 병가를 냈어요.

06. US AU

Why did you file a complaint?
(A) Because my order has been delayed for a week. [○]
(B) I think that's a great idea. [×]

file a complaint 불만을 제기하다

왜 불만을 제기하셨나요?
(A) 제 주문이 일주일 동안 지연되었어요.
(B) 그거 좋은 생각 같아요.

07. US BR

How was last night's employee award ceremony?
(A) Let me introduce the new intern. [×]
(B) Everything was nice. [○]

어젯밤의 직원 시상식 어땠어요?
(A) 새 인턴을 소개해 드릴게요.
(B) 모든 게 좋았어요.

08. BR US

Why don't you bring up this issue at the board meeting?
(A) No, I'd rather not. [○]
(B) Sorry, we don't have this month's issue. [×]

issue 사안, (잡지 등의) 호

이 사안을 이사진 회의에서 제기하는 게 어때요?
(A) 아뇨, 안 할래요.
(B) 죄송합니다, 이번 달 호는 없어요.

실전 문제

01. (A) 02. (B) 03. (C) 04. (A) 05. (C) 06. (C)
07. (A) 08. (B) 09. (C) 10. (B) 11. (C) 12. (B)
13. (A) 14. (C) 15. (B) 16. (B)

01. [AU] [US]

Why don't you pack some warm clothes?
(A) Thanks for reminding me.
(B) This fits nicely.
(C) A cold winter.

따뜻한 옷을 좀 챙기는 게 어때요?
(A) 알려줘서 고마워요.
(B) 이것이 잘 어울려요.
(C) 추운 겨울입니다.

[해설] 짐을 쌀 때 따뜻한 옷을 챙겨 넣으라고 권하는 권유/제안 의문문이다.
(A) 따뜻한 옷을 좀 챙겨 넣으라는 권유에 알려줘서 고맙다는 말로 상대방의 제안을 수락하는 답변이므로 정답이다.
(B) 질문의 clothes만 듣고 옷을 입어보는 상황을 연상할 경우 고를 수 있는 오답이다.
(C) 질문의 warm clothes에서 연상되는 cold winter를 이용해 혼동을 유도하는 오답이다.

02. [BR] [BR]

Why has my order been delayed?
(A) One of those, please.
(B) Because it had to be rerouted.
(C) An electronic receipt.

reroute 다른 길로 수송하다

왜 제 주문이 지연되었나요?
(A) 그것들 중 하나를 주세요.
(B) 다른 길로 수송되어야 했기 때문이에요.
(C) 전자 영수증이에요.

[해설] 주문이 지연되는 이유를 묻는 Why 의문문이다.
(A) 질문의 order만 듣고 무언가를 주문하는 상황으로 잘못 이해했을 경우 선택할 수 있는 오답이다.
(B) 다른 길로 수송되어야 했기 때문이라며 구체적 이유를 제시한 정답이다.
(C) 질문의 order에서 연상할 수 있는 receipt를 이용해 혼동을 유도하는 오답이다.

03. [BR] [US]

How's the food at Philly Steakhouse?
(A) Yes, I made a reservation.
(B) What did you order?
(C) You'd better try other places.

Philly Steakhouse의 음식은 어땠나요?
(A) 네, 제가 예약을 했어요.
(B) 무엇을 주문했나요?
(C) 다른 곳을 가보는 게 좋겠어요.

[해설] 식당의 음식이 어땠는지 의견을 묻는 How 의문문이다.
(A) 의문사 의문문에는 Yes/No로 응답하지 않으므로 오답이다.
(B) '특정 식당의 음식'에서 연상 가능한 표현인 order(주문하다)를 이용해 혼동을 유도하는 오답이다.
(C) 다른 곳에 가볼 것을 권함으로써 그 식당의 음식이 만족스럽지 않았다는 의견을 우회적으로 전달하고 있는 정답이다.

04. [US] [US]

Why is the Becker Street entrance closed?
(A) For some road repairs.
(B) The downtown area.
(C) No, I don't go that way.

road repair 도로 보수   downtown area 도심 지역

Becker 가 입구가 왜 폐쇄되었나요?
(A) 도로 보수 때문에요.
(B) 도심 지역이요.
(C) 아니요, 저는 그 길로 가지 않아요.

[해설] 특정 도로로 들어가는 입구가 폐쇄된 이유를 묻는 Why 의문문이다.
(A) 도로 보수 때문이라며 이유를 제시하였으므로 정답이다.
(B) 질문의 Becker Street처럼 특정 거리나 지역에 대해 얘기할 때 종종 나오는 downtown area를 이용하여 혼동을 유도한 오답이다.
(C) 의문사 의문문에는 Yes/No로 응답할 수 없으므로 오답이다.

05. [US] [AU]

How was the concert last weekend?
(A) I already bought a ticket.
(B) Over three hours.
(C) My friends and I had a great time.

지난 주말 콘서트는 어땠어요?
(A) 저는 이미 티켓을 샀어요.
(B) 3시간 넘게요.
(C) 제 친구들과 저는 즐거운 시간을 보냈어요.

[해설] 지난 주말 콘서트에 대한 의견을 묻는 How 의문문이다.
(A) 질문의 concert에서 연상되는 ticket을 이용해 혼동을 유도하는 오답이다.
(B) 소요 시간으로 답변했으므로 How long 의문문에 적합한 응답이다.
(C) 친구들과 즐거운 시간을 보냈다며 콘서트에 대한 느낌/소감을 전달했으므로 정답이다.

06. [US] [US]

Why don't we continue this budget meeting tomorrow?
(A) She works in the marketing department.
(B) For the finance team.
(C) I'm leaving on a business trip tonight.

budget 예산   finance 재정, 재무

이 예산 회의를 내일 계속 하는 게 어때요?
(A) 그녀는 마케팅 부서에서 일합니다.
(B) 재무팀을 위해서요.

(C) 저는 오늘 밤에 출장을 떠나요.

[해설] 내일 예산 회의를 계속할 것을 제안하는 권유/제안 의문문이다.
(A) 질문의 budget meeting처럼 업무 상황과 연관된 marketing department를 이용해 혼동을 유도하는 오답이다.
(B) 질문의 budget에서 연상되는 finance를 이용해 혼동을 유도하는 오답이다.
(C) 내일 이어서 예산 회의를 하자는 제안에 오늘 밤 출장을 떠난다는 구체적인 이유를 들어 거절의 의사를 표현하고 있으므로 정답이다.

07. [BR] [US]

Why don't I print some extra pamphlets for the job fair?
(A) We'll probably need them.
(B) I used an original design.
(C) They describe our ideal candidates.

job fair 취업 박람회   ideal 이상적인   candidate 지원자

제가 취업 박람회를 위해 책자를 추가로 인쇄하는 게 어떨까요?
(A) 아마도 우리에게 그것들이 필요할 거예요.
(B) 저는 원본 디자인을 사용했어요.
(C) 그것들이 우리의 이상적인 지원자들을 설명해줘요.

[해설] 추가로 책자를 인쇄할 것을 제안하는 권유/제안 의문문이다.
(A) 취업 박람회를 위해 추가로 책자를 인쇄하는 게 어떠냐는 제안에 그것들이 필요할 것이라고 답변함으로써 간접적으로 제안에 동의하고 있으므로 정답이다.
(B) 질문의 pamphlets에서 연상되는 design(디자인)을 이용해 혼동을 유도하는 오답이다.
(C) 질문의 job fair에서 연상되는 candidates(지원자들)을 이용해 혼동을 유도하는 오답이다.

08. [US] [AU]

Why is today's shipment still on the loading dock?
(A) They're made of steel.
(B) Because we've been so busy.
(C) Earlier this morning.

shipment 수송, 수송품, 적하물   loading dock (건물의) 짐 싣는 곳

오늘 선적분이 왜 아직도 하역장에 있는 거죠?
(A) 그것들은 강철로 만들어졌어요.
(B) 우리가 너무 바빴기 때문이에요.
(C) 오늘 아침 일찍이요.

[해설] 오늘 선적분이 여전히 하역장에 있는 이유를 묻는 Why 의문문이다.
(A) 선적물이 강철로 만들어졌다는 의미로, 질문의 내용과 전혀 무관하므로 오답이다.
(B) 우리가 매우 바빴기 때문이라며 이유를 제시했으므로 정답이다.
(C) 시간 부사구로 답변했으므로 When 의문문에 적합한 응답이다.

09. [BR] [BR]

How did you like the resort?
(A) During my last vacation.
(B) No, a separate bill.
(C) It was so nice and relaxing.

separate 분리된, 따로 떨어진   bill 고지서, 청구서

그 리조트는 어땠어요?
(A) 지난 휴가 동안이요.
(B) 아니요, 따로 계산할게요.
(C) 매우 멋지고 편안했어요.

[해설] 리조트가 어땠는지 의견을 묻는 How 의문문이다.
(A) 질문의 resort에서 연상 가능한 vacation으로 혼동을 유도하는 오답으로 시간 전치사 during을 쓴 것으로 보아 When 의문문에 적합한 응답이다.
(B) 의문사 의문문에는 Yes/No로 응답하지 않으므로 오답이다.
(C) 리조트가 어땠는지 묻는 질문에 멋지고 편안했다고 자신의 의견을 제시한 정답이다.

10. [AU] [US]

How does your customer survey go?
(A) It can be customized.
(B) The response rate is very low.
(C) I'm going to turn it in shortly.

customer survey 고객 설문 조사   customize 주문 제작하다
response rate 응답률   turn in 제출하다, 반납하다   shortly 곧

당신의 고객 설문 조사는 어떻게 되어 가나요?
(A) 주문 제작될 수 있어요.
(B) 응답률이 매우 저조해요.
(C) 곧 제출할게요.

[해설] 고객 설문 조사의 진행 상황을 묻는 How 의문문이다.
(A) 질문의 customer와 발음이 유사한 customized를 이용해 혼동을 유도하는 오답이다.
(B) 응답률이 저조하다는 말로 설문 조사가 순조롭게 진행되지 못하고 있음을 알리는 정답이다.
(C) 질문의 customer survey에서 연상되는 turn in(제출하다)을 이용해 혼동을 유도하는 오답이다.

11. [US] [BR]

How come you missed the train?
(A) We would miss her so much.
(B) He is well-trained.
(C) I was confused about the departure time.

well-trained 잘 훈련된   be confused about ~에 대해 혼선을 겪다

어쩌다 기차를 놓친 거예요?
(A) 우리는 그녀가 몹시 그리울 거예요.
(B) 그는 잘 훈련되었어요.
(C) 출발 시간이 헷갈렸어요.

[해설] 기차를 놓친 이유를 묻는 How come 의문문이다.
(A) 질문의 miss(놓치다)와 동음이의어인 miss(그리워하다)를 반복 사용하여 혼동을 유도하는 오답이다.
(B) 질문의 train(기차)과 동음이의어인 train(훈련시키다)을 반복 사용하여 혼동을 유도하는 오답이다.
(C) 출발 시간이 헷갈렸다며 구체적인 이유를 제시하였으므로 정답이다.

12. [US] [AU]

Why are you leaving early tomorrow?
(A) At 2 P.M.
(B) To see a dentist.
(C) I'll see you then.

당신은 내일 왜 일찍 떠나나요?
(A) 오후 2시에요.
(B) 치과 진료를 받기 위해서요.
(C) 그때 봅시다.

[해설] 상대방에게 내일 일찍 떠나는 이유를 묻는 Why 의문문이다.
(A) 특정 시간으로 답변했으므로 When 의문문에 적합한 응답이다.
(B) '치과 진료를 받기 위해서'라는 구체적 이유를 제시했으므로 정답이다.
(C) 질문의 tomorrow를 then으로 받을 수는 있지만 내일 일찍 떠나는 이유를 묻는 질문에 내일 보자는 답변은 어색하므로 오답이다.

13. [AU] [BR]

How was the holiday sale event?
(A) We broke a sales record.
(B) Happy holidays to you, too.
(C) An impressive buffet spread.

break a record 기록을 경신하다   impressive 인상적인, 인상 깊은
spread 진수성찬

휴일 할인 행사는 어땠어요?
(A) 우리가 매출 기록을 경신했어요.
(B) 당신도 즐거운 연휴 되세요.
(C) 인상적인 뷔페식 성찬이었어요.

[해설] 휴일 할인 행사에 대한 의견을 묻는 How 의문문이다.
(A) 매출 기록을 경신했다는 말로 행사가 아주 성공적이었다는 의견을 제시했으므로 정답이다.
(B) 질문의 holiday를 반복 사용한 오답이다.
(C) 행사(event)에서 뷔페식 식사(buffet)가 제공되는 상황을 연상하도록 유도한 오답으로, 행사의 음식이 어땠냐는 질문에 적합한 응답이다.

14. [AU] [BR]

Why won't the remote control work?
(A) No, it doesn't.
(B) Which button should I press?
(C) You probably need to replace the batteries.

probably 아마도   replace 교체하다

왜 리모컨이 작동하지 않나요?
(A) 아니요, 그렇지 않아요.
(B) 어떤 버튼을 눌러야 하나요?
(C) 아마도 배터리를 교체해야 할 거예요.

[해설] 리모컨이 작동하지 않는 이유를 묻는 Why 의문문이다.
(A) 의문사 의문문에는 Yes/No로 응답할 수 없으므로 오답이다.
(B) 질문의 remote control에서 연상 가능한 press를 이용하여 혼동을 유도하는 오답이다.
(C) 배터리를 교체해야 한다는 말로 배터리가 방전되었기 때문임을 간접적으로 전달하고 있으므로 정답이다.

15. [US] [US]

How do you feel about the advertising proposal from Yang Marketing?
(A) The newly created TV commercial.
(B) It is very impressive but I'm concerned about the budget.
(C) Farmer's Market might carry them.

proposal 제안   commercial 광고 (방송)   impressive 인상적인
be concerned about ~에 대해 걱정하다   carry 취급하다

Yang Marketing의 광고 제안에 대해 어떻게 생각하시나요?
(A) 새로 제작된 TV 광고입니다.
(B) 매우 인상적이지만 예산이 걱정돼요.
(C) Farmer's Market에서 그것들을 취급할지도 몰라요.

[해설] 특정 업체의 광고 제안에 대한 의견을 묻는 How 의문문이다.
(A) 질문의 advertising에서 연상 가능한 commercial을 이용하여 혼동을 유도하는 오답이다.
(B) 자신의 의견을 제시하고 있으므로 정답이다.
(C) 질문의 업체명(~ Marketing)과 응답의 업체명(~ Market)을 유사하게 만들어 서로 관련된 내용으로 혼동하도록 유도하는 오답이다.

16. [US] [AU]

How about looking for a new apartment close to your office?
(A) Yes, they're already closed.
(B) I'm not affordable for that.
(C) On the moving day.

look for ~을 찾다   close to ~에 가까운   affordable 감당할 수 있는
moving day 이사하는 날

당신의 사무실과 가까운 새 아파트를 찾는 게 어때요?
(A) 네, 벌써 문을 닫았어요.
(B) 저는 그럴 여유가 없어요.
(C) 이사하는 날에요.

[해설] 사무실과 가까운 새 아파트를 찾는 게 어떠냐고 제안하는 권유/제안 의문문이다.
(A) 의문사 의문문에는 Yes/No로 응답하지 않으므로 오답이다.
(B) 그럴 여유가 없다며 상대방의 제안을 거절하고 있으므로 정답이다.
(C) 시간 표현으로 답변했으므로 When 의문문에 적합한 응답이다.

DAY 05

PART 2 일반 의문문

Quick Check

01. [US] [BR]

Did you contact the client?
(A) Yes, I called him this morning.
(B) The contract is already renewed.

그 고객에게 연락하셨나요?
(A) 네, 오늘 아침에 그에게 전화했습니다.
(B) 그 계약은 이미 갱신되었습니다.

02. US US

Is there a bus to the city hall from here?
(A) No, nothing is left.
(B) There's one every 20 minutes.

여기에서 시청으로 가는 버스가 있나요?
(A) 아니요, 아무것도 남지 않았어요.
(B) 20분마다 한 대씩 있어요.

03. BR AU

Can I bring you a drink menu?
(A) It's 10 euros.
(B) I'll just have water, thanks.

음료 메뉴판을 가져다 드릴까요?
(A) 10유로입니다.
(B) 저는 그냥 물 마실게요, 감사합니다.

04. US BR

Don't you have baggage to check in?
(A) Yes, I have two.
(B) I'll be there tomorrow.

부칠 짐이 있지 않으세요?
(A) 네, 두 개가 있어요.
(B) 내일 거기에 갈 거예요.

05. US US

Haven't you received Michael's application yet?
(A) No, I won't apply for it.
(B) When did he send it?

apply 지원하다, 적용하다, 바르다

Michael의 지원서 아직 못 받으셨나요?
(A) 아니요, 거기 지원하지 않을 거예요.
(B) 그가 언제 그걸 보냈나요?

06. AU BR

Isn't the road still closed?
(A) I believe the repair work is completed.
(B) We close at five today.

그 도로가 여전히 폐쇄되어 있지 않나요?
(A) 보수 작업이 끝났을 거예요.
(B) 저희는 오늘 5시에 문을 닫습니다.

유형 연습

01. (A) 02. (B) 03. (A) 04. (A) 05. (A) 06. (A)
07. (B) 08. (A)

01. US AU

Aren't the table and chairs supposed to be delivered today?
(A) Let me check the status. [○]
(B) Yes, I think that store is newly opened. [×]

status 상황, 상태   newly 새로

테이블과 의자들이 오늘 배송되기로 예정되어 있지 않나요?
(A) 상황을 확인해 볼게요.
(B) 네, 저 상점은 새로 문을 연 것 같아요.

02. AU BR

Don't we need to order some more office supplies?
(A) Yes, I was surprised. [×]
(B) Mr. Han will take care of it. [○]

take care of ~을 처리하다

우리 사무용품을 더 주문해야 하지 않나요?
(A) 네, 저는 놀랐어요.
(B) Han 씨가 그것을 처리할 거예요.

03. US BR

Is there a discount for students?
(A) I'm not sure. Let me ask. [○]
(B) Yes, just across the street. [×]

학생들을 위한 할인이 있나요?
(A) 확실하지 않아요. 물어볼게요.
(B) 네, 바로 길 건너예요.

04. US AU

Has the sales report for the monthly meeting been prepared yet?
(A) I'll leave it on your desk by noon. [○]
(B) No, I've never been there. [×]

월간 회의를 위한 매출 보고서가 준비되었나요?
(A) 정오까지 책상 위에 두겠습니다.
(B) 아니요, 저는 거기 가 본 적이 없습니다.

05. AU BR

Did you decide on the dates for the workshop?
(A) How about May 20? [○]
(B) Yes, the program was well-organized. [×]

date 날짜

워크숍 날짜 정하셨나요?
(A) 5월 20일 어때요?
(B) 네, 프로그램은 잘 구성되었어요.

06. US US

Doesn't the closet have room for these boxes?
(A) No, it's completely full. [○]
(B) The room costs $100 per night. [×]

벽장에 이 상자들이 들어갈 자리가 없나요?
(A) 아니요, 완전히 가득 찼습니다.
(B) 그 방은 하룻밤에 100달러입니다.

07. [BR] [US]

Do you know Mr. Song's phone number?
(A) He called you this morning. [×]
(B) I think I have it in my contact list. [○]

Song 씨의 전화번호를 아세요?
(A) 그가 오늘 아침에 전화했었어요.
(B) 제 연락처에 있을 거예요.

08. [AU] [BR]

Weren't you going to go to the gym today?
(A) I got my arm injured. [○]
(B) Are these your running shoes? [×]

got injured 다치다, 부상을 입다

당신 오늘 체육관에 갈 거 아니었어요?
(A) 팔을 다쳤어요.
(B) 이거 당신 운동화에요?

실전 문제

01. (A) 02. (B) 03. (A) 04. (A) 05. (C) 06. (B)
07. (C) 08. (C) 09. (B) 10. (C) 11. (A) 12. (A)
13. (B) 14. (A) 15. (B) 16. (B)

01. [BR] [AU]

Do you accept credit cards?
(A) We only take cash.
(B) It should be on the receipt.
(C) Sign here, please.

accept 받다   receipt 영수증

신용카드를 받으시나요?
(A) 저희는 현금만 받아요.
(B) 영수증에 적혀 있습니다.
(C) 여기에 서명해주십시오.

[해설] 계산을 할 때 신용카드를 받는지 묻는 조동사 의문문이다.
(A) 현금만 받는다는 말로 신용카드를 받지 않는다고 우회적으로 답변한 정답이다.
(B) 질문의 상황과 같은 계산할 때 받는 receipt을 이용해 혼동을 유도하는 오답이다.
(C) 질문의 credit card에서 서명하는(sign) 상황이 연상되도록 유도하는 오답이다.

02. [US] [US]

Hasn't your manager released next month's work schedule?
(A) I'll be there on time.
(B) It is posted in the lounge.
(C) Only two sick days left.

release 발표하다, 공개하다   on time 시간을 어기지 않고, 정각에   post 게시[공고]하다

당신의 매니저가 다음 달 근무 일정표를 발표하지 않았나요?
(A) 제가 시간에 맞춰 그곳에 갈게요.
(B) 그것은 휴게실에 게시되어 있어요.
(C) 병가가 겨우 이틀 남았어요.

[해설] 다음 달 근무 일정표를 공개했는지 확인하는 부정 의문문이다.
(A) 질문의 schedule에서 연상할 수 있는 on time을 이용해 혼동을 유도하는 오답이다.
(B) 현재 휴게실에 게시되어 있다고 Yes의 의미로 답하는 정답이다.
(C) 질문의 work schedule에 영향을 미치는 요소인 sick days(병가)를 이용해 혼동을 유도하는 오답이다.

03. [AU] [BR]

Isn't it convenient that a new subway line opened up?
(A) Definitely. It cut my commute time in half.
(B) A detour along Tower Street.
(C) I usually drive this way.

convenient 편리한   open up ~이 이용 가능해지다   definitely 분명히, 틀림없이   commute time 통근 시간   detour 우회로

새 지하철 노선이 개통되니 편리하지 않나요?
(A) 정말 그래요. 제 통근 시간이 절반으로 줄었어요.
(B) Tower 가 쪽 우회로요.
(C) 저는 보통 이 길을 운전해서 다녀요.

[해설] 새 지하철 노선이 개통되니 편리하지 않은지 확인하는 부정 의문문이다.
(A) Definitely로 강한 긍정의 응답을 한 후 통근 시간이 절반으로 줄었다며 그 이유를 덧붙인 정답이다.
(B) 질문의 new subway line에서 지하철 공사로 인해 우회(detour)해야 하는 상황을 연상하도록 유도하는 오답이다.
(C) 어떤 교통 수단을 이용하는지 묻는 질문에 적합한 응답이다.

04. [US] [AU]

Are we flying business class on our next trip?
(A) The company reduced the budget.
(B) It's going to be held in Berlin, right?
(C) Plenty of frequent flyer miles.

reduce 줄이다, 축소하다   plenty of 많은   frequent flyer (항공편) 단골 고객

우리는 다음 출장 때 비즈니스석으로 항공편을 이용하나요?
(A) 회사에서 예산을 삭감했어요.
(B) 베를린에서 열릴 예정이에요, 맞죠?
(C) 항공편 마일리지가 많아요.

[해설] 다음 출장 시 항공편 비즈니스석을 이용할 것인지 묻는 Be동사 의문문이다.
(A) 회사가 예산을 삭감했다는 말로 비즈니스석을 이용하지 못할 것임을 우회적으로 드러내고 있으므로 정답이다.
(B) 질문의 trip에서 특정 목적지 또는 여행지(Berlin)를 연상하도록 유도한 오답이다.
(C) 질문의 flying과 business class에서 연상 가능한 frequent flyer(항공편 단골 이용 고객)를 이용하여 혼동을 유도하는 오답이다.

05. [AU] [BR]

Haven't the VIP coupons been mailed out yet?
(A) That's a great price.
(B) An anniversary sale.
(C) They just arrived from the print shop.

mail out 발송하다

VIP 쿠폰이 아직 발송되지 않았나요?
(A) 그거 괜찮은 가격이네요.
(B) 기념일 세일이에요.
(C) 방금 인쇄소에서 도착했어요.

[해설] VIP 쿠폰이 발송되었는지 확인하는 부정 의문문이다.
(A) 질문의 coupons에서 연상할 수 있는 price를 이용해 혼동을 유도하는 오답이다.
(B) 질문의 coupons에서 연상할 수 있는 sale을 이용해 혼동을 유도하는 오답이다.
(C) 쿠폰들이 인쇄소에서 방금 도착했다고 답변함으로써 발송되지 않았다는 부정의 No를 우회적으로 말한 정답이다.

06. [US] [US]

Isn't Mark Brown your most senior staff member?
(A) Several other supervisors.
(B) No, he just recently started here.
(C) An opening on the marketing team.

senior 고위의   supervisor 감독관, 관리자

Mark Brown이 가장 직위가 높은 직원 아닌가요?
(A) 여러 다른 관리자들이요.
(B) 아니요, 그는 최근에 막 이곳에서 근무를 시작했어요.
(C) 마케팅 팀에 공석이 있어요.

[해설] Mark Brown이 가장 직위가 높은 직원인지 확인하는 부정 의문문이다.
(A) 질문의 senior staff member에서 연상할 수 있는 supervisors를 이용해 혼동을 유도하는 오답이다.
(B) No로 응답한 후 이곳에서 근무를 시작한 지 얼마 안 되었다고 부연 설명하고 있는 정답이다.
(C) 질문의 staff member에서 직원 충원과 관련된 상황, 즉 공석(opening)이 생긴 상황을 연상하도록 유도하는 오답이다.

07. [BR] [US]

Have you selected your vacation destination?
(A) I visited there last year.
(B) I like the design.
(C) No, where would you recommend?

select 선택하다   vacation destination 휴가지

당신의 휴가지를 골랐나요?
(A) 저는 거기에 작년에 갔었어요.
(B) 디자인이 좋아요.
(C) 아니요, 어디를 추천하시겠어요?

[해설] 휴가지를 골랐는지 묻는 조동사 의문문이다.
(A) 질문의 vacation destination에서 연상 가능한 visited를 이용해 혼동을 유도하는 오답이다.

(B) 특정 물건을 선택한 이유를 묻는 질문이었다면 가능한 응답이다.
(C) 부정의 No로 응답한 후, 상대방에게 휴가지 추천을 부탁하고 있으므로 정답이다.

08. [US] [BR]

Was your team's quarterly sales goal changed recently?
(A) The company soccer team.
(B) Sure, I can handle that.
(C) Not that I know of.

quarterly 분기별의   sales goal 매출 목표   handle 처리하다, 다루다

당신 팀의 분기별 매출 목표가 최근에 변경되었나요?
(A) 회사의 축구팀이요.
(B) 물론입니다, 제가 처리할 수 있어요.
(C) 제가 알기로는 그렇지 않아요.

[해설] 분기별 매출 목표가 변경되었는지 묻는 Be동사 의문문이다.
(A) 질문의 team을 반복 사용하고 질문의 goal을 축구 용어로 혼동하도록 유도하는 오답이다.
(B) 긍정의 Sure로 응답한 후 이어지는 내용이 질문과 무관한 내용이므로 오답이다.
(C) 자신이 아는 바로는 그렇지 않다고 말함으로써 변경되지 않았다고 확인해주고 있는 정답이다.

09. [US] [AU]

Aren't you leaving for dinner with us?
(A) They sent an invitation.
(B) No, I have another appointment.
(C) Medium-rare, please.

leave for ~로 떠나다   invitation 초대, 초대장

저희와 함께 저녁 드시러 가지 않으세요?
(A) 그들이 초대장을 보냈어요.
(B) 아니요, 저는 다른 약속이 있어요.
(C) 미디엄레어로 부탁드립니다.

[해설] 함께 저녁 먹으러 가지 않는지 확인하는 부정 의문문이다.
(A) 질문의 dinner에서 식사 초대(invitation) 상황을 연상하도록 유도하는 오답이다.
(B) No로 응답한 후 다른 약속이 있다며 이유를 덧붙이고 있는 정답이다.
(C) 질문의 dinner만 듣고 식사 주문 상황으로 잘못 이해할 경우 고를 수 있는 오답이다. 식당에서 고기의 굽기 정도를 묻는 질문에 적합한 응답이다.

10. [US] [US]

Did they review your transfer request?
(A) A moving expense.
(B) Which size of truck would you prefer?
(C) They already approved it.

tranfer 이동   expense 비용   approve 승인하다

그들이 당신의 이동 신청서를 검토했나요?
(A) 이사 비용입니다.
(B) 어떤 크기의 트럭을 선호하시나요?
(C) 그들은 이미 그것을 승인했습니다.

[해설] 그들이 상대방의 이동 신청서를 검토했는지 묻는 일반 의문문이다.

(A) 질문의 transfer에서 연상 가능한 moving을 이용하여 혼동을 유도하는 오답이다.
(B) 질문의 transfer에서 연상 가능한 moving truck의 truck을 이용하여 혼동을 유도하는 오답이다.
(C) 이미 승인했다고 Yes의 의미로 답변하고 있으므로 정답이다.

11. [AU] [BR]

Wasn't that an exciting movie?
(A) Yes, that whole series is great.
(B) The next showing is in half an hour.
(C) No, that one will be shown in Theater 8.

whole 전체의   series (라디오·텔레비전의) 시리즈   showing (영화) 상영

그 영화 흥미롭지 않았어요?
(A) 네, 전체 시리즈가 훌륭해요.
(B) 다음 상영은 30분 뒤에 있어요.
(C) 아니요, 그것은 8관에서 상영될 거에요.

[해설] 영화가 재미있었는지 확인하는 부정 의문문이다.
(A) Yes로 응답한 후 전체 시리즈가 훌륭하다고 부연 설명하는 정답이다.
(B) 질문의 movie에서 연상할 수 있는 showing을 이용해 혼동을 유도하는 오답이다.
(C) 질문의 movie에서 연상되는 theater를 이용해 혼동을 유도한 오답으로, 과거로 묻는 질문에 미래로 답변하고 있으므로 시제 역시 불일치한다.

12. [BR] [AU]

Doesn't Samuel work at this laboratory?
(A) Yes, but he is out of office for vacation.
(B) Actually, we have met before.
(C) It's quite far from here.

laboratory 실험실   quite 꽤, 상당히

Samuel이 이 실험실에서 일하지 않나요?
(A) 네, 하지만 그는 휴가 중이라 자리에 없어요.
(B) 사실 우리는 전에 만난 적이 있어요.
(C) 여기서 꽤 멀어요.

[해설] Samuel이 이 실험실에서 일하는지 확인하는 부정 의문문이다.
(A) Yes라고 한 후, 현재는 휴가 중이라 자리에 없다고 부연 설명하고 있으므로 정답이다.
(B) Samuel에 대해 묻는 질문에 we로 답변하여 대명사가 맞지 않는 오답이다.
(C) 질문과 무관한 응답으로, 실험실의 위치를 묻는 Where 의문문에 적합하다.

13. [US] [US]

Did you restock the main product display?
(A) The main entrance.
(B) No, I'll do that now.
(C) It got great product reviews.

restock 다시 채우다, 보충하다   product review 상품평

주요 상품을 진열대에 다시 채웠나요?
(A) 정문이요.
(B) 아니요, 제가 지금 할게요.
(C) 그건 좋은 상품평을 받았어요.

[해설] 주요 상품을 다시 채워 놓았는지 묻는 조동사 의문문이다.
(A) 질문의 main을 반복 사용하여 혼동을 유도하는 오답이다.
(B) 부정의 No로 응답한 후, 지금 채우겠다고 답변하고 있으므로 정답이다.
(C) 질문의 product를 반복 사용하여 혼동을 유도하는 오답이다.

14. [US] [US]

Are you going to present our budget proposal?
(A) Mr. Chung is a much better speaker.
(B) From the meeting minutes.
(C) There was a five thousand dollar increase.

present 발표하다, 제출하다   budget proposal 예산안   minutes 회의록   increase 증가, 인상

당신이 우리의 예산안을 발표할 것인가요?
(A) Chung 씨가 훨씬 더 우수한 발표자입니다.
(B) 회의록에서요.
(C) 5천 달러가 증가했어요.

[해설] 상대방에게 예산안을 발표할 것인지 묻는 Be동사 의문문이다.
(A) Mr. Chung이 훨씬 더 우수한 발표자라고 말함으로써 자신이 발표하지 않을 것임을 우회적으로 드러내고 있으므로 정답이다.
(B) 질문의 budget proposal이 보통 회의(meeting)에서 다뤄지는 안건임을 이용하여 혼동을 유도하는 오답이다.
(C) 질문의 budget에서 연상되는 구체적인 수치를 이용해 혼동을 유도하는 오답이다.

15. [BR] [AU]

Will this speech be immediately followed by the panel discussion?
(A) No, from the immediate supervisor.
(B) The updated schedule's in the welcome packet.
(C) Follow me, please.

immediately 즉시, 즉각   A be followed by B A 뒤에 B가 오다
panel discussion 공개 토론회   immediate 직속의

이 연설 직후에 공개 토론회가 이어지나요?
(A) 아니요, 직속 상사로부터요.
(B) 최신 일정이 환영 패키지에 있어요.
(C) 저를 따라오세요.

[해설] 연설 직후에 공개 토론회가 이어지는 묻는 조동사 의문문이다.
(A) 부정의 No로 답변한 것은 자연스러우나 뒤에 이어지는 내용이 어색하다. 질문의 immediately와 발음이 유사한 immediate를 이용해 혼동을 유도하는 오답이다.
(B) 연설 직후에 공개 토론회가 이어지는지 묻는 질문에 최신 일정이 환영 패키지에 있다는 말로 '환영 패키지에서 일정을 직접 확인해보라'는 의미를 우회적으로 전달하는 정답이다.
(C) 질문의 follow를 반복 사용하여 혼동을 유도하는 오답이다.

16. [US] [BR]

Has the order for printer cartridges been placed with our office supplier yet?
(A) No, there's a different form for that.
(B) They will be delivered tomorrow.
(C) It was more spacious than ours.

place an order with ~에 주문을 하다   office supplier 사무용품 공급
업체   spacious 널찍한

우리 사무용품 공급 업체에게 프린터 카트리지 주문을 이미 했나요?
(A) 아니요, 그것을 위한 다른 서식이 있어요.
(B) 내일 배달될 거예요.
(C) 그것이 우리 것보다 더 넓었어요.

[해설] 프린터 카트리지 주문을 했는지 확인하는 조동사 의문문이다.
(A) 질문의 order에서 주문 서식을 떠올리도록 form을 이용하여 혼동을 유도하는 오답이다.
(B) 내일 배달될 거라고 Yes의 의미로 답변하고 추가 정보를 전달하고 있으므로 정답이다.
(C) 질문의 동사 placed를 '장소, 위치'를 뜻하는 place로 잘못 이해했을 경우 연상 가능한 spacious를 이용하여 혼동을 유도하는 오답이다.

PART 3 주제·목적 문제 / 장소·직업 문제 / 세부사항 문제

유형 연습

01. (B) 02. (A) 03. (B) 04. (B) 05. (A) 06. (B)

01. [AU] [BR]
What are the speakers **talking about**?
(A) A **budget** proposal   (B) **Job application** reviews

M: I still have a lot of job applications to be reviewed by this Friday. Could you help me?
W: Sure, I have some free time this afternoon. I just finished the budget proposal for next quarter. Can you print some of them? It will be much easier to review it.

job application 입사 지원서

화자들은 무엇에 대해 이야기하는가?
(A) 예산안   **(B)** 입사 지원서 검토

남: 저는 이번주 금요일까지 검토해야 할 입사 지원서가 아직도 많아요. 저를 도와줄 수 있으세요?
여: 물론이죠. 제가 오늘 오후에 시간이 좀 있어요. 다음 분기를 위한 예산안을 지금 막 끝냈거든요. 그것들을 프린트해서 줄 수 있나요? 검토하기에 훨씬 더 수월할 거예요.

02. [BR] [US]
Why is the **woman calling** the man?
(A) To **ask for** a list   (B) To **schedule** a meeting

W: Hi, Chris, this is Beth from Personnel. I'm calling you to request the list of the participants who attended the conference last week.
M: Sure, do you need it right now? I'm out of the office to visit one of our clients.

request 요청하다   participant 참석자

여자는 왜 남자에게 전화하는가?
(A) 목록을 요청하기 위해서   (B) 회의 일정을 잡기 위해서

여: 안녕하세요, Chris, 저는 인사부의 Beth예요. 지난주에 학회에 참가한 참석자들의 목록을 요청하려고 전화했어요.
남: 물론이죠, 지금 바로 필요하신가요? 제가 우리 고객들 중 한 명을 만나기 위해 사무실 밖에 나와 있어요.

03. [AU] [US]
Where does the **man** most likely **work**?
(A) At a **delivery company**   (B) At a **furniture store**

M: Thank you for shopping at Comfort Furniture. Would you like to pick up these chairs now or have them delivered to your office?
W: I'd like to get them delivered. And then, do they require some assembly?

남자는 어디에서 일하겠는가?
(A) 배송 회사   **(B)** 가구점

남: Comfort Furniture에서 쇼핑해 주셔서 감사합니다. 이 의자들을 지금 가져가시겠어요, 아니면 사무실로 배송받으시겠어요?
여: 배송받고 싶습니다. 그리고 나서, 그것들을 조립해야 하나요?

04. [BR] [US]
Who most likely is the **woman**?
(A) A **dentist**   (B) A **pharmacist**

M: Hello. My name is David Baker. I'm here to pick up my medicine. My doctor sent the prescription to you.
W: Wait a second... here it is. You should take one of these pills three times a day, 30 minutes before you have a meal.

prescription 처방전   pill 알약

여자는 누구이겠는가?
(A) 치과의사   **(B)** 약사

남: 안녕하세요, 저는 David Baker입니다. 제 약을 찾으러 왔어요. 제 의사가 처방전을 당신에게 보냈어요.
여: 잠시만 기다려주세요... 여기 있네요. 이 알약 중 하나를 하루에 3번 식사하기 30분 전에 드셔야 합니다.

05. [BR] [US]
What did the **company** do **last week**?
(A) **Won** an **award**   (B) **Released** a new **product**

W: Did you read the memo from the management? Our company won the Most Innovative Design Award last week.
M: Yes, it was exciting news. Our team members worked hard to develop the new blender.

management 경영진

회사는 지난주에 무엇을 했는가?
(A) 상을 받았다   (B) 신상품을 출시했다

여: 경영진에서 보낸 회람을 읽으셨어요? 우리 회사가 지난주에 가장 혁신적인 디자인 상을 받았대요.
남: 네, 좋은 소식이었어요. 우리 팀원들이 그 새 믹서기를 개발하기 위해 열심히 일했어요.

06. [BR] [AU]

Why is the **woman unable to enter**?
(A) A **device** is **malfunctioning**.
(B) She **doesn't have her security card**.

> W: Hello, I'm Lucy from the marketing department. I forgot to bring my security card. Would you open the door please?
> M: Sorry, I'm not allowed to do that. I will send someone down to escort you to the security office. A temporary card will be issued after a verification procedure.

escort 바래다 주다 temporary 임시의 issue 발급하다
verification 확인

여자는 왜 들어갈 수 없는가?
(A) 기기가 제대로 작동하지 않는다.
(B) 그녀는 보안 카드가 없다.

여: 안녕하세요, 저는 마케팅 부서의 Lucy입니다. 제가 보안 카드를 가지고 오는 것을 잊어버렸어요. 문을 열어주시겠어요?
남: 죄송합니다, 제가 그렇게 하도록 허용되지 않아요. 보안 사무실까지 당신을 바래다 줄 사람이 내려오도록 할게요. 확인 절차 후에 임시 카드가 발급될 거예요.

paraphrasing 정답 1. (a) 2. (c) 3. (b) 4. (b) 5. (c) 6. (a)

실전 문제

01. (C)	02. (D)	03. (A)	04. (A)	05. (C)	06. (A)
07. (C)	08. (B)	09. (D)	10. (C)	11. (C)	12. (B)
13. (C)	14. (A)	15. (C)	16. (A)	17. (D)	18. (A)
19. (B)	20. (A)	21. (B)	22. (C)	23. (D)	24. (B)

[01-03] [US] [US]

Questions 01-03 refer to the following conversation.

> M: Excuse me. Are you familiar with the [01,02] **bus system**? [01] **I'm wondering about the best way to get to the Eastdale neighborhood.**
> W: [02] **The 304 departs from here about every half hour.** [01] **It has stops near major sites** like the Valley Mall and the Klein Hotel. But you just missed it.
> M: What a shame! That's the one I needed. Do you know if there are [02] **any other routes from here?**
> W: I'm not sure, but [03] **there is a complete list of routes on the Department of Transportation's Web site.** You can just check it from your phone.

be familiar with ~에 대해 잘 알다 neighborhood 근처, 인근, 이웃 depart from ~에서 출발하다 site 위치, 장소 route (버스·기차 등의) 노선 complete 모든 것이 갖춰진, 완전한 transportation 교통, 수송

01-03은 다음 대화에 관한 문제입니다.

남: 실례합니다. [01,02] 버스 체계에 대해 잘 아시나요? [01] Eastdale 근처에 가는 가장 좋은 방법이 궁금해서요.
여: [02] 304번이 약 30분마다 여기서 출발해요. Valley 쇼핑몰과 Klein 호텔 같은 [01] 주요 장소 근처에 정류장이 있어요. 하지만 방금 놓치셨어요.
남: 이런! 제가 타야 했던 게 바로 그거예요. [02] 여기서 가는 다른 노선이 있는지 아시나요?
여: 잘 모르겠어요, 하지만 [03] 교통부 웹사이트에 노선 전체 목록이 있어요. 휴대폰에서도 간단히 확인하실 수 있어요.

01.

무엇에 관한 대화인가?
(A) 호텔 정책
(B) 이동 요금
(C) 버스 노선
(D) 수하물 한도

[해설] 주제를 묻는 문제의 단서는 주로 대화의 전반부에 나온다. 대화 초반, 남자가 버스 체계(bus system)를 언급하며 Eastdale 근처에 가는 방법(the best way to get to the Eastdale neighborhood)을 묻자, 여자가 구체적인 버스 번호와 배차 간격 및 정류장 등 버스 노선에 대한 정보를 알려주고 있는 것으로 보아 두 사람은 버스 노선에 대해 이야기하고 있음을 알 수 있으므로 정답은 (C)이다.

[어휘] fare (교통) 요금

02.

화자들은 어디에 있는가?
(A) 자동차 정비소에
(B) 주차장에
(C) 여행사에
(D) 버스 정류장에

[해설] 대화가 이루어지는 장소를 묻는 문제로, 304번이 30분마다 여기서 출발한다는(The 304 departs from here about every half hour) 여자의 말과 여기서 출발하는 다른 노선(any other routes from here)이 있는지 묻는 남자의 말에서 버스 정류장에서 이루어지는 대화임을 알 수 있으므로 정답은 (D)이다.

03.

여자는 무엇을 하라고 제안하는가?
(A) 웹사이트 방문하기
(B) 티켓 교환하기
(C) 신분증 제시하기
(D) 공식적인 불만 제기하기

[해설] 여자가 제안하는 것을 묻는 문제로, 여자의 대사에서 정답의 근거를 찾는다. 다른 버스 노선에 대해 궁금해하는 남자에게 여자가 교통부 웹사이트에 노선 전체 목록이 있다고(there is a complete list of routes on the Department of Transportation's Web site) 했으므로 정답은 (A)이다.

paraphrasing there is a complete list of routes on the Department of Transportation's Web site 교통부 웹사이트에 노선 전체 목록이 있다 → Visiting a Web site 웹사이트 방문하기

[어휘] present 제시하다, 보여주다 make a complaint 불만을 제기하다 formal 공식적인

[04-06] [BR] [AU]

Questions 04-06 refer to the following conversation.

> W: Hi, Carl. It's Rochelle. I wanted to check on [04] **how things are going with putting the new roof on Ms. Fletcher's house.**
> M: We're making steady progress.
> W: Wonderful! As you know, Ms. Fletcher is getting ready to put her home on the market. [05] **She plans to have a professional photographer come by on Thursday to do a shoot for the real estate listing.** Will that be a problem?

M: Not at all. ⁰⁶**My crew members have been cutting their breaks short so that we can be done by tomorrow afternoon.**
W: Thanks. I'll let Ms. Fletcher know.

make steady progress 착착 진행되다   professional 전문적인, 직업의   come by 잠깐 들르다   real estate 부동산   crew (함께 일을 하는) 팀, 반, 조   cut A short A를 갑자기 끝내다, 삭감하다

04-06은 다음 대화에 관한 문제입니다.
여: 안녕하세요, Carl. Rochelle이에요. ⁰⁴Fletcher 씨 집의 지붕을 새로 놓는 작업이 어떻게 되어가고 있는지 확인하고 싶었어요.
남: 착착 진행되고 있어요.
여: 좋아요! 아시다시피 Fletcher 씨가 집을 내놓으려고 하잖아요. ⁰⁵그녀가 목요일에 전문 사진사를 불러서 부동산 매물 목록용 촬영을 할 계획이에요. 그게 문제가 될까요?
남: 전혀요. ⁰⁶저희 팀원들이 내일 오후까지 완료하기 위해 휴식 시간도 줄여가며 일하고 있어요.
여: 고마워요. Fletcher 씨에게 전해줄게요.

04.

어떤 종류의 프로젝트에 대해 이야기하고 있는가?
(A) 지붕 교체하기
(B) 주택에 페인트칠하기
(C) 창문 설치하기
(D) 정원에 나무 심기

[해설] 대화의 주제는 대화 전반부에서 확인할 수 있다. 여자의 첫 번째 대사에서 Fletcher 씨 집의 지붕을 새로 놓는(putting the new roof) 일이 어떻게 되어가고 있는지 확인하고 싶다고 했고, 뒤이어 작업 일정에 대해 이야기하는 것으로 보아 주택의 지붕을 교체하는 작업에 관해 논의하고 있음을 알 수 있으므로 정답은 (A)이다.

paraphrasing   putting the new roof 지붕 새로 놓기 → Replacing a roof 지붕 교체하기

[어휘] replace 교체하다   plant a garden 정원에 나무를 심다

05.

목요일에 무슨 일이 예정되어 있는가?
(A) 새로운 규정이 발효될 것이다.
(B) 검사가 실시될 것이다.
(C) 사진을 촬영할 것이다.
(D) 일부 비품이 배송될 것이다.

[해설] 핵심 키워드인 Thursday가 언급된 곳에 정답의 단서가 있다. 대화 중반부에서 의뢰인으로 보이는 Fletcher 씨가 집을 부동산 매물로 내놓기 위해 목요일에 전문 사진사를 불러 촬영을 진행할 계획이라고(She plans to have a professional photographer come by on Thursday to do a shoot) 했으므로 목요일에 사진 촬영이 있을 것임을 알 수 있다. 따라서 정답은 (C)이다.

paraphrasing   have a professional photographer come by on Thursday to do a shoot 목요일에 전문 사진사를 불러서 촬영을 하게 하다 → Some photographs will be taken. 몇 장의 사진을 촬영할 것이다.

[어휘] regulation 규정   go into effect 발효하다, 실시되다   inspection 점검, 검사   carry out ~을 실시하다   supplies 비품

06.

남자는 자신의 팀원들에 대해서 무엇이라고 언급하는가?

(A) 휴식 시간을 줄였다.
(B) 주말에도 일할 수 있다.
(C) 경험이 풍부하다.
(D) Fletcher 씨에게 연락할 것이다.

[해설] 남자의 마지막 말에 crew members, 즉 자신의 팀원들에 대한 언급이 나온다. 내일 오후까지 작업을 마치기 위해 팀원들이 휴식 시간까지 줄였다고(My crew members have been cutting their breaks short) 했으므로 (A)가 정답이다.

paraphrasing   My crew members have been cutting their breaks short 팀원들이 휴식 시간을 줄여가며 일하고 있다. → They took shorter breaks. 휴식 시간을 줄였다.

[어휘] take a break 잠시 휴식을 취하다   highly 대단히, 매우

[07-09] AU US
Questions 07-09 refer to the following conversation.

M: ⁰⁷**You've reached Henderson Taxi Service.** This is Todd. How may I help you?
W: Good morning. My team and I are coming to Vancouver to inspect a manufacturing facility next week, and my hotel doesn't have a shuttle. ⁰⁸**I'm wondering how much it would cost for a trip from the airport to downtown.**
M: Will you be able to use one of our standard cars?
W: Probably not. There will be five of us as well as five bags.
M: In that case, you'll need one of our larger cabs. We only have a few of those, ⁰⁹**so I strongly suggest that you book ahead of time** so you're not disappointed.

inspect 점검하다   manufacturing facility 생산 시설   standard 일반적인, 보통의, 표준의   in that case 그런 경우라면, 그렇다면   ahead of time 미리, 사전에

07-09는 다음 대화에 관한 문제입니다.
남: ⁰⁷Henderson 택시 서비스입니다. 저는 Todd입니다. 어떻게 도와드릴까요?
여: 안녕하세요. 저희 팀이 다음 주에 밴쿠버에 가서 생산 시설을 점검할 예정인데 호텔에 셔틀 서비스가 없네요. ⁰⁸공항에서 시내까지 이동하는 데 비용이 얼마나 들지 궁금합니다.
남: 저희 표준 차량 중 하나를 이용하시면 될까요?
여: 그건 안 될 거예요. 저희 인원이 다섯 명이고 가방도 다섯 개예요.
남: 그렇다면, 저희의 대형 택시 중 한 대가 필요하시겠네요. 그런 차량은 몇 대밖에 보유하고 있지 않으니 ⁰⁹미리 예약하실 것을 강력히 제안드립니다. 그래야 실망하시는 일이 없을 거예요.

07.

남자는 어떤 종류의 업체에서 근무하는가?
(A) 생산 시설
(B) 호텔
(C) 택시 회사
(D) 항공사

[해설] 화자의 직업을 묻는 문제는 대화 초반부에 정답의 근거가 언급될 가능성이 크다. 대화 시작 부분에서 남자가 소속 회사를 'Henderson 택시 서비스(Henderson Taxi Service)'라고 명확히 밝혔으므로 남자가 택시 회사에서 근무함을 알 수 있다. 따라서 정답은 (C)이다.

08.

전화의 목적은 무엇인가?
(A) 대금을 지불하기 위해
(B) 요금에 대해 문의하기 위해
(C) 입사 지원을 하기 위해
(D) 예약을 변경하기 위해

[해설] 무엇을 도와줄지 묻는 남자의 말에 여자는 공항에서 시내까지 이동하는 데 비용이 얼마나 드는지 궁금하다며(I'm wondering how much it would cost for a trip from the airport to downtown) 용건을 구체적으로 밝혔다. 따라서 택시 요금 문의가 전화의 목적임을 알 수 있으므로 정답은 (B)이다.

[어휘] make a payment 대금을 지불하다 inquire about ~에 대해 문의하다 apply for ~에 지원하다

09.

남자가 제안하는 것은 무엇인가?
(A) 수하물에 라벨 붙이기
(B) 주소 확인하기
(C) 쿠폰 다운로드하기
(D) 사전 예약 하기

[해설] 남자가 제안하는 것을 묻는 문제로, 후반부 남자의 말에 집중한다. 여자의 일행에게 대형 택시를 제안하면서 해당 차량의 보유 수량이 적으니 미리 예약할 것을 권하고(so I strongly suggest that you book ahead of time) 있다. 즉, 사전 예약을 제안하고 있으므로 (D)가 정답이다.

paraphrasing book ahead of time 미리 예약하기 → Making an advance booking 사전 예약 하기

[어휘] label 라벨을 붙이다, 딱지를 붙이다 advance booking 사전 예약

[10-12] [BR] [BR]

Questions 10-12 refer to the following conversation.

> W: Hello. ¹⁰**I'd like to reserve six tickets for the orchestra concert** on June 4.
> M: That show is very popular, so let me see what's available. Hmm... we do have six seats still open, but ¹¹**three of them are in Row K and the other three are in Row M. I'm sorry about that.** Do you still want them?
> W: Well, I don't think that will be a problem, but ¹²**I'd better call my friends to make sure.**
> M: I understand. I can hold this reservation for you for up to thirty minutes while you work out the details. Just come back to the counter when you're ready.

reserve 예약하다 make sure ~을 확실히 하다

10-12는 다음 대화에 관한 문제입니다.
여: 안녕하세요. 6월 4일에 있을 ¹⁰오케스트라 콘서트 티켓 6장을 예약하고 싶습니다.
남: 그 공연은 인기가 매우 많아서, 표가 있는지 한번 볼게요. 음... 아직 여섯 좌석이 있긴 한데 ¹¹그중 셋은 K열이고 나머지 셋은 M열이에요. 죄송합니다. 그래도 구매하시겠어요?
여: 음, 그건 문제가 될 것 같지 않지만 ¹²확실하게 하기 위해서 친구들에게 전화해보는 게 좋겠어요.
남: 알겠습니다. 세부적인 것들을 결정하시는 동안 최대 30분 동안 예약을 보류해 놓겠습니다. 준비되시면 카운터로 다시 오세요.

10.

대화는 주로 무엇에 관한 것인가?
(A) 일정 변경
(B) 티켓 분실
(C) 좌석 예약
(D) 음악 수업

[해설] 여자가 첫 번째 대사에서 오케스트라 콘서트의 티켓을 예약하겠다고(I'd like to reserve six tickets for the orchestra concert) 했고, 이어지는 대화에서 해당 공연의 잔여 좌석 수 및 좌석 위치 등에 대해 이야기하고 있다. 따라서 공연 좌석 예약에 대한 대화임을 알 수 있으므로 정답은 (C)이다.

[어휘] lost 잃어버린

11.

남자는 무엇에 대해 사과하는가?
(A) 최근에 요금이 인상되었다.
(B) 단체 할인을 이용할 수 없다.
(C) 일부 좌석이 붙어 있지 않을 것이다.
(D) 티켓이 교환되지 않는다.

[해설] 질문의 apologize가 핵심 키워드로, 남자의 대사 중 I'm sorry가 언급된 부분에 단서가 있다. 여자가 구매하고자 하는 좌석들이 따로 떨어져 있음을(three of them are in Row K and the other three are in Row M) 알린 후 미안하다고(I'm sorry about that) 덧붙이고 있으므로 일부 좌석이 붙어 있지 않을 것이라고 한 (C)가 정답이다.

[어휘] recently 최근에 increase 인상되다, 증가하다 exchange 교환하다

12.

여자는 다음에 무엇을 할 것 같은가?
(A) 웹사이트를 확인하기
(B) 전화하기
(C) 티켓 값을 지불하기
(D) 다른 지점을 방문하기

[해설] 여자의 후반부 대사에 단서가 있다. 좌석이 떨어져 있는데도 구매하겠냐는 남자의 질문에 여자는 확실하게 하기 위해서 친구들에게 전화해보는 게 좋겠다고(I'd better call my friends to make sure) 했으므로 여자가 전화를 할 것임을 알 수 있다. 따라서 정답은 (B)이다.

paraphrasing call 전화하다 → Make some phone calls 전화하기

[어휘] branch 지점, 지사

[13-15] [US] [BR]

Questions 13-15 refer to the following conversation.

> M: Good morning, Anna. ¹³**I heard that we had some complaints about slow service last night.** Were you working at that time?
> W: I was. ¹⁴**One of our servers and a kitchen assistant** both called in sick right before they were supposed to come in to work.
> M: I see. Well, next time that happens, ¹⁵**try calling some of our other staff to ask them to come in.** Several of them have been asking for more work hours.

at that time 그때에   server (식당에서) 서빙하는 사람   assistant 조수, 보조원   call in sick 전화로 병결을 알리다   ask for ~를 요구하다

13-15는 다음 대화에 관한 문제입니다.
남: 안녕하세요, Anna. ¹³지난밤 서비스가 느려서 불평한 분들이 있었다고 들었어요. 그때 당신도 근무하고 있었나요?
여: 그랬어요. ¹⁴우리 서빙 직원 중 한 명과 주방 보조 직원이 둘 다 출근 직전에 전화를 해서 병가를 냈어요.
남: 그렇군요. 음, 다음 번에 그런 일이 발생하면 ¹⁵다른 직원들에게 전화해서 나와 달라고 요청하세요. 근무 시간을 늘려달라고 요청한 직원들이 여러 명 있었어요.

13.
어떤 문제가 논의되고 있는가?
(A) 메뉴가 변경되었다.
(B) 배송품이 도착하지 않았다.
(C) 일부 고객들이 불만을 제기했다.
(D) 직원 한 명이 지각했다.

[해설] 대화 초반, 남자가 여자에게 지난밤 서비스가 느려 불평이 있었다고(we had some complaints about slow service last night) 했고, 이어지는 대화에서 서비스가 느렸던 이유와 다음 번에 같은 문제가 발생할 경우의 대책 등을 논의하고 있다. 따라서 정답은 (C)이다.

paraphrasing   we had some complaints 불만을 들었다 → Some customers complained. 일부 고객들이 불만을 제기했다.

[어휘] shipment 배송품

14.
화자들은 어디에 고용되어 있는 것 같은가?
(A) 식당에
(B) 창고에
(C) 지역 슈퍼마켓에
(D) 배송 센터에

[해설] 지난밤에 서비스가 느렸던 이유는 서빙 직원(servers) 한 명과 주방 보조 직원(kitchen assistant) 한 명이 아파서 결근했기 때문이라고 했으므로 화자들이 일하는 곳은 식당임을 알 수 있다. 따라서 정답은 (A)이다.

15.
남자는 여자에게 무엇을 하라고 말하는가?
(A) 직원을 더 채용하기
(B) 매니저에게 연락하기
(C) 다른 직원들에게 전화하기
(D) 상품을 정리하기

[해설] 남자가 여자에게 요청한 일을 묻는 문제이다. 대화 마지막에서 남자는 다음 번에 그런 일이 발생하면 다른 직원들에게 전화해서 나와 달라고 요청하라고(try calling some of our other staff to ask them to come in) 했다. 따라서 정답은 (C)이다.

paraphrasing   other staff 다른 직원들 → other employees 다른 직원들

[어휘] hire 채용하다   organize 준비하다, 정리하다   merchandise 상품

[16-18] AU US
Questions 16-18 refer to the following conversation.

M: Hello, ¹⁷I'm staying in room 214 and ¹⁶the TV isn't working right. I can only get one channel.
W: ¹⁷I'm sorry to hear about that. We received the same complaint from another guest, and a technician is on his way here now.
M: Okay, but since I paid for a room with cable TV, can I get reimbursed for the extra charge? It only seems fair.
W: Yes, of course. ¹⁸If you would like, I can send your updated invoice by e-mail.

receive 받다   technician 기술자, 기사   pay for 대금을 지불하다   get reimbursed 환급 받다   extra charge 초과 요금   fair 타당한, 온당한   invoice 송장, 청구서

16-18은 다음 대화에 관한 문제입니다.
남: 여보세요, ¹⁷저는 214호에 묵고 있는데요, ¹⁶TV가 제대로 나오지 않습니다. 한 채널만 볼 수 있어요.
여: ¹⁷그렇다니 죄송합니다. 다른 손님으로부터 같은 불만을 접수해서, 기술자가 지금 오고 있는 중입니다.
남: 알겠습니다, 그런데 제가 케이블 TV가 포함된 객실의 요금을 지불했으니 초과 요금을 환급 받을 수 있는 건가요? 그렇게 되어야 마땅할 것 같은데요.
여: 네, 물론입니다. ¹⁸원하시면 수정된 청구서를 이메일로 보내드릴 수 있습니다.

16.
남자가 전화한 목적은 무엇인가?
(A) 불만을 제기하기 위해서
(B) 텔레비전을 구매하기 위해서
(C) 지역 채널에 대해 문의하기 위해서
(D) 다른 방을 요청하기 위해서

[해설] 남자가 첫 대사에서 객실 번호를 밝히며 TV가 제대로 나오지 않아 한 채널만 볼 수 있다고(the TV isn't working right. I can only get one channel.) 했으므로 불만을 제기하기 위해서 전화했음을 알 수 있다. 따라서 정답은 (A)이다.

[어휘] complaint 불만   purchase 구매하다

17.
여자는 누구일 것 같은가?
(A) 건설 노동자
(B) 케이블 기술자
(C) 전자제품 판매원
(D) 호텔 안내 데스크 직원

[해설] 여자의 직업을 묻는 문제이다. 호텔 숙박객으로 보이는(I'm staying in room 214) 남자의 전화를 응대하고 있는(I'm sorry to hear about that. We received the same complaint from another guest ~) 것으로 보아 여자는 호텔 안내 데스크 직원임을 알 수 있으므로 정답은 (D)이다.

[어휘] construction 건설, 공사   electronics 전자제품   salesperson 판매원, 영업사원

18.
여자는 무엇을 해주겠다고 하는가?
(A) 청구서를 이메일로 보내기
(B) 룸서비스 보내주기
(C) 관리자에게 연락하기
(D) 전액 환불 해주기

[해설] 여자가 제안한 일이 무엇인지 묻는 문제로, 후반부 여자의 대사에 단서가 있다. 일부 요금 환불을 원하는 남자에게 여자가 수정된 청구서를 이메일로 보내줄 수 있다고(If you would like, I can send your updated invoice by e-mail.) 했으므로 정답은 (A)이다.

paraphrasing I can send your updated invoice by e-mail 수정된 청구서를 이메일로 보내드릴 수 있다 → e-mail a bill 청구서를 이메일로 보내다

[어휘] bill 청구서 supervisor 감독관, 관리자 full refund 전액 환불

[19-21] US BR
Questions 19-21 refer to the following conversation.

> M: Heidy, I wanted to talk to you. [19] **We've been getting most of our produce from Lewis Farms,** but maybe we should try Tanner Farms as a [19] **supplier.**
> W: Really? Why do you think so?
> M: [20] **All of their produce is organic,** and organic foods are becoming popular these days.
> W: That's not a bad idea. But I think it's important to get the word out. [21] **Could you make a flyer that we could distribute to attract more shoppers?**

produce 농산물 try 써보다, 해보다 supplier 공급자, 공급 회사
get the word out 말을 퍼트리다 flyer (광고·안내용) 전단지
distribute 배포하다

19-21은 다음 대화에 관한 문제입니다.
남: Heidy, 당신과 얘기하고 싶었어요. [19] 우리가 Lewis Farms에서 대부분의 농산물을 구해왔잖아요, 그런데 아마도 [19] 공급업체로 Tanner Farms를 이용해봐야겠어요.
여: 정말이요? 왜 그렇게 생각하세요?
남: [20] 그들의 농산물은 모두 유기농인데, 요즘 유기농 식품이 인기가 많아지고 있어요.
여: 괜찮은 생각이에요. 하지만 입소문이 나게 하는 것이 중요한 것 같아요. [21] 우리가 더 많은 고객을 끌어 모을 수 있도록 배포할 전단지를 만들어주시겠어요?

19.

화자들은 어디서 일할 것 같은가?
(A) 빵집에서
(B) 식료품점에서
(C) 유기농 농장에서
(D) 마케팅 회사에서

[해설] 남자가 Lewis Farms에서 대부분의 농산물을 구해왔다고(We've been getting most of our produce from Lewis Farms) 한 것과 '공급업체(supplier)', '유기농 식품(organic foods)' 등을 언급한 것으로 보아 화자들은 공급업체로부터 식품을 납품 받아 일반 소비자에게 판매하는 식료품점에서 일함을 알 수 있다. 따라서 정답은 (B)이다.

20.

남자는 새 공급업체의 어떤 점이 마음에 든다고 말하는가?
(A) 농산물을 유기농으로 재배한다.
(B) 친절한 서비스를 제공한다.
(C) 가격이 적당하다.
(D) 무료 배송을 해준다.

[해설] 질문의 핵심 키워드 a new supplier는 남자가 새로운 공급업체로 고려하고 있는 Tanner Farms를 가리킨다. 대화 중반, 남자는 이들의 장점으로 모든 농산물이 유기농이라는(All of their produce is organic) 점을 언급했으므로 정답은 (A)이다.

paraphrasing all of their produce is organic 그들의 농산물은 모두 유기농이다 → It grows produce organically. 농산물을 유기농으로 재배한다.

[어휘] affordable (가격이) 알맞은 free delivery 무료 배송

21.

여자는 남자에게 무엇을 하라고 요청하는가?
(A) 재고 조사 하기
(B) 전단지 만들기
(C) 공급업체에 연락하기
(D) 발표하기

[해설] 여자가 남자에게 부탁한 것을 묻는 문제로, 대화 후반 여자의 대사에 단서가 있다. 여자는 더 많은 고객을 끌어 모을 수 있도록 배포할 전단지를 만들어달라고(Could you make a flyer ~) 부탁한다. 따라서 정답은 (B)이다.

paraphrasing make a flyer 전단지 만들기 → create a flyer 전단지 만들기

[어휘] take inventory 재고 조사를 하다

[22-24] BR US
Questions 22-24 refer to the following conversation.

> W: Hi, Luke. [22] **How was your trip to Seattle?** It's been a while since you took such a long vacation.
> M: It was nice to relax, but the weather was cold and rainy the whole time I was there.
> W: If you want to enjoy sunny, warm weather then you should go to Southern California. [23] **That region is known for its favorable weather throughout the year.**
> M: Who doesn't know that? I have to visit my younger sister there. Actually I'll take a business trip to LA next month, so I'll have a chance to enjoy the favorable weather.
> W: Great. I've actually been looking at some travel blogs about the southwest. [24] **I'll send you the links so you can check them out.**

region 지역, 지방 be known for ~로 알려져 있다 favorable (기후가) 양호한

22-24는 다음 대화에 관한 문제입니다.
여: 안녕하세요, Luke. [22] 시애틀 여행은 어땠어요? 당신이 그렇게 긴 휴가를 떠난 게 한참만이네요.
남: 느긋하게 쉬니까 좋았지만, 그곳에 있는 내내 날씨가 너무 춥고 비가 왔어요.
여: 화창하고 따뜻한 날씨를 즐기고 싶다면 남부 캘리포니아로 가야 해요. [23] 그 지역은 연중 온화한 날씨로 알려져 있어요.
남: 모르는 사람이 어디 있겠어요. 전 그곳에 있는 제 여동생을 방문해야 해요. 실은 다음 달에 LA로 출장을 가요. 그러니 좋은 날씨를 즐길 기회가 있을 거예요.
여: 잘됐네요. 사실 제가 남서부에 대한 여행 블로그를 본 적이 있어요. [24] 당신이 확인해볼 수 있도록 링크를 보내줄게요.

22.

남자는 최근에 무엇을 했는가?
(A) 근처 동네로 이사했다.
(B) 새로운 사무실로 옮겼다.
(C) 휴가를 갔다.
(D) 승진을 했다.

[해설] 대화 시작 부분, 여자의 말에 정답의 단서가 있다. 여자는 남자에게 시애틀

여행이 어땠는지(How was your trip to Seattle?) 물었으며, 이어서 남자가 장기 휴가를 떠난 지(since you took such a long vacation) 한참이 되었다고 덧붙였다. 따라서 남자는 최근 시애틀로 휴가를 갔다가 돌아왔음을 알 수 있으므로 정답은 (C)이다.

paraphrasing took such a long vacation 장기 휴가를 떠났다 → went on a vacation 휴가를 갔다

[어휘] nearby 인근의, 가까운 곳의 neighborhood 근처, 이웃 transfer to ~로 옮기다 promotion 승진

23.

여자에 따르면, 남부 캘리포니아의 이점은 무엇인가?
(A) 관광객들을 환대한다.
(B) 방문하는 데 비용이 많이 들지 않는다.
(C) 관광명소가 많다.
(D) 날씨가 온화하다.

[해설] 질문의 키워드인 Southern California가 언급된 대화 중반, 여자는 화창하고 따뜻한 날씨를 즐기고 싶다면 남부 캘리포니아로 가야 한다면서, 그 지역은 연중 온화한 날씨로 알려져 있다고(That region is known for its favorable weather throughout the year.) 덧붙였다. 즉, 남부 캘리포니아 지역의 온화한 날씨를 언급했으므로 정답은 (D)이다.

[어휘] affordable (가격이) 적당한

24.

여자는 다음에 무엇을 할 것 같은가?
(A) 여행사에 연락하기
(B) 정보를 보내기
(C) 블로그 항목을 작성하기
(D) 항공편 예약하기

[해설] 앞으로 일어날 일에 관한 내용은 대화의 후반부에 언급된다. 여자가 남서부에 관한 여행 블로그를 언급하면서, 남자가 확인해보도록 링크를 보내주겠다고 (I'll send you the links so you can check them out) 했다. '링크'를 '여행 관련 정보'로 바꿔 표현할 수 있으므로 (B)가 정답이다.

paraphrasing send you the links 링크를 보내다 → send some information 정보를 보내다

[어휘] entry (장부·일기 등의 개별) 항목

DAY 06

PART 2 부가 의문문

Quick Check

01. US US

The new model is much more expensive, isn't it?
(A) **Well, the price is almost the same.**
(B) Mine works fine.

새로운 모델이 훨씬 더 비싸죠, 그렇지 않나요?
(A) 음, 가격은 거의 비슷합니다.
(B) 제 것은 잘 작동해요.

02. BR BR

You have waited long to get the ticket, haven't you?
(A) At 4 o'clock.
(B) **Yeah, for almost an hour.**

티켓을 사려고 오래 기다리셨죠, 그렇지 않나요?
(A) 4시에요.
(B) 네, 거의 1시간 동안이요.

03. BR AU

You called the technical support team, didn't you?
(A) **Actually, Claire did.**
(B) No, it's broken.

당신이 기술 지원팀에 전화하셨죠, 그렇지 않나요?
(A) 사실, Claire가 했어요.
(B) 아뇨, 그건 고장났어요.

04. US BR

I can park here on weekends, can't I?
(A) I'm available on Monday.
(B) **You need to present the permit.**

주말에는 여기에 주차해도 되죠, 그렇지 않나요?
(A) 저는 월요일에 시간이 있어요.
(B) 허가증을 제시하셔야 해요.

05. AU BR

You came here by train, right?
(A) The airport is located close to downtown.
(B) **No, I drove my car.**

당신은 여기에 기차를 타고 오셨죠, 맞죠?
(A) 공항은 시내에서 가까이 있어요.
(B) 아뇨, 제 차를 운전해서 왔어요.

유형 연습

01. (A) 02. (A) 03. (A) 04. (B) 05. (B) 06. (A)
07. (A) 08. (A)

01. US BR

The proposal is due this Friday, isn't it?
(A) **You can turn it in next Monday.**
(B) He accepted the proposal.

proposal 제안서

그 제안서는 이번주 금요일까지죠, 그렇지 않나요?
(A) 다음 주 월요일에 제출하셔도 됩니다.
(B) 그가 제안을 받아들였어요.

02. US US

You won't be late for our annual conference, will you?
(A) No, I'll be there on time.
(B) You are supposed to deliver a speech.

연례 콘퍼런스에 늦지 않을 거죠, 그렇죠?
(A) 안 늦을 거예요. 정시에 가겠습니다.
(B) 당신은 연설을 하기로 되어 있어요.

03. BR US

Ms. Curtis is leading the workshop, isn't she?
(A) No, she's on vacation.
(B) It will last for a week.

Curtis 씨가 워크숍을 진행할 거죠, 그렇지 않나요?
(A) 아뇨, 그녀는 휴가를 갔어요.
(B) 일주일 동안 진행될 거예요.

04. US AU

You've seen the latest Anthony Russo movie, haven't you?
(A) I like to read movie reviews.
(B) Not yet, I'll watch it this weekend.

Anthony Russo의 최신 영화 보셨죠, 그렇지 않나요?
(A) 저는 영화 비평을 읽는 것을 좋아합니다.
(B) 아직 안 봤어요, 이번 주말에 볼 거예요.

05. AU BR

You've already distributed the booklets to the participants, haven't you?
(A) No, it's my first time attending this event.
(B) Yeah, but I need ten more of them.

distribute 배포하다   booklet 소책자

소책자를 참석자들에게 이미 배포하셨죠, 그렇지 않나요?
(A) 아뇨, 저는 이 행사에 참석하는 게 이번이 처음이에요.
(B) 네, 그런데 10부가 더 필요해요.

06. US US

Tomorrow is Tina's birthday, isn't it?
(A) Yeah, we should celebrate it together.
(B) The date has been changed.

내일이 Tina의 생일이죠, 그렇지 않나요?
(A) 네, 우리 함께 축하해야 해요.
(B) 날짜가 변경되었어요.

07. BR BR

You graduated from Carlson University, right?
(A) How did you know that?
(B) She is a college student.

당신 Carlson 대학교를 졸업했죠, 맞죠?
(A) 어떻게 아셨어요?
(B) 그녀는 대학생이에요.

08. US BR

We should ask the committee to conduct surveys next week, don't you agree?
(A) That's what I was thinking about.
(B) I want to know the survey results.

다음 주에 설문조사를 시행하자고 위원회에 요청해야 해요, 그렇게 생각하지 않으세요?
(A) 저도 그렇게 생각하고 있었어요.
(B) 설문조사 결과를 알고 싶어요.

실전 문제

01. (B) 02. (C) 03. (B) 04. (B) 05. (A) 06. (C)
07. (B) 08. (B) 09. (A) 10. (A) 11. (C) 12. (C)
13. (B) 14. (C) 15. (B) 16. (B)

01. BR US

There aren't any seats left in Economy Class, are there?
(A) There is one layover.
(B) No, but you can fly in Business Class.
(C) The economy is in deep recession.

일반석에는 남은 좌석이 없어요, 그렇죠?
(A) 경유하는 것이 하나 있어요.
(B) 없어요, 하지만 비즈니스 클래스를 타실 수는 있어요.
(C) 경제가 극심한 침체 상태입니다.

[해설] 일반석 좌석이 남아 있지 않은지 확인하는 부가 의문문이다.
(A) 질문의 Economy Class에서 연상할 수 있는 layover를 이용해 혼동을 유도하는 오답이다.
(B) No로 응답한 후 비즈니스 클래스를 탈 것을 제안하는 정답이다.
(C) 질문의 economy를 반복 사용하여 혼동을 유도하는 오답이다.

[어휘] economy class 일반석 economy 경기, 경제 recession 경기 침체

02. US US

You can't just give me a cash refund, can you?
(A) Don't forget your change.
(B) These have been selling well.
(C) No, not without a receipt.

그냥 현금으로 환불해 주실 수 없지요, 그렇죠?
(A) 거스름돈 잊지 마세요.
(B) 이것들은 잘 팔리고 있어요.
(C) 환불해 드릴 수 없어요, 영수증 없이는 안 돼요.

[해설] 현금으로 환불이 가능한지 확인하는 부가 의문문이다.
(A) 질문의 cash에서 연상할 수 있는 change(거스름돈, 잔돈)를 이용해 혼동을 유도하는 오답이다.
(B) 물건을 사고 파는 상황에서 나올 수 있는 표현이지만 질문과는 무관한 응답이다.
(C) No로 응답한 후 환불이 불가능한 이유(영수증이 없음)를 덧붙이고 있으므로 정답이다.

[어휘] refund 환불 change 거스름돈, 잔돈 sell well 잘 팔리다 receipt 영수증

03. [AU] [US]

All the merchandise was put on display last night, wasn't it?
(A) Click the play button at the bottom.
(B) No, we were too understaffed.
(C) On the delivery truck.

어젯밤에 모든 상품이 진열된 거죠, 그렇지 않나요?
(A) 아래쪽의 재생 버튼을 클릭하세요.
(B) 아니요, 우리 일손이 너무 부족했어요.
(C) 배달 트럭에요.

[해설] 어젯밤에 모든 상품이 진열되었는지 확인하는 부가 의문문이다.
(A) 질문의 display와 발음이 유사한 play를 이용해 혼동을 유도하는 오답이다.
(B) No로 대답한 후 일손이 너무 부족했다고 그 이유를 덧붙이고 있으므로 정답이다.
(C) 질문의 merchandise에서 연상 가능한 delivery를 이용한 오답으로 상품들이 어디 있는지 묻는 Where 의문문에 적합한 응답이다.

[어휘] merchandise 상품 be put on display 전시[진열]되다 understaffed 인원이 부족한

04. [US] [BR]

You haven't signed a rent contract yet, have you?
(A) I need your contact information.
(B) No, I haven't.
(C) A two-story townhouse.

임대 계약서에 서명하지 않으셨죠, 그렇죠?
(A) 당신의 연락처가 필요해요.
(B) 아니요, 안 했어요.
(C) 2층짜리 연립 주택이에요.

[해설] 임대 계약서에 서명하지 않았는지 확인하는 부가 의문문이다.
(A) 질문의 contract와 발음이 유사한 contact를 이용하여 혼동을 유도하는 오답이다.
(B) 서명을 안 했다고 응답하고 있으므로 정답이다.
(C) 질문의 rent contract에서 주택이나 건물 등을 연상할 경우 고를 수 있는 오답이다.

[어휘] sign 서명하다 rent contract 임대 계약서 contact information 연락처 two-story 2층짜리의 townhouse 연립 주택

05. [BR] [BR]

The register's scanner has been fixed, hasn't it?
(A) No, it will be replaced with a new one.
(B) I registered in advance.
(C) That store has good offers.

현금 등록기의 스캐너가 고쳐지지 않았죠, 그렇죠?
(A) 안 고쳐졌어요, 새것으로 교체될 거예요.
(B) 제가 미리 등록했어요.
(C) 그 가게는 할인을 많이 해줘요.

[해설] 현금 등록기의 스캐너를 고치지 않았는지 확인하는 부가 의문문이다.
(A) No로 응답한 후 새것으로 교체할 거라고 부연 설명을 하는 정답이다.
(B) 질문의 register를 반복 사용하여 혼동을 유도하는 오답이다.
(C) 질문의 register's scanner에서 연상되는 store를 이용해 혼동을 유도하는 오답이다.

[어휘] register 등록, 현금 등록기; 등록하다 scanner 판독 장치, 스캐너 fix 수리하다 replace with ~로 교체하다 in advance 미리, 사전에 offer 할인, 제안

06. [BR] [AU]

We should start offering a delivery service, don't you think?
(A) I got lunch from a food truck today.
(B) A reliable source.
(C) Many other restaurants do.

우리는 배달 서비스 제공을 시작해야 해요, 그렇게 생각하지 않아요?
(A) 저는 오늘 푸드트럭에서 점심을 사다 먹었어요.
(B) 믿을 만한 소식통이에요.
(C) 많은 다른 식당들이 그렇게 해요.

[해설] 배달 서비스 제공해야 한다고 제안하는 부가 의문문이다.
(A) 질문의 delivery에서 연상 가능한 lunch와 food를 이용하여 혼동을 유도하는 오답이다.
(B) 질문과 무관한 내용의 응답으로, 정보의 출처를 묻는 질문에 적합하다.
(C) 다른 식당들도 많이 그렇게 한다는 말로 상대방의 제안에 동의하고 있으므로 정답이다.

[어휘] offer 제공하다 reliable source 믿을 만한 소식통

07. [AU] [BR]

We don't have to attend the seminar, do we?
(A) It will be held at Lakeland Center.
(B) No, that's only for new hires.
(C) I learned a lot.

우리는 세미나에 참석할 필요가 없어요, 그렇죠?
(A) 그것은 Lakeland Center에서 열릴 예정이에요.
(B) 참석할 필요 없어요, 그건 신입사원들만을 위한 거예요.
(C) 많이 배웠어요.

[해설] 세미나에 참석할 필요가 없는지 확인하는 부가 의문문이다.
(A) 질문의 seminar에서 세미나 개최 장소를 연상할 경우 고를 수 있는 오답으로, Where 의문문에 적합한 응답이다.
(B) No(참석할 필요가 없다)로 응답한 후 해당 세미나는 신입사원들만을 위한 것이라고 부연 설명을 하고 있는 정답이다.
(C) 질문의 seminar에서 연상할 수 있는 learned를 이용해 혼동을 유도하는 오답이다.

08. [BR] [AU]

Ms. Smithers works for our competitor now, doesn't she?
(A) It is a highly competitive product.
(B) Yes, they made her a very generous offer.
(C) Check the working hours.

Smithers 씨가 지금 우리 경쟁사에서 근무하죠, 그렇지 않나요?
(A) 그것은 대단히 경쟁력 있는 상품이에요.
(B) 네, 그들이 그녀에게 아주 후한 제안을 했어요.
(C) 근무 시간을 확인하세요.

[해설] Smithers 씨가 경쟁사에서 근무하는지 확인하는 부가 의문문이다.
(A) 질문의 competitor와 발음이 유사한 competitive를 이용해 혼동을 유도하는 오답이다.
(B) Yes로 응답한 후 그녀가 경쟁사로 가게 된 이유를 덧붙이고 있는 정답이다.
(C) 질문의 work을 반복 사용하여 혼동을 유도하는 오답이다.

[어휘] competitor 경쟁자, 경쟁 업체 highly 대단히, 매우 competitive 경쟁력 있는 product 상품 make an offer 제의하다 generous 후한, 너그러운

09. (BR)(BR)

You processed all reimbursement requests for the last month's seminar, didn't you?
(A) No, they are under review now.
(B) I'd rather pay in cash.
(C) The registration fee.

지난달 세미나에 대한 모든 비용 상환 요청서를 처리하셨죠, 그렇지 않나요?
(A) 아니요, 현재 검토 중입니다.
(B) 차라리 현금으로 지불하겠습니다.
(C) 등록비입니다.

[해설] 지난달에 있었던 세미나의 비용 상환 요청서를 처리했는지 확인하는 부가 의문문이다.
(A) No로 대답한 후 현재 검토하고 있는 중이라며 그 이유를 덧붙였으므로 정답이다.
(B) 질문의 reimbursement에서 지불 수단에 관한 표현인 pay in cash를 연상하도록 유도하는 오답이다.
(C) 질문의 seminar에서 연상할 수 있는 registration fee를 이용하여 혼동을 유도하는 오답이다.

[어휘] process 처리하다 reimbursement 변제, 상환 request 요청, 신청 under review 조사[검토]를 받고 있는 pay in cash 현금으로 지불하다 registration fee 등록비

10. (US)(US)

There weren't a lot of mechanics at the training, were there?
(A) Most of them attended the one last month.
(B) It will be held in conference room 2.
(C) From 1 to 3 P.M. this Saturday.

교육에 정비공들이 많지 않았어요, 그렇죠?
(A) 그들 중 대부분이 지난달 교육에 참석했어요.
(B) 2번 회의실에서 열릴 예정입니다.
(C) 이번 주 토요일 오후 1시부터 3시까지입니다.

[해설] 교육에 참석한 정비공들이 많지 않았음을 확인하는 부가 의문문이다.
(A) 대부분이 지난달에 참석했다고 답변함으로써 긍정의 Yes를 대신한 정답이다.
(B) 질문의 training이 이루어지는 장소로 Conference Room을 연상하도록 유도하는 오답으로, Where 의문문에 적합하다.
(C) 질문의 training이 이루어지는 시간을 연상하도록 유도하는 오답으로, When 의문문에 적합하다.

[어휘] mechanic 정비공

11. (AU)(BR)

We should prepare coffee and doughnuts for the morning meeting, shouldn't we?
(A) Mondays at 9 A.M.
(B) A coffee shop on the corner.
(C) Yes, everyone would appreciate that.

우리가 아침 회의를 위해 커피와 도넛을 준비해야 해요, 그렇지 않나요?
(A) 매주 월요일 오전 9시요.
(B) 모퉁이의 커피숍이요.
(C) 네, 모두들 고마워할 거예요.

[해설] 아침 회의를 위해 커피와 도넛을 준비해야 하는지 확인하는 부가 의문문이다.
(A) 질문의 morning에서 연상 가능한 시간대인 9 A.M.을 이용하여 혼동을 유도하는 오답으로, When 의문문에 적합한 응답이다.
(B) 질문의 coffee를 반복 사용하여 혼동을 유도하는 오답이다.
(C) Yes로 응답한 후, 모든 사람들이 고마워할 것이라고 답변하고 있으므로 정답이다.

12. (US)(US)

Let's move to a larger meeting room with an overhead projector and screen, shall we?
(A) It was more than we projected.
(B) This two-bedroom apartment is fully furnished.
(C) I will check whether I can reserve it now.

오버헤드 프로젝터와 스크린이 있는 더 넓은 회의실로 옮길까요?
(A) 우리가 예상한 것보다 더 많았어요.
(B) 침실이 두 개인 이 아파트는 가구가 완비되어 있어요.
(C) 지금 예약할 수 있는지 확인해볼게요.

[해설] 더 넓은 회의실로 옮기자고 제안하는 부가 의문문이다.
(A) 질문의 projector와 발음이 비슷한 projected를 이용하여 혼동을 유도하는 오답이다.
(B) 질문의 room을 반복 사용하여 혼동을 유도하는 오답이다.
(C) 지금 예약할 수 있는지 확인하겠다고 답함으로써, 상대의 제안을 수락하고 있으므로 정답이다.

[어휘] project 예상[추정]하다 fully furnished 가구가 완비된

13. (BR)(BR)

Please present any kind of photo identification, will you?
(A) She is kind and thoughtful.
(B) Sure, here it is.
(C) Someone should be present at your home.

사진이 부착된 신분증이면 어떤 종류든 제시해주세요, 그러시겠어요?
(A) 그녀는 친절하고 사려 깊어요.
(B) 물론입니다. 여기 있어요.
(C) 누군가 당신의 집에 있어야 해요.

[해설] 신분증을 제시해달라고 부탁하는 부가 의문문이다.
(A) 질문의 kind(종류)의 동음이의어인 kind(친절한)를 반복 사용하여 혼동을 유도하는 오답이다.
(B) 여기 있다고 하므로 정답이다.
(C) 질문의 present(제시하다)와 발음이 유사한 present(있는, 참석한)를 사용하여 혼동을 유도하는 오답이다.

[어휘] present 제시[제출]하다; 있는, 참석한 photo identification 사진이 부착된 신분증 thoughtful 사려 깊은

14. (AU)(BR)

The engineering conference is being held in Amsterdam this year, right?
(A) I believe he's majoring in physics.
(B) Which engine model?
(C) Yes, and I'll be leading a session there.

올해 공학 기술 학회가 암스테르담에서 열릴 예정이에요, 맞죠?
(A) 제가 알기로는 그는 물리학을 전공하고 있어요.

(B) 어떤 엔진 모델이요?
(C) 네, 그리고 제가 그곳에서 한 세션을 이끌 거예요.

[해설] 공학 기술 학회가 암스테르담에서 열리는지 확인하는 부가 의문문이다.
(A) 질문의 engineering conference와 같은 학문과 관련된 내용(majoring in physics)으로 혼동을 유도하는 오답이다.
(B) 질문의 engineering과 발음이 유사한 engine을 이용하여 혼동을 유도하는 오답이다.
(C) Yes로 응답한 후 자신이 한 세션을 이끈다고 부연 설명을 하고 있으므로 정답이다.

[어휘] engineering 공학 기술 major in ~을 전공하다 physics 물리학 lead 이끌다

15. [US] [BR]

We've been business partners for a year already, haven't we?
(A) I'm on my way.
(B) Yes, and it's going great.
(C) A long-term contract.

우리가 벌써 1년간 동업자 관계를 유지해왔어요, 그렇지 않아요?
(A) 저는 가는 중이에요.
(B) 네, 그리고 잘 해내고 있어요.
(C) 장기 계약이요.

[해설] 1년간 동업자 관계를 유지해온 것을 확인하는 부가 의문문이다.
(A) 질문의 내용과 무관한 응답으로, we에 대해 물었는데 I로 답하고 있으므로 주어 불일치 오답이다.
(B) 긍정의 Yes로 응답한 후 긍정적인 평가를 덧붙이고 있으므로 정답이다.
(C) 질문의 business에서 연상할 수 있는 contract를 이용해 혼동을 유도하는 오답이다.

[어휘] business partner 동업자 on one's way 가는[오는] 중인 long-term 장기의 contract 계약

16. [AU] [US]

We need a business Web site, don't you agree?
(A) Sure, I'll see you there.
(B) Yes, that would improve our company's presence.
(C) It can be purchased on site.

우리는 회사 웹사이트가 필요해요, 그렇게 생각하지 않아요?
(A) 물론이죠, 거기서 봐요.
(B) 네, 그렇게 하면 우리 회사의 입지가 개선될 거예요.
(C) 그것은 현장에서 구매할 수 있어요.

[해설] 회사 웹사이트가 필요하다고 생각하지 않냐고 묻는 부가 의문문이다.
(A) 질문에 긍정의 Sure로 응답했으나 이어지는 내용이 질문과 무관하다. 질문의 site를 특정한 물리적 공간을 지칭하는 것으로 잘못 이해했을 경우 고를 수 있는 오답이다.
(B) Yes로 응답함으로써 상대방의 의견에 동의한 후 그 같은 제안이 가져올 긍정적인 효과를 덧붙인 정답이다.
(C) 질문의 site를 반복 사용하여 혼동을 유도하는 오답이다.

[어휘] improve 향상[개선]시키다 presence 존재 on site 현장에서

PART 3 제안·요청 문제 / 다음 할 일 문제 / 의도 파악 문제

유형 연습

01. (A) 02. (A) 03. (B) 04. (B) 05. (A) 06. (B)

01. [US] [BR]
What does the **man suggest the woman do**?
(A) **Contact** the **printing shop** (B) **Use another printer**

W: James, this printer is not working again. The papers are jammed. I will give a presentation to the board members in an hour and I need 20 copies to be printed.
M: Um... why don't you call the printing shop located at the corner and ask them to print them?

남자는 여자에게 무엇을 하라고 제안하는가?
(A) 인쇄소에 연락하기
(B) 다른 프린터기 사용하기

여: James, 이 프린터가 또 작동하지 않아요. 종이가 걸렸어요. 제가 한 시간 후에 이사진들에게 발표를 해야 하고 20부를 복사해야 해요.
남: 음... 모퉁이에 있는 인쇄소에 전화해서 그것들을 프린트 해달라고 하는 게 어때요?

02. [US] [US]
What does the **man ask the woman to do**?
(A) **Schedule** a **meeting** (B) **Revise** the **proposal**

M: I think the deadline for the proposal is too tight. Could you call the client and hold a meeting this week?
W: Sure. What day is the most convenient for you?
M: I have free time on Tuesday and Wednesday morning.

남자는 여자에게 무엇을 하라고 부탁하는가?
(A) 회의 일정 잡기
(B) 제안서 수정하기

남: 제안서의 마감일이 너무 빠듯한 것 같아요. 고객에게 전화해서 이번 주에 회의를 잡을 수 있어요?
여: 물론이죠. 어느 요일이 편하세요?
남: 저는 화요일과 수요일 아침에 비는 시간이 있어요.

03. [BR] [US]
What will the **man** probably **do next**?
(A) **Convert** the file **format** (B) **Fax** a **document**

M: Clara, did you receive my e-mail about the price quote for the office renovation?
W: Yes, but I have a problem. I downloaded the file you attached to the e-mail, but it did not open on my computer. Could you send it to me by fax?

남자는 다음에 무엇을 하겠는가?
(A) 파일 형식 변경하기
(B) 서류를 팩스로 보내기

남: Clara, 사무실 개조를 위한 가격 견적서에 대한 제 이메일 받으셨어요?
여: 네, 그런데 문제가 있어요. 당신이 이메일에 첨부한 파일을 다운로드 받았는

정답·스크립트·해석·해설 041

데 제 컴퓨터에서 열리지 않아요. 팩스로 보내주시겠어요?

04.
What will the man probably do next?
(A) Call another branch (B) Go to the storage room

> W: I like these shoes but I'm not able to find my size on the shelf. Do you have the shoe in 6.5?
> M: Just give me a second to check the inventory. According to our records, there are a couple pairs in the storage room. I will come back in a minute.

남자는 다음에 무엇을 하겠는가?
(A) 다른 지점에 전화하기
(B) 창고로 가기

여: 저는 이 신발이 좋은데 선반에서 제 사이즈를 찾을 수가 없어요. 이 신발로 6.5 사이즈가 있나요?
남: 재고를 확인하도록 잠시만 시간을 주세요. 저희 기록에 따르면, 창고에 몇 켤레가 있네요. 곧 돌아올게요.

05.
Why does the woman say, "I don't have any special plans this weekend"?
(A) To accept an offer (B) To cancel an event

> M: Jenny, will you come to the rock climbing club this Saturday? We will have a late dinner with the members at the restaurant Atkins' Table.
> W: I don't have any special plans this weekend. Where will it be held? It will start at 4 P.M., right?

여자는 왜 "저는 이번 주말에 특별한 계획이 없어요"라고 말하는가?
(A) 제안을 수락하기 위해
(B) 행사를 취소하기 위해

남: Jenny, 이번 주 토요일에 암벽 등반 동호회에 올래요? 회원들과 Atkins' Table 레스토랑에서 늦은 저녁을 먹을 거예요.
여: 저는 이번 주말에 특별한 계획이 없어요. 어디서 열리나요? 오후 4시에 시작할 거죠, 맞죠?

06.
What does the woman mean when she says, "I'm not really surprised"?
(A) She has already read the news.
(B) She expected the results.

> M: Our item was chosen as one of the best products this year!
> W: That's good news, but I'm not really surprised. We've been spending lots of money and time on that product.

여자가 "저는 그다지 놀랍지 않아요"라고 말할 때 의미하는 바는 무엇인가?
(A) 그녀는 이미 뉴스를 읽었다.
(B) 그녀는 결과를 예상했다.

남: 우리 제품이 올해의 베스트 제품 중 하나로 선정되었어요!
여: 좋은 소식이네요, 하지만 저는 그다지 놀랍지 않아요. 우리는 많은 돈과 시간을 그 제품에 들였어요.

paraphrasing 정답 1. (c) 2. (a) 3. (b) 4. (b) 5. (a) 6. (c)

실전 문제

01. (B) 02. (A) 03. (B) 04. (A) 05. (C) 06. (B)
07. (A) 08. (C) 09. (C) 10. (B) 11. (D) 12. (C)
13. (C) 14. (B) 15. (D) 16. (D) 17. (C) 18. (A)
19. (C) 20. (D) 21. (B) 22. (C) 23. (D) 24. (A)

[01-03]
Questions 01-03 refer to the following conversation.

> W: 01 Welcome to Berkeley Bistro. Would you like to sit at a table or a booth?
> M: A table would be best, and there will be six of us. It seems quite noisy in the main dining area. 02 Do you have any private rooms?
> W: The rooftop is open.
> M: Hmm... isn't it supposed to rain today?
> W: Not until later in the day, I heard.
> M: Well, 03 I'd better look up the weather forecast on my phone first before deciding to sit outside.

bistro 작은 식당   rooftop (건물의) 옥상   look up (정보를) 찾아보다
weather forecast 일기 예보

01-03은 다음 대화에 관한 문제입니다.
여: 01 Berkeley Bistro에 오신 것을 환영합니다. 테이블 좌석과 칸막이가 있는 좌석 중 어디에 앉으시겠어요?
남: 테이블 좌석이 좋겠어요. 그리고 저희 일행은 여섯 명이에요. 중앙의 식사 공간은 좀 시끄러울 것 같아요. 02 개별 공간이 있나요?
여: 옥상 공간이 이용 가능해요.
남: 흠... 오늘 비가 오기로 되어 있지 않나요?
여: 오늘 늦게까지는 안 온다고 들었어요.
남: 그럼, 바깥에 앉을지 결정하기 전에 03 우선 전화로 일기 예보를 찾아보는 게 좋겠어요.

01.

여자는 누구일 것 같은가?
(A) 가구 판매원
(B) 식당 직원
(C) 상점 주인
(D) 수리공

[해설] 화자의 직업이나 신분은 주로 대화 전반부에서 드러난다. 여자가 첫 번째 대사에서 Berkely Bistro에 온 것을 환영한다고 했는데, bistro는 '작은 식당'을 의미하므로 Berkely Bistro는 식당 이름임을 유추할 수 있으며, 뒤이어 어느 자리에 앉을 것인지(Would you like to sit at a table or a booth?) 묻는 것으로 보아 여자는 식당에서 일하는 사람임을 알 수 있다. 따라서 정답은 (B)이다.

paraphrasing bistro 작은 식당 → restaurant 식당

02.

여자는 왜 "옥상 공간이 이용 가능해요"라고 말하는가?
(A) 또다른 옵션을 제시하기 위해
(B) 디자인을 확인하기 위해
(C) 정책 변경을 알리기 위해
(D) 업무를 배정하기 위해

[해설] 화자의 의도 파악 문제는 해당 문장과 앞뒤 문맥을 종합하여 답을 찾아야

한다. 앞서 남자가 중앙의 공간이 아닌 개별 공간이 있는지(Do you have any private rooms?) 물었고, 이에 대해 여자가 "옥상 공간이 이용 가능하다"고 말한 것은 남자에게 일행이 앉을 만한 곳을 추가로 제시하기 위한 의도임을 알 수 있다. 따라서 정답은 (A)이다.

[어휘] verify 확인하다 policy 정책 assign 맡기다, 배정하다

03.

남자는 무엇을 할 계획인가?
(A) 서둘러 주문하기
(B) 일기 예보 확인하기
(C) 전화기 끄기
(D) 다른 업소에 가기

[해설] 남자가 할 일을 묻는 문제로, 남자의 후반부 대사에 집중한다. 옥상의 좌석을 제안하는 여자의 말에 혹시 비가 오지 않을지 염려하던 남자가 전화기로 일기 예보를 확인하겠다고(I'd better look up the weather forecast on my phone) 했으므로 정답은 (B)이다.

paraphrasing   look up the weather forecast 일기 예보를 찾아보다 → Check a weather report 일기 예보를 확인하기

[어휘] place an order 주문하다 business 사업체(회사, 가게, 공장 등)

[04-06] [BR] [BR]
Questions 04-06 refer to the following conversation.

M: Hi, Emma. It's Tony. Our design teams are supposed to meet at my branch tomorrow at two o'clock, but I don't think that will be possible. ⁰⁴ **Could we hold the meeting at your branch instead?**

W: Of course. It's less convenient for your team, though.

M: That's not an issue. You see, ⁰⁵ **our branch is being renovated, and the work started yesterday.** The room I was planning to use is off limits.

W: I see. ⁰⁶ **I'll book a conference room now** so that we have space for everyone. See you tomorrow.

branch 지점, 지사   convenient 편리한   issue 문제   off limits 출입 금지 구역

04-06은 다음 대화에 관한 문제입니다.
남: 안녕하세요, Emma. Tony예요. 우리 디자인 팀들이 내일 2시에 우리 지점에서 만나기로 했는데 가능할 것 같지 않아요. ⁰⁴ 그 회의를 대신 당신의 지점에서 열 수 있을까요?
여: 물론이죠. 당신 팀에게는 좀 불편하겠지만요.
남: 그건 별 문제 아니에요. 있잖아요, ⁰⁵ 우리 지점이 보수 중인데, 작업이 어제 시작됐어요. 제가 사용하려고 계획했던 방이 출입 금지되었어요.
여: 그렇군요. ⁰⁶ 지금 회의실을 예약해서 모두를 수용할 수 있는 공간을 확보할게요. 내일 봐요.

04.

남자는 왜 여자에게 전화하는가?
(A) 장소를 변경하기 위해
(B) 마감일을 연장하기 위해
(C) 회의를 취소하기 위해
(D) 손님 명단을 확인하기 위해

[해설] 남자가 전화한 이유를 묻는 문제로, 남자의 첫 번째 대사에서 단서를 찾

을 수 있다. 내일 남자의 지점에서 회의를 열 예정이었으나 불가능할 것 같다며 상대방, 즉 여자의 지점에서 회의를 여는 것이 가능한지(Could we hold the meeting at your branch instead?) 묻고 있다. 즉, 회의 장소를 변경하기 위해 전화한 것임을 알 수 있으므로 (A)가 정답이다.

[어휘] extend 연장하다, 확장하다 deadline 마감일 confirm 확인하다

05.

남자에 따르면, 최근에 그의 지점에서 무슨 일이 있었는가?
(A) 일부 예산 범주가 삭감되었다.
(B) 일부 고객이 불만을 제기했다.
(C) 보수 작업이 시작되었다.
(D) 한 팀에서 팀원을 더 고용했다.

[해설] 핵심 키워드 recently가 대화에서는 yesterday로 언급되었다. 대화 중반부에 남자가 원래 계획했던 장소에서 회의를 진행할 수 없는 이유를 자신의 지점이 보수 중이고, 그 작업이 어제 시작됐기(our branch is being renovated, and the work started yesterday) 때문이라고 밝혔다. 따라서 (C)가 정답이다.

[어휘] budget 예산 category 범주 make a complaint 불만을 제기하다 hire 고용하다

06.

여자는 다음에 무엇을 하겠다고 말하는가?
(A) 남자에게 이메일 보내기
(B) 방을 예약하기
(C) 안건을 인쇄하기
(D) 보고서를 검토하기

[해설] 여자가 다음에 할 일을 묻는 문제로, 여자의 마지막 대사에서 단서를 찾는다. 지금 회의실을 예약하겠다고(I'll book a conference room now) 했으므로 정답은 (B)이다.

paraphrasing   book 예약하다 → reserve 예약하다

[어휘] agenda 의제, 안건

[07-09] [US] [AU]
Questions 07-09 refer to the following conversation.

W: Dennis, I wanted to talk to you about ⁰⁷ **an issue that we're having here at the factory.**

M: What's the problem?

W: Well, ⁰⁸ **we were supposed to receive a shipment of fabric two days ago, but it still hasn't arrived.**

M: This has happened several times. We should consider changing our supplier to Garcia Textiles. That company has received excellent reviews online.

W: Hmm… ⁰⁹ **why don't you contact the company and ask them for some fabric samples?** Then we can check the quality before making a decision.

shipment 수송품, 적하물 fabric 직물, 천 consider -ing ~하는 것을 고려하다 supplier 공급자, 공급 회사 excellent 훌륭한, 탁월한 quality 질, 품질 make a decision 결정하다

07-09는 다음 대화에 관한 문제입니다.
여: Dennis, ⁰⁷ 이곳 공장에서 발생하고 있는 문제점에 관해 당신과 얘기하고 싶었어요.
남: 문제가 뭐죠?

043

여: 음, ⁰⁸이틀 전에 직물 선적을 받기로 되어 있었는데 아직 도착하지 않았어요.
남: 여러 번 그런 일이 있었죠. 우리 공급처를 Garcia Textiles로 변경하는 것을 고려해봐야 해요. 그 회사는 온라인 이용 후기가 아주 좋아요.
여: 흠... ⁰⁹그 회사에 연락해서 직물 샘플을 좀 요청하시는 게 어때요? 그러면 우리가 결정하기 전에 품질을 확인해볼 수 있어요.

07.

대화는 어디에서 이루어지고 있는가?
(A) 생산 시설에서
(B) 광고 회사에서
(C) 식료품점에서
(D) 옷가게에서

[해설] 화자들이 대화를 하고 있는 장소를 묻는 문제로, 대화 시작 부분에서 여자가 '이곳 공장에서(here at the factory)'라고 언급한 것으로 보아 두 사람이 현재 공장과 같은 생산 시설에서 대화를 나누고 있는 것을 알 수 있으므로 정답은 (A)이다.

paraphrasing factory 공장 → manufacturing facility 생산 시설

08.

여자는 남자에게 무슨 문제에 대해 말하는가?
(A) 제품 생산이 중단되었다.
(B) 직원 한 명이 결근했다.
(C) 선적물이 늦어지고 있다.
(D) 기계가 제대로 작동하지 않는다.

[해설] 여자가 언급한 문제점을 묻는 질문이므로 여자의 말에서 단서를 찾는다. 이틀 전에 받았어야 할 직물 선적이 아직 도착하지 않았다는(we were supposed to receive a shipment of fabric two days ago, but it still hasn't arrived) 말로 선적물 지연에 대한 문제점을 지적하고 있으므로 정답은 (C)이다.

[어휘] discontinue 중단하다 employee 직원 absent 결근한, 결석한 malfunction 제대로 작동하지 않다

09.

여자는 남자에게 무엇을 하라고 요청하는가?
(A) 일부 물품 반품하기
(B) 작업 일정 조정하기
(C) 일부 샘플 요청하기
(D) 일부 정보를 온라인에 게시하기

[해설] 여자가 남자에게 부탁한 일을 묻는 문제로, 후반부 여자의 대사 중 부탁이나 요청을 하는 표현에서 정답의 단서를 찾는다. 그 회사, 즉 앞서 언급한 Garcia Textiles에 연락해서 직물 샘플을 요청할 것을 제안하고 있으므로(why don't you contact the company and ask them for some fabric samples?) 정답은 (C)이다.

paraphrasing ask 요청하다 → request 요청하다

[어휘] adjust 조정하다

[10-12] [BR] [AU]
Questions 10-12 refer to the following conversation.

W: Diego, could you do me a favor? ¹⁰**I'm going to the National Conference of Banking Professionals next week.** I need to have all of my duties covered.
M: My schedule is pretty full these days, but ¹¹**I'll help if I can.** What do you need done?
W: I've assigned most of my tasks to other people, but ¹¹**I still need someone to post the new exchange rates in the lobby every morning.**
M: Oh, that's not much.
W: I really appreciate it. ¹²**I'll let the department manager know** that you'll be taking care of that.

do A a favor A의 부탁을 들어주다 duty 직무, 임무 assign (일·책임 등을) 맡기다 task 일 exchange rate 환율

10-12는 다음 대화에 관한 문제입니다.

여: Diego, 부탁 하나 들어줄 수 있어요? ¹⁰제가 다음 주에 전국 금융 전문가 콘퍼런스에 가요. 제 모든 업무에 공백이 생기지 않아야 해요.
남: 요즘 제 일정이 꽉 차 있긴 하지만 ¹¹가능하면 도울게요. 무엇을 처리해야 하죠?
여: 대부분의 제 업무는 다른 사람들에게 맡겼는데, ¹¹매일 아침 로비에 새 환율을 게시해줄 사람이 아직 필요해요.
남: 아, 그건 별거 아니에요.
여: 정말 고마워요. 당신이 그 일을 처리해줄 거라고 ¹²부서장에게 알릴게요.

10.

여자는 다음 주에 무엇을 할 계획인가?
(A) 신입 직원들을 고용하기
(B) 업계 행사에 참석하기
(C) 다른 지점으로 근무지를 옮기기
(D) 교육 세미나를 이끌기

[해설] 여자가 다음 주에 할 일을 묻는 문제로, 핵심 키워드 next week가 언급된 곳에 단서가 있다. 여자가 다음 주에 전국 금융 전문가 콘퍼런스에 간다고(I'm going to the National Conference of Banking Professionals next week.) 한 것으로 보아 여자가 자신이 종사하는 업계의 행사에 참석할 예정임을 알 수 있다. 따라서 정답은 (B)이다.

paraphrasing National Conference of Banking Professionals 전국 금융 전문가 콘퍼런스 → an industry event 업계 행사

[어휘] hire 고용하다 attend 참석하다 transfer 이동하다, 전근 가다

11.

남자가 "그건 별거 아니에요"라고 말할 때 의미하는 것은 무엇인가?
(A) 프로젝트의 예산에 놀랐다.
(B) 시간이 부족해 걱정이다.
(C) 가격이 저렴해 기쁘다.
(D) 여자를 도와줄 수 있다.

[해설] 해당 표현의 앞뒤 문맥을 파악해 화자의 의도를 파악하는 문제이다. 여자가 콘퍼런스에 참석 때문에 회사를 비우는 동안 매일 아침 로비에 새 환율을 게시해줄 사람이 필요하다는(I still need someone to post the new exchange rates in the lobby every morning) 말에 남자가 "그건 별거 아니에요"라고 한 것은 자신이 대신 해주겠다, 즉 여자를 도와줄 수 있다는 말이므로 (D)가 정답이다.

[어휘] budget 예산 be concerned about ~에 대해 걱정하다 be pleased with ~에 대해 기뻐하다 assist 돕다

12.

여자는 무엇을 하겠다고 말하는가?
(A) 초과 근무 수당을 지급하기
(B) 회사 정책을 확인하기
(C) 관리자에게 말하기

(D) 남자에게 지시사항을 전달하기

[해설] 여자가 할 일을 묻는 문제로, 후반부 여자의 대사에서 정답의 단서를 찾는다. 앞서 남자가 여자의 일을 대신해 줄 것을 수락하자 남자가 그 일을 처리할 것임을 부서장에게 알리겠다고(I'll let the department manager know) 했으므로 정답은 (C)이다.

paraphrasing let the department manager know 부서장에게 알리다 → speak to a manager 관리자에게 말하다

[어휘] make (a) payment 지불하다 overtime 초과 근무 policy 정책, 방침 instructions 지시, 명령

[13-15] US US

Questions 13-15 refer to the following conversation.

W: Hey, Lamar. I just got off the phone with one of our clients, Lakeland Computer Repair. They said that ¹³ **they want another 200 graphics cards by next week.** ¹³ **Do you think we could produce that many in such a short time?**
M: ¹⁴ **Not on our current schedule, but we have plenty of people who want extra hours.** ¹⁴ **I think it sounds like a feasible goal.**
W: That's great news. I'll call them back now.
M: Alright, and ¹⁵ **I'll put a memo up in the break room.**
W: Thanks for your help!

get off the phone 전화 통화를 끝내다   client 고객, 의뢰인   produce 생산하다   current 현재의   plenty of 많은   feasible 실현 가능한   goal 목표   break room 휴게실

13-15는 다음 대화에 관한 문제입니다.

여: 있잖아요, Larmar 씨. 제가 방금 고객사 중 한 곳인 Lakeland Computer Repair와 전화 통화를 했어요. 다음 주까지 ¹³ 그래픽 카드 200개를 추가로 원한다고 하네요. ¹³ 우리가 그렇게 짧은 시간에 그 정도로 많이 생산할 수 있다고 생각하세요?
남: ¹⁴ 현재의 일정으로는 안 돼요, 하지만 초과 근무를 원하는 사람이 많이 있어요. ¹⁴ 실현 가능한 목표인 것 같아요.
여: 좋은 소식이네요. 제가 그들에게 다시 전화할게요.
남: 좋아요, 그러면 ¹⁵ 제가 휴게실에 메모를 붙일게요.
여: 도와줘서 고마워요!

13.

화자들은 어떤 업종에서 근무하는 것 같은가?
(A) 컴퓨터 그래픽 디자인 회사
(B) 비디오 게임 회사
(C) 전자 장치 제조업체
(D) 컴퓨터 수리 서비스

[해설] 대화 초반, 여자의 대사 중 고객사에서 추가로 그래픽 카드 200개(another 200 graphics cards)를 원한다는 말과, 남자에게 짧은 시간에 그 정도의 양을 생산할 수 있는지(Do you think we could produce that many in such a short time?) 묻는 것으로 보아 이들은 그래픽 카드 같은 전자 장치를 제조하는 업체에서 일함을 알 수 있다. 따라서 정답은 (C)이다.

paraphrasing graphics cards 그래픽 카드 → electronics 전자 장치

[어휘] electronics 전자 장치 manufacturer 제조업체

14.

남자는 왜 "하지만 초과 근무를 원하는 사람이 많이 있어요"라고 말하는가?

(A) 그들의 목표가 실현 불가능하다고 생각한다.
(B) 근무 조를 더 많이 배정할 것이다.
(C) 추가 서비스를 제공하고 싶어 한다.
(D) 몇몇 지원자들을 인터뷰할 것이다.

[해설] 화자의 말의 의도를 파악하는 문제는 앞뒤 문맥을 잘 살펴야 한다. 앞서 여자가 고객사의 추가 주문을 수용할 수 있는 상황인지 묻자, 남자가 현재 일정으로는 불가능하다고(Not on our current schedule) 한 뒤 해당 표현을 언급했고, 이어서 실현 가능한 목표(a feasible goal)라고 덧붙였다. 즉, 더 많이 일하고 싶어하는 사람들이 있기 때문에 근무 조를 더 많이 배정하면 가능하다는 의미로 해당 표현을 쓴 것이므로 정답은 (B)이다.

[어휘] assign 맡기다, 배정하다 work shift 근무 조 applicant 지원자, 신청자

15.

남자는 무엇을 할 것이라고 말하는가?
(A) 직원들을 더 채용하기
(B) 고객에게 연락하기
(C) 휴식을 취하기
(D) 메모를 게시하기

[해설] 대화 후반부, 남자가 휴게실에 메모를 붙이겠다고(I'll put a memo up in the break room) 했으므로 정답은 (D)이다. 바로 앞에서, 고객에게 다시 전화하겠다는 여자의 말을 남자의 말로 착각하여 (B)를 정답으로 고르지 않도록 주의해야 한다.

paraphrasing put a memo up 메모를 붙이다 → post a memo 메모를 게시하다

[16-18] AU US

Questions 16-18 refer to the following conversation.

M: Hello, I'm Craig Jennings. ¹⁶ **I'm here to inspect your factory's bottling line.**
W: Oh, hello. Ms. Bryce said to be expecting you. ¹⁷ **I'll just need an ID with your picture on it.**
M: Sure, here it is. So, where is your bottling line? Should I just go through those large doors over there?
W: ¹⁸ **Everyone inside has to wear gloves, goggles, and a mask at all times for safety reasons.** You can get them through that door. The next door leads to the bottling plant.

inspect 점검[검사]하다   bottling 병에 채워 넣는 것   line (공장의) 작업 라인, 조립 공정   at all times 항상   lead to ~로 이어지다   plant 공장

16-18은 다음 대화에 관한 문제입니다.

남: 안녕하세요, 저는 Craig Jennings입니다. ¹⁶ 당신의 공장의 보틀링 라인을 점검하러 왔어요.
여: 아, 안녕하세요. Bryce 씨가 당신을 기다리고 있다고 했어요. ¹⁷ 사진이 있는 신분증만 보여주세요.
남: 물론이죠, 여기 있습니다. 그럼, 보틀링 라인은 어디 있나요? 저쪽에 있는 큰 문들을 통해서 가면 되나요?
여: ¹⁸ 안전상의 이유로 내부에서는 모두 항상 장갑, 고글, 마스크를 항상 착용해야 해요. 저 문을 통해서 그것들을 받으시면 돼요. 그 다음에 있는 문이 보틀링 공장으로 이어져 있어요.

16.

남자는 왜 업체를 방문했는가?

(A) 면접을 진행하기 위해서
(B) 서류를 전달하기 위해서
(C) 안내원이 있는 견학을 하기 위해서
(D) 시설을 점검하기 위해서

[해설] 남자의 방문 목적을 묻는 문제이다. 대화 초반, 남자는 공장의 보틀링 라인을 점검하러 왔다고(I'm here to inspect your factory's bottling line.) 방문 목적을 밝혔다. 보틀링 라인은 일종의 생산 시설이라고 할 수 있으므로 정답은 (D)이다.

paraphrasing factory's bottling line 공장의 보틀링 라인 → a facility 시설

[어휘] conduct (특정한 활동을) 하다 document 서류, 문서 facility 시설

17.

여자는 남자에게 무엇을 요청하는가?
(A) 음료
(B) 작업 계약서
(C) 사진이 부착된 신분증
(D) 연락을 받을 사람의 이름

[해설] 앞서 공장을 방문한 남자가 자신의 이름과 방문 목적을 밝히자 여자가 Bryce 씨로부터 얘기를 들었다며 사진이 있는 신분증이 필요하다고 했다(I'll just need an ID with your picture on it.) 따라서 정답은 (C)이다.

paraphrasing ID with your picture on it 사진이 있는 당신의 신분증 → photo identification 사진이 부착된 신분증

[어휘] beverage 음료 contract 계약(서) identification 신분증

18.

여자는 남자에게 무엇을 하라고 말하는가?
(A) 안전 장비를 착용하기
(B) 안내해줄 사람을 기다리기
(C) 출입증을 보여주기
(D) 관리자와 얘기하기

[해설] 여자의 마지막 대사에서 안전상의 이유로 내부에서는 항상 장갑, 고글, 마스크를 항상 착용해야 하니(Everyone inside has to wear gloves, goggles, and a mask at all times for safety reasons.) 그것들을 받은 다음에 보틀링 공장으로 들어가라고 했다. 즉, 남자에게 안전 장비를 착용하라는 것이므로 정답은 (A)이다.

paraphrasing wear gloves, goggles, and a mask 장갑, 고글, 마스크를 착용하다 → put on safety gear 안전 장비를 착용하다

[어휘] safety gear 안전 장비 display 내보이다, 보여주다

[19-21] [BR] [AU]

Questions 19-21 refer to the following conversation.

W: Hello, I'm Nancy with Houston Interior Design. [19] **We were scheduled to retile your bathroom tomorrow morning, but unfortunately we won't be able to do so until later in the week.**

M: Really? That's inconvenient. I already told my supervisor that I needed to take off from work tomorrow because I'm remodeling my house.

W: I apologize for the inconvenience. [20] **There was an accident and the tiles you wanted us to use were cracked while in transit to us.**

M: Well, when can you do the installation? How about Thursday?

W: Yes, that should be possible. [21] **As an apology, we'll take 5% off your total.**

retile 타일을 다시 깔다 inconvenient 불편한, 곤란한 supervisor 감독관, 관리자 take off from work 직장에서 휴가를 내다 crack 갈라지다, 금이 가다 in transit 수송 중에 installation 설치

19-21은 다음 대화에 관한 문제입니다.

여: 여보세요, Houston Interior Design의 Nancy입니다. [19] 저희가 내일 아침에 당신의 욕실 타일을 다시 깔 예정이었는데, 안타깝게도 이번 주 후반에나 가능할 것 같아요.

남: 정말이요? 그건 곤란한데요. 집 리모델링 때문에 내일 휴가를 내야 한다고 상사에게 이미 말했거든요.

여: 불편을 드려 죄송합니다. [20] 사고가 좀 발생해서 저희가 사용하기 원하셨던 타일들이 저희에게 운송되는 동안 금이 갔어요.

남: 음, 언제 설치하실 수 있나요? 목요일은 어떤가요?

여: 네, 그건 가능할 거예요. [21] 사과의 의미로, 저희가 총액에서 5퍼센트 할인해 드리겠습니다.

19.

여자는 왜 전화를 하고 있는가?
(A) 의견을 모으기 위해서
(B) 변경을 요청하기 위해서
(C) 서비스 일정을 변경하기 위해서
(D) 불평에 응대하기 위해서

[해설] 전화의 목적은 주로 대화 초반에 드러난다. 대화 초반, 여자가 내일 아침에 예정되어 있던 욕실 타일 공사 작업이 이번 주 후반이 되어야 가능하다고(We were scheduled to retile your bathroom tomorrow morning, but unfortunately we won't be able to do so until later in the week.) 알리는 말로 보아 작업 일정을 변경하기 위해 전화했음을 알 수 있으므로 정답은 (C)이다.

[어휘] gather 모으다 feedback 의견, 반응 respond to ~에 대응하다

20.

여자는 어떤 문제를 언급하는가?
(A) 물품이 잘못되었다.
(B) 배송이 지연되었다.
(C) 일부 작업자들이 아파서 나오지 않았다.
(D) 일부 제품이 손상되었다.

[해설] 여자는 리모델링 공사가 지연되는 이유로 남자가 원했던 타일들이 운송 중에 금이 갔다는(the tiles you wanted us to use were cracked while in transit to us) 사실을 언급했다. 즉, 작업에 필요한 일부 제품이 손상된 것이 문제점이므로 정답은 (D)이다.

paraphrasing tiles 타일 → product 제품, cracked 금이 간 → damaged 손상

[어휘] item 물품, 품목 incorrect 부정확한, 맞지 않는 shipment 수송(품) delay 지연시키다 be out sick 아파서 결석[결근]하다 damage 손상을 주다

21.

여자는 남자에게 무엇을 제안하는가?
(A) 보증금 환불
(B) 할인된 요금
(C) 무료 유지보수 서비스
(D) 제품 샘플

[해설] 제안이나 요청 사항은 주로 대화 후반에 제시된다. 대화 마지막, 여자는 리모델링 공사 지연에 대해 사과하는 의미로 총액에서 5퍼센트 할인해주겠다고(As an apology, we'll take 5% off your total.) 제안했다. 따라서 정답은 (B)이다.

paraphrasing we'll take 5% off your total 총액에서 5퍼센트 할인해줄 것이다 → a discounted charge 할인된 요금

[어휘] deposit 보증금, 착수금 refund 환불(금) charge 요금 maintenance 유지, 보수 관리

[22-24] BR US
Questions 22-24 refer to the following conversation.

W: Excuse me, ²²I'm trying to find Doe Nut brand cookie dough mix. I thought it would be in this aisle, but I don't see it.
M: It's there, right behind you.
W: Oh! Thank you! Umm... This is my first time using a dough mix.
M: ²³It's really simple. Just follow the directions on the back of the box.
W: Oh, great! ²²And is this on sale?
M: Yes, but only people with membership cards qualify for sale prices. If you don't have one yet, ²⁴I could bring you to the service counter and help you do so.
W: ²⁴I would really appreciate that.

dough 밀가루 반죽   aisle 통로   follow (충고·지시 등을) 따르다
direction 지시, 명령   qualify for ~의 자격을 얻다

22-24는 다음 대화에 관한 문제입니다.
여: 실례합니다, ²²Doe Nut 브랜드의 쿠키 반죽 믹스를 찾고 있어요. 이쪽 통로에 있었던 것 같은데 보이지 않네요.
남: 저쪽에 있어요, 당신 바로 뒤예요.
여: 아! 감사합니다! 음... 반죽 믹스를 사용하는 건 이번이 처음이에요.
남: ²³정말 간단해요. 그냥 상자 뒷면의 지시를 따라하면 돼요.
여: 아, 좋네요! ²²그리고 이것이 지금 세일 중인가요?
남: 네, 하지만 회원 카드를 가지고 계신 분들에게만 할인 가격이 적용돼요. 아직 가지고 계시지 않다면 ²⁴서비스 카운터로 안내해드리고 회원 카드를 만드시는 걸 도와드릴게요.
여: ²⁴그래 주시면 정말 고맙죠.

22.
어디서 이루어지는 대화인 것 같은가?
(A) 제과점에서
(B) 부엌에서
(C) 식료품점에서
(D) 가전제품 상점에서

[해설] 화자들이 있는 장소를 묻는 문제이다. 손님으로 보이는 여자가 직원으로 보이는 남자에게 쿠키 반죽 믹스(cookie dough mix)의 위치를 물어보고, 제품의 세일 여부(And is this on sale?) 등을 확인하는 것으로 보아 두 사람이 식료품점에서 대화를 나누고 있음을 알 수 있다. 따라서 정답은 (C)이다.

[어휘] home appliance 가전제품

23.
여자가 "반죽 믹스를 사용하는 건 이번이 처음이에요"라고 말할 때 의미하는 것은 무엇인가?

(A) 새로운 반죽 기구를 구매해야 한다.
(B) 한 재료에 알레르기가 있다.
(C) 다른 제품을 선호한다.
(D) 조언을 받고 싶다.

[해설] 화자의 의도 파악 문제는 해당 문장의 앞뒤 문맥을 파악해야 한다. 여자는 쿠키 반죽 믹스 찾는 것을 도와준 남자에게 감사 인사를 전한 후 "반죽 믹스를 사용하는 건 이번이 처음이에요"라고 말했고, 이에 남자가 그냥 상자 뒷면의 지시를 따라하면 된다고(Just follow the directions on the back of the box.) 말해주었다. 즉, 이 제품을 처음 사용하는 여자가 남자에게 이용법에 대한 조언을 구하려는 의도로 해당 문장을 언급한 것으로 볼 수 있으므로 정답은 (D)이다.

24.
화자들은 다음에 어디로 갈 것 같은가?
(A) 서비스 카운터로
(B) 다른 지점으로
(C) 계산대로
(D) 다른 통로로

[해설] 앞으로 일어날 일을 묻는 문제의 단서는 주로 대화 후반부에 나온다. 대화 마지막, 남자는 여자에게 회원 카드가 없다면 서비스 카운터로 안내해주겠다고(I could bring you to the service counter) 했고, 이에 여자가 고맙다고(I would really appreciate that.) 했다. 따라서 이들은 대화 후에 서비스 카운터로 갈 것임을 알 수 있으므로 정답은 (A)이다.

DAY 07

PART 2 간접 의문문 / 선택 의문문

Quick Check

01. US US

Can you tell me when the meeting starts?
(A) Yeah, it begins at 10 o'clock.
(B) I met Sam yesterday.

언제 회의가 시작하는지 말해줄 수 있나요?
(A) 네, 10시에 시작합니다.
(B) 저는 어제 Sam을 만났어요.

02. AU US

May I ask why Mr. Johnson is canceling the event?
(A) You'd better ask Jenny, his assistant.
(B) I got up late this morning.

왜 Johnson 씨가 행사를 취소하는지 여쭤봐도 될까요?
(A) 그의 비서인 Jenny에게 물어보는 게 좋을 것 같아요.
(B) 저는 오늘 아침에 늦게 일어났습니다.

03. US BR

Do you think that we should renovate the office?
(A) Yes, they will re-open today.
(B) Let's do an employee survey.

우리가 사무실을 개조해야 한다고 생각하시나요?
(A) 네, 그들은 오늘 다시 문을 열 거예요.
(B) 직원 설문조사를 합시다.

04. BR US

Which of these sweaters do you prefer to buy?
(A) I want the blue one.
(B) It's a birthday gift.

이 스웨터들 중 무엇을 사고 싶으신가요?
(A) 파란색 것을 원합니다.
(B) 생일 선물입니다.

05. AU BR

Which parking area is for the residents?
(A) I don't have any.
(B) The one next to the gym.

어느 주차 공간이 주민들을 위한 것입니까?
(A) 저는 아무것도 가지고 있지 않아요.
(B) 체육관 옆에 있는 거요.

06. BR AU

Do you want to have lunch delivered or go to a restaurant?
(A) That would be nice.
(B) It doesn't matter.

점심 식사를 배달시킬까요, 아니면 레스토랑에 가시겠어요?
(A) 그게 좋겠네요.
(B) 상관 없어요.

유형 연습

01. (B) 02. (B) 03. (B) 04. (B) 05. (B) 06. (B)
07. (A) 08. (A)

01. US BR

Which parking area is for employees?
(A) Approximately 100 workers. [×]
(B) The one behind the building. [○]

어느 주차장이 직원들을 위한 것입니까?
(A) 대략 100명의 직원들입니다.
(B) 건물 뒤에 있는 곳입니다.

02. BR US

Do you know who is working extra hours tonight?
(A) They're not yours. [×]
(B) I'll ask the manager. [○]

누가 오늘밤에 추가 근무하는지 아세요?
(A) 당신 것이 아닙니다.
(B) 제가 매니저에게 물어보겠습니다.

03. US AU

Do you think I should turn on the heat?
(A) Go right at the intersection. [×]
(B) Are you cold? [○]

난방을 틀어야 한다고 생각하시나요?
(A) 교차로에서 오른쪽으로 가세요(우회전 하세요).
(B) 추우세요?

04. US US

Are you going to give the sales presentation or should I do it?
(A) He said he was interested in sales. [×]
(B) I'll do it, if you are okay with it. [○]

매출 발표를 당신이 하시겠어요, 아니면 제가 해야 하나요?
(A) 그는 판매에 관심이 있다고 말했어요.
(B) 당신이 괜찮으시다면 제가 하겠습니다.

05. AU BR

Can you tell me when Susan is moving into her new apartment?
(A) It's about $800 a month. [×]
(B) On the first of March. [○]

언제 Susan이 새 아파트로 이사하는지 말씀해 주시겠어요?
(A) 한 달에 약 800달러입니다.
(B) 3월 1일이에요.

06. US BR

Would you like me to print out the document or will you read it on the screen?
(A) Yes, we will read it tomorrow. [×]
(B) I'd like a paper copy. [○]

문서를 제가 출력해 드리기를 원하시나요, 아니면 화면으로 읽으시겠어요?
(A) 네, 우리는 내일 그것을 읽을 것입니다.
(B) 저는 종이에 인쇄된 것을 (읽는 것을) 좋아합니다.

07. BR US

Does your soup taste alright or does it need more salt?
(A) It's perfect as it is. [○]
(B) Yes, I'll have dessert. [×]

스프의 맛이 괜찮으세요, 아니면 소금이 더 필요하세요?
(A) 있는 그대로 완벽한 맛이에요.
(B) 네, 저는 디저트를 먹을 거예요.

08. US BR

Would you like a table inside or on the patio?
(A) Anywhere is fine. [○]
(B) Turn on the radio. [×]

테이블을 실내에 두는 게 좋으세요, 테라스에 두는 게 좋으세요?

(A) 어느 곳이든 좋습니다.
(B) 라디오를 켜세요.

실전 문제

01. (A)	02. (A)	03. (B)	04. (B)	05. (A)	06. (B)
07. (B)	08. (C)	09. (B)	10. (C)	11. (B)	12. (C)
13. (A)	14. (B)	15. (A)	16. (C)

01. [BR] [BR]

Do you know how to do a price adjustment?
(A) No, let's call a supervisor.
(B) The price tag isn't attached.
(C) I don't see one.

price adjustment 가격 조정   supervisor 관리자, 감독관   price tag 가격표

가격 조정을 하는 방법을 알고 계시나요?
(A) 아니요, 관리자에게 전화해보죠.
(B) 가격표가 부착되어 있지 않아요.
(C) 그것이 보이지 않아요.

[해설] 가격 조정을 하는 방법을 아는지 묻는 의문사 how가 포함된 간접 의문문이다.
(A) No로 응답한 후, 관리자에게 전화해 보자며 해결책을 제시하고 있는 정답이다.
(B) 질문의 price를 반복 사용하여 혼동을 유도하는 오답이다.
(C) 질문과 무관한 내용의 응답으로, 질문에 나온 do의 부정형 don't를 이용해 혼동을 유도하는 오답이다.

02. [AU] [BR]

Do you know where Ms. Orwell's office is?
(A) Yes, it's the third door on the left.
(B) I saw her earlier.
(C) It's an official meeting.

earlier 앞서, 전에

Orwell 씨의 사무실이 어디인지 아시나요?
(A) 네, 왼쪽의 세 번째 문이에요.
(B) 저는 전에 그녀를 봤어요.
(C) 공식적인 모임입니다.

[해설] Orwell 씨의 사무실 위치를 묻는 의문사 where가 포함된 간접 의문문이다.
(A) Yes로 응답한 후 구체적인 위치를 추가로 알려주고 있는 정답이다.
(B) 질문의 Ms. Orwell을 가리키는 대명사 her를 이용하여 혼동을 유도한 오답으로, 내용이 질문과 무관하다.
(C) 질문의 office와 발음이 유사한 official을 이용해 혼동을 유도하는 오답이다.

03. [US] [BR]

Will you use public transportation again, or did you decide to rent a car?
(A) Here's your itinerary.
(B) I'll go around by bus.
(C) Yes, I've been there before.

public transportation 대중교통   itinerary 여행 일정표   go around 돌아다니다

또 대중교통을 이용하실 건가요, 아니면 차를 빌리기로 결정했나요?
(A) 여기 당신의 여행 일정표입니다.
(B) 버스를 타고 돌아다닐 거예요.
(C) 네, 전에 거기 가본 적이 있어요.

[해설] 대중교통을 이용할 건지, 아니면 차를 빌릴 건지 묻는 선택 의문문이다.
(A) 질문의 public transportation과 car 같은 교통 수단에서 연상할 수 있는 '여행'과 관련된 단어인 itinerary를 이용해 혼동을 유도하는 오답이다.
(B) 버스로 돌아다닐 것이라고 답변함으로써 대중교통을 이용할 것임을 우회적으로 말하고 있는 정답이다.
(C) 선택 의문문에는 Yes/No로 응답할 수 없으므로 오답이다.

04. [US] [BR]

Which flavor did you like the most?
(A) No, for take-out.
(B) The second one I sampled.
(C) My compliments to the chef.

compliment 칭찬(의 말), 찬사

당신은 어떤 맛이 가장 좋았나요?
(A) 아니요, 포장해주세요.
(B) 제가 두 번째로 맛본 것이요.
(C) 주방장님께 찬사를 보냅니다.

[해설] 어떤 맛이 가장 좋았는지 묻는 which를 포함하는 간접 의문문이다.
(A) 의문사 which로 질문했으므로 Yes/No 응답은 불가능하며, 식당에서 주문할 때 먹고 갈 것인지 묻는 질문에 어울리는 응답이다.
(B) 두 번째로 맛본 것이라고 구체적으로 지목하여 답변했으므로 정답이다.
(C) 질문의 flavor에서 연상할 수 있는 chef를 이용해 혼동을 유도하는 응답이다.

05. [BR] [US]

Do you know when Bunny's Ice Cream Shop opens?
(A) Usually at 11 A.M.
(B) Yes, I love the strawberry flavor.
(C) You can shop and make a purchase online.

Bunny의 아이스크림 가게가 언제 문을 여는지 아세요?
(A) 보통 오전 11시에요.
(B) 네, 저는 딸기 맛을 아주 좋아해요.
(C) 온라인으로 쇼핑하고 물건을 구입할 수 있어요.

[해설] 특정 상점이 문을 여는 시간을 아는지 묻는 의문사 when이 포함된 간접 의문문이다.
(A) '오전 11시'라는 구체적인 시간으로 응답하고 있으므로 정답이다.
(B) 간접 의문문에 Yes/No 응답은 가능하나 뒤에 이어지는 내용이 질문과 무관하므로 오답이다.
(C) 질문의 shop를 반복 사용하여 혼동을 유도하는 오답이다.

06. [US] [US]

Could you tell me who you submitted your application to?
(A) The reserved parking permit.
(B) Actually, I did it online.
(C) Apply three times a day.

submit 제출하다 application 지원[신청](서) reserved 지정된
permit 허가증 apply (페인트·크림 등을) 바르다

당신이 누구에게 지원서를 제출했는지 알려주시겠어요?
(A) 지정 주차 허가증입니다.
(B) 실은, 온라인으로 했어요.
(C) 하루에 세 번 바르세요.

[해설] 누구에게 지원서를 제출했는지 알려줄 것을 요청하는 의문사 who를 포함한 간접 의문문이다.
(A) 질문의 submit와 발음이 비슷한 permit을 이용하여 혼동을 유도하는 오답이다.
(B) 특정 인물이 아닌 온라인으로 제출했다고 답변한 정답이다.
(C) 질문의 application에서 연상 가능한 apply(지원하다)와 동음이의어인 apply(바르다)를 이용하여 혼동을 유도하는 오답이다.

07. [AU] [BR]

Have you heard that our company will merge with Johnson Chemical next month?
(A) Be careful. It's toxic.
(B) Oh, are you sure?
(C) Right after long negotiations.

merge with ~와 합병하다 toxic 유독성의 negotiation 협상

다음 달에 우리 회사가 Johnson Chemical과 합병할 것이라는 거 들었어요?
(A) 조심해요. 그건 독성이 있어요.
(B) 아, 확실해요?
(C) 오랜 협상 직후예요.

[해설] 다음 달에 회사가 Johnson Chemical과 합병할 것이라는 얘기를 들었는지 확인하는 간접 의문문이다.
(A) 질문에 나온 회사명의 일부인 chemical에서 연상 가능한 toxic을 이용해 혼동을 유도하는 오답이다.
(B) 확실한 것인지 되물음으로써 소식을 듣지 못했음을 우회적으로 드러내는 정답이다.
(C) 질문의 merge에서 연상 가능한 negotiations(협상)를 이용해 혼동을 유도하는 오답이다.

08. [US] [AU]

Which of these suitcases do you think I should bring?
(A) Just in case it rains.
(B) It's such a long flight.
(C) You'll want a lot of packing space.

suitcase 여행 가방 bring 가져오다 just in case ~한 경우에

이 여행 가방들 중 제가 어떤 것을 가져와야 한다고 생각해요?
(A) 비가 올 경우에 대비해서요.
(B) 아주 긴 비행이에요.
(C) 짐을 넣을 공간이 많이 필요할 거예요.

[해설] 어떤 여행 가방을 가져와야 하는지 상대방의 의견을 묻는 which를 포함하는 간접 의문문이다.
(A) 질문의 suitcases와 발음이 유사한 case를 이용해 혼동을 유도하는 오답이다.
(B) 질문의 suitcases에서 연상할 수 있는 flight(비행)를 이용해 혼동을 유도하는 오답이다.
(C) 짐을 넣을 공간이 많이 필요할 거라는 말로 큰 가방을 가져갈 것을 제안하고 있으므로 정답이다.

09. [BR] [US]

Which class would you recommend for a beginner photograph?
(A) This is the beginning of the film.
(B) The Saturday morning one Ms. Porter teaches.
(C) Yeah, I liked that class.

사진을 처음 배우는 사람에게 어떤 수업을 추천하시겠어요?
(A) 이것은 영화의 시작 부분이에요.
(B) Porter 씨가 가르치는 토요일 아침 수업이요.
(C) 네, 저는 그 수업이 좋았어요.

[해설] 사진을 처음 배우는 사람에게 어떤 수업을 추천할지 묻는 의문사 which를 포함하는 간접 의문문이다.
(A) 질문의 beginner에서 연상되는 beginning을 이용해 혼동을 유도하는 오답이다.
(B) 'Porter 씨가 가르치는 토요일 아침 수업'이라고 특정 시간대의 수업을 제시하는 정답이다.
(C) 의문사 which가 포함되어 있으므로 Yes/No로 응답할 수 없으며, that class가 무엇을 지칭하는지 알 수 없으므로 오답이다.

10. [US] [BR]

Do you know where Sunnyfield Bank is?
(A) Their tellers are very friendly.
(B) A great investment opportunity.
(C) It's on Laker Street.

teller (은행의) 창구 직원 investment 투자 opportunity 기회

Sunnyfield 은행이 어디 있는지 아시나요?
(A) 그곳의 창구 직원들은 매우 친절해요.
(B) 굉장한 투자 기회입니다.
(C) Laker 가에 있어요.

[해설] Sunnyfield 은행의 위치를 아는지 묻는 의문사 where가 포함된 간접 의문문이다.
(A) 질문의 bank에서 연상 가능한 tellers(은행의 창구 직원)를 이용해 혼동을 유도하는 오답이다.
(B) 질문의 bank에서 연상 가능한 investment(투자)를 이용해 혼동을 유도하는 오답이다.
(C) Laker 가에 있다고 구체적 위치를 제시하고 있으므로 정답이다.

11. [US] [US]

Which pattern do you like, the striped one or the solid one?
(A) These fit perfectly.
(B) I think the striped one looks good on me.
(C) Do you have a cup lid?

pattern 양식, 패턴 striped 줄무늬가 있는 solid 단색의, 무늬가 없는 fit (모양·크기가) 맞다 look good on ~와 잘 어울리다

어떤 패턴이 마음에 드시나요, 줄무늬가 있는 것이요, 아니면 무늬가 없는 것이요?
(A) 이것들이 딱 맞아요.
(B) 줄무늬가 있는 것이 제게 잘 어울리는 것 같아요.

(C) 컵 뚜껑이 있나요?

[해설] 줄무늬가 있는 것과 무늬가 없는 것 중 어떤 패턴이 마음에 드는지 묻는 선택 의문문이다.
(A) these가 질문에서 제시한 두 가지 선택 사항, 즉 줄무늬가 있는 것과 무늬가 없는 것 중 무엇을 가리키는지 알 수 없으므로 오답이다.
(B) 줄무늬가 있는 것이 자신에게 잘 어울린다는 말로 둘 중 하나를 고른 정답이다.
(C) 질문의 solid와 발음이 비슷한 lid를 이용해 혼동을 유도하는 오답이다.

12. [BR] [BR]

Would you rather rent a small-sized or medium-sized vehicle?
(A) They're more spacious than I expected.
(B) We have in-house mechanics.
(C) A small-sized one should be fine.

vehicle 차량, 탈것   spacious 널찍한   expect 기대하다, 예상하다   in-house (회사·조직) 내부의   mechanic 정비공

소형차를 빌리고 싶으세요, 아니면 중형차를 빌리고 싶으세요?
(A) 그것들은 제가 예상했던 것보다 더 널찍해요.
(B) 저희는 내부 정비공들을 보유하고 있습니다.
(C) 소형차가 좋겠어요.

[해설] 소형차와 중형차 중 어떤 차량을 빌리고 싶은지 묻는 선택 의문문이다.
(A) They가 질문에서 제시한 소형차와 중형차 중 무엇을 지칭하는지 모호하므로 오답이다.
(B) 질문의 vehicle을 수리하는 상황에서 연상 가능한 mechanics를 이용해 혼동을 유도하는 오답이다.
(C) 소형차를 선택하고 있으므로 정답이다.

13. [US] [AU]

Do you prefer watching the final game on TV or going to the stadium?
(A) Tickets are already sold out.
(B) 50 euros per month.
(C) Enjoy the game.

결승전을 TV로 보는 것을 선호하시나요, 아니면 경기장에 가는 것을 선호하시나요?
(A) 티켓이 이미 매진되었어요.
(B) 한 달에 50유로예요.
(C) 경기 즐겁게 관람하세요.

[해설] 결승전을 TV로 보고 싶은지, 아니면 경기장에 직접 가고 싶은지 묻는 선택 의문문이다.
(A) 티켓이 다 팔렸다고 답함으로써 어쩔 수 없이 TV로 봐야 하는 상황임을 우회적으로 전달하고 있는 정답이다.
(B) 가격을 묻는 How much 의문문 또는 What is the price of ~ 유형의 의문문에 적합한 응답이다.
(C) 질문의 game를 반복 사용하여 혼동을 유도하는 오답이다.

14. [AU] [BR]

Are you going to travel somewhere or stay at home during the break?
(A) It has beautiful scenery.
(B) I plan to travel overseas.
(C) Over the holiday season.

scenery 경치, 풍경   overseas 해외에, 해외로

휴가 동안 어디로 여행을 갈 건가요, 아니면 집에 있을 건가요?
(A) 그곳은 경치가 아름다워요.
(B) 해외로 여행 갈 계획이에요.
(C) 휴가철 동안이요.

[해설] 휴가 동안 여행을 갈 건지, 아니면 집에 있을 건지 묻는 선택의문문이다.
(A) 질문에 대명사 it으로 가리킬 만한 특정 장소가 언급되지 않았으므로 오답이다.
(B) 해외 여행을 계획하고 있다고 답변함으로써 여행을 가는 쪽을 선택한 정답이다.
(C) 질문의 travel과 break에서 연상할 수 있는 holiday를 이용하여 혼동을 유도하는 오답이다.

15. [US] [BR]

Do you know when Mr. Marx is coming in for an interview?
(A) Sometime tomorrow, I think.
(B) I'll review his résumé.
(C) There are several open positions.

résumé 이력서   position (일)자리, 직위

언제 Marx 씨가 면접을 위해 오는지 아세요?
(A) 제 생각으로는 내일일 거예요.
(B) 제가 그의 이력서를 검토할 거예요.
(C) 공석이 여러 개 있어요.

[해설] 언제 Marx 씨가 면접을 위해 오는지를 알고 있는지 묻는 의문사 when이 포함된 간접 의문문이다.
(A) 특정 시간 표현으로 답변하고 있으므로 정답이다.
(B) 질문의 interview에서 연상 가능한 résumé를 이용해 혼동을 유도하는 오답이다.
(C) 질문의 interview에서 연상 가능한 positions를 이용해 혼동을 유도하는 오답이다.

16. [US] [US]

Would you like coffee for your dessert, or can I bring you a dessert menu?
(A) Yes, thank you.
(B) From a café.
(C) Coffee with extra sugar, please.

디저트로 커피를 드시겠어요, 아니면 디저트 메뉴를 가져다 드릴까요?
(A) 네, 고맙습니다.
(B) 카페로부터요.
(C) 설탕을 추가로 넣은 커피로 부탁드립니다.

[해설] 디저트로 커피를 원하는지, 아니면 디저트 메뉴를 가져다줄지 묻는 선택 의문문이다.
(A) 선택 의문문에는 Yes/No로 응답할 수 없다.
(B) 질문의 coffee에서 연상할 수 있는 café를 이용하여 혼동을 유도하는 오답이다.
(C) 설탕을 추가로 넣은 커피를 달라고 답변함으로써 커피를 선택하는 정답이다.

PART 3   시각 자료 연계 문제 / 3인 대화

유형 연습

01. (B)　02. (A)　03. (B)　04. (B)　05. (B)　06. (A)

01. US BR

Look at the graphic. **Where** will the **woman** deliver a **speech**?
(A) **Madrid**　(B) **Barcelona**

Schedule	
	Carl Butler
Date	City
October 11, Tuesday	Madrid
October 13, Thursday	Barcelona

W: The book signing event in Madrid is cancelled, so I will lead the Q&A session in your book club. But, as you know, I will give a keynote speech at a convention on Thursday afternoon.
M: Oh, really? That's great. You will have a great time with my book club members.

시각 자료를 보시오. 여자는 어디에서 연설을 할 것인가?
(A) 마드리드　**(B)** 바르셀로나

일정표	
	Carl Butler
날짜	도시
10월 11일, 화요일	마드리드
10월 13일, 목요일	바르셀로나

W: 마드리드에서의 책 사인회가 취소돼서, 당신의 책 동호회에서 Q&A 시간을 가질거예요. 하지만, 알다시피, 목요일 오후에는 제가 컨벤션에서 연설을 해야 해요.
M: 오, 정말요? 잘 됐네요. 저의 책 동호회 회원들과 좋은 시간을 가질 거예요.

02. US BR AU

Why did **Jason** send a **reminder** to the members?
(A) To **ask them to update** contact information
(B) To **solicit** their **feedback** on the conference

M1: The invitations to next month's conference will be ready on Wednesday.
W: Jason, how about the address labels?
M2: They will be ready by then. I sent an e-mail reminder to the association members to update their mailing address.

Jason은 왜 회원들에게 다시 알림을 보냈는가?
(A) 연락처를 업데이트할 것을 요청하기 위해
(B) 학회에 대한 그들의 의견을 요청하기 위해

M1: 다음 달 학회의 초대장이 수요일에 준비될 거예요.
W: Jason, 주소 라벨은 어때요?
M2: 그것들도 그때 준비될 거예요. 협회 회원들에게 그들의 배송 주소를 업데이트할 것을 다시 알리는 이메일을 보냈어요.

03. BR US

Look at the graphic. **When** will the **woman pay** for the **remainder**?
(A) **Sep. 14th**　(B) **Sep. 19th**

ITEM	Delivery Date
Bookshelves	Wed, Sep. 14th
Tables	Thurs, Sep. 15th
Chairs	Fri, Sep. 16th
Lamps	Mon, Sep 19th

W: Let me check the delivery schedule. You said we already made a $5,000 down payment when we placed the order. When should the remainder be paid?
M: You can make the final payment on the same day that the lamps arrive.

시각 자료를 보시오. 여자는 남은 금액을 언제 지불할 것인가?
(A) 9월 14일　**(B)** 9월 19일

품목	배달 날짜
책장	수요일, 9월 14일
테이블	목요일, 9월 15일
의자	금요일, 9월 16일
전등	월요일, 9월 19일

W: 배달 일정을 확인해볼게요. 당신은 우리가 주문할 때 5천 달러를 선금으로 지불했다고 하셨죠. 잔금이 언제 지불되어야 하나요?
M: 당신은 전등이 도착하는 당일에 최종 지불을 하시면 됩니다.

04. US US

Look at the graphic. **Which window** should the **man go to tomorrow**?
(A) Window **1**　(B) Window **4**

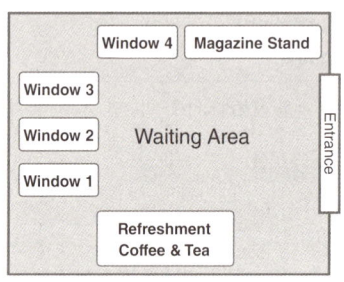

W: Sorry, we are already closed. Here are our business hours on the board.
M: Oh, okay. I came here to open a new business account.
W: If so, it usually takes about 30 minutes to process it. You'd better come by 4:30 tomorrow at the latest. Mr. Harris will help you. His window is right beside the magazine stand.

시각 자료를 보시오. 남자는 내일 어느 창구로 가야 하는가?
(A) 창구 1　**(B)** 창구 4

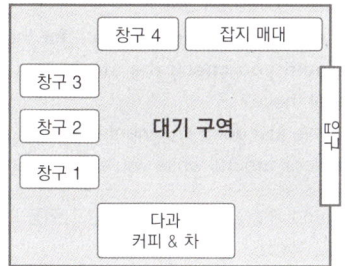

W: 죄송합니다, 저희는 이미 문을 닫았어요. 여기 게시판에 저희 영업 시간이 있습니다.
M: 아, 알겠습니다. 저는 사업 계좌를 개설하러 왔어요.
W: 그러시다면, 그것을 처리하는 데 보통 30분이 걸립니다. 내일 늦어도 4시 30분까지 오시는 게 좋을 거예요. Harris 씨가 도와줄 겁니다. 그의 창구는 잡지 매대 바로 옆이에요.

05. US AU BR
Who probably is the **woman**?
(A) A **construction worker**   (B) A **restaurant owner**

W: I checked on the renovation status you submitted for my restaurant, but I'm worried that it is a little bit behind schedule. What happened?
M1: Well, some work was delayed due to the rain.
M2: But some materials arrived earlier than scheduled, so we expect all the work to be done on time.

여자는 아마도 누구이겠는가?
(A) 공사 작업자   **(B) 레스토랑 주인**

W: 저희 레스토랑을 위해 당신이 제출한 개조 공사 상황을 확인해 봤는데, 일정보다 약간 뒤처진 것 같아 걱정입니다. 무슨 일이 있나요?
M1: 음, 비 때문에 일부 작업이 지연되었어요.
M2: 하지만 몇몇 자재는 일정보다 빨리 도착해서, 모든 작업은 제 시간에 끝날 것으로 예상합니다.

06. AU US BR
What do the **women agree** to do?
(A) **Work extra** shifts   (B) **Postpone** a meeting

M: Angela, would you mind adding extra shifts to your schedule this week? Olivia has a family emergency.
W1: I already knew that. I was asked if I can cover her shifts. I can cover her Monday shift, but I have a prior appointment with my academic advisor on Tuesday. Miranda, could you cover her Tuesday shift?
W2: Sure. What time do I need to come in?

여자들은 무엇을 하는 데 동의하는가?
(A) 추가 근무를 하는 것
(B) 회의를 미루는 것

M: Angela, 이번 주에 추가 근무를 더해도 괜찮아요? Olivia가 급한 집안일이 있어요.
W: 저는 이미 알고 있었어요. 제가 그녀의 작업 시간을 대신해줄 수 있는지 요청 받았어요. 그녀의 월요일 근무는 대신할 수 있는데, 화요일에는 저의 지도 교수님과 선약이 있어요. Miranda, 그녀의 화요일 근무를 대신할 수 있어요?

W2: 물론이죠. 제가 몇 시에 와야 하나요?

paraphrasing 정답   1. (b) 2. (c) 3. (a) 4. (c) 5. (a) 6. (b)

실전 문제

01. (C)   02. (D)   03. (D)   04. (D)   05. (A)   06. (C)
07. (C)   08. (A)   09. (A)   10. (A)   11. (B)   12. (C)
13. (A)   14. (B)   15. (A)   16. (D)   17. (C)   18. (A)
19. (D)   20. (A)   21. (B)

[01-03] US AU
Questions 01-03 refer to the following conversation and list.

Refrigerator Model	Storage Capacity (in cubic feet)
Gourley	14
Wilkins	18
Marion	16
02 Abbott	02 20

W: Hi, I read in the newspaper that 01 **your store is having a big sale because you've relocated to the Lakewood neighborhood.**
M: That's right. We are offering special deals all week.
W: I'm interested in purchasing a refrigerator.
M: May I recommend the Marion model? It has 16 cubic feet of storage space, and it's half off.
W: Hmm... I'm not sure that will be large enough.
M: 02 **We've got one with 20 cubic feet of space.**
W: 02 **Perfect!** I'll stop by the store later this week.
M: Well, that model's selling out fast. 03 **I'd be happy to set one aside for you,** though, as long as you're here within three days.

neighborhood 근처, 인근   cubic feet 입방피트   storage 보관(소), 저장(고)   sell out 다 팔리다, 매진되다   set A aside A를 챙겨놓다   capacity 용량, 수용력

01-03은 다음 대화와 목록에 관한 문제입니다.

냉장고 모델	보관 용량 (입방피트)
Gourley	14
Wilkins	18
Marion	16
02 Abbott	02 20

여: 안녕하세요, 01 당신의 매장이 레이크우드 인근으로 이전하게 되어서 대규모 세일을 한다고 신문에서 읽었어요.
남: 맞아요. 일주일 내내 특가 상품들이 있어요.
여: 저는 냉장고 구매에 관심이 있어요.
남: Marion 모델을 추천해드려도 될까요? 보관 가능한 공간이 16입방피트인데 반값이에요.
여: 흠... 저는 그게 충분히 넓은 건지 잘 모르겠어요.
남: 02 공간이 20입방피트인 것도 있어요.

여: ⁰² 딱 좋아요! 이번 주 후반에 매장에 들를게요.
남: 음, 그 모델은 빨리 나가는 제품이에요. 하지만 ⁰³ 당신을 위해서 기꺼이 한 대를 따로 챙겨놓을게요. 3일 안에만 오신다면요.

01.
이 업체는 왜 세일을 하는가?
(A) 기념일을 축하하기 위해서
(B) 새로운 브랜드를 소개하기 위해서
(C) 이전을 홍보하기 위해서
(D) 국경일을 상기하기 위해서

[해설] 핵심 키워드 sale이 언급되는 곳에서 단서를 찾는다. 대화 초반에, 레이크우드 인근으로 이전하게 되어서 대규모 세일을 한다고(having a big sale because you've relocated to the Lakewood neighborhood) 신문에서 읽었다는 여자의 말이 나온다. 즉, 매장 이전을 홍보하기 위해 세일을 하는 것이므로 정답은 (C)이다.

paraphrasing having a big sale 대규모 세일을 하다 → holding a sale 세일을 하다

[어휘] promote 홍보하다, 증진하다 relocation 이전, 재배치 recognize 인지하다, 상기하다

02.
시각 자료를 보시오. 여자는 어느 모델을 살 계획인가?
(A) Gourley
(B) Wilkins
(C) Marion
(D) Abbott

[해설] 시각 자료 연계 문제로, 대화에서 여자가 원하는 제품의 특징을 잘 듣고 시각 자료에서 해당 모델을 찾아야 한다. 20입방피트의 제품이 있다(We've got one with 20 cubic feet of space.)는 남자의 말에 여자가 딱 좋다고(Perfect!) 답했으므로 시각 자료의 Abbott이 여자가 구매할 모델이다. 정답은 (D)이다.

paraphrasing storage space 저장 공간 → storage capacity 저장 용량

03.
남자는 무엇을 해주겠다고 하는가?
(A) 배송 주소를 업데이트하기
(B) 할인 쿠폰을 보내주기
(C) 재고 목록을 확인하기
(D) 여자를 위해 품목을 확보해두기

[해설] 남자가 제안한 것을 묻는 문제로, 후반부 남자의 대사에 나오는 제안 표현에 단서가 있다. 여자를 위해 기꺼이 하나를 따로 챙겨두겠다고(I'd be happy to set one aside for you) 했으므로 정답은 (D)이다.

paraphrasing set one aside 챙겨두다 → Hold an item 품목을 확보해둔다

[어휘] voucher 할인권, 쿠폰 inventory 재고(품), 물품 목록

[04-06] BR US US
Questions 04-06 refer to the following conversation with three speakers.

W1: Excuse me. ⁰⁴ **I'd like to speak to the manager.**
M: ⁰⁴ **That's me.** How can I help?
W1: ⁰⁴ **I bought this dress here yesterday,** but when I got it home, I noticed that it's torn. Could I get a refund?
M: ⁰⁵ **I'll need the original receipt.** Do you have it with you?
W1: Unfortunately, I threw it away.
M: Don't worry. You can still exchange it for the same item. ⁰⁶ **Tanya, could you check the stockroom** to see if we have more of these?
W2: Certainly. We just got a shipment in today.
M: Feel free to look around while you wait, ma'am.

torn 찢어진 refund 환불(금) stockroom 창고, 물품 보관소
shipment 수송품, 적하물

04-06은 다음 세 명의 대화에 관한 문제입니다.
여1: 실례합니다. ⁰⁴ 매니저와 얘기하고 싶은데요.
남: ⁰⁴ 접니다. 무엇을 도와드릴까요?
여1: ⁰⁴ 제가 여기서 어제 이 드레스를 샀는데, 집에 가서 보니 찢어졌더라고요. 환불할 수 있을까요?
남: ⁰⁵ 원본 영수증이 있어야 해요. 가지고 계신가요?
여1: 유감스럽게도 버렸어요.
남: 걱정 마세요. 그래도 같은 품목으로 교환하실 수는 있어요. ⁰⁶ Tanya, 창고를 확인해서 이 제품들이 더 있는지 알아봐줄래요?
여2: 물론이죠. 오늘 막 입고가 되었어요.
남: 기다리시는 동안 편하게 둘러보세요, 손님.

04.
남자는 누구일 것 같은가?
(A) 공장 감독관
(B) 수리점 직원
(C) 식당 주인
(D) 옷가게 매니저

[해설] 남자의 직업을 묻는 문제로, 화자의 직업이나 신분은 주로 대화 전반부에서 알 수 있다. 매니저와 얘기하고 싶다는(I'd like to speak to the manager) 여자의 말에 남자가 본인이 매니저라고 밝히자, 여자가 여기서 어제 드레스를 구매했다고(I bought this dress here yesterday) 했다. 따라서 남자는 옷가게의 매니저임을 알 수 있으므로 정답은 (D)이다.

[어휘] supervisor 감독관 repair 수리(하다) clothing 옷, 의복

05.
남자는 무엇을 요청하는가?
(A) 구매 증거
(B) 배송 세부사항
(C) 사진이 부착된 신분증
(D) 고객의 서명

[해설] 남자의 요청 사항을 묻는 문제이므로 남자의 대사에 나오는 요청 표현에서 정답의 단서를 찾는다. 대화 중반부에서 여자가 환불이 가능한지 묻자 남자가 원본 영수증이 필요하다고(I'll need the original receipt.) 했다. 영수증은 일종의 구매 증거이므로 (A)가 정답이다.

paraphrasing the original receipt 원본 영수증 → proof of purchase 구매 증거

[어휘] proof 증거(물) purchase 구매

06.
Tanya는 무엇을 하라고 요청받았는가?
(A) 정책 설명하기
(B) 문서 인쇄하기

(C) 보관 구역 확인하기
(D) 배달 일정 잡기

[해설] Tanya가 요청받은 일을 묻는 문제로, 핵심 키워드이자 특정 인물인 Tanya가 언급되는 곳에 단서가 있다. 대화 중반부에서 남자가 Tanya의 이름을 부르며 창고를 확인해달라고(Tanya, could you check the stockroom?) 요청하고 있으므로 정답은 (C)이다.

paraphrasing stockroom 창고 → storage area 보관 구역

[어휘] policy 정책, 방침 document 서류, 문서 storage 저장

[07-09] [AU] [US] [BR]

Questions 07-09 refer to the following conversation with three speakers.

M1: I wanted to meet with you both so we could check the progress of our new assignment.
W: ⁰⁷ **The photographer has supplied the images for the magazine's cover, but we still need to arrange the text and layout.**
M1: That'll be difficult. ⁰⁸ **This was supposed to be due on Friday, but the lead editor said this morning that he wants it by tomorrow afternoon.** I need more time than that because ⁰⁹ **I'm not very familiar with using the design software.**
W: Hmm... **Lucas provided training for the software.**
M2: Right. I'm sure he'd be willing to give us a hand.

assignment 업무, 과제 progress 진전, 진척, 진행 arrange 정리하다, 배열하다 layout 레이아웃, 배치 due ~하기로 예정되어 있는, 예정된 lead editor 수석 편집자 be willing to V 기꺼이 ~하다 give a hand 도와주다

07-09는 다음 세 명의 대화에 관한 문제입니다.
남1: 새로운 업무의 진행 상황을 확인하기 위해서 두 분과 만나고 싶었어요.
여: ⁰⁷ 사진작가가 잡지 표지에 쓸 이미지를 보냈지만, 글과 레이아웃은 아직 정리해야 해요.
남1: 그거 힘들겠네요. ⁰⁸ 이 작업을 금요일까지 마무리하기로 되어 있었지만, 오늘 아침에 수석 편집자께서 내일 오후까지 마무리되기를 원한다고 말씀하셨어요. ⁹ 제가 디자인 소프트웨어 사용에 그다지 익숙하지 않기 때문에 그것보다 시간이 더 필요해요.
여: 흠... Lucas가 소프트웨어 교육을 해줬어요.
남2: 맞아요. 그가 기꺼이 도와줄 거라고 확신해요.

07.
화자들은 어디에서 일할 것 같은가?
(A) 컴퓨터 상점에서
(B) 이사 업체에서
(C) 출판사에서
(D) 부동산 중개소에서

[해설] 화자의 직업이나 근무처에 대한 정보는 주로 대화 전반부에 나온다. 여자가 '잡지 표지를 위한 이미지(images for the magazine's cover)'를 언급하고, 아직 글과 레이아웃을 정리해야 한다(we still need to arrange the text and layout) 말한 것으로 보아 화자들이 출판사에서 일하고 있음을 알 수 있으므로 (C)가 정답이다.

[어휘] publishing 출판 real estate 부동산

08.
오늘 아침에 무엇이 바뀌었는가?
(A) 프로젝트 마감일
(B) 회의 장소
(C) 가격 견적
(D) 월 이용료

[해설] 핵심 키워드 this morning이 언급된 곳에서 단서를 찾는다. 남자1의 대사에서, 이 작업이 금요일로 예정되어 있었으나 오늘 아침 수석 편집자가 내일 오후까지 작업물을 원한다고(the lead editor said this morning that he wants it by tomorrow afternoon) 했다. 따라서 오늘 아침에 작업 마감 기한이 변경되었음을 알 수 있으므로 정답은 (A)이다.

[어휘] deadline 마감 기한 location 장소, 위치 estimate 견적(서) fee 요금, 수수료

09.
여자가 "Lucas가 소프트웨어 교육을 해줬어요"라고 말하는 이유는 무엇인가?
(A) 팀에 구성원을 추가할 것을 제안하기 위해
(B) Lucas를 수상 후보자로 지명하기 위해
(C) 회의 불참석을 해명하기 위해
(D) 일부 낡은 정보를 수정하기 위해

[해설] 해당 표현의 전후 맥락을 살펴서 화자의 의도를 파악하는 문제다. 남자1이 작업 완료 기한이 당겨졌음을 언급한 후 자신이 디자인 소프트웨어 사용에 익숙하지 않아(I'm not very familiar with using the design software) 시간이 더 필요하다고 하자 여자가 "Lucas가 소프트웨어 교육을 해줬어요"라고 말한 것은 소프트웨어에 대해 잘 아는 Lucas의 도움을 받거나 Lucas를 작업에 합류시키자는 의미다. 따라서 '팀에 한 명을 추가한다'고 표현한 (A)가 정답이다.

[어휘] add A to B B에 A를 추가하다 nominate 지명[추천]하다 absence 결석, 결근 correct 수정하다, 고치다 outdated 낡은, 구식인

[10-12] [BR] [AU]

Questions 10-12 refer to the following conversation and review.

www.quickbusinessreview.net
Cuyahoga Sporting Goods
Service   5/5
¹¹ Variety   ¹¹ 1/5
Quality   4/5
Location   1/5

W: Keith, I came across a number of bad reviews for our store online. A lot of them had similar ratings. Here's one as an example.
M: Oh, no! If we don't resolve these issues, ¹⁰ **I'm worried that customers may start buying their sports gear from our competitors.**
W: Exactly. Now, ¹¹ **we can't do anything about our location.**
M: Right. ¹¹ **But we could focus on the other poorly rated category. I'll discuss this with Ms. Lewis.**
W: Okay, thanks. In the meantime, ¹² **I can make a short questionnaire** for our mailing list customers to find out what changes they would like to see.

come across ~을 우연히 발견하다 rating 순위, 평가, 등급 resolve (문제 등을) 해결하다 issue 문제점, 쟁점 gear (특정 활동에 필요한) 장비, 복장

focus on ~에 집중하다   category 범주   in the meantime 그 동안에
questionnaire 설문지   mailing list 우편물 수신자 명단   variety 다양성

10-12는 다음 대화와 후기에 관한 문제입니다.

www.quickbusinessreview.net
Cuyahoga 스포츠용품

서비스	5/5
¹¹ 다양성	¹¹ 1/5
품질	4/5
위치	1/5

여: Keith, 온라인상에서 우리 상점에 대한 나쁜 후기 여러 개를 우연히 발견했어요. 많은 후기들의 평가가 비슷했어요. 여기 한 가지 예를 보세요.
남: 오, 이런! 우리가 이 문제점들을 해결하지 않으면 ¹⁰ 고객들이 우리 경쟁사에서 스포츠용품을 구매하기 시작할지도 모르니 걱정이네요.
여: 맞아요. 자, ¹¹ 우리 위치에 대해서는 우리가 할 수 있는 게 없어요.
남: 맞아요. ¹¹ 하지만 나쁜 등급을 받은 나머지 다른 분야에 집중할 수 있겠죠. 이 문제에 대해서 Lewis 씨와 얘기해볼게요.
여: 좋아요, 고마워요. 그러는 동안에 그들이 어떤 점이 바뀌길 바라는지 알아보기 위해 ¹² 제가 우편물 수신 고객들을 대상으로 간단한 설문지를 만들면 되겠어요.

10.
남자는 무엇에 대해서 우려하는가?
(A) 시장 점유율을 잃는 것
(B) 계약을 취소하는 것
(C) 검사에서 불합격하는 것
(D) 직원들을 내보내는 것

[해설] 질문의 핵심 키워드 concerned가 대화에서는 worried로 표현되었다. 여자가 고객들의 온라인 후기가 좋지 않음을 지적하자 남자는 고객들이 경쟁사에서 스포츠용품을 구매할까 봐 걱정이라고('m worried that customers may start buying their sports gear from our competitors.) 말한다. 경쟁사에게 고객을 빼앗기는 것은 곧 시장 점유율을 잃는 것이므로 정답은 (A)이다.

paraphrasing   I'm worried that ~ ~이 걱정이다 → concerned about ~에 대해서 걱정하는

[어휘] be concerned about ~에 대해 걱정하다   market share 시장 점유율   contract 계약   inspection 검사, 조사

11.
시각 자료를 보시오. 남자는 Lewis 씨와 무엇에 대해 논의하겠는가?
(A) 서비스
(B) 다양성
(C) 품질
(D) 위치

[해설] 시각 자료 연계 문제로, 남자가 Lewis 씨와 논의하겠다고 한 내용을 듣고 시각 자료에서 해당 항목을 찾아야 한다. 남자가 장소(our location)에 대해서는 할 수 있는 일이 없다며, 나쁜 평가를 받은 나머지 분야(the other poorly rated category)에 대해 Lewis 씨와 논의하겠다고(I'll discuss this with Ms. Lewis) 했다. 시각 자료에서 안좋은 평가를 받은 항목인 Variety(다양성)과 Location(위치) 중 Location을 제외하면 나머지는 Variety이므로 정답은 (B)이다.

12.
여자가 하겠다고 제안하는 것은 무엇인가?
(A) 제품 카탈로그 인쇄하기
(B) 웹사이트 소유주에게 연락하기
(C) 설문조사 만들기
(D) 물품 주문하기

[해설] 대화 마지막 부분에 여자가 자신이 하겠다고 제안하는 내용이 나온다. 앞서 남자가 안좋은 평가를 받은 범주에 대해 Lewis 씨와 논의하겠다고 하자 여자가 그러면 자신은 우편물 수신 고객들을 위한 간단한 설문지를 만들겠다고(I can make a short questionnaire) 했으므로 정답은 (C)이다.

paraphrasing   make a short questionnaire 간단한 설문지를 만들다 → create a survey 설문조사를 만들다

[어휘] survey (설문) 조사   order 주문하다   supplies 공급품

[13-15] US AU US

Questions 13-15 refer to the following conversation with three speakers.

W: Hi, ¹³ **I would like to join an exercise class.** What activities does your center offer?
M1: We have several programs. ¹³ **Our group activities include spinning, yoga, and water aerobics.** Each one costs $50 per month to register for.
W: That's pretty expensive. Is there a student discount?
M1: Let me check. Hey, Lance, do we give discounts to students?
M2: Yes, ¹⁴ **if someone has a valid college student ID then they get 10% off.**
W: Really? I brought my ID with me. I'd like to sign up for the spinning class, please.
M1: Okay, ¹⁵ **I'll just need you to put your contact information into this computer here.**

spinning 스피닝(운동용 자전거 타기)   aerobics 에어로빅   register for ~에 등록하다   pretty 꽤, 상당히   expensive 비싼   valid 유효한   sign up for ~을 신청[가입]하다   contact information 연락처

13-15는 다음 세 명의 대화에 관한 문제입니다.
여: 안녕하세요, ¹³ 저는 운동 수업에 가입하고 싶은데요. 여기 센터는 어떤 활동들을 제공하나요?
남1: 여러 프로그램들이 있습니다. ¹³ 그룹 활동에는 스피닝, 요가, 수중 에어로빅이 있어요. 등록하는 데 각각 한 달에 50달러입니다.
여: 꽤 비싸네요. 학생 할인이 있나요?
남1: 확인해볼게요. 저기요, Lance 씨, 우리가 학생들에게 할인을 제공하나요?
남2: 네, ¹⁴ 유효한 대학교 학생증이 있으면 **10**퍼센트 할인을 받아요.
여: 정말이요? 제 학생증을 가지고 왔어요. 스피닝 교실에 등록해주세요.
남1: 알겠습니다. ¹⁵ 당신이 여기 있는 이 컴퓨터에 연락처를 입력해주시기만 하세요.

13.
대화는 어디에서 이루어지는 것 같은가?
(A) 체육관에서
(B) 공원에서
(C) 학교에서
(D) 스타디움에서

[해설] 운동 교실에 가입하고 싶다는(I would like to join an exercise class) 여자의 말과, 스피닝, 요가, 수중 에어로빅(spinning, yoga, and water aerobics)

같은 그룹 활동이 있다는 남자의 말로 보아 헬스클럽 같은 운동 시설을 방문한 여자와 그곳의 직원인 남자의 대화임을 알 수 있다. 따라서 정답은 (A)이다.

14.

여자는 왜 자신의 학생증을 제시해야 하는가?
(A) 자리를 맡기 위해서
(B) 할인을 받기 위해서
(C) 일자리에 지원하기 위해서
(D) 자신의 생년월일을 증명하기 위해서

[해설] 운동 교실 등록 비용에 대해 문의하면서 여자가 학생 할인이 있냐고 물었고 남자2가 학생증이 있으면 10퍼센트 할인을 받는다고(if someone has a valid college student ID then they get 10% off) 했다. 즉, 할인을 받기 위해서는 학생증을 제시해야 하므로 정답은 (B)이다.

paraphrasing get 10% off 10퍼센트를 할인 받다 → get a discount 할인을 받다

[어휘] reserve (자리 등을) 따로 잡아 두다 spot 장소, 자리 apply for ~에 지원하다

15.

여자는 다음에 무엇을 할 것 같은가?
(A) 자신의 개인 정보를 입력하기
(B) 매니저와 얘기하기
(C) 다른 시설에 가기
(D) 불만을 제기하기

[해설] 앞으로 일어날 일에 대한 문제의 단서는 대화 후반에 제시된다. 대화 후반, 스피닝 교실에 등록하고 싶다는 여자의 말에, 남자가 컴퓨터에 연락처를 입력해달라고(I'll just need you to put your contact information into this computer here) 했으므로, 대화 후 여자가 자신의 개인 정보를 컴퓨터에 입력할 것임을 알 수 있다. 정답은 (A)이다.

paraphrasing put your contact information 연락처를 입력하다 → input her personal information 개인 정보를 입력하다

[어휘] input 입력하다 personal information 개인 정보 facility 시설 file a complaint 불만을 제기하다

[16-18] BR AU US

Questions 16-18 refer to the following conversation with three speakers.

W1: ¹⁶**George, Stephanie,** thanks for coming. ¹⁶**I'd like to assign you two to maintain the garden for this client.**
M: We'll take on the project, but ¹⁷ **we are a bit concerned.**
W2: ¹⁷ **The client is asking for a lot more work than usual.** Do we have a timeline to refer to?
W1: He said that it's flexible, but you can contact him directly about that.
W2: Alright, did he say when the best time to reach him would be?
W1: ¹⁸ **He's busy in the mornings and afternoons, but could talk with you after that.**

assign A to V A를 ~하는 일에 배정하다 maintain 유지하다 take on (일 등을) 맡다 ask for ~을 부탁하다, 요청하다 than usual 평소보다 timeline 시각표, 연대표 refer to ~을 보다, ~에게 문의하다 flexible 융통성 있는, 탄력적인 directly 곧장, 똑바로 reach (전화로) 연락하다

16-18은 다음 세 명의 대화에 관한 문제입니다.

여1: ¹⁶ George, Stephanie, 와줘서 고마워요. ¹⁶ 두 사람에게 이 의뢰인의 정원을 관리하는 일을 배정하려고 해요.
남: 저희가 그 작업을 맡을게요. 그런데 ¹⁷ 조금 걱정이 되네요.
여2: ¹⁷ 그 의뢰인이 평소보다 훨씬 많은 작업을 요청하고 있어요. 우리에게 참고할 만한 일정표가 있나요?
여1: 그건 유동적이라고 그가 말했어요. 하지만 그 부분에 대해서는 당신이 그에게 직접 연락하면 돼요.
여2: 알겠어요, 그가 연락을 받기에 가장 좋은 시간이 언제인지 말해주었나요?
여1: ¹⁸ 그는 오전과 오후 시간에는 바쁘대요. 하지만 그 이후에는 통화할 수 있을 거예요.

16.

George와 Stephanie는 누구일 것 같은가?
(A) 건물주들
(B) 부동산 중개인들
(C) 철물점 직원들
(D) 전문 정원사들

[해설] 여자1은 대화 시작 부분에서, George와 Stephanie의 이름을 부르며, 이들에게 특정 의뢰인의 정원을 관리하는 일을 배정하고자 한다고(I'd like to assign you two to maintain the garden for this client) 했다. 따라서 George와 Stephanie는 전문 정원사들임을 유추할 수 있으므로 정답은 (D)이다.

[어휘] property 재산, 부동산, 건물 real estate 부동산 agent 대리인, 중개상 hardware 철물 professional 전문적인, 직업적인 gardener 정원사

17.

George와 Stephanie는 무엇에 대해서 걱정하는가?
(A) 장비의 가격
(B) 꽃씨의 이용 가능성
(C) 요청받은 작업의 양
(D) 고객의 집의 위치

[해설] George와 Stephanie는 여자1로부터 작업을 배정받은 남자와 여자2이다. 작업을 배정받은 후 남자가 조금 걱정스럽다고(we are a bit concerned) 하자 이어서 여자가 그 의뢰인이 평소보다 훨씬 많은 작업을 요청한다며(The client is asking for a lot more work than usual) 걱정하는 이유를 덧붙였다. 즉, 두 사람은 요청받은 작업의 양이 너무 많아 걱정하고 있으므로 정답은 (C)이다.

[어휘] equipment 장비, 용품 availability 유효성, (입수) 가능성 amount 양 location 위치, 장소

18.

고객에 대해 언급된 것은 무엇인가?
(A) 저녁에 시간이 있다.
(B) 자신의 사업체를 운영한다.
(C) 장비를 제공할 것이다.
(D) 도시를 떠날 것이다.

[해설] 질문의 client는 정원 관리 작업을 요청한 의뢰인을 가리킨다. 대화 마지막에 여자2가 의뢰인에게 연락하기 좋은 시간이 언제인지 묻자, 여자1이 오전과 오후 시간에는 바쁘지만 그 이후에는 통화할 수 있다고(He's busy in the mornings and afternoons, but could talk with you after that) 했다. 즉, 의뢰인이 저녁에는 시간 여유가 있다는 뜻이므로 정답은 (A)이다.

paraphrasing He's busy in the mornings and afternoons, but could talk with you after that. 오전과 오후 시간에는 바쁘지만 그 이후에는 통화할 수 있다. → He is available in the evenings. 저녁에 시간이 있다.

[어휘] operate 운영하다　go out of town (출장 등으로) 도시를 떠나다

[19-21] US US

Questions 19-21 refer to the following conversation and floor plan.

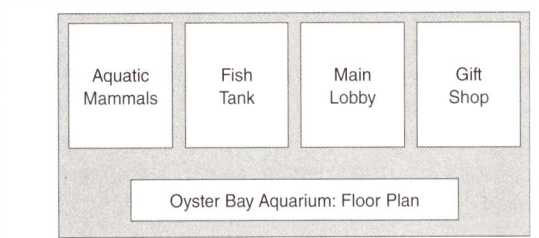

W: Hello, and welcome to the Oyster Bay Aquarium. How can I help you?

M: Hi, ¹⁹**I heard that you have a new exhibit,** so you don't just feature fish here. ¹⁹**Where is that?**

W: Well, we're in the Main Lobby right now. That door leads to the Fish Tank, and if you go straight through that area, ²⁰**you'll find the new exhibit right past the Fish Tank.**

M: Thanks. I was wondering, ²¹**this pass** lasts the whole day, right?

W: Yes, it does. ²¹**Be sure to hold onto it because it gives you 15% off anything in the gift shop.**

floor plan 평면도　aquarium 수족관　exhibit 전시, 전시품　feature ~의 특색을 이루다　lead to ~로 이어지다　fish tank 어류 탱크　wonder 궁금하다　last 계속하다, 지속하다　hold onto 계속 보유하다　aquatic 수생의　mammal 포유동물

19-21은 다음 대화와 평면도에 관한 문제입니다.

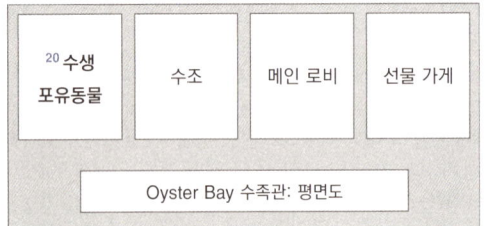

여: 안녕하세요, Oyster Bay 수족관에 오신 것을 환영합니다. 무엇을 도와드릴까요?

남: 안녕하세요, ¹⁹새로운 전시가 있다고 들었어요, 그럼 이곳에서 어류만 전시하는 것은 아니죠? ¹⁹그곳은 어디인가요?

여: 음, 지금 이곳은 메인 로비예요. 저 문이 수조로 이어져 있어요. 저쪽 구역을 통과해서 직진하시면 ²⁰수조를 지나자마자 새로운 전시물이 보이실 거예요.

남: 감사합니다. 궁금한 것이 있는데요. ²¹이 패스는 하루 종일 지속되는 것이죠, 맞죠?

여: 네, 맞습니다. ²¹선물 가게에서 무엇을 사시든 15퍼센트 할인해드리니 꼭 가지고 다니세요.

19.

남자는 무엇을 알고 싶어 하는가?
(A) 티켓의 가격
(B) 투어에 합류할 수 있는지 여부
(C) 어류의 이름
(D) 전시관으로 가는 길

[해설] 남자는 새로운 전시가 있다고 들었다며(I heard that you have a new exhibit), 그곳이 어디인지(Where is that?) 물었다. 즉, 새로운 전시물이 있는 곳으로 가는 길을 묻고 있으므로 정답은 (D)이다.

20.

시각 자료를 보시오. 여자는 어느 구역으로 가는 길 안내를 받는가?
(A) 수생 포유동물
(B) 수조
(C) 메인 로비
(D) 선물 가게

[해설] 여자가 새로운 전시물이 어디에 있는지 묻자, 남자는 현재의 위치가 메인 로비(Main Lobby)이고, 수조를 지나자마자 새로운 전시물이 보일 거라고(you'll find the new exhibit right past the Fish Tank) 했다. 시각 자료로 제공된 평면도에서 메인 로비에서 출발해 수조를 지나자마자 도착하는 곳은 수생 포유동물 구역이므로 정답은 (A)이다.

21.

여자는 남자에게 티켓에 대해 무엇이라고 말하는가?
(A) VIP 회원 혜택이 포함되어 있다.
(B) 상점에서 할인을 받게 해준다.
(C) 주말 내내 유효하다.
(D) 특별 행사에 입장하게 해준다.

[해설] 질문의 키워드 ticket은 대화 후반 남자가 언급한 pass를 가리킨다. 이때의 pass는 '출입증, 통행증'이라는 뜻이다. 남자가 자신의 패스가 하루 종일 유효한지 묻자 여자가 그렇다며, 그것이 있으면 선물 가게에서 15퍼센트 할인을 해준다고(it gives you 15% off anything in the gift shop.) 덧붙였다. 따라서 정답은 (B)이다.

paraphrasing　it gives you 15% off anything in the gift shop 선물 가게의 모든 물건에 대해 15퍼센트 할인을 해준다 → It provides a discount at the shop. 상점에서 할인을 제공한다.

[어휘] benefit 이익, 혜택　valid 유효한, 타당한　admission 입장, 입학

DAY 08

PART 2　청유문

Quick Check

01.

Would you like to have some coffee?
(A) I was planning to go get one.
(B) I'm not sure I can help you.

커피 좀 마시겠어요?
(A) 한 잔 사러 가려고 했어요.
(B) 당신을 도와 드릴 수 있을지 잘 모르겠네요.

02. AU BR

Why don't we continue the discussion after lunch?
(A) I'm the last speaker.
(B) I'll be out of the office in the afternoon.

우리 점심식사 후에 계속 논의하는 게 어때요?
(A) 저는 마지막 연설자입니다.
(B) 저는 오후에 회사에 없을 거예요.

03. BR US

Would you mind taking messages for me while I'm not here?
(A) She's not in the office.
(B) No, not at all.

제가 여기 없는 동안 메시지 좀 받아주시겠어요?
(A) 그녀는 사무실에 없습니다.
(B) 물론이죠.

04. BR BR

I can print out a copy of the schedule if you'd like.
(A) Thank you for your help.
(B) Let's reschedule the meeting.

원하시면 제가 일정표 한 부를 출력해 드릴 수 있어요.
(A) 도와주셔서 감사합니다.
(B) 회의 일정을 다시 잡읍시다.

05. AU US

I'd like to see Dr. Choi for my regular check-up.
(A) He is out at the moment.
(B) Why don't you check your invoice?

정기 검진을 위해 Choi 박사님을 뵙고 싶어요.
(A) 그는 지금 외출 중이에요.
(B) 당신의 송장을 확인해 보는 게 어때요?

06. US AU

Please send me the information about the total expense.
(A) The less expensive one.
(B) Sure, no problem. I'll do it now.

총 비용에 대한 정보를 제게 보내주세요.
(A) 덜 비싼 거요.
(B) 네, 문제없습니다. 지금 해 드릴게요.

유형 연습

01. (B) 02. (B) 03. (A) 04. (A) 05. (B) 06. (B)
07. (B) 08. (A)

01. US BR

Let's take a break after the meeting.
(A) The computer was broken again. [×]
(B) That sounds great. [○]

회의 후에 휴식을 취합시다.
(A) 컴퓨터가 또 고장 났어요.
(B) 좋은 생각이에요.

02. BR US

Would you like some ice cream?
(A) They're her favorite. [×]
(B) I'd prefer a hot drink. [○]

아이스크림 드시겠어요?
(A) 그건 그녀가 제일 좋아하는 겁니다.
(B) 저는 따뜻한 음료가 더 좋습니다.

03. BR BR

Why don't I give you a tour of our gym?
(A) I'd love to. [○]
(B) One of the tourist attractions. [×]

제가 저희 헬스클럽을 안내해 드릴까요?
(A) 좋아요.
(B) 관광 명소 중 한 곳이요.

04. US BR

Why don't we ask Sophia to participate in the meeting this afternoon?
(A) Is she here today? [○]
(B) Let's go to the party. [×]

Sophia에게 오늘 오후 회의에 참석하라고 하는 게 어때요?
(A) 그녀가 오늘 여기 있나요?
(B) 파티에 갑시다.

05. BR US

Why don't you go for a walk in the park during the lunch break?
(A) I'll have a burger for lunch. [×]
(B) I will, I need some fresh air. [○]

점심 시간 동안 공원을 산책하는 게 어때요?
(A) 저는 점심 식사로 햄버거와 콜라를 먹겠습니다.
(B) 그럴 거예요, 저는 좀 신선한 공기가 필요해요.

06. US AU

How about going to the beach this weekend?
(A) I took the subway. [×]
(B) I'm afraid I can't. [○]

이번 주말에 해변에 가는 거 어때요?
(A) 저는 지하철을 탔어요.
(B) 죄송하지만 저는 못 가요.

07. AU BR

Do you mind if I turn up the volume?
(A) I turned the lights off. [×]
(B) As a matter of fact, I do. [○]

소리를 키워도 괜찮을까요?

(A) 제가 전등을 껐어요.
(B) 사실, 안 그러시면 좋겠습니다.

08. US BR

I need to get a quick bite before the movie.
(A) There's a fast food restaurant nearby. [○]
(B) How about that romance movie? [×]

저는 영화 전에 잠깐 뭐 좀 먹어야겠어요.
(A) 근처에 패스트푸드점이 있어요.
(B) 저 로맨스 영화 어때요?

실전 문제

01. (C) 02. (A) 03. (B) 04. (B) 05. (A) 06. (B)
07. (B) 08. (C) 09. (A) 10. (A) 11. (C) 12. (C)
13. (C) 14. (A) 15. (C) 16. (C)

01. AU BR

Could you help me assist these customers?
(A) You can customize your suits.
(B) I saw an ad for this product.
(C) Sure, I'll be right there.

assist 돕다 customize 주문 제작하다 suit 정장
ad 광고(= advertisement)

제가 이 고객들을 돕는 것을 도와주시겠어요?
(A) 당신의 정장을 주문 제작하실 수 있어요.
(B) 이 제품의 광고를 봤어요.
(C) 물론입니다, 제가 바로 갈게요.

[해설] 고객들을 돕는 것을 도와달라고 부탁하는 청유문이다.
(A) 질문의 customers와 발음이 비슷한 customize를 이용해 혼동을 유도하는 오답이다.
(B) 질문의 customers에서 연상 가능한 product를 이용해 혼동을 유도하는 오답이다.
(C) 지금 바로 가겠다는 말로 부탁을 수락하고 있으므로 정답이다.

02. US AU

Would you mind changing your seat with mine so we can sit together?
(A) Of course not.
(B) How long did it last?
(C) No, I haven't ordered yet.

last 계속하다, 지속하다 order 주문하다

저희가 같이 앉을 수 있도록 저와 자리를 바꿔 주시겠습니까?
(A) 물론이죠.
(B) 얼마나 오래 지속되었나요?
(C) 아니요, 아직 주문하지 않았어요.

[해설] 자리를 바꿔 달라고 부탁하는 청유문이다.
(A) 자리를 바꿔 달라는 부탁에 부정의 not을 써서 수락하고 있으므로 정답이다. Would/Do you mind ~? 표현으로 부탁을 하는 경우 수락할 때는 부정의 표현, 거절할 때는 긍정의 표현을 쓴다는 것을 알아두자.

(B) 자리를 바꿔 달라는 부탁에 얼마나 지속되었냐고 되묻고 있으므로 질문의 내용과 무관한 오답이다.
(C) 부정의 No로 상대방의 부탁을 수락했으나 뒤에 이어지는 내용이 질문과 무관하므로 오답이다.

03. BR US

Please prepare for the dinner rush now.
(A) The kitchen staff.
(B) I'll slice the vegetables.
(C) A table for 6 diners.

rush 혼잡, 북적거림 slice (얇게) 썰다 vegetable 채소
diner 식사하는 손님

이제 저녁식사 손님이 몰릴 것에 대비해주세요.
(A) 주방 직원입니다.
(B) 제가 채소를 썰게요.
(C) 6명의 손님을 위한 테이블이요.

[해설] 저녁식사 손님이 몰릴 것에 대비해달라고 요청하는 명령문이다.
(A) 질문의 dinner에서 연상할 수 있는 kitchen을 이용해 혼동을 유도하는 오답이다.
(B) 식사 손님이 몰릴 것에 대비해 달라는 말에 채소를 썰겠다고 구체적인 대비 방법을 설명함으로써 우회적으로 상대방의 요청을 수락하고 있으므로 정답이다.
(C) 질문의 dinner rush에서 연상할 수 있는 diners를 이용해 혼동을 유도하는 오답이다.

04. US US

Would you like me to prepare some charts?
(A) I want a pair of hiking boots.
(B) I'm still receiving the data from the branches.
(C) Let's turn to page 9.

prepare 준비하다 a pair of 한 쌍의 hiking boots 등산화 branch 지점, 지사 turn to page ~ ~쪽을 펴다

제가 도표를 준비해드릴까요?
(A) 저는 등산화 한 켤레를 원합니다.
(B) 제가 아직 지점들로부터 자료를 받는 중이에요.
(C) 9쪽을 폅시다.

[해설] 도표를 준비해주겠다고 제안하는 의문문이다.
(A) 질문의 prepare와 발음이 유사한 pair를 이용하여 혼동을 유도하는 오답이다.
(B) 도표를 준비해주겠다는 제안에 아직 지점들로부터 자료를 받고 있다는 말로 아직은 자료를 취합하는 중이니 당장은 도표를 준비하지 않아도 된다고 상대방의 제안을 우회적으로 거절하고 있는 정답이다.
(C) 질문의 chart를 듣고 도표가 실려 있는 보고서의 어느 페이지를 연상할 경우 고를 수 있는 오답이다.

05. BR US

Will you submit your time sheet today?
(A) Yes, since I will have a day off tomorrow.
(B) Can I change my seat?
(C) It's half past 2.

submit 제출하다 time sheet 근무 시간 기록표 day off 휴일

오늘 당신의 근무 시간 기록표를 제출하시겠어요?
(A) 네, 내일은 제가 휴가니까요.
(B) 제 좌석을 바꿔도 될까요?
(C) 2시 30분입니다.

[해설] 오늘 근무 시간 기록표를 제출해 달라고 부탁하는 청유문이다.
(A) Yes로 상대방의 부탁을 수락한 후 오늘 제출해야만 하는 이유를 덧붙이고 있으므로 정답이다.
(B) 질문의 sheet와 발음이 유사한 seat를 이용하여 혼동을 유도하는 오답이다.
(C) 질문의 time에서 연상 가능한 시간 표현을 이용하여 혼동을 유도하는 오답이다.

06. US US

Why don't you take a break and have a snack?
(A) I left it in the break room.
(B) Okay, I'll be back in 15 minutes.
(C) No, some potato chips and a soda.

take a break 잠시 휴식을 취하다   break room 휴게실   soda 탄산음료

잠시 쉬면서 뭘 좀 먹는 게 어때요?
(A) 그것을 휴게실에 두고 왔어요.
(B) 알겠어요. 15분 뒤에 돌아올게요.
(C) 아니요, 감자 칩과 탄산음료요.

[해설] 잠시 쉬면서 뭘 좀 먹는 게 어떠냐고 제안하는 의문문이다.
(A) 질문의 break를 반복 사용하여 혼동을 유도하는 오답이다.
(B) 긍정의 Okay로 상대방의 제안을 수락한 후 15분 뒤에 돌아오겠다고 덧붙이고 있는 정답이다.
(C) 질문의 snack에서 연상할 수 있는 potato chips와 soda를 이용하여 혼동을 유도하는 오답이다.

07. BR US

Would you mind waiting in the car for a minute?
(A) It has very low mileage.
(B) Did you forget something?
(C) Yes, it runs fine.

for a minute 잠시 동안   mileage 주행 거리, 마일 수

잠시 차에서 기다려줄래요?
(A) 그건 주행 거리가 얼마 되지 않아요.
(B) 뭘 잊어버렸나요?
(C) 네, 잘 작동돼요.

[해설] 잠시 동안 차에서 기다려달라고 부탁하는 청유문이다.
(A) 질문의 car에서 연상할 수 있는 mileage를 이용해 혼동을 유도하는 오답이다.
(B) 잠시 차에서 기다려달라는 부탁에 그런 부탁을 하는 이유를 묻고 있으므로 정답이다. 부탁하는 의문문에 수락 또는 거절 표현 이외에 다양한 방법으로 답변할 수 있음을 알아두자.
(C) 질문의 car에서 연상할 수 있는 run을 이용해 혼동을 유도하는 오답이다.

08. US BR

Could I get an ocean-view room?
(A) The reviews are helpful.
(B) You can access the indoor pool for free.
(C) Sorry, we are fully booked.

ocean-view 바다가 보이는 전망의   review 후기, 검토   helpful 도움이 되는   access 접근다, 들어가다, 이용하다   indoor 실내의   for free 무료로   fully booked 모두 예약된

바다가 보이는 전망의 방을 얻을 수 있을까요?
(A) 후기가 도움이 됩니다.
(B) 무료로 실내 수영장을 이용하실 수 있습니다.
(C) 죄송합니다, 모두 예약이 되었어요.

[해설] 바다가 보이는 전망의 방을 요청하는 청유문이다.
(A) 질문의 view와 발음이 유사한 review를 이용해 혼동을 유도하는 오답이다.
(B) 호텔 등의 숙박시설을 이용할 때 하는 질문인 점을 이용하여, 호텔에서 이용 가능한 시설인 indoor pool(실내 수영장)로 혼동을 유도하는 오답이다.
(C) 예약이 다 찼다며 사과함으로써 거절 의사를 표한 정답이다.

09. US US

Do you mind if I videotape your speech?
(A) Recording devices are not allowed.
(B) It was very informative.
(C) No, I haven't met him yet.

videotape 비디오테이프에 녹화하다   recording device 기록 장치   allowed 허용되는   informative 유익한

제가 당신의 연설을 비디오테이프에 녹화해도 괜찮을까요?
(A) 기록 장치는 허용되지 않습니다.
(B) 그것은 매우 유익했어요.
(C) 아니요, 저는 아직 그를 못 만났어요.

[해설] 상대방의 연설을 녹화해도 괜찮을지 묻는 요청/부탁 의문문이다.
(A) 기록 장치는 허용되지 않는다고 답변함으로써 우회적으로 상대방의 부탁을 거절하고 있으므로 정답이다.
(B) 질문의 speech를 가리키는 대명사 it을 이용해 혼동을 유도한 오답으로, speech에 대한 소감을 묻는 질문에 어울리는 응답이다.
(C) No라고 긍정의 답변(개의치 않는다)을 했으나 뒤에 나오는 him을 가리킬 만한 사람이 질문에서 언급되지 않았으므로 오답이다.

10. BR AU

Let's go to the movies this weekend.
(A) Sure, that should be fun.
(B) Based on a true story.
(C) Yes, it's a sequel.

based on ~에 근거하여   sequel 속편

이번 주말에 영화 보러 갑시다.
(A) 그래요. 그거 재미있겠네요.
(B) 실화에 근거했어요.
(C) 네, 그것은 속편이에요.

[해설] 이번 주말에 영화를 보러 가자고 제안하는 청유문이다.
(A) 긍정의 Sure로 상대방의 제안을 수락한 뒤 재미있겠다며 기대감을 드러내고 있는 정답이다.
(B) 질문의 movie만 듣고 특정 영화의 내용이나 특징에 대해 묻는 질문으로 잘못 이해했을 경우 고를 수 있는 오답이다.
(C) 영화를 보러 가자는 제안에 긍정의 Yes로 수락했으나 대명사 it으로 가리킬 만한 특정 영화가 질문에서 언급되지 않았으므로 오답이다.

11. [US] [AU]

I want to return these pants.
(A) We accept cash and credit.
(B) Our dressing room is over there.
(C) Sorry, but we don't carry that brand any more.

return 돌려주다, 반납하다   accept 받아들이다   dressing room 탈의실   carry 취급하다

이 바지를 반품하고 싶어요.
(A) 저희는 현금과 신용카드를 받습니다.
(B) 저희 탈의실은 저쪽에 있습니다.
(C) 죄송합니다만, 저희는 더 이상 그 브랜드를 취급하지 않아요.

[해설] 바지를 반품하고 싶다고 요청하는 평서문이다.
(A) 상점에서 벌어지는 상황임을 이용하여 cash나 credit card 같은 결제 수단을 연상하도록 유도하는 오답이다.
(B) 질문의 pants로 보아 옷 가게에 벌어지는 상황임을 추측할 수 있는데, 옷 가게에서 연상되는 dressing room을 이용해 혼동을 유도하는 오답이다.
(C) 죄송하다고 요청을 거절한 후 그 브랜드를 더 이상 취급하지 않는다며 거절의 이유를 설명하고 있으므로 정답이다.

12. [BR] [BR]

I can ask the chef to cook your steak a bit more if you'd like.
(A) I really enjoyed it, thank you.
(B) It didn't take that long.
(C) No, this looks just right.

just right 적당히, 딱 알맞게

원하시면 제가 주방장에게 스테이크를 좀 더 익혀 달라고 할게요.
(A) 정말 맛있게 먹었어요, 감사해요.
(B) 그렇게 오래 걸리지 않았어요.
(C) 아니요, 이게 딱 알맞은 것 같아요.

[해설] 원한다면 주방장에게 스테이크를 좀 더 익혀 달라고 하겠다고 제안하는 평서문이다.
(A) 스테이크를 좀 더 익혀 달라고 해주겠다는 제안에 맛있게 먹었다는 답변은 어색하다. 오히려 오늘 음식이 어땠는지 묻는 질문에 적합한 응답이다.
(B) 질문의 steak와 발음이 유사한 take를 이용해 혼동을 유도하는 오답이다.
(C) No로 거절한 후 지금이 딱 좋다고 거절의 이유를 덧붙이고 있는 정답이다.

13. [US] [US]

I need the latest version of our service contract.
(A) Please sign on the bottom.
(B) We have an outstanding service rating.
(C) There are extra copies in the file cabinet.

latest 가장 최근의, 최신의   contract 계약(서)   outstanding 뛰어난, 걸출한   rating 순위, 평가, 등급   extra copy 여분의 사본   file cabinet 서류 캐비닛

우리 서비스 계약서의 가장 최근 버전이 필요합니다.
(A) 맨 아래에 서명해 주세요.
(B) 우리는 우수한 서비스 등급을 받았습니다.
(C) 서류 캐비닛에 여분의 사본들이 있습니다.

[해설] 서비스 계약서의 가장 최근 버전이 필요하다고 요청하는 평서문이다.
(A) 질문의 contract에서 연상 가능한 sign을 이용해 혼동을 유도하는 오답이다.
(B) 질문의 service를 반복 사용하여 혼동을 유도하는 오답이다.
(C) 서류 캐비닛에 여분의 사본들이 있다며 계약서가 있는 구체적인 위치를 알려 주고 있으므로 정답이다.

14. [AU] [BR]

Let's take our clients to Luke's Diner for dinner tomorrow.
(A) I'll make a reservation for four people.
(B) Here are your menus.
(C) No, I'm not familiar with that dish.

client 고객, 의뢰인   make a reservation 예약을 하다
be familiar with ~를 잘 알다, ~에 정통하다   dish 요리

내일 저녁식사를 위해 우리 고객들을 Luke's Diner로 모시고 가요.
(A) 제가 4명으로 예약할게요.
(B) 여기 메뉴가 있습니다.
(C) 아니요, 저는 그 요리에 대해서 잘 몰라요.

[해설] 고객들을 특정 식당에 데리고 가자고 제안하는 청유문이다.
(A) 4명으로 예약하겠다고 답변함으로써 상대방의 제안을 우회적으로 수락하고 있는 정답이다.
(B) dinner에서 연상 가능한 menu를 이용해 혼동을 유도하는 오답이다.
(C) dinner에서 연상 가능한 dish를 이용해 혼동을 유도하는 오답이다.

15. [BR] [AU]

Please be sure to have your photo ID ready when boarding the ship.
(A) A 9:15 A.M. arrival.
(B) The board of directors will be there.
(C) Thanks for reminding me.

board of directors 경영진, 이사회   remind 상기시키다

배에 탈 때 반드시 사진이 부착된 신분증을 준비하시기 바랍니다.
(A) 9시 15분 도착입니다.
(B) 경영진이 거기 갈 것입니다.
(C) 상기시켜 주셔서 고마워요.

[해설] 배에 탈 때 반드시 사진이 부착된 신분증을 준비하라고 요청하는 명령문이다.
(A) 질문의 boarding the ship(배에 타기)에서 배가 도착하는(arrival) 시간을 연상하도록 유도하는 오답이다.
(B) 질문의 boarding과 발음이 비슷한 board를 이용해 혼동을 유도하는 오답이다.
(C) 배에 탈 때 반드시 사진이 부착된 신분증을 준비하라는 말에 생각나게 해줘서 고맙다는 인사를 하고 있으므로 정답이다.

16. [BR] [US]

Would you like to join our car pool group?
(A) My car is in good condition.
(B) Be sure to drive safely.
(C) Actually, I take the subway.

join 함께 하다, 합류하다   car pool 카풀, 승용차 함께 타기   in good condition 상태가 좋은

저희 카풀 팀에 합류하시겠어요?
(A) 제 차는 상태가 좋아요.

(B) 반드시 안전 운전 하세요.
(C) 사실, 저는 지하철을 타요.

[해설] 함께 카풀할 것을 제안하는 의문문이다.
(A) 질문의 car를 반복 사용하여 혼동을 유도하는 오답이다.
(B) 질문의 car에서 연상할 수 있는 drive를 이용하여 혼동을 유도하는 오답이다.
(C) 함께 카풀을 하겠냐는 질문에 지하철을 탄다고 답변함으로써 상대방의 제안을 우회적으로 거절하고 있으므로 정답이다.

PART 4 주제·목적 문제 / 장소·직업 문제 / 세부사항 문제

유형 연습

01. (B)　02. (B)　03. (A)　04. (A)　05. (B)　06. (A)

01. [US]
What is the announcement about?
(A) A new grocery store　(B) A special sale

안내

W: Thank you for shopping at Wendy's Mart today! We'd like to announce that we're now offering a 30% discount on all vegetables and fruits in the produce section. This is for Wendy's reward members only.

produce 농산물

안내는 무엇에 대한 것인가?
(A) 새로운 식료품점　(**B**) 특별 할인

여: 오늘 Wendy's Mart에서 쇼핑해주셔서 감사합니다! 저희가 지금 농산물 섹션의 모든 채소와 과일에 대해 30퍼센트의 할인을 제공한다는 점을 알려드리고자 합니다. 이것은 Wendy's 리워드 회원들에게만 해당됩니다.

02. [US]
What is the purpose of the call?
(A) To schedule a delivery　(B) To report a faulty item

전화 메시지

M: Hi, this is Tim Smith from Cedarville Construction. The wireless power drill that I ordered last week arrived yesterday. I charged it for a full night and brought it to my work site. Unfortunately, it doesn't work. The battery indicator is green. That should mean it is fully charged.

work site 작업 현장, 일터

전화의 목적은 무엇인가?
(A) 배송 일정을 잡기 위해　(**B**) 결함이 있는 물품을 알리기 위해

남: 안녕하세요, 저는 Cedarville Construction의 Tim Smith입니다. 제가 지난주에 주문한 무선 전기 드릴이 어제 도착했습니다. 저는 밤새 그것을 충전했고 제 작업 현장에 가지고 왔습니다. 안타깝게도, 그것이 작동을 하지 않습니다. 배터리 표시 장치는 초록색이에요. 그럼 완전히 충전되었다는 뜻일텐데요.

03. [AU]
Who is the intended audience for the announcement?
(A) Volunteers　(B) Tourists

안내

M: Hello, everyone, and welcome to Delaware Nature Park. Before we begin this year's Park Cleaning Day, thank you for participating in this annual event. More and more tourists and hikers are visiting us every year. So, we need to make an effort to preserve this park.

preserve 보존하다

공지가 대상으로 하는 청자는 누구인가?
(**A**) 자원봉사자들　(B) 여행객들

남: 안녕하세요, 여러분, Delaware Nature Park에 오신 것을 환영합니다. 올해 공원 청소의 날을 시작하기 전에, 이 연례 행사에 참가해 주셔서 감사합니다. 더 많은 여행객들과 등산객들이 매해 저희를 방문하고 있습니다. 그래서, 저희는 이 공원을 보존하기 위해 노력해야 합니다.

04. [BR]
Who most likely is the caller?
(A) A customer service agent　(B) A restaurant chef

전화 메시지

M: Hello, this is Andrea Denzel from the Customer Relations Department at Happy Kitchen Supplies. I'm calling to let you know about the status of your order. The multi-purpose oven you ordered through our Web site is out of stock.

전화한 사람은 누구이겠는가?
(**A**) 고객 서비스 직원　(B) 레스토랑 셰프

남: 안녕하세요, 저는 Happy 주방 용품의 고객 상담 부서에 있는 Andrea Denzel입니다. 고객님의 주문 상황에 대해 알려드리려고 전화했습니다. 당신이 저희 웹사이트를 통해 주문하신 다용도 오븐은 품절입니다.

05. [US]
Who most likely is Emily White?
(A) A teacher　(B) A writer

담화

W: I'm honored to introduce Emily White who will announce the winner of this year's Dickenson Award. She also received this award last year. As you already know, it is awarded to the most promising author of the year.

promising 유망한, 저명한

Emily White는 누구이겠는가?
(A) 교사　(**B**) 작가

여: 올해의 Dickenson 상의 수상자를 발표할 Emily White를 소개하게 되어 영광입니다. 그녀 역시 작년에 이 상을 수상하셨죠. 여러분이 이미 알고 있겠지만, 이것은 그 해의 가장 유망한 작가에게 수여됩니다.

06. [US]
What can listeners do on the company's Web site?
(A) Get an application form　(B) Select a parking space

안내

W: I'm very pleased to announce that the construction of the new parking garage will be completed at the end of this month. As planned, this five-story building will accommodate all of the employees' cars. The security office will take applications for reserved parking spaces next week. You can download the form from the company Web site.

청자들은 회사의 웹사이트에서 무엇을 할 수 있는가?
(A) 신청서 받기   (B) 주차 공간 선택하기

여: 새 주차장의 공사가 이번 달 말에 완료될 것이라는 것을 공지하게 되어 기쁩니다. 계획한 대로, 그 5층 짜리 건물은 모든 직원들의 차량을 수용할 것입니다. 경비실은 다음 주에 지정된 주차 공간을 위한 신청서를 받을 것입니다. 여러분은 회사 웹사이트에서 그것을 다운로드 받을 수 있습니다.

paraphrasing 정답   1. (b)   2. (a)   3. (c)   4. (c)   5. (b)   6. (a)

실전 문제

01. (C)	02. (B)	03. (A)	04. (C)	05. (C)	06. (B)
07. (B)	08. (D)	09. (B)	10. (B)	11. (A)	12. (D)
13. (A)	14. (B)	15. (D)	16. (B)	17. (A)	18. (D)
19. (C)	20. (B)	21. (D)	22. (D)	23. (A)	24. (C)

[01-03] BR

Questions 01-03 refer to the following talk.

W: Good afternoon, everyone. My name is Clara Simms, and I'm an instructor at the Prospect Technology Institute. Thank you for inviting me to ⁰¹**your Web design firm** today. ⁰²**I would like to tell you a little bit about our upcoming class in animation.** It is held three evenings a week throughout the month of June, and it will teach you how to use various animation programs. You'll also learn how to decrease loading times for animated elements, and you'll have plenty of hands-on practice. ⁰³**I've got some brochures that provide more information about this, so I'd like to distribute those now.**

instructor 강사, 교사   prospect 가망, 가능성   throughout ~동안 죽, 내내   decrease 줄다, 감소하다   load (데이터나 프로그램을) 로딩하다   animated 동영상으로 된, 만화영화로 된   element 요소, 성분   plenty of 많은   hands-on 직접 해보는   practice 실습, 연습   distribute 나누어주다, 분배하다

01-03은 다음 담화에 관한 문제입니다.
여: 여러분, 안녕하세요. 제 이름은 Clara Simms이고, Prospect Technology Institute의 강사입니다. 오늘 저를 ⁰¹여러분의 웹디자인 회사에 초대해주셔서 감사합니다. ⁰²곧 있을 애니메이션 강좌에 대해 조금 말씀드리고자 합니다. 6월 내내 주 3회 저녁에 열리며, 다양한 애니메이션 프로그램을 사용하는 법에 대해 가르쳐드릴 것입니다. 또한 여러분들은 동영상으로 된 요소들의 로딩 시간을 줄이는 법도 배우게 될 것이며, 상당한 양의 실습을 직접 하시게 됩니다. ⁰³이에 대한 더 많은 정보가 담긴 책자를 가져왔으니 지금 나눠드리겠습니다.

01.

화자는 누구에게 말하고 있는가?

(A) 우편 배달원들
(B) 기업의 회계사들
(C) 웹디자이너들
(D) 연구원들

[해설] 화자가 누구를 대상으로 이야기하고 있는지 묻고 있으므로 결국 청자의 직업을 묻는 문제이다. 담화 전반부에 화자는 오늘 자신을 '여러분의 웹디자인 회사(your Web design firm)'에 초대해주어 감사하다고 했고, 이어지는 내용에서 웹디자인과 관련된 애니메이션 강좌에 대해서 설명하는 것으로 보아 청자들은 웹디자인 회사에서 근무하는 웹디자이너들임을 알 수 있으므로 정답은 (C)이다.

[어휘] address 말하다, 연설하다   postal 우편의   corporate 기업[회사]의   accountant 회계원, 회계사

02.

화자는 왜 강연을 하고 있는가?
(A) 청자들로부터 의견을 취합하기 위해서
(B) 수업의 개요를 설명하기 위해
(C) 어떤 일에 대한 자원자들을 모집하기 위해
(D) 규정 변경을 설명하기 위해

[해설] 담화 전반부에 곧 있을 애니메이션 강좌에 대해 조금 이야기하고자 한다고(I would like to tell you a little bit about our upcoming class in animation) 담화의 목적을 분명히 밝혔다. 따라서 정답은 (B)이다.

paraphrasing   tell you a little bit about our upcoming class 곧 있을 강좌에 대해 조금 얘기하다 → give an overview of a class 수업의 개요를 설명하다

[어휘] give a talk 강연하다   gather 모으다, 모이다   opinion 의견   give an overview of ~의 개요를 설명하다   recruit (신입 사원 등을) 모집하다   volunteer 자원봉사자, 자원해서 하는 사람   task 일, 과업   regulation 규정, 규제

03.

화자는 다음에 무엇을 하겠는가?
(A) 책자를 배포하기
(B) 질문을 적기
(C) 일부 장치를 시연하기
(D) 비디오 클립을 보여주기

[해설] 담화 마지막 부분에 단서가 있다. 화자가 앞서 설명한 강좌에 대한 더 많은 정보가 담긴 책자를 가져왔으니 지금 나눠주겠다고(I've got some brochures that provide more information about this, so I'd like to distribute those now.) 했으므로 정답은 (A)이다.

paraphrasing   distribute 나눠주다 → pass out 배포하다

[어휘] pass out ~을 나눠주다   demonstrate 보여주다, 설명하다   equipment 장비, 용품   present 제시하다, 보여주다

[04-06] AU

Questions 04-06 refer to the following advertisement.

M: Sierra Summit has always been dedicated to bringing our loyal customers the best products at great prices, and we've got great news for you. ⁰⁴**On June 1, we're moving to 495 Cambridge Avenue, right across from the Remington Theater.** ⁰⁵**There you'll find all of the tents, sleeping bags, and other outdoor equipment that Sierra Summit is famous for.** But what's more, our new store will have an even wider variety of brands. ⁰⁶**Visit our Web site to see a map of the new site and directions for how to get there.**

dedicated to ~에 전념하는, 헌신하는   bring A B A에게 B를 가져다 주다   loyal customer 단골 고객   across from ~의 바로 맞은편에   sleeping bag 침낭   outdoor 옥외[야외]의   equipment 장비, 용품

04-06은 다음 광고에 관한 문제입니다.
남: Sierra Summit은 항상 저희의 단골 고객들에게 최적의 가격에 최고의 제품을 제공하고자 최선을 다해왔는데요, 여러분에게 전할 좋은 소식이 있습니다. ⁰⁴6월 1일에, 저희는 Remington 극장 바로 건너편인 Cambridge 가 495번지로 이전할 예정입니다. ⁰⁵여러분은 그곳에서 그 유명한 Sierra Summit의 모든 종류의 텐트, 침낭, 기타 아웃도어 용품들을 찾으실 수 있습니다. 더욱이, 저희의 새로운 매장은 훨씬 더 다양한 브랜드의 제품들을 갖게 될 것입니다. ⁰⁶저희 웹 사이트를 방문하셔서 새로운 장소의 지도와 찾아오시는 법을 확인해보세요.

04.
광고에서 청자들에게 무엇에 대해 알리는가?
(A) 고객 보상 프로그램
(B) 제품 출시
(C) 매장 이전
(D) 창고 정리 세일

[해설] 담화는 Sierra Summit이라는 업체의 광고로, 전반부에서 6월 1일에, Remington 극장 바로 건너편 Cambridge 가 495번지로 이전할 예정이라고(On June 1, we're moving to 495 Cambridge Avenue, right across from the Remington Theater.) 알리고 있다. 즉, 영업장의 이전을 공지하는 광고이므로 정답은 (C)이다.

paraphrasing   moving 이전하는 것 → relocation 이전

[어휘] launch 출시; 출시하다   relocation 이전, 재배치   clearance sale 창고 정리 세일

05.
Sierra Summit은 어떤 종류의 업체인가?
(A) 자동차 제조사
(B) 의류 디자인 업체
(C) 캠핑 용품 매장
(D) 커피숍

[해설] 매장을 이전할 예정임을 알린 후 새로운 매장에서 모든 종류의 텐트, 침낭, 기타 아웃도어 용품들을 찾을 수 있다고(you'll find all of the tents, sleeping bags, and other outdoor equipment) 언급했다. 이로 보아 Sierra Summit은 텐트, 침낭을 비롯한 아웃도어 용품, 즉 캠핑 용품을 취급하는 곳임을 알 수 있으므로 정답은 (C)이다.

[어휘] manufacturer 제조사, 생산회사

06.
화자의 말에 따르면, 웹사이트에서 무엇을 할 수 있는가?
(A) 쿠폰 다운받기
(B) 지도 보기
(C) 주문하기
(D) 경연 참가하기

[해설] 화자는 광고 마지막 부분에서 웹사이트에서 새로운 장소의 지도와 찾아오는 법을 확인하라고(Visit our Web site to see a map of the new site and directions for how to get there) 했다. 따라서 정답은 (B)이다.

paraphrasing   see a map 지도 보기 → viewing a map 지도 보기

[어휘] view 보다   enter (대회 등에) 출전[참가]하다

[07-09] US
Questions 07-09 refer to the following telephone message.

M: Hello, this message is for Charlotte McDaniel. ⁰⁷**This is Tony calling from Ace Domestic Goods.** We received your request for a Tyler brand ⁰⁷**washing machine**... um... model R90. Well, I'm afraid ⁰⁸**there's an issue with your order.** I think you must have been looking at an old catalog because ⁰⁸**the company is no longer making that machine.** I'm sure you understand that we had no choice but to cancel your order. However, there's a very similar one made by another company that you might be interested in. ⁰⁹**I can tell you about the features if you call me back** at 555-7902. I hope to hear from you soon. Thanks.

domestic 국내의, 가정용의   goods 상품, 제품   request 요청, 신청   washing machine 세탁기   issue (걱정거리가 되는) 문제   order 주문   have no choice but to V ~할 수 밖에 없다   similar 비슷한   be interested in ~에 관심이 있다   feature 특징, 특성

07-09는 다음 전화 메시지에 관한 문제입니다.
남: 여보세요. Charlotte McDaniel 씨에게 전하는 메시지입니다. 저는 ⁰⁷Ace 가정용품의 Tony입니다. 저희에게 Tyler 브랜드의 ⁰⁷세탁기를 요청하셨는데요... 음... 모델 번호는 R90이고요. 그런데, 안타깝게도 ⁰⁸당신의 주문에 문제가 있습니다. 예전 카탈로그를 보신 게 틀림없는 것 같아요. 왜냐하면 ⁰⁸그 회사는 더 이상 그 세탁기를 제조하지 않거든요. 저희가 당신의 주문을 취소할 수밖에 없었음을 이해해주시리라 믿습니다. 하지만 당신이 관심 있어 하실만한, 다른 업체에서 제조한 아주 비슷한 제품이 있습니다. 555-7902로 ⁰⁹다시 전화 주시면 제가 사양에 대해 설명해 드리겠습니다. 곧 연락주시기를 바랍니다. 감사합니다.

07.
화자는 어디에서 일하는가?
(A) 건축 회사에서
(B) 가전제품 매장에서
(C) 부동산 중개업소에서
(D) 금융 기관에서

[해설] 고객의 주문을 받은 업체의 직원으로 보이는 화자가 해당 고객에게 남기는 전화 메시지 내용이다. 메시지 초반 화자가 자신을 Ace Domestic Goods의 Tony라고 소개한 점과 고객이 세탁기(washing machine)를 주문했다고 한 점 등으로 보아 화자는 가전제품 매장에서 근무하고 있음을 유추할 수 있으므로 정답은 (B)이다.

paraphrasing   Domestic Goods 가정용품/washing machine 세탁기 → appliance 가전제품

[어휘] architectural 건축학의   appliance 가전제품   real estate 부동산   financial institution 금융 기관

08.
화자에 따르면, 무엇이 문제인가?
(A) 직원이 일부 문서를 잃어버렸다.
(B) 컴퓨터가 작동하지 않는다.
(C) 대금을 늦게 받았다.
(D) 제품이 생산 중단되었다.

[해설] 질문의 핵심 키워드 problem이 전화 메시지에서는 issue로 언급되었다. 메시지 중반에 당신의 주문에 문제가 있다며(there's an issue with your order), 그 회사는 더 이상 그 세탁기를 제조하지 않는다고(the company is no longer making that machine) 했다. 즉, 고객이 주문한 제품의 생산이 중단되었다는 뜻이므로 정답은 (D)이다.

paraphrasing the company is no longer making that machine 그 회사는 더 이상 그 세탁기를 제조하지 않는다 → A product has been discontinued 상품이 생산 중단되었다

[어휘] payment 지불, 지급 discontinue 중단하다

09.

청자는 왜 화자에게 전화해야 하는가?
(A) 환불을 요청하기 위해서
(B) 제품 설명을 듣기 위해서
(C) 선호하는 크기를 확인하기 위해서
(D) 우편 주소를 제공하기 위해서

[해설] 메시지 후반에 화자는 청자가 관심을 가질만한 비슷한 다른 제품이 있다면서 자신에게 다시 전화를 하면 그 제품의 사양에 대해 설명해주겠다고(I can tell you about the features if you call me back) 했다. 즉, 청자는 제품 설명을 듣기 위해 전화해야 하므로 정답은 (B)이다.

paraphrasing features 특징 → a product description 제품 설명

[어휘] refund 환불 description 설명 confirm 확인하다 preferred 선호하는

[10-12] [BR]

Questions 10-12 refer to the following announcement.

W: Attention, ¹⁰**travelers on Flight 791 to Santiago.** We regret to inform you that this flight has been postponed due to severe weather. We appreciate your patience while we await further instructions from the ¹⁰**air traffic control team.** We don't know when the ¹⁰**boarding procedures** will begin, so ¹¹**please stay here near Gate 56** for further announcements. By way of apology, we'd like to offer all frequent flyer members five thousand bonus miles. ¹²**If you are not a member of the program yet, you can visit the ticketing counter to pick up a registration form.**

inform 알리다   postpone 연기하다, 미루다   await 기다리다
instructions 지시, 명령   air traffic control 항공 교통 관제
boarding procedure 탑승 절차   by way of apology 사과의 의미로
registration form 등록 양식

10-12는 다음 안내 방송에 관한 문제입니다.
여: ¹⁰산티아고 행 791 항공편에 탑승하실 여행객들은 주목해주십시오. 이 항공편이 기상 악화로 인해 지연되었음을 알려드리게 되어 유감입니다. 저희가 ¹⁰항공 교통 관제 팀의 추후 지시를 기다리는 동안 양해해주시면 감사하겠습니다. ¹⁰탑승 수속 절차가 언제 시작될지 모르므로 추후 공지가 있을 때까지 ¹¹이곳 56번 탑승구 근처에 머물러 주시기 바랍니다. 사과의 의미로 저희 항공사의 단골 고객 회원 전원에게 보너스 5,000마일을 지급해드리고자 합니다. ¹²아직 이 프로그램의 회원이 아니시라면 발권 카운터에 방문하셔서 등록 양식을 받아가시면 됩니다.

10.

청자들은 어디에 있는 것 같은가?
(A) 기차에
(B) 공항에
(C) 백화점에
(D) 버스 정류장에

[해설] 공항 내에서 이뤄지는 안내 방송으로, 항공사 측에서 탑승객들에게 항공편 지연에 대해 알리고 있으므로 청자들이 있는 곳은 공항이므로 정답은 (B)이다. 화자가 언급한 내용 중 '산티아고 행 791 항공편(Flight 791 to Santiago)', '항공 교통 관제 팀(air traffic control team)', '탑승 수속 절차(boarding procedures)' 같은 표현을 들었다면 쉽게 정답을 알 수 있는 문제다.

11.

청자들은 무엇을 하라고 요청받는가?
(A) 그곳에서 머물기
(B) 티켓 교환하기
(C) 전화 상담 서비스에 전화하기
(D) 신분증 제시하기

[해설] 대화 중반에 단서가 있다. 탑승 수속 절차가 언제 시작될지 모르니 추후 공지가 있을 때까지 이곳 56번 탑승구 근처에 머물러 달라고(please stay here near Gate 56) 했다. 즉, 청자들에게 지금 그 위치에 그대로 있으라고 요청한 것이므로 정답은 (A)이다.

[어휘] area (특정 건물·공간 내의) 구역 exchange 교환하다 helpline 전화 상담 서비스 present 제시하다, 보여주다

12.

청자들은 카운터에서 무엇을 받을 수 있는가?
(A) 다과
(B) 할인 쿠폰
(C) 업데이트된 일정표
(D) 등록 양식

[해설] 안내 방송 마지막 부분에 정답의 단서가 있다. 앞서 항공편 지연에 대한 사과의 의미로 이 항공사를 자주 이용하는 회원으로 가입되어 있는 이용객들에게는 보너스 마일리지를 지급하겠다고 한 후, 아직 회원이 아니라면 발권 카운터에 방문하여 등록 양식을 받아가라고(you can visit the ticketing counter to pick up a registration form) 했으므로 정답은 (D)이다.

paraphrasing a registration form 등록 양식 → a sign-up form 등록 양식

[어휘] refreshments 다과 sign-up 등록, 가입

[13-15] [AU]

Questions 13-15 refer to the following announcement.

M: I'm happy to start our meeting off with some good news. ¹³,¹⁴**I am very pleased to hear that our newly launched product, the NV Air Conditioner has been quite successful in the market.** Customers have responded favorably to our new product and our sales have been higher than ever. Our development team did a great job of putting together a unit that greatly reduces energy use. They're trying to apply the same technology to the other home appliances that we make as well. ¹⁵**Their team leader will give a presentation about it at the board meeting on June 9.**

launch 출시하다   quite 꽤, 상당히   respond 응답하다, 반응을 보이다
favorably 호의적으로, 호의를 가지고   development 개발
put together 조립하다, 만들다   unit 장치, 설비, 도구   greatly 대단히, 크게   reduce 줄이다, 축소하다   apply 적용하다, 쓰다   home appliances 가전제품   as well 또한, 역시   board meeting 이사회

066 영단기 토익 솔루션 LC

13-15는 다음 공지에 관한 문제입니다.
남: 몇 가지 좋은 소식으로 회의를 시작하게 되어 기분이 좋습니다. **13, 14 우리가 새롭게 출시한 제품인 NV 에어컨이 시장에서 상당히 성공적이라는 소식에 매우 기쁩니다.** 고객들은 우리의 신제품에 우호적인 반응을 보이고 있고, 우리 매출은 여느 때보다도 높습니다. 우리 개발팀은 에너지 사용을 크게 감소시키는 장치를 아주 잘 만들어냈습니다. 그들은 똑같은 기술을 우리가 만드는 다른 가전제품들에도 적용시키려고 노력하고 있습니다. **15 그 팀의 팀장이 6월 9일 이사회에서 그에 대해 발표할 예정입니다.**

13.
화자는 무엇에 대해 기쁘다고 말하는가?
(A) 성공적으로 제품을 출시한 것
(B) 또 다른 지점을 연 것
(C) 승진한 것
(D) 에너지 사용을 줄인 것

[해설] 담화 초반, 화자는 새롭게 출시한 제품인 NV 에어컨이 시장에서 상당히 성공적이라는 소식을 듣게 되어 매우 기쁘다고(I am very pleased to hear that our newly launched product, the NV Air Conditioner has been quite successful in the market.) 했다. 즉, 성공적으로 제품 출시하여 기쁘다는 말이므로 정답은 (A)이다.

paraphrasing our newly launched product ~ has been quite successful in the market 우리가 새롭게 출시한 제품이 시장에서 상당히 성공적이다 → launching a product successfully 성공적으로 제품을 출시한 것

[어휘] branch 지점, 지사 promotion 승진

14.
화자는 어떤 종류의 업체에 근무하는가?
(A) 법률 사무소
(B) 전자제품 제조사
(C) 광고 대행사
(D) 전력 서비스 공급업체

[해설] 화자가 근무하고 있는 업체의 종류를 묻는 문제로, 담화 전반부에서 단서를 찾는다. '우리가 새롭게 출시한 제품인 NV 에어컨(our newly launched product, the NV Air Conditioner)'이라는 말로 보아 화자의 회사는 전자제품 제조사임을 알 수 있으므로 정답은 (B)이다.

[어휘] law firm 법률 사무소 manufacturer 제조사, 생산 회사 advertising agency 광고 대행사 electricity 전기, 전력

15.
6월 9일에는 무엇이 예정되어 있는가?
(A) 전사 차원의 교육
(B) 해외 진출
(C) 공장 시찰
(D) 이사회

[해설] 질문의 핵심 키워드 June 9는 담화 마지막에 언급된다. 팀장이 6월 9일 이사회에서 발표할 예정이라고(Their team leader will give a presentation about it at the board meeting on June 9.) 말했으므로 6월 9일에 이사회가 열릴 것임을 알 수 있으므로 정답은 (D)이다.

[어휘] company-wide 회사 전반의 expansion 확대, 확장 inspection 점검, 검사, 시찰

[16-18] US
Questions 16-18 refer to the following advertisement.

W: Are your computers, tablets, or other electronic devices not working as well as they used to? Bring them to Trenton's Tinkers! **16 We can repair and upgrade your electronics so that they are as good as new.** **17 Become a member to get 20% off your first service.** **18 Visit us at Trenton's Tinkers' Web site to see a list of how much our services cost.**

electronic device 전자기기 repair 수리하다 electronics 전자기기 as good as new 새것 같은 cost (비용이) ~이다

16-18은 다음 광고에 관한 문제입니다.
여: 여러분의 컴퓨터, 태블릿 PC 또는 그 밖의 다른 전자기기들이 예전만큼 잘 작동하지 않나요? Trenton's Tinkers에 가져오세요! **16 여러분의 전자기기들을 새것처럼 수리해드리고 업그레이드시켜 드릴 수 있습니다.** **17 최초 서비스에 대하여 20퍼센트 할인을 받기 위해 회원이 되세요.** **18 저희 서비스에 드는 비용을 확인하시려면 저희 Trenton's Tinkers의 웹사이트를 방문해주세요.**

16.
어떤 종류의 서비스가 광고되고 있는가?
(A) 소프트웨어 주문 제작
(B) 전자기기 수리
(C) 배터리 재활용
(D) 모바일 데이터

[해설] 담화 초반 전자기기들이 예전만큼 잘 작동하지 않는지 물은 후 전자기기들을 새것처럼 수리하고 업그레이드시켜 줄 수 있다는(We can repair and upgrade your electronics so that they are as good as new.) 말로 보아 전자기기 수리 서비스를 광고하고 있음을 알 수 있으므로 정답은 (B)이다.

[어휘] customization 주문에 따라 만듦 recycling 재활용

17.
청자들은 어떻게 할인을 받을 수 있는가?
(A) 회원 가입을 함으로써
(B) 친구를 가입시킴으로써
(C) 피드백을 제공함으로써
(D) 암호를 입력함으로써

[해설] 담화 중반, 최초 서비스에 대하여 20퍼센트 할인을 받기 위해 회원이 되라는(Become a member to get 20% off your first service.) 내용이 언급된다. 즉, 회원 가입을 하면 할인을 받을 수 있다는 말이므로 정답은 (A)이다.

paraphrasing become a member 회원이 되다 → joining a membership 회원 가입하기

[어휘] sign up 가입하다, 등록하다 enter 입력하다 code 부호, 암호

18.
화자에 따르면, 웹사이트에서 무엇을 찾을 수 있는가?
(A) 회원가입 신청서
(B) 소개 영상
(C) 사업 개요
(D) 서비스 가격표

[해설] 담화 마지막에서 서비스에 드는 비용의 목록을 확인하면 웹사이트를 방문하라고(Visit us at Trenton's Tinkers Web site to see a list of how much our services cost.) 했으므로 웹사이트에서는 서비스 가격표를 찾을 수 있다.

정답은 (D)이다.

paraphrasing a list of how much our services cost 우리 서비스에 드는 비용의 목록 → a service price list 서비스 가격표

[어휘] application 지원(서), 신청(서) introductory 소개용의 profile 개요(서)

[19-21] [BR]

Questions 19-21 refer to the following telephone message.

> M: Hi, this is Ken Sato from Fashion Outfit Outlet. [19] **I'm calling about the software that you made for my business.** It has really simplified inventory. [20] **I'm really pleased about how much more efficiently my people can work thanks to it.** In fact, it has been so helpful that [21] **I want to hold a regular training session for our newly hired store managers and workers. I'd like to speak with you in more detail about it.** Please call me back as soon as you get a chance. Thanks.

> simplify 간소화하다 inventory 물품 목록, 재고(품), 재고 조사 efficiently 능률[효율]적으로 thanks to ~ 덕분에 in fact 사실은, 실은 newly hired 새로 채용된

19-21은 다음 전화 메시지에 관한 문제입니다.
남: 안녕하세요, Fashion Outfit Outlet의 Ken Sato입니다. [19] 저희 회사를 위해 만들어주신 소프트웨어와 관련하여 전화 드립니다. 그것이 재고 조사를 정말로 간소화시켰어요. [20] 그것 덕분에 저희 직원들이 얼마나 더 효율적으로 근무할 수 있는지 정말 기쁩니다. 실은 그것이 매우 도움이 되어서 [21] 새로 채용된 매장 매니저들과 직원들을 대상으로 정기적인 교육을 진행하고 싶습니다. 이에 대해 당신과 더욱 상세히 얘기를 나누고 싶습니다. 시간 나시는 대로 제게 다시 전화 주시기 바랍니다. 감사합니다.

19.

메시지의 주제는 무엇인가?
(A) 패션 경향
(B) 직원 교육
(C) 새로운 소프트웨어
(D) 연간 재고 조사

[해설] 담화 초반에 메시지의 주제가 드러난다. 화자는 자신의 회사를 위해 청자가 만들어준 소프트웨어와 관련하여 전화했다고(I'm calling about the software that you made for my business) 밝혔으며, 이어서 이 소프트웨어의 장점 및 관련 계획을 언급하고 있다. 따라서 정답은 (C)이다.

[어휘] trend 동향, 추세 annual 연간의, 연례의

20.

화자는 무엇이 자신을 기쁘게 한다고 말하는가?
(A) 친절한 고객 지원 서비스
(B) 증가한 업무 효율성
(C) 시즌별 홍보
(D) 빠른 서비스

[해설] 화자는 청자가 만들어준 소프트웨어로 인해 재고 조사가 매우 간소화되었다면서, 그것 덕분에 직원들이 얼마나 더 효율적으로 근무할 수 있는지 정말 기쁘다고(I'm really pleased about how much more efficiently my people can work thanks to it.) 했다. 즉, 소프트웨어 덕분에 업무 효율성이 증대되어 기쁘다는 말이므로 정답은 (B)이다.

paraphrasing how much more efficiently my people can work 우리 직

원들이 얼마나 더 효율적으로 근무할 수 있는지 → increased work efficiency 증가한 업무 효율성

[어휘] customer support 고객 지원 서비스 increased 증가한 work efficiency 업무 효율성 seasonal 계절적인, 계절의, 주기적인 promotion 홍보, 판촉

21.

화자는 무엇에 대해 더욱 자세하게 논의하고 싶어 하는가?
(A) 이메일로 최신 정보를 받는 것
(B) 직원을 더 고용하는 것
(C) 공급업체를 바꾸는 것
(D) 교육을 진행하는 것

[해설] 담화 후반, 화자는 새로 채용된 매장 매니저들과 직원들을 대상으로 정기 교육을 진행하고 싶다고(I want to hold a regular training session for our newly hired store managers and workers.) 한 후, 이에 대해 청자와 더욱 상세히 얘기 나누고 싶다고 했다. 따라서 정답은 (D)이다.

[어휘] supplier 공급업체

[22-24] [US]

Questions 22-24 refer to the following telephone message.

> M: Hello, Ms. Jenkins. This is Roger Smith returning [22, 23] **your call about the broken Blenz Café brand coffee machine in your office.** Unfortunately, I'm completely booked today, but [22, 23] **I can be there tomorrow to fix it.** Would 10 A.M. be a good time for you? [24] **Please get back to me to confirm if that time works for you or not.** If I don't answer, just leave a message. Thank you, goodbye.

> broken 고장 난 completely 완전히, 전적으로 booked 예약된, 선약이 있는 fix 고치다 confirm 확인하다 work (계획 등이) 잘 되어가다

22-24는 다음 전화 메시지에 관한 문제입니다.
남: 여보세요, Jenkins 씨. 저는 Roger Smith이고 [22] 당신의 사무실에 있는 Blenz Café 브랜드의 커피 머신이 고장 났다는 전화에 회신 드립니다. 안타깝게도 오늘은 예약이 완전히 꽉 찼어요. 하지만 [22, 23] 내일 방문해서 고쳐드릴 수 있습니다. 오전 10시면 괜찮을까요? [24] 제게 다시 연락 주셔서 그 시간이 괜찮은지 확인해주시기 바랍니다. 제가 전화를 받지 않으면 그냥 메시지를 남겨주세요. 고맙습니다. 안녕히 계세요.

22.

화자는 누구일 것 같은가?
(A) 판매원
(B) 건물 세입자
(C) 부동산 중개인
(D) 보수 관리 직원

[해설] 화자의 직업을 묻는 문제로, 메시지 초반 전화의 용건을 밝힌 부분에 정답의 단서가 있다. 화자는 커피 머신이 고장 났다는(the broken ~ coffee machine) 청자의 전화에 답신 전화를 한 것임을 밝힌 후, 오늘은 예약이 꽉 찼으니 내일 방문해서 고쳐주겠다고(I can be there tomorrow to fix it) 했다. 따라서 화자가 건물이나 기계 등을 점검하고 보수하는 일을 한다는 것을 알 수 있으므로 정답은 (D)이다.

[어휘] salesperson 판매원 tenant 세입자 real estate agent 부동산 중개인 maintenance 보수 관리

23.

화자는 내일 무엇을 할 수 있다고 말하는가?
(A) 가전제품을 고치기
(B) 배달하기
(C) 점검을 실시하기
(D) 계약서를 검토하기

[해설] 질문의 핵심 키워드 tomorrow가 언급되는 부분에 단서가 있다. 화자는 오늘은 예약이 꽉 찼지만 내일은 방문해서 그것을 고칠 수 있다고 했다(I can be there tomorrow to fix it.). 여기서 it은 앞서 언급한 '고장 난 커피 머신'을 의미하므로 정답은 (A)이다.

paraphrasing fix 고치다 → repair 고치다

[어휘] repair 수리[보수]하다 appliance 가전제품 make a delivery 배달하다 conduct (특정한 활동을) 하다 inspection 점검, 조사 review 검토하다 contract 계약(서)

23.

화자는 청자에게 무엇을 확인하라고 요청하는가?
(A) 보안 코드
(B) 가전제품 브랜드
(C) 약속 시간
(D) 보증서

[해설] 메시지 후반, 화자는 청자에게 내일 방문하여 커피 머신을 수리할 시간으로 오전 10시를 제안하며, 자신에게 다시 연락해서 그 시간이 괜찮은지 확인해 달라고(Please get back to me to confirm if that time works for you or not.) 했다. 즉, 약속 시간에 대한 확인을 요청하고 있으므로 정답은 (C)이다.

[어휘] security 보안, 경비 appointment (업무 관련) 약속 warranty agreement 보증서

DAY 09

PART 2 평서문

Quick Check

01. US AU

The renovation work costs more than we planned.
(A) Isn't it still within the budget?
(B) The construction site is dangerous.

보수 작업이 우리가 예상했던 것보다 비용이 더 듭니다.
(A) 여전히 예산 범위 이내 아닌가요?
(B) 그 공사 현장은 위험합니다.

02. US US

The copy machine is making a loud noise.
(A) I had coffee this morning.
(B) I think it's out of order.

복사기가 커다란 소음을 내고 있어요.
(A) 저는 오늘 아침에 커피를 마셨어요.
(B) 아마도 고장 난 것 같아요.

03. BR BR

I think this new office chair is comfortable.
(A) I prefer the old one.
(B) It's a furnished apartment.

저는 이 새로운 사무실 의자가 편하다고 생각해요.
(A) 저는 예전 의자가 더 좋습니다.
(B) 가구가 갖추어진 아파트입니다.

04. US US

I expected the apartment to be more spacious.
(A) I'm moving in next Friday.
(B) How about you rearrange the furniture?

저는 아파트가 더 넓길 기대했어요.
(A) 저는 다음 주 금요일에 이사가요.
(B) 당신이 가구를 재배치하면 어때요?

05. AU BR

I wonder if I can afford this car.
(A) We're offering discounts now.
(B) Taking the bus will be faster.

제가 이 차를 살 형편이 될 의문이네요.
(A) 저희는 지금 할인을 해드리고 있어요.
(B) 버스를 타는 게 더 빠를 거예요.

유형 연습

01. (A)   02. (B)   03. (B)   04. (B)   05. (B)   06. (A)
07. (B)   08. (A)

01. US BR

One of the guests just spilled coffee on the floor.
(A) I'll send someone to clean it up. [○]
(B) Did you make some copies of it? [×]

손님들 중 한 분이 바닥에 커피를 엎질렀어요.
(A) 제가 사람을 보내서 치우도록 하겠습니다.
(B) 그거 복사하셨나요?

02. BR US

I worked late completing the project.
(A) I haven't been there lately. [×]
(B) You must be exhausted. [○]

프로젝트를 완료하느라 늦게까지 일했어요.
(A) 저는 최근에 거기 간 적이 없어요.
(B) 피곤하시겠어요.

03. AU BR

Ms. Jacobson is standing right over there.
(A) That light is too bright. [×]
(B) Thanks, I'll go introduce myself. [○]

Jacobson 씨가 바로 저기 서 계십니다.
(A) 저 불이 너무 밝습니다.
(B) 감사합니다. 제가 가서 제 소개를 하겠습니다.

04. US US

You must be excited about the opening of the new store.
(A) How do I open this? [×]
(B) I can hardly wait. [○]

새 가게를 여는 것에 대해서 무척 흥분되시겠어요.
(A) 이것을 어떻게 여나요?
(B) 네, 기다릴 수가 없습니다.

05. BR US

It would have been nice to see Carla before she left.
(A) The one on the right is better. [×]
(B) Too bad, we were away on vacation. [○]

Carla가 떠나기 전에 만났더라면 좋았을 텐데요.
(A) 오른쪽에 있는 것이 더 낫네요.
(B) 아쉽게도, 우리는 휴가 중이었습니다.

06. US AU

I want to exchange this hair dryer.
(A) Sure, please follow me. [○]
(B) Thanks, but I like my hair color. [×]

이 헤어 드라이어를 교환하고 싶어요.
(A) 물론이죠, 저를 따라오세요.
(B) 고맙지만, 저는 제 머리 색깔이 좋아요.

07. AU BR

I'd like to cancel a reservation for tonight, please.
(A) Sorry, we're all sold out. [×]
(B) I can help you with that. [○]

오늘 밤 예약을 취소하고 싶습니다.
(A) 죄송합니다만, 모두 팔렸습니다.
(B) 제가 그것을 도와드리겠습니다.

08. US BR

Your meal order will be ready to pick up in 20 minutes.
(A) Okay, I'll just wait here. [○]
(B) Can you order them by date? [×]

당신의 식사 주문은 20분 후에 가지고 가실 수 있을 거예요.
(A) 알겠습니다, 그냥 여기서 기다릴게요.
(B) 그것들을 날짜 별로 정리해주시겠어요?

실전 문제

01. (C) 02. (C) 03. (C) 04. (A) 05. (C) 06. (A)
07. (B) 08. (C) 09. (B) 10. (C) 11. (B) 12. (C)
13. (C) 14. (B) 15. (B) 16. (C)

01. BR US

This bed cover is incredibly soft.
(A) It covers all information needed.
(B) No, I don't make children's clothes.
(C) We use the finest linen.

incredibly 믿을 수 없을 정도로, 엄청나게   cover 다루다, 포함시키다
fine 질 높은, 좋은

이 침대 커버는 엄청나게 부드러워요.
(A) 그것은 필요한 모든 정보를 다룹니다.
(B) 아니요, 저는 아동복을 만들지 않아요.
(C) 저희는 가장 좋은 리넨을 사용해요.

[해설] 침대 커버가 부드럽다는 내용의 평서문이다.
(A) 질문의 cover를 반복 사용하여 혼동을 유도하는 오답이다.
(B) 질문의 soft가 섬유의 부드러움을 나타낼 때 쓰이므로 clothes를 이용해 혼동을 유도하는 오답이다.
(C) 가장 좋은 리넨을 사용한다며 그 이유를 말하고 있으므로 정답이다.

02. US US

I was surprised that Mr. Adams is retiring soon.
(A) The price will remain the same.
(B) Yes, you look very tired.
(C) He wants to run his own business.

retire 은퇴하다   run a business 사업을 하다

Adams 씨가 곧 은퇴할 거라니 놀랐어요.
(A) 가격은 동일하게 유지될 거예요.
(B) 네, 당신은 아주 피곤해 보여요.
(C) 그는 자기 사업을 하고 싶어 해요.

[해설] Adams 씨가 은퇴할 거라는 소식을 듣고 놀랐다는 내용의 평서문이다.
(A) 질문의 surprised와 발음이 유사한 the price를 이용하여 혼동을 유도하는 오답이다.
(B) 질문의 retiring과 발음이 유사한 tired를 이용하여 혼동을 유도하는 오답이다.
(C) Mr. Adams를 대명사 he로 받아 그가 자기 사업을 하고 싶어한다며 은퇴 이유를 덧붙이고 있는 정답이다.

03. BR AU

Western Cape University received millions in donations.
(A) She's a professor.
(B) Isn't Timothy returning to college?
(C) Now they can provide more scholarships.

millions 수백만   donation 기부, 기증   professor 교수   return 돌아오다[가다]   provide 제공하다   scholarship 장학금

Western Cape 대학교가 기부금으로 수백만 달러를 받았어요.
(A) 그녀는 교수입니다.
(B) Timothy가 대학으로 돌아가지 않나요?

(C) 이제 그들은 장학금을 더 많이 줄 수 있어요.

[해설] Western Cape 대학교가 기부금으로 수백만 달러를 받았다고 말하는 평서문이다.
(A) 질문의 university에서 연상할 수 있는 professor를 이용하여 혼동을 유도한 오답으로, 질문에서 대명사 she로 받을만한 특정 인물이 언급되지 않았다.
(B) 질문의 university에서 연상할 수 있는 college를 이용하여 혼동을 유도한 오답이다.
(C) 이제 장학금을 더 많이 줄 수 있게 되었다며 기부금의 사용처를 언급하고 있으므로 정답이다.

04. [AU] [US]

I got a flat tire on Mohawk Highway.
(A) We'll send someone to help.
(B) The speed limit is 60 miles per hour.
(C) I don't feel tired.

flat tire 펑크 난 타이어

Mohawk 고속도로에서 타이어가 펑크 났어요.
(A) 도와드릴 사람을 보내드리겠습니다.
(B) 속도 제한은 시속 60마일입니다.
(C) 저는 피곤하지 않아요.

[해설] 고속도로에서 타이어가 펑크 났다고 말하는 평서문이다.
(A) 도와줄 사람을 보내주겠다는 말로 처리 방법을 제시하고 있으므로 정답이다.
(B) 질문의 highway에서 연상 가능한 speed limit을 이용하여 혼동을 유도하는 오답이다.
(C) 질문의 tire와 발음이 유사한 tired를 이용해 혼동을 유도하는 오답이다.

05. [US] [AU]

Ms. White's room has been double-booked.
(A) At the lost and found department.
(B) No, I don't have a reservation.
(C) I'll call the hotel's manager.

double-booked 이중으로 예약된   lost and found 분실물 취급소

White 씨의 방이 이중으로 예약되었어요.
(A) 분실물 센터에서요.
(B) 아니요, 저는 예약을 하지 않았어요.
(C) 제가 호텔 매니저에게 전화할게요.

[해설] 방이 이중으로 예약되었다며 문제점을 알리는 평서문이다.
(A) 방이 이중으로 예약되었다는 사실과 분실물 센터는 전혀 상관없는 내용이므로 오답이다.
(B) 질문의 booked에서 연상할 수 있는 reservation을 이용해 혼동을 유도하는 오답이다.
(C) 자신이 호텔 매니저에게 전화하겠다고 응답함으로써 문제 해결 방법을 제시하고 있으므로 정답이다.

06. [BR] [AU]

I think the printer in my office is jammed again.
(A) Let me take a look.
(B) Sorry, because of traffic jam.
(C) A toner cartridge.

jammed (종이가) 걸려서 움직이지 않는   traffic jam 교통 체증

제 사무실의 프린터에 또 종이가 걸린 것 같아요.
(A) 제가 볼게요.
(B) 미안해요, 교통 체증 때문에요.
(C) 토너 카트리지요.

[해설] 또 프린터에 종이가 걸린 것 같다고 말하는 평서문이다.
(A) 자신이 프린터를 보겠다고 답변함으로써 상대방의 문제점을 해결해주려는 의사를 보여주고 있는 정답이다.
(B) 질문의 jammed와 발음이 유사한 jam을 이용해 혼동을 유도하는 오답이다.
(C) 질문의 printer에서 연상 가능한 toner cartridge를 이용해 혼동을 유도하는 오답이다.

07. [US] [US]

This new TV commercial has been remarkably successful.
(A) The names of successful candidates.
(B) Yes, it is endorsed by a famous actress.
(C) In commercial district.

commercial (TV나 라디오의) 광고, 상업의   remarkably 두드러지게, 현저하게   candidate 지원자, 후보다   endorse (유명인이 광고에 나와서 상품을) 홍보하다

이 새로운 TV 광고는 크게 성공했어요.
(A) 합격한 지원자들의 이름입니다.
(B) 네, 그것은 유명한 여배우에 의해 홍보되고 있습니다.
(C) 상업 지구예요.

[해설] 새로운 TV 광고가 크게 성공했다고 말하는 평서문이다.
(A) 질문의 successful을 반복 사용하여 혼동을 유도하는 오답이다.
(B) Yes로 동의한 후 유명한 여배우가 홍보하고 있다며 성공의 이유를 덧붙이고 있으므로 정답이다.
(C) 질문의 commercial을 반복 사용하여 혼동을 유도하는 오답이다.

08. [BR] [AU]

I need to see the latest customer survey results.
(A) The online survey.
(B) It only takes a minute to fill out.
(C) I'll get them to you later today.

latest (가장) 최근의, 최신의   customer survey 고객 여론 조사   result 결과   fill out 작성하다, 기입하다

저는 가장 최근의 고객 여론 조사 결과를 봐야 합니다.
(A) 온라인 설문 조사입니다.
(B) 작성하는 데 잠깐이면 됩니다.
(C) 오늘 늦게 갖다 드릴게요.

[해설] 가장 최근의 고객 여론 조사 결과를 봐야 한다고 말하는 평서문이다.
(A) 질문의 survey를 반복 사용하여 혼동을 유도하는 오답이다.
(B) 질문의 survey에서 연상할 수 있는 fill out(작성하다)을 이용하여 혼동을 유도하는 오답이다.
(C) customer survey results를 대명사 them으로 받아 오늘 늦게 가져다주겠다며 상대의 요청을 수락하고 있는 정답이다.

09. [AU] [US]

I learned a lot at the workshop earlier.
(A) Please present a photo ID.
(B) Ms. Dalton is knowledgeable about our products.
(C) Welcome to our university.

present 제시하다　knowledgeable 아는 것이 많은

저는 앞서 워크숍에서 많은 것을 배웠어요.
(A) 사진이 부착된 신분증을 보여주세요.
(B) Dalton 씨는 저희 제품에 대해 잘 알고 있어요.
(C) 저희 대학에 오신 것을 환영합니다.
[해설] 워크숍에서 많은 것을 배웠다고 말하는 평서문이다.
(A) 질문의 workshop에서 연상되는 present(발표하다)와 동음이의어인 present(제시하다)를 이용해 혼동을 유도하는 오답이다.
(B) Dalton 씨가 우리 제품에 대해 많이 알고 있다고 응답함으로써 워크숍에서 Dalton 씨가 참석자들에게 제품에 대한 정보를 잘 전달해주었음을 우회적으로 말하는 정답이다.
(C) 질문의 learned에서 연상할 수 있는 university를 이용해 혼동을 유도하는 오답이다.

10. [BR] [BR]

I was very pleased to hear that Mr. Blank will be the new manager.
(A) Please send these to headquarters.
(B) I'm interested in applying for it.
(C) Yes, he has incredible leadership skills.

be pleased to V ~해서 기쁘다　headquarters 본사　be interested in ~에 관심이 있다　apply for ~에 지원하다　incredible 믿을 수 없는, 믿기 힘든

Blank 씨가 새 매니저가 될 것이라는 소식을 듣고 매우 기뻤어요.
(A) 이것들은 본사로 보내주시기 바랍니다.
(B) 저는 그것에 지원하는 데 관심이 있어요.
(C) 네, 그는 믿을 수 없을 정도의 지도력을 가지고 있어요.
[해설] Blank 씨가 새 매니저가 된다는 소식을 듣고 매우 기뻤다는 내용의 평서문이다.
(A) 질문의 pleased와 발음이 유사한 please를 이용해 혼동을 유도하는 오답이다.
(B) 질문의 new manager만 듣고 새로운 매니저를 채용한다는 내용으로 잘못 이해할 경우 고를 수 있는 오답이다.
(C) Yes로 응답한 후 Mr. Blank를 대명사 he로 받아 그의 지도력을 칭찬하는 말을 덧붙인 정답이다.

11. [US] [BR]

Our dishwasher made record sales in England.
(A) Do you need help washing the dishes?
(B) We thought people would like it.
(C) That should be effective.

dishwasher 식기 세척기　made sales 매출을 내다　record 기록적인　effective 효율적인

우리의 식기 세척기가 영국에서 기록적인 매출을 올렸어요.
(A) 설거지를 도와드릴까요?
(B) 우리는 사람들이 좋아할 거라고 생각했어요.
(C) 그건 효율적일 거예요.
[해설] 식기 세척기가 영국에서 매우 많이 팔렸다는 내용의 평서문이다.
(A) 질문의 dishwasher에서 연상할 수 있는 washing the dishes를 이용해 혼동을 유도하는 오답이다.
(B) 사람들이 좋아할 거라고 생각했다고 말함으로써 이 제품이 잘 팔릴 것을 예상했음을 표현하고 있는 정답이다.
(C) 질문의 dishwasher의 특성을 나타내는 표현으로 연상 가능한 effective를 이용해 혼동을 유도하는 오답이다.

12. [BR] [US]

The board of directors was disappointed with the low sales.
(A) You will find the directions to the clinic.
(B) It should be lowered.
(C) Yes, they are worse than we expected.

board of directors 이사회　be disappointed with ~에 실망하다
directions to ~로 찾아가는 길　clinic 병원　lower ~을 내리다, 낮추다
expect 예상[기대]하다

이사회가 저조한 매출에 실망했어요.
(A) 당신은 그 병원으로 가는 길을 찾을 거예요.
(B) 그것을 내려야 해요.
(C) 네, 우리가 예상했던 것보다 더 나빠요.
[해설] 이사회가 저조한 매출에 실망했다고 말하는 평서문이다.
(A) 질문의 directions와 발음이 유사한 directors를 이용해 혼동을 유도하는 오답이다.
(B) 질문의 low에서 연상할 수 있는 lowered를 이용해 혼동을 유도하는 오답이다.
(C) Yes로 응답한 후 the low sales를 대명사 they로 받아 예상했던 것보다 매출이 더 나빴다고 부연 설명하는 정답이다.

13. [US] [AU]

I'm very sorry for the delivery delay.
(A) You can track the delivery status online.
(B) It's out of stock now.
(C) Can you refund it?

delivery 배달　delay 지연, 지체　track 추적하다　status (진행 과정의) 상황　out of stock 품절[매진]이 되어　refund 환불하다

배송이 지연되어 대단히 죄송합니다.
(A) 온라인으로 배송 상황을 추적할 수 있습니다.
(B) 현재 품절입니다.
(C) 환불해주시겠어요?
[해설] 배송이 지연되어 미안하다는 평서문이다.
(A) 질문의 delivery를 반복 사용하여 혼동을 유도하는 오답이다.
(B) 질문의 delivery delay(배송 지연)의 이유로 연상 가능한 out of stock(품절된)을 이용해 혼동을 유도하는 오답으로, 오히려 배달하는 측에서 할 만한 말이다.
(C) 배송이 지연되어 미안하다는 말에 환불해줄 수 있는지 되묻고 있는 정답이다.

14. [BR][BR]

Please send me last quarter's sales figures by the end of the week.
(A) We will figure it out.
(B) Okay, that won't be a problem.
(C) Yes, I met my goal.

quarter 분기   figure out 생각해 내다, 이해하다, 해결하다   meet a goal 목표를 달성하다

이번 주 말까지 제게 지난 분기의 매출 수치를 보내주세요.
(A) 저희가 해결할게요.
(B) 알겠어요, 그건 별 문제 아니에요.
(C) 네, 저는 목표를 달성했어요.

[해설] 매출 수치를 보내달라고 요청하는 평서문이다.
(A) 질문의 figure를 반복 사용하여 혼동을 유도하는 오답이다.
(B) Okay라고 수락한 뒤 별로 어려운 일이 아니니 기꺼이 해줄 수 있다는 의미로 별 문제 아니라고 덧붙인 정답이다.
(C) 질문의 sales figures에서 매출 목표를 연상하도록 유도하는 goal을 이용한 오답이다.

15. [BR][US]

This place has the best Mexican food around.
(A) Mr. Gonzalez is away on business.
(B) That's why I recommended it.
(C) The beef burrito, please.

place 위치, 장소   away 자리에 없는   on business 볼일이 있어, 업무로

이곳의 멕시코 음식이 이 주위에서 가장 맛있어요.
(A) Gonzalez 씨는 업무차 자리를 비웠어요.
(B) 그래서 제가 추천한 거예요.
(C) 소고기 브리또로 주세요.

[해설] 화자들이 있는 장소의 멕시코 음식이 가장 맛있다고 말하는 평서문이다.
(A) 질문의 Mexican에서 연상할 수 있는 멕시코 사람의 이름 Mr. Gonzalez를 이용하여 혼동을 유도하는 오답이다.
(B) 그래서 자신이 이곳을 추천한 거라며 상대방의 말에 강한 동의를 표하고 있으므로 정답이다.
(C) 질문의 Mexican food에서 연상할 수 있는 beef burrito를 이용하여 혼동을 유도하는 오답이다.

16. [US][US]

Charles asked us to submit our article proposal by tomorrow.
(A) I'd like to renew my subscription.
(B) Yes, it's a very interesting article.
(C) I'm leaving on a business trip this afternoon.

submit 제출하다   article 기사   proposal 제안, 제의   renew 갱신하다   subscription 구독   business trip 출장

Charles가 우리에게 내일까지 기사 기획안을 제출하라고 했어요.
(A) 저는 구독을 갱신하고 싶습니다.
(B) 네, 그것은 매우 흥미로운 기사였어요.
(C) 저는 오늘 오후에 출장을 떠나요.

[해설] Charles가 내일까지 기사 기획안을 제출하라고 했다는 내용의 평서문이다.
(A) 질문의 article에서 연상할 수 있는 잡지나 신문의 '구독'을 뜻하는 subscription을 이용해 혼동을 유도하는 오답이다.
(B) 질문의 article을 반복 사용하여 혼동을 유도하는 오답이다.
(C) 자신은 오늘 오후 출장을 떠난다고 말함으로써 내일까지 제출하는 것이 불가능함을 간접적으로 전하고 있으므로 정답이다.

PART 4 제안·요청 문제 / 다음 할 일 문제 / 의도 파악 문제

유형 연습

01. (B)   02. (A)   03. (A)   04. (B)   05. (A)   06. (A)

01. [US]

What are listeners advised to do?
(A) Listen to traffic updates
(B) Avoid driving through an area

라디오 방송

W: Due to recent unexpected freezing cold weather, main water pipes burst right in front of Graham Movie Theater on South Central Boulevard. The police department is blocking the street and redirecting traffic now. The Department of Energy and Water Supply expects that the repair work will be completed in two days. Motorists are advised to avoid this area.

burst 터지다, 파열하다   redirect ~의 방향을 바꾸다

청자들은 무엇을 하도록 조언 받는가?
(A) 최신 교통 방송 듣기   **(B) 어떤 지역을 통해 운전하는 것 피하기**

여: 최근의 예기치 않은 아주 추운 날씨로 인해, South Central 대로의 Graham 영화관 바로 앞의 주요 수도관이 터졌습니다. 경찰은 거리를 폐쇄하고 교통을 재정리하고 있습니다. 에너지와 수도 공급 부서는 수리 공사가 이틀 후에 완료될 것이라고 알렸습니다. 운전자들은 이 지역을 피할 것이 권고됩니다.

02. [BR]

What will the listeners do next?
(A) Listen to weather news   (B) Post their questions online

라디오 방송

M: Hello, we are going to meet the CEO of Cinema Plus, Morgan Smith. He will tell us how he became a successful businessperson. We will be right back in a few minutes after the weather update. Stay tuned.

청자들은 다음에 무엇을 할 것인가?
(A) 날씨 뉴스 듣기   (B) 온라인에 질문 올리기

남: 안녕하세요, 우리는 Cinema Plus의 CEO인 Morgan Smith를 만날 것입니다. 그는 그가 어떻게 성공적인 사업가가 되었는지 말해줄 거예요. 날씨 소식 뒤에 몇 분 후에 바로 돌아오겠습니다. 채널 고정해 주세요.

03. [AU]

What does the speaker suggest doing?
(A) Holding a meeting   (B) Upgrading a computer

073

전화 메시지

M: Hello, this is Min-ho from Daniel Investment. I'm afraid the printers may have been priced too high. Could you tell me when you are available to discuss this issue? I'm free this Wednesday afternoon. Someone from the purchasing department will also join in.

화자는 무엇을 할 것을 제안하는가?
(A) 회의 열기 (B) 컴퓨터 업그레이드 하기

남: 안녕하세요, 저는 Daniel Investment의 Min-ho입니다. 프린터의 가격이 너무 높게 측정된 것 같아 우려됩니다. 이 사안에 대해 언제 논의 가능하신지 알려주시겠어요? 저는 이번 주 수요일 오후에 시간이 됩니다. 구매 부서의 직원 분도 함께 하실 거예요.

04. US
What will the listeners most likely do next?
(A) Have a Q&A session (B) Go to a cafeteria

안내

W: Attention please. As I said this morning, the regular inspection of the conveyer belts will take place this afternoon. Inspectors will begin the inspection in 10 minutes. So, the workers on Assembly Line A may go to the cafeteria now and take some rest. Inspectors will ask some questions about the conveyor belts when you are back on duty. Thanks.

on duty 일하고 있는, 근무 중인

청자들은 다음에 무엇을 하겠는가?
(A) 질의응답 시간 갖기 (B) 구내식당으로 가기

여: 주목해 주세요. 제가 오늘 아침에 말한 것처럼, 컨베이어 벨트의 정기 점검이 오늘 오후에 진행될 것입니다. 조사관들은 10분 후에 점검을 시작하실 거예요. 그러므로, 조립 라인 A의 직원들은 지금 구내식당으로 가서 좀 쉬도록 하세요. 다시 일하러 오시면 조사관들이 컨베이어 벨트에 대한 질문을 몇 개 하실 겁니다. 감사합니다.

05. BR
What does the speaker mean when she says, "50 cans of light grey paint is too many"?
(A) She thinks there might be a mistake.
(B) She is happy with a large order.

전화 메시지

W: Hello, Ms. Kimberly. This is Linda Yang from LY Home Improvement. I'm calling regarding your order that you placed this morning. 50 cans of light grey paint is too many. It is larger than usual. Please call me back as soon as possible to let me know if that number is correct. Thank you.

화자가 "연한 회색 페인트 50통은 너무 많아요"라고 말할 때 의미하는 바는 무엇인가?
(A) 실수가 있다고 생각한다. (B) 대량 주문에 만족한다.

여: 안녕하세요, Kimberly 씨. 저는 LY Home Improvement의 Linda Yang입니다. 당신이 오늘 아침 주문하신 것과 관련하여 전화드렸습니다. 연한 회색 페인트 50통은 너무 많아요. 평소보다 더 많습니다. 가능한 빨리 제게 다시 전화주셔서 그 숫자가 맞는지 알려주세요. 감사합니다.

06. US
Why does the speaker say, "I really enjoyed it last time with my family"?
(A) To recommend a restaurant
(B) To give detailed information

여행 안내

M: All right, everyone. We are arriving at the area called Old Town. You will encounter buildings with traditional gothic styles. You will be given two hours of free time to look around the area. If you need to rest, go to Belgian Treats & Coffee. I really enjoyed it last time with my family. Please come back to the bus by 4 P.M.

화자는 왜 "저는 지난 번에 저의 가족과 그곳을 정말 즐겼어요"라고 말하는가?
(A) 레스토랑을 추천하기 위해 (B) 세부 정보를 주기 위해

남: 좋아요, 여러분. 저희는 올드 타운이라고 불리는 지역에 도착하고 있습니다. 여러분은 전통적인 고딕 스타일의 건물을 마주할 거예요. 이 지역을 둘러보는 데 2시간의 자유 시간이 주어질 겁니다. 휴식이 필요하시면, Belgian Treats & Coffee로 가세요. 저는 지난 번에 저의 가족과 그곳을 정말 즐겼어요. 버스로 오후 4시까지 돌아오시기 바랍니다.

paraphrasing 정답 1. (a) 2. (c) 3. (b) 4. (c) 5. (b) 6. (a)

실전 문제

01. (C)	02. (C)	03. (D)	04. (B)	05. (A)	06. (D)
07. (B)	08. (A)	09. (D)	10. (D)	11. (D)	12. (B)
13. (D)	14. (B)	15. (A)	16. (B)	17. (A)	18. (B)
19. (C)	20. (D)	21. (C)	22. (D)	23. (B)	24. (B)

[01-03] AU

Questions 01-03 refer to the following telephone message.

M: Hi, Mr. Navarro. This is Robert Hollis. **01 I hope you remember me from the National Advertising Conference** earlier this month. I'm pleased that you were impressed with my colleague's designs, and I recall that you were wondering what kind of software she uses, since **02 you're looking to upgrade your technology.** I checked with my colleague, and she has a program called Montague. It's the perfect time to purchase it online, because **03 it's currently being offered at half off the usual price.** So, if you're interested, you'll want to take care of this as soon as possible.

pleased 기뻐하는, 만족해하는   be impressed with ~에 감동받다
colleague 동료   recall 기억해 내다, 상기하다   usual price 통상 가격

01-03은 다음 전화 메시지에 관한 문제입니다.

남: 안녕하세요, Navarro 씨. 저는 Robert Hollis입니다. **01 이달 초 전국 광고 콘퍼런스에서 저를 만나셨던 것을 기억하시길 바랍니다.** 당신이 제 동료의 디자인에 대해 깊은 인상을 받았다니 기뻐요. 그리고 **02 당신이 당신의 기술 업그레이드를 생각하고 있어서** 그녀가 어떤 종류의 소프트웨어를 사용하는지 궁금하셨던 것이 생각나요. 제 동료에게 확인해봤는데 그녀는 Montague라는 프로그램을 가지고 있어요. 그것을 온라인으로 구입하기에 지금이 최적의 시기입니다. **03**

왜냐하면 현재 평소의 절반 가격에 제공되고 있거든요. 그러니 관심이 있으시다면 가능한 한 빨리 처리하셔야 할 거예요.

01.

화자는 Navarro 씨를 어디에서 만났는가?
(A) 시상식 연회에서
(B) 건물 투어에서
(C) 업계 콘퍼런스에서
(D) 취업 박람회에서

[해설] 핵심 키워드 Mr. Navarro는 이 전화 메시지의 수신인이므로 화자와 청자가 만난 장소를 묻는 문제이다. 메시지 초반 화자가 이달 초 전국 광고 콘퍼런스에서 저를 만나셨던 것을 기억하길 바란다고(I hope you remember me from the National Advertising Conference) 말했으므로 이를 '업계 콘퍼런스'로 바꿔 표현한 (C)가 정답이다.

paraphrasing the National Advertising Conference 전국 광고 콘퍼런스 → an industry conference 업계 콘퍼런스

[어휘] banquet 연회, 만찬 industry 산업, 업계 career fair 취업 박람회

02.

화자는 왜 "그녀는 Montague라는 프로그램을 가지고 있어요"라고 말하는가?
(A) 오류를 정정하기 위해서
(B) 주문을 취소하기 위해서
(C) 상품에 대한 정보를 전달하기 위해서
(D) 동료를 추천하기 위해서

[해설] 해당 표현의 앞뒤 문맥을 파악하여 화자의 의도를 파악하는 문제다. 해당 표현에 앞서 메시지 수신인이 기술 업그레이드를 위한 제품의 구입에 관심이 있어(you're looking to upgrade your technology) 화자의 동료가 사용하는 프로그램의 종류를 궁금해했다는 내용이 나오고, 해당 표현 뒤에는 지금이 온라인으로 그것을 구입하기에 최적의 시기이니 서두르라는 내용이 나온다. 즉, 화자가 "그녀는 Montague라는 프로그램을 가지고 있어요"라고 특정 제품의 이름을 말한 것은 제품에 대한 정보를 제공하기 위한 것이므로 정답은 (C)이다.

[어휘] correct 바로잡다, 정정하다

03.

화자는 왜 청자에게 빨리 행동을 취할 것을 권장하는가?
(A) 배송에 시간이 오래 걸릴지도 모른다.
(B) 몇몇 물품이 다 떨어질 것 같다.
(C) 마감일이 변경되었다.
(D) 세일 행사가 곧 종료될 것이다.

[해설] 대화 마지막 부분에서, 화자는 그것이 현재 평소의 절반 가격에 제공되고 있으니(it's currently being offered at half off the usual price) 관심이 있으면 최대한 빨리(as soon as possible) 서두르라고 말한다. 여기서 말하는 그것(it)은 앞서 언급한, 화자의 동료가 사용하는 프로그램인 Montague를 가리키는데, 이것이 현재 할인 판매 중이니 빨리 사라는 것은 곧 할인 행사가 종료될 것임을 암시하므로 정답은 (D)이다.

[어휘] encourage 권장[장려]하다 supplies 용품, 비품 run out 다 떨어지다

[04-06] US

Questions 04-06 refer to the following talk.

W: Good morning. My name is Jodie Coborn, and ⁰⁴**I'd like to summarize what we'll be doing today** at the Hattiesburg Museum of Art. First, you'll learn about our mission and our daily operations. ⁰⁴**As volunteers here at the museum, your role is vital in helping us to make art available to the public.** Next, we'll cover the museum's policies. These are very important, so ⁰⁵**I recommend writing down the important points.** After that, you'll be assigned to your teams. ⁰⁶**Before we go any further, I'd like to go around the room and have each of you tell your name and a little bit about yourself.**

summarize 간략히 말하다, 요약하다 mission 임무 operation 작업 volunteer 자원봉사자 role 역할 vital 필수적인 public 일반 사람들 cover 다루다, 포함시키다 policy 정책, 방침 assign A to B A를 B에 배정하다 go further (말하는 내용과 관련하여) 더 나아가다 go around 돌다

04-06은 다음 담화에 관한 문제입니다.

여: 안녕하세요. 제 이름은 Jodie Coborn이고요, Hattiesburg 미술관에서 ⁰⁴오늘 우리가 무엇을 하게 될지에 대해 간략히 말씀드리려고 합니다. 우선, 여러분은 우리의 임무와 일과 작업에 대해 알게 되실 겁니다. ⁰⁴이곳 미술관의 자원봉사자로서, 여러분의 역할은 우리가 미술관을 일반 대중이 이용 가능하도록 하는 것이 필수적입니다. 다음으로, 우리는 미술관의 방침을 다룰 것입니다. 이것들은 매우 중요하므로 ⁰⁵중요한 내용들은 필기하실 것을 권합니다. 그 후에 여러분들은 팀에 배정될 것입니다. ⁰⁶더 진행하기에 앞서 방을 돌면서 여러분 각자가 이름을 비롯하여 자신에 대해 간단히 얘기하는 시간을 갖도록 하겠습니다.

04.

화자는 왜 이야기를 하고 있는가?
(A) 미술 비평을 제공하기 위하여
(B) 자원봉사자들에게 개요를 설명하기 위하여
(C) 채용 과정을 설명하기 위하여
(D) 미술 전시회를 홍보하기 위하여

[해설] 담화 초반 화자가 자신을 소개한 후 미술관에서 오늘 우리가 무엇을 하게 될지에 대해 간략히 말하겠다고(I'd like to summarize what we'll be doing today.) 했고, 이후에 언급한 이곳 미술관의 자원봉사자로서(As volunteers here at the museum)라는 표현으로 보아 미술관 자원봉사자들에게 오늘 할 일의 개요를 설명하기 위한 담화임을 알 수 있으므로 정답은 (B)이다.

paraphrasing summarize 간략히 말하다 → give an overview 개요를 설명하다

[어휘] critique 비평, 평론 overview 개관, 개요 hiring process 채용 과정 promote 홍보하다 exhibit 전시

05.

화자는 무엇을 권하는가?
(A) 메모하기
(B) 영수증 모으기
(C) 휴대폰 끄기
(D) 웹사이트 확인하기

[해설] 질문의 핵심 키워드 recommend가 담화 중반에 언급된다. 화자는 미술관의 방침을 다룰 것인데, 이것들은 매우 중요하니 중요한 점들은 필기할 것을 권했다(I recommend writing down the important points). 따라서 정답은 (A)이다.

paraphrasing writing down 필기하다 → taking some notes 메모하기

[어휘] take a note 메모를 하다 receipt 영수증

06.

청자들은 다음에 무엇을 할 것 같은가?
(A) 영화 보기
(B) 몇몇 질문 제출하기
(C) 함께 식사하기
(D) 자기소개 하기

[해설] 다음 할 일을 묻는 문제의 단서는 주로 담화 마지막 부분에 나온다. 화자는 담화를 이어가기 전에 방을 돌아다니면서 청자들 각자가 이름을 비롯하여 자신에 대하여 간단히 얘기하게 시키겠다고(have each of you tell your name and a little bit about yourself) 했다. 다시 말해 담화 직후에 청자들이 자기소개를 하는 시간을 가질 것임을 알 수 있으므로 정답은 (D)이다.

paraphrasing each of you tell your name and a little bit about yourself 각자가 자신의 이름과 자신에 대해 간단히 말한다 → introduce themselves 자기 자신을 소개하다

[07-09] BR

Questions 07-09 refer to the following telephone message.

> M: Hi, Ms. Kasey. It's Henry. Have you had a chance to look at [07] **the design for the career fair banner? I need to get that approved** before sending it to the printer. [08] **I told you earlier that it had to be done by four, because that's when the shop closes. But don't worry, they have an online option.** Also, [09] **I'll look over the event budget now** to see if we have enough money for two banners. Thanks.
>
> career fair 취업 박람회   banner 현수막   approve 승인하다
> look over 훑어보다, 살펴보다   budget 예산

07-09는 다음 전화 메시지에 관한 문제입니다.
남: 안녕하세요, Kasey 씨. Henry예요. [07] 취업 박람회 현수막 디자인을 혹시 보셨나요? 그것을 인쇄소에 보내기 전에 승인을 받아야 해요. [08] 4시까지 끝내야 한다고 제가 전에 말씀드렸는데 그때가 인쇄소가 문을 닫는 시간이거든요. 하지만 걱정하지 마세요. 온라인으로 하는 방법이 있어요. 또한, [09] 제가 지금 행사 예산을 훑어보고 현수막을 두 개 제작할 만큼 돈이 충분한지 확인할게요. 고마워요.

07.

전화의 목적은 무엇인가?
(A) 회의 시간을 잡기 위해
(B) 디자인을 승인받기 위해
(C) 취업 박람회에 등록하기 위해
(D) 문서의 오류를 지적하기 위해

[해설] 메시지를 남긴 목적을 묻는 문제로, 메시지 전반부에서 단서를 찾는다. 화자는 메시지 수신인에게 취업 박람회 현수막 디자인(the design for the career fair banner)을 봤는지 물어본 후, 인쇄소에 보내기 전 승인을 받아야 한다고(I need to get that approved) 덧붙였다. 즉, 현수막 디자인에 대한 승인을 받기 위해 전화를 건 것이므로 정답은 (B)이다.

[어휘] set up 정하다, 결정하다   get approval 승인을 받다   enroll in ~에 등록하다   point out 지적[언급]하다

08.

화자가 "온라인으로 하는 방법이 있어요"라고 말할 때 암시하는 것은 무엇인가?
(A) 마감 시간을 정정하고 싶다.
(B) 다른 업체로 바꾸어야 한다고 생각한다.
(C) 프로젝트 비용을 줄일 방법을 찾았다.
(D) 업무가 끝나지 않아서 놀랐다.

[해설] 화자는 인쇄소가 문을 닫는 4시까지 디자인 승인이 완료되어야 한다고(it had to be done by 4, because that's when the shop closes) 말했지만 걱정하지 말라고 한 후 "온라인으로 하는 방법이 있어요"라고 덧붙였다. 이 말은 원래는 4시까지 디자인이 완료되어야 했지만 온라인으로 인쇄소에 전달할 수 있으니 굳이 4시까지 작업을 완료할 필요가 없다는 뜻이다. 즉, 당초 언급했던 작업 마감 시간을 정정하고자 하는 화자의 의도가 읽히므로 정답은 (A)이다.

[어휘] make a correction 정정하다, 고치다 reduce 줄이다, (가격 등을) 낮추다

09.

화자는 다음에 무엇을 할 계획인가?
(A) 양식 전달하기
(B) 관리자에게 얘기하기
(C) 고객에게 전화하기
(D) 예산을 검토하기

[해설] 메시지 후반부에서, 화자가 지금 행사 예산을 훑어보고(I'll look over the event budget now) 현수막을 두 개 제작할 만큼 돈이 충분한지 확인하겠다고 했다. 따라서 화자가 메시지를 남긴 직후에 예산을 검토할 계획임을 알 수 있으므로 정답은 (D)이다.

paraphrasing look over 검토하다 → review 검토하다

[어휘] forward 보내다, 전달하다   review 검토하다

[10-12] AU

Questions 10-12 refer to the following excerpt from a meeting.

> M: To wrap up today's staff meeting, I'd like to give you an update on Selby Rail's on-board food service. [10] **In addition to the usual sandwiches and drinks, we're going to start serving some hot dishes as well.** This is something that a lot of passengers requested in [11] **the customer survey that we carried out last month.** Now, this does mean that the buffet car will be busier, so your regular work shifts will change. [12] **I've created a revised schedule of your shifts. Please review it carefully now.**
>
> wrap up (회의 등을) 마무리 짓다   on-board 기내의, 차내의
> in addition to ~에 더하여   usual 평상시의   passenger 승객
> carry out 수행[이행]하다   buffet car (기차의) 식당차   regular 규칙적인, 정기적인   work shift 근무 시간, 근무 조

10-12는 다음 회의 발췌록에 관한 문제입니다.
남: Selby 철도의 열차 내 음식 서비스에 대한 최신 정보를 전달하는 것으로 오늘 직원 회의를 마무리 짓고자 합니다. [10] 평상시의 샌드위치와 음료에 더하여 우리는 따뜻한 음식의 서빙을 시작할 예정입니다. 이것은 [11] 우리가 지난달에 실시한 고객 설문 조사에서 많은 승객들이 요청한 것입니다. 자, 이것은 식당차가 더욱 혼잡해지게 될 것임을 의미하므로 여러분의 정규 근무 시간이 바뀔 것입니다. [12] 제가 수정된 근무 시간표를 작성했습니다. 지금 주의 깊게 살펴봐주세요.

10.

화자는 주로 무엇에 대해 이야기하고 있는가?
(A) 보안 조치
(B) 교환 정책

(C) 직원 교육
(D) 음식 옵션

[해설] 담화 초반 화자는 열차 내에서 제공되는 음식 서비스에 대한 최신 정보를 전달하겠다고 했고, 구체적으로 평상시의 샌드위치와 음료에 더하여 따뜻한 음식을 서빙할 예정이라고(In addition to the usual sandwiches and drinks, we're going to start serving some hot dishes as well.) 했다. 즉, 승객들이 선택할 수 있는 음식의 메뉴가 다양해졌음을 알리고 있으므로 정답은 (D)이다.

[어휘] measure 조치, 정책 exchange 교환 policy 정책, 방침 option 선택(권), 옵션

11.

Selby 철도는 지난달에 무엇을 했는가?
(A) 점검을 받았다.
(B) 더 많은 여정을 추가했다.
(C) 요금을 인상했다.
(D) 설문조사를 시행했다.

[해설] 질문의 핵심 키워드인 Selby Rail과 last month에 집중한다. Selby Rail은 화자와 청자들이 소속된 철도 회사이고, 담화 중반 '우리가 지난달 실시한 고객 설문조사(the customer survey that we carried out last month)'라는 표현이 나온다. 즉, Selby Rail은 지난달에 설문조사를 시행했음을 알 수 있으므로 (D)가 정답이다.

paraphrasing carry out 실시하다 → conduct 하다

[어휘] undergo 겪다, 받다 inspection 점검, 사찰 journey 여행, 여정 fare (교통) 요금 conduct (특정한 활동을) 하다

12.

화자는 청자들에게 무엇을 검토하라고 요청하는가?
(A) 교육 설명서
(B) 작업 일정표
(C) 사업 계약서
(D) 부서 예산

[해설] 제안·요청 문제에 대한 단서는 주로 담화 후반부에 나온다. 담화 마지막 부분에서, 화자는 수정된 근무 시간표를 작성했으니 지금 주의 깊게 살펴봐 달라고(I've created a revised schedule of your shifts. Please review it carefully now.) 청자들에게 요청했다. 따라서 정답은 (B)이다.

paraphrasing a revised schedule of your shifts 수정된 근무 시간표 → a work schedule 작업 일정표

[어휘] manual 설명서 contract 계약(서) department 부서 budget 예산

[13-15] **BR**

Questions 13-15 refer to the following announcement.

W: ¹³**Attention passengers waiting for the train WE 76 to Cleveland**. Due to problems in the engine car, your train has been delayed indefinitely. We are trying to fix the problem, but you will most likely have to wait until another train arrives to take its place. ¹⁴**Updates will be announced as soon as they become available, so please continue listening for them.** If you decide to take another mode of transportation, ¹⁵**you need to see a ticketing agent to have your current ticket fully refunded.** We deeply apologize for the inconvenience.

indefinitely 무기한으로 fix 고치다 take one's place ~를 대신하다 mode 방식, 유형 transportation 수송, 운송 ticketing agent 매표 직원 current 현재의 fully refunded 전액 환불된 deeply 대단히, 몹시

13-15는 다음 안내에 관한 문제입니다.

여: ¹³클리블랜드 행 WE 76 열차를 기다리고 계신 승객 여러분은 주목해주시기 바랍니다. 기관 차량의 문제로 인해 열차가 무기한 연기되었습니다. 저희가 문제를 해결하려고 노력 중이지만 대신할 다른 열차가 도착할 때까지 기다리셔야 할 것 같습니다. ¹⁴새로운 소식이 들어오는 대로 공지해드릴 예정이니 계속해서 귀 기울여주시기 바랍니다. 다른 교통수단을 이용하기로 결정하신 경우에는 ¹⁵매표 직원을 방문하시어 현재의 티켓을 전액 환불 받으셔야 합니다. 불편을 끼쳐드려 대단히 죄송합니다.

13.

안내는 어디에서 이루어지고 있는가?
(A) 공항에서
(B) 식당에서
(C) 버스 터미널에서
(D) 기차역에서

[해설] 클리블랜드 행 WE 76 열차를 기다리고 계신 승객들은 주목해 주기 바란다는(Attention passengers waiting for train WE 76 to Cleveland.) 내용으로 담화가 시작되는 것으로 보아 기차역에서 들을 수 있는 안내 방송이다. 따라서 정답은 (D)이다.

14.

화자는 청자들에게 무엇을 하라고 요청하는가?
(A) 사진이 부착된 신분증을 보여줄 것
(B) 새로운 소식에 귀 기울일 것
(C) 셀프 발권기를 이용할 것
(D) 다른 교통수단을 찾을 것

[해설] 부탁 또는 요청을 할 때 흔히 쓰는 표현인 Please 이후에 제시되는 내용에 주목한다. 화자는 열차의 지연을 알린 후 새로운 소식이 들어오는 대로 공지할 예정이니 계속해서 귀 기울여달라고(Updates will be announced as they become available, so please continue listening for them.) 요청했다. 따라서 정답은 (B)이다.

15.

청자들은 왜 직원을 만나야 하는가?
(A) 환불을 받기 위해서
(B) 식권을 확인하기 위해서
(C) 회원 가입을 하기 위해서
(D) 지역 지도를 얻기 위해서

[해설] 질문의 핵심 키워드 agent는 담화의 ticketing agent를 가리킨다. 즉, 청자들이 매표 직원을 만나야 하는 이유를 묻는 문제로, 담화 후반에서 다른 교통수단을 이용하기로 결정한 경우에는 매표 직원을 만나 현재의 티켓을 전액 환불 받으라고(you need to see a ticketing agent to have your current ticket fully refunded) 했으므로 정답은 (A)이다.

[어휘] get a refund 환불받다 verify 확인하다 meal voucher 식권 sign up for ~을 신청[가입]하다

[16-18] US

Questions 16-18 refer to the following excerpt from a meeting.

W: Welcome to today's product design team meeting. ¹⁶**Let's begin by talking about our travel and exercise gear bag for cyclists.** ¹⁷**I've received some feedback from our customers about its design.** It needs to be smaller. These days, people use their cell phones as cameras, so there's no more need for the large camera pocket. ¹⁸**Now, let's take a look at how some of our competitors are advertising their versions of similar products.** I'll play them on the projector.

gear (특정한 용도의) 장비, 복장   cyclist 자전거 타는 사람
take a look at ~을 한번 보다   competitor 경쟁사

16-18은 다음 회의 발췌록에 관한 문제입니다.
여: 오늘 상품 디자인 팀 회의에 오신 것을 환영합니다. ¹⁶ 자전거 이용자들을 위한 여행 및 운동 용품 가방에 대한 얘기로 시작하겠습니다. ¹⁷ 제가 우리 고객들로부터 디자인에 대한 의견을 좀 받았습니다. 더 작아야 합니다. 요즘에는, 사람들은 휴대폰을 카메라로 사용합니다. 따라서 큰 카메라 주머니는 더 이상 필요하지 않습니다. ¹⁸ 이제, 우리 경쟁사들이 비슷한 유형의 제품을 어떻게 광고하는지 한 번 봅시다. 제가 영사기로 틀어드리겠습니다.

16.
담화는 어떤 제품에 초점을 맞추는가?
(A) 스포츠 음료
(B) 운동 용품 가방
(C) 카메라
(D) 자전거

[해설] 회의에서 다루고 있는 제품이 무엇인지 묻는 문제로, 담화 초반 회의 안건을 소개하는 부분에 단서가 있다. 자전거 이용자들을 위한 여행 및 운동 용품 가방(our travel and exercise gear bag for cyclists)에 대해 얘기하겠다고 했으므로 정답은 (B)이다.

17.
화자가 "더 작아야 합니다"라고 말할 때 암시하는 것은 무엇인가?
(A) 그들의 제품이 낮은 평가를 받았다.
(B) 판매원이 너무 많다.
(C) 생산을 줄여야 한다.
(D) 판매 목표를 달성하지 못했다.

[해설] 화자의 의도를 파악하는 문제로 해당 문장의 앞뒤 맥락을 잘 살펴야 한다. 앞서 고객들로부터 디자인에 대한 의견을 받았다고(I've received some feedback from our customers about its design.) 한 직후에 "더 작아야 합니다"라고 한 것으로 보아 고객들이 가방의 크기에 대해 불만을 제기했음을 짐작할 수 있다. 즉, 고객들이 제품에 대해 좋지 않은 평가를 한 것으로 보이므로 정답은 (A)이다.

[어휘] production 생산   decrease 줄이다, 감소시키다   goal 목표   meet 충족시키다

18.
청자들은 다음에 무엇을 할 것 같은가?
(A) 보고서 읽기
(B) 광고 보기
(C) 설문 조사 결과를 검토하기
(D) 색조 무늬에 대해 투표하기

[해설] 앞으로 일어날 일을 묻는 문제의 단서는 담화 후반에서 찾는다. 화자가 경쟁사들이 비슷한 유형의 제품을 어떻게 광고하는지 한번 보자고(let's take a look at how some of our competitors are advertising their versions of similar products.) 한 후 영사기로 틀겠다고 한 것으로 보아 담화 직후 청자들은 광고를 볼 것임을 알 수 있다. 정답은 (B)이다.

paraphrasing   advertising 광고하다 → ad 광고

[어휘] ad 광고   vote on ~에 대해 투표하다

[19-21] AU

Questions 19-21 refer to the following telephone message.

M: Hi, this is Phil. ¹⁹**I heard about the volunteer opportunity at the annual summer festival that will be held in Orange Park next month, and I'd like to sign up for it.** I'm sure you know, but personnel reviews are coming up. ²⁰**Usually the people selected to move up into supervisor positions participate in events like these.** ²¹**I'll send my application to HR right away**. I just wanted to call you first to make sure that there are still openings.

volunteer 자원 봉사자; 자원 봉사를 하다   opportunity 기회
personnel (조직의) 인원, 직원들, 인사과   come up (행사나 때가) 다가오다   move up into ~로 승진하다   supervisor 감독관, 관리자
position 직위   participate in ~에 참가하다   application 신청(서), 지원(서)   opening 빈자리, 공석

19-21은 다음 전화 메시지에 관한 문제입니다.
남: 안녕하세요, Phil이에요. ¹⁹ 다음 달 Orange 공원에서 열리는 연례 여름 축제의 자원 봉사 기회에 관해서 들었는데 신청하고 싶어요. 당신도 분명히 알겠지만 인사 평가가 다가와요. ²⁰ 보통은 관리자 직위로 승진을 위해 선발되는 사람들이 이런 행사에 참가해요. ²¹ 제가 즉시 신청서를 인사부로 보낼게요. 일단 당신에게 전화해서 아직 자리가 남아 있는지 확인하고 싶었어요.

19.
화자는 왜 청자에게 전화했는가?
(A) 회의 일정을 잡기 위해서
(B) 휴가를 신청하기 위해서
(C) 행사에 자원 봉사하기 위해서
(D) 승진을 발표하기 위해서

[해설] 전화의 목적을 묻는 문제로, 메시지 초반에 단서가 있다. 다음 달에 열리는 연례 여름 축제의 자원 봉사 기회에 관해서 들었는데 신청하고 싶다고(I heard about the volunteer opportunity at the annual summer festival that will be held in Orange Park next month, and I'd like to sign up for it.) 했으므로 정답은 (C)이다.

[어휘] time off work 휴가   promotion 승진

20.
화자가 "인사 평가가 다가와요"라고 말할 때 암시하는 것은 무엇인가?
(A) 다른 부서로 옮기고 싶다.
(B) 겨우 몇 가지의 자원 봉사 기회만 제공된다.
(C) 날씨 때문에 행사가 실내로 옮겨질지도 모른다.
(D) 자신이 승진될 가능성을 높이고 싶다.

[해설] 화자는 "인사 평가가 다가와요"라고 한 뒤 관리자 직위로 승진을 위해 선발되는 사람들이 이런 행사에 참가한다며(Usually the people selected to move up into supervisor positions participate in events like these) 즉시

신청서를 인사부로 보내겠다고 했다. 즉, 이번 행사에서 자원 봉사를 함으로써 자신이 승진 대상자가 될 가능성을 높이고 싶다는 의미이므로 정답은 (D)이다.

[어휘] transfer to ~로 옮기다, 전근 가다 only a few 몇 안 되는, 근소한 indoors 실내에서, 실내로 due to ~ 때문에

21.

화자는 다음에 무엇을 할 것 같은가?
(A) 지역 공원을 방문하기
(B) 이력서를 업데이트하기
(C) 신청서를 제출하기
(D) 인사부의 누군가에게 연락하기

[해설] 화자가 담화 직후 할 일을 묻는 문제로, 메시지 후반부에서 단서를 찾는다. 앞서 여름 축제에서 자원봉사를 하고 싶다는 의사와 그 이유를 밝힌 후 즉시 신청서를 인사부로 보내겠다고(I'll send my application to HR right away.) 했으므로 정답은 (C)이다.

paraphrasing   I'll send my application to HR 신청서를 인사부로 보내겠다 → submit an application 신청서를 제출하다

[22-24] [BR]

Questions 22-24 refer to the following telephone message.

M: Hello, ²² **this is Brian calling from the building's security office.** An employee badge was turned into our lost and found, and it belongs to one of your employees, Ms. Janice Brown. She won't be able to get in or out of the building without this, ²³ **so you should tell her to pick it up right away.** ²⁴ **Normally we require ID to claim lost and found items,** but this already has her name and picture. Thanks in advance.

security office 경비실, 보안과 employee badge 사원증 lost and found 분실물 취급소 belong to ~에 속하다, ~소유이다 normally 보통, 때는 require 필요[요구]하다 claim (권리나 재산) 요구[요청]하다 in advance 미리, 사전에

22-24는 다음 전화 메시지에 관한 문제입니다.

남: 여보세요, ²² 저는 Brian이고요, 건물 보안실에서 전화 드립니다. 사원증 하나가 저희 분실물 취급소로 들어왔는데 당신의 직원 Janice Brown 씨 것입니다. 이것 없이는 건물 출입이 불가능할 테니 ²³ 그녀에게 즉시 이것을 찾아가라고 말해주세요. ²⁴ 보통은 분실물을 찾으려면 저희가 신분증을 요구하지만 이것에 이미 그녀의 이름과 사진이 있네요. 미리 감사드립니다.

22.

화자는 어느 분야에서 근무하는가?
(A) 상품 개발
(B) 온라인 마케팅
(C) 인사
(D) 건물 보안

[해설] 화자의 직종을 묻는 문제로, 메시지 초반에 단서가 있다. 화자는 자신의 이름을 밝힌 후 건물 보안실에서 전화한다며(calling from the building's security office) 소속 부서를 밝혔다. 따라서 정답은 (D)이다.

[어휘] section 부분, 부문 development 개발 human resources 인사

23.

화자는 청자에게 무엇을 하라고 요청하는가?
(A) 신분증을 제시할 것

(B) 직원이 물품을 되찾아가게 할 것
(C) 오리엔테이션을 신청할 것
(D) 분실물 양식을 제출할 것

[해설] 메시지 중반에 화자의 요청 사항이 제시된다. 앞서 청자의 직원 중 한 사람의 신분증을 분실물 취급소에 보관하고 있다고 밝힌 후, 그녀, 즉 신분증을 잃어버린 직원에게 즉시 신분증을 찾아가라고 얘기해달라고(you should tell her to pick it up right away) 했다. 따라서 정답은 (B)이다.

paraphrasing   pick up 찾아가다 → retrieve 되찾아가다

[어휘] present 제시[제출]하다 identification 신원 확인, 신분 증명 retrieve 되찾아오다 sign up for ~을 신청[가입]하다 submit 제출하다

24.

화자가 "이것에 이미 그녀의 이름과 사진이 있네요"라고 말할 때 의미하는 것은 무엇이겠는가?
(A) 새 정책이 시행될 것이다.
(B) 예외가 허용될 수 있다.
(C) 사진이 촬영되어야 한다.
(D) 카드가 만료되었다.

[해설] 화자는 보통은 분실물을 찾으려면 신분증을 요구하지만(Normally we require ID to claim lost and found items), "이것에 이미 그녀의 이름과 사진이 있습니다"라고 말했다. 즉, 신분증을 잃어버린 Janice Brown이 분실물 취급소에 신분증을 찾으러 올 때는 예외가 허용되어 별도의 신분 확인이 필요하지 않을 것임을 의미하므로 정답은 (B)이다.

[어휘] policy 정책, 방침 go into effect 발효하다, 실시되다 make an exception 예외를 허락하다 expire 만료되다, 만기가 되다

DAY 10

PART 2 우회적 응답 모음

Quick Check

01. [US] [AU]

Can you take these boxes up to my office room?
(A) An accounting department.
(B) On what floor is your office?

이 상자들을 제 사무실로 올려다 주실 수 있으세요?
(A) 회계 부서요.
(B) 당신의 사무실이 몇 층에 있나요?

02. [BR] [US]

Who's in charge of the project?
(A) I haven't been told.
(B) It's a new projector.

누가 그 프로젝트 책임자입니까?
(A) 저는 못 들었어요.
(B) 새 영사기예요.

03. [BR] [AU]

Is there a new version of this program?
(A) I'll get back to you on that.
(B) Yes, they are going to launch a new product.

이 프로그램의 새 버전이 있나요?
(A) 그것에 대해 나중에 알려드리겠습니다.
(B) 네, 그들은 신제품을 출시할 거예요.

04. [AU] [US]

Who will be promoted to replace Mr. Parker?
(A) I need some replacement parts.
(B) It hasn't been decided yet.

Parker 씨 후임자로 누가 승진될까요?
(A) 교체 부품이 필요합니다.
(B) 아직 결정된 바가 없습니다.

05. [US] [US]

Would you care to join us for lunch?
(A) He joined our basketball team.
(B) Sorry, but I have other plans.

저희와 함께 점심식사 하실래요?
(A) 그는 우리의 농구팀에 합류했어요.
(B) 죄송하지만, 다른 계획이 있어요.

유형 연습

01. (A) 02. (A) 03. (A) 04. (B) 05. (A) 06. (A)
07. (B) 08. (B)

01. [US] [BR]

Which division will be sponsoring the annual banquet?
(A) That hasn't been announced yet. [○]
(B) It looks like a good plan. [×]

어느 부서가 연례 연회를 후원할 건가요?
(A) 그건 아직 발표되지 않았습니다.
(B) 좋은 계획인 것 같습니다.

02. [US] [AU]

Which applicant did the research department hire?
(A) I heard the final interviews are left. [○]
(B) His presentation was impressive. [×]

연구 부서가 어떤 지원자를 채용했나요?
(A) 최종 면접이 남았다고 들었어요.
(B) 그의 발표는 인상 깊었어요.

03. [BR] [US]

Why isn't my last payment showing up on my statement?
(A) I'll find out and call you back. [○]
(B) From the accounting department. [×]

왜 저의 지난달 납입 금액이 내역서에서 보이지 않는 거죠?
(A) 제가 알아보고 다시 연락드리겠습니다.
(B) 회계 부서에서요.

04. [BR] [BR]

Has the date been set for the company outing?
(A) No, we don't need new outfit. [×]
(B) Jason might know. [○]

회사 야유회의 날짜가 잡혔나요?
(A) 아니요, 우리는 새 옷이 필요 없습니다.
(B) Jason이 알 거예요.

05. [US] [AU]

Where do you plan to go for the holidays?
(A) There are so many places I want to go. [○]
(B) Yes, that's the plan. [×]

휴가로 어디에 갈 계획이세요?
(A) 가고 싶은 곳이 너무 많아요.
(B) 네, 그것이 계획입니다.

06. [BR] [US]

How much will it cost to have a dozen roses delivered?
(A) It depends on the location. [○]
(B) Make sure you water them every day. [×]

12송이 장미를 배달시키는 데 비용이 얼마나 드나요?
(A) 위치에 따라 다릅니다.
(B) 매일 물을 주셔야 합니다.

07. [US] [US]

I have no idea where to go for the security training.
(A) It's very fragile. [×]
(B) Check with Mr. Roy. [○]

보안 교육을 위해 어디로 가야 하는지 모르겠어요.
(A) 그건 깨지기 쉬워요.
(B) Roy 씨에게 확인해 보세요.

08. [AU] [US]

Why has the workshop been canceled?
(A) They will arrive on Tuesday. [×]
(B) You haven't read your e-mail, have you? [○]

왜 워크숍이 취소되었나요?
(A) 그들은 화요일에 도착할 거예요.
(B) 당신 이메일을 안 읽으셨죠, 그렇죠?

실전 문제

01. (B) 02. (A) 03. (B) 04. (B) 05. (A) 06. (C)
07. (A) 08. (A) 09. (B) 10. (C) 11. (A) 12. (C)
13. (A) 14. (C) 15. (B) 16. (B)

01. [AU] [US]

Jennifer, what are you still doing at the office?
(A) Okay, I can come in early.
(B) Why, what's the time?
(C) Sorry, I totally forgot.

totally 완전히, 전적으로

Jennifer, 아직 사무실에서 뭐하고 있는 거예요?
(A) 알겠어요, 저는 일찍 나올 수 있어요.
(B) 왜요, 몇 신데요?
(C) 미안해요, 완전히 잊어버렸어요.

[해설] 왜 이렇게 늦게까지 사무실에 남아 있는지 궁금하다는 뉘앙스의 질문이다.
(A) Okay는 수락/동의를 나타내는 표현이므로 의문사 의문문에 대한 응답으로는 어색하다.
(B) 왜 그러냐고 되물으며 지금이 몇 시인지 질문함으로써 시간이 늦은 줄 몰랐다는 것을 우회적으로 드러내고 있으므로 정답이다.
(C) 미안하다고 응답할 만한 내용이 질문에서 언급되지 않았으므로 어색하다.

02. [US] [US]

I want you to cover the upcoming soccer tournament.
(A) Sorry, but I'm working on another story.
(B) Some items are covered with a white cloth.
(C) Two VIP tickets.

cover 다루다, 포함시키다 be covered with ~로 덮이다

당신이 다가오는 축구 토너먼트를 다루었으면 좋겠어요.
(A) 죄송하지만 저는 다른 이야기를 작업 중이에요.
(B) 몇몇 물품들은 흰 천으로 덮여 있어요.
(C) VIP 티켓 두 장이요.

[해설] 다가오는 축구 토너먼트에 대해 다뤄 달라고 요청하는 평서문이다.
(A) 다가오는 축구 토너먼트에 대해 다뤄 달라는 말에 미안하다는 사과로 우회적으로 거절 의사를 밝힌 후 거절의 이유를 덧붙이고 있는 정답이다.
(B) 질문의 cover(다루다)와 다른 의미로 쓰인 be covered with(덮여 있다)를 이용하여 혼동을 유도하는 오답이다.
(C) 질문의 soccer tournament에서 연상할 수 있는 ticket을 이용해 혼동을 유도하는 오답이다.

03. [BR] [AU]

How often does Ms. Kim change her mobile phone?
(A) A two-year contract.
(B) Did she get a new one?
(C) I have an extra battery in my locker.

Kim 씨는 얼마나 자주 휴대폰을 바꾸나요?
(A) 2년짜리 계약입니다.
(B) 그녀가 새것을 샀나요?
(C) 제 사물함에 여분의 배터리가 있습니다.

[해설] Kim 씨가 얼마나 자주 휴대폰을 바꾸는지 빈도를 묻는 How often 의문문이다.
(A) 기간을 묻는 How long 의문문에 적합한 응답이므로 오답이다.
(B) Kim 씨가 얼마나 자주 휴대폰을 바꾸는지 묻는 질문에 그녀가 새 휴대폰을 사기라도 했냐고 되물음으로써 우회적으로 질문의 의도를 다시 확인하고 있으므로 정답이다.

(C) 질문의 mobile phone에서 연상 가능한 battery를 이용하여 혼동을 유도하는 오답이다.

04. [US] [US]

Did you hear which room we have to go to for the reception?
(A) Here is the original receipt.
(B) It hasn't been announced yet.
(C) The train schedule is posted online.

receipt 영수증

우리가 환영회를 위해 어떤 방으로 가야 하는지 들었나요?
(A) 여기 원본 영수증이 있습니다.
(B) 아직 발표되지 않았어요.
(C) 열차 시간표는 온라인에 게시되어 있어요.

[해설] 환영회를 위해 어떤 방으로 가야 하는지 묻는 의문사 which를 포함한 간접 의문문이다.
(A) 질문의 reception과 발음이 유사한 receipt를 이용해 혼동을 유도하는 오답이다.
(B) 환영회를 위해 어떤 방으로 가야 하는지 들었냐고 묻는 질문에 아직 발표되지 않았다고 답함으로써 부정의 No를 대신하고 있으므로 정답이다.
(C) 열차가 출발하는 시간을 묻는 질문에 대한 우회적 응답으로 가능한 답변이므로 오답이다.

05. [BR] [US]

You have receipts for everything, don't you?
(A) Can't I just show the electronic statement?
(B) He would like to make some returns.
(C) I want to receive it by express mail.

statement 명세표, 입출금 내역서 make a return 반납하다 by express mail 빠른 우편으로

모든 것에 대해 영수증을 가지고 계시죠, 그렇죠?
(A) 그냥 전자 명세표를 보여드리면 안 될까요?
(B) 그는 몇 가지를 반납하고 싶어 합니다.
(C) 저는 그것을 빠른 우편으로 받고 싶어요.

[해설] 영수증을 가지고 있는지 확인하는 부가 의문문이다.
(A) 영수증을 가지고 있는지 묻는 질문에 그냥 전자 명세표를 제시하면 안 되는지 되물음으로써 영수증을 가지고 있지 않다고 우회적으로 말하고 있는 정답이다.
(B) 보통 반품(returns)이나 환불을 할 때 영수증(receipt) 제시하도록 요구받는 점을 이용한 오답으로, 질문에서 대명사 he로 지칭할 만한 특정 인물이 언급되지 않았다.
(C) 질문의 receipt와 발음이 유사한 receive를 이용해 혼동을 유도하는 오답이다.

06. [US] [BR]

The travel reimbursements will be included in this paycheck, right?
(A) I'm not sure which form you need.
(B) A business trip.
(C) I don't think so.

reimbursement 변제, 상환 include 포함시키다 paycheck 급료, 봉급 form 서식, 양식 business trip 출장

출장 경비 환급은 이번 급여에 포함되겠지요, 맞죠?
(A) 당신이 어떤 서식을 필요로 하는지 잘 모르겠어요.
(B) 출장입니다.
(C) 그럴 것 같지 않아요.

[해설] 출장 경비 환급이 이번 급여에 포함되는지 확인하는 부가 의문문이다.
(A) 출장 경비 환급(travel reimbursements)을 요청할 때 관련 양식(form)을 작성하는 상황을 연상하도록 유도하는 오답이다.
(B) 질문의 travel에서 연상 가능한 trip을 이용하여 혼동을 유도하는 오답이다.
(C) 출장 경비 환급이 이번 급여에 포함되는지 묻는 질문에 그럴 것 같지 않다고 상대방의 의견에 부정하는 정답이다.

07. [BR] [US]

What restaurant should I bring the new clients to for lunch?
(A) I forgot its exact name, but I have a business card.
(B) These are our daily specials.
(C) No thanks, I already ate.

점심식사를 위해 새 고객들을 어떤 식당으로 모셔야 할까요?
(A) 제가 그것의 정확한 이름은 잊어버렸지만, 명함을 가지고 있어요.
(B) 이것들은 저희의 오늘의 특별 요리입니다.
(C) 괜찮습니다. 이미 먹었습니다.

[해설] 점심식사를 위해 새 고객들을 어떤 식당으로 데리고 가야 할지 상대방의 의견을 묻는 What 의문문이다.
(A) 점심식사 때 고객들을 어떤 식당으로 데리고 가야 할지 묻는 질문에 식당의 이름은 잊어버렸지만 명함을 가지고 있다고 답함으로써 괜찮은 식당을 알고 있음을 우회적으로 드러내고 있으므로 정답이다.
(B) 질문의 restaurant에서 연상 가능한 daily specials를 이용해 혼동을 유도하는 오답이다.
(C) 질문의 restaurant와 lunch에서 연상 가능한 동사 ate를 이용한 오답으로, 음식을 권하거나 무엇을 먹겠냐고 묻는 질문에 어울리는 응답이다.

08. [US] [AU]

Should I rent a car when I go to Sydney?
(A) I don't know if your driver's license is valid there.
(B) It's a beautiful city.
(C) You should use this app to find parking.

valid 유효한, 타당한

제가 시드니에 가면 차를 빌려야 할까요?
(A) 당신의 운전면허증이 그곳에서도 유효한지 모르겠어요.
(B) 그곳은 아름다운 도시예요.
(C) 주차장을 찾으려면 이 앱을 사용하세요.

[해설] 시드니에 가면 차를 빌려야 하는지 상대방의 의견을 묻는 조동사 의문문이다.
(A) 시드니에 가면 차를 빌려야 하는지 묻는 질문에 시드니에서 상대방의 운전면허증이 유효한지 모르겠다고 답변하는 '나도 모른다' 류의 응답이므로 정답이다.
(B) 질문의 Sydney에서 연상 가능한 city를 이용해 혼동을 유도하는 오답이다.
(C) 질문의 car에서 연상 가능한 parking을 이용해 혼동을 유도하는 오답이다.

09. [BR] [AU]

A lot of customers are responding to the surveys, right?
(A) I'll prepare a questionnaire.
(B) You should ask Bill.
(C) On the bottom of the receipt.

respond to ~에 대응하다 prepare 준비하다 questionnaire 설문지

많은 고객들이 설문조사에 응답하고 있지요, 맞죠?
(A) 제가 설문지를 준비할게요.
(B) Bill에게 물어보세요.
(C) 영수증 하단에요.

[해설] 많은 고객들이 설문조사에 응답하고 있는지 확인하는 부가 의문문이다.
(A) 질문의 survey에서 연상 가능한 questionnaire를 이용해 혼동을 유도하는 오답이다.
(B) 많은 고객들이 설문조사에 응답하고 있는지 묻는 질문에 Bill에게 물어보라고 답변하는 것은 '나는 잘 모르니 제3자인 Bill에게 물어보라'는 의미의 회피성 응답이므로 정답이다.
(C) 질문의 customers에서 물건을 사고파는 상황에서 연상되는 receipt를 이용한 오답이다.

10. [AU] [US]

There are still available seats, aren't there?
(A) That was a comfortable seat.
(B) Thanks, in the front, please.
(C) Let me check it for you.

아직 좌석이 남아 있지요, 그렇지 않나요?
(A) 그 좌석은 편안했어요.
(B) 고맙습니다. 앞쪽으로 주세요.
(C) 제가 확인해드릴게요.

[해설] 아직 좌석이 남아 있는지 확인하는 부가 의문문이다.
(A) 질문의 seat를 반복 사용하여 혼동을 유도하는 오답이다.
(B) 질문의 seat에서 '앞 열의 좌석'을 연상하도록 유도하는 front를 이용한 오답이다.
(C) 아직 좌석이 남아 있는지 묻는 질문에 확인해주겠다고 답변하는 것은 '나도 모른다'고 우회적으로 말하는 것이므로 정답이다.

11. [BR] [BR]

Has the new merchandise arrived at the store?
(A) Why don't you check with George?
(B) On a weekly basis.
(C) Thanks, I appreciate your help.

merchandise 상품, 물품   on a weekly basis 매주, 주 단위로

새 상품들이 매장에 도착했나요?
(A) George에게 확인해 보는 게 어때요?
(B) 주 단위로요.
(C) 고마워요, 도와주셔서 감사해요.

[해설] 새 상품이 매장에 도착했는지 묻는 조동사 의문문이다.
(A) 새 상품이 매장에 도착했는지 묻는 질문에 George에게 확인해 보라고 답변하는 것은 '자신은 모르니 George한테 물어보라'는 의미의 응답이므로 정답이다.
(B) 질문의 내용과 무관한 응답으로, 빈도를 묻는 How often 의문문에 어울린다.
(C) 질문에서 상대방이 감사 인사를 할 만한 내용이 언급되지 않았으므로 어색한 응답이다.

12. AU US

You sent the package to our clients, right?
(A) Several delivery options.
(B) We're running low on packing material.
(C) Didn't they get it by now?

run low on ~이 모자라게 되다, 떨어져 가다　packing material 포장 재료

우리 고객들에게 포장물을 보내셨죠, 맞죠?
(A) 몇몇 배달 옵션이요.
(B) 포장 재료가 떨어져 가요.
(C) 그들이 지금까지 받지 못했나요?

[해설] 고객들에게 포장물을 보냈는지 확인하는 부가 의문문이다.
(A) 질문의 sent the package에서 연상 가능한 delivery를 이용해 혼동을 유도하는 오답이다.
(B) 질문의 package에서 연상되는 packing material을 이용해 혼동을 유도하는 오답이다.
(C) 고객들에게 포장물을 보냈는지 묻는 질문에 고객들이 지금까지 받지 못했냐고 되물음으로써 자신이 이미 포장물을 보냈다고 우회적으로 말하고 있는 정답이다.

13. US AU

Where will Mr. Smith's retirement dinner be held?
(A) We are still deciding.
(B) After 30 years with the company.
(C) Yes, I plan on attending.

Smith 씨의 은퇴 기념식이 어디서 열리나요?
(A) 우리가 아직 결정하는 중이에요.
(B) 이 회사에서 근무한 지 30년 만에요.
(C) 네, 저는 참석할 계획이에요.

[해설] Smith 씨의 은퇴 기념식이 열리는 장소를 묻는 Where 의문문이다.
(A) Smith 씨의 은퇴 기념식이 어디에서 열리는지 묻는 질문에 아직 결정하는 중이라고 말한 우회/회피성 응답이므로 정답이다.
(B) 은퇴 기념식 장소를 묻는 질문에 근무 기간으로 답했으므로 오답이다.
(C) 의문사 의문문에는 Yes/No로 응답하지 않으므로 오답이다.

14. BR US

Who's in charge of the next ad campaign?
(A) I'll show it to you.
(B) On TV and radio.
(C) It hasn't been decided yet.

in charge of ~을 맡아서, 담당해서　ad 광고(= advertisement)

누가 다음 광고 캠페인을 담당합니까?
(A) 제가 그것을 보여줄게요.
(B) TV와 라디오에서요.
(C) 아직 결정되지 않았습니다.

[해설] 누가 다음 광고 캠페인을 담당하는지 묻는 Who 의문문이다.
(A) 질문의 핵심은 다음 광고를 담당할 '사람'인데, 사람을 대명사 it으로 지칭할 수 없으므로 오답이다.
(B) 질문의 ad에서 TV와 라디오 광고를 연상하도록 유도하는 오답이다.
(C) 누가 다음 광고 캠페인을 담당하는지 묻는 질문에 아직 결정되지 않았다고 답변함으로써 '나도 모른다'는 의미를 우회적으로 전달하고 있으므로 정답이다.

15. US BR

Have you seen next month's schedule yet?
(A) Several new staff members.
(B) Has it been released already?
(C) On Mondays and Fridays.

staff member 직원　release 공개하다, 발표하다

다음 달 일정표를 보셨나요?
(A) 몇몇 새 직원들이요.
(B) 벌써 발표가 되었나요?
(C) 월요일과 금요일마다요.

[해설] 다음 달 일정을 보았는지 확인하는 조동사 의문문이다.
(A) 질문의 next month's schedule의 영향을 받을 만한 대상인 staff members를 이용해 혼동을 유도하는 오답으로, Who 의문문에 적합하다.
(B) 다음 달 일정을 보았는지 묻는 질문에 벌써 발표가 되었냐고 되물음으로써 아직 보지 못했다고 우회적으로 말하고 있으므로 정답이다.
(C) 질문의 schedule에서 연상되는 시간과 관련된 표현인 Mondays와 Fridays를 이용하여 혼동을 유도하는 오답으로 When 또는 How often 의문문에 적합한 응답이다.

16. BR BR

I can't seem to find your expense report from the trip.
(A) Yes, it was quite expensive.
(B) Sorry, but I didn't submit it yet.
(C) I plan on spending a week there.

expense report 비용 보고서

당신의 여행 경비 보고서를 못 찾겠어요.
(A) 네, 그것은 꽤 비쌌어요.
(B) 미안하지만, 제가 아직 제출하지 않았어요.
(C) 그곳에서 일주일을 보낼 계획이에요.

[해설] 상대방의 여행 경비 보고서를 못 찾겠다는 내용의 평서문이다.
(A) 질문의 expense와 발음이 유사한 expensive를 이용해 혼동을 유도하는 오답이다.
(B) 상대방의 여행 경비 보고서를 못 찾겠다는 말에 미안하다고 한 후 자신이 제출하지 않았다고 말함으로써 보고서가 없는 이유를 덧붙이고 있으므로 정답이다.
(C) 질문의 expense에서 연상 가능한 spending을 이용해 혼동을 유도하는 오답이다.

PART 4　시각 자료 연계 문제

유형 연습

01. (B)　02. (B)　03. (B)　04. (A)

01. BR

Look at the **graphic**. **Which item** does the speaker want to **increase**?

(A) **Sandwiches**   (B) Orange **Juice**

W: Hi, I'm Linda from Danny's Law Firm. I'm calling about the catering order our company placed yesterday. One of our staff members made a mistake. I think we have to order more beverages. Also, we need a dozen hamburgers. If you have any questions, please call me anytime.

시각 자료를 보시오. 화자는 어떤 품목을 늘리고 싶어 하는가?
(A) 샌드위치   (B) 오렌지 주스

전화 메시지와 양식

주문번호 # 8910	
이름: Danny's 법률 사무소	
품목	수량
샌드위치	30
오렌지 주스	50

여: 안녕하세요, 저는 Danny's 법률 사무소의 Linda입니다. 저희 회사가 어제 주문한 출장 음식 관련해서 전화드렸습니다. 저희 직원들 중 한 명이 실수를 했어요. 저희가 음료 주문을 더 해야 할 것 같습니다. 또한, 햄버거 12개가 필요합니다. 질문이 있으시면, 제게 언제든 전화해 주세요.

02. [BR]
Look at the **graphic**. In **which quarter** was the **new product** most likely **released**?
(A) **2nd** quarter   (B) **3rd** quarter

M: Thank you for attending the weekly meeting. I want to begin with good news. Our new product, the Big Wave Bluetooth headset, has had favorable responses from customers as well as industry critics. As in the report, our sales doubled in the quarter when it was released. Give Mr. Timber and his team a round of applause and congratulate them on their accomplishment.

favorable 좋은, 호의적인

시각 자료를 보시오. 어떤 분기에 신제품이 출시되었겠는가?
(A) 2분기   **(B)** 3분기

담화와 그래프

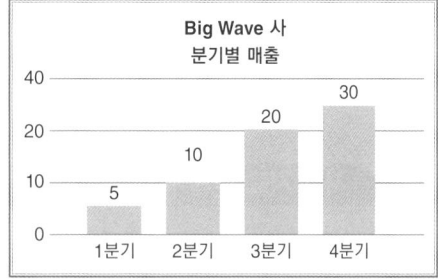

남: 주간 회의에 참석해주셔서 감사합니다. 좋은 소식으로 시작하고 싶습니다. 우리의 신제품인 Big Wave 블루투스 헤드셋이 업계 비평가들뿐만 아니라 고객들에게도 좋은 반응을 얻었습니다. 보고서에서 보이는 것처럼, 우리 매출이 그것이 출시되던 분기에 두 배가 되었어요. Timber 씨와 그의 팀에게 그들의 성취에 대해 큰 박수를 보내고 축하를 해주시기 바랍니다.

03. [US]
Look at the **graphic**. **Which item** in the monthly report **requires** additional **documentation**?
(A) **Transportation**   (B) **Lunch & Dinner**

W: Hello, Mr. Butler. This is Sandra Peterson from accounting. I'm returning your call. I received your monthly expense report for October. While reviewing it, I noticed that you did not attach receipts for the expense of $450. Please make sure that you provide itemized tables and attach all receipts for them. Otherwise we will be unable to reimburse you.

expense 비용   reimburse 상환하다

시각 자료를 보시오. 월간 보고서의 어떤 항목이 추가 서류를 필요로 하는가?
(A) 교통   **(B)** 점심식사와 저녁식사

전화 메시지와 보고서

이름: Gary Butler	
항목	비용
교통	400달러(4일)
숙박	899.19달러
점심식사와 저녁식사	450.00달러
전화	99.89달러

여: 안녕하세요, Butler 씨. 저는 회계팀의 Sandra Peterson입니다. 당신의 전화에 대해 회신합니다. 당신의 10월 비용 보고서를 받았어요. 검토하다가, 450달러에 대한 영수증을 첨부하지 않은 것을 발견했습니다. 항목화된 표와 모든 영수증을 첨부하셔야 합니다. 그렇지 않으면 상환을 해 드릴 수 없을 것입니다.

04. [AU]
Look at the **graphic**. **What gate** is **not available** during the construction period?
(A) **East** Gate   (B) **West** Gate

M: Yesterday the City Council announced the repair of 3rd Street, between Benjamin Avenue and Oakland Avenue. This 4-month construction will begin at the beginning of next month, July 1st, and will cost approximately 2 million dollars. So, during this period, be assured that you are not able to access Central Park through the parking entrance facing the construction area.

시각 자료를 보시오. 공사 기간 동안 어떤 출입구를 이용할 수 없는가?
(A) 동쪽 출입구   (B) 서쪽 출입구

방송과 지도

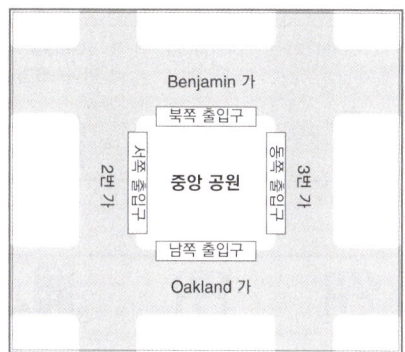

남: 어제 시 의회는 Benjamin 가와 Oakland 가 사이에 있는 3번 가의 수리를 알렸습니다. 이 네 달 간의 공사는 다음 달 초인 7월 1일에 시작할 것이고 거의 200만 달러가 들 것입니다. 그러므로 이 기간 동안, 공사 지역을 마주하고 있는 주차장 출입구를 통해 Central 공원에 들어가실 수 없다는 것을 알아두시기 바랍니다.

paraphrasing 정답 01. (b) 02. (c) 03. (a) 04. (c) 05. (a) 06. (b)

실전 문제

01. (B) 02. (B) 03. (D) 04. (C) 05. (D) 06. (B)
07. (A) 08. (D) 09. (B) 10. (B) 11. (A) 12. (B)
13. (D) 14. (D) 15. (C) 16. (C) 17. (A) 18. (B)
19. (A) 20. (D) 21. (C) 22. (B) 23. (C) 24. (C)

[01-03] BR

Questions 01-03 refer to the following news report and event schedule.

Main Stage Events	
9 A.M. – 10 A.M.	Opening Ceremony
02 10 A.M. – Noon	Cooking Contest
1 P.M. – 3 P.M.	Dance Performance
7 P.M. – 9 P.M.	Televised Concert

M: You're listening to the local news report on KRT Radio. The big event this weekend is the annual Independence Day Festival. You don't need a ticket to attend this event. However, since it is taking place at Collins Park, 01 **you're going to want to get there very early. There aren't many places to park.** Event planners are excited to announce that 02 **famous French chef Sebastian Leclair will be one of the judges for this year's cooking competition.** Fans will be able to get autographs during that session. The opening ceremony will be hosted by 03 **Miguel Alexander, owner of the local shopping mall** and a major financial supporter of this event.

Independence Day 독립 기념일 take place 개최되다, 일어나다 chef 요리사 judge 판사, 심판, 심사위원 competition 경쟁, 경연대회, 시합 autograph (유명인의) 사인 opening ceremony 개막식 host 주최하다, 진행하다 financial 금융[재정]의 supporter 지지자, 후원자 performance 공연 televised TV로 방송되는

01-03은 다음 뉴스 보도와 행사 일정표에 관한 문제입니다.

본 무대 행사	
오전 9시 – 10시	개막식
02 오전 10시 – 정오	요리 경연대회
오후 1시 – 3시	댄스 공연
오후 7시 – 9시	TV 방송용 콘서트

남: 여러분은 KRT 라디오의 지역 뉴스 보도를 듣고 계십니다. 이번 주말에 있을 큰 행사는 연례 독립기념일 축제입니다. 이 행사에 참가하기 위해 티켓이 필요하지는 않습니다. 하지만 행사가 Collins Park에서 열릴 예정이므로 01 여러분은 아주 일찍 도착하셔야 할 겁니다. 주차할 곳이 많지 않거든요. 행사 기획자들이 신나서 전하는 바에 의하면, 02 유명한 프랑스 셰프 Sebastian Leclair가 올해의 요리 경연대회의 심사위원 중 한 명이 될 거라고 합니다. 팬들은 그 시간 동안 사인을 받을 수 있을 것입니다. 개막식은 03 지역 쇼핑몰의 소유주이자 이번 행사의 주요 재정 후원자인 Miguel Alexander 씨가 진행할 예정입니다.

01.

화자는 청자들에게 무엇에 대하여 경고하는가?

(A) 티켓 부족
(B) 주차장 부족
(C) 나쁠 수도 있는 날씨
(D) 마지막 순간의 변경

[해설] 행사 장소가 Collins Park라고 언급한 다음 청자들이 아주 일찍 도착하고 싶을 거라며 그 이유로 주차할 곳이 많지 않다고(There aren't many places to park.) 덧붙인다. 이는 주차 공간이 부족하니 행사 장소에 일찍 도착하라고 주의를 주는 것이므로 정답은 (B)이다.

paraphrasing There aren't many places to park. 주차할 곳이 많지 않다. → a lack of parking 주차장 부족

[어휘] warn 경고하다, 주의를 주다 shortage 부족 a lack of ~의 부족, 결핍 last-minute 마지막 순간의, 막바지의

02.

시각 자료를 보시오. 축제 참가자들은 언제 프랑스에서 온 스타를 볼 수 있는가?

(A) 오전 9시 – 10시
(B) 오전 10시 – 정오
(C) 오후 1시 – 3시
(D) 오후 7시 – 9시

[해설] 먼저 질문의 a star from France는 뉴스 보도에서 언급한 유명한 프랑스 셰프(famous French chef) Sebastian Leclair를 가리킨다. 뉴스 보도 중반부에 유명한 프랑스 셰프 Sebastian Leclair가 올해의 요리 경연대회의 심사위원(one of the judges for this year's cooking competition)이 될 것이라고 했으므로 시각 자료에서 요리 경연대회가 열리는 시간을 확인하면 오전 10시에서 정오까지다. 따라서 축제 참가자들이 프랑스에서 온 스타, 즉 유명한 프랑스 셰프를 만날 수 있는 시간은 오전 10시부터 정오 사이이므로 정답은 (B)이다.

paraphrasing famous French chef 유명한 프랑스 셰프 → a star from France 프랑스에서 온 스타/competition 경연대회 → contest 경연대회

03.

Miguel Alexander는 누구인가?

(A) 행사 기획자
(B) 시 공무원
(C) 프로 가수
(D) 지역 사업가

[해설] 질문의 키워드 Miguel Alexander는 뉴스 보도 마지막 부분에 언급되는데, 이번 행사의 개막식을 진행하는 사람의 이름으로, 지역 쇼핑몰의 소유주(owner of the local shopping mall)이자 이번 행사의 주요 재정 후원자로 소개되고 있다. 즉, Miguel Alexander는 지역의 사업가임을 알 수 있으므로 정답은 (D)이다.

paraphrasing owner of the local shopping mall 지역 쇼핑몰의 소유주 → a local businessperson 지역 사업가

[어휘] official 공무원, 관리 professional 전문적인 businessperson 사업가

[04-06] US

Questions 04-06 refer to the following telephone message and map.

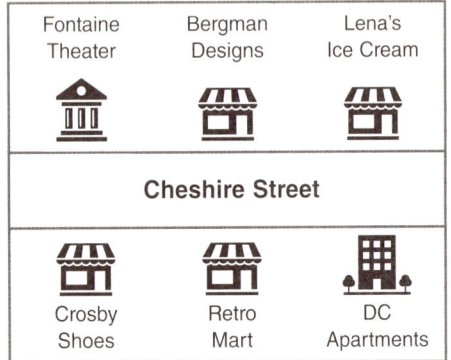

M: Hello. ⁰⁴ **This is Jeffrey Duncan calling from Hampton Bank. I'm looking over your application for a business loan** for your donut shop. ⁰⁵ **You indicated that you will be relocating to Cheshire Street, right across from Bergman Designs.** This is an excellent location, because it is a lively neighborhood. And because there are many events at Fontaine Theater, you'll have a steady supply of customers. The only thing I'm worried about is that you wrote on your application that ⁰⁶ **you'll be closed for four months** to do some redecorating at the new site. ⁰⁶ **I'm worried that might be too long.** Please call me back so we can discuss this further. I'm at 555-7810. Thanks.

look over 훑어보다, 살펴보다 application 신청(서) business loan 기업 대출(금) indicate (글로) 명시하다 relocate 이전[이동]하다 neighborhood 근처, 인근, 이웃 steady 꾸준한 supply 공급 redecorate 실내 장식을 새로 하다 site (건물이 들어설) 위치, 장소, 현장, 부지

04-06은 다음 전화 메시지와 지도에 관한 문제입니다.

남: 여보세요. ⁰⁴ 저는 Hampton 은행의 Jeffrey Duncan입니다. 당신의 도넛 가게를 위한 ⁰⁴ 사업자 대출 신청서를 검토하고 있는 중입니다. ⁰⁵ Cheshire 가의 Bergman 디자인 바로 맞은편으로 이전할 예정이라고 명시하셨습니다. 그곳은 활기찬 동네이기 때문에 아주 좋은 위치예요. 그리고 Fontaine 극장에서 많은 행사들이 열리기 때문에 고객들이 꾸준히 유입될 겁니다. 제가 우려하는 단 하나는 새로운 장소에 내부 장식을 새로 하기 위해 ⁰⁶ 4개월간 문을 닫을 예정이라고 신청서에 기입하신 점입니다. ⁰⁶ 그건 너무 긴 기간인 것 같아 걱정스럽습니다. 이 문제에 대해 더 상의할 수 있도록 제게 다시 전화 주세요. 제 번호는 555-7810입니다. 감사합니다.

04.

누가 청자에게 전화하는 것 같은가?

(A) 부동산 중개인
(B) 건설 노동자
(C) 대출 담당 직원
(D) 의류 디자이너

[해설] 화자의 직업을 묻는 문제다. 메시지 초반에 화자는 자신의 소속을 Hampton Bank라고 밝혔으며, 이어서 청자, 즉 메시지 수신인이 제출한 사업자 대출 신청서를 검토하고 있다고(I'm looking over your application for a business loan) 언급했다. 따라서 화자는 은행에서 대출 업무를 담당하고 있음을 알 수 있으므로 정답은 (C)이다.

[어휘] real estate 부동산 construction 건설, 공사 loan officer 대출 담당 직원

05.

시각 자료를 보시오. 청자가 이용하게 될 위치는 어느 곳인가?

(A) Fontaine 극장
(B) Bergman 디자인
(C) Crosby 신발
(D) Retro 마트

[해설] 청자가 도넛 가게를 이전할 예정이라는 내용이 언급되었으므로 문제에서 말한 '청자가 이용하게 될 장소'는 결국 청자가 새 도넛 가게를 열 위치를 가리킨다. 따라서 이 위치를 지도에서 찾으면 되는 문제다. 담화에서 Cheshire Street의 Bergman Designs 바로 맞은편이라고(right across from Bergman Designs) 했으므로 지도에서 이 위치를 찾으면 Retro Mart임을 알 수 있다. 따라서 정답은 (D)이다.

06.

화자는 무엇에 대해 우려하는가?

(A) 건물의 크기
(B) 폐점 기간

(C) 고객의 수
(D) 수리 비용

[해설] 질문의 키워드 concerned가 담화에서는 worried로 표현되었다. 담화 중반부에 화자가 우려하는 바가 구체적으로 언급되는데, 청자가 내부 장식 때문에 새로운 매장을 4개월 동안 문을 닫을 예정이라고(you'll be closed for four months) 한 점을 지적하면서 기간이 너무 길어 걱정스럽다고(I'm worried that might be too long) 했다. 즉, 화자는 상점이 문을 닫는 기간에 대해 우려하고 있으므로 정답은 (B)이다.

[어휘] be concerned about ~에 대해 우려하다　length 길이　closure 폐점

[07-09] US

Questions 07-09 refer to the following announcement and weather report.

5-Day Forecast: Chance of Snow				
WED	THURS	FRI	SAT	08 SUN
50%	70%	40%	30%	**10%**

W: All right, everyone, ⁰⁷**I hope you enjoyed the tourist sites we visited yesterday, and there's more to see today.** We'll wait here in the lobby for our bus to arrive. Our first stop will be the Toledo Aquarium, which has the area's largest collection of marine species. After that, we'll go to the famous Township Market. The market closes ⁰⁸**in case of snow, but there's only a ten percent chance of that happening today,** so we should be fine. After that, we'll come back to the hotel, and you'll have free time for the rest of the day. ⁰⁹**There's a dance show** at the Ritter Theater tonight at 7, right across the street. ⁰⁹**I suggest checking that out**.

collection 수집품, 소장품　in case of ~의 경우　chance 확률
rest of the day 하루의 나머지 시간

07-09는 다음 안내 방송과 일기예보에 관한 문제입니다.

5일간 일기예보: 눈이 올 확률				
수요일	목요일	금요일	토요일	08 일요일
50%	70%	40%	30%	**10%**

여: 자, 여러분, ⁰⁷어제 우리가 방문했던 관광지에서 즐거운 시간 보내셨기를 바랍니다. 오늘은 볼 것들이 더 많답니다. 이곳 로비에서 버스가 도착하는 것을 기다리겠습니다. 우리가 첫 번째로 들를 곳은 Toledo Aquarium인데요, 이곳은 이 지역에서 해양 생물들을 가장 많이 보유하고 있습니다. 그 후에, 그 유명한 Township Market으로 이동하겠습니다. 이 시장은 ⁰⁸눈이 올 경우 폐장하지만 오늘 그러한 일이 발생할 확률은 겨우 10퍼센트이니 우리는 괜찮을 거예요. 그 후에는 호텔로 돌아와서 남은 하루 동안 자유 시간을 가지겠습니다. 오늘 밤 7시에 길 바로 건너편 Ritter Theater에서 ⁰⁹댄스 공연이 있습니다. 그것을 확인해 보시길 권합니다.

07.
청자들은 누구일 것 같은가?
(A) 여행 참가자들
(B) 연극 평론가들
(C) 신입사원들
(D) 버스 기사들

[해설] 화자가 어제 우리가 방문했던 관광지에서 즐거운 시간 보냈기를 바라며, 오늘은 볼 것들이 더 많다는(I hope you enjoyed the tourist sites we visited yesterday, and there's more to see today.) 말로 담화를 시작한 후이어서 추후 일정들을 소개하는 것으로 보아 화자는 여행 가이드이고 청자들은 여행 프로그램의 참가자임을 알 수 있으므로 정답은 (A)이다.

08.
시각 자료를 보시오. 화자는 무슨 요일에 공지를 하고 있는가?
(A) 수요일
(B) 목요일
(C) 금요일
(D) 일요일

[해설] 오늘 일정 중 Township Market 방문이 포함되어 있는데, 이곳은 눈이 올 경우 폐장하지만 오늘 그러한 일이 발생할 확률은 겨우 10퍼센트라는(in case of snow, but there's only a ten percent chance of that happening today) 말은 오늘 눈이 올 확률이 10퍼센트라는 뜻이다. 시각 자료에서 이에 해당하는 요일을 찾으면 일요일이므로 화자가 공지를 하고 있는 오늘이 바로 일요일이다. 따라서 정답은 (D)이다.

09.
화자는 청자들에게 무엇을 하라고 권장하는가?
(A) 카메라 가져오기
(B) 공연에 참석하기
(C) 부칠 짐을 자물쇠로 채우기
(D) 티켓을 확인하기

[해설] 제안이나 요청 사항은 주로 담화 후반부에 제시된다. 화자는 오늘의 일정 안내를 마무리하며 오늘 저녁 호텔 건너편 극장에서 댄스 공연이 있으니 확인해 보라고(There's a dance show ~ I suggest checking that out.) 했다. 따라서 정답은 (B)이다.

[어휘] verify 확인하다

[10-12] BR

Questions 10-12 refer to the following excerpt from a meeting and pie chart.

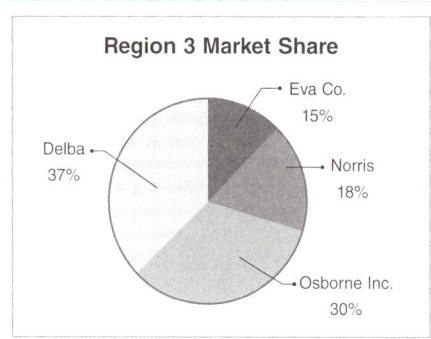

W: First on the agenda, I'm excited to share our latest sales figures. The quarter has just ended, and ¹⁰**we had the highest sales ever in our company's history.** We expect this trend to continue, so we're looking for ways to use our profits to grow our business. ¹¹**Troy Renner just got back from Philadelphia, where he was negotiating an acquisition deal** with one of our competitors. It's not finalized yet, but if it goes through, ¹²**we'll benefit from that company's eighteen-percent share of the market in Region 3.** I'll keep you updated as things unfold.

agenda 의제, 안건   share 공유하다   sales figure 매출액   look for ~을 찾다   profit 이익, 수익   negotiate 협상   acquisition (기업) 인수, 매입   deal 거래, 합의   competitor 경쟁자   go through (법률·계약 등이) 통과[성사]되다   benefit from ~로부터 이익을 얻다   region 지역   unfold 펴지다, 펼쳐지다

10-12는 다음 회의 발췌록과 원 그래프에 관한 문제입니다.

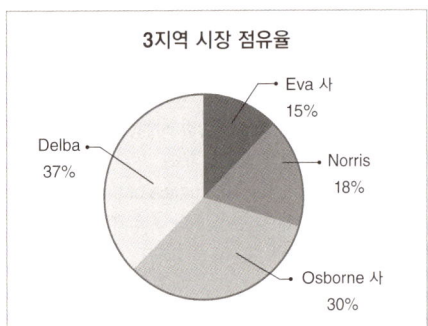

여: 첫 번째 안건으로, 우리의 가장 최근 매출액을 공유하게 되어 기쁩니다. 이번 분기가 이제 막 끝났는데, ¹⁰우리 회사 역사상 가장 높은 판매를 기록했습니다. 이러한 추세가 지속될 것으로 예상되므로 우리의 사업을 확장시키기 위해 수익을 활용할 방법들을 찾고 있습니다. ¹¹Troy Renner가 막 필라델피아에서 돌아왔는데요, 그곳에서 그는 우리의 경쟁업체 중 한 곳과 ¹¹인수 거래를 협상했습니다. 아직 마무리되지는 않았지만, 성사된다면 ¹²그 회사가 3지역에서 차지하고 있는 시장 점유율 18퍼센트가 우리에게 이익이 될 것입니다. 상황이 진행되는 대로 계속하여 알려드리겠습니다.

10.
화자의 말에 따르면, 이 회사는 최근 무엇을 했는가?
(A) 한 잡지에 실렸다.
(B) 판매 기록을 갱신했다.
(C) 새로운 지사를 열었다.
(D) 기념일을 축하했다.

[해설] 화자가 첫 번째 안건으로 회사의 가장 최근 매출액을 언급하면서 회사 역사상 가장 높은 판매를 기록했다고(we had the highest sales ever in our company's history) 전했다. 이는 이 회사가 기존의 매출 기록을 넘어서는 성과를 거두었다는 말이므로 정답은 (B)이다.

paraphrasing we had the highest sales ever in our company's history 우리 회사 역사상 가장 높은 판매를 기록했다 → surpassed a sales record 판매 기록을 갱신했다

[어휘] publicity 언론의 관심, 홍보   surpass 능가하다, 뛰어넘다   sales record 판매 기록   branch 지사

11.
Renner 씨는 왜 필라델피아에 다녀왔는가?
(A) 협상에 참여하기 위해서
(B) 본사 부지를 둘러보기 위해서
(C) 신제품을 소개하기 위해서
(D) 업계 콘퍼런스에 참석하기 위해서

[해설] 질문의 핵심 키워드 Mr. Renner는 담화 중반부에 언급된다. Troy Renner가 막 필라델피아에서 돌아왔는데, 그곳에서 경쟁업체 중 한 곳과 인수 거래를 협상했다는(Troy Renner just got back from Philadelphia, where he was negotiating an acquisition deal) 말로 보아 Mr. Renner가 인수 협상에 참여하기 위해 필라델피아에 다녀왔음을 알 수 있으므로 정답은 (A)이다.

paraphrasing he was negotiating an acquisition deal 그는 인수 거래를 협상하고 있었다 → participate in a negotiation 협상에 참여하다

[어휘] participate in ~에 참여[참가]하다   negotiation 협상   headquarters 본사   site 현장, 부지   industry 산업, 업계

12.
시각 자료를 보시오. 어떤 회사가 곧 매수될 것인가?
(A) Eva 사
(B) Norris 사
(C) Osborne 사
(D) Delba 사

[해설] 인수 협상을 하고 있는 회사가 3지역에서 차지하고 있는 시장 점유율 18퍼센트가 화자의 회사에 이익이 될 것이라는(we'll benefit from that company's eighteen-percent share of the market in Region 3) 정보를 바탕으로 시각 자료에서 시장 점유율 18퍼센트인 업체를 찾으면 Norris이다. 따라서 정답은 (B)이다.

paraphrasing acquisition 인수 → be purchased 매수되다

[13-15] US

Questions 13-15 refer to the following telephone message and schedule.

Jennifer's Schedule: Wednesday, April 7	
10:00 A.M.	Sales review meeting
12:00 P.M.	Lunch with author Neil Walsh
1:30 P.M.	Corporate conference call
¹⁴ **3:00 P.M.**	**Seasonal hiring plan**

W: Hello, this is Jennifer from Atlas Bookstore. ¹³**I would like to go ahead with the expansion of my store, but I want to talk about it with you in more detail.** You said that Wednesday works well for you, and ¹⁴**my 3 o'clock meeting this Wednesday was just cancelled.** ¹⁵**Hopefully you can come to my office with a projected expense report.** I look forward to seeing you.

go ahead with ~을 추진하다   expansion 확대, 확장   projected 예상된   expense report 경비 보고서   corporate 기업[회사]의   conference call 전화 회의   seasonal 계절적인, 정기의   hiring 고용

13-15는 다음 전화 메시지와 일정표에 관한 문제입니다.

Jennifer의 일정: 4월 7일 수요일	
오전 10:00	매출 검토 회의
정오	작가 Neil Walsh와 점심식사
오후 1:30	회사 전화 회의
¹⁴ **오후 3:00**	**정기 채용 계획**

여: 여보세요, 저는 Atlas 서점의 Jennifer입니다. ¹³저희 가게의 확장을 추진하려고 하는데 그에 대해 당신과 좀더 상세하게 얘기 나누고 싶어요. 수요일이 괜찮다고 하셨죠. ¹⁴저의 이번 주 수요일 3시 회의가 방금 취소되었어요. ¹⁵당신이 예상 경비 보고서를 가지고 제 사무실에 와주셨으면 좋겠어요. 뵙기를 기대합니다.

13.

화자는 무엇에 대해 청자와 얘기하고 싶어 하는가?
(A) 이전 일정
(B) 회원 가입 혜택
(C) 새로운 도서 시리즈
(D) 매장 확장

[해설] 메시지 초반 전화의 용건을 밝힌 부분에서 정답을 찾을 수 있다. 화자는 가게를 확장할 계획인데 그에 대해 청자와 얘기 나누고 싶다고(I would like to go ahead with the expansion of my store, but I want to talk about it with you in more detail.) 했으므로 정답은 (D)이다.

[어휘] relocation 재배치, 이전 benefit 혜택, 이득

14.

시각 자료를 보시오. 어떤 약속이 취소되었는가?
(A) 매출 검토 회의
(B) 작가 Neil Walsh와의 점심식사
(C) 회사 전화 회의
(D) 정기 채용 계획

[해설] 담화에 언급된 정보와 시각 자료를 종합하여 정답을 찾는다. 메시지 중반 이번 주 수요일 3시 회의가 방금 취소되었다고(my 3 o'clock meeting this Wednesday was just cancelled) 했으므로 일정표에서 이 시간의 일정을 살펴보면 '정기 채용 계획'임을 알 수 있다. 따라서 정답은 (D)이다.

15.

화자는 청자가 무엇을 가져올 것을 요청하는가?
(A) 회사 소개서
(B) 건물 모델
(C) 비용 견적서
(D) 작문 샘플

[해설] 메시지 후반에 화자는 청자에게 예상 경비 보고서를 가지고 자신의 사무실에 오기 바란다고(Hopefully you can come to my office with a projected expense report.) 했다. 즉, 비용 견적서를 가져올 것을 요청한 것이므로 정답은 (C)이다.

paraphrasing a projected expense report 예상 경비 보고서 → a cost estimate 비용 견적서

[어휘] profile 개요(서) estimate 추정(치), 견적서

[16-18] [AU]

Questions 16-18 refer to the following excerpt from a meeting and chart.

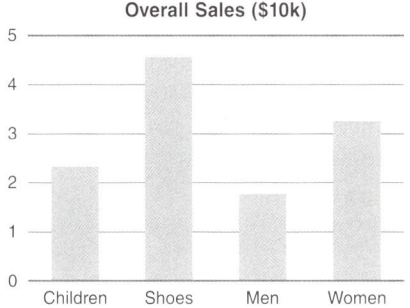

M: As you all may know, ¹⁶**I just got back from a seminar for business owners.** It was very informative, and I learned a lot from it. ¹⁷**Most of the sessions focused on how a small business like ours can earn a bigger profit.** ¹⁸**They suggested renovating the section with the highest sales.** This quarterly sales chart clearly shows which one that is. Also, the men's section will be reduced since it doesn't bring in nearly as many customers as the other departments.

business owner 경영주, 사업주 informative 유용한 정보를 주는, 유익한 earn (수익을) 올리다, 받다 profit 이익, 수익 suggest 제안하다 renovate 개조[보수]하다, 쇄신[혁신]하다 sales 매출 quarterly 분기별의 clearly 분명하게 reduce 줄이다, 낮추다 bring in (이익을) 가져오다 nearly 거의

16-18은 다음 회의 발췌록과 도표에 관한 문제입니다.

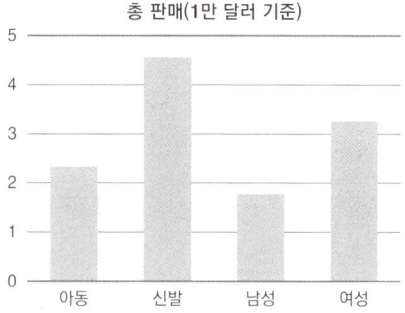

총 판매(1만 달러 기준)

아동 신발 남성 여성

남: 여러분 모두 아시다시피 ¹⁶ 저는 사업주들을 위한 세미나에서 막 돌아왔습니다. 매우 유익했고, 그곳에서 많은 것을 배웠습니다. ¹⁷ 대부분의 시간들이 어떻게 하면 우리 같은 작은 기업들이 더 큰 수익을 낼 수 있는지에 초점을 맞췄습니다. ¹⁸ 그들은 매출이 가장 높은 부문을 혁신할 것을 제안했습니다. 이 분기별 매출 기록표는 어느 부문이 이에 해당하는지 분명히 보여줍니다. 또한 남성 부문은 나머지 매장만큼 많은 고객을 유치하지 못하므로 축소될 것입니다.

16.

화자는 최근 어떤 행사에 참가했는가?
(A) 국제 패션쇼
(B) 대중 연설 워크숍
(C) 사업주들의 세미나
(D) 연례 교육

[해설] 담화 초반 화자는 사업주들을 위한 세미나에서 막 돌아왔다고(I just got back from a seminar for business owners.) 언급했다. 따라서 정답은 (C)이다.

17.

화자는 주로 무슨 주제에 대해 배웠는가?
(A) 수익 증대시키기
(B) 인기 늘리기
(C) 효율적으로 마케팅하기
(D) 고객 서비스 개선하기

[해설] 화자는 자신이 참석한 워크숍에서 많은 것을 배웠다고 언급한 후, 대부분의 시간이 어떻게 하면 작은 기업들이 더 큰 수익을 낼 수 있는지에 초점을 맞췄다고(Most of the sessions focused on how a small business like ours can earn a bigger profit.) 했다. 이를 통해 주로 수익 증대에 대해 배웠음을 유추할 수 있으므로 정답은 (A)이다.

paraphrasing earn a bigger profit 더 큰 수익을 내다 → increasing profits 수익 증대시키기

[어휘] boost 신장시키다, 북돋우다 effectively 효과적으로 improve 개선하다, 향상시키다

18.

시각 자료를 보시오. 상점의 어떤 부문이 혁신될 것인가?
(A) 아동
(B) 신발
(C) 남성
(D) 여성

[해설] 담화 중반, 세미나에서 매출이 가장 높은 부문을 혁신할 것을 제안했다고 (They suggested renovating the section with the highest sales.) 했으므로 주어진 도표에서 매출이 가장 높은 신발 부문이 혁신될 것임을 알 수 있다. 따라서 정답은 (B)이다.

[19-21] US
Questions 19-21 refer to the following instructions and floor plan.

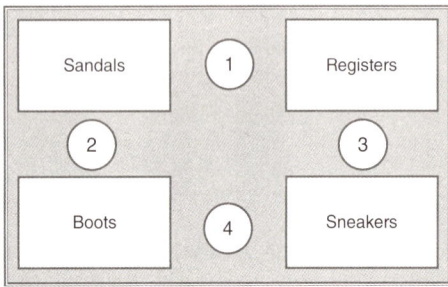

W: Good morning. Before we open for business today, I just wanted to point out one minor change. I have heard several customers complain that they don't have a place to sit while trying on shoes or waiting for whoever they're shopping with. So ¹⁹**I added some extra seats to satisfy them.** ²⁰**They're located between the boots and sneakers sections.** Also, we have a big shipment coming in next Monday. The new line of Orin shoes are coming in and we'll need some extra help that day. ²¹**Put your name on the sign-up sheet at the registers if you're interested.**

instructions 지시, 명령 floor plan 평면도 point out 지적[언급]하다 minor 작은, 가벼운 try on 입어[신어]보다 add 추가하다 satisfy 만족시키다 shipment 수송, 수송품 come in (상품 등이) 들어오다 sign-up sheet 참가 신청서 register (금전) 등록기

19-21은 다음 설명과 도면에 관한 문제입니다.

여: 안녕하세요. 오늘 영업을 시작하기 전에 한 가지 작은 변화를 언급하고 싶었습니다. 저는 여러 고객들이 불만을 제기하는 것을 들었는데 신발을 신어보거나 함께 쇼핑할 사람을 기다리는 동안 앉을 곳이 없다는 것입니다. 그래서 ¹⁹ 그런 분들을 만족시키기 위해 여분의 좌석을 추가했습니다. ²⁰ 그것들은 부츠와 스니커즈 운동화 섹션 사이에 위치합니다. 또한 다음 주 월요일에 많은 양의 화물이 입고됩니다. Orin 신발의 신제품 라인이 들어오므로 그날 도움이 더 필요할 것입니다. ²¹ 관심이 있으시면 계산대에 있는 신청서에 이름을 적어주세요.

19.

변화의 주요 목적은 무엇인가?
(A) 고객 만족도를 높이기 위해서
(B) 작업 효율성을 증대시키기 위해서
(C) 화물 규모를 줄이기 위해서
(D) 더 다양한 종류를 제공하기 위해서

[해설] 담화 초반, 화자는 작은 변화(one minor change)를 언급하고 싶다고 한 후, 여러 고객들이 신발을 신어보거나 함께 쇼핑할 사람을 기다리는 동안 앉을 곳이 없어 불만을 제기한다면서 이들을 만족시키기 위해 여분의 좌석을 추가했다고 (I added some extra seats to satisfy them) 했다. 즉, 화자가 언급한 '변화'는 '좌석 추가'를 가리키며, 이는 고객들을 만족시키기 위한 것이므로 정답은 (A)이다.

paraphrasing satisfy them 그들을 만족시키다 → improve customer satisfaction 고객 만족도를 높이다

[어휘] improve 개선시키다, 향상시키다 customer satisfaction 고객 만족 work efficiency 작업 효율

20.

시각 자료를 보시오. 어느 위치에 새로운 좌석이 배치되었는가?
(A) 위치 1
(B) 위치 2
(C) 위치 3
(D) 위치 4

[해설] 평면도에서 좌석을 새로 배치한 위치를 찾는 문제이다. 담화 중반, 화자는 좌석을 추가했다며, 그 위치가 부츠와 스니커즈 운동화 섹션 사이라고(They're located between the boots and sneakers sections.) 했다. 시각 자료로 제시된 평면도에서 해당 장소를 찾으면 위치 4임을 알 수 있으므로 정답은 (D)이다.

21.

화자의 말에 따르면, 계산대에서 무엇을 찾을 수 있는가?
(A) 영수증
(B) 교육 안내서
(C) 신청서
(D) 쿠폰

[해설] 질문의 핵심 키워드 registers는 담화 마지막에 언급된다. 앞서 다음 주 월요일에 많은 양의 화물이 입고되니 도움이 더 필요할 것이라며, 관심이 있는 사람은 계산대에 있는 신청서에 이름을 적어 달라고(Put your name on the sign-up sheet at the registers) 했다. 따라서 계산대에서 신청서를 찾을 수 있으므로 정답은 (C)이다.

[어휘] manual 설명서, 안내서

[22-24] BR

Questions 22-24 refer to the following excerpt from a meeting and graph.

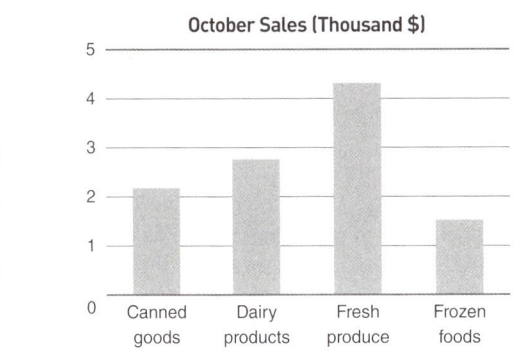

M: **22 Upon reviewing our grocery store's sales figures from last month,** I found that our top-selling category made over $4,000 in profits. That's great news. I think we can increase that number in the upcoming months. **23 We can do so by expanding the most profitable section.** I'm about to leave for a meeting with Donovan Construction. In the meeting **24 I'm going to ask them to give me an estimate on how much the expansion project would cost.** If it's reasonable, we'll probably award them with the contract.

(up)on -ing ~하자마자   top-selling 가장 잘 팔리는   profit 이익, 수익   expand 확대[확장]시키다   profitable 수익성이 있는, 이득이 되는   be about to V 막 ~하려는 참이다   estimate 견적(서)   expansion 확대, 확장   reasonable 타당한, 합리적인   award ~ with a contract ~와 계약해 주다   canned goods 통조림 제품   dairy products 유제품   produce 농산물   frozen foods 냉동 식품

22-24는 다음 회의 발췌록과 그래프에 관한 문제입니다.

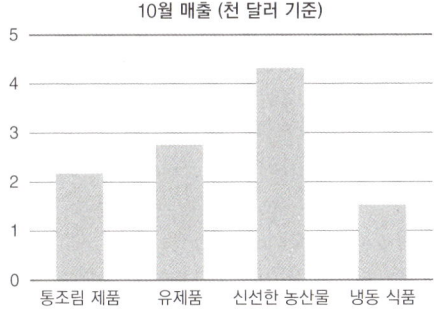

남: **22 우리 식료품점의 지난달 매출 수치를 검토하자마자** 제일 잘 팔리는 종류는 4천 달러가 넘는 수익을 냈음을 알게 되었습니다. 이것은 아주 좋은 소식입니다. 앞으로 다가올 달들에 이 수치를 늘릴 수 있다고 생각합니다. **23 가장 수익성이 높은 부분을 확장함으로써** 그렇게 할 수 있습니다. 저는 막 Donovan Construction과의 회의를 위해 출발하려던 참입니다. 회의에서 **24 그들에게 확장 프로젝트에 얼마나 많은 비용이 드는지 견적서를 달라고 요청하겠습니다.** 견적서가 타당하다면 우리는 아마도 그들과 계약을 하게 될 것입니다.

22.

화자는 어떤 종류의 업체에서 근무하는가?
(A) 낙농장
(B) 식료품점
(C) 음식 통조림 공장
(D) 시장 조사 회사

[해설] 담화 첫 부분에서 화자가 종사하는 직종에 대한 단서를 찾을 수 있다. '우리 식료품점의 지난달 매출 수치를 검토하자마자(Upon reviewing our grocery store's sales figures from last month)'라는 언급에서 화자가 식료품점에서 근무함을 알 수 있으므로 정답은 (B)이다.

[어휘] dairy farm 낙농장   cannery 통조림 공장   market research 시장 조사

23.

시각 자료를 보시오. 화자에 따르면 어떤 부문이 확장될 예정인가?
(A) 통조림 제품
(B) 유제품
(C) 신선한 농산물
(D) 냉동 식품

[해설] 담화에 언급된 내용과 시각 자료로 제공된 정보를 연계하여 푸는 문제이다. 담화 중반, 매출 수치를 늘리는 방안으로 '가장 수익성이 높은 부문을 확장하는 것(expanding the most profitable section)'이 언급되었다. 그래프에서 가장 수익이 높은 것을 찾으면 '신선한 농산물'이므로 이 부문이 확장될 계획임을 알 수 있다. 따라서 정답은 (C)이다.

24.

화자는 다음에 무엇을 할 것이라고 말하는가?
(A) 계약서에 서명하기
(B) 회의 일정을 잡기
(C) 견적서를 요청하기
(D) 재고를 확충하기

[해설] 담화 직후 화자가 할 일을 묻는 문제로, 담화 후반에서 단서를 찾는다. 화자는 곧 Donovan Construction과 회의를 할 것임을 언급한 후, 회의에서 그들에게 확장 비용에 대한 견적서를 요청하겠다고(I'm going to ask them to give me an estimate on how much the expansion project would cost) 했다. 따라서 정답은 (C)이다.

[어휘] restock 다시 채우다, 보충하다   inventory 재고(품)

DAY 11

대표 주제 01 출장·행사

| 실전으로 확장하기 해석 |

여: Mike, 제가 베를린의 모바일 기술 학회에서 회사 부스에서 근무하는 일을 맡았어요. 저는 해외 학회에 참석하는 것이 이번이 처음이어서요, 제가 출장 준비하는 것을 도와 주실 수 있으신가요?

남: 물론이죠. 당신이 해야 하는 첫 번째 일은 우리의 출장과 관련된 모든 일을 주로 담당하는 Chicago Travel에 연락하는 거예요. 그럼 그들이 당신에게 가능한 항공편과 호텔방의 목록을 줄 거예요. 경영진이 현재 출장 경비를 줄이려고 하고 있으니, 가장 저렴한 옵션을 선택하는 게 좋을 거예요.

여: 알겠습니다, 그렇게 하겠습니다. 그런데, 식사에 대해서는 환급을 받을 수 있나요?

남: 네. 하지만 당신이 고객과 점심 식사나 저녁 식사를 하는 경우가 아니라면, 회사는 각 식사에 대해 20달러만 대줍니다.

대표 주제 02 사내 교육

| 실전으로 확장하기 해석 |

여: 좋은 아침입니다, Phil. 우리 백화점에서의 첫 날에 오신 것을 환영합니다. 당신에게 기본적인 것들을 보여주고, 매장에서 근무하는 것에 익숙해지도록 돕겠습니다.
남: 네, 좋습니다. 교육 시간은 매우 유익했지만, 새로 도착한 물품 목록으로 무엇을 해야 할지 여전히 잘 모르겠습니다. 어떻게 다루어야 하나요?
여: 체크인 모드로 전환하기 위해서 계산대에서 이 버튼을 누르기만 하면 됩니다. 그리고 나서 각 상품을 스캔하고 매장에 내 놓으면 됩니다.
남: 아주 간단한 것 같습니다.
여: 네, 맞아요. 추가 질문이 있으시면, 이 무전기를 사용해 상사에게 연락하세요.

유형 연습

01. (B) 02. (A) 03. (B) 04. (B) 05. (B) 06. (A)

01. [AU] [BR]

What will take place next Saturday?
(A) A conference   (B) A farewell party

M: Julie is moving to New York for a new job! So, I'm throwing her a party at Tommy's restaurant next Saturday and I was hoping you could come.
W: I won't be available on Saturday, but thanks for letting me know. I'll make sure to stop by her office before she leaves.

다음 주 토요일에 무엇이 열릴 것인가?
(A) 학회   (B) 송별 파티

남: Julile가 새 직장을 위해 뉴욕으로 가요! 그래서 다음 주 토요일에 Tommy's 레스토랑에서 파티를 열어주려고 하는데 나는 당신이 오기를 바라고 있었어요.
여: 저는 토요일에 안될 것 같아요, 하지만 알려줘서 고마워요. 그녀가 떠나기 전에 그녀의 사무실에 꼭 들를게요.

02. [US] [AU]

What does the woman say she will do?
(A) Visit the booth at a later time   (B) Fill out a form

W: Good morning, I'm interested in applying for your assistant accountant position.
M: Thank you for visiting our booth. Do you want to have an on-site interview today at Wyden Job Fair? There is a spot at 3:00. Can I book that for you?
W: Yes, I will come back after having lunch.

여자는 그녀가 무엇을 할 거라고 말하는가?
(A) 나중에 부스 방문하기   (B) 양식 작성하기

여: 좋은 아침입니다, 저는 귀사의 보조 회계사 직에 지원하는 것에 관심이 있어요.
남: 우리 부스를 방문해 주셔서 감사합니다. 오늘 Wyden 취업 박람회에서 현장 면접을 보고 싶으세요? 3시에 자리가 있어요. 예약해 드릴까요?
여: 네, 점심 식사를 하고 돌아오겠습니다.

03. [US] [US]

What did the man recently do?
(A) He traveled overseas.   (B) He relocated to another city.

W: Hi, Jeff. How do you like your new job here in Atlanta so far?
M: There are things I miss about Los Angeles, but I'm getting used to living here. Also, I thought it would be hard to switch from sales to marketing, but I'm handling it quite well.

남자는 최근에 무엇을 했는가?
(A) 해외 여행을 했다.   (B) 다른 도시로 이전했다.

여: 안녕하세요, Jeff. 이곳 애틀랜타에서의 새 직장은 지금까지 어때요?
남: 로스엔젤레스에 대해 그리운 것들이 있지만, 여기 사는 것에 익숙해지고 있어요. 또한, 영업에서 마케팅으로 전환하는 게 어려울 것 같았는데 꽤 잘 해내고 있어요.

04. [AU] [BR]

What should the workers do by the end of the year?
(A) Update personal information   (B) Take training sessions

M: By the end of this year, all current workers are required to attend a series of on-the-job trainings, so we need to revise some chapters in our training handbook.
W: Yes, right. I already requested the personnel department to update the employee benefits chapter to include the extension of medical insurance to our employees' family members.

직원들은 올해 말까지 무엇을 해야 하는가?
(A) 개인 정보 업데이트하기   (B) 교육 듣기

남: 올해 말까지, 모든 현재 직원들은 일련의 직무 교육을 들어야 해서, 우리 교육 안내 책자의 몇몇 챕터를 수정해야 해요.
여: 네, 맞아요. 제가 이미 인사부에 직원들의 가족을 위한 의료 보험 확대를 포함시켜 직원 혜택 챕터를 업데이트하라고 요청했어요.

05. [US] [BR]

What does the man offer to do?
(A) Install new software   (B) Help move devices

M: Here's the key for the equipment room. You'll find a slide projector, an overhead projector and a white board there.
W: Thank you. I appreciate your help. Where exactly is the equipment room?
M: It's next to the main hall on the fourth floor. I can go with you and give you a hand moving them to the meeting room.

남자는 무엇을 해주겠다고 하는가?
(A) 새 소프트웨어 설치하기   (B) 장비 옮기는 것 돕기

남: 여기 비품실 열쇠가 있어요. 슬라이드 프로젝터, 오버헤드 프로젝터, 그리고 화이트 보드를 거기서 찾을 수 있을 거예요.

여: 감사합니다. 도움 주셔서 감사해요. 비품실이 정확이 어디에 있나요?
남: 4층의 대강당 옆에 있어요. 제가 같이 가서 그것들을 회의실로 옮기는 것을 도와줄게요.

06. [AU] [US]
What are the speakers **mainly discussing**?
(A) A company **booth plan** (B) A **client meeting**

> W: Jimmy, I just reviewed the company booth arrangement plan for the culinary expo. I think the assigned booth area is not spacious enough to display all of our products.
> M: Actually, we were supposed to display only the new products, but the management wanted to include some other products. Anyway, I will contact the conference organizer and ask whether there is a larger space still available.

화자들은 주로 무엇을 논의하는가?
(A) 회사 부스 계획 (B) 고객 미팅

여: Jimmy, 제가 막 요리 박람회를 위한 회사 부스 배치를 검토했어요. 배정된 부스 구역이 우리의 모든 제품을 진열하기에 충분히 넓지 않은 것 같아요.
남: 사실, 우리는 신제품만 진열하기로 되어 있는데, 경영진이 다른 상품도 포함시키길 원했어요. 어쨌든, 제가 학회 기획자에게 연락해서 더 큰 공간이 가능할지 물어볼게요.

paraphrasing 정답 1. (b) 2. (a) 3. (c) 4. (c) 5. (b) 6. (a)

실전 문제
01. (C)	02. (D)	03. (D)	04. (C)	05. (B)	06. (C)
07. (A)	08. (B)	09. (D)	10. (B)	11. (B)	12. (D)
13. (D)	14. (C)	15. (B)	16. (C)	17. (A)	18. (C)
19. (B)	20. (B)	21. (A)			

[01-03] [US] [AU]
Questions 01-03 refer to the following conversation.

> W: Hi, Adrian. It's Scarlett Alston from the 3rd floor. **[01] I wanted to tell you that there's a problem with the ceiling fan in Conference Room B. Even when the switch is turned on, it doesn't move.**
> M: All right, but I won't be able to make the repairs until later this week.
> W: Oh, really? I was hoping it could be done today.
> M: **[02] We don't keep any of those parts on hand, so I'll have to request them from the supplier.**
> W: That's too bad. I'm meeting a client for the first time today, so **[03] I want him to have a favorable view of our company.** I'll have to see if any of the other rooms are available.

ceiling fan 천장 선풍기 make a repair 수리하다 on hand 구할[얻을] 수 있는, 수중에 supplier 공급자, 공급회사 favorable 호의적인 view 견해, 생각, 의견

01-03는 다음 대화에 관한 문제입니다.
여: 안녕하세요, Adrian. 3층의 Scarlett Alston이에요. **[01] B 회의실의 천장 선풍기에 문제가 있다고 말씀드리려고요. 스위치를 켜도 작동하지 않아요.**
남: 알겠습니다, 그런데 이번주 후반까지는 수리를 할 수 없을 거예요.
여: 아, 정말요? 오늘 중으로 고칠 수 있었으면 했어요.
남: **[02] 그 부품들을 하나도 가지고 있지 않아서, 공급처에 그것들을 요청해야 해요.**
여: 그거 유감이네요. 오늘 한 고객을 처음으로 만나는데, **[03] 그분이 우리 회사에 대해 호감을 갖기를 바라거든요.** 다른 회의실을 사용할 수 있는지 알아봐야겠어요.

01.
전화의 목적은 무엇인가?
(A) 회의 공간을 예약하기 위해서
(B) 일부 서류 작업에 대해 문의하기 위해서
(C) 남자에게 고장난 장비를 알리기 위해서
(D) 남자를 행사에 초대하기 위해서

[해설] 전화의 목적은 주로 대화 전반부에 단서가 나온다. 대화 초반에 여자가 회의실 천장의 선풍기에 문제가 있다고(there's a problem with the ceiling fan in Conference Room B) 알린 후 스위치를 켜도 움직이지 않는다며(Even when the switch is turned on, it doesn't move.) 작동 이상에 대해 구체적으로 덧붙이고 있으므로 (C)가 정답이다.

paraphrasing tell you that there's a problem with the ceiling fan 천장 선풍기에 문제가 있다고 말하다 → inform the man of a broken device 고장난 장비를 알리다

[어휘] reserve 예약하다 inquire about ~에 대해서 문의하다 paperwork 서류 작업 inform A of B A에게 B를 알리다 broken 고장난 device 장치

02.
남자는 왜 작업이 지연될 것이라고 예상하는가?
(A) 사무실이 곧 문을 닫을 것이다.
(B) 일부 회의실이 사용 중이다.
(C) 오늘 팀의 인력이 부족하다.
(D) 일부 부품을 주문해야 한다.

[해설] 우선 질문의 키워드 task가 가리키는 것이 여자가 남자에게 요청한 회의실 천장 선풍기의 수리 작업임을 파악해야 한다. 남자는 수리 작업을 오늘 끝낼 수 없다고 했는데, 그 이유는 가지고 있는 부품들이 없어서 공급처에 요청해야 하기(We don't keep any of those parts on hand, so I'll have to request them from the supplier.) 때문이라고 했으므로 정답은 (D)이다.

paraphrasing request them from the supplier 공급처에 그것들을 요청하다 → Some components must be ordered. 일부 부품을 주문해야 한다.

[어휘] in use 사용 중인 short-staffed 일손이 모자란 component (구성) 요소, 부품 order 주문하다

03.
여자는 무엇을 하고 싶다고 말하는가?
(A) 신규 계약 체결하기
(B) 양식 기입하기
(C) 신제품 시험 사용해보기
(D) 좋은 인상 주기

[해설] 여자가 하고 싶어 하는 것을 묻는 문제로, 여자의 마지막 대사에 단서가 있다. 오늘 처음 만나기로 되어 있는 고객이 회사에 대해 호감을 갖게 하고 싶다고(I want him to have a favorable view of our company) 한 것으로 보아 좋은 인상을 주고 싶어 함을 알 수 있으므로 정답은 (D)이다.

paraphrasing I want him to have a favorable view of our company 그가 우리 회사에 대해 호감을 갖기를 바란다. → Make a good impression 좋은 인상을 주기

[어휘] contract 계약(서) complete 기입하다, 완료하다 sample 시식[시음]하다, (경험 삼아) 시도해 보다 make a good impression 좋은 인상을 주다

[04-06] [BR] [US]
Questions 04-06 refer to the following conversation.

> W: Thanks for attending this interview on such short notice, Mr. Bailey. I wanted to make sure that you were considered for this role because 05 **I thought your work history was very impressive. You have a lot of experience.**
> M: Thanks. When 05 **I heard about your company from my friend, Rosa Esposito**, I knew it would be a great opportunity for me.
> W: Wonderful. Now, according to your résumé, you're currently working at Larimore Incorporated. Why are you looking for a change?
> M: In that position, my daily tasks mainly include Web design. However, 06 **I specialize in Web site security**, so I'm looking for a job that will use those skills.

short notice 촉박한 통보 work history 경력 impressive 인상적인 opportunity 기회 currently 현재, 지금 position (일)자리, 직위 daily task 매일의 업무 specialize in ~을 전문으로 하다

04-06은 다음 대화에 관한 문제입니다.
여: 촉박하게 통보했는데도 이 인터뷰에 참석해 주셔서 감사합니다, Bailey 씨. 04 당신의 이력이 매우 인상적이라고 생각했기 때문에 이 자리에 당신을 꼭 고려하고 싶었어요. 01 경력이 풍부하시더군요.
남: 고맙습니다. 05 제 친구 Rosa Esposito로부터 당신의 회사에 대해 들었을 때 제가 굉장한 기회가 될 거라는 걸 알았어요.
여: 정말 잘됐네요. 자, 당신의 이력서에 따르면 현재 Larimore Incorporated에서 근무하고 있군요. 왜 다른 일을 찾고 있는 거죠?
남: 그 자리에서, 일상적인 제 업무는 주로 웹디자인이 포함돼요. 그런데 06 저는 웹사이트 보안 전문이어서, 그 기술을 활용할 자리를 찾고 있어요.

04.
여자는 무엇에 대해 깊은 인상을 받았는가?
(A) 업계에서 주는 상
(B) 추천서
(C) 업무 경력
(D) 디자인 포트폴리오

[해설] 여자가 어떤 점에 깊은 인상을 받았는지 묻는 문제이다. 핵심 키워드 impressed가 대화에서는 impressive로 언급되었다. 여자가 남자에게 이력이 매우 인상적이라며(I thought your work history was very impressive) 경력이 많다고(You have a lot of experience.) 덧붙였으므로 정답은 (C)이다.

paraphrasing work history 이력 → work experience 업무 경력 / very impressive 매우 인상적인 → impressed with ~에 대해 깊은 인상을 받은

[어휘] be impressed with ~에 깊은 인상을 받다 industry 산업 recommendation 추천, 권고 portfolio (대표 작품을 모은) 선집

05.
남자는 여자에게 자신의 친구에 대해서 얘기하는 이유는 무엇인가?

(A) 지원 상황에 대해 문의하기 위해
(B) 그가 어떻게 이 회사에 대해 알게 되었는지 설명하기 위해
(C) 승진 대상 직원을 추천하기 위해
(D) 그가 작업한 프로젝트의 예를 들기 위해

[해설] 남자가 자신의 친구에 대해 언급한 이유를 묻는 문제이다. 입사 면접 중인 남자는 자신의 친구로부터 이 회사에 대해 들었다는(I heard about your company from my friend, Rosa Esposito) 말로 입사 지원한 회사에 대해 알게 된 계기를 설명하고 있으므로 정답은 (B)이다.

paraphrasing I heard about your company from my friend 친구로부터 당신의 회사에 대해 들었다 → how he found out about the company 그가 그 회사에 대해 어떻게 알게 되었는지

[어휘] status (진행 과정상의) 상황 application 지원[신청](서) promotion 승진, 진급 work on ~에 대한 작업을 하다

06.
남자의 전문 분야는 무엇인가?
(A) 국제 경제학
(B) 자원 관리
(C) 웹사이트 보안
(D) 건축 설계

[해설] 남자의 전문 분야가 무엇인지 묻는 문제이다. 핵심 키워드 specialty(전문, 전공)가 대화에서는 specialize in(~을 전문으로 하다)으로 표현되었다. 남자가 대화 마지막 부분에서 자신이 웹사이트 보안을 전문으로 한다고(I specialize in Web site security) 밝혔으므로 정답은 (C)이다.

[어휘] specialty 전문, 전공 economics 경제학 resource 자원 architectural 건축의

[07-09] [US] [AU] [BR]
Questions 07-09 refer to the following conversation with three speakers.

> W1: Jacob, I heard that 07 **you're transferring to the branch in Tokyo** next quarter.
> M: That's right, in mid-September. 07 **It'll be my first time living abroad.**
> W2: But the company will provide you with everything you need, right?
> M: Well, they've arranged temporary accommodations for the first six weeks. After that, 08 **I have to find my own housing, and I'm worried that it will be difficult.**
> W2: Yes, that would be a challenge.
> M: 09 **Theresa**, haven't you traveled to Tokyo quite a few times? Maybe you could give me some advice.
> W1: I can do something even better. My friend is a real estate agent in Tokyo. 09 **I have her business card at home. I can give it to you on Monday.**

transfer to ~로 옮기다, 이동하다 branch 지사, 분점 quarter 사분기 abroad 해외에(서), 해외로 provide A with B A에게 B를 제공하다 arrange 마련하다, (일을) 주선하다 temporary 임시의 housing 주택 real estate agent 부동산 중개인 business card 명함

07-09는 다음 세 명의 대화에 관한 문제입니다.
여1: Jacob, 다음 분기에 07 도쿄 지점으로 전근 간다고 들었어요.
남: 맞아요, 9월 중순에요. 07 처음으로 해외에서 살게 되는 거예요.

여2: 하지만 회사에서 당신에게 필요한 모든 것들을 제공해주죠, 맞죠?
남: 음, 처음 6주간 쓸 임시 숙소를 마련해줬어요. 그 후엔 08 제가 살 집을 찾아야 하는데 그게 어려울까 봐 걱정이에요.
여2: 네, 그건 쉽지 않을 거예요.
남: 09 Theresa, 꽤 여러 번 도쿄로 여행 가지 않았어요? 아마도 당신이 제게 조언을 해줄 수 있겠네요.
여1: 훨씬 더 좋은 것을 해줄 수 있어요. 제 친구가 도쿄에서 부동산 중개인으로 일해요. 09 집에 그녀의 명함이 있어요. 월요일에 당신에게 줄게요.

07.

대화는 주로 무엇에 관한 것인가?
(A) 해외로 전근가기
(B) 분기별 매출 향상하기
(C) 회의 참석하기
(D) 직원 추가 고용하기

[해설] 주제를 묻는 문제의 단서는 주로 대화 전반부에 나온다. 대화 초반에 여자1이 남자가 도쿄 지점으로 전근 간다고 들었다고(I heard that you're transferring to the branch in Tokyo) 얘기하자 남자가 맞다며, 처음으로 해외에서 살게 되는 것이라고(It'll be my first time living abroad) 말했다. 이로 보아 남자가 해외 근무를 발령받은 것을 알 수 있으며, 이어지는 대화에서 해외 근무에 따른 숙소 문제 등에 대해 논의하고 있으므로 정답은 (A)이다.

paraphrasing transferring to the branch in Tokyo 도쿄 지점으로 전근 가다 → Transferring overseas 해외로의 전근

[어휘] overseas 해외[국외]의; 해외에, 외국으로 improve 개선하다, 향상하다 quarterly 분기별의 hire 고용하다

08.

남자는 무엇에 대해 우려하는가?
(A) 기념식 준비하기
(B) 살 장소 찾기
(C) 공장 부지 고르기
(D) 임시 직원 교육하기

[해설] 남자가 우려하는 바를 묻는 문제이다. 대화 후반부의 주요 내용은 해외 근무가 결정된 남자의 숙소에 관한 것이다. 처음 6주 동안은 회사에서 마련해준 임시 숙소에서 지내면 되지만 그 후에는 남자가 직접 자신의 집을 구해야 하는데 어려울 것 같아 걱정이라고(I have to find my own housing, and I'm worried that it will be difficult) 했으므로 정답은 (B)이다.

paraphrasing my own housing 나만의 집 → a place to live 살 장소

[어휘] organize 준비[조직]하다 site 현장, 부지 temporary 임시의

09.

Theresa는 남자에게 무엇을 줄 계획인가?
(A) 인기 있는 책
(B) 최신 일정
(C) 몇몇 샘플 계약서
(D) 어떤 연락처

[해설] 3인의 화자들 중 한 사람이 남자에게 주기로 한 것이 무엇인지 묻는 문제로, 먼저 Theresa가 누구인지 파악해야 한다. 남자가 Theresa의 이름을 부르며 도쿄 여행 경험이 많으니 조언을 달라고 하자, 여자1이 대답하며 자신의 친구가 도쿄에서 부동산 중개인으로 일하니 월요일에 그녀의 명함을 주겠다고(I can give it to you on Monday.) 했으므로 정답은 (D)이다.

paraphrasing a business card 명함 → some contact information 어떤 연락처

[10-12] [BR] [US]

Questions 10-12 refer to the following conversation.

W: Mr. Griffin, I just heard that the budget committee approved ¹⁰ **plans to renovate the offices on the third floor.** What will happen to the employees working there?

M: During the work, most of those employees will be moved to the fifth floor. But our main storage room is on the third floor. We're still trying to figure out what to do with all of that equipment.

W: ¹¹ **There are a number of self-storage businesses in town. We could rent one of those units and keep our equipment there temporarily.**

M: That's a good idea. ¹² **Could you call a few companies to find out how much they charge?**

W: ¹² Sure, I can take care of that.

budget committee 예산 위원회 **approve** 승인하다 **renovate** 개조[보수]하다 **storage room** 저장고 **figure out** 이해하다, 알아내다 **self-storage** 개인 창고 **rent** 임대하다 **equipment** 장비, 용품 **temporarily** 임시로 **charge** (요금·값을) 청구하다

10-12는 다음 대화에 관한 문제입니다.
여: Griffin 씨, 방금 예산위원회에서 ¹⁰ 3층의 사무실들을 개조하는 계획을 승인했다고 들었어요. 거기서 근무하는 직원들은 어떻게 되는 건가요?
남: 공사 작업 동안 그 직원들 대부분은 5층으로 이동하게 될 거예요. 하지만 중앙 창고가 3층에 있잖아요. 장비 전부를 어떻게 해야 할지를 알아내려고 아직 애쓰고 있어요.
여: ¹¹ 시내에 개인 창고 업체들이 많이 있어요. 그런 시설 중 하나를 임대해서 그곳에 임시로 장비를 보관할 수 있어요.
남: 좋은 생각이에요. ¹² 몇 군데 업체에 전화해서 비용이 얼마나 드는지 알아봐 주시겠어요?
여: ¹² 물론이죠, 제가 처리할게요.

10.

화자들은 무엇에 관해 논의하고 있는가?
(A) 직원 은퇴
(B) 개조 작업
(C) 보수
(D) 보안 계획

[해설] 대화의 주제를 묻는 문제의 단서는 주로 대화 초반에 나온다. 대화 초반 여자가 3층 사무실 개조 계획(plans to renovate the offices on the third floor)을 언급했고, 뒤이어 개조 공사 중 3층에서 근무하던 직원들과 창고의 장비들은 어떻게 되는지에 대한 논의가 이루어지고 있으므로 화자들은 개조 작업에 대해 논의하고 있음을 알 수 있다. 따라서 정답은 (B)이다.

paraphrasing plans to renovate 개조하는 계획 → A renovation project 개조 작업

[어휘] retreat 은퇴 renovation 개조, 보수 compensation package (급여와 복리후생을 포함한) 보수 security 보안

11.

여자는 무엇을 제안하는가?
(A) 일부 정보를 온라인에 게시하기
(B) 물품들을 회사 밖에 보관하기
(C) 일부 장비 개선하기

095

(D) 직원들이 사무실을 함께 쓰게 하기

[해설] 개조 공사 동안 중앙 창고의 장비들의 처리 방안을 놓고 고민 중이라는 남자의 말에 여자가 시내에 개인 창고 업체들이 많이 있으니 그런 시설 중 하나를 임대해서 임시로 장비를 보관할 수 있다고(There are a number of self-storage businesses in town. We could rent one of those units and keep our equipment there temporarily.) 했다. 즉, 회사가 아닌 곳에 장비를 보관하자고 제안한 것이므로 정답은 (B)이다.

paraphrasing self-storage businesses 개인 창고 업체들 → Storing items off-site 물품들을 회사 밖에 보관하기

[어휘] store 저장[보관]하다 off-site 부지[용지] 밖의 upgrade 개선하다 share 공유하다

12.

여자는 무엇을 하는 것에 동의하는가?
(A) 면접 일정 잡기
(B) 송장 인쇄하기
(C) 예산 조정하기
(D) 몇몇 업체에 연락하기

[해설] 대화 후반부 남자가 몇 군데 업체에 전화해서 비용이 얼마나 드는지 알아봐달라고(Could you call a few companies to find out how much they charge?) 하자 여자가 이를 수락했으므로(Sure, I can take care of that.) 정답은 (D)이다.

paraphrasing call a few companies 몇 군데 업체에 전화하기 → Contact some businesses 몇몇 업체에 연락하기

[어휘] set up (어떤 일이 있도록) 마련하다 invoice 송장, 청구서 adjust 조정[조절]하다 budget 예산

[13-15] US AU

Questions 13-15 refer to the following conversation.

W: William, you said you wanted to talk to me about something?
M: Yes. I'm attending the Annual Technology Convention in Seattle this weekend, and ¹³**I forgot to reserve a hotel room**. Now the conference hall doesn't have any vacancies.
W: Don't worry. ¹⁴**There's another good hotel right across the street, the Nashua Inn**. I'm sure they'll have space.
M: Oh, ¹⁵**thanks. I didn't know about that**.
W: No problem. And remember that you'll be reimbursed for all of your business expenses, so ¹⁵**please turn in your receipts when you get back next week.**
M: Okay.

reserve 예약하다 vacancy (호텔 등의) 빈 방[객실] reimburse 배상 [변제]하다 expense 돈, 비용 turn in ~을 제출하다 receipt 영수증

13-15은 다음 대화에 관한 문제입니다.
여: William, 저와 하고 싶은 얘기가 있다고 하셨죠?
남: 네. 제가 이번 주말에 있을 연례 기술 컨벤션에 참석할 예정인데 ¹³ 호텔 방 예약하는 걸 잊었어요. 이제 콘퍼러스홀에는 빈 방이 없어요.
여: 걱정 말아요. ¹⁴ 길 건너에 다른 괜찮은 호텔이 있어요. Nashua Inn이라고요. 거기엔 분명히 방이 있을 거예요.
남: ¹⁴ 아, 고마워요. 그건 몰랐어요.

여: 별일 아닌걸요. 모든 업무 경비는 상환된다는 걸 기억하세요. 그러니 ¹⁵ **다음 주에 돌아오시면 영수증을 제출해주세요.**
남: 알겠어요.

13.

남자는 무엇을 하는 것을 잊었는가?
(A) 콘퍼런스에 등록하기
(B) 지출 승인을 받기
(C) 초대에 응하기
(D) 숙박시설 예약하기

[해설] 남자가 잊어버려서 못한 일을 묻는 문제이다. 남자는 주말에 있을 컨벤션에 참석할 예정인데 호텔 방 예약하는 걸 잊었다고(I forgot to reserve a hotel room.) 했으므로 정답은 (D)이다.

paraphrasing reserve a hotel room 호텔 방을 예약하다 → Book accommodations 숙박시설 예약하기

[어휘] register for ~에 등록하다 spending 지출 approval 승인 respond to an invitation ~에 대응하다 accommodations 숙박시설

14.

남자는 왜 여자에게 고마워하는가?
(A) 그에게 서류를 보냈다.
(B) 그를 위해 일을 완료했다.
(C) 도움이 되는 추천을 해주었다.
(D) 그의 팀에게 더 많은 직원을 배정했다.

[해설] 호텔을 예약하는 것을 잊어버렸다는 남자에게 여자가 걱정 말라며 길 건너에 Nashua Inn이라는 다른 괜찮은 호텔이 있다고(There's another good hotel right across the street, the Nashua Inn) 말해주자 남자가 여자에게 고맙다는 인사를 한다. 즉, 호텔을 추천해준 것에 대해 고맙다고 한 것이므로 정답은 (C)이다.

[어휘] document 서류, 문서 complete 완료하다, 끝마치다 task 일, 과제 make a recommendation 추천하다 assign 맡기다, 배정하다

15.

남자가 다음 주에 해야 하는 것은 무엇인가?
(A) 교육을 이끌기
(B) 영수증을 제출하기
(C) 발표를 하기
(D) 휴가를 요청하기

[해설] 남자가 다음 주에 할 일을 묻는 문제이다. 대화 후반에 여자가 출장에서 돌아오면 영수증을 제출하라고(please turn in our receipts when you get back next week) 하자 이에 대해 남자가 알겠다고 했으므로 남자는 다음 주에 영수증을 제출할 것임을 알 수 있다. 따라서 정답은 (B)이다.

paraphrasing turn in your receipts 영수증을 제출하다 → Submit some receipts 영수증을 제출하기

[어휘] lead 이끌다, 안내하다 training session 교육 (과정) submit 제출하다 presentation 발표 request 요청하다

[16-18] BR US

Questions 16-18 refer to the following conversation.

W: Leonard, do you still think you can get the monthly report done by the end of the day? ¹⁶**Aren't you going to the session this afternoon?**

M: Well, I attended last month's communication workshop. I heard that today will cover the same topics.
W: Oh, I see. Did you find it useful?
M: Definitely. I picked up a lot of helpful tips. And [17]**now that our company has signed up with twenty new international clients**, those kinds of skills are even more important, since we'll mostly be communicating by e-mail.
W: That's true. Anyway, I'm headed to the conference room now. [18]**I want to be near the front so I have an unobstructed view of the screen.**

monthly 매월의 get ~ done ~을 마치다 session (특정 활동을 위한) 시간, 회의, 수업 attend 참석하다 cover 다루다 definitely 분명히, 확실히 now that ~이므로, ~이기 때문에 sign up with ~와 계약하다 mostly 주로, 일반적으로 communicate 의사소통하다 be headed to ~로 향하다 front 맨 앞쪽 unobstructed 가로막히지 않은

16-18은 다음 대화에 관한 문제입니다.
여: Leonard, 여전히 오늘 안으로 월간 보고서를 끝마칠 수 있을 것 같아요? [16]오늘 오후에 그 교육에 가지 않나요?
남: 음, 전 지난달에 커뮤니케이션 워크숍에 참석했어요. 오늘 똑같은 주제를 다룬다고 들었어요.
여: 아, 그렇군요. 그것이 유용했나요?
남: 확실히요. 도움이 될 만한 조언들을 많이 얻었어요. 그리고 [17]우리 회사가 20명의 새로운 해외 고객들과 계약을 맺었기 때문에 그런 종류의 능력은 훨씬 더 중요해요. 우리는 대부분 이메일로 소통할 거니까요.
여: 사실이에요. 어쨌든 저는 지금 회의실로 가는 중이에요. [18]가려서 화면이 잘 보이지 않는 일이 없도록 앞쪽 가까이 앉고 싶어요.

16.
남자가 "전 지난달에 커뮤니케이션 워크숍에 참석했어요"라고 말할 때 의미하는 것은 무엇인가?
(A) 계획보다 늦어졌다.
(B) 여자에게 조언을 줄 수 있다.
(C) 교육에 참석하지 않을 것이다.
(D) 행사에 대해 잊어버렸다.

[해설] 여자가 오늘 오후에 그 교육에 가지 않는지(Aren't you going to the session this afternoon?) 참석 여부를 묻자 남자가 해당 문장으로 "지난달에 커뮤니케이션 워크숍에 참석했다"고 말하며, 오늘 같은 주제를 다룬다고 들었다고 덧붙인다. 즉, 남자는 이미 같은 주제의 교육에 참석한 적이 있으므로 이번 교육에는 참석하지 않겠다는 의사를 밝힌 것이므로 정답은 (C)이다.

[어휘] fall behind schedule 계획이 늦어지다 advice 조언, 충고 be absent from ~에 결석하다 training session 교육 (과정)

17.
남자에 의하면, 이 회사는 최근에 무엇을 했는가?
(A) 더 많은 해외 고객을 확보했다.
(B) 속달 서비스를 추가했다.
(C) 경험이 풍부한 직원들을 고용했다.
(D) 새로운 소프트웨어를 설치했다.

[해설] 화자들의 회사가 최근에 한 일을 남자의 말에서 찾아야 한다. 대화 중반 남자가 커뮤니케이션 워크숍이 도움이 되었다며, 그 같은 커뮤니케이션 기술이 중요한 이유로 회사에서 20명의 새로운 해외 고객들과 계약을 맺었다는 (now that our company has signed up with twenty new international clients) 사실을 언급한다. 즉, 이 회사는 최근에 해외 고객을 더 많이 확보했음을 알 수 있으므로 정답은 (A)이다.

paraphrasing our company has signed up with twenty new international clients 우리 회사가 20명의 새로운 해외 고객들과 계약을 맺었다 → Acquired more overseas clients 더 많은 해외 고객을 확보했다.

[어휘] acquire 취득[획득]하다 overseas 해외의 express service 속달 서비스 hire 고용하다 experienced 경험이 많은 install 설치하다

18.
여자가 하고 싶다고 말한 것은 무엇인가?
(A) 나중에 문제에 대해 논의하기
(B) 동료와 상담하기
(C) 좋은 좌석 확보하기
(D) 일부 수치 확인하기

[해설] 여자의 후반부 대사에 정답의 단서가 있다. 마지막 대사에서 여자는 지금 회의실로 가는 중이라며 가려서 화면이 잘 보이지 않는 일이 없도록 앞쪽 가까이 앉고 싶다고(I want to be near the front so I have an unobstructed view of the screen.) 말했다. 즉, 시야를 막지 않는 좋은 좌석에 앉고 있다는 말이므로 정답은 (C)이다.

paraphrasing be near the front so I have an unobstructed view of the screen. 가려서 화면이 잘 보이지 않는 일이 없도록 앞쪽 가까이 가다 → Get a good seat 좋은 좌석 확보하기

[어휘] discuss 논의하다 consult ~와 상담하다 figures 수치

[19-21] US AU
Questions 19-21 refer to the following conversation and list.

Greensboro Public Library Management Certification Classes		
[21] Period 1	Tuesdays	7 – 8 P.M.
Period 2	Wednesdays	8 – 9 A.M.
Period 3	Fridays	12 – 1 P.M.
Period 4	Saturdays	10 – 11 A.M.

W: [19]**Did you hear that our branch manager, Ms. Thompson, is transferring to our Madrid branch next year? I just found out from our company newsletter.**
M: Yeah, I saw that earlier. As much as [20]**I would like to take over her position here, but I'm worried that the company will turn me down because I lack a management background.**
W: Why don't you try taking some management classes at Greensboro Public Library?
M: [21]**I work in the mornings Monday through Saturday, so I wouldn't be able to attend anything before 6 P.M.**
W: They have several different class periods. One of them is bound to work for you.

branch 지점, 지사 transfer to ~로 옮기다 newsletter 소식지 take over ~을 인계받다 turn down ~을 거절[거부]하다 lack ~이 없다[부족하다] management 경영, 운영, 관리 period (학교의 일과를 나눠 놓은) 시간 bound to V 꼭 ~할 것 같은, ~할 가능성이 큰

19-21은 다음 대화와 목록에 관한 문제입니다.

Greensboro 공립도서관 경영 인증 수업		
[21] 1기	매주 화요일	오후 7 - 8시
2기	매주 수요일	오전 8 - 9시
3기	매주 금요일	오후 12 - 1시
4기	매주 토요일	오전 10 - 11시

여: [19] 우리 지점 매니저 Thompson 씨가 내년에 마드리드 지점으로 옮긴다는 소식 들었어요? 방금 우리 회사 사보에서 알았어요.
남: 맞아요, 저도 아까 봤어요. 이곳에서 [20] 그녀의 자리를 인계받고 싶지만 제가 관리 경험이 부족해서 회사에서 거부할까 봐 걱정이에요.
여: Greensboro 공립도서관에서 경영 수업을 좀 듣는 게 어때요?
남: [21] 월요일부터 토요일까지 매일 아침에는 일을 해서, 저녁 6시 이전에는 어떤 수업도 들을 수 없을 거예요.
여: 다양한 수업 시간이 있어요. 그중 하나는 반드시 당신에게 맞을 거예요.

19.
어떤 정보가 사보에서 발표되었는가?
(A) 회사가 첫 번째 해외 지사를 열 것이다.
(B) 매니저가 해외로 전근 갈 것이다.
(C) 동료가 승진할 것이다.
(D) 합병이 이루어질 것이다.

[해설] 질문의 핵심 키워드 newsletter는 여자의 첫 대사에 언급된다. 우리 지점 매니저(our branch manager)가 내년에 마드리드 지점으로 옮긴다는(is transferring to our Madrid branch) 소식을 들었다며 사보에서 알게 되었다고(I just found out from our company newsletter.) 한 것으로 보아, 매니저가 해외로 전근 간다는 사실이 사보를 통해 발표되었음을 알 수 있으므로 정답은 (B)이다.

paraphrasing our branch manager is transferring to our Madrid branch 우리 지점 매니저가 마드리드 지점으로 옮긴다 → A manager will transfer overseas. 매니저가 해외로 전근 갈 것이다.

[어휘] overseas 해외에, 외국에 promote 승진시키다 merger 합병 take place 일어나다, 개최되다

20.
남자는 무엇에 대해 걱정이 된다고 말하는가?
(A) 경영진들 앞에서 발표하기
(B) 승진 거부당하기
(C) 해외 지사에서 일하기
(D) 인원 감축으로 인해 해고되기

[해설] 남자가 걱정하는 것을 묻는 문제이다. 남자는 해외로 전근을 가는 Ms. Thompson의 자리를 인계받고 싶지만 관리 경험이 부족한 탓에 회사에서 거부할까 봐 걱정이라고(I'm worried that the company will turn me down because I lack a management background.) 했다. 즉, 자신의 승진이 거부될까 봐 걱정하고 있으므로 정답은 (B)이다.

[어휘] give a presentation 발표를 하다 promotion 승진, 진급 be fired 해고되다 due to ~ 때문에 downsizing 인원 삭감

21.
시각 자료를 보시오. 남자가 어느 시간에 등록할 것 같은가?

(A) 1기
(B) 2기
(C) 3기
(D) 4기

[해설] 남자는 월요일부터 토요일까지 매일 오전에 일을 하므로 저녁 6시 이전에는 어떤 수업도 들을 수 없다고(I work in the mornings Monday through Saturday, so I wouldn't be able to attend anything before 6 P.M.) 했다. 시각 자료에서 남자의 근무 시간대에 해당하지 않는 것은 매주 화요일 오후 7-8시 수업뿐이므로 정답은 (A)이다.

[어휘] register for ~에 등록하다

PART 4 전화 메시지/설명

대표 유형 01 전화 메시지(telephone message)

| 실전으로 확장하기 해석 |

여: 안녕하세요, 저는 저희 회사가 Plymouth 공원에서 개최할 예정인 행사를 위한 음식 옵션에 대해 전화드립니다. 제 동료가 당신의 회사가 출장 요리를 제공한 한 행사에 최근 참석했는데 모든 게 맛있었다고 했어요. 다음 달이 Mayflower Financial이 설립되지 10년이 되는데, 제가 기념 행사를 기획하는 것을 담당하고 있습니다. 한 가지가 걸리는데요. 제 친구가 돼지고기가 많이 포함되어 있었다고 말했는데, 식단 제한이 걱정되어서요. 555-3125로 제게 전화주셔서 돼지고기 대신 채식주의자 옵션을 제공해 주실 수 있는지 알려주세요.

대표 유형 02 설명(instructions)

| 실전으로 확장하기 해석 |

여: 갑작스러운 공지에도 회의에 와주셔서 감사합니다. 우리가 판매 홍보를 위해 발행했던 온라인 할인 쿠폰에 대해 말하고자 합니다. 몇몇 고객들이 셀프 계산대에 있는 스캐너에서 그것이 읽히지 않아서 할인을 받지 못했다고 불평합니다. 그것은 옛날 버전의 스캐너가 있는 몇몇 셀프 계산대에서 우연히 발생했습니다. 그래서, 저는 각각의 계산대에 고객들이 그들의 구매품에 대해 어떻게 쿠폰을 사용할 수 있는지에 대해 표시를 붙여 놓았습니다. 할인을 받기 위해, 고객들은 스캔을 하는 대신 화면에 8자리 숫자를 입력하면 됩니다. 그리고, 여기 우리 스캐너가 읽을 수 있는 바코드가 찍힌 새 쿠폰이 있습니다. 이것들을 여러분들에게 나누어 드릴게요. 설명을 따르는 데 어려움을 겪는 고객들에게 그냥 스캔해 주시면 됩니다.

유형 연습

01. (B) 02. (B) 03. (A) 04. (B) 05. (A) 06. (A)

01. [US]
What is the purpose of the message?
(A) To cancel an online order
(B) To confirm the product specification

W: Hello, Dr. Williams. This is Sharon Gilbert from Real Scientific Instrument. I'm calling you to confirm the order you placed this morning. You ordered three boxes of 20 milliliter test tubes. Is this correct? According to our record, you usually order 40 milliliter test tubes. Please call back as soon as possible and let me know if the order is correct. Thank you.

메시지의 목적은 무엇인가?
(A) 온라인 주문을 취소하기 위해 (B) 제품 사양을 확인하기 위해

전화 메시지
여: 안녕하세요, Williams 선생님. 저는 Real Scientific Instrument의 Sharon Gilbert입니다. 오늘 아침에 당신이 주문하신 것에 대해 확인하려고 전화 드렸습니다. 20 밀리미터 시험관을 세 박스 주문하셨습니다. 이게 맞나요? 저희 기록에 따르면, 당신은 보통 40 밀리미터 시험관을 주문하시거든요. 가능한 빨리 제게 다시 전화 주셔서 이 주문이 정확한지 알려주세요. 감사합니다.

02. [AU]
What does the speaker **recommend**?
(A) **Visiting** the **store** (B) **Ordering** a different **product**

M: Hi, Amelia! This is Jeremy from Purchasing. The bookcase you ordered for your office is no longer in stock. I can put in a special order for you but it will take around 6 weeks for it to be delivered. If you need it very soon, you'd better order a different product. I will e-mail a link to an online catalog. You will find various bookcases with similar styles and most of them can be delivered just in two or three days.

화자는 무엇을 제안하는가?
(A) 상점을 방문하기   (B) 다른 제품 주문하기

전화 메시지
남: 안녕하세요, Amelia! 저는 구매팀의 Jeremy입니다. 당신이 사무실을 위해 주문하신 책장의 재고가 없습니다. 특별 주문을 해 드릴 수 있지만 배송되는 데 대략 6주가 걸릴 거예요. 정말 빨리 필요하시다면, 다른 제품을 주문하시는 게 좋을 것 같아요. 온라인 카탈로그의 링크를 보내드릴게요. 비슷한 스타일의 다양한 책장을 보실 수 있고 그것들 중 대부분은 이틀이나 3일 안에 배송될 수 있어요.

03. [BR]
Why is the speaker **calling**?
(A) To **complain** about a wrong bill
(B) To **request** a **refund** for a shipping fee

W: Hello, my name is Karla Smith. I'm calling about a bill I received in the mail from your company. $220.89 was charged for an order of desks and chairs. I placed the order on November 10, but canceled it on November 11. I also received an e-mail to confirm the order cancellation. Please pay attention to this issue and address it immediately.

화자는 왜 전화하는가?
(A) 잘못된 청구서에 대해 불만을 제기하기 위해
(B) 배송비 환불을 요구하기 위해

전화 메시지
여: 안녕하세요, 제 이름은 Karla Smith입니다. 당신의 회사에서 받은 우편물에 들어 있던 청구서에 대해 전화 드립니다. 책상과 의자 주문에 대해 220.89달러가 청구되었습니다. 그 주문은 11월 10일에 했는데, 11월 11일에 취소했어요. 주문 취소에 대해 확인하라는 이메일도 받았습니다. 이 사안에 대해 신경을 써주시고 즉시 해결해 주세요.

04. [AU]
What did listeners **receive** at the entrance?
(A) A **meal voucher** (B) A **welcome packet**

M: Attention please! I will tell you what you are going to do to apply for your employee badge. You can find an application form in the welcoming packet that you received at the entrance. Would you please fill it out completely now? I will call the name of a department and then they will go down to the security office in the basement.

청자들은 입구에서 무엇을 받았는가?
(A) 식사 쿠폰   (B) 환영 꾸러미

설명
남: 주목해 주세요! 여러분이 사원증을 신청하기 위해 무엇을 해야 할지 알려드릴게요. 입구에서 받은 환영 꾸러미에 신청서 양식이 있을 겁니다. 그것을 지금 완전히 작성해 주시겠어요? 제가 부서 이름을 부르면 그분들은 지하에 있는 보안실로 내려갈 겁니다.

05. [US]
What does the speaker ask the **listeners** to **do**?
(A) **Give** corrected **price information**
(B) **Distribute** a discount **coupon**

W: Hi, everyone. It's the first day of our seasonal clearance sale. I think today will be the busiest day of this three-day event. Before we open, I want to tell you about a typo in the price on the advertisement. I will set up boards with the correct information throughout the store. Just in case, I ask you to mention it to every incoming customer and apologize for the mistake.

화자는 청자들에게 무엇을 하라고 요청하는가?
(A) 수정된 가격 정보를 주기   (B) 할인 쿠폰을 나누어주기

설명
여: 안녕하세요, 여러분. 시즌 점포 정리 세일의 첫 날이네요. 오늘이 이 3일간의 행사 중 가장 바쁜 날이 될 것 같아요. 문을 열기 전에, 광고에 있는 오타에 대해 말씀 드리고 싶어요. 제가 매장 전체에 정확한 정보가 쓰여 있는 안내판을 설치할 겁니다. 만약에 대비해서, 방문하는 모든 고객들에게 그것을 언급해주시고 실수에 대해 사과해 주시길 부탁합니다.

06. [AU]
What are the **listeners** required to **do**?
(A) **Wear protective gear** (B) **Use basic tools**

M: Yesterday, you learned how to use the basic tools for woodwork. Today, we are going to use an electric saw to cut boards. It is the most dangerous tool that we are using during the class. So, please make sure to wear these protective gloves and goggles. They are all in the box beside the electric saw.

청자들은 무엇을 하도록 요청받는가?
(A) 보호 장비 착용하기   (B) 기본적인 도구 사용하기

설명
남: 어제, 우리는 목공예를 위한 기본적인 도구를 어떻게 사용하는지 배웠습니다. 오늘은, 판자를 자르기 위해 전기톱을 사용할 겁니다. 이건 우리가 수업에서 사용하는 가장 위험한 도구입니다. 그러므로, 이 보호 장갑과 고글을 반드시 착용하세요. 전기톱 옆에 있는 상자에 모두 들어 있습니다.

paraphrasing 정답 1. (b) 2. (a) 3. (c) 4. (b) 5. (c) 6. (a)

실전 문제

01. (D)	02. (A)	03. (A)	04. (A)	05. (D)	06. (D)
07. (C)	08. (D)	09. (A)	10. (D)	11. (A)	12. (C)
13. (A)	14. (B)	15. (A)	16. (B)	17. (C)	18. (D)
19. (B)	20. (B)	21. (A)			

[01-03] [BR]

Questions 01-03 refer to the following telephone message.

W: Hi, Mr. Connors. It's Sadie. I'm calling about your upcoming book-signing event at Tustin Bookstore. 01 **It was originally scheduled for April 9,** but there's a conflict with another major event. 01 **Because of that, we've moved it to April 16,** which will most likely result in better attendance. 02 **I've already called the hotel** to change your room booking, and since you plan to drive to Toronto, we don't have to worry about flights. I still need to print the posters, so 03 **please send me the photographs you want included** on that. I remember that you had a few that you thought would work well. Thanks!

conflict with ~와의 충돌   result in (결과적으로) ~을 낳다[야기하다]
attendance 참석, 출석   booking 예약

01-03은 다음 전화 메시지에 관한 문제입니다.

여: 안녕하세요, Connors 씨. Sadie예요. Tustin 서점에서 곧 있을 당신의 도서 사인회 행사와 관련해서 전화 드렸어요. 01 원래는 4월 9일로 예정되어 있었으나 다른 중요한 행사와 일정이 겹쳤죠. 01 그 때문에 4월 16일로 옮겼는데요, 이렇게 하면 결과적으로 더 많은 분들이 참석하시게 될 거 같아요. 02 제가 이미 호텔에 전화해서 객실 예약을 변경했고, 토론토까지 운전해서 가실 계획이니 항공편에 대해서는 걱정할 필요 없고요. 아직 포스터를 인쇄해야 하니 03 포스터에 넣고 싶으신 사진들을 제게 보내주세요. 잘 어울릴 거라고 생각하셨던 몇 장을 갖고 계셨던 걸로 기억해요. 고맙습니다!

01.

화자는 왜 청자에게 전화하는가?
(A) 도와준 것에 대해 감사하기 위해
(B) 서점 개장을 홍보하기 위해
(C) 책의 사본을 요청하기 위해
(D) 최신 일정을 알려주기 위해

[해설] 전화의 목적은 주로 담화 전반부에 드러난다. 화자는 청자의 책 사인회를 언급하면서 원래는 4월 9일로 예정되어 있었으나(It was originally scheduled for April 9) 다른 중요한 행사와 일정이 겹친 탓에 4월 16일로 옮겼다고(we've moved it to April 16) 했다. 즉, 새롭게 바뀐 일정을 알려주기 위해 전화한 것이므로 정답은 (D)이다.

[어휘] assistance 도움, 지원   promote 홍보하다   request 요청하다   copy (책, 신문 등의) 한 부   provide 제공하다

02.

화자는 자신이 무엇을 했다고 말하는가?
(A) 호텔에 연락했다.
(B) 파일의 교정을 봤다.
(C) 계약서를 이메일로 보냈다.
(D) 항공편을 예약했다.

[해설] 화자가 한 일을 묻는 문제이다. 사인회 일정이 변경되었음을 알린 후 자신이 이미 호텔에 전화해서(I've already called the hotel) 객실 예약을 변경했다고 했으므로 정답은 (A)이다. 항공편(flight)에 대한 언급이 있긴 하지만 자동차를 이용할 계획이니 항공편에 대해서는 걱정할 필요 없다는 내용이므로 flight만 듣고 (D)를 고르지 않도록 한다.

paraphrasing   I've already called the hotel 내가 이미 호텔에 전화했다 → Contacted a hotel 호텔에 연락했다

[어휘] proofread 교정을 보다   reserve 예약하다

03.

청자는 무엇을 하도록 요청받는가?
(A) 이미지 보내기
(B) 예산 승인하기
(C) 신청서 제출하기
(D) 포스터 게시하기

[해설] 제안이나 요청하는 내용은 주로 담화 후반부에 제시된다. 담화 후반부에서, 화자는 아직 포스터를 인쇄해야 하니 포스터에 넣고 싶은 사진들을 보내달라고(please send me the photographs you want included) 요청했다. 따라서 photographs를 images로 바꿔 표현한 (A)가 정답이다.

paraphrasing   please send me the photographs 제게 사진을 보내주세요 → Send some images 이미지 보내기

[어휘] approve 승인하다   budget 예산   submit 제출하다   application 신청서   put up 게시하다

[04-06] [AU]

Questions 04-06 refer to the following instructions.

W: As I'm sure you've heard by now, 04 **my security team** will install new card readers at all entrances in the building over the weekend. Your manager should have given you 05 **a five-digit code** for your department. 05 **Please memorize this**, because it should not be written down. To use the device, simply type in the code and then hold your ID badge against the card reader for a few seconds. The door should then open. If the light turns red, it means that you don't have access to that room. If you think this happened in error, 06 **you can press the star key to start over**.

by now 지금쯤은 이미   install 설치하다   card reader 카드 판독기   entrance 출입구   digit 숫자   code 암호, 부호   memorize 암기하다   device 장치, 기구   type in 입력하다   have access to ~에 출입할 수 있다   in error 잘못하여   start over 다시 시작하다

04-06은 다음 설명에 관한 문제입니다.

여: 지금쯤이면 여러분도 들으셨을 거라 믿는데요, 04 저희 보안팀이 주말 동안 건물 내의 모든 출입구에 새로운 카드 판독기를 설치할 예정입니다. 여러분의 관리자가 여러분의 부서에 배당된 05 다섯 자리 암호를 알려주셨을 겁니다. 05 이것을 외워두시기 바랍니다. 적어 두시면 안 되기 때문입니다. 장치를 이용하시려면, 그저 비밀번호를 입력한 다음 카드 판독기에 몇 초간 신분증을 갖다 대세요. 그러면 문이 열립니다. 빨간색 불이 들어오면 그 방에 들어갈 수 없다는 뜻입니다. 오류로 이러한 상황이 발생했다고 생각되시면 06 별표를 눌러서 다시 시작하시면 됩니다.

04.

화자는 어느 부서에서 근무하는가?
(A) 보안

(B) 영업
(C) 재무
(D) 정보기술

[해설] 화자의 직업이나 업종과 관련된 정보는 주로 담화 초반에 제시된다. 담화 초반, 저희 보안팀(my security team)이라는 말로 소속 부서를 밝혔으므로 화자는 보안팀에서 근무함을 알 수 있다. 따라서 정답은 (A)이다.

05.

화자는 청자들에게 무엇을 하라고 요청하는가?
(A) 워크숍에 참석하기
(B) 비밀번호 고르기
(C) 사용자 설명서 읽기
(D) 암호 외우기

[해설] 화자는 건물 내 모든 출입구에 카드 판독기를 새로 설치할 예정이라면서, 관리자가 부서에 배당된 다섯 자리 암호(a five-digit code)를 알려주었을 거라고 한 후 이것을 외워두라고(Please memorize this) 요청한다. 따라서 정답은 (D)이다.

06.

화자의 말에 따르면, 청자들은 왜 별표를 눌러야 하는가?
(A) 숫자를 찾기 위해서
(B) 오류를 보고하기 위해서
(C) 장치를 켜기 위해서
(D) 과정을 다시 시도하기 위해서

[해설] 질문의 키워드 star key는 담화 마지막 부분에 언급된다. 화자가 새로 설치될 예정인 카드 판독기의 이용 방법을 설명하면서, 오류가 났다고 생각되면 별표를 눌러서 다시 시작하면 된다고(you can press the star key to start over) 했다. 즉, 카드 판독기에 신분증을 인식시키는 과정을 다시 시도하려면 별표를 눌러야 함을 알 수 있으므로 정답은 (D)이다.

paraphrasing   start over 다시 시작하다 → try a process again 과정을 다시 시도하다

[어휘] search for ~를 찾다 process 과정, 절차

[07-09] US

Questions 07-09 refer to the following telephone message.

M: Hi, my name is Jeff Enright. I work for Burke Hotel, and we placed an order with your company for some new bed linens. It's been over a week since ordering, so ⁰⁷**I'm wondering if these items have been shipped yet.** ⁰⁸**Due to a large music festival in town this weekend, we are fully booked,** so we're going to need those items. ⁰⁹**Please call me back to let me know approximately which date we could expect to receive them.** If it's too late, we might have to make other arrangements with another supplier. My number is 555-0467. Thanks.

place an order with ~에 주문을 하다 item 물품, 품목 ship 수송[운송]하다 approximately 대략, 거의 make an arrangement with ~와의 합의에 이르다 supplier 공급자, 공급 회사

07-09은 다음 전화 메시지에 관한 문제입니다.

남: 안녕하세요, 제 이름은 Jeff Enright입니다. 저는 Burke Hotel에서 근무하는데요, 저희가 당신의 회사에 몇 가지 새 침구를 주문했습니다. 주문한 지 일주일이 넘어서 ⁰⁷이 품목들이 배송되었는지 궁금합니다. ⁰⁸이번 주말에 도심에서 있을 대규모 음악 축제 때문에 예약이 모두 되어서 그 품목들이 필요할 것입니다. ⁰⁹제게 다시 전화 주셔서 대략 몇 일쯤 저희가 그것들을 받을 수 있을지 알려주세요. 만약 너무 늦는다면 다른 업체와 진행해야 할 것 같습니다. 제 번호는 555-0467입니다. 감사합니다.

07.

전화의 목적은 무엇인가?
(A) 고장 난 품목에 대해 알리기 위해서
(B) 배송비에 대해 문의하기 위해서
(C) 배송 상황을 확인하기 위해서
(D) 일자리를 제안하기 위해서

[해설] 전화의 목적은 주로 메시지 전반부에 드러난다. 화자는 호텔의 직원으로, 청자의 회사에 침구를 주문한 지 일주일이 넘었다고 언급하면서 이 품목들이 배송되었는지 궁금하다고(I'm wondering if these items have been shipped yet) 했다. 즉, 화자는 물품의 배송 상황을 확인하기 위해 전화한 것이므로 정답은 (C)이다.

paraphrasing   I'm wondering if these items have been shipped yet 이 품목들이 배송되었는지 궁금하다 → check the status of a delivery 배송 상황을 확인하기

[어휘] broken 고장 난 inquire about ~에 대해 문의하다 shipping fee 배송비 status (진행 과정상의) 상황

08.

화자는 왜 업체가 이번 주말에 바쁠 것이라고 예상하는가?
(A) 인쇄물에 호평이 실렸다.
(B) 새로운 서비스가 제공될 것이다.
(C) 판촉 세일이 열릴 것이다.
(D) 음악 행사가 열릴 것이다.

[해설] 질문의 핵심 키워드 this weekend가 언급되는 곳에 정답의 단서가 있다. 메시지 중반, 이번 주말에 도심에서 있을 대규모 음악 축제 때문에 호텔 예약이 꽉 찼다는(Due to a large music festival in town this weekend, we are fully booked) 말로 보아 이 호텔은 이번 주말에 있을 음악 행사 때문에 매우 바쁠 것임을 예상할 수 있으므로 정답은 (D)이다.

paraphrasing   a large music festival in town this weekend 이번 주말에 도심에서 있을 대규모 음악 축제 → A musical event is taking place. 음악 행사가 열릴 것이다.

[어휘] review 비평, 검토 promotional 홍보[판촉]의 take place 개최되다, 일어나다

09.

화자는 청자에게 무엇을 요청하는가?
(A) 예상되는 날짜
(B) 부분적인 환불
(C) 확인 번호
(D) 제품 카탈로그

[해설] 요청 또는 제안 사항은 주로 메시지 후반부에 언급된다. 화자는 주문한 물품의 배송 상황을 문의한 후, 대략 몇 일이면 물품을 받을 수 있을지 전화로 알려달라고(Please call me back to let me know approximately which date we could expect to receive them.) 했다. 즉, 화자가 청자에게 요청하는 것은 물품 도착 예상 날짜이므로 정답은 (A)이다.

paraphrasing   approximately which date we could expect to receive them 대략 몇 일쯤 우리가 받을 수 있을지 → an estimated date 예상되는 날짜

[어휘] estimated 견적의, 추측의 partial 부분적인, 불완전한 refund 환불 confirmation 확인

[10-12] US

Questions 10-12 refer to the following instructions.

W: All right, everyone, we've recently received some complaints from customers saying that [10] **the cars they rent from our agency** are not very clean. We've purchased some [11] **handheld vacuums** to make the cleaning process easier, and each car should be double-checked before giving it to the customer. [11] **When the vacuum gets full, simply press the "Release" button on the side.** Then pull the container out gently and [11] **dump the contents into a trash bin.** Next, push the container back in until you hear a click. [12] **You probably won't have any issues, but if you do, Jake will be here until six o'clock.**

agency 대리점, 대행사 purchase 구매하다 handheld 손에 들고 쓰는 vacuum 진공 청소기(= vacuum cleaner) process 절차, 과정 double-check 재확인하다 release 방출하다 pull out 빼내다 container 용기 gently 부드럽게 dump 버리다 contents 내용물 trash bin 쓰레기통 issue 문제 거리

10-12는 다음 설명에 관한 문제입니다.
여: 자, 여러분, 최근 고객들로부터 불만을 접수했는데요, [10] 우리 대리점에서 빌린 차량들이 그리 깨끗하지 않다고 하는군요. 청소 과정이 보다 간편해지도록 [11] 손에 들고 쓰는 소형 진공청소기를 구매했으니 각 차량을 고객들에게 인도하기 전에 재확인하시기 바랍니다. [11] 진공청소기가 가득 차면 간단히 옆쪽에 있는 "내보내기" 버튼을 누르세요. 그런 다음 용기를 부드럽게 빼내어 [11] 내용물을 쓰레기통에 버리세요. 다음으로, "딸각" 소리가 날 때까지 용기를 다시 밀어 넣으세요. [12] 아마도 별 문제가 생기지는 않겠지만 만약 문제가 생긴다면 Jake가 6시까지 이곳에 있을 겁니다.

10.
청자들은 어떤 업체에서 일하는가?
(A) 식료품점
(B) 수리점
(C) 고급 호텔
(D) 자동차 대여소

[해설] 담화 초반 화자가 최근 고객들로부터 불만을 접수했다면서 고객들이 우리 대리점에서 빌린 차량들(the cars they rent from our agency)이 그리 깨끗하지 않다고 했다는 말로 보아 이들이 자동차를 빌려주는 곳에서 근무함을 알 수 있으므로 정답은 (D)이다.

[어휘] luxury 사치(품)의, 고급(품)의 rental 임대, 임차, 대여

11.
화자는 무엇에 관해 지시사항을 전달하고 있는가?
(A) 진공 청소기를 비우는 법
(B) 양식을 기입하는 법
(C) 소프트웨어를 설치하는 법
(D) 프린터를 조작하는 법

[해설] 화자는 대여용 차량의 청소를 위해 손에 들고 쓰는 소형 진공청소기(handheld vacuums)를 구매했다고 한 후, 청소기가 가득 차면(When the vacuum gets full) 옆쪽의 버튼을 눌러 용기를 빼내어 내용물을 쓰레기통에 버리라고(dump the contents into a trash bin) 했다. 즉, 청소기 먼지 통을 비우는 방법을 자세히 설명하고 있으므로 정답은 (A)이다.

paraphrasing dump the contents into a trash bin 내용물을 쓰레기통에 버리다 → empty a vacuum 진공 청소기를 비우다

[어휘] empty 비우다 complete 작성하다, 기입하다 install 설치하다 operate 가동[조작]하다

12.
화자가 "Jake가 6시까지 이곳에 있을 겁니다"라고 말할 때 암시하는 것은 무엇인가?
(A) Jake가 배달물을 받을 것이다.
(B) 화자가 잘못된 일정을 보냈다.
(C) Jake가 장치 사용법을 알고 있다.
(D) Jake가 중요한 고객과 이야기할 것이다.

[해설] 화자의 의도 파악 문제는 앞뒤 문맥을 종합적으로 파악하여 정답을 찾아야 한다. 앞서 청소기를 비우는 방법을 자세히 설명한 후, 만약 문제가 생긴다면 (You probably won't have any issues, but if you do) "Jake가 6시까지 이곳에 있을 겁니다"라고 한 것으로 보아 Jake가 청소기 작동법을 잘 알고 있으니 문제가 생기면 Jake에게 연락하라는 의도로 해당 표현을 사용한 것임을 알 수 있다. 따라서 정답은 (C)이다.

[어휘] accept 받다 incorrect 잘못된 device 장치, 기구

[13-15] BR

Questions 13-15 refer to the following telephone message.

W: Good afternoon. This message is for Kyle Shelton. [13] **This is Marie calling from Kenwood Realty. I showed you a few apartments in the Brookview neighborhood.** I know you really wanted to be in the Warren Building but the units were all rented. Well, I have some good news. [14] **One of the tenants canceled his lease early** so there's a two-bedroom apartment available. [15] **Please call me back at 555-3462 to arrange a tour of this site.** Thanks!

realty 부동산 neighborhood 근처, 인근, 지역, 지방 unit 아파트 같은 공동 주택 내의 한 가구 tenant 세입자 cancel 취소하다 lease 임대차 계약 arrange 마련하다, (일을) 처리하다 site 현장, 부지

13-15는 다음 전화 메시지에 관한 문제입니다.
여: 안녕하세요. Kyle Shelton 씨에게 보내는 메시지입니다. [13] 저는 Kenwood 부동산의 Marie입니다. 제가 당신에게 Brookview 인근의 아파트 몇 곳을 보여드렸죠. 당신이 정말로 Warren Building에 거주하고 싶어 하셨던 건 알고 있지만 그 세대들은 모두 임대되었었지요. 음, 제게 좋은 소식이 있어요. [14] 세입자들 중 한 명이 임대 계약을 일찍 취소해서 침실 두 개짜리 아파트가 비어 있어요. [15] 이곳을 둘러볼 일정을 잡도록 555-3462로 제게 다시 전화 주세요. 감사합니다!

13.
화자의 직업은 무엇일 것 같은가?
(A) 부동산 중개인
(B) 신문 기자
(C) 수리 기술자
(D) 인테리어 디자이너

[해설] 전화 메시지에서 화자의 직업에 대한 정보는 주로 메시지 초반에 제시된다. 화자는 자신의 소속을 Kenwood 부동산이라고 밝혔으며, 이어서 청자에게 아파트 몇 곳을 보여주었다고(I showed you a few apartments) 덧붙였다. 따라서 화자의 직업은 부동산 중개인임을 알 수 있으므로 정답은 (A)이다.

[어휘] real estate 부동산 agent 대리인, 중개상 journalist 저널리스트, 기자

repair 수리, 수선 technician 기술자 interior 내부

14.
화자는 청자에게 무엇에 대해 말하는가?
(A) 고객 감사 행사가 열릴 것이다.
(B) 계약 한 건이 종료되었다.
(C) 가격 할인을 받을 수 있을 것이다.
(D) 업체가 고객 의견을 요청하고 있다.

[해설] 메시지 중반, 화자가 청자에게 부동산을 소개하는 부분에 정답의 단서가 있다. 화자는 Warren Building의 세입자들 중 한 명이 일찍 임대 계약을 취소했다고(One of the tenants canceled his lease early) 했는데, 이 말은 화자가 소개하고 있는 아파트의 임대 계약이 종료되었다는 말이므로 정답은 (B)이다.

paraphrasing One of the tenants canceled his lease early 세입자들 중 한 명이 임대 계약을 일찍 취소했다 → A contract has been terminated. 계약 한 건이 종료되었다.

[어휘] terminate 끝내다, 종료하다

15.
청자는 화자에게 왜 다시 전화해야 하는가?
(A) 둘러보는 일정을 예약하기 위해
(B) 주소를 알려주기 위해
(C) 대금 지불을 협의하기 위해
(D) 사은품을 요구하기 위해

[해설] 메시지 마지막 부분에서, 화자는 앞서 소개한 아파트를 둘러볼 일정을 잡도록 자신에게 다시 전화를 달라(Please call me back at 555-3462 to arrange a tour of this site.) 했으므로 정답은 (A)이다.

paraphrasing arrange a tour 둘러볼 일정을 잡다 → book a tour 둘러보는 일정을 예약하다

[어휘] book 예약하다 payment 지불, 지급 claim 요구[요청]하다 free gift 경품, 사은품

[16-18] AU

Questions 16-18 refer to the following telephone message.

M: Hi Cecilia, it's Theo. [16] **I really appreciate your help getting ready for the upcoming graduation ceremony** here at Sayville University. Everything has been fine so far. Something has come up, though. As we discussed, we are going to set a stage and seats at University Garden. I was looking at the weather report, and [17] **it's supposed to rain all next week.** I don't think we'll be able to hold it outdoors as we originally wanted to. [18] **Could you do me a favor and look into which event halls will be available that day?** We need to find a space for at least 500 guests. Thanks again.

so far 지금까지 hold 주최하다, 열다 outdoors 야외에서 originally 원래, 본래 do ~ a favor ~의 부탁을 들어주다 look into ~을 조사하다

16-18은 다음 전화 메시지에 관한 문제입니다.

남: 안녕하세요, Cecilia. Theo예요. [16] 이곳 Sayville 대학교에서 곧 있을 졸업식 준비를 도와주셔서 정말 감사해요. 지금까지는 모든 것이 좋습니다. 일이 좀 생기긴 했지만요. 우리가 얘기했던 대로 대학교 정원에 무대와 좌석을 설치할 예정입니다. 제가 일기 예보를 봤는데 [17] 다음 주 내내 비가 올 것이라고 합니다. 우리가 처음에 원했던 대로 야외에서 진행할 수 없을 것 같아요. [18] 저의 부탁을 좀 들어 주셔서 그날 어떤 행사장이 이용 가능한지 알아봐 주시겠어요? 적어도 500

명의 내빈을 수용할 공간을 찾아야 합니다. 다시 한 번 감사드려요.

16.
화자는 어떤 종류의 행사를 준비하고 있는가?
(A) 회사 바비큐 파티
(B) 졸업식
(C) 지역사회 축하 행사
(D) 교육 워크숍

[해설] 메시지 초반, 화자가 청자에게 곧 있을 졸업식 준비를 도와주셔서 정말 감사하다고(I really appreciate your help getting ready for the upcoming graduation ceremony) 한 것으로 보아 화자는 졸업식을 준비하고 있음을 알 수 있으므로 정답은 (B)이다.

17.
화자에 따르면, 무엇이 문제인가?
(A) 웹사이트가 멈췄다.
(B) 행사 발표자가 취소해야 했다.
(C) 날씨가 좋지 않을 것이다.
(D) 사람들이 초대에 응하지 않는다.

[해설] 메시지 중반, 화자는 일기 예보를 확인했는데 다음 주 내내 비가 올 것이라고 했다며(it's supposed to rain all next week) 처음에 얘기했던 대로 야외에서 행사를 준비할 수 없을 것 같다고 전했다. 즉, 나쁜 날씨가 예상되어 야외 행사 준비에 차질이 생긴 상황이므로 정답은 (C)이다.

paraphrasing it's supposed to rain all next week 다음 주 내내 비가 올 것이다 → The weather will be unfavorable. 날씨가 좋지 않을 것이다.

[어휘] crash (컴퓨터가) 갑자기 서버리다 cancel 취소하다 unfavorable 호의적이 아닌, 불리한 respond to ~에 대응하다 invitation 초대, 초대장

18.
화자는 청자에게 무엇을 해달라고 부탁하는가?
(A) 행사를 위해 의자를 놓기
(B) 티켓 소지자에게 연락하기
(C) 공지하기
(D) 장소의 이용 가능성 확인하기

[해설] 메시지 후반에 나오는 Could you do me a favor?는 대표적인 부탁 표현이다. 이 표현 뒤에 화자는 그날 어떤 행사장이 이용 가능한지 알아봐 줄 것을 (look into which event halls will be available that day) 부탁했다. 따라서 정답은 (D)이다.

[어휘] set up 놓다, 설치하다 ticket holder 티켓 소지자 make an announcement 발표를 하다, 공지하다 venue (행사의) 장소 availability 이용 가능성

[19-21] BR

Questions 19-21 refer to the following instructions and flowchart.

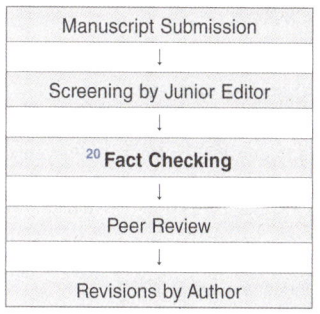

M: I'd like to take a moment to discuss what happens when a new manuscript is submitted to our publishing company. [19] **In the past few weeks, we've received a lot more manuscripts than usual. That's thanks to our booth at the recent National Convention of Publishers.** It really raised our profile among writers. To make the process go more smoothly, [20] **we've added an extra step between the screening by the junior editor and the peer review.** [21] **A few people have mentioned concerns that the peer review team is extremely busy these days,** so we're looking for a way to relieve some pressure. We hope this new process will help with that.

---

manuscript 원고 publishing company 출판사 thanks to ~ 덕분인 booth (칸막이를 한) 작은 공간, 부스 publisher 출판인, 출판사 raise one's profile ~의 인지도를 높이다 smoothly 부드럽게, 순조롭게 screening 검사[심사] junior 하급의, 부하의 editor 편집자 peer review 동료 검토, 동업자의 평가 concern 우려, 걱정 extremely 극도로, 극히 relieve 없애다, 덜어주다 pressure 압박, 압력 submission 제출 fact checking 사실 확인 revision 수정, 정정 author 작가, 저자

19-21은 다음 설명과 순서도에 관한 문제입니다.

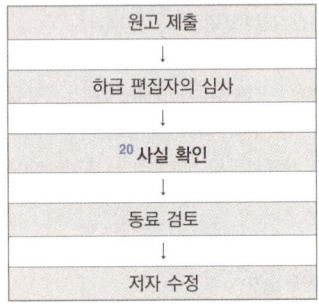

남: 잠시 시간을 내어 우리 출판사에 새로운 원고가 투고되면 어떻게 처리되는지에 대해 얘기하고자 합니다. [19] **지난 몇 주간 우리는 평상시보다 훨씬 많은 원고를 받았습니다. 이것은 최근 전국 출판사 총회에서 우리 부스가 설치된 덕분입니다.** 그로 인해 작가들 사이에서 우리의 인지도가 정말 높아졌습니다. 절차가 보다 원활하게 진행되도록 [20] **하급 편집자의 심사와 동료 검토 사이에 한 단계를 더 추가했습니다.** [21] **몇몇 분들이 동료 검토 팀이 요즘 극도로 바쁘다는 우려를 표명하였기에 우리는 부담을 경감시킬 방법을 찾는 중입니다.** 이 새로운 절차가 도움이 되기를 희망합니다.

19.
화자는 무엇이 회사가 새로운 작가들을 찾는 데 도움이 되었다고 말하는가?
(A) 글쓰기 모임에 메시지를 보내기
(B) 업계 행사에 참석하기
(C) 소셜미디어에 광고하기
(D) 글쓰기 워크숍을 주최하기

[해설] 새로운 작가들을 찾았다는 것은 지난 몇 주간 평상시보다 훨씬 많은 원고를 받은(we've received a lot more manuscripts than usual) 것을 달리 표현한 것이다. 화자는 그 이유를 최근 전국 출판사 총회에서 부스가 설치된 덕분이라고(That's thanks to our booth ~ National Convention of Publishers.) 했다. 즉, 업계의 행사에 참석함으로써 새로운 작가들을 발굴하게 되었으므로 정답은 (B)이다.

paraphrasing the recent National Convention of Publishers 최근 전국 출판사 총회 → an industry event 업계 행사

20.
시각 자료를 보시오. 화자에 따르면, 순서도에 새로 생긴 단계는 무엇인가?
(A) 하급 편집자의 심사
(B) 사실 확인
(C) 동료 검토
(D) 저자 수정

[해설] 화자는 담화 중반, 하급 편집자의 심사와 동료 검토 사이에 한 단계를 더 추가했다고(we've added an extra step between the screening by the junior editor and the peer review) 했다. 시각 자료에서 '하급 편집자의 심사'와 '동료 검토' 사이의 절차는 Fact Checking이므로 정답은 (B)이다.

21.
화자는 청자들에게 어떤 우려에 대해 말하는가?
(A) 한 팀의 업무량이 너무 많다.
(B) 일부 원고가 독창적이지 않다.
(C) 소프트웨어 프로그램이 사용하기 어렵다.
(D) 시장에 새로운 경쟁업체들이 등장했다.

[해설] 담화 후반부에 몇몇 사람들이 동료 검토 팀이 요즘 너무 바쁜 것을 우려했다는(A few people have mentioned concerns that the peer review team is extremely busy these days) 말로 보아 특정 팀의 업무량이 과도한 것에 대한 우려가 있음을 알 수 있으므로 정답은 (A)이다.

paraphrasing the peer review team is extremely busy 동료 검토 팀이 극도로 바쁘다 → A team's workload is too heavy. 한 팀의 업무량이 너무 많다.

[어휘] workload 업무량, 작업량 competitor 경쟁자, 경쟁업체

DAY 12

PART 3 상점

대표 주제 01 상품 구매·서비스
| 실전으로 확장하기 해석 |

남: 실례합니다만, 저는 빨간색 울트라 맨 액션 피겨(인형)를 찾고 있습니다. 초록색과 노란색은 있는 것 같은데, 저는 빨간색을 구매하고 싶습니다.
여: 죄송하지만, 오늘 아침에 빨간색이 모두 판매되었습니다. 정말 인기 있는 장난감이거든요. 만약 그때까지 기다려 주실 수 있다면, 다음 주 월요일에 더 들어올 예정입니다.
남: 문제는, 제 조카의 생일 파티가 내일입니다.
여: 음.... 그렇다면, 특급 배송으로 온라인으로 주문하시면, 내일까지 받으실 수 있을 거예요.
남: 사실, 귀사의 벨포드 지점에 재고가 있는지 당신의 컴퓨터로 알아봐 주실 수 있나요? 제가 거기까지 기꺼이 운전해서 가겠습니다.

대표 주제 02 멤버십·고객 의견
| 실전으로 확장하기 해석 |

여: 그게 오늘 필요하신 전부인가요?
남: 네, 그리고 제가 유기농 농산물을 구매한 사람들에게 새 멤버십 프로그램을 도입했다는 배너를 봤어요. 그것에 대해 더 말해주실 수 있으세요?

여: 물론이죠. 저희는 채소와 과일을 살충제 없이 재배하는 지역 농장 및 과수원과 제휴를 맺었어요. 그들의 농산물을 홍보하기 위해, 이 멤버십 프로그램을 도입했어요. 이것으로, 당신은 유기농 스티커가 붙어 있는 모든 품목에 대해 10퍼센트 할인 받으실 거예요. 요리 수업과 농장 투어에도 초대 받으실 겁니다.

남: 아주 좋네요. 저는 8월에 정원이 있는 집으로 이사가요. 유기농 농장들을 방문하는 것은 살충제 없이 정원을 가꾸는 것에 대해 유용한 정보를 줘요.

유형 연습

01. (A) 02. (B) 03. (B) 04. (B) 05. (B) 06. (A)

01. [AU] [US]
What will the **woman send**?
(A) **Detailed information** (B) An **e-mail address**

M: Hello, I saw a TV advertisement about your cable TV service and it said you are offering a promotional period.
W: Yes, right. In addition, you can receive a free upgrade to Super Channels if you subscribe to Basic Channels. You can enjoy 150 TV channels instead of 100.
M: Can you send me further information about the TV channels you are offering now?

여자는 무엇을 보낼 것인가?
(A) 세부 정보 (B) 이메일 주소

남: 안녕하세요, 당신의 케이블 TV 서비스에 대한 TV 광고를 봤고, 홍보 기간을 제공 중이라고 하던데요.
여: 네, 맞습니다. 게다가, 기본 채널을 구독하시면 슈퍼 채널로 무료 업그레이드를 받으실 수 있어요. 100개 채널 대신 150개 채널을 즐기실 수 있습니다.
남: 지금 제공하시는 TV 채널에 대한 추가 정보를 제게 보내주실 수 있나요?

02. [US] [US]
What is the **man invited to do**?
(A) **Complete** an order **form** (B) **Visit** the **store tomorrow**

W: Good evening. May I help you?
M: Excuse me, do you have any more of this digital camera? I want a red one.
W: Sorry, it is currently out of stock. Another shipment will arrive tomorrow, so will you come again tomorrow afternoon? I will put a red one on hold for you.

남자는 무엇을 하도록 요청받는가?
(A) 주문 양식 작성하기 (B) 내일 상점 방문하기

여: 안녕하세요. 무엇을 도와드릴까요?
남: 실례합니다. 이 디지털 카메라를 더 보유하고 계신가요? 저는 빨간색을 원해요.
여: 죄송합니다, 현재 품절입니다. 내일 추가 배송품이 도착할 것이니, 내일 오후에 다시 오시겠어요? 빨간색을 맡아 두겠습니다.

03. [AU] [BR]
What kind of **business** does the **woman** most likely **work** at?
(A) A **restaurant** (B) A **landscaping** company

M: Hello, I'm just calling to get some more information about your landscaping services. I have a garden at my house but I'll be out of the country for more than six months. Do you offer any short term contracts?
W: Sure, we can offer any contract term including one-time service.

여자는 어떤 사업체에서 일하는 것 같은가?
(A) 레스토랑 (B) 조경 회사

남: 안녕하세요, 조경 서비스에 대해 정보를 더 얻으려고 전화드립니다. 제 집에 정원이 있는데 제가 6개월 이상 해외에 있을 예정입니다. 단기 계약도 제공하시나요?
여: 물론이죠, 한 번의 서비스를 포함한 어떤 계약 기간도 제공해 드립니다.

04. [AU] [US]
What is **given out** to **new members**?
(A) An assigned **locker** (B) **Free items**

M: Hello, I'm here to look around your facility and exercise equipment.
W: Welcome to Stay Fit. We are a nationwide chain. You can visit and work out at one of more than 200 gym locations. In addition, if you become a member today, you will be offered a free towel and bags.

신규 회원들에게 무엇이 제공되는가?
(A) 배정된 사물함 (B) 무료 물품들

남: 안녕하세요, 시설과 운동 기구를 둘러보려고 왔습니다.
여: Stay Fit에 오신 것을 환영합니다. 저희는 전국적인 체인이에요. 200개가 넘는 체육관 지점 중 한 곳에 방문하셔서 운동하실 수 있습니다. 게다가, 오늘 회원이 되시면, 무료 수건과 가방을 받으실 겁니다.

05. [US] [BR]
What is the **woman asked to do**?
(A) **Print out** a discount **coupon** (B) **Come** at later time

W: Hello, I'm looking for the strawberry cheesecakes in this flyer. I read your ad in the local newspaper and they are 30% off the regular price.
M: I'm sorry. They all sold out in the morning. If you don't mind, would you come back in about two hours? Our bakers are baking new cakes now and they will be ready at that time.

여자는 무엇을 하도록 요청받는가?
(A) 할인 쿠폰 인쇄하기 (B) 나중에 오기

여: 안녕하세요, 이 전단지에 있는 딸기 치즈 케이크를 찾고 있습니다. 지역 신문에서 광고를 봤는데 정가에서 30퍼센트 할인한다고 하더라고요.
남: 죄송합니다. 오늘 아침에 모두 팔렸습니다. 괜찮으시다면, 2시간 정도 후에 다시 오시겠어요? 저희 제빵사들이 지금 새 케이크를 굽고 있고 그 때쯤이면 준비될 거예요.

06. [AU] [BR]
What is the **man planning to do**?
(A) **Go** on a **vacation** (B) **Participate** in a **race**

M: Well, I'd like to rent a car for my vacation, and I've been told that this is the best place in town. I'll be traveling to

Black Mountain to ski with some of my friends, so we'd like either a minivan or SUV.

W: Okay, that shouldn't be a problem. And we're offering one free day to those who rent any car for more than three days.

남자는 무엇을 할 계획인가?
(A) 휴가 가기 (B) 경주에 참가하기

남: 음, 제가 휴가를 위해 차를 빌리고 싶은데, 이곳이 시내에서 제일 좋은 곳이라고 들었어요. 제 친구들과 스키를 타러 Black Mountain에 갈 거라, 미니밴이나 SUV를 빌리고 싶습니다.
여: 알겠습니다. 문제될 거 없습니다. 그리고 저희는 3일 이상 차를 렌트하신 분들께 하루는 무료로 드리고 있습니다.

paraphrasing 정답   1. (b)   2. (c)   3. (a)   4. (a)   5. (c)   6. (b)

실전 문제

01. (B) 02. (A) 03. (D) 04. (C) 05. (C) 06. (D)
07. (A) 08. (C) 09. (A) 10. (D) 11. (A) 12. (B)
13. (D) 14. (C) 15. (D) 16. (B) 17. (C) 18. (B)
19. (C) 20. (A) 21. (B)

[01-03] US US

Questions 01-03 refer to the following conversation.

M: Excuse me, 01 **I accidentally bent my golf membership card**, and now it won't slide through the card reader. I need a new one.
W: 02 **We have a special machine that prints those cards**, but... um... this is my first day.
M: Then, would you be able to let me in today anyway?
W: Of course. And my manager will be back soon. 03 **Could you fill out this membership application form?** Then we'll have a new card ready by the time you leave.

accidentally 우연히, 뜻하지 않게   bend 굽히다, 구부리다   slide 미끄러뜨리다, 미끄러지듯이 움직이다   card reader 카드 판독기   fill out 작성하다, 기입하다   application form 신청서

01-03은 다음 대화에 관한 문제입니다.
남: 실례합니다. 01 실수로 제 골프 회원 카드를 구부려뜨렸어요, 그래서 이제는 카드 리더기에 밀어 넣어도 통과가 되지 않아요. 새 카드가 필요합니다.
여: 02 그런 카드를 인쇄하는 특별한 기계가 있기는 한데요... 음... 오늘 제가 첫날이어서요.
남: 그러면, 어쨌든 오늘 입장하게 해주실 수는 있는 건가요?
여: 물론입니다. 그리고 제 매니저가 곧 돌아올 거예요. 03 이 회원 가입 신청서를 작성해주시겠어요? 그러면 떠나실 때까지 저희가 새 카드를 준비해드릴게요.

01.
남자의 문제는 무엇인가?
(A) 그의 동료가 도착하지 않았다.
(B) 그의 회원 카드가 손상되었다.
(C) 그의 골프 장비 일부를 잃어버렸다.
(D) 회비를 납부하는 것을 잊었다.

[해설] 대화 초반 남자 남자가 실수로 골프 회원 카드가 구부려져(I accidentally bent my golf membership card) 카드 리더기에 밀어 넣어도 통과가 되지 않는다고 했다. 즉, 회원 카드가 손상된 상황이므로 정답은 (B)이다.

paraphrasing   I accidentally bent my golf membership card 실수로 내 골프 회원권을 구부러뜨렸다. → His membership card is damaged. 그의 회원 카드가 손상되었다.

[어휘] damaged 손상된   equipment 장비, 용품   membership fee 회비

02.
여자가 "오늘 제가 첫날이어서요"라고 말할 때 암시하는 것은 무엇인가?
(A) 일부 장비에 익숙하지 않다.
(B) 할인을 허가해줄 수 없다.
(C) 기회에 대해 들떠 있다.
(D) 평소보다 늦게까지 일할 계획이다.

[해설] 회원 카드가 구부러져 리더기 통과가 안 된다는 남자의 말에 여자가 그런 카드를 인쇄하는 특별한 기계가 있다고(We have a special machine that prints those cards) 한 후 머뭇거리면서 해당 문장을 덧붙였다. 다시 말해, 오늘이 자신의 근무 첫날이라 문제가 있는 카드를 인쇄하는 기계를 사용하는 것에 익숙하지 않다는 의미이므로 정답은 (A)이다.

[어휘] unfamiliar with ~에 익숙하지 않은   authorize 허가하다, 권한을 부여하다

03.
여자가 남자에게 하라고 말하는 것은 무엇인가?
(A) 매니저에게 이메일 보내기
(B) 내일 다시 오기
(C) 로비에서 기다리기
(D) 양식 작성하기

[해설] 대화 마지막 부분 여자가 남자에게 회원 가입 신청서를 작성해 달라고(Could you fill out this membership application form?) 하면서 그러면 떠날 때까지 새 카드를 준비해 놓겠다고 했다. 따라서 정답은 (D)이다.

paraphrasing   fill out 작성하다 → Complete 작성하기

[어휘] complete 기입하다, 작성하다

[04-06] US AU US

Questions 04-06 refer to the following conversation with three speakers.

W: Good morning. I'm thinking about becoming a member of 04 **your gym**.
M1: All right, ma'am. There's the standard package, which gives you access to 04 **the pool and all workout equipment**, or the premium package, which includes all of that and daily 04 **exercise classes**.
W: I think I'll start out with the standard package. And do I get a discount because my friend is a member here and she referred me?
M1: Let me check. 05 **Ivan**, do we give discounts for friend referrals?
M2: Yes, it's thirty percent off the first month. 05 **What's your friend's name**, ma'am?
W: It's Karen Schaeffer.
M2: All right. Let me look up her account information 06 **while my colleague here shows you around our site**.

standard 일반적인, 보통의   access 입장, 접근   workout equipment 운동 장비   refer 소개하다, 언급하다   referral 소개, 위탁   look up (정보를) 찾아보다   account 고객; 계좌, 계정   show around 둘러보게 해주다, 구경시켜 주다

04-06은 다음 세 사람의 대화에 관한 문제입니다.
여: 안녕하세요, 저는 ⁰⁴이곳 체육관의 회원이 될까 생각 중이에요.
남1: 좋습니다, 손님. ⁰⁴수영장과 모든 운동 장비를 이용하실 수 있는 기본 회원권이 있고요, 이것들 모두와 매일의 ⁰⁴운동 강습까지 포함되는 프리미엄 회원권이 있습니다.
여: 기본 회원권으로 시작하는 게 좋을 것 같아요. 그리고 제 친구가 이곳 회원인데 그녀에게 소개를 받은 거면 할인이 되나요?
남: 확인해볼게요. ⁰⁵Ivan, 우리에게 친구 소개 할인 제도가 있나요?
남2: 네, 첫 달에 30퍼센트 할인이 돼요. ⁰⁵친구분 성함이 어떻게 되시죠, 손님?
여: Karen Schaeffer예요.
남2: 알겠습니다. ⁰⁶제 동료가 이곳을 둘러보시도록 안내해 드리는 동안 제가 그분의 고객 정보를 확인해볼게요.

04.

대화가 이루어지는 곳은 어디일 것 같은가?
(A) 영화관에서
(B) 공공 도서관에서
(C) 운동 시설에서
(D) 우체국에서

[해설] 대화 초반 여자가 언급한 체육관(your gym)과 남자1이 언급한 수영장(pool), 운동 장비(workout equipment), 운동 강습(exercise classes) 등의 표현을 통해 헬스클럽 같은 운동 시설에서 나누는 대화임을 유추할 수 있으므로 정답은 (C)이다.

05.

Ivan이 여자에게 요청하는 것은 무엇인가?
(A) 회원번호
(B) 우편 주소
(C) 친구의 이름
(D) 전화번호

[해설] 일단 세 명의 화자 중에서 Ivan이 누구인지 파악해야 한다. 전체 대화를 보면 여자는 헬스클럽을 찾은 손님, 남자들은 헬스클럽의 직원임을 알 수 있는데, 대화 중반 남자1이 동료로 보이는 Ivan의 이름을 부르며 친구 추천 할인 정책이 있는지 묻자, 이에 대해 남자2가 답을 했으므로 남자2가 Ivan임을 알 수 있다. 뒤이어 남자2가 여자에게 친구의 이름이 무엇인지(What's your friend's name) 물었으므로 정답은 (C)이다.

06.

여자는 아마도 다음에 무엇을 할 것인가?
(A) 신분증을 보여주기
(B) 돈을 지불하기
(C) 계약서에 서명하기
(D) 둘러보기

[해설] 대화 후반부 남자2의 말에 정답의 단서가 있다. 앞서 여자가 친구 추천을 통해 할인을 받고 싶다는 의사를 밝혔고, 대화 마지막 남자2는 자신의 동료가 여자에게 시설을 둘러보도록 안내해주는 동안(while my colleague here shows you around our site.) 자신이 여사의 친구의 회원 정보를 확인하겠다고 했다. 즉, 여자는 대화 직후 헬스클럽을 둘러볼 것임을 알 수 있으므로 정답은 (D)이다.

paraphrasing   my colleague here shows you around our site 내 동료가 당신에게 우리 시설을 구경시켜 주다 → Go on a tour 둘러보기

[07-09] [BR][AU]
Questions 07-09 refer to the following conversation.

W: Good afternoon. ⁰⁷I'm interested in buying a new laptop to use for ⁰⁸my graphic design business. I need it to be able to run a number of software programs at the same time.
M: Hmm... what would probably best suit your needs is the Ayon-70. It has a powerful graphics card and sixteen gigabytes of memory.
W: That sounds like it's exactly what I need. Do you have it in stock?
M: Unfortunately, no. ⁰⁹But I think our Gainesville branch does. You should try calling them to find out.

be interested in ~에 관심이 있다   run 실행시키다   at the same time 동시에   probably 아마도   suit ~에 적합하다, 어울리다   needs 필요, 요구   memory 기억 용량, 메모리   exactly 정확하게, 꼭 맞게   in stock 재고가 있는   branch 지점, 지사

07-09는 다음 대화에 관한 문제입니다.
여: 안녕하세요. ⁰⁸제 그래픽 디자인 업무에 사용할 ⁰⁷새 노트북 컴퓨터를 사는 데 관심이 있어요. 동시에 여러 개의 소프트웨어 프로그램을 실행시킬 수 있는 것이 필요해요.
남: 흠... 당신의 요구사항에 최적인 것은 아마도 Ayon-70이겠네요. 강력한 그래픽 카드가 있고 용량이 16기가바이트예요.
여: 정확히 제게 필요한 것인 것 같아요. 재고가 있나요?
남: 안타깝지만 없어요. ⁰⁹하지만 저희 게인즈빌 지점에 있을 것 같아요. 그쪽에 전화하셔서 알아보시면 됩니다.

07.

여자는 왜 이 업체에 방문했는가?
(A) 장비를 구매하기 위해서
(B) 제품을 교환하기 위해서
(C) 배달을 하기 위해서
(D) 수리를 요청하기 위해서

[해설] 여자가 남자가 근무하는 곳에 방문한 이유를 묻는 문제이다. 대화 초반에 자신의 업무에 사용할 새 노트북을 사는 데 관심 있다고(I'm interested in buying a new laptop) 한 것으로 보아 업무에 필요한 장비를 구매하기 위해 컴퓨터 매장에 방문한 것임을 알 수 있으므로 정답은 (A)이다.

paraphrasing   buying a new laptop 새 노트북 컴퓨터를 사는 것 → purchase equipment 장비 구매하기

[어휘] purchase 구매하다   equipment 장비, 용품   exchange 교환하다   request 요청하다   repair 수리(하다)

08.

여자의 직업은 무엇인가?
(A) 소프트웨어 개발자
(B) 건설 현장 작업자
(C) 그래픽 디자이너
(D) 연구소 기술자

[해설] 화자의 직업을 묻는 문제이다. 컴퓨터 매장을 찾은 고객과 매장 직원과의 대화인데, 특히 대화 초반에 여자가 노트북 컴퓨터를 사려고 한다며 자신의 그래픽 디자인 업무(my graphic design business)에 사용할 것이라고 말했다. 따라서 여자의 직업을 그래픽 디자이너로 유추할 수 있으므로 정답은 (C)이다.

정답·스크립트·해석·해설   **107**

[어휘] occupation 직업 technician 기술자

09.

남자는 무엇을 할 것을 제안하는가?

(A) 다른 지점에 연락하기
(B) 카탈로그 훑어보기
(C) 세일 기간 기다리기
(D) 쿠폰 사용하기

[해설] 남자가 제안하는 것을 묻는 문제로 대화 마지막에 정답의 단서가 있다. 앞서 남자는 여자에게 적합한 제품의 모델로 Ayon-70을 추천하는데, 재고가 있냐는 여자의 물음에 없다면서 Gainesville 지점에 있을 것 같으니 전화해서 알아보라고(But I think our Gainesville branch does. You should try calling them to find out.) 제안한다. 따라서 정답은 (A)이다.

paraphrasing calling them to find out 그쪽에 전화해서 알아보기 → Contacting another branch 다른 지점에 연락하기

[어휘] browse 둘러보다, 훑어보다 period 기간, 시기

[10-12] US BR

Questions 10-12 refer to the following conversation and invoice.

Item Description	Charge
Casserole Dish	$20
¹⁷ Frying Pan	$35
Stainless Steel Pot	$40
Tea Set	$60
Total	**$155**

M: I'm glad you found everything you were looking for today, ma'am. Your total is one fifty-five. ¹⁰ **Would you prefer to pay by cash or credit card?**

W: By credit card, please. And I almost forgot ...um... I've got ¹¹ **a coupon for ten percent off.** Here it is.

M: I'm really sorry, but you won't be able to use this. ¹¹ **It was only valid until April 30,** so the computer will not allow me to input the code.

W: Oh, I didn't realize that. In that case, ¹² **I don't think I'll get the frying pan today. Could you please take that charge off the invoice?**

M: Certainly. Just a moment.

prefer ~을 더 좋아하다 valid 유효한 input 입력하다 in that case 그런 경우에는 charge 요금, 청구액 invoice 청구서 certainly 틀림없이, 분명히 description 서술, 묘사 casserole 캐서롤(오븐에 넣어 만든 찜 비슷한 요리)용 냄비

10-12는 다음 대화와 청구서에 관한 문제입니다.

품목 내역	청구액
캐서롤용 냄비	20달러
¹¹ 프라이팬	35달러
스테인리스강 냄비	40달러
찻잔 세트	60달러
합계	**155달러**

남: 오늘 찾고 계시던 것을 모두 찾으셨다니 기쁘네요, 손님. 모두 155달러입니다. ¹⁰ 현금으로 지불하시겠어요, 아니면 신용카드로 지불하시겠어요?

여: 신용카드로 하겠습니다. 그리고 잊어버릴 뻔했는데요... 음... 제게 ¹¹ 10퍼센트 할인 쿠폰이 있어요. 여기요.

남: 정말 죄송하지만 이건 사용하실 수 없어요. ¹¹ 4월 30일까지만 유효해요. 그래서 컴퓨터로 코드 입력이 안 될 거예요.

여: 아, 그건 몰랐어요. 그렇다면 ¹² 프라이팬은 오늘 못 살 것 같아요. 청구서에서 그 금액을 빼주시겠어요?

남: 물론이죠. 잠깐만요.

10.

남자는 여자에게 무엇에 대해 물어보는가?

(A) 회원 번호
(B) 배송 시간
(C) 고객 조사
(D) 선호하는 지불 방법

[해설] 상점 계산대에서 손님과 직원이 나누는 대화로, 대화 초반 직원인 남자가 고객인 여자에게 현금과 신용카드 중 무엇으로 지불하고 싶은지(Would you prefer to pay by cash or credit card?) 묻는다. 즉, 선호하는 지불 방법에 대해 물었으므로 정답은 (D)이다.

11.

여자가 할인을 받을 수 없는 이유는 무엇인가?

(A) 그녀에게 있는 쿠폰이 만료되었다.
(B) 그녀의 상품의 브랜드가 잘못된 것이다.
(C) 상품이 충분하지 않다.
(D) 가격이 이미 인하되었다.

[해설] 신용카드 지불을 선택한 여자가 10퍼센트 할인 쿠폰(a coupon for ten percent off)이 있다고 했고, 이에 남자가 이용할 수 없는 쿠폰이라며 4월 30일까지만 유효하다고(It was only valid until April 30) 덧붙인다. 즉, 여자가 가지고 있는 쿠폰의 기한이 만료되어 할인을 받을 수 없다는 의미이므로 정답은 (A)이다.

paraphrasing It was only valid until April 30 4월 30일까지만 유효하다 → The coupon that she has is expired. 그녀에게 있는 쿠폰이 만료되었다.

[어휘] expire 만료되다, 만기가 되다 merchandise (상점에서 파는) 상품 lower ~을 내리다, 낮추다

12.

시각 자료를 보시오. 어떤 금액이 청구서에서 삭제될 것인가?

(A) 20달러
(B) 35달러
(C) 40달러
(D) 60달러

[해설] 시각 자료로 주어진 청구서에서 삭제될 금액을 묻는 문제로, 보기에 금액이 제시되어 있으므로 대화에서는 청구서의 품목들 중 하나가 언급될 것임을 예상해야 한다. 대화 후반부에서 여자가 프라이팬은 오늘 못 살 것 같다며 청구서에서 그 금액을 빼달라고(I don't think I'll get the frying pan today. Could you please take that charge off the invoice?) 요청했다. 청구서에서 프라이팬에 해당하는 금액이 35달러이므로 정답은 (B)이다.

paraphrasing take that charge off the invoice 청구서에서 그 금액을 빼다 → be deleted from the invoice 청구서에서 삭제되다

[13-15] BR AU

Questions 13-15 refer to the following conversation.

W: Hi, ¹³**I saw a flyer about your bookstore's book club**. It seems really interesting. Would I have to pay membership fees to join?
M: Yes, but as a member of ¹³**Hamilton Book Club**, you get a free book every month, ¹⁴**along with discounts on all purchases here**, including our café area. That's a deal you can't find anywhere else.
W: That sounds really helpful. ¹⁵**I start grad school in September**, and I'm sure I'll need to buy a lot of books since my major is literature.

pay (돈을) 내다, 지불하다 deal 거래, 합의 grad school 대학원 major 전공 literature 문학

13-15는 다음 대화에 관한 문제입니다.
여: 안녕하세요. ¹³제가 이 서점의 북클럽에 관한 전단지를 봤어요. 정말 흥미로워 보여요. 가입하려면 회비를 내야 하나요?
남: 네, 하지만 ¹³Hamilton 북클럽의 회원이 되시면, 카페 구역을 포함해서 ¹⁴이곳에서 구매하신 모든 제품에 대해 할인을 받으실 수 있고, 이에 더불어 매달 책 한 권을 무료로 받으실 수 있어요. 다른 어디에서도 찾아보실 수 없는 조건이에요.
여: 그러면 정말 도움이 되겠어요. ¹⁵9월에 대학원을 다니기 시작하는데 제 전공이 문학이라서 분명히 책을 많이 사야 할 거예요.

13.

여자는 Hamilton 북클럽에 대해서 어떻게 알게 되었는가?
(A) 뉴스 기사에서
(B) 동료에게서
(C) 라디오 광고에서
(D) 전단지에서

[해설] 여자가 남자에게 서점의 북클럽에 관해 문의하는 내용으로, 남자의 대사 중 언급되는 Hamilton Book Club이 북클럽의 이름이다. 대화 초반, 여자가 서점의 북클럽에 관한 전단지를 봤다(I saw a flyer about your bookstore's book club)고 했으므로 정답은 (D)이다.

14.

남자에 따르면, 무엇이 Hamilton 북클럽을 특별하게 만드는가?
(A) 간식을 판매하는 카페 구역이 있다.
(B) 매달 새 책에 집중한다.
(C) 모든 상점 구매품에 대해 할인해준다.
(D) 책을 읽은 후에 회원들로부터 책을 되산다.

[해설] 남자가 언급한 Hamilton 북클럽의 특징은 매월 책 한 권을 무료로 받고, 카페를 포함하여 모든 구매품에 대해 할인을 받을 수 있다(discounts on all purchases here) 점이다. 따라서 정답은 (C)이다.

15.

여자는 9월에 무엇을 할 것인가?
(A) 북클럽에 가입하기
(B) 기사를 게재하기
(C) 학위를 마치기
(D) 대학원을 다니기 시작하기

[해설] 질문의 핵심 키워드 September는 여자의 마지막 말에 언급된다. 여자는 9월에 대학원을 다니기 시작한다고(I start grad school in September) 했으므로 정답은 (D)이다.

paraphrasing I start grad school 대학원에 다니기 시작한다 → begin graduate school 대학원을 다니기 시작하기

[어휘] publish (기사 등을) 게재하다, 싣다 complete 완료하다, 끝마치다 graduate school 대학원

[16-18] US AU

Questions 16-18 refer to the following conversation.

W: Good evening! Thank you for shopping at Louisville Market. ¹⁶**Do you have a rewards card?**
M: Here it is. Um, I was also looking for organic milk.
W: I'm sorry, but we're all out of organic milk right now. ¹⁷**We usually sell out of it by the afternoon.**
M: Is that so? ¹⁸**In that case, I think I'll go put back this box of cereal.**
W: I'll take care of that. Would you like to pay by cash or credit?

rewards card 보상 카드(상점 등에서 사용 금액에 따라 현금처럼 사용할 수 있는 포인트가 누적되는 카드) look for ~을 찾다 sell out of ~을 다 팔다 in that case 그런 경우에는[그렇다면] cereal 시리얼, 가공 곡물 take care of ~을 처리하다 by cash 현금으로

16-18은 다음 대화에 관한 문제입니다.
여: 안녕하세요! Louisville 마켓에서 쇼핑해주셔서 감사드립니다. ¹⁶포인트 카드를 가지고 계신가요?
남: 여기 있어요. 음, 그리고 유기농 우유도 찾고 있었어요.
여: 죄송하지만 지금 유기농 우유가 모두 나갔습니다. ¹⁷보통은 오후가 되면 다 팔려요.
남: 그래요? ¹⁸그렇다면 이 시리얼 상자를 다시 가져다 놓아야겠어요.
여: 제가 처리할게요. 현금으로 결제하시겠어요, 카드로 결제하시겠어요?

16.

여자가 남자에게 요청하는 것은 무엇인가?
(A) 영수증
(B) 포인트 카드
(C) 쿠폰
(D) 봉투

[해설] 식료품점의 계산대에서 이루어지는 대화로, 남자는 손님, 여자는 직원임을 파악해야 한다. 대화 시작 부분에서 여자가 남자에게 포인트 카드가 있냐고(Do you have a rewards card?) 물었다. 즉, 계산원이 손님에게 구매 금액을 적립할 포인트 카드를 요청하는 상황이므로 정답은 (B)이다.

17.

여자는 무엇이 문제라고 말하는가?
(A) 공급자가 선적물을 보내지 않았다.
(B) 배송 트럭이 고장 났다.
(C) 상품이 빨리 매진된다.
(D) 세일 행사가 종료되었다.

[해설] 대화 중반, 남자가 유기농 우유를 찾고 있다고 하자 여자가 유기농 우유가 현재 없으며 보통 오후에는 다 팔린다고(We usually sell out of it by the afternoon.) 했다. 따라서 여자가 말한 문제는 유기농 우유가 빨리 다 팔리는 탓에 서두르지 않으면 살 수 없는 상황을 가리키므로 정답은 (C)이다.

paraphrasing We usually sell out of it by the afternoon. 보통은 오후가 되면 다 팔린다. → A product sells out quickly. 상품이 빨리 팔린다.

[어휘] supplier 공급자, 공급 회사 shipment 선적 화물 break down 고장 나다

18.

여자가 "제가 처리할게요"라고 말할 때 무엇을 암시하는가?
(A) 스캐너가 세일 가격을 인식하지 못했다.
(B) 상품을 제자리에 가져다 놓을 것이다.
(C) 창고에 제품이 더 많이 있다.
(D) 공급자에게 더 많은 선적물을 요청할 것이다.

[해설] 화자의 의도 파악 문제는 주어진 문장의 앞뒤 문맥을 잘 살펴야 한다. 앞서 유기농 우유가 다 팔린 것을 안 남자가 시리얼 상자를 도로 가져다 놓아야겠다고(I think I'll go put back this box of cereal) 하자, 이어서 여자가 "제가 처리할게요"라고 말했다. 즉, 남자를 대신하여 자신이 시리얼 상자를 제자리에 가져다 놓겠다는 의도이므로 정답은 (B)이다.

[어휘] recognize 인식하다 item 물품, 품목 belong 제자리에 있다

[19-21] BR US

Questions 19-21 refer to the following conversation and coupon.

Macon Home Store Wallpaper Sale

Wallpaper Roll Size	Save
25 sq. feet	5%
²¹ 50 sq. feet	10%
100 sq. feet	15%
250 sq. feet	20%
Valid in store or with online code 5WALL20	

W: Hello, ¹⁹ **my restaurant is scheduled to reopen next week**, but I need some new wallpaper.
M: Okay, here are the patterns that we carry. Which one do you prefer?
W: This one here, Playful Checkers. ²⁰ **I think it will pair really well with the rest of the interior.**
M: Hopefully it does. By the way, our wallpaper is currently on sale. Check out this coupon.
W: Honestly, the new area isn't extremely large. ²¹ **I'm sure that 50 square feet will be plenty to cover it all.**

reopen 다시 문을 열다 wallpaper 벽지 pattern (옷감이나 벽지 등의) 견본 carry 취급하다 prefer 선호하다 pair with ~와 짝을 이루다 rest 나머지, 다른 것들 interior 내부 hopefully 바라건대 currently 현재 on sale 세일 중인 check out 확인하다 honestly 솔직히 extremely 극도로, 극히 square feet 평방피트 plenty 풍부한, 충분한 cover 바르다, 뒤덮다 valid 유효한, 정당한 code 암호, 부호

19-21은 다음 대화와 쿠폰에 관한 문제입니다.

Macon Home Store 벽지 세일

벽지 두루마리 크기	할인
25평방피트	5퍼센트
²¹ 50평방피트	10퍼센트
100평방피트	15퍼센트
250평방피트	20퍼센트
매장에서 또는 온라인 코드 5WALL20으로 이용 가능	

여: 안녕하세요, ¹⁹ 저희 식당이 다음 주에 재개점할 예정인데, 새로운 벽지가 필요합니다.
남: 알겠습니다. 여기 저희가 취급하는 견본들을 보세요. 어떤 것이 마음에 드세요?
여: 여기 있는 이거요. Playful Checkers요. ²⁰ 나머지 실내 공간과 아주 잘 어울릴 것 같아요.
남: 그랬으면 좋겠네요. 그건 그렇고, 저희 벽지가 현재 세일 중입니다. 이 쿠폰을 확인해보세요.
여: 솔직히, 새로 벽지를 바를 공간이 그렇게 넓지 않아요. ²¹ 모든 부분을 바르는 데 50평방피트면 충분할 거라고 확신해요.

19.

여자는 다음 주에 무엇을 할 것인가?
(A) 사진을 찍기
(B) 집을 개조하기
(C) 식당을 재개점하기
(D) 인테리어 디자이너를 만나기

[해설] 질문의 핵심 키워드 next week은 대화 초반에 언급된다. 여자는 다음 주에 자신의 식당을 재개점할 예정이라고(my restaurant is scheduled to reopen next week) 했으므로 정답은 (C)이다.

[어휘] renovate 개조[보수]하다

20.

여자는 Playful Checkers에 대해 무엇이라고 말하는가?
(A) 현재의 인테리어와 잘 맞는다.
(B) 두 가지 색상만 있는 패턴을 선호한다.
(C) 식당 시설에 일반적이다.
(D) 야외에 사용될 수 있다.

[해설] Playful Checkers는 대화 중반에 언급되는데, 여자가 맘에 들어 한 벽지 견본의 이름이다. 여자는 이것이 다른 실내 공간과 아주 잘 어울릴 것 같다고(it will pair really well with the rest of the interior) 했으므로 여자의 식당의 현재 인테리어와 잘 맞는다는 의미이다. 따라서 정답은 (A)이다.

paraphrasing it will pair really well with the rest of the interior. 다른 실내 공간과 아주 잘 어울릴 것이다 → it matches her current décor 현재의 인테리어와 잘 맞는다

[어휘] match (색깔이나 스타일이 서로) 맞다 current 현재의 décor 실내장식, 인테리어 common 일반적인 establishment 시설, 영업소, 점포 surface 표면

21.

시각 자료를 보시오. 여자는 할인을 얼마나 받게 될 것인가?

(A) 5퍼센트
(B) 10퍼센트
(C) 15퍼센트
(D) 20퍼센트

[해설] 시각 자료로 주어진 쿠폰의 할인율이 보기로 제시되었으므로 대화에서는 쿠폰의 벽지 사이즈가 언급될 것임을 예상하고 들어야 한다. 대화 마지막, 여자가 모든 부분을 바르는 데 50평방피트면 충분하다고(I'm sure that 50 square feet will be plenty to cover it all.) 했으므로 쿠폰에서 이 크기의 벽지에 해당하는 할인율을 찾으면 10퍼센트이다. 따라서 정답은 (B)이다.

PART 4   회의 발췌록/안내

대표 유형 01 회의 발췌록(excerpt from a meeting)

| 실전으로 확장하기 해석 |

여: 다음으로, 우리의 고객 만족도 등급 하락에 대해 논의해 봅시다. 작년 이 시기에 우리는 5점 만점에 평균 4.1을 받았는데, 지금은 3.8로 내려갔습니다. 우리가 경쟁사들에게 사업을 빼앗기기 시작할 수 있기 때문에 이것은 심각한 문제입니다. 우리의 고객들을 만족시킬 수 있는 홍보 방안을 위한 아이디어를 브레인스토밍 해 봅시다. 우리는 여기부터 시작해서 테이블을 돌아갈 것입니다. Vicky, 당신이 제 비서이니, 제안되는 모든 아이디어들을 적어서 회의 후에 제게 이메일로 보내주실 것을 부탁드립니다.

대표 유형 02 안내(announcement)

| 실전으로 확장하기 해석 |

남: 여행객 여러분들, 주목해 주세요. TV 쇼 촬영 때문에 6월 14일 수요일에 시외 버스 터미널이 폐쇄될 것입니다. 촬영 팀을 위한 보안 패스가 없는 사람은 누구도 그 지역에 접근할 수 없습니다. 그날 이동을 하셔야 하는 분들은 지역 버스와 기차 노선을 이용하실 것을 권장합니다. 구체적인 사항과 지역 대중교통 스케줄은 샌앤토니오 시 웹사이트를 참고해 주세요. 이미 그날 시외 버스 터미널을 통해 가는 표를 구매하셨다면, 환불받으실 수 있도록 고객 서비스 카운터에 알리시기 바랍니다.

유형 연습

01. (B) 02. (A) 03. (A) 04. (B) 05. (B) 06. (A)

01. [US]

What will **happen next week**?
(A) A **client dinner** will **take place**.
(B) **Policy changes** will be **implemented**.

W: I have one last item on the meeting agenda. The accounting department decided to introduce a new travel expense reimbursement procedure. Beginning next week, any expenses for meals should include original receipts and the names of clients who you have meals with. In addition, business-class seats are not allowed except in urgent cases. Thanks in advance for your cooperation.

다음 주에 무슨 일이 있을 것인가?
(A) 고객과의 저녁 식사가 있을 것이다.   **(B)** 정책 변경이 시행될 것이다.

회의 발췌록
여: 회의 안건에 한 가지 마지막 항목이 있습니다. 회계 부서는 새로운 출장 비용 환급 절차를 도입하기로 결정했습니다. 다음 주부터, 식사에 대한 모든 비용은 원본 영수증과 당신이 식사를 함께 한 고객의 이름이 포함되어야 합니다. 게다가, 급한 경우를 제외하고는 비즈니스 등급 좌석은 허용되지 않습니다. 여러분의 협조에 미리 감사 드립니다.

02. [AU]

What did the **employees complain** about?
(A) **Vending machines** have **limited beverage** choices.
(B) The **employee lounge** is too **small**.

M: Let's move onto the next agenda. I have received many complaints about the vending machines in the employee lounge. People complained that there are only a few limited choices of drinks and snacks. Also, the prices are higher than in the store. So, I want you to do a survey about what employees want.

직원들은 무엇에 대해 불만을 제기했는가?
(A) 자판기의 음료 선택권이 제한적이다.   (B) 직원 휴게실이 너무 좁다.

회의 발췌록
남: 다음 안건으로 넘어갑시다. 직원 휴게실에 있는 자판기에 대해 많은 불만을 접수했습니다. 사람들은 음료와 간식에 몇 개밖에 되지 않는 제한된 선택권만 있다고 불평했습니다. 또한, 가격이 상점에서 파는 것보다 더 비쌉니다. 그래서, 여러분들이 직원들이 원하는 것이 무엇인지에 대해 설문조사를 해 주시길 바랍니다.

03. [BR]

What are the **listeners asked to do**?
(A) **Check** their **schedule**   (B) **Volunteer to work** extra hours

W: Thank you for attending the weekly meeting. As I said in the previous meeting, the self-check-in counters were already installed at both ends of our airline's service area. Only passengers who travel with a carry-on bag can use those counters. Therefore, I will assign you to work at these counters and assist passengers on a rotating basis. Please check your working schedule on the board in the office.

청자들은 무엇을 하도록 요청받는가?
(A) 그들의 일정 확인하기   (B) 추가 근무 자원하기

회의 발췌록
여: 주간 회의에 참석해 주셔서 감사합니다. 제가 이전 회의에서 말씀 드린 것처럼, 셀프 체크인 카운터가 우리 항공사 서비스 구역의 양쪽에 이미 설치되었습니다. 기내 수하물을 가지고 여행하는 승객들만 그 카운터를 이용할 수 있습니다. 그러므로, 여러분들이 돌아가면서 이 카운터들에서 일하고 승객들을 도와주도록 배정할 것입니다. 사무실에 있는 게시판에서 여러분의 업무 일정을 확인해 주세요.

04. [US]

What is the **cause** of the **delay**?
(A) The **engine** was **malfunctioning**.
(B) A **tree blocked** the **track**.

M: Attention, passengers for Train 345 to Cleveland. The train was originally scheduled to depart at Platform 7. There will be a 30 minute delay due to a fallen tree on the railroad. If you plan to transfer to other trains in Cleveland, please come to the ticketing desk and make sure that this delay will not affect your **connecting** train. Thank you for your understanding.

지연의 원인은 무엇인가?
(A) 엔진이 오작동했다.   (B) 나무가 선로를 막았다.

안내
남: 클리블랜드로 가는 345번 열차 승객들께 알립니다. 기차는 원래 7번 승강장에서 출발할 예정이었습니다. 기차 선로에 쓰러진 나무로 인해 30분 지연될 것입니다. 클리블랜드에서 다른 기차로 갈아탈 계획이셨다면, 매표 창구로 오셔서 이 지연이 연결편 열차에 영향을 주지 않도록 해주세요. 양해해 주셔서 감사합니다.

05. [BR]
What are the **listeners reminded to do**?
(A) **Pick up** a welcome **packet**   (B) **Validate** their **parking**

M: Welcome to the Highland **Career** Conference for computer software developers. We will begin with the opening ceremony at 10 A.M. All **afternoon** sessions are **held** on the second floor in the East Wing. You will have a one and a half hour **lunch break**. And don't forget to **validate** your **parking** at the reception desk. Thank you.

청자들은 무엇을 하도록 상기되는가?
(A) 환영 꾸러미 가져가기   (B) 주차 확인 받기

안내
남: 컴퓨터 소프트웨어 개발자들을 위한 Highland 직업 콘퍼런스에 오신 것을 환영합니다. 오전 10시에 오프닝 행사로 시작할 것입니다. 모든 오후 세션들은 동쪽 건물의 2층에서 열릴 것입니다. 여러분은 한 시간 반 동안의 점심 식사 시간을 가질 것입니다. 그리고 안내 데스크에서 주차 확인 받는 것을 잊지 마세요. 감사합니다.

06. [AU]
What will be **sent to** the **listeners**?
(A) **Text messages**   (B) **Meal vouchers**

W: Attention, all passengers leaving on the 9 P.M. **express bus** to Queensland. Due to heavy snowfall around the Dutch County area, this bus has been **canceled**. The Department of Transportation decided to stop **operating** express buses until tomorrow morning. All canceled buses are **rescheduled** for tomorrow. We will keep you posted about your bus schedules **by text**.

청자들에게 무엇이 보내질 것인가?
(A) 문자 메시지   (B) 식사 쿠폰

안내
여: 오후 9시 고속버스를 타고 퀸즈랜드로 가는 승객 여러분을 주목해 주세요. 더치 카운티 지역의 폭설로 인해 이 버스는 취소되었습니다. 교통부가 내일 아침까지 고속버스를 운행하는 것을 중지하기로 결정했습니다. 취소된 모든 버스들은 내일 운행이 재개될 것입니다. 여러분의 버스 스케줄에 대해 문자 메시지로 계속 알려드리겠습니다.

paraphrasing 정답   1. (b)   2. (c)   3. (a)   4. (b)   5. (c)   6. (a)

실전 문제
01. (C)   02. (B)   03. (C)   04. (A)   05. (D)   06. (C)
07. (A)   08. (C)   09. (A)   10. (B)   11. (D)   12. (C)
13. (B)   14. (A)   15. (D)   16. (A)   17. (D)   18. (B)
19. (B)   20. (B)   21. (D)

[01-03] [AU]
Questions 01-03 refer to the following announcement.

M: May I have your attention, please? 01 **Thank you for visiting Maple Health Clinic this morning.** As you can see, 02 **there are quite a few of you here for regular health checkups**. We're going to do our best to process you all quickly and efficiently. However, we might not get to you by your appointment time. You all filled out and turned in this health checkup form, right? Please keep in mind, 03 **if this is your first time at our clinic, there is a separate document that you have to fill out as well.** There are more copies of them available by the entrance.

health clinic 진료소, 개인 병원   quite a few 상당수   regular health checkup 정기 건강 검진   do one's best 최선을 다하다   process 처리하다   efficiently 효율적으로   fill out 기입하다, 작성하다   turn in 제출하다   separate 별개의   document 문서

01-03은 다음 안내에 관한 문제입니다.
남: 주목해 주시겠습니까? 01 오늘 아침 Maple 병원을 방문해주신 여러분께 감사드립니다. 보시다시피 02 정기 건강 검진을 위해 상당히 많은 분들이 왔습니다. 여러분 모두를 신속하고 효율적으로 처리해드리기 위해 최선을 다하겠습니다. 하지만 예약하신 시간까지 여러분 차례가 오지 않을 수도 있습니다. 여러분 모두 이 건강 검진 양식을 작성하셔서 제출하셨습니다, 맞죠? 03 이번에 처음으로 저희 병원에 오신 분은 또한 별도로 작성하셔야 하는 서류가 있다는 점을 명심해주시기 바랍니다. 입구 옆에 복사본을 더 많이 준비해 두었습니다.

01.
화자는 어떤 종류의 업체에서 근무하는가?
(A) 대학교
(B) 약국
(C) 병원
(D) 연구소

[해설] 담화 초반, 오늘 아침 Maple Health Clinic을 방문해주어 감사하다는 (Thank you for visiting Maple Health Clinic this morning) 화자의 인사말과 건강 검진(health checkup) 같은 표현들로 보아 화자가 근무하는 곳은 병원임을 알 수 있다. 따라서 정답은 (C)이다.

02.
화자가 "예약하신 시간까지 여러분 차례가 오지 않을 수도 있습니다"라고 말할 때 암시하는 것은 무엇인가?
(A) 직원들이 더 필요하다.
(B) 청자들이 인내심을 가져줄 것을 부탁한다.
(C) 더 이상은 사람을 받을 수 없다.
(D) 나중에 다시 올 것을 권한다.

[해설] 오늘 상당히 많은 사람들이 건강 검진을 위해 병원을 찾았다며(there are quite a few of you here for regular health checkups), 최선을 다해 신속하

고 효율적으로 처리하겠다고 한 후에 "예약하신 시간까지 여러분 차례가 오지 않을 수도 있습니다"라고 덧붙였다. 이는 예약 시간 내에 건강 검진을 받지 못하더라도 참고 기다려달라고 청자들에게 양해를 구하기 위한 의도로 한 말이므로 정답은 (B)이다.

[어휘] staff member 직원 patient 참을성[인내심] 있는 accept 받아들이다

03.

화자는 일부 청자들에게 무엇을 하라고 상기하는가?
(A) 연락처 정보 갱신하기
(B) 온라인으로 예약하기
(C) 추가 양식을 작성하기
(D) 사진이 있는 신분증을 제시하기

[해설] 담화 후반, 이 병원에 처음으로 방문한 사람은 별도로 작성해야 하는 서류가 있다는 점을 명심하라고(if this is your first time at our clinic, there is a separate document that you have to fill out as well) 했으므로 청자들 중 일부는 양식을 추가로 작성해야 한다. 따라서 정답은 (C)이다.

paraphrasing   there is a separate document that you have to fill out as well 또한 별도로 작성해야하는 서류가 있다 → fill out an additional form 추가 양식을 작성하기

[어휘] remind 상기시키다 make an appointment 예약하다 additional 추가의

[04-06] BR

Questions 04-06 refer to the following excerpt from a meeting.

W: Well, everyone, the figures are in, and I'm afraid it's disappointing news. ⁰⁴**The new department store branch that we opened last month in Arlington has not hit any of its sales targets.** As department managers, I'm sure you have some advice that may be helpful, so ⁰⁵**I'd like you to e-mail me any ideas you may have.** I understand that you have a lot of other things to do, but this is a critical time for us. In addition to that, ⁰⁶ **the managers from each department of the Arlington store will visit here next week. You'll be getting to know them** and answering any questions they may have.

figure (자료로 제시되는) 수치 branch 지사, 분점 hit (특정한 수준에) 이르다[달하다] sales target 판매 목표 critical 대단히 중요한, 중대한 in addition to ~에 더하여 get to know 알게 되다

04-06은 다음 회의 발췌록에 관한 문제입니다.
여: 자, 여러분, 수치들이 입수되었는데요, 유감스럽게도 실망스러운 소식입니다. ⁰⁴우리가 지난달 알링턴에서 새롭게 문을 연 백화점 지점이 매출 목표를 전혀 달성하지 못했습니다. 부서의 매니저들로서 여러분께서 도움이 될 만한 조언을 가지고 계실 거라고 믿습니다. 따라서 ⁰⁵가지고 계신 생각들을 무엇이든 제게 이메일로 보내주시기 바랍니다. 해야 할 다른 일들이 많다는 것은 이해합니다만 지금 우리에게는 대단히 중요한 시기입니다. 그뿐만 아니라 ⁰⁶알링턴 지점 각 부서 매니저들이 다음 주에 이곳을 방문할 예정입니다. 여러분들은 그들과 안면을 익히고, 그들이 가지고 있는 질문에 답을 하시게 됩니다.

04.

화자는 청자들에게 어떤 문제에 대해서 이야기하는가?
(A) 신규 지점의 실적이 좋지 못하다.
(B) 설문지가 고객들로부터 회수되지 않았다.
(C) 경쟁업체가 가격을 내렸다.
(D) 매출 보고서에 오류가 있다.

[해설] 회의의 주요 안건을 묻는 문제이다. 담화 초반, 화자는 지난달 알링턴에 새롭게 문을 연 백화점 지점(the new department store branch)이 매출 목표를 전혀 달성하지 못했다고(has not hit any of its sales targets) 보고했다. 즉, 신규 지점의 실적이 좋지 못한 문제점을 언급하고 있으므로 정답은 (A)이다.

paraphrasing   has not hit any of its sales targets 매출 목표를 전혀 달성하지 못했다 → is not performing well. 성과가 좋지 못하다.

[어휘] perform well 좋은 실적[성과]을 내다 return 돌려주다 competitor 경쟁사, 경쟁자 lower ~을 내리다, 낮추다 contain ~이 들어 있다

05.

화자가 "지금이 우리에게 대단히 중요한 시기입니다"라고 말할 때 암시하는 것은 무엇인가?
(A) 좀 더 규칙적으로 보고를 할 것이다.
(B) 직원들이 든든하게 느끼기를 희망한다.
(C) 곧 더 많은 직원들을 채용할 것으로 예상한다.
(D) 모든 청자들이 제안을 하기를 원한다.

[해설] 해당 표현의 앞뒤 맥락을 잘 살펴서 정답을 고른다. 화자는 청자들에게 해야 할 일이 많겠지만 앞서 언급한 신규 지점의 매출 부진 문제를 해결하는 데 도움이 될 만한 의견들을 보내달라고(I'd like you to e-mail me any ideas you may have) 한 후에 "지금이 우리에게 대단히 중요한 시기입니다"라고 덧붙였다. 이는 청자들의 조언이나 의견을 절실하게 필요로 함을 강조하기 위해 한 말이므로 정답은 (D)이다.

[어휘] regularly 주기적으로, 규칙적으로 hire 채용하다 suggestion 제안, 제의

06.

청자들은 다음 주에 무엇을 할 것인가?
(A) 제품 시연하기
(B) 제안에 대해 투표하기
(C) 같은 직급의 사람들을 만나기
(D) 점검을 시작하기

[해설] 질문의 핵심 키워드 next week은 담화 마지막 부분에 언급된다. 다음 주에 알링턴 지점 각 부서 매니저들이 방문할 예정이고(the managers from each department of the Arlington store will visit here next week) 청자들이 그들과 안면을 익히고(You'll be getting to know them) 그들의 질문에 답변하게 될 것이라고 했다. 그런데, 담화 초반 청자들을 부서 매니저들(As department managers)이라고 지칭한 것으로 보아 청자들은 다음 주에 자신들과 같은 직급의 사람들을 만나게 될 것임을 알 수 있으므로 정답은 (C)이다.

paraphrasing   getting to know them 그들과 알게 되다 → meet with their counterparts 같은 일을 하는 사람들을 만나다

[어휘] demonstration 시범 설명 vote on ~에 대해 투표하다 proposal 제안, 제의 counterpart 상대, 대응 관계에 있는 사람 inspection 검사, 점검

[07-09] US

Questions 07-09 refer to the following excerpt from a meeting.

M: Next on today's meeting agenda, ⁰⁷**I have some news that I think you'll like. We finally got approval for our renovation budget.** That means the second floor will be undergoing changes for about six weeks, during which time there will be no access to the two conference rooms.

Fortunately, **08 Ambrose Consulting, on the fifth floor of this building, has offered to let us use its conference room** on Tuesday mornings and Thursday afternoons. Since the time is so limited, **09 Patricia Owens will handle the scheduling of meetings,** so please talk to her to get a time slot.

> agenda 안건, 의제 get approval for ~에 대해 승인을 얻다 budget 예산 undergo 겪다, 받다 access to ~에의 접근[출입] handle 다루다, 처리하다 time slot 시간대

07-09는 다음 회의 발췌록에 관한 문제입니다.
남: 오늘 회의의 다음 안건으로, 07 여러분들이 좋아하실 만한 소식이 있습니다. 드디어 수리 예산에 대해 승인을 받았습니다. 이것은 약 6주간 2층에 변화가 있을 것임을 의미하며, 그 기간 동안 두 개의 회의실을 이용할 수 없게 됩니다. 다행스럽게도, 08 이 건물 5층의 Ambrose 컨설팅에서 우리가 화요일 오전과 목요일 오후에 그들의 회의실을 이용하게 해주었습니다. 시간이 매우 제한되어 있으므로 09 Patricia Owens가 회의 일정을 조율할 것이니 시간대를 정하시려면 그녀에게 얘기하시기 바랍니다.

07.

화자는 왜 청자들이 기뻐할 것이라고 생각하는가?
(A) 예산이 승인되었다.
(B) 더 큰 사무실로 이사 갈 것이다.
(C) 필요한 비품들이 도착했다.
(D) 직원들이 휴가를 더 받을 것이다.

[해설] 담화 초반 화자는 청자들이 좋아할 만한 소식이 있다며(I have some news that I think you'll like) 드디어 수리 예산에 대해 승인을 받았다고(We finally got approval for our renovation budget) 덧붙였다. 따라서 정답은 (A)이다.

`paraphrasing` got approval for our renovation budget 수리 예산에 대해 승인을 받았다 → A budget has been approved. 예산이 승인되었다.

[어휘] approve 승인하다 supplies 비품 time off 휴가

08.

Ambrose 컨설팅은 무엇을 해주겠다고 제안했는가?
(A) 일부 장비를 설치하기
(B) 컨설턴트를 보내기
(C) 회의 공간을 함께 쓰기
(D) 제안을 검토하기

[해설] 질문의 키워드 Ambrose Consulting이 언급되는 곳에서 단서를 찾는다. 앞서 화자는 건물 보수로 인해 회의실 이용이 불가능하다는 정보를 전했고, 이어서 5층의 Ambrose Consulting에서 화요일 오전과 목요일 오후에 그들의 회의실을 이용하게 해주었다고(has offered to let us use its conference room) 알렸다. 따라서 정답은 (C)이다.

`paraphrasing` let us use its conference room 회의실을 이용하게 해주다 → share a meeting space 회의 공간을 함께 쓰기

[어휘] set up 설치하다, 세우다 equipment 장비, 용품 consultant 상담가, 자문 위원, 컨설턴트 share 함께 쓰다, 공유하다 proposal 제안, 제의

09.

Owens 씨는 무엇을 담당하는가?
(A) 일정 파악하기
(B) 직원 파티 계획하기
(C) 신규 직원 채용하기
(D) 들어오는 배달 물품 처리하기

[해설] 질문의 핵심 키워드 Ms. Owens는 담화 마지막 부분에 언급된다. 회의실 사용과 관련하여 Patricia Owens가 회의 일정을 조율할 것이라고(Patricia Owens will handle the scheduling of meetings) 했으므로 Owens 씨는 회의 시간이 겹치지 않도록 회의 일정을 잘 파악하여 조정하는 일을 담당한다. 따라서 정답은 (A)이다.

`paraphrasing` handle the scheduling of meetings 회의 일정을 조율하다 → keeping track of a schedule 일정 파악하기

[어휘] be in charge of ~을 담당하다 keep track of ~에 대해 계속 알고[파악하고] 있다 recruit 모집하다, 뽑다 incoming 도착하는, 들어오는

[10-12] US

Questions 10-12 refer to the following excerpt from a meeting.

W: Thanks for coming to this meeting of the Westbury Education Board. **10 You have all heard about the plan to renovate our town's elementary school.** We want to do all the work over the summer while school is out. **11 The problem is, the permits for the construction work are taking longer than we expected to process.** Summer vacation is right around the corner and we still haven't obtained official permission. We need to get signatures on this petition to start the work before the permits come out, so **12 everyone please put your names down on it.**

> renovate 개조[보수]하다 elementary school 초등학교 permit 허가증; 허가하다 construction work 건설 공사 expect 예상하다 process 처리하다 be around the corner 목전에 닥치다 obtain 얻다, 구하다 official permission 공식적인 허가 signature 서명 petition 진정[탄원](서) come out 나오다 put down 적다, 적어 두다

10-12는 다음 회의 발췌록에 관한 문제입니다.
여: Westbury 교육 이사회의 이번 회의에 와주셔서 감사합니다. 10 여러분 모두 우리 마을의 초등학교를 보수하는 계획에 대해 들으셨습니다. 우리는 학교가 쉬는 여름 동안 모든 작업을 하고자 합니다. 11 문제는 건설 공사에 대한 허가가 처리될 것으로 예상했던 것보다 더 오래 걸리고 있다는 것입니다. 여름 방학이 곧 시작되는데 우리는 아직 공식적인 허가를 받지 못했습니다. 허가가 나기 전에 공사를 시작하기 위해서는 이 탄원서에 서명을 받아야 하니 12 모든 분들은 여기에 이름을 적어주시기 바랍니다.

10.

담화의 주제는 무엇인가?
(A) 장학금 제공하기
(B) 학교 보수하기
(C) 동창회 계획하기
(D) 자격 있는 교사들을 모집하기

[해설] 회의 발췌록이므로 결국은 회의의 주요 안건을 묻는 문제이다. 담화 초반, 마을의 초등학교를 보수하는 계획(the plan to renovate our town's elementary school)에 대해 언급한 후 이와 관련한 문제점과 대처 방안 등에 대한 내용이 이어지고 있으므로 정답은 (B)이다.

[어휘] scholarship 장학금 class reunion 동창회 recruit 모집하다, 뽑다 qualified 자격 있는, 적격의

11.

화자는 어떤 문제를 언급하는가?
(A) 건설 계약 분쟁
(B) 불충분한 교실 공간
(C) 일정의 겹침
(D) 허가 지연

[해설] 화자는 담화 중반 직접적으로 문제점을 언급하는데, 건설 공사에 대한 허가가 처리되는 데 예상보다 더 오랜 시간이 소요되고 있다고(the permits for the construction work are taking longer than we expected to process) 했다. 즉, 허가가 지연되고 있다는 말이므로 정답은 (D)이다.

paraphrasing the permits for the construction work are taking longer than we expected to process 건설 공사에 대한 허가가 처리될 것으로 예상했던 것보다 더 오래 걸리고 있다 → delayed permits 허가 지연

[어휘] contract 계약 dispute 분쟁, 말다툼 insufficient 불충분한 scheduling conflict 일정이 겹침 delayed 지연된, 밀린

12.

화자는 청자들에게 무엇을 하라고 요청하는가?
(A) 물품 기부하기
(B) 계약업체 선정하기
(C) 문서에 서명하기
(D) 수업 가르치기

[해설] 요청 사항은 주로 담화 후반부에 제시되며, Please ~는 대표적인 요청/부탁 표현이다. 화자는 공사를 시작하기 위해서는 탄원서에 서명을 받아야 한다며 청자들에게 탄원서에 이름을 적어달라고(everyone please put your names down on it) 부탁하고 있다. 따라서 정답은 (C)이다.

paraphrasing please put your names down on it 여기에 이름을 적어주시기 바랍니다 → sign a document 문서에 서명하기

[어휘] donate 기부[기증]하다 supplies 공급품, 지급물 contractor 계약업체, 도급업자 sign 서명하다 document 문서

[13-15] [BR]

Questions 13-15 refer to the following announcement.

M: Attention, [13] **Fresh Mart shoppers. While you're picking up your weekly staples such as bread, meat, and vegetables, why not head over to the dairy section** to try some free samples? [14] **We're pleased to introduce a new brand of yogurt, Three Lakes,** which comes in six delicious flavors. Whether you're a Fresh Mart loyalty club member or not, [14,15] **you can get half off your purchase of any Three Lakes yogurt today simply by signing up for the monthly newsletter**. More information is available from our friendly and helpful staff.

staples 기본 식료품, 중요 상품 head over to ~로 가다, ~로 향하다 dairy 유제품의 sign up for ~을 신청[가입]하다 monthly newsletter 월간 소식지

13-15는 다음 안내에 관한 문제입니다.
남: [13] Fresh Mart의 쇼핑객들은 주목해주십시오. [13] 여러분이 빵, 육류, 채소 같은 매주 이용하는 기본 식료품을 고르시는 동안 유제품 코너로 오셔서 무료 시식을 해보시는 게 어떠세요? [14] 저희는 새로 나온 요구르트 브랜드인 Three Lakes를 소개하게 되어 기쁩니다. 이것은 여섯 가지 맛으로 나옵니다. Fresh Mart의 단골 회원이건 아니건 간에 [14,15] 여러분이 오늘 월간 소식지를 신청하시기만 하면 Three Lakes 요구르트를 반값에 구매하실 수 있습니다. 더 친절하게 도움 드릴 저희 직원들을 찾으시면 더 많은 정보를 이용하실 수 있습니다.

13.

화자는 어떤 종류의 업체에 근무하는 것 같은가?
(A) 서점
(B) 슈퍼마켓
(C) 옷가게
(D) 식당

[해설] Fresh Mart의 쇼핑객들(Fresh Mart shoppers)은 주목해 달라는말로 담화를 시작한 점과 이어지는 내용에서 빵, 육류, 채소 같은 기본 식료품(staples such as bread, meat, and vegetables) 및 유제품 코너(the dairy section) 등의 언급으로 보아 슈퍼마켓에서 하는 고객 대상 공지임을 알 수 있다. 따라서 화자는 슈퍼마켓 직원으로 보이므로 정답은 (B)이다.

14.

이 업체는 왜 특가 판매를 하고 있는가?
(A) 새로운 브랜드를 홍보하기 위해
(B) 이전을 광고하기 위해
(C) 기념일을 축하하기 위해
(D) 남는 재고를 처분하기 위해

[해설] 담화 후반부에서, 오늘 월간 소식지를 신청하면 반값에 구매할 수 있다고(you can get half off your purchase of any Three Lakes yogurt today) 했다. 이에 앞서 새로 나온 요구르트 브랜드를 소개하게 되어 기쁘다고(We're pleased to introduce a new brand of yogurt) 한 것으로 보아 새로운 제품을 홍보하기 위해 할인 행사를 하고 있음을 알 수 있으므로 정답은 (A)이다.

paraphrasing We're pleased to introduce a new brand of yogurt 새로 나온 요구르트 브랜드를 소개하게 되어 기쁘다 → promote a new brand 새로운 브랜드를 홍보하다

[어휘] promote 홍보하다 advertise 광고하다 relocation 재배치, 이전 celebrate 축하하다 anniversary 기념일 get rid of ~을 처리하다[없애다] excess stock 초과 재고품

15.

화자는 청자들이 할인을 받으려면 무엇을 해야 한다고 말하는가?
(A) 상품을 추천하기
(B) 회원증을 보여주기
(C) 쿠폰을 제시하기
(D) 우편물 수신자 명단에 가입하기

[해설] 담화 후반에서 화자는 청자들이 월간 소식지를 신청함으로써(by signing up for the monthly newsletter) 요구르트를 반값에 구매할 수 있다고(you can get half off your purchase) 했으므로 정답은 (D)이다.

paraphrasing signing up for the monthly newsletter 월간 소식지를 신청하기 → join a mailing list 우편물 수신자 명단에 가입하기

[16-18] [AU]

Questions 16-18 refer to the following excerpt from a meeting.

M: The next thing I'd like to talk about is your workload. I've been hearing a lot of complaints that there's just too much to handle. [16] **Over the past year, we have significantly increased the number of properties that we manage.** To help with the extra work, [17] **I decided to hire three additional full-time** agents. I posted the job details on our Web site, but [18] **if you know anyone with real estate certifications, please refer them to me.** The sooner we can hire and train people, the more reasonable each of your workloads will become.

> workload 업무량, 작업량   handle 처리하다, 다루다   significantly 상당히   property 건물   manage 운영[관리]하다   additional 추가의   full-time 상근의, 정규직의   agent 대리인, 중개상   real estate 부동산   certification 증명, 증명서   refer A to B (도움을 받을 수 있도록) A를 B에게 보내다   reasonable 합리적인

16-18은 다음 회의 발췌록에 관한 문제입니다.
남: 다음으로 얘기 나누고 싶은 것은 여러분의 작업량입니다. 처리해야 할 것들이 너무 많다는 불만을 많이 듣고 있습니다. [16] 지난 1년 동안 우리가 관리하는 건물의 수가 상당히 많이 늘었습니다. 시간외 근무를 돕기 위해 [17] 세 명의 상근 중개인을 추가로 고용하기로 결정했습니다. 우리 웹사이트에 상세 직무를 올렸습니다만 [18] 부동산 자격증을 가지고 있는 사람을 알고 계시다면 누구라도 제게 알려 주세요. 우리가 빨리 사람을 채용해서 교육시킬수록 여러분 각자의 업무량이 보다 적절해질 것입니다.

16.
화자는 이 회사에 대해 무엇이라고 말하는가?
(A) 작년보다 더 많은 건물들을 관리한다.
(B) 이익이 현저하게 늘었다.
(C) 다른 회사와 합병할 것이다.
(D) 곧 인원을 감축할 것이다.

[해설] 화자는 지난 1년 동안 그들이 관리하는 건물의 수가 상당히 많이 늘어(Over the past year, we have significantly increased the number of properties that we manage.) 작업량이 너무 많아진 점을 지적했다. 따라서 정답은 (A)이다.

`paraphrasing` Over the past year, we have significantly increased the number of properties that we manage. 지난 1년 동안 우리가 관리하는 건물의 수가 상당히 많이 늘었다. → It manages many more properties than last year. 작년보다 더 많은 건물들을 관리한다.

[어휘] markedly 현저하게, 두드러지게   profit margin 이윤, 이익   merge with ~와 합병하다   downsize (인원을) 줄이다, 축소하다

17.
화자는 최근 무엇을 하기로 결정했는가?
(A) 정책을 업데이트하기
(B) 상품을 출시하기
(C) 사무실을 이전하기
(D) 직원을 더 고용하기

[해설] 앞서 관리해야 하는 건물의 수가 늘어 업무량이 많아졌다는 점을 언급한 후, 이로 인한 시간외 근무를 돕기 위해 세 명의 상근 중개인을 추가로 고용하기로 결정했다고(I decided to hire three additional full-time agents.) 밝혔다. 따라서 정답은 (D)이다.

`paraphrasing` hire three additional full-time agents 세 명의 상근 중개인을 추가로 고용하다 → hire more employees 직원을 더 고용하기

[어휘] policy 정책, 방침   launch 출시하다   relocate 이전하다

18.
화자는 청자들에게 무엇을 할 것을 요청하는가?
(A) 설문조사 작성하기
(B) 입사 지원자 추천하기
(C) 일부 건물들에 방문하기
(D) 교육에 참석하기

[해설] 화자는 업무량 과다 문제를 해결하기 위해 추가 고용을 결정하고 채용 공고를 냈으며, 부동산 자격증을 가지고 있는 사람을 알고 있다면 누구라도 자신에게 알려 달라고(if you know anyone with real estate certifications, please refer them to me) 했다. 즉, 청자들에게 입사 지원자를 추천해 달라고 부탁하고 있으므로 정답은 (B)이다.

[어휘] complete 작성하다, 기입하다   job candidate 입사 지원자

[19-21] US
Questions 19-21 refer to the following announcement and schedule.

Session Plan	Presenter
Session A	Paul Vance
[20] Session B	Tammy Finnigan
Session C	Joan Carlyle
Session D	Herman Lester

W: Good morning, ladies and gentlemen, and welcome to the National Journalism Convention. [19] **I'm very sorry that we're starting about ten minutes behind schedule.** We had some difficulty with the sound system, but everything is working fine now. There is a change in your program that I would like to make you aware of. Owing to a missed flight, [20] **Tammy Finnigan will not be able to give her talk. That session will be replaced** by a panel discussion among several prominent newspaper journalists. We hope you all learn a lot today, and we'd appreciate your feedback. [21] **You can share your opinions by visiting our Web site and leaving a comment on the main page.** Thank you.

> journalism 저널리즘, 신문 잡지 편집   convention (대규모) 대회, 협의회   aware of ~을 깨닫다   owing to ~ 때문에   replace 대신[대체]하다   panel discussion 공개 토론회   prominent 중요한; 유명한   newspaper journalist 신문 기자   share 함께 나누다   comment 논평, 언급; 견해를 밝히다

19-21은 다음 안내와 일정표에 관한 문제입니다.

세션 계획	발표자
A 세션	Paul Vance
[20] B 세션	Tammy Finnigan
C 세션	Joan Carlyle
D 세션	Herman Lester

여: 신사숙녀 여러분, 안녕하세요. 전국 저널리즘 컨벤션에 오신 것을 환영합니다. [19] 예정보다 약 10분 늦게 시작하게 되어 대단히 죄송합니다. 음향 시스템에 문제가 좀 있었지만 지금은 모든 것이 잘 작동되고 있습니다. 프로그램에 변경 사항이 있어 여러분에게 알려드리려고 합니다. 항공편을 놓친 탓에 [20] Tammy Finnigan 씨가 강연을 할 수 없게 되었습니다. 그 세션은 여러 저명한 신문기자들의 공개 토론회로 [20] 대체될 예정입니다. 여러분 모두 오늘 많은 것을 배워 가시길 바라며, 여러분의 의견을 주시면 감사하겠습니다. [21] 저희 웹사이트를 방문하시어 메인 페이지에 의견을 남김으로써 여러분의 의견을 공유하실 수 있습니다. 감사합니다.

19.
화자는 왜 사과하는가?
(A) 어떤 방을 이용할 수 없다.
(B) 행사가 늦게 시작하고 있다.
(C) 좌석이 충분하지 않다.
(D) 이름의 철자가 틀렸다.

[해설] 담화 초반, 화자는 환영 인사를 한 후에 예정보다 약 10분 늦게 시작하게 되어 죄송하다고(I'm very sorry that we're starting about ten minutes behind schedule.) 덧붙였다. 즉, 행사 지연에 대해 사과하고 있으므로 정답은 (B)이다.

paraphrasing   starting about ten minutes behind schedule. 예정보다 약 10분 늦게 시작하다. → An event is starting late. 행사가 늦게 시작한다.

20.
시각 자료를 보시오. 어느 세션이 변경되었는가?
(A) A 세션
(B) B 세션
(C) C 세션
(D) D 세션

[해설] 시각 자료의 각 세션이 보기로 제시되었으므로 각 세션의 발표자 중 한 명이 담화에서 언급될 것임을 예상하고 들어야 한다. 담화 중반, Tammy Finnigan 씨가 강연을 할 수 없게 되어(will not be able to give her talk) 해당 세션이 신문기자들의 공개 토론회로 대체될 예정이라고(That session will be replaced) 밝혔다. 시각 자료에서 발표자가 Tammy Finnigan으로 되어 있는 세션을 찾으면 정답은 (B)이다.

21.
화자의 말에 따르면, 청자들은 어떻게 의견을 전달할 수 있는가?
(A) 카드를 작성함으로써
(B) 그룹 세션에 참여함으로써
(C) 화자에게 연락함으로써
(D) 웹사이트에 의견을 남김으로써

[해설] 담화 후반, 청자들이 의견을 제시하는 방법에 대해 안내하고 있다. 웹사이트를 방문하여 메인 페이지에 의견을 남김으로써 의견을 공유할 수 있다고 (You can share your opinions by visiting our Web site and leaving a comment on the main page.) 했으므로 정답은 (D)이다.

PART 3 호텔/식당/병원·약국

대표 주제 01 호텔/식당

| 실전으로 확장하기 해석 |

여: 안녕하세요, 저는 Lisa O'Connor입니다. 이번 주 금요일 저녁에 당신의 레스토랑에 6명 저녁 식사를 예약했습니다.
남: 안녕하세요, O'Connor 씨. 예약을 변경하셔야 하나요?
여: 네, 회사 회식을 위한 거였는데, 제 동료들 중 두 명이 급하게 업무차 떠나야 합니다. 그들은 21일 되어야 돌아올 거라서, 그 날 저녁 식사를 해야 해요.
남: 알겠습니다. 그렇게 해 드리겠습니다. 그건 그렇고, 저희가 이제 온라인 예약 시스템이 있다는 것을 아셨나요? 저희 웹사이트에서 메뉴도 둘러보실 수 있습니다.

대표 주제 02 병원·약국

| 실전으로 확장하기 해석 |

여: 안녕하세요, 저는 Stephanie Coors입니다. Burns 박사님께서 여기서 처방전을 받으라고 보내셨습니다.
남: 안녕하세요, Coors 씨. 아직 그의 병원에서 전화를 받지 못했어요. 그가 당신이 여기 가지고 올 종이를 주셨나요?
여: 아, 잊어버릴 뻔 했네요. 여기 있습니다.
남: 감사합니다. 알약 병을 곧 준비해드릴게요. 현금으로 지불하시겠어요, 신용카드로 지불하시겠어요?

유형 연습

01. (B) 02. (B) 03. (B) 04. (B) 05. (B) 06. (A)

01. US AU

What is the **man encouraged to do**?
(A) **Come** to the office **earlier**   (B) **Visit** a **Web site**

W: Dr. Grant's office, how may I help you?
M: Hello, this is Mark Perkins. I'd like to make my appointment for a checkup on Tuesday.
W: Sure, I'll put you in there. But as you may already know, we moved to a building on Franklin Avenue. Please refer to the directions on our Web site.

남자는 무엇을 하도록 권장받는가?
(A) 사무실에 일찍 오기 **(B) 웹사이트 방문하기**

여: Grant 선생님 병원입니다. 어떻게 도와드릴까요?
남: 안녕하세요, 저는 Mark Perkins입니다. 화요일에 검진을 위해 예약하고 싶어요.
여: 물론이죠, 그날로 예약해 드리겠습니다. 하지만 이미 아시다시피, 저희는 Franklin 가의 건물로 이전했어요. 저희 웹사이트에서 오시는 길을 참고해 주세요.

02. US US

What day will the **woman** most likely **visit**?
(A) **Tuesday**   (B) Wednesday

M: This is John calling from Indiana Dental Clinic. Our records say you have an appointment with Dr. Anderson next Monday. Unfortunately, he will be out of the office that day due to a family emergency. He will be back to the office next Tuesday. Can you come on Tuesday afternoon or Wednesday morning?
W: Hmm... Actually, I will not be available for next Tuesday afternoon since I am scheduled to have a client meeting.

여자는 어떤 날에 방문하겠는가?
(A) 화요일   (B) 수요일

남: 저는 Indiana 치과의 John입니다. 저희 기록에 의하면 다음 주 월요일에 Anderson 박사님과 예약이 되어 있으시네요. 안타깝지만, 그는 그날 집안 사정으로 병원에 안 계실 거예요. 다음 주 화요일에 다시 출근하실 겁니다. 화요일 오후나 수요일 오전에 오실 수 있나요?
여: 음... 사실, 다음 주 화요일 오후에는 고객 미팅이 있어서 안 됩니다.

03. [AU] [BR]
What will the man most likely do next?
(A) Reschedule an appointment   (B) Go to a waiting area

> M: Hello. I'm here for an appointment with Dr. Douglas at 3 P.M.
> W: Here is your name on the schedule. But he is busy now, so your appointment will be slightly delayed. He can see you at 3:15 P.M. Would you mind taking a seat in the waiting area and helping yourself to some tea or coffee?

남자는 다음에 무엇을 하겠는가?
(A) 예약 다시 잡기   (B) 대기실로 가기

남: 안녕하세요. 저는 오후 3시 Douglas 선생님과의 진료를 위해 왔습니다.
여: 일정에 당신 이름이 있네요. 하지만 그는 지금 바쁘셔서 진료가 약간 지연될 거예요. 그는 3시 15분에 당신을 진료하실 수 있습니다. 대기실에 앉아 차나 커피를 드시겠어요?

04. [AU] [BR]
Where does the woman most likely work?
(A) At a museum   (B) At a hotel

> M: I have a reservation under the name of Mark Smith.
> W: Okay, you booked a standard room for three nights from today. You have been a regular customer for more than five years. Would you like to upgrade your room to an ocean-view executive room?

여자는 어디에서 일하겠는가?
(A) 박물관에서   (B) 호텔에서

남: 저는 Mark Smith 이름으로 예약을 했습니다.
여: 알겠습니다, 일반실을 오늘부터 3박 예약하셨네요. 5년 넘게 단골 고객이시군요. 바다가 보이는 이그제큐티브 룸으로 업그레이드 하시겠어요?

05. [US] [AU]
What does the woman request?
(A) A group discount   (B) A private space

> W: Hi. I'm calling to make a reservation for eight people at 6:00 this Thursday.
> M: Wait a second while I check the availability. Do you have any other requests?
> W: Well, actually it will be a dinner with a client, so do you have a private room for us?

여자는 무엇을 요청하는가?
(A) 그룹 할인   (B) 독립된 공간

여: 안녕하세요. 이번 주 목요일 6시에 8명 예약하려고 전화했습니다.
남: 가능할지 확인해보는 동안 잠시만 기다려주세요. 다른 요청사항이 있으신가요?
여: 음, 사실 고객과의 저녁 식사라서요, 저희를 위한 독립된 방이 있으신가요?

06. [US] [BR]
Who most likely is the man?
(A) A wait staff member   (B) A general manager

> M: Good evening. I'm Benjamin, your server today. Are you ready to order or do you need more time?
> W: I'm ready to order. I want a Caesar salad with Italian dressing, and seafood pasta with grilled squid. Would you please serve the salad dressing on the side?
> M: Sure, any drink for you?

남자는 누구이겠는가?
(A) 종업원   (B) 총 지배인

남: 좋은 저녁입니다. 저는 오늘 여러분의 서버인 Benjamin입니다. 주문할 준비가 되셨나요, 아니면 시간이 더 필요하신가요?
여: 저는 주문할 준비가 되었습니다. 저는 이탈리안 드레싱을 뿌린 시저 샐러드와 구운 오징어가 있는 해산물 파스타로 할게요. 샐러드 드레싱은 옆에 따로 가져다 주시겠어요?
남: 물론입니다. 음료는 어떤 걸로 하시겠어요?

paraphrasing 정답   1. (c) 2. (a) 3. (b) 4. (b) 5. (a) 6. (c)

실전 문제

01. (C)	02. (B)	03. (D)	04. (B)	05. (A)	06. (C)
07. (C)	08. (C)	09. (B)	10. (A)	11. (B)	12. (C)
13. (D)	14. (C)	15. (D)	16. (A)	17. (D)	18. (B)
19. (D)	20. (A)	21. (B)	22. (D)	23. (A)	24. (A)

[01-03] [BR] [US]
Questions 01-03 refer to the following conversation.

> W: Hello, Mr. Kent. 01,02 I heard that the medication I prescribed to you last time makes you drowsy.
> M: Yes, and I have to drive for work.
> W: In that case, 03 I'm going to try prescribing a different medication for you. It might not be quite as effective, but it shouldn't make you drowsy at all.
> M: Is it very expensive?
> W: No, it's about the same price as the one you were taking. Besides, your insurance will cover it.

medication 약, 약물   prescribe (의사가) 처방을 내리다   drowsy 졸리는, 나른하게 만드는   in that case 그런 경우에는   quite 아주, 정말   effective 효과적인   besides 게다가, 뿐만 아니라   insurance 보험   cover 보장하다

01-03은 다음 대화에 관한 문제입니다.
여: 안녕하세요, Kent 씨. 01,02 제가 지난번에 처방해드린 약 때문에 졸음이 오신다고요.
남: 네, 그리고 저는 운전해서 출근해야 해요.
여: 그렇다면, 03 다른 약을 처방해 드려 볼게요. 그만큼 약효가 있지는 않을 수도 있지만 더 이상 졸음이 오지는 않을 거예요.

남: 많이 비싼가요?
여: 아니요, 복용하시던 것과 거의 같은 가격이에요. 뿐만 아니라 가입하신 보험으로 보장되고요.

01.

여자는 누구일 것 같은가?
(A) 자동차 정비공
(B) 택시 기사
(C) 의사
(D) 약사

[해설] 대화 초반 여자는 지난번에 자신이 처방해준 약을(the medication I prescribed to you last time) 언급했다. 따라서 의사인 여자와 환자인 남자의 대화임을 알 수 있으므로 정답은 (C)이다.

[어휘] mechanic 정비공 pharmacist 약사

02.

남자는 왜 "저는 운전해서 출근해야 해요"라고 말하는가?
(A) 자신의 자질을 열거하기 위해서
(B) 문제점을 강조하기 위해서
(C) 실수에 대해 사과하기 위해서
(D) 직장에서 휴가를 요청하기 위해서

[해설] 처방해준 약이 졸음을 유발한다는 사실을 확인하는(the medication I prescribed to you last time makes you drowsy) 여자의 말 뒤에 남자가 "저는 운전해서 출근해야 해요"라고 한 것은 처방약으로 인해 졸음이 오는 증상이 운전할 때 영향을 미쳐서는 절대 안 된다는 것을 강조하기 위해 한 말이다. 즉, 여자가 처방해준 약의 문제점을 강조하기 위한 의도이므로 정답은 (B)이다.

[어휘] list 열거하다 qualities (사람의) 자질 emphasize 강조하다 time off 휴식

03.

여자는 남자가 무엇을 해야 한다고 말하는가?
(A) 다른 일을 찾기
(B) 약국에 등록하기
(C) 의료 보험에 가입하기
(D) 다른 약을 복용하기

[해설] 처방해준 약이 졸음을 유발한다는 남자에게 여자가 다른 약을 처방해주겠다고(I'm going to try prescribing a different medication) 했다. 즉, 남자에게 다른 약을 복용할 것을 권하는 말이므로 정답은 (D)이다.

[어휘] register 등록하다 pharmacy 약국 insurance plan 의료 보험

[04-06] US US AU
Questions 04-06 refer to the following conversation with three speakers.

M1: Hello, thanks for coming to the Woodbridge Hotel. I'm the head manager, and this is my assistant, Mike. So, you'd like to hold an event here?
W: That's right. [04]**I think your conference room would be the perfect place for my clients' wedding on May 9**. They expect about 200 people to come.
M2: As you may know, [04]**we have a lot of experience hosting wedding parties.** Our conference room is quite lovely.
W: Good. A lot of the people will be coming from far away and will probably need a place to stay. [05]**Do you have available rooms?**
M1: I'll double check, but we usually have plenty of empty rooms at that time of year.
M2: Also, [06]**we don't charge our guests to park here.**

assistant 조수, 보조원 hold an event 행사를 치르다 expect 기대하다, 예상하다 experience 경험 host (행사를) 주최하다 far away 멀리 떨어져 double check 재확인하다 plenty of 많은 empty 비어 있는, 빈 charge (요금을) 청구하다

04-06은 다음 세 명의 대화에 관한 문제입니다.

남1: 안녕하세요, Woodbridge 호텔에 와주셔서 감사합니다. 저는 수석 매니저이고, 이쪽은 제 비서인 Mike입니다. 그러니까, 여기서 행사를 치르시려고요?
여: 맞습니다. [04] 이곳 콘퍼런스룸이 5월 9일 제 고객의 결혼식을 위한 최적의 장소라고 생각해요. 약 200명이 올 것으로 예상됩니다.
남2: 아시다시피 [04] 저희는 결혼식 파티를 주최한 경험이 많습니다. 저희 콘퍼런스룸은 매우 아름다워요.
여: 좋네요. 많은 사람들이 멀리서 올 예정이어서 아마도 머무를 장소가 필요할 거예요. [05] 이용 가능한 객실이 있나요?
남1: 제가 재확인하겠지만 저희는 보통 이맘때 빈 방이 많아요.
남2: 또한 [06] 투숙객들에게 주차 요금을 받지 않아요.

04.

어떤 종류의 행사가 기획되고 있는가?
(A) 회사 기념일
(B) 결혼식
(C) 교육 세미나
(D) 무역 박람회

[해설] 화자들의 대화 중에 언급되는 행사에 집중하며 들어야 한다. 호텔의 시설을 이용하려는 여자와 호텔 측 직원으로 보이는 두 남자의 대화로, 여자가 고객의 결혼식(my clients' wedding)을 언급한 점과 남자가 결혼식 파티를 주최한 경험이 많다고(we have a lot of experience hosting wedding parties) 말한 점 등으로 볼 때 결혼식을 기획하고 있음을 알 수 있으므로 (B)가 정답이다.

05.

여자는 무엇에 대해 물어보는가?
(A) 객실 이용 가능 여부
(B) 인터넷 접속
(C) 교통편
(D) 주최 비용

[해설] 대화 후반에 여자의 질문이 나온다. 앞서 여자는 이 호텔의 콘퍼런스룸에서 고객의 결혼식을 진행하고자 하는 의사를 밝혔고, 그 세부사항으로 하객의 인원수 및 숙박 장소의 필요성을 언급하면서 이용 가능한 객실이 있는지(Do you have available rooms?) 물었다. 따라서 정답은 (A)이다.

[어휘] availability 이용 가능성 access 접속, 접근 fee 수수료

06.

이 호텔은 무엇을 무료로 제공하는가?
(A) 행사 좌석
(B) 음식 선택사항
(C) 투숙객 주차
(D) 오락거리

[해설] 질문의 핵심 키워드는 for free(무료로)다. 따라서 대화에서 무료로 제공

되는 서비스가 언급된 곳을 찾아보면, 대화 마지막 남자2가 투숙객들에게 주차 요금을 받지 않는다고(we don't charge our guests to park here) 했다. 따라서 정답은 (C)이다.

paraphrasing don't charge 요금을 받지 않는다 → for free 무료로

[07-09] [AU] [BR]
Questions 07-09 refer to the following conversation.

M: 07 **This is Michael with Northbrook Dental Clinic.** How may I direct your call?
W: Hi, I'm Angela Burris. It's been a while since I've seen a dentist, and 08 **I've been getting toothaches recently.** When is your next available appointment?
M: 09 **We have an opening at 4 P.M. on Wednesday. Shall I put you down for that time?**
W: I get off at 5 P.M. on Wednesdays.
M: We're only open until 6 P.M. on weekdays. Could you make it by 5:30?
W: Okay, that sounds good. I'll see you then.

direct ~로 보내다 toothache 치통 recently 최근에 available 이용할 수 있는 appointment 약속, 예약 put down 적다, 적어 두다 get off (직장에서) 퇴근하다 weekday 평일 make it 시간 맞춰 가다

07-09은 다음 대화에 관한 문제입니다.
남: 07 Northbrook 치과의 Michael입니다. 전화를 어디로 돌려드릴까요?
여: 안녕하세요, 저는 Angela Burris라고 해요. 치과 진료를 받은 지 한참 지났는데, 08 최근 치통이 있어요. 다음에 예약 가능한 때가 언제인가요?
남: 09 수요일 오후 4시에 시간이 비어요. 그때로 예약해 드릴까요?
여: 제가 수요일에는 5시에 퇴근해요.
남: 저희는 주중에는 오후 6시까지만 진료를 합니다. 5시 30분까지 오실 수 있나요?
여: 네, 괜찮습니다. 그때 뵐게요.

07.
남자는 어디서 일하는가?
(A) 호텔에서
(B) 사탕 가게에서
(C) 의원에서
(D) 부동산 중개소에서

[해설] 대화 시작 부분에서 남자는 자신의 소속을 Northbrook Dental Clinic이라고 밝혔다. 즉, 남자는 치과에서 근무하므로 정답은 (C)이다.

paraphrasing Dental Clinic 치과 → medical clinic 병원

[어휘] medical clinic 병원 real estate agency 부동산 중개소

08.
여자는 무엇이 문제가 되었다고 말하는가?
(A) 고객 부족
(B) 늦게까지 일하는 것
(C) 아픈 치아
(D) 발표하는 것

[해설] 여자의 문제가 무엇인지 묻는 문제로, 치과 예약을 위해 전화한 여자가 증상을 설명하는 부분을 잘 듣는다. 여자는 치과 진료를 받은 지 한참 지났는데, 최근 들어 치통이 있다고(I've been getting toothaches recently) 했다. 즉, 치아가 아프다는 말이므로 정답은 (C)이다.

paraphrasing I've been getting toothaches recently. 최근 치통이 있다. → painful teeth 아픈 치아

[어휘] lack 부족 painful 아픈, 고통스러운

09.
여자가 "제가 수요일에는 5시에 퇴근해요"라고 말할 때 암시하는 것은 무엇인가?
(A) 최근 정규직으로 일하기 시작했다.
(B) 예약 시간에 맞출 수 없다.
(C) 주말에만 시간이 있다.
(D) 회의에 참석해야 한다.

[해설] 남자가 수요일 오후 4시로 진료 시간을 예약하면 되는지(We have an opening at 4 P.M. on Wednesday. Shall I put you down for that time) 묻는 말에 여자가 "제가 수요일에는 5시에 퇴근해요"라고 답했다. 즉, 수요일 오후 4시는 퇴근 시간보다 이른 시각이므로 그 시간에 맞춰 병원에 올 수 없다는 뜻으로 한 말이므로 정답은 (B)이다.

[어휘] a full-time position 정규직 attend 참석하다

[10-12] [AU] [US]
Questions 10-12 refer to the following conversation.

M: Wow, 10 **your restaurant is really packed.** I should have made a reservation. 10 **Can we get a table for four?**
W: Yes, but you'll have to wait a bit. 10 **It could take up to a half an hour before we can seat you.**
M: That's okay, 11 **we're still waiting for two of our friends.** I guess we should eat quickly so you can close on time.
W: There's no need to worry about that. 12 **Now that we're under new management, we don't close until 11 P.M.,** so you have plenty of time to enjoy your meal.

packed (특히 사람들이) 꽉 들어찬 up to (수, 정도) ~까지 seat 앉히다 I guess ~일 것 같다 on time 정각에 now that ~이므로, ~이기 때문에 management 경영진 plenty of 많은 meal 식사

10-12는 다음 대화에 관한 문제입니다.
남: 우와, 10 식당에 정말 사람이 많군요. 예약을 할 걸 그랬어요. 10 네 명이 앉을 테이블이 있나요?
여: 네, 하지만 조금 기다리셔야 해요. 10 자리를 안내해드리기 전까지 최대 30분이 걸릴 수 있어요.
남: 그 정도는 괜찮아요. 11 아직 친구 두 명을 기다리고 있는 중이거든요. 제 시간에 문을 닫으실 수 있도록 저희가 빨리 먹어야 할 것 같네요.
여: 그 점은 걱정 안 하셔도 돼요. 12 경영진이 새로 바뀌었기 때문에 밤 11시까지 영업을 해요. 그러니 식사를 즐기실 시간은 충분하답니다.

10.
남자는 무엇을 하기를 원하는가?
(A) 식당에서 식사하기
(B) 대리 주차 이용하기
(C) 식사 준비하기
(D) 공원 방문하기

[해설] 식당에 사람이 아주 많다며 네 명이 앉을 테이블이 있는지(Can we get a table for four?) 묻는 남자의 질문과 최대 30분까지 기다려야 한다는(It could take up to a half an hour before we can seat you) 여자의 답변으로 보아 남자는 식사를 위해 식당에 온 것이므로 정답은 (A)이다.

11.

남자는 여자에게 어떤 정보를 말하는가?
(A) 차가 입구 쪽에 주차되어 있다.
(B) 일행이 오고 있는 중이다.
(C) 칸막이 있는 좌석을 선호한다.
(D) 예약을 했다.

[해설] 남자가 여자에게 하는 말에 집중한다. 자리를 안내받기까지 최대 30분이 소요된다는 여자의 말에 남자가 괜찮다며 아직 친구 두 명을 기다리고 있다고(we're still waiting for two of our friends) 했다. 즉, 일행 중 일부가 지금 오고 있는 중이라는 말이므로 정답은 (B)이다.

paraphrasing we're still waiting for two of our friends 아직 친구 두 명을 기다리고 있는 중이다 → His group is on the way. 일행이 오고 있는 중이다.

[어휘] out front (건물의) 입구 쪽에 on the way 도중에, 오는 중인 prefer 선호하다 booth (칸막이를 한) 작은 공간, 부스

12.

여자는 남자에게 무엇에 대해 알리는가?
(A) 오늘의 특별 요리
(B) 회원 할인
(C) 영업 시간 변경
(D) 업데이트된 회사 정책

[해설] 여자가 남자에게 하는 말에 집중한다. 대화 후반, 여자는 경영진이 새로 바뀌었기 때문에 밤 11시까지 영업을 한다고(Now that we're under new management, we don't close until 11 P.M.) 했다. 즉, 변경된 영업 시간에 대해 알리고 있으므로 정답은 (C)이다.

[13-15] [US] [US]

Questions 13-15 refer to the following conversation.

M: Hello, ¹³ **you've reached Dayton Central Hospital.**
W: Hi, I'm Rachel Banks. ¹³, ¹⁴ **I have an appointment at 2:30 this afternoon, but I don't think I'll be able to make it** because an urgent client meeting just came up.
M: I understand, Ms. Banks. ¹⁵ **Would you like to reschedule your blood donation for another day?**
W: Yes, ¹⁵ **Friday should work well for me.**

reach (전화로) 연락하다 urgent 긴급한 come up 생기다, 발생하다 reschedule 일정을 변경하다 blood donation 헌혈

13-15는 다음 대화에 관한 문제입니다.

남: 안녕하세요, ¹³ **Dayton Central 병원에 연결되셨습니다.**
여: 안녕하세요, 저는 Rachel Banks라고 합니다. ¹³,¹⁴ 오늘 오후 2시 30분에 예약되어 있는데, 고객과의 긴급한 회의가 막 잡혀서 ¹⁴ 시간에 맞춰 갈 수 없을 것 같아요.
남: 알겠습니다, Banks 씨. ¹⁵ 다른 날로 헌혈 일정을 다시 잡아드릴까요?
여: 네, ¹⁵ 금요일이면 좋겠어요.

13.

남자는 누구일 것 같은가?
(A) 실험실 기술자
(B) 사업상의 고객
(C) 환자
(D) 접수 담당자

[해설] 대화 초반, 남자가 Dayton Central Hospital이라고 소속을 밝혔고, 이어서 여자가 이름과 예약 시간 등을 언급한 것으로 보아 남자는 병원에서 환자들의 진료 예약 등의 접수 업무를 담당하는 사람임을 알 수 있다. 따라서 정답은 (D)이다.

[어휘] lab 실험실(= laboratory) technician 기술자 receptionist 접수 담당자

14.

여자가 전화한 목적은 무엇인가?
(A) 회의 일정을 잡기 위해
(B) 의견을 제시하기 위해
(C) 예약을 변경하기 위해
(D) 돈을 기부하기 위해

[해설] 전화 통화의 목적은 주로 대화 전반부에서 드러난다. 여자는 오늘 오후 2시 30분으로 예약을 했으나 긴급한 회의 때문에 시간에 맞춰 병원에 갈 수 없다고(I have an appointment at 2:30 this afternoon, but I don't think I'll be able to make it) 했다. 이로 보아 예약 시간을 변경하기 위해 전화한 것임을 알 수 있으므로 정답은 (C)이다.

[어휘] monetary 금전의 donation 기부, 기증

15.

여자는 금요일에 무엇을 할 것인가?
(A) 고객을 만나기
(B) 계좌를 개설하기
(C) 건강 검진을 받기
(D) 헌혈을 하기

[해설] 질문의 핵심 키워드 Friday는 대화 마지막에 언급되는데, 바로 앞에서 남자가 헌혈 일정을 다시 잡을지(reschedule your blood donation for another day) 묻는 말에 여자가 금요일이 좋겠다고(Friday should work well for me) 했다. 이로 보아 여자는 금요일에 헌혈을 할 예정임을 알 수 있으므로 (D)가 정답이다.

paraphrasing blood donation 헌혈 → donate blood 헌혈하다

[어휘] account 계좌, 계정 physical checkup 건강 검진 donate 기부[기증]하다

[16-18] [BR] [AU] [US]

Questions 16-18 refer to the following conversation with three speakers.

W1: Hello, ¹⁶ **I have a reservation for six people.**
M: What name would it be listed under?
W1: It's under Paula Sherman, and it's for seven o'clock.
M: I don't see your name on our reservation list, Ms. Sherman.
W1: Oh, really? I called today right after lunch.
M: Hmm... Kimberly probably took the call. ¹⁷ **Kimberly**, Ms. Sherman ¹⁶ **booked a table** this afternoon, but ¹⁷ **it isn't on our reservation list.**
W2: Oh, ¹⁷ **I must have forgotten to write it down. I'm very sorry.**
M: ¹⁸ **If you can wait here for a while, Ms. Sherman,** I'll seat you at the next available table.

list under ~아래 이름이 오르다 probably 아마

16-18은 다음 세 명의 대화에 관한 문제입니다.

여1: 안녕하세요, ¹⁶ 6명 자리를 예약을 했는데요.
남: 어느 분 성함으로 예약하셨나요?
여1: Paula Sherman으로요, 그리고 7시로 예약했어요.
남: 예약자 명단에 당신의 이름이 보이지 않네요, Sherman 씨.
여1: 아, 정말요? 제가 오늘 점심시간 직후에 전화했어요.
남: 음... 아마도 Kimberly가 전화를 받은 것 같네요. ¹⁷ **Kimberly**, Sherman 씨가 오늘 오후에 ¹⁶ 테이블을 예약했는데 ¹⁷ 우리 예약자 명단에 없어요.
여2: 아, ¹⁷ 제가 적어두는 걸 잊은 게 분명해요. 정말 죄송합니다.
남: ¹⁸ **Sherman** 씨, 여기서 잠시 기다리시면 다음 테이블이 준비되는 대로 안내해드리겠습니다.

16.
남자는 누구일 것 같은가?
(A) 식당 직원
(B) 호텔 소유주
(C) 콜센터 직원
(D) 백화점 매니저

[해설] 여자가 6명 자리를 예약했다는(I have a reservation for six people) 말로 대화가 시작된 후 남자가 예약자 명단에서 여자의 이름을 찾지 못하는 상황이 이어지고, 대화 중반에 테이블을 예약했다(booked a table) 표현으로 보아 식당에서 손님과 직원이 나누는 대화임을 알 수 있다. 즉, 남자는 식당의 직원이므로 정답은 (A)이다.

17.
Kimberly는 무엇에 대해 사과하는가?
(A) 고객에게 금액을 많이 청구한 것
(B) 일정보다 직장에 늦게 도착한 것
(C) 주문한 음식을 잘못 가져온 것
(D) 예약 내용을 기록하는 것을 잊은 것

[해설] 3인의 화자 중 한 명이 사과하는 이유를 묻는 문제로, 일단 Kimberly가 누구인지 파악해야 한다. 대화 중반 남자가 동료 직원으로 보이는 Kimberly의 이름을 부르며 여자 손님의 이름이 예약자 명단에 없다고(it isn't on our reservation list) 하자 이에 여자2가 대답했으므로 여자2가 Kimberly이다. 여자2가 자신이 적어두는 걸 잊은 게 분명하다며 사과하는(I must have forgotten to write it down. I'm very sorry.) 것으로 보아 정답은 (D)이다.

paraphrasing write it down 적어 두다 → record 기록하다

[어휘] overcharge (금액을) 많이 청구하다 order 주문, 주문한 음식

18.
남자는 Sherman 씨에게 무엇을 하라고 하는가?
(A) 환불 받기
(B) 그곳에서 기다리기
(C) Kimberly에게 얘기하기
(D) 계산하기

[해설] 대화 마지막에서 남자는 Ms. Sherman에게 여기서 잠시 기다리면(If you can wait here for a while) 자리가 나는 대로 안내해주겠다고 했다. 따라서 정답은 (B)이다.

[19-21] [AU] [US]
Questions 19-21 refer to the following conversation.

W: Did you enjoy your stay here at the Burton Hotel, Mr. Palos?
M: Yes, and ¹⁹ **I wanted to thank you again for changing my checkout time from 11 A.M. to noon.**
W: I was happy to help. I hope you'll stay with us again soon.
M: I will. ²⁰ **My company is purchasing a new manufacturing facility here in Melbourne, so I'll be back to inspect it next month.**
W: In that case, you should sign up for our loyalty program. It takes only a few minutes to apply.
M: That's a good idea, since I'll probably stay here whenever I'm in Melbourne.
W: ²¹ **Here's the form to fill out.** If you have any questions, just let me know.
M: All right.

manufacturing facility 생산 시설   inspect 점검[검사]하다   in that case 그런 경우에는, 그렇다면   apply 신청하다, 지원하다   fill out 기입하다, 작성하다

19-21은 다음 대화에 관한 문제입니다.
여: 저희 Burton 호텔에서 즐거운 시간 보내셨나요, Palos 씨?
남: 네, 그리고 ¹⁹ 제 체크아웃 시간을 오전 11시에서 정오로 바꿔 주신 것 다시 한번 감사드려요.
여: 도움 드릴 수 있어서 저희가 기뻤죠. 조만간 또 여기서 머물게 되시길 바랍니다.
남: 그러려고요. ²⁰ 저희 회사가 여기 멜버른의 생산 시설을 새로 매입하려고 해요. 그래서 다음 달에 그곳을 조사하러 다시 올 거예요.
여: 그렇다면, 저희 고객 보상 프로그램에 가입하세요. 신청하는 데 몇 분 안 걸려요.
남: 좋은 생각이에요. 제가 멜버른에 올 때마다 아마도 여기서 묵을 테니까요.
여: ²¹ 여기 작성하실 양식입니다. 질문 있으시면 제게 알려주세요.
남: 알겠어요.

19.
남자는 왜 여자에게 고마워하는가?
(A) 근처의 업체를 추천해주었다.
(B) 자신을 더 큰 방으로 옮겨주었다.
(C) 청구서의 요금을 면제해주었다.
(D) 체크아웃 시간을 연장해주었다.

[해설] 호텔에서 체크아웃하는 남자 손님과 여자 직원의 대화이다. 대화 전반부 남자가 여자에게 체크아웃 시간을 오전 11시에서 정오로 바꾸어 주어서 고맙다는(I wanted to thank you again for changing my checkout time from 11 A.M. to noon.) 인사를 하는 것으로 보아 여자가 남자의 체크아웃 시간을 늦춰주었음을 알 수 있으므로 정답은 (D)이다.

paraphrasing   changing my checkout time from 11 A.M. to noon. 나의 체크아웃 시간을 오전 11시에서 정오로 바꿔 준 것 → extended his checkout time 체크아웃 시간을 연장해주었다

[어휘] nearby 근처의, 인근의 business (회사, 가게, 공장 같은) 사업체 waive (권리 등을) 포기하다 fee 요금, 수수료 bill 청구서 extend 연장하다

20.
남자는 다음 달에 멜버른에서 무엇을 할 계획인가?
(A) 조사를 실시하기
(B) 계약을 협상하기
(C) 가족을 방문하기
(D) 취업 면접을 하기

[해설] 핵심 키워드 next month는 대화 중반 남자의 말에서 언급된다. 남자의 회사가 이 지역의 생산 시설을 새로 매입할 예정이어서 다음 달에 조사 차 다시 온다고 (My company is purchasing a new manufacturing facility here in Melbourne, so I'll be back to inspect it next month.)했다. 즉, 남자는 다음 달에 조사를 실시할 계획이므로 정답은 (A)이다.

paraphrasing inspect 조사하다 → Conduct an inspection 조사를 실시하기

[어휘] conduct (특정한 활동을) 하다 inspection 점검, 검사 negotiate 협상하다

21.

여자는 남자에게 무엇을 주는가?
(A) 방 열쇠
(B) 신청서
(C) 셔틀버스 일정
(D) 도시 지도

[해설] 대화 마지막에 정답의 단서가 있다. 앞으로도 이 호텔을 이용할 의사가 있다는 것을 밝힌 남자에게 여자가 호텔의 고객 보상 프로그램에 가입할 것을 권하고, 남자가 이를 수락하자 여자가 작성할 양식을 건넨다(Here's the form to fill out). 즉, 여자가 남자에게 해당 프로그램 등록을 위한 신청서를 준 것이므로 정답은 (B)이다.

[22-24] US US
Questions 22-24 refer to the following conversation.

M: Good morning. You've reached the ²²**Ferguson Clinic.** How may I help you?
W: Hi. I would like to make an appointment for ²²**a checkup.** Do you have any available on Friday morning?
M: Yes, there's an open time slot at 10:30. Could I get your full name, please?
W: Yes, it's Bethany Torres. But I won't be in your computer system because I'm a new patient. ²³**I just moved to Boston from Atlanta this month.**
M: No problem. I'll book you in for 10:30, but ²⁴**you should come in early to complete several new patient forms.** I'd give it half an hour.
W: All right. Thanks.

time slot 시간대 patient 환자 book ~ in 고객이나 환자 등을 접수시키다 complete 작성하다, 기입하다 form 양식

22-24는 다음 대화에 관한 문제입니다.
남: 안녕하세요. ²² Ferguson 의원입니다. 어떻게 도와드릴까요?
여: 안녕하세요. ²² 검진 예약을 하려고요. 금요일 오전에 가능할까요?
남: 네, 10시 30분 시간이 비어 있어요. 성함을 알려주시겠어요?
여: 네, Bethany Torres예요. 하지만 제가 이 병원이 처음이라서 컴퓨터 시스템에는 없을 거예요. ²³ 이번 달에 애틀랜타에서 보스턴으로 막 이사 왔거든요.
남: 문제 없습니다. 10시 30분으로 접수해 드릴게요. 하지만 ²⁴ 일찍 오셔서 여러 개의 신규 환자 양식을 작성하셔야 해요. 30분 걸릴 거예요.
여: 알겠습니다. 감사합니다.

22.

여자는 어떤 종류의 업체에 전화하고 있는가?
(A) 네일숍
(B) 금융 기관
(C) 컴퓨터 상점
(D) 의원

[해설] 대화 시작 부분 남자가 전화를 받으면서 Ferguson 의원(Ferguson Clinic)이라고 언급했고, 여자가 검진(checkup)을 예약하고 싶다고 전화 용건을 밝혔다. 따라서 여자는 의원에 전화하고 있음을 알 수 있으므로 정답은 (D)이다.

[어휘] financial 금융[재정]의 institution 기관, 단체, 협회 medical 의학의

23.

여자는 이번 달에 무엇을 했는가?
(A) 새로운 도시로 이사했다.
(B) 휴가를 갔다.
(C) 프로그램에 등록했다.
(D) 콘퍼런스에 참석했다.

[해설] 여자가 이번 달에 한 일을 묻는 문제로, 질문의 핵심 키워드 this month가 언급된 곳에 단서가 있다. 대화 중반, 여자가 이번 달에 애틀랜타에서 보스턴으로 막 이사 왔다고(I just moved to Boston from Atlanta this month.) 했으므로 정답은 (A)이다.

paraphrasing I just moved to Boston from Atlanta 애틀랜타에서 보스턴으로 막 이사 왔다 → Moved to a new city 새로운 도시로 이사했다.

24.

남자가 "30분 걸릴 거예요"라고 말할 때 암시하는 것은 무엇인가?
(A) 작성할 서류가 많다.
(B) 업체가 영업 시간을 변경했다.
(C) 여자가 나중에 다시 전화하기를 바란다.
(D) 문제가 곧 해결될 것이라고 생각한다.

[해설] 대화 후반부, 남자가 여자에게 일찍 와서 여러 개의 신규 환자 양식을 작성해야 한다고(you should come in early to complete several new patient forms) 한 다음에 "30분 걸릴 거예요"라고 덧붙였다. 즉, 서류 작성에 30분이 소요된다는 의미이고, 이것은 이 병원에서 처음 진료를 받는 환자의 경우에는 작성할 서류가 꽤 많다는 것을 암시하므로 정답은 (A)이다.

[어휘] paperwork 서류 작업 opening hours 영업 시간 resolve (문제 등을) 해결하다

PART 4 관광 정보/소개

대표 유형 01 관광 정보(tour information)

| 실전으로 확장하기 해석 |

여: 안녕하세요 여러분. Pennington 사탕 공장 견학에 오신 것을 환영합니다! 제 이름은 Lucy이고 오늘 여러분의 투어 가이드가 될 것입니다. 시설 곳곳을 저를 따라 오시면서, 여러분이 즐기는 맛있는 사탕이 어떻게 만들어지는지 보고 배울 수 있을 겁니다. 마지막에는, 기념품점에 가실 것을 매우 추천합니다. 흔하지 않은 모양으로 나오는 사탕을 그곳에서 판매합니다. 무언가를 사시면, 10퍼센트 할인을 위해 투어 티켓의 일부를 보여주는 것을 잊지 마세요. 이제, 생산 작업장에 들어가기 전에, 세균이 퍼지는 것을 막기 위하여 이 마스크를 착용해 주세요.

대표 유형 02 소개(introduction)

| 실전으로 확장하기 해석 |

남: 안녕하세요, Mayfield Heights 마케팅 콘퍼런스에 와주셔서 감사합니다. 저희의 첫 번째 연사인 Robert Cantu 씨를 만나는 것에 대해 여러분들도 저만큼 흥분될 것이라 확신합니다. 그는 20년 넘게 상업 광고의 유명한 제작자

였습니다. 오늘, 그는 색과 패턴의 중요성과 광고를 만들 때 어떻게 그것들을 효과적으로 이용하는지에 대해 강의할 겁니다. 그의 연설은 한 시간 가량 진행될 것인데, 이후 질문과 답변 시간을 위해 시간을 조금 남겨둘 것입니다. 그러므로, 만약 Cantu 씨에게 질문이 있으시면, 그의 연설이 끝난 후를 위해서 남겨두세요. 더 이상 지체하지 않고, Robert Cantu 씨를 소개합니다!

유형 연습

01. (B) 02. (A) 03. (A) 04. (B) 05. (A) 06. (B)

01. [US]
What does the **speaker recommend**?
(A) **Taking** a **taxi**   (B) **Wearing comfortable shoes**

W: Hello, everyone. I will briefly talk about today's schedule. We are going to visit downtown Milan and spend the whole afternoon, including one hour of free time. We will move around tourist attractions mostly by foot, so I suggest that you wear sneakers or running shoes and bring your hats and sunglasses.

화자는 무엇을 제안하는가?
(A) 택시를 타기   **(B)** 편한 신발을 신기

관광 정보
여: 안녕하세요, 여러분. 오늘 일정에 대해 간략히 말씀드리겠습니다. 우리는 밀라노의 시내를 방문하여 한 시간의 자유 시간을 포함해서 오후 전체를 보낼 것입니다. 관광 명소를 주로 걸어서 돌아다닐 것이므로, 운동화나 러닝화를 신고 모자와 선글라스를 가지고 올 것을 제안드립니다.

02. [BR]
Where is the talk **taking place**?
(A) On a **bus**   (B) On a **boat**

M: Welcome on board Tiger City Bus Tour. I'm your driver and guide. Our company operates two city tour bus lines. This is line A. We are going through the city from north to south. The other one is from east to west. This tour is three hours long. We will stop at the famous cafe, Wong's Tea Café, to take a break.

담화는 어디에서 이루어지고 있는가?
(A) 버스에서   (B) 배에서

관광 정보
남: Tiger 시티 버스 투어에 탑승하신 것을 환영합니다. 저는 여러분의 운전기사이자 가이드입니다. 저희 회사는 두 개의 시티 투어 버스 노선을 운행합니다. 이건 A노선입니다. 우리는 도시를 북쪽에서 남쪽으로 통과해 갈 것입니다. 또 다른 노선은 동쪽에서 서쪽으로 가는 것입니다. 이 투어는 세 시간이 걸립니다. 우리는 유명한 카페인 Wong's Tea Café에 휴식을 취하기 위해 정차할 것입니다.

03. [BR]
What will the **listeners do next**?
(A) **Go** to the **testing room**   (B) **Watch a performance**

W: Welcome to Vernon Coffee Factory. First, I wanted to show you a short video about how the coffee beans are turned into a product from harvest to packaging. But there is a problem with the screen now and it will be ready in 15 minutes. Why don't we taste a cup of freshly brewed coffee at our taste testing room? Let's move upstairs.

청자들은 다음에 무엇을 할 것인가?
(A) 시음실로 가기   (B) 공연 보기

관광 정보
여: Vernon 커피 공장에 오신 것을 환영합니다. 우선, 커피콩이 수확에서부터 포장까지 어떻게 제품이 되는지를 보여주는 짧은 영상을 보여드리고 싶습니다. 하지만 지금 스크린에 문제가 있어서 15분 후에 준비될 것입니다. 저희의 맛 시음실에서 신선하게 내린 커피 한잔을 맛보는 게 어떨까요? 위층으로 올라가시죠.

04. [AU]
Who is Dr. **Hopkins**?
(A) A **yoga instructor**   (B) A **nutritionist**

M: Welcome to What's New in Finance on TNBC Radio. Today, we will meet Dr. Emilia Hopkins, professor of nutritional science at Johnstown College, and she will share useful tips on easy ways to manage your daily diets. If you want to have a brief consultation on your eating habits, please call us at 234-872-4569.

Hopkins 박사는 누구인가?
(A) 요가 강사   **(B)** 영양사

관광 정보
남: TNBC 라디오의 What's New in Finance에 오신 것을 환영합니다. 오늘, 우리는 Johnstown 대학의 영양 과학 교수인 Emilia Hopkins 박사를 만날 것이고, 그녀는 여러분의 매일의 식단을 관리하는 쉬운 방법에 대한 유용한 조언을 해주실 것입니다. 여러분의 식습관에 대한 간단한 상담을 원하시면, 234-872-4569로 저희에게 전화해 주세요.

05. [US]
What will **happen after** the **presentation**?
(A) Mr. **Haywood** will **answer questions**.
(B) A **reception** will be held.

W: Thanks for coming to the tax seminar. Before we start, I want to introduce our instructor, Mark Haywood. He is a chief tax accountant at Jonathan Accounting Firm. He will present how new business tax laws are different and how they affect your business. After the presentation, we will have a Q&A session. Now, let's welcome Mr. Haywood to the podium.

발표 후에 무슨 일이 있을 것인가?
(A) Haywood 씨가 질문에 답할 것이다.   (B) 연회가 열릴 것이다.

관광 정보
여: 세금 세미나에 와주셔서 감사합니다. 시작하기 전에, 우리의 강사인 Mark Haywood 씨를 소개하고 싶습니다. 그는 Jonathan 회계 사무소에서 수석 세금 회계사입니다. 그는 새로운 사업 세법이 어떻게 다르고 여러분의 사업에 어떻게 영향을 미칠지 알려주실 겁니다. 발표 후에는, 질의 응답 시간을 가질 것입니다. 이제, Haywood 씨를 연단으로 모셔보죠.

06. [US]
Where do the **listeners** most likely **work**?
(A) At a product **design company**   (B) At a **marketing agency**

M: Good morning. We have Jason Peterson here today who will lead the online security training for all Pennington Marketing Firm employees. He will share his personal experience about what just a tiny careless behavior can bring to the company. In addition, he will give clear guidelines of what you have to do and what you should not do.

청자들은 어디에서 일하겠는가?
(A) 제품 디자인 회사에서에서   (B) 마케팅 회사에서

관광 정보
남: 안녕하세요. Pennington 마케팅 회사 전 직원들에게 온라인 보안 교육을 해주실 Jason Peterson 씨가 오늘 여기 와 있습니다. 그는 하나의 사소한 부주의한 행동이 회사에 어떻게 영향을 미칠지에 대한 그의 개인적인 경험을 말해주실 겁니다. 게다가, 여러분이 해야 할 것과 하지 말아야 할 것에 대한 명확한 가이드라인을 주실 겁니다.

paraphrasing 정답   1. (b)   2. (a)   3. (c)   4. (b)   5. (a)   6. (c)

실전 문제

01. (C)	02. (B)	03. (D)	04. (A)	05. (A)	06. (C)
07. (B)	08. (D)	09. (A)	10. (C)	11. (D)	12. (A)
13. (B)	14. (C)	15. (A)	16. (A)	17. (D)	18. (A)
19. (D)	20. (B)	21. (A)	22. (D)	23. (A)	24. (B)

[01-03] US

Questions 01-03 refer to the following tour information.

W: Good afternoon, and ⁰¹ **welcome to the San Diego Botanical Garden**. My name is Lydia, and I'll be showing you around our famous collection of rose plants. Following that, you'll be free to wander the site on your own. At three o'clock at the central pavilion, ⁰² **one of our staff members will be demonstrating how to get rid of unwanted pests naturally. I highly recommend that.** Now, ⁰³ **I'll pass out maps** to each of you that show the various sections and trails. You may need to refer to these throughout your visit. If everyone's ready, let's get started.

botanical 식물의   wander 거닐다, 돌아다니다   site 위치, 장소   on one's own 혼자서, 단독으로   pavilion 전시관   staff member 직원   demonstrate (작동 과정이나 사용법을) 보여주다   get rid of ~을 제거하다   unwanted 원치 않는, 반갑지 않은   pest 해충, 유해 동물   pass out 나눠 주다   trail 산책로, 오솔길   refer to ~을 보다, ~에게 문의하다   throughout ~동안 죽, 내내

01-03은 다음 관광 정보에 관한 문제입니다.
여: 안녕하세요, ⁰¹ 샌디에이고 식물원에 오신 것을 환영합니다. 제 이름은 Lydia이고, 제가 여러분들에게 저희의 유명한 장미 나무 콜렉션을 안내해드리겠습니다. 그 이후에 여러분은 각자 자유롭게 둘러보시게 됩니다. 3시에 중앙 전시관에서 ⁰² 저희 직원 중 한 명이 원치 않는 해충을 자연적으로 제거하는 방법을 보여드릴 예정입니다. 저는 그것을 강력히 추천합니다. 자, 여러분 모두에게 다양한 구역과 산책로를 보여주는 ⁰³ 지도를 나누어 드리겠습니다. 방문하시는 동안 이것들을 봐야 할 수도 있습니다. 모두 준비되셨으면, 시작하겠습니다.

01.
담화는 어디에서 이루어지고 있는가?
(A) 역사와 관련된 집에서
(B) 박물관에서
(C) 정원에서
(D) 시장에서

[해설] 담화가 이루어지는 장소를 묻는 문제로, 담화 초반의 샌디에이고 식물원에 오신 것을 환영한다는(welcome to the San Diego Botanical Garden) 말로 보아 정답은 (C)이다.

02.
화자는 무엇을 할 것을 추천하는가?
(A) 두 그룹으로 나누기
(B) 시연 보기
(C) 사진 많이 찍기
(D) 기부하기

[해설] 질문의 키워드 recommend가 담화 중반부에 그대로 언급된다. 직원 중 한 명이 원치 않는 해충을 자연적으로 제거하는 방법을 보여줄 예정이라며(one of our staff members will be demonstrating how to get rid of unwanted pests naturally), 강력히 추천한다고 (I highly recommend that.) 덧붙였다. 즉, 직원의 해충 제거 시연을 볼 것을 추천하고 있으므로 정답은 (B)이다.

[어휘] break into 나누다, 쪼개다   demonstration 시범 설명   make a donation 기부하다

03.
화자는 청자들에게 무엇을 줄 것인가?
(A) 행사 일정
(B) 입장권
(C) 방문증
(D) 현장 지도

[해설] 담화 후반, 화자가 다양한 구역과 산책로를 보여주는 지도를 나누어 주겠다고(I'll pass out maps) 했으므로 정답은 (D)이다.

paraphrasing   pass out 나눠 주다 → give 주다

[어휘] entry 입장, 출입   badge (신분 등을 나타내는) 표, 배지

[04-06] AU

Questions 04-06 refer to the following introduction.

M: Good evening, everyone, and thanks for being here. ⁰⁴ **We're here to welcome the newest member of our team, Evelyn Simmons**. She is joining us from Upton Incorporated, where she served as the marketing director for five years. Her expertise will be essential ⁰⁵ **in the launch of our new moisturizing shampoo. Our company will focus on this project for the next few months.** After the meal, you'll hear some brief comments from Ms. Simmons. But ⁰⁶ **first, I'd like the marketing team to come to the stage for a group picture.** We plan to put it in next month's company newsletter.

serve as ~의 역할을 하다   expertise 전문 지식[기술]   launch 출시; 출시하다   brief 짧은, 간단한   comment 논평, 언급   company newsletter 사보

04-06은 다음 소개에 관한 문제입니다.

남: 안녕하세요, 여러분. 와주셔서 감사합니다. ⁰⁴우리 팀의 새로운 일원인 Evelyn Simmons 씨를 환영하기 위해 이 자리에 모였습니다. 그녀는 5년 동안 마케팅 부장으로 근무했던 Upton 사를 떠나서 우리 팀에 합류하게 되었습니다. 그녀의 전문 지식이 ⁰⁵우리의 새로운 보습 샴푸를 출시하는 데 반드시 필요합니다. ⁰⁵우리 회사는 다음 몇 달간 이 프로젝트에 집중할 것입니다. 식사 후에, Simmons 씨로부터 간단한 말씀을 듣겠습니다. 하지만 ⁰⁶먼저, 단체 사진 촬영을 위해 마케팅 팀은 무대로 나오시기 바랍니다. 다음 달 사보에 실을 계획입니다.

04.

행사의 목적은 무엇인가?
(A) 새로운 직원을 소개하기 위해서
(B) 회사의 기념일을 축하하기 위해서
(C) 직원에게 상을 수여하기 위해서
(D) 교육을 제공하기 위해서

[해설] 담화 초반 화자는 청자들에게 감사 인사를 전한 후 우리 팀의 새로운 일원인 Evelyn Simmons 씨를 환영하기 위해 이 자리에 모였다고(We're here to welcome the newest member of our team, Evelyn Simmons) 행사의 목적을 밝혔다. 즉, 새로운 직원을 소개하기 위한 행사이므로 정답은 (A)이다.

05.

화자는 회사에서 무엇에 집중할 것이라고 말하는가?
(A) 신상품 출시하기
(B) 판매 목표 달성하기
(C) 프로젝트 조기 완료하기
(D) 고객 서비스 개선하기

[해설] 담화 중반, 화자는 새로 팀에 합류하는 Ms. Simmons의 전문 지식이 새로운 보습 샴푸를 출시하는 데(in the launch of our new moisturizing shampoo) 반드시 필요하며, 회사가 다음 몇 달간 이 프로젝트에 집중할 것이라고(Our company will focus on this project) 했다. 즉, 회사가 신상품 출시에 집중할 것임을 알 수 있으므로 정답은 (A)이다.

06.

다음에 무슨 일이 있을 것인가?
(A) 식사가 제공될 것이다.
(B) 소식지가 배포될 것이다.
(C) 사진이 촬영될 것이다.
(D) 연설이 있을 것이다.

[해설] 담화 마지막에서 먼저 단체 사진 촬영을 위해 마케팅 팀은 무대로 나와 달라고(I'd like the marketing team to come to the stage for a group picture) 한 것으로 보아 담화 직후 사진 촬영이 이어질 것임을 알 수 있으므로 (C)가 정답이다.

paraphrasing   I'd like the marketing team to come to the stage for a group picture. 단체 사진 촬영을 위해 마케팅 팀은 무대로 나오기 바랍니다.
→ A photograph will be taken. 사진이 촬영될 것이다.

[어휘] serve (음식을) 내다, 제공하다   distribute 나누어 주다, 배포하다

[07-09] [BR]
Questions 07-09 refer to the following tour information.

W: I hope you are all enjoying today's tour of the ⁰⁷**Brogan Inc. furniture factory.** ⁰⁸**In this next phase of the tour,** there are numerous machines running on the production floor, so ⁰⁸**it will be too loud** for us to talk to each other. However, after this, we'll go to a quiet area ⁰⁹**so you can learn more about what you saw.** Douglas, the on-duty supervisor, will be there.

phase 단계, 시기, 국면   numerous 많은   run 작동하다, 기능하다
floor (건물 내에서 특정한 활동이 벌어지는) 작업장   on-duty 근무중인, 당번인   supervisor 감독관, 관리자

07-09는 다음 견학 정보에 관한 문제입니다.

여: 여러분 모두 오늘 ⁰⁷**Brogan 사 가구 공장** 견학에서 즐거운 시간 보내시기 바랍니다. ⁰⁸이 견학의 다음 순서에서는, 생산 작업장에서 여러 기계들이 가동되고 있기 때문에 우리가 서로 얘기를 나누기에는 ⁰⁸**몹시 시끄러울 것입니다.** 하지만 그 다음에는 ⁰⁹여러분이 보신 것에 대해 더 많이 배울 수 있도록 조용한 구역으로 이동할 것입니다. **근무 중인 감독관 Douglas 씨가 그곳에 계실 겁니다.**

07.

화자는 어디에서 근무하는가?
(A) 디자인 기관에서
(B) 생산 시설에서
(C) 국립공원에서
(D) 미술관에서

[해설] 화자의 직업/직종에 관한 단서는 대부분 담화 초반부에 나온다. 여러분 모두 오늘 Brogan 사 가구 공장(Brogan Inc. furniture factory) 견학에서 즐거운 시간 보내기 바란다는 말로 보아 화자가 근무하는 곳이 가구를 제작하는 곳, 즉 가구 생산 시설임을 알 수 있으므로 정답은 (B)이다.

paraphrasing   furniture factory 가구 공장 → a manufacturing facility 생산 시설

[어휘] institute 기관, 협회

08.

화자는 견학의 다음 단계에 대해서 무엇이라고 말하는가?
(A) 안전 장비가 필요하다.
(B) 영상물이 포함되어 있다.
(C) 아주 인기가 많다.
(D) 시끄러울 것이다.

[해설] 질문의 핵심 키워드 next phase of the tour는 담화 전반부에 그대로 언급된다. 견학의 다음 단계에 대해(In this next phase of the tour) 설명하면서, 생산 작업장에서 가동되는 여러 기계들 때문에 너무 시끄러울 것이라고(it will be too loud) 했다. 따라서 정답은 (D)이다.

paraphrasing   it will be too loud 너무 시끄러울 것이다 → It will be noisy. 시끄러울 것이다.

09.

화자는 왜 "근무 중인 감독관 Douglas 씨가 그곳에 계실 겁니다"라고 말하는가?
(A) 그녀의 동료에게 질문을 하라고 제안하기 위해서
(B) 청자들에게 견학을 한 차례 더 하라고 독려하기 위해서
(C) 불만을 해결한 방법을 추천하기 위해서
(D) 일정이 왜 변경되었는지 설명하기 위해서

[해설] 화자는 해당 표현 바로 앞에서, 여러분이 본 것에 대해 더 많이 배울 수 있도록(so you can learn more about what you saw) 조용한 구역으로 이동할 것이라고 했다. 즉, 감독관이 참석할 예정이니 그와의 대화를 통해 더 많은 정보를 얻으라는 의미로 해당 표현을 사용했음을 알 수 있다. 따라서 감독관(supervisor)을 동료(colleague)로 지칭한 (A)가 정답이다.

[어휘] direct ~(에게)로 보내다 encourage 격려[고무]하다 resolve 해결하다

[10-12] US

Questions 10-12 refer to the following introduction.

W: It's wonderful to see so many people here for our monthly Business Entrepreneurs Luncheon. I hope you all learn a lot of useful information today. Our speaker is [10] **Ann Rodriguez, the owner of Shelter Insurance.** Her company has been in business for over three decades, and Ms. Rodriguez has worked hard to develop its reputation. [11] **Her presentation today will be about how to get new clients interested in your business.** She'll offer a number of techniques that may help your own business. [12] **There will be a question-and-answer session at the end of the presentation, so please hold your inquiries until then.** Without further ado, let's welcome Ms. Rodriguez to the stage.

monthly 매달의 entrepreneur 사업가, 기업가 luncheon 오찬 owner 주인, 소유주 insurance 보험 in business 사업을 하는 develop a reputation 명성을 쌓다 interested in ~에 관심이 있는 technique 기법, 기술 question-and-answer session 질의 응답 시간 inquiry 문의, 질문 without further ado 지체 없이

10-12는 다음 소개에 관한 문제입니다.

여: 이렇게 많은 분들을 이곳 월례 기업인 오찬에서 뵙게 되어 기쁩니다. 여러분 모두 오늘 유용한 정보를 많이 얻어 가시기를 바랍니다. 연사는 [10] Shelter 보험사의 소유주인 Ann Rodriguez 씨입니다. 그녀의 회사는 30년이 넘는 기간 동안 운영되어 왔으며, Rodriguez 씨는 회사의 명성을 쌓기 위해 열심히 노력했습니다. [11] 오늘 그녀가 할 발표는 여러분의 사업에 관심이 있는 새로운 고객들을 확보하는 방법에 관한 것입니다. 그녀가 여러분의 사업에 도움이 될 수 있는 많은 기법들을 알려드릴 것입니다. [12] 발표 마지막에 질의 응답 시간이 있을 예정이니 그때까지는 질문을 보류해 주시기 바랍니다. 더 이상 지체하지 않고 Rodriguez 씨를 무대로 모시겠습니다.

10.

Ann Rodriguez는 어떤 산업에 종사하는가?
(A) 건설
(B) 제조
(C) 보험
(D) 부동산

[해설] 강연에 앞서 연사를 소개하는 담화이다. Ann Rodriguez는 오늘 강연을 할 연사의 이름으로 Shelter Insurance의 소유주(the owner of Shelter Insurance)로 소개되었는데, insurance는 '보험'을 뜻하므로 Ms. Rodriguez는 보험사에서 근무함을 알 수 있다. 따라서 정답은 (C)이다.

[어휘] construction 건설 manufacturing 제조, 생산 real estate 부동산

11.

Rodriquez 씨의 강연 주제는 무엇이 될 것인가?
(A) 신제품 개발하기
(B) 직원들의 동기를 부여하기
(C) 운영비 줄이기
(D) 신규 고객 유치하기

[해설] 담화 중반, Ms. Rodriquez가 발표할 내용에 대한 설명이 나온다. 오늘 그녀가 할 발표는 여러분의 사업에 관심이 있는 새로운 고객들을 확보하는 방법에 관한 것이라는(Her presentation today will be about how to get new clients interested in your business) 말에서 '신규 고객 유치하기'가 강연의 주제임을 알 수 있다. 따라서 정답은 (D)이다.

paraphrasing how to get new clients 새로운 고객들을 확보하는 방법 → Attracting new customers 신규 고객 유치하기

[어휘] motivated 동기가 부여된 reduce (가격 등을) 인하하다, 낮추다 operating cost 운영비

12.

청자들은 무엇을 하라고 요청받는가?
(A) 마지막을 위해 질문을 남겨두기
(B) 휴대폰을 끄기
(C) 강연 중에 메모하기
(D) 설문지를 작성하기

[해설] Please 다음에는 대부분 청자에게 요청하는 사항이 제시되니 이 표현이 나오면 이어지는 내용을 주의 깊게 들어야 한다. 담화 후반부, 발표 마지막에 질의 응답 시간이 있을 예정이니 그때까지는 질문을 보류해 주기 바란다고(There will be a question-and-answer session at the end of the presentation, so please hold your inquiries until then) 했으므로 정답은 (A)이다.

paraphrasing hold your inquiries 질문을 보류하기 → save questions 질문을 남겨두기

[어휘] take notes 메모하다

[13-15] BR

Questions 13-15 refer to the following tour information.

M: Good afternoon, and [13] **welcome to this tour of Owens Bottling Plant.** This particular factory mainly produces sports drinks, which have been in very high demand lately. You'll get to see how we go from empty plastic bottles to labeled products ready for sale. [14] **Thanks to some new equipment, the whole process is even faster. That means that the tour will finish about ten minutes earlier.** [15] **We'll use that extra time to let you sample some for yourself in our product testing area.** Shall we get started?

bottling 병에 채워 넣기 plant 공장 particular 특정한 mainly 주로, 대부분 produce 생산하다 in demand 수요가 많은 lately 최근에, 얼마 전에 empty 비어 있는, 빈 labeled 표를 붙인 thanks to ~ 덕분에 equipment 장비, 용품 whole 전체의 process 과정 sample 시식[시음]하다 for oneself 스스로

13-15는 다음 견학 정보에 관한 문제입니다.

남: 안녕하세요, [13] 이번 Owens 음료 공장 견학에 오신 것을 환영합니다. 이 특별한 공장은 주로 스포츠 음료를 생산하는데, 최근 수요가 매우 많습니다. 여러분은 저희가 어떻게 빈 플라스틱 병들을 판매 준비가 된 라벨이 붙은 제품으로 변화시키는지 보게 될 겁니다. [14] 일부 새 장비 덕분에 전체 과정이 훨씬 더 빨라졌습니다. 이는 견학이 약 10분 더 일찍 끝날 것이라는 의미입니다. [15] 저희가 남는 시간을 이용하여 여러분이 저희의 제품 테스트 구역에서 직접 시음할 수 있도록 하겠습니다. 출발하실까요?

13.

어디서 이루어지고 있는 견학이겠는가?
(A) 동물원에서
(B) 음료 공장에서

(C) 헬스클럽에서
(D) 기차역에서

[해설] 담화 초반 Owens Bottling Plant 견학에 온 것을 환영한다는(welcome to this tour of Owens Bottling Plant) 말에 나오는 회사 이름 Owens Bottling Plant에서 음료 공장임을 알 수 있다. 따라서 정답은 (B)이다.

paraphrasing Plant 공장 → factory 공장

14.

화자는 견학에 대해 무엇이 새롭다고 말하는가?
(A) 선물 가게 할인
(B) 종료 지점
(C) 지속 시간
(D) 규칙

[해설] 담화 중반, 새 장비 덕분에 전체 과정이 빨라져 견학이 약 10분 더 일찍 끝날 것이라고(Thanks to some new equipment, the whole process is even faster. That means that the tour will finish about ten minutes earlier.) 언급했다. 즉, 견학에 소요되는 시간이 줄었다는 말이므로 정답은 (C)이다.

[어휘] ending point 종료점, 종점 duration 지속; (지속되는) 기간 rule 규칙

15.

화자는 청자들에게 무엇을 제공하는가?
(A) 무료 샘플
(B) 할인 쿠폰
(C) 주차권
(D) 안전 장비

[해설] 담화 마지막, 남는 견학 시간을 이용하여 청자들이 직접 시음을 해볼 수 있도록 하겠다는(We'll use that extra time to let you sample some for yourself in our product testing area.) 말은 무료 샘플을 제공하겠다는 의미이므로 정답은 (A)이다.

[16-18] AU

Questions 16-18 refer to the following talk.

> M: ¹⁶ **Welcome to Mohawk Historical Village.** On today's tour, you will get a chance to see how the natives of the Mohawk area lived before Europeans came to the region. ¹⁷ **We will start with the houses they lived in, and proceed on to the sites they used for important gatherings. Then we will visit a farm to see the kinds of crops they grew and how they cultivated them.** Everyone working here is demonstrating the lifestyle of that period, so ¹⁸ **feel free to ask them about their way of life.**

> native 토착민, 현지인, 원주민 region 지역 proceed on to ~을 향하여 나아가다[이동하다] site 현장, 부지 gathering 모임 crops 농작물 cultivate 경작하다, 일구다 lifestyle 생활 방식 period 기간

16-18은 다음 담화에 관한 문제입니다.
남: ¹⁶ Mohawk 역사 마을에 오신 것을 환영합니다. 오늘 투어에서, 여러분은 유럽인들이 이 지역에 오기 전에 Mohawk 지역 원주민들이 어떻게 살았는지 보실 기회를 가지게 됩니다. ¹⁷ 그들이 살았던 집으로 시작하여 그들이 중요한 모임을 위해 이용했던 현장들로 이동합니다. 그런 다음 농장에 방문하여 그들이 길렀던 작물의 종류들과 그것들을 어떻게 경작했는지 보시게 됩니다. 여기서 일하는 모든 사람들이 그 시대의 생활양식을 실제로 보여주고 있으니 ¹⁸ 자유롭게 그들의 생활 방식에 대해 물어보십시오.

16.

어디서 이루어지고 있는 담화인 것 같은가?
(A) 역사 마을에서
(B) 실내 박물관에서
(C) 극장에서
(D) 식료품점에서

[해설] Mohawk 역사 마을에 온 것을 환영한다는(Welcome to Mohawk Historical Village.) 말과 이후 관람 세부 일정이 이어지는 것으로 보아 역사 마을을 방문한 관람객들을 대상으로 한 담화임을 알 수 있다. 따라서 정답은 (A)이다.

[어휘] indoor 실내의

17.

담화의 목적은 무엇인가?
(A) 가이드를 소개하기 위해
(B) 관람 계획을 요약 설명하기 위해
(C) 생활방식을 설명하기 위해
(D) 정책을 검토하기 위해

[해설] Mohawk 역사 마을의 관람객들을 대상으로 한 담화로, Mohawk 지역 원주민들이 살았던 집(the houses they lived in), 그들이 중요한 모임을 위해 사용했던 현장(the sites they used for important gatherings) 및 농작물을 경작했던 농장(farm) 등 관람할 곳에 대해 순서대로 소개하고 있다. 즉, 관람 일정을 요약 설명하기 위한 목적의 담화이므로 정답은 (B)이다.

18.

화자는 청자들에게 무엇을 하라고 권장하는가?
(A) 질문하기
(B) 기념품 사기
(C) 유인물 읽기
(D) 사진 찍기

[해설] 담화 후반, 여기서 일하는 모든 사람들이 그 시대의 생활양식을 실제로 보여주고 있으니 자유롭게 그들의 생활 방식에 대해 물어보라고(feel free to ask them about their way of life) 했다. 따라서 정답은 (A)이다.

[어휘] souvenir 기념품 handout 인쇄물, 유인물

[19-21] US

Questions 19-21 refer to the following introduction.

> W: It's my honor today to introduce you to Steven Jones, ¹⁹ **who will be sharing strategies to help you increase your sales here at McCall's Electronics**. ²⁰ **Steven has been giving speeches to motivate salespeople for nearly a decade.** Most stores that he visits report an increase of at least 15% in their sales, largely thanks to the improved attitudes of the employees. ²¹ **After his speech, I'll need each of your signatures on one of these forms to show that you attended this session.**

> share 공유하다, 함께 쓰다 strategy 전략 sales 매출 salespeople 판매원 nearly 거의 at least 적어도 largely 주로 thanks to ~ 덕분에 improved 향상된, 개선된 attitude 태도, 자세

19-21은 다음 소개에 관한 문제입니다.
여: 오늘 여러분에게 Steven Jones 씨를 소개하게 되어 영광입니다. ¹⁹ 그가 이곳 McCall's 전자에서 여러분의 매출을 높이도록 도와줄 전략들을 공유할 것입니다

다. [20]Steven 씨는 거의 10년 동안 판매사원들에게 동기를 부여하기 위한 강연을 해왔습니다. 그가 방문하는 대부분의 상점들은 매출이 최소 15퍼센트는 상승했다고 전하는데요, 주로 직원들의 개선된 태도 덕분입니다. [21]그의 강연 후에, 여러분이 이 시간에 참석했음을 보여주기 위해 제가 이 서식들 중 하나에 여러분 각자의 서명을 받아야 합니다.

19.

청자들은 어디에서 일할 것 같은가?
(A) 제조 공장에서
(B) 서점에서
(C) 시장 조사 회사에서
(D) 전자제품 상점에서

[해설] 담화 초반, 오늘의 강연자인 Steven Jones를 소개하며, 그가 이곳 McCall's Electronics에서 청자들이 매출을 높이도록 도와줄 전략들을 공유할 것이라고(will be sharing strategies to help you increase your sales here at McCall's Electronics) 했다. 이로 보아 청자들은 McCall's Electronics 소속의 전자제품 판매사원들임을 알 수 있으므로 정답은 (D)이다.

[어휘] manufacturing plant 제조 공장 research firm 시장 조사 회사 electronics 전자 제품

20.

Steven Jones는 누구인가?
(A) 전기 기사
(B) 동기 부여 연설가
(C) 컴퓨터 프로그래머
(D) 작가

[해설] Steven 씨는 거의 10년 동안 판매사원들의 동기를 부여하기 위한 강연을 해왔다는(Steven has been giving speeches to motivate salespeople for nearly a decade.) 말로 보아 그가 동기 부여 전문 연설가임을 알 수 있으므로 정답은 (B)이다.

[어휘] motivational 동기 부여의

21.

화자는 청자들에게 무엇을 하라고 요청하는가?
(A) 서식에 서명하기
(B) 그들의 의견 논의하기
(C) 기법 연습하기
(D) 행사에 참석하기

[해설] 요청 사항은 주로 담화 후반부에 제시된다. 강연에 참석했다는 것을 보여주기 위해, 강연 후에 청자 각자의 서명을 받아야 한다며(I'll need each of your signatures on one of these forms to show that you attended this session) 청자들에게 서명해줄 것을 요청하고 있으므로 정답은 (A)이다.

paraphrasing I'll need each of your signatures on one of these forms 이 서식에 여러분 각자의 서명을 받아야 한다 → sign a form 서식에 서명하기

[어휘] practice 연습하다 technique 기법, 기술

[22-24] US

Questions 22-24 refer to the following introduction.

M: [22]**Thanks for tuning in, folks! You are now watching Friday Night Cameras**. Our special guest tonight is Michael Wagner, a senior writer for the magazine *This, Our Planet*. As you may know, [23]**Mr. Wagner was recently named Journalist of the Year** for his work covering global climate change. As always, [24]**feel free to text your questions to us throughout the interview** at 555-0134. I'll check some of them and ask him your questions during the interview.

tune in (라디오, TV의) 주파수[채널]에 맞춰 듣다, 청취[시청]하다 senior writer 선임 작가 planet 행성 recently 최근에 name 지명[임명]하다 journalist 저널리스트, 기자 cover 다루다, 포함시키다 climate change 기후 변화 throughout ~동안 쭉, 내내

22-24는 다음 소개에 관한 문제입니다.

남: [22]시청해 주셔서 감사합니다, 여러분! 여러분은 지금 〈Friday Night Cameras〉를 시청하고 계십니다. 오늘 밤 특별 초대 손님은 잡지 〈This, Our Planet〉의 선임 필자인 Michael Wagner 씨입니다. 여러분도 아시다시피 [23]Wagner 씨는 지구 기후 변화를 다룬 글로 최근에 올해의 저널리스트로 지명되었습니다. 늘 그렇듯이 555-0134로 [24]인터뷰 내내 자유롭게 문자로 질문을 보내주세요. 제가 질문들 중 일부를 확인하고 인터뷰 동안 그에게 여러분의 질문을 물어보겠습니다.

22.

화자는 어디에서 일하겠는가?
(A) 잡지 회사에서
(B) 연구소에서
(C) 공립 도서관에서
(D) 텔레비전 방송국에서

[해설] 〈Friday Night Cameras〉라는 TV 프로그램에서 초대 손님을 소개하는 내용의 담화로, 화자는 이 프로그램의 진행자이다. 따라서 화자가 근무하는 곳은 방송국임을 유추할 수 있으므로 정답은 (D)이다.

23.

화자는 Michael Wagner에 대해 무엇이라고 말하는가?
(A) 최근에 상을 받았다.
(B) 세계적으로 유명한 사진작가이다.
(C) 여행을 다니며 기후 변화에 대해 얘기한다.
(D) 〈This, Our Planet〉에 처음으로 실렸다.

[해설] Michael Wagner는 이 프로그램에 출연하는 초대 손님의 이름으로, 담화 중반에서 지구 기후 변화를 다룬 글로 최근에 올해의 저널리스트로 지명되었다고(Mr. Wagner was recently named Journalist of the Year) 소개되었다. 즉, Wagner 씨가 상을 받았다는 말이므로 정답은 (A)이다.

paraphrasing was recently named Journalist of the Year 최근에 올해의 저널리스트로 지명되었다 → recently won an award 최근에 상을 받았다.

[어휘] win an award 상을 받다 world-renowned 세계적으로 유명한 publish 게재하다, 싣다

24.

청자들은 무엇을 하라고 권장받는가?
(A) 정기 구독에 가입하기
(B) 문자로 질문 보내기
(C) 탄원서에 서명하기
(D) 메모하기

[해설] 담화 후반, 인터뷰하는 동안 청자들이 자유롭게 문자로 질문을 보내주면(feel free to text your questions to us throughout the interview) 화자가 초대 손님에게 질문을 해주겠다고 했으므로 정답은 (B)이다.

[어휘] subscription 구독 petition 진정[탄원](서)

PART 3 공항/역

대표 주제 01 공항/역에서의 체크인

| 실전으로 확장하기 해석 |

남: 실례합니다. 저는 디트로이트로 가는데 오후 3시에 출발하기로 되어 있어요. 문제는, 제 탑승 시간이 지금인데 게이트가 아직 안 열려요. 제가 맞는 게이트에 있는지 궁금합니다.

여: 불편함에 대해 사과드립니다. 항공편 번호가 무엇인가요?

남: Aliance 항공 58입니다.

여: 음, 맞는 게이트에 있으십니다. 저희 수하물 팀이 오늘 직원이 부족하고 실어야 할 짐들이 특히 많습니다. 지금 가방이 실리고 있으므로, 오래 걸리지 않을 겁니다. 탑승 안내 방송을 놓치지 않기 위해 이곳에 계시기 바랍니다.

대표 주제 02 공항/역에서의 변경 요청

| 실전으로 확장하기 해석 |

남: 안녕하세요, 제가 귀사의 웹사이트를 통해 방금 비행기 표를 구매했는데, 제게 영수증을 이메일로 보내주시지 않았습니다. 거래 번호는 KA-474예요. 보통은 온라인에서 티켓을 구매하면 바로 이메일을 받거든요.

여: 알겠습니다. 확인해보겠습니다... 여기 문제점이 있네요. 당신이 해외 카드를 사용해서 지불이 두 나라에서 모두 영업일 기준으로 익일이 되어야 승인될 수 있습니다. 오늘이 토요일이니, 몇 일이 걸릴 수도 있습니다. 국내 카드로 다시 시도하실 수 있도록 구매를 취소해 드릴까요? 그러면 바로 처리될 것입니다.

남: 네, 물론이죠. 이번 주에 시상 연회에 참석해야 해서 지금 바로 티켓을 예약해야 해요.

유형 연습

01. (A) 02. (B) 03. (B) 04. (B) 05. (A) 06. (A)

01. BR BR

What will the **speakers do next**?
(A) **Go** to a **self-kiosk**   (B) **Claim** their **luggage**

M: There are long lines at the check-in counters. We should have arrived at the airport earlier than usual.
W: Yes, you know, it's the peak season for summer vacations. Why don't we use the self-check-in kiosk since we just have carry-on bags?
M: That sounds great.

화자들은 다음에 무엇을 할 것인가?
(A) 셀프 단말기로 가기   (B) 수하물 찾기

남: 체크인 카운터에 줄이 기네요. 우리 평상시보다 공항에 더 일찍 도착했어야 해요.
여: 맞아요, 여름 휴가를 위한 성수기잖아요. 우리 기내용 가방만 있으니 셀프 체크인 단말기를 사용하는 게 어때요?

남: 좋아요.

02. US US

What caused a **problem**?
(A) **Heavy traffic**   (B) An **engine failure**

W: Excuse me, can I get a train ticket for Middleborough that departs at 9:30?
M: Yes, but unfortunately due to the malfunctioning engine, it will depart 50 minutes later than scheduled, and at Platform 10 instead of Platform 5.

무엇이 문제를 야기했는가?
(A) 교통 체증   **(B) 엔진 결함**

여: 실례합니다, 미들보로우로 가는 9시 30분에 출발하는 기차표를 살 수 있을까요?
남: 네, 하지만 안타깝게도 엔진 오작동으로 인해 예정보다 50분 늦게 출발할 거고, 5번 플랫폼 대신 10번 플랫폼에서 출발할 거예요.

03. BR AU

Where does this conversation **take place**?
(A) At a **subway station**   (B) At an **airport**

W: Mike, I'm Jennifer at Gate 5. There are some passengers here who are going to transfer to a flight for Beijing, but it will take off just in a half an hour. Can you send me a cart since some of them are seniors and kids?
M: Sure, and can you call to International Terminal and let them know the passengers will be at the boarding gate in 15 minutes?

대화는 어디에서 일어나고 있는가?
(A) 지하철 역에서   **(B) 공항에서**

여: Mike, 저 5번 게이트의 Jennifer예요. 여기 베이징으로 가는 항공편으로 갈아탈 승객들이 있는데, 30분이면 이륙할 거예요. 몇 분들이 노인과 아이들이니 카트를 보내주시겠어요?
남: 물론이죠, 그리고 국제선 터미널에 전화해서 15분 후에 승객들이 도착할 거라고 알려주시겠어요?

04. US BR

Why will the **woman visit New York City**?
(A) To **attend** an **awards ceremony**   (B) To **give** a **speech**

W: Hello, I missed my connecting flight to New York City. Is there any other flight available today? I have to give a presentation tomorrow morning at 9.
M: Let me check... I'm looking it up... and there is only one option you have. The flight will depart in an hour but you have a layover in Detroit for two hours.

여자는 왜 뉴욕 시를 방문할 것인가?
(A) 시상식에 참석하기 위해   **(B) 연설을 하기 위해**

여: 안녕하세요, 저는 뉴욕 시로 가는 연결 항공편을 놓쳤어요. 오늘 탈 수 있는 다른 항공편이 있나요? 제가 내일 아침 9시에 연설을 해야 해서요.
남: 확인해 보겠습니다... 보고 있습니다... 옵션이 한 개 밖에 없네요. 한 시간 후에 항공편이 출발할 것이지만 디트로이트에서 2시간 동안 경유하셔야 합니다.

05. US BR

What does the woman recommend the man do?
(A) **Take** a **taxi**   (B) **Use** a **company car**

M: I saw the schedule on the Web site and it said that buses operate every 15 minutes. But I've been waiting for one for more than 30 minutes. What happened? I have to attend a client meeting in 30 minutes.

W: There is construction work downtown, so the buses are getting delayed. Why don't you take a taxi? If you do, you can make on time.

여자는 남자에게 무엇을 할 것을 권장하는가?
(A) 택시를 타기   (B) 회사 차 사용하기

남: 웹사이트에서 스케줄을 봤는데 버스가 15분마다 운행한다고 써 있었어요. 그런데 저는 30분 넘게 기다렸어요. 무슨 일 있나요? 저는 30분 후에 고객 미팅에 참석해야 해요.

여: 시내에서 공사 작업이 있어서, 버스가 지연되고 있어요. 택시를 타시는 게 어때요? 그러면 시간에 맞춰 갈 수 있을 거예요.

06. BR US

What caused the delay?
(A) **Bad weather**   (B) A **malfunctioning engine**

M: Hello, has flight KE621 arrived on time? It was expected to land 20 minutes ago.

W: Actually, no. It was delayed 30 minutes at Chicago Airport due to stormy weather. It will arrive in 15 minutes.

M: Oh, that's great. I thought I was late to pick up my client.

무엇이 지연을 야기했는가?
(A) 안 좋은 날씨   (B) 오작동하는 엔진

남: 안녕하세요, KE621 항공편이 정시에 도착했나요? 20분 전에 착륙하기로 되어 있었어요.

여: 사실, 도착하지 않았습니다. 폭풍우가 치는 날씨 때문에 시카고 공항에서 30분 지연되었어요. 15분 후에 도착할 겁니다.

남: 아, 잘 됐네요. 제가 제 고객을 모시러 오는 데 늦은 줄 알았어요.

paraphrasing 정답   1. (b)   2. (c)   3. (a)   4. (b)   5. (c)   6. (a)

실전 문제

01. (C)	02. (A)	03. (D)	04. (B)	05. (C)	06. (D)
07. (B)	08. (B)	09. (C)	10. (A)	11. (B)	12. (C)
13. (D)	14. (B)	15. (C)	16. (A)	17. (B)	18. (C)
19. (A)	20. (B)	21. (D)			

[01-03] BR US

Questions 01-03 refer to the following conversation.

M: Good morning. 01 **I'm checking in for Flight 464** to Los Angeles. I've printed a copy of my itinerary, and here is my passport. I'm planning to have my laptop bag as my carry-on, but 02 **I've got two other big suitcases.**

W: All right, sir. Now, according to our policy for economy-class passengers, 02 **the first checked bag is free. However, there will be a charge of thirty-five dollars for your second bag.** This should be paid here at the counter.

M: I was expecting that. 03 **I'm bringing along my company's new products to demonstrate them to some investors in Los Angeles.** So, I couldn't avoid bringing so many things with me on this trip.

itinerary 여행 일정표   suitcase 여행 가방   policy 정책   charge (요금을) 청구하다   expect 예상하다, 기대하다   demonstrate 보여주다, 설명하다   investor 투자자

01-03은 다음 대화에 관한 문제입니다.

남: 안녕하세요. 로스앤젤레스 행 01 464 항공편 탑승 수속을 하려고 합니다. 제 일정표 한 부를 인쇄해 왔고 여기 제 여권도 있어요. 노트북 컴퓨터 가방은 기내에 반입할 계획이지만 02 다른 큰 여행 가방이 두 개 더 있습니다.

여: 알겠습니다, 손님. 자, 저희 이코노미석 승객 정책에 따르면, 02 첫 번째로 부치는 가방은 무료예요. 하지만 두 번째 가방부터는 35달러의 요금이 부과될 겁니다. 이것은 이곳 카운터에서 납부하셔야 합니다.

남: 그럴 거라고 예상했어요. 03 제가 로스앤젤레스에서 몇몇 투자자들에게 시연을 하기 위해 저희 회사의 신제품을 가지고 갑니다. 그러는 바람에 어쩔 수 없이 이번 여행에 물건을 아주 많이 가져가게 되었어요.

01.

어디에서 대화가 이루어지고 있겠는가?
(A) 여행사에서
(B) 버스 정류장에서
(C) 공항에서
(D) 호텔에서

[해설] 대화 장소에 대한 정보는 주로 대화 초반부에 나온다. 대화 시작 부분에서 남자가 464 항공편 탑승 수속을 하려고 한다고(I'm checking in for Flight 464) 말하는 것으로 보아 공항에서 이루어지는 대화임을 알 수 있으므로 정답은 (C)이다.

02.

남자에게 왜 요금이 부과될 것인가?
(A) 가방을 추가로 더 가져왔다.
(B) 식사를 구매했다.
(C) 일등석으로 업그레이드를 요청했다.
(D) 더 일찍 출발하기를 원했다.

[해설] 대화 중반 가방을 부치려는 남자에게 여자가 수하물 정책에 대해 설명하는데, 처음 하나는 무료이지만 그 다음부터는 요금이 부과된다고(the first checked bag is free. However, there will be a charge of thirty-five dollars for your second bag) 말한다. 앞서 남자가 여행 가방이 두 개 더 있다고(I've got two other big suitcases) 했으므로 남자는 무료로 부칠 수 있는 수량보다 가방을 더 많이 가져왔기 때문에 요금을 지불해야 함을 알 수 있다. 따라서 정답은 (A)이다.

03.

남자는 로스앤젤레스에서 무엇을 할 계획인가?
(A) 부동산을 둘러보기
(B) 조사를 실시하기
(C) 인터뷰에 참석하기
(D) 시연을 하기

[해설] 대화 후반부 로스앤젤레스에서 몇몇 투자자들에게 시연을 하기 위해 자신의 회사의 신제품을 가지고 가는 중이라는(I'm bringing along my company's new products to demonstrate them to some investors in Los Angeles) 남자의 말에서 로스앤젤레스에서 제품 관련 시연을 할 것임을 알 수 있으므로 정답은 (D)이다.

paraphrasing   demonstrate 시연하다 → Give a demonstration 시연을 하기

[어휘] property 부동산   conduct (특정한) 활동을 하다, 실시하다   inspection 조사, 검사

[04-06] [BR] [AU]

Questions 04-06 refer to the following conversation.

W: Hello. ⁰⁴ **I need to buy one ticket to Manchester** for today, please.
M: Certainly, ma'am. The next train is boarding now, so I don't think you'll make it to the platform in time, but we have others leaving at 3:15, 3:40, 4:05, and 4:30.
W: Well, ⁰⁵ **I know that some trains make more stops than others, depending on the route.** Hmm... there are so many.
M: Well, in my opinion, ⁰⁶ **your best option would be the 3:40 train.** It's a little more expensive than the others, but ⁰⁶ **it's the only one that is a direct journey to Manchester.**
W: Oh, that sounds perfect. I'll go with that.

board 승차[탑승]하다   make it 시간 맞춰 가다   platform 승강장   in time 제시간에   depending on ~에 따라   route 길, 경로   in my opinion 내 생각에는   direct 직행[직통]의   journey 여행, 여정

04-06은 다음 대화에 관한 문제입니다.
여: 안녕하세요. 오늘 ⁰⁴ 맨체스터로 가는 티켓 한 장을 사려고 해요, 부탁드립니다.
남: 물론이지요, 손님. 다음 기차는 지금 탑승 중이에요. 그래서 제시간에 승강장까지 못 가실 것 같네요. 하지만 3시 15분, 3시 40분, 4시 5분, 4시 30분에 출발하는 다른 열차가 있습니다.
여: 음, ⁰⁵ 경로에 따라서 어떤 열차들은 다른 열차보다 더 많이 정차한다고 알고 있어요. 음... 아주 많이 있네요.
남: 음, 제 생각에는 ⁰⁶ 3시 40분 열차가 최상의 선택인 것 같아요. 나머지 열차보다 조금 더 비싸긴 하지만 ⁰⁶ 맨체스터까지 직행인 유일한 열차편이에요.
여: 아, 그게 딱 좋겠네요. 그것으로 할게요.

04.
여자는 무엇을 하려고 하는가?
(A) 좌석 변경하기
(B) 티켓 구매하기
(C) 승강장 찾기
(D) 환불 받기

[해설] 대화 초반 여자가 맨체스터로 가는 티켓 한 장을 사려고 한다고(I need to buy one ticket to Manchester) 했고, 이어서 남자가 열차 시간 등을 알려주고 있으므로 열차 승객으로 보이는 여자와 기차역의 매표원으로 보이는 남자의 대화이다. 따라서 여자는 표를 구매하려는 중이므로 정답은 (B)이다.

paraphrasing   buy 사다 → Purchase 구매하기

05.
여자가 "아주 많이 있네요"라고 말할 때 의미하는 것은 무엇인가?
(A) 가격이 비싸서 실망스럽다.
(B) 기차역이 너무 혼잡하다고 생각한다.
(C) 결정을 하는 데 도움이 필요하다.
(D) 가방 때문에 도움이 필요할 것이다.

[해설] 앞서 남자가 열차 출발 시간을 쭉 나열했고 여자는 이 중에서 원하는 열차편을 선택해야 하는 상황임을 알 수 있다. 여자가 경로에 따라서 어떤 열차들은 더 많이 정차한다고 알고 있다고(I know that some trains make more stops than others, depending on the route.) 한 뒤에 "아주 많이 있네요"라고 덧붙인 것으로 보아 여자는 남자가 제시한 열차편 중에서 어떤 것을 선택해야 할지 결정하지 못해 망설이고 있음을 알 수 있다. 즉, 열차편 결정에 도움이 필요한 상황임을 우회적으로 드러낸 것으로 볼 수 있으므로 정답은 (C)이다.

[어휘] be disappointed with ~에 실망하다   make a decision 결정하다   require 요구하다, 필요로 하다   assistance with ~에 대한 도움, 지원

06.
남자는 3시 40분 열차의 이점으로 무엇을 언급하는가?
(A) 무료 다과가 포함되어 있다.
(B) 편안한 좌석이 더 많이 있다.
(C) 다음으로 출발하는 열차이다.
(D) 여러 번 정차하지 않는다.

[해설] 질문의 핵심 키워드 3:40 train에 집중한다. 대화 후반부 남자가 3시 40분 열차가 여자에게 최상의 선택이라며(your best option would be the 3:40 train) 맨체스터까지 직행인 유일한 열차편이라고(it's the only one that is a direct journey to Manchester.) 덧붙였다. 즉, 중간에 정차하지 않고 맨체스터까지 바로 간다는 뜻이므로 정답은 (D)이다.

[07-09] [AU] [BR]

Questions 07-09 refer to the following conversation.

M: Hi. ⁰⁷ **I just heard the announcement you made about the cancelation of Flight 610 to Winnipeg.**
W: Yes, we're very sorry for the inconvenience. ⁰⁸ **There is a severe snowstorm in Winnipeg right now**, so we were not able to take off. Unfortunately, there was nothing we could do.
M: I understand, but I still need to get to Winnipeg. Am I able to book tickets on a new flight now?
W: We will begin rebooking everyone on this flight shortly, once we have more accurate information. We'll be calling people up by their boarding zones, so ⁰⁹ **please don't leave the gate area.**

cancelation 취소   inconvenience 불편   severe 심각한, 극심한   snowstorm 눈보라   take off 이륙하다   rebook 다시 예약하다   shortly 곧   accurate 정확한   call A up A에게 전화를 걸다   boarding zone 탑승 구역

07-09는 다음 대화에 관한 문제입니다.
남: 안녕하세요, ⁰⁷ 방금 위니펙 행 610 항공편 취소에 관한 안내방송을 들었습니다.
여: 네, 불편을 드려 대단히 죄송합니다. ⁰⁸ 지금 위니펙에 심각한 눈보라가 발생해서 이륙할 수가 없었어요. 안타깝지만 저희가 어떻게 할 수가 없네요.

남: 알겠습니다. 하지만 그래도 저는 위니펙에 가야 해요. 지금 다른 항공편의 티켓을 예약할 수 있을까요?
여: 일단 좀 더 정확한 정보가 입수되면, 잠시 후에 이 항공편의 모든 분들에 대한 재예약을 시작할 예정입니다. 저희가 다들 탑승 구역 옆으로 모이시라고 전화를 드릴 테니 09 탑승구 주변을 떠나지 마시기 바랍니다.

07.

남자는 항공편 취소에 대해 어떻게 알았는가?
(A) 다른 승객과 얘기함으로써
(B) 안내방송을 들음으로써
(C) 긴급 문자 메시지를 읽음으로써
(D) 출발 안내 전광판을 봄으로써

[해설] 항공사의 직원으로 보이는 여자와 항공편을 이용하려는 남자의 대화로, 질문의 핵심 키워드 flight cancelation(항공편 취소)은 대화 초반 남자의 대사에서 언급된다. 남자가 방금 610 항공편 취소에 관한 안내방송을 들었다고(I just heard the announcement you made about the cancelation of Flight 610) 했으므로 정답은 (B)이다.

[어휘] passenger 승객 departures board 출발 안내 전광판

08.

여자에 따르면, 무엇으로 인해 문제가 발생했는가?
(A) 발권 착오
(B) 나쁜 기상 조건
(C) 장비의 결함
(D) 부재중인 직원

[해설] 우선 질문의 핵심 키워드 a problem이 무엇을 가리키는지 파악해야 하는데, 대화의 흐름으로 보아 이것은 앞서 남자가 언급한 '항공편 취소'를 가리키므로 여자의 말에서 항공편 취소의 이유를 찾아야 한다. 여자는 지금 위니펙에 심각한 눈보라가 발생해서(There is a severe snowstorm in Winnipeg right now) 이륙할 수가 없다고 했으므로 항공편이 취소된 것은 나쁜 날씨 때문이다. 따라서 정답은 (B)이다.

paraphrasing a severe snowstorm 심각한 눈보라 → Bad weather conditions 나쁜 기상 조건

[어휘] faulty 결함이 있는 equipment 장비, 용품 absent 결석한, 결근한

09.

여자는 남자에게 무엇을 하라고 요청하는가?
(A) 여권 보여주기
(B) 뒤쪽으로 가서 줄 서기
(C) 이 구역에 머물기
(D) 탑승권을 소지하기

[해설] 요청/제안 문제의 단서는 주로 대화 후반부에 나온다. 대화 마지막에 여자는 잠시 후 다시 예약을 진행하기 위해 탑승 구역으로 모이라고 연락할 테니 탑승구 주변을 떠나지 말라고(please don't leave the gate area) 했다. 즉, 멀리 가지 말고 지금 이 장소에 계속 있으라는 말이므로 정답은 (C)이다.

paraphrasing   don't leave the gate area 탑승구 주변을 떠나지 말 것 → Stay in the area 이 구역에 머물기

[10-12] US BR

Questions 10-12 refer to the following conversation and table.

DEPARTURES INFORMATION		
Airline	Destination	Gate
Starway	Shanghai	G7
11 **Olvera**	**Tokyo**	**B22**
Toth Air	Istanbul	F9
Lemax	Delhi	A16

M: Hello, 10 **I'm calling about some urgent maintenance work that is needed in Terminal 3.** The door to the walkway won't open, so we cannot begin boarding procedures.
W: All right, sir. I'll send someone over right away. Which gate are you using?
M: 11 **We're at Gate B22**, and we're supposed to begin boarding now. 12 **I'll put a notice on the door** so that no one tries to force it open. That might make the problem even worse.
W: Good idea. The technician will be there as soon as possible.

urgent 긴급한, 시급한 maintenance (건물, 기계 등의) 유지, 보수 walkway 통로, 보도 boarding procedures 탑승 절차 force 억지[강제]로 ~하다 worse 더 심한, 심각한 technician 기술자, 기사 departure 출발 airline 항공사 destination 목적지, 도착지

10-12는 다음 대화와 표에 관한 문제입니다.

출발 정보		
항공사	도착지	탑승구
Starway	상하이	G7
11 **Olvera**	**도쿄**	**B22**
Toth Air	이스탄불	F9
Lemax	델리	A16

남: 여보세요, 10 3번 터미널에 긴급 보수 작업이 필요해서 전화드렸어요. 통로로 가는 문이 열리지 않아서 탑승 절차를 시작하지 못하고 있어요.
여: 알겠습니다. 지금 바로 사람을 보낼게요. 몇 번 탑승구를 이용하고 계신가요?
남: 11 B22 탑승구에 있어요. 지금 탑승을 시작하기로 되어 있었어요. 12 제가 문에 공지문을 붙일게요. 억지로 열려고 하는 사람이 없도록요. 그러면 문제가 훨씬 더 심각해질지도 모르니까요.
여: 좋은 생각이에요. 최대한 빨리 기술자가 거기로 갈 거예요.

10.

남자는 왜 여자에게 전화하고 있는가?
(A) 수리를 요청하기 위해
(B) 취소를 알리기 위해
(C) 수하물 분실 신고를 하기 위해
(D) 항공편 상황을 확인하기 위해

[해설] 대화 초반에 단서가 나온다. 남자가 3번 터미널에 긴급 보수 작업이 필요해서 전화한다고(I'm calling about some urgent maintenance work that is needed in Terminal 3) 한 것으로 보아 수리를 요청하기 위해 전화한 것임을 알 수 있다. 따라서 정답은 (A)이다.

paraphrasing some urgent maintenance work 긴급 보수 작업 → a repair 수리

[어휘] cancelation 취소 missing 분실한 status (진행 과정상의) 상황

11.

시각 자료를 보시오. 어느 항공사가 영향을 받는가?
(A) Starway
(B) Olvera
(C) Toth Air
(D) Lemax

[해설] 대화에서 언급한 문제의 영향을 받게 되는 항공사를 시각 자료에서 찾는 문제다. 공항 터미널에서 통로로 가는 문이 열리지 않는다며 보수 작업을 요청하는 남자에게 여자가 몇 번 탑승구인지 묻자 B22 탑승구에 있다고(We're at Gate B22) 했다. 표에서 B22번 탑승구를 사용하는 항공사를 찾으면 Olvera이므로 정답은 (B)이다.

[어휘] be affected 영향을 받다

12.

남자는 무엇을 할 계획인가?
(A) 티켓을 확인하기
(B) 새로운 탑승구로 이동하기
(C) 공지문을 게시하기
(D) 승객들에게 탑승하라고 요청하기

[해설] 남자가 할 일을 묻는 문제로, 앞서 열리지 않는 문의 수리를 요청했던 남자가 대화 중반 자신이 문에 공지문을 붙여(I'll put a notice on the door) 사람들이 문을 억지로 열지 못하게 하겠다고 했다. 즉, 남자는 공지문을 게시할 계획이므로 정답은 (C)이다.

[13-15] US US

Questions 13-15 refer to the following conversation.

W: Hi, I'd like to reserve a seat on flight 932 to Toronto at 2 P.M. today.
M: Let me see if there are any seats available. ¹³**Due to renovations on our airport, the number of flights going in and out has been temporarily reduced.**
W: Yes, I heard about that. The thing is, ¹⁴**I just found out about an urgent meeting that I have to attend tomorrow.**
M: ¹⁵**Unfortunately, the 2 P.M. flight is completely booked. There is one at 7:30 P.M. if that would work for you.**
W: Okay, I'll take a seat on that one.

due to ~ 때문에 temporarily 일시적으로, 임시로 reduce 줄이다, 축소하다 completely 완전히, 전적으로

13-15는 다음 대화에 관한 문제입니다.
여: 안녕하세요, 오늘 오후 2시 토론토 행 932 항공편 좌석을 예약하고 싶어요.
남: 좌석이 남아 있는지 볼게요. ¹³ 저희 공항 보수 공사 때문에 들어오고 나가는 항공편 수가 일시적으로 줄었습니다.
여: 네, 그 얘기는 들었어요. 실은 ¹⁴ 제가 내일 참석해야 하는 긴급 회의가 있다는 걸 방금 알았어요.
남: ¹⁵ 안타깝게도, 오후 2시 항공편은 모두 예약되었어요. 괜찮으시다면 저녁 7시 30분에 하나가 있어요.
여: 좋아요, 그 항공편의 좌석으로 주세요.

13.

남자는 무엇이 문제를 야기했다고 말하는가?
(A) 엔진 고장
(B) 다가오는 폭풍우
(C) 연료 가격 인상
(D) 보수 작업

[해설] 질문의 키워드 problem은 남자가 말한 항공편 수가 일시적으로 줄어든(the number of flights going in and out has been temporarily) 상황을 가리키는데, 이것은 공항 보수 공사 때문이라고(Due to renovations on our airport) 했다. 따라서 문제의 원인은 보수 작업이므로 정답은 (D)이다.

[어휘] failure 실패, 고장 incoming 도착하는, 들어오는 increased 증가한

14.

여자는 내일 무엇을 하기로 되어 있는가?
(A) 콘퍼런스에서 연설하기
(B) 회의에 참석하기
(C) 교육에 참석하기
(D) 일자리를 위해 면접을 보기

[해설] 질문의 핵심 키워드 tomorrow가 언급되는 부분에 집중한다. 여자는 내일 참석해야 하는 긴급 회의가 있다는 걸 방금 알았다고(I just found out about an urgent meeting that I have to attend tomorrow.) 했다. 즉, 내일 회의 참석이 예정되어 있으므로 정답은 (B)이다.

paraphrasing an urgent meeting that I have to attend 참석해야 하는 긴급 회의 → participate in a meeting 회의에 참석하기

15.

남자는 왜 "괜찮으시다면 저녁 7시 30분에 하나가 있어요"라고 말하는가?
(A) 다른 교통편을 추천하기 위해
(B) 여자에게 보안 절차를 알리기 위해
(C) 다른 옵션을 제시하기 위해
(D) 지연에 대해 사과하기 위해

[해설] 대화에서 주어진 표현이 나오기 이전의 상황은 여자가 오후 2시 항공편을 원하지만 공항 보수 공사로 인해 항공편이 줄어든 탓에 이 시간의 항공편은 모두 예약이 되었다는(the 2 P.M. flight is completely booked) 것이다. 따라서 남자가 다른 시간대의 항공편을 권하기 위해 "괜찮으시다면 저녁 7시 30분에 하나가 있어요"라고 말한 것이므로 정답은 (C)이다.

[어휘] inform A of B A에게 B를 알리다 security 보안, 안전 procedure 절차

[16-18] BR BR

Questions 16-18 refer to the following conversation.

M: Hi, ¹⁶**I just got off the bus from Baltimore and I think my wallet fell out of my pocket.** Can I go and check where I was sitting?
W: I'm sorry, but that bus has already gone to the service area. They'll be cleaning it momentarily. ¹⁷**Can I see your ticket stub?**
M: Of course. I sat in seat 9A. Do you have a lost and found area that I should go to? All of my credit cards were in it.
W: ¹⁸**You can wait in our station's office on the second floor if you like.** The cleaning crew normally brings all lost items there as soon as they're found.
M: Okay, thank you.

get off 떠나다, 출발하다 fall out of ~로부터 떨어지다 service (차량, 기계등) 정비[점검] momentarily 잠깐 (동안), 곧 ticket stub 티켓 반쪽 lost and found 분실물 취급소 cleaning crew 청소부

16-18은 다음 대화에 관한 문제입니다.

남: 안녕하세요, [16] 제가 볼티모어에서 출발한 버스에서 방금 내렸는데 제 지갑이 주머니에서 떨어진 것 같아요. 제가 앉았던 곳에 가서 확인해봐도 될까요?
여: 죄송하지만 그 버스는 이미 정비 구역으로 갔어요. 곧 청소할 거예요. [17] 티켓 나머지 쪽을 보여주시겠어요?
남: 물론입니다. 9A 좌석에 앉았어요. 제가 가볼 만한 분실물 취급 구역이 있나요? 제 신용카드가 전부 그 안에 있어요.
여: [18] 원하신다면 2층에 있는 저희 정류장 사무실에서 기다리실 수 있어요. 보통 청소부들이 분실물을 발견하는 대로 모두 거기로 가져가요.
남: 알겠습니다. 감사합니다.

16.

남자는 어떤 문제점을 언급하는가?
(A) 지갑을 잃어버렸다.
(B) 버스를 놓쳤다.
(C) 렌터카가 준비되지 않았다.
(D) 짐이 파손되었다.

[해설] 대화 초반, 남자는 버스에서 방금 내렸는데 지갑이 주머니에서 떨어진 것 같다고(I just got off the bus from Baltimore and I think my wallet fell out of my pocket.) 했다. 즉, 버스에서 지갑을 잃어버렸다는 말이므로 정답은 (A)이다.

[어휘] damaged 파손된

17.

여자는 무엇을 요청하는가?
(A) 예약 번호
(B) 출발 역
(C) 수하물 영수증
(D) 티켓 반쪽

[해설] Can/Could I ~ 또는 Would/Could you ~ 같은 요청하는 표현을 잘 들어야 한다. 버스에서 지갑을 잃어버린 남자가 직접 버스에 들어가서 확인해보고 싶다고 하자 여자는 티켓의 나머지 반쪽을 보여달라고(Can I see your ticket stub?) 했으므로 정답은 (D)이다. ticket stub은 버스를 타거나 공연장에 입장할 때 검표원이 표를 확인하고 고객에게 되돌려주는 티켓의 나머지 쪽을 가리킨다.

18.

남자는 다음에 어디로 갈 것 같은가?
(A) 짐 찾는 곳으로
(B) 승객 휴게실로
(C) 정류장 사무실로
(D) 매표소로

[해설] 대화 후에 일어날 일을 묻는 문제의 단서는 주로 후반부에 나온다. 남자가 분실물 취급 구역이 있는지 묻자 여자가 2층의 정류장 사무실에서 기다려 보라고(You can wait in our station's office on the second floor if you like.) 했다. 따라서 남자는 대화가 끝난 후 정류장 사무실에 갈 것임을 유추할 수 있으므로 정답은 (C)이다.

[어휘] baggage claim area 짐 찾는 곳

[19-21] (AU)(US)

Questions 19-21 refer to the following conversation and train schedule.

	[20] East Hampton	[20] Amityville	Hartford	Brentwood
Red Line	5:05	5:15		5:45
Blue Line	5:10	5:20	5:35	

Train Schedule

M: Attention passengers, please have your tickets out so I can check them.
W: Hi, this is my ticket. I'm trying to get to Hartford. [19] **Is this the right train?**
M: [19] **You must have taken the wrong train.** This one doesn't go directly there.
W: Oh, really? How can I get there?
M: [20] **We just left East Hampton, so you'll have to transfer at the next stop.**
W: I see. Is there a long wait for that train? I'm a member of the Long Island Orchestra and [21] **I'm on my way to a performance and I'll be needing some time to rehearse.**
M: It usually comes every 5 minutes. You won't be late.

passenger 승객 directly 곧장, 똑바로 leave 떠나다, 출발하다 transfer 갈아타다, 환승하다; 환승 on one's way to ~으로 가는 길[도중]에 performance 공연, 연주 rehearse 리허설을 하다

19-21은 다음 대화와 열차 시간표에 관한 문제입니다.

열차 시간표				
	[20] East Hampton	[20] Amityville	Hartford	Brentwood
빨간색 노선	5:05	5:15		5:45
파란색 노선	5:10	5:20	5:35	

남: 승객 여러분들은 주목해주십시오. 제가 확인할 수 있도록 티켓을 꺼내주시기 바랍니다.
여: 안녕하세요, 여기 제 티켓이요. 저는 Hartford로 가려고 해요. [19] 이 열차가 맞나요?
남: [19] 열차를 잘못 타셨네요. 이 열차는 그곳으로 직행하지 않아요.
여: 아, 정말요? 그곳에 가려면 어떻게 해야 하나요?
남: [20] 우리가 방금 East Hampton을 출발했으니까 다음 역에서 환승하셔야 해요.
여: 알겠습니다. 그 열차를 타려면 오래 기다려야 하나요? 저는 Long Island 오케스트라 단원인데 [21] 공연하러 가는 중이거든요. 리허설 할 시간이 필요해요.
남: 보통 5분마다 옵니다. 늦지 않으실 거예요.

19.

여자에게는 어떤 문제가 있는가?
(A) 열차를 잘못 탔다.
(B) 콘서트가 매진되었다.
(C) 그녀의 티켓으로는 환승을 할 수 없다.
(D) 마지막 순간에 장소가 변경되었다.

[해설] 열차표를 확인하는 승무원인 남자와 열차 승객인 여자의 대화이다. 여자가 자신이 Hartford 행 열차를 탄 것이 맞는지 묻자 남자가 열차를 잘못 탔다고(You must have taken the wrong train.) 알려주는 것으로 보아 정답은 (A)이다.

[어휘] at the last minute 마지막 순간에, 임박해서

20.

시각 자료를 보시오. 여자는 어디서 다른 열차로 환승할 것인가?

(A) East Hampton
(B) Amityville
(C) Hartford
(D) Brentwood

[해설] 여자는 자신의 목적지인 Hartford에 정차하지 않는 열차를 탄 상황으로, 남자는 현재 East Hampton을 출발했으니 다음 역에서 환승할 것을(We just left East Hampton, so you'll have to transfer at the next stop.) 제안했다. 시각 자료로 주어진 열차 시간표에서 East Hampton 다음 역을 찾으면 Amityville이므로 이 역에서 내려 Hartford에 정차하는 Blue Line을 타야 함을 알 수 있다. 따라서 정답은 (B)이다.

21.

여자는 왜 서두르는가?

(A) 사진 촬영에 참여해야 한다.
(B) 라이브 공연을 보러 가는 중이다.
(C) 회의에 늦었다.
(D) 연습할 시간이 필요하다.

[해설] 대화 후반, 여자는 Hartford 행 열차를 타려면 오래 기다려야 하는지 물으며, 연주를 하러 가는 중인데, 리허설 할 시간이 필요하다고(I'm on my way to a performance and I'll be needing some time to rehearse) 덧붙였다. 즉, 여자는 공연 전 연습 시간이 필요해서 서두르고 있으므로 정답은 (D)이다.

> paraphrasing I'll be needing some time to rehearse. 리허설 할 시간이 필요하다. → She needs time to practice. 연습할 시간이 필요하다.

[어휘] in a rush 서두르는 take part in ~에 참여[참가]하다 run late for ~에 늦다 practice 연습하다

PART 4 라디오 방송/뉴스 보도

대표 유형 01 라디오 방송(radio broadcast)

| 실전으로 확장하기 해석 |

여: Radio 9의 공공 서비스 안내입니다. Copperhead 주민 센터는 4월 9일 오후 2시부터 5시까지 특별 요리 워크숍을 열 예정입니다. 이 과정은 기본적인 요리법, 전문적인 조언, 그리고 당신이 집에서 해 볼 수 있는 몇몇의 빠르고 쉬운 요리법도 포함할 것입니다. 워크숍의 '직접 해보세요' 부분은 참석자들에게 특징 있는 요리를 해 볼 기회를 제공할 것입니다. 그 후에 여러분이 만든 요리가 무엇이든 댁으로 가지고 갈 수 있습니다. 좌석은 한정되어 있고 예약은 온라인으로만 가능하므로 예약을 하기 위해 온라인에 접속해주세요!

대표 유형 02 뉴스 보도(news report)

| 실전으로 확장하기 해석 |

남: 안녕하세요, 저는 Joshua Young입니다. 여러분은 최고의 TV 채널, BNF America에서 Business Update를 보고 계십니다. 전자 제품 회사인 OverSurge는 무선 단말기 업계에 충격적인 여파를 보내고 있습니다. 어떠한 선도 없이 떨어져 있어도 충전이 되는 배터리를 만들었습니다. 하나의 전원이 동시에 50개의 배터리를 충전할 수 있습니다. 회사의 대변인인 Jessie Vaughn에 따르면, 배터리는 그 회사의 휴대폰에 쓰일 것이라고 합니다. 이 혁신적인 배터리가 장착된 첫 번째 휴대폰이 7월에 출시될 예정입니다.

유형 연습

01. (B) 02. (B) 03. (B) 04. (B) 05. (A) 06. (B)

01. [BR]

What is the **news** report **about**?

(A) A new **bookstore opening**   (B) A **change** in **management**

W: Welcome to Business World Today. This is Emilia Williams. Last Wednesday, the nationwide bookstore chain Owl's Nest announced that Maria Perez will start working as chief executive officer beginning September 20. Her extensive experience and valuable insight will contribute to bouncing up Owl's Nest's lagging sales.

뉴스 보도는 무엇에 관한 것인가?
(A) 새로운 서점 개업   **(B)** 경영진의 변화

뉴스 보도
여: Business World Today에 오신 것을 환영합니다. 저는 Emilia Williams입니다. 지난 수요일, 전국적인 서점 체인인 Owl's Nest가 9월 20일부터 Maria Perez가 최고 경영자로 일을 시작할 것이라고 알렸습니다. 그녀의 폭넓은 경험과 가치 있는 통찰력이 Owl's Nest의 뒤처지는 매출을 끌어 올리는 데 기여할 것입니다.

02. [AU]

What did **Toys' Land experience** in **December**?

(A) **Relocation** of its headquarters   (B) A **drop in sales**

M: Good morning. In today's business news, the city's largest toy retailer, Toys' Land, released its monthly sales figures and reported a significant sales decline of December compared to the same month of the previous year. Most industry experts are surprised by the almost 30% decrease despite the fact that December is the peak season for the toy industry.

Toys' Land는 12월에 무엇을 겪었는가?
(A) 본사의 이전   **(B)** 매출 하락

뉴스 보도
남: 안녕하세요. 오늘 비즈니스 뉴스에서는, 시의 가장 큰 장난감 소매업체인 Toys' Land가 월별 매출을 공개했고 지난해 같은 달과 비교했을 때 12월의 상당한 매출 하락을 보도했습니다. 대부분의 업계 전문가들은 12월이 장난감 업계의 성수기임에도 불구하고 거의 30퍼센트 감소한 것에 놀랐습니다.

03. [US]

What is the **news** report **about**?
(A) A **construction project** for a new apartment
(B) A recent **increase** in **housing rent**

M: In local news, a city official reported that the City of Battleston has experienced a large influx of newcomers over the past 18 months. This has caused monthly rent to soar up to 50%. A resident at Height Hill Apartment said that the landlord wants to raise the monthly rent to $600. His current monthly rental is $450. Most residents are worried about their housing next year.

뉴스 보도는 무엇에 관한 것인가?
(A) 새 아파트 건설 프로젝트 (B) 최근 주택 임대료의 상승

뉴스 보도
남: 지역 뉴스에서는, 한 시 공무원이 배틀스톤 시가 지난 18개월 동안 이주민들의 대량 유입을 겪고 있다고 발표했습니다. 이것은 월 임대료가 50퍼센트까지 상승하는 것을 야기했습니다. Height Hill 아파트의 한 주민은 건물주가 월 임대료를 600달러로 올리고자 한다고 말했습니다. 그의 현재 월 임대료는 450달러입니다. 대부분의 주민들은 그들의 내년 거주지에 대해 걱정합니다.

04. [US]

What information can the listeners get **from** the city's **Web site**?
(A) **Detours**   (B) Event **schedules**

W: Thanks for listening to HBS Radio. We are only one week away from the annual Iron Valley Festival. It features a talent competition, a night market, and many outdoor activities for children. The detailed event schedules are posted on the city's Web site. Traditionally, it begins with a street parade. So, there will be some detours downtown on the first day of the festival.

청자들은 시 웹사이트에서 어떤 정보를 얻을 수 있는가?
(A) 우회로 (**B**) **행사 일정**

라디오 방송
여: HBS 라디오를 들어주셔서 감사합니다. 연례 Iron Valley 축제가 일주일 앞으로 다가왔습니다. 축제는 재능 경연, 야시장, 그리고 어린이들을 위한 많은 야외 활동이 열릴 것입니다. 세부적인 행사 일정은 시의 웹사이트에 게재되어 있습니다. 전통적으로, 축제는 거리 행진으로 시작합니다. 그러므로, 축제의 첫날에는 시내에 우회로가 있을 것입니다.

05. [BR]

Who is **Patrick Hans**?
(**A**) A **worker** at the **hotel**   (B) A **radio** program **host**

W: Good evening WUNB Radio listeners, and welcome to the Redding Local news. Last Saturday, over 300 people gathered at Riverside Park to clean the Sacramento River Trail. The Seaside Redding Hotel sponsored this annual event and 56 employees joined this big cause. Patrick Hans, manager of the hotel's public relations, said that this shows how we can pay back the community for this beautiful nature.

Patrick Hans는 누구인가?
(**A**) **호텔의 직원** (B) 라디오 프로그램 진행자

라디오 방송
여: 안녕하세요 WUNB 청취자 여러분들, Redding 지역 뉴스에 오신 것을 환영합니다. 지난 토요일에, 300명이 넘는 사람들이 Sacramento 강가의 길을 청소하기 위해 Riverside 공원에 모였습니다. Seaside Redding 호텔이 이 연례 행사를 후원했고 56명의 직원들이 이 큰 행사에 함께 했습니다. 호텔의 대외 홍보 매니저인 Patrick Hans는 이것이 이 아름다운 자연에 대해 우리가 지역사회에 되갚을 수 있는 방법을 보여준다고 말했습니다.

06. [AU]

What is **Cedarville Builders known** for?
(A) **Short construction** periods (B) **Ecofriendly** building methods

M: Welcome to CBN radio's weekly news. Yesterday, Cedarville Builders officially announced that it signed a three-million-dollar construction contract with the city government for a new high school. Cedarville Builders was founded just three years ago, but it became one of the most promising construction companies with environmentally friendly construction methods.

Cedarville Builders는 무엇으로 유명한가?
(A) 짧은 건설 기간 (**B**) **친환경적인 건설 방식**

라디오 방송
남: CBN 라디오의 주간 뉴스에 오신 것을 환영합니다. 어제 Cedarville Builders는 새 고등학교를 위해 300만 달러의 건설 계약을 시 정부와 체결했다고 공식적으로 발표했습니다. Cedarville Builders는 겨우 3년 전에 설립되었지만 친환경적인 건설 방식으로 가장 유망한 건설 업체 중 하나가 되었습니다.

paraphrasing 정답 1. (b) 2. (c) 3. (a) 4. (c) 5. (b) 6. (a)

실전 문제

01. (C) 02. (B) 03. (C) 04. (A) 05. (D) 06. (B)
07. (A) 08. (D) 09. (B) 10. (B) 11. (D) 12. (A)
13. (B) 14. (D) 15. (C) 16. (B) 17. (D) 18. (A)
19. (B) 20. (C) 21. (A)

[01-03] [AU]

Questions 01-03 refer to the following news report.

M: Here is some big news related to traffic. Edison Engineering has just announced a plan to run a high-speed express subway line from downtown Los Angeles directly to the airport. [01] **The proposal would start drilling next month and be fully completed by the end of next year.** [02] **Edison Engineering's CEO Neil Marsh said that the line would greatly reduce the time spent travelling to and from the airport.** [03] **So far, airline employees have expressed the most excitement**, as estimates suggest nearly an hour would be cut from their average daily commutes.

related to ~와 관련된   run 운행하다   express 급행의, 신속한; 나타내다, 표현하다   directly 곧장, 똑바로   proposal 제안, 제의   drill 구멍을 뚫다   fully 완전히, 충분히   complete 완료하다, 끝마치다   greatly 대단히, 크게   reduce 줄이다, 축소하다   so far 지금까지   express excitement 흥분을 표출하다   estimate 추정, 추산   nearly 거의   daily 매일의   commute 통근 (거리)

01-03는 다음 뉴스 보도에 관한 문제입니다.
남: 교통과 관련된 중요한 소식이 있습니다. Edison 엔지니어링은 로스앤젤레스 시내에서 공항으로 바로 가는 고속 급행 지하철 노선을 운행할 계획이라고 막 발표했습니다. [01] 이 계획은 다음 달 땅을 뚫기 시작하여 내년 말까지 완료됩니다. [02] Edison 엔지니어링의 CEO인 Neil Marsh 씨는 이 노선이 공항을 오가는 데 드는 시간을 크게 줄여줄 것이라고 말했습니다. [03] 지금까지는 항공사 직원들이

가장 큰 흥분을 드러냈는데요, 그들의 매일 평균 통근 시간이 거의 한 시간 가량 줄 것으로 추산되기 때문입니다.

01.

뉴스 보도에 따르면, 내년 말까지 무슨 일이 있을 것인가?
(A) 주요 공항이 확장될 것이다.
(B) 항공사가 새로운 VIP 서비스를 제공할 것이다.
(C) 새로운 지하철 노선이 완공될 것이다.
(D) 여행사가 더 많은 패키지 상품을 제공하기 시작할 것이다.

[해설] 새로운 지하철 노선 공사 계획을 알리는 뉴스 보도로, the end of next year, 즉 '내년 말'은 이 공사 계획이 완료되는(The proposal would ~ be fully completed by the end of next year.) 시점으로 언급되었다. 따라서 정답은 (C)이다.

[어휘] expand 확장하다

02.

Marsh 씨는 이 프로젝트의 이점이 무엇이 될 거라고 말하는가?
(A) 편안한 좌석
(B) 줄어든 이동 시간
(C) 자동화된 서비스
(D) 더 저렴한 요금

[해설] Mr. Marsh는 보도 중반에 언급되는데, 공사를 진행하는 Edison Engineering의 CEO로서 이 노선이 공항을 오가는 데 드는 시간을 크게 줄여 줄 것이라고 말했다는(Neil Marsh said that the line would greatly reduce the time spent travelling to and from the airport.) 내용이 나온다. 따라서 정답은 (B)이다.

paraphrasing reduce the time spent travelling to and from the airport 공항을 오가는 데 드는 시간을 줄여줄 것이다 → reduced travel time 줄어든 이동 시간

[어휘] comfortable 편안한 automated 자동화된 fare (교통) 요금

03.

화자의 말에 따르면 누가 이 소식에 가장 흥분했는가?
(A) 건설 회사들
(B) 항공사 회원들
(C) 항공사 직원들
(D) 여행사 직원들

[해설] 보도 후반, 지금까지는 항공사 직원들이 가장 큰 흥분을 드러냈다고(So far, airline employees have expressed the most excitement) 했으므로 정답은 (C)이다.

paraphrasing have expressed the most excitement 가장 큰 흥분을 드러냈다 → most excited 가장 흥분한

[04-06] US
Questions 04-06 refer to the following broadcast.

M: This is Reece Webster reporting live from City Hall for Channel 5. In today's press conference, it was announced that **04 the proposal to build a new public library downtown has been approved. This project will be carried out next year** and could cost as much as one hundred million dollars, but there is already **05 one major issue. There is strong opposition from the majority of people living in Engleburg**,

as they believe that the current main library branch is sufficient. **06 I'm here with Engleburg's mayor, Jessie Carter, who will be responding to my questions** about that as well as other aspects of the project.

press conference 기자회견 proposal 제안, 제의 downtown 시내에 approve 승인하다, 인가하다 carry out ~을 수행[이행]하다 issue 쟁점, 사안, 문제 opposition 반대, 항의 majority 다수 current 현재의, 지금의 branch 분관, 지점 sufficient 충분한 respond to ~에 대응하다 aspect 측면

04-06은 다음 방송에 관한 문제입니다.

남: 저는 시청에서 생방송으로 보도하고 있는 채널 5의 Reece Webster입니다. 오늘 기자회견에서, 04 시내에 새로운 공립도서관을 건설하는 제안이 승인되었다는 발표가 있었습니다. 04 이 프로젝트는 내년에 시행될 예정이며, 1억 달러 상당의 비용이 들 것으로 보입니다만, 이미 05 한 가지 중대한 문제가 있습니다. 05 Engleburg에 거주하는 주민들의 다수가 이에 격렬히 반대하고 있는데요, 이들은 현재의 중앙 도서관의 분관이면 충분하다고 생각하기 때문입니다. 06 저는 Engleburg의 시장인 Jessie Carter 씨와 함께 있습니다. 그가 이에 대한 것은 물론 프로젝트의 다른 측면에 대한 06 제 질문에 답변해 주시겠습니다.

04.

Engleburg 시는 내년에 무엇을 할 것인가?
(A) 새 도서관을 건설하기
(B) 스포츠 토너먼트를 열기
(C) 관광 캠페인을 시작하기
(D) 국제 콘퍼런스를 열기

[해설] 시내에 새로운 공립도서관을 건설하는 제안이 승인되었고(the proposal to build a new public library downtown has been approved), 이 프로젝트는 내년에 시행될 예정이라고(This project will be carried out next year) 했다. 그런데 이 프로젝트에 대해 Engleburg 거주민들이 반대한다는 것으로 보아 도서관이 건설되는 곳이 바로 Engleburg임을 알 수 있다. 따라서 Engleburg 시에서 내년에 도서관을 새로 건설할 예정이므로 정답은 (A)이다.

paraphrasing build 건설하다 → construct 건설하기

[어휘] construct 건설하다 tournament 토너먼트, 승자 진출전 launch 시작[개시/착수]하다

05.

화자는 이 프로젝트의 어떤 문제를 언급하는가?
(A) 가격 인상이 예상된다.
(B) 자금이 충분하지 않다.
(C) 직원들이 충분히 많지 않다.
(D) 대부분의 주민들이 이에 반대한다.

[해설] 질문의 핵심 키워드 problem은 담화 중반에 언급된 issue에 해당한다. 화자는 한 가지 중대한 문제(one major issue)가 있다며, Engleburg에 거주하는 주민들의 다수가 이에 격렬히 반대하고 있다고(There is strong opposition from the majority of people living in Engleburg) 설명했다. 따라서 (D)가 정답이다.

paraphrasing There is strong opposition from the majority of people living in Engleburg. Egleburg에 거주하는 주민들의 다수가 격렬히 반대한다. → Most residents oppose it. 대부분의 주민들이 이에 반대한다.

[어휘] funding 자금 resident 거주자, 주민 oppose 반대하다

06.

화자는 다음에 무엇을 할 것인가?
(A) 연락처를 주기
(B) 시 공무원을 인터뷰하기
(C) 개막식에 참석하기
(D) 현장을 답사하기

[해설] 담화 마지막, 화자는 자신의 질문에 답변해줄 Engleburg의 시장과 함께 있다고(I'm here with Engleburg's mayor, Jessie Carter, who will be responding to my questions) 했다. 즉, 담화 직후 보도 내용과 관련하여 시장을 인터뷰할 것이라는 말이므로 정답은 (B)이다.

[07-09] US

Questions 07-09 refer to the following news report.

W: You're listening to the local news update. If you love independent films, you won't want to miss this year's Spring Film Festival at the Warren Theater. **07 For the first time ever, some of the directors of the films will be in attendance.** The festival lasts for three days, and there are still **08 plenty of tickets available. You can get them by stopping by the box office.** Audience members are reminded that seating is on a first-come, first-served basis. **09 If you want a great view of the screen or if you have a particular seat in mind, there is no way to reserve it in advance. The doors for the first film open at 6 P.M.**

local 지역의, 지방의   independent film 독립영화   be in attendance (특별한 행사에) 참석하다   last 계속하다   plenty of 많은   stop by ~에 들르다   audience members 관람객   be reminded (of) (~을) 상기하다   on a first-come, first-served basis 선착순으로   particular 특정한, 특별한   there is no way to V ~할 수가 없다

07-09은 다음 뉴스 보도에 관한 문제입니다.
여: 여러분은 최신 지역 뉴스를 듣고 계십니다. 만약 여러분이 독립영화를 아주 좋아하신다면 Warren 극장에서 열리는 올해의 봄 영화 축제를 놓치고 싶지 않으실 겁니다. **07** 최초로, 일부 영화감독들이 참석할 예정입니다. 축제는 3일간 이어지며, 아직 **08** 티켓이 많이 남아 있습니다. 매표소에 들르셔서 구하시면 됩니다. 관람하실 분들은 좌석이 선착순으로 배정된다는 것을 알아두시기 바랍니다. **09** 스크린이 잘 보이는 자리를 원하신다거나 특별히 생각하고 있는 좌석이 있다 하더라도 미리 예약할 수 있는 방법은 없습니다. 첫 번째 영화의 입장은 저녁 6시에 시작합니다.

07.

올해 축제에서는 무엇이 달라졌는가?
(A) 특별 손님이 포함될 것이다.
(B) 새로운 기술이 시행될 것이다.
(C) 일주일간 지속될 것이다.
(D) 여러 개의 스크린을 사용할 것이다.

[해설] 지역에서 열리는 독립영화제에 대한 보도이다. 올봄에 개최될 이 영화제에는 처음으로 일부 영화감독들이 참석할 것이라고(some of the directors of the films will be in attendance) 했으므로 '영화감독들'을 '특별 손님들'로 표현한 (A)가 정답이다.

paraphrasing some of the directors of the films will be in attendance 일부 영화감독들이 참석할 것이다 → It will include special guests. 특별 손님이 포함될 것이다.

[어휘] include 포함시키다   implement 시행하다

08.

화자에 따르면, 청자들은 어떻게 티켓을 구할 수 있는가?
(A) 행사 기획자에게 이메일을 보냄으로써
(B) 극장 매표소에 전화함으로써
(C) 극장 웹사이트에 접속함으로써
(D) 직접 극장을 방문함으로써

[해설] 영화제 티켓을 구하는 방법은 담화 중반에 나온다. 티켓이 많이 남아 있으니 매표소에 들르셔서 구하면 된다는(You can get them by stopping by the box office.) 말은 직접 극장에 가야 한다는 의미이므로 정답은 (D)이다.

paraphrasing by stopping by the box office 매표소에 들름으로써 → by visiting the theater in person 직접 극장을 방문함으로써

[어휘] in person 직접

09.

화자는 왜 "첫 번째 영화의 입장은 저녁 6시에 시작합니다"라고 말하는가?
(A) 프로그램의 오류를 지적하기 위해서
(B) 청자들이 빨리 도착할 것을 독려하기 위해서
(C) 다른 영화를 볼 것을 제안하기 위해서
(D) 티켓 구매 마감 시한을 강조하기 위해서

[해설] 좌석이 선착순으로 배정됨을 상기시키며 원하는 좌석이 있더라도 미리 예약할 수는 없다고(there is no way to reserve it in advance) 알린 다음에 해당 표현이 나왔다. 즉, "첫 번째 영화의 입장은 저녁 6시에 시작합니다"라고 특정 시간을 명시함으로써 관람객들이 이에 맞춰 서둘러 극장에 오도록 권유하고 있는 것으로 보이므로 정답은 (B)이다.

[어휘] point out 지적하다   emphasize 강조하다

[10-12] BR

Questions 10-12 refer to the following broadcast.

W: You're listening to *Personnel Perfection*, **10 the show developed exclusively for people working in the HR department.** If you're in charge of hiring new employees for your company, today's episode shouldn't be missed. Our special guest is **11 Clara Cohen, who is an expert in social media platforms.** She'll tell you how to get the best pool of candidates, even on a small budget. **12 And don't forget that *Personnel Perfection* is holding its first-ever live conference** in Austin, Texas, on October 5. **12 Please join us there** for an opportunity to boost your professional development.

develop 개발하다   exclusively 독점적으로, 오로지   HR department 인사부   in charge of ~을 맡아서, 담당해서   hire 고용하다   expert 전문가   platform 플랫폼(컴퓨터 사용의 기반이 되는 하드웨어.소프트웨어의 환경)   pool 이용 가능 인력   candidate 후보자   budget 예산   first-ever 생전 처음의, 사상 최초의   opportunity 기회   boost 신장시키다, 북돋우다   professional 전문적인, 직업의   development 발달, 성장

10-12는 다음 방송에 관한 문제입니다.
여: 여러분은 **10** 오로지 인사부에서 근무하는 분들을 위해 만든 프로그램인 〈Personnel Perfection〉을 듣고 계십니다. 여러분이 만약 회사에서 신입직원 채용을 담당하고 있다면 오늘 에피소드를 놓치시면 안 됩니다. 오늘의 특별 손님은 **11** 소셜미디어 플랫폼의 전문가인 Clara Cohen 씨입니다. 그녀가 여러분께 심

정답·스크립트·해석·해설   139

지어 적은 예산으로도 가장 우수한 후보 인력을 확보하는 방법을 알려드릴 것입니다. ¹² 그리고 〈Personnel Perfection〉이 10월 5일 텍사스, 오스틴에서 최초로 생방송 콘퍼런스를 개최한다는 것을 잊지 마세요. 그곳에서 우리와 함께하시어 여러분의 전문성을 신장할 기회를 가지세요.

10.

누구를 대상으로 하는 프로그램인가?
(A) 소규모 기업의 소유주들
(B) 인사부 직원들
(C) 영업 직원들
(D) 컴퓨터 기술자들

[해설] 오로지 인사부에서 근무하는 분들만을 위해 개발된 프로그램(the show developed exclusively for people working in the HR department.)이라는 말로 프로그램을 소개하며 방송을 시작했다. 즉, 이 프로그램은 인사부 직원들을 대상으로 하므로 정답은 (B)이다.

paraphrasing people working in the HR department 인사부에서 근무하는 사람들 → Human resources workers 인사부 직원들

11.

Cohen 씨는 무엇을 전문으로 하는가?
(A) 언어 능력
(B) 교육 방법
(C) 개인 재무
(D) 소셜 미디어

[해설] Ms. Cohen은 담화 중반, 오늘 에피소드의 특별 손님으로 언급된 Clara Cohen이다. Clara Cohen을 소셜미디어 플랫폼의 전문가(an expert in social media platforms)라고 소개한 것으로 보아 정답은 (D)이다.

paraphrasing specialize in ~을 전문으로 하다 → an expert in ~의 전문가

[어휘] specialize in ~을 전문으로 하다 method 방법 personal 개인의 finance 재정, 재무

12.

청자들은 무엇을 하라고 요청받는가?
(A) 행사에 참석하기
(B) 질문을 제출하기
(C) 대금을 보내기
(D) 상품을 검토하기

[해설] 요청/제안 사항은 주로 담화 후반부에 언급된다. 10월 5일 텍사스, 오스틴에서 최초로 생방송 콘퍼런스를 개최한다고(that *Personnel Perfection* is holding its first-ever live conference) 한 후, 그곳에서 함께 달라고 (Please join us there) 요청했다. 즉, 특정 행사에 참석할 것을 요청하고 있으므로 정답은 (A)이다.

[어휘] attend 참석하다 submit 제출하다 payment 지불, 지급 review 검토하다, 평가하다

[13-15] [AU]
Questions 13-15 refer to the following broadcast.

M: You're listening to the local news broadcast on 99.3 FM. Yesterday, ¹³**the annual Greenville Summer Marathon** was held in Calhoun Park. About 1,500 athletes participated in ¹³**the 42-kilometer race**, up from about 1,300 compared to last year. As part of the event, ¹⁴**donations were collected from participants and spectators. These will be used to sponsor computer classes** for senior citizens at the local community center. ¹⁵**For updates about this and other events happening in the area, enroll in our station's text alert service by visiting www.greenvilleradio.com.** This is a free service for our listeners.

broadcast 방송; 방송하다 local 지역의 annual 매년의, 연례의 athlete 운동 선수 participate in ~에 참가하다 compared to ~와 비교하여 as part of ~의 일환으로 donation 기부, 기증 collect 모금하다 participant 참가자 spectator (스포츠 행사의) 관중 senior citizen 어르신 enroll in ~에 등록하다 station 방송국

13-15은 다음 방송에 관한 문제입니다.
남: 여러분은 FM 99.3의 지역 뉴스 방송을 듣고 계십니다. 어제, ¹³연례 Greenville 여름 마라톤이 Calhoun 공원에서 열렸습니다. 약 1,500명의 선수들이 ¹³42킬로미터 경주에 참가했는데, 이는 약 1,300명이었던 작년에 비해 늘어난 숫자입니다. 행사의 일환으로, ¹⁴참가자와 관중으로부터 기부금을 모금했습니다. 이것은 지역 문화 센터의 어르신들을 위한 ¹⁴컴퓨터 강좌를 후원하는 데 쓰일 예정입니다. ¹⁵이를 비롯하여 이 지역에서 일어나는 다른 행사들에 관한 최신 정보를 원하시면 www.greenvilleradio.com을 방문하시어 저희 방송국의 문자 알림 서비스에 등록하세요. 이것은 우리 청취자들을 위한 무료 서비스입니다.

13.

방송은 어떤 종류의 행사에 관한 것인가?
(A) 개막식
(B) 장거리 경주
(C) 지역 사회 야유회
(D) 음악 공연

[해설] 방송에서 다루는 행사의 종류를 묻는 문제이다. 담화 초반의 연례 Greenville 여름 마라톤(the annual Greenville Summer Marathon)과 42킬로미터 경주(the 42-kilometer race) 같은 말로 보아 마라톤, 즉 장거리 경주에 대해 방송하고 있음을 알 수 있다. 따라서 정답은 (B)이다.

paraphrasing Marathon 마라톤 / the 42-kilometer race 42킬로미터 경주 → a long-distance race 장거리 경주

[어휘] long-distance 장거리의

14.

기부금은 무엇을 위해 쓰일 것인가?
(A) 연구 실시하기
(B) 스타디움 개조하기
(C) 정원에 나무 심기
(D) 강좌 개최하기

[해설] 기부금의 사용처를 묻는 문제이다. 담화 중반, 참가자와 관중으로부터 기부금을 모금하여(donations were collected from participants and spectators) 지역 문화 센터의 어르신들을 위한 컴퓨터 강좌를 후원하는 데 쓸 것이라고(These will be used to sponsor computer classes) 했다. 따라서 정답은 (D)이다.

paraphrasing sponsor computer classes for senior citizens 어르신들을 위한 컴퓨터 강좌를 후원하기 → Holding some classes 강좌 개최하기

[어휘] conduct a study 연구하다 renovate 개조[보수]하다

15.

화자에 따르면, 청자들은 웹사이트에서 무엇을 할 수 있는가?
(A) 티켓 구매하기

(B) 의견 공유하기
(C) 최신 정보 신청하기
(D) 사진 보기

[해설] 담화 마지막에 웹사이트 주소가 언급되는데, 이 지역에서 일어나는 행사에 관한 최신 소식을 원하면 웹사이트에서 방문하여 문자 알림 서비스에 등록하라고 했다(For updates about this and other events happening in the area, enroll in our station's text alert service by visiting www. greenvilleradio.com). 즉, 웹사이트에서 최신 정보 수신 신청을 할 수 있으므로 정답은 (C)이다.

paraphrasing enroll 등록하다 → sign up for 신청하다

[어휘] purchase 구매하다 share 공유하다 sign up for ~을 신청하다 view 보다

[16-18] US

Questions 16-18 refer to the following broadcast.

W: Hello, and welcome back to Business Builders. If you're just joining us now, ¹⁶ **today's topic is ways to attract investors.** One listener called in during the break to tell me that ¹⁷ **he advertised his business on nearby highway billboards. Since then, the number of interested investors has more than doubled.** To discuss some more modern ideas, Marissa Bennett from Bennett Marketing is here. ¹⁸ **She's going to tell us what she thinks is the most effective way to promote your business these days.** Welcome to the show, Marissa.

join 함께 하다, 합류하다 investor 투자자 break 쉬는 시간 nearby 인근의 billboard (옥외의) 광고판 interested 관심이 있는 effective 효과적인 promote 홍보하다

16-18은 다음 방송에 관한 문제입니다.

여: 안녕하세요, Business Builders를 다시 찾아주신 것을 환영합니다. 지금 막 저희와 함께 하신 거라면 ¹⁶ 오늘의 주제는 투자자들을 유치하는 방법입니다. 쉬는 시간 동안 한 청취자 분께서 전화를 주셔서 ¹⁷ 인근 고속도로 광고판에 자신의 회사를 광고했다고 하셨는데요. 그때부터 관심을 보이는 투자자들의 수가 두 배 이상 늘었습니다. 보다 새로운 아이디어에 대해 얘기 나누기 위해 Bennett 마케팅의 Marissa Bennett를 모셨습니다. ¹⁸ 그녀가 생각하는, 요즘 여러분의 사업체를 홍보하기 위한 가장 효과적인 방법에 대해서 얘기해줄 것입니다. Marissa 씨, 우리 프로그램에 오신 것을 환영합니다.

16.

방송의 주제는 무엇인가?
(A) 장소 선정하기
(B) 투자자 유치하기
(C) 계약 협상하기
(D) 우수한 직원 모집하기

[해설] 담화 전반부에서 오늘의 주제는 투자자들을 유치하는 방법이라고(today's topic is ways to attract investors) 밝혔으므로 정답은 (B)이다.

[어휘] negotiate 협상하다 contract 계약(서) recruit 모집하다, 뽑다

17.

화자가 "그때부터 관심을 보이는 투자자들의 수가 두 배 이상 늘었습니다"라고 말할 때 암시하는 것은 무엇인가?
(A) 사업체가 합병에 동의해야 했다.

(B) 시청자를 겨냥하기 쉽다.
(C) 광고 비용이 너무 높을지도 모른다.
(D) 방법이 효과가 있었다.

[해설] 한 청취자가 인근 고속도로 광고판에 자신의 회사를 광고했다는(he advertised his business on nearby highway billboards) 내용 뒤에 "그때부터 관심을 보이는 투자자들의 수가 두 배 이상 늘었습니다"라고 덧붙였다. 이로 보아 해당 표현은 광고판에 광고한 방법이 효과가 있었다고 말하기 위한 의도이므로 정답은 (D)이다.

[어휘] merger 합병 audience 관중, 청중, 시청자 target 대상으로 삼다, 겨냥하다 cost 비용 method 방법 work well 효과가 있다

18.

화자는 다음에 무슨 일이 있을 것이라고 말하는가?
(A) 전문가가 자신의 생각을 공유할 것이다.
(B) 광고 후에 돌아올 것이다.
(C) 경연대회가 발표될 것이다.
(D) 음악을 틀 것이다.

[해설] 앞으로 일어날 일을 묻는 문제의 단서는 주로 담화 후반에 제시된다. 화자는 Bennett Marketing의 Marissa Bennett가 출연해 그녀가 생각하는 사업체 홍보에 가장 효과적인 방법에 대해서 얘기할 것이라고(She's going to tell us what she thinks is the most effective way to promote your business these days.) 했으므로 정답은 (A)이다.

[어휘] specialist 전문가 share 공유하다 thought 생각 commercial 광고 방송

[19-21] BR

Questions 19-21 refer to the following news report and map.

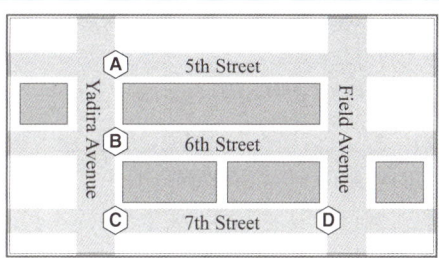

W: You're listening to the traffic report on Radio 820 AM. Most roadways are clear, as we're not into the rush hour yet. However, motorists traveling in the northern area of the city should be aware of a major traffic jam. ¹⁹ **A water pipe has burst**, forcing a temporary road closure. ²⁰ **The affected intersection is at 7th Street and Yadira Avenue.** However, the surrounding streets are also heavily congested, so it's best to avoid the area if you can. We normally report on traffic at the top of each hour, but ²¹ **we'll be back in just fifteen minutes to give you an update on the traffic situation.**

roadway 도로, 차도 rush hour 혼잡 시간대, 러시아워 motorist 운전자 be aware of ~을 알다 major 주요한, 중대한 traffic jam 교통 체증 water pipe 송수관, 배수관 burst 터지다, 파열하다 force 어쩔 수 없이 ~하게 만들다 temporary 일시적인, 임시의 closure 폐쇄 affect 영향을 미치다 intersection 교차로, 교차 지점 surrounding 인근의, 주위의 heavily 심하게 congested 붐비는, 혼잡한

19-21은 다음 뉴스 보도와 지도에 관한 문제입니다.

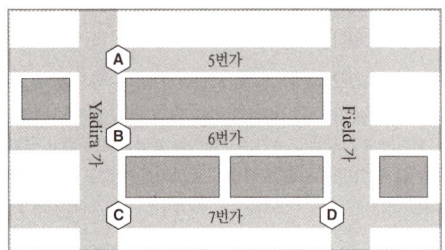

여: 여러분은 라디오 820 AM의 교통 방송을 듣고 계십니다. 아직 혼잡 시간대에 접어들지 않았기 때문에 대부분의 도로는 원활합니다. 그러나 도시 북부 지역에서 이동하는 운전자들은 심한 교통 체증을 느끼실 겁니다. ¹⁹ 송수관 파열로 인해 어쩔 수 없이 도로가 일시적으로 폐쇄되었습니다. ²⁰ 이 영향을 받는 곳은 7번가와 Yadira 가의 교차로입니다. 그러나 주변 도로 역시 정체가 심하므로 가능하다면 이 지역은 피하시는 게 최선입니다. 보통 때는 매시간 첫 번째 소식으로 교통 상황을 보도하지만, ²¹ 15분 뒤에 다시 돌아와서 교통 상황에 대한 최신 소식을 전해드리도록 하겠습니다.

19.

무엇이 문제를 일으켰는가?
(A) 사라진 신호
(B) 고장 난 파이프
(C) 정전
(D) 교통 사고

[해설] 교통 정보를 전하는 보도로, 특정 지역의 교통 정체에 대해 언급한 후 송수관이 파열되어(A water pipe has burst) 도로가 폐쇄되었기 때문이라는 이유를 덧붙였다. 따라서 (B)가 정답이다.

paraphrasing A water pipe has burst 송수관이 파열되었다 → a broken pipe 고장 난 파이프

[어휘] signal 신호 power outage 정전

20.

시각 자료를 보시오. 화자는 어느 위치를 언급하는가?
(A) A 지점
(B) B 지점
(C) C 지점
(D) D 지점

[해설] 담화 중반, 화자는 앞서 언급한 송수관 파열로 인한 도로 폐쇄 때문에 7번가와 Yadira 가에 있는 교차로가 영향을 받는다고(The affected intersection is at 7th Street and Yadira Avenue) 했다. 시각 자료로 주어진 지도에서 해당 지역을 찾으면 C 지점임을 알 수 있으므로 정답은 (C)이다.

[어휘] refer to ~를 언급하다, 가리키다

21.

청자들은 15분 뒤에 무엇을 들을 것인가?
(A) 다른 교통 보도
(B) 최신 스포츠 소식
(C) 일기 예보
(D) 국제 뉴스

[해설] 질문의 핵심 키워드 in fifteen minutes는 담화 마지막 부분에서 언급된다. 보통 때는 매시간 교통 정보를 전하지만 오늘은 15분 뒤에 다시 최신 교통 상황에 대해 전하겠다고(we'll be back in just fifteen minutes to give you an update on the traffic situation) 했으므로 청자들은 15분 뒤에 교통 정보를 또 듣게 된다. 따라서 정답은 (A)이다.

paraphrasing an update on the traffic situation 교통 상황에 대한 최신 소식 → another traffic report 다른 교통 보도

DAY 15

 **박물관·공연장/교통수단**

대표 주제 01 박물관·공연장

| 실전으로 확장하기 해석 |

여: 안녕하세요, 제가 이 극장의 토요일 오후 연극 티켓이 이미 2장 있는데요, 합류하고 싶어 하는 다른 친구들이 몇 명 있어요. 4장 더 구매할 수 있을까요?
남: 죄송하지만, 그 공연의 티켓은 더 이상 남아있지 않습니다. 하지만, 일요일 저녁 공연은 남은 좌석이 많아요.
여: 그러면, 6장의 티켓의 돈을 내는 대신 모두 함께 볼 수 있도록 이 티켓을 그 공연으로 바꿀 수 있을까요? 그리고 저희가 모두 서로의 옆에 앉을 수 있을까요?
남: 문제 없습니다. 그나저나, 저녁 공연 후에는 출연진과 사진을 찍으실 수 있어요. 카메라 가져오는 것을 잊지 마세요!

대표 주제 02 교통수단

| 실전으로 확장하기 해석 |

여: 안녕하세요, Jason. 여기서 당신을 만나서 반갑네요. 그건 제가 회사로 가는 셔틀 버스를 타는 데 너무 늦지 않았다는 거니까요.
남: 안녕하세요, Olivia. 셔틀버스가 8시까지 도착하지 않는 건 이례적이네요. 10분 전에 여기 왔어야 해요. 제가 8시 40분에 시작하는 주간 회의에 늦을 것 같아 조금 걱정이 됩니다.
여: 제가 집에서 나오기 전에 교통 방송을 들었는데 버스의 경로에 자동차 사고가 있었대요. 그게 지연을 야기하는 것 같아요.
남: 정말요? 그렇다면, Minsu에게 전화해서 오늘 우리를 태워 달라고 부탁해 볼게요. 그가 아직 집에 있길 바라요.

유형 연습

01. (A) 02. (B) 03. (B) 04. (B) 05. (A) 06. (B)

01. US AU
What caused the detour?
(A) **Construction** work   (B) A **car accident**

W: Good morning, Jason. How was your commute to the office today? There was an unexpected detour on Main Street. I was late this morning.
M: I listened to the local news and it said that resurfacing work started this morning. It won't be completed until next month. I commuted to the office by bicycle this morning. It will be good for my health.

무엇이 우회를 야기했는가?
(A) 공사 작업   (B) 자동차 사고

여: 안녕하세요, Jason. 오늘 회사로의 통근 어땠어요? Main 가에 예기치 못한 우회가 있었어요. 저는 오늘 아침에 늦었어요.
남: 지역 뉴스를 들었는데 오늘 아침에 도로 재포장 작업을 시작했대요. 다음 달까지 끝나지 않을 거예요. 저는 오늘 아침에 자전거를 타고 회사에 왔어요. 제 건강에 좋을 거예요.

02. [BR] [US]

Where is the conversation most likely **taking place**?
(A) At a **post office**   (B) At a **theater**

> W: Excuse me, I booked a ticket online for the 6:30 show. The confirmation e-mail said that I need to pick it up at the box office.
> M: Okay. What's your last name? And would you please present a photo ID?

대화는 어디에서 이루어지고 있겠는가?
(A) 우체국에서   **(B) 극장에서**

여: 실례합니다, 제가 온라인으로 6시 30분 공연 티켓을 예매했어요. 확인 이메일에 매표소에서 티켓을 수령하라고 하더라고요.
남: 알겠습니다. 성이 무엇인가요? 그리고 사진이 있는 신분증을 보여주시겠어요?

03. [BR] [US]

What does the **man offer to do**?
(A) **Give** a **discount coupon**   (B) **Sign** the **woman up** for a tour

> M: Welcome to Bologna Museum. Here is your ticket and a guide map. Do you need anything else?
> W: Yes, I want to learn more about Angela Russo's artwork. Do you have any audio guide services?
> M: Unfortunately, we don't because it is a special exhibition. But we do offer a guided tour instead. You need to register for it first. Shall I do that for you?

남자는 무엇을 해주겠다고 하는가?
(A) 할인 쿠폰 주기   **(B) 여자를 위해 투어 신청하기**

남: Bologna 박물관에 오신 것을 환영합니다. 여기 티켓과 가이드 맵이 있습니다. 그 외에 필요한 게 있으신가요?
여: 네, Angela Russo의 예술 작품에 대해 더 알고 싶어요. 오디오 안내 서비스가 있나요?
남: 안타깝지만, 특별 전시라 그건 없습니다. 하지만 저희는 대신에 안내원이 있는 투어를 제공해요. 우선 그것을 신청하셔야 해요. 제가 그것을 해 드릴까요?

04. [US] [US]

What does the **woman suggest doing**?
(A) **Renting** a **car**   (B) **Using** a **shuttle** bus

> M: Jaime, do you think we need to rent a car during the conference?
> W: That would be more convenient if we have something to be handled urgently. But we have a limited budget, so why don't we just use the hotel shuttle? During the conference, it runs every 30 minutes from our hotel to the conference center.

여자는 무엇을 할 것을 제안하는가?
(A) 자동차 렌트하기   **(B) 셔틀버스 이용하기**

남: Jaime, 우리가 학회 동안 차를 렌트할 필요가 있다고 생각해요?
여: 우리가 급하게 해결해야 할 게 있으면 더 편할 거예요. 하지만 우리는 한정된 예산이 있으니, 그냥 호텔 셔틀버스를 이용하는 게 어때요? 학회 동안, 우리 호텔에서 학회 센터까지 30분마다 운행해요.

05. [BR] [BR]

What will the **man do next**?
(A) **Take** some **photos**   (B) **Buy** some **souvenirs**

> M: The Centerville Ball Park is one of the oldest sports stadiums that I have ever visited.
> W: Yes, I read on the board that it was constructed in 1922 and maintained with minimum renovations.
> M: Wow, amazing. I'm going to go to the players' locker room and take some pictures before I stop by the gift shop.

남자는 다음에 무엇을 할 것인가?
(A) 사진 찍기   (B) 기념품 사기

남: Centerville 야구장은 제가 방문한 가장 오래된 스포츠 경기장 중 하나예요.
여: 네, 안내판에서 1922년에 지어졌고 최소한의 보수로 유지되어 왔다는 것을 읽었어요.
남: 와, 놀랍네요. 저는 기념품점에 들르기 전에 선수들의 탈의실에 가서 사진을 찍을 거예요.

06. [BR] [AU]

What will the **speakers take to** the **airport**?
(A) **Airport bus**   (B) **Subway**

> W: We are supposed to get to the airport in an hour to pick up Mr. Kim. Do you think we need to get a taxi?
> M: I don't think so. The airport expressway is fine but there might be heavy traffic downtown. Therefore, we'd better take the subway to arrive on time.

화자들은 공항까지 무엇을 탈 것인가?
(A) 공항 버스   **(B) 지하철**

여: 우리는 Kim 씨를 태우기 위해 한 시간 내로 공항에 도착해야 해요. 우리 택시를 타야 할까요?
남: 안 그래도 될 것 같아요. 공항 고속도로는 괜찮지만 시내에 교통 체증이 있을 거예요. 그러므로, 우리는 제시간에 도착하기 위해 지하철을 타는 게 나을 것 같아요.

paraphrasing 정답   1. (c)   2. (b)   3. (a)   4. (b)   5. (c)   6. (a)

실전 문제

01. (C)	02. (B)	03. (C)	04. (C)	05. (A)	06. (A)
07. (A)	08. (C)	09. (D)	10. (A)	11. (A)	12. (D)
13. (B)	14. (B)	15. (C)	16. (D)	17. (C)	18. (B)
19. (B)	20. (D)	21. (C)			

[01-03] BR US

Questions 01-03 refer to the following conversation.

> W: Mr. Nichols, is this a good place for the ⁰¹ **microphone for your solo?** I've put it right in the middle of the stage.
> M: Yes, that looks great. ⁰² **Do you happen to know about how many people will be in the audience** at tomorrow's show? I know ⁰¹ **the rest of the members of my choir** are hoping for a good crowd.
> W: The tickets are nearly sold out. ⁰³ **This is the first time that our theater has held an Internet-only promotional campaign.** It's been a success.
> M: I'm glad to hear that.

stage 무대   happen to V 우연히 ~하다   audience 청중, 관중   the rest of ~의 나머지   choir 합창단   good 상당한, 꽤 많은   crowd 사람들, 군중   nearly 거의   promotional campaign 홍보 캠페인

01-03은 다음 대화에 관한 문제입니다.
여: Nicols 씨, 여기가 ⁰¹ 당신의 솔로 마이크 자리로 괜찮을까요? 제가 무대 한 가운데에 설치했는데요.
남: 네, 괜찮아 보여요. 내일 공연의 ⁰² 관객이 얼마나 될지 혹시 아시나요? ⁰¹ 우리 합창단의 나머지 단원들이 관객이 많기를 바라고 있다는 걸 알거든요.
여: 티켓은 거의 매진되었어요. ⁰³ 우리 극장에서 인터넷으로만 홍보 활동을 벌인 건 이번이 처음이에요. 성공이네요.
남: 그렇다니 기쁘네요.

01.

남자는 누구일 것 같은가?
(A) 극장 소유주
(B) 영화 감독
(C) 가수
(D) 기자

[해설] 남자의 직업을 묻는 문제로, 대화 초반 여자가 남자를 향해 당신의 솔로 마이크(microphone for your solo)라는 표현을 했고, 대화 중반 남자가 우리 합창단의 나머지 단원(the rest of the members of my choir)이라고 언급한 것으로 보아 남자가 합창단 소속이며 공연 중에 혼자 노래를 부르는 순서가 있음을 알 수 있다. 따라서 정답은 (C)이다.

02.

남자는 여자에게 무엇에 대해 물어보는가?
(A) 이용할 수 있는 장비
(B) 예상 참석자 수
(C) 조명 배치
(D) 리허설 시간

[해설] 대화 중반 남자가 여자에게 내일 공연의 관객이 얼마나 될지(how many people will be in the audience) 아냐고 묻는다. 즉, 관객 수를 궁금해하고 있으므로 (B)가 정답이다.

paraphrasing   how many people will be in the audience 관객이 얼마나 될지 → The expected attendance 예상 참석자 수

[어휘] equipment 장비, 용품   expected 예상되는   attendance 출석, 참석; 참석자 수   lighting 조명 (시설)   arrangement 준비, 배치   rehearsal 리허설, 예행연습

03.

여자는 극장에서 처음으로 무엇을 했다고 말하는가?
(A) 단체 할인 요금을 제공했다.
(B) 웹사이트로 공연을 방송했다.
(C) 오직 온라인으로만 광고했다.
(D) 매표소 운영 시간을 연장했다.

[해설] 대화에서 핵심 키워드 theater와 the first time이 언급된 부분에 집중해야 한다. 대화 후반 여자가 우리 극장에서 이번에 처음으로 인터넷으로만 홍보 활동을 벌였다고(This is the first time that our theater has held an Internet-only promotional campaign) 했으므로 (C)가 정답이다.

paraphrasing   held an Internet-only promotional campaign 인터넷으로만 홍보 활동을 벌였다 → Advertised exclusively online 오직 온라인으로만 광고했다.

[어휘] rate 요금   broadcast 방송하다   exclusively 독점적으로; 오로지, 오직   extend 연장하다

[04-06] US BR

Questions 04-06 refer to the following conversation.

> W: Hello. ⁰⁴ **I'm booked on a flight to Phoenix tomorrow around 8 P.M, but I need to take an earlier flight instead,** ⁰⁶ **preferably in the early afternoon.**
> M: I'm happy to help you with that, ma'am. ⁰⁵ **You should have received a six-digit code as confirmation** that your booking was made. ⁰⁵ **Do you have that?**
> W: Yes, it's 315-870. And my name is Elizabeth Hedberg.
> M: All right, let's see what's available. Hmm... ⁰⁶ **all of the afternoon and late morning flights are fully booked.** There's one departing at 6 A.M.
> W: I guess I'll have to go with that one. It's the only way I'll make it to my meeting.

book 예약하다; ~를 예약자 명단에 올리다   instead 대신에   preferably 오히려, 가급적(이면)   digit 숫자   code 암호, 부호   confirmation 확인   make a booking 예약을 하다   fully booked 모두 예약이 된   depart 출발하다   make it 시간 맞춰 가다

04-06은 다음 대화에 관한 문제입니다.
여: 여보세요. ⁰⁴ 제가 내일 저녁 8시경 피닉스 행 항공편에 예약되어 있는데, 대신에 더 이른 항공편을 타야 해서요. ⁰⁶ 가급적이면 이른 오후로요.
남: 기꺼이 도와드리겠습니다, 손님. 예약이 되었음을 확인해주는 ⁰⁵ 여섯 자리 숫자를 받으셨을 거예요. 가지고 계신가요?
여: 네, 315-870이에요. 그리고 제 이름은 Elizabeth Hedberg입니다.
남: 좋습니다. 어떤 것을 이용할 수 있는지 보죠. 흠… ⁰⁶ 오후와 늦은 오전 항공편은 모두 예약이 찼습니다. 오전 6시에 출발하는 것은 있어요.
여: 그것으로 해야 할 것 같네요. 그게 제가 회의에 맞춰 갈 수 있는 유일한 방법이에요.

04.

여자는 왜 이 업체에 전화하는가?
(A) 분실물을 신고하기 위해
(B) 환불을 요청하기 위해
(C) 항공편을 변경하기 위해
(D) 프로그램에 등록하기 위해

[해설] 전화 목적을 묻는 문제의 단서는 주로 대화 초반부에 나온다. 여자가 대화를 시작하면서 내일 저녁 8시경 피닉스 행 항공편에 예약되어 있는데, 더 이른 항공편을 타야 한다고(I'm booked on a flight to Phoenix tomorrow around 8 P.M, but I need to take an earlier flight instead) 말하는 것으로 보아 항공편 예약을 변경하기 위해 전화한 것임을 알 수 있으므로 정답은 (C)이다.

paraphrasing   take an earlier flight instead 대신에 더 이른 항공편을 타다 → change her flight 항공편을 바꾸다

[어휘] lost 잃어버린   refund 환불

05.

남자는 여자에게 무엇을 요청하는가?
(A) 확인 번호
(B) 여권 번호
(C) 선호하는 좌석
(D) 신용카드 번호

[해설] 항공편 변경을 원하는 여자에게 남자가 예약 확인용 여섯 자리 숫자(a six-digit code as confirmation)를 받았을 거라며 가지고 있는지 (Do you have that?) 묻는다. 즉, 남자는 여자에게 확인 번호를 요청하고 있으므로 정답은 (A)이다.

[어휘] preference 선호, 선호하는 것

06.

남자는 왜 "오전 6시에 출발하는 것은 있어요"라고 말하는가?
(A) 해결책을 제시하기 위해서
(B) 일정 착오를 정정하기 위해서
(C) 지연에 대해 사과하기 위해서
(D) 언제 다시 전화할지 설명하기 위해서

[해설] 해당 표현은 더 이른 시간의 항공편으로의 변경을 원하는 여자에게 남자가 오후와 늦은 오전 항공편은 모두 예약이 찼다고(all of the afternoon and late morning flights are fully booked) 한 뒤 덧붙인 말이다. 즉, 여자가 원하는 시간대의 항공편은 모두 예약되었으므로 "오전 6시에 출발하는 것은 있어요"라는 말로 다른 해결 방법을 제시하는 것이므로 정답은 (A)이다.

[07-09] [BR] [US] [AU]

Questions 07-09 refer to the following conversation with three speakers.

W: Hi, Sheldon. Hi, Leon. One of our clients, Ms. Franklin, gave us two tickets to the ⁰⁷**Annual Classic Movie Festival** this Saturday. Are you interested in going?
M1: I'm a big fan of classic movies.
M2: Me, too. That would be a lot of fun.
W: Great! I wanted to reward you two for having the highest sales this past month. The first film is at 2 P.M.
M1: Leon, ⁰⁸**how about getting lunch together on that day** and then heading over to the film festival?
M2: ⁰⁸**That'll be perfect.** ⁰⁹**Ms. Choi, would you please call Ms. Franklin to thank her for us?**
W: Sure, Leon. I'll do that now.
M2: Thanks.

client 고객, 의뢰인   annual 매년의, 연례   be interested in ~에 관심이 있다   reward 보상하다   head over to ~로 가다, ~로 향하다

07-09는 다음 세 명의 대화에 관한 문제입니다.
여: 안녕하세요, Sheldon. 안녕하세요, Leon. 우리 고객 중 한 분인 Franklin 씨가 이번 주 토요일에 있을 ⁰⁷연례 고전 영화제의 티켓 두 장을 주셨어요. 가는 데 관심 있어요?
남1: 전 고전 영화의 열렬한 팬이에요.
남2: 저도요. 정말 재미있을 거예요.
여: 잘됐네요! 지난 한 달간 판매 실적이 가장 높았던 두 분에게 보상을 하고 싶었어요. 첫 상영 시간은 오후 2시예요.
남1: Leon, ⁰⁸그날 같이 점심 먹고 나서 영화제에 가는 게 어떨까요?
남2: ⁰⁸그게 딱 좋겠네요. ⁰⁹최 선생님, Franklin 씨에게 전화하셔서 저희가 고마워한다고 해주시겠어요?
여: 물론이에요, Leon. 지금 그렇게 할게요.
남2: 고마워요.

07.

화자들은 어떤 종류의 행사에 대해 얘기하고 있는가?
(A) 영화제
(B) 영업 워크숍
(C) 음악 공연
(D) 미술관 개관

[해설] 대화의 주요 소재는 대화 초반에 드러난다. 대화 시작 부분 여자가 나머지 화자들에게 한 고객이 연례 고전 영화제(Annual Classic Movie Festival)의 티켓 두 장을 주었다며 관심이 있는지 묻는다. 이어지는 대화에서도 계속하여 이 영화제가 언급되므로 정답은 (A)이다.

[어휘] sales 영업   performance 공연, 연주회   gallery 미술관

08.

남자들이 하기로 결정하는 것은 무엇인가?
(A) 후기 읽기
(B) 일찍 사무실을 나서기
(C) 함께 식사하기
(D) 온라인으로 예약하기

[해설] 앞서 여자가 언급한 영화제에 대해 두 남자 모두 가고 싶다는 의사를 밝혔으며, 대화 후반 남자1이 남자 2에게 그날 같이 점심을 먹고(how about getting lunch together) 영화제에 가자고 제안하자 이에 남자2도 적극 동의한다(That'll be perfect). 즉, 남자들은 함께 식사를 하기로 결정한 것이므로 정답은 (C)이다.

paraphrasing   getting lunch together 함께 점심 먹기 → Have a meal together 함께 식사하기

09.

Leon은 여자에게 무엇을 하라고 요청하는가?
(A) 발표 연습하기
(B) 일정 업데이트하기
(C) 영수증 인쇄하기
(D) 고객에게 연락하기

[해설] 3인의 화자가 나누는 대화에서 특정 인물이 요청한 것을 묻는 문제이다. 우선 Leon의 이름을 부르며 그날 같이 점심을 먹고 영화제에 가자고 한 남자1의 말에 남자2가 답했으므로 남자2가 Leon임을 알 수 있으며, 이어서 남자2가 여자에게 고객인 Franklin 씨에게 전화해서 고맙다고 전해달라고(would you please call Ms. Franklin to thank her for us?) 했다. 따라서 정답은 (D)이다.

paraphrasing call 전화하기 → Contact 연락하기

[10-12] US US
Questions 10-12 refer to the following conversation.

W: Mr. Wexler, we need to finalize the travel plans for ¹⁰ our visit to Mumbai next week.
M: Our plane tickets are purchased, but we'll have to arrange transportation to the airport. ¹² We decided to book a taxi, right?
W: Yes, but... um... ¹¹ under the new policy, we can only be paid back for up to fifty dollars of business expenses per day. ¹² Taking a taxi from the office would cost nearly twice that.
M: You know, the 408 bus runs every half hour.
W: All right. That sounds good to me.

purchase 구매하다   arrange 준비하다, 마련하다   policy 정책, 방침   pay back (돈을) 갚다, 돌려주다   up to (수, 정도) ~까지   business expenses 사무[영업] 비용   cost (비용이) ~이다   nearly 거의   run (버스, 기차 등이) 운행하다, 다니다

10-12는 다음 대화에 관한 문제입니다.
여: Wexler 씨, 우리가 ¹⁰ 다음 주 우리의 뭄바이 방문을 위한 여행 계획을 마무리지어야 해요.
남: 우리 비행기 티켓은 구매했는데 공항으로 가는 교통편을 준비해야 해요. ¹² 택시를 예약하기로 했었죠, 맞죠?
여: 네, 하지만... 음... ¹¹ 새로운 정책에 따르면 하루에 업무 비용을 50달러까지만 돌려받을 수 있어요. ¹² 사무실에서 택시를 타면 거의 두 배의 비용이 들어요.
남: 있잖아요, 408번 버스가 30분 간격으로 운행해요.
여: 좋아요. 그거 괜찮네요.

10.
화자들은 다음 주에 무엇을 할 계획인가?
(A) 고객 감사 연회를 열기
(B) 함께 출장을 가기
(C) 새로 고용된 직원들을 교육하기
(D) 건물이 들어설 예상 부지를 둘러보기

[해설] 핵심 키워드 next week이 대화 초반 여자의 말에서 언급된다. 여자가 다음 주 우리의 뭄바이 방문(our client visit to Mumbai next week)을 위한 여행 계획을 마무리지어야 한다고 했는데, 이어지는 대화에서 업무 비용(business expenses) 상환 등을 언급했다. 이로 보아 두 사람은 다음 주에 업무 관련 여행, 즉 출장을 갈 계획임을 알 수 있으므로 정답은 (B)이다.

[어휘] host 주최하다   banquet 연회   train 교육하다, 훈련시키다   hire 고용하다   potential 가능성이 있는, 잠재적인   site 현장, 부지

11.
남자의 말에 따르면, 이 회사는 최근에 무엇을 했는가?
(A) 상환 정책을 변경했다.
(B) 자동차 대여 계약을 취소했다.
(C) 몇몇 서비스 계약을 마무리지었다.
(D) 직원들에게 보너스를 지급했다.

[해설] 업무 경비와 관련된 남자의 말에서 단서를 찾는다. 남자는 새로운 정책에 따르면 하루에 업무 비용을 50달러까지만 돌려받을 수 있다고(under the new policy, we can only be paid back for up to fifty dollars of business expenses per day.) 했다. 이것은 최근에 회사의 정책이 변경되어서 상환받을 수 있는 업무 경비 금액의 한도가 줄어들었다는 의미이므로 (A)가 정답이다.

[해설] reimbursement 변제, 상환, 배상   rental 임차, 대여   contract 계약   agreement 동의, 합의

12.
남자가 "408번 버스가 30분 간격으로 운행해요"라고 말한 이유는 무엇인가?
(A) 시대에 뒤진 세부 정보를 정정하기 위해서
(B) 여자에게 서두를 것을 권하기 위해서
(C) 여행 일정을 확인하기 위해서
(D) 계획 변경을 제안하기 위해서

[해설] 앞서 택시를 타는 것은 비용이 거의 두 배나 들 거라는(Taking a taxi from the office would cost nearly twice that) 여자의 말에 남자가 "408번 버스가 30분 간격으로 운행해요"라고 말했다. 즉, 비용 상환 문제에 대한 해결책으로 원래 택시를 타려던 계획을 변경해서 버스를 타자고 제안하기 위해 이렇게 말한 것이므로 정답은 (D)이다.

[어휘] correct 고치다, 수정하다   outdated 구식인, 시대에 뒤진   encourage 장려하다, 고무하다   itinerary 여행 일정

[13-15] AU US
Questions 13-15 refer to the following conversation.

M: Hello?
W: Hi, Steve, it's Helen. ¹³ I have two tickets to the musical *Allowance* at Brookshire Theater on Friday, but something came up and I can't go. ¹³ Would you like them?
M: I live close to Brookshire Theater. ¹⁴ What time does the show start?
W: It's a 7 P.M. show with a two hour running time.
M: Thanks for thinking of me, I really appreciate it. I can give you whatever you originally paid for them. ¹⁵ Shall we meet for lunch tomorrow?
W: ¹⁵ Sure, that sounds good. I'll bring the tickets.

running time (영화의) 상영 시간   pay for 대가를 치르다

13-15는 다음 대화에 관한 문제입니다.
남: 여보세요?
여: 안녕하세요, Steve. 저 Helen이에요. ¹³ 저한테 금요일 Brookshire 극장에서 하는 뮤지컬 〈Allowance〉의 티켓 두 장이 있는데 일이 생겨서 제가 못 가요. ¹³ 생각 있어요?
남: 저는 Brookshire 극장 근처에 살아요. ¹⁴ 공연이 몇 시에 시작하나요?
여: 저녁 7시 공연이고 2시간 동안 해요.
남: 저를 떠올려 주다니 감사해요. 정말 고마워요. 당신이 애초에 그 티켓을 구입하기 위해 얼마나 냈든 그만큼 보답할게요. ¹⁵ 내일 만나서 점심 먹을까요?
여: ¹⁵ 그래요, 그거 좋겠네요. 티켓을 가져올게요.

13.
여자는 남자에게 무엇을 제시하는가?
(A) 다가오는 공연에서의 역할

(B) 공연 티켓
(C) 식권
(D) 사무실까지 태워주기

[해설] 대화 초반, 여자는 뮤지컬 티켓이 있으나(I have two tickets to the musical) 자신이 못 가게 되었다며 남자에게 이 공연을 보고 싶은 생각이 있는지(Would you like them?) 묻는다. 즉, 여자가 남자에게 공연 티켓을 주려고 하는 상황이므로 정답은 (B)이다.

paraphrasing musical 뮤지컬 → performance 공연

[어휘] role 역할 upcoming 다가오는, 곧 있을 meal voucher 식권 ride (차량, 자전거 등을) 타고 달리기[가기]

14.

남자가 "저는 Brookshire 극장 근처에 살아요"라고 말할 때 암시하는 것은 무엇인가?
(A) 운전 안내도가 필요하다.
(B) 제안에 관심이 있다.
(C) 극장 공연을 좋아하지 않는다.
(D) 티켓을 구매할 여유가 없다.

[해설] 여자가 Brookshire 극장에서 공연되는 뮤지컬 티켓이 있다며 남자에게 생각이 있는지 묻자, 남자가 "저는 Brookshire 극장 근처에 살아요"라고 말한 뒤 공연 시작 시간을 물어봄으로써(What time does the show start?) Brookshire 극장에서 공연을 보고 싶다는 의사를 밝혔다. 즉, 여자의 제안에 관심을 드러낸 것이므로 정답은 (B)이다.

[어휘] driving directions 운전 안내도 afford to V ~할 여유가 있다

15.

여자는 무엇을 하는 데 동의하는가?
(A) 사진을 찍기
(B) 좌석을 예약하기
(C) 남자와 식사를 하기
(D) 하루 동안 다른 사무실에서 일하기

[해설] 대화 후반, 남자가 함께 점심 식사를 할 것을 제안하자(Shall we meet for lunch tomorrow?) 여자가 수락했으므로(Sure, that sounds good.) 정답은 (C)이다.

paraphrasing Shall we meet for lunch tomorrow? 내일 만나서 점심 먹을까요? → Have a meal with the man 남자와 식사를 하기

[어휘] reserve 예약하다

[16-18] US BR
Questions 16-18 refer to the following conversation.

W: Hi Nick, it's Amiya. [16] **It's going to take a little longer than I expected to get to your place.** I'm stuck in traffic, and it doesn't look like it will clear up anytime soon.

M: Thanks for the call. [17] **I was thinking, maybe it's best for us to just take the subway.** Westbrook Station is not far from my house, and there's plenty of space to park. I could meet you there.

W: Let's do that. [18] **I'll call the clients to let them know that we may not be on time.**

stuck in traffic 교통이 막힌, 정체된 clear up 치우다, 정리하다, 사라지다 anytime soon 곧 plenty of 많은 on time 시간에 맞춰, 정각에

16-18은 다음 대화에 관한 문제입니다.
여: 안녕하세요, Nick. 저는 Amiya예요. [16] 예상했던 것보다 당신의 집까지 가는 데 시간이 좀 더 오래 걸릴 것 같아요. 차가 너무 막히는데 금방 정체가 해소될 것 같지 않아요.
남: 전화해줘서 고마워요. [17] 그냥 지하철을 타는 편이 가장 좋겠다고 생각하고 있었어요. Westbrook 역이 우리 집에서 멀지 않은데 주차할 곳도 많아요. 거기서 당신을 만나면 되겠어요.
여: 그렇게 해요. [18] 고객들에게 전화해서 우리가 시간에 맞추지 못할 수도 있다고 알릴게요.

16.

여자는 남자에게 왜 전화하는가?
(A) 다가오는 행사에 대해 상기시켜 주기 위해
(B) 회의를 연기할 것을 부탁하기 위해
(C) 동업자를 소개하기 위해
(D) 그녀가 늦을 거라고 말하기 위해

[해설] 대화 초반, 여자는 차가 너무 막혀서 예상보다 남자의 집까지 가는 데 시간이 더 걸릴 것 같다고(It's going to take a little longer than I expected to get to your place) 했다. 즉, 늦을 거라고 말하기 위해 전화했음을 알 수 있으므로 정답은 (D)이다.

[어휘] remind A of B A에게 B를 상기시키다 upcoming 다가오는, 곧 있을 postpone 연기하다, 미루다 business associate 사업 동료, 동업자

17.

남자는 무엇을 할 것을 제안하는가?
(A) 사과하기
(B) 환불 요청하기
(C) 대중교통 이용하기
(D) 고객과의 회의 일정을 변경하기

[해설] 교통 체증 때문에 늦는다는 여자의 말에 대한 남자의 응답에 단서가 있다. 남자는 그냥 지하철을 타는 편이 가장 좋겠다고 생각하고 있었다며(I was thinking, maybe it's best for us to just take the subway.), Westbrook 역에서 만나자고 제안했다. 즉, 여자의 차 대신 대중교통을 이용하여 약속 장소에 가자는 말이므로 정답은 (C)이다.

paraphrasing take the subway 지하철을 타다 → using public transportation 대중교통 이용하기

18.

여자는 무엇을 하겠다고 말하는가?
(A) 발표를 하기
(B) 고객에게 연락하기
(C) 문자 메시지를 전달하기
(D) 주차권을 신청하기

[해설] 대화 마지막, 여자는 고객들에게 전화해서 시간에 맞추지 못할 수도 있다고 알리겠다고(I'll call the clients to let them know that we may not be on time.) 했다. 따라서 정답은 (B)이다.

paraphrasing call the clients 고객에게 전화하다 → contact some clients 고객에게 연락하기

[어휘] forward 전달하다 apply for ~를 신청하다 parking pass 주차권

[19-21] US BR

Questions 19-21 refer to the following conversation and price list.

Stamford Museum of History	
History Musical (Ages 6~13)	$5.25
[19] Lecture: Local Historical Figures	**$7.75**
Movie: First Settlers	$8.50
Guided Artifact Tour	$9.90

W: Hello, and thank you for coming to the Stamford Museum of History.
M: Hi, I'd like one adult ticket, please.
W: Okay, would you like to attend any of our special events? This poster shows the prices for attending each event. The movie is very popular.
M: Actually, I'd rather listen to a talk. [19] **I'll take a ticket for "Local Historical Figures".**
W: Alright, [20] **the next one starts at noon.** But you should probably get there by 11:45 because [20] **it might be hard to find seating at that time.**
M: Okay, great. [21] **Do I need to present anything to get in?**
W: [21] **Just your ticket.** Would you like to pay by cash or card?

price list 가격표   figure 인물   seating 좌석   present 제시하다   get in (안으로) 들어가다   by cash 현금으로   settler 정착민   artifact 공예품

19-21은 다음 대화와 가격표에 관한 문제입니다.

Stamford 역사 박물관	
역사 뮤지컬 (6세~13세)	5.25달러
[19] 강연: 지역의 역사적 인물들	**7.75달러**
영화: 최초의 정착자들	8.50달러
가이드가 있는 공예품 견학	9.90달러

여: 안녕하세요, Stamford 역사 박물관에 와주셔서 감사합니다.
남: 안녕하세요, 성인 티켓 한 장 부탁드립니다.
여: 알겠습니다. 저희의 특별 행사에 참석하시겠어요? 이 포스터에 각 행사의 참석 비용이 나와 있습니다. 영화가 아주 인기가 많아요.
남: 실은, 저는 오히려 강연을 듣고 싶어요. [19] "**지역의 역사적 인물들**" 표를 한 장 주세요.
여: 좋습니다. [20] 다음 강연은 정오에 시작해요. 하지만 [20] 그때에는 자리를 찾기 힘들지도 모르니까 아마도 11시 45분까지는 도착하셔야 합니다.
남: 알겠습니다. [21] 입장할 때 제시해야 하는 것이 있나요?
여: [21] 티켓만 있으면 됩니다. 현금으로 결제하시겠어요, 아니면 카드로 하시겠어요?

19.

시각 자료를 보시오. 남자는 특별 행사에 참석하기 위해 얼마를 지불할 것인가?
(A) 5.25달러
(B) 7.75달러
(C) 8.50달러
(D) 9.90달러

[해설] 대화 중반, 여자가 특별 행사 참석을 권하자 남자는 강연을 듣고 싶다며, "지역의 역사적 인물들" 표를 한 장 달라고(I'd rather listen to a talk. I'll take a ticket for "Local Historical Figures".) 했다. 가격표에서 이 행사의 가격을 확인하면 7.75달러이므로 정답은 (B)이다.

20.

여자는 정오의 행사에 대해 무엇이라고 말하는가?
(A) 방문객들 사이에서 인기가 많다.
(B) 좌석이 미리 배정된다.
(C) 박물관에서 할인을 해준다.
(D) 좌석을 찾기가 어려울 수도 있다.

[해설] 질문의 핵심은 키워드 noon이 여자의 대사에서 언급된다. 여자는 다음 강연이 정오에 시작한다고(the next one starts at noon) 하면서 그 시간에는 자리를 찾기 힘들지도 모른다(it might be hard to find seating at that time)고 했다. 따라서 정답은 (D)이다.

[어휘] assign 배정하다, 배치하다   in advance 미리, 사전에

21.

여자는 남자가 무엇을 주어야 할 거라고 말하는가?
(A) 회원증
(B) 사진이 있는 신분증
(C) 티켓
(D) 영수증

[해설] 대화 후반부, 남자가 입장할 때 제시해야 하는 것이 있는지(Do I need to present anything to get in?) 묻자 여자는 티켓만 있으면 된다고(Just your ticket.) 했으므로 정답은 (C)이다.

paraphrasing   have to provide 제공해야 하다 → need to present 제시해야 하다

PART 4 광고/기타 담화

대표 유형 01 광고(advertisement)

| 실전으로 확장하기 해석 |

여: 만약 식료품 쇼핑을 가셔야 한다면, Tammy's Market이 그 장소입니다! 저희는 가장 신선한 고기와 농산물을 제공하고, 신선한 빵을 제공하기 위해 매장 내 베이커리도 있습니다. 또한, 다음 달부터 저희가 판매하는 음식들을 무료로 시식해 보실 수 있도록 저희 매장 여기 저기에 시식할 수 있는 장소를 설치해 놓을 것입니다. 당신이 쇼핑 목록을 준비하는 것을 돕기 위해, 저희는 웹사이트에 주간 판매 전단지를 게시해 두었습니다. 한 주 동안 여러분의 식사를 계획하실 수 있도록 그곳을 확인해 보시기 바랍니다!

대표 유형 02 기타 담화(talk)

| 실전으로 확장하기 해석 |

남: Delaney 자동차는 Millenium 전자와 협력하여 새로운 자동차 디지털 바람막이 유리를 만들었습니다. 처음 보기에는, 일반 바람막이와 같아 보입니다. 하지만, 차 안에서는 안이 보이는 화면을 통해 디지털 화면을 볼 수 있습니다. 운전자는 속도, 연료, 그리고 GPS 방향을 보여주는 화면을 맞춤화 할 수 있습니다. 그것이 장착되어 있는 차량을 시험 운전해 본 사람들은 그들이 과학 공상 영화 속에 있는 것 같다고 말합니다. 이제, 카메라 팀과 제가 차 안으로 들어가 어떻게 작동하는지 보여드리겠습니다.

유형 연습

01. (A) **02.** (A) **03.** (B) **04.** (A) **05.** (A) **06.** (B)

01. [US]
What will the **listeners do next**?
(A) **See** a **video** (B) **Tour** a **house**

M: Good afternoon. I'm Bob Ring, director of Wellington Valley Homes and Property. Thank you for coming to this informative seminar about real estate transactions. I will give you a clear overview of what you will encounter when buying or renting a property. I will share with you both good and bad cases. Now, would you please watch this short video?

청자들은 다음에 무엇을 할 것인가?
(A) 영상 보기 (B) 집을 둘러 보기

담화
남: 안녕하세요. 저는 Wellington Valley Homes and Property의 책임자인 Bob Ring입니다. 부동산 거래에 대한 이 유익한 세미나에 와 주셔서 감사합니다. 당신이 집을 사거나 빌릴 때 맞닥뜨릴 것에 대한 명확한 개요를 설명해 드리겠습니다. 좋은 경우와 나쁜 경우를 모두 공유해 드리겠습니다. 이제, 이 짧은 영상을 봐주시겠어요?

02. [BR]
Where is the talk **taking place**?
(A) At an **industry exhibition** (B) At an **electronics store**

W: Thank you for visiting our booth. We, Irwin Electronics, are one of the most reliable kitchen utensil providers and we attend the Chicago Culinary Expo with new products every year. This year, we have developed a new fryer for commercial use. It features a non-chemical auto filtering technology, so you can reduce oil use. I will show you how it works now.

담화는 어디에서 이루어지고 있는가?
(A) 산업 박람회에서 (B) 전자기기 매장에서

담화
여: 저희 부스를 방문해 주셔서 감사합니다. 저희 Irwin 전자는 가장 신뢰할 수 있는 주방 기구 공급업체 중 하나이고 매해 신제품을 가지고 시카고 요리 박람회에 참석합니다. 올해, 저희는 상업적 용도를 위한 새로운 프라이어를 개발했습니다. 화학 제품이 없는 자동 필터링 기술을 특징으로 하고 있어, 여러분은 기름의 사용을 줄일 수 있습니다. 이제 그것이 어떻게 작동하는지 보여드리겠습니다.

03. [AU]
What product is being **discussed**?
(A) **Sunglasses** (B) A **digital camera**

M: Hello, welcome to the Optical Instrument Expo. My name is Jeff. Today, I will introduce a new digital camera that we just released on the market. You have probably missed a great moment to take a photo due to a long response time of your digital camera. That's why people prefer to take a photo with their cellphone. If you just press the shutter, it will be ready to take a photo in a second.

어떤 제품이 논의되고 있는가?
(A) 선글라스 (B) 디지털 카메라

담화
남: 안녕하세요, 시각 기기 박람회에 오신 것을 환영합니다. 제 이름은 Jeff입니다. 오늘, 저는 저희가 막 시장에 출시한 새로운 디지털 카메라를 소개할 것입니다. 여러분은 아마도 여러분의 디지털 카메라의 긴 반응 시간 때문에 사진을 찍을 훌륭한 순간을 놓쳤던 때가 있을 겁니다. 그게 사람들이 휴대전화로 사진 찍는 것을 선호하는 이유죠. 셔터를 누르시기만 하면, 순식간에 사진 찍을 준비가 될 것입니다.

04. [US]
Why are items **on sale**?
(A) A **store** is **moving** to another location.
(B) **New products** will **arrive** soon.

M: After over 20 years in business downtown, Bed & Beddings is about to relocate to Lloyd Mall. All of the items currently in stock will be sold at 20% off. All displayed items in the showroom are drastically reduced for clearance. Come today and check their price. Hurry up! Don't miss this saving opportunity.

제품들은 왜 할인을 하는가?
(A) 상점이 다른 곳으로 이전한다. (B) 새 제품들이 곧 도착할 것이다.

광고
남: 시내에서 20년 이상의 사업 후에, Bed & Beddings가 Lloyd Mall로 이전하려고 합니다. 현재 재고가 있는 모든 제품들은 20퍼센트 할인된 가격에 판매될 것입니다. 모든 진열 제품들은 재고 정리를 위해 많이 할인될 것입니다. 오늘 오셔서 가격을 확인해 보세요. 서두르세요! 이 절약할 수 있는 기회를 놓치지 마세요.

05. [US]
How can listeners **get** a **discount**?
(A) By **referring** to an **advertisement**
(B) By **registering** for a **newsletter**

W: Do you want to avoid hassles of gardening work such as tree trimming and grass mowing? That's why Dominguez Landscaping is here at Centerville. Call us today to get a free cost estimate. One of our experienced landscapers will visit your home or building. Mention this ad when you reserve our service, and you will get 20% off.

청자들은 어떻게 할인을 받을 수 있는가?
(A) 광고를 언급함으로써 (B) 소식지를 신청함으로써

광고
여: 나무 다듬기와 잔디 깎는 것과 같은 귀찮은 정원 손질 일을 하고 싶지 않으신가요? 그래서 이곳 센터빌에 Dominguez 조경이 있습니다. 오늘 저희에게 전화 주셔서 무료 비용 견적을 받으세요. 저희의 숙련된 조경사 중 한 명이 당신의 집 또는 건물을 방문할 것입니다. 서비스를 예약하실 때 이 광고를 언급하시면 20퍼센트 할인을 받으실 겁니다.

06. [BR]
Where does the **speaker** most likely **work**?
(A) At a **delivery company** (B) At a **supermarket**

W: Are you too busy to go grocery shopping every day? We will introduce the Pick-up Grocery service. Just order your groceries online at our Web site and book a time for you to pick them up. Our workers will bag the groceries you ordered. All you have to do is come to one of the counters and pick up your order. We will open a drive-through window soon.

화자는 어디에서 일하겠는가?
(A) 배송 회사에서　(B) 슈퍼마켓에서

광고
여: 매일 식료품을 사러 가기에 너무 바쁘신가요? Pick-up Grocery 서비스를 소개해 드리겠습니다. 저희 웹사이트에서 온라인으로 식료품을 주문하고 그것을 가지러 올 시간을 예약하기만 하세요. 저희의 직원들이 당신이 주문한 식료품을 포장할 것입니다. 여러분은 계산대 중 한 곳으로 오셔서 주문을 가져가기만 하면 됩니다. 저희는 곧 드라이브 스루 창구도 열 것입니다.

paraphrasing 정답　1. (a)　2. (c)　3. (b)　4. (c)　5. (a)　6. (b)

실전 문제

01. (B)　02. (D)　03. (C)　04. (D)　05. (B)　06. (D)
07. (D)　08. (C)　09. (A)　10. (B)　11. (A)　12. (C)
13. (A)　14. (D)　15. (C)　16. (B)　17. (D)　18. (C)
19. (A)　20. (C)　21. (A)

[01-03] [AU]
Questions 01-03 refer to the following advertisement.

M: If you own a business, then you must know the hassle of **⁰¹ keeping track of your inventory**. You and your employees have to check inventory at the end of the business day. Sometimes it does not match your sales with the remaining inventory. Let go of the trouble and get Item Tracker! ⁰¹, ⁰² **This revolutionary new software will sync with your registers and send you automatic updates on what you need to order.** ⁰³ **For a limited time only, we are offering a free test trial.** Call today to experience the convenience of Item Tracker!

own 소유하다　hassle 귀찮은 일, 번거로운 상황　keep track of ~에 대해 계속 파악하다　inventory 재고(품), 재고 조사　business day 영업일　match ~와 맞다　remaining 남아있는, 남은　let go of ~에서 손을 놓다　revolutionary 혁명의, 혁명적인　sync with ~와 동시에 움직이다　register (금전) 등록기　trial (최종 결정 전의) 시험, 실험　convenience 편리함

01-03은 다음 광고에 관한 문제입니다.
남: 당신이 사업체를 소유하고 있다면, ⁰¹ 재고를 계속 파악하는 것의 번거로움을 틀림없이 알 것입니다. 당신과 직원들은 그날의 영업이 끝날 때 재고를 확인해야 합니다. 가끔은 매출과 남아 있는 재고가 맞지 않기도 합니다. 그런 번거로움에서 벗어나 Item Tracker를 구매하세요! ⁰¹, ⁰² 이 혁명적인 새 소프트웨어는 당신의 금전 등록기와 동기화되어 주문해야 하는 것을 자동으로 업데이트하여 보내줍니다. ⁰³ 한정된 시간 동안만 무료로 시험판을 제공합니다. 오늘 전화하셔서 Item Tracker의 편리함을 경험해보세요!

01.
이 회사는 어떤 종류의 상품을 판매하는가?
(A) 금전 등록기
(B) 재고 조사 소프트웨어
(C) 포장 재료
(D) 보안 시스템

[해설] 앞서 재고 파악의 번거로움을 언급한 후, 이 혁명적인 새로운 소프트웨어가 금전 등록기와 동기화되어 주문해야 하는 것을 자동으로 업데이트하여 보내준다고(This revolutionary new software will sync with your registers and send you automatic updates on what you need to order.) 했다. 즉, 재고 관리 소프트웨어를 광고하고 있으므로 정답은 (B)이다.

02.
화자는 어떤 특징을 강조하는가?
(A) 제품의 가격이 저렴하다.
(B) 일체형 제품이다.
(C) 고객들이 긍정적인 후기를 작성했다.
(D) 최신 정보가 자동으로 제공된다.

[해설] 광고하고 있는 소프트웨어를 이용하면 주문해야 하는 것을 자동으로 업데이트하여 보내준다는(This revolutionary new software will sync with your registers and send you automatic updates on what you need to order.) 내용으로 보아 정답은 (D)이다.

paraphrasing　send you automatic updates 자동으로 업데이트하여 보내준다 → Updates are given automatically. 최신 정보가 자동으로 제공된다.

[어휘] feature 특징　emphasize 강조하다　affordable (가격이) 알맞은　all-in-one 일체형의　positive 긍정적인

03.
한정된 기간 동안 무엇이 무료로 제공될 예정인가?
(A) 연장된 보증 기간
(B) 배송
(C) 시험 사용 기간
(D) 설치

[해설] 담화 후반에 무료로 제공되는 서비스가 언급된다. 한정된 시간 동안 무료로 시험판을 제공한다고(For a limited time only, we are offering a free test trial.) 했으므로 정답은 (C)이다.

[어휘] extended (기간 등을) 연장한　warranty 품질 보증　installation 설치

[04-06] [US]
Questions 04-06 refer to the following talk.

M: It's great to see so many people here for Timber Gym's open house event. As you may know, ⁰⁴ **we've just cut our membership fees by thirty percent** so that more people can enjoy our facility. After the tour, you can try one of our exercise classes for free. For example, ⁰⁵ **there's a yoga class at two o'clock that is taught by Carol.** As you leave today, make sure you check out the sports equipment we sell at the front desk. ⁰⁶ **Our best-selling item is a step counter.** It can be used for people of any level. In fact, I always have mine with me.

open house (모든 방문객을 환영하는) 개방 파티, 공개일 membership fee 회비 facility 시설 try 시험 삼아 해보다 for free 무료로 check out 확인하다 equipment 장비, 용품 best-selling 가장 많이 팔리는 step counter 만보기 in fact 사실은

04-06은 다음 담화에 관한 문제입니다.
남: Timber 체육관 공개 행사를 위한 이 자리에서 이렇게 많은 분들을 뵙게 되어 영광입니다. 아시다시피 저희는 더욱 많은 분들이 저희 시설을 이용하실 수 있도록 04 **회비를 30퍼센트 인하했습니다.** 둘러보신 후 저희 운동 강좌 중 하나를 무료로 들어 보실 수 있습니다. 예를 들어, 05 **Carol이 강의하는 요가 강좌가 2시에 있습니다.** 오늘 나가실 때 안내 데스크에서 판매 중인 운동용품들을 꼭 확인해 보시기 바랍니다. 06 **가장 잘 팔리는 품목은 만보기입니다.** 모든 수준의 사람들이 이용할 수 있습니다. 사실 **저는 항상 제 것을 지니고 다닙니다.**

04.
화자에 따르면, 이 업체는 최근에 무엇을 했는가?
(A) 더 많은 강좌를 추가했다.
(B) 건물을 확장했다.
(C) 두 번째 지점을 열었다.
(D) 가격을 낮췄다.

[해설] 피트니스 센터를 공개하는 행사에 참석한 잠재 고객들을 대상으로 하는 담화이다. 담화 초반, 화자는 많은 사람들이 시설을 이용할 수 있도록 회비를 30 퍼센트 인하했다고(we've just cut our membership fees by thirty percent) 했다. 즉, 이용 가격을 낮춘 것이므로 정답은 (D)이다.

paraphrasing we've just cut our membership fees by thirty percent 회비를 30퍼센트 인하했다 → reduced its prices 가격을 낮췄다.

[어휘] add 추가하다 expand 확장시키다 reduce 낮추다, 인하하다

05.
Carol은 누구인가?
(A) 관광 안내원
(B) 운동 강사
(C) 자선 단체 설립자
(D) 사업주

[해설] 질문의 핵심 키워드인 Carol이라는 인물은 담화 중반에 언급된다. 무료로 들어볼 수 있는 강좌의 한 예로, Carol이 강의하는 요가 강좌가 2시에 있다는(there's a yoga class at two o'clock that is taught by Carol) 말로 보아 Carol은 운동 강사임을 알 수 있으므로 정답은 (B)이다.

[어휘] fitness instructor 운동 강사 charity 자선 단체 founder 창립자, 설립자

06.
화자가 "저는 항상 제 것을 지니고 다닙니다"라고 말할 때 의미하는 것은 무엇인가?
(A) 청자들의 요구에 빨리 대응할 수 있다.
(B) 가벼운 물품들을 더 많이 찾고 싶다.
(C) 일부 정보의 최신 복사본을 보여줄 수 있다.
(D) 청자들이 제품을 구입할 것을 권장한다.

[해설] 담화 후반부, 화자는 안내 데스크에서 판매하는 운동용품들을 확인해보라며, 가장 잘 팔리는 품목은 만보기라고(Our best-selling item is a step counter) 한 뒤에 "저는 항상 제 것을 지니고 다닙니다"라고 했다. 즉, 자신이 항상 가지고 다닐 정도로 좋은 제품이니 만보기를 구입하라고 권하기 위해 해당 표현을 썼으므로 정답은 (D)이다.

[어휘] respond to ~에 대응하다 lightweight 가벼운, 경량의 encourage 권장[장려]하다

[07-09] US
Questions 07-09 refer to the following speech.

W: Ladies and gentlemen, we'd like to get this press conference started. My name is Marilyn DeBoer, and 07 **I'm a member of GB Manufacturing's board of directors.** We are constantly looking for ways to be an industry leader. Therefore, we are pleased to announce that 08 **our profits from the third quarter will be used to purchase solar panels** for all of our facilities. By using 08 **alternative sources of electricity,** we can reduce our company's impact on the environment. You can find out more about this project in 09 **the brochures that we have provided on the table near the entrance.** I hope you pick one up.

press conference 기자회견 board of directors 이사회 constantly 끊임없이 industry 산업, ~업 announce 발표하다, 알리다 profit 이익, 수익 quarter 사분기 purchase 구매하다 solar panel 태양 전지판 facilities 설비, 시설 alternative 대안, 선택 가능한 것 source 원천, 근원 electricity 전기 reduce 줄이다, 낮추다 impact 충격, 영향 provide 제공하다, 주다 entrance (출)입구

07-09는 다음 연설에 관한 문제입니다.
여: 신사숙녀 여러분, 이번 기자회견을 시작하도록 하겠습니다. 제 이름은 Marilyn DeBoer이고, 07 **GB 제조사 이사회의 일원입니다.** 저희는 업계의 선두주자가 되기 위한 방법들을 끊임없이 찾고 있습니다. 따라서, 08 **3분기 이익이 우리의 모든 시설을 위한 태양 전지판을 구입하는 데 사용될 예정임**을 알려드리게 되어 기쁩니다. 08 **전기의 대체 공급원**을 이용함으로써 우리 회사가 환경에 끼치는 영향을 줄일 수 있습니다. 09 **저희가 입구 근처 테이블에 준비해둔 안내책자**를 보시면 이 작업에 대해 더 많이 아실 수 있습니다. 한 부씩 가져가시기 바랍니다.

07.
화자는 누구일 것 같은가?
(A) 영화 감독
(B) 행사 기획자
(C) 회사 설립자
(D) 이사회 임원

[해설] 화자의 신분이나 직업을 묻는 문제의 단서는 주로 담화 초반부에 나온다. 화자는 기자회견의 시작을 알리면서 자신을 GB Manufacturing 이사회의 일원 (I'm a member of GB Manufacturing's board of directors)이라고 소개하고 있다. 즉, 화자는 이사회 임원임을 알 수 있으므로 정답은 (D)이다.

paraphrasing a member of GB Manufacturing's board of directors GB Manufacturing 이사회의 일원 → a board member 이사회 임원

08.
분기 이익이 무엇을 위해 사용될 예정인가?
(A) 환경 연구에 자금을 대기
(B) 장학 재단을 설립하기
(C) 대체 에너지에 투자하기
(D) 직원들에게 교육을 제공하기

[해설] 질문의 핵심 키워드 the quarterly profits가 담화 중반의 our profits from the third quarter에 해당한다는 것을 알 수 있어야 한다. 3분기 이익이 태양 전지판을 구입하는 데 사용될 것이고(our profits from the third quarter will be used to purchase solar panels) 이어서 전기의 대체 공급원 (alternative sources of electricity)을 이용할 거라는 말은 곧 해당 분기의 이익을 대체 에너지에 투자할 것이라는 뜻이므로 정답은 (C)이다.

정답·스크립트·해석·해설 **151**

paraphrasing quarterly profits 분기의 이익 / alternative sources of electricity 전기의 대체 공급원 → alternative energy 대체 에너지

[어휘] quarterly 분기별의 fund 기금, 자금; 자금[기금]을 대다 environmental 환경 set up ~을 세우다, 놓다 scholarship 장학금 invest in ~에 투자하다 alternative energy 대체 에너지

09.

화자에 따르면, 입구 근처에서 무엇을 이용할 수 있는가?
(A) 회사 안내책자
(B) 가벼운 다과
(C) 등록 양식
(D) 발표자 일정

[해설] 담화 후반부에서, 화자는 입구 근처 테이블에 준비해둔 안내책자(the brochures that we have provided on the table near the entrance)에 자세한 설명이 있다고 했으므로 정답은 (A)이다.

[어휘] refreshments 다과 registration 등록 presenter 발표자, 진행자

[10-12] [BR]

Questions 10-12 refer to the following advertisement.

W: Do you wish you could have fresh, home-cooked meals on a daily basis? ¹¹**Normally that requires planning, grocery shopping, food prep, looking up recipes... No one has time for that!** ¹⁰**With Green Table, you can select from a variety of different meal plans.** We will select a recipe and deliver all of the ingredients to your doorstep. All you need to do is follow the included directions and you can enjoy a fresh, healthy, and delicious homemade meal! ¹²**Sign up now to get complimentary desserts delivered as well. This offer won't last long!**

meal 식사 on a daily basis 매일 grocery 식료품 prep 준비 (= preparation) look up (정보를) 찾아보다 recipe 조리법, 요리법 ingredient 재료 doorstep 현관 계단 directions 지시, 명령 sign up 신청하다 complimentary 무료의 offer 제의, 제안, (짧은 기간 동안의) 할인 last 계속하다, 지속하다

10-12는 다음 광고에 관한 문제입니다.
여: 매일 신선하고 집에서 만든 식사를 할 수 있기를 바라요? ¹¹보통은 그러려면 식단을 짜야 하고, 장을 봐야 하고, 음식을 준비해야 하고, 요리법을 찾아봐야 합니다... 그럴 시간이 있는 사람은 없어요! ¹⁰Green Table과 함께라면 여러 가지 다양한 식단에서 선택하실 수 있어요. 저희가 조리법을 선정해서 당신의 문 앞까지 모든 재료를 배달해드리겠습니다. 당신이 할 일은 포함된 지시사항을 따르는 것뿐입니다. 그러면 신선하고, 건강에 좋으며, 맛있는 집밥을 즐기실 수 있습니다! ¹²지금 신청하시고 무료 디저트도 배달 받아보세요. 이 행사는 오래 지속되지 않을 겁니다!

10.

Green Table은 무엇인가?
(A) 농부 협회
(B) 식단 서비스
(C) 식료품점
(D) 식당

[해설] 담화 중반 Green Table이 언급되는 부분에 단서가 있다. 앞서 식사 준비의 번거로움에 대해 나열한 후 Green Table과 함께라면 여러 가지 다양한 식단

에서 선택할 수 있다고(With Green Table, you can select from a variety of different meal plans.) 했다. 이로 보아 Green Table은 식사 메뉴를 짜주는 서비스임을 알 수 있으므로 정답은 (B)이다.

[어휘] association 협회

11.

화자가 "그럴 시간이 있는 사람은 없어요"라고 말할 때 의미하는 것은 무엇인가?
(A) 너무 많은 시간과 수고가 필요한 일이다.
(B) 팀에서 더 많은 팀원을 채용해야 한다.
(C) 지원 마감 기한이 지났다.
(D) 행사가 취소되었다.

[해설] 집에서 만든 식사를 하려면 식단을 짜야 하고, 장을 봐야 하고, 음식을 준비해야 하고, 요리법을 찾아봐야 한다고(requires planning, grocery shopping, food prep, looking up recipes) 한 후에 "그럴 시간이 있는 사람은 없어요"라고 말했다. 즉, 식사 준비에 많은 시간과 노력이 필요함을 강조하기 위해 해당 표현을 쓴 것이므로 정답은 (A)이다.

[어휘] task 일, 과제 effort 노력 recruit 모집하다 application 지원, 신청

12.

청자들은 왜 빨리 행동해야 하는가?
(A) 배달 일정을 잡는 데 시간이 걸린다.
(B) 이용할 수 있는 것이 많이 남아 있지 않다.
(C) 특별 판촉 행사가 제공되고 있다.
(D) 마감일이 변경되었다.

[해설] 담화 후반, 지금 신청하고 무료 디저트도 배달 받아보라고(Sign up now to get complimentary desserts delivered as well.) 한 후 이 행사는 오래 지속되지 않을 거라고(This offer won't last long!) 덧붙였다. 즉, 디저트를 무료로 제공하는 판촉 행사가 끝나기 전에 서둘러 신청하라는 의미이므로 정답은 (C)이다.

[어휘] availabilities 이용할 수 있는 것[사람]

[13-15] [AU]

Questions 13-15 refer to the following advertisement.

M: Look and feel your best with help from ¹³**Primrose Style**, located in the Scottsdale Mall. We provide a wide variety of services such as ¹³**haircuts, hair straightening, dyeing**, and more. We have an experienced staff, and, ¹⁴**just last month, we won the Chamber of Commerce's Best Business Award** in our category. Call us today at 555-4663 to book an appointment. ¹⁵**You can save time by selecting a look in advance from our comprehensive photo gallery. You can find it on our Web site.**

dyeing 염색 experienced 경험이 있는, 능숙한 Chamber of Commerce 상공 회의소 book 예약하다 save 절약하다, 아끼다 in advance 사전에, 미리 comprehensive 포괄적인, 종합적인

13-15는 다음 광고에 관한 문제입니다.
남: Scottsdale Mall에 위치한 ¹³Primrose Style의 도움으로 당신의 최고의 모습을 직접 보고 느껴 보세요. 저희는 ¹³커트, 스트레이트 파마, 염색 등의 매우 다양한 서비스를 제공합니다. 숙련된 직원을 보유하고 있으며 ¹⁴지난달에는 우리 분야에서 상공 회의소의 최우수 기업 상을 받았습니다. 오늘 555-4663으로 전화하셔서 예약하세요. ¹⁵저희의 통합 사진 갤러리에서 미리 머리 모양을 고르시

면 시간을 절약하실 수 있습니다. 저희 웹사이트에서 찾아보시면 됩니다.

13.
무엇에 관한 광고인가?
(A) 미용실
(B) 패션 스튜디오
(C) 치과
(D) 운동 시설

[해설] 화자가 언급한 상호명 Primrose Style과 커트, 스트레이트 파마, 염색(haircuts, hair straightening, dyeing) 등의 서비스를 제공한다는 말로 보아 미용실 광고임을 알 수 있으므로 정답은 (A)이다.

[어휘] facility 시설

14.
이 업체는 최근에 무엇을 했는가?
(A) 영업시간을 연장했다.
(B) 다른 지점을 열었다.
(C) 위치를 옮겼다.
(D) 상을 받았다.

[해설] 질문의 핵심 키워드 recently(최근에)가 담화 중반의 just last month(바로 지난달)를 바꿔 표현한 것임을 파악해야 한다. 지난달에 상공 회의소에서 주는 최우수 기업 상을 받았다고(just last month, we won the Chamber of Commerce's Best Business Award) 했으므로 정답은 (D)이다.

paraphrasing won the Chamber of Commerce's Best Business Award 상공 회의소 최우수 기업 상을 받았다 → received an award 상을 받았다

[어휘] extend 연장하다, 확대하다

15.
청자들은 왜 웹사이트를 방문할 것을 요청받는가?
(A) 직원들에 대해서 읽어보기 위해서
(B) 쿠폰을 다운받기 위해서
(C) 이미지를 보기 위해서
(D) 예약을 하기 위해서

[해설] 담화 후반 통합 사진 갤러리에서 미리 머리 모양을 고르면 시간을 절약할 수 있으니(You can save time by selecting a look in advance from our comprehensive photo gallery) 웹사이트에서 찾아보라고 했다. 즉, 웹사이트에서 다양한 머리 모양을 이미지로 확인할 수 있으므로 정답은 (C)이다.

paraphrasing selecting a look in advance from our comprehensive photo gallery 우리의 통합 사진 갤러리에서 미리 모양을 고르기 → view some images 이미지들을 보다

[16-18] US
Questions 16-18 refer to the following advertisement.

W: When you're working on repairs at your home, you need the right tools to get the job done. The 6S ¹⁶**cordless drill from Mayer Electronics is the perfect solution.** ¹⁷**Its battery lasts for four hours, much longer than many other models on the market.** And don't forget to check back on our Web site. ¹⁸**From next month, we'll be posting free videos about how to make basic repairs as well as build a variety of useful furniture items.**

work on ~에 노력을 들이다, 착수하다 tool 연장, 도구 cordless 무선의 last 지속되다 on the market 시장에 나와 있는 make repairs 수리하다

16-18은 다음 광고에 관한 문제입니다.
여: 여러분이 집에서 무언가를 수리할 때, 작업을 마치기 위해서는 적절한 도구가 필요합니다. Mayer 전자의 6S ¹⁶무선 드릴은 완벽한 해결책입니다. ¹⁷배터리가 4시간 동안 지속되는데, 이는 시중의 많은 다른 모델보다 훨씬 더 긴 것입니다. 그리고 웹사이트를 다시 확인하는 것을 잊지 마세요. ¹⁸다음 달부터 저희가 여러 가지 유용한 가구들을 만드는 방법뿐만 아니라 기본적인 수리 방법에 대한 무료 영상을 게시할 예정입니다.

16.
무엇이 광고되고 있는가?
(A) 주방 기기
(B) 전동 공구
(C) 소프트웨어 프로그램
(D) 스마트폰 앱

[해설] 담화 전반부, Mayer Electronics의 6S 무선 드릴(cordless drill)이라며 광고하는 제품의 종류를 밝혔다. 따라서 cordless drill을 power tool로 바꾸어 표현한 (B)가 정답이다.

paraphrasing cordless drill 무선 드릴 → power tool 전동 공구

[어휘] appliance (가정용) 기기 tool 도구, 공구

17.
화자는 제품에 대하여 무엇을 강조하는가?
(A) 경량형 디자인
(B) 낮은 가격
(C) 관대한 품질 보증
(D) 오래 지속되는 배터리

[해설] 담화 중반, 배터리가 4시간 동안 지속되는 특징을 언급하며, 이는 시중의 다른 모델보다 훨씬 긴 시간이라고(Its battery lasts for four hours, much longer than many other models on the market.) 강조했다. 따라서 정답은 (D)이다.

paraphrasing Its battery lasts for four hours, much longer than many other models on the market. 배터리가 4시간 동안 지속되는데, 이는 시중의 많은 다른 모델들보다 훨씬 더 긴 것입니다. → Its long-lasting battery 오래 지속되는 배터리

[어휘] lightweight 가벼운, 경량의 generous 후한, 넉넉한 warranty 품질 보증(서) long-lasting 오래 지속되는

18.
화자에 따르면, 다음 달에 무엇을 이용할 수 있는가?
(A) 토론회
(B) 회원 할인
(C) 교육용 영상
(D) 월간 소식지

[해설] 질문의 핵심 키워드 next month는 광고 후반에 언급된다. 다음 달부터 가구들을 만드는 방법과 기본적인 수리 방법에 대한 무료 영상을 게시할 예정이라고(From next month, we'll be posting free videos about how to make basic repairs as well as build a variety of useful furniture items.) 한 것으로 보아 다음 달부터 교육용 영상을 이용할 수 있음을 알 수 있으므로 정답은 (C)이다.

paraphrasing videos about how to make basic repairs 기본적인 수리 방법에 대한 영상 → instructional videos 교육용 영상

[어휘] forum 포럼, (토론의) 장 instructional 교육용의 monthly 월간의

[19-21] [AU]

Questions 19-21 refer to the following talk and chart.

Coyote Cable Package Options		
Package	Includes	Monthly Fee
A	Local TV	$14.99
B	Local TV + Internet	$24.99
[20] C	Local & Cable TV + Internet	$34.99
D	Local & Cable & Movie TV + Internet	$44.99

W: [19] **Please keep in mind that you are representing Coyote Cable** when speaking with customers on the phone regarding the services we provide. [19] **If you turn to page 10 in your manuals**, you will see a list of our updated package options. A lot of our customers currently have the local TV and Internet package, but [20] **we want to encourage them to upgrade to the one that includes local and cable TV along with Internet.** [19] **Please remember to say that they will only pay $24.99 for the next three months.** [21] **Whoever gets the most customers to upgrade each week will get this voucher good for two adult tickets to any film playing at SuperBox Theater.**

keep in mind 명심하다   represent 대표[대신]하다   regarding ~에 관하여   manual 설명서, 안내서   currently 현재, 지금   encourage 격려[고무]하다   include 포함하다   along with ~와 함께   voucher 상품권   good 유효한

19-21은 다음 담화와 도표에 관한 문제입니다.

Coyote 케이블 패키지 사양		
패키지	포함 내용	월 이용료
A	지역 TV	14.99달러
B	지역 TV + 인터넷	24.99달러
[20] C	지역 & 케이블 TV + 인터넷	**34.99달러**
D	지역 & 케이블 & 영화 TV + 인터넷	44.99달러

여: 우리가 제공하는 서비스에 관하여 고객들과 전화로 상담할 때 [19] **여러분이 Coyote Cable을 대표하고 있음을 명심하시기 바랍니다.** [19] **설명서 10페이지를 펼치면** 최신 패키지 사양 목록이 보이실 겁니다. 많은 고객들이 현재 지역 TV와 인터넷 결합 패키지를 이용합니다. 하지만 [20] 우리는 그들에게 인터넷과 함께 지역 및 케이블 **TV를 포함하는 상품으로 업그레이드하도록 장려하고자 합니다.** [19] **다음 3개월간 24.99달러만 내게 된다고 얘기하는 것을 기억하시기 바랍니다.** [21] 매주 가장 많은 고객을 업그레이드하게 한 사람에게는 SuperBox 극장에서 상영하는 어느 영화든 성인 2인이 볼 수 있는 이 상품권이 지급됩니다.

19.

청자들은 어디에 있는 것 같은가?
(A) 교육 과정에
(B) 쇼핑몰에
(C) 제품 시연회에
(D) TV 프로그램에

[해설] 케이블 TV 서비스 업체가 자사의 고객 상담원들에게 업무 관련 사항을 전달하는 담화이다. 청자들이 Coyote Cable을 대표함을 명심하라고 했고, 설명서를 보라고 했다. 이어서 지역 및 케이블 TV와 인터넷 결합 상품으로의 업그레이드를 장려하고 3개월간 24.99달러만 낸다고 얘기할 것 등을 지시하는 것으로 보아 청자들에게 일종의 서비스 교육을 시행하고 있는 것으로 볼 수 있으므로 정답은 (A)이다.

20.

시각 자료를 보시오. 화자에 따르면, 청자들은 어떤 패키지를 추천해야 하는가?
(A) A 패키지
(B) B 패키지
(C) C 패키지
(D) D 패키지

[해설] 담화 중반, 화자는 고객들에게 인터넷과 함께 지역 및 케이블 TV를 포함하는 상품으로 업그레이드하도록 장려하고자 한다고(we want to encourage them to upgrade to the one that includes local and cable TV along with Internet) 했는데, 도표에서 인터넷과 지역 및 케이블 TV 결합 상품을 찾으면 C 패키지이므로 정답은 (C)이다. 이어서 이 상품을 이용하면 3개월간 24.99달러만 내면 된다는 내용이 이어지는데 이것만 듣고 B를 고르지 않도록 주의해야 한다. 원래는 이용료가 월 34.99달러이지만 3개월간 24.99달러로 할인해준다는 의미이다.

21.

인센티브로 무엇이 제공되는가?
(A) 영화 티켓
(B) 현금 보너스
(C) 장비 업그레이드
(D) 추가 유급 휴가

[해설] 담화 후반, 매주 가장 많은 고객을 업그레이드시킨 사람에게는 SuperBox 극장에서 상영하는 영화를 볼 수 있는 상품권(this voucher good for two adult tickets to any film playing at SuperBox Theater)이 지급된다고 했다. 즉, 인센티브로 영화 티켓이 제공된다는 것이므로 정답은 (A)이다.

[어휘] equipment 장비, 용품 paid vacation 유급 휴가

ACTUAL TEST

01. (C)	02. (B)	03. (B)	04. (A)	05. (A)	06. (C)
07. (B)	08. (C)	09. (C)	10. (B)	11. (A)	12. (B)
13. (A)	14. (C)	15. (C)	16. (A)	17. (C)	18. (A)
19. (B)	20. (B)	21. (B)	22. (B)	23. (B)	24. (A)
25. (C)	26. (A)	27. (A)	28. (A)	29. (B)	30. (B)
31. (B)	32. (C)	33. (D)	34. (D)	35. (B)	36. (C)
37. (B)	38. (C)	39. (C)	40. (D)	41. (B)	42. (B)
43. (A)	44. (C)	45. (C)	46. (C)	47. (B)	48. (D)
49. (C)	50. (A)	51. (C)	52. (D)	53. (B)	54. (A)
55. (D)	56. (C)	57. (C)	58. (C)	59. (B)	60. (D)
61. (C)	62. (A)	63. (B)	64. (C)	65. (A)	66. (A)
67. (D)	68. (C)	69. (B)	70. (A)	71. (B)	72. (C)
73. (D)	74. (B)	75. (C)	76. (B)	77. (C)	78. (B)
79. (D)	80. (A)	81. (C)	82. (B)	83. (C)	84. (A)
85. (D)	86. (A)	87. (A)	88. (C)	89. (A)	90. (C)
91. (B)	92. (C)	93. (A)	94. (C)	95. (A)	96. (A)
97. (D)	98. (B)	99. (B)	100. (A)		

01. US

(A) She's entering a building.
(B) She's placing her suitcase on a counter.
(C) She's standing next to a car.
(D) She's unpacking her baggage.

enter ~에 들어가다   place A on B A를 B에 놓다, 두다   unpack (가방이나 포장 등) ~을 풀다

(A) 그녀가 건물 안으로 들어가고 있다.
(B) 그녀가 여행 가방을 카운터에 올려놓고 있다.
(C) 그녀가 자동차 옆에 서 있다.
(D) 그녀가 짐을 풀고 있다.

[해설] 한 여자가 가방을 들고 자동차 옆에 서 있는 사진으로, 인물의 동작이나 상태에 집중하면서 들어야 한다.
(A) 건물로 들어가는(entering a building) 동작을 하는 것은 아니므로 오답이다.
(B) 사진에서 카운터(counter)가 보이지 않으므로 오답이다.
(C) 여자가 자동차 옆에 서 있는 모습을 정확히 묘사한 정답이다.
(D) 여자가 짐을 푸는(unpacking her baggage) 동작을 하는 것은 아니므로 오답이다.

02. BR

(A) The woman is washing dishes in a sink.
(B) The woman is holding a cooking utensil.
(C) The man is typing on a keyboard.
(D) The man is writing on a notepad.

utensil 도구   type on a keyboard 키보드로 타자를 치다   notepad 메모지

(A) 여자가 싱크대에서 설거지를 하고 있다.
(B) 여자가 요리 도구를 손에 쥐고 있다.
(C) 남자가 키보드로 타자를 치고 있다.
(D) 남자가 메모지에 필기를 하고 있다.

[해설] 조리대 앞에 두 사람이 나란히 서 있는 모습으로, 두 사람의 동작이나 주변 사물들을 잘 살펴야 한다.
(A) 여자가 설거지를 하고 있는(washing dishes) 것은 아니므로 오답이다.
(B) 여자가 들고 있는 칼을 요리 도구로 바꿔 그 모습을 정확히 묘사한 정답이다.
(C) 컴퓨터가 있기는 하지만 남자가 타자를 치는(typing on a keyboard) 것은 아니다.
(D) 남자가 필기를 하는(writing on a notepad) 동작을 하고 있지 않다.

03. AU

(A) He's setting a ladder up against the wall.
(B) He's putting a box on a shelf.
(C) He's arranging tools on a floor.
(D) He's pulling a shopping cart.

set A up A를 놓다, 설치하다, 마련하다   ladder 사다리   arrange ~을 정리하다, 배열하다   tool 공구, 도구   pull ~을 끌다, 당기다

(A) 그가 사다리를 벽에 기대어 놓고 있다.
(B) 그가 상자를 선반에 올려놓고 있다.
(C) 그가 바닥에 공구를 정리하고 있다.
(D) 그가 쇼핑 카트를 끌고 있다.

[해설] 한 남자가 사다리에 올라 상자를 붙잡고 있는 모습으로, 남자와 주변 사물의 관계에 집중하면서 들어야 한다.
(A) 남자가 사다리를 벽에 기대어 놓는(setting a ladder up against the wall) 동작을 하고 있지 않다.
(B) 남자가 상자를 선반에 올려 놓는 동작을 하고 있으므로 정답이다.
(C) 사진에 바닥(floor)이 보이지 않고, 남자가 공구(tools)를 정리하는 모습이 아니므로 오답이다.
(D) 사진에 쇼핑 카트(shopping cart)는 보이지 않는다.

04. US

(A) A man is loading paper into a printer.
(B) A man is moving a piece of equipment.
(C) A man is sitting at his workstation.
(D) A man is walking into a meeting room.

load ~을 채워 넣다, 적재하다   workstation 근무 자리, 작업대

(A) 남자가 프린터에 용지를 채워 넣고 있다.
(B) 남자가 장비 하나를 옮기고 있다.
(C) 남자가 자신의 근무 자리에 앉아 있다.
(D) 남자가 회의실로 걸어 들어가고 있다.

[해설] 한 남자가 프린터의 종이를 잡고 있는 모습으로, 남자와 주변 사물의 관계에 집중하면서 들어야 한다.
(A) 남자가 프린터에 용지를 넣고 있는 모습을 정확히 묘사한 정답이다.
(B) 남자가 장비를 옮기는(moving) 동작을 하고 있지 않으므로 오답이다.
(C) 남자가 앉아 있는(sitting) 자세를 취하고 있지 않다.
(D) 남자가 걸어 들어가는(walking into) 동작을 하고 있지 않다.

05. BR

(A) A group of people is gathered in a waiting area.
(B) A passenger is looking at a message board.
(C) Some people are waiting for a train at the platform.
(D) Some people are checking in their luggage.

be gathered in ~에 모여 있다

(A) 한 무리의 사람들이 대기 공간에 모여 있다.
(B) 탑승객이 메시지 알림판을 보고 있다.
(C) 몇몇 사람들이 승강장에서 기차를 기다리고 있다.
(D) 몇몇 사람들이 수하물을 체크인하고 있다.

[해설] 여러 사람들이 한 곳에 모여 앉아 있는 모습으로, 모든 등장 인물의 자세와 주변 사물을 함께 살펴야 한다.
(A) 여러 사람이 한 공간에 모여 있는 모습을 정확히 묘사한 정답이다.
(B) 사진에 메시지 알림판(message board)은 찾아 볼 수 없다.
(C) 사진에 승강장(platform)에서 기다리고 있는 사람은 보이지 않는다.
(D) 수하물을 체크인하는(checking in) 사람은 보이지 않는다.

06. US

(A) Some potted plants have been hung from the ceiling.
(B) A man is pouring water into a cup.
(C) Food is on display on a counter.
(D) Chairs have been piled in the corner.

potted plant 화분에 심은 식물   be hung from ~에 매달려 있다, 걸려 있다   ceiling 천장   pour A into B A를 B에 따르다, 붓다   on display 진열된, 전시된   counter 판매대, 계산대   pile ~을 차곡차곡 쌓다

(A) 몇몇 화분에 심은 식물이 천장에 매달려 있다.
(B) 남자가 컵에 물을 따르고 있다.
(C) 음식이 판매대에 진열되어 있다.
(D) 의자들이 구석에 차곡차곡 쌓여 있다.

[해설] 다수의 인물과 사물이 섞여 있는 사진으로, 음식을 판매/구매하는 사람들과 주변 사물에 모두 집중하면서 들어야 한다.
(A) 사진에서 화분에 심은 식물(potted plants)은 보이지 않는다.
(B) 물을 따르고 있는(pouring water) 사람은 보이지 않는다.
(C) 음식이 판매대에 진열되어 있는 상태를 정확히 묘사한 정답이다.
(D) 의자(Chairs)는 보이지 않는다.

07. US BR

Isn't there an extra charge for delivery?
(A) Some office supplies.
(B) Yes, it's six dollars.
(C) In the box.

charge 청구 요금, 부과 요금   delivery 배송(품)   office supplies 사무용품

배송 서비스에 추가 요금이 없나요?
(A) 일부 사무용품들이요.
(B) 있어요, 6달러입니다.
(C) 상자 안에요.

[해설] 배송 서비스에 추가 요금이 있는지 확인하는 부정 의문문이다.
(A) 질문의 delivery에서 연상 가능한 office supplies를 사용해 혼동을 유도하는 오답이다.
(B) 긍정을 나타내는 Yes와 함께 추가 요금에 해당되는 비용을 알려 주는 정답이다.
(C) 위치를 나타내는 표현이므로 Where 의문문의 답변으로 적절하다.

08. AU US

When will you announce Ms. Lin's promotion?
(A) For three hours.
(B) She's a very hard worker.
(C) The staff meets this afternoon.

announce ~을 발표하다   promotion 승진, 진급

Lin 씨의 승진을 언제 발표하실 건가요?
(A) 3시간 동안이요.
(B) 그녀는 매우 열심히 일하는 직원입니다.
(C) 직원들이 오늘 오후에 모입니다.

[해설] Lin 씨의 승진을 발표하는 시점을 묻는 When 의문문이다.
(A) 기간을 나타내는 말이므로 How long 의문문의 답변으로 적절하다.
(B) When과 어울리지 않는 답변으로 승진 시점이 아닌 직원의 성실성을 말하는 오답이다.
(C) this afternoon이라는 시점 표현과 함께 직원들이 모이는 시점을 언급하는 것으로 승진 발표를 언제 할 것인지 우회적으로 밝히는 정답이다.

09. BR BR

What field does Mr. Dalton work in?
(A) That's a good point.
(B) Yes, for five years.
(C) Computer programming.

field 분야, 업계   That's a good point 좋은 지적입니다

Dalton 씨는 무슨 분야에서 일하고 계시죠?
(A) 좋은 지적입니다.
(B) 네, 5년 동안이요.
(C) 컴퓨터 프로그래밍이요.

[해설] Dalton 씨가 일하는 분야를 묻는 What 의문문이다.
(A) 상대방의 말에 동의를 나타낼 때 사용하는 표현이므로 오답이다.
(B) What 의문문에는 Yes/No로 응답할 수 없으므로 오답이다.
(C) 근무 분야의 한 종류로서 컴퓨터 프로그래밍이라는 업종을 언급했으므로 정답이다.

10. US US

Did you attend the leadership workshop?
(A) We usually shop online.
(B) Yes, I learned a lot.
(C) I don't have time to lead it.

lead 이끌다, 인솔하다

리더십 워크숍에 참석하셨나요?
(A) 저희는 보통 온라인으로 쇼핑해요.
(B) 네, 많은 것을 배웠어요.
(C) 저는 그것을 진행할 시간이 없습니다.

[해설] 과거 시점에 리더십 워크숍에 참석했는지 확인하는 조동사 의문문이다.
(A) workshop의 shop을 이용하여 혼동을 유도한 오답이다.
(B) 긍정을 나타내는 Yes와 함께 워크숍 참석에 따른 긍정적인 결과를 언급하는 정답이다.
(C) Did로 과거의 일을 묻는 질문에 대해 현재를 나타내는 don't로 자신의 현재 일정과 관련된 상황을 말하고 있어 오답이다.

11. BR US

How long will it take to get my oil changed?
(A) Less than half an hour.
(B) Yes, I'll make an appointment for you.
(C) Just use your credit card.

less than ~ 미만의

오일을 교환 받는 데 얼마나 오래 걸릴까요?
(A) 1시간 미만입니다.
(B) 네, 제가 대신 예약해 드릴게요.
(C) 그냥 신용카드를 사용하세요.

[해설] 오일을 교환 받는 데 얼마나 오래 걸리는지를 묻는 How long 의문문이다.
(A) 1시간 미만이라는 구체적인 소요 시간으로 답변하고 있으므로 정답이다.
(B) How long 의문문에는 Yes/No로 응답할 수 없으므로 오답이다.
(C) 지불 방법을 묻는 How 의문문의 답변으로 적절하다.

12. [US] [AU]
Would you like to borrow my laptop this weekend?
(A) I'll pay you back the money soon.
(B) Thanks. I've had problems with mine.
(C) Probably go to a movie.

borrow ~을 빌리다   pay A back the money A에게 돈을 갚다

이번 주말에 제 노트북 컴퓨터를 빌려 드릴까요?
(A) 곧 그 돈을 갚을게요.
(B) 고마워요. 제 것에 문제가 있었어요.
(C) 아마 영화를 보러 갈 거예요.

[해설] 이번 주말에 자신의 노트북 컴퓨터를 빌려주겠다고 제안하는 의문문이다.
(A) 질문의 borrow에서 연상 가능한 pay back을 사용해 혼동을 유도하는 오답이다.
(B) 제안에 감사함을 나타내는 Thanks와 함께 상대방의 노트북 컴퓨터를 빌려야 하는 이유를 언급하는 정답이다.
(C) this weekend에서 연상 가능한 go to a movie를 사용해 혼동을 유도한 오답이다.

13. [AU] [BR]
Everyone should be wearing a name tag.
(A) All right. I'll put one on.
(B) I think his name is Timothy.
(C) Do you know where he is?

put A on (동작) A를 착용하다, 몸에 붙이다

모든 분들이 명찰을 착용하고 있어야 합니다.
(A) 알겠습니다. 착용할게요.
(B) 그의 이름이 Timothy인 것 같아요.
(C) 그가 어디 있는지 아세요?

[해설] 모든 사람이 명찰을 착용하고 있어야 한다고 알리는 평서문이다.
(A) 긍정을 의미하는 All right과 함께 상대방의 말대로 착용하겠다는 뜻을 밝히는 정답이다.
(B) 질문의 name을 반복 사용하여 혼동을 유도한 오답이다.
(C) 질문의 wearing과 발음이 유사한 where를 사용해 혼동을 유도한 오답이다.

14. [US] [AU]
How can I advertise in that travel magazine?
(A) But I usually read the newspaper.
(B) Yes, I love visiting other countries.
(C) There's a number you can call.

advertise 광고를 내다

그 여행 잡지에 제가 어떻게 광고를 낼 수 있나요?
(A) 하지만 저는 보통 신문을 읽어요.
(B) 네, 저는 다른 나라를 방문하는 것을 정말 좋아합니다.
(C) 전화를 거실 수 있는 번호가 있어요.

[해설] 특정 여행 잡지에 광고를 낼 수 있는 방법을 묻는 How 의문문이다.
(A) 질문의 magazine에서 연상 가능한 newspaper를 사용해 혼동을 유도한 오답이다.
(B) How 의문문에는 Yes/No로 응답할 수 없으므로 오답이다.
(C) 직접적으로 방법을 알려주는 대신 전화를 걸 수 있는 번호가 있다고 우회적으로 답변한 정답이다.

15. [BR] [US]
Why was my credit card declined during this transaction?
(A) He prefers to pay in cash.
(B) It has been a peaceful transition.
(C) You'll have to contact your bank.

decline ~을 거절하다   transaction 거래   transition (다른 상태나 조건으로의) 이행, 변화

이 거래를 하는 동안 제 신용카드가 왜 거절된 거죠?
(A) 그는 현금으로 지불하는 것을 선호해요.
(B) 순조로운 이행 과정이었어요.
(C) 은행에 연락해 보셔야 할 거예요.

[해설] 자신의 신용카드가 거래 중에 거절된 이유를 묻는 Why 의문문이다.
(A) 질문의 credit card에서 연상 가능한 pay in cash를 사용해 혼동을 유도하는 오답이다.
(B) 질문의 transaction과 발음이 유사한 transition을 사용해 혼동을 유도한 오답이다.
(C) 신용카드가 거래 중에 거절된 이유를 파악할 수 있는 방법으로 은행에 연락해 보도록 권하는 정답이다.

16. [US] [US]
Who approved the fee for using the express service?
(A) It was Molly Hagan.
(B) Sending samples to a client.
(C) A thirty-dollar delivery charge.

approve ~을 승인하다   fee 요금, 수수료

특급 서비스 이용에 대한 요금을 누가 승인했죠?
(A) Molly Hagan 씨였어요.
(B) 고객에게 샘플을 보내는 일이요.
(C) 30달러의 배송 요금입니다.

[해설] 특급 서비스 이용에 대한 요금을 승인한 사람을 묻는 Who 의문문이다.
(A) 승인한 사람의 이름으로 답변하는 정답이다.
(B) 질문의 express에서 연상 가능한 sending samples를 사용해 혼동을 유도한 오답이다.
(C) 비용을 언급하고 있으므로 How much 의문문의 답변으로 적절하다.

17. [BR] [BR]

Where is this shipment of lumber headed?
(A) Three hundred boards of various sizes.
(B) I prefer wooden furniture.
(C) To the Pine Street construction site.

shipment 배송(품), 선적   lumber 목재   site 현장, 부지

이 목재 배송품은 어디로 가는 건가요?
(A) 다양한 크기로 된 300개의 판자들이요.
(B) 저는 목재 가구를 선호합니다.
(C) Pine 가에 있는 공사 현장으로요.

[해설] 목재 배송품이 어디로 가는지를 묻는 Where 의문문이다.
(A) 수량 표현이므로 How many 의문문의 답변으로 적절하다.
(B) 질문의 lumber에서 연상 가능한 wooden을 사용해 혼동을 유도한 오답이다.
(C) 이동과 관련된 전치사 To와 함께 특정 장소를 언급하는 정답이다.

18. [BR] [US]

This coffee shop is very close to the subway station.
(A) Yes, it's quite convenient.
(B) No, I take a city bus.
(C) A wide range of beverages.

close to ~와 가까운   quite 꽤, 상당히   convenient 편리한   a wide range of 아주 다양한

이 커피숍은 지하철 역과 매우 가까워요.
(A) 네, 매우 편리하네요.
(B) 아뇨, 저는 시내 버스를 타요.
(C) 아주 다양한 음료들이요.

[해설] 커피숍이 지하철 역과 매우 가깝다고 알리는 평서문이다.
(A) 동의를 나타내는 Yes와 함께 역과 가까운 것이 따른 긍정적인 영향으로 매우 편리하다는 사실을 언급한 정답이다.
(B) 부정을 나타내는 No 뒤에 이어지는 내용이 무관하므로 오답이다.
(C) 평서문의 coffee shop에서 연상 가능한 beverages를 사용해 혼동을 유도한 오답이다.

19. [US] [US]

What's the minimum number of theater tickets we need for a group discount?
(A) Seats near the stage.
(B) Let's call the box office.
(C) A world-famous musical.

minimum 최소한의

단체 할인을 받는 데 저희에게 필요한 극장 티켓이 최소 몇 장인가요?
(A) 무대와 가까운 좌석이요.
(B) 매표소에 전화해 봅시다.
(C) 세계적으로 유명한 뮤지컬이에요.

[해설] 단체 할인을 받는 데 필요한 티켓의 최소 수량을 묻는 What 의문문이다.
(A) 좌석의 위치와 관련된 말이므로 Where 의문문의 답변으로 적절하다.
(B) 단체 할인과 관련된 정보를 확인할 수 있는 방법으로 매표소에 전화해 보자고 제안하는 정답이다.
(C) 질문의 theater에서 연상 가능한 musical을 사용해 혼동을 유도한 오답이다.

20. [AU] [BR]

The magazine has travel tips, correct?
(A) The newspaper is delivered daily.
(B) Here's the latest edition.
(C) I had a relaxing vacation.

latest 최신의   relaxing 느긋하게 해주는, 편안한

그 잡지에 여행 관련 팁이 있는 거죠, 그렇죠?
(A) 그 신문은 매일 배달됩니다.
(B) 여기 최신판이 있어요.
(C) 저는 느긋한 휴가를 보냈어요.

[해설] 특정 잡지에 여행 관련 팁이 있는지 확인하는 부가 의문문이다.
(A) 질문의 magazine에서 연상 가능한 newspaper를 사용해 혼동을 유도한 오답이다.
(B) 최신판이 자신에게 있다는 말로 여행 관련 팁이 있는지 직접 확인해 보도록 권하는 정답이다.
(C) 질문의 travel에서 연상 가능한 vacation을 사용해 혼동을 유도한 오답이다.

21. [US] [AU]

Doesn't Theresa work for a nonprofit organization?
(A) I like working from home.
(B) Yes, that sounds correct.
(C) Our profits have increased.

nonprofit 비영리의   work from home 재택 근무하다   profit 수익

Theresa가 비영리 단체에서 근무하지 않나요?
(A) 저는 재택 근무를 좋아합니다.
(B) 네, 맞는 것 같아요.
(C) 우리 수익이 증가했어요.

[해설] Theresa가 비영리 단체에서 근무하지 않는지 확인하는 부정 의문문이다.
(A) 질문의 work가 반복 사용된 오답으로 Theresa가 아닌 자신의 선호 사항을 말하는 오답이다.
(B) 긍정을 나타내는 Yes와 함께 상대방이 옳은 정보를 갖고 있음을 확인해 주는 정답이다.
(C) 질문의 nonprofit과 일부 발음이 같은 profits를 사용해 혼동을 유도한 오답이다.

22. [AU] [BR]

Was there a briefcase left in the conference room?
(A) Let's try to keep this brief.
(B) It might have been taken to reception.
(C) An annual industry event.

briefcase 서류 가방   keep A brief A를 간단히 말하다   industry 업계

대회의실에 남겨져 있는 서류 가방이 있었나요?
(A) 이 얘기는 간단히 하도록 합시다.
(B) 그것이 안내 데스크로 옮겨졌을지도 모릅니다.
(C) 업계의 연례 행사입니다.

[해설] 대회의실에 남겨져 있는 서류 가방이 있었는지 확인하는 조동사 의문문이다.
(A) 질문의 briefcase와 일부 발음이 같은 brief를 사용해 혼동을 유도한 오답이다.
(B) 대회의실에 남겨져 있는 서류 가방이 있었는지를 묻는 것에 대해 그 물건이

23. [US] [US]

Could you proofread the text for the brochure?
(A) I appreciate your kind words.
(B) Sure, but can it wait until tomorrow?
(C) Customers responded positively.

proofread ~을 교정 보다   brochure 소책자   respond 반응하다, 답변하다   positively 긍정적으로

소책자에 넣을 글을 교정 봐주실 수 있으세요?
(A) 친절한 말씀에 감사 드립니다.
(B) 그럼요, 하지만 내일까지 미룰 수 있을까요?
(C) 고객들이 긍정적으로 반응했어요.

[해설] 소책자에 넣을 글을 교정 봐 줄 수 있는지 묻는 요청 의문문이다.
(A) 질문의 text에서 연상 가능한 words를 사용해 혼동을 유도한 오답이다.
(B) 상대방의 요청에 대한 수락을 의미하는 Sure와 함께 작업 완료 시점에 대해 확인하기 위해 되묻는 정답이다.
(C) 질문에 전혀 어울리지 않는 응답으로 요청에 대한 수락 여부가 아닌 고객들의 반응을 언급하는 오답이다.

24. [US] [BR]

This television comes with a warranty, doesn't it?
(A) The salesperson would know for sure.
(B) Both flat screen and curved screen.
(C) The news is the only thing I watch.

come with ~을 포함하다, ~가 딸려 있다   warranty 품질 보증(서)   salesperson 영업   curved 곡면의

이 텔레비전에는 품질 보증 서비스가 포함되어 있죠, 그렇지 않나요?
(A) 영업 사원이 확실하게 알고 있을 겁니다.
(B) 평면 스크린과 곡면 스크린 둘 모두요.
(C) 제가 유일하게 시청하는 것이 뉴스입니다.

[해설] 특정 텔레비전 제품에 품질 보증 서비스가 포함되어 있는지를 확인하는 부가 의문문이다.
(A) 텔레비전 제품에 품질 보증 서비스가 포함되어 있는지를 확인할 수 있는 방법으로 영업 사원이 알고 있을 것이라고 알려 주는 정답이다.
(B) 질문의 television에서 연상 가능한 flat screen과 curved screen을 사용해 혼동을 유도한 오답이다.
(C) 질문의 television에서 연상 가능한 news와 watch를 사용해 혼동을 유도한 오답이다.

25. [BR] [US]

Will you pick up the prescription at our pharmacy, or should we mail it?
(A) The farm supplies our ingredients.
(B) Sure, I know a reliable one.
(C) I don't have time to go in person.

pick up ~을 가져가다, 가져오다   prescription 처방약, 처방전   pharmacy 약국   farm 농장   supply ~을 공급하다   ingredient (음식) 재료, 성분   reliable 믿을 만한   in person (이동, 방문 등) 직접

저희 약국에서 처방약을 받아 가실 건가요, 아니면 우편으로 보내 드릴까요?
(A) 그 농장에서 저희 재료를 공급합니다.
(B) 물론이죠, 제가 믿을 만한 곳을 알아요.
(C) 제가 직접 갈 시간이 없습니다.

[해설] 처방전을 받는 방법과 관련해 직접 가져 갈 것인지, 아니면 우편으로 보내 주기를 원하는지 묻는 선택 의문문이다.
(A) 질문의 pharmacy와 일부 발음이 유사한 farm을 사용해 혼동을 유도한 오답이다.
(B) 두 가지 선택 사항 중의 하나를 고르는 상황에 어울리지 않는 Sure로 답변한 오답이다.
(C) 직접 갈 시간이 없다는 말로 우편으로 보내는 방법을 선택한 정답이다.

26. [AU] [BR]

Why isn't the contractor here today?
(A) Because he's working at another site.
(B) No, I haven't heard that.
(C) A kitchen remodeling project.

contractor 계약업자, 계약업체   site 현장, 부지

계약업자가 왜 오늘 이곳에 오지 않은 거죠?
(A) 그가 다른 곳에서 작업하고 있기 때문이에요.
(B) 아뇨, 저는 그 얘기를 듣지 못했어요.
(C) 주방 개조 공사 프로젝트요.

[해설] 계약업자가 오늘 오지 않은 이유를 묻는 Why 의문문이다.
(A) Why와 짝을 이루는 Because를 사용해 다른 곳에서 작업하고 있기 때문이라는 말로 오늘 오지 않은 이유를 밝히는 정답이다.
(B) Why 의문문에는 Yes/No로 응답할 수 없으므로 오답이다.
(C) 질문의 contractor에서 연상 가능한 remodeling을 사용해 혼동을 유도한 오답이다.

27. [BR] [AU]

You'll choose the refreshments with the caterer, won't you?
(A) I have to know the budget first.
(B) They're brand-new shoes.
(C) She already had lunch.

choose ~을 선택하다   refreshments 다과   caterer 출장 요리 업체   budget 예산   brand-new 완전히 새로운

출장 요리 업체를 통해 다과를 선택하실거죠, 그렇지 않나요?
(A) 예산을 먼저 알아야 합니다.
(B) 새로 나온 신발입니다.
(C) 그녀는 이미 점심 식사를 했어요.

[해설] 출장 요리 업체를 통해 다과를 선택할 것인지 확인하는 부가 의문문이다.
(A) 출장 요리 업체를 통해 다과를 선택하는 것과 관련해 그렇게 하기 위한 조건으로서 예산을 먼저 알아야 한다고 언급한 정답이다.
(B) 질문의 choose와 발음이 유사한 shoes를 사용해 혼동을 유도한 오답이다.
(C) 대명사 She로 지칭할 수 있는 사람이 질문에 등장하지 않았으므로 오답이다.

28. [BR] [BR]

Wasn't the demonstration supposed to begin at two?
(A) It was moved to another room.
(B) Most people found it helpful.
(C) That'll increase productivity.

demonstration 시연(회)   be supposed to do ~할 예정이다, ~하기로 되어 있다   productivity 생산성

시연회가 2시에 시작할 예정이지 않았나요?
(A) 다른 방으로 옮겨졌어요.
(B) 대부분의 사람들이 유익하다고 생각했어요.
(C) 그것이 생산성을 높여줄 겁니다.

[해설] 시연회가 2시에 시작할 예정이지 않았는지 확인하는 부정 의문문이다.
(A) 다른 방으로 옮겨졌다는 말로 시작 시간 대신 장소가 변경되었음을 알리는 정답이다.
(B) Wasn't ~ supposed로 묻는 질문은 예정된 일이 아직 발생되지 않은 상황에 사용하므로 미래 시점의 일을 가리킨다. 따라서 과거의 일을 언급하는 것은 시제가 맞지 않으므로 오답이다.
(C) 질문의 demonstration에서 연상 가능한 productivity를 사용해 혼동을 유도한 오답이다.

29. [US] [US]

Would you like to contribute to the charity fund?
(A) Support for job seekers.
(B) I already sent in my donation.
(C) He is dedicated to helping others.

contribute to ~에 기부하다   charity 자선 (활동), 자선 단체   fund 기금   job seeker 구직자   donation 기부(금)   be dedicated to V ing ~하는 데 전념하다

자선기금에 기부하시겠어요?
(A) 구직자들을 위한 지원이에요.
(B) 저는 이미 기부금을 보냈습니다.
(C) 그는 다른 사람들을 돕는 데 전념하고 있어요.

[해설] 자선기금에 기부할 것인지 묻는 권유 의문문이다.
(A) 질문의 charity fund에서 연상 가능한 support를 사용해 혼동을 유도한 오답이다.
(B) 이미 기부금을 보냈다는 말로 기부를 완료한 상황임을 밝히는 정답이다.
(C) 대명사 He로 지칭할 수 있는 사람이 질문에 등장하지 않았으므로 오답이다.

30. [BR] [US]

What was your reaction to the news of Ms. Lee's retirement?
(A) Sometime yesterday morning.
(B) I couldn't believe it.
(C) Yeah, I'm feeling a bit tired.

reaction 반응   retirement 은퇴, 퇴직   a bit 조금, 약간

Lee 씨의 은퇴 소식에 대한 당신의 반응은 어땠나요?
(A) 어제 오전 시간 중에요.
(B) 믿을 수 없었어요.
(C) 네, 약간 피곤해요.

[해설] Lee 씨의 은퇴 소식에 대한 상대방의 반응을 묻는 What 의문문이다.
(A) 과거 시점을 언급하는 답변이므로 When 의문문의 답변으로 적절하다.
(B) 믿을 수 없었다는 말로 Lee 씨의 은퇴 소식이 놀라웠음을 밝히는 정답이다.
(C) What 의문문에는 Yes/No로 응답할 수 없으므로 오답이다.

31. [AU] [BR]

When will these recycling bins be emptied?
(A) All three of them, please.
(B) They were just collected yesterday.
(C) No, only glass and plastic.

empty ~을 비우다   collect ~을 수거하다, 모으다

이 재활용 쓰레기통들은 언제 비워지죠?
(A) 그 세 가지 모두 부탁합니다.
(B) 그것들은 어제 막 수거되었어요.
(C) 아뇨, 오직 유리와 플라스틱만이에요.

[해설] 재활용 쓰레기통이 언제 비워지는지를 묻는 When 의문문이다.
(A) 수량을 나타내는 말이므로 How many 의문문의 답변으로 적절하다.
(B) 어제 이미 수거되었다는 말로 해당 작업이 완료되었음을 알리는 정답이다.
(C) When 의문문에는 Yes/No로 응답할 수 없으므로 오답이다.

[32-34] [BR] [US]

Questions 32-34 refer to the following conversation.

M: Gina, I just found out about a product that I think would be useful for [32] **our bakery**. It's an oven cleaner made by Emery Cleaning.
W: Oh, what makes you think it would be good for us?
M: Well, after spraying on the foam, [33] **it's ready to wipe away in just five minutes**. For most cleaners, you have to let it sit for an hour.
W: Hmm… that sounds promising. [34] **Could you find out how much it costs?** That would help us to make a decision for [32] **our bakery**.

find out ~을 찾아 내다, 알아 내다   spray on ~을 뿌리다   wipe A away A를 닦아 내다   let it sit 그대로 놔두다   promising 기대되는, 전망이 좋은, 유망한

32-34는 다음 대화에 관한 문제입니다.

남: Gina, [32] 우리 제과점에 유용할 것으로 생각되는 제품 하나를 막 발견했어요. Emery Cleaning에서 제조하는 오븐용 세제예요.
여: 아, 어째서 그게 우리에게 좋을 거라고 생각하시는 거죠?
남: 음, 거품에 뿌려 두면, [33] 단 5분 만에 닦아낼 준비가 돼요. 대부분의 세제들은, 1시간 동안 그대로 놔둬야 하거든요.
여: 흠… 좋은 것 같은데요. [34] 그게 비용이 얼마나 하는지 알아봐 주시겠어요? 그건 [32] 우리 제과점을 위한 결정을 내리는 데 도움이 될 겁니다.

32.

화자들은 어디에서 일할 것 같은가?
(A) 창고에서
(B) 시설 관리 서비스 업체에서
(C) 제과점에서
(D) 전자 제품 매장에서

[해설] 대화 초반부에 남자가 자신이 일하는 곳을 우리 제과점(our bakery)이라고 지칭하고 있으며, 대화 마지막에 여자도 해당 표현을 언급하고 있으므로 (C)

가 정답이다.

[어휘] housekeeping (호텔, 사무실 건물 등의) 시설 관리(과) electronics 전자 제품

33.

남자는 제품의 무슨 특징을 언급하는가?
(A) 지역 회사에서 만들어진다.
(B) 기분 좋은 냄새가 난다.
(C) 환경에 해가 되지 않는다.
(D) 신속히 효과를 낸다.

[해설] 제품의 특징과 관련해 남자가 언급하는 것을 묻는 문제이다. 대화 중반부에 남자가 5분 만에 닦아낼 준비가 된다는(it's ready to wipe away in just five minutes) 특징을 말하고 있는데, 이는 신속성과 관련된 것이므로 빠른 효과를 의미하는 (D)가 정답이다.

paraphrasing in just five minutes 5분 만에 → quickly 신속히

[어휘] feature 특징 pleasant 기분 좋은 harm ~에 해가 되다 environment 환경 get results 효과를 내다

34.

남자는 무엇을 하도록 요청받는가?
(A) 일찍 출근하기
(B) 일부 용품을 풀어 놓기
(C) 주소 확인하기
(D) 가격 상세 정보 파악하기

[해설] 남자가 요청받는 일을 묻는 문제이므로 여자의 말에서 요청 사항을 파악해야 한다. 대화 마지막에 여자가 비용이 얼마나 하는지 알아봐 달라고(Could you find out how much it costs?) 요청하는 내용이 있으므로 (D)가 정답이다.

paraphrasing find out how much it costs 얼마나 하는지 알아 보다 → Get pricing details 가격 상세 정보 파악하기

[어휘] unpack (짐 등) ~을 풀다, 풀어서 꺼내다 supplies 용품, 물품 pricing 가격 (책정)

[35-37] AU BR

Questions 35-37 refer to the following conversation.

M: Sonia, could you give me a hand? Pavilion Law Firm e-mailed me a ³⁵**contract** this morning, ³⁵**so I have to scan the signed version**. Unfortunately, the scanner isn't working.
W: Does the green light come on when you turn it on?
M: Yes, but there's also a flashing red light.
W: In that case, ³⁶**could you fill out a maintenance request form for it?**
M: All right. In the meantime, what can I do about this contract?
W: You know, ³⁷**the sales department just bought a new scanner**, so theirs is probably working. I'm sure they wouldn't mind if you used it.

give A a hand A를 도와 주다 contract 계약(서) come on (불이) 들어 오다 turn A on A를 켜다, 틀다 flashing 깜빡이는 in that case 그렇다면, 그런 경우에는 fill out ~을 작성하다 maintenance 유지 관리 request form 요청서 in the meantime 그 동안에, 그 사이에 sales department 영업부

35-37은 다음 대화에 관한 문제입니다.

남: Sonia, 저 좀 도와 주시겠어요? 오늘 아침에 Pavilion 법률 사무소에서 제게 이메일로 ³⁵계약서를 보내 줘서, ³⁵서명이 된 버전을 스캔해야 해요. 안타깝게도, 스캐너가 작동하지 않고 있어요.
여: 전원을 켜실 때 녹색 불이 들어 오나요?
남: 네, 하지만 빨간색 불도 깜빡여요.
여: 그러시면, ³⁶그에 대한 유지 관리 서비스 요청서를 작성해 주시겠어요?
남: 알겠습니다. 그 동안에, 이 계약서는 어떻게 할까요?
여: 저기, ³⁷영업부에서 새 스캐너를 막 구입했기 때문에, 그 기기는 아마 작동될 거예요. 사용하신다고 해도 분명 그쪽 직원들은 신경 쓰지 않을 겁니다.

35.

남자는 무엇을 해야 하는가?
(A) 고객에게 연락하기
(B) 문서 스캔하기
(C) 배송품 기다리기
(D) 이메일 보내기

[해설] 남자가 해야할 일을 묻는 문제이다. 대화를 시작하면서 남자가 이메일로 받은 계약서(contract) 언급한 후에 서명이 된 버전을 스캔해야 한다고(so I have to scan the signed version) 알리고 있으므로 (B)가 정답이다.

paraphrasing scan the signed version 서명이 된 버전을 스캔하다 → Scan a document 문서 스캔하기

36.

여자는 남자에게 무엇을 하도록 요청하는가?
(A) 공지 게시하기
(B) 나중에 다시 오기
(C) 양식 작성하기
(D) 일부 용품 주문하기

[해설] 여자가 남자에게 요청하는 일을 묻고 있으므로 여자의 말에서 요청 사항을 파악해야 한다. 대화 중반부에 여자가 유지 관리 서비스 요청서를 작성해 달라고(could you fill out a maintenance request form for it?) 요청하는 부분이 있으므로 (C)가 정답이다.

paraphrasing fill out a maintenance request form 유지 관리 서비스 요청서를 작성하다 → Complete a form 양식 작성하기

37.

여자는 영업부와 관련해 무엇을 언급하는가?
(A) 몇몇 신입 사원들을 모집하고 있다.
(B) 최근에 장비를 구입했다.
(C) 하루동안 일시적으로 폐쇄될 것이다.
(D) 일부 파일의 백업 사본을 갖고 있다.

[해설] 여자의 말에서 영업부 관련 정보를 찾아야 한다. 영업부는 대화 후반부에 언급되는데, 새 스캐너를 막 구입했다는(the sales department just bought a new scanner) 정보를 여자가 제공하고 있으므로 (B)가 정답이다.

paraphrasing bought a new scanner 새 스캐너를 구입했다 → purchased equipment 장비를 구입했다

[어휘] recruit 모집하다, 뽑다 equipment 장비 temporarily 일시적으로

[38-40] US US

Questions 38-40 refer to the following conversation.

> M: Excuse me, ³⁸ **I just tried to get into the second-floor laboratory, but my ID badge is not working.** ³⁹ **Is there some kind of problem with the security system?**
> W: I just got back from lunch. Is there anyone there who can let you in?
> M: No, because the rest of the team members are away at a conference. I'm supposed to be compiling some data for our latest drug trial.
> W: ⁴⁰ **Could you show me your badge?** I can check it in our system manually and then let you into the lab.

get into ~에 들어가다   laboratory 실험실(= lab)   let A in A를 들여 보내다   compile (자료 등) ~을 모아 정리하다   drug trial 약물 시험   manually 수동으로

38-40은 다음 대화에 관한 문제입니다.
남: 실례합니다, ³⁸ 제가 막 2층 실험실에 들어가려고 했는데, 제 사원증이 작동되지 않고 있어요. ³⁹ 보안 시스템에 무슨 문제라도 있는 건가요?
여: 저는 막 점심 식사를 마치고 왔어요. 그쪽에 당신을 들여보내줄 수 있는 분이 있나요?
남: 아뇨, 나머지 팀원들이 콘퍼런스 행사장에 가 있어서요. 제가 우리의 최신 약물 시험에 대한 일부 데이터를 수집해 정리하기로 되어 있어요.
여: ⁴⁰ 사원증을 제게 보여 주시겠어요? 제가 수동으로 우리 시스템에 입력해서 실험실로 들어가게 해드릴 수 있어요.

38.

남자는 여자에게 무슨 문제점에 관해 말하는가?
(A) 다른 근무 자리로 옮겨졌다.
(B) 자신의 사원증을 분실했다.
(C) 한 장소에 들어갈 수 없다.
(D) 일부 장비를 주문해야 한다.

[해설] 남자의 말에서 언급되는 문제점 관련 정보를 찾아야 한다. 대화 초반부에 남자는 2층 실험실에 들어가려고 하는데 사원증이 작동되지 않는다는(I just tried to get into the second-floor laboratory, but my ID badge is not working) 문제점을 알리고 있으므로 (C)가 정답이다.

paraphrasing   get into the second-floor laboratory 2층 실험실에 들어가다 → enter an area 한 장소에 들어가다

[어휘] lose ~을 분실하다, 잃어버리다   equipment 장비

39.

여자가 "저는 막 점심 식사를 마치고 왔어요"라고 말할 때 무엇을 암시하는가?
(A) 지금 휴식을 원하지 않는다.
(B) 실험실을 확인하는 일을 잊었다.
(C) 최신 정보를 갖고 있지 않을 수도 있다.
(D) 긴급한 프로젝트에 대해 진행이 뒤처져 있다.

[해설] 남자가 대화 초반부에 보안 시스템에 무슨 문제라도 있는지(Is there some kind of problem with the security system?) 묻자 여자가 "막 점심 식사를 마치고 왔다"고 대답하는 상황이다. 이는 그 사이에 보안 시스템에 문제가 생겼는지 알지 못한다는 의미이므로 최신 정보의 부족함을 알리는 말이다. 따라서 (C)가 정답이다.

[어휘] up-to-date 최신의   urgent 긴급한

40.

남자는 무엇을 하도록 요청받는가?
(A) 양식에 서명하기
(B) 나중에 다시 오기
(C) 사용 설명서 읽어 보기
(D) 신분증 제시하기

[해설] 남자가 요청받는 일을 묻는 문제이므로 여자의 말에서 요청 사항을 파악해야 한다. 여자가 대화 마지막에 사원증을 자신에게 보여 달라고(Could you show me your badge?) 요청하는 부분이 있으므로 이에 해당되는 (D)가 정답이다.

paraphrasing   show me your badge 사원증을 보여 주다 → Present an ID card 신분증 제시하기

[어휘] form 양식, 서식   manual 사용 설명서   present ~을 제시하다

[41-43] AU BR

Questions 41-43 refer to the following conversation.

> M: Alexandra, have you finalized the arrangements for ⁴¹ **the investors who will be visiting our branch next week?**
> W: Not yet, but most of the activities are planned.
> M: Would it be possible for me to be added to the schedule? ⁴² **I'd like about half an hour to show everyone around the building.**
> W: Sure, there's time on the first morning they arrive, at nine o'clock.
> M: Perfect. Thank you.
> W: ⁴³ **I'll send you the names of the people who will be coming** so that you can review them in advance.

arrangement 준비, 조치   investor 투자자   branch 지사, 지점   show A around B A에게 B를 둘러 보게 해 주다   so that ~할 수 있도록   in advance 미리, 사전에

41-43은 다음 대화에 관한 문제입니다.
남: Alexandra, ⁴¹ 다음 주에 우리 지사를 방문할 예정인 투자자들을 위한 준비 작업을 마무리 지으셨나요?
여: 아직이에요, 하지만 대부분의 활동은 계획되어 있습니다.
남: 제가 그 일정에 추가되는 것이 가능할까요? ⁴² 모든 분들께 약 30분 동안 건물을 둘러 보실 수 있게 해드리고 싶어서요.
여: 그럼요, 그분들이 도착하는 첫날 아침 9시에 시간이 있습니다.
남: 아주 좋습니다. 감사해요.
여: 미리 검토해 보실 수 있도록 ⁴³ 방문 예정이신 분들의 명단을 보내 드리겠습니다.

41.

대화는 주로 무엇에 관한 것인가?
(A) 건물 개조 공사 일정
(B) 곧 있을 투자자들의 방문
(C) 회사의 제품 출시 계획
(D) 신입 사원들을 위한 교육 시간

[해설] 남자가 대화 초반부에 다음 주에 자신의 지사를 방문할 예정인 투자자들(the investors who will be visiting our branch next week)을 언급한 후, 그 일정 준비 과정에 관해 대화가 진행되고 있으므로 (B)가 정답이다.

paraphrasing   visiting our branch next week 다음 주에 지사 방문하기 → upcoming visit 곧 있을 방문

42.

남자는 무엇을 하고 싶다고 말하는가?
(A) 예산 조정하기
(B) 견학시켜 주기
(C) 토론 진행하기
(D) 위원회 입회하기

[해설] 남자가 하고 싶어 하는 일을 묻는 문제이므로 남자의 말에서 희망 사항을 파악해야 한다. 대화 중반부에 남자가 약 30분 동안 건물을 둘러볼 수 있게 해주고 싶다는(I'd like about half an hour to show everyone around the building) 바람을 나타내는 부분이 있으므로 (B)가 정답이다.

paraphrasing show everyone around the building 건물을 둘러 볼 수 있게 해 주다 → Give a tour 견학시켜 주기

[어휘] adjust ~을 조정하다 budget 예산 lead ~을 진행하다, 이끌다 committee 위원회

43.

여자는 다음에 무엇을 할 것인가?
(A) 명단 보내기
(B) 제안서 검토하기
(C) 일정표 인쇄하기
(D) 회의 실시하기

[해설] 대화 마지막에 자신의 업무 계획과 관련해 방문 예정인 사람들의 명단을 보내 주겠다고(I'll send you the names of the people who will be coming) 했으므로 (A)가 정답이다.

[어휘] proposal 제안(서) conduct ~을 실시하다, 수행하다

[44-46] US BR US

Questions 44-46 refer to the following conversation with three speakers.

W: Hi, Tony. Hi, Ganesh. A few of my paintings have been accepted for [44] **an exhibition at the Admiral Art Museum**. I have two extra passes to the grand opening event if you'd like to go.
M1: Your work is being displayed? Good for you! When is the event?
W: It's this Thursday at 7:30 P.M.
M1: I'm interested in going. If you're free too, Tony, [45] **we could carpool to the museum**.
M2: [45] **That sounds perfect.**
W: There will be lots of refreshments served, so you wouldn't necessarily have to eat dinner before you go.
M2: All right.
W: [46] **I'll stop by each of your offices this afternoon** to drop off the passes.

accept ~을 받아 들이다, 수락하다 display ~을 전시하다 Good for you (칭찬) 잘됐네요, 잘 하셨어요 carpool 차를 함께 타고 가다 refreshments 다과 serve (음식 등) ~을 제공하다, 내오다 not necessarily 꼭 ~해야 하는 것은 아니다 stop by ~에 들르다 drop off ~을 갖다 놓다, 내려 놓다

44-46은 다음 세 명의 대화에 관한 문제입니다.

여: 안녕하세요, Tony 씨. 안녕하세요, Ganesh 씨. [44] Admiral 미술관에서 열리는 전시회에 제 몇몇 그림들이 전시 승인을 받았어요. 두 분께서 가고 싶으시다면 개장식 행사에 들어가실 수 있는 여분의 입장권이 제게 두 장 있습니다.
남1: 당신 작품이 전시된다고요? 잘됐네요! 행사가 언제죠?
여: 이번 주 목요일 오후 7시 30분이에요.
남1: 저는 가는 데 관심이 있습니다. Tony, 당신도 시간이 되시면, [45] 미술관까지 함께 차를 타고 갈 수 있어요.
남2: [45] 아주 좋은 것 같은데요.
여: 많은 다과가 제공될 것이기 때문에, 출발하시기 전에 꼭 저녁 식사를 하실 필요는 없을 거예요.
남2: 알겠습니다.
여: [46] 제가 오늘 오후에 두 분 사무실에 각각 들러서 입장권을 갖다 드릴게요.

44.

대화는 무슨 종류의 행사에 관한 것인가?
(A) 매장 세일
(B) 음악 공연
(C) 미술 전시회
(D) 학술 강연

[해설] 대화 초반부에 여자가 Admiral Art Museum에서 열리는 전시회(an exhibition at the Admiral Art Museum)를 언급한 뒤로 이 행사의 참석과 관련된 내용으로 대화가 진행되고 있으므로 (C)가 정답이다.

45.

남자들은 무엇을 하기로 결정하는가?
(A) 티켓을 온라인에서 예약하기
(B) 행사장에 함께 차를 타고 가기
(C) 이메일로 관심이 있는지 확인하기
(D) 행사에 앞서 저녁 식사하기

[해설] 대화 중반부에 남자1이 미물관까지 함께 차를 타고 갈 수 있다고(we could carpool to the museum) 제안하자 남자2가 아주 좋다고(That sounds perfect) 동의하고 있으므로 (B)가 정답이다.

paraphrasing carpool to the museum 박물관까지 함께 차를 타고 가다 → Ride to an event together 함께 행사장에 차를 타고 가기

[어휘] ride (자동차 등을) 타고 가다 interest 관심

46.

여자는 오늘 나중에 무엇을 할 것이라고 말하는가?
(A) 지불 금액 걷기
(B) 소책자 다운로드하기
(C) 남자들의 사무실 방문하기
(D) 차로 찾아 가는 길 인쇄하기

[해설] later today에 해당되는 미래 시점이 제시되는 부분을 파악해야 한다. 대화 후반부에 여자는 자신의 계획과 관련해 오늘 오후에 두 남자의 사무실에 각각 들를 것이라고(I'll stop by each of your offices this afternoon) 밝히고 있으므로 (C)가 정답이다.

paraphrasing stop by 들르다 → Visit 방문하기

[어휘] collect ~을 걷다, 모으다, 수집하다 payment 지불(액)

[47-49] US BR

Questions 47-49 refer to the following conversation.

W: Good morning. My name is Wendy Danielson, and [47] **I was supposed to get my hair cut by Elizabeth tomorrow at 2 P.M. Could I change to another time slot?**
M: Of course. Let's see… Elizabeth is booked for the next two weeks. But Sandra is free on Friday at 4 P.M.
W: Hmm… [48] **I'm not sure I'll get the same high-quality results that I get from Elizabeth.**
M: Actually, she's been here longer than Elizabeth.
W: Thanks, but I think I'd still feel much more comfortable with Elizabeth.
M: I understand. Then do you want to make an appointment for later this month?
W: [49] **Let me check my schedule and get back to you shortly.**

get one's hair cut 머리를 자르다 time slot 시간대 still 그래도, 그럼에도 불구하고 shortly 곧, 머지 않아

47-49는 다음 대화에 관한 문제입니다.
여: 안녕하세요. 제 이름은 Wendy Danielson이며, [47] 내일 오후 2시에 Elizabeth 씨가 제 머리를 잘라 주기로 되어 있었습니다. 다른 시간대로 변경할 수 있을까요?
남: 물론입니다. 어디 봅시다... Elizabeth 씨는 앞으로 2주 동안 예약이 꽉 차있어요. 하지만 Sandra 씨가 금요일 오후 4시에 시간이 있습니다.
여: 흠... [48] 제가 Elizabeth 씨를 통해 받던 것과 동일하게 높은 수준의 결과물을 얻을 수 있을지 모르겠네요.
남: 사실, 그분이 Elizabeth 씨보다 이곳에 더 오래 계셨습니다.
여: 감사하기는 하지만, 그래도 Elizabeth 씨가 훨씬 더 편하게 느껴지는 것 같아요.
남: 알겠습니다. 그러시면 이달 후반으로 예약하기를 원하시나요?
여: [49] 제 일정을 확인해 보고 곧 다시 연락 드릴게요.

47.

여자는 왜 전화를 거는가?
(A) 면접 일정을 잡기 위해
(B) 예약 일정을 재조정하기 위해
(C) 서비스 요금에 관해 문의하기 위해
(D) 구직 지원자 한 명을 추천하기 위해

[해설] 대화 초반부의 내용에 집중해야 한다. 대화 초반부에 여자는 내일 오후 2시로 예약된 것을 다른 시간대로 변경할 수 있는지(I was supposed to get my hair cut by Elizabeth tomorrow at 2 P.M. Could I change to another time slot?) 묻고 있으므로 (B)가 정답이다.

paraphrasing change to another time slot 다른 시간대로 변경하다 → reschedule an appointment 예약 일정 재조정하기

[어휘] set up ~의 일정을 정하다, 준비하다 fee 요금, 수수료 applicant 지원자

48.

남자가 "그분이 Elizabeth 씨보다 이곳에 더 오래 계셨습니다"라고 말할 때 무엇을 암시하는가?
(A) 가격 차이가 타당하다고 생각한다.
(B) Sandra 씨가 승진되어야 한다고 생각한다.
(C) 채용 결정에 대한 이유를 설명하고 싶어 한다.
(D) Sandra 씨의 능력을 확신하고 있다.

[해설] 대화 중반부에 여자가 Elizabeth 씨를 통해 받던 것과 동일하게 높은 수준의 결과물을 얻을 수 있을지 모르겠다고(I'm not sure I'll get the same high-quality results that I get from Elizabeth) 말한 것에 대해 남자가 "Elizabeth 씨보다 이곳에 더 오래 계셨다"고 말하는 상황이다. 따라서 she가 대화에서 지칭하는 Sandra 씨의 능력을 신뢰하고 있음을 알 수 있으므로 이에 해당되는 의미를 지닌 (D)가 정답이다.

[어휘] fair 타당한, 공평한 get a promotion 승진되다 be confident in ~을 확신하다 ability 능력

49.

여자는 무엇을 할 계획인가?
(A) 이메일로 파일 보내기
(B) 다른 지점 방문하기
(C) 나중에 다시 전화하기
(D) 계약서 확인하기

[해설] 여자의 계획을 묻는 문제이므로 여자의 말에서 특정 계획이나 의지와 관련된 내용을 파악해야 한다. 대화 마지막에 여자는 일정을 확인해 보고 곧 다시 연락하겠다는(Let me check my schedule and get back to you shortly) 의지를 나타내고 있으므로 (C)가 정답이다.

paraphrasing get back to you shortly 곧 다시 연락하다 → Call back later 나중에 다시 전화하기

[50-52] BR AU

Questions 50-52 refer to the following conversation.

W: Hi, Zachary. [50] **How is the new house that you bought? I heard that you moved closer to the office last month.**
M: I really like it. And I'm thinking about cycling to work to save money on gas, but I'm not sure where to buy a bicycle.
W: You should try Bernie's. It's a bike shop across from the Wharton Mall. [51] **They do not charge anything for fixing bicycles sold by them.** You only have to pay for the parts.
M: That sounds like a good deal. Are their bicycles expensive?
W: You know, [52] **I just got an e-mail from them that included a ten percent discount coupon. I'd be happy to print it out for you because I don't need it.**

close to ~와 가까운 cycle to work 자전거를 타고 출근하다 fix ~을 수리하다, 고치다 part 부품 deal 거래 (조건) include ~을 포함하다

50-52는 다음 대화에 관한 문제입니다.
여: 안녕하세요, Zachary 씨. [50] 새로 구입하신 주택은 어떠신가요? 지난달에 사무실과 더 가까운 곳으로 이사하셨다는 얘기를 들었어요.
남: 정말 마음에 듭니다. 그리고 휘발유 값을 아끼기 위해 자전거로 출근할까 생각 중인데, 어디서 자전거를 구입해야 할지 모르겠어요.
여: Bernie's에 한번 가보세요. Wharton Mall 맞은편에 위치한 자전거 매장이에요. [51] 그곳에서는 그 매장에서 판매된 자전거를 수리하는 데 어떤 요금도 부과하지 않아요. 부품 값만 지불하시면 됩니다.
남: 아주 좋은 거래 조건 같아요. 그곳의 자전거가 비싼가요?
여: 저기, [52] 제가 10퍼센트 할인 쿠폰이 포함되어 있는 이메일을 그곳으로부터 막 받았어요. 저는 필요하지 않으니 기꺼이 당신을 위해 인쇄해 드릴게요.

50.

남자는 지난달에 무엇을 했는가?
(A) 새로운 집을 구입했다.

(B) 출장을 갔다.
(C) 승진되었다.
(D) 피트니스 센터에 가입했다.

[해설] last month라는 시점 표현이 제시되는 부분을 놓치지 말고 들어야 한다. 대화 시작 부분에 여자가 남자에게 새로 구입한 주택은 어떤지 (How is the new house that you bought?) 물으면서 지난달에 이사를 한 사실을(you moved closer to the office last month) 언급하고 있으므로 (A)가 정답이다.

paraphrasing new house that you bought 당신이 구입한 새 집 → purchased a new home 새 집을 구입했다

[어휘] purchase ~을 구입하다 go on a business trip 출장 가다 receive a promotion 승진되다 join ~에 가입하다, 합류하다

51.

여자는 왜 Bernie's를 추천하는가?
(A) 긍정적인 고객 평가를 받았다.
(B) 화자들의 사무실 근처에 있다.
(C) 고객들에게 무료 수리 서비스를 제공한다.
(D) 아주 다양한 상품이 있다.

[해설] 대화 중반부에 여자가 Bernie's에 가보라고 하면서 그 매장에서 판매된 자전거를 수리하는 데 어떤 요금도 부과하지 않는다고(They do not charge anything for fixing bicycles sold by them) 알리고 있으므로 (C)가 정답이다.

paraphrasing do not charge anything 어떤 요금도 부과하지 않다 → free 무료의

[어휘] goods 상품

52.

여자는 무엇을 해주겠다고 제안하는가?
(A) 카탈로그 가져오기
(B) 일부 부품들 확인하기
(C) 명함 찾기
(D) 쿠폰 인쇄하기

[해설] 대화 마지막에 여자는 자신이 받은 쿠폰을 언급하면서 그것을 상대방에게 인쇄해 주겠다고(included a ten percent discount coupon. I'd be happy to print it out for you) 제안하고 있으므로 (D)가 정답이다.

[어휘] component 부품 business card 명함

[53-55] AU US BR

Questions 53-55 refer to the following conversation with three speakers.

M: Welcome to Norfolk Orchard. I'm your tour guide, Luther. I'm sure you're excited to see the grounds as well as ⁵³**collect your own apples from the trees**. Shall we get started?

W1: Excuse me, I heard that the total walking distance of the tour is over three miles. Is that true?

M: Yes, we cover a lot of ground on foot. ⁵⁴**That's why you should stop and rest often**, especially since it's such a hot day.

W1: That seems sensible.

M: Can I answer any other questions from the group?

W2: Will we be exposed to any harmful chemicals during the tour?

M: Not at all. In fact, ⁵⁵**Norfolk Orchard is famous for caring about nature and never using fertilizers that cause pollution**.

grounds (건물, 부지 등의) 구내 walking distance 걷는 거리
cover ~을 이동하다, 가다 on foot 걸어서 sensible 합리적인
be exposed to ~에 노출되다 harmful 유해한 chemical 화학 물질
care about ~에 관심을 갖다, 마음을 쓰다 fertilizer 비료

53-55는 다음 세 명의 대화에 관한 문제입니다.

남: Norfolk 과수원에 오신 것을 환영합니다. 저는 여러분의 투어 가이드인 Luther입니다. 이곳 구내를 둘러보는 것뿐만 아니라 ⁵³직접 나무에서 사과도 수확해 보실 수 있으니 분명 즐거울 것입니다. 시작해 볼까요?

여1: 실례합니다만, 투어 중에 걷는 거리가 총 3마일이 넘는다고 들었어요. 사실인가요?

남: 네, 저희는 걸어서 많은 곳을 이동합니다. ⁵⁴이것이 바로 자주 멈춰서 휴식을 취하셔야 하는 이유인데, 특히 날씨가 이렇게 덥기 때문에 더욱 그렇습니다.

여1: 합리적인 것 같아요.

남: 그룹 내의 다른 분들도 제가 답변해 드릴 질문이 있으신가요?

여2: 투어 중에 어떤 유해한 화학 물질에 노출되기라도 하나요?

남: 전혀 그렇지 않습니다. 사실, ⁵⁵Norfolk 과수원은 자연에 관심을 갖고 오염을 초래하는 비료는 절대 사용하지 않는 것으로 유명한 곳입니다.

53.

참가자들은 투어 중에 무엇을 할 수 있을 것인가?
(A) 농기계 구입하기
(B) 각자 과일 따기
(C) 주스 생산 과정 보기
(D) 동물들과 교감하기

[해설] 대화 시작 부분에 남자가 직접 나무에서 사과도 수확할 수 있다고(collect your own apples from the trees) 말하는 내용이 있으므로 (B)가 정답이다.

paraphrasing collect your own apples 직접 사과를 수확하다 → Pick their own fruit 각자 과일 따기

[어휘] participant 참가자 farming machinery 농기계 pick ~을 따다 produce ~을 생산하다 interact with ~와 교감하다, 교류하다

54.

참가자들은 무엇을 하도록 권해지는가?
(A) 자주 휴식 취하기
(B) 사진을 많이 촬영하기
(C) 길이 있는 곳으로만 다니기
(D) 보호 장비 착용하기

[해설] 대화 중반부에 남자가 행사 진행과 관련해 종종 멈춰서 휴식을 취해야 한다고(you should stop and rest often) 권하는 부분이 있으므로 (A)가 정답이다.

paraphrasing rest often 자주 휴식하다 → Take frequent breaks 자주 휴식 취하기

[어휘] frequent 잦은, 빈번한 take a break 휴식하다 stay on (길 등) ~로만 다니다 trail 오솔길, 산길 protective gear 보호 장비

55.

남자에 따르면, 해당 장소는 무엇으로 유명한가?
(A) 아름다운 경치
(B) 교육적인 프로그램
(C) 자선 활동을 위한 기부

(D) 환경에 대한 책임감

[해설] 유명하다는 사실과 이유가 함께 제시된다는 것을 예상하고 들어야 한다. 대화 마지막에 남자가 Norfolk Orchard는 오염을 초래하는 비료는 절대 사용하지 않는 것으로 유명하다는(Norfolk Orchard is famous for ~ never using fertilizers that cause pollution) 사실을 알리고 있으므로 (D)가 정답이다.

paraphrasing never using fertilizers that cause pollution 오염을 초래하는 비료를 절대 사용하지 않음 → environmental responsibility 환경에 대한 책임감

[어휘] scenery 경치, 풍경 donation 기부(금) charity 자선 활동, 자선 단체 responsibility 책임(감)

[56-58] US BR

Questions 56-58 refer to the following conversation.

M: Good afternoon. You've reached Oakhurst Appraisals.
W: Hi. My name is Carly Mitchell. ⁵⁶**I need to determine the value of my property** in order to get a loan.
M: All right, Ms. Mitchell. ⁵⁶**I can help you with that**. Are you applying for a mortgage?
W: No, actually, it's for a construction loan. ⁵⁷**I'm thinking about having an extension built onto my house**, so I need to prove the property's current value.
M: Okay. We can choose a time for me to visit you in person for an initial consultation. Also, ⁵⁸**our company's Web site has a number of customer testimonials that you should check out**. I'm sure you'll see that we're the right choice.

determine ~을 알아 내다, 밝혀 내다 value 가치 property 건물, 부동산 loan 대출, 융자 apply for ~을 신청하다 mortgage 주택 담보 대출 extension 증축(된 부분) prove ~을 증명하다 current 현재의 initial 최초의, 처음의 consultation 상담 a number of 많은 testimonial 추천 후기

56-58은 다음 대화에 관한 문제입니다.
남: 안녕하세요. Oakhurst 감정 평가 사무소입니다.
여: 안녕하세요. 제 이름은 Carly Mitchell입니다. 제가 대출을 받기 위해 ⁵⁶제 건물이 지닌 가치를 알아봐야 합니다.
남: 좋습니다, Mitchell 씨. ⁵⁶제가 도와드릴 수 있습니다. 주택 담보 대출을 신청하시는 건가요?
여: 아뇨, 사실, 건설 자금 대출입니다. ⁵⁷제 집에 증축을 하려고 생각 중이라서, 이 건물의 현재 가치를 증명해야 합니다.
남: 알겠습니다. 1차 상담을 위해 제가 직접 방문할 수 있는 시간을 정하실 수 있습니다. 또한, ⁵⁸저희 회사의 웹사이트에서 확인해 보셔야 하는 고객 추천 후기가 많이 있습니다. 제대로 선택하셨다는 것을 분명 아실 수 있으실 겁니다.

56.

남자의 직업은 무엇일 것 같은가?
(A) 안전 점검 담당관
(B) 조경 작업자
(C) 부동산 감정사
(D) 재정 자문

[해설] 대화 초반부에 여자가 자신의 건물이 지닌 가치를 알아봐야 한다는(I need to determine the value of my property) 목적을 언급하자 남자가 자신이 도와줄 수 있다고(I can help you with that) 대답하고 있으므로 (C)가 정답이다.

[어휘] occupation 직업 inspector 점검 담당관 landscaping 조경 (작업) appraiser 감정사, 평가사 financial 재정의, 재무의 advisor 자문, 고문

57.

여자는 무엇을 하는 것을 고려 중인가?
(A) 개인 사업 시작하기
(B) 토지 매각하기
(C) 자신의 집을 더 크게 만들기
(D) 직장에서 은퇴하기

[해설] 여자의 말에서 생각이나 계획 등을 파악해야 한다. 대화 중반부에 여자가 집에 증축을 하려고 생각 중이라고(I'm thinking about having an extension built onto my house) 알리고 있으므로 (C)가 정답이다.

paraphrasing having an extension 증축하기 → Making her home larger 집을 더 크게 만들기

58.

남자에 따르면, 여자는 왜 웹사이트를 방문해야 하는가?
(A) 규정 목록을 읽어 보기 위해
(B) 1차 상담 서비스를 신청하기 위해
(C) 과거의 고객들이 쓴 의견을 보기 위해
(D) 다른 지점의 연락처를 얻기 위해

[해설] 대화 마지막에 남자가 회사의 웹사이트에서 확인해 봐야 하는 고객 추천 후기가 많다고(our company's Web site has a number of customer testimonials) 알리고 있으므로 (C)가 정답이다.

paraphrasing customer testimonials 고객 추천 후기 → feedback from past clients 과거의 고객들이 쓴 의견

[어휘] regulation 규정, 규제 sign up for ~을 신청하다, ~에 등록하다 branch 지점, 지사 contact number 연락처

[59-61] US US

Questions 59-61 refer to the following conversation.

M: Excuse me, could you give me directions to a nearby post office? ⁵⁹**I've got a parcel I'd like to mail.**
W: There's one just two blocks down the street from our hotel, to the east. ⁶⁰**But it doesn't open until eleven.**
M: ⁶⁰**Oh, really? I thought it'd be open by now.**
W: It's a very small branch. If you're in a hurry, I can direct you to another one.
M: Would it be within walking distance?
W: You'd have to take a taxi.
M: In that case, I'll just wait. I can stop by a café to pass the time.
W: Our partner, Juniper Café, is just across the street. ⁶¹**I can give you a discount ticket** for twenty percent off any beverage.

give A directions to B A에게 B로 가는 길을 알려 주다 nearby 근처의 parcel 소포 by now 지금쯤이면 in a hurry 급히, 서두르는 direct A to B A에게 B로 가는 길을 알려 주다 within walking distance 걸어서 갈 수 있는 거리에 있는 in that case 그렇다면, 그런 경우라면 stop by ~에 들르다 pass the time 시간을 보내다

59-61은 다음 대화에 관한 문제입니다.

남: 실례합니다, 근처에 있는 우체국으로 가는 길 좀 알려 주시겠어요? ⁵⁹우편으로 발송해야 하는 소포가 있어서요.
여: 저희 호텔에서 동쪽으로 길을 따라 두 블록만 가시면 있습니다. ⁶⁰하지만 11시나 되어야 문을 엽니다.
남: ⁶⁰아, 그래요? 저는 지금쯤이면 열었겠다고 생각했어요.
여: 아주 작은 지점입니다. 급하신 일이면, 다른 곳으로 가는 길을 알려 드릴 수 있습니다.
남: 걸어서 갈 수 있는 거리에 있는 곳인가요?
여: 택시를 타셔야 할 겁니다.
남: 그러면, 그냥 기다릴게요. 카페에 잠깐 들러서 시간을 보내면 되죠.
여: 저희 제휴 업체인 Juniper Café가 바로 맞은편에 있습니다. 모든 음료에 대해 20퍼센트 할인 받으실 수 있는 ⁶¹할인 티켓을 드릴 수 있어요.

59.
남자는 무엇을 하고 싶어 하는가?
(A) 음식 구입하기
(B) 소포 보내기
(C) 일부 문서 출력하기
(D) 호텔 객실 예약하기

[해설] 남자가 대화 초반부에 우편으로 발송해야 하는 소포가 있다(I've got a parcel I'd like to mail)고 했으므로 (B)가 정답이다.

paraphrasing parcel 소포 → package 소포

60.
남자는 무엇에 대해 놀라움을 표현하는가?
(A) 제한된 선택권
(B) 서비스에 대한 요금
(C) 장소까지의 거리
(D) 운영 시간

[해설] 대화 중반부에 여자가 11시나 되어야 문을 연다고(But it doesn't open until eleven) 알리자 남자가 지금쯤 열었겠다고 생각했다며(Oh, really? I thought it'd be open by now) 놀라움을 나타내고 있다. 이는 우체국 운영 시간과 관련해 놀라워하는 것이므로 (D)가 정답이다.

[어휘] limited 제한된, 한정된 selection 선택(권) fee 요금, 수수료 site 장소, 부지, 현장 hours of operation 운영 시간, 영업 시간

61.
여자는 남자에게 무엇을 주겠다고 제안하는가?
(A) 환불
(B) 지도
(C) 쿠폰
(D) 음료

[해설] 여자가 제공하는 것을 묻는 문제이므로 여자의 말에서 주거나 받는 일과 관련된 표현을 찾아 들어야 한다. 대화 마지막에 여자가 할인 티켓을 줄 수 있다고(I can give you a discount ticket) 했으므로 (C)가 정답이다.

paraphrasing discount ticket 할인 티켓 → coupon 쿠폰

[62-64] [BR] [BR]

Questions 62-64 refer to the following conversation and directory.

Business Directory	
Building 101	Meadow Supplies
Building 102	Shoreline Co.
⁶⁴Building 103	Crescent Insurance
Building 104	Yahola Inc.

W: Hi, you've reached Tina in the maintenance department. How may I help you today?
M: Good afternoon. My name is George Sumner. ⁶²**There's a broken heater in my office that needs to be fixed**. I'm a new employee, so ⁶²**I'm not familiar with the process of asking for maintenance work**.
W: What you need to do is ⁶³**stop by my office on the first floor and fill out a work order**. We'll then dispatch a crew right away or later, depending on the urgency of the situation. Which company is this for?
M: I'm calling from Garnett Inc. ⁶⁴**We're sharing office space with Crescent Insurance**, but we haven't been added to the directory yet.

maintenance 시설 관리, 유지 관리 broken 고장 난, 망가진 fix ~을 고치다, 바로 잡다 process 과정 ask for ~을 요청하다 fill out ~을 작성하다 work order 작업 요청(서) dispatch ~을 보내다, 파견하다 depending on ~에 따라, ~에 달려 있는 urgency 긴급함 be added to ~에 추가되다 directory (건물 1층이나 입구 근처에 있는) 회사 안내 목록

62-64는 다음 대화와 회사 안내 목록에 관한 문제입니다.

회사 안내 목록	
101동	Meadow 용품
102동	Shoreline 사
⁶⁴103동	Crescent 보험사
104동	Yahola 사

여: 안녕하세요, 시설 관리팀의 Tina입니다. 오늘 무엇을 도와 드릴까요?
남: 안녕하세요. 제 이름은 George Sumner입니다. ⁶²제 사무실에 고장 난 히터가 있어서 수리를 받아야 합니다. 제가 신입 사원이라서, ⁶²시설물 관리 작업을 요청 드리는 과정이 익숙하지 않습니다.
여: ⁶³1층에 있는 제 사무실에 들르셔서 작업 요청서만 작성하시면 됩니다. 그 후에 저희가 상황의 긴급함에 따라 즉시 또는 나중에 직원을 보내 드립니다. 어느 회사에 필요한 작업인가요?
남: Garnett 사에서 전화 드리는 겁니다. ⁶⁴저희는 Crescent 보험사와 사무실 공간을 나눠 쓰고 있는데, 저희 회사가 아직 건물 내 안내 목록에 추가되지 않았습니다.

62.
남자는 무엇을 하려는 중인가?
(A) 수리 작업 요청하기
(B) 제품 홍보하기
(C) 일부 장비 주문하기
(D) 배송하기

[해설] 남자가 하려는 일을 묻는 문제이므로 남자의 말에서 언급되는 특정 행위를 파악해야 한다. 대화 초반부에 남자가 고장 난 히터가 있어서 수리를 받아야 한다고(There's a broken heater in my office that needs to be fixed) 알리면서 그 일을 요청하는 게 익숙하지 않다고(I'm not familiar with the process of asking for maintenance work) 말하고 있으므로 (A)가 정답이다.

63.

남자는 왜 여자의 사무실을 방문해야 하는가?
(A) 명함을 받아 오기 위해
(B) 양식을 작성하기 위해
(C) 고객을 만나기 위해
(D) 일부 상품을 반품하기 위해

[해설] 방문과 관련된 정보는 대화 중반부에 여자가 자신의 사무실에 들러서 작업 요청서를 작성하라고(stop by my office on the first floor and fill out a work order) 알리는 부분에서 찾을 수 있으므로 (B)가 정답이다.

paraphrasing fill out a work order 작업 요청서를 작성하다 → complete a form 양식을 작성하다

[어휘] pick up ~을 가져 가다[오다] complete ~을 작성 완료하다 form 양식

64.

시각 자료를 보시오. 남자는 어느 동에서 근무하고 있는가?
(A) 101동
(B) 102동
(C) 103동
(D) 104동

[해설] 대화 후반부에 남자가 근무 장소와 관련해 Crescent 보험사와 사무실 공간을 나눠 쓰고 있다고(We're sharing office space with Crescent Insurance) 알리고 있는데, 시각 자료에 Crescent Insurance에 해당되는 호수가 Building 103로 표기되어 있으므로 (C)가 정답이다.

[65-67] AU US
Questions 65-67 refer to the following conversation and flyer.

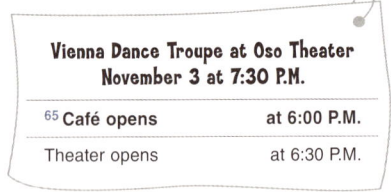

M: Don't forget that we're going to the dance performance tonight, Alayna.
W: The show is scheduled to start at 7:30, right?
M: I have the flyer right here. Hmm… yes, that's correct. ⁶⁵ **But let's get there right when the café opens** so we can have a coffee before going in.
W: ⁶⁵ **Good idea.** I'm really looking forward to it. I heard that ⁶⁶ tickets sold out very quickly.
M: Yes, ⁶⁶ **that's because world-renowned dancer Jillian Savala is a part of this group.**
W: Should we take my car to the theater?
M: ⁶⁷ **I think the bus would be better.** It's always hard to find parking downtown.

correct 맞는, 옳은 get there 그곳으로 가다 world-renowned 세계적으로 유명한 be hard to ~하기 힘들다, 어렵다

65-67은 다음 대화와 전단에 관한 문제입니다.

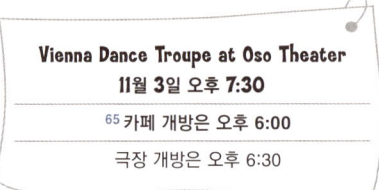

남: 우리 오늘 밤에 댄스 공연에 갈 예정이라는 점을 잊지 마세요, Alayna.
여: 공연이 7시 30분에 시작될 예정이죠, 그렇죠?
남: 여기 저한테 전단지가 있어요. 흠… 네, 맞아요. 하지만 들어가기 전에 커피를 마실 수 있도록 ⁶⁵ 카페가 문을 열 때 바로 도착할 수 있게 그곳으로 갑시다.
여: ⁶⁵ 좋은 생각이에요. 저는 정말로 그 공연을 고대하고 있어요. ⁶⁶ 티켓이 아주 빨리 매진되었다고 들었어요.
남: 네, ⁶⁶ 그건 바로 세계적으로 유명한 댄서인 Jillian Savala 씨가 이 공연 그룹의 일원이기 때문이에요.
여: 제 차로 극장에 갈까요?
남: ⁶⁷ 버스가 더 나을 것 같아요. 시내에서는 항상 주차 공간을 찾기가 힘들거든요.

65.

시각 자료를 보시오. 화자들은 언제 만나는 것에 동의하는가?
(A) 오후 6시에
(B) 오후 6시 30분에
(C) 오후 7시에
(D) 오후 7시 30분에

[해설] 화자들이 만나는 시점과 관련해 남자가 대화 중반부에 카페가 문을 열 때 바로 도착할 수 있게 가자고(let's get there right when the café opens) 제안하자 여자가 좋다고(Good idea) 동의하고 있다. 시각 자료에서 카페가 문을 여는 시간은 6시(Café opens at 6:00 P.M.)로 쓰여 있으므로 (A)가 정답이다.

66.

남자에 따르면, 공연 티켓이 왜 빨리 판매되었는가?
(A) 유명 댄서를 특별히 포함한다.
(B) 비평가들에 의해 뛰어난 평가를 받았다.
(C) 해당 투어의 마지막 공연이다.
(D) 입장권을 할인해 주었다.

[해설] 대화 중반부에 여자가 티켓이 빨리 매진된 사실(tickets sold out very quickly) 언급하자, 남자가 그 이유로 세계적으로 유명한 댄서인 Jillian Savala 씨가 이 공연 그룹의 일원이라는 점을(that's because world-renowned dancer Jillian Savala is a part of this group) 언급하고 있으므로 (A)가 정답이다.

paraphrasing world-renowned 세계적으로 유명한 → famous 유명한

[어휘] feature ~을 특징으로 하다 critic 비평가

67.

남자는 무엇을 하도록 권하는가?
(A) 기념품 구입하기
(B) 일부 동료 직원 초대하기
(C) 함께 저녁 식사하기
(D) 대중교통 이용하기

[해설] 남자가 권하는 일을 묻는 문제이므로 남자의 말에 집중해 들어야 한다. 대

화 마지막에 남자는 교통 수단과 관련해 버스가 더 낫다고 생각한다는(I think the bus would be better) 말로 버스를 이용하도록 권하고 있으므로 (D)가 정답이다.

paraphrasing bus 버스 → public transportation 대중교통

[어휘] souvenir 기념품 invite ~을 초대하다 coworker 동료 직원

[68-70] US BR

Questions 68-70 refer to the following conversation and list.

Management Team: Department Heads	
Sales and Marketing	Nicole Reed
69 Accounting	**Karl Medlock**
Human Resources	Randy Santiago
Public Relations	Gloria Watts

M: Hi, Margo. The president of [68] **our insurance company** just informed me that [69] **one of the managers has decided to step down, effective from next month. Karl Medlock has decided to retire early**.
W: I'm happy for him, but that is going to be a difficult position to fill. He's not only the head of his department, but also one of the most experienced employees we have.
M: Right. It'll definitely be a challenge. I'm already working on a job description that will be posted online.
W: That job will be available internally as well, so [70] **we should announce the opening to the whole staff soon. I can take care of that**.

president 대표, 사장 insurance 보험 step down 자리에 물러나다 effective from ~부터 (시행되는) retire 퇴직하다, 은퇴하다 position 직책, 자리 fill ~을 충원하다 head ~장, 책임자 challenge 어려운 일, 힘든 일 job description 직무 설명(서) internally 내부적으로 whole 전체의 take care of ~을 처리하다

68-70은 다음 대화와 목록에 관한 문제입니다.

경영진: 부서장	
영업 및 마케팅	Nicole Reed
69 회계	**Karl Medlock**
인사	Randy Santiago
홍보	Gloria Watts

남: 안녕하세요, Margo 씨. [68] 우리 보험 회사의 대표님께서 [69] 다음 달부터 부서장들 중 한 분이 자리에서 물러나기로 결정하셨다고 제게 막 알려 주셨어요. Karl Medlock 씨께서 조기 퇴직하시기로 결정하셨어요.
여: 잘 되신 것 같긴 한데, 그 자리는 인원을 충원하기 어려울 거예요. 그분은 소속 부서의 부서장이실 뿐만 아니라, 우리 회사에서 가장 경험이 많은 직원들 중의 한 분이기도 하시거든요.
남: 맞아요. 분명 어려운 일이 될 거예요. 제가 이미 온라인으로 게시될 직무 설명 작업을 하고 있어요.
여: 그 자리는 내부적으로도 사람을 구할 수 있기 때문에, [70] 곧 전 직원들을 대상으로 그 공석을 공지해야 합니다. 제가 그 일을 처리할 수 있어요.

68.

대화는 어디에서 이뤄지고 있을 것 같은가?
(A) 법률 회사에서
(B) 부동산 중개업체에서
(C) 보험 회사에서
(D) 웹 개발 업체에서

[해설] 대화 시작 부분에 남자가 소속 회사의 상황을 언급하면서 우리 보험 회사(our insurance company)라고 지칭하고 있으므로 (C)가 정답이다.

paraphrasing insurance company 보험 회사 → insurance agency 보험 회사

[어휘] take place (일, 행사 등이) 일어나다, 발생되다 real estate 부동산 agency 업체, 대행사 development 개발

69.

시각 자료를 보시오. 어느 부서에 다음 달부터 공석이 있을 것인가?
(A) 영업 및 마케팅
(B) 회계
(C) 인사
(D) 홍보

[해설] next month라는 시점이 언급되는 대화 초반부에 남자가 다음 달에 자리에서 물러나는 사람이 있다는 사실과 함께 그 사람이 Karl Medlock 씨라고(~effective from next month. Karl Medlock has decided to retire early) 언급하고 있다. 시각 자료에서 Karl Medlock의 소속 부서가 Accouting으로 되어 있으므로 (B)가 정답이다.

70.

여자는 무엇을 해주겠다고 제안하는가?
(A) 공지하기
(B) 직무 설명 게시하기
(C) 신입 직원 교육하기
(D) 대표와 만나기

[해설] 대화 마지막에 여자가 전 직원들을 대상으로 공석을 공지해야 한다는 말과 함께 자신이 그 일을 처리할 수 있다고(we should announce the opening to the whole staff soon. I can take care of that) 제안하고 있으므로 (A)가 정답이다.

paraphrasing announce 공지하다 → Make an announcement 공지하기

[어휘] train ~을 교육하다

[71-73] US

Questions 71-73 refer to the following advertisement.

W: Do you travel internationally? [71] **Are you looking for ways to communicate** with your customers in their native language? The Ashton Institute can help. [71] **You can learn French, Mandarin, Japanese, and more** with the help of our experienced instructors. [71] **We offer classes** at a variety of levels. If you're not sure which one to choose, [72] **our staff will assess your language skills at no additional cost**. [73] **New customers who register for the fall session will have a chance to win a leather briefcase**. Visit www.ashton.net to get started.

look for ~을 찾다 way to do ~하는 방법 native language 모국어 instructor 강사 assess ~을 평가하다 at no additional cost 추가 비용 없이 register for ~에 등록하다 win (상 등) ~을 타다, 받다 leather 가죽 briefcase 서류 가방

71-73은 다음 광고에 관한 문제입니다.
여: 해외로 출장을 가시나요? 고객들과 그들의 모국어로 ⁷¹ 의사 소통할 수 있는 방법을 찾고 계신가요? Ashton Institute가 도와 드릴 수 있습니다. 경험 많은 저희 강사들의 도움으로 ⁷¹ 프랑스어와 표준 중국어, 일본어를 비롯한 기타 언어들을 배우실 수 있습니다. 저희는 다양한 레벨의 ⁷¹ 강의를 제공하고 있습니다. 어느 것을 선택하셔야 할지 확실치 않으실 경우, ⁷² 저희 직원이 추가 비용 없이 여러분의 언어 능력을 평가해 드립니다. ⁷³ 가을 학기에 등록하시는 신규 고객들께서는 가죽 서류 가방을 받으실 수 있는 기회를 얻으실 수 있습니다. www. ashton.net에 방문해 시작해 보십시오.

71.
광고는 무엇에 관한 것인가?
(A) 여행사
(B) 몇몇 어학 강좌
(C) 통역 서비스
(D) 국제 무역에 관한 강좌

[해설] 담화 초반부에 의사 소통 방법을 찾고 있는지(Are you looking for ways to communicate) 묻는 부분, 다양한 언어를 배울 수 있다고(You can learn French, Mandarin, Japanese) 알리는 부분, 그리고 이어서 중반부에 강의를 제공한다고(We offer classes) 언급하는 부분을 통해 어학 강좌를 광고하는 담화임을 알 수 있으므로 (B)가 정답이다.

[어휘] translation 통역, 번역 international trade 국제 무역

72.
화자는 무슨 혜택을 언급하는가?
(A) 환불 보장
(B) 편리한 위치
(C) 무료 평가
(D) 저렴한 가격

[해설] 혜택을 묻는 문제이므로 장점이나 주요 서비스 등을 예상하고 들어야 한다. 담화 후반부에 추가 비용 없이 언어 능력을 평가해 준다는(our staff will assess your language skills at no additional cost) 장점이 언급되는 부분이 있으므로 이에 해당되는 (C)가 정답이다.

paraphrasing assess ~ at no additional cost 추가 비용 없이 평가하다 → free assessment 무료 평가

[어휘] money-back guarantee 환불 보장

73.
신규 고객들은 무엇을 받을 수 있는 자격이 있는가?
(A) 항공편 업그레이드
(B) 호텔 숙박
(C) 스파 이용 쿠폰
(D) 무료 사은품

[해설] 담화 후반부에 신규 고객들은 가죽 서류 가방을 받을 수 있는 기회를 얻을 수 있다고(New customers who register for the fall session will have a chance to win a leather briefcase) 알리고 있으므로 (D)가 정답이다.

[어휘] be eligible to ~할 자격이 있다

[74-76] [AU]
Questions 74-76 refer to the following broadcast.

M: You're listening to *In Depth*, the show that brings you informative discussions on a wide range of topics from politics to sports. Today's guest is ⁷⁴ **Natalia Kolstad, an environmental scientist** based at Webber University. ⁷⁵ **Ms. Kolstad is currently assisting with a cleanup program at Tioga Bay,** which is still recovering from last month's oil spill. I'm sure that's very difficult work, but there's something more lighthearted on the way. ⁷⁶ **In April, Ms. Kolstad will be judging the entries in the annual Amateur Inventors Contest**, as this year's theme is relevant to her field. Welcome, Ms. Kolstad.

informative 유익한 a wide range of 아주 다양한 politics 정치 environmental 환경의, 환경과 관련된 based at ~을 기반으로 하는 currently 현재 assist with ~에 도움을 주다 cleanup 정화, 청소 recover from ~로부터 회복되다 oil spill 기름 유출 lighthearted 마음이 편한, 걱정이 없는 judge ~을 심사하다 entry 참가작, 출품작 theme 주제 relevant to ~와 관련 있는 field 분야

74-76은 다음 방송에 관한 문제입니다.
남: 여러분께서는 정치에서부터 스포츠에 이르기까지 다양한 주제로 된 유익한 토론 시간을 마련해 드리는 프로그램인 〈In Depth〉를 청취하고 계십니다. 오늘 초대 손님은 ⁷⁴ Natalia Kolstad 씨로, Webber 대학을 기반으로 활동 중이신 환경 과학자이십니다. ⁷⁵ Kolstad 씨는 현재 Tioga 만의 환경 정화 프로그램에 도움을 주고 계시는데, 이곳은 지난달에 발생한 기름 유출 문제로부터 여전히 회복 중입니다. 이는 분명 매우 힘든 일이겠지만, 그 과정에서 사람들의 마음을 더욱 편하게 해 주는 일도 있습니다. ⁷⁶ 4월에, Kolstad 씨는 연례 아마추어 투자자 경연 대회에서 참가작을 심사하실 예정인데, 올해의 행사 주제가 Kolstad 씨의 전문 분야와 관련되어 있기 때문입니다. 환영합니다, Kolstad 씨.

74.
Natalia Kolstad 씨는 누구인가?
(A) 음악가
(B) 과학자
(C) 운동 선수
(D) 정치인

[해설] 담화 초반부에 Natalia Kolstad의 이름과 함께 환경 과학자라고(Natalia Kolstad, an environmental scientist) 소개하고 있으므로 (B)가 정답이다.

75.
Natalia Kolstad 씨는 현재 무엇에 대한 일을 하고 있는가?
(A) 정부의 규제 통과시키기
(B) 건축 프로젝트 계획하기
(C) 정화 운동에 참가하기
(D) 관광지 홍보하기

[해설] 담화 중반부에 화자는 Kolstad 씨가 현재 환경 정화 프로그램에 도움을 주고 있다고(Ms. Kolstad is currently assisting with a cleanup program) 알리고 있으므로 (C)가 정답이다.

paraphrasing cleanup program 정화 프로그램 → cleanup efforts 정화 운동

[어휘] regulation 규정, 규제 effort (조직적인) 운동, 노력

76.
화자에 따르면, Natalia Kolstad 씨는 4월에 무엇을 할 것인가?
(A) 도서 출판하기
(B) 경연 대회 심사하기

(C) 단체 설립하기
(D) 경력 분야 변경하기

[해설] April이 제시되는 부분이 있음을 예상하고 들어야 한다. 담화 후반부에 4월에 Kolstad 씨가 연례 아마추어 투자자 경연 대회에서 참가작을 심사한다고(Ms. Kolstad will be judging the entries in the annual Amateur Inventors Contest) 알리고 있으므로 (B)가 정답이다.

paraphrasing judging the entries 참가작 심사하기 → Judge a competition 경연 대회 심사하기

[어휘] competition 경연 대회 institute 기관, 단체

[77-79] [BR]
Questions 77-79 refer to the following talk.

W: Good evening, and welcome to Tulsa Grill. My name is Emma, and ⁷⁷I'll be taking care of you throughout your meal. As you browse the menu, you might want to consider the chef's special, which is a 25-ounce T-bone steak with garlic mashed potatoes and lemon and herb asparagus. ⁷⁸Don't be intimidated by the $49.99 price tag; most people consider sharing. Of course, the rest of our menu items are well-known for being flavorful and perfectly cooked. In fact, that's part of the reason ⁷⁹our business will be featured in next month's issue of Perfect Taste Magazine.

take care of ~에 신경을 쓰다, 처리하다, 다루다 throughout ~하는 내내 browse ~을 둘러 보다, 훑어 보다 mashed 으깬 intimidated 위축된, 겁먹은 share 공유하다, 함께 나누다 be well-known for ~로 잘 알려져 있다 flavorful 풍미가 좋은, 맛 좋은 in fact 실제로, 사실 business 업체, 회사 feature ~을 특집으로 싣다 issue (잡지 등의) 호

77-79는 다음 담화에 관한 문제입니다.

여: 안녕하세요, Tulsa Grill에 오신 것을 환영합니다. 제 이름은 Emma이고, ⁷⁷식사하시는 내내 제가 서비스를 제공해 드릴 예정입니다. 메뉴를 살펴 보실 때, 오늘의 특선 요리를 고려해 보실 수 있는데, 오늘은 마늘이 들어간 으깬 감자 및 레몬과 허브가 첨가된 아스파라거스가 곁들여진 25온스 티본 스테이크가 제공됩니다. ⁷⁸49.99달러라는 가격표에 위축되지 마시기 바랍니다. 대부분의 고객들께서 함께 나눠 드시는 것을 고려하십니다. 물론, 저희 메뉴의 나머지 항목들도 풍미가 좋고 완벽하게 조리되는 것으로 잘 알려져 있습니다. 실제로, 이것이 바로 ⁷⁹저희 식당이 〈Perfect Taste Magazine〉의 다음 달 호에 특집 기사로 실리는 이유 중 하나입니다.

77.
화자는 누구일 것 같은가?
(A) 슈퍼마켓 직원
(B) 음식 평론가
(C) 레스토랑 종업원
(D) 요리 강사

[해설] 화자는 담화를 시작하면서 자신이 식사 중의 서비스를 책임질 것이라고(I'll be taking care of you throughout your meal) 알리고 있고, 뒤이어 청자가 메뉴를 보는 일(As you browse the menu)을 언급하는 것으로 볼 때 식당 종업원임을 알 수 있으므로 (C)가 정답이다.

[어휘] critic 평론가, 비평가 instructor 강사

78.
화자가 "대부분의 고객들께서 함께 나눠 드시는 것을 고려합니다"라고 말할 때

무엇을 암시하는가?
(A) 계산서가 합당하게 계산된다.
(B) 1인분의 양이 많다.
(C) 업체가 의견을 요청하고 있다.
(D) 좌석 공간이 붐빈다.

[해설] 담화 중반부에 화자가 스테이크 요리의 특징을 설명하면서 49.99달러라는 가격표에 위축되지 말라고(Don't be intimidated by the $49.99 price tag) 알린 후에 "대부분의 고객들이 함께 나눠 먹는 것을 고려한다"고 말하는 상황이다. 이는 가격은 조금 비싸지만 양이 많아서 함께 먹을 수 있음을 의미하는 말이므로 (B)가 정답이다.

[어휘] calculate ~을 계산하다 fairly 합당하게, 공평하게 portion 1인분 ask for ~을 요청하다

79.
화자에 따르면, 해당 업체는 다음 달에 무엇을 할 것인가?
(A) 구직 지원자 면접 보기
(B) 고객들에게 샘플 제공하기
(C) 더욱 다양한 제품 제공하기
(D) 출판물을 통한 명성 얻기

[해설] 담화 마지막에 해당 업체가 〈Perfect Taste Magazine〉의 다음 달 호에 특집 기사로 실린다고(our business will be featured in next month's issue of Perfect Taste Magazine) 알리고 있는데, 이는 인지도를 높이는 일을 의미하므로 (D)가 정답이다.

paraphrasing be featured in next month's issue 다음 달 호에 특집으로 실리다 → Receive publicity in a publication 출판물을 통한 명성 얻기

[어휘] applicant 지원자 a wider range of 더욱 다양한 receive publicity 명성을 얻다, 평판을 얻다 publication 출판(물)

[80-82] [BR]
Questions 80-82 refer to the following telephone message.

M: Hello, Ms. Pearson. This is Takaharu Sai. I live in apartment 401 in Kingshire Tower. I see in my rental agreement that ⁸⁰you are the person in charge of managing this apartment. Well, there was some work done in our lobby recently, but ⁸¹the crew just left behind some bags of garbage and used building supplies. I have to walk past them every day, and well... it's been two weeks. ⁸²I'm headed to San Francisco on business this afternoon for a few days. I hope I won't have to call you again when I get back.

rental agreement 임대 계약(서) in charge of ~을 책임지는, 맡고 있는 recently 최근에 crew (함께 작업하는) 팀, 반, 조 leave behind ~을 남겨 놓고 가다 garbage 쓰레기 supplies 용품, 물품 be headed to ~로 향하다, 가다 on business 출장으로

80-82는 다음 전화 메시지에 관한 문제입니다.

남: 안녕하세요, Pearson 씨. 저는 Takaharu Sai입니다. 저는 Kingshire Tower 내의 아파트 401호에 살고 있습니다. 제 임대 계약서를 보니 ⁸⁰당신이 이 아파트를 관리하는 데 책임을 지고 있는 분으로 나옵니다. 저, 저희 아파트 로비에 최근에 완료된 작업이 있었는데, ⁸¹그 작업팀이 쓰레기가 들어 있는 몇몇 가방과 사용 완료된 공사용품들을 그냥 남겨 두고 갔습니다. 저는 매일 이 물품 옆을 걸어서 지나가야 하며, 그리고 저... 이 상태가 2주나 되었습니다. ⁸²저는 오늘 오후에 출장 때문에 며칠 동안 샌프란시스코로 갑니다. 제가 돌아왔을 때 다시 전화

를 드리는 일이 없기를 바랍니다.

80.

누구에게 보내는 메시지인가?
(A) 건물 관리 책임자
(B) 전기 기사
(C) 공사 인부
(D) 배달원

[해설] 메시지를 받는 대상자가 누구인지 묻는 문제이므로 청자의 신분을 묻는 문제임을 알 수 있다. 담화 초반부에 화자는 상대방을 you로 지칭해 당신이 이 아파트를 관리하는 데 책임을 지고 있는 사람이라고(you are the person in charge of managing this apartment) 말하는데, 이는 건물 관리 책임자를 의미하는 것이므로 (A)가 정답이다.

paraphrasing   in charge of managing this apartment 이 아파트의 관리를 책임지는 → property manager 건물 관리 책임자

[어휘] property 건물, 부동산

81.

화자가 "이 상태가 2주나 되었습니다"라고 말할 때 무엇을 암시하는가?
(A) 일부 직원들이 급여를 기다리고 있다.
(B) 출입구가 다시 개방되어야 한다.
(C) 일부 쓰레기가 치워져야 한다.
(D) 최근에 새 집으로 이사했다.

[해설] 담화 중반부에 화자가 쓰레기가 들어 있는 몇몇 가방과 사용 완료된 공사 용품들이 그냥 남겨져 있다는 말과 함께 매일 그 옆을 걸어서 지나 가야 한다고(the crew just left behind some bags of garbage and used building supplies. I have to walk past them every day) 알린 후에 "이 상태가 2주나 되었다"고 말하는 상황이다. 이는 빨리 치워졌어야 함을 강조하기 위한 말이므로 (C)가 정답이다.

[어휘] payment 급여, 지불(금) remove ~을 치우다, 제거하다

82.

화자는 오늘 오후에 무엇을 할 것이라고 말하는가?
(A) 청자에게 다시 전화하기
(B) 출장을 가기 위해 출발하기
(C) 예약 시간에 진료 받으러 가기
(D) 로비에서 대기하기

[해설] this afternoon이라는 시점 표현이 제시되는 부분을 놓치지 말고 들어야 한다. 담화 마지막에 화자가 오늘 오후에 출장 때문에 며칠 동안 샌프란시스코로 간다고(I'm headed to San Francisco on business this afternoon for a few days) 알리는 부분이 있으므로 (B)가 정답이다.

paraphrasing   on business 출장으로 인해 → for a business trip 출장을 위해

[어휘] depart 출발하다, 떠나다 medical appointment 진료 예약

[83-85] US
Questions 83-85 refer to the following telephone message.

W: Good afternoon. This is Jessica from Custom Promotions. I received your e-mail asking about [83] **printing five thousand tote bags with your business' logo**. We are able to print any design you provide. And due to the size of your order, [84] **there would be no fee for delivering the items**. You mentioned in your e-mail that [85] **you plan to distribute the items at a trade show that's taking place next week. Don't worry, our printers work around the clock**. Please call me back at 555-7415 to confirm this order. Thanks.

order 주문(품)   fee 요금, 수수료   distribute ~을 나눠 주다, 배포하다
trade show 무역 박람회   take place (일, 행사 등이) 발생되다, 개최되다
around the clock 하루 24시간

83-85는 다음 전화 메시지에 관한 문제입니다.
여: 안녕하세요. 저는 Custom Promotions에서 전화 드리는 Jessica입니다. [83] 5천 개의 토트백에 귀사의 로고를 찍어내는 작업에 관해 문의하신 이메일을 받았습니다. 저희는 제공해 주시는 어떤 디자인이든 인쇄해 드릴 수 있습니다. 그리고 주문량의 규모로 인해, [84] 제품 배송에 대한 요금은 없을 것입니다. 귀하께서는 이메일에서 [85] 다음 주에 개최될 예정인 한 무역 박람회에서 해당 제품을 나눠 주실 계획이라고 언급해 주셨습니다. 걱정하지 않으셔도 됩니다. 저희 프린터들은 하루 24시간 가동됩니다. 이 주문 사항을 확인해 주실 수 있도록 제게 555-7415로 다시 전화 주시기 바랍니다. 감사합니다.

83.

화자는 무슨 종류의 물품을 이야기하고 있는가?
(A) 티셔츠
(B) 명함
(C) 토트백
(D) 볼펜

[해설] 담화 초반부에 화자가 5천 개의 토트백을(five thousand tote bags) 말하고 있으므로 (C)가 정답이다.

84.

청자는 무엇을 받을 자격이 있는가?
(A) 무료 배송
(B) 할인 쿠폰
(C) 추가 물품
(D) 제품 카탈로그

[해설] 특정 서비스나 혜택으로 제시되는 부분이 있음을 예상하고 들어야 한다. 담화 중반부에 화자는 제품 배송에 대한 요금은 없을 것이라고(there would be no fee for delivering the items) 알리고 있으므로 (A)가 정답이다.

paraphrasing   no fee for delivering 배송에 대한 요금이 없음 → Free shipping 무료 배송 서비스

[어휘] additional 추가의

85.

화자가 "저희 프린터들은 하루 24시간 가동됩니다"라고 말할 때 무엇을 암시하는가?
(A) 기기 오작동이 전혀 보고되지 않았다.
(B) 업체는 최신 장비를 사용한다.
(C) 초과 근무에 대한 추가 요금이 있다.
(D) 급한 통보에도 제품이 이용 가능하다.

[해설] 담화 후반부에 청자가 다음 주에 개최될 무역 박람회에서 제품을 나눠 줄 계획이라고 언급했음을 말하면서 걱정하지 말라고(you plan to distribute the items at a trade show that's taking place next week. Don't worry) 알린 후에 "저희 프린터들은 하루 24시간 가동됩니다"라고 말하는 상황이다. 이는 원하는 일정대로 맞춰 주겠다는 뜻으로서 급하게 주문했음에도 제품을 이용할 수 있음을 나타내므로 (D)가 정답이다.

[어휘] malfunction 오작동 report ~을 보고하다 state-of-the-art 최신의 equipment 장비 on short notice 급한 통보에도

[86-88] AU

Questions 86-88 refer to the following talk.

M: On behalf of T&G Electronics, [86] **it is my honor to present to you our latest household appliance, the Utley-180 dehumidifier.** Excess moisture in your home can promote mold growth, which is a serious health hazard. With the Utley-180 dehumidifier, you can control the humidity levels in your home. You never have to worry about spills with this product because [87] **once the collection tank is full, it turns off by itself.** Now, before I ask volunteers to come up here for a closer look, [88] **I'd like to tell you the main points of the user guide.** You'll see that the Utley-180 is very easy to operate.

on behalf of ~을 대표해, 대신해 present A to B A를 B에게 제시하다, 발표하다 dehumidifier 제습기 excess 과도한 moisture 습기 promote ~을 촉진하다 mold 곰팡이 growth 성장 health hazard 건강상의 위험 (요소) humidity 습도 spill (액체의) 흘러 나옴, 유출 once 일단 ~하면, ~하는 대로 collection tank 집수 탱크 turn off (전원 등이) 꺼지다 by itself 자동으로 ask A to A에게 ~하도록 요청하다 volunteer 자원하는 사람 closer look 더 자세히 들여다 봄 operate ~을 작동하다, 가동하다

86-88은 다음 담화에 관한 문제입니다.

남: T&G 전자를 대표해, [86] 저희 회사의 최신 가정용 기기인 Utley-180 제습기를 선보이게 되어 영광스럽게 생각합니다. 집 내부의 과도한 습기는 곰팡이의 성장을 촉진할 수 있는데, 이는 심각한 건강상의 위험 요소입니다. Utley-180 제습기를 사용하시면, 자택 내의 습도를 조절하실 수 있습니다. 제품 사용 중에 물이 흘러 넘치는 일은 절대 걱정하지 않으셔도 되는데, [87] 일단 집수 탱크가 가득 차게 되면 자동으로 작동이 멈추기 때문입니다. 자, 자원하시는 분들께 이쪽으로 가까이 오셔서 더 자세히 보실 수 있도록 요청 드리기 전에, [88] 사용자 가이드의 주요 사항들을 말씀 드리고자 합니다. 여러분께서는 이 Utley-180 제품이 매우 작동하기 편리하다는 사실을 알게 될 것입니다.

86.

화자는 왜 발표를 하는가?
(A) 기기를 소개하기 위해
(B) 일부 조정을 요청하기 위해
(C) 일부 직원들을 교육하기 위해
(D) 일부 의견을 모으기 위해

[해설] 초반부의 내용에 집중해야 한다. 화자는 담화 시작 부분에 소속 회사의 최신 가정용 기기를 선보이게 되어 영광스럽다고(it is my honor to present to you our latest household appliance) 알리고 있으므로 (A)가 정답이다.

paraphrasing household appliance 가정용 기기 → device 기기

[어휘] introduce ~을 소개하다 device 기기, 장치 adjustment 조정, 조절 gather ~을 모으다

87.

화자는 Utley-180의 무슨 특징을 이야기하는가?
(A) 자동으로 꺼진다.
(B) 휴대하기 간편하다.
(C) 에너지를 많이 소비하지 않는다.

(D) 소형 사이즈로 되어 있다.

[해설] 담화 중반부에 집수 탱크가 가득 차게 되면 자동으로 작동이 멈춘다고(once the collection tank is full, it turns off by itself) 알리는 부분이 있으므로 (A)가 정답이다.

paraphrasing turns off by itself 자동으로 멈추다 → shuts off automatically 자동으로 차단되다

[어휘] shut off 꺼지다 automatically 자동으로 carry ~을 휴대하다 compact 소형의

88.

화자는 다음에 무엇을 할 것 같은가?
(A) 몇몇 자원할 사람들 모집하기
(B) 슬라이드 쇼 보여 주기
(C) 설명서 내용 요약하기
(D) 일부 부대용품 시연하기

[해설] 담화 후반부에 계획 관련 표현이나 미래 시제 표현 등이 제시되는 부분에 집중해야 한다. 화자는 사용자 가이드의 주요 사항들을 말해 주겠다고(I'd like to tell you the main points of the user guide) 했으므로 (C)가 정답이다.

paraphrasing user guide 사용자 가이드 → manual 설명서

[어휘] recruit ~을 모집하다 summarize ~을 요약하다 demonstrate ~을 시연하다, 시범을 보이다

[89-91] BR

Questions 89-91 refer to the following excerpt from a meeting.

W: Good afternoon. [89] **Thank you for your interest in becoming employees** here at Kovar Industries. We are one of the nation's leading producers of pharmaceuticals. [89] **Today's open interview session** will consist of application screening followed by a thirty-minute group interview. Those of you who succeed in the group interview will be invited for a one-on-one interview with members of our human resources department. [90] **The groups will be about six to eight people. Ms. Martinez will make the arrangements.** I know that some of you have brought résumés and cover letters, but [91] **we'd also like you to fill out our standard application form. I'll pass those out now.**

leading 선도적인, 앞서 가는 producer 제조사 pharmaceuticals 의약(품), 제약 회사 open interview 공개 면접 consist of ~로 구성되다 application 지원(서) screening 선별, 가려 내기 succeed in ~에서 성공하다 make an arrangement 준비하다, 조치하다 standard 표준의, 기준의 form 양식, 서식 pass A out A를 나눠 주다, 배부하다

89-91은 다음 회의 발췌록에 관한 문제입니다.

여: 안녕하세요. 저희 Kovar 산업의 [89] 직원이 되는 것에 대한 여러분의 관심에 감사 드립니다. 저희는 전국 최고의 의약품 제조사들 중 한 곳입니다. [89] 오늘 열리는 공개 면접 시간은 지원서 선별 과정과 그 후에 이어지는 30분간의 그룹 면접으로 구성됩니다. 그룹 면접 단계에서 통과하시는 분들은 저희 인사부 소속 직원들과 진행되는 일대일 면접 시간에 참석하도록 요청받으시게 됩니다. [90] 그룹마다 약 6~8명의 인원으로 구성됩니다. Martinez 씨께서 그에 대한 조치를 취해 주실 것입니다. 여러분들 중 일부가 이력서와 자기 소개서를 가지고 오셨다는 점

을 알고 있지만, ⁹¹저희는 저희 회사의 표준 지원 양식도 작성해 주셨으면 합니다. 제가 지금 나눠 드리겠습니다.

89.

청자들은 누구일 것 같은가?
(A) 잠재 직원들
(B) 회사의 부서장들
(C) 정부의 조사관들
(D) 신문사 기자들

[해설] 담화 초반부에 직원이 되는 것에 대한 관심에 감사하다고(Thank you for your interest in becoming employees) 인사를 하고 있고, 곧이어 오늘 공개 면접을 진행한다는(Today's open interview session) 말이 제시되는 것으로 볼 때 구직 지원자들을 대상으로 하는 담화임을 알 수 있다. 따라서 잠재 직원들을 의미하는 (A)가 정답이다.

[어휘] potential 잠재적인 inspector 조사관

90.

화자가 "Martinez 씨께서 그에 대한 조치를 취해 주실 것입니다"라고 말할 때 무엇을 암시하는가?
(A) 청자들이 출장을 가야 할 것이다.
(B) Martinez 씨가 발표를 할 계획이다.
(C) 일부 그룹들이 아직 정해지지 않았다.
(D) 화자가 실수를 바로 잡고 싶어 한다.

[해설] 담화 중반부에 그룹마다 6~8명으로 구성될 것이라고(The groups will be about six to eight people) 알린 후에 "Martinez 씨가 그에 대한 조치를 취해 줄 것이다"라고 알리는 상황이다. 이는 아직 그와 같은 방법으로 그룹들이 모두 구성되지 않은 상태임을 나타내는 말이므로 (C)가 정답이다.

[어휘] determine ~을 결정하다 correct ~을 바로 잡다, 수정하다

91.

화자는 다음에 무엇을 할 것인가?
(A) 동료 소개하기
(B) 일부 문서 배부하기
(C) 동영상 보여 주기
(D) 발표하기

[해설] 담화 마지막에 화자는 청자들이 작성해야 하는 지원서가 있음을 언급하면서 그것을 나눠 주겠다고(we'd also like you to fill out our standard application form. I'll pass those out now) 알리고 있으므로 (B)가 정답이다.

paraphrasing pass out 나눠 주다 → Distribute 배부하기

[어휘] introduce ~을 소개하다 colleague 동료 distribute ~을 배부하다, 나눠 주다 paperwork 문서 (작업)

[92-94] US

Questions 92-94 refer to the following excerpt from a meeting.

M: To wrap up this weekly meeting, I'd like to inform all of you about ⁹²**some changes that will affect how often you get paid**. We are currently on a monthly salary payment system companywide, but from next month, we will give employees a choice between receiving payments every other week and monthly. Because of this, ⁹³**I'd like you all to decide which option you prefer and let the accounting team know**. Whatever you choose, ⁹⁴**there are two forms to fill out, which I will send by e-mail later this week**. If you have any questions, please speak to your immediate supervisor, as the management team has already been briefed on this topic. Thank you.

wrap up ~을 마무리하다 affect ~에 영향을 미치다 get paid 급여를 지급 받다 currently 현재 monthly salary payment system 월급 지급 시스템 companywide 회사 전체적으로 every other week 격주로 한 번 accounting 회계(부) immediate supervisor 직속 상관 management team 관리자 직급의 직원들, 경영진 brief ~을 요약 설명하다

92-94는 다음 회의 발췌록에 관한 문제입니다.
남: 이 주간 회의를 마무리하는 내용으로, ⁹²얼마나 자주 급여를 지급 받는지에 영향을 미칠 몇몇 변동 사항을 여러분 모두에게 알려 드리고자 합니다. 우리는 현재 회사 전체적으로 월급 지급 시스템으로 되어 있지만, 다음 달부터, 격주로 한 번 또는 매달 한 번 급여를 받는 방법 중에서 직원들께 선택권을 드릴 것입니다. 이로 인해, ⁹³여러분 모두가 선호하시는 선택권을 결정하셔서 회계팀에 알려 주시기 바랍니다. 여러분께서 무엇을 선택하시든, ⁹⁴작성하셔야 하는 양식이 두 가지 있으며, 제가 이번 주 후반에 이메일로 보내 드리겠습니다. 질문이 있으신 분은, 직속 상관에게 말씀 하시기 바라며, 이는 관리자 직급의 직원들에게 이 문제에 관해 이미 요약 설명해 드렸기 때문입니다. 감사합니다.

92.

담화는 주로 무엇에 관한 것인가?
(A) 휴가 정책
(B) 승진
(C) 급여 지급 일정
(D) 신임 부서장

[해설] 담화 시작 부분에 화자는 얼마나 자주 급여를 지급 받는지에 영향을 미칠 몇몇 변동 사항을(some changes that will affect how often you get paid) 알려 주겠다고 언급하고 있는데, 이는 급여 지급 관련 정책에 해당되는 것이므로 (C)가 정답이다.

paraphrasing how often you get paid 얼마나 자주 급여를 지급 받는지 → payment schedule 급여 지급 일정

[어휘] policy 정책, 방침 job promotion 승진

93.

화자는 청자들에게 무엇을 하도록 요청하는가?
(A) 선호 사항 알리기
(B) 축하 연회에 참석하기
(C) 추가 근무하기
(D) 급여 명세서 검토하기

[해설] 화자는 담화 중반부에 선호하는 선택권을 결정한 후에 회계팀에 알려 달라고 요청(I'd like you all to decide which option you prefer and let the accounting team know)하므로 (A)가 정답이다.

[어휘] express ~을 나타내다, 표현하다 preference 선호(하는 것) reception 축하 연회, 기념 연회 review ~을 검토하다 pay slip 급여 명세서

94.

화자는 이번 주말까지 무엇을 할 것인가?
(A) 참가 신청서 게시하기
(B) 교육 시간 개최하기

(C) 일부 양식 발송하기
(D) 주제 선정하기

[해설] 화자는 담화 중반부에 작성해야 하는 양식이 두 가지 있다는 말과 함께 그것들을 이번 주 후반에 이메일로 보내겠다고(there are two forms to fill out, which I will send by e-mail later this week) 알리고 있으므로 양식 발송을 뜻하는 (C)가 정답이다.

[어휘] sign-up sheet 참가 신청서

[95-97] [BR]

Questions 95-97 refer to the following instructions and chart.

Training Room Assignments	
96 **Administration**	204
Finance	206
Human Resources	301
Marketing	302

M: Now that everyone is here, we can begin this training session. As you all know, 95 **we are tightening security from next month** in order to protect our clients' confidential data. Electronic locks will be installed on all doors, and employees– including part-time workers–will need an ID badge to access various rooms. I've put the room assignments up on the board, so please go to your designated area now. 96 **You can find me in room 204** if you have any questions. 97 **The morning session will last for two hours, and then we'll all meet back here for lunch.**

now that 이제 ~이므로   tighten security 보안을 강화하다
confidential 기밀의, 비밀의   electronic 전자식의   lock 잠금 장치
install ~을 설치하다   access ~에 출입하다, 접근하다   put A up A를 붙여 놓다, 게시하다, 내걸다   assignment 배정, 할당   designated 지정된   last 지속되다

95-97은 다음 설명과 차트에 관한 문제입니다.

교육 시간 방 배정표	
96 행정	204
재무	206
인사	301
마케팅	302

남: 이제 모든 분들이 이곳에 모이셨으므로, 우리는 이 교육 시간을 시작할 수 있습니다. 여러분 모두 아시다시피, 우리는 고객들의 기밀 데이터를 보호하기 위해 95 다음 달부터 보안을 강화할 예정입니다. 전자식 잠금 장치들이 모든 출입문마다 설치될 것이며, 시간제 근무자들을 포함한 직원들은 다양한 방에 출입하려면 사원증이 필요할 것입니다. 제가 방 배정표를 게시판에 부착해 두었으니, 지금 여러분에게 지정된 공간으로 이동하시기 바랍니다. 질문이 있으실 경우에는 96 204호에서 저를 찾으실 수 있습니다. 97 오전 시간은 2시간 동안 진행될 것이며, 그 후에 이곳에서 모두 다시 모여 점심 식사를 하겠습니다.

95.

화자에 따르면, 회사가 다음 달에 무엇을 할 것인가?
(A) 보안 조치 강화하기
(B) 몇몇 시간제 근무자 고용하기
(C) 새로운 데이터베이스 개발하기
(D) 보수 변경하기

[해설] 담화 시작 부분에 화자는 회사가 다음 달부터 보안을 강화할 예정임을(we are tightening security from next month) 알리고 있으므로 (A)가 정답이다.

paraphrasing   tightening security 보안 강화 → Increase security measures 보안 조치 강화하기

[어휘] measures 조치, 방안   hire ~을 고용하다   develop ~을 개발하다   compensation package 보수

96.

시각 자료를 보시오. 화자는 어느 부서에서 근무할 것 같은가?
(A) 행정
(B) 재무
(C) 인사
(D) 마케팅

[해설] 담화 후반부에 화자는 204호에서 자신을 찾을 수 있다고(You can find me in room 204) 알리고 있는데, 시각 자료에 해당 호수로 표기된 부서가 Administration이므로 (A)가 정답이다.

97.

청자들은 두 시간 후에 무엇을 할 것인가?
(A) 일과를 마치고 퇴근하기
(B) 시험 치르기
(C) 교육용 동영상 시청하기
(D) 함께 식사하기

[해설] 담화 마지막에 화자는 곧 진행될 오전 시간이 2시간 동안 진행된다는 말과 함께 그 후에 모두 다시 모여 점심 식사를 하겠다고(The morning session will last for two hours, and then we'll all meet back here for lunch) 알리고 있으므로 (D)가 정답이다.

paraphrasing   all meet back here for lunch 모두 다시 모여 점심 식사를 하다 → Have a meal together 함께 식사하기

[어휘] leave for the day 하루 일과를 마치고 퇴근하다   examination 시험   instructional 교육용의

[98-100] [AU]

Questions 98-100 refer to the following announcement and map.

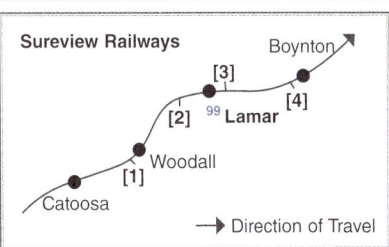

M: Good afternoon. The train's on-board café is now open for passenger use. 98 **We offer hot coffee drinks such as lattes and cappuccinos in addition to our usual selection of brewed teas.** Those are all available in Car A, which is at the

front of the train. Some people have been asking about seeing the famous Tiawa Tower, which will be visible from the train on the left. [99] **You'll be able to see it in just a few moments as we approach Lamar Station**. And remember, [100] **if you'd like live updates, including platform numbers and real-time arrivals and departures, download the Sureview Railways app for your smartphone.**

on-board 열차 내의, 기내의   in addition to ~ 외에도, ~뿐만 아니라   brewed 우려낸, 끓인   visible 눈에 보이는   approach ~에 가까워지다, ~에 접근하다

98-100은 다음 안내와 지도에 관한 문제입니다.

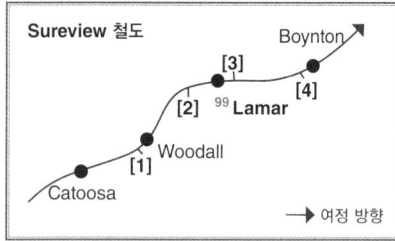

남: 안녕하세요. 열차 내의 카페가 현재 탑승객들께서 이용하실 수 있도록 열려 있습니다. [98] 저희는 평소에 제공해 드리는 다양한 종류의 우려낸 차 외에도 라떼나 카푸치노와 같은 뜨거운 커피 음료들도 제공하고 있습니다. 이 음료들은 모두 A 객실에서 이용 가능하며, 이곳은 열차의 앞부분에 있습니다. 일부 탑승객들께서 유명한 Tiawa Tower를 보는 것에 관해 계속 문의하고 계신데, 이는 열차의 왼편에서 보실 수 있을 것입니다. [99] 잠시 후에 우리 열차가 Lamar 역으로 진입하는 과정에서 보실 수 있습니다. 그리고 기억해 두시기 바랍니다. [100] 승강장 번호나 실시간 도착 및 출발 정보를 포함한 생생한 최신 정보를 원하실 경우, 스마트폰으로 Sureview Railways 앱을 다운로드하십시오.

98.

화자에 따르면, 청자들은 현재 무엇을 하도록 허용되는가?
(A) 일부 티켓 교환하기
(B) 뜨거운 음료 주문하기
(C) 각자의 수하물 보관하기
(D) 좌석 업그레이드 받기

[해설] 담화 초반부에 화자는 열차 내의 카페가 열려 있다는 말과 함께 다양한 차 외에도 라떼나 카푸치노와 같은 뜨거운 커피 음료들도 제공한다고(We offer hot coffee drinks such as lattes and cappuccinos) 알리고 있으므로 (B)가 정답이다.

[어휘] be permitted to ~하도록 허용되다   exchange ~을 교환하다   store ~을 보관하다

99.

시각 자료를 보시오. 현재 기차가 어디에 있을 것 같은가?
(A) 지점 1
(B) 지점 2
(C) 지점 3
(D) 지점 4

[해설] 담화 후반부에 화자는 아주 잠시 후에 열차가 Lamar 역으로 진입하는 과정에서 명소를 볼 수 있다고(You'll be able to see it in just a few moments as we approach Lamar Station) 알리고 있으므로 현재 Lamar 역 도착 직전인 상황임을 알 수 있다. 시각 자료에서 열차 진행 방향상 Lamar 바로 직전이

[2]이므로 (B)가 정답이다.

100.

화자는 청자들이 어디에서 추가 정보를 얻을 수 있다고 말하는가?
(A) 스마트폰 애플리케이션에서
(B) 열차 내의 잡지에서
(C) 출발 정보 안내판에서
(D) 티켓 영수증에서

[해설] 화자는 담화 마지막에 최신 정보를 원할 경우에 스마트폰으로 Sureview Railways 앱을 다운로드하라고(if you'd like live updates ~ download the Sureview Railways app for your smartphone) 알리고 있으므로 (A)가 정답이다.

[어휘] receipt 영수증

新 완전절친 TOEIC 베이직 RC

개정판

정주영·이의걸·글로벌어학연구소 공저

정답 및 해설

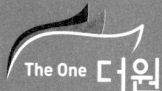

Part 5&6

Unit 01 문장의 구성 요소

Part 5-6

Practice 시험에 반드시 나오는 주어 유형

Answer
A. 1. cancellation 2. attractions 3. That 4. to use
B. 5. (A) 6. (B) 7. (C) 8. (A)

A

1 The (cancel / <u>cancellation</u>) of the contract with Leetig Construction would eliminate some of the profit.

Leetig 건설과의 계약 취소로 수익의 일부를 잃게 될 것이다.

해설 명사 주어
괄호는 주어 자리이고 정관사 the가 앞에 있으므로 명사가 와야 한다. cancel은 동사.

2 The (attractive / <u>attractions</u>) of Flora Town draw the attention of many visitors and travelers every year.

Flora Town의 관광명소들은 해마다 많은 방문객들과 여행자들의 주목을 끌고 있다.

해설 명사 주어
괄호는 주어 자리이고 정관사 the가 앞에 있으므로 명사가 와야 한다. attractive는 형용사.

3 (<u>That</u> / if) Julibee Company's stock has been climbing is evidence that business has become successful.

Julibee 사의 주가가 오르고 있는 것은 사업이 성공적이라는 증거다.

해설 that 명사절 주어
문장의 동사 is 앞에서 '주어+동사'의 절이 주어 역할을 하므로 괄호에는 명사절을 이끄는 접속사 that이 들어가야 한다. If 명사절은 주어 역할을 할 수 없다.

4 It is not recommended (<u>to use</u> / using) machines without proper authorization or supervision.

적합한 허가나 감독 없이 기계들을 사용하는 것은 권장되지 않는다.

해설 to부정사 진주어
가주어 It 뒤에는 to부정사나 that 명사절이 진주어로 올 수 있으므로 to use가 정답이다.

B

5 Mr. Parker was given responsibility of the project after ------- gave his presentation with unmoved confidence.

(A) he   (B) his   (C) him   (D) himself

Parker 씨는 확고한 자신감으로 프레젠테이션을 한 후에 그 프로젝트의 책임을 맡게 되었다.

해설 대명사 주어
두 문장이 접속사 after로 연결되어 있고 둘째 문장의 동사 gave의 주어가 없으므로 주격 대명사인 (A)가 정답이다. 소유격 (B) 다음에는 명사가 와야 하며, 목적격 대명사 (C)와 재귀대명사 (D)는 주어가 될 수 없다.

6 Now that our proposal is approved by our sponsors, ------- is clear that our project will be completed smoothly.

(A) there   (B) it   (C) that   (D) any

우리 제안서가 광고주들의 승인을 받았으므로 우리 프로젝트가 순조롭게 완료될 것이 분명하다.

4

해설 가주어 it

동사 is 앞에 주어 자리가 비어 있고 뒤에 진주어인 that 명사절이 보이므로 가주어 역할을 하는 (B)가 정답이다. (A)는 'there+be동사+명사' 형태를 취한다.

---

7 ------- high standards of service will be our priority for the next six months.

   (A) Maintain   (B) Maintains   (C) Maintaining   (D) Maintained

높은 서비스 기준을 유지하는 것이 앞으로 6개월 동안 우리의 우선순위가 될 것이다.

해설 동명사 주어

빈칸부터 service까지 동사 will be의 주어이다. 주어가 될 수 있는 것은 동명사인 (C)밖에 없으며 나머지 보기들은 동사들이다.

---

8 ------- are many places to visit in Whitewest Valley such as the mountain trails and the nearby waterfall.

   (A) There   (B) It   (C) You   (D) They

Whitewest 계곡에는 등산로들과 근처 폭포와 같은 가 볼만한 장소들이 많이 있다.

해설 가주어 there

빈칸 뒤에 are many places로 보아 'there+be동사+명사' 구문임을 알 수 있다. 빈칸에는 가주어 there가 와야 하므로 (A)가 정답이다.

Practice 시험에 반드시 나오는 동사 유형

Answer
A. 1. report   2. notifies   3. will review   4. predict
B. 5. (A)   6. (D)   7. (B)   8. (B)

A

1 If you cannot solve a problem at work, you should (reporting / report) it to your manager or supervisor.

직장에서의 문제를 해결할 수 없다면 당신의 관리자나 부서장에게 보고해야 한다.

해설 조동사+동사원형

조동사 should 뒤에는 항상 동사원형이 와야 하므로 report가 정답이다.

---

2 The computer programmer (to notify / notifies) the user of the required update.

컴퓨터 프로그래머는 사용자들에게 필요한 업데이트를 공지한다.

해설 문장의 동사

괄호는 동사 자리이므로 notifies가 정답이다. to notify는 부정사이므로 문장의 동사가 될 수 없다.

---

3 In the upcoming staff meeting, team manager Josie Thorpe (reviewing / will review) team members' suggestions.

앞으로 있을 직원회의에서 Josie Thorpe 팀장이 팀원들의 제안을 검토할 것이다.

해설 문장의 동사

괄호는 동사 자리이므로 미래 시제 동사인 will review가 정답이다. reviewing은 동명사이므로 문장의 동사가 될 수 없다.

---

4 Weather reporters (predict / predicting) that there will be heavy snowfall in the beginning of December.

기상전문기자들은 12월 초에 폭설이 올 것으로 예측한다.

해설 문장의 동사

괄호는 주어 뒤의 동사 자리이므로 predict가 정답이다. that ~ snowfall은 목적어 역할을 하는 명사절이다. predicting은 동명사이므로 문장의 동사가 될 수 없다.

B

5 Although Polo Bakery is best known for its custom-designed wedding cakes, it also ------- in children's birthday parties.

(A) specializes (B) specialization (C) specialty (D) specializing

> Polo Bakery는 주문 제작 결혼 케이크로 가장 유명하지만 어린이 생일 파티 전문이기도 하다.

해설 문장의 동사
빈칸은 주어 뒤의 동사 자리이다. 보기에서 동사는 (A)밖에 없다. (B)와 (C)는 명사이고 (D)는 동명사이다.

---

6 Please ------- your shoes in front of the door before entering the house.

(A) to leave (B) leaves (C) leaving (D) leave

> 집에 들어오기 전에 문 앞에 신발을 놓아두세요.

해설 Please+동사원형
명령문에서는 주어를 생략한 동사원형을 사용하며 앞에 please를 붙여 어조를 부드럽게 한다. 따라서 동사원형인 (D)가 정답이다.

---

7 The plan must be tested and approved before it can ------- in the field.

(A) has implemented (B) be implemented
(C) implementing (D) implementation

> 그 계획은 반드시 시험되고 승인되어야만 현장에서 시행될 수 있습니다.

해설 조동사+동사원형
조동사 can 뒤에 동사원형이 와야 한다. 보기에서 동사원형은 (B)밖에 없다. implement는 타동사인데 뒤에 목적어가 없으므로 수동태임을 알 수 있다.

---

8 Supermarkets always store vegetables and fruits at low temperature so that they do not -------.

(A) deteriorates (B) deteriorate
(C) deteriorating (D) to deteriorate

> 슈퍼마켓에서는 채소와 과일을 상하지 않도록 항상 낮은 온도에 보관한다.

해설 조동사+동사원형
부정문에서 조동사 do 뒤에 동사원형이 와야 하므로 (B)가 정답이다. deteriorate(나빠지다, 악화되다)는 목적어가 필요 없는 자동사이다.

Practice 반드시 알아야 하는 기출 동사 어휘 ❶

Answer
A. 1. placed 2. resume 3. scheduled 4. reduces
B. 5. (D) 6. (C) 7. (D) 8. (B)

A

1 The traffic control department (placed / settled) speed limit signs on the new highways to ensure the safety of all drivers.

> 교통관리부는 모든 운전자들의 안전을 보장하기 위해 새 고속도로들에 속도 제한 표지판을 설치했다.

해설 place 놓다, (명령·주문 등을) 하다
표지판을 놓아두는 의미가 적절하므로 place가 정답이다.

어휘 settle 해결하다, 정착하다

---

2 The conference will (assemble / resume) as soon as the speaker returns from a short break.

> 총회는 강연자가 잠시 휴식하고 돌아오자마자 다시 시작될 것이다.

해설 resume 다시 시작하다[되다]
강연자가 휴식 후에 회의가 다시 시작된다는 의미가 적절하므로 resume이 정답이다.

어휘 assemble 모으다, 조립하다

3   Professor Forester has (scheduled / served) the next session on British History for May 16.

Forester 교수는 영국 역사에 관한 다음 강의 일정을 5월 16일로 잡았다.

해설 schedule 일정을 잡다, 예정하다
다음 강의 일정을 잡았다는 의미가 적절하므로 scheduled가 정답이다.

어휘 serve 섬기다, 시중들다

4   Taking public transportation significantly (reduces / retrieves) the emission of air pollutants.

대중교통 이용은 대기 오염물질 배출을 대폭 줄여준다.

해설 reduce 줄이다, 축소하다
오염물질을 대폭 줄여준다는 의미가 적절하므로 reduces가 정답이다.

어휘 retrieve 되찾다, 회복하다

B

5   Chairman Peter Nichols ------- concerns about the unstable budget.
   (A) focused   (B) appeared   (C) applied   (D) expressed

Peter Nichols 회장은 불안정한 예산에 관해 우려를 나타냈다.

해설 express 표현하다, 나타내다
빈칸 뒤의 concerns와 어울리는 동사가 필요하다. (B)는 자동사로만 쓰이므로 뒤에 목적어가 나올 수 없다. 우려를 나타냈다는 의미가 문맥상 가장 자연스러우므로 (D)가 정답이다.

어휘 focus 집중하다[시키다] appear 나타나다 apply 적용하다

6   The organization is ------- donations for aiding the survivors of the recent disaster.
   (A) proceeding   (B) competing   (C) accepting   (D) electing

그 기관은 최근의 재해에서 살아남은 생존자들을 돕는 기부금을 받고 있다.

해설 accept 받다, 받아들이다
빈칸 뒤의 donations와 어울리는 동사가 필요하다. (A)와 (B)는 자동사이므로 뒤에 목적어가 올 수 없다. 기부금을 받는다는 의미가 적절하므로 (C)가 정답이다.

어휘 proceed 나아가다, 진행되다 compete 경쟁하다 elect 선출하다

7   Owing to a heavy snowstorm, the flight schedule has been ------- until further notice.
   (A) programmed   (B) defined   (C) classified   (D) postponed

폭설 때문에 비행 일정은 추후 통지가 있을 때까지 연기되었다.

해설 postpone 연기하다, 미루다
비행 일정이 지연되었다는 의미가 문맥상 가장 자연스러우므로 (D)가 정답이다.

어휘 program 프로그램을 작성하다 define 정의하다 classify 분류하다

8   JRR Housing Co. ------- newly constructed facilities with several appliances for convenience.
   (A) assembles   (B) equips   (C) invests   (D) attributes

JRR 주택 건설사는 신축 시설에 편의를 위한 몇 가지 가전제품을 설치해준다.

해설 equip (장비·능력을) 갖추다, 갖추게 하다
가전제품을 신축 시설에 갖추어준다는 의미가 적절하므로 (B)가 정답이다.

어휘 invest 투자하다 attribute ~의 탓[덕분]으로 돌리다

Actual Test

Answer 1. (B) 2. (C) 3. (C) 4. (C) 5. (A) 6. (B) 7. (B) 8. (A) 9. (A) 10. (B) 11. (A) 12. (D)

---

1 It is important ------- all workers follow safety rules when operating machines inside the factory.

(A) it   (B) that   (C) there   (D) to

모든 직원들이 공장 안의 기계를 작동할 때 안전 수칙을 따르는 것이 중요합니다.

해설 that 명사절 진주어

It이 가주어로 문장 앞에 나와 있다. 진주어로는 to부정사나 명사절이 올 수 있는데, 빈칸 뒤에 절이 나오므로 명사절을 이끄는 접속사 that이 들어가야 한다. 따라서 (B)가 정답이다.

어휘 follow 따르다 safety rule 안전 수칙 operate 작동하다 factory 공장

---

2 Mr. Grant will ------- early tomorrow morning if his flight has not been delayed.

(A) arriving   (B) arrival   (C) arrive   (D) arrived

Grant 씨는 항공편이 연착되지 않으면 내일 아침 일찍 도착할 겁니다.

해설 조동사+동사원형

조동사 will 뒤에는 반드시 동사원형이 와야 하므로 (C)가 정답이다. 이런 쉬운 문제도 1년에 2~3회 출제된다.

어휘 flight 항공편 delay 지연하다

---

3 The main server board for LAN connections and surveillance at DDT Company ------- twenty-four hours a day.

(A) operators   (B) operating   (C) operates   (D) operation

DDT 사의 근거리 통신망 연결과 감시를 위한 메인 서버 보드는 하루 24시간 내내 작동한다.

해설 문장의 동사

문장의 주어는 The main server board이며 빈칸은 동사 자리이므로 (C)가 정답이다.

어휘 connection 연결 surveillance 감시

---

4 The payment for this month does not ------- any bonus or overtime pay.

(A) including   (B) included   (C) include   (D) includes

이번 달 급여에는 보너스나 초과근무 수당이 포함되지 않습니다.

해설 조동사+동사원형

부정문을 만드는 조동사 do/does/did 뒤에는 반드시 동사원형이 와야 하므로 (C)가 정답이다.

어휘 payment 지급금, 급여 overtime 초과근무

---

5 If you have problems with the electrical system, please ------- to our maintenance personnel.

(A) speak   (B) spoke   (C) speaks   (D) to speak

전기 시스템에 문제가 있으면 우리 시설관리 직원들에게 말해주세요.

해설 명령문

명령문 앞에 please를 붙여 어조를 부드럽게 한다. 명령문은 주어 없이 동사원형을 사용하므로 (A)가 정답이다.

어휘 electrical 전기의 maintenance 유지, 관리 personnel 직원들

---

6 There are many quality ------- that all appliances must pass before they are launched.

(A) checkable   (B) checks   (C) checked   (D) check

모든 가전제품이 출시되기 전에 통과해야만 하는 품질검사가 많이 있다.

해설 가주어 there 구문

'there+be동사+명사' 구문이다. 빈칸에는 quality와 함께 진주어를 이루는 명사가 와야 하므로 (B)와 (D) 중에서 정답을 골라야 한다. 진주어 앞의 동사 are가 복수형이므로 수를 일치시키려면 복수형인 (B)가 정답이다.

어휘 quality check 품질검사 appliance 가전제품 launch 출시하다

7   ------- to errors that appear in the report should be e-mailed to FishPermit@dnr.gov.

(A) Correcting   (B) Corrections   (C) Correct   (D) Corrected

보고서에 나타나는 오류들에 대한 정정 사항들은 FishPermit@dnr.gov로 이메일을 보내주셔야 합니다.

해설 명사 주어

문장의 동사는 should be e-mailed이다. 빈칸은 문장의 주어 자리이므로 명사인 (B)가 정답이다.

어휘 correction 정정, 수정 error 오류, 실수 appear 나타나다

8   Bob Irwin indicates that there ------- certainly more women than men who prefer to wear clothes for style than for comfort.

(A) are   (B) is   (C) been   (D) being

Bob Irwin은 편안함보다는 스타일을 위해 옷을 입기를 선호하는 사람들은 남성들보다 여성들이 확실히 더 많다는 것을 지적한다.

해설 가주어 there 구문

'there+be동사+명사' 구문이다. 가주어 there 뒤의 빈칸은 동사 자리이고 진주어는 more women이다. 가주어 there 구문에서는 be동사의 수를 뒤의 진주어의 수에 일치시키므로 복수형 동사인 (A)가 정답이다.

어휘 indicate 가리키다, 지적하다 certainly 확실히 prefer 선호하다 comfort 편안함

Questions 9-12 refer to the following notice.

The --- 9. --- of the laundry room at Glen Hills Apartment Complex is restricted to residents of the complex.
This facility --- 10. --- six washing machines and six dryers that are available for use 24 hours a day.
Since we cannot monitor the facility at all times, we ask for your cooperation in keeping it well-maintained. If you find that any machine is malfunctioning, please call our maintenance department at 555-0162.
--- 11. ---. In most cases, a technician will repair the machine within 48 hours of --- 12. --- your call. Thank you for your cooperation.

Glen Hills 아파트 단지의 세탁실 이용은 주민들로만 제한됩니다.
이 시설은 세탁기 6대와 건조기 6대를 포함하며 하루 24시간 동안 이용 가능합니다.
저희가 이곳을 항상 감독할 수는 없기 때문에 계속 잘 유지될 수 있도록 여러분의 협조를 부탁 드립니다. 혹시 기계가 오작동하는 것을 발견하시면 555-0162번으로 저희 시설 관리부에 전화하시기 바랍니다.
기계 문제를 알릴 때는 정비사가 신속하게 대응할 수 있도록 반드시 기계 번호를 알려주시기 바랍니다. 대부분의 경우에 전화를 받고 난 후 48시간 이내에 기술자가 그 기계를 수리할 것입니다. 협조에 감사드립니다.

9   (A) use
    (B) used
    (C) useful
    (D) uses

10 (A) including
    (B) includes
    (C) included
    (D) to include

NEW
11 (A) Be sure to provide the machine number when reporting the problem to help the technician respond promptly.
(B) Maintenance department is on the first floor of the building.
(C) You'd better drop by the maintenance department in person as we are short-staffed.
(D) It is prohibited from operating the washing machine after midnight.

12 (A) receive
(B) receives
(C) be received
(D) receiving

---

9 해설 **명사 주어**
빈칸은 문장의 주어 자리이다. 따라서 명사인 (A)와 (D) 중에서 정답을 골라야 한다. 문장의 동사 is가 단수이므로 수를 일치시킨 단수 명사 (A)가 정답이다.
어휘 laundry room 세탁실 apartment complex 아파트 단지 restrict 제한하다, 한정하다 resident 주민

10 해설 **문장의 동사**
빈칸은 문장의 동사 자리이다. 따라서 동사인 (B)와 (C) 중에서 정답을 골라야 한다. 문장이 일반적 사실을 말하고 있으므로 과거 시제인 (C)는 정답이 될 수 없고 현재 시제인 (B)가 정답이다.
어휘 facility 시설 washing machine 세탁기 dryer 건조기

11 해설 **적절한 문장 찾기**
(A) 기계 문제를 알릴 때는 정비사가 신속하게 대응할 수 있도록 반드시 기계 번호를 알려주시기 바랍니다.
(B) 유지관리 부서는 건물 1층에 있습니다.
(C) 일손이 부족하오니 유지관리부서에 직접 들러주시는 편이 나을 겁니다.
(D) 자정 이후에는 세탁기를 작동시키는 것은 금지되어 있습니다.
어휘 be sure to 반드시 ~하다 provide 제공하다 when -ing ~할 때 technician 기술자 respond 답하다 promptly 즉시 maintenance department 유지관리 부서 drop by 들르다 in person 몸소, 직접 be short-handed 일손이 부족하다 be prohibited from -ing ~하는 것이 금지되다 operate 작동시키다

12 해설 **전치사+동명사+목적어**
전치사 of 뒤에는 명사나 동명사가 올 수 있다. 빈칸 뒤에 your call이라는 명사가 있으므로 명사를 목적어로 취할 수 있는 동명사 (D)가 정답이다.
어휘 monitor 감독하다, 관찰하다 cooperation 협조, 협력 well-maintained 잘 유지되는 malfunction 오작동하다 maintenance department 시설 관리부 technician 기술자

Unit 02 문장의 5형식

Part 5-6

Practice 시험에 반드시 나오는 1, 2형식 문형

Answer
A. 1. steadily 2. to be 3. extremely 4. dirty
B. 5. (A) 6. (A) 7. (B) 8. (A)

A

1 Real estate agents are worried that potential buyers will be discouraged as property prices are rising (steady / *steadily*) over time.

부동산 중개인들은 잠재 구매자들이 시간이 흐르면서 꾸준히 상승하는 부동산 가격에 낙담할까봐 걱정한다.

해설 1형식 동사+부사
1형식 동사 rise 뒤에는 수식어만 올 수 있으므로 부사인 steadily가 정답이다. steady는 형용사.

어휘 steady 꾸준한 steadily 꾸준히

2 Whether the adjustments will be made today or delayed until further notice, the result remains (*to be* / have been) seen.

조정이 오늘 이루어지든 다음 공지 때까지 연기되든 간에 결과는 아직 두고 봐야 한다.

해설 remain to+동사원형
2형식 동사 remain 뒤에는 보어로 형용사나 to부정사가 올 수 있으므로 to be가 정답이다. remain to be seen은 '아직 두고 봐야 한다'는 의미로 자주 쓰인다.

3 Workers in the production line have been (extreme / *extremely*) busy trying to meet the deadline for the shipment that is due next week.

생산 라인의 작업자들은 다음 주가 마감인 선적품의 납기일을 맞추려고 애쓰느라 극도로 바빴다.

해설 be동사+부사+형용사
be동사와 형용사 사이에 올 수 있는 것은 부사이므로 extremely가 정답이다. extreme은 형용사.

어휘 extreme 극도의 extremely 극도로

4 If the mattress becomes (dirt / *dirty*), treat it with the correct cleaner.

매트리스가 더러워진다면 적합한 세제로 처리하세요.

해설 2형식 동사의 형용사 보어
2형식 동사 become의 보어로 형용사가 올 수 있으므로 dirty가 정답이다. 명사 dirt는 주어 the mattress와 동격이 아니므로 보어가 될 수 없다.

어휘 dirt 먼지, 오물 dirty 더러운

B

5 The nutrients found in fruits and vegetables are ------ for the development of our bodies as they provide the necessary vitamins and minerals.

과일과 채소에서 발견되는 영양소는 필요한 비타민과 미네랄을 공급하기 때문에 우리 몸의 발달에 필수적이다.

(A) essential   (B) essentially   (C) essence   (D) essences

해설 2형식 동사의 형용사 보어
2형식 동사인 be동사 뒤에는 보어가 필요하므로 형용사인 (A)가 정답이다. 명사인 (C), (D)는 주어 The nutrients와 동격이 아니므로 탈락. (B)는 부사.

어휘 essential 필수적인 essentially 필수적으로 essence 진수, 본질

6 Chittenden County Transportation Authority is ------- to return to negotiations with the union.

(A) ready   (B) readier   (C) readily   (D) readiness

해설 2형식 동사의 형용사 보어

Chittenden 카운티 교통국은 노조와의 협상에 복귀할 준비가 되어 있다.

2형식 동사인 be동사 뒤에는 보어가 필요하므로 형용사인 (A)가 정답이다. 명사인 (D)는 주어와 동격이 아니므로 보어가 될 수 없다. (B)는 형용사의 비교급, (C)는 부사.

어휘 ready 준비된 readily 즉시, 쉽사리 readiness 용의, 준비

---

7 The Prime Minister just ------- from Washington and is planning to hold a press conference regarding the Free Trade Agreement.

(A) sent   (B) arrived   (C) delayed   (D) examined

해설 1형식 동사+전치사구

총리는 Washington에서 방금 도착했으며 자유무역협정에 관한 기자회견을 열 계획이다.

The Prime Minister를 주어로 하는 두 문장이 and로 연결되어 있다. 동사 자리인 빈칸 뒤에 목적어나 보어가 없으므로 1형식 동사인 (B)가 정답이다. (C)는 1, 3형식 모두 가능하지만 의미상 어색하다. (A)는 4형식, (D)는 3형식 동사.

어휘 send 보내다 arrive 도착하다 delay 지체하다 examine 조사하다

---

8 The Grand Waterpark is not ------- for any lost or stolen items; therefore, one must be careful not to leave personal belongings unattended.

(A) responsible   (B) responsibleness
(C) responsibly   (D) responsibility

해설 2형식 동사의 형용사 보어

Grand Waterpark는 분실물과 도난품에 대해 책임지지 않습니다. 따라서 개인 소지품을 방치하고 자리를 뜨지 않도록 주의하셔야만 합니다.

be동사는 2형식 동사이기 때문에 뒤에는 형용사나 명사 보어가 오므로 형용사인 (A)가 정답이다. 명사인 (B)와 (D)는 주어와 동격이 될 수 없으므로 보어로 올 수 없다. (C)는 부사.

어휘 responsible 책임이 있는 responsibility 책임 responsibly 책임감 있게

> **Practice** 시험에 반드시 나오는 3, 4, 5형식 문형
> **Answer**
> **A.** 1. send   2. grants   3. transportation   4. to consider
> **B.** 5. (C)   6. (D)   7. (C)   8. (A)

A

1 My assistant will (allow / send) you a list of deserving candidates for the promotion.

내 비서가 승진할 자격이 있는 후보들의 명단을 당신에게 보낼 것입니다.

해설 4형식 동사

괄호 뒤에 간접목적어 you와 직접목적어 a list가 오므로 4형식 동사인 send가 정답이다. allow는 5형식 동사.

---

2 The premium membership card (grants / indicates) you full access to all our facilities.

프리미엄 회원 카드는 여러분께 저희의 모든 시설에 대한 무제한 이용 권한을 부여합니다.

해설 4형식 동사

괄호 뒤에 간접목적어 you와 직접목적어 full access가 오므로 4형식 동사인 grants가 정답이다. indicates는 3형식 동사.

---

3 The travel package includes (transportation / to transport) costs and a personal tour guide.

여행 패키지는 교통비와 개인 관광 가이드를 포함합니다.

해설 3형식 동사의 목적어

3형식 동사 includes 뒤에 목적어가 와야 하므로 costs와 함께 복합명사를 이루는 transportation이 정답이다. include는 to부정사를 목적어로 취하지 않는다.

어휘 transportation cost 교통비, 운송비

4 I would like to encourage you (considered / to consider) reading the newspaper rather than watching television.

나는 당신에게 TV를 시청하는 것보다는 신문을 읽는 것을 고려하기를 권하고 싶습니다.

해설 5형식 동사의 보어

5형식 동사 encourage는 목적격 보어로 to부정사를 취하므로 to consider가 정답이다.

B

5 Anyone who wants to ------- in the annual marathon should register beforehand.

연례 마라톤에 참가하고 싶은 사람은 누구나 사전에 등록해야 합니다.

(A) complete   (B) attend   (C) participate   (D) release

해설 1형식 동사와 3형식 동사

빈칸 뒤에 전치사가 오기 때문에 1형식 동사인 (C)가 와야 한다. (A), (B), (D)는 목적어가 필요한 3형식 동사.

어휘 release 풀어주다, 발표하다

6 Everyone who attended community service at the healthcare center ------- a letter of appreciation last week.

보건소의 지역 봉사활동에 참여한 모든 사람에게 지난주에 감사 편지가 발송되었다.

(A) was sending   (B) would send
(C) will send   (D) was sent

해설 4형식 동사의 수동태

4형식 동사 send는 능동태에서는 목적어 두 개를 취하며 간접목적어를 주어로 한 수동태에서는 목적어 한 개를 취한다. 빈칸 뒤에 목적어가 하나이므로 수동태인 (D)가 정답이다.

7 MRT computers will ------- machines to perform faster and smoother operations.

MRT 컴퓨터는 기계들이 더 빠르고 순조롭게 작업을 수행할 수 있게 할 것입니다.

(A) inhibit   (B) prefer   (C) enable   (D) keep

해설 5형식 동사

to부정사를 목적격 보어로 취하는 5형식 동사가 와야 하므로 (C)가 정답이다. (A), (B)는 3형식 동사이고 (D)는 형용사와 분사를 목적격 보어로 취하는 5형식 동사.

어휘 inhibit 억제하다, 막다

8 The new AAC model ------- customers to make multiple phone calls at once for the price of one call.

새 AAC 모델은 고객들이 한 통화 값으로 여러 통화를 한 번에 할 수 있게 한다.

(A) allows   (B) promotes   (C) accepts   (D) gives

해설 5형식 동사

to부정사를 목적격 보어로 취하는 5형식 동사가 와야 하므로 (A)가 정답이다. (B), (C)는 3형식, (D)는 4형식 동사.

어휘 allow 허용하다 promote 촉진하다 accept 받아들이다

Practice	시험에 반드시 나오는 기출 동사 어휘 ❷	Answer	A. 1. encounter 2. sign 3. possess 4. reserve
			B. 5. (B) 6. (B) 7. (D) 8. (B)

A

1 Patients who (require / encounter) problems with receiving the MiaGel treatment are encouraged to consult with their doctors before continuing treatment.

MiaGel 치료를 받는 데 문제를 겪는 환자들은 치료를 계속하기 전에 주치의와 상담할 것을 권고받는다.

해설 encounter 마주치다, 부닥치다
문제에 부닥친다는 의미가 적절하므로 encounter가 정답이다.

어휘 require 필요로 하다

2 Refunds for products are only available to clients who (sign / offer) a legitimate contract.

합법적인 계약에 서명한 고객들에게만 제품에 대한 환불이 가능합니다.

해설 sign 서명하다, 사인하다
계약에 서명한다는 의미가 적절하므로 sign이 정답이다.

어휘 offer 제공하다

3 Scuba divers who plan to instruct students must (possess / specify) a valid master certification.

학생들을 가르칠 계획인 스쿠버 다이버들은 유효한 마스터 자격증이 있어야만 한다.

해설 possess 소유하다, 갖고 있다
자격을 갖고 있다는 의미가 적절하므로 possess가 정답이다.

어휘 specify 명시하다

4 If you wish to (decide / reserve) a seat for Dr. Lanting's lecture, please contact the main office.

Lanting 박사의 강연에 좌석을 예약하고 싶으시면 본사로 연락하세요.

해설 reserve 예약하다, 보유하다
좌석을 예약한다는 의미가 적절하므로 reserve가 정답이다.

어휘 decide 결정하다

B

5 Ms. Wilson is in charge of ------- various social events for students at Oakland Junior High.

(A) applying   (B) organizing   (C) bridging   (D) correcting

Wilson 씨는 Oakland 중학교 학생들의 다양한 사교 행사의 조직을 맡고 있다.

해설 organize 조직하다, 설립하다
행사를 조직한다는 의미가 적절하므로 정답은 (B)가 정답이다.

어휘 apply 적용하다   bridge ~에 다리를 놓다   correct 수정하다

6 Musician Kirk Reese ------- the lyrics for his latest acoustic album, *Infinite Sky*, during a hot air balloon experience in England.

(A) lectured   (B) conceived   (C) resembled   (D) motivated

음악가 Kirk Reese는 영국에서 열기구 체험을 하는 동안 자신의 최신 어쿠스틱 앨범인 'Infinite Sky'의 가사를 구상했다.

해설 **conceive** 생각해 내다, 구상하다
(B) 음악가가 가사를 구상했다는 의미가 적절하므로 (B)가 정답이다.

어휘 lecture 강연하다 resemble 닮다 motivate 의욕을 북돋워주다

---

7 Employees specializing in data communications are required to sign a confidentiality agreement to ------- sensitive intellectual property.

(A) prevent   (B) impress   (C) silence   (D) protect

데이터 커뮤니케이션 전문 직원들은 민감한 지적 재산권을 보호하기 위한 비밀 협약에 서명해야 한다.

해설 **protect** 보호하다, 보존하다
지적 재산권을 보호한다는 의미가 적절하므로 (D)가 정답이다.

어휘 prevent 막다, 방지하다 impress 감동시키다 silence 고요, 침묵, 침묵시키다

---

8 Mr. Grant has been ------- to the position of Industry Analyst of the Owl Company and will now be under the direct command of Captain Winters.

(A) registered   (B) promoted   (C) pleased   (D) increased

Grant 씨는 Owl 사의 업계 분석가로 승진해 이제 Captain Winters에게 직접 지휘를 받을 것이다.

해설 **promote** 승진시키다, 홍보하다
특정한 자리로 승진했다는 의미가 적절하므로 (B)가 정답이다.

어휘 register 등록하다 please 기쁘게 하다, 만족시키다 increase 증가하다[시키다]

Actual Test

Answer   1. (B)   2. (C)   3. (D)   4. (D)   5. (A)   6. (B)
         7. (A)   8. (A)   9. (C)   10. (C) 11. (B) 12. (A)

---

1 Mr. Raffeto ------- the task of deciding which project should be presented this month.

(A) gives   (B) was given   (C) to be given   (D) is giving

Raffeto 씨는 이번 달에 어떤 프로젝트를 발표할지 결정하는 임무를 맡았다.

해설 **4형식 동사의 수동태**
4형식 동사 give는 뒤에는 간접목적어와 직접목적어가 와야 하는데, 빈칸 뒤에 목적어가 the task밖에 없으므로 수동태인 (B)가 정답이다.

어휘 task 과제, 임무 present 발표하다

---

2 Despite being given only a short time for practice, the orchestra's performance was -------.

(A) succeed   (B) success   (C) successful   (D) successfully

연습을 위해 짧은 시간만 주어졌음에도 불구하고 오케스트라의 공연은 성공적이었다.

해설 **2형식 동사의 보어**
2형식 동사인 be동사 뒤에는 형용사나 명사가 보어가 오므로 형용사인 (C)가 정답이다. (B)는 명사이지만 performance와 success가 동격이 아니므로 보어가 될 수 없다. (A)는 동사, (D)는 부사.

어휘 despite ~에도 불구하고 performance 공연

---

3 When out of ideas for new furniture designs, Ms. Ocean finds it ------- to ask her colleagues for suggestions.

(A) help   (B) helps   (C) to help   (D) helpful

새 가구 디자인을 위한 아이디어가 바닥났을 때 Ocean 씨는 동료들에게 조언을 구하는 것이 도움이 된다는 것을 깨닫는다.

해설 5형식 동사의 보어

빈칸에는 5형식 동사 finds의 목적격 보어가 와야 하므로 형용사인 (D)가 정답이다.

어휘 furniture 가구 colleague 동료 suggestion 제안, 조언

---

4 The company scheduled a meeting with the agenda of planning events to keep its customers -------.

(A) satisfaction   (B) satisfy   (C) satisfyingly   (D) satisfied

회사는 고객 만족을 유지하기 위한 행사 기획을 의제로 한 회의 일정을 잡았다.

해설 5형식 동사의 보어

5형식 동사 keep은 목적격 보어로 형용사나 분사를 취하므로 형용사인 (D)가 정답이다. (A)는 명사, (B)는 동사, (C)는 부사.

어휘 agenda 의제 satisfied 만족하는

---

5 Children must learn to be ------- when handling dangerous objects.

(A) cautious   (B) caution   (C) cautiously   (D) cautiousness

아이들은 위험한 물건을 다룰 때 조심하는 법을 배워야만 한다.

해설 2형식 동사의 보어

2형식 동사인 be동사 뒤에는 형용사와 명사가 보어로 올 수 있으므로 형용사인 (A)가 정답이다. (B)와 (D)는 명사이지만 주어와 동격이 될 수 없으므로 오답이다. (C)는 부사.

어휘 cautious 조심하는 handle 다루다 object 물건

---

6 The recent 1.2 version that was revised due to unexpected errors will replace the ------- version.

(A) exist   (B) existing   (C) exists   (D) existed

예상치 못한 오류로 개정된 최신의 1.2버전이 기존 버전을 대체할 것이다.

해설 1형식 동사

빈칸은 version을 수식하는 형용사가 와야 한다. 보기에서 형용사 역할이 가능한 것은 현재분사인 (B)와 과거분사인 (D)밖에 없다. 1형식 동사는 과거분사가 없고 현재분사로만 쓰기 때문에 과거분사인 (D)는 오답. '존재하는, 기존의'란 뜻의 (B)가 정답이다.

어휘 revise 개정하다 unexpected 예상하지 못한

---

7 Kelly Palmer will stay ------- to complete the remaining pages of the essay.

(A) late   (B) lately   (C) lateness   (D) latest

Kelly Palmer는 그 에세이의 나머지 페이지들을 완성하기 위해 늦도록 남아 있을 것이다.

해설 2형식 동사

2형식 동사 stay는 보어로 형용사를 취하므로 (A)가 정답이다. (D)는 형용사이지만 명사 앞에만 사용된다.

어휘 complete 완성하다 remaining 남아 있는 latest 최신의

---

8 Each of the components must be sufficiently independent to be considered -------.

(A) individual   (B) individually
(C) individualism   (D) individualist

구성요소 각자가 개체로 여겨지려면 충분히 독립적이어야만 한다.

해설 5형식 동사

5형식 동사 consider 뒤에는 목적어와 목적격 보어가 나와야 하지만 이 문장은 수동태이므로 목적어가 빠지고 빈칸의 보어만 남은 구조이다. 보어로 올 수 있는 형용사 (A)가 정답이다. (C)와 (D)도 보어로 가능한 명사이지만 의미상 부자연스럽고 (D)는 관사가 필요하다.

어휘 component 구성요소 sufficiently 충분히 independent 독립적인 individual 개개의, 개별적인

Questions 9-12 refer to the following letter.

Dear Mr. Olson,

I am writing to you to --- 9. --- that MG Insurance Co. entered into a partnership with PEK Company last week on December 3.
It will be our pleasure to work --- 10. --- to serve you, our clients, using a better and more thorough approach.
We are still in the process of merging; therefore, fortunately, no unnecessary changes will be made to your personal accounts. However, you can expect the merger to be completed within the next four months. --- 11. ---.
Furthermore, if you wish to learn more about any of our new offers, please feel free to contact us at 555-0110 or visit our new website at www.mgpekunited.org. Thank you for continuing to allow --- 12. --- to serve you. We look forward to working with you in the future.

Sincerely,
Patrick Elens
Senior Managing Director
MGPEK United Co.

Olson 씨께,

저는 지난주 12월 3일에 MG 보험사가 PEK사와 제휴했음을 알려드리려고 귀하께 이 편지를 보내드립니다.
저희가 협력해 더 좋고 빈틈없는 접근법을 이용해 고객 여러분에게 서비스하게 되어 기쁩니다.
저희는 여전히 합병 과정에 있으므로 다행히 귀하의 개인 계정에 불필요한 변경은 없을 것입니다. 그러나 앞으로 4개월 이내에 합병이 완료될 것으로 예상하실 수 있습니다. 저희는 귀하께 새 정책상의 변경사항들에 관해 동봉한 소책자를 검토해 주시기를 요청드립니다.
더 나아가 만약 저희의 새로운 제안들에 대해 더 자세히 알기를 원하시면 555-0110번으로 저희에게 자유롭게 연락하시거나 저희의 새로운 웹사이트인 www.mgpekunited.org를 방문해 주시기 바랍니다. 저희가 고객님께 계속 서비스할 수 있게 해주셔서 감사드립니다. 곧 함께 일하기를 기대하고 있습니다.

Patrick Elens
전무이사
MGPEK United 사

9   (A) result
    (B) remain
    (C) announce
    (D) determine

10 (A) nearly
    (B) certainly
    (C) together
    (D) unless

NEW
11 (A) After four months, we are no longer able to do business with you.
    (B) We request that you review the enclosed brochure regarding the changes in our new policies.
    (C) Because of the considerable change, we need to hire about ten new employee.
    (D) Most customers are disappointed with the merger.

12 (A) us
    (B) our
    (C) we
    (D) ourselves

---

9   **해설** announce 발표하다, 알리다
    다른 회사와의 합병 소식을 알려준다는 의미가 적절하므로 (C)가 정답이다.
    어휘 insurance 보험   partnership 제휴, 동업

10 해설 **1형식 동사**

1형식 동사 work 뒤의 빈칸은 부사 자리이다. (A), (B), (C) 모두 부사이지만 함께 일한다는 의미가 적절하므로 (C)가 정답이다. (D)는 접속사.

어휘 approach 접근(법) in the process of ~하는 과정인 merge 합병하다 account 계정, 계좌 merger 합병

---

11 해설 **적절한 문장 찾기**

(A) 4개월 이후에는 우리는 더 이상 귀사와 거래할 수 없습니다.
(B) 저희는 귀하께 새 정책상의 변경사항들에 관해 동봉한 소책자를 검토해 주시기를 요청드립니다.
(C) 상당한 변화 때문에, 우리는 약 10명의 신입 사원을 고용해야 합니다.
(D) 대부분의 고객들은 합병에 실망했습니다.

어휘 do business with ~와 거래하다 enclosed 동봉된 regarding ~에 관하여 change 변경 considerable 상당한 be disappointed with ~에 실망하다 merger 합병

---

12 해설 **5형식 동사**

5형식 동사 allow 뒤에 목적어가 와야 하므로 목적격 인칭대명사인 (A)가 정답이다. (B)는 소유격, (C)는 주격, (D)는 재귀대명사.

어휘 furthermore 더 나아가 managing director 전무[상무]이사

Unit 03 주어와 동사의 수 일치

Part 5-6

Practice 시험에 반드시 나오는 단수 주어와 단수 동사의 수 일치

Answer
A. 1. relates 2. plan 3. has 4. is
B. 5. (A) 6. (C) 7. (A) 8. (C)

A

1 Each of the discussions at the conference room (relate / **relates**) to the international market.

회의실에서의 각각의 논의는 국제 시장에 관한 것이다.

해설 each of the+복수 명사+단수 동사
'~의 각각'을 의미하는 each of 구문에서 주어는 단수 대명사 each이므로 단수 동사인 relates가 정답이다.

2 The reconstruction (**plan** / plans) is being implemented steadily at the park and will be completed by June 4.

재건축 계획은 공원에서 꾸준히 시행되고 있으며 6월 4일까지는 완료될 것이다.

해설 단수 주어+단수 동사
이 문장의 동사는 단수 동사인 is기 때문에 단수 주어인 plan이 정답이다.

3 The number of people exercising in the gym (**has** / have) risen dramatically over the last five years.

지난 5년 동안 체육관에서 운동하는 사람들의 수가 극적으로 증가했다.

해설 the number of+복수 명사+단수 동사
'~의 수'를 의미하는 the number of 구문에서 주어는 단수 명사 the number이므로 단수 동사인 has가 정답이다.

4 Setting realistic ambitions (**is** / are) a great step toward building personal motivation.

현실적인 야망을 품는 것은 개인적인 동기 부여를 강화하는 데 크게 한 걸음 내딛는 것이다.

해설 동명사 주어+단수 동사
문장의 주어는 동명사구 Setting realistic ambitions이다. 동명사는 단수 취급하므로 단수 동사인 is가 정답이다.

B

5 One of the most interesting topics at the recent convention ------- how to increase profit through property investment.

(A) was   (B) were   (C) being   (D) been

최근 집회에서 가장 흥미로운 주제 중 하나는 부동산 투자를 통해 수익을 늘리는 방법이었다.

해설 one of+복수 명사+단수 동사
'~ 중의 하나'라는 의미의 one of 구문에서 주어는 단수 대명사인 one이므로 단수 동사인 (A)가 정답이다.

6 Much of the recent increase in the sales of men's pants ------- attributable to the rising popularity of Delware's designs.

(A) has   (B) have   (C) is   (D) are

최근 남성 바지 판매량 증가의 많은 부분은 Delware 디자인의 인기가 높아지고 있는 덕분이다.

해설 much+불가산명사+단수 동사
much는 불가산명사를 대신 받는 대명사로 단수 동사와 함께 사용한다. 그리고 빈칸 뒤에 형용사가 있으므로 be동사인 (C)가 정답이다.

7 Unfortunately, our supply of loanable funds ------ currently depleted; however, we expect to receive fresh supply soon.

(A) is   (B) are   (C) being   (D) to be

안타깝게도 우리의 대부자금 공급이 현재 고갈되어 있지만 곧 신규 공급을 받을 것으로 예상한다.

해설 수식어구

'명사+of+명사' 구조에서는 앞에 나온 명사가 주어이고 of 이하는 수식어구이므로 단수 명사인 supply가 문장의 주어이다. 따라서 단수 동사인 (A)가 정답이다.

---

8 Maintaining the sanitation of public bathrooms, which are used by hundreds of people, ------ been very difficult.

(A) is   (B) are   (C) has   (D) have

수백 명의 사람들이 사용하는 공중화장실의 위생설비를 유지관리하는 것은 매우 어려웠다.

해설 동명사 주어+단수 동사

문장의 주어는 동명사구인 Maintaining the sanitation of public bathrooms이다. 동명사는 단수 취급하므로 단수 동사가 와야 하는데, 빈칸 뒤에 (A)를 넣어 수동태를 만들 수 없으므로 현재완료 시제를 이루는 (C)가 정답이다.

Practice 시험에 반드시 나오는 복수 주어와 복수 동사의 수 일치

Answer
A. 1. have   2. seats   3. supplies   4. were
B. 5. (A)   6. (A)   7. (C)   8. (B)

A

1 The nurses (has / **have**) the obligation of repeatedly attending to patients that need special care.

간호사들은 특별한 보살핌이 필요한 환자를 반복해 돌볼 의무가 있다.

해설 복수 명사+복수 동사

문장의 주어가 복수 명사인 nurses이므로 복수 동사인 have가 정답이다.

---

2 First-class (**seats** / seat) for Saturday night's football game are being sold until tomorrow.

토요일 밤 풋볼 경기의 1등석은 내일까지 판매한다.

해설 복수 명사+복수 동사

문장의 동사가 복수형인 are이므로 주어도 복수 명사인 seats가 정답이다.

---

3 Most of the food (supply / **supplies**) are stored in the warehouse under optimum temperature to prevent contamination.

대부분의 식료품은 오염을 방지하기 위해 최적의 온도에서 창고에 저장된다.

해설 most of the+복수 명사+복수 동사

문장의 동사가 복수형인 are이므로 주어도 복수 명사인 supplies가 정답이다.

---

4 A series of errors (was / **were**) highlighted by software programmers during the trial test.

시험 테스트를 하는 동안 일련의 오류들이 소프트웨어 프로그래머들에 의해 강조되었다.

해설 a series of+복수 명사+복수 동사

a series of는 복수 명사를 수식한다. 문장의 주어가 복수 명사 errors이므로 복수 동사인 were가 정답이다.

B

5 We offer a large selection of breakfast items that ------ homemade muffins, bagels, and omelets.

저희는 수제 머핀, 베이글빵, 오믈렛을 포함하는 여러 종류의 엄선된 아침 메뉴를 제공합니다.

(A) include   (B) includes
(C) inclusion   (D) are included

해설 a selection of+복수 명사+관계대명사+복수 동사

a selection of는 복수 명사를 수식한다. 빈칸 앞의 that은 주격 관계대명사이고 선행사 breakfast items가 복수이므로 관계사절의 동사도 복수로 일치시켜야 한다. 따라서 (A)가 정답이다. 빈칸 뒤에 목적어가 나오므로 수동태인 (D)는 올 수 없다.

어휘 include 포함하다 inclusion 포함

---

6   The leftovers in the refrigerator ------ to be eaten or tossed away soon.

(A) need   (B) needing   (C) needs   (D) to need

냉장고 안의 남은 음식들은 빨리 먹거나 버려야 한다.

해설 복수 명사+복수 동사

문장의 주어가 복수 명사인 leftovers이므로 복수 동사인 (A)가 정답이다. in the refrigerator는 전치사구 수식어로 주어의 수와 상관없다.

---

7   A ------ of colors were used in this painting to express a unique and flashy art style.

(A) unity   (B) connection   (C) variety   (D) division

이 그림에는 독특하고 현란한 미술 양식을 표현하기 위해 다양한 색이 사용되었다.

해설 a variety of+복수 명사+복수 동사

문장의 동사가 복수형인 were이므로 복수 주어를 나타내는 수식어 a variety of가 되어야 한다. 따라서 (C)가 정답이다.

어휘 unity 단일함   connection 연결   variety 다양함   division 나누기, 구분

---

8   People planning to travel abroad ------ required to hold a valid passport for clearance.

(A) is   (B) are   (C) being   (D) been

해외여행을 계획하는 사람들은 출입국 수속을 위해 유효한 여권을 소지해야 한다.

해설 복수 명사+복수 동사

문장의 주어인 People은 복수 명사이므로 복수 동사인 (B)가 정답이다. planning to travel abroad는 분사구 수식어로 주어의 수와 상관없다.

Practice 반드시 알아야 하는 기출 동사 어휘 ❸

Answer
A. 1. inform   2. provide   3. offers   4. take place
B. 5. (A)   6. (B)   7. (B)   8. (C)

A

1   Please do not forget to (inform / confirm) the director that we need those scripts by tomorrow.

우리가 내일까지 그 대본들이 필요하다는 것을 감독에게 알리는 것을 잊지 마세요.

해설 inform 알리다, 통지하다

감독에게 전달사항을 알리라는 의미가 적절하므로 inform이 정답이다.

어휘 confirm 확인하다, 입증하다

---

2   Public transportation modes, such as subways, (provide / commute) citizens access to remote areas of the city in a short amount of time.

지하철과 같은 대중 교통수단 양식은 시민들에게 짧은 시간 내에 도시의 먼 지역들로 접근할 수단을 제공한다.

해설 provide 제공하다, 공급하다
대중교통이 먼 곳까지 접근 수단을 제공한다는 의미가 적절하므로 provide가 정답이다.

어휘 commute 통근하다

3. Jet Blue Airlines (travels / *offers*) free use of airport lounges to its VIP passengers.

   Jet Blue 항공은 자사 VIP 승객들에게 공항 라운지 무료 이용권을 제공한다.

   해설 offer 제공하다, 제안하다
   빈칸 뒤에 목적어가 나오므로 타동사인 offers가 정답이다.

   어휘 travel 여행하다

4. The cultural festival for Kenton High School will (put together / *take place*) next Friday from 9 A.M. to 6 P.M.

   Kenton 고등학교의 문화제는 다음 주 금요일 오전 9시부터 오후 6시까지 열릴 것이다.

   해설 take place 발생하다, (행사가) 열리다
   문화제가 열린다는 의미가 적절하므로 take place가 정답이다.

   어휘 put together 합치다, 모으다

B

5. The representatives of both companies began ------- product prices.

   (A) negotiating   (B) suggesting   (C) endorsing   (D) assigning

   양쪽 회사의 대표들이 제품 가격을 협상하기 시작했다.

   해설 negotiate 협상하다, 성사시키다
   제품 가격을 협상하기 시작한다는 의미가 적절하므로 (A)가 정답이다.

   어휘 suggest 제안하다 endorse 지지하다 assign 할당하다

6. The efforts to ------- the manufacturing process in the Tokyo plant should lower the production costs.

   (A) contact   (B) simplify   (C) overweigh   (D) progress

   Tokyo 공장에서 제조공정을 단순화시키려고 하기 때문에 생산비가 감소될 것이다.

   해설 simplify 단순화하다, 간소화하다
   제조공정을 단순화한다는 의미가 적절하므로 (B)가 정답이다.

   어휘 contact 연락하다 overweigh ~보다 무겁다, 압박하다 progress 발전하다

7. The number of applicants accepted for this season's recruitment will be ------- to a maximum of twelve people.

   (A) started   (B) limited   (C) remained   (D) asserted

   이번 시즌 직원 모집에 채용되는 구직자 수는 최대 12명으로 제한될 것이다.

   해설 limit 제한하다
   채용 인원이 제한된다는 의미가 적절하므로 (B)가 정답이다.

   어휘 start 시작하다 remain 남다, 머무르다 assert 주장하다, 단언하다

8. Dr. Tony, who is a psychiatrist, ------- in the study and treatment of patients with mental disorders.

   (A) considers   (B) measures   (C) specializes   (D) receives

   정신과 의사인 Tony 박사는 정신장애 환자들에 대한 연구와 치료를 전문으로 하고 있다.

   해설 specialize 전공하다, 전문으로 하다
   Tony 박사의 전문 분야를 언급하고 있으며 빈칸 뒤에 전치사 in이 있으므로 (C)가 정답이다.

   어휘 consider 고려하다 measure 재다, 측정하다 receive 받다

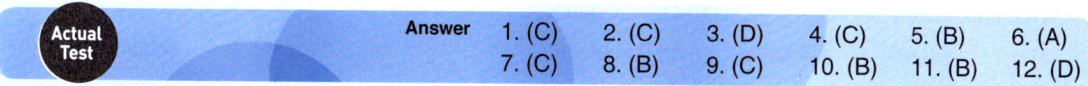

Actual Test Answer 1. (C) 2. (C) 3. (D) 4. (C) 5. (B) 6. (A)
7. (C) 8. (B) 9. (C) 10. (B) 11. (B) 12. (D)

1 The events that ------- organized by the management involve activities for promoting teamwork.

(A) having (B) have (C) are (D) be

경영진에서 마련한 행사들은 팀워크를 증진하기 위한 활동들을 포함한다.

해설 복수 명사+관계대명사+복수 동사

관계사절의 선행사 The events가 복수이므로 복수 동사가 와야 하는데, 빈칸 뒤에 과거분사+by가 이어지므로 수동태임을 알 수 있다. 따라서 be동사 복수형인 (C)가 정답이다.

어휘 management 경영진 involve 포함하다 promote 증진하다

---

2 ------- for the Service Training Seminar have been sent to all employees in the service department.

(A) Invite (B) Invitation (C) Invitations (D) To invite

서비스부의 모든 직원들에게 서비스 교육 세미나의 초청장이 발송되었다.

해설 복수 명사+복수 동사

문장의 동사 have가 복수형이므로 주어 자리에 복수 명사가 와야 한다. 따라서 (C)가 정답이다.

어휘 department 부서 invite 초청하다 invitation 초청장

---

3 Boosting market sales and profitable income ------- a challenge to Naudi Company.

(A) pose (B) is posed (C) posing (D) has posed

시장 매출과 수익성 소득을 끌어올리는 것이 Naudi 사에 과제를 던져주었다.

해설 동명사+단수 동사

문장의 주어는 동명사인 Boosting이고 market sales and profitable income은 동명사의 목적어이다. 동명사는 단수 취급을 하기 때문에 단수 동사인 (D)가 정답이다. (B)는 수동태로 뒤에 목적어가 올 수 없으므로 오답이다.

어휘 boost 끌어올리다 profitable 수익성 있는 pose a challenge 과제를 던져주다

---

4 Most of the comic strips drawn by Renny Cortez ------- very funny and dramatic.

(A) be (B) is (C) are (D) been

Renny Cortez가 그린 대부분의 만화는 아주 웃기고 극적이다.

해설 most of the+복수 명사+복수 동사

Most of the comic strips는 복수 주어로 빈칸에는 복수 동사가 와야 한다. 따라서 (C)가 정답이다.

어휘 comic strip 만화

---

5 In an effort to maintain productivity in the factory, one of the directors ------- a more strict working schedule.

(A) implement (B) is implementing
(C) implementing (D) is implemented

공장의 생산성을 유지하기 위한 노력의 일환으로 국장들 중의 한 명은 더 엄격한 작업 일정을 시행하고 있다.

해설 one of the+복수 명사+단수 동사

'~ 중의 하나'를 의미하는 one of 구문에서 주어는 단수 대명사 one이므로 단수 동사인 (B)가 정답이다. (D)는 수동태로 뒤에 목적어가 올 수 없으므로 오답이다.

어휘 maintain 유지하다 productivity 생산성 implement 시행하다 strict 엄격한

6 What should take priority ------ customer satisfaction.

   (A) is   (B) are   (C) have   (D) has been

해설 명사절

명사절 What should take priority가 문장의 주어이고 빈칸은 동사 자리이다. 명사절 주어는 단수로 취급하므로 단수 동사인 (A)가 정답이다. (D)는 단수이지만 의미상 어색하다.

어휘 priority 우선순위   satisfaction 만족

---

7 Each of the samples ------ examined at the laboratory last week, but we have not yet found the corresponding match.

   (A) is   (B) are   (C) was   (D) were

해설 each of the+복수 명사+단수 동사

'~의 각각'을 의미하는 each of 구문에서 주어는 단수 대명사 each이므로 단수 동사가 와야 한다. 과거 시제 표현인 last week가 있으므로 과거형 단수 동사인 (C)가 정답이다.

어휘 laboratory 실험실   correspond 일치하다, 부합하다

---

8 Use the polaroid camera sparingly because the instant film that it requires ------ very expensive.

   (A) are   (B) is   (C) been   (D) being

해설 수식어구

because 이하 절의 주어는 단수 명사인 the instant film이므로 단수 동사인 (B)가 정답이다. that it requires는 주어인 the instant film을 수식하는 관계대명사절이다.

어휘 sparingly 절약하여   instant 즉석의

Questions 9-12 refer to the following letter.

Dear Ms. Wong,

Thank you for your recent visit to Say Beauty Shop. We at Say Beauty --- 9. --- opinions from valued customers, such as yourself, to improve the services we provide.

Please be so kind as to take a moment and fill out the enclosed survey related to your shopping experience at Say Beauty. Once you take the survey, you will be entered in a special --- 10. --- to win a $200 gift certificate redeemable in exchange for any item on sale. --- 11. ---.

Thank you for your --- 12.--- and we hope to see you again soon.

Best Wishes,

Jamie Badger
General Manager

Wong 씨께,

최근에 Say 미용실에 방문해 주셔서 감사합니다. 저희 Say 미용실에서는 서비스를 개선하기 위해 귀하와 같은 소중한 고객 여러분의 의견을 구하고 있습니다.

잠시 시간을 내셔서 Say 미용실에서의 고객님의 쇼핑 경험에 관련된 동봉된 설문지를 작성해 주시기 바랍니다. 설문지를 작성해 주시면 판매 중인 모든 품목으로 교환하실 수 있는 200달러 상품권 특별 추첨 기회를 얻으실 수 있습니다. 이것은 우리가 앞으로 더 나은 서비스를 제공하는 방법을 찾는 데 도움이 될 것입니다.

협조에 감사드리며 곧 다시 볼 수 있기를 바랍니다.

심심한 사의를 표하며,

Jamie Badger
사장

9   (A) solicits
        (B) soliciting
        (C) are soliciting
        (D) has solicited

10 (A) raffling

(B) raffle

(C) raffled

(D) raffles

NEW
11 (A) We accept only credit cards.

(B) It will be very helpful for us to find ways to serve you better in the future.

(C) This survey is intended for our regular customers.

(D) You need to buy over $500.

12 (A) referral

(B) purchase

(C) advertising

(D) cooperation

---

9 **해설** 복수 대명사+복수 동사

문장의 주어는 We이므로 복수 동사가 와야 한다. 따라서 (C)가 정답이다. 빈칸 앞의 at Say Beauty는 전치사구 수식어로 주어의 수와 상관없다.

어휘 solicit 간청하다, 얻으려고 하다 valued 존중되는, 소중한 improve 개선하다

---

10 **해설** a+단수 명사

빈칸 앞에 관사 a가 있으므로 단수 명사가 와야 한다. 따라서 (B)가 정답이다.

어휘 raffle 제비뽑기, 추첨 gift certificate 상품권 redeemable 상환할 수 있는 in exchange for ~와 교환하여

---

11 **해설** 적절한 문장 찾기

(A) 우리는 신용카드만 받습니다.
(B) 이것은 우리가 앞으로 더 나은 서비스를 제공하는 방법을 찾는 데 도움이 될 것입니다.
(C) 이 설문 조사는 저희 단골 고객을 대상으로 실시됩니다.
(D) 귀하께서는 500불 이상을 구매하셔야 합니다.

어휘 helpful 도움이 되는 be intended for (사람)을 대상으로 하다 regular customer 단골 고객

---

12 **해설** cooperation 협조

설문조사에 협조해 주신 것에 감사하는 것이므로 (D)가 정답이다.

어휘 referral 소개, 추천 purchase 구입

Unit 04 능동태와 수동태

Part 5-6

Practice 시험에 반드시 나오는 능동태와 수동태 유형

Answer
A. 1. was given 2. guaranteed 3. locked 4. was told
B. 5. (C) 6. (B) 7. (A) 8. (D)

A

1 Although James did his best, the winning prize (gives / was given) to another contestant with a higher score.

James는 최선을 다했지만 우승상은 더 높은 점수를 얻은 다른 참가자에게 주어졌다.

해설 능동태와 수동태 구별
4형식 수여동사인 give 뒤에는 목적어가 두 개 올 수 있는데, 이 문장에서는 직접목적어가 주어로 쓰였고 괄호 뒤에 목적어가 없으므로 수동태인 was given이 정답이다.

2 The non-transferable membership that we purchased is (guaranteed / guaranteeing) for six years.

우리가 구입한 비양도성 회원권은 6년간 보장된다.

해설 능동태와 수동태 구별
guarantee는 타동사인데 괄호 뒤에 목적어가 없으므로 수동태를 이루는 과거분사 guaranteed가 정답이다.

3 Your account will be temporarily (locked / locking) due to the many failed attempts to log in.

여러 번의 로그인 실패로 인해 귀하의 계정은 일시적으로 잠길 것입니다.

해설 능동태와 수동태 구별
lock은 타동사인데 괄호 뒤에 목적어가 없으므로 수동태를 이루는 과거분사 locked가 정답이다.

4 My aunt, Susan Gardner, (was told / told) to see a therapist every week for four months after her knee surgery.

Susan Gardner 이모는 무릎 수술 후 4개월 동안 매주 물리치료를 받으라는 말을 들었다.

해설 능동태와 수동태 구별
tell은 타동사인데 괄호 뒤에 목적어가 없으므로 수동태인 was told가 정답이다.

B

5 Employees at Tobal Company expressed their disappointment to their CEO when they realized that nobody ------- for the past three years.

(A) was promoting
(B) has promoted
(C) had been promoted
(D) has been promoting

Tobal 사 직원들은 지난 3년간 승진한 사람이 아무도 없다는 것을 깨닫자 최고경영자에게 실망을 표시했다.

해설 능동태와 수동태 구별
promote는 타동사인데 빈칸 뒤에 목적어가 없으므로 수동태인 (C)가 정답이다.

6 The answers to these questions ------- on page 57 of the History textbook.

(A) can find
(B) can be found
(C) are finding
(D) will be finding

이 문제들에 대한 해답은 역사 교과서 57페이지에서 찾을 수 있다.

해설 능동태와 수동태 구별

find는 타동사인데 빈칸 뒤에 목적어가 없으므로 수동태인 (B)가 정답이다.

---

7 Because our guest was a vegetarian, we ------- the location of the dinner from Rogers Ranch to the Zhao Garden restaurant.

(A) moved
(B) will be moved
(C) have been moved
(D) were moved

우리 손님이 채식주의자였기 때문에 우리는 만찬 장소를 Rogers Ranch에서 Zhao Garden 레스토랑으로 옮겼다.

해설 능동태와 수동태 구별

빈칸 뒤에 목적어가 있으므로 동사는 능동태가 되어야 한다. 따라서 (A)가 정답이다.

---

8 Ms. Penner is well ------- by her colleagues because of her ability to communicate in five different languages.

(A) respects   (B) respect   (C) respective   (D) respected

Penner 씨는 5개 국어로 의사소통하는 능력 때문에 동료들에게 높이 평가받는다.

해설 be+p.p.+by+명사

빈칸 앞에 be동사가 있고 뒤에 목적어 없이 by+명사가 나오므로 수동태임을 알 수 있다. 따라서 과거분사인 (D)가 정답이다.

Practice 시험에 반드시 나오는 감정동사 수동태와 수동태+전치사

Answer
A. 1. are requested   2. were involved   3. by   4. for
B. 5. (D)   6. (B)   7. (D)   8. (B)

A

1 Passengers (requests / are requested) to remove all metal objects from their bodies when going through the airport security inspection.

승객들은 공항 보안 검색대를 통과할 때 모든 금속 물체를 몸에서 떼어낼 것을 요청받는다.

해설 수동태+to부정사

request는 타동사인데 괄호 뒤에 목적어가 없으므로 수동태인 are requested가 정답이다. request는 목적보어로 to부정사를 가지는 동사이므로 수동태로 바뀌면 be requested to의 형태가 된다. 이때 to는 전치사가 아니라 to부정사의 to이므로 뒤에는 동사원형이 온다는 사실에 주의하자.

---

2 Korte City Traffic Division apologizes to the citizens who (are involving / were involved) in the recent accidents that occurred due to problems with the traffic signals.

Korte 시 교통부는 최근 신호등 문제로 발생한 사고에 관련된 시민들에게 사과한다.

해설 수동태+전치사 in

involve는 타동사인데 괄호 뒤에 목적어가 없으므로 수동태인 were involved가 정답이다. involve는 수동태가 되면 뒤에 전치사 in이 올 수 있다.

---

3 This year, the graduation ceremony will be held outside the campus because the school auditorium is being renovated (by / of) City Construction.

올해는 학교 강당이 City 건설에 의해 수리되고 있기 때문에 졸업식이 캠퍼스 밖에서 열릴 것입니다.

해설 수동태+전치사 by

renovate는 타동사인데 여기서는 is being renovated로 수동태가 되었고, 수동태 뒤에는 일반적으로 'by+명사'로 주체가 오므로 by가 정답이다.

---

4 Sun Media is well known (to / for) creating high-quality content and developing cross-media advertisement.

Sun Media는 고품질의 콘텐츠를 만들고 매체 결합 광고를 개발하는 것으로 유명하다.

해설 **수동태+전치사 for**
수동태 뒤에는 주로 전치사 by가 오지만 다른 전치사가 올 경우도 있다. be known for는 '~로 알려지다'라는 의미로 많이 쓰이는 형태이므로 for가 정답이다.

B

5 The server computers of GTS Intel ------- in the eastern building on the third floor.

(A) locate (B) locating (C) to locate **(D) are located**

GTS Intel의 서버 컴퓨터들은 동쪽 빌딩의 3층에 위치해 있다.

해설 **수동태+전치사 in**
locate는 타동사인데 빈칸 뒤에 목적어가 없으므로 수동태인 (D)가 정답이다. (A) 뒤에는 목적어가 바로 와야 하며, (B)와 (C)는 문장의 동사가 될 수 없는 준동사이다.

6 Recent studies show that 47% of the employees participating in the survey ------- with their jobs.

(A) will have satisfied **(B) are satisfied**
(C) were satisfying (D) will satisfy

최근 연구는 설문조사에 참여하는 직원들의 47%가 자신의 직업에 만족한다는 것을 보여준다.

해설 **감정동사 수동태**
satisfy는 감정동사로 주어가 감정을 느끼는 주체일 때는 수동태로 사용된다. 주어 the employees가 만족하는 주체이므로 과거분사인 (B)가 정답이다.

7 A promotion video that ------- to the company's new software is currently under production.

(A) dedicate (B) had dedicated
(C) dedication **(D) will be dedicated**

회사의 새로운 소프트웨어에 바쳐질 홍보 비디오가 현재 제작 중에 있다.

해설 **수동태+전치사 to**
dedicate는 타동사인데 빈칸 뒤에 목적어가 없으므로 수동태인 (D)가 정답이다. dedicate는 수동태가 되면 뒤에 전치사 to가 올 수 있다.

8 In case her condition worsens, patient Angie might ------- to the Intensive Care Center.

(A) transferring **(B) be transferred**
(C) transfers (D) being transferred

Angie 환자의 상태가 악화될 경우에는 집중 치료 센터로 이송될 수도 있다.

해설 **수동태+전치사 to**
transfer는 타동사인데 빈칸 뒤에 목적어가 없으므로 수동태인 (B)가 정답이다. transfer는 수동태가 되면 뒤에 전치사 to가 올 수 있다.

Practice 반드시 알아야 하는 기출 동사 어휘 ❷

Answer
A. 1. vote 2. shorten 3. promises 4. expects
B. 5. (A) 6. (C) 7. (B) 8. (D)

A

1 Citizens who are willing to (attend / **vote**) for candidates running for Congress must present their identification cards at the booth.

의회에 출마한 후보들에게 투표하려는 시민들은 투표소에서 자신의 신분증을 제시해야만 한다.

해설 vote 투표하다

의회에 출마한 후보에게 투표하려고 한다는 의미가 적절하므로 vote가 정답이다.

어휘 attend 참석하다

---

2 Eating too much junk food will definitely (finish / **shorten**) your lifespan.

정크푸드를 너무 많이 먹는 것은 분명히 당신의 수명을 짧게 할 것이다.

해설 shorten 줄이다, 단축하다

정크푸드를 많이 먹으면 수명이 짧아진다는 의미가 적절하므로 shorten이 정답이다.

어휘 finish 끝내다

---

3 Picus News (requests / **promises**) to report on significant current affairs and provide economic analysis for its viewers and readers.

Picus 뉴스는 시청자와 독자에게 중요한 시사를 보도하고 경제 분석을 제공할 것을 약속한다.

해설 promise 약속하다, 가망성이 있다

언론사가 시사 보도와 경제 분석 제공을 약속한다는 의미가 적절하므로 promises가 정답이다.

어휘 request 요구하다

---

4 The board of directors (**expects** / assumes) to make a firm decision regarding the establishment of the fund within a day.

이사회는 하루 만에 기금 설립에 대한 확고한 결정을 내릴 것으로 기대한다.

해설 expect 기대하다, 예상하다

to부정사를 목적어로 취하는 동사가 와야 하므로 expects가 정답이다.

어휘 assume 가정하다

B

5 Those who ------- the new recycling policy must practice reducing the amount of waste to protect the environment.

(A) **endorse**　　(B) persuade　　(C) thrive　　(D) realize

새 재활용 정책을 지지하는 사람들은 환경을 보호하기 위해 쓰레기의 양을 줄이는 일을 실천해야만 한다.

해설 endorse 지지하다, 승인하다, 추천하다

빈칸 뒤에 목적어가 바로 나오므로 타동사인 (A)가 정답이다. (C)는 자동사이고 (B)와 (D)는 의미상 부적절하다.

어휘 persuade 설득하다　thrive 번성하다　realize 깨닫다

---

6 What distinguishes Grace Clinic with other facilities is that it ------- to provide equal care to everyone regardless of their ability to pay.

(A) initiates　　(B) previews　　(C) **intends**　　(D) considers

Grace 클리닉이 다른 기관들과 구별되는 것은 지불 능력에 상관없이 모든 사람에게 평등한 치료를 제공하려고 한다는 점이다.

해설 intend ~할 작정이다, 의도하다

빈칸에는 to부정사를 목적어로 취할 수 있는 동사가 와야 하므로 (C)가 정답이다.

어휘 initiate 시작하다　preview 미리 보다　consider 고려하다

---

7 The administrators should ------- staff members regarding any changes in the weekly reports.

(A) recommend　　(B) **advise**　　(C) offer　　(D) review

관리자들은 주간 보고상의 변경 사항에 관해 무엇이든 직원들에게 알려주어야 한다.

해설 advise 조언하다, 권하다, 알리다

빈칸 뒤에 바로 목적어가 오므로 타동사인 (B)가 정답이다. (C)는 직접목적어가 필요한 4형식 동사이고 (A)와 (D)는 의미상 부적절하다.

어휘 recommend 추천하다 offer 제안하다 review 검토하다

8. Mr. Vanderburg recently ------- a reputation for 'God of Service' after consistently working in the field for over 11 years.

   (A) intervened (B) merged (C) determined (D) acquired

Vanderburg 씨는 11년 넘게 현장에서 한결같이 일한 후에 최근에는 '서비스의 신'으로 명성을 얻었다.

해설 acquire 얻다, 습득하다, 입수하다

오랫동안 현장에서 일한 후 좋은 평판을 얻었다는 의미가 적절하므로 (D)가 정답이다.

어휘 intervene 개입하다, 끼어들다 merge 합병하다 determine 결심하다

Actual Test

Answer 1. (D) 2. (D) 3. (C) 4. (A) 5. (C) 6. (C)
            7. (C) 8. (C) 9. (D) 10. (B) 11. (D) 12. (C)

---

1. The methods for operating the machine at adjustable speeds ------- in the user's manual.

   (A) summarizes (B) are summarizing
   (C) summarized (D) are summarized

기계를 조절 가능한 속도로 작동하는 방식은 사용자 설명서에 요약되어 있습니다.

해설 능동태와 수동태 구별

타동사 summarize가 들어갈 빈칸 뒤에 목적어가 없이 전치사 in이 있으므로 수동태인 (D)가 정답이다. (A), (B), (C)는 능동태로 뒤에 바로 목적어가 와야 한다.

어휘 method 방식 operate 작동하다 adjustable 조절 가능한 summarize 요약하다

---

2. Lark Software Company's market value ------- by Dengil Company's rising stock prices and strong financial performance.

   (A) surpassing (B) surpassable
   (C) to surpass (D) is surpassed

Lark 소프트웨어 사의 시장 가치는 Dengil 사의 주가 상승과 견실한 재무 성과에 추월당했다.

해설 능동태와 수동태 구별

타동사 surpass가 들어갈 빈칸 뒤에 목적어가 없이 전치사 by가 있으므로 수동태인 (D)가 정답이다. (A), (C)는 준동사로 문장에서 동사 역할을 할 수 없고 (B)는 형용사이므로 오답이다.

어휘 stock price 주가 surpass 능가하다 financial performance 재무 성과

---

3. At monthly Executive Board meetings, members share and discuss those ideas and suggestions that ------- as most favorable.

   (A) are indicating (B) have indicated
   (C) were indicated (D) had been indicating

월례 이사회 회의에서 이사들은 가장 유망해 보이는 아이디어와 제안들을 함께 나누고 논의한다.

해설 능동태와 수동태 구별

타동사 indicate가 들어갈 빈칸 뒤에 목적어가 없이 전치사 as가 있으므로 수동태인 (C)가 정답이다.

어휘 indicate 나타내다 favorable 유망한, 유리한

4 Whenever you are in a car, always fasten your seatbelt and ensure that it is ------- before the car begins to move.

(A) secured
(B) securing
(C) securely
(D) security

해설 능동태와 수동태 구별
타동사 secure가 들어갈 빈칸 뒤에 목적어가 없이 전치사 before가 있으므로 수동태인 (A)가 정답이다. (B)는 능동형으로 뒤에 목적어가 바로 와야 하며 (D)는 명사로 주어인 seatbelt와 동격이 될 수 없으므로 오답이다.

어휘 ensure 확인하다 fasten 매다

차에 탈 때마다 차가 움직이기 시작하기 전에 항상 안전벨트를 매고 단단히 고정되었는지 확인하십시오.

---

5 Owing to the upcoming Presidential Elections, classes ------- until next Monday.

(A) have deferred
(B) are deferring
(C) will be deferred
(D) have been deferring

해설 능동태와 수동태 구별
타동사 defer가 들어갈 빈칸 뒤에 목적어가 없이 전치사 until이 있으므로 수동태인 (C)가 정답이다.

어휘 defer 미루다, 연기하다 presidential election 대통령 선거

다가오는 대통령 선거 때문에 수업은 다음 주 월요일로 연기됩니다.

---

6 All rooms in the Continental Hotel are ------- with individually controlled air conditioning, cable television, and free Internet.

(A) equip
(B) equipment
(C) equipped
(D) equipping

해설 능동태와 수동태 구별
타동사 equip이 들어갈 빈칸 뒤에 목적어가 없이 전치사 with가 있으므로 수동태인 (C)가 정답이다.

어휘 individually 개별적으로 equip (장비를) 갖추다

Continental 호텔의 모든 방에는 개별적으로 제어되는 에어컨, 케이블 TV와 무료 인터넷이 갖추어져 있다.

---

7 A product order form has been ------- to Ms. Guidy Parlos, the general manager of our distributor in Italy.

(A) send
(B) sends
(C) sent
(D) sending

해설 능동태와 수동태 구별
타동사 send가 들어갈 빈칸 뒤에 목적어가 없이 전치사 to가 있으므로 수동태인 (C)가 정답이다.

어휘 distributor 유통업자, 배급업자

제품 주문서가 이탈리아에 있는 우리 유통업체의 총관리자인 Guidy Parlos 씨에게 발송되었습니다.

---

8 Having not seen her for nearly four years, Lizy's grandparents were ------- by her mature appearance.

(A) startle
(B) startling
(C) startled
(D) startles

해설 감정동사 수동태
startle은 감정동사로 주어가 감정을 느끼는 주체일 때는 수동태로 사용된다. 주어 grandparents가 놀라는 주체이므로 수동태인 (C)가 정답이다.

어휘 startle 깜짝 놀라게 하다 mature 성숙한 appearance 외모, 출현

Lizy의 조부모는 거의 4년 동안 그녀를 본 적이 없었기 때문에 그녀의 성숙한 외모에 깜짝 놀랐다.

Questions 9-12 refer to the following notice.

Our RSI personal computers have been manufactured to meet specific standards. However, if any part of your computer proves to be defective --- 9. --- the given warranty period, it can be taken to an authorized and licensed RSI service center for repair or replacement at no charge. When transporting the computer over long distances, it should --- 10. --- in a sturdy box with tight packing material, such as Styrofoam, to prevent any damage that is not covered by the warranty. Please be advised that RSI Company takes no responsibility for items damaged in --- 11. ---. --- 12. ---.
If you have any questions or concerns regarding your warranty, please call 1-800-RSI-Comp.

저희의 RSI 개인용 컴퓨터는 명확한 기준에 맞추어 제조되고 있습니다. 하지만 정해진 품질 보증 기간 내에 컴퓨터의 어떤 부품이라도 불량으로 밝혀진다면 그것을 공식 허가를 받은 RSI 서비스 센터에 가져가셔서 무료로 수리나 교환을 받으실 수 있습니다. 컴퓨터를 장거리로 운송할 때는 스티로폼 같은 단단한 포장재와 함께 튼튼한 상자 안에 넣어, 품질 보증으로 처리되지 않는 손상을 방지해야 합니다.
RSI 사는 운송 도중에 파손된 물품에 대해서는 아무런 책임을 지지 않음을 유의하시기 바랍니다. 그러므로 배송서비스를 이용하여 보내실 때는 잘 포장해 주시기 바랍니다.
품질보증과 관련하여 문의나 우려 사항이 있으시면 1-800-RSI-Comp로 전화 주시기 바랍니다.

9 (A) above
   (B) beside
   (C) except
   (D) within

10 (A) have been placed
   (B) be placed
   (C) place
   (D) be placing

11 (A) surplus
   (B) development
   (C) inventory
   (D) transit

NEW
12 (A) Packing boxes can be purchased online.
   (B) The warranty period is six months.
   (C) Therefore, be sure to pack carefully when sending it through a delivery service.
   (D) Personal computers will be out of stock soon.

---

9 **해설** within ~ 이내에
   전치사 within은 특정한 기간 '이내에'라는 의미이므로 (D)가 정답이다.
   어휘 manufacture 제조하다 specific 구체적인, 명확한 standard 기준 defective 결함 있는, 불량인 warranty 품질 보증
   authorized 공인된 licensed 허가를 받은 repair 수리 replacement 교체(품), 교환(품) at no charge 무료로

---

10 **해설** 능동태와 수동태 구별
   타동사 place가 들어갈 빈칸 뒤에 목적어가 없으므로 수동태인 (B)가 정답이다. (A)도 수동태이지만 should have p.p.는 '~했어야 했다'라는 의미의 가정법 과거완료형이 되므로 오답이다.
   어휘 transport 운송하다 long distance 장거리 sturdy 튼튼한 tight 단단한, 꽉 찬 packing material 포장재 damage 손상, 파손하다

11 **해설** transit 운반, 운송

앞 문장을 살펴보면 장거리 운송 시 물품 손상을 방지하기 위해 튼튼한 포장을 하라고 했으므로 빈칸에 들어가야 할 내용은 '운송'을 의미하는 (D)가 정답이다.

어휘 advise 통지하다, 알리다   responsibility 책임   surplus 여분, 흑자   inventory 물품 목록, 재고

12 **해설** 적절한 문장 찾기

(A) 포장박스는 온라인에서 구매가 가능합니다.
(B) 보증기간은 6개월입니다.
(C) 그러므로 배송서비스를 이용하여 보내실 때는 잘 포장해 주시기 바랍니다.
(D) 개인용 컴퓨터가 곧 품절될 것이다.

어휘 pack 포장하다   purchase 구매하다   online 온라인으로   warranty period 보증기간   therefore 그러므로   be out of stock 재고가 없다

Unit 05 시제

Practice 시험에 반드시 나오는 단순 시제

Answer
A. 1. obtained 2. brought 3. will be profiled 4. will be announced
B. 5. (C) 6. (A) 7. (B) 8. (C)

A

1 Last month, Dr. Nelson (obtained / has obtained) the permission to examine the artifacts before they were displayed in the museum.

지난달에 Nelson 박사는 박물관에 유물들이 전시되기 전에 조사하도록 허락을 얻었다.

해설 과거 시제
과거 시점의 부사어 Last month가 있으므로 과거 시제인 obtained가 정답이다.

2 Mr. Forester, author of *Heartful Soul*, (brought / brings) inspiration to approximately two million readers last year.

'Heartful Soul'의 저자인 Forester 씨는 작년에 약 200만 명의 독자에게 영감을 가져다주었습니다.

해설 과거 시제
과거 시점의 부사어 last year가 있으므로 과거 시제인 brought가 정답이다.

3 The player that scores the most points in the Star League Playoffs next week (profile / will be profiled) in the magazine.

다음 주 Star League 플레이오프에서 최다 득점을 하는 선수가 그 잡지에 프로필이 소개될 것입니다.

해설 미래 시제
미래 시점의 부사어 next week가 있으므로 미래 시제인 will be profiled가 정답이다. 괄호 뒤에 목적어가 없으므로 수동태가 되어야 한다.

4 The lucky winners for the Valentines Raffle Event (will announce / will be announced) soon.

Valentines 경품 추첨 행사의 행운의 당첨자들이 곧 발표될 예정입니다.

해설 미래 시제
미래 시점의 부사 soon이 있으므로 미래 시제가 되어야 하고 괄호 뒤에 목적어가 없으므로 수동태가 되어야 한다. 따라서 will be announced가 정답이다.

B

5 Ms. Gomez ------- a new system in 2002 that enabled real-time monitoring.

(A) create (B) creating (C) created (D) creates

Gomez 씨는 2002년에 실시간 모니터링이 가능한 새 시스템을 만들어 냈다.

해설 과거 시제
과거 시점의 부사어 in 2002가 있으므로 과거 시제인 (C)가 정답이다.

6 It is recommended that the manager ------- the staff with procedures for closing the store.

(A) assist (B) assists (C) assisting (D) assistant

매니저가 직원들의 폐점 절차를 도와주는 것이 좋습니다.

> **해설** recommend+that+주어+동사원형
>
> 주장·요구·명령·제안의 의미를 지닌 동사 다음의 that절에서는 수와 시제에 상관없이 동사원형이 와야 하므로 (A)가 정답이다.

7. Donami Productions ------ filming the sequel to their successful blockbuster movie this coming Friday.

    (A) began (B) will begin
    (C) has begun (D) was beginning

    Donami 프로덕션은 오는 금요일에 자사의 성공적인 대작 영화의 속편을 촬영하기 시작할 것이다.

> **해설** 미래 시제
>
> 미래 시점의 부사어 this coming Friday가 있으므로 미래 시제인 (B)가 정답이다.

8. In an urgent meeting that was held earlier this morning, our Head Director, Mr. Arnold Morton, ------ that the contract had been cancelled.

    (A) is announced (B) would announce
    (C) announced (D) announces

    오늘 아침 일찍 열린 긴급회의에서 이사장 Arnold Morton 씨가 그 계약이 취소되었음을 발표했다.

> **해설** 과거 시제
>
> 과거 시점의 부사어 earlier this morning이 있으므로 과거 시제인 (C)가 정답이다. (B)는 미래의 의지를 나타내는 현재 시제이다.

Practice 시험에 반드시 나오는 진행 시제

Answer
A. 1. will be hosting 2. are receiving 3. was having 4. will be introducing
B. 5. (C) 6. (C) 7. (C) 8. (B)

A

1. The director of JKH Production (will be hosting / hosted) a dinner party at the Portland Lodge next Saturday at 6 P.M.

   JKH 프로덕션의 감독은 다음 주 토요일 오후 6시에 Portland Lodge에서 디너파티를 열 것이다.

> **해설** 미래진행 시제
>
> 미래 시점의 부사어 next Saturday가 있으므로 미래진행 시제인 will be hosting이 정답이다.

2. Certain bank loan advertisements (are receiving / receives) more attention because of their policies of slashing interest rates.

   어떤 은행 대출 광고들은 금리를 대폭 삭감하는 정책 때문에 더 많은 주목을 받고 있다.

> **해설** 현재진행 시제
>
> 현재 상황을 나타내는 현재진행 시제인 are receiving이 정답이다. 현재 시제도 가능하지만 receives는 단수형으로 복수 주어와 수가 일치하지 않아 오답이다.

3. Mike Harrison explained his economic perspective while he (was having / has) a lunch meeting with his colleagues.

   Mike Harrison은 동료들과 점심 식사를 하는 동안 자신의 경제 전망을 설명했다.

> **해설** 과거진행 시제
>
> 주절의 동사가 explained로 과거형이므로 과거진행 시제인 was having이 정답이다.

4. Walter Company (will have introduced / will be introducing) its newly designed wireless earphones next week.

   Walter 사는 다음 주에 새로운 디자인의 무선 이어폰을 소개할 것이다.

> **해설** 미래진행 시제
>
> 미래 시점의 부사어 next week이 있으므로 미래진행 시제인 will be introducing이 정답이다. will have introduced는 미래완료 시제로 현재나 과거에 시작된 일이 미래의 한 시점에 끝날 것을 표현하므로 오답이다.

B

5 Currently, Belltower Association ------- for a freelance yet reliable business consultant.

(A) has searched   (B) was searching
(C) is searching   (D) will have searched

현재 Belltower 협회는 프리랜서이지만 믿을 만한 비즈니스 컨설턴트를 찾고 있다.

해설 현재진행 시제
현재 시점의 부사 currently가 있으므로 현재진행 시제인 (C)가 정답이다.

---

6 Donna Myers ------- on financial budget costs during the assembly next Tuesday.

(A) was reporting   (B) reported
(C) will be reporting   (D) has been reporting

Donna Myers는 다음 주 화요일에 의회가 열리는 동안 재무 예산 비용을 보고할 것이다.

해설 미래진행 시제
미래 시점의 부사어 next Tuesday가 있으므로 미래진행 시제인 (C)가 정답이다.

---

7 Ms. Jess ------- to reduce her expenses significantly.

(A) like   (B) was liking
(C) would like   (D) is liking

Jess 씨는 지출을 대폭 줄이고 싶어 한다.

해설 진행형을 만들 수 없는 감정동사
감정동사 like는 진행형을 만들지 못하므로 (B)와 (D)부터 제외한다. 현재 시제인 (A)는 주어와 수가 일치하지 않아 오답이다. would like to는 미래의 의지를 나타내는 현재 시제이므로 (C)가 정답이다.

---

8 I am ------- that you have agreed to appear on my show.

(A) please   (B) pleased   (C) pleasing   (D) pleasure

제 프로에 출연하기로 동의해주셔서 기쁩니다.

해설 진행형을 만들 수 없는 감정동사
감정동사 please는 진행형을 만들지 못하므로 (C)는 오답이다. 감정동사는 주어가 감정을 느끼는 주체일 때는 과거분사를 사용하므로 (B)가 정답이다. 동사원형 (A)는 be동사 뒤에 올 수 없고 명사 (D)는 주어 I와 동일한 주격 보어가 될 수 없으므로 오답이다.

Practice 시험에 반드시 나오는 완료 시제   **Answer**
A. 1. has joined 2. will have completed 3. has received 4. had begun
B. 5. (A) 6. (D) 7. (B) 8. (D)

A

1 Everyone who (is joined / has joined) the Photography Club during the past month will be invited to the upcoming photo exhibition.

지난달에 사진 클럽에 가입한 모든 사람은 곧 있을 사진전에 초청될 것입니다.

해설 현재완료 시제
과거의 기간을 나타내는 부사어 during the past month가 있으므로 현재완료 시제인 has joined가 정답이다. 괄호 뒤에 목적어가 있으므로 수동태인 is joined는 오답이다.

---

2 Ms. Darlington (will have completed / completed) thirty years of service at the Green Cross Community Center by the time she turns sixty.

Darlington 씨가 60세가 될 무렵이면 Green Cross 커뮤니티 센터에서 30년 동안의 근무를 마치게 된다.

해설 미래완료 시제
미래의 완료 시점을 나타내는 부사어 by the time이 있으므로 미래완료 시제인 will have completed가 정답이다.

3 Popular for its cultural diversity, the United States (is receiving / **has received**) nearly 17 million immigrants over the past twelve years.

문화적 다양성으로 인기 있는 미국은 지난 12년 동안 1,700만 명에 가까운 이민자를 받았다.

해설 **현재완료 시제**

과거의 기간을 나타내는 부사어 over the past twelve years가 있으므로 현재완료 시제인 has received가 정답이다.

4 Plymetrica Electronics (has begun / **had begun**) inspecting the building even before the consultant approved the property clearance.

Plymetrica 전자는 컨설턴트가 부동산 처분을 승인하기도 전에 그 건물을 검사하기 시작했다.

해설 **과거완료 시제**

컨설턴트가 승인한 과거 시점보다 더 앞선 시점에 건물을 검사하기 시작한 것이므로 과거완료 시제인 had begun이 정답이다.

B

5 By the time he gains a complete understanding of the system, Mr. Theodore ------- on the test machines for three consecutive days.

(A) **will have worked**   (B) has been working
(C) was working   (D) works

Theodore 씨가 그 시스템을 완전히 이해할 때쯤이면 그는 연속 3일 동안 그 시험 기계에 매달려 있을 것이다.

해설 **미래완료 시제**

미래의 완료 시점을 나타내는 부사어 By the time이 있으므로 미래완료 시제인 (A)가 정답이다. by the time은 항상 미래완료 시제와 함께 쓴다는 것을 기억해야 한다.

6 The updated versions for the advanced device achieved perfection a week earlier than we -------.

(A) anticipate   (B) are anticipating
(C) were anticipated   (D) **had anticipated**

그 고급 장치의 업데이트 버전들은 우리가 예상했던 것보다 1주일 전에 완성되었다.

해설 **과거완료 시제**

우리가 예상한 시점이 업데이트 버전들이 완성된 과거 시점보다 더 이전이므로 과거완료 시제인 (D)가 정답이다.

7 Numerous investment agencies ------- about the vacant building on Rossi Avenue before Oxbridge Central Group purchased it.

(A) inquiring   (B) **had inquired**
(C) would be inquiring   (D) will have inquired

Oxbridge Central Group이 Rossi 가에 있는 빈 건물을 구입하기 전에 수많은 투자기관들이 그것에 대해 문의했었다.

해설 **과거완료 시제**

접속사 before로 미루어 Oxbridge Central Group이 건물을 구입한 과거 시점보다 더 앞선 시점에 투자기관들이 문의한 것을 알 수 있으므로 과거완료 시제인 (B)가 정답이다.

8 Jeremy Craigs ------- as a part of the Genova University board of directors for almost 20 years by the time he retires.

(A) been served   (B) had served
(C) has served   (D) **will have served**

Jeremy Craigs가 퇴직할 무렵이면 그는 거의 20년 동안 Genova 대학교 이사회의 일원으로 근무하게 된다.

해설 **미래완료 시제**

미래의 완료 시점을 나타내는 부사어 by the time이 있으므로 미래완료 시제인 (D)가 정답이다.

Practice 반드시 알아야 하는 기출 동사 어휘 ⑤

Answer
A. 1. prohibited 2. recognized 3. consult 4. extending
B. 5. (A) 6. (D) 7. (C) 8. (A)

A

1 Smoking should be (persuaded / prohibited) in public places because secondhand smoke is harmful to others.

간접흡연이 다른 사람들에게 해롭기 때문에 공공장소에서의 흡연은 금지되어야 한다.

해설 prohibit 금지하다, 못하게 하다
공공장소에서 흡연을 금지해야 한다는 의미가 적절하므로 prohibited가 정답이다.

어휘 persuade 설득하다, 납득시키다

2 Seven brave civilians were (recognized / advocated) for their efforts in saving a group of people who were trapped underground as a result of an earthquake.

7명의 용감한 시민들이 지진의 결과로 땅속에 갇힌 사람들을 구조하는 데 노력한 공로를 인정받았다.

해설 recognize 알아보다, 인정하다
사람들을 구조한 공로를 인정받았다는 의미가 적절하므로 recognized가 정답이다.

어휘 advocate 옹호하다

3 Please (consult / inquire) Mr. Baker's memo dated October 14 to determine the time of your next appointment.

10월 14일자 Baker 씨의 회람을 참조해 다음 약속 시간을 정해주십시오.

해설 consult 상담[상의]하다, 참조하다, 찾아보다
회람을 참조하라는 의미가 적절하므로 consult가 정답이다.

어휘 inquire 문의하다

4 Local supermarkets will be (extending / reaching) its hours until midnight due to the holiday season.

지역 슈퍼마켓들은 크리스마스 시즌으로 인해 영업시간을 자정까지 연장할 것이다.

해설 extend 연장하다, 늘리다
크리스마스 시즌에 영업시간을 연장한다는 의미가 적절하므로 extending이 정답이다.

어휘 reach 도달하다, 닿다

B

5 Undergraduates who are ------- studying in this graduate school should attend tomorrow's presentation.

이 대학원에서 공부할 것을 고려하고 있는 학부생들은 내일 발표회에 참석해야 한다.

(A) considering   (B) accompanying
(C) transforming   (D) concerning

해설 consider 고려하다, 여기다
대학원에서 공부할 것을 고려하다는 의미가 적절하므로 (A)가 정답이다.

어휘 accompany 동행하다, 수반하다   transform 변형시키다   concern 관계하다

6 CTS Vision Inc. has recently ------- a new state-of-the-art eyeglasses, fit for comfort and daily use.

CTS 비전 주식회사는 최근에 눈을 편안하게 하고 매일 사용하기에 적합한 새로운 최첨단 안경을 개발했다.

(A) based   (B) thought   (C) resulted   (D) developed

해설 develop 발전시키다, 개발하다
새 안경을 개발했다는 의미가 적절하므로 (D)가 정답이다.

어휘 base 근거하다   think 생각하다   result (결과로) 생기다

---

7 Final tests and medical data must be further ------- before deciding to perform surgery.

(A) supervised   (B) required   (C) analyzed   (D) vacated

수술 실시를 결정하기 전에 최종 검사와 의료 데이터를 더 깊이 분석해야만 한다.

해설 analyze 분석하다
수술을 결정하기 전에 자료를 더 깊이 분석한다는 의미가 적절하므로 (C)가 정답이다.

어휘 supervise 감독하다   require 요구하다   vacate 비우다

---

8 Since smartphones have become a popular trend, simple cellular phones are no longer be ------- at many retail stores.

(A) purchased   (B) handed   (C) gained   (D) paid

스마트폰이 인기 추세가 되는 바람에 많은 소매점에서 단순한 휴대폰은 더 이상 팔리지 않고 있다.

해설 purchase 구입하다, (희생의 대가로) 얻다
단순 기능 휴대폰을 더 이상 구입하지 않는다는 의미가 적절하므로 (A)가 정답이다.

어휘 hand 건네다   gain 얻다   pay 지불하다

Actual Test

Answer 1. (C) 2. (A) 3. (B) 4. (C) 5. (C) 6. (B)
        7. (A) 8. (B) 9. (B) 10. (B) 11. (A) 12. (C)

---

1 In June next year, Mr. Edison, our project manager, ------- the company's new robot for innovative packaging.

(A) exhibiting   (B) exhibited
(C) will exhibit   (D) has exhibited

내년 6월에 우리 프로젝트 책임자인 Edison 씨가 혁신적인 포장을 위한 회사의 새 로봇을 공개할 예정이다.

해설 미래 시제
미래 시점의 부사어 next year가 있으므로 미래 시제인 (C)가 정답이다.

어휘 innovative 혁신적인   exhibit 공개하다, 보이다

---

2 Before Mr. Markus hired Stacey at his bookstore, he ------- the new releases into the shelves himself.

(A) had organized   (B) organize
(C) can organize   (D) organizes

Markus 씨가 자기 서점에 Stacey를 채용하기 전에는 그가 직접 신간들을 서가에 정리했었다.

해설 과거완료 시제
접속사 before로 미루어 직원을 채용한 과거 시점보다 더 앞선 시점에 주인이 직접 신간들을 정리한 것을 알 수 있으므로 과거완료 시제인 (A)가 정답이다.

어휘 hire 채용하다   new release 신간, 신작   organize 정리하다

---

3 Ms. Hollin has ------- that boarding students be restricted from late night activities to prevent any misconduct.

(A) mentioned   (B) suggested
(C) negotiated   (D) assigned

Hollin 씨는 비행을 예방하기 위해 기숙사 학생들의 심야 활동을 금지할 것을 제안했다.

해설 suggest+that+주어+동사원형

주장·요구·명령·제안의 의미를 지닌 동사 다음의 that절에서는 수와 시제에 상관없이 동사원형이 와야 하는데, 빈칸 뒤에 동사원형인 be가 있으므로 제안의 의미를 지닌 동사인 (B)가 정답이다.

어휘 board 기숙[하숙]하다 restrict 제한하다, 금지하다 misconduct 비행

---

4 Mr. Sonny ------- to announce the completion of the T337 navigation software used in devices integrated into automobiles.

(A) pleases (B) pleasant
(C) was pleased (D) is being pleased

Sonny 씨는 자동차에 통합된 장비들에 사용되는 T337 내비게이션 소프트웨어의 완성을 발표하게 되어 기뻐했다.

해설 진행형을 만들 수 없는 감정동사

감정동사 please는 진행형을 만들지 못하므로 (D)는 오답이다. 감정동사는 주어가 감정을 느끼는 주체일 때는 과거분사를 사용하므로 (C)가 정답이다.

어휘 completion 완성 integrate 통합하다 automobile 자동차

---

5 Since Mr. Adams worked hard even after office hours, he ------- a three-day paid vacation as a reward.

(A) receive (B) is being received
(C) received (D) receiving

Adams 씨는 근무 시간 후에도 열심히 일했기 때문에 보상으로 3일 유급 휴가를 받았다.

해설 과거 시제

빈칸 뒤에 목적어가 있으므로 수동태인 (B)는 제외한다. (D)는 분사형으로 단독으로 동사 자리에 올 수 없고 (A)는 주어의 수와 일치하지 않아 오답이다. 따라서 과거 시제인 (C)가 정답이다.

어휘 paid vacation 유급 휴가 reward 보상, 대가

---

6 Starting next week, all applicants with internship programs ------- a daily performance assessment from their immediate supervisors.

(A) have received (B) will receive
(C) to receive (D) will be received

다음 주부터 인턴십 프로그램의 모든 지원자는 직속 상사로부터 매일 수행평가를 받게 된다.

해설 미래 시제

미래 시점의 부사어 next week가 있으므로 미래 시제인 (B)가 정답이다. 빈칸 뒤에 목적어가 있으므로 수동태인 (D)는 정답이 될 수 없다.

어휘 applicant 지원자 performance assessment 수행평가 immediate supervisor 직속 상사

---

7 When Tanya ------- to Vancouver to visit her families next week, she will also attend her brother's wedding ceremony.

(A) goes (B) to go
(C) going (D) was going

Tanya는 다음 주에 가족들을 만나러 Vancouver에 가면 오빠의 결혼식에도 참석할 것이다.

해설 미래를 대신하는 현재 시제

미래 시점의 부사어 next week가 있으므로 미래 시제가 되어야 하지만 접속사 when이 이끄는 시간의 부사절에서는 현재형으로 미래를 대신하므로 (A)가 정답이다.

어휘 attend 참석하다 wedding ceremony 결혼식

8 It is essential that only authorized personnel ------- to enter the staff building.

(A) allowed (B) be allowed
(C) allow   (D) allows

해설 essential+that+주어+동사원형
주장·요구·명령·제안의 의미를 지닌 동사나 당위성을 나타내는 형용사 다음의 that절에서는 수와 시제에 상관없이 동사원형이 와야 하는데, 빈칸 뒤에 목적어가 없으므로 수동태인 (B)가 정답이다.

어휘 essential 필수적인, 극히 중요한 authorized 허가받은 allow 허락하다

허가받은 인원만 직원 건물에 들어가는 것을 허락받는 것이 필수적이다.

Questions 9-12 refer to the following letter.

January 29

ear Leafe Hospital Coronary Care Unit,

Katalina Pots --- 9. --- as a doctor for many years under my direct supervision at Gesundheit Hospital.
Ms. Pots has performed professionally and efficiently while discharging her duties at our hospital. She also developed commendable relationships with her --- 10. ---.
Furthermore, she even received an employee recognition award before resigning from her position here last year.
--- 11. ---. Therefore, I am highly recommending her for the position with the Coronary Care Unit at Leafe Hospital. I have no doubt that Ms. Pots would be a worthy asset to --- 12. --- health care team.
Please feel free to contact me at 555-1196 if you would like to discuss Ms. Pots' qualifications in more detail. I would be more than happy to answer any questions you may have concerning her abilities.

Sincerely,
Patch Adams

9 (A) serves
(B) served
(C) will be serving
(D) would have served

10 (A) clients
(B) patients
(C) investors
(D) members

NEW
11 (A) Ms. Pots' hard work, flexibility, and hospitality are truly a gift.
(B) That position has already been filled.
(C) She doesn't qualify for the position.
(D) The hospital is open throughout the year.

1월 29일

Leafe 병원 관상동맥질환 집중치료실 귀중.

Katalina Pots는 Gesunheit 병원에서 여러 해 동안 제 밑에서 직접 지도를 받는 의사로 근무했습니다.
Pots 씨는 우리 병원에서 의무를 다하는 동안에 전문적이고 효율적인 성과를 나타냈습니다. 그녀는 또한 환자들과 훌륭한 관계를 발전시켰습니다.
게다가 그녀는 작년에 이곳을 퇴직하기 전에 직원 표창을 받기도 했습니다.
Pots 씨의 근면함, 유연성과 친절은 참으로 천부적인 재능입니다. 그래서 저는 Leafe 병원의 관상동맥질환 집중치료실의 직책에 그녀를 강력히 추천합니다. 저는 Pots 씨가 여러분의 의료팀에 가치 있는 자산이 될 것임을 전혀 의심하지 않습니다.
Pots 씨의 자질에 대해 더 자세히 논의하고 싶으시다면 555-1196번으로 제게 부담 없이 연락하시기 바랍니다. 그녀의 능력에 관한 모든 문의들에 대해 매우 기쁘게 답해드릴 수 있습니다.

충심으로,

Patch Adams

12
(A) us
(B) yourself
(C) your
(D) them

---

9 해설 **과거 시제**

Pots 씨가 여러 해 동안 일한 과거 사실을 말하고 있으므로 과거 시제인 (B)가 정답이다.

어휘 supervision 감독, 지휘

---

10 해설 **patient 환자**

의사로서 환자들과 훌륭한 관계를 발전시켰다는 의미가 적절하므로 (B)가 정답이다.

어휘 efficient 효율적인 discharge one's duty ~의 의무를 다하다 commendable 칭찬받을 만한, 훌륭한 recognition 인정, 표창 resign 사임하다, 물러나다 client 의뢰인, 고객 investor 투자자

---

11 해설 **적절한 문장 찾기**

(A) Pots 씨의 근면함, 유연성과 친절은 참으로 천부적인 재능입니다.
(B) 그 직책은 이미 충원되었다.
(C) 그녀는 그 직책에 자격이 되지 않는다.
(D) 그 병원은 1년 내내 문을 연다.

어휘 flexibility 유연성 hospitality 환대 gift 재능 qualify 자격이 되다 throughout the year 1년 내내

---

12 해설 **소유격+명사**

빈칸 뒤의 명사를 수식하려면 소유격 인칭대명사가 와야 하므로 you의 소유격인 (C)가 정답이다.

어휘 asset 자산 qualification 자격

Unit 06 명사

Part 5-6

Practice 시험에 반드시 나오는 명사 자리
Answer
A. 1. popularity   2. convention   3. implementation   4. approval
B. 5. (D)   6. (D)   7. (A)   8. (C)

A

1 The (popularity / popular) of Oriental medicine has drawn positive responses from patients, particularly from Western countries.

동양 의학의 인기는 특히 서구 나라들의 환자들로부터 긍정적인 반응을 끌어내고 있다.

해설 주어 자리
괄호는 주어 자리이면서 앞에 정관사 the가 있어 명사가 와야 하므로 popularity가 정답이다. popular는 형용사.

2 Mr. Geronimo will be the guest speaker in this year's (convene / convention) in Austin, Texas.

Geronimo 씨가 Texas 주 Austin에서 열리는 금년 컨벤션의 초청연사가 될 것입니다.

해설 소유격+명사
괄호 앞에 소유격이 있어 명사가 와야 하므로 convention이 정답이다. convene은 동사.

3 To ensure public order, the security department has confirmed the (implementation / implement) of the plan to install surveillance cameras.

공공질서를 보장하기 위해 보안부는 감시 카메라를 설치하는 계획의 실행을 확정했다.

해설 타동사+명사
괄호 앞에 타동사 confirmed가 있으므로 목적어 역할을 하는 명사 implementation이 정답이다. implement는 동사.

4 All visitors carrying proper authorization have received (approval / approving) to enter the main facility.

적절한 허가증을 가지고 있는 모든 방문자는 주요 시설에 들어갈 수 있는 승인을 받았다.

해설 타동사+명사
괄호 앞에 타동사 received가 있으므로 목적어 역할을 하는 명사 approval이 정답이다. approving은 동명사.

B

5 Mr. Nash has reported that ------ related to the rental of commercial property are too costly.

(A) expended   (B) expensively   (C) expensive   (D) expenses

Nash 씨는 상업용 부동산의 임대 관련 비용이 너무 비싸다고 보도했다.

해설 주어 자리
빈칸은 접속사 that이 이끄는 명사절의 주어 자리이므로 명사인 (D)가 정답이다. related to the rental of commercial property는 수식어구이다.

어휘 expend 소비하다, 지출하다   expensive 비싼   expense 비용, 지출

6 To assist you in deciding on your ------, our real estate agent Mr. Lambert will be available during office hours.

(A) reside   (B) resident   (C) residential   (D) residence

당신의 주택을 결정하는 것을 돕기 위해 저희 부동산 중개인 Lambert 씨가 근무 시간 동안에 응대해 드릴 것입니다.

해설 소유격+명사
빈칸 앞에 소유형용사 your가 있으므로 명사인 (D)가 정답이다. (B)도 명사이지만 의미상 부자연스러워 오답이다.

어휘 reside 거주하다   resident 거주자   residential 주거의   residence 거주지, 주택

7 Once you acquire a housing loan, the financial ------- will deal with you on a regular basis.

(A) institution (B) institutional
(C) institutionally (D) institutionalize

해설 형용사+명사
빈칸은 동사 앞의 주어 자리이면서 형용사 financial이 앞에 있으므로 명사인 (A)가 정답이다.

어휘 institution 제도, 기관 institutional 제도의, 기관의 institutionalize 제도화하다

---

8 After a year of -------, the Silver Sky building project was ceased due to a lack of resources and budget.

(A) constructive (B) constructor
(C) construction (D) constructed

해설 전치사+명사
빈칸 앞에 전치사 of가 있으므로 명사인 (C)가 정답이다. (B)도 명사이지만 의미상 부자연스러워 오답이다.

어휘 constructive 건설적인 constructor 건설업자 construction 건설, 건축 construct 건설하다

Practice 시험에 반드시 나오는 복합명사와 불가산명사

Answer
A. 1. structure 2. supervisor 3. openings 4. preferences
B. 5. (D) 6. (A) 7. (D) 8. (C)

A

1 Since the district is heavily crowded with cars, new development plan for a public parking (structure / structures) has been proposed.

해설 복합명사
괄호 앞에 단수를 나타내는 부정관사 a가 있으므로 단수 명사 structure가 정답이다. parking structure는 복합명사로 '주차 건물'을 의미한다.

---

2 Mr. Jenkyl was nominated as site (supervisory / supervisor) after working in the construction industry for three and a half years.

해설 복합명사
전치사 as 뒤에 명사가 와야 하므로 supervisor가 정답이다. site supervisor는 복합명사로 '현장 감독'을 의미한다.

---

3 Several university students apply for various job (opening / openings) offered by the school internship programs to gain personal experience.

해설 복합명사
괄호 앞에 복수 명사를 수식하는 형용사 various가 있으므로 openings가 정답이다. job opening은 복합명사로 '일자리'를 의미한다.

---

4 Some hotels ask their customers to specify their meal (prefers / preferences) upon room reservations to enable attentive service.

해설 복합명사
괄호는 동사 specify의 목적어 자리이므로 명사 preferences가 정답이다. meal preference는 복합명사로 '식사 기호'를 의미한다.

B

5 A session will be held tomorrow on facility ------- and guidelines for the newly recruited staff members.

(A) will regulate   (B) regulated   (C) is regulating   (D) regulations

내일 신규 채용 직원을 대상으로 시설 규정과 지침에 대한 교육이 진행될 것이다.

해설 복합명사

전치사 on 뒤에 명사가 와야 하므로 (D)가 정답이다. facility regulations는 복합명사로 '시설 규정'을 의미한다.

어휘 regulate 규제하다   regulation 규정, 규제

6 Justin Seaborn decided to become a sales ------- after realizing his gifts in social communication and presentation.

(A) representative   (B) represent
(C) representation   (D) represented

Justin Seaborn은 자신이 사교적인 의사소통과 발표에 재능이 있다는 것을 깨달은 후 영업 직원이 되기로 결정했다.

해설 복합명사

빈칸 앞에 부정관사 a가 있으므로 명사 (A)가 정답이다. sales representative는 복합명사로 '영업 직원'을 의미한다. (C)도 명사이지만 의미상 부자연스러워 오답이다.

어휘 representative 대표, 담당자, 직원   represent 대표하다, 나타내다   representation 대표, 표시

7 Technical manager, Courtney Lawrence advised all the staff members to update their computer firewall and anti-virus programs for ------- reasons.

(A) secured   (B) secures   (C) securely   (D) security

기술 담당자인 Courtney Lawrence는 모든 직원들에게 보안상 이유로 그들의 컴퓨터 방화벽과 바이러스 퇴치 프로그램을 업데이트하라고 권고했다.

해설 복합명사

전치사 for 뒤에 명사가 와야 하므로 (D)가 정답이다. security reasons는 복합명사로 '보안상 이유'를 의미한다.

어휘 secure 안전하게 하다   securely 안전하게   security 안전, 보안

8 In case the printers do not work, please ask our staff for -------.

(A) assistant   (B) assist   (C) assistance   (D) assisted

프린터가 작동하지 않을 경우에는 우리 직원에게 도움을 요청하십시오.

해설 불가산명사

전치사 for 뒤에 명사가 와야 하므로 (C)가 정답이다. (A)도 명사이지만 의미상 부자연스러워 오답이다.

어휘 assistant 조력자, 조수   assistance 도움, 원조

Practice 시험에 반드시 나오는 사람 명사와 사물 명사

Answer
A. 1. consultation   2. compliance   3. architects   4. retailers
B. 5. (D)   6. (D)   7. (C)   8. (B)

A

1 Many lawyers are willing to provide a free one-hour (consultants / consultation) for first-time clients.

많은 변호사들은 처음 찾아온 의뢰인에게 기꺼이 한 시간 무료 상담을 제공한다.

해설 사람 명사와 사물 명사 구별

괄호 앞에 부정관사 a가 있으므로 단수 명사인 consultation이 정답이다.

어휘 consultant 컨설턴트, 고문

2 Machinery must be imported in full (compliance / complier) with national law and customary policy.

기계류는 국내법과 관습 정책에 철저히 따라 수입되어야만 한다.

해설 사람 명사와 사물 명사 구별
전치사 in 뒤에 와서 in compliance with(~에 따라)라는 표현을 만드는 compliance가 정답이다.

어휘 complier 따르는 사람

---

3 Wealthy people often look to hire (architecture / architects) to design and build custom homes.

부자들은 맞춤형 주택을 설계하고 짓기 위해 건축가들을 고용하려고 하는 경우가 많다.

해설 사람 명사와 사물 명사 구별
문맥상 타동사 hire 뒤에 목적어로 사람 명사가 와야 하므로 architects가 정답이다.

어휘 architecture 건축(술)

---

4 Secondhand (retails / retailers) tend to care less about the quality of the products and more about the price at which they are selling products.

중고품 소매상들은 제품의 질에는 신경을 덜 쓰고 제품을 파는 가격에 신경을 더 많이 쓰는 경향이 있다.

해설 사람 명사와 사물 명사 구별
괄호는 복수 동사 앞의 주어 자리이므로 복수 명사가 와야 하는데, 문맥상 적절한 사람 명사 retailers가 정답이다.

어휘 retail 소매

B

5 Employers have the habit of thoroughly examining résumés to find a qualified ------- for an important position.

(A) apply   (B) applied   (C) application   **(D) applicant**

고용주들은 이력서를 철저히 조사해 중요한 직책에 자격을 갖춘 지원자를 찾는 습관이 있다.

해설 사람 명사와 사물 명사 구별
빈칸에는 형용사 qualified의 수식을 받는 사람 명사가 와야 하므로 (D)가 정답이다.

어휘 apply 지원하다 application 신청, 지원 applicant 지원자

---

6 Mr. Matthews and his team of skilled ------- are known for their quality work and timely results.

(A) profession   (B) professions
(C) professional   **(D) professionals**

Matthews 씨와 숙련된 전문가들로 이뤄진 그의 팀은 양질의 작업과 때맞춘 결과물로 알려져 있다.

해설 사람 명사와 사물 명사 구별
빈칸 앞에 전치사 of가 있고 뒤에는 복수 동사가 있으므로 복수 명사인 (D)가 정답이다. (B)도 복수 명사이지만 문맥상 의미가 부자연스러워 오답이다.

어휘 profession 직업 professional 직업인, 전문가

---

7 The administrators are in ------- of the suggestions and will make a decision by tomorrow.

(A) receiving   (B) to receive   **(C) receipt**   (D) recipient

관리자들은 제안들을 받고 있으며 내일까지 결정을 내릴 것이다.

해설 사람 명사와 사물 명사 구별
전치사 in 뒤에 명사가 와야 하므로 (C)가 정답이다. be in receipt of는 '받다'라는 의미의 표현이다. (D)도 명사이지만 관사가 필요하고 문맥상 의미가 부자연스러워 오답이다.

어휘 receipt 수령 recipient 수령인

8 All ------- imported through shipment must go through customs investigation for legal approval and release.

(A) packager　　(B) packages　　(C) packaged　　(D) package

선적을 통해 수입된 모든 물품들은 법적인 승인과 방출에 대한 세관 조사를 통과해야만 한다.

해설 all+복수 명사
빈칸은 주어 자리이고 all 뒤에는 복수 명사가 와야 하므로 (B)가 정답이다.

어휘 packager 포장업자　package 포장한 상품, 포장하다

Practice 반드시 알아야 하는 기출 명사 어휘 ❶

Answer A. 1. Inquiries　2. capability　3. equipment　4. permits
B. 5. (B)　6. (B)　7. (C)　8. (A)

A

1 (Properties / Inquiries) about lost items found can be made by calling the front desk during office hours.

분실물에 대한 문의는 근무 시간에 안내 데스크에 전화해 물어볼 수 있다.

해설 inquiry 문의, 조회
분실물에 대한 문의라는 의미가 적절하므로 Inquiries가 정답이다.

어휘 property 재산, 소유권

2 The additional workforce has significantly increased manufacturing (qualification / capability).

추가 인력은 제조 역량을 크게 증가시켰다.

해설 capability 능력, 역량
제조 역량을 증가시켰다는 의미가 적절하므로 capability가 정답이다.

어휘 qualification 자격

3 Employees and visitors entering the power plants are required to wear safety (equipment / construction).

발전소에 들어가는 직원과 방문자들은 안전 장비를 착용하도록 요구받는다.

해설 equipment 장비, 설비
안전 장비라는 의미가 적절하므로 equipment가 정답이다.

어휘 construction 건설, 건축

4 The instructors will give the student drivers their learner (permits / garages) after conducting proper evaluation.

강사들은 적절한 평가를 실시한 후에 운전 교습생들에게 연습 면허증을 줄 것이다.

해설 permit 허가(증)
연습 면허증이라는 의미가 적절하므로 permits가 정답이다.

어휘 garage 차고

B

5 The community's annual holiday ------- will be held at the Lantern Hotel tomorrow from 5 P.M.

(A) invitation　　(B) reception　　(C) deposit　　(D) appointment

그 지역 사회의 연례 크리스마스 연회가 내일 오후 5시부터 Lantern 호텔에서 열린다.

해설 reception 리셉션, 축하 연회
크리스마스 연회를 호텔에서 연다는 의미가 적절하므로 (B)가 정답이다.

어휘 invitation 초대　deposit 예금　appointment 임명, 약속

6   Participants will be provided with a basic outline of the ------- of the day's events in a few minutes.

    (A) admission   (B) sequence   (C) inventory   (D) version

참가자들은 그날의 행사 순서에 대한 기본적인 개요를 곧 제공받을 것이다.

해설 sequence 순서, 연속
그날의 행사 순서라는 의미가 적절하므로 (B)가 정답이다.

어휘 admission 입장, 입학   inventory 재고품   version 판, 버전

---

7   Workers using public transportation should be careful to avoid routes with severe traffic ------- because it can disrupt their schedules.

    (A) climates   (B) kilometers   (C) congestion   (D) direction

대중 교통수단을 이용하는 직장인들은 교통 혼잡이 극심한 노선을 피하도록 주의해야 하는데, 일정에 차질을 줄 수 있기 때문이다.

해설 congestion 밀집, 혼잡
교통 혼잡이라는 의미가 적절하므로 (C)가 정답이다.

어휘 climate 기후, 풍토   direction 방향

---

8   The committee is preparing a survey to collect ------- from staff members regarding the company's renovated facility.

    (A) suggestions   (B) attendees   (C) successes   (D) competitors

위원회는 직원들로부터 회사의 개조한 시설에 대한 의견을 모으기 위해 설문조사를 준비하고 있다.

해설 suggestion 제안, 암시
직원들로부터 의견을 모은다는 의미가 적절하므로 (A)가 정답이다.

어휘 attendee 참석자, 출석자   success 성공   competitor 경쟁자

Actual Test Answer 1. (A) 2. (C) 3. (C) 4. (B) 5. (C) 6. (B) 7. (D) 8. (A) 9. (B) 10. (D) 11. (A) 12. (B)

---

1   ------- for the loss of benefits of employees may be covered by the contract stated.

    (A) Compensation   (B) Compensates
    (C) Compensatory   (D) Compensated

직원들의 복지후생이 손실된 부분에 대한 보상은 명기된 고용계약에 의해서 대체될 것입니다.

해설 명사 주어
빈칸은 주어 자리이므로 명사인 (A)가 정답이다.

어휘 benefit 복지혜택   contract 고용계약   compensation 보상   compensate 보상하다   compensatory 보상의

---

2   Bill Carter was admired by superiors for his ------- and perseverance at the workplace.

    (A) adapt   (B) adaptable   (C) adaptability   (D) adapts

Bill Carter는 직장에서 적응성과 인내심 때문에 상사들의 칭찬을 받았다.

해설 소유격+명사
소유형용사 his 뒤에 명사가 와야 하므로 (C)가 정답이다.

어휘 admire 칭찬하다, 감탄하다   perseverance 인내심   adapt 적응하다   adaptable 적응할 수 있는   adaptability 적응성

---

3   Mr. Harley Macbee, general manager of Blight Company will be overseeing ------- with domestic and foreign distributors.

    (A) negotiate   (B) negotiates   (C) negotiations   (D) negotiated

Blight 사의 총지배인인 Harley Macbee 씨가 국내와 해외의 유통업체들과의 협상들을 감독할 것이다.

해설 타동사+명사

타동사 뒤의 목적어 자리에 명사가 와야 하므로 (C)가 정답이다.

어휘 oversee 감독하다 domestic 국내의 distributor 유통[배급]업체 negotiate 협상하다 negotiation 협상

---

4 Certain university professors encourage students to read books for ------, rather than solely reading for assignment purposes.

(A) pleasurable   (B) pleasure   (C) pleased   (D) pleasant

어떤 대학교 교수들은 학생들이 오로지 과제를 위한 읽기보다는 재미를 위한 책읽기를 장려한다.

해설 전치사+명사

전치사 for 다음에 명사가 와야 하므로 (B)가 정답이다.

어휘 encourage 장려하다 solely 오로지 assignment 과제 pleasurable 유쾌한, 즐거운 pleasure 즐거움 pleased 기쁜 pleasant 기분 좋은

---

5 Customers who purchase the Body-Fit exercise machine will be given free ------ to a four-hour training video from the Web site.

(A) accessing   (B) accessed   (C) access   (D) accesses

Body-Fit 운동 기구를 구입하시는 고객 여러분은 웹사이트에서 4시간짜리 훈련 동영상을 무료로 이용할 권한을 받으시게 됩니다.

해설 불가산명사

빈칸은 동사 be given의 목적어 자리이므로 명사인 (C)가 정답이다. access는 불가산명사이므로 복수형인 (D)는 오답이다.

어휘 purchase 구입하다 access 접근[이용]하다, 접근[이용] 권리

---

6 The executive ------ at Wheeler Enterprise will be attending the conference next Friday.

(A) directing   (B) director   (C) directed   (D) direction

Wheeler 기업의 전무이사가 다음 주 금요일 콘퍼런스에 참석할 예정이다.

해설 형용사+명사

빈칸은 주어 자리이므로 명사가 와야 한다. 형용사 executive의 수식을 받아 '전무이사'라는 의미가 될 수 있는 (B)가 정답이다.

어휘 enterprise 기업 attend 참석하다 direct 지도하다, 지시하다 director 이사 direction 지도, 지시

---

7 ------ to the Shinzo Lab Center are prohibited from taking photos within the facility.

(A) To visit   (B) Visit   (C) Visiting   (D) Visitors

Shinzo 실험 센터의 방문객들은 시설 내에서 사진 촬영이 금지되어 있다.

해설 명사 주어

빈칸은 주어 자리이고 뒤에 복수 동사 are가 있으므로 복수 명사 (D)가 정답이다.

어휘 prohibit 금지하다 facility 시설, 설비

---

8 Under all ------, participants must demonstrate fair play and exercise friendly sportsmanship during matches.

(A) circumstances   (B) circumstantial
(C) circumstantially   (D) circumstance

모든 상황에서 참가자들은 시합 중에 공정한 경기를 보여주고 우호적인 스포츠맨십을 발휘해야만 한다.

해설 all+복수 명사

all 다음에는 복수 명사가 와야 하므로 (A)가 정답이다.

어휘 participate 참가자 demonstrate (행동으로) 보여주다 exercise 발휘하다 circumstance 상황 circumstantial 상황적인

Questions 9-12 refer to the following advertisement.

Phens Corporation is one of the leading --- 9. --- of top-selling canned goods in the country.

Once in contract, we offer the lowest prices on canned goods for annual supply, with discounts of 8 percent or more, depending on your negotiated agreement. In addition to these reasonable --- 10. ---, we provide a variety of canned goods from poultry to fresh fruits.

We supply canned goods to over 200 mega markets. Regardless of the number of orders, you will receive --- 11. --- a single bill for the contract deposit of shipping and delivery.

To obtain a complete list of the canned goods available or to place an order, please visit www.phencorp.org. --- 12. ---.

Phens 주식회사는 국내에서 가장 잘 팔리는 통조림 제품의 대표 유통업체 중 하나입니다. 일단 계약이 되면 저희는 협상된 합의에 따라 8% 이상 할인한 가격으로 연간 공급하는 통조림의 최저가를 제시합니다. 이러한 합리적인 가격에 더해 저희는 가금류에서 신선한 과일에 이르기까지 다양한 통조림을 공급합니다. 저희는 200여 곳의 대형 마트에 통조림을 납품하고 있습니다. 여러분은 주문 횟수에 상관없이 운송과 배송 계약보증금에 대한 청구서 한 장만 받으실 것입니다.

주문 가능한 통조림의 전체 목록을 얻으시거나 주문을 하시려면 www.phencorp.org를 방문해 주십시오. 우리는 가까운 시일 내에 귀사와 거래하기를 고대하고 있습니다.

9 (A) distributing (B) distributors
   (C) distributed (D) distribution

10 (A) request (B) attempts
   (C) goals (D) rates

11 (A) only (B) either
   (C) even (D) until

NEW
12 (A) All canned goods are pretty expensive.
   (B) We are looking forward to doing business with you in the near future.
   (C) This offer is valid only for loyal customers.
   (D) We don't charge for shipping.

---

9 **해설** the+명사
   빈칸 앞에 정관사 the가 있으므로 빈칸에는 명사가 와야 한다. 따라서 (B)가 정답이다. (D)는 명사이지만 문맥상 의미가 부자연스러워 오답이다.
   어휘 canned goods 통조림 제품 distribute 배급하다 distribution 배급, 유통

10 **해설** rates 비율, 가격
   합리적인 가격이라는 의미가 적절하므로 (D)가 정답이다.
   어휘 lowest 최저의 annual 연간의 reasonable 합리적인 request 요청 attempt 시도 goal 목표 poultry 가금류

11 **해설** only+단수 명사
   빈칸 뒤에 나오는 단수 명사 a single bill을 수식할 수 있는 형용사 (A)가 정답이다.
   어휘 regardless of ~에 상관없이 contract deposit 계약보증금 obtain 얻다, 획득하다 place an order 주문하다

12 **해설** 적절한 문장 찾기
   (A) 모든 통조림 제품은 꽤 비쌉니다.
   (B) 우리는 가까운 시일 내에 귀사와 거래하기를 고대하고 있습니다.
   (C) 이 제안은 단골 고객들에게만 유효합니다.
   (D) 배송비는 청구하지 않습니다.
   어휘 expensive 값비싼 valid 유효한 charge 비용을 부과하다

Unit 07 대명사

> **Practice** 시험에 반드시 나오는 대명사
> **Answer**
> **A.** 1. their 2. you 3. him 4. their
> **B.** 5. (A) 6. (D) 7. (D) 8. (B)

A

1 Students wishing to change course schedules should first contact (them / their) professors to obtain approvals.

강의 일정을 변경하기를 희망하는 학생들은 먼저 담당 교수에게 연락해 승인을 받아야 한다.

해설 소유격 인칭대명사
괄호 뒤에 명사가 있으므로 소유격 인칭대명사 their가 정답이다. them은 목적격.

2 When approaching the check-in counter at the airport, (yourself / you) should present your personal identification.

공항에 있는 탑승 수속대에 접근할 때 개인 신분증을 제시해야 합니다.

해설 주격 인칭대명사
괄호는 동사 앞의 주어 자리이므로 주격 인칭대명사 you가 정답이다. yourself는 재귀대명사.

3 Several volunteers will follow Mr. Sawyer to assist (his / him) with the preparations for the next experiment.

자원봉사자 몇 명이 Sawyer 씨를 따라 그의 다음 실험 준비를 도울 것이다.

해설 목적격 인칭대명사
괄호 앞에 타동사 assist가 있으므로 목적격 인칭대명사 him이 정답이다. his는 소유격.

4 Entomologist George Bosh was explaining why spiders do not get caught on (their / theirs) webs.

곤충학자 George Bosh는 거미들이 자신의 거미줄에 걸리지 않는 이유를 설명하고 있었다.

해설 소유격 인칭대명사
괄호 뒤에 명사가 있으므로 소유격 인칭대명사 their가 정답이다. theirs는 소유대명사로 뒤에 명사가 올 수 없다.

B

5 To ensure that ------- assignment is not lost in or deleted from the hard disk, I will save a separate file on a portable USB drive.

(A) my   (B) I   (C) me   (D) mine

과제가 하드디스크에서 분실되거나 삭제되지 않도록 하려고 나는 휴대용 USB 드라이브에 별도의 파일을 저장할 것이다.

해설 소유격 인칭대명사
빈칸 뒤에 명사가 있으므로 소유격 인칭대명사 (A)가 정답이다.

6 During the recent Visual Arts Convention, Ms. Sophie Foster was highly complimented by many art fans for ------- creativity.

(A) she   (B) herself   (C) hers   (D) her

최근의 시각예술 컨벤션 기간 동안 Sophie Foster 씨는 창의성 때문에 많은 예술 팬들에게 큰 찬사를 받았다.

해설 소유격 인칭대명사
빈칸 뒤에 명사가 있으므로 소유격 인칭대명사 (D)가 정답이다.

7 Since Brian Song is the supervisor, all customer complaints should be reported to -------.

(A) he   (B) his   (C) himself   (D) him

Brian Song이 부서장이기 때문에 모든 고객 불만 사항은 그에게 보고되어야 한다.

해설 목적격 인칭대명사

빈칸 앞에 전치사가 있으므로 목적격 인칭대명사 (D)가 정답이다.

8 James and Tony will retire from the company and open a store by -------.

(A) them   (B) themselves   (C) theirs   (D) their

James와 Tony는 퇴사해 자신들만의 매장을 열 것이다.

해설 재귀대명사의 관용표현

by oneself는 '혼자서, 홀로'라는 의미의 관용표현이므로 (B)가 정답이다.

Practice 시험에 반드시 나오는 부정대명사

Answer
A. 1. one another 2. Nobody 3. most 4. no one
B. 5. (A) 6. (D) 7. (B) 8. (D)

A

1 In addition, they can communicate with (one another / each) through the discussion forums.

게다가 그들은 토론 포럼을 통해 서로 의사소통할 수 있다.

해설 부정대명사 one another

문장의 주어가 복수 명사 they이므로 '셋 이상 사이에서 서로'라는 의미로 전치사 with 뒤에 올 수 있는 부정대명사 one another가 정답이다.

2 (Nobody / Any) has run faster than Bart Philips at the Sports Festival's 500-meter sprint.

그 스포츠 축제의 500미터 단거리 경주에서 Bart Philips보다 더 빨리 달린 사람은 아무도 없었다.

해설 부정대명사 Nobody

괄호는 동사 앞의 주어 자리이므로 주어가 될 수 있는 부정대명사 Nobody가 정답이다.

3 Due to the difference in time zone, (most / almost) of the phone calls with the Winston Company in Los Angeles are held at night.

시간대의 차이 때문에 야간에 Los Angeles의 Winston 사로 걸려오는 대부분의 전화는 보류된다.

해설 부정대명사 most

'most of the+복수 명사'이므로 부정대명사 most가 정답이다. 부사 almost는 전치사 of 앞에 올 수 없다.

4 If (one another / no one) participates in the session until Friday, I will permanently disband the group without warning.

만약 금요일까지 수업 시간에 아무도 참석하지 않으면 나는 경고 없이 그 그룹을 영구적으로 해체할 것이다.

해설 부정대명사 no one

괄호는 동사 앞의 주어 자리이므로 주어가 될 수 있는 부정대명사 no one이 정답이다.

B

5 ------- has been mentioned about Mr. Spooker's visit to Cambodia, so we do not know whether the negotiation went smoothly or not.

(A) Little   (B) Who   (C) Few   (D) Any

Spooker 씨의 캄보디아 방문에 대해 언급된 것이 거의 없기 때문에 우리는 협상이 순조롭게 진행되었는지 여부를 모른다.

해설 부정대명사 little

빈칸은 동사 앞의 주어 자리이므로 주어가 될 수 있는 부정대명사 (A)가 정답이다. (C)는 복수 동사 앞에서 주어로 올 수 있다.

6 ------- who has heard Mr. Raymond's piano performance would know why he was considered one of the most influential musicians of all time.

(A) Some   (B) These   (C) You   **(D) Anyone**

Raymond 씨의 피아노 연주를 들어 본 사람은 누구나 그가 모든 시대를 통틀어 가장 영향력 있는 음악가들 중 하나로 여겨지는 이유를 알 게 될 것이다.

해설 부정대명사 anyone
빈칸 뒤의 동사가 has이므로 단수 동사 앞에 올 수 있는 부정대명사 (D)가 정답이다.

7 We are currently experiencing technical problems; therefore, we apologize for ------- inconvenience caused by the server.

(A) both   **(B) any**   (C) many   (D) these

저희는 현재 기술적인 문제를 겪고 있습니다. 따라서 서버로 인해 발생한 불편에 대해 사과 드립니다.

해설 부정형용사 any
빈칸 뒤의 불가산명사 inconvenience는 단수 취급하므로 (A), (C), (D)는 정답이 될 수 없다. 단수 명사와 복수 명사를 모두 수식할 수 있는 부정형용사 (B)가 정답이다.

8 ------- of the results showed significant association with the report.

(A) Whichever   (B) Each other
(C) Anywhere   **(D) Neither**

그 결과 중 어느 것도 그 보고서와의 중대한 연관성을 보여주지 않았다.

해설 부정대명사 neither
'neither of the+복수 명사'이므로 부정대명사 (D)가 정답이다.

Practice 시험에 반드시 나오는 지시대명사   **Answer**   A. 1. those   2. These   3. these   4. that
B. 5. (C)   6. (D)   7. (C)   8. (C)

A

1 In 2013, the profits decreased by two million dollars from (that / *those*) of the previous year.

2013년에는 수익이 전년도보다 200만 달러 감소했다.

해설 지시대명사 those
괄호에는 복수 명사 the profits를 대신하는 복수형 지시대명사가 와야 하므로 those가 정답이다.

2 (*These* / This) two materials have features that are quite different from each other.

이 두 재료는 서로 아주 다른 특징을 가지고 있다.

해설 지시형용사 these
괄호 뒤의 명사가 복수이므로 복수 명사를 수식하는 지시형용사 These가 정답이다.

3 Many tourist sites have now been made more accessible because (whose / *these*) attractions enable foreigners to enjoy and experience the local culture.

많은 관광지가 더 접근하기 쉽게 만들어져왔 는데, 이 명소들이 외국인들이 현지 문화를 즐 기고 경험할 수 있게 만들기 때문이다.

해설 지시형용사 these
괄호 뒤의 명사가 복수이므로 복수 명사를 수식하는 지시형용사 these가 정답이다.

4 The basic design of the truck is very similar to (*that* / those) of earlier models.

그 트럭의 기본 디자인은 이전 모델들의 것과 매우 유사하다.

해설 지시대명사 that
괄호에는 단수 명사 The basic design을 대신하는 단수 지시대명사가 와야 하므로 that이 정답이다.

B

5 ------- who wish to obtain more information about the workshop that is being held this week on Friday should speak with Mr. Farlin.

(A) Anybody (B) Another (C) Those (D) Each

이번 주 금요일에 열릴 워크숍에 대해 더 많은 정보를 얻기를 원하는 분들은 Farlin 씨에게 말해야 합니다.

해설 지시대명사 those
지시대명사 those는 뒤에 who/과거분사/현재분사가 오면 '~한 사람들'이라는 의미가 되므로 (C)가 정답이다.

6 ------- documents which were found in the cabinet are outdated, but the information may be useful for future references.

(A) Them (B) Theirs (C) That (D) These

캐비닛 안에서 발견된 이 문서들은 낡은 것이지만 그 정보는 나중에 참고용으로 유용할지도 모른다.

해설 지시형용사 these
빈칸 뒤의 명사가 복수이므로 복수 명사를 수식하는 지시형용사 (D)가 정답이다.

7 Applicants should be developing self-confidence and the skills that would reflect a strong personality, as ------- are the qualities that will impress employers.

(A) them (B) their own (C) these (D) that

지원자들은 강한 개성을 반영할 자신감과 재능을 계발해야 하는데, 이러한 자질들은 고용주에게 깊은 인상을 줄 것이기 때문이다.

해설 지시대명사 these
빈칸은 주어 자리이며 뒤에 나오는 동사 are가 복수형이므로 주어가 될 수 있는 복수형 지시대명사 (C)가 정답이다.

8 Our graduates will be successful in various professional careers, including ------- outside of traditional chemical engineering fields.

(A) that (B) them (C) those (D) theirs

우리 졸업생들은 전통 화학공학 분야 밖의 직종들을 포함하는 다양한 전문 직종에서 성공할 것입니다.

해설 지시대명사 those
빈칸에는 복수 명사 careers를 대신하는 복수형 지시대명사가 와야 하므로 (C)가 정답이다.

Practice 반드시 알아야 하는 기출 명사 어휘 ❷

Answer
A. 1. development 2. study 3. process 4. branches
B. 5. (B) 6. (D) 7. (C) 8. (D)

A

1 Dr. Willow will present a speech on the (development / recruitment) of a new medicine for stabilizing the blood pressure of critically ill patients.

Willow 박사는 위독한 환자의 혈압을 안정시키는 신약의 개발에 대해 연설할 것이다.

해설 development 발전, 개발
신약의 개발이라는 의미가 적절하므로 development가 정답이다.

어휘 recruitment 모집

2 More than 10% of water bottles tested in the (subject / study) were found to contain bacteria.

그 연구에서 시험된 물병들의 10% 이상이 세균을 함유한 것으로 밝혀졌다.

해설 study 공부, 학문, 연구
연구에서 시험되었다는 의미가 적절하므로 study가 정답이다.

어휘 subject 주제, 과목

3. Consultants regularly visit our factory to evaluate the efficiency of our manufacturing (demand / process).

   해설 process 과정, 공정
   제조 공정의 효율성이라는 의미가 적절하므로 process가 정답이다.
   어휘 demand 요구, 수요

   컨설턴트들이 정기적으로 우리 공장을 방문하여 우리 제조 공정의 효율성을 평가한다.

4. Due to the New Year's holiday, all the (residences / branches) of Bysler Bank will remain closed until Monday, January 3.

   해설 branch 지점, 지부
   은행의 모든 지점들이라는 의미가 적절하므로 branches가 정답이다.
   어휘 residence 거주, 주거지

   새해 연휴로 인해 Bysler 은행의 모든 지점이 1월 3일 월요일까지 문을 닫을 것이다.

B

5. The research division of Westpole Institute is now under the ------- of Mr. Aaron Hong.

   (A) prediction   (B) supervision   (C) indication   (D) completion

   해설 supervision 감독, 지휘
   Aaron Hong 씨의 감독을 받고 있다는 의미가 적절하므로 (B)가 정답이다.
   어휘 prediction 예언, 예측   indication 표시, 징후   completion 완성

   Westpole 연구소의 조사부는 현재 Aaron Hong 씨의 감독을 받고 있다.

6. Pegasa Engineering Group is developing an alternative energy ------- plan for better efficiency.

   (A) distraction   (B) assortment   (C) fragment   (D) distribution

   해설 distribution 분포, 분배
   에너지 분배라는 의미가 적절하므로 (D)가 정답이다
   어휘 distraction 주의 산만, 오락   assortment 분류, 모음   fragment 파편

   Pegasa 엔지니어링 그룹은 더 나은 효율을 위한 대체 에너지 분배 계획을 개발하고 있다.

7. When entering the security department, your ------- is required for opening certain doors.

   (A) decision   (B) reservation   (C) identification   (D) interruption

   해설 identification 신분 증명
   문들을 열기 위해 신분증이 필요하다는 의미가 적절하므로 (C)가 정답이다
   어휘 decision 결정   reservation 예약, 유보   interruption 중단, 방해

   보안부에 들어갈 때는 특정한 문들을 여는 데 신분증이 필요합니다.

8. The board of directors approved the ------- of the company's monthly financial plan.

   (A) makers   (B) spaces   (C) times   (D) results

   해설 result 결과
   재무 계획의 결과를 승인했다는 의미가 적절하므로 (D)가 정답이다.
   어휘 maker 제조자   space 공간

   이사회는 회사의 월간 재무 계획의 결과를 승인했다.

Actual Test

Answer	1. (D)	2. (C)	3. (A)	4. (C)	5. (D)	6. (A)
	7. (C)	8. (C)	9. (C)	10. (D)	11. (B)	12. (C)

1 Athletes who feel exhausted from intensive exercises often reward ------- with delicious food to regain their strength and motivation.

(A) they   (B) them   (C) theirs   **(D) themselves**

집중적인 훈련으로 지친 운동선수들은 맛있는 음식을 먹어서 원기를 회복하고 운동을 계속 할 수 있는 의지를 복돋는 경우가 많다.

해설 재귀대명사 themselves
주어 athletes와 reward의 대상인 목적어가 같으므로 재귀대명사인 (D)가 정답이다. 주격 인칭대명사 (A)는 목적어가 될 수 없으며 목적격 인칭대명사 (B)는 주어와 다른 사람들을 의미하므로 오답이다.

어휘 athlete 운동선수 feel exhausted 지치다 intensive 집중적인 reward 보상하다 delicious 맛있는 motivation 동기 부여, 의욕

2 Mr. Perry, the project manager, conducts frequent checks to evaluate whether all his team members are performing ------- duties adequately.

(A) they   (B) them   **(C) their**   (D) theirs

프로젝트 책임자인 Perry 씨는 자주 점검을 실시해 팀원들이 자기 임무를 제대로 수행하고 있는지 평가한다.

해설 소유형용사 their
빈칸 뒤에 명사가 있으므로 소유형용사인 (C)가 정답이다.

어휘 conduct 실시하다 frequent 빈번한, 잦은 evaluate 평가하다 adequately 제대로

3 After ------- listen to the announcement, please tell me the details about the course.

(A) you   (B) your   (C) yours   (D) yourself

안내를 잘 듣고 나서 그 강좌에 대한 세부 사항을 이야기해주세요.

해설 주격 인칭대명사 you
빈칸은 동사 앞의 주어 자리이므로 주격 인칭대명사인 (A)가 정답이다.

어휘 announcement 발표, 안내 detail 세부 사항

4 If you have any ideas or suggestions for the new interior designs, please send ------- to Mr. Nixon.

(A) him   (B) there   **(C) them**   (D) what

새 실내 디자인에 대한 어떤 아이디어나 제안 사항이 있다면 그것들을 Nixon 씨에게 보내주세요.

해설 목적격 인칭대명사 them
빈칸은 동사 뒤의 목적어 자리이므로 명사 ideas or suggestions를 대신하는 목적격 대명사 (C)가 정답이다.

어휘 interior 내부의, 실내의

5 ------- is allowed to enter the tunnel without Eric's permission, even the police.

(A) Few   (B) Some   (C) One another   **(D) No one**

Eric의 허락이 없으면 아무도 심지어 경찰도 터널에 들어가도록 허용되지 않는다.

해설 부정대명사 no one
빈칸은 동사 앞의 주어 자리이므로 주어가 될 수 있는 부정대명사 (D)가 정답이다. (A)와 (B)는 복수 동사 앞에 와야 하고 (C)는 주어 자리에 올 수 없다.

어휘 allow 허용하다 permission 허락

6 ------- can apply for the job at the new department as long as their qualifications for the position are suitable.

(A) Anybody   (B) Yourself   (C) Whose   (D) Their

자신의 자격 요건이 그 직책에 적합하면 누구나 새 부서의 일자리에 지원할 수 있다.

해설 부정대명사 anybody

빈칸은 동사 앞의 주어 자리이므로 주어가 될 수 있는 부정대명사 (A)가 정답이다. 재귀대명사 (B), 관계사 (C), 소유격 인칭대명사 (D)는 주어 자리에 올 수 없다.

어휘 department 부서 qualification 자격 요건 suitable 적합한

---

7   ------- wishing to attend the annual holiday event must contact Ms. Priscilla by Tuesday, November 15.

   (A) Them   (B) My   (C) Anyone   (D) Whomever

연례 휴일 행사에 참여하기를 희망하는 사람은 누구나 11월 15일 화요일까지 Priscilla 씨에게 연락해야만 한다.

해설 부정대명사 anyone

빈칸은 동사 앞의 주어 자리이므로 주어가 될 수 있는 부정대명사 (C)가 정답이다. wishing ~ event는 주어의 수식어이다. 목적격 인칭대명사 (A), 소유격 인칭대명사 (B), 목적격 관계대명사 (D)는 주어 자리에 올 수 없다.

어휘 annual 연례의 contact 연락하다

---

8   Although program designers usually work separately, weekly scheduled meetings enable them to collaborate with -------.

   (A) the same   (B) this   (C) each other   (D) much

프로그램 디자이너들은 대개 따로따로 일하지만 주간 정기 모임으로 서로 협력해 일할 수 있다.

해설 부정대명사 each other

문맥상 서로 협력한다는 의미가 적절하므로 전치사 with 다음에 올 수 있는 부정대명사 (C)가 정답이다.

어휘 separately 따로따로, 별도로 collaborate 협력하다, 공동으로 일하다

Questions 9-12 refer to the following advertisement.

Do you find modern architecture interesting? If you want to know more about --- 9. ---, architect Jerald Hadgen will tell you all that you want to know at an open lecture at Lakeshire University on Friday, August 10.

Over the past few years, Mr. Hadgen has been writing a --- 10. --- column in *Dezeen Magazine*. He is also the author of the best seller *Dreaming of that Home* and has made guest appearances on several television programs in Australia and New Zealand.

The lecture is a part of a --- 11. --- sponsored by the director of Lakeshire University. The lecture will be held in the Meeting Hall, which is located in the second building of Lakeshire University, at 2 P.M. Although the lecture is free for students, faculty, and staff, all other visitors will have to pay $10 each for admission to this lecture. --- 12. ---.

9   (A) them
    (B) those
    (C) it
    (D) itself

10 (A) respect
    (B) respects
    (C) respectfully
    (D) respected

현대 건축에 흥미를 느끼시나요? 그것에 대해 더 많이 알고 싶다면 8월 10일 금요일 Lakeshire 대학교에서의 공개 강의에서 건축가 Jerald Hadgen이 여러분이 알고 싶어 하는 모든 것을 이야기해 드릴 것입니다.

지난 몇 년간 Hadgen 씨는 *Dezeen Magazine*에 훌륭한 칼럼을 써왔습니다. 그는 또한 베스트셀러 *Dreaming of that Home*의 작가이며 호주와 뉴질랜드의 몇몇 TV 프로그램에 초대 손님으로 출연했습니다.

본 강의는 Lakeshire 대학교 총장의 후원을 받는 연속 강좌의 일부입니다. 본 강의는 Lakeshire 대학교의 둘째 건물에 위치한 회의장에서 오후 2시에 진행될 예정입니다. 본 강의는 학생, 교수진 및 교직원들에게는 무료이지만 외부인들은 이 강의의 입장료로 10달러를 내야 할 것입니다. 예약을 하고 싶으시면 555-1479로 전화주세요.

11 (A) host
    (B) series
    (C) museum
    (D) concert

NEW
12 (A) Complimentary breakfast is available in the lobby.
    (B) Tuition fees are $20 for participants.
    (C) If you'd like to make a reservations, please call 555-1479.
    (D) Books are available at any bookstores throughout the country.

---

9   해설 인칭대명사 it
    빈칸에는 단수 명사 architecture를 대신할 수 있는 대명사가 와야 하므로 (C)가 정답이다.
    어휘 architecture 건축(술) lecture 강의

---

10 해설 과거분사+명사
    빈칸에는 명사 column을 수식할 수 있는 형용사가 와야 하므로 형용사 역할을 하는 과거분사 (D)가 정답이다.
    어휘 respected 훌륭한, 높이 평가되는 column 칼럼 appearance 출연

---

11 해설 series 시리즈, 연속 강의
    이 강의가 연속 강좌의 일부라는 의미가 적절하므로 (B)가 정답이다.
    어휘 faculty 교수진 meeting hall 회의장 admission 입장(료)

---

12 해설 적절한 문장 찾기
    (A) 무료 아침식사가 로비에서 이용가능 합니다.
    (B) 참가자들에게 수업료는 20불입니다.
    (C) 예약을 하고 싶으시면 555-1479로 전화주세요.
    (D) 책은 전국 어느 서점에서나 구하실 수 있습니다.
    어휘 complimentary 무료의 tuition fee 수업료 participant 참가자 bookstore 서점 throughout the country 전국에 걸쳐

Unit 08 형용사

Part 5-6

Practice 시험에 반드시 나오는 형용사 자리와 분사형 형용사

Answer
A. 1. accessible 2. authentic 3. statistical 4. enthusiastic
B. 5. (B) 6. (B) 7. (A) 8. (C)

A

1 If the office has shared equipment, such as printers and scanners, they need to be easily (accessible / accessing) to everyone who needs to use them.

사무실에서 프린터와 스캐너 같은 장비를 공유했다면 그것들을 사용할 필요가 있는 모든 사람이 쉽게 이용할 수 있어야 한다.

해설 be동사+부사+형용사
괄호 앞의 부사 easily의 수식을 받는 형용사 accessible이 정답이다. access는 타동사이므로 뒤에 전치사 없이 바로 목적어가 와야 하므로 정답이 될 수 없다.

어휘 accessible 접근[이용]할 수 있는 access ~에 접근하다

2 The team of experts will verify whether the product from Liaro Jewelry is (authentic / authenticity).

전문가팀이 Liaro 보석의 제품이 진품인지 여부를 확인할 것이다.

해설 be동사+형용사
괄호는 be동사 다음의 주격 보어 자리이므로 형용사 authentic이 정답이다.

어휘 authentic 진품인, 진짜인 authenticity 진품임

3 One trade group claims that it has found (statistical / statistically) evidence that outdoor team-building exercises significantly increase cooperation and trust.

한 무역 그룹은 야외 팀 빌딩 훈련이 협력과 신뢰를 크게 증대시킨다는 통계상의 증거를 발견했다고 주장한다.

해설 형용사+명사
괄호 뒤의 명사 evidence를 수식하는 형용사 statistical이 정답이다. statistically는 부사로 명사를 직접 수식할 수 없다.

어휘 statistical 통계상의 statistically 통계상으로

4 Ms. Webber's (enthusiastic / enthusiasm) support for the Masterson high school volleyball team gave the team confidence and boosted their morale.

Masterson 고등학교 배구팀에 대한 Webber 씨의 열정적인 지원은 그 팀에 자신감을 주었고 그들의 사기를 끌어올렸다.

해설 형용사+명사
괄호 뒤에 오는 명사 support를 수식하는 형용사 enthusiastic이 정답이다.

어휘 enthusiastic 열정적인 enthusiasm 열정, 열심

B

5 The new Watie Jet Skis are easy to control, highly ------- and capable of speeds exceeding 65mph.

(A) maneuver (B) maneuverable
(C) maneuverability (D) to maneuver

새로운 Watie 제트스키는 조종하기가 매우 쉽고 시속 65마일이 넘는 속도를 낼 수 있다.

해설 **부사+형용사**
빈칸 앞에 있는 부사 highly의 수식을 받는 형용사 (B)가 정답이다.

어휘 maneuver 조종[기동]하다 maneuverable 조종[기동]할 수 있는 maneuverability 조종성, 기동성

---

6 If two or more species share many DNA sequences, it is ------- that they are at least closely related.

(A) like   (B) likely   (C) likened   (D) likelihood

둘 이상의 종이 많은 DNA 염기서열을 공유한다면 그것들이 적어도 밀접히 관련되어 있을 가능성이 있다.

해설 **be동사+형용사**
빈칸은 be동사 뒤의 주격보어 자리이므로 형용사 (B)가 정답이다.

어휘 likely ~할 가능성이 있는 liken 비유하다 likelihood 가능성

---

7 The measures proposed by Mr. Harper included the ------- approval of direct foreign investment in high-priority industries.

(A) prompt   (B) prompts   (C) promptly   (D) promptness

Harper 씨가 제안한 대책은 높은 우선순위의 산업들에 대한 직접적인 해외 투자의 신속한 승인을 포함했다.

해설 **형용사+명사**
빈칸 뒤에 오는 명사 approval을 수식하는 형용사 (A)가 정답이다.

어휘 prompt 신속한, 재촉하다 promptly 신속히 promptness 신속함

---

8 In 2013, an unusual orange tide appeared in the ------- waters of Nigeria.

(A) coasts   (B) coaster   (C) coastal   (D) coastlines

2013년에 나이지리아 연안 해역에서 이상한 오렌지색 조수가 나타났다.

해설 **형용사+명사**
빈칸 뒤에 오는 명사 waters를 수식하는 형용사 (C)가 정답이다.

어휘 coast 해안, 연안 coaster 연안 운항선 coastal 연안의 coastline 해안선

Practice 시험에 반드시 나오는 수량 형용사와 혼동하기 쉬운 형용사

Answer
A. 1. Each 2. every 3. confident 4. impressive
B. 5. (A) 6. (B) 7. (A) 8. (D)

A

1 (Other / Each) department must assign a designated person for processing invoices, payrolls, cash items, and travel expenses.

각 부서는 지정된 한 사람에게 청구서, 급여 명부, 현금과 여행 경비 처리 업무를 맡겨야만 한다.

해설 **each+단수 가산명사**
괄호 뒤에 단수 가산명사 department가 있으므로 단수 명사를 수식하는 Each가 정답이다.

---

2 For the first time in ten years, poverty rates have significantly fallen in (all / every) region of the country.

10년 만에 처음으로 그 나라 모든 지역에서 빈곤율이 현저하게 떨어졌다.

해설 **every+단수 가산명사**
괄호 뒤에 단수 가산명사 region이 있으므로 단수 명사를 수식하는 every가 정답이다.

---

3 Hyperdak Electronics is so (confidential / confident) about the design and durability of its customized computers that it is providing customers with a two-year warranty.

Hyperdak 전자는 자사 주문 제작 컴퓨터의 디자인과 내구성에 매우 자신이 있어 고객들에게 2년간의 품질 보증을 제공하고 있다.

해설 혼동하기 쉬운 형용사

괄호는 be동사 뒤의 주격 보어 자리이므로 형용사 confident가 정답이다. confidential은 형태가 유사한 형용사이지만 문맥상 의미가 통하지 않는다.

어휘 confidential 기밀의 confident 확신하는, 자신하는

4. With thousands of string lights, the giant Christmas tree at the Central Park makes an (impressed / impressive) visual impact.

센트럴 파크의 크리스마스트리는 수천 개의 선 조명으로 인상적인 시각 효과를 만들어 낸다.

해설 혼동하기 쉬운 형용사

괄호 뒤에 오는 명사 impact를 수식하는 형용사 impressive가 정답이다. impressed는 be동사의 보어로 사용된다.

어휘 impressed 감동받은 impressive 인상적인, 감동적인

B

5. Since Justin joined the team in 2011, he has made ------- valuable contributions to the current software.

(A) some   (B) much   (C) little   (D) every

Justin은 2011년에 그 팀에 합류한 이후 현재의 소프트웨어에 값진 기여를 해왔다.

해설 some+복수 명사

빈칸 뒤의 복수 명사 contributions를 수식하는 some이 정답이다. (B), (C)는 불가산명사 앞에 오고 (D)는 단수 명사 앞에 온다.

6. Dentists recommend that people change their toothbrush ------- three months or whenever the bristles begin to fray.

(A) during   (B) every   (C) about   (D) only

치과의사들은 사람들에게 3개월마다 또는 칫솔모가 닳기 시작할 때마다 칫솔을 바꿀 것을 권장한다.

해설 every+숫자 표현+복수 명사

'every+숫자 표현+복수 명사'이므로 (B)가 정답이다. every는 대개 뒤에 단수 가산명사가 오지만 숫자 표현이 올 경우 복수 명사와 함께 '~마다'라는 의미로도 사용된다.

7. The Heinrich Association organized an ------- meeting on Thursday, March 17, with the guest attendance of Mr. Graham.

(A) informative   (B) informing   (C) informed   (D) informally

Heinrich 협회는 3월 17일 목요일에 Graham 씨가 초대 손님으로 참석하는 유익한 모임을 마련했다.

해설 혼동하기 쉬운 형용사

빈칸 뒤에 오는 명사 meeting을 수식하는 형용사 (A)가 정답이다.

어휘 informative 정보를 주는, 유익한 inform 알리다, 통지하다 informed 유식한, 정통한 informally 비공식으로

8. If Mr. Ulrich retires, it will be difficult to find a person with ------- experience and skills in financial management.

(A) compare   (B) comparing
(C) compared   (D) comparable

Ulrich 씨가 은퇴한다면 비슷한 재무 관리 경험과 능력이 있는 사람을 찾기 어려울 것이다.

해설 혼동하기 쉬운 형용사

빈칸 뒤에 오는 명사 experience를 수식하는 형용사 (D)가 정답이다.

어휘 compare 비교하다 comparable 비교할 만한, 비슷한

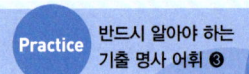

Practice	반드시 알아야 하는 기출 명사 어휘 ❸	Answer	A. 1. flair 2. incentives 3. productivity 4. vacancies
			B. 5. (A) 6. (A) 7. (D) 8. (B)

A

1 Sarah Reed, who is a famous violinist, is recognized for her charm and (flair / form) for classical music.

유명한 바이올리니스트 Sarah Reed는 매력과 클래식 음악에 대한 천부적 재능으로 유명하다.

해설 flair 천부적 재능, 솜씨
클래식 음악에 대한 재능이라는 의미가 적절하므로 flair가 정답이다.

어휘 form 형태

2 Friaz Market is planning to offer discounts and other (incentives / impressions) on all grocery items to customers whose billing amounts exceed $50.

Friaz 마켓은 청구 금액이 50달러를 초과하는 고객들에게 모든 식료품에 대한 할인과 다른 우대 혜택을 제공할 계획이다.

해설 incentive 인센티브, 우대 혜택
50달러 이상 구매 고객에게 우대 혜택을 제공한다는 의미가 적절하므로 incentives가 정답이다.

어휘 impression 인상

3 Many companies tend to offer bonuses, commissions and other forms of rewards to increase employee (productivity / tendency).

많은 회사들이 직원 생산성을 높이기 위해 보너스, 수수료와 기타 형태의 보상을 제공하는 경향이 있다.

해설 productivity 생산성
보상을 통해 직원 생산성을 높인다는 의미가 적절하므로 productivity가 정답이다.

어휘 tendency 경향, 추세

4 The Georgetown Weekly Newsletter illustrates recent growth in the global economy and lists the current job (vacancies / qualities).

Georgetown 주간 소식지는 최근 세계 경제의 성장을 예를 들어 설명하고 현재 공석인 일자리들을 나열하고 있다.

해설 vacancy 공석, 빈자리
공석인 일자리들을 나열한다는 표현이 적절하므로 vacancies가 정답이다.

어휘 quality 품질

B

5 A salesperson must have the ------- to accept different buyer proposals.

(A) flexibility   (B) commission   (C) destination   (D) relativity

영업사원은 여러 구매자의 제안을 받아들이는 융통성이 있어야만 한다.

해설 flexibility 융통성
여러 제안을 받아들일 수 있는 융통성이 필요하다는 의미가 적절하므로 (A)가 정답이다.

어휘 commission 수수료   destination 목적지   relativity 상대성

6 Real estate agent Neil Harrison offers retail ------- for lease in Chicago at reasonable prices.

(A) locations   (B) executives   (C) meetings   (D) expertise

부동산 중개업자인 Neil Harrison은 Chicago에 있는 적당한 가격의 임대용 소매점들을 권한다.

해설 location 위치, 장소
소매점 장소들을 권한다는 의미가 자연스러우므로 (A)가 정답이다.

어휘 executive 간부, 임원   meeting 만남, 회의   expertise 전문 지식

62

7 Customers will be given refunds for any defective items only when they show some ------- of purchase, such as receipts.

(A) print   (B) change   (C) goal   **(D) proof**

해설 proof 증거
영수증 같은 구매 증빙이라는 의미가 적절하므로 (D)가 정답이다.

어휘 print 인쇄 change 변화 goal 목적, 목표

8 All computer users have the ------- of backing up important files before system repairs are performed.

(A) permission   **(B) responsibility**
(C) status   (D) reference

해설 responsibility 책임, 의무
중요한 파일을 백업할 책임이 있다는 의미가 자연스러우므로 (B)가 정답이다.

어휘 permission 허락 status 지위, 상태 reference 참조

Actual Test

Answer
1. (D) 2. (B) 3. (D) 4. (D) 5. (A) 6. (D)
7. (A) 8. (B) 9. (C) 10. (D) 11. (C) 12. (B)

---

1 Alsum Shoes Company provides footwear that is extremely ------- at reasonable prices.

(A) comfort   (B) comforts   (C) comfortably   **(D) comfortable**

해설 be동사+부사+형용사
be동사의 주격 보어로 부사 extremely의 수식을 받는 형용사 (D)가 정답이다.

어휘 footwear 신발 reasonable 합리적인, 적절한 comfort 편안함, 위로하다 comfortable 편안한

2 Mobile broadband speeds are improving, but it is ------- that users will be receiving large amounts of data.

(A) doubt   **(B) doubtful**   (C) doubted   (D) doubtfully

해설 be동사+형용사
빈칸은 be동사 뒤의 주격 보어 자리이므로 형용사 (B)가 정답이다.

어휘 broadband 광대역 improve 개선되다, 향상시키다 doubt 의심, 의심하다 doubtful 의심스러운

3 Employees may improve their wages by working ------- shifts at overtime rates.

(A) addition   (B) additions   (C) additionally   **(D) additional**

해설 형용사+명사
빈칸 뒤에 오는 명사 shifts를 수식하는 형용사 (D)가 정답이다.

어휘 wage 급여 shift 교대조, 근무 시간 additional 추가의

4 In recent years, the ------- market has become less popular in the major cities of Indonesia.

(A) tradition   (B) traditionally   (C) traditionalism   **(D) traditional**

해설 형용사+명사

빈칸 뒤에 오는 명사 market을 수식하는 형용사 (D)가 정답이다.

어휘 major 주요한 tradition 전통 traditionally 전통적으로 traditionalism 전통주의 traditional 전통적인

---

5   ------- salesperson should know how to prepare and present their products in a manner that will appeal to the clients and hold their interest.

　(A) Every　　　(B) Whichever　　　(C) When　　　(D) Future

모든 영업사원은 고객들에게 호소해 관심을 끌 수 있는 방식으로 제품을 준비하고 소개하는 방법을 알고 있어야 한다.

해설 every+단수 가산명사

빈칸 뒤에 오는 단수 명사 salesperson을 수식하는 형용사 (A)가 정답이다.

어휘 salesperson 영업사원 whichever 어느 것이든 future 미래(의)

---

6   ------- businesses have recruited enthusiastic, creative and skilled graduates.

　(A) Spare　　　(B) Least　　　(C) Short　　　(D) Small

작은 기업들은 열정적이고 창조적이면서 숙련된 졸업생들을 모집해왔다.

해설 형용사+명사

빈칸 뒤에 오는 명사 businesses를 수식해 의미가 통하는 형용사 (D)가 정답이다.

어휘 enthusiastic 열정적인 creative 창조적인 graduate 졸업생 spare 예비의, 여분의 least 가장 작은[적은]

---

7   If you are going to purchase new equipment, it is ------- to test it before making a final decision.

　(A) advisable　　　(B) advisability　　　(C) advisory　　　(D) advising

새 장비를 구입할 것이라면 최종 결정을 하기 전에 그것을 시험해 보는 것이 좋다.

해설 be동사+형용사

빈칸은 be동사 뒤의 주격 보어 자리이므로 형용사 (A)가 정답이다.

어휘 purchase 구입하다 final 마지막의, 최종의 decision 결정 advisable 권할 만한, 바람직한 advisability 권할 만함 advisory 자문의

---

8   Income will be ------- on the success of our new product and the state of the economy at the time.

　(A) depend　　　(B) dependent　　　(C) dependable　　　(D) depends

수입은 우리 신제품의 성공과 당시의 경제 상황에 좌우될 것이다.

해설 혼동하기 쉬운 형용사

빈칸은 be동사 뒤의 주격 보어 자리이므로 형용사 (B)가 정답이다. (C)는 형용사이지만 의미상 어색해 오답이다.

어휘 income 수입 state 상황 at the time 당시의 depend 의존하다 dependent 의존하는, 좌우되는 dependable 의지할 수 있는

Questions 9-12 refer to the following e-mail.

To: Fredric Martin (fredm@wemail.com)
From: Joshua Mangi (jmangi@healthylife.com)
Date: February 21
Subject: Healthy Life Monthly Magazine

Dear Mr. Martin,

I am glad to inform you that your article "Eating and Living" has been --- 9. --- for publication in our *Healthy Life Monthly Magazine*. I encourage you to contact our editor, David Lenard at davelen@healthylife.com within the next six days to discuss the --- 10. --- that need to be made to your article. The article is slated to be published in our May issue; therefore, the revised version of the article must be submitted by April 10th. --- 11. ---. If the payment details and the schedule mentioned is --- 12. --- to you, please send me a confirmation by e-mail. We are looking forward to hearing from you.

Best Regards,
Joshua Mangi
Assistant Editor

9. (A) encouraged
   (B) finalized
   (C) accepted
   (D) determined

10. (A) revisable
    (B) reviser
    (C) revises
    (D) revisions

11. (A) You can pay either by cash or credit card.
    (B) Next month's magazine will be delivered by mail.
    (C) In terms of payment, you will receive a flat fee of $45 plus an additional $0.08 per word.
    (D) You can find the payment details in the email.

12. (A) agreeably
    (B) agreeable
    (C) agreement
    (D) agreed

9. **해설** accept 받아들이다
기사가 받아들여졌다는 의미가 적절하므로 (C)가 정답이다.
어휘 encourage 격려하다 finalize 마무리하다 determine 결심하다 publication 출간

10 **해설** **사람명사와 사물명사**

정관사 the 뒤에 명사가 와야 하므로 (D)가 정답이다.

어휘 revisable 수정할 수 있는   reviser 수정자   revise 수정하다   revision 수정

---

11 **해설** **적절한 문장 찾기**

(A) 현금이나 신용 카드로 지불하실 수 있습니다.
(B) 다음달 잡지는 우편으로 배달될 겁니다.
(C) 지불 조건은 정액 원고료 45달러에 더해 한 단어 당 0.08달러의 추가 원고료를 받으시게 됩니다.
(D) 이메일에서 지급내역을 찾아보실 수 있습니다.

어휘 either A or B A나 B   flat fee 고정요금   additional 추가의

---

12 **해설** **be동사+형용사**

빈칸은 be동사 뒤의 주격 보어 자리이므로 형용사 (B)가 정답이다. 명사 (C)는 주어 schedule과 동격이 아니므로 보어가 될 수 없다.

어휘 agreeable 마음에 드는, 동의하는   agreement 동의, 합의   agree 동의하다   confirmation 확인, 확증

Unit 09 부사

Part 5-6

| Practice | 시험에 반드시 나오는 부사 자리 | Answer | A. 1. swiftly 2. easily 3. overwhelmingly 4. innovatively
B. 5. (A) 6. (B) 7. (B) 8. (D) |

A

1 We need to develop alternative solutions to respond more (swiftly / swift) to the current market conditions.

우리는 현재의 시장 상황에 더 신속하게 대응할 대안적인 해법들을 마련해야 한다.

해설 자동사+more+부사
자동사 respond를 뒤에서 수식하는 부사 swiftly가 정답이다. 부사 앞에 more를 붙여 비교급을 만든다.

2 The museum, located south from the train station, is (easy / easily) accessible by bus, car, or on foot.

기차역 남쪽에 위치한 그 박물관은 버스, 차 또는 도보로 쉽게 접근할 수 있다.

해설 be동사+부사+형용사
be동사와 형용사 accessible 사이의 빈칸에는 부사가 올 수 있으므로 easily가 정답이다.

3 The funds to renovate the public library were donated (overwhelmingly / overwhelming) by the educational foundation.

공공 도서관을 수리하기 위한 자금은 그 교육 재단에 의해 압도적으로 많이 기부되었다.

해설 be+p.p+부사+전치사구
동사 were donated를 뒤에서 수식하는 부사 overwhelmingly가 정답이다.

4 The sales team has accomplished the monthly goal by (innovational / innovatively) using its resources and talents.

그 영업팀은 자원과 재능을 혁신적으로 이용함으로써 월간 목표를 달성했다.

해설 부사+동명사
동명사 using을 앞에서 수식할 수 있는 것은 부사이므로 innovatively가 정답이다.

B

5 Over the past 3 years, shipping costs have increased ------ because fuel costs have risen.

(A) considerably (B) considerable
(C) considering   (D) considered

지난 3년 동안 연료비가 상승했기 때문에 운송비가 상당히 증가했다.

해설 자동사+부사
빈칸에는 자동사 increased를 뒤에서 수식하는 부사가 와야 하므로 (A)가 정답이다.

6 Compared to last year, recycling in the Farmington District has increased by ------ 20 percent.

(A) approximate   (B) approximately
(C) approximating (D) approximated

작년에 비해 Farmington 지구의 재활용이 약 20% 증가했다.

해설 수와 양을 수식하는 부사
빈칸 뒤에 수사가 있으므로 대략적인 수치를 나타내는 부사인 (B)가 정답이다.

어휘 approximate 대략의, 근접한, ~에 가깝다 approximately 대략, 거의

7 Pasadena has ------- negotiated a new long-term sales agreement with Regent Corporation.

(A) success (B) successfully (C) successful (D) succeeded

해설 has+부사+p.p.
현재완료형의 조동사와 과거분사 사이에 들어갈 수 있는 것은 부사뿐이므로 (B)가 정답이다.

Pasadena는 Regent 사와의 장기 영업 협약을 성공적으로 성사시켰다.

8 Mr. Cooper has worked in the construction company for ------- 30 years.

(A) neared (B) nearest (C) nearby (D) nearly

해설 수와 양을 수식하는 부사
빈칸 뒤에 수사 30이 나오므로 수를 수식하는 부사 (D)가 정답이다.

어휘 near 가까워지다 nearest 가장 가까운 nearby 근처에 nearly 거의, 대략

Cooper 씨는 그 건설사에서 거의 30년 동안 일했다.

Practice 시험에 반드시 나오는 기출 부사와 비교급·최상급 강조 부사

Answer
A. 1. just 2. already 3. seldom 4. sometime
B. 5. (B) 6. (C) 7. (D) 8. (B)

A

1 The Fixent Company has (rarely / just) completed its daily production of smartphones; soon they will be packaged and shipped for deliveries.

해설 부사 just
rarely는 '드물게', just는 '방금, 막'이라는 의미의 부사로 스마트폰의 생산을 방금 완료했다는 의미가 적절하므로 just가 정답이다.

Fixent 사는 스마트폰의 일일 생산을 방금 마쳤으며 이 제품들은 곧 포장되어 배송을 위해 발송될 것이다.

2 If you have (already / very) submitted your absence report, please disregard this e-mail.

해설 부사 already
already는 '이미', very는 '매우'라는 의미의 부사로 이미 결근계를 제출했다는 의미가 적절하므로 already가 정답이다.

이미 결근계를 제출하셨다면 이 이메일은 무시하시기 바랍니다.

3 Since Jenny works at the office until late afternoon, she (less / seldom) arrives home before dinner.

해설 부사 seldom
less는 '덜한', seldom은 '좀처럼 ~ 않다'라는 의미의 부사로 저녁 식사 전에 집에 도착하는 적이 거의 없다는 의미가 적절하므로 seldom이 정답이다.

Jenny는 오후 늦게까지 사무실에서 일하기 때문에 저녁 식사 전에 집에 도착하는 적이 거의 없다.

4 Mr. Madison will be back from his trip to Hong Kong (sometime / often) between late January and early February.

해설 부사 sometime
sometime은 '언젠가'라는 의미의 부사, often은 '자주'를 나타내는 빈도부사로 두 기간 사이의 어느 때라는 의미가 적절하므로 sometime이 정답이다.

Madison 씨는 1월 말이나 2월 초 사이의 언젠가 홍콩 여행에서 돌아올 예정이다.

B

5 Applications are ------- being accepted for the fifth Annual Midsummer Arts Fair.

(A) much (B) now (C) further (D) more

제5회 연례 한여름 예술 박람회 참가 신청서를 지금 받고 있는 중이다.

해설 부사 now
빈칸에는 진행형의 be동사와 현재분사 사이에 들어갈 수 있는 부사가 와야 하므로 (B)가 정답이다.

6   Ms. Elliot will arrive ------- tomorrow to meet with the directors before attending the morning conference.
    (A) ever   (B) seldom   (C) early   (D) yet

Elliot 씨는 오전 회의에 참석하기 전에 이사들을 만나기 위해 내일 일찍 도착할 예정이다.

해설 부사 early
빈칸에는 자동사 arrive를 뒤에서 수식하는 부사가 와야 하므로 (C)가 정답이다.

7   ------- after becoming a member of the society, Mary Owens was elected as the chairman.
    (A) How   (B) Ever   (C) Often   (D) Soon

Mary Owens는 그 학회의 회원이 된 후에 곧 회장으로 선출되었다.

해설 부사 soon
빈칸에는 전치사 after를 수식하는 부사가 와야 한다. 회원이 되고 나서 곧 회장으로 선출되었다는 의미가 적절하므로 (D)가 정답이다. '~한 직후'라는 표현으로는 soon after, right after, shortly after가 있다.

8   Sam ------- works at Buzz Wheel Motors, although he was demoted from the position of service manager two years ago.
    (A) nearly   (B) still   (C) after   (D) much

Sam은 2년 전에 서비스 관리자 직책에서 강등되었지만 여전히 Buzz Wheel 자동차에서 일하고 있다.

해설 부사 still
빈칸에는 동사를 앞에서 수식하는 부사가 와야 한다. 직장에서 여전히 일하고 있다는 의미가 적절하므로 (B)가 정답이다.

Practice 반드시 알아야 하는 기출 명사 어휘 ❹

Answer
A. 1. appearance   2. concept   3. sample   4. convention
B. 5. (A)   6. (B)   7. (A)   8. (A)

A

1   It is impossible to tell the difference between fake luxury bags and the genuine ones from (absence / appearance).

겉모습을 보고 가짜 명품 가방과 진품의 차이를 구별하기는 불가능하다.

해설 appearance 겉모습, 출현
겉모습으로는 가짜와 진품을 구별할 수 없다는 의미가 적절하므로 appearance가 정답이다.

어휘 absence 결석, 부재

2   There are some traditional trade theories that support the (concept / hesitation) of globalization.

세계화의 개념을 지지하는 전통적인 무역 이론들이 있다.

해설 concept 개념, 관념
개념을 지지한다는 의미가 적절하므로 concept가 정답이다.

어휘 hesitation 망설임, 우유부단

3   If you would like to post an article in our magazine, please send us a (letter / sample) of your work for assessment.

저희 잡지에 기사를 게재하기를 원하시면 평가용 작업 견본을 보내주십시오.

해설 sample 견본, 표본
평가를 위해 견본을 보내라는 의미가 적절하므로 sample이 정답이다.

어휘 letter 편지

Part 5-6   69

4 The main discussion at the recent (convention / ceremony) was about gaining profitable opportunities in international trade.

최근 회의의 주요 논의는 국제 무역에서 수익을 낼 기회를 얻는 것에 관한 것이었다.

해설 convention 대회, 회의
최근 회의의 주요한 논의라는 의미가 적절하므로 convention이 정답이다.

어휘 ceremony 의식

B

5 The newspaper shows a report stating that a ------- of the university graduates are aiming to apply for a multinational company.

(A) majority (B) complaint (C) point (D) summary

그 신문은 대학교 졸업생들의 대다수가 다국적 기업에 지원하는 것을 목표로 한다고 말하는 보고서를 보여준다.

해설 majority 대다수, 과반수
a majority of는 '~의 대다수'라는 의미의 표현이다. 대학교 졸업생들의 대다수라는 의미가 적절하므로 (A)가 정답이다.

어휘 complaint 불평, 불만 point 요점 summary 요약

6 Cartier Motors has agreed to buy the engineering company with 20 million dollars ------- of debt.

(A) exception (B) worth (C) approval (D) account

Cartier 자동차는 최대 2천만 달러어치의 부채가 있는 그 엔지니어링 회사를 구입하기로 합의했다.

해설 worth 가치, 값어치
2천만 달러어치의 부채라는 의미가 적절하므로 (B)가 정답이다.

어휘 exception 예외 approval 승인, 찬성 account 계좌

7 Mr. Darrow, the CEO of Konex Enterprise has taken great ------- in the partnership plan with a Chinese company.

(A) interest (B) benefit (C) attention (D) advantage

Konex 기업의 CEO인 Darrow 씨는 중국 회사와의 제휴 계획에 큰 관심을 가져왔다.

해설 interest 관심, 흥미
take interest in은 '~에 관심을 갖다'라는 의미이므로 (A)가 정답이다.

어휘 benefit 이익, 혜택 attention 주목, 관심 advantage 이점, 우위

8 Butterpan has over 20 factories worldwide with a ------- for manufacturing kitchen tools and appliances.

(A) reputation (B) caption
(C) confirmation (D) recognition

주방 용품과 가전제품 제조로 명성이 있는 Butterpan은 전 세계에 20여 개 공장이 있다.

해설 reputation 평판, 명성
제품 제조로 명성이 있다는 의미가 적절하므로 (A)가 정답이다.

어휘 caption 표제, 제목 confirmation 확인, 확증 recognition 인식, 인정

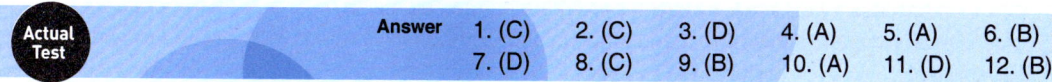

Answer 1. (C) 2. (C) 3. (D) 4. (A) 5. (A) 6. (B) 7. (D) 8. (C) 9. (B) 10. (A) 11. (D) 12. (B)

---

1 Erik Tyndale has been ------- reassigned to the office in Travor District until the DS3 project is completed.

(A) temporary (B) temporariness
(C) temporarily (D) most temporary

> Erik Tyndale은 DS3 프로젝트가 완료될 때까지 임시로 Travor 지구의 사무실로 재배치되었다.

해설 has been+부사+p.p.

has been과 p.p. 사이에는 부사가 와야 하므로 (C)가 정답이다. (A)는 형용사, (B)는 명사, (D)는 형용사의 최상급으로 모두 오답이다.

어휘 reassign 재배치하다 temporary 일시적인 temporariness 일시적임, 임시변통 temporarily 일시적으로

---

2 Infinite Home Express ensures that all care packages are always delivered -------.

(A) safe (B) safer (C) safely (D) safest

> Infinite Home Express는 모든 구호물품을 항상 안전하게 배송할 것을 보장합니다.

해설 수동태 동사+부사

빈칸에는 동사 delivered를 뒤에서 수식하는 부사가 와야 하므로 (C)가 정답이다. (A)는 형용사, (B)는 형용사 비교급, (D)는 형용사 최상급으로 모두 오답이다.

어휘 ensure 확실하게 하다, 안전하게 하다 care package 구호물자 꾸러미 safe 안전한 safely 안전하게

---

3 Exchange rates are difficult to forecast because the market is ------- reacting to unexpected events or news.

(A) continue (B) continual (C) continued (D) continually

> 시장이 예기치 않은 사건이나 뉴스에 지속으로 반응하기 때문에 환율을 예측하기 어렵다.

해설 be+부사+-ing

be동사와 -ing 사이에 올 수 있는 것은 부사이므로 (D)가 정답이다. (A)는 동사, (B)는 형용사, (C)는 과거분사로 모두 오답이다.

어휘 exchange rate 환율 forecast 예측하다 react 반응하다 continue 계속하다 continual 끊임없는 continually 끊임없이

---

4 ------- one in five individuals who attended the Global Outreach conference will be donors.

(A) Approximately (B) Approximate
(C) Approximation (D) Approximates

> Global Outreach 총회에 참석한 다섯 명 중 대략 한 명이 후원자가 될 것이다.

해설 수와 양을 수식하는 부사

빈칸 뒤에 수사 one이 있으므로 대략적인 수치를 나타내는 부사인 (A)가 정답이다.

어휘 approximately 대략, 거의 individual 개인 conference 총회

---

5 Karen Baker has ------- to receive a call from her manager concerning the changes in the project planning.

(A) yet (B) finally (C) near (D) already

> Karen Baker는 프로젝트 계획 변경에 관해 팀장으로부터 전화를 아직 받지 않았다.

해설 부사 yet

have yet to+동사원형은 '아직 ~하지 않았다'라는 의미의 관용표현이므로 (A)가 정답이다.

어휘 concerning ~에 관해

6   It is ------- necessary for small companies to create partnerships with much larger companies that have manufacturing and distribution capabilities.

　　(A) every　　(B) often　　(C) when　　(D) after

해설 부사 often
be동사와 형용사 necessary 사이에는 부사가 와야 하므로 (B)가 정답이다. (A)는 형용사, (C)는 접속사, (D)는 전치사로 모두 오답이다.

어휘 necessary 필요한 manufacturing 제조의, 제조 distribution 유통

작은 회사들이 제조와 유통 역량이 있는 훨씬 더 큰 회사들과 협력 관계를 맺는 것이 필요한 경우가 많다.

7   A recent survey on health care shows that ------- half of the respondents only exercise for an hour or less per week.

　　(A) less　　(B) even　　(C) early　　(D) almost

해설 부사 almost
빈칸에는 명사 half를 수식하는 형용사가 와야 하지만 (B), (C)를 넣으면 의미가 통하지 않는다. '거의 절반'이라는 의미가 자연스러우므로 (D)가 정답이다. almost는 형용사처럼 명사를 수식할 수 있는 예외적인 부사이다.

어휘 respondent 응답자

건강관리에 관한 최근 설문조사는 응답자들 중의 거의 절반이 일주일에 불과 한 시간 이하로 운동한다는 것을 보여준다.

8   The new customized printing machine is faster, ------- reducing the time of delay.

　　(A) throughout　　(B) between　　(C) thereby　　(D) such as

해설 부사 thereby
빈칸에는 동명사 reducing를 수식하는 부사가 와야 하므로 (C)가 정답이다.

어휘 customized 주문 제작된, 맞춤의 delay 지체, 지연

새로 주문 제작한 인쇄기는 더 빨라서 지체하는 시간을 줄여준다.

Questions 9-12 refer to the following notice.

Attention Occupants,

We aim to provide you a pleasant time at the public cottage. However, simultaneously, we also wish to be --- 9. --- of other residents residing in the neighboring buildings.
Recently, we received complaints about the --- 10. --- coming from our cottage area.
Therefore, we --- 11. --- ask that you would refrain from inconveniencing the neighbors by maintaining your conversation volumes at moderate levels while occupying the premises.
--- 12. ---. If you have any questions, feel free to contact management at 555-8249.

Yours sincerely,
Susan White, Owner
Greenville Residence

입주자 주의 사항

저희는 여러분에게 공공 별장에서의 즐거운 시간을 제공하는 것을 목표로 하고 있습니다. 하지만 동시에 저희는 이웃 건물에 거주하는 다른 주민들을 배려하기를 원합니다.
최근에 저희는 우리 별장 지역에서 나오는 소음에 대한 항의들을 받았습니다.
따라서 저희는 건물에 입주하시는 동안 대화 음량을 적정한 수준으로 유지하여 이웃들에게 불편을 끼치는 일을 삼가주시기를 여러분께 정중히 부탁드립니다.
협조에 미리 감사드립니다. 문의 사항이 있으시면, 555-8249로 관리부에 주저하지 마시고 연락 주십시오.

Susan White, 주인
Greenville 주택

9   (A) considering
    (B) considerate
    (C) considerately
    (D) considered

10 (A) noise
    (B) light
    (C) litter
    (D) odors

11 (A) respects
    (B) respecting
    (C) respectable
    (D) respectfully

NEW
12 (A) Too much noise is bad for your health.
    (B) Thank you for your cooperation in advance.
    (C) Neighbors are always friendly and helpful.
    (D) Loud music prevents you from concentrating on the work.

---

9   **해설** be동사+형용사
    빈칸은 be동사 뒤의 주격 보어 자리이므로 형용사인 (B)가 정답이다.
    어휘 occupant 점유자, 입주자   cottage 오두막, 별장   simultaneously 동시에   consider 고려하다   considerate 배려하는   reside 거주하다

10 **해설** noise 소음
    빈칸만 봐서는 확실히 알 수 없고, 뒷부분에 대화 음량을 낮추어 주민들에게 불편을 끼치지 말아 달라는 부탁이 언급되었으므로 소음으로 인한 항의를 받았다는 것을 알 수 있으므로 (A)가 정답이다.
    어휘 recently 최근에   complaint 불평, 항의

11 **해설** 부사 respectfully
    빈칸은 뒤의 동사 ask를 수식하는 부사가 와야 할 자리이므로 (D)가 정답이다.
    어휘 refrain from -ing ~하는 것을 삼가다   inconvenience 불편하게 하다   maintain 유지하다   moderate 적당한, 알맞은   occupy 점유하다, 입주하다   premises 구내   cooperation 협조   residence 주택

12 **해설** 적절한 문장 찾기
    (A) 지나친 소음은 건강에 해롭습니다.
    (B) 협조에 미리 감사드립니다.
    (C) 이웃은 항상 친절하고 도움이 됩니다
    (D) 시끄러운 음악은 당신이 일에 집중하는 것을 방해한다.
    어휘 be bad for ~에 해롭다   in advance 미리, 사전에   friendly 친절한   concentrate on ~에 집중하다

Part 5-6

Unit 10 전치사

| Practice | 시험에 반드시 나오는 시간·장소 전치사 | Answer | A. 1. on 2. after 3. at 4. in
B. 5. (A) 6. (C) 7. (B) 8. (C) |

A

1 Even though the lectures were being held (at / on) a Friday night, students were very diligent in attending them.

그 강의들은 금요일 밤에 진행되었음에도 불구하고 학생들이 아주 열심히 참석했다.

해설 시간 전치사 on
괄호 뒤에 a Friday night이라는 시점이 나오므로 특정한 요일 앞에 붙는 전치사 on이 정답이다.

2 Please note that no refunds will be given for the purchased summer merchandise (after / toward) September 10.

9월 10일 이후에는 구입하신 여름 상품에 대한 환불이 되지 않을 것임을 유의하시기 바랍니다.

해설 시간 전치사 after
괄호 뒤에 September 10이라는 시점이 있고, 문맥상 그날 이후에는 환불이 되지 않는다는 의미가 자연스러우므로 after가 정답이다.

3 The Dema Mobile Service Center opens (in / at) 10:00 A.M. five days a week.

Dema 이동통신 서비스 센터는 주 5일 오전 10시에 영업을 시작한다.

해설 시간 전치사 at
괄호 뒤에 10:00 A.M.이라는 특정 시각이 있으므로 at이 정답이다. in은 월, 연도 앞에 사용된다.

4 Company policy clearly states that any worker caught using illegal software (through / in) the office will be denounced and dismissed from their position.

회사 정책은 사무실에서 불법 소프트웨어를 사용하다가 발각되는 직원은 비난을 받고 직위에서 해고될 것이라고 명시하고 있다.

해설 장소 전치사 in
괄호 뒤에 the office가 있으므로 비교적 넓은 장소와 공간의 내부 앞에 쓰이는 전치사 in이 정답이다.

B

5 Doctors always recommend patrons to follow a balanced diet to maintain the energy needed ------- the day.

(A) throughout   (B) considering
(C) unless   (D) least

의사들은 균형 잡힌 식사를 통해 하루 종일 필요한 에너지를 유지하라고 고객들에게 항상 조언한다.

해설 시간 전치사 throughout
빈칸 뒤에 the day라는 시점이 있으므로 시간 전치사인 (A)가 정답이다.

어휘 unless ~하지 않는다면

6 For those traveling on flights departing ------- 7:00 A.M., please note that the terminal building does not open until 5:00 A.M.

(A) below   (B) with   (C) before   (D) inside

오전 7시 전에 출발하는 항공편으로 여행하시는 분들은 터미널 빌딩이 오전 5시가 되어야 문을 연다는 것에 유의하시기 바랍니다.

74

해설 시간 전치사 before
빈칸 뒤에 7:00 A.M.이라는 시점이 있으므로 시간 전치사인 (C)가 정답이다.

어휘 below ~ 아래에   inside ~ 내부에

7 Companies predict that the MDM market will rapidly multiply in size -------- the next two years.

(A) from   (B) over   (C) to   (D) out

기업들은 MDM 시장이 향후 2년간 규모에서 빠르게 증가할 것으로 예측한다.

해설 시간 전치사 over
빈칸 뒤에 the next two years라는 기간이 나오기 때문에 기간을 나타내는 시간 전치사인 (B)가 정답이다.

8 ------- the committee meeting, Ms. Murray proposed advertisement plans to increase the market sales of their products through publicity.

(A) About   (B) Against   (C) At   (D) Along

위원회 회의에서 Murray 씨는 홍보를 통해 시장 매출을 늘리기 위한 광고 계획을 제안했다.

해설 장소 전치사 at
빈칸 뒤에 the committee meeting이 있기 때문에 장소 전치사인 (C)가 정답이다.

Practice 시험에 반드시 나오는 위치·방향 전치사와 두세 단어 전치사

Answer
A. 1. within   2. beyond   3. toward   4. prior to
B. 5. (B)   6. (A)   7. (D)   8. (A)

A

1 Known for its outstanding golf courses, Jennings Clubhouse is located (beside / within) 15 miles off the northern coast in St. Kingsbarn.

뛰어난 골프 코스로 유명한 Jennings 클럽하우스는 St. Kingsbarn의 북쪽 해안에서 15마일 이내에 위치해 있다.

해설 위치·방향 전치사 within
괄호 뒤에 15 miles라는 거리가 나오므로 전치사 within이 정답이다.

2 Many teachers promote outdoor educational programs, which enable students to learn (between / beyond) the school campus.

많은 교사들이 야외 교육 프로그램을 장려하는데, 이는 학생들이 교정 너머에서 배울 수 있게 한다.

해설 위치·방향 전치사 beyond
괄호 뒤에 school campus라는 위치가 나오므로 전치사 beyond가 정답이다. 두 개의 대상 앞에 붙는 between은 답이 될 수 없다.

3 Engineers are progressing (toward / onto) new green fuels and energy storage devices.

엔지니어들은 새로운 녹색 연료와 에너지 저장 장치를 향해 나아가고 있다.

해설 위치·방향 전치사 toward
괄호 앞의 동사 progress와 함께 동작의 방향을 나타내는 전치사 toward가 정답이다.

4 Scheduled air tickets must be cancelled at least one hour (according to / prior to) departure.

예약된 항공권은 적어도 출발 1시간 전에는 취소되어야만 한다.

해설 두 세 단어 전치사 prior to
괄호 뒤에 departure라는 시점이 나오므로 prior to가 정답이다.

B

5 One particular study showed that a majority of students preferred face-to-face discussions ------- computer-mediated communication.

(A) toward   (B) over   (C) during   (D) along

한 특정한 연구는 대다수의 학생들이 컴퓨터를 매개체로 한 의사소통보다 얼굴을 맞대고 하는 토론을 선호한다는 것을 보여주었다.

해설 위치·방향 전치사 over
명사와 명사 사이에 와야 하는 전치사로 '~을 넘는'이라는 뜻의 전치사 (B)가 정답이다. (A)는 의미상 부적절하며 (C)는 기간 명사가 뒤에 와야 하고 (D)는 뒤에 위치 명사가 와야 하므로 정답이 될 수 없다.

6 Mr. Pacher, the sales manager, would often walk ------- the park continuously when he needed to calm himself and collect his thoughts.

(A) around   (B) of   (C) plus   (D) than

판매과장인 Pacher 씨는 마음을 진정시키고 생각을 가다듬을 필요가 있으면 계속 공원을 거닐 때가 많았다.

해설 위치·방향 전치사 around
동사 walk와 함께 사용할 수 있는 위치·방향 전치사 (A)가 정답이다.

7 ------- attending the conference at New York next week, Wesley Jung has to manage the sales team at the office.

(A) Beyond   (B) Among   (C) Due to   (D) Instead of

Wesley Jung은 다음 주의 뉴욕 총회에 참석하는 대신 사무실에서 영업팀을 관리해야 한다.

해설 두세 단어 전치사 instead of
동명사 attending 앞에 사용되어 의미가 자연스러운 전치사 (D)가 정답이다.

8 Mr. Amerson reported that the final construction of the project was already two months ------- schedule.

(A) ahead of   (B) depending on
(C) in exchange for   (D) aside from

Amerson 씨는 그 프로젝트의 최종 건설이 이미 일정보다 두 달 앞서 있다고 보고했다.

해설 두세 단어 전치사 ahead of
빈칸 뒤의 명사 schedule과 함께 사용되어 의미가 자연스러운 전치사 (A)가 정답이다.

Practice 시험에 반드시 나오는 기타 전치사

Answer
A. 1. following   2. except   3. for   4. about
B. 5. (D)   6. (D)   7. (B)   8. (D)

A

1 The recall was announced (regarding / following) an FDA inspection for a manufacturing plant that found several deficiencies in meeting quality standards.

한 제조 공장에 대한 FDA의 조사에서 품질 기준을 충족시키는 데 몇 가지 결함이 발견된 이후에 회수 조치가 발표되었다.

해설 전치사 following
괄호 뒤의 명사구 an FDA inspection과 어울리는 전치사로 의미가 통하는 following이 정답이다.

2 The Learner's Kit comes complete with everything that one need to have for successful camping in the mountains (unlike / except) for hiking boots.

초보자 용품 세트는 하이킹 부츠를 제외하고 산에서의 성공적인 캠핑을 위해 필요한 모든 것이 완벽하게 갖추어져 있다.

해설 전치사 except
except for는 '~을 제외하고'라는 의미이므로 except가 정답이다. unlike 뒤에는 전치사 for가 올 수 없다.

3 Products available (on / **for**) purchase will be listed with an order form on the last page of the magazine.

구입 가능한 제품들의 목록이 잡지의 마지막 페이지에 주문서와 함께 실리게 될 것입니다.

해설 전치사 for
형용사 available 다음에 나올 수 있는 전치사가 필요하므로 for가 정답이다.

4 If you missed the conference this morning, please speak with Martha Bell to obtain information (**about** / to) this week's event.

오늘 아침 회의에 빠지셨다면 Martha Bell에게 말하셔서 이번 주 행사에 대한 정보를 얻으시기 바랍니다.

해설 전치사 about
명사 information 다음에 나올 수 있는 전치사가 필요하므로 about이 정답이다.

B

5 Many of our member companies have repeatedly expressed concern over the potential consequences ------- further delay.
   (A) past   (B) within   (C) behind   **(D) of**

우리 회원사들의 다수는 더 이상의 지연이 가져올 잠재적인 결과에 대해 거듭 우려를 표시했다.

해설 전치사 of
빈칸 뒤의 명사구 further delay 앞에 올 수 있는 전치사로 의미가 자연스러운 (D)가 정답이다.

6 During his visit to a southern boomtown, Mr. Evans declared that economic gains could be lost ------- reforms to the political system.
   (A) however   (B) unless   (C) against   **(D) without**

남부 신흥 도시를 방문하는 동안 Evans 씨는 정치 체제의 개혁이 없으면 경제 이익을 상실할 수도 있다고 선언했다.

해설 전치사 without
명사 reforms 앞에 올 수 있는 전치사로 의미가 자연스러운 (D)가 정답이다.

7 Veceo Autos is ------- the 50 most innovative companies in the world with a history of 22 years.
   (A) toward   **(B) among**   (C) around   (D) along

22년의 역사를 가진 Veceo 자동차는 세계에서 가장 혁신적인 50대 기업 가운데에 속한다.

해설 전치사 among
'가장 혁신적인 50대 기업'이라는 범위 앞에 붙는 전치사가 필요하므로 (B)가 정답이다.

8 Professor Kim explained to students that the ability to write a good essay could only be gained ------- personal experience.
   (A) as   (B) of   (C) among   **(D) through**

김 교수는 훌륭한 에세이를 쓰는 능력은 개인적인 경험을 통해서만 얻을 수 있다고 학생들에게 설명했다.

해설 전치사 through
빈칸 뒤에 명사구 personal experience가 있으므로 '~을 통해'라는 의미의 수단·방법의 전치사 (D)가 정답이다.

Practice 반드시 알아야 하는 기출 명사 어휘 ❺

Answer
A. 1. mission 2. arrangements 3. options 4. accuracy
B. 5. (C) 6. (C) 7. (C) 8. (B)

A

1 The (status / **mission**) of Caffa Beans Company is to provide coffee lovers the fresh and exquisite taste of refined coffee beverages.

Caffa Beans 사의 임무는 커피 애호가들에게 정제된 커피의 신선한 최고의 맛을 제공하는 것이다.

해설 mission 임무, 사명
훌륭한 커피를 제공하는 것이 회사의 임무라는 의미가 적절하므로 mission이 정답이다.
어휘 status 지위

---

2. My secretary has made (authorities / **arrangements**) for me to meet with Mr. Pellicer regarding tax funding agreements.

비서가 세금 재원 조달 협약과 관련해 Pellicer 씨와 만나도록 주선해주었다.

해설 arrangement 준비, 마련, 주선
비서가 만남을 주선해주었다는 의미가 적절하므로 arrangements가 정답이다.
어휘 authority 권위, 권한

---

3. A new Head Chef has been employed and he changes the menu (**options** / occasions) on a weekly basis.

새 주방장이 채용되었는데, 그는 일주일 단위로 메뉴 선택 사항을 바꾼다.

해설 option 선택할 수 있는 것, 옵션
메뉴 선택 사항을 바꾼다는 의미가 자연스러우므로 options가 정답이다.
어휘 occasion (특별한) 때, 행사

---

4. Owing to the slight drizzle earlier this morning, commuters are doubting the (**accuracy** / enforcement) of the recent weather reports of a sunny week.

오늘 아침 일찍 내린 이슬비 때문에 통근자들은 화창한 일주일을 말한 최근 일기예보의 정확성을 의심하고 있다.

해설 accuracy 정확(성)
일기예보의 정확성을 의심한다는 의미가 적절하므로 accuracy가 정답이다.
어휘 enforcement 시행, 집행

B

5. The accountant of Hendri Beach Resort received an ------- for his contribution to the facility.

(A) apology   (B) interpretation   **(C) award**   (D) effort

Hendri 해변 리조트의 회계사는 그 시설에 기여한 공로로 상을 받았다.

해설 award 상, 상품
시설에 기여한 공로로 상을 받았다는 의미가 적절하므로 (C)가 정답이다.
어휘 apology 사과   interpretation 통역, 해석   effort 노력

---

6. Most schools have a 50-minute class ------- because students start to show signs of concentration loss.

(A) location   (B) idea   **(C) period**   (D) box

대부분의 학교는 50분 수업 시간을 갖고 있는데, 학생들이 집중력 저하 조짐을 보이기 시작하기 때문이다.

해설 period 기간
50분 수업 시간이라는 의미가 적절하므로 (C)가 정답이다.
어휘 location 위치

---

7. VS Productions has awarded its highest ------- in outstanding filmmaking to *Letters from Afar*.

(A) priority   (B) reliance   **(C) rating**   (D) personnel

VS 프로덕션은 'Letters from Afar'에 우수 영화 제작 부문의 최고 등급을 부여했다.

해설 rating 평가, 등급
최고 등급을 주었다는 의미가 적절하므로 (C)가 정답이다.
어휘 priority 우선순위   reliance 의존, 신용   personnel 직원, 인원

8   The professor states that the ------- in the number of foreign exchange students is because of the failure of academic programs to provide financial support.

   (A) appraisal   (B) decline   (C) outpouring   (D) overhead

그 교수는 외국인 교환 학생 수의 감소가 재정 지원을 제공하는 학교 프로그램의 실패 때문이라고 말한다.

해설 decline 감소, 하락
외국인 교환 학생 수의 감소라는 의미가 적절하므로 (B)가 정답이다.

어휘 appraisal 평가, 견적 outpouring 유출 overhead 간접비, 공통 경비

Actual Test

Answer 1. (D)   2. (C)   3. (A)   4. (B)   5. (D)   6. (D)
        7. (D)   8. (D)   9. (B)   10. (A) 11. (C) 12. (B)

---

1   All licensed drivers must register their operating vehicles in their names ------- 14 days of purchase.

   (A) around   (B) beside   (C) through   (D) within

운전면허를 소지한 운전자들은 차량을 구입한 지 14일 이내에 자신의 이름으로 차량을 등록해야 한다.

해설 시간 전치사 within
빈칸 뒤에 14 days라는 기간 표현이 왔기 때문에 '~ 이내에'라는 의미의 전치사 (D)가 정답이다.

어휘 licensed 면허를 받은 register 등록하다 vehicle 차량 purchase 구입

---

2   The general aviation exhibition scheduled for Farest Park in June has been postponed ------- next year.

   (A) often   (B) during   (C) until   (D) soon

6월에 Farest 공원에서 열리기로 예정되어있던 종합 항공 산업 전시회는 내년까지 연기되었다.

해설 시간 전치사 until
문맥상 내년까지 연기되었다는 의미가 적절하므로 시점의 전치사 (C)가 정답이다. (B) 뒤에는 기간 명사가 와야 하고, (D)는 미래 시제와 함께 쓰인다.

어휘 general 종합적인 aviation 항공기 산업 postpone 연기하다

---

3   Glass walls have been used ------- the building to ensure that every workstation and meeting space receives natural light.

   (A) throughout   (B) between   (C) among   (D) over

모든 근무 장소와 회의 공간이 자연광을 확실히 받도록 하기 위해 건물 전체에 유리벽이 사용되었다.

해설 위치·방향 전치사 throughout
건물 도처에 유리벽을 설치했다는 의미가 자연스러우므로 '~ 전체에 걸쳐'라는 의미의 전치사 (A)가 정답이다. (B)와 (D) 뒤에는 복수 명사가 와야 한다.

어휘 ensure 확실히 ~하게 하다, 보증하다

---

4   When you are finished with the exam, please proceed to the front and give your answer sheets ------- one of the assistant instructors before leaving the room.

   (A) in   (B) to   (C) of   (D) at

시험을 끝내면 앞으로 가서 조교 중 한 명에게 답안지를 주고 나서 방에서 나가시기 바랍니다.

해설 위치·방향 전치사 to
조교에게 답안지를 주라는 의미가 자연스러우므로 물건을 주는 대상을 나타내는 전치사 (B)가 정답이다.

어휘 proceed 나아가다 assistant instructor 조교

5   The Axianta Company's business plan is focused ------ developing cost-effective, highly efficient and environmentally friendly solar energy products.

(A) up   (B) in   (C) of   (D) on

해설 위치·방향 전치사 on
동사 focus와 어울리는 전치사 (D)가 정답이다. focus on은 '~에 초점을 맞추다'라는 의미의 표현으로 사용된다.

어휘 cost-effective 비용 효율이 높은   environmentally friendly 환경 친화적인

Axianta 사의 사업 계획은 경제적이고 효율이 높은 환경 친화적인 태양열 에너지 제품 개발에 초점이 맞추어져 있다.

---

6   Not far ------ the city center is the Lotheim District, an area full of studio apartments with affordable rental prices.

(A) on   (B) with
(C) about   (D) from

해설 위치·방향 전치사 from
도심에서 멀지 않다는 의미가 적절하므로 (D)가 정답이다. far from은 '~에서 멀리'라는 의미의 표현으로 자주 사용된다.

어휘 affordable 가격이 싼, 알맞은

도심에서 멀지 않은 곳에 임대료가 싼 원룸이 가득한 지역인 Lotheim 지구가 있다.

---

7   ------ Mr. Grim's lack of experience, the directors had confidence in his judgment and potential.

(A) Nonetheless   (B) Insofar as
(C) Simultaneously   (D) Regardless of

해설 두세 단어 전치사 regardless of
명사구 앞의 빈칸에는 전치사가 와야 한다. 문맥상 부족한 경험과 확신은 대조되는 내용이므로 '~에도 불구하고'라는 의미의 (D)가 정답이다.

어휘 lack 부족   confidence 신뢰, 확신   judgment 판단

Grim 씨의 경험이 부족함에도 불구하고 이사들은 그의 판단과 잠재력에 확신을 가졌다.

---

8   Business analyst, Harlman Bothwick mentioned that relationships ------ farmers and processors are longstanding.

(A) since   (B) than
(C) up   (D) between

해설 전치사 between
빈칸 뒤에 명사 두 개가 and로 연결되어 있으므로 between A and B 구문을 이루는 전치사인 (D)가 정답이다.

어휘 mention 언급하다   processor 가공업자   longstanding 오래된

기업 분석가인 Harlman Bothwick은 농민과 가공업자 사이의 관계는 오래되었다고 언급했다.

Questions 9-12 refer to the following information.

Ohani Homestay: Traveling from Mishi by train or bus

At Mishi station, board the train headed toward Saete station. --- 9. ---. Once at the station, walk approximately 700 meters north towards the large fountain. We are located directly --- 10. --- the entrance to the nature park. From Mishi's central bus station, board any bus that is traveling toward Noime and ask the bus driver to let --- 11. --- get off at Shinsae bus station. Walk for approximately 1.3 kilometers west of the bus station and turn left at the corner of the public library.
For further information regarding --- 12. ---, please visit our website at www.ohanihomestay.com. Also, feel free to call us at (232) 5889-1645 with any questions you may have.

Ohani 홈스테이: Mishi에서부터 기차나 버스로 여행하기

Mishi 역에서 Saete 역으로 향하는 기차에 탑승하세요. Saete로 떠나는 기차는 1시간 간격으로 도착하며 목적지에 도착하는 데 3시간이 걸릴 것입니다. 역에 도착하면, 큰 분수를 향해 북쪽으로 약 700미터를 걸으세요. 우리는 자연 공원 입구 바로 맞은편에 위치하고 있습니다. Mishi의 중앙 버스 터미널에서 Noime로 가는 아무 버스나 탑승하시고 버스 기사에게 Shinsae 버스 정류장에서 내려 달라고 부탁하세요. 버스 정류장의 서쪽으로 1.3킬로미터 정도 걷다가 공공 도서관 모퉁이에서 좌회전하세요.

9 (A) Trains to Saete no longer runs now.

(B) Trains leaving for Saete will arrive at one-hour intervals and take three hours to reach the destination.

(C) Nature park is within walking distance.

(D) The large fountain is one of the tourist's attractions.

교통편에 대한 더 자세한 정보를 얻으시려면 저희 웹사이트 www.ohanihomestay.com을 방문하시기 바랍니다. 또한 문의사항이 있으시면 (232) 5889-1645로 편하게 저희에게 연락주십시오.

10 (A) across from

(B) up

(C) between

(D) along with

11 (A) your

(B) yourselves

(C) you

(D) yours

12 (A) room rates

(B) transportation

(C) park fees

(D) lodging

---

9 해설 / 적절한 문장 찾기

(A) Saete행 열차는 이제 더 이상 운행하지 않습니다.
(B) Saete로 떠나는 기차는 1시간 간격으로 도착하며 목적지에 도착하는 데 3시간이 걸릴 것입니다.
(C) 자연 공원은 걸어가는 거리 내에 있습니다.
(D) 큰 분수는 관광 명소 중 하나입니다.

어휘 / interval 간격 destination 목적지 within walking distance 걸어가는 거리 이내에 tourist's attraction 관광명소

---

10 해설 / 두세 단어 전치사 across from

입구에서 맞은편이라는 의미가 자연스러우므로 전치사 (A)가 정답이다.

어휘 / approximately 대략 entrance 입구

---

11 해설 / let+목적어+동사원형

빈칸 앞에 사역동사 let이 있으므로 빈칸에는 목적어가 와야 한다. 따라서 목적격 대명사인 (C)가 정답이다.

어휘 / get off (차에서) 내리다 public library 공공 도서관

---

12 해설 / transportation 교통편

지문 전체가 Ohani 홈스테이로 가는 교통편을 설명하고 있고 추가 정보를 언급하고 있으므로 (B)가 정답이다.

어휘 / room rates 객실 요금 park fee 주차료 lodging 숙박, 하숙

Unit 11 등위·상관접속사와 접속부사

Part 5-6

| Practice | 시험에 반드시 나오는 등위접속사와 상관접속사 | Answer | A. 1. and 2. or 3. Neither 4. but
B. 5. (B) 6. (A) 7. (D) 8. (B) |

A

1 The Majestic Tailor is known for making the best-quality suits (but / **and**) coats that can be worn for all types of occasions.

Majestic Tailor는 아무 때나 입을 수 있는 최고 품질의 정장과 코트를 만드는 것으로 알려져 있다.

해설 등위접속사 and
괄호 앞뒤의 동일한 품사(명사)들을 연결해 줄 등위접속사가 필요하다. 의미상 동일한 종류(suits, coats)가 연결되어 '정장과 코트'라는 의미를 완성해야 하므로 순접 기능을 하는 and가 정답이다.

2 Mr. Khan's membership for Mondax Satellite Network TV may expire this month (**or** / so) the next.

Khan 씨의 Mondax 위성 네트워크 TV 회원 자격은 이달이나 다음 달에 만료될 것이다.

해설 등위접속사 or
괄호 앞뒤의 동일한 품사(부사)들을 연결해 줄 등위접속사가 필요하다. '이달이나 다음 달'이라는 선택의 의미를 나타내야 하므로 or가 정답이다. so(그래서)는 결과의 의미를 나타낼 때 사용된다.

3 (Either / **Neither**) the CFO nor the president will be attending the shareholder meeting.

최고재무책임자와 사장 모두 주주 총회에 참석하지 않을 것이다.

해설 상관접속사 neither A nor B
괄호 뒤에 nor가 있으므로 'neither A nor B(A와 B 모두 아닌)' 상관접속 구문을 완성하는 Neither가 정답이다. Either는 'either A or B(A와 B 둘 중 하나)' 구문에 사용한다.

4 Such cases have been reported not only nationwide (therefore / **but**) also worldwide.

그러한 사례들은 전국적으로 뿐만 아니라 전 세계적으로도 보고되었다.

해설 상관접속사 not only A but also B
괄호 앞에 not only가 있으므로 'not only A but also B(A뿐만 아니라 B도)' 상관접속 구문을 형성하는 but이 정답이다. therefore(그러므로)는 접속부사로서 문장과 문장을 연결한다.

B

5 At Mobilith Customer Service, it usually takes approximately one ------- two days for a customer complaint to be fully resolved.

(A) so **(B) or** (C) yet (D) but

Mobilith 고객 서비스에서는 고객 불만이 완전히 해결되는 데 대개 약 하루나 이틀이 걸린다.

해설 등위접속사 or
빈칸 뒤의 명사 days를 수식하는 형용사들(one, two)이 빈칸 앞뒤로 연결되어 있으므로 '하루나 이틀'의 의미를 완성해 주는 '선택'의 등위접속사 (B)가 정답이다. (A)는 결과(그래서)의 의미를 갖는 등위접속사로 주로 뒤에 절이 이어지며, (C)와 (D)는 모두 '그러나'의 의미를 갖는 등위접속사로 상반된 내용을 연결할 때 쓰인다.

6 All guests must present a valid identification for verification ------- surrender any electronic devices before entering the laboratory.

(A) and (B) both (C) so (D) as

모든 손님들은 실험실에 들어가기 전에 확인을 위해 유효한 신분증을 제시하고 모든 전자기기를 맡겨야만 한다.

해설 등위접속사 and

빈칸 앞뒤로 같은 문장 성분인 동사구들(present a valid identification / surrender any electronic devices)이 연결되어 있으므로 등위접속사가 필요하며, 문맥상 순접의 의미를 완성해야 하므로 (A)가 정답이다.

---

7. Payments for tax bills and insurance can be ------ made by mail or electronically withdrawn from your personal bank account.

   (A) in case (B) as well as
   (C) not only (D) either

   세금 고지서 요금과 보험료는 우편으로 납부되거나 개인 은행 계좌에서 온라인으로 인출될 수 있다.

해설 상관접속사 either A or B

빈칸 뒤에 or가 있으므로 'either A or B(A와 B 둘 중 하나)'의 구조를 취하는 (D)가 정답이다. (B)는 'B as well as A(A뿐만 아니라 B도)', (C)는 'not only A but also B(A뿐만 아니라 B도)'의 구조를 취한다. (A)는 '~할 경우에 대비해'라는 의미의 종속접속사이다.

---

8. Neobyte Electronics offers state-of-the-art desktop computers appropriate for ------ office work and home entertainment.

   (A) few (B) both (C) many (D) neither

   Neobyte 전자는 사무용과 가정 오락용 모두에 적합한 최신 데스크톱 컴퓨터를 제공한다.

해설 상관접속사 both A and B

빈칸 뒤의 구조가 'A and B(office work and home entertainment)'이므로 (B)가 정답이다. (A)와 (C)는 복수 명사를 수식하는 형용사이며, (D)는 'neither A nor B(A와 B 모두 아닌)'의 구조를 취한다.

Practice 시험에 반드시 나오는 접속부사

Answer
A. 1. Afterward 2. As a result 3. However
B. 4. (B) 5. (A) 6. (C)

A

1. Ms. Obrien will be attending the monthly staff meeting tomorrow at 10 A.M. (For example / Afterward), she will have lunch with the director at noon.

   Obrien 씨는 내일 오전 10시에 월례 직원회의에 참석할 것이다. 그 후에는 정오에 이사와 함께 점심 식사를 할 것이다.

해설 접속부사 afterward

괄호 앞은 Obrien 씨가 오전 10시에 회의에 참석한다는 내용이고, 뒤는 정오에 식사를 한다는 내용이므로 시간의 전후 관계(그 후에)를 나타내는 접속부사 Afterward가 정답이다. For example은 앞 문장에 대한 구체적인 예를 들 때 사용된다.

2. The news reported that a heavy snowstorm is heading towards the region. (Instead / As a result), public buildings have been shut down.

   뉴스에서 폭설이 그 지역으로 향하고 있다고 보도했다. 그 결과로 공공건물들이 폐쇄되었다.

해설 접속부사 as a result

괄호 앞뒤 문장의 의미를 확인하면, '폭설로 인해 건물들이 문을 닫았다'는 인과관계를 보여줘야 하므로 '그 결과로'라는 의미의 접속부사 As a result가 정답이다. Instead는 '그 대신에'라는 뜻으로 다른 선택이나 결과를 보여 줄 때 쓰인다.

3. Analyst Vivian Fallapin stated that the total sales of TN Motors is likely to recover next year. (However / Therefore), in terms of market share, it will be impossible for the company to rebound to the 22 percent level that they were at before.

   분석가 Vivian Fallapin은 TN 자동차의 총매출이 내년에는 회복될 가능성이 있다고 말했다. 하지만 시장 점유율 면에서 그 회사가 이전 수준인 22퍼센트까지 반등하기는 힘들 것이다.

해설 접속부사 however

괄호 앞의 문장은 TN 자동차의 총매출액이 회복될 것이라는 내용이며, 괄호 뒤의 문장은 시장 점유율이 원래 수준으로 올라가기는 힘들 것이라는 내용이므로 상반된 내용을 연결해 줄 수 있는 접속부사 However(그러나)가 정답이다. Therefore (그러므로)는 인과관계를 나타내는 접속부사이다.

B

4. Global bond markets posted their biggest monthly losses in May. -------, employment gains and increases in housing and consumer confidence suggested the recovery of the economy.

(A) Because of (B) In contrast
(C) Moreover (D) Concerning

> 전 세계의 채권 시장은 5월에 가장 큰 월간 손실을 발표했다. 그에 반해 고용 증가와 주택 공급 및 소비 의욕의 증가는 경기 회복을 시사했다.

해설 접속부사 in contrast
빈칸 앞의 문장은 채권 시장이 가장 큰 손실을 발표했다는 내용이며, 뒤의 문장은 경기의 회복을 시사했다는 내용이므로 '그와는 대조적으로'라는 의미로 상반되는 내용을 연결하는 접속부사 (B)가 정답이다. (A)는 이유를 나타내는 전치사, (C)는 부연 설명하는 문장을 연결하는 접속부사, (D)는 전치사이다.

어휘 because of ~ 때문에 moreover 더욱이, 게다가 concerning ~에 관해

5. South Korea has over 50 beautiful tourist attractions. -------, it is an exciting destination for travelers.

(A) Accordingly (B) Otherwise
(C) Similarly (D) Nonetheless

> 한국에는 50여 곳의 아름다운 관광 명소가 있다. 그래서 그곳은 여행객들에게 흥미진진한 행선지이다.

해설 접속부사 accordingly
보기가 모두 접속부사이므로 앞뒤 문장의 의미를 가려 자연스럽게 연결해 줄 수 있는 답을 고른다. '한국에는 50여 곳의 아름다운 관광 명소가 있다'는 앞 문장과 '여행객들에게 흥미진진한 곳이다'라는 뒷 문장을 연결해 줄 수 있는 것은 '따라서, 그러므로'라는 의미로 인과관계를 나타내는 (A)이다.

어휘 otherwise 그렇지 않으면 similarly 유사하게 nonetheless 그럼에도 불구하고

6. Although solar panel electricity helps preserve the environment, the cost of installing solar panels is quite high. -------, the amount of solar power that they can generate significantly depends on the local climate.

(A) On the contrary (B) Therefore
(C) Furthermore (D) In spite of the fact

> 태양 전지판 전력이 환경 보존에 도움을 주기는 하지만 태양 전지판을 설치하는 비용이 상당히 높다. 게다가 그것이 만들어 낼 수 있는 태양 에너지의 양은 지역 기후에 따라 크게 다르다.

해설 접속부사 furthermore
접속부사 문제로, 빈칸 앞 문장(태양 전지판의 설치 비용이 상당히 높다)과 빈칸 뒤의 문장(태양 전지판의 전력량이 지역 기후에 따라 크게 달라진다)이 의미상 자연스럽게 연결되어야 하므로 '게다가, 더욱이'의 의미로 부연하는 문장을 연결하는 (C)가 정답이다.

어휘 on the contrary 그와는 반대로 therefore 그러므로 in spite of ~에도 불구하고

Practice 반드시 알아야 하는 기출 형용사 어휘 ❶

Answer
A. 1. available 2. proud 3. current 4. brief
B. 5. (B) 6. (B) 7. (A) 8. (D)

A

1. The emergency hotline for urgent medical services must be (available / voluntary) to everyone at all times.

> 긴급 의료 서비스용 비상 직통 전화는 모든 사람이 항상 이용할 수 있어야만 한다.

해설 available 입수[이용]할 수 있는, 만날 수 있는
비상 직통 전화는 항상 이용할 수 있어야만 한다는 의미가 적절하므로 available이 정답이다.

어휘 voluntary 자발적인

2 DSI Telecom is (general / proud) to present its latest smartphone model, which has an upgraded memory chip for enabling faster and easier use of applications.

DSI Telecom은 어플리케이션의 이용을 더 빠르고 쉽게 해주는 향상된 메모리칩을 가진 최신 스마트폰을 선보이게 되어 자랑스럽습니다.

해설 proud 자랑스러운, 자랑스러워하는
최신 스마트폰을 선보이게 된 것이 자랑스럽다고 해야 자연스러우므로 proud가 정답이다.

어휘 general 일반적인

---

3 Passengers were compelled to obtain the (current / occupied) schedules for the flights that were delayed due to unexpected weather conditions.

승객들은 예상치 못한 기상 상황으로 인해 연착된 항공편의 현재 일정을 구할 수밖에 없었다.

해설 current 현재의, 지금의
연착된 항공편의 현재 일정이라는 의미가 적절하므로 current가 정답이다.

어휘 occupied 사용 중인, 점령된

---

4 Yang Zhu was assigned to write a (brief / multiple) report on the autobiography of the famous golfer Luke Walmack.

Yang Zhu는 유명 골프선수인 Luke Walmack의 자서전에 대한 간략한 보고서를 쓰는 일을 맡게 되었다.

해설 brief 짧은, 간결한
자서전에 대한 간략한 보고서라는 의미가 자연스러우므로 brief가 정답이다.

어휘 multiple 많은, 다수의

B

5 Parents with young children always try to serve only ------- meals at the dinner table.

(A) grateful   (B) healthful   (C) rightful   (D) wishful

어린 자녀가 있는 부모들은 항상 저녁 식탁에 건강에 좋은 식사만을 내놓으려고 노력한다.

해설 healthful 건강에 좋은
부모가 자녀에게 건강에 좋은 음식만을 내놓는다는 의미가 적절하므로 (B)가 정답이다.

어휘 grateful 감사하는   rightful 정당한   wishful 바라고 있는

---

6 The expedition team was ------- to have Mr. Pastel, an expert in jungle survival, when traveling through the Amazon.

(A) obvious   (B) fortunate   (C) talented   (D) encouraging

탐험대가 아마존 전역을 여행할 때 정글 생존 전문가인 Pastel 씨가 함께 있었던 것은 행운이었다.

해설 fortunate 운이 좋은, 행운인
정글 생존 전문가가 함께 있었던 것이 행운이었다고 해야 자연스러우므로 (B)가 정답이다.

어휘 obvious 명백한   talented 재능 있는   encouraging 격려하는

---

7 If the fruit tray is -------, it should be refilled with fresh fruits from the refrigerator.

(A) empty   (B) stuck   (C) single   (D) final

과일 쟁반이 비어 있다면 냉장고에서 꺼낸 신선한 과일들로 다시 채워야 한다.

해설 empty 빈, 비어 있는
과일 쟁반이 비어 있어야 과일로 다시 채울 수 있으므로 (A)가 정답이다.

어휘 stuck 갇힌, 꼼짝 못하는   single 단 하나인   final 마지막의

---

8 Although it is quicker to travel by plane, the train route is much more -------.

(A) powerful   (B) avoidable   (C) accelerated   (D) scenic

비행기로 여행하는 것이 더 빠를지는 몰라도 기차 노선이 훨씬 더 경치가 좋다.

해설 scenic 경치의, 경치 좋은
기차 노선이 훨씬 더 경치가 좋다는 의미가 적절하므로 (D)가 정답이다.

어휘 powerful 강력한 avoidable 피할 수 있는 accelerated 가속도가 붙은

Actual Test Answer 1. (D) 2. (D) 3. (D) 4. (C) 5. (C) 6. (A)
                        7. (B) 8. (D) 9. (B) 10. (B) 11. (C) 12. (D)

---

1 Mr. Valentine was promoted to Sales Director after his successful negotiations with Zeppino Inc. in Germany ------- Kiyoma Industries in Japan.

(A) nor   (B) but   (C) so   **(D) and**

Valentine 씨는 독일의 Zeppino 사와 일본의 Kiyoma 공업사와의 협상에 성공한 후에 영업 이사로 승진했다.

해설 등위접속사 and
빈칸 앞뒤로 명사구들(Zeppino Inc. in Germany / Kiyoma Industries in Japan)이 연결되어 있고, 이 두 회사와의 협상 성공으로 승진했다는 의미이므로 순접 의미의 접속사인 (D)가 정답이다. (A)는 'neither A nor B(A와 B 모두 아닌)'의 형태를 이루는 상관접속사이고, (B)는 역접(그러나), (C)는 결과(그래서, 그러므로)를 나타내는 등위접속사이다.

어휘 be promoted 승진하다 negotiation 협상

---

2 The committee will congregate today to discuss how to improve the quality of their products ------- decide on the next month's budget plan.

(A) for   (B) but   (C) yet   **(D) and**

위원회는 그들의 제품의 품질을 개선할 방법을 논의하고 다음 달의 예산 계획을 정하기 위해 오늘 모일 것이다.

해설 등위접속사 and
빈칸 앞뒤로 to부정사에 걸리는 동사구(discuss how to improve the quality of their products / decide on the next month's budget plan)가 연결되어 있고, 이 두 가지 일을 모두 하기 위해 오늘 모일 것이라는 의미이므로 순접 의미의 접속사인 (D)가 정답이다. (A)는 이유(왜냐하면), (B)와 (C)는 역접(그러나)을 나타내는 등위접속사이다.

어휘 committee 위원회 congregate 모이다 budget plan 예산 계획

---

3 Conference participants who stay in the Hana hotel can go to the convention center ------- by bus or subway.

(A) in case   (B) as well as   (C) not only   **(D) either**

Hana 호텔에 묵고 있는 총회 참가자들은 버스나 지하철을 이용해 컨벤션 센터에 갈 수 있다.

해설 상관접속사 either A or B
빈칸 뒤에 or가 있으므로 'either A or B(A와 B 둘 중의 하나)' 구문을 완성하는 either가 정답이다.

어휘 participant 참가자 stay 머무르다 subway 지하철

---

4 The production manager neither confirmed ------- denied that there were serious defects in the finished goods.

(A) yet   (B) and   **(C) nor**   (D) or

생산 관리자는 완제품에 심각한 결함이 있다는 것을 확인해 주지도 부인하지도 않았다.

해설 상관접속사 neither A nor B
빈칸 앞에 neither가 있으므로 'neither A nor B(A와 B 모두 아닌)' 구문을 완성하는 nor가 정답이다.

어휘 confirm 확인해 주다, 확증하다 deny 부인하다 serious 심각한 defect 결함 finished goods 완제품

---

5 Whoever gets a two-third majority will be chosen. -------, the members will have another round of voting.

(A) If so   (B) Whereas   **(C) Otherwise**   (D) As long as

3분의 2의 과반수를 차지하는 사람은 누구나 선발될 것이다. 그렇지 않으면 회원들이 또 한 차례 투표를 할 것이다.

해설 접속부사 otherwise

둘째 문장 내용이 첫 문장 내용과 인과관계로 이어지지 않고 앞 문장과 반대의 경우를 가정하는 것이므로 (C)가 정답이다.

어휘 whoever ~하는 사람은 누구든지 majority 대다수, 과반수 round 한 차례 voting 선거, 투표 if so 만일 그렇다면 whereas ~인 데 반해 as long as ~하는 한

---

6 The position will have a strong focus on resolving issues such as responding to customer inquiries. -------, anyone applying should have experience of working in a call center environment or be proficient at complaint handling.

(A) Therefore
(B) Similarly
(C) For example
(D) Even though

그 직책은 고객 문의에 답변하는 것 같은 문제 해결에 커다란 중점을 둘 것이다. 따라서 지원하는 사람은 누구나 콜센터 환경에서 일한 경험이 있거나 불만 처리에 능숙해야 한다.

해설 접속부사 therefore

빈칸을 중심으로 앞 문장은 고객 문의에 답변하는 직책임을 설명하고 있으며, 뒷 문장은 지원자가 관련 경력을 가져야 한다는 내용이므로 인과관계(그러므로, 따라서)를 보여 주는 (A)가 정답이다.

어휘 resolve 해결하다 issue 문제, 쟁점 respond to ~에 답변하다 inquiry 문의 proficient 능숙한 similarly 마찬가지로 for example 예를 들어 even though 비록 ~일지라도

---

7 CEO Ralph Kauffman has explained that the new BMI2 model is still in the early stages of its transition. -------, it has been only five months since the researchers began developing its operating system.

(A) Due to
(B) In fact
(C) On the other hand
(D) And so

최고경영자 Ralph Kauffman은 새로운 BMI2 모델이 아직 변천의 초기 단계에 있다고 설명했다. 실제로, 연구진이 그것의 운영 체제를 개발하기 시작한 지 불과 5개월밖에 되지 않았다.

해설 접속부사 in fact

빈칸 앞에서는 새 모델이 변천 초기 단계에 있다고 말했고, 뒤에서는 그 모델을 개발하기 시작한 지 5개월밖에 되지 않았다고 했으므로 앞 문장에 대한 자세한 설명을 할 때 쓰는 (B)가 정답이다.

어휘 CEO 최고경영자 (Chief Executive Officer) transition 변천 operating system 운영 체제 due to ~으로 인해 on the other hand 다른 한편으로는 and so 그 후에, 이어서

---

8 When you are done carving your wooden sculpture, ensure that you add a finishing touch to it using lacquer spray. -------, store the sculpture indoors and wait for about a day for the coating to dry.

(A) What
(B) Through
(C) For example
(D) Then

목제 조각품의 조각을 끝내면 반드시 래커 스프레이를 사용하여 마무리 손질을 더하세요. 그 다음에, 그 조각품을 실내에 보관하여 칠이 마르도록 하루 정도 기다리세요.

해설 접속부사 then

앞뒤의 문장이 모두 조각품을 만드는 과정을 설명하고 있으므로 '그 다음에, 그리고 나서'의 의미로 순서를 보여 주는 접속부사인 (D)가 정답이다.

어휘 carve 조각하다, 새기다 wooden 나무로 만든 sculpture 조각품 ensure 반드시 ~하게 하다 finishing touch 마무리 손질 lacquer 래커, 도료 indoors 실내에

Questions 9-12 refer to the following information.

Voice command function

As already stated before, the Blocktune MP4 player allows you to store --- 9. --- 50 gigabytes of media files.

One of Blocktune's most convenient functions is the traditional recording option. This function enables Blocktune to be used as a personal recorder, and it is integrated with a new technology that enables the execution of functions through voice commands.

--- 10. ---. Ensure that the person using the device is the one who will be speaking the commands. The MP4 player will not recognize more than one voice. Do not use voice commands in noisy places. --- 11. ---, when using voice commands, do not speak too quickly.

Please remember that the overuse of the voice command will drain the battery quickly. If your pronunciation while giving voice commands is not --- 12. ---, the feature will not function properly. For customer assistance with the voice command function, or any function, call 1-800-185-1864.

음성 명령 기능

앞에서도 이미 언급했듯이 Blocktune MP4 플레이어로 최대 50기가의 미디어 파일을 저장할 수 있습니다.
Blocktune의 가장 편리한 기능들 중 하나는 전통적인 녹음 옵션입니다. 이 기능은 Blocktune을 개인용 녹음기로 사용할 수 있게 해 주며, 음성 명령을 통한 기능 실행을 가능하게 하는 새로운 기술과 통합되어 있습니다. 이러한 특징을 사용하기 위한 몇 가지 조언들은 다음과 같습니다. 반드시 기기를 사용하는 사람이 명령어를 말할 사람이어야 합니다. 이 MP4 플레이어는 한 가지밖에는 목소리를 인식하지 못할 것입니다. 시끄러운 장소에서 음성 명령을 사용하지 마세요. 또한, 음성 명령을 사용할 때 너무 빠르게 말하지 마세요.
음성 명령의 과도한 사용은 배터리를 빠르게 소진시킨다는 것을 기억하시기 바랍니다. 음성 명령을 내릴 때 발음이 분명하지 않으면 그 기능은 제대로 작동하지 않을 것입니다. 음성 명령 기능이나 다른 기능에 대해 도움이 필요하시면 1-800-185-1864로 전화 주십시오.

9 (A) without

   (B) up to

   (C) except

   (D) as for

NEW
10 (A) A voice command device which is controlled by means of the human voice is available online.

   (B) Some tips for using this feature are as follows.

   (C) You are required to set the voice command function first.

   (D) You need extra batteries to use the function.

11 (A) Whereas

   (B) However

   (C) Moreover

   (D) Although

12 (A) melodic

   (B) perceptive

   (C) technical

   (D) distinct

9 **해설** 전치사 up to
   의미상 알맞은 전치사를 고르는 문제로 미디어 파일을 최대 50기가까지 저장할 수 있다는 의미가 적절하므로 (B)가 정답이다.

   어휘 voice command 음성 명령 function 기능, 작동하다 without ~ 없이 except ~을 제외하고 as for ~에 관해서는 enable 가능하게 하다 integrate 통합하다 execution 실행, 집행

88

10 해설 적절한 문장 찾기
(A) 사람의 음성을 통해 제어되는 음성 명령 장치는 온라인에서 이용가능 합니다.
(B) 이러한 특징을 사용하기 위한 몇 가지 조언들은 다음과 같습니다.
(C) 먼저 음성 명령 기능을 설정해야 합니다.
(D) 그 기능을 이용하려면 배터리가 추가로 필요합니다.

어휘 a voice command device 음성 명령 장치 tip 조언 be required to ~하도록 요구되다 function 기능

11 해설 접속부사 moreover
음성 명령 기능을 이용할 시의 주의 사항이 빈칸 앞뒤로 연결되어 있으므로 추가 설명을 나타내는 접속부사 (C)가 정답이다.

어휘 feature 특징 device 기기, 장치 recognize 인식하다 noisy 시끄러운

12 해설 distinct 뚜렷한, 분명한
음성 명령을 내릴 때 소리가 분명하지 않으면 기능이 제대로 작동하지 않을 것이라는 의미가 적절하므로 (D)가 정답이다.

어휘 overuse 남용 drain 빼내다, 소모시키다 melodic 선율의, 곡조가 아름다운 perceptive 지각하는, 통찰력 있는 technical 기술적인 properly 적절히

Part 5-6

Unit 12 to부정사

| Practice | 시험에 반드시 나오는 to부정사의 역할 | Answer | A. 1. to provide 2. to assist 3. to start 4. To celebrate
B. 5. (B) 6. (C) 7. (A) 8. (B) |

A

1 The main purpose of journalism is (provided / to provide) citizens with accurate and reliable information.

언론의 주요 목적은 시민들에게 정확하고 신뢰할 만한 정보를 제공하는 것이다.

해설 to부정사의 명사적 용법

괄호는 be동사의 보어 자리이므로 보어 역할을 할 수 있는 부정사 to provide가 정답이다.

2 Elena Conrad hired a translator (assists / to assist) her in communicating with the Global Sales Manager in Japan.

Elena Conrad는 일본에 있는 글로벌 영업부장과 연락을 주고받는 데 자신을 도와줄 번역가를 고용했다.

해설 to부정사의 형용사적 용법

괄호 뒤의 목적어(her)를 연결하면서 앞의 명사(translator)를 수식하는 동사 형태가 들어가야 하는 자리이므로 형용사 역할을 하는 부정사 to assist가 정답이다.

3 The first and most important step in planning your retirement is (started / to start) saving.

퇴직을 계획하는 데 우선 가장 중요한 단계는 저축하기 시작하는 것이다.

해설 to부정사의 명사적 용법

괄호는 be동사의 보어 자리이므로 보어 역할을 할 수 있는 부정사 to start가 정답이다.

4 (To celebrate / Celebration) its 20th anniversary, TC Soft Company will be holding a Summer Showcase Party for its employees and customers this week.

창립 20주년을 기념하기 위해 TC 소프트는 이번 주에 직원들과 고객들을 위한 여름 쇼케이스 파티를 열 것이다.

해설 to부정사의 부사적 용법

괄호 뒤 its 20th anniversary를 목적어로 삼아 부사구를 완성해야 하므로, '~하기 위해'라는 의미의 부사 역할을 하는 부정사 To celebrate가 정답이다. Celebration은 명사로 빈칸 뒤에 있는 명사구를 목적어로 취할 수 없다.

B

5 ------- the reduction of food waste, government officials have decided to increase the prices of garbage bags that are used in homes and restaurants.

(A) For the promotion (B) To promote
(C) After promoted   (D) Promotion

음식물 쓰레기 줄이기를 장려하기 위해 정부 관리들은 가정과 식당에서 사용되는 쓰레기 봉투의 가격을 인상하기로 결정했다.

해설 to부정사의 부사적 용법

빈칸 뒤 the reduction of food waste를 목적어로 취하여 부사구를 완성해야 하므로, '~하기 위해'라는 의미의 부사 역할을 하는 to부정사 (B)가 정답이다. (A)는 뒤에 of를 넣어 명사구를 연결해야 정답으로 가능하다.

6 For reasons of security and privacy, it is necessary ------- a distinction between network connections.

(A) made (B) make
(C) to make (D) making

보안과 사생활의 이유들 때문에 네트워크 연결들을 구별할 필요가 있다.

해설 to부정사의 진주어 역할

빈칸 앞에 가주어 it이 있는 것으로 보아 빈칸에는 진주어의 역할을 하는 to부정사가 필요하므로 (C)가 정답이다. 형용사 necessary는 to부정사를 동반한다는 것을 기억하자.

---

7 Mr. Kwan incorporated humor and materials into his one-hour presentation to ------- his audience's attention and help them remember it.

(A) keep (B) kept
(C) keeps (D) keeping

Kwan 씨는 청중의 주의를 계속 끌고, 그들이 기억하는 데 도움을 주기 위해 자신의 한 시간짜리 발표에 유머와 자료들을 집어넣었다.

해설 to부정사의 부사적 용법

빈칸 앞의 to는 완전한 문장 뒤에 이어지는 부사 역할을 하는 to부정사를 만드는 것임을 알 수 있다. 따라서 빈칸에는 뒤의 help와 같은 동사원형이 필요하므로 (A)가 정답이다.

---

8 ------- the process of economic and political integration, the assembly decided to convene a session.

(A) To be expedited (B) To expedite
(C) Will expedite (D) Expedite

경제적, 정치적 통합의 과정을 촉진시키기 위해 의회는 회의를 소집하기로 결정했다.

해설 to부정사의 부사적 용법

빈칸 뒤 the process of economic and political integration을 목적어로 취하여 부사구를 완성해야 하는 자리이므로, '~하기 위해'라는 의미의 부사 역할을 하는 to부정사 (B)가 정답이다. (A)는 to부정사의 수동형으로서 뒤에 명사구가 이어질 수 없다.

Practice 시험에 반드시 나오는 명사/동사+to부정사

Answer
A. 1. to resolve 2. to limit 3. to remedy 4. to receive
B. 5. (A) 6. (D) 7. (B) 8. (D)

A

1 The ideal way (resolving / to resolve) disagreements between two negotiating parties is to place new proposals or items on the list of trade.

두 협상단 사이의 의견 차이를 해결하는 이상적인 방법은 거래 목록에 새로운 제안이나 항목을 넣는 것이다.

해설 명사+to부정사

괄호에 들어갈 동사 resolve(해결하다)의 알맞은 형태를 묻는 문제. 괄호 앞에 to부정사의 수식을 받는 명사 way(방법)가 있으므로 to resolve가 정답이다.

---

2 Netcraft.com reserves the right (limiting / to limit) the number of accounts that a user can make on the Netcraft Web site.

Netcraft.com은 사용자가 Netcraft 웹사이트에서 만들 수 있는 계정의 수를 제한할 권리가 있다.

해설 명사+to부정사

괄호에 들어갈 동사 limit(제한하다)의 알맞은 형태를 묻는 문제. 괄호 앞에 to부정사의 수식을 받는 명사 right(권리)가 있으므로 to limit이 정답이다.

---

3 Once you contact our customer service department, the staff will attempt (remedy / to remedy) the issue by phone or e-mail as soon as possible.

일단 저희 고객 서비스부에 연락하시면 직원들이 가능한 한 빨리 전화나 이메일로 문제를 처리하려 할 것입니다.

해설 **동사+to부정사**

괄호에 들어갈 동사 remedy(바로잡다, 처리하다)의 알맞은 형태를 묻는 문제. 괄호 앞에 to부정사를 목적어로 취하는 동사 attempt(시도하다)가 있으므로 to remedy가 정답이다.

4 Mr. Iverson took his medical examination two days ago, so he expects (have received / to receive) his results shortly.

Iverson 씨는 이틀 전에 건강 검진을 받았으므로 자신의 결과를 곧 받을 것으로 예상한다.

해설 **동사+to부정사**

괄호에 들어갈 동사 receive(받다)의 알맞은 형태를 묻는 문제. 괄호 앞에 to부정사를 목적어로 취하는 동사 expect(예상하다)가 있으므로 to receive가 정답이다.

B

5 The school conducted a short campus orientation, which was an effort ------- the relatively small number of new students who enrolled in January.

(A) to welcome (B) welcoming
(C) welcome   (D) welcomed

그 학교는 짧은 캠퍼스 오리엔테이션을 실시했는데, 이는 1월에 등록한 비교적 적은 수의 신입생들을 환영하기 위한 노력의 일환이었다.

해설 **명사+to부정사**

빈칸에 들어갈 동사 welcome(환영하다)의 알맞은 형태를 묻는 문제. 빈칸 앞에 to부정사의 수식을 받는 명사 effort(노력)가 있으므로 (A)가 정답이다.

6 During the MCAT study program, students will get the opportunity ------- up to four AAMC practice tests.

(A) take   (B) takes
(C) taking   (D) to take

MCAT 학습 프로그램 기간 동안 학생들은 최대 4회의 AAMC 모의고사를 치를 기회를 얻을 것이다.

해설 **명사+to부정사**

빈칸에 들어갈 동사 take(취하다, 행하다)의 알맞은 형태를 묻는 문제. 빈칸 앞에 to부정사의 수식을 받는 명사 opportunity(기회)가 있으므로 (D)가 정답이다.

7 The names of shareholders who wish ------- the Annual General Meeting must be recorded in the share register no later than April 3.

(A) attend   (B) to attend
(C) attended   (D) attending

연례 총회에 참석하기를 바라는 주주들의 이름은 늦어도 4월 3일까지 주식 명부에 기록되어야만 한다.

해설 **동사+to부정사**

빈칸에 들어갈 동사 attend(참석하다)의 알맞은 형태를 묻는 문제. 빈칸 앞에 to부정사를 목적어로 취하는 동사 wish(바라다)가 있으므로 (B)가 정답이다.

8 Many people who spend considerable hours at work fail ------- enough daily nutrition.

(A) gets   (B) got
(C) getting   (D) to get

직장에서 상당한 시간을 보내는 많은 사람들은 충분한 일일 영양소를 섭취하지 못하고 있다.

해설 **동사+to부정사**

빈칸에 들어갈 동사 get(얻다)의 알맞은 형태를 묻는 문제. 빈칸 앞에 to부정사를 목적어로 취하는 동사 fail(실패하다, ~하지 못하다)이 있으므로 (D)가 정답이다.

| Practice | 시험에 반드시 나오는 형용사/p.p+to부정사와 목적격 보어 to부정사 | Answer | **A.** 1. to buy 2. to depart 3. participate 4. to drive
B. 5. (B) 6. (C) 7. (B) 8. (D) |

A

1 Foreign companies will not be able (to be bought / to buy) property in preservation zones.

해외 기업들은 보호 구역 내의 부동산을 매입할 수 없을 것이다.

해설 형용사+to부정사

괄호에 들어갈 동사 buy(구입하다)의 알맞은 형태를 묻는 문제. 괄호 앞에 to부정사를 취하는 형용사 able(~할 수 있는)이 있으므로 to buy가 정답이다. to be bought는 수동형으로 주어가 동작의 주체이므로 오답이다.

2 Unfortunately, the flight to New York that is scheduled (depart / to depart) at 8:07 A.M. has been delayed until 9:33 A.M.

운 나쁘게도 오전 8시 7분에 출발하기로 예정된 뉴욕행 항공편이 오전 9시 33분까지 지연되었다.

해설 be p.p.+to부정사

괄호에 들어갈 동사 depart(출발하다)의 알맞은 형태를 묻는 문제. 괄호 앞의 동사 schedule(일정을 잡다)은 보통 수동 형태로 쓰여 뒤에 to부정사나 for가 이끄는 전치사구가 이어진다. 따라서 부정사인 to depart가 정답이다.

3 Mr. Winslow was encouraged to (participate / participating) in the next election.

Winslow 씨는 다음 선거에 출마하도록 권유받았다.

해설 be p.p.+to부정사

괄호 앞의 encourage(격려하다)는 목적격 보어로 to부정사를 취하는 동사이다. 문제에서 encourage가 수동태로 쓰였으므로 뒤에 바로 to부정사가 연결되어야 한다. 따라서 동사원형인 participate가 정답이다.

4 Drivers with flat tires are advised (driving / to drive) to the nearest service station.

타이어에 펑크가 난 운전자들은 가장 가까운 정비소로 차를 가져가도록 권고받는다.

해설 be p.p.+to부정사

괄호 앞의 advise(조언하다)는 목적격 보어로 to부정사를 취하는 동사이다. 문제에서 advise가 수동태로 쓰였으므로 뒤에 바로 to부정사가 연결되어야 한다. 따라서 to drive가 정답이다.

B

5 Some students are eligible ------- financial aid from the government to enter certain colleges or career schools.

(A) receives (B) to receive
(C) receiving (D) received

일부 학생들은 특정 대학이나 직업 학교에 들어가기 위해 정부로부터 재정 지원을 받을 자격이 있다.

해설 형용사+to부정사

빈칸에 들어갈 동사 receive(받다)의 알맞은 형태를 묻는 문제. 빈칸 앞에 to부정사를 취하는 형용사 eligible(~할 자격이 있는)이 있으므로 (B)가 정답이다.

6 Alforto Inc. would like ------- its staff members to contact the HR office.

(A) remind (B) reminding (C) to remind (D) reminds

Alforto 사는 직원들에게 인사부에 연락하는 것을 상기시켜 주고자 한다.

해설 동사+to부정사

빈칸에 들어갈 동사 remind(상기시키다)의 알맞은 형태를 묻는 문제. 빈칸 앞의 동사 would like(~하고 싶다)는 목적어나 목적격 보어로 to부정사를 취하므로 (C)가 정답이다.

7   Visitors are permitted ------- in Canada for a maximum of six months.
    (A) staying   (B) to stay   (C) stayed   (D) stay

    방문객들은 최대 6개월 간 캐나다에 머무르는 것이 허용된다.

    해설 be p.p.+to부정사
    빈칸 앞의 동사 permit(허가하다)는 목적격 보어로 to부정사를 취하는 동사이다. 문제에서 permit가 수동태로 쓰였으므로 뒤에 바로 to부정사가 연결되어야 한다. 따라서 (B)가 정답이다.

8   Certain applications and software programs require the users ------- update their operating system to the latest version.
    (A) with   (B) of   (C) for   (D) to

    특정한 어플리케이션들과 소프트웨어 프로그램들은 사용자들에게 그들의 운영체제를 최신 버전으로 업데이트하도록 요구한다.

    해설 동사+목적어+to부정사
    빈칸 앞의 require(요구하다)는 목적격 보어로 to부정사를 취하는 동사이다. 따라서 빈칸에는 to부정사를 만드는 to가 필요하므로 (D)가 정답이다.

Practice 반드시 알아야 하는 기출 형용사 어휘 ❷

Answer
A. 1. accurate   2. eligible   3. practical   4. incorrect
B. 5. (C)   6. (D)   7. (B)   8. (C)

A

1   The order form for products must be (average / accurate), so that our distributors know the quality of supplies that we need.

    제품 주문서는 우리의 배급 업체들이 우리가 필요로 하는 공급품의 품질을 알 수 있도록 정확해야만 한다.

    해설 accurate 정확한
    제품 주문서가 정확해야만 한다는 의미가 적절하므로 accurate이 정답이다.
    어휘 average 평균적인

2   Those who have not missed a single training session during this month are (measured / eligible) to participate in the upcoming tournament.

    이달 동안 훈련 시간에 단 한 번도 빠지지 않은 사람들은 다가오는 승자 진출전에 참가할 자격이 있다.

    해설 eligible 자격이 있는, 적당한
    훈련 시간에 빠지지 않은 사람들이 시합에 참가할 자격이 있다는 의미가 적절하므로 eligible이 정답이다.
    어휘 measured 신중한, 침착한

3   Bestie Jeans Co. introduced everyday wear that is fashionable yet (practical / confined).

    Bestie Jeans 사는 유행을 따르지만 실용적인 일상복을 소개했다.

    해설 practical 실제적인, 실용적인
    유행을 따르면서도 실용적인 일상복을 소개했다는 의미가 적절하므로 practical이 정답이다.
    어휘 confined 한정된, 비좁은

4   If your bill for payment is (unable / incorrect), please contact our Customer Service at 555-2332.

    귀하의 대금 청구서가 정확하지 않다면, 저희 고객 서비스 555-2332로 연락하시기 바랍니다.

    해설 incorrect 부정확한, 맞지 않는
    대금 청구서가 정확하지 않다면 연락을 달라는 의미가 적절하므로 incorrect가 정답이다.
    어휘 unable ~할 수 없는

5 The Feng Lai China Shop across from the station is selling ------- sizes of animal figurines which are believed to bring good fortune.

(A) relative   (B) following
(C) various   (D) developing

역 건너편에 있는 Feng Lai 도자기 상점은 행운을 가져다준다고 믿어지는 다양한 크기의 작은 동물 조각상을 판매하고 있다.

해설 various 다양한, 여러 가지의
다양한 크기의 동물 조각상을 판매한다는 의미가 적절하므로 (C)가 정답이다.

어휘 relative 상대적인   following 다음의   developing 발전하는

---

6 Official banners for the ------- National Sports Festival should be prepared as soon as possible.

(A) patented   (B) exchanged
(C) welcoming   (D) upcoming

다가오는 전국 체육 대회를 위한 공식 기장들이 가능한 한 빨리 준비되어야 한다.

해설 upcoming 다가오는, 곧 있을
다가오는 전국 스포츠 축제라는 의미가 적절하므로 (D)가 정답이다.

어휘 patented 특허 받은   exchange 교환하다   welcoming 환영하는

---

7 Sunrise Travel Agency is pleased to offer customers ------- vouchers for a two-night stay, including breakfast at the Banloz Hotel.

(A) receptive   (B) complimentary
(C) approximate   (D) experimental

Sunrise 여행사는 고객 여러분께 Banloz 호텔에서의 아침 식사가 포함된 2박 무료 숙박권을 제공해 드리게 되어 기쁩니다.

해설 complimentary 무료의
무료 숙박권이라는 의미가 적절하므로 (B)가 정답이다.

어휘 receptive 잘 받아들이는   approximate 거의 같은   experimental 실험적인

---

8 Studies show that most Internet users are ------- to share personal information on social Web sites.

(A) subtle   (B) distant
(C) reluctant   (D) conditional

연구들은 대부분의 인터넷 사용자들이 소셜 웹사이트에서 개인 정보를 공유하기를 꺼린다는 것을 보여 준다.

해설 reluctant 꺼리는, 마지못해 하는
대부분의 인터넷 사용자들이 개인 정보를 공유하기를 꺼린다는 의미가 적절하므로 (C)가 정답이다.

어휘 subtle 미묘한   distant 멀리 있는   conditional 조건적인

Actual Test   Answer   1. (C)   2. (B)   3. (D)   4. (A)   5. (C)   6. (A)
7. (D)   8. (B)   9. (A)   10. (B)   11. (A)   12. (D)

---

1 Modern medical workers have developed innovative surgical approaches ------- patients with ear, nose, and throat disorders.

(A) is treating   (B) treatment   (C) to treat   (D) treated

Modern 병원의 의료진들은 환자들의 귀, 코 및 인후 질환을 치료할 때 사용할 수 있는 혁신적인 수술 방법을 개발했다.

해설 to부정사의 형용사적 용법
빈칸에 들어갈 동사 treat(치료하다)의 알맞은 형태를 묻는 문제. 빈칸 뒤 patients를 목적어로 취하면서 앞의 명사 approaches(접근법)를 수식해야 하는 자리이므로 형용사 역할을 하는 to부정사 (C)가 정답이다.

어휘 innovative 혁신적인   surgical 외과적인, 수술적인   approach 접근법   patient 환자   throat 목구멍, 인후   disorder 기능 장애, 질환

2 It is important ------- the contract carefully for policy inconsistencies or text mistakes before you sign it.

(A) reading (B) to read (C) read (D) reads

계약서에 서명하기 전에 정책상의 모순이나 내용상의 오류가 있는지 계약서를 주의 깊게 읽어 보는 것이 중요하다.

해설 to부정사의 진주어 역할
빈칸 앞에 가주어 it이 있으므로 빈칸에는 진주어의 역할을 하는 to부정사가 필요하므로 (B)가 정답이다.

어휘 contract 계약(서) policy 정책, 방침 inconsistency 불일치, 모순

---

3 Globalization makes it impossible ------- modern societies to collapse in isolation, like Easter Island and Greenland Norse did in the past.

(A) from (B) if (C) of (D) for

세계화는 현대 사회가 Easter 섬과 Greenland의 고대 스칸디나비아인들이 과거에 그랬던 것처럼 고립되어 붕괴하는 것을 불가능하게 만든다.

해설 to부정사의 의미상 주어 'for+목적격'
빈칸 앞에는 makes의 목적어로 it이, 뒤에는 to부정사가 연결되어 있는 것으로 보아 '가목적어-진목적어' 구문임을 알 수 있다. to부정사 앞에 'for+목적격' 형태의 의미상 주어가 와야 하므로 (D)가 정답이다.

어휘 globalization 세계화 collapse 붕괴하다 in isolation 고립되어

---

4 Cultural competence refers to the ability ------- effectively with people of different cultures and socio-economic backgrounds.

(A) to interact (B) interact (C) interacted (D) interacting

문화 역량은 여러 문화와 사회경제적 배경을 가진 사람들과 효과적으로 상호 작용하는 능력을 가리킨다.

해설 명사+to부정사
빈칸에 들어갈 동사 interact(소통하다)의 알맞은 형태를 묻는 문제. 빈칸 앞에 to부정사의 수식을 받는 명사 ability(능력)가 있으므로 (A)가 정답이다.

어휘 cultural competence 문화 역량 refer to 가리키다 socio-economic 사회경제적인

---

5 Professional body builders have suggested that calories tend ------- burnt more effectively when exercising early in the morning than in the evening.

(A) is (B) being (C) to be (D) will be

전문 보디빌더들은 저녁때보다 아침 일찍 운동할 때 열량이 더 효과적으로 소모되는 경향이 있음을 시사해왔다.

해설 동사+to부정사
빈칸에 들어갈 be동사의 알맞은 형태를 묻는 문제. 빈칸 앞에 to부정사를 목적어로 취하는 동사 tend가 있으므로 (C)가 정답이다.

어휘 tend to ~하는 경향이 있다 burn 태우다, 소모시키다

---

6 Nitre Corporation aims to ------- 50 additional employees after their new branch in Montreal is established next month.

(A) hire (B) hiring (C) hired (D) be hired

Nitre 사는 다음 달 몬트리올에 새 지사가 설립된 후에 50명의 추가 직원을 고용하는 것을 목표로 하고 있다.

해설 동사+to부정사
빈칸에 들어갈 동사 hire(고용하다)의 알맞은 형태를 묻는 문제. 빈칸 앞에 to부정사를 목적어로 취하는 동사 aims(목표로 하다)가 있으므로 (A)가 정답이다.

어휘 additional 추가의 branch 지사 establish 설립하다

---

7 Workers are ------- to inform the office manager if any replacement items are needed.

(A) hired (B) charged (C) attempted (D) requested

직원들은 교체 품목이 필요할 경우 실장에게 알려 달라고 요청받았다.

해설 be p.p.+to부정사
보기들이 모두 과거분사 형태로 되어 있으므로 수동태일 때 to부정사가 뒤에 올 수 있는 동사를 찾아야 한다. to부정사를 목적격 보어로 취하는 (D)가 정답이다.

어휘 inform 알리다, 통지하다 replacement 교체, 대체 item 품목

8 The promoter reserves the ------- to alter, extend or delete the program without prior notice.

(A) service (B) right (C) reflection (D) complication

그 기획사는 사전 통보 없이 프로그램을 변경, 연장, 삭제할 권리를 가지고 있다.

해설 명사+to부정사
빈칸 뒤에 이어지는 to부정사의 수식을 받을 수 있는 명사가 필요하므로 의미상 적절한 (B)가 정답이다.

어휘 promoter 기획재사] reserve 보유하다 alter 변경하다 extend 연장하다 delete 제거하다 without prior notice 사전 통보 없이 reflection 반영 complication 복잡, 문제

Questions 9-12 refer to the following e-mail.

From: nbenstien@victorian.hcs.com
To: melvin.st@askys.net
Date: April 4
Subject: Hotel Reservation

Dear Dr. Stevens,

On behalf of Hotel Victorian, I would like to thank you for choosing us for your stay in Milan! I am writing to --- 9. --- your reservation at Hotel Victorian from April 26 to 30. We noticed that you are attending the Gruppo Atkins conference and have therefore given you the --- 10. --- rate. Kindly note that we will be charging £77 per night, which is £13 less than our regular price. Lastly, you have asked for a single room during your booking, and we are happy to confirm that we will be able --- 11. --- your request.

You can find maps of the area and other useful information on our website: www.hotelvictorian.com. --- 12. ---. I hope you enjoy the conference.

Sincerely,
Nanna Benstein
Assistant Manager

9 (A) confirm

(B) continue

(C) cancel

(D) correct

10 (A) standard

(B) discounted

(C) annual

(D) maximum

11 (A) to accommodate

(B) accommodating

(C) having accommodated

(D) be accommodated

발신: nbenstien@victorian.hcs.com
수신: melvin.st@askys.net
날짜: 4월 4일
제목: 호텔 예약

Stevens 박사님께,

Victorian 호텔을 대신하여, 저는 밀라노에 머무시는 동안 저희 호텔을 선택해 주신 데 대해 감사드리고 싶습니다. 4월 26일부터 30일까지 Victorian 호텔에 예약하신 것을 확인하기 위해 이메일을 드립니다. 저희는 고객님이 Gruppo Atkins 총회에 참석하신다는 것을 알게 되었으므로 할인 요금을 제공해 드렸습니다. 저희는 1박당 77파운드를 청구할 것임을 알려 드리며, 이는 정가보다 13파운드 적은 금액입니다. 마지막으로, 고객님은 예약 시에 1인실을 요청하셨는데, 저희가 고객님의 요청을 수용할 수 있음을 확인해 드리게 되어 기쁩니다.

이 지역의 지도와 다른 유용한 정보를 저희 웹사이트에서 찾아보실 수 있습니다: www.hotelvictorian.com. 귀하가 머무시는 동안 추가 문의 사항이 있으시면 제게 언제든지 연락 주십시오. 즐거운 총회가 되시기 바랍니다.

Nanna Benstein
부지배인

12 (A) The hotel rate is the lowest in the city.
(B) The conference will be rescheduled.
(C) We look forward to working with you soon.
(D) Please feel free to contact me should you have any further questions during your stay.

---

9 해설 confirm 확인하다

예약을 확인하기 위해 이메일을 보낸다는 의미가 적절하므로 (A)가 정답이다.

어휘 on behalf of ~을 대신하여 confirm 확인하다 continue 계속하다 cancel 취소하다 correct 바로잡다

10 해설 discounted 할인된

빈칸 뒤의 명사 rate(요금)를 수식하기에 알맞은 형용사를 고른다. 보기 모두 rate를 수식할 수 있으나 빈칸 뒤의 문장에서 1박당 정가보다 13파운드가 적은 77파운드를 청구하겠다고 했으므로 할인된 요금이라는 의미가 적절하므로 (B)가 정답이다.

어휘 notice 알아차리다, 주목하다 standard 표준의 annual 연간의 maximum 최대의 charge 청구하다 less 더 적은 regular price 정가

11 해설 형용사+to부정사

빈칸에 들어갈 동사 accommodate(수용하다)의 알맞은 형태를 묻는 문제. 빈칸 앞에 to부정사를 취하는 형용사 able(~할 수 있는)이 있으므로 (A)가 정답이다.

어휘 booking 예약 accommodate 수용하다 request 요청 assistance 도움

12 해설 적절한 문장 찾기

(A) 호텔 숙박료가 시내에서 가장 낮다.
(B) 회의 일정이 변경될 것이다.
(C) 조만간 귀하와 함께 일하기를 기대합니다.
(D) 귀하가 머무시는 동안 추가 문의 사항이 있으시면 제게 언제든지 연락 주십시오.

어휘 lowest 최저의 reschedule 일정을 다시 잡다 feel free to 자유롭게 ~하다 further (정도, 범위가) 더욱 깊이

Unit 13 동명사

Practice 시험에 반드시 나오는 동명사의 역할

Answer
A. 1. Employing 2. leaving 3. finding 4. encouraging
B. 5. (A) 6. (C) 7. (A) 8. (C)

A

1 (Employing / Employment) more than 2,000 engineers at once is beyond the capacity of Mavrus Inc.

한 번에 2천 명 이상의 엔지니어를 고용하는 것은 Mavrus 사에게는 능력 밖이다.

해설 주어(동명사)+단수 동사

괄호에는 more than 2,000 engineers를 목적어로 취하는 동사의 기능과 문장의 주어 역할을 하는 명사의 기능을 겸하는 동명사가 필요하므로 Employing이 정답이다. Employment는 명사로서 뒤에 명사구를 연결하려면 전치사 of가 필요하다.

2 There is no way to hang an object on a wall without (leave / leaving) a mark.

표시를 남기지 않고 벽에 물건을 매달 수는 없다.

해설 전치사+동명사+명사

괄호는 전치사(without)와 명사(a mark) 사이에 있으므로 전치사(without)의 목적어 기능과 명사(a mark)를 목적어로 취할 수 있는 동사의 기능을 모두 할 수 있는 동명사 leaving이 정답이다. leave는 동사로서 전치사 뒤에 올 수 없다.

3 Mr. Brant finally succeeded in (finds / finding) a job in the competitive job market.

Brant 씨는 마침내 경쟁이 심한 취업 시장에서 일자리를 구하는 데 성공했다.

해설 전치사+동명사+명사

괄호는 전치사(in)와 명사(a job) 사이에 위치해 전치사(in)의 목적어로서의 명사의 기능과 명사(a job)를 목적어로 취할 수 있는 동사의 기능을 겸하는 동명사가 필요한 자리이므로 finding이 정답이다.

4 Most advertisements are aimed at (encouraging / to encourage) customers to try a new product or switch from competitors.

대부분의 광고들은 고객들을 부추겨 새로운 제품을 써 보거나 경쟁 업체에서 갈아타도록 하는 데 목표를 두고 있다.

해설 전치사+동명사+명사

괄호는 전치사(at)와 명사(customers) 사이에 위치해 전치사(at)의 목적어로서의 명사의 기능과 명사(customers)를 목적어로 취할 수 있는 동사의 기능을 모두 할 수 있는 동명사가 필요한 자리이므로 encouraging이 정답이다. to encourage는 to부정사로서 괄호 뒤의 명사(customers)를 목적어로 취할 수 있으나 앞의 전치사에 연결될 수 없다.

B

5 After ------ a degree in electrical engineering, Mr. Dawson decided to pursue a master's degree at Pinestone University.

(A) acquiring (B) acquired
(C) acquire   (D) to acquire

전기공학 학위를 취득한 후에, Dawson 씨는 Pinestone 대학교에서 석사 학위 과정을 계속하기로 결정했다.

해설 전치사+동명사+명사

빈칸은 전치사(after)와 명사(a degree) 사이에 위치해 전치사(after)의 목적어로서의 명사의 기능과 명사(a degree)를 목적어로 취할 수 있는 동사의 기능을 모두 할 수 있는 동명사가 필요한 자리이다. 따라서 (A)가 정답이다.

6 Fendur Oil Company strictly protects confidential information for ------- its stability and competitiveness.

(A) maintenance (B) maintains
(C) maintaining (D) maintain

Fendur 정유 회사는 자사의 안정과 경쟁력을 유지하기 위해 기밀 정보를 엄격히 보호하고 있다.

해설 전치사+동명사+명사

빈칸은 전치사(for)와 명사(its stability) 사이에 위치해 전치사(for)의 목적어로서의 명사의 기능과 명사(its stability)를 목적어로 취할 수 있는 동사의 기능을 모두 할 수 있는 동명사가 들어갈 자리이다. 따라서 (C)가 정답이다.

7 For security reasons, visitors are requested to refrain from ------- backpacks, luggage, or other parcels into the embassy premises.

(A) bringing (B) to bring
(C) bring (D) brought

보안상의 이유로, 방문객들은 대사관 구내로 배낭과 짐, 또는 다른 소포들을 들여오는 것을 삼가도록 요청받는다.

해설 전치사+동명사+명사

빈칸은 전치사(from)와 명사구(backpacks, luggage, or other parcels) 사이에 위치해 전치사의 목적어로서의 명사의 기능과 명사구를 목적어로 취할 수 있는 동사의 기능을 모두 할 수 있는 동명사가 들어갈 자리이다. 따라서 (A)가 정답이다.

8 The policy of DK Com clearly states that if its bills remain unpaid for three months, it has the right to cut Internet connections without ------- customers.

(A) notifies (B) notified
(C) notifying (D) notification

DK Com의 정책은 자사의 청구 금액이 세 달 동안 미납된 채로 남아 있을 경우 고객들에게 통보 없이 인터넷 접속을 끊을 권리가 있다고 명백히 밝히고 있다.

해설 전치사(without)+동명사+명사

빈칸은 전치사(without)와 명사(customers) 사이에 위치해 전치사의 목적어로서의 명사의 기능과 명사구를 목적어로 취할 수 있는 동사의 기능을 모두 할 수 있는 동명사가 들어갈 자리이다. 따라서 (C)가 정답이다.

Practice 시험에 반드시 나오는 동명사를 목적어로 취하는 동사와 동명사 숙어

Answer
A. 1. assigning 2. using 3. making 4. sleeping
B. 5. (D) 6. (C) 7. (C) 8. (B)

A

1 I suggest (assigned / *assigning*) one or two secretaries to facilitate a discussion each week.

매주 토론을 원활히 진행하도록 한두 명의 비서를 배치할 것을 제안합니다.

해설 suggest+동명사

'제안하다'라는 의미의 동사 suggest는 동명사를 목적어로 취하는 동사이므로 assigning이 정답이다.

2 When handling an issue that takes considerable time, people should try to avoid (*using* / to use) e-mails and instead communicate by phone.

사람들이 상당한 시간이 걸리는 사안을 다룰 때에는 이메일 사용을 피하도록 노력하고 대신에 전화로 연락해야 한다.

해설 avoid+동명사

'피하다'라는 의미의 동사 avoid는 동명사를 목적어로 취하는 동사이므로 using이 정답이다.

3 Long-term consumers were shocked when Stivofilm announced that they would discontinue (make / *making*) film cameras.

오래된 고객들은 Stivofilm이 필름 카메라 생산을 중단하겠다고 발표했을 때 충격을 받았다.

해설 discontinue+동명사

'중단하다'라는 의미의 동사 discontinue는 동명사를 목적어로 취하는 동사이므로 making이 정답이다.

4 Psychologist Erin Hopkins indicated that stress, depression, and caffeine are some of the reasons that people have difficulty (sleep / sleeping).

심리학자 Erin Hopkins는 스트레스와 우울증, 카페인이 사람들이 잠자는 데 어려움을 겪는 몇 가지 이유들이라고 지적했다.

해설 have difficulty+동명사

have difficulty -ing는 '~하는 데 어려움을 겪다'라는 의미의 동명사 숙어이다. 따라서 sleeping이 정답이다.

B

5 Mr. Fisher mentioned that the Palmura Group committee is considering ------- the head office to Vancouver.

(A) to relocate (B) relocation
(C) has relocated (D) relocating

Fisher 씨는 Palmura 그룹 위원회가 본사를 밴쿠버로 이전하는 것을 고려하고 있다고 말했다.

해설 consider+동명사

'고려하다'라는 의미의 동사 consider는 동명사를 목적어로 취하는 동사이므로 (D)가 정답이다.

6 The board's main duties include ------- the company's strategy and budget and purchasing and selling major assets.

(A) confirmation (B) confirms
(C) confirming (D) confirmed

이사회의 주요 임무는 회사의 전략과 예산을 확정하는 일과 주요 자산들을 매입하고 매각하는 일을 포함한다.

해설 include+동명사

'포함하다'라는 의미의 동사 include는 동명사를 목적어로 취하는 동사이다. 따라서 (C)가 정답이다.

7 We are seeking instructors capable of ------- practical lessons.

(A) teach (B) to teach
(C) teaching (D) taught

우리는 실용적인 학과들을 가르칠 수 있는 강사들을 구하고 있다.

해설 전치사+동명사+명사

빈칸은 전치사(of)와 명사구(practical lessons) 사이에 위치해 전치사의 목적어로서의 명사의 기능과 명사구를 목적어로 취할 수 있는 동사의 기능을 모두 할 수 있는 동명사가 들어갈 자리이다. 따라서 (C)가 정답이다.

8 Finance Minister, Mr. Simpson, said that the government was committed to ------- the rising inflation in the recent months.

(A) moderate (B) moderating
(C) moderation (D) moderately

재무 장관인 Simpson 씨는 정부가 최근 몇 달 동안 증가하고 있는 인플레이션을 완화시키는 데 전념하고 있다고 말했다.

해설 be committed to+동명사

be committed to -ing는 '~에 전념하다'라는 의미의 동명사 숙어이므로 (B)가 정답이다.

Practice 반드시 알아야 하는 기출 형용사 어휘 ❸

Answer
A. 1. finest 2. moderate 3. frequent 4. sufficient
B. 5. (A) 6. (D) 7. (A) 8. (C)

A

1 Also known as a peace activist, Malangatana is considered one of the (finest / closest) painters in Africa.

평화 운동가로도 알려진 Malangatana는 아프리카에서 가장 뛰어난 화가 중 한 명으로 여겨진다.

해설 finest 가장 훌륭한, 가장 뛰어난
괄호 뒤에 있는 명사 painters를 수식하기에 적절한 형용사를 고르는 문제로 Malangatana가 가장 뛰어난 화가 중 한 명으로 간주된다고 해야 의미가 통하므로 finest가 정답이다.

어휘 close 가까운

---

2 The headlines of Billberg Daily Newspaper reported only a (moderate / special) rise in inflation.

Billberg 일간 신문의 헤드라인은 인플레이션의 적정한 증가만 보도했다.

해설 moderate 알맞은, 적당한
괄호 뒤에 있는 명사 rise를 수식하기에 적절한 형용사를 고르는 문제로, 인플레이션의 적정한 증가만 보도했다고 해야 자연스러우므로 moderate이 정답이다.

어휘 special 특별한

---

3 The technician informed the manager that (missing / frequent) paper jams caused the printer malfunction.

그 기술자는 잦은 종이 걸림이 프린터 오작동을 일으킨다고 관리자에게 알려 주었다.

해설 frequent 빈번한, 잦은
괄호 뒤의 명사 paper jams를 수식하기에 적절한 형용사를 고르는 문제로, 잦은 종이 걸림이 프린터의 오작동을 일으킨다고 해야 의미가 통하므로 frequent가 정답이다.

어휘 missing 실종된, 사라진

---

4 Hamdire University announced that they had collected (sufficient / contrived) funds for making further improvements, such as installing computers in the school library.

Hamdire 대학교는 교내 도서관에 컴퓨터를 설치하는 것과 같은 추가 개선 작업을 하기 위한 충분한 자금을 모았다고 발표했다.

해설 sufficient 충분한
괄호 뒤의 명사 funds를 수식하기에 알맞은 형용사를 묻는 문제로, 추가적인 개선을 하기 위한 충분한 자금을 모았다는 의미가 적절하므로 sufficient가 정답이다.

어휘 contrived 꾸며 낸, 부자연스러운

B

5 Sales manager Frank Clinton's decision for promoting the product through advertisements led to an ------- increase in sales.

(A) unprecedented (B) imminent
(C) unsalvageable (D) extraneous

광고를 통해 제품을 홍보하는 것에 대한 영업과장 Frank Clinton의 결정이 전례 없는 매출 증가로 이어졌다.

해설 unprecedented 전례 없는
빈칸 뒤의 명사 increase를 수식하기에 알맞은 형용사를 고르는 문제로, Frank Clinton의 결정이 전례 없는 매출 증가로 이어졌다고 해야 의미가 통하므로 (A)가 정답이다.

어휘 imminent 임박한 unsalvageable 구조할 수 없는 extraneous 외래의, 관련 없는

---

6 The recent seminar on Youth Entrepreneurship received a ------- response from many undergraduates studying economics and business.

(A) chosen (B) practical
(C) current (D) positive

청년 기업가 정신에 대한 최근 세미나가 경제학과 경영학을 공부하는 많은 학부생들로부터 긍정적인 반응을 얻었다.

해설 positive 긍정적인, 자신 있는
빈칸 뒤의 명사 response를 수식하기에 알맞은 형용사를 고르는 문제로, 최근 세미나가 학부생들로부터 긍정적인 반응을 얻었다는 의미가 적절하므로 (D)가 정답이다.

어휘 chosen 선택된 practical 실용적인 current 현재의

---

7 Giraffe Waterpark Camp offers a ------- range of fun activities and events for families visiting during the summertime.

(A) diverse (B) prolonged
(C) several (D) valued

Giraffe 워터파크 캠프는 여름철에 방문하는 가족들에게 다양한 재미있는 활동과 행사를 제공한다.

해설 diverse 다양한
빈칸 뒤의 명사 range를 수식하기에 알맞은 형용사를 고르는 문제로, 그 캠프가 방문하는 가족들에게 다양한 활동과 행사를 제공한다는 의미가 적절하므로 (A)가 정답이다.

어휘 prolonged 오래 계속되는 several 몇몇의 valued 소중한

---

8 BIS Industry emphasized that employees need to be ------- with the new working hours.

(A) recognizable (B) common
(C) familiar (D) usual

BIS 산업은 직원들이 새 근무 시간을 잘 알고 있을 필요가 있다고 강조했다.

해설 familiar 잘 아는, 정통한
빈칸은 be동사 뒤의 형용사 자리로, 빈칸 뒤 전치사 with를 취해 '~을 잘 알고 있다'라는 의미를 나타내는 (C)가 정답이다.

어휘 recognizable 인식할 수 있는 common 흔한, 공통의 usual 보통의

Actual Test

Answer 1. (D) 2. (C) 3. (B) 4. (A) 5. (D) 6. (A)
        7. (B) 8. (A) 9. (B) 10. (B) 11. (B) 12. (C)

---

1 After ------- nine original works, Bethany Turner was hired to write a script for a film that would be directed by Douglas Zimmerman.

(A) was selling (B) to have sold
(C) had sold (D) having sold

원작 9편을 팔고 난 후에 Bethany Turner는 Douglas Zimmerman이 감독하게 될 영화의 대본을 쓰기 위해 고용되었다.

해설 전치사+동명사+명사
빈칸은 전치사(after)와 명사구(nine original works) 사이에 위치해 전치사의 목적어로서의 명사의 기능과 명사구를 목적어로 취할 수 있는 동사의 기능을 모두 할 수 있는 동명사가 필요한 자리이므로 (D)가 정답이다.

어휘 original work 원작물 script 대본 direct (영화를) 감독하다

---

2 Mr. Winston's presentation will focus on ------- the company's long-term strategic direction.

(A) outline (B) outlined
(C) outlining (D) outliner

Winston 씨의 발표는 회사의 장기 전략 방향의 윤곽을 보여 주는 데 집중할 것이다.

해설 전치사+동명사+명사
빈칸은 전치사(on)와 명사구(the company's long-term strategic direction) 사이에 위치해 전치사의 목적어로서의 명사의 기능과 명사구를 목적어로 취할 수 있는 동사의 기능을 모두 할 수 있는 동명사가 필요한 자리이므로 (C)가 정답이다.

어휘 focus on ~에 집중하다 strategic 전략적인 direction 방향

---

3 Many business organizations have to keep ------- their customer service to stay ahead of their competitors.

(A) improved (B) improving
(C) improvement (D) improvable

많은 기업체들은 경쟁 업체들보다 앞서기 위해 자사의 고객 서비스를 계속 개선해 나가야 한다.

해설 keep+동명사

'유지하다, 계속하다'라는 의미의 keep은 동명사를 목적어로 취하는 동사이다. 따라서 (B)가 정답이다.

어휘 stay ahead of ~보다 앞서 있다   competitor 경쟁 업체

---

4. Mr. Lewis decided to donate a part of the money to charity by ------- a check of $5,000.

   (A) issuing   (B) issue
   (C) issued   (D) to issue

   Lewis 씨는 5천 달러짜리 수표를 발행해 자선 단체에 그 돈의 일부를 기부하기로 결정했다.

해설 전치사+동명사+명사

빈칸은 전치사(by)와 명사구(a check of $5,000) 사이에 위치해 전치사의 목적어로서의 명사의 기능과 명사구를 목적어로 취할 수 있는 동사의 기능을 모두 할 수 있는 동명사가 필요한 자리이므로 (A)가 정답이다.

어휘 donate 기부하다   charity 자선 단체   issue 발행하다   check 수표

---

5. Besides ------- no oil, steaming is considered a simple and nutritious method of cooking.

   (A) require   (B) requirements
   (C) requires   (D) requiring

   증기로 찌는 것은 기름이 전혀 필요 없을 뿐만 아니라 간단하고 영양가가 높은 요리 방법으로 간주된다.

해설 전치사+동명사+명사

빈칸은 전치사(besides)와 명사구(no oil) 사이에 위치해 전치사의 목적어로서의 명사의 기능과 명사구를 목적어로 취할 수 있는 동사의 기능을 모두 할 수 있는 동명사가 필요한 자리이므로 (D)가 정답이다.

어휘 besides ~외에[뿐만 아니라]   steaming 증기로 찌기   nutritious 영양가가 높은

---

6. At this time of year, everybody is busy ------- for the monsoons that could last for the next four to five months.

   (A) preparing   (B) prepares
   (C) preparation   (D) to prepare

   연중 이맘때에는 모든 사람이 앞으로 4~5개월 동안 지속될 수 있는 우기에 대비하느라 바쁘다.

해설 be busy+동명사

be busy -ing는 '~하느라 바쁘다'라는 의미의 동명사 숙어이다. 따라서 빈칸에는 동명사 (A)가 들어가야 한다.

어휘 at this time of year 연중 이맘때에는   monsoon 우기   last 지속되다

---

7. Students should review their school's Program Planning Guide before they begin ------- courses.

   (A) select   (B) selecting
   (C) selected   (D) selection

   학생들은 과정을 선택하기 전에 학교의 프로그램 기획 안내서를 검토해야 한다.

해설 begin+동명사

'시작하다'라는 의미의 begin은 목적어로 동명사를 취할 수 있는 동사이므로 (B)가 정답이다. (D)는 명사로 begin의 목적어 자리에 위치할 수 있으나 뒤에 나오는 명사구와 연결될 수 없다.

어휘 review 검토하다   select 선택하다

---

8. The design firm NIXEA is well-known for ------- the most advanced working environment in the industry.

   (A) leading   (B) leads
   (C) leader   (D) leadership

   디자인 회사인 NIXEA는 업계에서 가장 앞선 근무 환경을 주도하는 것으로 유명하다.

104

[해설] 전치사+동명사+명사구

빈칸은 전치사(for)와 명사구(the most advanced working environment in the industry) 사이에 위치해 전치사의 목적어인 명사의 기능과 명사구를 목적어로 취하는 동사의 기능을 모두 할 수 있는 동명사가 필요한 자리이므로 (A)가 정답이다.

[어휘] be well-known for ~로 유명하다　lead 이끌다, 주도하다　advanced 선진화된, 앞선　working environment 근무 환경

Questions 9-12 refer to the following letter.

To: Department employees
From: Billy Ernest
Subject: Announcement
Date: April 19

Dear employees:

It is my deepest pleasure to announce that owing to his hard work and outstanding dedication, Jae-ho Kim is being promoted. From April 22, Mr. Kim will be --- 9. --- the Immigration Consulting Division.
Mr. Kim began as a public service worker in this division five years ago, and he has exhibited diligence in all his consulting assignments with many clients. In his new position as the Director of Immigration Consulting, besides --- 10. --- contracts with clients' lawyers, Mr. Kim will be responsible for training and managing all the Security Team members. --- 11. ---. I trust that all of you will make every effort to help him during his --- 12. --- to his new role. Thank you in advance for your help and support.

Best Regards,

Billy Ernest
Chief of Bureau, Immigration

수신: 부서 직원들
발신: Billy Ernest
제목: 공고
날짜: 4월 19일

직원 여러분께,

김재호 씨가 노고와 뛰어난 헌신으로 인해 승진하게 되었음을 알려 드리게 되어 정말 기쁩니다. 4월 22일부터 김 씨는 이민상담부를 이끌게 될 것입니다. 김 씨는 5년 전 이 부서에서 공공 서비스 직원으로 시작했고, 많은 고객들과의 모든 상담 업무에 있어서 근면함을 보여 주었습니다. 김 씨는 이민 컨설팅부 부장으로서의 새로운 직책에 있으면서 고객들의 변호사들과의 계약을 타결하는 일 외에도 모든 보안 팀원들의 교육과 관리를 담당하게 될 것입니다. 저와 함께 김 씨의 승진을 축하해 주시기 바랍니다. 그가 새로운 역할로 전환하는 동안 여러분 모두가 그를 돕기 위해 모든 노력을 해주시리라 믿습니다. 여러분의 노력과 지원에 미리 감사드립니다.

Billy Ernest
출입국 관리국 국장

9　(A) leaving
　(B) leading
　(C) joining
　(D) purchasing

10　(A) negotiate
　(B) negotiating
　(C) negotiator
　(D) negotiations

NEW
11　(A) This is only a temporary job Mr. Kim will take.
　(B) Please join me in congratulating Mr. Kim on his promotion.
　(C) It's been over a decade since he joined the sales team.
　(D) Mr. Kim's retirement party will be held this coming Friday.

12　(A) occupation
　(B) acquisition
　(C) transition
　(D) interruption

9 해설 lead 이끌다, 주도하다

동사 어휘 문제로 빈칸 앞에 김 씨가 승진할 것이라는 내용이 언급되어 있으므로 그가 이민 컨설팅부를 이끌게 될 것이라는 의미가 자연스럽다. 따라서 (B)가 정답이다.

어휘 owing to ~ 때문에 outstanding 두드러진, 뛰어난 dedication 헌신 be promoted 승진하다 leave 떠나다 join 합류하다 purchase 구입하다 immigration 이민

10 해설 전치사+동명사+명사

빈칸은 전치사(besides)와 명사구(contracts with clients' lawyers) 사이에 위치해 전치사의 목적어 역할을 하는 명사의 기능과 명사구를 목적어로 취할 수 있는 동사의 기능을 모두 할 수 있는 동명사가 필요한 자리이므로 (B)가 정답이다.

어휘 exhibit 보여 주다 diligence 근면함 assignment 과제, 임무 besides ~ 외에도 negotiate 타결하다 security 보안

11 해설 적절한 문장 찾기

(A) 이 직책은 김 씨가 맡을 임시 일자리일 뿐이다.
(B) 저와 함께 김 씨의 승진을 축하해 주시기 바랍니다.
(C) 그가 영업팀에 합류한 지 10년이 넘었습니다.
(D) 김 씨의 퇴직 파티는 이번 금요일에 열릴 예정입니다.

어휘 congratulate 축하하다 promotion 승진 decade 10년 retirement party 은퇴파티

12 해설 transition 이동, 전환

명사 어휘 문제로 앞에서 김 씨가 승진해 이민 컨설팅부의 책임자가 된다고 했고, 빈칸 앞에서 모든 직원이 그를 돕기 위해 모든 노력을 해주리라 믿는다고 했으므로 그가 새로운 역할로 전환하는 동안 최선을 다해 도와 달라는 의미가 적절하다. 따라서 (C)가 정답이다.

어휘 congratulate 축하하다 make every effort to ~하기 위해 모든 노력을 다하다 occupation 직업 acquisition 취득, 인수 interruption 방해, 중단 role 역할

Unit 14 분사

Part 5-6

Practice 시험에 반드시 나오는 현재분사와 과거분사

Answer
A. 1. established   2. outlined   3. interested   4. overwhelming
B. 5. (D)   6. (B)   7. (A)   8. (C)

A

1. Pilotte Investment, an (established / establishing) Tokyo-based company, bought $793 million stocks of Metack Corp., becoming the company's biggest shareholder.

   도쿄에 본사를 둔 인정받는 회사인 Pilotte 투자는 Metack 사의 7억 9천 3백만 달러어치의 주식을 사들여 그 회사의 최대 주주가 되었다.

   해설 과거분사 (-ed)
   괄호는 뒤의 명사 company를 수식하는 형용사 자리로 수식을 받는 명사 company가 '확고해진, 확립된' 대상이므로 수동의 의미를 갖는 과거분사 established가 정답이다. established는 '인정받는, 확실히 자리를 잡은'의 의미로 형용사로 굳어져 사용된다.

2. The testing procedures (outlining / outlined) in this document are designed to ensure the safety of the newly developed tracking device.

   이 서류에 간략히 서술된 시험 절차들은 새로 개발된 추적 장치의 안전성을 보장하기 위해 설계되었다.

   해설 과거분사 (-ed)
   괄호는 명사 testing procedures를 뒤에서 수식하는 형용사 자리로 수식을 받는 명사 testing procedures(시험 절차)가 간략히 서술되는 대상이므로 과거분사 outlined가 정답이다. 분사가 명사를 뒤에서 수식하는 구조를 취할 때 분사 뒤에 목적어로서 명사 및 명사 상당 어구가 있으면 능동의 현재분사, 전치사구 등의 수식어구가 있으면 과거분사가 사용된다는 점을 기억해 두자.

3. Voltimo Company will distribute informational slips to anyone (interested / interesting) in registering for the workshop.

   Voltimo 사는 워크숍 등록에 관심 있는 모든 사람에게 정보 제공용 메모를 배포할 것이다.

   해설 감정 타동사의 과거분사
   괄호 앞의 anyone을 수식하기에 적절한 분사를 선택하는 문제로 interest는 '흥미를 끌다'라는 의미의 감정 타동사이다. 감정 타동사는 수식을 받는 명사가 감정을 느끼는 주체일 때는 과거분사(-ed)를 사용한다. anyone(누구나, 누구든지)이 흥미를 느끼는 주체이므로 과거분사 interested가 정답이다. interested는 뒤에 전치사 in을 연결해 '~에 관심[흥미] 있는'의 의미로 형용사로 굳어져 사용된다.

4. Critics have acknowledged that the Red Carpet Group's musical was an (overwhelmed / overwhelming) success.

   비평가들은 Red Carpet 그룹의 뮤지컬이 엄청난 성공작이었음을 인정했다.

   해설 감정 타동사의 현재분사
   괄호 뒤의 명사 success를 수식하기에 적절한 분사를 선택하는 문제로 overwhelm은 '압도하다'라는 의미의 감정 타동사이다. 수식을 받는 명사가 감정을 일으키는 주체일 때는 현재분사(-ing)를 사용한다. success가 압도하는 주체이므로 현재분사 overwhelming이 정답이다. overwhelming은 '압도적인, 엄청난'의 의미로 형용사로 굳어져 사용된다.

B

5. DALE Graduate Business School is offering an ------- deadline until July 14 for candidates who wish to apply for scholarships.

   DALE 경영대학원은 장학금을 신청하기를 바라는 지원자들을 위해 7월 14일까지 연장된 마감일을 제공하고 있다.

   (A) extend   (B) extends
   (C) extensive   (D) extended

해설 과거분사 (-ed)

동사 extend(연장하다)의 알맞은 형태를 묻는 문제로, 빈칸은 명사 deadline을 수식하는 형용사 자리이므로 동사 형태인 (A), (B)부터 답에서 제외한다. (C)는 '광범위한'이라는 의미의 형용사이고, (D)는 '연장된, 길어진'이라는 의미의 과거분사 형태의 형용사인데, 연장된 마감일이라는 의미가 적절하므로 (D)가 정답이다.

6 Please complete, sign, and return the application form in the ------- pre-addressed return envelope by August 21.

(A) enclosure (B) enclosed
(C) enclosing (D) enclose

동봉된 수신인 주소가 미리 적힌 반송용 봉투 안에 들어 있는 신청서를 작성 및 서명해서 8월 21일까지 다시 보내 주세요.

해설 과거분사 (-ed)

동사 enclose(동봉하다)의 알맞은 형태를 묻는 문제로, 빈칸은 명사 return envelope(반송용 봉투)를 수식하는 형용사 자리이므로 명사 (A)와 동사 (D)는 답에서 제외한다. 결국 과거분사 (B)와 현재분사 (C)를 구분하는 문제로 의미상 봉투는 동봉되는 대상이므로 수동의 의미인 (B)가 정답이다.

7 Government employees are ------- because despite increase in expenses, their salaries have not been increased.

(A) disappointed (B) disappointing
(C) disappointment (D) disappoints

정부 직원들은 경비 증가에도 불구하고 급여가 인상되지 않아 실망하고 있다.

해설 감정 타동사의 과거분사

빈칸은 be동사 뒤 형용사 자리로 명사 (C)와 동사 (D)는 답에서 제외한다. disappoint는 '실망시키다'라는 의미의 감정 타동사로서 주어가 감정을 느끼는 주체일 때는 과거분사(-ed)를 사용한다. 의미상 정부 직원들이 실망하는 것이므로 과거분사인 (A)가 정답이다.

8 The January issue of Literary Review carried a ------- interview with Philip Reeve.

(A) fascinate (B) fascinated
(C) fascinating (D) fascination

Literary Review 1월호는 Philip Reeve와의 아주 흥미로운 인터뷰를 실었다.

해설 감정 타동사의 현재분사

빈칸 뒤의 명사 interview를 수식하기에 적절한 분사를 선택하는 문제로 fascinate는 '황홀하게 하다, 매혹하다'라는 의미의 감정 타동사이다. interview가 매혹하는 주체이므로 현재분사 (C)가 정답이다. fascinating은 '매료하는, 매혹적인'의 의미로, fascinated는 '매료된'의 의미로 형용사로 굳어져 사용된다.

Practice 시험에 반드시 나오는 필수 분사 표현

Answer
A. 1. finished 2. promising 3. designated 4. lasting
B. 5. (C) 6. (A) 7. (B) 8. (C)

A

1 The board of directors will discuss the results after each group presents their (finished / finishing) product.

이사회는 각 그룹이 각자의 완제품을 보여준 후에 결과를 논의할 것이다.

해설 finished product 완제품

괄호는 명사 product를 수식하는 형용사 자리로 동사 finish의 알맞은 분사 형태를 묻는 문제이다. 완성된 제품이라는 의미가 적절하므로 수동의 의미를 갖는 과거분사 finished가 정답이다.

2 Mr. Frazier's ability to adapt quickly made him a (promised / promising) member of our community.

Frazier 씨의 빠르게 적응하는 능력 때문에 그는 우리 지역사회의 전도유망한 회원이 되었다.

해설 promising member 전도유망한 회원

괄호는 명사 member(회원)를 수식하는 형용사 자리로, promise(약속하다)의 과거분사인 promised는 '약속된'이라는 의미이며, 현재분사인 promising은 '약속하는'이라는 의미 외에 '전도유망한, 촉망받는'이라는 의미의 형용사로도 사용된다. 전도유망한 회원이라는 의미가 적절하므로 promising이 정답이다.

3. Food and drinks in the Kingsport Aquatic Center are only permitted in (designated / designating) areas.

   Kingsport 아쿠아틱 센터에서의 음식과 음료는 지정된 장소에서만 허가된다.

해설 designated area 지정된 장소

괄호는 명사 areas(지역, 장소)를 수식하는 형용사 자리로, designate는 '지정하다'라는 의미이며, 장소(areas)는 지정되는 것이므로 수동의 의미를 갖는 과거분사 designated가 정답이다.

4. Though Michael Newman is an amateur artist, his transcendent paintings leave a (lasted / lasting) impression on spectators.

   Michael Newman은 아마추어 미술가이지만, 그의 탁월한 그림들은 관람객들에게 지속적인 인상을 남기고 있다.

해설 lasting impression 지속적인 인상

괄호는 명사 impression(인상)을 수식하는 형용사 자리로, last는 '지속하다'라는 의미를 갖는 자동사이며, 자동사는 수동의 의미를 갖는 과거분사형이 불가능하므로 현재분사인 lasting이 정답이다. lasting은 '오래 지속되는'이라는 의미의 형용사로 굳어져 사용된다.

B

5. Employees are entitled to receive a ------- statement from their employer, listing the terms and conditions of the employment.

   직원들은 그들의 고용주로부터 고용 계약 조건을 열거한 진술서를 받을 자격이 있다.

   (A) write (B) wrote (C) written (D) writing

해설 written statement 진술서

빈칸은 명사 statement(진술)를 수식하는 형용사 자리로, statement는 쓰여지는 것이므로 수동의 의미를 갖는 과거분사 (C)가 정답이다.

6. Electric and plug-in hybrid auto sales have increased by approximately 60 percent over the ------- year.

   전기와 플러그인 하이브리드 자동차 매출이 전년도보다 약 60퍼센트 증가했다.

   (A) preceding (B) preceded
   (C) precedes (D) precede

해설 the preceding year 전년도, 지난해

빈칸은 명사 year를 수식하는 형용사 자리이므로 동사 형태인 (C)와 (D)부터 답에서 제외한다. precede는 '앞서다'라는 의미이며 앞서는 해라는 능동의 의미가 적절하므로 (A)가 정답이다. preceding은 '이전의'라는 의미의 형용사로 굳어져 사용된다.

7. Mobile devices have been the ------- means of digital contact for consumers.

   무선 통신 기기는 소비자들에게 선호되는 디지털 연락 수단이 되고 있다.

   (A) preferring (B) preferred
   (C) preference (D) preferably

해설 preferred means 선호되는 수단

빈칸은 명사 means(수단)를 수식하는 형용사 자리로 수단이 선호되는 것이므로 수동의 의미를 갖는 과거분사 (B)가 정답이다.

8. Please follow the ------- schedule, which I will hand out at practice.

   첨부된 일정을 따라 주시기 바라며 이 일정은 실습 때 나누어 드릴 것입니다.

   (A) attach (B) attaches
   (C) attached (D) to attach

해설 attached schedule 첨부된 일정

빈칸은 명사 schedule(일정)을 수식하는 형용사 자리로 일정이 첨부되는 것이므로 수동의 의미를 갖는 과거분사 (C)가 정답이다.

Practice	시험에 반드시 나오는 분사구문	Answer	A. 1. designing 2. entering 3. Being 4. allowing
			B. 5. (A) 6. (A) 7. (D) 8. (A)

A

1 When (designed / <u>designing</u>) the interface of the application, remember to consider your target audience.

응용 프로그램의 인터페이스를 설계할 때는 광고 대상자를 고려해야 한다는 것을 기억하세요.

해설 분사구문

접속사(When) 뒤에 이어지는 분사구문의 알맞은 분사형을 고르는 문제로, 원래 형태인 When you design the interface of the application에서 when절의 주어가 주절의 주어(명령문은 의미상의 주어가 you)인 you와 동일해 이를 생략하고, 동사를 분사 형태로 만드는 분사구문이 적용되었다. 괄호 뒤에 목적어가 있으면 능동의 현재분사를, 목적어가 없으면 수동의 과거분사를 선택하면 된다. 괄호 뒤에 목적어가 있으므로 현재분사 designing이 정답이다.

2 Please read all procedures thoroughly before (<u>entering</u> / entered) the laboratory.

실험실에 들어가기 전에 모든 절차를 철저히 읽어 주세요.

해설 분사구문

접속사(Before) 뒤에 이어지는 분사구문의 알맞은 분사형을 고르는 문제로, 원래 형태인 before you enter the laboratory에서 주절의 주어와 동일한 you를 생략하고, 동사를 분사 형태로 만드는 분사구문이 적용되었다. 괄호 뒤에 목적어(the laboratory)가 있으므로 능동의 현재분사 entering이 정답이다. 의미상으로도 주어인 you가 실험실에 들어가는 주체이므로 현재분사가 알맞다.

3 (To be / <u>Being</u>) the store manager, Mr. Oneil is responsible for checking supplies that need to be restocked and keeping the facility clean at all times.

Oneil 씨는 점장이므로 보충할 필요가 있는 비품을 확인하고 시설을 항상 청결하게 유지할 책임이 있다.

해설 분사구문

괄호 뒤의 명사구(the store manager) 뒤에 바로 주절이 연결되어 있으므로 빈칸에 들어갈 단어는 주절을 연결시켜 줄 수 있는 접속사 기능을 해야 한다. 원래 형태인 Because Mr. Oneil is the store manager에서 접속사와 주어를 생략하고 동사(is)를 분사 형태로 만드는 분사구문이 적용된 문장이므로 Being이 정답이다. 형태상 To be도 괄호에 올 수 있으나 '점장이 되기 위해 Oneil 씨는 ~할 책임이 있다'라는 어색한 의미가 되므로 오답이다.

4 Weather satellites help us track hurricanes, (<u>allowing</u> / allows) meteorologists to warn people days in advance.

기상 위성은 우리가 허리케인을 추적하도록 도와주며 기상학자들이 사람들에게 수일 전에 경고할 수 있도록 해준다.

해설 분사구문

접속사 없이 콤마만으로 두 절이 연결되어 있다면, 분사구문이 적용되었음을 알 수 있어야 한다. 콤마만으로는 접속사의 기능을 할 수 없기 때문에 일반 동사 형태는 빈칸에 들어갈 수 없다. 원래 형태인 and weather satellites allow meteorologists ~에서 접속사와 주어가 생략된 분사구문이므로 동사(allow)가 분사 형태로 바뀌어야 한다. 괄호 뒤에 목적어가 있으므로 현재분사 allowing이 정답이다.

B

5 As ------- in the rental contract, all residents will be given a maximum of five extra days before monthly payments are due.

(A) noted
(B) noting
(C) note
(D) notations

임대 계약서에 적힌 대로, 모든 입주민들은 월 임대료 납부 마감일 전에 최대 5일의 추가 기간을 부여받을 것이다.

해설 분사구문

원래 형태인 As it is noted in the rental contract에서 접속사, 주어와 be동사가 생략되고 과거분사만 남은 분사구문이므로 (A)가 정답이다. 빈칸 뒤에 목적어가 없이 전치사구가 연결되어 있다는 것만으로도 과거분사가 들어가야 함을 알 수 있다. 참고로, 원래의 문장 As it is noted ~에서 it은 주절 전체의 내용을 가리킨다.

6 Improving service, efficiency, and productivity while ------- cost will be the company's goal this year.

(A) reducing (B) reduced
(C) reduce (D) to reduce

비용을 줄이면서 동시에 서비스, 효율성, 생산성을 개선하는 것이 올해 그 회사의 목표가 될 것이다.

해설 분사구문
접속사(While) 뒤에 주어 없이 reduce(줄이다)의 알맞은 형태를 고르는 문제로, 원래 형태인 while the company reduces cost에서 주어인 the company를 생략하고, 동사를 분사 형태로 만드는 분사구문이 적용되었다. 형태상 빈칸 뒤에 목적어(cost)가 있으므로 능동의 현재분사 (A)가 정답이다.

7 After ------- chosen in amateur auditions, prospective new vocalists of the musical ensemble will perform in small theaters next week.

(A) is (B) been
(C) were (D) being

아마추어 오디션에서 선발된 그 음악 앙상블의 유망한 새 보컬리스트들이 다음 주에 소극장들에서 공연할 것이다.

해설 분사구문
원래 형태인 After prospective new vocalists are chosen in amateur auditions에서 주어를 생략하고 be동사를 being으로 고쳐 분사구문을 만들어야 하므로 (D)가 정답이다. After being chosen은 After chosen으로, being을 삭제할 수 있다는 점을 알아 두자.

8 ------- in the city of Bilbao, the museum features historical exhibitions organized by the Buenaventura Foundation.

(A) Located (B) Locating
(C) Locates (D) Locate

Bilbao 시에 위치해 있는 그 박물관은 Buenaventura 재단에서 준비한 역사 전시회들이 특징이다.

해설 분사구문
빈칸 앞에 접속사와 주어 없이 콤마 뒤에 주절이 연결되는 것을 보고 분사구문이 되어야 함을 알 수 있다. 원래 형태인 Because the museum is located in ~에서 접속사, 주어와 be동사가 생략된 형태인 과거분사 (A)가 정답이다. 빈칸 뒤에 목적어 없이 전치사구가 연결되어 있는 것만으로도 과거분사를 선택할 수 있다.

Practice 반드시 알아야 하는 기출 형용사 어휘 ❹

Answer
A. 1. possible   2. careful   3. innovative   4. revised
B. 5. (B)   6. (D)   7. (D)   8. (B)

A

1 Weather reports claim that there will be rain of up to 20 inches (possible / allowable) in some areas.

기상 예보는 일부 지역에서 최대 20인치의 비가 올 가능성이 있다고 주장한다.

해설 possible 가능한, 있을 수 있는
최대 20인치의 비가 올 가능성이 있다는 의미가 적절하므로 형용사 possible이 정답이다.

어휘 allowable 허용할 수 있는

2 TA Intel's new LED screen is so delicate that it requires (typical / careful) handling to avoid damage.

TA Intel의 새 LED 스크린은 매우 민감해 손상을 피하도록 주의해 다루어야 한다.

해설 careful 주의하는, 세심한
스크린이 매우 민감해 주의해 다루어야 한다는 의미가 적절하므로 careful이 정답이다.

어휘 typical 전형적인, 대표적인

3. The new sales director instructed all representatives to find (innovative / billable) ways to address the needs of customers.

신임 영업이사가 모든 담당자들에게 고객의 욕구를 다룰 혁신적인 방법들을 찾으라고 지시했다.

해설 innovative 혁신적인, 획기적인
혁신적인 방법들이라는 의미가 적절하므로 innovative가 정답이다.

어휘 billable 지불을 청구할 수 있는

4. Customers expressed that the (revised / deleted) version of the manual for FW700z video camera was easier and simpler to follow.

고객들은 FW700z 비디오카메라 사용 설명서의 개정판이 따르기가 더 쉽고 더 간단하다는 의견을 표시했다.

해설 revised 개정된, 수정된
사용 설명서의 개정판이라는 의미가 적절하므로 revised가 정답이다.

어휘 delete 삭제하다

B

5. The demands seem very -------, so all deliveries can be completed without delay.

(A) accomplished (B) straightforward
(C) immediate   (D) negligible

요구들이 매우 간단해 보여서 모든 배송은 지연 없이 완료될 수 있다.

해설 straightforward 직선적인, 간단한, 솔직한
배송이 지연 없이 완료될 수 있도록 요구들이 매우 간단해 보였다고 해야 자연스러우므로 (B)가 정답이다.

어휘 accomplished 성취된 immediate 즉각적인 negligible 무시할 수 있는

6. Mr. Freddy Murphy's guide on career assessment is a(n) ------- read for students preparing to enter university.

(A) fortunate   (B) talented
(C) admired   (D) essential

Freddy Murphy 씨의 직업 평가 가이드는 대학교 입학 준비를 하는 학생들이 필수적으로 읽어야 하는 것이다.

해설 essential 필수의, 본질적인
대학교 진학을 준비하는 학생들에게 필수적인 책이라는 의미가 적절하므로 (D)가 정답이다.

어휘 fortunate 운이 좋은 talented 재능 있는 admired 존경받는

7. The company immediately hired Ms. Josie White for a position in the management team because her background was very -------.

(A) qualified   (B) knowledgeable
(C) pleased   (D) impressive

그 회사는 Josie 씨의 경력이 매우 인상적이어서 그녀를 관리팀의 직책에 즉시 채용했다.

해설 impressive 인상적인, 감동적인
배경이 매우 인상적이어서 채용했다는 의미가 적절하므로 (D)가 정답이다.

어휘 qualified 자격 있는 knowledgeable 많이 아는, 박식한 pleased 기쁜, 만족해하는

8. Many job applicants seek employment in Satif Company because it offers ------- salaries, commissions and overtime payments.

(A) reflective   (B) competitive
(C) protective   (D) excessive

Satif 사가 경쟁력 있는 급여, 판매 수수료와 초과 근무 수당을 제공하기 때문에 많은 구직자들이 그 회사의 일자리를 구한다.

해설 competitive 경쟁하는, 경쟁력 있는
경쟁력 있는 급여, 판매 수수료와 초과 근무 수당이라는 의미가 적절하므로 (B)가 정답이다.

어휘 reflective 반영하는 protective 보호하는 excessive 지나친, 과도한

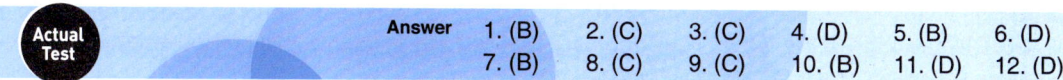

Answer 1. (B) 2. (C) 3. (C) 4. (D) 5. (B) 6. (D) 7. (B) 8. (C) 9. (C) 10. (B) 11. (D) 12. (D)

1 Interviews with several financial advisers have revealed workers' ------- needs for a steady retirement income.

(A) overwhelmingly (B) overwhelming
(C) overwhelmed (D) overwhelm

몇몇 재정 고문들과의 인터뷰에서 고정적인 퇴직 소득에 대한 직원들의 압도적인 욕구가 드러났다.

해설 감정 타동사의 현재분사

빈칸은 명사 needs를 수식할 수 있는 형용사 자리이다. 보기에 형용사의 기능을 하는 현재분사 (B)와 과거분사 (C)가 제시되어 있는데, overwhelm은 '압도하다'라는 의미의 감정 타동사이다. 수식을 받는 명사 needs가 압도하는 주체이므로 능동의 의미인 현재분사 (B)가 정답이다. overwhelming은 '압도적인, 엄청난'이라는 의미의 형용사로 굳어져 사용된다.

어휘 financial adviser 재정 고문 reveal 드러내다, 밝히다 steady 꾸준한, 고정적인 retirement income 퇴직 소득

2 Since the introduction of digital photography, cameras have become much more -------.

(A) sophisticate (B) sophisticating
(C) sophisticated (D) sophistication

디지털 사진 촬영술의 도입 이후로 카메라들이 훨씬 더 정교해졌다.

해설 과거분사 (-ed)

빈칸은 2형식 동사 become 뒤에 들어가는 형용사 자리이므로 분사형인 (B)와 (C) 중에서 정답을 골라야 한다. 디지털 촬영술의 도입으로 카메라가 정교해졌다는 수동의 의미가 적절하므로 과거분사인 (C)가 정답이다. sophisticated는 '정교한, 세련된'이라는 의미의 형용사로 굳어져 사용된다.

어휘 introduction 도입, 소개 photography 사진 촬영술

3 The majority of Internet users are not comfortable with ------- advertisements and online data collection.

(A) to target (B) is targeting
(C) targeted (D) targets

인터넷 이용자의 대다수가 타깃 광고와 온라인 데이터 수집을 기분 좋게 여기지 않는다.

해설 과거분사 (-ed)

빈칸은 명사 advertisements(광고)를 수식하는 형용사 자리이므로 보기 중 형용사 기능을 하는 과거분사 (C)가 정답이다.

어휘 majority 대다수 comfortable with ~이 마음에 드는, 편안함을 느끼는 targeted advertisement 타깃 광고 (특정 대상을 목표로 삼은 광고)

4 ------- information and specifications are only available to customers with verified access clearance.

(A) Detailing (B) Details
(C) Detail (D) Detailed

상세한 정보와 세목들은 이용 승인이 확인된 고객들만이 이용할 수 있다.

해설 과거분사 (-ed)

빈칸은 명사 information(정보)을 수식하는 형용사 자리이므로 형용사의 기능을 하는 현재분사 (A)와 과거분사 (D) 중에서 의미상 알맞은 형태를 골라야 한다. 상세히 기술된 정보라는 수동의 의미가 적절하므로 과거분사 (D)가 정답이다.

어휘 specification 명세, 세목 verified 확인된, 입증된 access 접근, 이용 clearance 승인, 허가

5 Professor Brown will be sending an e-mail with the schedules for the ------- work for the month.

(A) remainder (B) remaining
(C) remained (D) remain

Brown 교수는 이번 달에 남아 있는 일에 대한 일정을 담은 이메일을 보낼 것이다.

해설 현재분사 (-ing)

빈칸은 명사 work를 수식하는 형용사 자리이다. remain은 '남아 있다'라는 의미의 자동사이다. 자동사는 수동 의미의 과거분사 형태가 불가능하므로 '남아 있는'이라는 의미의 현재분사 (B)가 정답이다.

어휘 schedule 일정 remainder 나머지

---

6. When ------- an important presentation, keep it brief but include substantial details.

   (A) make (B) makes
   (C) made (D) making

   중요한 발표를 할 때는 짧게 하면서도 실질적인 세부 사항은 포함하십시오.

해설 분사구문

원래의 형태인 When you make an important presentation에서 주어를 생략하고, 동사를 분사 형태로 만드는 분사구문이 적용되었다. 빈칸 뒤에 목적어가 있으면 능동의 현재분사를, 목적어가 없으면 수동의 과거분사를 선택하면 된다. 빈칸 뒤에 목적어로서 명사구(an important presentation)가 있으므로 현재분사 (D)가 정답이다.

어휘 make a presentation 발표하다 brief 간결한 substantial 실질적인 details 세부 사항

---

7. This year, the net loss of Texfill Bank was 10.5 billion euros, ------- that it is one of the largest financial losses in the last 10 years.

   (A) confirms (B) confirming
   (C) confirmed (D) confirmation

   올해 Texfill 은행의 순손실이 105억 유로였고, 이는 그것이 지난 10년간 가장 큰 재정 손실 중 하나임을 확인해 준다.

해설 분사구문

접속사 없이 콤마만으로 두 절이 연결되어 있다면, 분사구문이 적용되었음을 알 수 있어야 한다. 콤마만으로는 접속사의 기능을 할 수 없기 때문에 일반 동사 형태인 (A)와 명사인 (D)는 답에서 제외한다. 원래의 형태인 and the net loss of Texfill Bank confirmed that ~에서 접속사와 주어가 생략되고, 동사가 분사 형태로 바뀌어야 한다. 빈칸 뒤에 목적어로 that절이 연결되어 있으므로 현재분사 (B)가 정답이다.

어휘 net loss 순손실 billion 10억 financial loss 재정 손실

---

8. When ------- new manufacturing machinery, operators should first consider what is best in terms of personnel safety.

   (A) order (B) orders
   (C) ordering (D) ordered

   새로운 제조 기계류를 주문할 때는 조작자들이 직원 안전 측면에서 무엇이 최선인지를 고려해야 한다.

해설 분사구문

원래의 형태인 When operators order new manufacturing machinery에서 주어를 생략하고, 동사를 분사 형태로 만드는 분사구문이 적용되었다. 빈칸 뒤에 목적어가 있으면 능동의 현재분사를, 목적어가 없으면 수동의 과거분사를 선택하면 된다. 빈칸 뒤에 목적어로 명사구(new manufacturing machinery)가 있으므로 현재분사 (C)가 정답이다.

어휘 machinery 기계(류) operator (기계, 장비 등을) 조작(운전)하는 사람 in terms of ~의 측면에서 personnel 인원, 직원들

Questions 9-12 refer to the following e-mail.

To: henry.gibson@sletter.net
From: walls.fed3@mtm.com
Subject: Letter of regret
Date: May 12

Dear Mr. Gibson,

We would like to thank you for your interest in becoming a --- 9. --- author to the Malaysia Tourist Newsletter. Although your work is highly regarded, our annual staffing budget was recently reduced. --- 10. ---. However, we urge you to continue your contributions and hope that you will submit your work again as an independent writer in the future.

Once again, please remember that we typically accept short --- 11. --- regarding tourist sites. We are looking forward --- 12 --- more of your work soon. Thank you.

Sincerely,

Wallsa Fedre, Malaysia Tourist Newsletter

수신: henry.gibson@sletter.net
발신: walls.fed3@mtm.com
제목: 유감의 편지
날짜: 5월 12일

깁슨 씨께,

저희는 당신이 말레이시아 관광 소식지의 기고 작가가 되는 데 관심을 보여 주신 것에 감사드립니다. 당신의 작품은 가치가 높지만, 저희의 연간 채용 예산이 최근에 감소했습니다. 그러므로 저희는 현재 귀하에게 계약 제안을 해드릴 수 없습니다. 하지만 저희는 당신에게 계속 기고하시기를 강력히 권고하며, 앞으로 독립 작가로서 작품을 제출해 주시기 바랍니다.

다시 한 번, 저희는 보통 관광지에 관한 짧은 기사들을 받는다는 것을 기억해 주시기 바랍니다. 당신의 글에 대해 곧 좀 더 읽을 수 있기를 기다리고 있겠습니다.

Wallsa Fedre, 말레이시아 관광 소식지

9 (A) contribute
   (B) contributable
   (C) contributing
   (D) contributes

NEW
10 (A) While we are running out of budget, we are hiring some more staff.
   (B) Therefore, we will not be able to offer you a contract currently.
   (C) The budget meeting will be held this Monday.
   (D) Otherwise, we have no choice but to cut down expenses.

11 (A) exhibits
   (B) assistance
   (C) donation
   (D) articles

12 (A) read
   (B) reading
   (C) to read
   (D) to reading

9 **해설** 현재분사 (-ing)

빈칸은 명사 author(작가)를 수식할 수 있는 형용사 자리이다. 보기 중 형용사는 (B)와 (C)인데, (B)는 '기고할 수 있는'이라는 의미이고, (C)는 contribute의 현재분사 형태로 '기고하는'이라는 능동의 의미이다. 이 문장에서는 기고하는 작가라는 의미가 적절하므로 (C)가 정답이다.

어휘 interest 관심, 흥미 contribute 기고하다 author 작가

10 해설 적절한 문장 찾기

(A) 예산이 부족하지만 우리는 직원을 좀 더 고용할 겁니다.
(B) 그러므로 저희는 현재 귀하에게 계약 제안을 해드릴 수 없습니다.
(C) 이번 주 월요일에 예산 회의가 열릴 예정입니다.
(D) 그렇지 않으면 경비를 삭감할 수밖에 없다.

어휘 run out of ~가 떨어지다 budget 예산 be able to ~할 수 있다 currently 현재 otherwise 그렇지 않으면 have no choice but ~이외에는 선택의 여지가 없다 cut down expense 비용을 삭감하다

---

11 해설 article 기사

빈칸 앞뒤의 수식어구(short / regarding tourist sites)를 받기에 적절한 명사를 골라야 하므로 '기사들'을 의미하는 (D)가 정답이다. '관광지에 관한 짧은 기사들은 받아들인다'는 의미가 되어야 한다.

어휘 typically 전형적으로, 보통 regarding ~에 관해 tourist site 관광지

---

12 해설 look forward to sth

look forward to는 'to 이하를 고대하다'라는 뜻이다. 따라서 정답은 (D) to reading이다.

Unit 15 명사절 접속사

Part 5-6

Practice 시험에 반드시 나오는 that/what/whether/if

Answer
A. 1. that 2. what 3. whether 4. That
B. 5. (D) 6. (B) 7. (A) 8. (A)

A

1 Perexo Corporation announced (what / <u>that</u>) it will be establishing a new branch in Hong Kong within the next six months.

Perexo 사는 앞으로 6개월 이내에 홍콩에 새 지사를 설립하겠다고 발표했다.

해설 that vs. what

괄호 앞에 전체 문장의 주어, 동사가 있으며, 뒤에 주어, 동사, 목적어를 모두 갖춘 절이 연결되어 있으므로 본동사 announced의 목적어 역할을 할 수 있는 완전한 문장을 이끄는 명사절 접속사 that이 정답이다. what은 뒤에 불완전한 문장이 온다.

2 Mr. Holmes wishes to know (<u>what</u> / when) happened to his baggage that was supposed to arrive with him at the airport.

Holmes 씨는 공항에 자신과 함께 도착하기로 되어 있었던 자신의 수하물에 무슨 일이 생겼는지 알고 싶어 한다.

해설 that vs. what

괄호 뒤에 이어지는, 타동사 know의 목적어 역할을 하는 절이 주어가 빠진 불완전한 문장이므로 what이 정답이다. when은 종속 접속사 또는 의문부사로 쓰여 완전한 문장을 이끈다.

3 When the metal bracelet began to rust, many people began doubting (<u>whether</u> / whenever) it was made of genuine silver.

금속 팔찌가 녹슬기 시작했을 때, 많은 사람들은 그것이 진짜 은으로 만들어졌는지 의심하기 시작했다.

해설 명사절 접속사 whether

괄호 앞에 동명사 doubting이 있고 뒤에는 완전한 문장이 연결되어 있으므로 빈칸은 명사절 접속사가 필요한 자리이다. 의미상 금속 팔찌가 진짜 은으로 만들어졌는지의 여부(whether)를 의심하기 시작했다고 해야 자연스러우므로 whether가 정답이다. whenever는 복합관계부사 또는 접속사로서 완전한 문장을 이끌 수 있으나 '~할 때는 언제든지, ~할 때마다'라는 의미이므로 답이 될 수 없다.

4 (<u>That</u> / What) Mr. Turner has supervised the service department for nearly twenty years shows his devotion and passion.

Turner 씨가 서비스부를 거의 20년 간 관리했다는 것은 그의 헌신과 열정을 보여 준다.

해설 that vs. what

that과 what의 구분 문제. 빈칸 뒤에 주어(Mr. Turner), 동사(has supervised), 목적어(the service department)를 모두 갖춘 완전한 문장이 연결되어 있으며, 그 뒤에 본동사 shows가 보이므로 괄호에는 전체 문장의 주어 역할을 하는 완전한 절을 이끄는 명사절 접속사가 와야 하므로 That이 정답이다.

B

5 It is vitally important ------ we consume the right amount of nutrients and vitamins daily to enable our body to function properly.

(A) which (B) what (C) who (D) <u>that</u>

우리의 몸이 제대로 기능하게 할 수 있도록 적당한 양의 영양소와 비타민을 매일 섭취하는 것이 아주 중요하다.

해설 명사절 접속사 that

빈칸 앞의 가주어 It을 보고 '가주어-진주어 it ~ that 구문'을 떠올릴 수 있으므로 (D)가 정답이다. 빈칸 뒤의 문장 성분을 살펴보면 주어(we), 동사(consume), 목적어(the right amount of nutrients and vitamins)를 모두 갖춘 완전한 문장이 연결되어 있으므로 불완전한 문장을 이끄는 (A), (B), (C)는 모두 답이 될 수 없다는 것을 알 수 있다.

6 ------- impresses readers the most is the author's writing style, which reveals the writer's personality in the novel.

(A) Which (B) What (C) Nothing (D) Neither

독자들을 가장 크게 감동시키는 것은 저자의 문체이며 이는 소설에서 그 작가의 개성을 드러낸다.

해설 **불완전한 문장을 이끄는 what**

빈칸 뒤에 주어가 빠진 불완전한 문장이 연결되어 있으며, 그 뒤에 본동사 is가 보이므로 빈칸에는 불완전한 절을 이끌어 전체 문장의 주어 역할을 할 수 있는 관계대명사가 필요하다. 따라서 (B)가 정답이다.

---

7 Mr. Sanders asked ------- Ms. Cooper was aware of the renovation of the finance department that was scheduled to begin next Monday.

(A) whether (B) whenever (C) either (D) although

Sanders 씨는 Cooper 씨가 다음 주 월요일에 시작될 예정인 재무부의 보수 공사를 알고 있는지 물었다.

해설 **명사절 접속사 whether**

빈칸 앞에 주어와 동사가 있으며, 뒤에는 완전한 절이 연결되어 있으므로 본동사 asked의 목적어 역할을 할 수 있는 완전한 문장을 이끄는 명사절 접속사 (A)가 정답이다. (B)는 복합관계부사 또는 접속사로 앞뒤로 완전한 문장을 취하는 것이 특징이며, (C)는 상관접속사 either A or B(A나 B 둘 중의 하나)를 구성하는 접속사, (D)는 부사절 접속사로서 역시 앞뒤로 완전한 문장이 연결되어 있어야 한다.

---

8 For his vacation to Europe, Mr. Price is trying to decide ------- to use a travel agency or to travel on his own.

(A) whether (B) both (C) not only (D) so

유럽 휴가를 위해 Price 씨는 여행사를 이용할 것인지 또는 혼자 여행할 것인지 결정하려 하고 있다.

해설 **명사절 접속사 whether**

빈칸 뒤에 to부정사가 연결되어 있으므로 빈칸에는 to부정사를 취할 수 있는 접속사가 필요하다. 명사절 접속사 whether는 완전한 문장뿐 아니라 to부정사를 이끌 수도 있으므로 (A)가 정답이다.

Practice 시험에 반드시 나오는 의문사와 복합관계대명사

Answer
A. 1. how 2. where 3. why 4. whatever
B. 5. (D) 6. (B) 7. (B) 8. (B)

A

1 Assessment tests are frequently administered to students to check (how / that) well their learning is progressing.

학생들의 학습이 얼마나 잘 진전되고 있는지를 확인하기 위해 학생들에게 평가 시험이 자주 실시된다.

해설 **의문부사 how**

빈칸 뒤의 부사 well을 수식하면서, check의 목적어 기능을 할 수 있는 완전한 문장을 이끄는 의문부사 how가 정답이다.

---

2 The manager asked (what / where) the power supply cord for the Metrax grinder was stored.

관리자는 Metrax 분쇄기 전원 공급 코드가 어디에 보관되어 있는지를 물었다.

해설 **의문부사 where**

빈칸 뒤에 주어(the power supply cord)와 동사(was stored)를 갖춘 완전한 문장이 연결되어 있으므로 동사 asked의 목적어 역할을 할 수 있는 완전한 절을 이끄는 의문부사 where가 정답이다. what은 의문사 또는 관계대명사로 불완전한 문장을 이끈다.

---

3 Many people have been asking (which / why) the company decided to employ younger applicants rather than the ones with experience.

많은 사람들은 그 회사가 왜 경력 있는 지원자들보다는 더 젊은 지원자들을 채용하기로 결정했는지 묻고 있다.

해설 의문부사 why

빈칸 뒤에 주어(the company), 동사(decided to employ), 목적어(younger applicants ~)를 모두 갖춘 완전한 문장이 연결되어 있으므로 have been asking의 목적어 역할을 할 수 있는 완전한 절을 이끄는 의문부사 why가 정답이다. which는 의문사 또는 관계대명사로 불완전한 문장을 이끈다.

---

4 During an interview with lottery contestants, many interviewees said that if they won, they planned to spend almost half of the prize money on (however / **whatever**) they wanted.

복권 추첨 참가자들과 인터뷰하는 동안 많은 인터뷰 대상자들이 만일 자신이 당첨되면, 상금의 거의 절반을 자신이 원하는 무엇에나 쓸 계획이라고 말했다.

해설 복합관계대명사 whatever

빈칸 뒤에 wanted의 목적어가 빠진 불완전한 문장이 연결되어 있으므로, 불완전한 절을 이끌어 '~하는 것은 무엇이든'이라는 의미를 나타내는 whatever가 정답이다. however는 접속부사로서 완전한 문장을 이끌거나 복합관계부사로서 '형용사/부사+주어+동사'의 형태를 이끌어 '아무리 ~하더라도'라는 의미를 나타낸다.

B

5 The worn-out gloves and running shoes indicate ------- hard Joe trained at the gym to prepare for the upcoming contest.

(A) why (B) where (C) when **(D) how**

해어진 글러브와 러닝슈즈는 Joe가 다가오는 대회를 준비하기 위해 체육관에서 얼마나 열심히 훈련했는지를 나타낸다.

해설 의문부사 how

빈칸 뒤의 구조가 '부사(hard)+주어+동사'이므로 빈칸에는 이러한 구조를 이끌 수 있는 의문부사 how가 들어가야 한다. 따라서 (D)가 정답이다.

---

6 For invoice payments, customers may choose to pay by mail or through online banking, ------- they prefer.

(A) however **(B) whichever** (C) whenever (D) wherever

청구서 결제를 위해 고객들은 우편으로 결제하든 온라인 뱅킹으로 결제하든 간에 그들이 선호하는 어느 쪽이든 선택할 수 있다.

해설 복합관계대명사 whichever

빈칸 뒤에 동사 prefer의 목적어가 없는 불완전한 문장이 연결되어 있으므로 불완전한 문장을 이끌 수 있는 복합관계대명사 (B)가 정답이다. 선택의 대상인 두 가지(by mail, through online banking) 중에서 어떤 것이든 선택할 수 있다는 의미를 나타낸다. (A), (C), (D)는 복합관계부사로 완전한 문장을 이끈다.

---

7 With the new portable music player, the NanoTune permits users to listen to music ------- and whenever they please.

(A) whoever **(B) wherever** (C) whatever (D) whichever

새 휴대용 음악 플레이어로 NanoTune은 사용자들이 원하는 언제 어디서든 음악을 들을 수 있게 해준다.

해설 복합관계부사 wherever

빈칸 뒤에 주어, 동사가 연결되어 있는데, 문맥상 please가 '원하다'라는 의미의 자동사이므로 they please는 완전한 문장으로 간주할 수 있다. 따라서 and whenever와 상응하면서 완전한 문장을 이끌 수 있는 복합관계부사 (B)가 정답이다. 복합관계대명사인 (A), (C), (D)는 모두 선행사를 포함하고 있기 때문에 앞에 명사가 올 수 없는데, 빈칸 앞에 명사(music)가 있기 때문에 형태상으로도 답이 될 수 없다.

---

8 ------- acquires Rickey Fleming's business will get a chance to get more than what they paid for.

(A) Who **(B) Whoever** (C) Whom (D) Whose

Rickey Fleming의 사업을 인수하는 사람은 누구든지 자신이 지불한 것보다 더 많은 것을 얻을 기회를 얻을 것이다.

해설 복합관계대명사 whoever

빈칸 뒤에 주어가 빠진 불완전한 문장이 있고 그 뒤에 본동사 will get이 보이므로 불완전한 문장을 이끌어 전체 문장의 주어 역할을 할 수 있는 복합관계대명사인 (B)가 정답이다.

| Practice | 반드시 알아야 하는 기출 부사 어휘 ❶ | Answer | **A.** 1. primarily 2. broadly 3. subsequently 4. anonymously
B. 5. (A) 6. (B) 7. (D) 8. (B) |

A

1 Kello Company has exported its products to several markets in Southeast Asia, (primarily / temporarily) to the Philippines.

> Kello 사는 동남아시아의 몇몇 시장들, 주로 필리핀에 자사 제품들을 수출해왔다.

해설 primarily 첫째로, 주로
동남아시아의 시장들 중에 주로 필리핀이라는 의미가 적절하므로 primarily가 정답이다.

어휘 temporarily 일시적으로

---

2 According to journalist Helen Salt, 3D animation films are (early / broadly) popular with both adults and children.

> Helen Salt 기자에 따르면 3D 애니메이션 영화는 성인과 아동 모두에게 폭넓게 인기가 있다.

해설 broadly 폭넓게, 대체로
괄호 뒤의 형용사 popular를 수식하기에 적절한 부사를 고르는 문제. 입체 만화영화가 폭넓게 인기를 얻고 있다는 의미가 적절하므로 broadly가 정답이다.

어휘 early 초기에, 일찍

---

3 Mr. Timothy Lee had worked in the company for over 7 years and was (subsequently / inappropriately) promoted to the position of an assistant manager.

> Timothy Lee 씨는 그 회사에 7년 넘게 일했고, 그 후에 대리로 승진했다.

해설 subsequently 그 후에, 이어서
동사 be promoted를 수식하기에 적절한 부사를 고르는 문제. 7년 넘게 일했고, 그 후에 승진했다는 의미가 적절하므로 subsequently가 정답이다.

어휘 inappropriately 부적절하게

---

4 Students who log in to the system (perceptively / anonymously), will not be credited for their participation.

> 시스템에 익명으로 로그인하는 학생들은 참여에 대한 학점을 받지 못할 것이다.

해설 anonymously 익명으로
괄호 앞의 동사 log in을 수식하기에 적절한 부사를 고르는 문제. 시스템에 익명으로 로그인한다는 의미가 적절하므로 anonymously가 정답이다.

어휘 perceptively 예민하게, 지각력 있게

B

5 Flight passengers are expected to arrive ------- at the airport, because a late check-in may delay the flight schedule.

(A) punctually   (B) eventually   (C) randomly   (D) accordingly

> 늦은 탑승 수속이 항공편 일정을 지연시킬 수 있기 때문에, 항공편 승객들은 공항에 정시에 도착할 것으로 기대된다.

해설 punctually 정시에, 시간을 지켜
빈칸 앞의 동사 arrive를 수식하기에 적절한 부사를 고르는 문제. 승객들이 정시에 도착할 것으로 기대된다는 의미가 적절하므로 (A)가 정답이다.

어휘 eventually 결국, 마침내   randomly 임의로, 무작위로   accordingly 그에 맞추어, 따라서

6 Sheila was ------- recognized by her fancy sunglasses and colorful floral pants.

   (A) shortly   (B) easily   (C) daily   (D) lately

   해설 easily 쉽게
   동사 be recognized를 수식하기에 적절한 부사를 고르는 문제. 쉽게 알아볼 수 있었다는 의미가 적절하므로 (B)가 정답이다.
   어휘 shortly 곧   daily 매일   lately 최근에

   Sheila는 화려한 선글라스와 다채로운 꽃무늬 바지로 쉽게 알아볼 수 있었다.

7 The last few lines in the user manual ------- state that the service will not be provided without the appropriate warranty.

   (A) hardly   (B) closely   (C) indefinitely   (D) explicitly

   해설 explicitly 명확하게, 노골적으로
   빈칸 뒤의 동사 state를 수식하기에 적절한 부사를 고르는 문제. 사용자 안내서에 명확히 밝히고 있다는 의미가 적절하므로 (D)가 정답이다.
   어휘 hardly 거의 ~하지 않다   closely 면밀하게   indefinitely 막연히, 불명확하게

   사용자 안내서의 마지막 몇 행은 적절한 품질 보증서 없이는 서비스가 제공되지 않을 것이 라고 명확하게 밝히고 있다.

8 The Red Sands Hotel is ------- located within walking distance to the world-famous historical sites.

   (A) largely   (B) ideally   (C) evenly   (D) chiefly

   해설 ideally 이상적으로
   동사 be located를 수식하기에 알맞은 부사를 고르는 문제. 호텔이 이상적으로 위치해 있다는 의미가 적절하므로 (B)가 정답이다.
   어휘 largely 대부분, 크게   evenly 고르게   chiefly 주로

   Red Sands 호텔은 세계적으로 유명한 유적지 들까지 걸어갈 수 있는 거리 안에 이상적으로 위치해 있다.

Actual Test

Answer 1. (A) 2. (A) 3. (D) 4. (D) 5. (A) 6. (B)
        7. (A) 8. (B) 9. (D) 10. (C) 11. (C) 12. (B)

1 A recent poll indicates ------- many people in the United States hold a combination of conservative and liberal political views.

   (A) that   (B) but   (C) what   (D) like

   해설 that vs. what
   빈칸 앞에는 주어(poll)와 동사(indicates)가 있으며, 빈칸 뒤에는 주어(many people), 동사(hold), 목적어(a combination of ~)를 모두 갖춘 절이 연결되어 있으므로 전체 문장의 목적어 역할을 하는 완전한 문장을 이끄는 명사절 접속사 (A)가 정답이다. 관계 대명사 (C)는 뒤에 불완전한 문장이 연결된다.
   어휘 poll 여론 조사   indicate 나타내다   combination 조합, 결합   conservative 보수적인   liberal 자유주의적인, 진보적인   political 정치적인

   최근 여론 조사는 미국의 많은 사람들이 보수 와 진보가 결합된 정치 견해를 지니고 있음을 보여 준다.

2 ------- is so remarkable about Natalie receiving the Music Award is that she only took up the profession three years ago.

   (A) What   (B) That   (C) Which   (D) Why

   해설 that vs. what
   빈칸 뒤에 주어가 없이 be동사가 연결되어 있고, 그 뒤로 본동사 is가 보이므로 불완전한 문장을 이끌어 전체 문장의 주어 역할 을 하는 관계대명사 (A)가 정답이다. 명사절 접속사 (B)는 완전한 문장을 이끌어 문장에서 주어, 목적어, 보어 역할을 한다.
   어휘 remarkable 주목할 만한   profession 직업

   음악상을 받는 Natalie에 관해 아주 주목할 만 한 점은 그녀가 불과 3년 전에 가수가 되었다 는 것이다.

3   The green number below the chart indicates ------- many seats are currently available in each theater.

   (A) only   (B) there   (C) most   (D) how

   차트 아래의 녹색 숫자는 각 극장에서 몇 좌석이 현재 이용 가능한지를 보여 준다.

   해설 의문부사 how

   빈칸 앞에 주어(The green number)와 동사(indicates)가 있으며 빈칸 뒤에는 '형용사(many)+주어(seats)+동사(are)'의 구조로 되어 있으므로 형용사(many)를 수식하면서 완전한 절을 이끌 수 있는 의문부사 (D)가 정답이다.

   어휘 currently 현재   available 이용 가능한

---

4   The committee has not yet determined ------- to discard the proposal because of the shortfalls in resources.

   (A) regarding   (B) either   (C) nearby   (D) whether

   위원회는 자원의 부족 때문에 그 제안을 폐기할 것인지의 여부를 아직 결정하지 못했다.

   해설 명사절 접속사 whether

   빈칸 뒤에 to부정사가 연결되어 있으므로 to부정사를 이끌 수 있는 명사절 접속사인 (D)가 정답이다.

   어휘 committee 위원회   discard 폐기하다, 버리다   proposal 제안   shortfall 부족   resource 자원

---

5   The advertising team hopes ------- the new products will help increase market awareness.

   (A) that   (B) about   (C) why   (D) how

   광고팀은 신제품들이 시장의 인식을 높이는 데 도움을 주기를 바라고 있다.

   해설 명사절 접속사 that

   빈칸 앞에 주어(advertising team)와 동사(hopes)가 있으며, 뒤에는 주어(the new products), 동사(will help increase), 목적어(market awareness)를 모두 갖춘 절이 연결되어 있으므로 전체 문장의 목적어 역할을 할 수 있는 완전한 문장을 이끄는 명사절 접속사 (A)가 정답이다. (C)와 (D) 역시 완전한 문장을 이끌 수 있는 의문부사이지만 앞의 동사와 의미가 통하지 않는다.

   어휘 awareness 자각, 인식

---

6   Since most of the talented players will not be able to participate due to their injuries, it is doubtful ------- the team will win the next game.

   (A) so that   (B) whether   (C) why   (D) when

   재능 있는 선수들 대부분이 부상으로 인해 참가할 수 없기 때문에 그 팀이 다음 경기에서 승리할지 여부는 의문이다.

   해설 명사절 접속사 whether

   빈칸 뒤에 완전한 문장이 연결되어 있고, 앞에는 가주어 it이 있으므로 빈칸에는 주절의 주어 역할을 할 수 있는 완전한 문장을 이끄는 명사절 접속사가 필요함을 알 수 있다. 팀이 다음 경기에서 승리할지의 여부가 의문스럽다는 의미가 적절하므로 명사절 접속사 (B)가 정답이다.

   어휘 talented 재능 있는   participate 참가하다   injury 부상   doubtful 의심스러운

---

7   You can attach additional stamps ------- there is empty space.

   (A) wherever   (B) whoever   (C) whichever   (D) whatever

   빈 공간이 있는 곳은 어디에나 우표를 추가로 붙일 수 있다.

   해설 복합관계부사/접속사 wherever

   빈칸 뒤에 완전한 문장(there is empty space)이 연결되어 있으므로 완전한 문장을 이끌 수 있는 복합관계부사 또는 접속사인 (A)가 정답이다. (B), (C), (D)는 복합관계대명사로서 모두 불완전한 문장을 이끌며, 앞에 선행사로서 명사가 올 수 없다.

   어휘 attach 붙이다   additional 추가의   stamp 우표

---

8   ------- Mr. Alexander has said is his personal opinion, the board has nothing to do with it.

   (A) However   (B) Whatever   (C) Whichever   (D) Whenever

   Alexander 씨가 한 말이 무엇이든 그의 개인적 의견이어서 이사회는 그것과 전혀 관계가 없다.

해설 **복합관계대명사 whatever**

빈칸 뒤에 목적어가 없는 불완전한 문장(has said)이 연결되어 있고, 그 뒤에 본동사 is가 있으므로 완전한 문장을 이끄는 (A), (D)는 제외한다. (B)와 (C) 중 하나를 선택할 때에는 의미를 고려할 필요가 있는데, Alexander 씨가 말한 것이 위 문장만으로는 몇 가지인지 알 수 없으므로 선택할 수 있는 범위가 정해져 있지 않거나 많은 경우에 사용하는 (B)가 정답이다. (C)는 선택의 범위가 정해져 있는 경우에 사용할 수 있다.

어휘 **personal** 개인적인　**board** 이사회

Questions 9-12 refer to the following article.

Nowadays, a growing number of businesses are beginning to offer flexible schedules to both part- and full-time workers. Working from home is another alternative to the traditional schedule and is gaining popularity. --- 9. --- employees are working solely from home or working for some hours a week from home, this arrangement benefits both companies and workers.
--- 10. ---.
Several studies have indicated that working from home increases employee --- 11. ---. It has statistically been shown that numerous sales agents achieved 25 percent more product sales while working from home. Although working from home is certainly not suitable for everyone, an increasing number of businesses are --- 12. --- such options.

요즈음, 점점 더 많은 기업들이 비정규직과 정규직 직원 모두에게 탄력 근무제를 제공하기 시작하고 있다. 재택근무가 전통적인 근무제의 또 다른 대안으로 인기를 얻고 있다. 직원들이 집에서만 일하든 일주일에 몇 시간 동안 집에서 일하든 이런 방식은 회사와 직원 모두에게 혜택을 준다. 직원들은 출퇴근 시간에 낭비되는 시간과 돈을 절약할 수 있다.

몇몇 연구들은 재택근무가 직원 생산성을 증대시킨다는 것을 보여 주었다. 수많은 판매 대리인들이 집에서 일하는 동안 25퍼센트 더 많은 제품 매출을 달성했다는 것이 통계적으로 나타났다.

재택근무가 확실히 모든 사람들에게 적합한 것은 아니지만 점점 더 많은 기업들이 이러한 선택안을 고려하고 있다.

9　(A) Either
　　(B) Likewise
　　(C) Therefore
　　(D) Whether

NEW
10　(A) Working together in a group can be a great experience or a terrible one.
　　(B) Sales have decreased over the last 6 months.
　　(C) Employees can save time and money wasted on commuting.
　　(D) Flexible working hours make employees unhappy.

11　(A) analysis
　　(B) management
　　(C) productivity
　　(D) purchases

12　(A) considerably
　　(B) considering
　　(C) considered
　　(D) considerable

9　해설 **접속사 whether**

빈칸 뒤에 콤마(,)로 나뉘어진 두 문장을 연결시켜 줄 수 있는 접속사가 필요하므로 (D)가 정답이다. (A)는 'either A or B'의 구조를 취해 얼핏 보면 빈칸 뒤에 문장과 문장이 or로 연결되어 있어 답이 될 것 같지만, either 자체는 부사이기 때문에 콤마 뒤의 절을 연결해 줄 수 없고, 접속부사인 (C)도 뒤에 완전한 문장이 올 수 있지만, 콤마 뒤의 절을 연결해 줄 수 없다.

어휘 **flexible schedules** 탄력 근무제　**working from home** 재택근무　**alternative to** ~의 대안　**gain popularity** 인기를 얻다　**solely** 오직, 전적으로　**arrangement** (처리) 방식　**benefit** 혜택을 주다

Part 5-6　123

10 해설 적절한 문장 찾기
(A) 그룹으로 함께 일하는 것은 멋진 경험이 되거나 끔찍한 경험이 될 수 있다.
(B) 지난 6개월 동안 매출이 감소했다.
(C) 직원들은 출퇴근 시간에 낭비되는 시간과 돈을 절약할 수 있다.
(D) 탄력 근무 시간제는 직원들을 불행하게 만든다.

어휘 terrible 끔찍한 waste 낭비하다 commute 통근하다 flexible working hours 탄력 근무시간제

11 해설 productivity 생산성
앞에서 재택근무(working from home)가 회사와 직원 모두에게 혜택을 준다고 언급했고, 그 근거로 재택근무가 직원 생산성을 높인다는 통계 결과를 제시해야 하므로 (C)가 정답이다.

어휘 statistically 통계상으로 analysis 분석 management 관리, 경영 purchase 구입 numerous 수많은 sales agent 판매 대리인

12 해설 현재진행 시제
빈칸 앞에 be동사가 있고 뒤에는 목적어(such options)가 있으므로 진행형을 만드는 현재분사 (B)가 정답이다.

어휘 suitable 적합한, 적절한 consider 고려하다

Unit 16 형용사절 접속사

Practice 시험에 반드시 나오는 관계대명사

Answer
A. 1. that 2. you 3. who 4. that
B. 5. (D) 6. (C) 7. (A) 8. (A)

A

1 We will not produce products (that / what) consumers don't want.

우리는 고객들이 원하지 않는 제품을 생산하지 않을 것이다.

해설 목적격 관계대명사 that

괄호 앞에 선행사로서 사물 명사(products)가 있고 뒤에는 목적어 없이 주어(consumers), 동사(don't want)가 연결되어 있으므로 목적격 관계대명사가 들어갈 자리이다. 따라서 that이 정답이다. what은 선행사를 포함하는 관계대명사이므로 앞에 명사가 올 수 없다.

2 Please contact our Technical Support department to deal with any problems (you / that) may encounter while using version 1.11.

1.11 버전을 사용하는 동안 직면할 수 있는 모든 문제들을 처리하시려면 저희 기술 지원부에 연락하십시오.

해설 목적격 관계대명사의 생략

괄호 앞에 선행사로서 사물 명사(problems)가 있고 뒤에는 동사(may encounter)만 연결되어 있어 목적격 관계대명사(which/that)가 생략된 문장임을 파악할 수 있어야 한다. 따라서 괄호에는 관계사절의 주어가 필요하므로 you가 정답이다. that은 목적격 관계대명사로서 뒤에 주어가 나와야 한다.

3 The new Enterprise Incentive Scheme assists people (when / who) are interested in establishing and running small businesses.

새로운 기업 우대 제도는 작은 기업체를 설립하고 운영하는 데 관심 있는 사람들을 지원한다.

해설 주격 관계대명사 who

괄호 앞에 선행사로서 사람 명사(people)가 있고 뒤에는 be동사가 연결되어 있으므로 주격 관계대명사가 들어갈 자리이다. 따라서 who가 정답이다. when은 접속사 또는 관계부사로서 뒤에 완전한 문장이 연결되어야 한다.

4 BBC3 is a radio station (where / that) features readings of stories, interviews, and reviews on literature, music, culture.

BBC3은 이야기, 인터뷰, 그리고 문학과 음악, 문화에 대한 비평을 특징으로 하는 라디오 방송국이다.

해설 주격 관계대명사 that

괄호 앞에 선행사로서 사물 명사(radio station)가 있고 뒤에는 주어 없이 동사(features), 목적어(readings of ~ culture)가 연결되어 있으므로 주격 관계대명사가 필요한 자리이다. 따라서 that이 정답이다. where는 관계부사로서 뒤에 완전한 문장이 연결되어야 한다.

B

5 Semmens said, "Any employee ------- wishes to receive free legal assistance may call his organization at 800-555-3600."

(A) which (B) when (C) what (D) who

Semmens는 "무료 법률 지원을 받기를 희망하는 직원은 누구든지 800-555-3600번으로 자신의 단체에 전화해도 좋다."고 말했다.

해설 주격 관계대명사 who

빈칸 앞에 선행사로서 사람 명사(employee)가 있고 뒤에는 주어 없이 동사(wishes), 목적어(to receive free legal assistance)가 연결되어 있으므로 빈칸은 주격 관계대명사가 필요한 자리이다. 주격 관계대명사로 가능한 (A), (D) 중 사람 선행사를 대신할 수 있는 (D)가 정답이다.

6 An opening reception will be held on Friday from 8 P.M. to 10 P.M. for Todd Wolf ------- paintings will be displayed at the National Museum.
   (A) which   (B) their   (C) whose   (D) that

   국립 박물관에 자신의 그림이 전시될 Todd Wolf를 위한 개막 축하 연회가 금요일 오후 8시부터 10시까지 열릴 것이다.

   해설 소유격 관계대명사 whose
   빈칸 앞에 선행사로서 사람 명사(Todd Wolf)가 있고 뒤에는 '명사(paintings)+동사(will be displayed)'의 형태가 연결되어 있으므로 선행사 Todd Wolf를 받아 빈칸 뒤의 명사 paintings를 수식해 주는 소유격 관계대명사가 와야 한다. 따라서 (C)가 정답이다.

7 Rogers is currently the only service provider in Canada ------- offers unlimited data services.
   (A) that   (B) they   (C) whose   (D) these

   Rogers는 현재 캐나다에서 무제한 데이터 서비스를 제공하는 유일한 서비스 공급업체이다.

   해설 주격 관계대명사 that
   빈칸 앞에 선행사로서 명사(service provider)가 있고 뒤에는 주어 없이 동사(offers), 목적어(unlimited data services)가 연결되어 있으므로 빈칸은 주격 관계대명사가 들어갈 자리이다. 따라서 (A)가 정답이다.

8 The museum has a collection of over 200,000 items ------- illustrate the history of ancient Assyria.
   (A) that   (B) still   (C) so   (D) how

   그 박물관은 고대 아시리아의 역사를 보여주는 20만 점 이상의 소장품을 보유하고 있다.

   해설 주격 관계대명사 that
   빈칸 앞에 선행사로서 사물 명사(items)가 있고 뒤에는 주어 없이 동사(illustrate), 목적어(the history of ancient Assyria)가 연결되어 있으므로 빈칸에는 주격 관계대명사가 필요하다. 따라서 (A)가 정답이다.

Practice 시험에 반드시 나오는 관계사 출제 유형

Answer
A. 1. which   2. who   3. which   4. where
B. 5. (A)   6. (D)   7. (A)   8. (A)

A

1 We look forward to continuing to provide you with the high-quality service to (which / where) you have become accustomed.

   저희는 여러분께서 익숙해지신 고급 서비스를 계속 제공해 드리기를 고대하고 있습니다.

   해설 관계부사 (전치사+관계대명사)
   괄호 앞에 전치사 to가 있으므로 전치사의 목적어 역할을 할 수 있는 관계대명사 which가 정답이다. 원래 You have become accustomed to the high-quality service.라는 문장이 빈칸 앞의 문장과 연결되면서 선행사와 같은 the high-quality service가 생략되었고 뒤에 남은 전치사 to가 관계대명사 앞으로 이동한 형태이다. '관계부사=전치사+관계대명사'이므로 관계부사 where 앞에는 전치사가 올 수 없다.

2 Mr. Wang, (who / he) has helped us with our research, is serving as a temporary employee.

   우리의 연구를 도왔던 Wang 씨는 임시 직원으로 근무하고 있다.

   해설 관계대명사 vs. 대명사
   괄호 앞에 사람명사 Mr. Wang이 있고 뒤에는 주어 없이 동사(has helped), 목적어(us)가 연결되어 있으므로 사람 명사를 선행사로 하는 주격 관계대명사가 들어갈 자리이다. 따라서 who가 정답이다. 대명사 he는 Mr. Wang과 뒤의 어구를 연결할 수 없다.

3 The ship will have 1,250 staterooms, most of (that / which) will have balconies, with a capacity of 2,500 passengers and a crew of 1,000.

   그 배는 대부분 발코니가 있는 1,250개의 특실을 보유하게 될 것이며 2,500명의 승객과 1,000명의 승무원을 수용하게 될 것이다.

해설 관계대명사 which

괄호는 1,250 staterooms를 선행사로 하는 전치사의 목적격 관계대명사가 들어갈 자리이므로 which가 정답이다. 관계대명사 that은 주격 관계대명사 who/which, 목적격 관계대명사 whom/which 대신 사용될 수는 있으나 전치사의 목적격 관계대명사로는 사용되지 않는다.

4 The hotel (where / when) the conference is being held is situated in the center of Manila.

총회가 열리는 그 호텔은 마닐라의 중심부에 위치해 있다.

해설 관계부사 where

괄호 앞에 장소 명사 hotel이 있고 뒤에는 완전한 문장(the conference is being held)과 본동사(is situated)가 있다. 따라서 완전한 문장을 이끌어 주어인 The hotel을 수식할 수 있는 관계부사 where가 정답이다. 관계부사 where는 앞에 선행사로 장소를 나타내는 명사를 취하며, 뒤에 완전한 문장이 이어진다.

B

5 Garrett was appointed professor of English at the University of Virginia, ------- he continued to hold until his retirement.

(A) in which (B) together with (C) not only (D) instead of

Garrett는 Virginia 대학교의 영어 교수로 임명되었고, 그곳에서 그는 퇴임 때까지 계속 남아 있었다.

해설 관계부사 (전치사＋관계대명사)

빈칸 앞뒤에 완전한 두 문장이 있고, 접속사가 없으므로 빈칸에는 관계부사(전치사＋관계대명사)를 고려해야 한다. 빈칸 앞의 the University of Virginia를 선행사로 하여, '전치사＋관계대명사'의 형태를 갖는 (A)가 정답이다. (B), (D)는 모두 전치사로 뒤에 절을 연결할 수 없으며, (C)는 not only A but also B(A뿐만 아니라 B역시)의 상관 구문을 만들 때 사용된다.

6 After accountants joined the company, ------- eliminated unnecessary expenditures from the budget.

(A) which (B) where (C) how (D) they

회계사들이 그 회사에 합류한 후에, 그들은 예산에서 불필요한 지출을 없앴다.

해설 관계대명사 vs. 대명사

빈칸 앞뒤만 보게 되면 주격 관계대명사를 답으로 선택하기 쉽지만 문장의 구조가 '접속사(After)＋완전한 문장, -------＋동사＋목적어'의 형태로 되어 있어 문장 간 연결 기능의 접속사(After)가 이미 있으므로 주절의 주어 역할을 할 수 있는 대명사 (D)가 정답이다.

7 Ken is a researcher in the field of physical education, ------- he has received multiple awards over the past five years.

(A) in which (B) whereas (C) how (D) for which

Ken은 체육 분야의 연구자이며 그 분야에서 그는 지난 5년간 여러 상을 받았다.

해설 관계부사 (전치사＋관계대명사)

빈칸 앞뒤에 완전한 두 문장이 있고, 접속사가 없으므로 빈칸에는 관계부사(전치사＋관계대명사)를 고려해야 한다. 빈칸 앞의 the field of physical education이 선행사이므로 '분야/장소'를 나타내는 전치사 in을 사용한 (A)가 정답이다. (D)는 이유를 나타낼 때 쓰이는 관계부사(전치사＋관계대명사)이다.

8 The convention center ------- the presentations will be held is equipped with a projector.

(A) where (B) why (C) how (D) when

발표가 진행될 컨벤션 센터에는 프로젝터가 구비되어 있다.

해설 관계부사 where

빈칸 앞에는 장소 명사 convention center가 있고 빈칸 뒤에는 완전한 문장(the presentations will be held)과 본동사(is equipped)가 있다. 따라서 완전한 문장을 이끌어 장소를 나타내는 주어인 The convention center를 수식할 수 있는 관계부사 (A)가 정답이다.

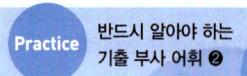

Practice 반드시 알아야 하는 기출 부사 어휘 ❷

Answer
A. 1. directly 2. finally 3. highly 4. particularly
B. 5. (B) 6. (D) 7. (B) 8. (C)

A

1 When Anna Tanchi felt ill, she left class, took a taxi home and went (<u>directly</u> / maybe) to bed.

해설 directly 직접, 곧바로
곧바로 잠자리에 들었다는 의미가 적절하므로 directly가 정답이다.

어휘 maybe 아마도

Anna Tanchi는 몸이 아프자 수업에서 나와 택시를 타고 집에 가서 곧바로 잠자리에 들었다.

2 After working for over 30 years in the field, Mr. Patrick Gilmore has (<u>finally</u> / promptly) decided to plan his retirement.

해설 finally 마침내, 결국
30년 이상 일한 후에 마침내 결정했다는 의미가 적절하므로 finally가 정답이다.

어휘 promptly 즉시

그 분야에서 30년 이상 일한 후에, Patrick Gilmore 씨는 마침내 자신의 은퇴를 계획하기로 결정했다.

3 Pioneer Ace Corporation is well-known for its large number of (<u>highly</u> / merely) trained technicians.

해설 highly 높이, 대단히, 고도로
고도로 훈련된 기술자들이라는 의미가 적절하므로 highly가 정답이다.

어휘 merely 그저, 단지

Pioneer Ace 사는 고도로 훈련된 기술자들이 많은 것으로 유명하다.

4 Ever since the new model was released, the customer service department has been (radically / <u>particularly</u>) busy.

해설 particularly 특히, 각별히
특히 바빴다는 의미가 적절하므로 particularly가 정답이다.

어휘 radically 근본적으로, 급진적으로

새 모델이 출시된 이후로 줄곧 고객 서비스부가 특히 바빴다.

B

5 The letter stated that the enclosed coupons would ------- provide seats for two people at the Palace Buffet.

(A) finely   (B) only   (C) lively   (D) sharply

해설 only 오직, ~만
2인용 좌석만을 제공한다는 의미가 적절하므로 (B)가 정답이다.

어휘 finely 아름답게, 정교하게   lively 활기찬   sharply 날카롭게

그 편지는 동봉한 쿠폰이 Palace 뷔페의 2인용 좌석만을 제공할 것이라고 명시했다.

6 Officials say that the recent report was false due to an ------- filed document.

(A) importantly   (B) equally   (C) usually   (D) incorrectly

해설 incorrectly 부정확하게, 틀리게
부정확하게 정리된 서류라는 의미가 적절하므로 (D)가 정답이다.

어휘 importantly 중요하게   equally 동등하게   usually 보통

공무원들은 최근 보고서가 부정확하게 정리된 서류로 인해 틀렸다고 말한다.

7 Oscar Leone, our team manager, gave us crucial information, which was ------- shared at the staff meeting.

(A) instead (B) previously
(C) behind (D) accordingly

우리 팀장인 Oscar Leone은 이전에 직원회의에서 공유했던 중대한 정보를 우리에게 주었다.

해설 previously 이전에, 미리
이전에 공유된 정보라는 의미가 적절하므로 (B)가 정답이다.

어휘 instead 대신에 behind 뒤에

8 If you took Professor King's Public Speaking class for two semesters, then you have ------- heard all of his success stories.

(A) nicely (B) never (C) probably (D) presently

당신이 King 교수의 대중 연설 수업을 두 학기 동안 들었다면 아마도 그의 성공담을 모두 들었을 것이다.

해설 probably 아마도, 대체로
아마도 들었을 것이라는 의미가 적절하므로 (C)가 정답이다.

어휘 nicely 좋게, 잘 never 절대 ~ 아닌 presently 현재, 지금

Actual Test **Answer** 1. (D) 2. (B) 3. (C) 4. (B) 5. (C) 6. (A)
7. (D) 8. (A) 9. (B) 10. (D) 11. (C) 12. (D)

---

1 The NMC is constructing a two-level underground parking garage at the stadium ------- will be able to accommodate 1,500 cars.

(A) whenever (B) this
(C) what (D) which

NMC는 경기장에 2층으로 된 지하 주차장을 건설하고 있는데, 이 주차장은 차량 1,500대를 수용할 수 있을 것이다.

해설 주격 관계대명사 which
빈칸 뒤에 주어 없이 동사(will be able to accommodate)가 연결되어 있으므로 관계대명사 문제임을 알 수 있고, 의미상 선행사가 parking garage이므로 사물 선행사를 취하는 주격 관계대명사인 (D)가 정답이다.

어휘 underground 지하의 parking garage 주차장 건물 accommodate 수용하다

2 The Fulbright Programs are full scholarships in the USA for international students ------- want to pursue a master's or Ph.D. degree.

(A) whoever (B) who (C) them (D) themselves

Fulbright 계획은 석사나 박사 학위를 취득하고자 하는 외국 학생들을 위한 미국의 전액 장학금 제도이다.

해설 주격 관계대명사 who
빈칸 앞에 선행사로서 사람 명사 international students가 있고 뒤에는 주어 없이 동사(want)가 연결되어 있으므로 빈칸은 주격 관계대명사 자리이다. 따라서 (B)가 정답이다.

어휘 scholarship 장학금, 장학 제도 pursue 추구하다 master's (degree) 석사 학위 Ph.D. degree 박사 학위

3 The agency is representing photographers ------- work appeared in magazines.

(A) which (B) their (C) whose (D) that

그 대행사는 잡지들에 등장하는 작품을 찍는 사진가들을 대표하고 있다.

해설 소유격 관계대명사 whose
빈칸 앞에 선행사 photographers가 있고 뒤에는 '명사(work)+동사(appeared)'가 연결되어 있으므로 명사 work를 수식하면서 앞의 문장을 연결하는 소유격 관계대명사 (C)가 정답이다.

어휘 agency 대행사 represent 대표하다, 나타내다 appear 나타나다, 등장하다

4 We conducted a survey on a number of workers, most of ------- are employed and living in urban areas.

(A) who   (B) whom   (C) whose   (D) that

우리는 많은 직원들을 대상으로 설문 조사를 실시했는데, 그들의 대부분은 도시 지역에 취직해 생활하고 있다.

해설 목적격 관계대명사 whom

빈칸은 앞에 있는 전치사 of의 수식을 받을 수 있는 목적격 관계대명사 자리이다. 선행사의 수량을 표시할 때 '수량 대명사 +of+whom/which' 형태를 사용한다. 따라서 (B)가 정답이다.

어휘 conduct 실시하다   survey 설문 조사   urban area 도시 지역

---

5 Fort Clarence Tower was the heart of the Fort and it is next to Borstal Road ------- Priester's Park was once located.

(A) near   (B) beside   (C) where   (D) until

Fort Clarence 타워는 Fort의 중심부였으며 한때 Priester's 공원이 있었던 Borstal Road 옆에 있다.

해설 관계부사 where

빈칸 앞에 장소 명사 Borstal Road가 있고 뒤에는 완전한 문장(Priester's Park was once located.)이 연결되어 있다. 따라서 완전한 문장을 이끌어 선행사인 Borstal Road를 수식해 주는 관계부사 (C)가 정답이다.

어휘 heart 중심부   be located 위치하다

---

6 The company has focused on the packaging in ------- its consumer goods are shipped.

(A) which   (B) that   (C) what   (D) when

그 회사는 자사의 소비재를 넣어 발송하는 포장재에 초점을 맞추었다.

해설 관계부사 (전치사+관계대명사)

빈칸 앞에 전치사 in이 있고 뒤에는 완전한 문장(its consumer goods are shipped)이 연결되어 있다. 전치사의 목적격 관계대명사의 역할을 할 수 있는 (A)가 정답이다. 원래 Its consumer goods are shipped in the packaging.이라는 문장이 빈칸 앞의 문장과 연결되면서 선행사와 같은 the packaging이 생략되었고 뒤에 남은 전치사 in이 관계대명사 앞으로 이동한 형태이다.

어휘 focus on ~에 초점을 맞추다   packaging 포장(재)   consumer goods 소비재   ship 발송하다, 선적하다

---

7 San Antonio opened a new library ------- local residents can be educated.

(A) when   (B) which   (C) what   (D) where

San Antonio에서는 지역 주민들이 교육받을 수 있는 새로운 도서관을 열었다.

해설 관계부사 where

빈칸 앞에 장소 명사 library가 있고 뒤에는 완전한 문장(local residents can be educated)이 연결되어 있다. 따라서 완전한 문장을 이끌어 선행사인 library를 수식해 주는 관계부사 (D)가 정답이다.

어휘 resident 주민   educate 교육하다

---

8 Members, some of ------- are upset now, want to participate in the debate.

(A) whom   (B) that   (C) whoever   (D) whose

회원들은 그 토론에 참여하기를 원하는데, 그들 중 일부는 현재 화가 나 있다.

해설 목적격 관계대명사 whom

빈칸은 members를 선행사로 전치사 of의 수식을 받을 수 있는 목적격 관계대명사가 들어갈 자리이므로 (A)가 정답이다. (B)는 관계대명사로서 주격 관계대명사 who/which, 목적격 관계대명사 whom/which를 대신하여 쓸 수는 있으나, 전치사의 수식을 받는 목적격 관계대명사로는 사용되지 않는다.

어휘 upset 속상한, 화가 난   participate in ~에 참여하다   debate 토론

Questions 9-12 refer to the following advertisement.

A New Art Exhibition is Coming to Fanel Art Museum

Fanel Art Museum is proud to present "The Future We Will See," a new exhibition, --- 9. --- the work of 3D graphic artist Jake Woodrow and his team of experts.

3D, or three-dimensional, graphic art is becoming a popular theme, both in filmmaking and video games. Mr. Woodrow describes his new work as "the future which we are not far from." This new style of art is often called "new age" or "mechanical art," a term that refers to displaying certain objects --- 10. --- may be found in or imagined to be used in the futuristic world. The exhibition is scheduled to be open to the general public from May 11th through June 21st. --- 11. ---, a special raffle event will be held for all viewers, which will entitle the winner to receive a free art package from the gift shop. --- 12. ---.

Fanel 미술관에 새 미술 전시회가 찾아옵니다

Fanel 미술관은 3D 그래픽 아티스트인 Jake Woodrow와 그의 전문가 팀의 작품을 특집으로 하는 새로운 전시회, '우리가 보게 될 미래'를 공개하게 되어 자랑스럽습니다.
3D, 즉 3차원 그래픽 아트는 영화 제작과 비디오 게임 양쪽 모두에서 인기 있는 주제가 되어 가고 있습니다. Woodrow 씨는 자신의 새로운 작품을 "우리에게 멀지 않은 미래"로 묘사합니다. 이 새로운 미술 양식은 흔히 '뉴에이지' 또는 '기계 미술'로 불리고 있는데, 이는 초현대적인 세계에서 발견되거나 사용될 것으로 상상할 수 있는 특정 물건들을 보여 주는 것을 가리키는 용어입니다.
전시회는 5월 11일부터 6월 21일까지 일반대중에게 공개될 예정입니다. 게다가 모든 관람객들을 대상으로 하는 특별 추첨 행상가 열릴 예정이며 당첨자는 선물 가게에서 무료 미술 패키지를 받을 자격이 주어집니다.
더 많은 정보를 원하시면, 저희 웹사이트 www.fanelartmuseum.org를 방문해 주십시오.

9 (A) feature
  (B) featuring
  (C) featured
  (D) features

10 (A) what
   (B) each
   (C) how
   (D) that

11 (A) Specifically
   (B) Instead
   (C) In addition
   (D) as a result

NEW
12 (A) Getting a free gift is as exciting as getting cash.
   (B) The souvenir shop is conveniently located at the center of the city.
   (C) The gift shop regularly send our loyal customers free prize.
   (D) For more information, find us at www.fanelartmuseum.org.

---

9 **해설** 현재분사

동사 feature의 알맞은 형태를 묻는 문제로 빈칸 앞의 명사 a new exhibition을 수식하면서 뒤의 명사 the work를 목적어로 취할 수 있어야 하므로 현재분사인 (B)가 정답이다. 문장 내에 본동사로 be동사 is가 있으므로 동사 (A), (D)는 답이 될 수 없으며, (C)는 과거분사로 앞의 명사를 수식할 수 있으나 뒤에 목적어를 취할 수 없다.

어휘 present 제시하다, 공개하다 exhibition 전시회 feature 특징으로 하다

10 **해설** 주격 관계대명사 that

빈칸 앞에 선행사로 사물명사 objects가 있고 뒤에는 주어 없이 동사(may be found)가 연결되어 있으므로 빈칸 앞뒤의 문장을 연결해 줄 수 있는 주격 관계대명사 (D)가 정답이다.

어휘 three-dimensional 3차원의 refer to 가리키다 futuristic 초현대적인

11 해설 접속부사 in addition

보기들이 모두 두 문장을 연결해 주는 접속부사이므로 두 문장의 의미를 확인하여 알맞은 답을 고른다. 빈칸 앞의 문장은 전시회가 대중에게 공개될 것이라는 내용이고, 그 뒤에는 특별 추첨 행사가 열릴 것이라는 내용이므로 두 문장 모두 행사에 대한 정보를 제공하는 것이다. 따라서 '추가·부연'의 의미를 나타내는 (C)가 정답이다.

어휘 general public 일반 대중 raffle 추첨 specifically 명확히, 특정해서 instead 대신에 as a result 결과적으로 entitle 자격을 부여하다

12 해설 적절한 문장 찾기

(A) 공짜 선물을 받는 것은 현금을 얻는 것만큼 신납니다.
(B) 그 기념품 가게는 시내 중심가에 편리하게 자리 잡고 있습니다.
(C) 선물 가게는 정기적으로 단골손님들에게 무료 경품을 보냅니다.
(D) 더 많은 정보를 원하시면, 저희 웹사이트 www.fanelartmuseum.org를 방문해 주십시오.

어휘 cash 현금 souvenir shop 기념품 가게 be conveniently located 편리하게 위치해 있다

Unit 17 부사절 접속사

Practice 시험에 반드시 나오는 부사절 접속사

Answer
A. 1. unless 2. Although 3. Since 4. because
B. 5. (D) 6. (C) 7. (D) 8. (B)

A

1 Customers can ride any of the rides in this amusement park (unless / during) they are pregnant or have health issues.

고객들은 임신 중이거나 건강상의 문제가 없다면 놀이 공원에 있는 어떤 놀이 기구이든 탈 수 있다.

해설 ▶ 부사절 접속사 unless
괄호 앞뒤에 있는 완전 두 문장을 연결할 수 있는 부사절 접속사가 들어가야 하므로 '만일 ~하지 않는다면(if ~ not)'이라는 의미의 조건을 나타내는 부사절 접속사인 unless가 정답이다. during은 '~ 동안'이라는 의미의 전치사이므로 문장을 이끌거나 연결할 수 없다.

2 (Although / Rather) many people use smartphones these days, some choose to continue using old-fashioned cell phones.

비록 요즘 많은 사람들이 스마트폰을 이용하지만, 일부는 구식 휴대폰을 계속 이용하기를 선택한다.

해설 ▶ 부사절 접속사 although
괄호 뒤에 완전한 두 문장이 콤마로 연결되어 있으므로 두 문장을 연결시켜 줄 수 있는 부사절 접속사가 필요하다. 따라서 '비록 ~이지만'이라는 의미의 양보를 나타내는 부사절 접속사인 Although가 정답이다. Rather는 '차라리, 다소'를 의미하는 부사로 문장을 연결해 줄 수 없다.

3 (Since / In case of) the department store is located in a densely populated urban area, it attracts many customers.

그 백화점은 인구가 밀집된 도시 지역에 위치해 있기 때문에 많은 고객들을 끌어들인다.

해설 ▶ 부사절 접속사 since
괄호 뒤에 완전한 두 문장이 콤마로 연결되어 있으므로 두 문장을 연결하는 부사절 접속사가 필요하다. 따라서 이유를 나타내는 부사절 접속사인 Since가 정답이다. In case of는 '~인 경우에 (대비하여)'라는 의미의 전치사로 문장을 이끌거나 연결할 수 없다.

4 Ms. Schmeling's delivery request will be delayed (just / because) the delivery truck is out of operation.

배송 트럭이 고장 났기 때문에 Schmeling 씨의 배송 요청 건이 지연될 것이다.

해설 ▶ 부사절 접속사 because
괄호 앞뒤로 완전한 문장이 연결되어 있으므로 절과 절을 연결시켜 줄 수 있는 부사절 접속사가 필요하다. 따라서 이유를 나타내는 접속사인 because가 정답이다. just는 '불과, 단지' 등의 의미를 갖는 부사이다.

B

5 Parcells Technology, Inc. will enjoy an increase in sales revenue next month ------- its customers' needs continue to grow.

(A) in place of   (B) as a result
(C) as well as   (D) provided that

고객들의 요구가 계속 늘어난다면, Parcells Technology 사는 다음 달에 판매 수입 증가를 누리게 될 것이다.

해설 ▶ 부사절 접속사 provided that
빈칸 앞뒤로 완전한 두 문장이 연결되어 있으므로 전치사인 (A)는 답에서 제외시킨다. 고객들의 요구가 계속 늘어난다면 다음 달 판매 수입이 증가할 것이라는 의미가 자연스러우므로 조건을 나타내는 부사절 접속사 (D)가 정답이다.

어휘 in place of ~ 대신에   as a result 결과적으로   provided (that) 만약 ~라면

6 Although the class tomorrow may need to be postponed due to heavy snow, students need to complete their assignments ------- the class will be held.

(A) if any   (B) than if   (C) as if   (D) only if

비록 내일 수업이 폭설로 연기될 필요가 있을지도 모르지만, 학생들은 마치 수업이 있을 것처럼 과제를 완료해야 한다.

해설 부사절 접속사 as if

주절(students need to complete ~ will be held)의 빈칸 앞뒤로 두 절이 연결되어 있으므로 빈칸은 접속사 자리이다. 폭설로 수업이 연기되더라도, 학생들은 수업이 마치 있을 것처럼 과제를 끝내야 한다는 의미가 적절하므로 가정을 나타내는 부사절 접속사 (C)가 정답이다.

어휘 if any 만약 있다 하더라도   as if 마치 ~인 것처럼   only if ~인 경우에만

---

7 Please submit the reason for your absence to Mr. Rochester ------- your attendance record is not affected.

(A) ever since   (B) due to   (C) in spite of   (D) so that

당신의 출근 기록이 영향을 받지 않도록 결근 사유를 Rochester 씨에게 제출해 주세요.

해설 부사절 접속사 so that

빈칸 뒤에 완전한 문장이 연결되어 있으므로 전치사 (B), (C)는 답에서 제외시킨다. 출근 기록이 영향받지 않도록 결근 사유를 제출하라는 의미가 적절하므로 목적의 의미를 나타내는 부사절 접속사 (D)가 정답이다.

어휘 ever since ~ 이후로 줄곧   due to ~으로 인해   in spite of ~에도 불구하고   so that ~하도록

---

8 ------- Tom's flight was postponed because of an engine problem, he was late for his first client meeting.

(A) Nearly   (B) Since   (C) As if   (D) Even

Tom의 항공편이 엔진 고장으로 연기되었기 때문에 그는 첫 고객 미팅에 늦었다.

해설 부사절 접속사 since

빈칸 뒤에 완전한 두 문장이 콤마로 연결되어 있으므로 빈칸에는 두 문장을 연결하는 부사절 접속사가 들어가야 한다. 항공편이 연기되었기 때문에 고객 미팅에 늦었다는 의미가 자연스러우므로 이유를 나타내는 부사절 접속사 (B)가 정답이다. (A), (D)는 부사로 두 문장을 연결할 수 없으며 접속사 (C)는 의미상 어색하다.

어휘 nearly 거의   since ~이기 때문에, ~이므로   even 심지어, 훨씬

Practice 시험에 반드시 나오는 부사절 접속사와 전치사

Answer
A. 1. In addition to   2. In terms of   3. on behalf of   4. Despite
B. 5. (C)   6. (C)   7. (A)   8. (C)

A

1 (In addition to / Because) the tennis court in front of the dormitory, there is a large gymnasium on the campus.

기숙사 앞에 있는 테니스장 외에도 캠퍼스에 큰 체육관이 있다.

해설 접속사 vs. 전치사

In addition to는 '~ 외에도'라는 의미의 전치사이고 Because는 '~ 때문에'라는 의미의 이유를 나타내는 접속사이다. 괄호 뒤에 명사구(the tennis court in front of the dormitory)가 위치해 있으므로 전치사 자리이다. 따라서 In addition to가 정답이다.

---

2 (While / In terms of) residents' benefits, Irvine council decided to construct a huge outdoor mall in an accessible area.

주민들의 유익의 측면에서 Irvine 의회는 접근하기 쉬운 지역에 거대한 야외 쇼핑몰을 건설하기로 결정했다.

해설 접속사 vs. 전치사

While은 '~하는 동안, ~인 반면에'라는 의미의 접속사이고 In terms of는 '~의 측면에서'라는 의미의 전치사이다. 괄호 뒤에 명사구(residents' benefits)가 연결되어 있으므로 전치사 In terms of가 정답이다.

3 Steve Miller awarded the most outstanding employee a prize (on behalf of / even if) the company president.

Steve Miller는 사장을 대신하여 가장 우수한 직원에게 상을 주었다.

해설 접속사 vs. 전치사

on behalf of는 '~를 대신[대표]하여'라는 의미의 전치사이고 even if는 '비록 ~일지라도'라는 의미의 접속사이다. 괄호 뒤에 명사구(the company president)가 연결되어 있으므로 전치사 on behalf of가 정답이다.

4 (Despite / Although) the recent downturn in the economy, Jamba Juice Smoothie is expected to generate considerable profits this year.

최근의 경기 침체에도 불구하고, Jamba 주스 스무디가 올해 상당한 수익을 창출할 것으로 예상되고 있다.

해설 접속사 vs. 전치사

Despite은 '~에도 불구하고'라는 의미의 전치사이고 Although는 '비록 ~이지만'이라는 의미의 접속사이다. 괄호 뒤에 명사구(the recent downturn in the economy)가 연결되어 있으므로 전치사 Despite이 정답이다.

B

5 ------- unexpected changes in air current, the flight experienced some turbulence.

(A) As far as   (B) Even though   (C) Owing to   (D) While

예상치 못한 기류 변화 때문에 그 항공기는 난기류를 겪었다.

해설 접속사 vs. 전치사

빈칸 뒤에 명사구(unexpected changes in air current)가 연결되어 있으므로 전치사 (C)가 정답이다. 나머지 보기들은 접속사로 뒤에 절이 연결되어야 한다.

어휘 as far as ~하는 한   even though 비록 ~일지라도   owing to ~ 때문에

6 A sales report for the last quarter indicated that the overall sales increased by 10% ------- the launch of a new product line.

(A) only   (B) until   (C) after   (D) rather

지난 분기의 매출 보고서는 신제품군 출시 이후에 전체 매출액이 10퍼센트 증가했음을 나타냈다.

해설 접속사/전치사 after

빈칸 뒤에는 명사구(the launch of a new product line)가 연결되어 있으므로 빈칸은 전치사 자리이다. '신제품군 출시 이후에 매출액이 증가했다'는 의미를 완성하는 (C)가 정답이다. (A), (D)는 부사로 빈칸 앞뒤의 어구를 연결할 수 있는 기능이 없다. (B)와 (C)는 전치사와 접속사의 기능을 모두 할 수 있다는 점을 기억해 두자.

7 The average grade in Economics 101 was much higher than expected ------- the professor's extraordinarily remarkable lectures.

(A) because of   (B) finally   (C) once   (D) now that

그 교수의 엄청나게 주목할 만한 강의 때문에 경제학 101의 평균 성적이 예상보다 훨씬 더 높았다.

해설 접속사 vs. 전치사

빈칸 앞에 절이 있고 뒤에는 명사구가 연결되어 있으므로 빈칸은 전치사가 들어갈 자리이다. 따라서 전치사인 (A)가 정답이다. (A)와 (D)는 모두 이유를 나타내지만, (A)는 전치사이고 (D)는 접속사이므로 빈칸 뒤의 문장 구조를 통해 답을 가려낼 수 있어야 한다.

8 Bobby could not hang out with his friends on the weekend ------- a heavy load of homework.

(A) although   (B) caused   (C) due to   (D) because

Bobby는 엄청난 분량의 숙제 때문에 주말에 친구들과 어울릴 수 없었다.

해설 접속사 vs. 전치사

빈칸 앞에 절이 있고 뒤에는 명사구가 연결되어 있으므로 빈칸은 전치사가 들어갈 자리이다. 따라서 전치사인 (C)가 정답이다. (C)와 (D)는 모두 이유를 나타내지만, (C)는 전치사이고 (D)는 접속사이므로 빈칸 뒤의 문장 구조를 통해 답을 가려낼 수 있어야 한다.

Practice 반드시 알아야 하는 기출 부사 어휘 ❸

Answer
A. 1. separately   2. briefly   3. severely   4. formerly
B. 5. (D)   6. (A)   7. (B)   8. (D)

A

1 Though the basic programs are already installed upon purchase, other advanced application programs must be installed (loosely / separately).

기본 프로그램들이 구입 시에 이미 설치되어 있기는 하지만 다른 고급 응용 프로그램들은 별도로 설치되어야만 한다.

해설 separately 따로따로, 별도로
프로그램들이 따로 설치되어야 한다는 의미가 적절하므로 separately가 정답이다.

어휘 loosely 느슨하게, 헐겁게

2 Within the short time, archaeologist Terry Ardman will (briefly / strongly) explain the history behind the strange writings on the wall.

짧은 시간 안에 고고학자 Terry Ardman은 벽에 있는 이상한 문자들 이면의 역사를 간략하게 설명할 것이다.

해설 briefly 간략하게, 잠시
역사를 간략히 설명할 것이라는 의미가 적절하므로 briefly가 정답이다.

어휘 strongly 강하게

3 Breaking news reported that the storm (severely / crisply) damaged the homes of residents in the State of Texas.

속보는 태풍이 Texas 주에서 주민들의 가옥에 심한 피해를 입혔다고 보도했다.

해설 severely 심하게, 혹독하게, 엄하게
심하게 피해를 입혔다는 의미가 적절하므로 severely가 정답이다.

어휘 crisply 바삭바삭하게

4 The new Italian restaurant that opened today was (consecutively / formerly) a French bakery.

오늘 새로 문을 연 이탈리아 식당은 예전에 프랑스 빵집이었다.

해설 formerly 이전에, 예전에
이전에는 프랑스 빵집이었다는 의미가 적절하므로 formerly가 정답이다.

어휘 consecutively 연속하여

B

5 The air filters should be changed ------- to keep the fans clean.
   (A) gently   (B) perfectly   (C) considerably   (D) regularly

환풍기를 깨끗하게 유지하려면 공기 정화 필터를 정기적으로 교체해야 한다.

해설 regularly 정기적으로, 규칙적으로
공기 정화 필터가 정기적으로 교체되어야 한다는 의미가 적절하므로 (D)가 정답이다.

어휘 gently 부드럽게   perfectly 완벽하게   considerably 상당히

6 While traveling by airplane, your seatbelt should be ------- fastened at all times.
   (A) securely   (B) partially   (C) vastly   (D) hastily

항공기로 이동하는 동안에는 항상 안전벨트를 단단히 매고 있어야 합니다.

해설 securely 안전하게, 튼튼하게
안전벨트를 단단히 매고 있어야 한다는 의미가 적절하므로 (A)가 정답이다.

어휘 partially 부분적으로   vastly 막대하게, 매우   hastily 서둘러, 급히

7   Steel prices rose -------, which was followed by an increase in the transaction volume.

(A) repeatedly   (B) slightly   (C) rarely   (D) blindly

해설 slightly 약간, 조금
강철 가격이 조금 올랐다는 의미가 적절하므로 (B)가 정답이다.

어휘 repeatedly 반복해서 rarely 드물게 blindly 맹목적으로

강철 가격이 약간 올랐는데, 이는 거래량 증가에 따른 것이다.

8   Meteorologist Ian Simeons has studied how the climate has changed ------- over the years.

(A) delightfully   (B) endlessly   (C) distantly   (D) significantly

해설 significantly 상당히, 크게
기후가 얼마나 크게 변했는지를 연구해왔다는 의미가 적절하므로 (D)가 정답이다.

어휘 delightfully 즐겁게 endlessly 끝없이 distantly 멀리

기상학자 Ian Simeons는 기후가 여러 해 동안 얼마나 크게 변했는지를 연구해왔다.

Actual Test

Answer
1. (B) 2. (C) 3. (C) 4. (D) 5. (B) 6. (B)
7. (C) 8. (C) 9. (D) 10. (A) 11. (B) 12. (B)

---

1   ------- the problem persists after the machine is repaired, call the maintenance office.

(A) So   (B) If   (C) Such   (D) Even

해설 부사절 접속사 if
빈칸 뒤에 완전한 문장이 있으며, 콤마 뒤에는 명령문 형태의 문장이 있으므로 빈칸에는 두 문장을 연결하는 부사절 접속사가 들어가야 한다. 따라서 (B)가 정답이다. (A), (D)는 부사, (C)는 형용사이므로 문장을 연결할 수 없다.

어휘 persist 지속되다 repair 수리하다 maintenance 유지 (관리), 정비 so 그래서 such 그러한

기계가 수리된 후에 문제가 지속된다면 시설 관리 사무실에 전화하세요.

2   Mrs. Smith will visit the new restaurant in the town ------- it is operational.

(A) thanks to   (B) due to   (C) as soon as   (D) as well as

해설 부사절 접속사 as soon as
빈칸 앞뒤로 완전한 두 문장이 연결되어 있으므로 빈칸은 부사절 접속사가 들어갈 자리이다. 영업을 시작하자마자 식당을 방문할 것이라는 의미를 완성하는 (C)가 정답이다. (A), (B)는 전치사이므로 절을 이끌 수 없고, (D)는 '~뿐만 아니라'라는 의미로 부자연스럽다.

어휘 operational 운영 가능한 thanks to ~ 덕분에 due to ~으로 인해 as soon as ~하자마자

Smith 씨는 시내에 새로 생긴 식당이 영업을 시작하자마자 그곳을 방문할 것이다.

3   ------- Ryan was fired due to a huge misunderstanding, he had been considered one of the most remarkable employees in the company.

(A) Until   (B) Unless   (C) Before   (D) Despite

해설 부사절 접속사 before
빈칸 뒤에 두 문장이 콤마로 연결되어 있으므로 빈칸에는 두 문장을 연결할 수 있는 부사절 접속사가 필요하다. Ryan이 해고되기 전에는 뛰어난 직원으로 여겨졌다는 의미가 자연스러우므로 (C)가 정답이다.

어휘 fire 해고하다 misunderstanding 오해 remarkable 주목할 만한, 비범한

Ryan은 커다란 오해로 인해 해고되기 전에는 회사에서 가장 뛰어난 직원들 중 하나로 여겨졌다.

4 ------- Macro Star Inc. claimed bankruptcy on television, most of its investors immediately sold their stocks.

(A) So　　(B) Already　　(C) Along　　(D) Once

Macro Star 사가 텔레비전에서 파산을 신청하자마자 투자자들 대부분이 즉시 그 회사의 주식을 팔았다.

해설 부사절 접속사 once

빈칸 뒤에 두 문장이 콤마로 연결되어 있으므로 빈칸은 두 문장을 연결할 수 있는 부사절 접속사가 들어갈 자리이다. 따라서 정답은 (D)이다. 나머지 보기들은 모두 부사이다.

어휘 claim 주장하다, 청구하다　bankruptcy 파산　investor 투자자　stock 주식　once ~하자마자, 일단 ~하면

---

5 Owing to financial issues, the construction will be temporarily paused ------- the end of the year.

(A) whether　　(B) until　　(C) when　　(D) yet

재정 문제들로 인해 연말까지 공사가 일시적으로 중지될 예정이다.

해설 접속사/전치사 until

빈칸 앞에 절이 있고 뒤에는 명사구(the end of the year)가 있으므로 빈칸은 이 둘을 연결할 수 있는 전치사가 필요한 자리이다. 재정상의 이유로 연말까지 공사가 중지될 것이라는 의미가 적절하므로 '~까지'라는 의미의 (B)가 정답이다. until은 접속사와 전치사의 기능을 모두 가지고 있다는 점을 알아 두자.

어휘 issue 문제　temporarily 일시적으로

---

6 Please update your changed address online ------- you can receive the monthly statement.

(A) such as　　(B) so that　　(C) because of　　(D) but also

월간 명세서를 받으실 수 있도록 당신의 변경된 주소를 온라인상에서 업데이트해 주시기 바랍니다.

해설 부사절 접속사 so that

빈칸 앞뒤로 완전한 두 문장이 있으므로 이 두 문장을 연결해 줄 수 있는 부사절 접속사가 필요하다. 따라서 (B)가 정답이다. 월간 명세서를 받을 수 있도록 주소를 업데이트하라는 의미를 완성한다.

어휘 monthly statement 월간 명세서

---

7 ------- the difficulties he has faced in managing the company, Mr. Gatersman remains the number one CEO nationwide.

(A) Neither　　(B) As　　(C) Despite　　(D) Although

회사를 경영하는 데 직면했던 어려움에도 불구하고 Gatersman 씨는 여전히 국내 제일의 CEO로 남아 있다.

해설 접속사 vs. 전치사

빈칸 뒤의 구조가 '명사(the difficulties)+주어(he)+동사(has faced)+전치사구(in managing the company)'의 형태로, 여기서의 '주어+동사'는 앞의 명사를 수식하는 관계절이므로 빈칸에는 전치사가 들어가야 한다. 따라서 (C)가 정답이다. (A)는 부사, (D)는 접속사이다. (B)는 전치사로도 사용되지만 의미가 통하지 않아 오답이다.

어휘 face 직면하다　nationwide 전국적으로

---

8 Mike chose to remain at the headquarters of his company ------- being sent to a branch abroad as a new executive officer.

(A) in order that　　(B) even if　　(C) instead of　　(D) because

Mike는 신임 임원으로 해외 지사로 보내지는 대신에 자기 회사의 본사에 남아 있기를 선택했다.

해설 접속사 vs. 전치사

빈칸 뒤에 동명사 형태인 being sent가 있으므로 전치사 (C)가 정답이다. (A), (B), (D)는 접속사이므로 동명사 앞에 올 수 없다.

어휘 headquarters 본사　branch 지사　abroad 해외에　executive officer 임원

Questions 9-12 refer to the following notice.

The leading IOA Company is currently offering job vacancies for recent university graduates who are searching for a career in the business world. No previous --- 9. --- is required.
The company will continuously provide training to new employees. Those who wish to apply should not only be creative but also possess strong communication and leadership skills. --- 10. --- it is not necessary for candidates to have majored in economics or marketing, it is preferable. --- 11. ---. To apply for one of our positions, you must first send your complete résumé with a photograph to info@leadingioa.com. Subsequently, you --- 12. --- an application form that will need to be completed and returned. The deadline for sending the completed form will be mentioned in the e-mail containing the application form.

선두 기업인 IOA 사는 현재 업계에서 직장을 구하고 있는 최근 대학 졸업자들을 대상으로 일자리를 제공하고 있습니다. 이전 경력은 요구하지 않습니다.
본사는 신입 직원들에게 지속적으로 교육을 제공할 것입니다. 지원을 희망하는 사람들은 창의적이어야 할 뿐만 아니라 강력한 의사소통과 리더십 능력을 지니고 있어야 합니다. 지원자들이 경제학이나 마케팅을 전공했을 필요는 없지만, 전공자는 우대합니다.
현재, 여러분은 본사 웹사이트를 통해 지원하실 수 없습니다. 본사의 직책 중 한 곳에 지원하기 위해서는, 먼저 사진이 들어 있는 완전한 이력서를 info@leadingioa.com으로 보내주셔야 합니다. 그 후에, 여러분은 작성하여 반송해야 할 지원서 양식을 받게 될 것입니다. 작성한 양식을 보내실 마감 기한은 지원서 양식이 들어 있는 이메일에 언급될 것입니다.

9. (A) product
   (B) account
   (C) technology
   (D) experience

10. **(A) Even though**
    (B) Because
    (C) Despite
    (D) Whenever

NEW
11. (A) Please first fill out an application through our website before sending your resume.
    (B) Currently, you cannot apply for jobs through our website.
    (C) Economics is a compulsory subject in college.
    (D) Most of the seniors in the company majored in economics and marketing.

12. (A) were sent
    (B) will be sent
    (C) are being sent
    (D) will have been sent

---

9 **해설** experience 경력, 경험
명사 어휘 문제로 빈칸 앞의 형용사 previous(이전의)의 수식을 받기에 적절한 명사를 선택하는 문제이다. 앞에서 최근 대학 졸업자들을 채용하고 있다는 내용과 함께 이전 경력이 요구되지 않는다고 해야 의미가 통하므로 (D)가 정답이다.
어휘 job vacancy 빈자리, 공석 search for 찾다, 구하다 career 직업 previous 이전의 account 계좌

10 **해설** 부사절 접속사 even though
빈칸 뒤에 완전한 두 문장이 콤마로 연결되어 있으므로 의미상 두 절을 연결하기에 적합한 부사절 접속사를 골라야 한다. 앞의 문장은 지원자들이 경제학과 마케팅을 전공할 필요는 없다고 했으며, 뒤의 문장은 전공자는 우대한다는 내용이므로 상반된 내용을 연결해 줄 수 있는 (A)가 정답이다.
어휘 possess 소유하다 major in 전공하다 preferable 선호되는, 우대되는

11 해설 적절한 문장 찾기

(A) 이력서를 보내기 전에 먼저 저희 웹 사이트를 통해 지원서를 작성해 주세요.
(B) 현재, 여러분은 본사 웹사이트를 통해 지원하실 수 없습니다.
(C) 경제학은 대학에서 다루는 필수 과목이다.
(D) 회사의 대부분의 상급자들은 경제학과 마케팅을 전공했다.

어휘 fill out 양식을 채우다 before -ing ~하기 전에 currently 현재 apply for ~에 지원하다 through ~을 통해 compulsory 강제적인, 의무적인 major in ~을 전공하다 economics 경제학

---

12 해설 시제/태

주어(you)와 목적어(an application form) 사이에 들어갈 알맞은 동사 형태를 묻는 문제이다. 앞 문장에 지원하기 위해 먼저 이력서를 보내라는 내용이 나오므로 그 후에 작성해서 반송해야 할 지원서를 받게 될 것이라는 내용이 연결되어야 한다. 아직 발생하지 않은 사실을 나타내는 미래 시제가 되어야 하며, 주어인 you는 지원서를 받는 대상이므로 수동태가 되어야 한다. 따라서 (B)가 정답이다.

어휘 résumé 이력서 application 지원(서) complete 완성하다 return 반송하다

Unit 18 비교 구문

Part 5-6

Practice	시험에 반드시 나오는 원급	Answer	**A.** 1. rapidly 2. as much 3. specific 4. as
			B. 5. (A) 6. (A) 7. (D) 8. (C)

A

1 To minimize the hazards associated with takeoffs, the airplane's weight must be transferred from the wheels to the wings as (rapid / rapidly) as possible.

이륙과 관련된 위험을 최소화하려면 항공기의 하중이 가능한 한 빨리 바퀴에서 날개로 전달되어야만 한다.

해설 일반동사+as+부사+as

원급 비교구문 as ~ as 사이에 들어갈 알맞은 품사를 묻는 문제로, 괄호에 들어갈 품사가 의미상 앞의 일반동사 be transferred를 수식해야 하므로 부사 rapidly가 정답이다.

2 Smartphone users consume twice (as much / so many) data as devices from three years ago.

스마트폰 이용자들은 3년 전의 기기들보다 두 배 많은 데이터를 소비한다.

해설 as much+불가산명사+as

괄호 뒤의 as를 통해 as ~ as 비교 구문을 묻는 문제임을 알 수 있다. 괄호 뒤의 명사 data는 불가산명사이므로 셀 수 없는 명사를 수식하는 much가 와야 옳다. 따라서 '~만큼 많은'이라는 의미의 as much가 정답이다. 참고로, as ~ as 앞에 twice 같은 배수사가 오게 되면 '~ 배 더 많은'이라는 의미를 나타낸다.

3 Patients who wish to save time and avoid waiting should be as (specific / specification) as possible when filling out the registration form.

시간을 절약하고 기다리는 것을 피하기를 원하는 환자들은 등록 양식을 작성할 때 가능한 한 구체적이어야 한다.

해설 be동사+as+형용사+as

원급 비교구문 as ~ as 사이에 들어갈 알맞은 품사를 묻는 문제로, 괄호에 들어갈 품사가 의미상 앞의 be동사를 수식해야 하므로 형용사 specific이 정답이다.

4 The FlipBucket online shopping Web site offers brand-new golf clubs at the same price (that / as) secondhand golf clubs at the retail store.

FlipBucket 온라인 쇼핑 웹사이트는 신상품 골프채를 소매점의 중고 골프채와 같은 가격으로 제공한다.

해설 the same+(형용사)+(명사)+as

'the same+(형용사)+(명사)+as'는 '~와 같은'이라는 의미의 원급 관용표현이다. 따라서 as가 정답이다.

B

5 Participants were disappointed when they learned that the camping site would be the ------- as the one they had visited last year.

(A) same   (B) equal   (C) repeat   (D) fewest

참가자들은 캠핑장이 작년에 갔던 곳과 같은 곳이 될 것이라는 것을 알게 되자 실망했다.

해설 the same+(형용사)+(명사)+as

빈칸 뒤에 as가 연결되어 있고, 문맥상 작년에 방문했던 곳과 같은 곳이라는 의미를 완성해야 하므로 (A)가 정답이다. (B)는 전치사 to를 동반하여 '~와 동일한[같은]'이라는 의미로 사용된다.

6 New drivers have twice ------- accidents as experienced drivers.

(A) as many   (B) much more   (C) more than   (D) too much

초보 운전자들은 경력 운전자들보다 두 배 많은 사고를 낸다.

Part 5-6   141

해설 as many+가산명사+as

빈칸 뒤의 as를 통해 as ~ as 비교 구문임을 알 수 있다. 빈칸 뒤의 명사 accidents는 '사고'를 뜻하는 가산명사이고, 복수로 쓰였으므로 셀 수 있는 명사를 수식하는 many가 와야 한다. 따라서 '~만큼 많은'이라는 의미의 (A)가 정답이다.

7 Real estate agents must create a clear sale plan to ensure that the sales process runs as ------- as possible.

(A) smoothing   (B) smoother   (C) smoothest   (D) smoothly

부동산 중개업자들은 판매 과정이 가능한 한 순조롭게 진행되도록 분명한 판매 계획을 만들어야 한다.

해설 일반동사+as+부사+as

원급 비교 구문 as ~ as 사이에 들어갈 알맞은 품사를 묻는 문제로, 빈칸에 들어갈 품사가 의미상 앞의 일반동사 runs를 수식해야 하므로 부사 (D)가 정답이다.

8 Owing to the popularity of the Power-X5 energy drink, the beverage can be easily found in local convenience stores as ------- as in supermarkets and pharmacies.

(A) good   (B) far   (C) well   (D) near

에너지 드링크 Power-X5의 인기 덕분에, 그 음료수는 슈퍼마켓과 약국에서뿐만 아니라 지역 편의점에서도 쉽게 발견할 수 있다.

해설 A as well as B

as ~ as 사이에 들어갈 알맞은 단어를 고르는 문제로, 슈퍼마켓과 약국에서뿐만 아니라 편의점에서도 쉽게 발견할 수 있다는 의미가 되어야 하므로 'B뿐만 아니라 A도'라는 의미의 관용표현 A as well as B를 사용해야 한다. 따라서 (C)가 정답이다.

Practice 시험에 반드시 나오는 비교급과 최상급

Answer
A. 1. fastest   2. quicker   3. most prominent   4. than
B. 5. (C)   6. (D)   7. (B)   8. (D)

A

1 Based on the statistical data recorded this year, Tokyo Metro is still the (faster / fastest) transit system in the world.

올해 기록된 통계 자료에 근거하면 Tokyo Metro가 여전히 세계에서 가장 빠른 운송 시스템이다.

해설 the+최상급+in+장소

괄호 앞에 정관사 the가 위치해 있고 뒤에는 범주를 나타내는 'in+장소 명사(in the world)'가 있으므로 '세계에서 가장 빠른'이라는 의미를 완성하는 최상급 fastest가 정답이다. 비교급 faster는 보통 두 가지를 비교할 때 사용하며 뒤에 than이 연결된다.

2 The new DMX25 camera's shutter speed is far (quickly / quicker) than the famous FT40 model.

새로운 DMX25 카메라의 셔터 속도가 유명한 FT40 모델보다 훨씬 더 빠르다.

해설 far+비교급+than

괄호 앞에 비교급 수식 부사인 far가 있으며 뒤에는 than이 연결되어 있으므로 비교급이 와야 함을 알 수 있다. 따라서 quicker가 정답이다. far, even, still, much 등의 부사는 비교급을 수식해 '훨씬 더 ~한'이라는 의미를 나타낸다.

3 Melinda Love interviewed two of the (more prominently / most prominent) senators on their newly proposed immigration reform policy.

Melinda Love는 상원 의원들이 새롭게 발의한 이민 개혁 정책에 대해 가장 유명한 상원 의원들 중 두 명과 인터뷰했다.

해설 the+최상급 형용사+명사

괄호 앞에 정관사 the가 있으므로 최상급이 되어야 하고 뒤에는 명사 senators가 있으므로 이를 수식해 줄 형용사가 필요하다. 따라서 most prominent가 정답이다.

4 The batteries of laptops designed by SwitchTag Electronics lasted considerably longer (than / to) those produced by rival companies.

SwitchTag 전자가 디자인한 노트북 컴퓨터의 배터리는 경쟁사들이 생산한 것들보다 상당히 더 오래 지속되었다.

142

해설 **일반동사+비교급 부사+than**
괄호 앞에 부사 long(오래, 길게)의 비교급인 longer가 있으므로 비교급 뒤에 따라오는 접속사 than이 정답이다.

B

5 Drivers were advised to drive even ------- than usual this week because of icy roads and heavy fog.

(A) most careful (B) more careful
(C) more carefully (D) most carefully

빙판길과 짙은 안개 때문에 운전자들은 이번 주에 평소보다 훨씬 더 조심해서 운전하도록 권고받았다.

해설 **일반동사+비교급 부사+than**
빈칸 앞에 비교급 수식 부사인 even이 있고 뒤에는 than이 있으므로 빈칸에는 비교급 형용사 또는 부사가 들어가야 한다. 빈칸 앞에 일반동사(drive)가 있으므로 동사를 수식하는 부사의 비교급인 (C)가 정답이다.

6 The chefs at Keiko Sushi restaurant said that they use the ------- fish, fruits, and vegetables in all their seafood dishes.

(A) freshness (B) fresher (C) freshly (D) freshest

Keiko 초밥 식당 요리사들은 모든 해산물 요리에 가장 신선한 생선, 과일, 채소를 사용한다고 말했다.

해설 **the+최상급 형용사+명사**
빈칸 앞에 정관사 the가 있고 뒤에는 명사구(fish, fruits, and vegetables)가 있으므로 빈칸에는 최상급 형용사가 들어가야 한다. 따라서 (D)가 정답이다.

7 Mr. Barnet is the ------- of the two candidates to engage in negotiations with other nations.

(A) good (B) better (C) best (D) any good

다른 국가들과의 협상에 참여할 두 후보 중에서 Barnet 씨가 더 낫다.

해설 **the+비교급 형용사+of the two**
빈칸 앞의 the만 보고 최상급을 바로 선택하기 쉬운 문제이다. 둘을 비교해 더 나은 것을 말할 때는 관용표현 'the+비교급 형용사+of the two'를 사용한다. 빈칸 뒤에 of the two가 있으므로 비교급인 (B)가 정답이다.

8 A person can lose up to 40 percent of body heat from an unprotected head and ------- more from the neck, wrist, and ankles when surviving cold weather.

(A) all (B) very (C) any (D) even

사람은 추운 날씨에서 생존할 때 무방비 상태의 머리에서 체열의 최대 40퍼센트를 잃을 수 있으며 목, 손목, 발목에서는 훨씬 더 많이 잃을 수 있다.

해설 **비교급 수식 부사 even**
빈칸 뒤에 비교급 표현(more)이 있고, 빈칸은 이를 강조할 수 있는 부사가 필요하므로 비교급 수식 부사 even, much, far, still, a lot 등을 떠올릴 수 있어야 한다. 따라서 (D)가 정답이다.

Practice 반드시 알아야 하는 기출 부사 어휘 ④

Answer
A. 1. urgently 2. tightly 3. thoroughly 4. skillfully
B. 5. (D) 6. (C) 7. (B) 8. (B)

A

1 A conference was held (totally / urgently) this morning to announce a temporary halt in the production processes at all factories.

모든 공장의 생산 공정 일시 중단을 발표하기 위해 오늘 아침에 긴급히 회의가 열렸다.

해설 **urgently 긴급히**
회의가 긴급히 열렸다는 의미가 적절하므로 urgently가 정답이다.

어휘 totally 완전히, 전적으로

2 Ensure that the cap is screwed on (warmly / *tightly*), so that no detergent can enter the container during the wash cycle.

해설 tightly 단단히, 꽉, 엄중히
뚜껑을 단단히 조이라는 의미가 적절하므로 tightly가 정답이다.

어휘 warmly 따뜻하게

3 Ms. Loren Amelia examined the weekly reports (*thoroughly* / interestingly) and filled in the assessment papers.

해설 thoroughly 완전히, 철저히
보고서를 철저히 검토했다는 의미가 적절하므로 thoroughly가 정답이다.

어휘 interestingly 흥미롭게도

4 The company's new Web site was (*skillfully* / recklessly) designed by Mr. Cory Hans, our computer specialist.

해설 skillfully 솜씨 있게, 교묘하게
웹사이트가 솜씨 있게 디자인되었다는 의미가 적절하므로 skillfully가 정답이다.

어휘 recklessly 무모하게

B

5 The final changes need to be submitted ------- so that the complete book may be published as per schedule.

　(A) terribly　　(B) kindly　　(C) nearly　　*(D) quickly*

해설 quickly 빨리, 신속히
최종 변경 사항들이 빨리 제출되어야 한다는 의미가 적절하므로 (D)가 정답이다.

어휘 terribly 몹시, 지독히　kindly 친절하게　nearly 거의

6 The negotiation talks proceeded ------- and both parties were satisfied in the end.

　(A) extremely　　(B) personally　　*(C) smoothly*　　(D) constantly

해설 smoothly 부드럽게, 순조롭게
협상 회담이 순조롭게 진행되었다는 의미가 적절하므로 (C)가 정답이다.

어휘 extremely 극히　personally 개인적으로　constantly 끊임없이

7 Scientists are ------- researching new sources of energy, such as hydroelectricity, to protect the ecosystem.

　(A) miserably　　*(B) currently*　　(C) silently　　(D) furiously

해설 currently 현재는, 지금은
에너지원들을 현재 연구하는 중이라는 의미가 적절하므로 (B)가 정답이다.

어휘 miserably 비참하게　silently 조용히　furiously 미친 듯이 노하여, 맹렬히

8 Students were advised to listen to the instructor ------- and ask any questions that they wanted answered.

　(A) anxiously　　*(B) carefully*　　(C) elegantly　　(D) wonderfully

해설 carefully 주의 깊게, 신중히

강사의 말을 주의 깊게 들으라는 의미가 적절하므로 (B)가 정답이다.

어휘 anxiously 걱정하여, 걱정스럽게 elegantly 우아하게 wonderfully 훌륭하게

Actual Test Answer
1. (D) 2. (C) 3. (A) 4. (A) 5. (C) 6. (D)
7. (C) 8. (B) 9. (B) 10. (D) 11. (B) 12. (A)

---

1 If the floors, carpets, and walls become wet, it's imperative to dry them out as ------- as possible to prevent mold growth.

(A) quick   (B) quicker   (C) quickest   **(D) quickly**

바닥, 카펫, 벽이 젖게 되면 곰팡이 증식을 막기 위해 반드시 가능한 한 빨리 그것들을 말려야 한다.

해설 일반동사+as+부사+as

원급 비교구문 as ~ as 사이에 들어갈 알맞은 품사를 묻는 문제로, 빈칸에 들어갈 품사가 의미상 앞의 동사구 dry ~ out을 수식해야 하므로 부사 (D)가 정답이다.

어휘 imperative 반드시 해야 하는, 필수적인 dry ~ out 완전히 말리다 prevent 예방하다, 막다 mold 곰팡이 growth 증식

---

2 Please provide us ------- information as possible so that we can best assist you with your needs.

(A) so far   (B) so long   **(C) as much**   (D) as long as

당신이 필요하신 것을 가장 잘 도와드릴 수 있도록 저희에게 가능한 한 많은 정보를 제공해 주시기 바랍니다.

해설 as much+불가산명사+as possible

빈칸 뒤에 as possible이 나오므로 'as ~ as possible(가능한 한 ~한)' 구문임을 알 수 있다. 빈칸 뒤의 명사 information이 불가산명사이므로 셀 수 없는 명사를 수식할 수 있는 (C)가 정답이다.

어휘 assist 돕다 needs 필요, 요구

---

3 A research study has found that babies as young ------- six months of age can read each other's moods in certain situations.

(A) as   (B) than   (C) of   (D) at

한 연구 조사는 6개월 된 어린 아기들이 특정 상황에서 서로의 기분을 읽을 수 있다는 것을 발견했다.

해설 as+형용사+as

빈칸 앞에 as가 있는 것으로 미루어 'as ~ as' 원급 비교 구문임을 알 수 있다. '6개월 나이만큼 어린 아기들'이라는 의미를 완성해 주는 (A)가 정답이다.

어휘 mood 기분 certain 특정한

---

4 You should handle the books in the public library as ------- as you do your own property.

(A) carefully   (B) careful   (C) to care   (D) more careful

공공 도서관의 책들을 자신의 재산을 다루는 것처럼 주의해서 다루어야 한다.

해설 일반동사+as+부사+as

as ~ as 사이에 들어갈 품사를 결정하는 문제로 빈칸 앞의 수식을 받는 대상이 일반동사인 handle이므로 부사인 (A)가 정답이다.

어휘 handle 다루다, 취급하다 public library 공공 도서관 property 재산, 소유물

---

5 Allen Ramirez said that his ------- accomplishment at Tibejin University was constructing the student service center.

(A) gratify   (B) more gratified   **(C) most gratifying**   (D) gratifyingly

Allen Ramirez는 Tibejin 대학교에서 자신의 가장 만족스러운 업적은 학생 서비스 센터를 건설한 것이라고 말했다.

해설 **최상급 (소유격+most+형용사)**
빈칸 앞뒤로 소유격(his)과 명사(accomplishment)가 연결되어 있으므로 '소유격+most+형용사'의 최상급 형용사 형태를 떠올릴 수 있어야 한다. 따라서 (C)가 정답이다.

어휘 accomplishment 성취, 업적 gratify 만족시키다, 기쁘게 하다 gratifying 만족스러운, 흐뭇한

6. After a series of rigorous meetings and negotiations, the committee finally agreed upon purchasing the product with the ------- design.

   (A) more efficiencies (B) more efficiently
   (C) most efficiently   (D) most efficient

   일련의 철저한 회의와 협상 후에 위원회는 마침내 가장 효율적인 디자인을 가진 제품을 구입하는 데 동의했다.

해설 **최상급 (the most+형용사)**
빈칸 앞뒤로 정관사(the)와 명사(design)가 연결되어 있으므로 'the most+형용사'의 최상급 형용사 형태를 떠올릴 수 있어야 한다. 따라서 (D)가 정답이다.

어휘 a series of 일련의 rigorous 철저한, 엄격한 negotiation 협상

7. The construction projects planned this season in Nebraska's largest city are starting ------- than expected because of the prolonged winter.

   (A) late (B) lately (C) later (D) latest

   Nebraska 주의 가장 큰 도시에서 이번 시즌에 계획된 공사 프로젝트들이 오랫동안 계속되는 겨울 때문에 예상보다 늦게 시작될 것이다.

해설 **비교급+than**
빈칸 뒤로 than이 연결되어 있으므로 late의 비교급 형태인 (C)가 정답이다. late는 형용사(늦은), 부사(늦게)의 형태가 동일하다.

어휘 prolonged 오래 끄는, 장기적인

8. Due to the drastic changes in technology, film is ------- the dominant cinematic medium in the digital world.

   (A) another (B) no longer (C) anymore (D) not enough

   급격한 기술 변화로 인해 필름은 디지털 세상에서 더 이상 영화 제작의 주요한 매체가 아니다.

해설 **비교급 관용표현 no longer**
기술의 변화 때문에 필름이 더 이상 영화 제작의 지배적인 매체가 아니라는 의미를 완성해야 하므로 '더 이상 ~ 아닌'이라는 의미의 비교급 관용표현인 (B)가 정답이다. (C)가 답이 되려면 'not ~ anymore'의 형태로 not이 앞에 있어야 한다.

어휘 drastic 급격한, 과감한 dominant 지배적인, 주요한 cinematic 영화의, 영화 제작의 medium 매체, 수단

Questions 9-12 refer to the following e-mail.

To: Bluewind Office Staff <staffnotice@bluewind.com>
From: Ella Friscal, Assistant Director <ellafriscal@bluewind.com>
Re: VIKI messenger system
Date: April 13
Attachment: viki_messenger.txt

As you all know, our IT communications team has finished developing a new one-touch messenger program, which will be --- 9. --- our current e-mail system on May 20. I have attached a document that explains how the new program has to be installed and introduces the different features of the program. All staff members are required to review this document to ensure that the transition goes as --- 10. --- as possible.
Besides conducting hands-on training for the people who have opted for it, we are offering an in-person information session on Thursday, the 5th of May. However, this session is --- 11. --- to 50 participants only, so if you feel that it is necessary for you to attend this session, do not miss this opportunity. --- 12. ---.

수신: Bluewind Office 직원들
       <staffnotice@bluewind.com>
발신: Ella Friscal, 부국장
       <ellafriscal@bluewind.com>
제목: VIKI 메신저 시스템
날짜: 4월 13일
첨부: viki_messenger.txt

여러분 모두 아시다시피, 우리 IT 통신 팀이 5월 20일에 우리의 현 이메일 시스템을 대체할 새로운 원터치 메신저 프로그램 개발을 완료했습니다. 새로운 프로그램을 설치하는 방법을 설명하고 그 프로그램의 다양한 특징들을 소개하는 문서를 첨부했습니다. 모든 직원 여러분은 가능한 한 순조롭게 전환이 이루어질 수 있도록 이 문서를 검토해 주셔야 합니다.

9 (A) pricing
   (B) replacing
   (C) connecting
   (D) analyzing

10 (A) smoothing
   (B) smoother
   (C) smoothest
   (D) smoothly

11 (A) limit
   (B) limited
   (C) limitation
   (D) limitations

NEW
12 **(A) Contact Cindy, our secretary, for any questions and reservations.**
   (B) To make a keynote speech, don't forget to contact me.
   (C) Once you've finished filling the application out, please submit it.
   (D) We have large venues to accommodate over a hundred people.

우리는 그것을 선택한 사람들을 위한 실무 교육을 실시하는 것 외에, 5월 5일 목요일에 대면 설명회를 제공할 것입니다. 하지만, 이 교육은 단 50명의 참가자들로 제한되어 있으므로 이 교육에 참석할 필요가 있다고 생각하시면, 이 기회를 놓치지 마십시오.
질문과 예약을 하시려면 우리 비서인 Cindy에게 연락하세요.

---

9 해설 / replace 바꾸다, 교체하다

동사 어휘 문제로 빈칸 앞에서 새로운 원터치 메신저 프로그램 개발을 끝냈다고 했으며, 빈칸 뒤로는 our current e-mail system이 연결되어 있다. 새 프로그램이 현재의 이메일 시스템을 대체할 것이라는 의미가 적절하므로 (B)가 정답이다.

어휘 / attachment 첨부물   price 가격을 매기다   connect 연결하다   analyze 분석하다

10 해설 / 일반동사+as+부사+as

원급 비교 구문 as ~ as 사이에 들어갈 품사를 결정하는 문제로 앞에 일반동사 goes가 있으므로 빈칸은 동사를 수식하는 부사가 들어갈 자리이다. 따라서 (D)가 정답이다.

어휘 / transition 전환

11 해설 / 수동태 (be+p.p.)

동사 limit(제한하다)의 다양한 품사가 제시되어 있으므로 빈칸 앞뒤를 고려하여 알맞은 품사를 선택해야 한다. 빈칸 앞에 be동사 is가 위치해 있으므로 수동태를 완성하는 과거분사 (B)가 정답이다.

어휘 / besides ~ 외에   hands-on 직접 해보는   in-person 직접 참가하는   participant 참가자

12 해설 / 적절한 문장 찾기

(A) 질문과 예약을 하시려면 우리 비서인 Cindy에게 연락하세요.
(B) 기조 연설을 하시려면 잊지 말고 제게 연락주세요.
(C) 일단 신청서 작성을 마치면 제출해 주십시오.
(D) 우리는 100명 이상의 사람들을 수용할 수 있는 큰 장소를 가지고 있다.

어휘 / contact 연락하다   secretary 비서   keynote speech 기조연설   don't forget to 잊지 말고 ~해라   once 일단 ~하면   venue 회의장소   accommodate 수용하다, 숙박시키다

Unit 19 가정법과 도치

Practice 시험에 반드시 나오는 가정법 형태

Answer
A. 1. will be sent 2. wishes 3. would have achieved 4. could have begun
B. 5. (C) 6. (B) 7. (B) 8. (B)

A

1 If your visa application is submitted, you (are sent / **will be sent**) a package with your passport and visa soon.

비자 신청서를 제출하면 여권과 비자가 든 소포를 곧 받으실 것입니다.

해설 조건의 if절
If 조건절에서는 if절에 현재(are submitted)를 사용하고 주절에는 미래를 사용하므로 will be sent가 정답이다.

2 If anyone (will wish / **wishes**) to enter the Shin Technology Inc. building, he or she will be requested to show an ID card to a security officer.

Shin Technology 사 건물에 들어가기를 원하는 사람은 누구든지 경비원에게 신분증을 보여 달라는 요청을 받을 것이다.

해설 조건의 if절
If 조건절에서는 현재가 미래를 대신하므로 현재 동사인 wishes가 정답이다.

3 If the product had been advertised, we (**would have achieved** / achieved) our monthly sales goal.

그 제품이 광고되었더라면 우리가 월간 판매 목표를 달성했을 것이다.

해설 가정법 과거완료
If절에 과거완료(had p.p.)가 왔으므로 주절에는 가정법 과거완료를 만드는 would/could have p.p.가 와야 한다. 따라서 would have achieved가 정답이다.

4 If our company had received more financial support, the factory renovation (had been beginning / **could have begun**) much earlier.

우리 회사가 더 많은 재정 지원을 받았더라면 공장 보수가 더 일찍 시작될 수 있었을 것이다.

해설 가정법 과거완료
If절에 과거완료(had p.p.)가 왔으므로 주절에는 가정법 과거완료를 만드는 would/could have p.p.가 와야 한다. 따라서 could have begun이 정답이다.

B

5 If the fresh ingredients ------- on time, the restaurant could sell much more of its dessert now.

(A) had been arriving (B) would arrive
(C) had arrived (D) will arrive

신선한 재료가 제때에 도착했다면 지금 그 식당에서 훨씬 더 많은 디저트를 팔 수 있을 것이다.

해설 혼합 가정법
주절에 could sell이 있으므로 가능한 것은 가정법 과거와 혼합 가정법 두 가지가 있다. 따라서 혼합 가정법인 (C)가 정답이다. 혼합 가정법은 'If+주어+과거완료(had p.p.), 주어+would/could/might+동사원형+(by) now' 형식으로 '~했다면 지금 ~할 것이다'라는 의미이다.

6 If the mall was built in a larger area with more shops, it ------- more employees.

(A) could have hired (B) could hire
(C) will hire (D) hired

해설 가정법 과거

If절이 과거(was built)이므로, 주절에는 가정법 과거를 만드는 would/could/might+동사원형이 와야 하므로 (B)가 정답이다.

7 If I had been promoted last quarter, I ------- earning much more than I am now.

(A) have been (B) could have been
(C) will be (D) had been

해설 가정법 과거완료

If절이 과거완료(had been promoted)이므로 가능한 것은 과거 사실의 반대를 가정하는 가정법 과거완료이다. 따라서 (B)가 정답이다.

8 Cindy wouldn't have missed the seminar if she ------- the flight last night.

(A) had been caught (B) had caught
(C) caught (D) catch

해설 가정법 과거완료

주절이 would have p.p.이므로 if절에는 가정법 과거완료를 만드는 had p.p.가 와야 한다. 따라서 (B)가 정답이다.

Practice 시험에 반드시 나오는 도치 유형

Answer A. 1. Not only 2. found 3. Rarely 4. Seldom
B. 5. (A) 6. (B) 7. (B) 8. (A)

A

1 (Not only / Even if) did the samples arrive two weeks late but they were also severely damaged.

견본들이 2주 늦게 도착했을 뿐만 아니라 심하게 손상되었다.

해설 부정어 not only의 도치

괄호 뒤의 문장이 동사(did)+주어(the samples)순으로 도치되어 있으므로 도치 구문 앞으로 나올 수 있는 부정어 Not only가 정답이다. 뒤의 but ~ also도 단서가 된다.

2 Had we (been found / found) out that the CEO was involved in embezzlement, we would have fired him.

우리는 CEO가 횡령에 연루된 사실을 알았더라면 그를 해고했을 것이다.

해설 가정법의 도치

문두에 Had가 먼저 나왔으므로 가정법 문장에서 if가 생략되면서 주어와 동사가 도치된 문장임을 알 수 있다. 주어인 we가 that 이하의 사실을 아는 것은 능동이므로 found가 정답이다.

3 (Solely / Rarely) has the weather in London been much better than it was last summer.

London의 날씨가 지난여름보다 훨씬 더 좋았던 적은 거의 없었다.

해설 부정어 rarely의 도치

괄호 뒤의 문장이 동사(has)+주어(the weather)순으로 도치되어 있으므로 도치 구문 앞으로 나올 수 있는 부정어 Rarely가 정답이다.

4 (Seldom / Also) have the sales volumes of Best Trekkers Inc. been higher than they are currently.

Best Trekkers 사의 매출액이 현재보다 더 높았던 적은 좀처럼 없었다.

해설 부정어 seldom의 도치

괄호 뒤의 문장이 동사(have)+주어(the sales volumes)순으로 도치되어 있으므로 도치 구문 앞으로 나올 수 있는 부정어 Seldom이 정답이다.

B

5 ------- you have any concerns about our service, please find our receptionist in the lobby.

(A) Should   (B) Could
(C) Can   (D) May

저희 서비스에 대해 용무가 있으시면 로비에서 저희 접수 직원을 찾아 주시기 바랍니다.

해설 가정법의 도치

빈칸 뒤의 두 문장을 연결할 수 있는 조동사인 (A)가 정답이다. 가정법 미래 문장인 If you should have ~에서 if가 생략되면서 주어와 동사가 도치되어 Should you have ~로 바뀐 것이다.

6 ------- is a letter that Galen recently wrote to his father.

(A) Enclosure   (B) Enclosed
(C) Encloses   (D) Enclose

동봉한 것은 Galen이 최근에 아버지에게 쓴 편지이다.

해설 be동사의 보어의 도치

빈칸을 주어 자리로 생각해서 명사인 (A)를 답으로 고르기 쉬우나 enclosure가 letter와 동격은 아니므로 (A)는 오답이다. 이 문장은 A letter that Galen recently wrote to his father is enclosed.에서 be동사의 보어인 enclosed가 문두에 나가 주어와 동사가 도치된 것이다. 따라서 (B)가 정답이다.

어휘 enclosure 동봉된 것   enclose 동봉하다

7 Mark Lieberman proposed a solution for the company's current downturn and ------- did his coworker, Nina Haruka.

(A) or   (B) so
(C) either   (D) and

Mark Lieberman은 회사의 현재의 침체에 관해 해결책을 제안했으며, 그의 동료인 Nina Haruka도 그렇게 했다.

해설 so+동사+주어

빈칸 뒤의 어순이 동사(did)+주어(his coworker)로 도치되었음을 알 수 있으므로 도치 구문 앞으로 나올 수 있는 (B)가 정답이다. 긍정문 다음의 'so+동사+주어'는 '마찬가지로 ~하다'라는 의미이다.

8 Mr. Brown graduated the university with honors this summer, ------- did Ms. Bailey.

(A) as   (B) although
(C) more   (D) very

Brown 씨는 Bailey 씨와 마찬가지로 이번 여름에 대학교를 우등으로 졸업했다.

해설 as+동사+주어

빈칸 뒤의 어순이 동사(did)+주어(Ms. Bailey)로 도치되었음을 알 수 있으므로 도치 구문 앞으로 나올 수 있는 (A)가 정답이다. 'as+동사+주어'는 '~하는 것처럼'이라는 의미이다.

Practice	고득점을 위한 고난이도 어휘	Answer	A. 1. ample 2. lapse 3. inquisitive 4. disruption
			B. 5. (D) 6. (B) 7. (C) 8. (C)

A

1 Queens.com uses a better cardboard box with (**ample** / temporary) packing material for your item.

> Queens.com은 고객님의 상품을 위해 충분한 포장 재료를 넣은 더 좋은 종이 상자를 사용합니다.

해설 ample 충분한, 풍부한
괄호 뒤의 명사 packing material을 수식하는 적절한 형용사를 고르는 문제. 포장 재료가 충분하다는 의미가 적절하므로 ample이 정답이다.

어휘 temporary 일시적인

2 Even a minor (**lapse** / inclination) can cause the rejection of the enrollment.

> 심지어 작은 실수조차도 등록 거부의 원인이 된다.

해설 lapse 실수, 과실
괄호 앞의 형용사 minor의 수식을 받는 적절한 명사를 고르는 문제. 심지어 작은 실수조차라는 의미가 적절하므로 lapse가 정답이다.

어휘 inclination 경향, 경사

3 We look for people who are so (confidential / **inquisitive**) about the world that they're willing to try anything.

> 우리는 세상에 대해 호기심이 많아 무엇이든 기꺼이 시도하려고 하는 사람들을 찾고 있다.

해설 inquisitive 캐묻기 좋아하는, 호기심 많은
be동사의 보어로 적절한 형용사를 고르는 문제. 호기심이 많은 사람들이라는 의미가 적절하므로 inquisitive가 정답이다.

어휘 confidential 기밀의

4 Bridge rehabilitation work will be completed by tomorrow to minimize the traffic (outbreak / **disruption**).

> 다리 재건 작업은 교통 장애를 최소화하기 위해 내일까지 완료될 것이다.

해설 disruption 붕괴, 중단, 장애
괄호 앞의 traffic과 함께 쓰여 복합명사를 이룰 수 있는 명사를 고르는 문제. 교통 장애라는 의미가 적절하므로 disruption이 정답이다.

어휘 outbreak (전쟁·사고·병의) 발발, 발생

B

5 The goal of this meeting is to teach counselors how to listen to workers' problems more ------.

(A) structurally   (B) immediately
(C) unexpectedly   **(D) attentively**

> 이 모임의 목표는 직원들의 문제를 더 주의 깊게 경청하는 법을 상담가들에게 가르치는 것이다.

해설 attentively 주의 깊게, 조심스럽게
빈칸 앞의 동사 listen을 꾸미는 부사를 고르는 문제. 주의 깊게 듣는다는 의미가 가장 적절하므로 (D)가 정답이다.

어휘 structurally 구조적으로   immediately 즉시   unexpectedly 뜻밖에

6 Anyone who likes the same songs as me has ------ taste in music.

(A) fragile   **(B) impeccable**   (C) surpassed   (D) worthwhile

> 나와 같은 노래를 좋아하는 사람은 누구나 흠잡을 데 없는 음악 취향을 가지고 있는 것이다.

해설 impeccable 흠잡을 데 없는
빈칸 뒤의 명사 taste를 수식하는 적절한 형용사를 고르는 문제. 흠잡을 데 없는 취향이라는 의미가 가장 적절하므로 (B)가 정답이다.

어휘 fragile 깨지기 쉬운 surpass 능가하다 worthwhile 가치 있는, 보람 있는

---

7 This special offer is available ------- to the members who purchase a used vehicle from Enterprise Car Sales.

   (A) exceptionally   (B) impossibly
   (C) exclusively   (D) unclearly

이 특가 상품은 Enterprise 자동차 판매사에서 중고차를 구입하는 회원들만 독점적으로 이용 가능합니다.

해설 exclusively 배타적으로, 독점적으로, 전적으로
빈칸 앞의 형용사 available을 수식하는 적절한 부사를 고르는 문제. 독점적으로 이용 가능하다는 의미가 가장 적절하므로 (C)가 정답이다.

어휘 exceptionally 예외적으로 impossibly 불가능하게 unclearly 불확실하게

---

8 Under the law, the government will ------- the current 15.4 percent tax on such gains for three years.

   (A) reject   (B) delete   (C) waive   (D) obtain

그 법률에 따라 정부는 그러한 소득에 대한 현행 15.4%의 세금을 3년 동안 적용하지 않을 것이다.

해설 waive (권리를) 포기하다, (규정을) 적용하지 않다
tax를 목적어로 취하는 적절한 동사를 고르는 문제. 세금을 적용하지 않을 것이라는 의미가 가장 적절하므로 (C)가 정답이다.

어휘 reject 거절하다 delete 삭제하다, 지우다 obtain 획득하다

Actual Test   **Answer**
1. (D)   2. (B)   3. (B)   4. (C)   5. (B)   6. (B)
7. (A)   8. (B)   9. (C)   10. (B) 11. (D) 12. (C)

---

1 If you ------- a new patient at this hospital, please fill out the personal information form.

   (A) were   (B) will   (C) be   (D) are

이 병원에 처음 온 환자분은 개인정보 서식을 작성해 주시기 바랍니다.

해설 조건의 if절
조건의 if절에는 미래 동사 대신 현재 동사를 써야 하므로 (D)가 정답이다. 주절에는 미래 시제나 명령문이 나오는데, 여기에서는 please로 시작하는 명령문이 나왔다.

어휘 patient 환자 hospital 병원 fill out 작성하다, 기입하다

---

2 If the chief executive officer ------- the supervisor's inability to manage the factory line, some action could have been taken.

   (A) has known   (B) had known   (C) knew   (D) have known

최고경영자가 그 감독이 공장 라인을 관리할 능력이 없다는 것을 알았더라면 어떤 조치가 취해질 수 있었을 것이다.

해설 가정법 과거완료
주절에 could have been taken이 보이므로, 주절에는 과거완료가 들어가야 한다. 따라서 (B)가 정답이다.

어휘 chief executive officer 최고경영자 (CEO) supervisor 감독 inability 무능함 factory 공장

---

3 If the items you borrowed are not turned in by tomorrow, your membership ------- terminated.

   (A) would be   (B) will be   (C) be   (D) was

당신이 빌려 간 물건들을 내일까지 반납하지 않으면 당신의 회원 자격이 종료될 것입니다.

해설 조건의 if절
If절의 동사를 borrowed로 보고, 가정법 과거로 생각해서 (A)를 답으로 고를 수도 있는 문제이다. 이 문장에서 borrowed는 주어를 수식하는 과거분사 형태이며, 본동사는 뒤의 are not turned in으로 현재 시제이다. 따라서 이 문장은 조건의 if절로서 주절에는 미래 시제를 써야 한다. 따라서 (B)가 정답이다.

어휘 turn in 반납하다   terminate 끝내다

---

4 If Mr. Kawasaki had not brought the document with him, his boss ------- to the office.

(A) being return (B) will return
(C) would have returned (D) have returned

Kawasaki 씨가 서류를 가져오지 않았다면 그의 상사는 사무실로 돌아갔을 것이다.

해설 가정법 과거완료
If절에 과거완료가 왔으므로 주절에는 가정법 과거완료를 만드는 would/could have p.p.가 와야 한다. 따라서 (C)가 정답이다.

어휘 document 서류, 문서   return 돌아가다

---

5 ------- to this e-mail are the instructions that should be followed at work.

(A) Attaching (B) Attached (C) Attach (D) Attachment

이메일에 첨부된 것은 직장에서 따라야 하는 지시 사항들이다.

해설 be동사의 보어의 도치
빈칸을 주어 자리로 생각해 명사인 (D)를 답으로 고르기 쉽지만 attachment가 instructions와 동격이 아니므로 오답이다. 이 문장은 be동사의 보어인 attached가 문두로 와서 주어와 동사가 도치된 것으로 원래 문장은 The instructions that should be followed at work are attached to this e-mail.이다. 따라서 (B)가 정답이다.

어휘 instruction 지시   follow 따르다   at work 직장에서, 일터에서   attach 첨부하다   attachment 첨부(물)

---

6 ------- has Mr. Brown been seen in his office since he was elected as vice president of the local committee.

(A) Hard (B) Hardly (C) Hardness (D) Harden

Brown 씨는 지역 위원회 부회장으로 선출된 이후로 그의 사무실에서 거의 보이지 않고 있다.

해설 부정어 hardly의 도치
빈칸 뒤의 문장이 동사(has)+주어(Mr. Brown)순으로 도치되어 있으므로 도치 구문 앞으로 나올 수 있는 부정어 Hardly가 정답이다.

어휘 elect 선출하다   vice president 부회장

---

7 Hospal Inn does not refund the deposit, ------- does it guarantee vacancy of unreserved rooms.

(A) nor (B) but (C) or (D) and

Hospal Inn은 보증금을 환불해 주지도 않고 예약하지 않은 방의 공실 유지를 보장하지도 않는다.

해설 부정어 nor의 도치
부정문 다음의 'nor+동사+주어'는 '마찬가지로 ~하지 않는다'라는 의미이다. 빈칸 뒤의 문장이 동사(does)+주어(it)순으로 도치되어 있으므로 도치 구문 앞으로 나올 수 있는 부정어 (A)가 정답이다.

어휘 inn 여관, 모텔   refund 환불하다   deposit 보증금   guarantee 보증하다   vacancy 빈방, 공실   unreserved 예약하지 않은

---

8 Only recently have organizations ------- that their success is directly linked to the quality of their leaders.

(A) to recognize (B) recognized (C) recognition (D) recognizing

최근에서야 단체들은 그들의 성공이 지도자의 자질과 직접 연관되어 있음을 깨달았다.

해설 only+부사/부사구/부사절의 도치
only+부사가 문장의 앞에 나오면 주어와 동사가 도치된다. 빈칸은 have p.p.를 구성하는 과거분사 자리이므로 (B)가 정답이다.

어휘 recently 최근에   organization 단체   directly 직접적으로   link 연결하다, 연관시키다

Questions 9-12 refer to the following letter.

S.A.F.E. Security Corporation
4112 Westwood Street
Stamford on T3L4A7

Dear Mrs. and Mr. Chester:

Thank you for visiting us regarding your home security installments. Upon your request, your monthly payments for our services of $350 will be automatically withdrawn on the 27th of every month from your checking account. --- 9. --- your security alarm device encounter any problems, we will be able to observe these from our monitoring channels.
In case you wish to cancel this service, you need to file an --- 10. --- request. You can visit us at our office, send a mail to the address mentioned above, or fax us at 711-555-1131.
For further questions, please contact our Customer Service Center at 711-555-1132. We will be available to assist you over the phone every day from 9 A.M. to 10 P.M.
--- 11. ---, if you wish to contact us through e-mail, please send an e-mail to service@safesecurity.com. --- 12. ---.

S.A.F.E. 보안 회사
4112 Westwood Street
Stamford on T3L4A7

Chester 씨 부부께:

가정 보안 할부금과 관련해 저희를 방문해주셔서 감사합니다. 고객님의 요청에 따라 저희 서비스에 대한 고객님의 매월 납부금은 350달러이며, 매달 27일에 고객님의 당좌예금 계좌에서 자동 인출될 것입니다. 만약 보안 경보 장치에 어떠한 문제라도 발생한다면 저희의 감시 채널에서 관찰할 수 있을 것입니다.
이 서비스를 취소하기 원하실 경우에는 공식 요청서를 제출해 주셔야 합니다. 저희 사무실에 방문하시거나 위에 적힌 주소로 우편을 보내시거나 711-555-1131로 팩스를 보내실 수 있습니다.
더 문의하시려면 711-555-1132번의 고객 서비스 센터로 연락 주시기 바랍니다. 저희는 매일 오전 9시부터 오후 10시까지 전화로 고객님을 도와드릴 수 있을 것입니다.
그렇지 않고 이메일로 연락하시기 원하시면 service@safesecurity.com으로 이메일을 보내주시기 바랍니다. 귀하의 이메일에 24시간 이내에 답변 드리겠습니다.

9 (A) Did
   (B) Had
   (C) Should
   (D) Could

10 (A) equivalent
   (B) official
   (C) intended
   (D) outstanding

11 (A) Favorably
   (B) Originally
   (C) Accordingly
   (D) Alternatively

NEW
12 (A) In order to change your email address, please contact me directly.
   (B) All public phones in this building are temporarily out of order.
   (C) We will respond to your email within 24 hours.
   (D) Your feedback is very important to us.

---

9 **해설** 가정법 문장의 도치

빈칸 뒤에 문장과 문장이 콤마로 연결된 형태이므로 빈칸에는 문장을 연결하는 접속사가 와야 한다. 그러나 보기가 전부 조동사이므로 가정법 미래 형태인 'If+주어+should+동사원형'에서 if가 생략되면서 동사가 주어 앞으로 나오게 된 도치 형태인 'Should+주어+동사원형'을 이루는 (C)가 정답이다.

어휘 regarding ~와 관련해 security 보안, 경비 installment 할부금 request 요청 payment 납부금, 대금 automatically 자동으로 withdraw 인출하다 checking account 당좌예금 계좌 alarm 경보 device 장치 encounter 만나다, 부닥치다 observe 관찰하다 monitoring channel 감시 채널

10 해설 official 공식적인

빈칸 뒤의 명사 request와 어울리는 형용사를 고르는 문제. 공식적인 요청이라는 의미가 적절하므로 (B)가 정답이다.

어휘 in case ~할 경우에는 cancel 취소하다 file 제출하다, 신청하다 equivalent 동등한 intended 의도된 outstanding 뛰어난

---

11 해설 접속부사 alternatively

빈칸은 콤마와 함께 문두에 쓰는 접속부사가 들어가야 할 자리이다. 그렇지 않으면 이메일로 연락하라는 의미가 적절하므로 (D)가 정답이다.

어휘 available 이용할 수 있는 assist 돕다 favorably 호의적으로 originally 원래는 accordingly 따라서 alternatively 그 대신에, 그렇지 않으면

---

12 해설 적절한 문장 찾기

(A) 이메일 주소를 변경하시려면 직접 저에게 연락주세요.
(B) 이 건물의 모든 공중 전화들은 일시적으로 고장이 났습니다.
(C) 귀하의 이메일에 24시간 이내에 답변 드리겠습니다.
(D) 귀하의 의견은 저희에게 매우 중요합니다.

어휘 in order to ~하기 위하여 be out of order 고장 나다 temporarily 임시로 respond to ~에 응답하다 feedback 의견, 반응

메모

Part 7

Unit 01 주제와 목적

Practice **Answer** 1. (A) 2. (A)

Question 1 refers to the following letter.

Dear Mrs. Annia,

On behalf of the members of Storytelling Kids Club, I would like to thank you for creating a wonderful environment for the children at our institute during the past 10 months. Your leadership and devotion as a supervisor has inspired everyone.

Annia 씨께,

Storytelling Kids Club의 회원들을 대표해 지난 10개월 동안 우리 기관에서 어린이들을 위해 훌륭한 환경을 조성해주신 데 대해 감사드리고 싶습니다. 부서장으로서 귀하의 지도력과 헌신은 모든 사람에게 자극이 되었습니다.

1 What is the purpose of this letter?
   (A) To show appreciation of Mrs. Annia's services
   (B) To hire a new supervisor

이 편지의 목적은?
(A) Annia 씨의 공로에 감사를 표하기 위해
(B) 새 부서장을 채용하기 위해

해설 글의 목적에 관한 단서는 대개 지문의 앞부분에 등장한다. 첫 부분 I would like to thank you for creating a wonderful environment for the children에서 그간의 공로에 대해 감사하고 있음을 알 수 있으므로 (A)가 정답이다. 보통 would like to 뒤에 목적에 대한 단서가 바로 나온다.

Question 2 refers to the following memo.

Dear Colleagues,

Please join us from 5:00 P.M. to 7:00 P.M. on August 27 at the Barkley Conference Room, which is located on the second floor of the Jordan Building to celebrate Sean Lonergon's return to the company. As you all probably know by now, after spending six months at the hospital, Sean has now fully recovered and will be resuming his duties as assistant director at Calbest Connections next week.

동료 여러분께,

8월 27일 오후 5시부터 7시까지 Jordan 빌딩 2층에 위치한 Barkley 회의실에 저희와 함께 모여 Sean Lonergon의 복직을 축하해주시기 바랍니다. 이제는 모두 아시겠지만 Sean은 병원에서 6개월을 보낸 후 이제 완쾌되어 다음 주에 Calbest Connections에서 차장으로 근무를 재개하게 됩니다.

2 What is the main topic of this memo?
   (A) A welcoming party
   (B) An outdoor event

이 회람의 주제는?
(A) 환영회
(B) 야외 행사

해설 글의 주제에 관한 단서는 대개 지문의 앞부분에 등장한다. 첫 문장의 to celebrate Sean Lonergon's return to the company에서 Lonergon의 복직을 축하하기 위한 행사 공지임을 알 수 있으므로 (A)가 정답이다. 빌딩 안 회의실에서 모인다고 나와 있으므로 (B)는 오답이다.

Actual Test   Answer   1. (D)   2. (B)

Questions 1-2 refer to the following letter.

Dear Mr. Francis,

We are sending you this letter regarding an incorrect payment made. Your telephone bill for January 15-February 15 was $177.87 and we received a payment against this on February 22 from your credit card company. However, the current balance for your bill still shows an unpaid amount of $29.31. This is owing to a previous bill amount that is still outstanding. Please make the payment for this as soon as possible.

Payment can be made by either check or credit card. In case you wish to pay by credit card, the payment can be made online by simply visiting our Web site and logging in. Subsequently, please click on "My Bills" and then make the payment.

If you believe that you have received this letter by mistake, please contact the Billing Department at 1800-845-1836.

Thank you.

Sincerely,
The Accounts Department
United Telecom

Francis 씨께,

귀하가 납부하신 금액이 맞지 않아 이 편지를 보냅니다. 1월 15일부터 2월 15일까지 귀하의 전화요금은 177.87달러였습니다. 저희는 2월 22일 귀하의 신용카드 회사로부터 이 건에 대한 납부 대금을 받았습니다. 그러나 귀하의 청구 내역의 현재 잔액은 여전히 29.31달러의 미납액을 나타냅니다. 이는 여전히 미납된 이전 청구 금액 때문입니다. 이 금액을 가능한 한 빨리 납부해 주시기 바랍니다.

수표나 신용카드로 납부하실 수 있습니다. 신용카드로 납부하기를 원하시는 경우에는 저희 웹사이트에 방문하여 로그인만 하시면 납부하실 수 있습니다. 그 후에 '나의 청구서'를 클릭한 다음 납부하십시오.

이 편지를 잘못 받았다고 생각하신다면 1800-845-1836번 청구서 발송부로 연락하시기 바랍니다.

감사합니다.

회계부
United Telecom

어휘 incorrect 부정확한, 틀린 payment 납부(금) balance 잔고, 잔액 bill 청구서 owing to ~ 때문에 outstanding 미납된, 미해결의 check 수표 subsequently 그 후에, 이어서

---

1. Why was this letter written?

   (A) To confirm an order
   (B) To change a delivery address
   (C) To pay for a bill
   (D) **To draw a customer's attention**

이 편지를 쓴 이유는?
(A) 주문을 확인하기 위해
(B) 배송 주소를 변경하기 위해
(C) 청구 요금을 내기 위해
(D) 고객의 주의를 끌기 위해

해설 첫째 문장 We are sending you this letter regarding an incorrect payment made by you.에서 납부 금액이 틀린 것을 고객에게 안내하는 내용임을 알 수 있다. 따라서 정답은 (D)이다.

---

2. What is the company requesting Mr. Francis to do?

   (A) Subscribe to a service
   (B) **Send payment to the company**
   (C) Check the Web site
   (D) Contact a phone number

회사가 Francis 씨에게 하도록 요청하는 것은?
(A) 서비스에 동의할 것
(B) 회사에 납부금을 보낼 것
(C) 웹사이트를 확인할 것
(D) 전화번호로 연락할 것

해설 첫 단락 마지막 문장 Please make the payment for this as soon as possible.에서 Mr. Francis에게 미납된 청구서 대금을 납부해 달라고 요청하고 있음을 알 수 있다. 따라서 정답은 (B)이다.

Unit 02 구체적 정보

Part 7

Practice Answer 1. (B) 2. (B)

Question 1 refers to the following notice.

NOTICE TO ALL EMPLOYEES

As you are already aware, T-Voice Company will begin installing the new communication system into the personal computers stationed in every office at 10 A.M. on Monday, October 15. All computers will remain offline during this time. Furthermore, a meeting regarding safe system management will be held during the following week.

전 직원 공지

이미 아시다시피 T-Voice 사는 10월 15일 월요일 오전 10시에 새 통신 시스템을 모든 사무실에 배치된 개인용 컴퓨터에 설치하기 시작할 예정입니다. 모든 컴퓨터는 이 시간 동안 오프라인 상태로 유지됩니다. 또한 안전 시스템 관리에 대한 회의가 다음 주에 열릴 예정입니다.

1. What will happen on October 15th?
   (A) A meeting for safe system management will be held.
   (B) Office computers will be unavailable online.

10월 15일에 일어날 일은?
(A) 안전 시스템 관리를 위한 회의가 열릴 것이다
(B) 사무실 컴퓨터들을 온라인상에서 이용할 수 없을 것이다.

해설 All computers will remain offline during this time.에서 모든 컴퓨터에 새로운 시스템을 설치해야 하므로 컴퓨터들이 오프라인 상태가 될 것임을 말하고 있으므로 (B)가 정답이다.

Question 2 refers to the following advertisement.

Job Vacancy

Jewls Company, one of the top architectural design companies located in Hong Kong, is recruiting new employees to work on future project plans with their partners in Australia. These new employees will be tasked with checking legal documents, communicating with company representatives, and frequently attending business conferences in Singapore.

구인

홍콩에 위치한 일류 건축 설계 회사 중의 하나인 Jewls 사에서 현재 호주에 있는 협력사들과 함께 미래의 프로젝트 계획을 추진할 신입 직원들을 모집하고 있습니다. 신입 직원들은 법률 서류 확인, 회사 대표들과의 연락과 싱가포르에서 열리는 사업 회의에 자주 참석하는 업무를 맡게 될 예정입니다.

2. Where is the job located?
   (A) Australia
   (B) Hong Kong

직장의 위치는?
(A) 호주
(B) 홍콩

해설 Jewls Company, one of the top architectural design companies located in Hong Kong에서 회사의 위치가 홍콩이라고 명시하고 있으므로 (B)가 정답이다. 호주에 있는 것은 협력사들이다.

Answer 1. (A) 2. (A)

Questions 1-2 refer to the text message chain.

Siennna Middleton   Jan. 23 8:31 A.M.
Good morning. Kevin. I'm scheduled to preside over the weekly meeting at 9 A.M. but I'm afraid I'm going to be late.

Jennifer Monroe   Jan. 23 8:32 A.M.
What's the problem?

Siennna Middleton   Jan. 23 8:32 A.M.
I got stuck in a traffic jam. I think there was a traffic accident. We'd better postpone the meeting until tomorrow.

Jennifer Monroe   Jan. 23 8:33 A.M.
Hmm... Most of our team members are already here and we need to urgently talk about the contract with Jason Inc. Why don't we ask Mr. Lee in Sales to lead the meeting instead?

Siennna Middleton   Jan. 23 8:34 A.M.
That's a great idea. He is the right person to replace me. Thank you.

시에나 미들턴   1월 23일 오전 8시 31분
좋은 아침이에요. 케빈. 오전 9시에 주간 회의를 주재할 예정인데, 아무래도 늦을 것 같네요.

제니퍼 먼로   1월 23일 오전 8시 32분
문제가 뭐죠?

시에나 미들턴   1월 23일 오전 8시 32분
차가 막혀서 꼼짝도 못하고 있어요. 교통 사고가 난 것 같아요. 회의를 내일로 연기하는 게 좋겠어요.

제니퍼 먼로   1월 23일 오전 8시 33분
음... 우리 팀 멤버 대부분은 이미 여기 와 있고 우리는 제이슨 회사와의 계약에 대해 긴급히 얘기해야 해요. 영업부서 이 씨에게 대신 회의를 진행해달라고 부탁하는 건 어때요?

시에나 미들턴   1월 23일 오전 8시 34분
좋은 생각이네요. 그는 나를 대신할 적임자예요. 감사합니다.

어휘 preside over ~의 사회를 보다, (회의 등을) 주재하다 get stuck 꼼짝 못하게 되다 traffic jam 교통체증 traffic accident 교통사고 urgently 급히 replace 대신하다, 대체하다

1 What does Ms. Monroe indicate she will do?

(A) Ask someone to chair the meeting
(B) Arrive late for the meeting
(C) Reschedule the meeting
(D) Go to the airport

먼로 씨는 무엇을 할 것으로 예상해 볼 수 있겠는가?
(A) 누군가에게 회의를 주재하도록 요청한다.
(B) 회의에 늦게 도착한다.
(C) 회의 일정을 다시 잡는다.
(D) 공항으로 간다.

해설 차가 막혀서 회의에 못 오는 미들턴 씨를 대신해 이 씨에게 회의를 주재하도록 요청할 것임을 알 수 있으므로 정답은 (A)이다.

2 At 8:34 A.M. what does Ms. Middleton most likely mean when she writes, "That's a great idea"?

(A) She likes Ms. Monroe's solution.
(B) She is excited to see the contractor.
(C) Brainstorming will generate a lot of great ideas.
(D) She is satisfied with Jennifer's transfer.

오전 8시 34분에 미들턴 씨가 "좋은 생각이에요"라고 한 의도는 무엇일 것 같은가?
(A) 그녀는 먼로 씨의 해법이 좋다.
(B) 그녀는 업자를 만나게 되어 좋아한다.
(C) 브레인 스토밍을 통해 많은 훌륭한 아이디어를 낼 것을 기대하고 있다.
(D) 그녀는 제니퍼의 전근에 만족해한다.

해설 먼로 씨의 제안에 동의한다고 보아야 하므로 정답은 (A)이다.

Unit 03 NOT/TRUE

Part 7

Practice Answer 1. (B) 2. (B)

Question 1 refers to the following announcement.

Caring 4 Earth, a non-profit organization, is declaring April 7 as the official community day; this has been approved by the mayor of San Rodriguez. During the last few years, our organization has offered services for the ecological restoration of urban areas and promoted educational seminars emphasizing the importance of water preservation and recycling at several high schools. On this official community day, we invite everyone to join us once again in saving the environment by planting trees, cleaning public streets, and exercising a conservative lifestyle.

비영리 단체인 Caring 4 Earth는 4월 7일을 공식 커뮤니티 데이로 선포합니다. 이는 San Rodriguez 시장에게 승인을 받은 것입니다. 지난 몇 년간 동안 저희 단체는 도시 지역의 생태계 복원을 위한 서비스를 제공하고 몇몇 고등학교에서 물 보존과 재활용의 중요성을 강조하는 교육 세미나를 주최해왔습니다. 이번 공식 커뮤니티 데이에 저희는 나무 심기, 공공거리 청소하기와 검소한 생활방식을 실천함으로써 환경을 보호하는 데 다시 한 번 저희와 함께해주시도록 여러분 모두를 초대합니다.

1   What is NOT mentioned about Caring 4 Earth?
  (A) It is inviting people to plant trees on April 7.
  (B) It has promoted seminars for reducing the wastage of food.

Caring 4 Earth에 관해 언급되지 않는 것은?
(A) 4월 7일에 나무를 심는 데 사람들을 초대하고 있다.
(B) 음식물 낭비를 줄이기 위한 세미나를 주최했다.

해설 Caring 4 Earth, ~ is declaring April 7 as the official community day와 On this official community day, we invite everyone to join us ~ by planting trees에서 4월 7일 커뮤니티 데이에 나무 심기에 함께해 달라는 내용이 언급 되어 있다. 음식물 낭비에 대한 세미나는 언급되지 않았으므로 (B)가 정답이다.

Question 2 refers to the following advertisement.

Summer is here and so is the Hansel Summer Camp! This year, the camp will be held at the Orion Hill campsite from July 11 to July 28. Like every year, the camp will be organizing various activities. Hiking trails, swimming, survival games, barbecues, campfires, and other outdoor recreational activities are waiting for you! The number of registrations is limited, so register quickly so that you don't miss out on the fun.

여름이 왔고 Hansel 여름 캠프도 왔습니다! 금년 캠프는 7월 11일부터 7월 28일까지 Orion 산 캠프장에서 열릴 예정입니다. 매년 그렇듯이 캠프에서는 다양한 활동을 벌이게 될 것입니다. 산길 하이킹, 수영, 서바이벌 게임, 바비큐, 캠프파이어와 다른 야외 오락활동이 여러분을 기다리고 있습니다! 참가 신청 인원 수가 제한되어 있으니 이 재미있는 기회를 놓치지 않도록 빨리 신청하십시오.

2   What is NOT mentioned as an activity in the summer camp?
  (A) Survival games and campfire
  (B) Mountain biking and rock climbing

여름 캠프의 활동으로 언급되지 않는 것은?
(A) 서바이벌 게임과 캠프파이어
(B) 산악 자전거와 암벽 등반

해설 지문에 Hiking trails, swimming, survival games, barbecues, campfires 등의 캠프 활동이 언급되어 있다. 지문에 언급되어 있지 않은 (B)가 정답이다.

Actual Test Answer 1. (A) 2. (A)

Questions 1-2 refer to the following article.

January 20

There has been a considerable increase in the number of companies joining the technology competition. Limitoo Incorporated is no exception, as it has publicly announced the unveiling of a new type of computer processor.
The official unveiling of Limitoo Incorporated's new product is currently scheduled for March 15, during their next conference at their hometown of Dallas. The company is also expected to announce their new long-term plans during this conference. The announcement of their new product has surprised many people worldwide; however, they are expecting a good product due to Limitoo's long-standing reputation in the computer software business.
Besides us, many other news portals and television networks will also be attending this conference. To follow our story as we provide coverage of the event, please subscribe to our live feed through our Web site.

1월 20일

과학기술 경쟁에 참여하는 기업들의 수가 대폭 증가하고 있습니다. Limitoo 주식회사도 예외가 아닙니다. 공식적으로 신형 컴퓨터 프로세서의 공개를 발표했기 때문입니다.
Limitoo 주식회사의 공식 신제품 공개는 회사 근거지인 Dallas에서 열리는 다음 콘퍼런스 기간 중인 3월 15일로 예정되어 있습니다. 그 회사는 또한 이 콘퍼런스 기간 중에 새로운 장기 계획들을 발표할 것으로 예상됩니다. 그 회사의 신제품 발표는 전 세계의 많은 사람들을 놀라게 했지만 그들은 컴퓨터 소프트웨어 업계에서 오래된 Limitoo의 명성 때문에 좋은 제품을 기대하고 있습니다.
저희 외에 다른 여러 뉴스 포털들과 TV 네트워크들도 이 콘퍼런스에 참석할 예정입니다. 저희가 그 행사를 보도하는 동안 저희의 기사를 계속 접하시려면 저희 웹사이트를 통한 생방송을 구독하시기 바랍니다.

어휘 / considerable 상당한, 대폭적인 increase 증가 competition 경쟁 exception 예외 publicly 공개적으로 unveiling 첫 공개 expect 예상하다, 기대하다 announcement 발표 reputation 평판, 명예 subscribe 구독하다

---

1 What can be inferred about Limitoo Incorporated?

(A) They recently decided to launch computer processors.
(B) They only manufacture computer hardware components.
(C) They are only known in the United States.
(D) They will hold an event on January 20.

Limitoo 주식회사에 대해 추론할 수 있는 것은?
(A) 최근에 컴퓨터 프로세서를 출시하기로 결정했다.
(B) 컴퓨터 하드웨어 부품만 제작한다.
(C) 미국에서만 알려져 있다.
(D) 1월 20일에 행사를 열 것이다.

해설 첫 단락의 Limitoo Incorporated ~ has publicly announced the unveiling of a new type of computer processor.에서 이미 공식적으로 새로운 컴퓨터 프로세서 공개를 발표했다고 되어 있으므로 (A)가 정답이다.

---

2 What is NOT mentioned about the product?

(A) It is Limitoo's first product.
(B) Many people are looking forward to its unveiling.
(C) It will be announced in Dallas.
(D) It is a part of a new field of technology.

제품에 대해 언급되지 않은 것은?
(A) Limitoo의 첫 제품이다.
(B) 많은 사람들이 제품 공개를 고대하고 있다.
(C) Dallas에서 공개될 것이다.
(D) 새로운 기술 분야의 일부이다.

해설 둘째 단락 끝의 Limitoo's long-standing reputation in the computer software business에서 Limitoo가 오랫동안 컴퓨터 소프트웨어를 생산했음을 알 수 있으므로 (A)가 정답이다. 나머지 보기들은 문장에서 언급되었으므로 답이 될 수 없다.

Part 7 163

Unit 04 추론

Part 7

> **Practice**   **Answer**   1. (A)   2. (B)

Question 1 refers to the following notice.

FINE MAPLE CAFÉ COUPON

This limited coupon will entitle customers to a 25% discount on the lunch menu and a 10% discount on hot beverages. This coupon cannot be used with other discount coupons and customers must present this coupon at the time of placing the order to claim the discount. There are no discounts on cold beverages and desserts. Coupon discounts cannot be combined with membership discounts. The offer on the discount coupon expires on May 4. For additional information, please visit our Web site at www.finemaple.com.

FINE MAPLE 카페 쿠폰

본 한정 쿠폰은 고객 여러분께 점심 메뉴 25% 할인과 따뜻한 음료 10% 할인 혜택을 제공해 드릴 것입니다. 본 쿠폰은 다른 할인 쿠폰과 함께 사용하실 수 없으며 할인 혜택을 청구하시려면 주문하실 때에 본 쿠폰을 제시해야만 합니다. 찬 음료와 디저트는 할인 혜택에서 제외됩니다. 쿠폰 할인은 멤버십 할인과 병행하실 수 없습니다. 할인 쿠폰의 가격 할인은 5월 4일에 종료됩니다. 추가 정보를 원하시면 저희 웹사이트 www.finemaple.com을 방문해주시기 바랍니다.

1. What is indicated about Fine Maple Café?
   (A) It offers a membership discount.
   (B) It gives 10% discount on all drinks.

Fine Maple 카페에 대해 지적된 것은?
(A) 멤버십 할인을 제공한다.
(B) 모든 음료에 10% 할인을 제공한다.

해설 Coupon discounts cannot be combined with membership discounts.에서 쿠폰 할인과 멤버십 할인을 겸하여 받을 수 없다고 했으므로 멤버십 할인이 있음을 추론할 수 있다. 따라서 (A)가 정답이다.

Question 2 refers to the following message.

Hi, Russell.

I just received your message. I remember that we had scheduled a meeting for Monday to discuss the company's budget management; however, unfortunately, I will have to reschedule this meeting. A representative manager of our partner company in Hamburg will be arriving on Monday for the final contract negotiation. He will then be accompanying me to Tokyo on Tuesday for our product introduction at the Machinery Expo conference. Can we reschedule our meeting for Thursday? I will be back in Seoul by then. In case Thursday does not suit you, please inform my assistant of your availability during the next week.

안녕하세요, Russell.

방금 당신의 메시지를 받았습니다. 우리가 회사 예산 관리에 관해 의논하기 위한 회의를 월요일에 하기로 한 것으로 기억합니다. 하지만 유감스럽게도 이 회의 일정을 변경해야 하겠습니다. 함부르크에 있는 우리 협력사의 담당 관리자가 월요일에 최종 계약 협상을 위해 도착할 예정입니다. 그 후에 그는 화요일에 나와 함께 도쿄에 가서 기계 박람회 총회에서 있을 우리 제품 소개에 참석할 예정입니다. 우리 회의 일정을 목요일로 변경할 수 있을까요? 그때쯤에는 내가 서울에 도착할 겁니다. 목요일이 당신에게 적당하지 않을 경우 다음 주에 가능하신 시간을 내 비서에게 알려주시기 바랍니다.

2. Where does Russell most likely work?
   (A) In Hamburg
   (B) In Seoul

Russell이 일할 가능성이 가장 높은 곳은?
(A) 함부르크
(B) 서울

해설 문장에서 총 3개의 지명이 언급되고 있다. Hamburg는 협력사가 있는 곳이고 Tokyo는 화요일에 필자가 가야 할 장소이다. 회의 날짜를 목요일로 변경하자고 하며 I will be back in Seoul by then.이라고 말했으므로 Russell이 서울에서 일하고 있음을 추론할 수 있다.

Actual Test   Answer   1. (A)   2. (C)

Questions 1-2 refer to the text message chain.

Owen Justin	**8:31 A.M.**
Hi, Grace. Can you help me? My computer isn't working.	
Grace Lee	**8:31 A.M.**
Sure. What's the problem?	
Owen Justin	**8:32 A.M.**
I'm not sure. I can't access the Internet.	
Grace Lee	**8:33 A.M.**
Have you checked the network cable?	
Owen Justin	**8:33 A.M.**
Yes. I think it's connected. I have an important email to send in half an hour.	
Grace Lee	**8:34 A.M.**
I think you should check the basics on your computer. please first reset the router on your desk. Let me get there and help you. I'll be there in about 10 minutes.	
Owen Justin	**8:34 A.M.**
Thank you so much.	

어휘 be not working 작동되지 않다. 고장 나다 access 접속하다. 접근하다 half an hour 30분 router 공유기

1. At 8:33 A.M. what does Mr. Justin most likely mean when he writes, "I have an important email to send in half an hour"?
   (A) He must use the Internet right now.
   (B) His email inbox is full.
   (C) He still have time to revise his email.
   (D) He knows several technicians to repair his computer.

해설 이메일 발송을 위해 컴퓨터가 인터넷에 연결되어야 한다는 의미이므로 정답은 (A)이다.

2. What will Ms. Lee most likely do next?
   (A) Ask help from technical support team
   (B) Purchase a new computer
   (C) Go help Mr. Justin
   (D) Send an email

해설 가서 도와주겠다고 말하는 부분(Let me get there and help you. I'll be there in about 10 minutes.)에서 정답이 (C)임을 알 수 있다.

Unit 05 동의어

Practice　　　**Answer**　1. (B)　2. (B)

Question 1 refers to the following article.

NABI Entertainment Opens International Expo

Tokyo, November 18: Last week, November 13 was a landmark occasion for NABI Entertainment and their worldwide fans, who are especially interested in their popular animated work, *Eternal Carnival*. The response to the first exposition was surprising, with over 120,000 visitors in 4 days.

NABI 엔터테인먼트 국제 박람회 개막

11월 18일 Tokyo: 지난주 11월 13일은 NABI 엔터테인먼트와 전 세계의 팬들, 특히 그들의 인기 애니메이션 작품인 'Eternal Carnival'에 관심이 있는 이들에게 획기적인 날이었다. 첫 박람회에 대한 반응은 놀라워 4일 만에 방문객이 12만 명을 넘었다.

1. The word "landmark" in line 1, is closest in meaning to
   (A) typical
   (B) important

1행에 나온 단어 'landmark'와 의미상 가장 가까운 것은?
(A) 전형적인
(B) 중요한

해설 landmark는 '획기적인 사건'라는 의미의 명사이지만 여기서는 형용사처럼 사용되었다. 따라서 '중요한'이라는 의미의 (B)가 정답이다.

Question 2 refers to the following article.

In a press conference that was held this Monday, February 3, Richard Eames, the Chief Executive of Ace Corporation and the largest investor in BTC Co. Ltd., mentioned that he plans to retire. Though he will be stepping down from his position, he intends to continue working as Head Advisor to help his successor, Fredrick Eames, who is also his son. Fredrick has already served in the corporation for over 10 years.

2월 3일 이번 주 월요일에 열린 기자회견에서 Ace 사의 최고 경영자이며 BTC 주식회사의 최대 투자자인 Richard Eames가 자신이 은퇴할 계획이라고 언급했다. 그는 자리에서 물러나기는 하지만 그의 후계자이자 아들인 Fredrick Eames를 돕기 위해 수석고문으로 계속 일할 작정이다. Fredrick은 이미 그 기업에서 10여 년 동안 근무해왔다.

2. The word "served" in line 4 is the closest in meaning to
   (A) assisted
   (B) worked

4행에 나온 단어 'served'와 의미상 가장 가까운 것은?
(A) 도왔다
(B) 일했다

해설 serve는 '(조직을 위해) 일하다, 근무하다'라는 의미이므로 (B)가 정답이다.

Answer 1. (C) 2. (A) 3. (B)

Questions 1-3 refer to the following letter.

October 11

Dear Mr. Mercier:

It is my pleasure as the chief sales supervisor at Dandy Hardware Co. to welcome you to our stores in Dayton City. We have just received your complaint about the lack of customer service in our department. I apologize for the inconvenience that you experienced during your previous visit and as compensation, I am willing to offer a 20% discount on your next purchase. I like to remind our clients that our products are world renowned for their quality and durability, and are accompanied with a yearlong warranty. Furthermore, I encourage you to join our new premium membership. Since June 17 this year, we have been offering 10% discounts to members who purchase products worth more than $200 per transaction. Moreover, please look at our limited special sale items in the enclosed brochure. If you wish to make a purchase, please place an order before October 17.

Thank you,

Vicky Lee
Assistant Manager
Sales Department

10월 11일

Mercier 씨께,

Dandy Hardware 사의 최고 영업 책임자로서 Dayton 시에 있는 저희 매장들에 고객님을 모시게 되어 기쁩니다. 저희는 방금 저희 부서의 고객 서비스 부족에 대한 고객님의 불만 사항을 접수했습니다. 고객님이 이전 방문에서 겪으신 불편에 대해 사과드리며 보상으로 다음에 구매하실 때 20% 할인을 제공해 드리고자 합니다. 저는 저희 고객님들께 저희 제품이 품질과 내구성으로 유명하며 1년의 품질보증이 딸려 있다는 점을 상기시켜 드리고 싶습니다. 또한 고객님께 새로운 프리미엄 멤버십에 가입하실 것을 권해 드립니다. 금년 6월 17일부터 거래한 건당 200달러어치가 넘는 제품을 구입하시는 회원님께 10%의 할인을 제공하고 있습니다. 또한 동봉된 팸플릿에 있는 저희의 한정 특별 세일 목목들을 살펴보시기 바랍니다. 구입을 원하시면 10월 17일 이전에 주문해주시기 바랍니다.

감사합니다.

Vicky Lee
영업부 과장

어휘 supervisor 관리자, 감독 complaint 불평, 불만 apologize 사과하다 inconvenience 불편 compensation 보상 durability 내구성 accompany 동반하다, 따라가다 yearlong 1년에 걸친 transaction 거래

1. Why does Ms. Lee send a letter to Mr. Mercier?
   (A) Mr. Mercier purchased more than $200.
   (B) Mr. Mercier wanted to enroll in the premium membership.
   (C) Ms. Lee received a report that Mr. Mercier was dissatisfied.
   (D) Ms. Lee wished to apologize for damaged items.

Lee 씨가 Mercier 씨에게 편지를 보내는 이유는?
(A) Mercier 씨가 200달러어치가 넘는 상품을 구입했다.
(B) Mercier 씨가 프리미엄 멤버십에 등록하기 원했다.
(C) Lee 씨는 Mercier 씨가 불만이 있다는 보고를 받았다.
(D) Lee 씨가 파손된 물품에 대해 사과하기 원했다.

해설 We have just received your complaint about the lack of customer service에서 Mercier 씨가 서비스에 대한 불만이 있음을 알 수 있으므로 (C)가 정답이다.

2. The word "renowned" in line 6 is closest in meaning to
   (A) famous
   (B) unknown
   (C) disliked
   (D) foreign

6행에 나온 단어 'renowned'와 의미상 가장 가까운 것은?
(A) 유명한
(B) 알려지지 않은
(C) 싫어한
(D) 외국의

해설 renowned는 '유명한, 명성 있는'이라는 의미이므로 (A)가 정답이다.

3   When did members begin receiving 10% discounts?
    (A) June 11
    (B) June 17
    (C) October 11
    (D) October 17

회원들은 언제 10% 할인을 받기 시작했는가?
(A) 6월 11일
(B) 6월 17일
(C) 10월 11일
(D) 10월 17일

해설 후반부의 Since June 17 this year, we have been offering 10% discounts to members에서 6월 17일부터 10% 할인을 제공하고 있다는 것을 알 수 있으므로 (B)가 정답이다.

Unit 06 편지와 이메일

Practice   **Answer**   1. (A)   2. (B)

Question 1 refers to the following letter.

Dear family and friends,

I am writing to let you know that I have finally come home after taking a 77-day trip around the world. Thanks to Andrew's recommendations, I was able to learn and experience many amazing things during my travel. I regret that I was unable to attend his wedding last week. However, I am looking forward to seeing everyone at the upcoming reunion at Arisville next month and telling you my travel stories. I also plan to return to the Emerson Institute of Language Art and focus on my academics.

Sincerely,
George Burns

가족과 친구 여러분,

제가 77일간의 세계 일주를 마치고 드디어 집에 도착했다는 것을 알리려고 편지를 씁니다. Andrew의 권고 덕분에 여행 중에 많은 경이로운 것들을 배우고 경험할 수 있었습니다. 지난 주 그의 결혼식에 참석하지 못해 아쉽네요. 하지만 다음 달에 Arisville에서 곧 열릴 동창회에서 모두를 만나 제 여행담을 들려주기를 고대하고 있습니다. 저는 또한 Emerson 언어 연구소로 돌아가 학업에 전념할 계획입니다.

George Burns

1   What is mentioned about Mr. Burns?

(A) He is a student.   (B) He is married.

Burns 씨에 대해 언급된 것은?
(A) 그는 학생이다.   (B) 그는 결혼했다.

해설 마지막 문장 I also plan to return to the Emerson Institute of Language Art and focus on my academics.에서 학업에 전념한다는 계획으로 미루어 필자가 학생임을 알 수 있으므로 (A)가 정답이다.

Question 2 refers to the following letter.

Dear staff members,

Over the past 10 years, Giovanna Dyke has become an admired employee at Telkon Mobile. Although she had sought the position of a team supervisor, Mr. Wilson had hired her as a chief manager due to her impressive qualifications. After just a few months of her joining the company, she was promoted to the position of director of the service department.

직원 여러분,

지난 10년간 Giovanna Dyke는 Telkon Mobile의 존경받는 직원이 되어왔습니다. 그녀는 팀장 직책을 원했지만 Wilson 씨는 그녀의 인상적인 자질 때문에 그녀를 관리책임자로 채용했습니다. 그녀는 회사에 입사한 지 불과 몇 달 만에 서비스부의 부장으로 승진했습니다.

2   What was Giovanna Dyke's first position at Telkon Mobile?

(A) Team supervisor   (B) Chief manager

Giovanna Dyke가 Telkon Mobile에서 맡은 첫 직책은?
(A) 팀장   (B) 관리책임자

해설 둘째 문장의 Mr. Wilson had hired her as a chief manager에 첫 직책이 나와 있으므로 (B)가 정답이다. (A)는 그녀가 처음에 원했던 직책이므로 오답이다.

Answer   1. (B)   2. (C)   3. (D)

Questions 1-3 refer to the following letter.

Official Food Tasters
Reviewing foods and restaurants in the New York area!
www.officialfoodtastersgroup.com

August 9, Monday

Dear OFT members,

Last year, OFT members Eliza Ruth and Brian Limskin had the privilege of sampling food from Jimmie's, a small Italian restaurant in the city. They, of course, rated the restaurant with top marks, and their review greatly complimented the way the food at Jimmie's harmonizes with the design and feel of the restaurant. Currently, we do not have many members; however, one member, Ophilia Winsley, has reported that the owner of Jimmie's has opened another restaurant in the suburbs near the Cameron post office. This new restaurant opened last Wednesday, and ever since, the business has been booming. Thus far, we have not had the opportunity to properly review this second location; however, initial impressions and feedback from the customers seem to be good.
We are going to review the second Jimmie's and will send it to you through e-mail as soon as it is completed.

Yours sincerely,

Amelia Vesti
Editor

Official Food Tasters
New York 지역의 음식과 식당 비평하기!
www.officialfoodtastersgroup.com

8월 9일 월요일

OFT 회원 여러분께,

작년에 OFT 회원들인 Eliza Ruth와 Brian Limskin이 시내의 작은 이탈리아 식당인 Jimmie's에서 시식하는 특권을 가졌습니다. 그들은 물론 그 식당에 최고 점수를 주었고 그들의 비평은 Jimmie's의 음식이 식당의 디자인과 분위기에 어울리는 방식을 크게 칭찬했습니다. 현재 우리는 회원 수가 많지 않지만 Ophilia Winsley라는 한 회원이 Jimmie's의 주인이 Cameron 우체국 근처 교외에 또 다른 식당을 열었다고 전해왔습니다. 이 또 다른 식당은 지난 수요일에 문을 열었으며 그 후로 줄곧 장사가 아주 잘되고 있습니다. 지금까지는 우리가 이 둘째 장소를 제대로 평가할 기회가 없었지만 고객들로부터 들은 첫인상과 반응은 좋은 것 같습니다.
우리는 Jimmie's 2호점을 비평할 것이며 완료되는 대로 이메일을 통해 결과를 보내드리겠습니다.

Amelia Vesti
편집자

어휘 / privilege 특권, 특전 rate 평가하다 top marks 최고 점수 compliment 칭찬하다 harmonize 조화를 이루다, 어울리다 in the suburbs 교외에 properly 제대로, 적절히 initial 처음의 impression 인상 feedback 반응, 의견

1   Why was this letter written?

(A) To offer a membership

(B) To inform members of a new restaurant

(C) To announce a promotion

(D) To make members review a restaurant

이 편지가 쓰여진 이유는?
(A) 회원 가입을 제안하려고
(B) 새 식당에 대해 회원들에게 알려주려고
(C) 승진을 발표하려고
(D) 회원들에게 식당 비평을 부탁하려고

해설 중간 부분의 the owner of Jimmie's has opened another restaurant와 마지막 문장 We are going to review the second Jimmie's and will send it to you through e-mail as soon as it is completed.에서 새 식당이 문을 열었으며 평가를 해서 결과를 이메일을 통해 알려주겠다고 했으므로 (B)가 정답이다.

2 Who reported the second Jimmie's?

(A) Eliza Ruth

(B) Brian Limskin

(C) Ophilia Winsley

(D) Amelia Vesti

해설 중간 부분의 Ophilia Winsley, has reported that the owner of Jimmie's has opened another restaurant에 식당 개업 소식을 전한 사람의 이름이 언급되어 있으므로 (C)가 정답이다.

Jimmie's 2호점 소식을 전한 사람은?

(A) Eliza Ruth

(B) Brian Limskin

(C) Ophilia Winsley

(D) Amelia Vesti

---

3 What is true about Official Food Tasters?

(A) They are a worldwide organization.

(B) They are made up of women.

(C) They sell products to famous restaurants.

(D) They have a few members.

해설 중간 부분의 Currently, we do not have many members에서 현재 회원이 많지 않다고 했으므로 (D)가 정답이다.

Official Food Tasters에 대해 사실인 것은?

(A) 세계적인 단체이다.

(B) 여성들로 구성되어 있다.

(C) 유명한 식당들에 제품을 판매한다.

(D) 회원 수가 적다.

Part 7

Unit 07 광고

Practice　　　　**Answer**　1. (B)　2. (A)

Question 1 refers to the following advertisement.

The Pearl Spa

We are proud to announce Pearl Spa's opening this April! When your body is in need of restoration and relief from stress, look no further. From aromatherapy oil massages to steam saunas, our team of experts guarantees to ease your stiff muscles. Take the opportunity to refresh yourself with our exquisite baths. We will be offering discounts to our first 30 customers, so don't miss this opportunity!

Pearl 스파

저희는 금년 4월에 Pearl Spa의 개장을 발표하게 되어 자랑스럽습니다! 여러분의 몸이 회복과 스트레스 해소를 필요로 할 때 더 이상 다른 곳을 찾지 마십시오. 아로마 요법 오일 마사지에서 스팀 사우나까지 저희 전문가팀이 여러분의 뻣뻣한 근육을 확실히 풀어 드립니다. 최상의 목욕으로 원기를 회복할 기회를 잡으십시오. 저희는 선착순 30분의 고객에게 할인을 제공해 드릴 예정이니 이 기회를 놓치지 마십시오!

1　What is the purpose of the advertisement?

　(A) To publicize a new product

　(B) To announce the new facility

광고의 목적은?
(A) 신제품을 광고하기 위해
(B) 새 시설을 안내하기 위해

해설 Pearl Spa의 개장을 광고하고 있고 스파는 시설이므로 (B)가 정답이다.

Question 2 refers to the following advertisement.

To Meet Your Personal Needs!

When receiving your inquiry, we will contact you as soon as possible. Subsequently, we will gather information regarding your business goals to thoroughly understand your company. We will also request information about the purpose of the site, that is, whether you would like to sell products online or create an informational site, and learn more about your ideal audience.

귀하의 개인적인 욕구를 채워 드리기 위해!

저희는 고객님의 문의를 접수하면 가능한 한 빨리 연락을 드릴 것입니다. 이어서 고객님의 회사를 철저히 이해하기 위해 귀사의 사업 목표들에 관한 정보를 수집할 것입니다. 저희는 또한 웹사이트의 목적, 즉 고객님이 온라인으로 제품을 판매하시려는 것인지 아니면 정보 사이트를 만드시려는 것인지에 대한 정보를 요청하고, 고객님의 이상적인 독자에 대해 더 알아가게 될 것입니다.

2　What type of business is being advertised?

　(A) A Web site design firm

　(B) An online shopping mall

광고하고 있는 업종은?
(A) 웹사이트 디자인 회사
(B) 온라인 쇼핑몰

해설 셋째 문장의 We will also request information about the purpose of the site에서 사이트의 목적에 대한 정보를 요청한다고 했으므로, 광고하고 있는 회사는 기업체의 웹사이트를 제작하는 회사라는 것을 알 수 있다. 따라서 (A)가 정답이다.

Answer 1. (A) 2. (C)

Questions 1-2 refer to the following advertisement.

FOR SALE

I am clearing out some equipment lying around in the house because I need to reduce my stuff. Up for sale is an almost new Juggen 1000 keyboard. It is a couple of years old, but it hasn't seen much use. It is my only keyboard. It originally came with a mouse, but I won't be including it. Selling for $50 or best offer. I live near the Delaware County area. Local buyers only.

E-mail me, Rodney Barney, at seller51@fsem.org

팝니다

짐을 줄일 필요가 있어서 집에 있는 널려 있는 장비를 처분합니다. 판매할 물건은 거의 새것인 Juggen 1000 키보드입니다. 2년 정도 된 것이지만 많이 사용하지 않았습니다. 이것은 제가 가진 유일한 키보드입니다. 원래는 마우스가 딸려 있지만 마우스는 포함하지 않겠습니다. 50달러 또는 최고 제시 가격에 팝니다. 저는 Delaware 카운티 지역 근처에 삽니다. 지역 구입자에 한합니다.

저는 Rodney Barney이고 seller51@fsem.org로 이메일을 보내 주세요.

어휘 equipment 비품, 설비, 장치 originally 원래는

1 What has been indicated about Mr. Barney's keyboard?

(A) It has not been used often.
(B) It is a brand-new product.
(C) It will be sold with a chair.
(D) It will only be sold for $50.

Barney 씨의 키보드에 대해 지적된 것은?
(A) 자주 사용하지 않았다.
(B) 완전 신제품이다.
(C) 의자와 함께 팔 것이다.
(D) 50달러에만 팔 것이다.

해설 셋째 문장 It is a couple of years old, but it hasn't seen much use.에서 키보드를 많이 사용하지 않았다고 언급되어 있으므로 (A)가 정답이다.

2 According to the advertisement, why is Mr. Barney selling his keyboard?

(A) He has more than one keyboard.
(B) He wants to purchase another model.
(C) He needs to make space in his house.
(D) He is saving money for a house.

광고에 의하면 Barney 씨가 자신의 키보드를 파는 이유는?
(A) 갖고 있는 키보드는 한 개가 넘는다.
(B) 다른 모델을 구매하고 싶어 한다.
(C) 자기 집에 공간을 만들어야 한다.
(D) 집을 사기 위해 저축하고 있다.

해설 첫 문장 I am clearing out some equipment lying around in the house because I need to reduce some stuff.에 짐을 줄이기 위해 물건을 정리하고 있다고 언급되어 있으므로 (C)가 정답이다.

Unit 08 공지

Part 7

Practice   **Answer**   1. (B)   2. (B)

Question 1 refers to the following notice.

PUBLIC NOTICE TO ALL LOCALS OF NIS BUILDING

In response to this month's fire safety program, all resident companies and commercial shops are required to cooperate by permitting our security personnel to inspect fire alarms and safety devices installed in the facility next week. We will also perform a fire drill from 2 P.M. to 3 P.M. on Tuesday; therefore, do not be alarmed when you hear the announcement. Please be advised that all the elevators will be out of order during the fire drill. We apologize for the inconvenience and hope that everyone understands the safety precautions that need to be taken.

NIS 빌딩 모든 입주자께 드리는 공지

이번 달 화재 안전 프로그램에 대응해 다음 주에 모든 입주 회사들과 상점들은 저희 보안 요원들이 시설에 설치된 화재경보기와 안전 장치를 검사하도록 허락해 협조해주셔야 합니다. 저희는 또한 화요일 오후 2시부터 3시까지 화재 대피 훈련을 실시할 예정입니다. 따라서 안내 방송을 듣고 당황하지 마십시오. 화재 대피 훈련 동안 모든 승강기는 가동이 중단됨을 알려 드립니다. 불편을 드리는 것에 대해 사과드리며 모든 분이 취할 필요가 있는 안전 예방 조치를 양해해주시기 바랍니다.

1   What is the purpose of the notice?

(A) To invite people to a fire safety session

(B) To make an announcement about a fire drill

이 공지의 목적은?
(A) 화재 안전 회의에 사람들을 초청하기 위해
(B) 화재 대피 훈련에 대한 안내를 하기 위해

[해설] 중간 부분의 We will also perform a fire drill에서부터 화재 대피 훈련에 대해 언급하고 있으므로 (B)가 정답이다.

Question 2 refers to the following notice.

Carl's Home Appliance

Thank you for visiting Carl's Home Appliance. We provide our customers various useful items from furniture to kitchen tools. Please look at the product menu for our list of sales. A discount of 3% and other benefits will be given to all customers who register for a free membership. Click on the "Join" button now and we will provide all the purchased items without any delivery charge for a month. For further information, please feel free to call our service hotline at 555-2275.

Carl's 가정용품

Carl's 가정용품에 방문해주셔서 감사합니다. 저희는 고객들에게 가구부터 주방 도구까지 다양하고 유용한 제품들을 공급합니다. 저희 판매 목록을 원하시면 제품 메뉴를 살펴보시기 바랍니다. 무료 멤버십에 등록하시는 모든 고객 여러분께 3% 할인과 기타 혜택들이 주어집니다. 지금 '가입' 버튼을 누르시면 저희는 한 달 동안 모든 구매 물품을 배송료 없이 공급해 드릴 예정입니다. 더 많은 정보를 얻으시려면 저희 서비스 직통전화 555-2275로 부담 없이 전화하십시오.

2   Where is this notice most likely to appear?

(A) At the entrance of Carl's Home Appliance building

(B) On Carl's Home Appliance Web site

이 공지가 보일 가능성이 가장 높은 곳은?
(A) Carl's 가정용품 건물 입구
(B) Carl's 가정용품 웹사이트

[해설] 후반부의 Click on the "Join" button now에서 인터넷 홈페이지에 있는 공지문임을 알 수 있으므로 (B)가 정답이다.

Answer 1. (C) 2. (D)

Questions 1-2 refer to the following notice.

Unfortunately, owing to unforeseen circumstances, we will be closing our retail store at 46 Underwood Street on November 10. We have been providing customers across the country with a place to come and enjoy indoor skating for over 30 years and we thank everyone who has enabled us to make these past years so enjoyable. Until our closing, we will be offering our products and services at reduced prices of up to 50%. Thank you very much.

아쉽게도 예기치 않은 상황 때문에 저희는 11월 10일 Underwood 가 46번지에 있는 저희 소매점의 문을 닫을 예정입니다. 저희는 30여 년간 전국의 고객들에게 오셔서 실내 스케이트를 즐기실 장소를 제공해왔습니다. 저희로 하여금 이 지난 여러 해를 그토록 즐겁게 만들게 해주신 모든 분께 감사드립니다. 폐점할 때까지 저희 모든 제품과 서비스를 최대 50% 인하한 가격으로 제공할 예정입니다. 정말 감사합니다.

어휘 unforeseen 예측하지 못한 circumstance 상황 retail store 소매점 indoor 실내의 reduce 낮추다, 인하하다

1 What is the main purpose of the notice?

(A) To offer a rent discount
(B) To announce a change in store hours
(C) To inform people about a store closing
(D) To look for a new store location

이 공지의 목적은?
(A) 대여료 할인을 제안하기 위해
(B) 영업시간 변경을 안내하기 위해
(C) 폐점 소식을 알리기 위해
(D) 새 상점 장소를 물색하기 위해

해설 지문 첫머리에 나오는 we will be closing our retail store에서 가게 문을 닫게 되었다는 소식을 전하고 있으므로 (C)가 정답이다.

어휘 rent 임대료, 대여료

2 What is indicated about the store?

(A) It has only retail stores.
(B) It has been closed for many years.
(C) It will reopen later.
(D) It offers a skating rink.

이 상점에 대해 지적된 것은?
(A) 소매점밖에 없다.
(B) 여러 해 동안 폐점 상태였다.
(C) 나중에 다시 문을 열 것이다.
(D) 스케이트장을 제공한다.

해설 We have been providing customers ~ with a place to come and enjoy indoor skating에서 이 상점이 실내 스케이트를 즐길 장소를 제공해왔음을 알 수 있으므로 (D)가 정답이다.

어휘 skating rink 스케이트장

Part 7

Unit 09 회람

Practice　　　　　**Answer**　　1. (B)　　2. (A)

Question 1 refers to the following memo.

TO: All Pixapro employees
FROM: Julia Daring, Human Resource Management
RE: Pixapro Employee Survey

As you all may have heard by now, HRM will begin a survey for all Pixapro employees on May 10. The survey will be also accessible online. However, please note that the online survey will be available one day after its implementation. Simply visit www.pixapro.com and click on the "take survey" icon after logging into your personal account.

수신: 모든 Pixapro 직원
발신: Julia Daring, 인사부
주제: Pixapro 직원 설문조사

이제 여러분 모두 들으셨겠지만 5월 10일에 인사부에서는 모든 Pixapro 직원들을 대상으로 한 설문조사를 시작할 예정입니다. 설문조사는 온라인에서도 접속 가능합니다. 하지만 온라인 설문조사는 조사 실시 하루 후에 이용 가능할 것임을 유의하시기 바랍니다. 그냥 www.pixapro.com에 방문하셔서 개인 계정에 로그인한 후 '설문조사 참여' 아이콘을 누르십시오.

1　When can the survey be taken online?

(A) On May 10

(B) On May 11

온라인으로 설문조사에 참여할 수 있는 때는?
(A) 5월 10일
(B) 5월 11일

해설　첫머리의 HRM will begin a survey ~ on May 10에 오프라인 설문조사 시작일을 언급하고 the online survey will be available one day after its implementation이라고 했으므로 5월 10일 다음 날인 11일에 온라인 설문조사가 시작된다는 것을 알 수 있다. 따라서 (B)가 정답이다.

Question 2 refers to the following memo.

To: All employees
From: Betty Miller, Manager, Technical Department
Re: Technical Inquiry

I would like to inform all employees of Vogatis Company that the Technical Department will be updating the main servers next week. Owing to their unavailability during this time, we advise that those who need specific equipment repair submit an inquiry to Ms. Rinas, our assistant manager. If you require urgent technical assistance, please contact Mr. Schutt on his mobile.

수신: 모든 직원
발신: 기술부 과장 Betty Miller
주제: 기술 문의

저는 Vogatis 사의 모든 직원 여러분께 다음 주에 기술부가 메인 서버들을 업데이트할 예정임을 알려드리고자 합니다. 이 시간대에 메인 서버 이용이 불가능하므로 특정 장비 수리가 필요한 분들은 저희 부서 대리 Rinas 씨에게 문의하시기를 권해 드립니다. 긴급한 기술 지원이 필요하시다면 Schutt 씨에게 휴대폰으로 연락하시기 바랍니다.

2　What are employees being asked to do?

(A) Call Mr. Schutt for urgent technical support

(B) Leave an inquiry at the Technical Department office

직원들이 하도록 부탁받고 있는 것은?
(A) 긴급한 기술 지원은 Schutt 씨에게 전화할 것
(B) 기술부 사무실에 문의를 남길 것

해설　마지막 문장(If you require technical assistance urgently, please contact Mr. Schutt on his mobile.)에서 긴급한 기술 지원이 필요하면 Schutt 씨에게 연락하라고 말했으므로 (A)가 정답이다.

Answer 1. (A) 2. (B) 3. (C)

Questions 1-3 refer to the following memo.

Dear Northwest Airlines customers,

The mission of Northwest Airlines is dedication to the highest quality of customer service and we are very sorry for the inconvenience due to your flight's delay.--- [1] --- As soon as the weather gets better, we will resume operation.--- [2] --- We will distribute meal vouchers and coupons for a complimentary beverage at the front desk of Northwest Airlines in JFK Airport. --- [3] --- I apologize for the inconvenience you may have experienced. Customer service is our first priority and we look forward to serving you again. --- [4] ---

Vice president
Customer Relations
Northwest Airlines
Dallas, Texas 75235-1647

노스웨스트 항공사 고객님들께,

노스웨스트 항공사의 임무는 최고의 고객 서비스에 헌신하는 것입니다. 귀하의 비행기 지연으로 인해 불편을 끼쳐 드려 죄송합니다. ----[1]---- 날씨가 나아지는 대로 운항을 재개하도록 하겠습니다. ---- [2]---- 우리는 JFK공항에 있는 노스웨스트 항공사 프런트에서 식사 쿠폰과 무료음료 쿠폰을 나누어 드리도록 하겠습니다. ----[3]---- 귀하께서 겪으신 불편에 대해 사과드립니다. 고객 서비스는 저희의 최우선 과제이며 귀하를 다시 모시기를 기대합니다. ----[4]----

부사장
고객관리
노스웨스트 항공
달라스, 텍사스 75235-1647

어휘 / dedication 헌신 inconvenience 불편 due to ~때문에 resume 재개하다 complimentary 무료의 beverage 음료 priority 최우선 순위

1 Why does the plane seem to be delayed?

(A) Because of the bad weather
(B) Because the pilot is sick
(C) Because of problems with the plane
(D) Because flight attendants are on strike

비행기가 왜 연착된 것 같은가?

(A) 나쁜 날씨 때문에
(B) 조종사가 아파서
(C) 비행기 문제 때문에
(D) 승무원이 파업 중이라서

해설 날씨가 나아지는 대로 운항을 재개하겠다(As soon as the weather gets better, we will resume operation.)라고 말하는 부분에서 날씨가 좋지 않아 비행기가 연착되었다는 것을 추론할 수 있으므로 정답은 (A)이다.

2 Why was the coupon given to customers?

(A) To notify the delay of the flight
(B) To apologize to customers
(C) To thank them for completing a survey
(D) To promote airline tickets

왜 쿠폰은 고객에게 주어졌는가?

(A) 비행 지연 통보를 위해
(B) 고객들에게 사과하기 위해
(C) 설문 조사를 완료한 데 대한 감사의 표시로
(D) 항공권을 홍보하기 위해

해설 비행기 지연에 대한 사과를 하고 있는 부분(I apologize for the inconvenience you may have experienced.)을 참고해보면 사과의 의미로 쿠폰이 고객들에게 주어진다는 것을 알 수 있으므로 정답은 (B)이다.

3 In which of the positions marked [1], [2], [3], and [4] does the following sentence best belong?

"You can use those coupons inside the airport."

(A) [1]   (B) [2]
(C) [3]   (D) [4]

[1], [2], [3], [4] 로 표시된 곳 중에서 다음 문장이 가장 적합한 곳은?

"이 쿠폰들을 공항 안에서 이용하실 수 있습니다."

(A) [1]   (B) [2]
(C) [3]   (D) [4]

해설 앞 문장에 JFK공항에 있는 자사 프런트에서 쿠폰을 주겠다고 하면서 쿠폰에 대해 언급한 문장이 있으므로 [3]이 가장 적절한 자리이다.

Unit 10 안내문

Part 7

Practice　　　　Answer　1. (B)　2. (B)

Question 1 refers to the following information.

Thank you for choosing the Barovo Health Center, a place to gather and enjoy exercising! Please feel free to use our extra programs and facilities, including our badminton courts, giant swimming pool, well-being snack bar, massage spa, and group aerobics. On your first membership admission, you will be offered a free gym introduction with our personal trainer. If you wish to receive a free training trial, please speak with our front desk staff and fill out a brief physical information form.

함께 모여 운동을 즐길 수 있는 Barovo 건강 센터를 선택해주셔서 감사합니다. 배드민턴 코트, 대형 수영장, 웰빙 스낵 바, 마사지 스파와 그룹 에어로빅을 포함하는 특별 프로그램과 시설들을 자유롭게 이용하시기 바랍니다. 최초 멤버십 가입 시에는 개인 트레이너와 함께 무료 헬스장 소개를 받으실 것입니다. 무료 트레이닝 체험을 받고 싶으시다면 안내 데스크 직원들에게 말씀하셔서 간단한 신체 정보 양식을 작성하시기 바랍니다.

1　What needs to be arranged at the front desk?

　(A) Gym introductions

　(B) Complimentary trials

안내 데스크에서 주선할 필요가 있는 것은?
(A) 체육관 소개
(B) 무료 체험

해설 마지막 문장 If you wish to receive a free training trial, please speak with our front desk staff and fill out a brief physical information form.에서 무료 체험을 받고 싶다면 안내 데스크 직원들에게 말하고 양식을 작성하라고 했으므로 (B)가 정답이다.

Question 2 refers to the following information.

Annual Winter Sale!
Winter Wears at Low Prices!

It is finally time for the Braveaux Annual Winter Sale Event! All Braveaux stores will be launching a winter sale next week for all its customers. Huge discounts are being offered on winter wear, such as coats and jackets. The newly released duck-down jumper is also a popular item. It is designed with an easy zipper fit and packed with the best duck feathers to make you warm even in the coldest temperatures. Covered with quality Gore-Tex fabric and a removable hoodie, it is the ideal winter jumper for people seeking both warmth and fashion.

연례 겨울 세일!
저렴한 가격의 겨울 의류!

드디어 Braveaux 연례 겨울 세일 행사를 할 때가 되었습니다! 모든 Braveaux 매장은 다음 주에 모든 고객을 대상으로 겨울 세일을 시작합니다. 코트와 재킷 같은 겨울 의류에 엄청난 할인이 제공됩니다. 새로 출시된 오리털 점퍼 역시 인기 상품입니다. 오리털 점퍼는 간편한 지퍼를 달아 몸에 맞게 디자인되어 있고 최상급 오리털로 채워져 있어 가장 낮은 기온에서도 여러분을 따뜻하게 해드립니다. 고급 고어텍스 옷감으로 덮이고 탈부착형 후드가 달려 있는 이 옷은 따뜻함과 패션을 모두 추구하는 사람들에게 이상적인 겨울 점퍼입니다.

2　What is NOT stated about the jumper?

　(A) It can withstand the winter cold.

　(B) It has an elastic fit for any wearer.

점퍼에 대해 진술되지 않은 것은?
(A) 겨울 추위를 견딜 수 있다.
(B) 신축성이 있어 모든 착용자의 몸에 맞는다.

해설 중간 부분의 It is designed with an easy zipper fit and packed with the best duck feathers to make you warm even in the coldest temperatures.에서 최상급 오리털이 채워진 점퍼가 가장 낮은 기온에서도 몸을 따뜻하게 해준다고 (A)의 내용을 언급하고 있으므로 지문에 언급되지 않은 (B)가 정답이다.

| Actual Test | Answer | 1. (B) | 2. (C) | 3. (B) |

Questions 1-3 refer to the following information.

Grand Opening
Hamilton Dance School for the Gifted
Friday, February 22

10:00 A.M. Welcome Ceremony and Opening Remarks
Mayor John Oldman
Director Ivan Rueol

Each of the instructors of the school will give short speeches regarding their expectations for the future of the academy.

11:30 A.M.–12:30 P.M.

An open forum will be held where people's questions and concerns will be answered by Instructor Sylvia Ena.

12:30 P.M. Lunch and Refreshments

A buffet-style meal will be served by Rose Catering Services.

2:00 P.M. Performance from Instructors

Danny Revitt from the hit television show, Dance with Me, will perform a special dance with his dance partner, Rumi Rodrick.

3:00 P.M. Closing Ceremony

The Director will end the day with a toast to the success of the academy, followed by a short message to prospective students.

개교식
영재들을 위한 Hamilton 댄스 학교
2월 22일 금요일

오전 10시 환영식 및 개회사
John Oldman 시장
Ivan Rueol 교장

학교의 강사들이 각자 학교의 미래에 대한 자신의 기대에 대해 짧게 연설합니다.

오전 11시 30분~오후 12시 30분

Sylvia Ena 강사가 사람들의 질문과 관심사에 답변을 하는 공개 강좌가 열립니다.

오후 12시 30분 점심과 다과

Rose 출장연회 서비스에서 뷔페 스타일의 식사를 제공합니다.

오후 2시 강사들의 공연

인기 TV 쇼 'Dance with Me'의 Danny Revitt이 댄스 파트너 Rumi Rodrick과 함께 특별 댄스를 공연합니다.

오후 3시 폐회식

교장이 학교의 성공을 위한 축배를 한 다음 예비 학생들에게 짧은 메시지를 전하고 일정을 마무리합니다.

어휘 instructor 강사 regarding ~에 대해 expectation 기대 forum 공개 토론, 좌담회 refreshments 다과, 간식 performance 공연 toast 건배, 축배 prospective 장래의, 잠재적인

1 Who is the director of the school?

(A) John Oldman
(B) Ivan Rueol
(C) Danny Revitt
(D) Rumi Rodrick

학교의 교장은 누구인가?
(A) John Oldman
(B) Ivan Rueol
(C) Danny Revitt
(D) Rumi Rodrick

해설 오전 10시 일정에 Director Ivan Rueol이라고 명시되어 있으므로 (B)가 정답이다.

2 What is implied about Sylvia Ena?

(A) She is a school graduate.
(B) She is a news anchor.
(C) She is a teacher at the school.
(D) She is a prospective student.

Sylvia Ena에 대해 암시된 것은?
(A) 학원의 졸업생이다.
(B) 새 뉴스 앵커이다.
(C) 학교 선생님이다.
(D) 예비 학생이다.

해설 오전 11시 30분부터 오후 12시 30분까지의 일정을 보면 Instructor Sylvia Ena가 공개 강좌에서 질문에 대한 답변을 한다고 나와 있으므로 (C)가 정답이다.

3 According to the information, what did Danny Revitt do?

(A) He has given a speech at school.

(B) He was on a television dance show.

(C) He previously owned the school.

(D) He taught at the dance school.

정보에 따르면 Danny Revitt이 한 일은?
(A) 학교에서 연설을 했다.
(B) TV 댄스 쇼에 출연했다.
(C) 예전에 이 학교를 소유했다.
(D) 댄스 학교에서 가르쳤다.

해설 오후 2시 일정을 보면 Danny Revitt from the hit television show, Dance with Me, will perform a special dance with his dance partner, Rumi Rodrick.이라고 명시되어 있으므로 (B)가 정답이다.

Unit 11 기사

Part 7

Practice **Answer** 1. (B) 2. (A)

Question 1 refers to the following article.

Serexin Packaging Tech will be presenting its new PSI film at the upcoming annual Food Processing & Packaging Expo. Acknowledged by over 20 different countries, the customized food film is suitable for all types of products that require fresh food packaging. Its diversity in thickness permits superior flexibility and tear resistance, ideal for any wrapping machine. Besides its optimal permeability to water, steam, and gases, it enhances product appeal and preserves product freshness.

Serexin Packaging Tech는 다가오는 연례 식품 가공 및 포장 엑스포에서 새로운 PSI 필름을 소개할 것이다. 20여 개 나라들로부터 인정받은 맞춤형 식품 필름은 신선한 식품 포장이 필요한 모든 유형의 제품들에 적합하다. 두께의 다양성은 탁월한 유연성으로 잘 찢어지지 않는 성질을 가능하게 하며, 어떤 포장 기계에도 이상적이다. 물과 증기, 가스에 대한 최적의 투과성 외에도, 제품의 매력을 높이고 신선함을 보존해 준다.

1 What is NOT mentioned as a feature of PSI film?
   (A) It is resistant to tearing.
   (B) It extends the expiry date of foods.

PSI 필름의 특징으로 언급되지 않는 것은?
(A) 잘 찢어지지 않는다.
(B) 식품의 유통 기한을 늘려 준다.

해설 중반부의 Its diversity in thickness permits superior flexibility and tear resistance에 아주 유연하고 잘 찢어지지 않는다고 했으므로 (A)는 PSI 필름의 특징으로 언급된 것이다. 맨 마지막에 preserves product freshness라는 말이 있기는 하지만 이것이 식품의 유통 기한을 연장시킨다고 확대 해석할 수 없으므로 (B)가 정답이다.

Question 2 refers to the following article.

Dengue fever is an infectious disease, which is known to cause severe pain in the eyes and head. Transmitted by the bite of a mosquito called *Aedes aegypti*, this disease causes patients to suffer from fever, headache, muscle and joint pain, and allergies. If it spread towards the lower body, it may also cause abdominal pain or vomiting. The classic dengue fever usually lasts about six to seven days, and the patient's temperature eventually drops. Though it is very common during rainy season in tropical regions, it is considered to be heading towards extinction.

뎅기열은 전염병으로 눈과 머리에 심한 통증을 일으키는 것으로 알려져 있다. 이집트숲모기라는 모기에 물려 전염되는 이 질병은 환자들에게 고열과 두통, 근육통과 관절통 및 알레르기를 겪게 한다. 질병이 하반신으로 퍼지게 되면 복통이나 구토를 일으킬 수도 있다. 전형적인 뎅기열은 보통 약 6일에서 7일까지 지속되다가 결국 환자의 체온이 떨어진다. 그 질병이 열대 지역의 우기 동안 매우 흔한긴 하지만 사라져 가고 있는 것으로 여겨진다.

2 What does this article say about dengue fever?
   (A) It is contagious among people.
   (B) It is no longer a threat.

기사에서 뎅기열에 관해 말하는 것은?
(A) 사람들 사이에서 전염된다.
(B) 더 이상 위협이 되지 않는다.

해설 맨 첫 줄의 Dengue fever is an infectious disease에서 뎅기열을 전염병으로 규정하고 있으므로 infectious를 contagious로 바꿔 표현한 (A)가 정답이다. 마지막 줄에 이 질병이 점차 소멸되어 가고 있는 것으로 여겨진다(it is considered to be heading towards extinction)고는 했으나 현재에도 위협이 되고 있으므로 (B)는 오답이다.

Answer 1. (B) 2. (D) 3. (A)

Questions 1-3 refer to the following e-mail.

To: Harry Pratt, Director of advertising department
From: Kris Jenner, Vice President
Subject: Jessica Simpson
Date: May 12

Dear Harry,

I heard that your department has won several new clients this month. --- [1] --- I would like you to consider Jessica Simpson for an advertising assistant position on your team. --- [2] --- She has been an intern in my office for the last six months, and she is organized, efficient and extremely competent. --- [3] --- She follows directions well and has worked both independently and with groups. The feedback on her contributions has been very positive. Ms. Simpson completed her degree in business this year and I'm aware that she is interested in pursuing her career in advertising here. I would be happy to provide you with more information. --- [4] --- If you have any questions about her, please do not hesitate to contact me.

Sincerely,
Kris Jenner
Vice President
Passion Associates

수신: Harry Pratt, 광고부 이사
발신: Kris Jenner, 부사장
제목: Jessica Simpson
날짜: 5월 12일

해리 씨에게,

저는 귀 부서가 이번 달에 몇 건의 새 고객을 유치했다고 들었습니다. —— [1] —— Jessica Simpson을 광고부서 보조로 고려해 보시는 건 어떨지요. —— [2] —— 그녀는 제 사무실에서 지난 6개월간 인턴으로 있었고 부지런하고 실력 있고 매우 유능합니다. —— [3] —— 지시사항을 잘 따르고 독립적으로, 그리고 팀 단위로 모두 일해 보았습니다. 그녀의 업무 기여도에 대한 평가는 매우 좋습니다. Ms. Simpson은 경영 분야의 학위를 올해 마쳤고 제가 알고 있기에 그녀는 경력을 여기 광고부서에서 쌓고 싶어 합니다. 기꺼이 더 많은 정보를 드릴 수 있습니다. —— [4] —— 그녀에 대한 더 많은 정보가 필요하시면 주저 마시고 저에게 연락주시기 바랍니다.

크리스 제너,
패션 어소시에이트 부사장

어휘 assistant 조수, 보조원 organized 조직화된, 체계적인 extremely 극도로, 매우 competent 유능한 independently 독립적으로 feedback 의견, 반응 contribution 기여 be interested in ~에 관심이 있다 pursue 추구하다 provide A with B A에게 B를 제공하다 hesitate 주저하다

1 What is the purpose of the e-mail?

(A) To describe a change in hiring policies.
(B) To make a recommendation.
(C) To request a report on new clients.
(D) To propose a meeting agenda.

이 이메일의 목적은 무엇인가?
(A) 채용정책의 변경을 말하려고
(B) 추천하려고
(C) 신규 고객들에 대한 보고를 요청하려고
(D) 회의 안건을 제안하려고

해설 목적을 고르는 문제의 단서는 주로 전반부에 등장합니다. I would like you to consider Jessica Simpson for an advertising assistant position on your team. 부분에서 신규 고객 유치를 축하하면서 새 직원이 필요할 것 같은데 한 명 추천해주겠다고 이야기 했으므로 정답은 (B)이다.

2 What does the e-mail indicate about Ms. Jenner?

(A) She recently started a business.
(B) She would like to join Harry's team.
(C) She will be promoted.
(D) She has worked with Ms. Simpson for half a year.

이메일은 Ms. Jenner에 대해 어떻게 이야기하고 있는가?
(A) 그녀가 최근에 사업을 시작했다.
(B) 그녀가 Harry의 팀에서 일하고 싶어 한다.
(C) 그녀가 승진한다.
(D) 그녀가 Ms. Simpson과 6개월간 일해 왔다.

182

> **해설** She has been an intern in my office for the last six months. 부분에서 자기 사무실에서 6개월간 일했다고 했으므로 반 년 간 일해 왔다는 (D)가 정답이다. (A)는 언급된 것이 없고, (B)는 Ms. Jenner가 아닌 Ms. Simpson이 광고부서에서 일하고 싶어 하는 것이므로 정답으로 보기는 힘들고, (C)는 승진한다고 보기도 어려우므로 오답이다.

---

3 In which of the positions marked [1], [2], [3], and [4] does the following sentence best belong?

"Congratulations and I believe you are in need of additional staff."

(A) [1]
(B) [2]
(C) [3]
(D) [4]

[1], [2], [3], [4] 로 표시된 곳 중에서 다음 문장이 가장 적합한 곳은?

"축하합니다. 추가로 직원이 필요하실 것으로 생각됩니다."

(A) [1]
(B) [2]
(C) [3]
(D) [4]

> **해설** 직원이 필요할 것이라고 본다고 말한 다음 문장에 제시카 심슨을 추천하는 내용이 나오므로 정답은 (A)이다.

Part 7

Unit 12 송장과 양식

Practice — **Answer** 1. (B) 2. (B)

Question 1 refers to the following invoice.

Intelox Inc. 3334 North Dackson Street Wichita, Kansas 67203			
Invoice Number	2144	Invoice Date	May 22
Balance Due	$1300.00	Payment Due	June 21
Billed to:	Joseph Levinson 8015 North Elmwood Avenue Kansas City, Missouri 64119		
Catalog No.	Product Name	Qty.	Unit Price	Total
122	23-in LED Monitor VH8-P	2	139.99	279.98
554	AG3620-UR Desktop PC	1	882.25	882.25
81	G500 Wireless Mouse	1	57.18	57.18
107	Elite Keyboard RZ03-U1	1	113.00	113.00
			Subtotal	$1332.41
			Shipping and Handling	70.00
			Total Purchasing	$1402.41
			Frequent-customer Bonus Discount	−102.41

Intelox 사 67203, Kansas 주, Wichita 시 North Dackson 가 3334			
송장번호	2144	송장일	5월 22일
잔여금	1300.00달러	지급 기한	6월 21일
청구지	Joseph Levinson Missouri 주 64119 Kansas City North Elmwood 로 8015		
카탈로그 번호	제품명	수량	단가	총액
122	23인치 LED 모니터 VH8-P	2	139.99	279.98
554	AG3620 – UR 데스크톱 PC	1	882.25	882.25
81	G500 무선 마우스	1	57.18	57.18
107	엘리트 키보드 RZ03-U1	1	113.00	113.00
			소계	1332.41달러
			배송 및 취급 수수료	70.00
			총 구매액	1402.41달러
			단골 고객 보너스 할인	−102.41

1 What is suggested by the invoice?

(A) That delivery is free of cost

(B) That repeat customers are rewarded

송장에서 시사되는 것은?
(A) 배송은 무료이다.
(B) 재구매 고객은 보상을 받는다.

해설 송장 맨 아래의 Frequent-customer Bonus Discount -102.41에서 단골 고객 보너스 할인으로 102.41달러가 차감되었으므로 재구매한 고객에게 혜택이 있음을 알 수 있다. 따라서 (B)가 정답이다.

Question 2 refers to the following invoice.

KEST Supermarkets Delivery Invoice			
Quantity	Item Name	Item Price	Total
3	Honey Nut Cereals	3.98	$11.94
7	Corned Beef Hash	22.46	$157.22
5	Ranch Style Beans	33.19	$165.95
2	Roast Ground Coffee	6.98	$13.96

KEST 슈퍼마켓 배송 청구서			
수량	물품명	물품 가격	총액
3	허니 너트 시리얼	3.98	11.94달러
7	콘드 비프 해시	22.46	157.22달러
5	랜치 스타일 빈	33.19	165.95달러
2	로스트 그라운드 커피	6.98	13.96달러

2 Which product is the most expensive?

(A) Corned Beef Hash

(B) Ranch Style Beans

해설 물품 가격(Item Price)란에서 가장 비싼 항목은 33.19달러의 Ranch Style Beans임을 알 수 있으므로 (B)가 정답이다.

Actual Test   Answer   1. (B)   2. (A)   3. (C)

Questions 1-3 refer to the following online form.

http://www.bankofamericangold.com/apply/form

American Gold Online Application Form

Please take a moment to fill in the following fields.

After completing the form, click the "Save and continue to Payment Options section" arrow at the bottom-right corner of the screen.

Personal information:

Name:	Emily Richards
Organization:	Kansas State University
Address:	705 Hickory Circle, Kansas City, KS 64101
E-mail:	erichards@kansu.edu

Select one:

◎ I am at least 18 years of age.

● I am below 18 years of age and will require the permission of a parent.

Select your account type:		Select a card type (optional):	
◎ Premium	$100	◎ Credit Card	$10
◎ Basic Plus	$70	● Debit Card	$10
◎ Basic	$40	None	
● Free	$0		→ Click

---

http://www.bankofamericangold.com/apply/form

American Gold 온라인 신청서

잠시 시간을 내어 다음 공란들을 채워 주세요.

양식을 작성한 후에, 화면 우측 하단에 있는

'저장 및 결제 방식 항목으로 가기' 화살표를 클릭하세요.

개인 정보:

이름:	Emily Richards
기관:	Kansas 주립 대학교
주소:	64101 KS, Kansas City, Hickory Circle 705
이메일:	erichards@kansu.edu

한 가지를 선택하세요.

◎ 저는 18세 이상입니다.

● 저는 18세 미만이며 부모의 허가가 필요합니다.

계좌 종류 선택		카드 종류 선택(선택사항)	
◎ 프리미엄	100달러	◎ 신용 카드	10달러
◎ 베이직 플러스	70달러	● 직불 카드	10달러
◎ 베이직	40달러	없음	
● 프리	0		→ 클릭

어휘 application form 신청서 양식 fill in (양식을) 채우다 at least 적어도 permission 허락, 허가 debit card 직불 카드

---

1 Why did Ms. Richards complete the form?

(A) To apply for a graduate school

(B) To sign up for a bank account

(C) To enter a countrywide contest

(D) To renew a membership

Richards 씨가 양식을 작성한 이유는?

(A) 대학원에 지원하기 위해

(B) 은행 계좌를 신청하기 위해

(C) 전국 대회에 참가하기 위해

(D) 회원 자격을 갱신하기 위해

해설 지문 상단의 안내문(After completing the form, click the "Save and continue to Payment Options section")과 하단의 선택 목록 (Select your account type / Select a card type) 등을 고려해 볼 때 (B)가 정답이다.

2 How much will Ms. Richards probably be charged?
(A) $10
(B) $40
(C) $70
(D) $100

Richards 씨가 청구받게 될 금액은?
(A) 10달러
(B) 40달러
(C) 70달러
(D) 100달러

해설 지문의 하단부에서 계좌 종류 선택(Select your account type)은 Free $0이고, 카드 종류 선택(Select a card type)은 Debit Card $10를 선택했으므로 Richards 씨가 청구받을 금액은 10달러임을 알 수 있다. 따라서 (A)가 정답이다.

3 Who most likely is Ms. Richards?
(A) A college professor
(B) A bank employee
(C) A university student
(D) A faculty

Richards 씨는 누구일 가능성이 가장 높은가?
(A) 대학 교수
(B) 은행 직원
(C) 대학생
(D) 교직원

해설 개인 정보란의 기관에 Kansas State University로 기재했으며, 그 아래에 있는 I am below 18 years of age and will require the permission of a parent.라는 항목을 선택했으므로 Richards 씨는 대학생임을 알 수 있다. 따라서 (C)가 정답이다.

Unit 13 초대장

Practice Answer 1. (B) 2. (B)

Question 1 refers to the following invitation.

This winter season, we invite everyone to visit the Payton Hill Ski Resort. Starting on January 27, our recreation facility will be giving a 25% discount on all rental ski equipment. Furthermore, all customers making room reservations at our resort hotel before January 22 will be given an opportunity to win a free hot air balloon experience over Payton Hill.

올 겨울 시즌에 Payton Hill 스키 리조트에 여러분 모두를 초대합니다. 1월 27일부터, 저희 휴양 시설은 모든 대여용 스키 장비에 대해 25퍼센트 할인을 제공할 예정입니다. 더욱이, 1월 22일 전에 저희 리조트 호텔의 객실을 예약하시는 모든 고객분들에게는 Payton Hill을 넘어가는 무료 열기구 체험에 당첨될 기회가 주어집니다.

1 What will happen on January 27?
   (A) A hot air balloon trip will be awarded to raffle winners.
   (B) Ski equipment will be rented at a discount.

1월 27일에 일어날 일은?
(A) 열기구 여행이 추첨 행사 당첨자에게 상으로 주어질 것이다.
(B) 스키 장비가 할인가로 임대될 것이다.

해설 질문에 특정 날짜가 언급되어 있다면 지문에서 해당 날짜가 언급된 부분을 찾아 단서를 확인한다. 1월 27일부터 모든 대여용 스키 장비를 25퍼센트 할인된 가격으로 제공할 것이라고 했으므로 (B)가 정답이다.

Question 2 refers to the following invitation.

Everyone should experience the excitement and love for baseball that resonates in the stadium. Now, with the Golden Cat's "Give the Chance" program, we will be extending the ball game experience to non-profit organizations around Virginia. We are personally inviting you to participate in this program. Our goal is to welcome as many youth programs and charitable organizations as possible to Centennial Field throughout the season. This is a great opportunity to bring Golden Cat fans together and will surely be an experience that nobody will ever forget!

모든 분들은 경기장에서 울려 퍼지는 야구에 대한 흥분과 사랑을 경험하실 것입니다. 이제, Golden Cat의 'Give the Chance' 프로그램으로, 저희는 야구 경기 경험을 버지니아 전역의 비영리 단체들로 확대할 것입니다. 저희는 이 프로그램에 참가하시도록 여러분을 개인적으로 초대하고 있습니다. 저희의 목표는 시즌 내내 가능한 한 많은 청소년 프로그램들과 자선 단체들을 Centennial 구장으로 맞아들이는 것입니다. 이것은 Golden Cat 팬들을 함께 모을 훌륭한 기회이며, 아무도 잊지 못할 체험이 될 것이 분명합니다.

2 What is the purpose of this invitation?
   (A) To collect charity money from fans for non-profit organizations
   (B) To help share the baseball experience with non-profit organizations

이 초대장의 목적은?
(A) 팬들로부터 비영리 단체들을 위한 자선 기부금을 모으기 위해
(B) 비영리 단체들과 함께 야구 체험을 공유하도록 돕기 위해

해설 지문의 목적을 묻는 문제의 단서는 보통 지문의 전반부에 나와 있다. 경기장에서 울리는 흥분과 사랑을 경험하게 될 것이라고 하면서 "Give the Chance" 프로그램을 통해 야구 경기 경험을 비영리 단체들로 확대할 것이라고 했으므로 이 초대장은 비영리 단체들과 함께하는 야구 프로그램을 홍보하는 것임을 알 수 있다. 따라서 (B)가 정답이다.

Actual Test

Answer   1. (C)   2. (C)

Questions 1-2 refer to the following invitation.

All residents are welcome to attend the top bestseller Bob Santon's book signing event at the community center.

Please come and join him in celebrating the publication of his new book, *The Lost City*.

In addition to meeting the author, a representative of the publisher, Jake Samson, will give a short talk and distribute vouchers to all the participants.

Wednesday, October 8
1 P.M.–4 P.M.
Newport Community Center

An admission fee is not required, and refreshments will be prepared during the event. Also, there will be a photo time with Bob Santon at the end of the function.

Please arrive on time to minimize the interruption.

커뮤니티 센터에서 열리는 최고의 베스트셀러 작가, Bob Santon의 책 사인회에 모든 주민 여러분의 참석을 환영합니다.

오셔서 그와 함께 그의 신작, 'the Lost City'의 출간을 축하해 주세요.

저자와의 만남 외에도 출판사 대표인 Jake Samson이 짧은 메시지를 전한 후에 모든 참가자분들께 상품권을 나눠 드릴 것입니다.

10월 8일, 수요일
오후 1시 ~ 4시
Newport 커뮤니티 센터

입장료는 필요 없으며, 행사 동안 다과가 준비될 것입니다. 또한, 행사 마지막에 Bob Santon과의 사진 촬영 시간이 있을 것입니다.

방해를 최소화하도록 제시간에 도착해 주시기 바랍니다.

어휘 resident 주민   book signing 책 사인회   celebrate 기념하다, 축하하다   publication 출간, 발행   author 작가   representative 대표   voucher 상품권   admission fee 입장료   refreshments 다과   minimize 최소화하다   interruption 방해, 중단

---

1   What will be celebrated at the event?

(A) A product launch
(B) A promotion
(C) A publication
(D) A marriage

행사에서 축하될 것은?
(A) 제품 출시
(B) 홍보
(C) 출판
(D) 결혼

해설 주민들에게 베스트셀러 작가인 Bob Santon의 책 사인회에 오라는 초대장으로, 그의 신작 출간을 함께 축하해 달라고 했으므로 (C)가 정답이다.

---

2   Who most likely is Jake Samson?

(A) A celebrity
(B) A writer
(C) A CEO
(D) A chef

Jake Samson은 누구일까?
(A) 유명 인사
(B) 작가
(C) 최고경영자
(D) 요리사

해설 질문에 사람 이름이 언급되었다면, 지문에서 해당 이름이 언급된 부분을 찾아 단서를 확인한다. 세 번째 문장에서 Jake Samson이 출판사 대표라고 안내하고 있으므로 representative를 CEO로 바꿔 표현한 (C)가 정답이다.

Unit 14 편지·이메일 연계 지문

Answer 1. (C) 2. (B) 3. (A) 4. (B) 5. (D)

Questions 1-5 refer to the following two e-mails.

From: Carter Long <carter609@mandi.com>
To: Customer Service <customerservice@Alpha.com>
Date: March 12
Subject: Sound problem

I purchased a new television set from your company on February 17 and have been using it with great joy ever since. However, during the last couple of days, I have been experiencing a strange problem while using this television. When I start the television, occasionally, a buzzing sound emanates from the back of the television. It only lasts for a couple of seconds, but it is quite annoying.

Before sending you this e-mail, I have tried to fix this problem by myself. I referred the user manual and even your Web site to determine any solutions to this problem. I have attempted to reset all the settings and reconnected my cable modem; however, neither of these things resolved the problem. I have contacted my cable company and they have assured me that the sound is not being caused by the modem, but by the television. I have the receipt of purchase and the television can still be returned, but I have grown attached to the television, and therefore, I would rather not return it. Is there anything that I can do to fix this strange sound problem?

Your customer,
Carter Long

From: Customer Service <customerservice@Alpha.com>
To: Carter Long <carter609@mandi.com>
Date: March 13
Subject: RE: Sound problem

Dear Mr. Long:

It sounds like your problem must be quite annoying! Please do not worry; we are here to help. After considering the steps that you have taken to attempt to alleviate this strange sound, there appears to be a malfunction with the motherboard. Since you have stated that you would rather not return or exchange your product, we recommend another solution. We have many authorized repair shops across the country, and you can take your television set to one of these stores where one of the many highly trained specialists will be able to look at the problem. The fee for this, of course, would be handled by us, as long as you get it repaired at one of our authorized shops. Please carefully retain the receipt that you receive from the repair shop and send it to us to receive reimbursement for the repairs.

Sincerely,

Alexis Silverman
Customer Service

로 귀하의 텔레비전 세트를 그 수리점들 중 한 곳으로 가져가실 수 있으며, 그곳에서 고도로 훈련된 많은 전문가들이 그 문제를 살펴볼 수 있을 것입니다. 귀하께서 저희의 공인 수리점들 중 한 곳에서 수리를 받으시는 한 이에 대한 요금은 물론 저희가 처리해 드리겠습니다. 수리점에서 받으시는 영수증을 잘 가지고 계시다가 저희에게 그것을 보내 주셔서 수리비를 상환받으시기 바랍니다.

Alexis Silverman
고객 서비스

어휘 ever since ~ 이후로 줄곧 last 지속하다 occasionally 가끔씩 buzzing 윙윙거리는 emanate 나오다, 발하다 annoying 짜증나는, 거슬리는 refer 참조하다 user manual 사용자 설명서 attempt 시도하다 assure 확신시키다 grow attached of ~에 정이 들다 alleviate 완화시키다 malfunction 오작동 motherboard 주회로 기판 authorized 승인된, 인가된 highly trained 고도로 훈련된 reimbursement 상환, 변제, 배상

---

1 When did Carter Long purchase the television set?

(A) A day ago
(B) A week ago
(C) A month ago
(D) A year ago

Carter Long이 텔레비전 세트를 구입한 때는?
(A) 하루 전
(B) 일주일 전
(C) 한 달 전
(D) 일 년 전

해설 Carter Long이 이메일을 보낸 시점은 상단 Date 부분에서 3월 12일이라는 것을 확인할 수 있고, 첫 문장의 I purchased a new television set from your company on February 17에서 2월 17일에 텔레비전 세트를 구입했다고 했으므로 약 한 달 전에 구입했음을 알 수 있다. 따라서 (C)가 정답이다.

---

2 What most likely is Alpha.com?

(A) Movie rental service
(B) An electronics seller
(C) A cable company
(D) A movie studio

Alpha.com은 무엇일 가능성이 가장 높은가?
(A) 영화 대여 서비스
(B) 전자제품 판매 업체
(C) 케이블 회사
(D) 영화 스튜디오

해설 첫째 지문은 Carter Long이 Alpha.com에 보내는 이메일임을 맨 처음의 수/발신 정보를 통해 알 수 있고, 첫 문장의 I purchased a new television set from your company on February 17에서 Carter Long이 Alpha.com으로부터 텔레비전 세트를 구입했다고 했으므로 Alpha.com이 전자제품 판매 업체임을 알 수 있다. 따라서 television set를 electronics로 바꾸어 표현한 (B)가 정답이다.

---

3 According to the second e-mail, what should Carter Long do next?

(A) Take the product to a repair shop
(B) Return the product
(C) Reset the television settings
(D) Purchase a new cable modem

둘째 이메일에 따르면, Carter Long이 다음에 해야 할 것은?
(A) 제품을 수리점에 가져간다.
(B) 제품을 반품한다.
(C) 텔레비전 설정을 재설정한다.
(D) 새로운 케이블 모뎀을 구입한다.

해설 Alpha.com의 회신 이메일인 둘째 지문 중간 부분의 We have many authorized repair shops across the country, and you can take your television set to one of these stores에서 국내에 많은 공인 수리점들 중 한 곳으로 텔레비전 세트를 가져갈 것을 권하고 있으므로 (A)가 정답이다.

4   According to the first e-mail, when does the strange sound occur?

(A) When he listens to music

(B) When he turns on the television

(C) When he turns off the television

(D) When he changes channels

첫째 이메일에 따르면, 이상한 소리가 발생하는 때는?
(A) 음악을 들을 때
(B) 텔레비전을 켤 때
(C) 텔레비전을 끌 때
(D) 채널을 변경할 때

해설 Carter Long이 보낸 첫째 이메일의 첫 문단 중간 부분의 When I start the television, occasionally, a buzzing sound emanates from the back of the television.에서 텔레비전을 보기 시작할 때 가끔씩 윙윙거리는 소리가 들린다고 했으므로 이상한 소리가 나는 시점은 텔레비전을 켤 때이다. 따라서 (B)가 정답이다.

5   Why does Carter Long NOT want to return his product?

(A) It is not a serious enough problem.

(B) The shipping fees are too expensive.

(C) He has misplaced the receipt.

(D) He likes the television despite the problem.

Carter Long이 반품하고 싶어 하지 않는 이유는?
(A) 아주 심각한 문제는 아니다.
(B) 발송료가 너무 비싸다.
(C) 영수증을 놓아두고 찾지 못했다.
(D) 문제에도 불구하고 그 텔레비전을 좋아한다.

해설 첫째 이메일의 마지막 부분에 있는 but I have grown attached to the television, and therefore, I would rather not return it에서 텔레비전에 정이 들었기 때문에 반품하지 않겠다고 했으므로 (D)가 정답이다.

Unit 15 광고 연계 지문

Part 7

Answer 1. (B) 2. (D) 3. (B) 4. (C) 5. (C)

Questions 1-5 refer to the following advertisement and order form.

Tees To You
Custom T-shirts for all occasions!
30 Wellington Way, Manhattan, NY
215-010-6849

Owner: Washington Davy
We offer custom-made T-shirts and other apparel
at prices that are lower than our competitors!
Great gifts for the holidays!

- Choose from our catalog of 100+ designs or send us a design of your own!
- We provide our own delivery services, thereby keeping prices down by not employing third-party delivery companies.
- Orders can be paid for by check or credit card. (Sorry, no cash orders!)
- Delivery requires 4–5 days of processing before being shipped. Customers will receive their orders within 2 business days of being shipped.

Order Date: Tuesday, December 3	Shipping Date: Monday, December 9		
Customer Information Name: Robert Sputen Address: 899 Saint Mary Avenue, Voorhees, NJ 13072 Phone: 315-837-8667	Deliver to Name: Kimberly Peace Address: 1632 Cherry Ridge Drive, Fairport, NY 14450		
Item Number	Description	Quantity	Price
32SG	Long-sleeve knitted sweater	2	$30 each
Message: Surprise! Happy Holidays. Thanks for the help with baby-sitting the kids. You were an excellent baby-sitter!		Delivery Cost:	$5
Payment Method: Credit Card		Total Cost:	$65

Tees To You
모든 맞춤 티셔츠
30 Wellington Way, Manhattan, NY
215-010-6849

주인: Washington Davy
저희는 맞춤 제작 티셔츠와 다른 의류들을
경쟁 업체들보다 낮은 가격으로 제공합니다!
푸짐한 크리스마스 선물입니다!

- 카탈로그에 있는 100가지 이상의 디자인에서 선택하시거나 당신만의 디자인을 저희에게 보내 주세요!
- 저희는 자체 배송 서비스를 제공하며, 제3자 배송 업체들을 이용하지 않음으로써 가격을 낮게 유지하고 있습니다.
- 주문은 수표나 신용 카드로 결제하실 수 있습니다. (죄송합니다. 현금 주문은 받지 않습니다!)
- 배송은 발송되기 전 처리하는 데 4~5일이 소요됩니다. 고객 여러분은 발송된 후 2영업일 이내에 주문품을 받으시게 됩니다.

주문일: 12월 3일, 화요일	배송일: 12월 9일, 월요일		
고객 정보 이름: Robert Sputen 주소: 899 Saint Mary Avenue, Voorhees, NJ 13072 전화번호: 315-557-8667	배송지 이름: Kimberly Peace 주소: 1632 Cherry Ridge Drive, Fairport, NY 14450		
물품 번호	물품 정보	수량	가격
32SG	긴팔 니트 스웨터	2	30달러/개
메시지: 놀라셨죠! 즐거운 크리스마스입니다. 아이들을 돌봐 주셔서 감사합니다. 당신은 훌륭한 베이비시터였어요!		배송비:	5달러
결제 방식: 신용 카드		총비용:	65달러

어휘 custom-made 주문 제작의 apparel 의류 competitor 경쟁 업체 thereby 그렇게 함으로써 processing 처리 business day 영업일 long-sleeve 긴소매 knitted 니트로 된, 뜨개질한 baby-sit (아이를) 돌봐 주다

1 What does Mr. Davy's company provide to customers in New York?

(A) Discounted designer clothes

(B) Personalized clothing

(C) Clothes for babies and children

(D) Materials for sewing

Davy 씨의 회사가 뉴욕에서 고객들에게 제공하는 것은?
(A) 할인된 디자이너 의류
(B) 맞춤형 의류
(C) 아기와 아이들을 위한 의류
(D) 바느질용 재료

해설 / 광고 도입부의 Custom T-shirts for all occasions!와 We offer custom-made T-shirts and other apparel을 통해 맞춤형 의류를 제공한다는 것을 알 수 있다. custom-made를 personalized로, T-shirts and other apparel을 clothing으로 바꾸어 표현한 (B)가 정답이다.

2 What does the advertisement mention about delivery?

(A) It takes 4-5 days for delivery.

(B) It is available on weekends.

(C) It is free for orders of two or more.

(D) It accepts payments through checks.

배송에 관해 광고에서 언급하는 것은?
(A) 배송에 4~5일이 걸린다.
(B) 주말에 이용할 수 있다.
(C) 두 벌 이상 주문은 무료이다.
(D) 수표 결제를 받는다.

해설 / 광고 후반부의 Orders can be paid for by check or credit card. (Sorry, no cash orders!)에서 주문은 수표나 신용 카드로 결제할 수 있으며, 현금 주문은 안 된다고 했으므로 수표를 받는다고 한 (D)가 정답이다. (B), (C)는 지문에 언급된 바 없으며, 배송은 처리 기간이 4~5일 걸리고 발송 후 2일 이내에 주문품을 받을 수 있다고 했으므로 (A) 역시 오답이다.

3 What does the order form indicate about Robert Sputen?

(A) He works with Kimberly Peace.

(B) He has young children.

(C) He received a gift from the company.

(D) He resides in New York State.

Robert Sputen에 관해 주문서에서 지적하는 것은?
(A) 그는 Kimberly Peace와 함께 일한다.
(B) 그는 어린 아이들이 있다.
(C) 그는 회사에서 선물을 받았다.
(D) 그는 뉴욕 주에 거주한다.

해설 / 주문서를 보면 주문한 고객의 이름이 Robert Sputen이고, 물건을 받는 사람이 Kimberly Peace이다. 아래의 Sputen 씨가 Peace 씨에게 전하는 메시지를 보면, 아이들을 돌봐 주어 고맙다고 했으므로 Sputen 씨에게 어린 아이들이 있음을 알 수 있다. 따라서 (B)가 정답이다. Kimberly Peace가 Sputen 씨에게 고용되어 일한 것이므로 함께 일한다는 (A)는 답이 될 수 없다.

4 What is true about Kimberly Peace?

(A) She paid for the order with a credit card.

(B) She is seeking another job.

(C) She worked for Robert Sputen.

(D) She is an employee of the company.

Kimberly Peace에 관해 사실인 것은?
(A) 주문을 신용 카드로 결제했다.
(B) 다른 일자리를 찾고 있다.
(C) Robert Sputen을 위해 일했다.
(D) 그 회사의 직원이다.

해설 / 앞의 문제와 마찬가지로 메시지를 통해 Kimberly Peace가 Robert Sputen의 아이들의 베이비시터로 일했음을 알 수 있으므로 (C)가 정답이다.

5 When will the order probably be received?

(A) December 3 (B) December 9

(C) December 11 (D) December 15

주문품을 받게 될 때는?
(A) 12월 3일 (B) 12월 9일
(C) 12월 11일 (D) 12월 15일

해설 / 두 지문을 연계해 풀어야 하는 문제로, 첫째 지문 아래쪽의 Delivery requires 4-5 days of processing before being shipped. Customers will receive their orders within 2 business days of being shipped.를 보면 발송 전 처리 기간이 4~5일 소요되고, 발송된 후 이틀 이내에 주문품을 받게 된다고 언급되어 있다. 따라서 둘째 지문의 발송일(Shipping Date)이 12월 9일로 적혀 있으므로 물건을 받는 시점은 12월 9일로부터 이틀 후인 12월 11일이 될 것이다. 따라서 (C)가 정답이다.

Unit 16 알림 연계 지문

Part 7

Answer 1. (A) 2. (B) 3. (D) 4. (B) 5. (D)

Questions 1-5 refer to the following advertisement and e-mails.

WowFashion
Sales Associates Positions

WowFashion is now opening another store at Brooklyn Mate mall and seeking sales associates. We started the first store in Manhattan in the summer of 2014. WowFashion today is an internationally known fashion retailer with shops in over 15 countries around the world. We require professionalism, high energy and team spirit. WowFashion will put you into the heart of the action and the heart of its growth.

The job of a sales associate involves selling, restocking and merchandising. The sales associate is responsible for greeting and assisting customers as well as maintaining the appearance of the store and the merchandise. The sales associate must be friendly and energetic as well as swift to ensure customer satisfaction. Excellent customer service is our goal and the sales associates are our means of achieving it.

Requirements:
- Flexible schedule/open availability especially over the weekends
- Previous retail experience a plus
- Passion for fashion!
Our company requires professionalism, imagination, high energy and team spirit. Sounds like you? Then Apply today!

Please submit a copy of your updated resume by e-mail at kevinlee7@wowfashion.com by Oct. 31

와우 패션
영업 사원 직책

와우패션은 브루클린 매이트몰에 상점 하나를 더 오픈하고 영업 사원들을 찾고 있습니다. 우리는 2014년 여름에 맨해튼에서 첫번째 가게를 시작했습니다. 오늘날의 와우 패션은 전 세계 15개국 이상에 상점을 두고 있는 세계적으로 유명한 패션 소매상입니다. 우리는 전문성, 활기, 그리고 팀 정신을 필요로 합니다. 와우패션은 당신을 행동의 중심과 성장의 중심에 놓이게 할 것입니다.

영업 사원의 직무는 판매, 재고 보충, 진열을 포함합니다. 영업 사원은 매장과 상품의 외관을 유지하는 것뿐만 아니라 고객들과 인사하고 지원할 책임도 있습니다. 판매 사원은 고객 만족을 확실히 하기 위해 일을 신속하게 해야 할 뿐만 아니라 친절하고 활기차야 합니다. 우수한 고객 서비스는 당사의 목표이며, 영업 사원은 고객 만족을 달성하는 수단입니다.

요구 사항:
- 특히 주말 동안 유연한 스케줄 / 근무 가능해야 함
- 이전의 소매업 경험 우대
- 패션에 대한 열정!
우리 회사는 전문성, 상상력, 높은 에너지, 팀 정신을 필요로 합니다. 당신이 적임자라고 생각하시나요? 그럼 오늘 지원하세요!

10월 31일까지 귀하의 최신 이력서 한 부를 이메일 kevinlee7@wowfashion.com으로 제출해 주시기 바랍니다.

Oct. 27, 2017

Dear Mr. Kevin Lee,

I am writing to apply for the position of a sales associate advertised on your website. I am interested in fashion and have always been visiting your website. I have enclosed a copy of my resume, including references. I have been working for SwaggingFashon since you opened your first store in Manhattan. I'm passionate for fashion and I won an employee of the year award last year. I would be happy to speak with you more about the position in person. I can travel to your office for an interview at any time. Also I have a favor to ask you. As you know, I'm currently working for SwaggingFashion and I'd like you to finish the interview within an hour. I look forward to hearing from you. Thank you.

Brad Hawn

Dear Brad Hawn,

As a result of your application for the position of sales associate, I would like to invite you to attend an interview on Nov 1, at 9 A.M. at our office in Brooklyn, NY. You will have an interview with the department manager, Edward Lee. The interview will be completed within an hour as you requested. Please bring three references to the interview. If the date or time of the interview is inconvenient, please contact me by phone (212-555-2418) or email (hrmanager2@wowfashion.com) in order to arrange another appointment. We look forward to seeing you.

Best regards,
Kevin Lee

Kevin Lee
Personnel Director, HR Department
5 Beard Street, Brooklyn, NY 11231
212-555-2579
hrmanager2@wowfashion.com

어휘 / apply for ~에 지원하다 advertise 광고하다 enclose 동봉하다 resume 이력서 reference 추천서 passionate 열정적인 employee of the year award 올해의 직원상 in person 몸소, 직접 favor 부탁 within ~이내에

1. What area of the store positions are being advertised?
   (A) Sales
   (B) Maintenance
   (C) Cashier
   (D) Retailer

해설 첫 문장에서 영업사원 채용광고를 하고 있다는 것임을 알 수 있으므로 정답은 (A)이다.

2. What is NOT true about WowFashion?

   (A) It first opened a shop in Manhattan.
   (B) It specializes in children's clothing.
   (C) It has been in business for 3 years.
   (D) There are many other WowFashion stores around the world.

와우패션에 대한 설명으로 옳지 않은 것은 무엇인가?
(A) 맨해튼에 처음 가게를 열었다.
(B) 아동복을 전문으로 한다.
(C) 3년간 영업을 해왔다.
(D) 전 세계에 많은 다른 와우패션 상점들이 있다.

해설 첫 지문 광고문에서 We started the first store in Manhattan in the summer of 2014. 라고 했으므로 (A)는 맞는 내용이고 2014년 여름에 첫 가게를 오픈했고 편지의 날짜가 2017년이므로 3년간 영업 중이라는 것을 알 수 있으므로 (C)도 맞는 내용이다. WowFashion today is an internationally known fashion retailer with shops in over 15 countries around the world. 부분에서 15 개국에 상점을 두고 있다고 말하고 있으므로 (D)역시 맞는 내용이다. 아동복을 전문으로 한다는 내용은 언급되어 있지 않으므로 정답은 (B)이다.

3. How long has Mr. Hawn worked for SwaggingFashion?

   (A) For six months
   (B) For a year
   (C) For two years
   (D) For three years

혼 씨는 스웨깅패션 사에서 얼마 동안 일했는가?
(A) 6개월
(B) 1년
(C) 2년
(D) 3년

해설 연계지문 문제이다. 혼 씨가 케빈 씨에게 보낸 편지에서 I have been working for SwaggingFashion since you opened your first store in Manhattan. 라고 말하고 있으며 첫 번째 광고글에서 We started the first store in Manhattan in the summer of 2014. (2014년 여름에 첫 가게를 열었다)이라고 말하고 있으므로 정답은 (D)이다.

4. In the first e-mail. the word "favor" in line 6 is closest in meaning to

   (A) kindness
   (B) request
   (C) support
   (D) reputation

첫 번째 이메일에서 6번째 줄의 "favor"와 의미상 가장 가까운 것은?
(A) 친절함
(B) 요청
(C) 지원
(D) 평판

해설 favor는 여러 의미를 가지고 있으나 위 문장의 문맥에서는 '요청, 부탁'의 의미로 (B) request와 같은 의미이다.

5. According to the e-mails, How long will the interview last?

   (A) One day
   (B) Two hours
   (C) Over an hour
   (D) Less than an hour

이메일에 의하면, 면접은 얼마 동안 진행될 것인가?
(A) 하루
(B) 2시간
(C) 1시간 넘게
(D) 1시간 미만

해설 연계지문 문제이다. 지원의사를 밝히고 있는 이메일에서 As you know, I'm currently working for SwaggingFashion and I'd like you to finish the interview within an hour.(현재 스웨깅패션사에서 일하고 있으므로 인터뷰를 한 시간 내에 끝내달라)라고 요청하고 있고 마지막 답신메일에서 The interview will be completed within an hour as you requested.(인터뷰는 1시간 내에 끝날 것)라고 말하고 있으므로 정답은 (D)이다.

Unit 17 기사 연계 지문

Actual Test   Answer   1. (B)   2. (B)   3. (C)   4. (A)   5. (B)

Questions 1-5 refer to the following article and letters.

Jan. 21, 2018 San Francisco Times

The 'Seablue House' is a restaurant situated in the heart of Monterey, California. As you enter the place, you are welcomed by a magnificent setting, a delightful marriage of antique cut stones and the luxuries of modernity. Sitting in any table, you have a wonderful view of the Del Monte Beach. For those who do not book a table and are waiting, there is a cozy lounge with aged leather armchairs.

The menu offers a wide variety of mouth-watering starters. White asparagus by a mousseline sauce is the menu you must taste. The main course consists of a risotto with scallop cooked in cream and a cassolette of coley with mussels, which will really thrill you.

All the products are fresh and the dishes have the warmth of home-made food. The chefs take great care in selecting the best quality ingredients.

The owner and hostess, a middle-aged charming woman, is always around willing to exchange some kind words with all her clients. I highly recommend going to the Seablue House.

by
columnist Linda Lopez

To: Howard Anderson, Fresh Veg <handerson@Freshveg.com>
From: Louis Cruz, Seablue House <louis@seablue.com>
Date: Jan 28
Subject: Vegetable Order

We would like to place an additional order for asparagus. We need at least 2 cartons of white asparagus by next week. More and more customers are looking for white asparagus menu after an article was published in San Francisco Times last week.
I know spring is the best season for fresh asparagus. I'm afraid you'll have enough white asparagus. If there is any problem to meet the demand, please get back to me as soon as possible.
Thank you.

2018년 1월 21일 토요일 샌프란시스코 타임즈

씨블루 하우스는 캘리포니아 주 몬터레이 시의 중심부에 위치한 식당입니다. 그곳에 들어가면 장엄한 배경과 고풍스러운 조각석재와 현대적인 화려함이 결합된 분위기가 여러분을 환영합니다. 어느 자리에 앉아도 델몬트 해변의 아름다운 경치를 보실 수 있습니다. 예약하지 않고 기다리는 손님들을 위해 오래 된 가죽 안락의자가 있는 아늑한 휴게실이 있습니다.

메뉴는 다양한 군침 도는 전채요리를 제공합니다. 모슬린 소스에 의한 화이트 아스파라거스는 당신이 꼭 맛보아야 하는 메뉴입니다. 메인 코스는 당신을 매우 감동시킬 크림 가리비로 조리된 리조토와 홍합을 곁들인 대구요리 캐솔릿으로 이루어져 있습니다.

모든 재료들은 신선하고 요리들은 집에서 만든 음식의 온기를 품고 있습니다. 주방장들은 최상품질의 식재료를 고르는 데에 아주 세심한 주의를 기울입니다.

식당 주인이자 지배인인 중년의 매력적인 여주인은 언제나 그녀의 모든 고객들과 친절한 말을 주고받으려고 합니다. 씨블루 하우스에 가는 것을 강력히 추천합니다.

컬럼니스트 린다 로페즈

수신: 하워드 앤더슨, 프레쉬 베그 <handerson@Freshveg.com>
발신: 루이스 크루즈, 씨블루 하우스 <louis@seablue.com>
날짜: 1월 28일
제목: 채소 주문

아스파라거스를 추가 주문하고 싶습니다. 다음 주까지 적어도 두 상자의 화이트 아스파라거스가 필요합니다. 지난주에 샌프란시스코 타임즈에 기사가 실린 후로 점점 더 많은 고객들이 화이트 아스파라거스 메뉴를 찾고 있습니다.
나는 봄이 신선한 아스파라거스의 제철이라고 알고 있습니다. 화이트 아스파라거스가 충분히 있는지 걱정됩니다. 수요를 맞추는 데 문제가 있으면 가능한 한 빨리 회신해 주시기 바랍니다. 감사합니다.

To: Louis Cruz , Seablue House <louis@seablue.com>
From: Howard Anderson, Fresh Veg <handerson@Freshveg.com>
Date: Jan 29
Subject: Vegetable Order

As always, we truly appreciate your business. We greatly value your trust and confidence and sincerely appreciate your loyalty to our business. Unfortunately, we could not ship all 2 cartons of white asparagus you requested since it's not the best season for it. However we do have canned white asparagus. If you want canned one, we can send it right away. We can also send green or violet asparagus instead. I believe you can get white one in about two or three weeks without difficulty because crops are harvested from late Feb. Why don't you check your inventory first? Please let me know what you prefer. Thank you.

Howard Anderson
Fresh Veg

수신: 루이스 크루즈, 씨블루 하우스 ⟨louis@seablue.com⟩
발신: 하워드 앤더슨, 프레쉬 베그
　　　⟨handerson@Freshveg.com⟩
날짜: 1월 29일
제목: 채소 주문

언제나 그렇듯이, 저희는 귀하의 거래에 진심으로 감사드립니다. 귀하의 신뢰와 자신감을 매우 소중히 여기고 있으며 귀하의 지속적인 거래에 진심으로 감사드립니다. 안타깝게도, 지금 제철이 아니라서 요청하신 화이트 아스파라거스 두 상자를 전부 보내드릴 수 없습니다. 그러나 캔으로 된 화이트 아스파라거스는 가지고 있습니다. 캔 제품을 원하시면 바로 보내드릴 수 있습니다. 아니면 대신에 녹색 또는 보라색 아스파라거스를 보내드릴 수도 있습니다. 농작물들이 2월 말부터 수확되므로 2~3주 안에 하얀 아스파라거스를 어려움 없이 받으실 수 있을 것으로 보입니다. 재고 조사를 먼저 해 보는게 어떨까요? 어떻게 하는 게 좋은지 제게 알려주시기 바랍니다. 감사합니다.

하워드 앤더슨
프레쉬 베그

어휘 magnificent 훌륭한 setting 환경 delightful 매우 기쁜 marriage 결합, 조화 antique 골동품인, 고풍스러운 modernity 현대성, 현대적인 것 armchair 안락의자 a variety of 다양한 warmth 온기 ingredient 재료 place an order 주문하다 additional 추가의 carton 상자 publish 출판하다, 게재하다 business 거래 value 소중하게 여기다 confidence 신뢰, 자신감 loyalty 충실, 충성 violet 보라색의, 보라색 crop 농작물 harvest 수확, 수확하다 inventory 재고

NEW
1 What is the article about?

(A) The relocation of a business
(B) A local restaurant
(C) An upcoming grand opening
(D) A retirement of the president

무엇에 대한 기사인가?
(A) 업체의 이전
(B) 지역 식당
(C) 다가오는 개장 행사
(D) 대표의 퇴직

해설 첫 번째 기사글은 지역 식당에 대한 소개가 주를 이루는 글이므로 정답은 (B)이다.

NEW
2 In the article, the word "setting" in paragraph 1, line 2 is closest in meaning to

(A) stage
(B) environment
(C) music
(D) beach

기사에서 첫 번째 단락 2번째 줄의 "setting"과 의미상 가장 가까운 것은?
(A) 무대
(B) 환경
(C) 음악
(D) 해변

해설 setting은 여러 가지 의미를 가지고 있으나 위 문장의 문맥에서는 '환경'의 의미로 (B) environment와 같은 의미이다.

NEW
3 What has affected the increase of white asparagus order?

(A) A change in shipping methods
(B) Opening of a branch
(C) A newspaper article
(D) An increase in number of restaurants

무엇이 화이트 아스파라거스 주문의 증가에 영향을 미쳤는가?
(A) 배송 방법의 변화
(B) 지점의 개장
(C) 신문 기사
(D) 식당 수의 증가

해설 첫 번째 기사글에서 화이트 아스파라거스 요리를 추천하는 내용이 나오고 첫 번째 편지글에서 지난주에 기사가 나간 이후에 점점 더 많은 고객들이 화이트 아스파라거스를 찾고 있다(More and more customers are looking for white asparagus menu after an article was published in San Francisco Times last week.)고 말하고 있으므로 정답은 (C)이다.

NEW

4 What does Mr. Anderson suggest that Mr. Cruz do?

(A) Check the inventory
(B) Order canned food
(C) Doing business with another supplier
(D) Visit an asparagus farm

앤더슨 씨는 크루즈 씨에게 무엇을 하도록 제안하는가?

(A) 재고 확인
(B) 캔 제품 주문
(C) 다른 공급업체와 거래하기
(D) 아스파라거스 농장 방문하기

해설 편지를 주고받은 사람의 이름을 확인해 보았을 때 두 번째 편지글의 마지막에서 Why don't you check your inventory first?라고 말하고 있으므로 정답은 (A)이다.

NEW

5 What is NOT true about the order?

(A) Mr. Cruz wants to buy white asparagus.
(B) This is the first time Mr. Cruz ordered food from Fresh Veg.
(C) Fresh Veg has canned white asparagus in stock.
(D) Mr. Anderson wants Mr. Cruz to call him back.

주문에 대해 맞지 않은 것은 무엇인가?

(A) 크루즈 씨는 화이트 아스파라거스를 구매하고 싶어 한다.
(B) 크루즈 씨가 프레쉬 베그에서 처음 구매한 것이다.
(C) 프레쉬 베그는 캔 아스파라거스 재고를 가지고 있다.
(D) 앤더슨 씨는 크루즈 씨가 회신연락을 주기를 바란다.

해설 마지막 편지글 첫 문장에 As always, we truly appreciate your business.라고 나오므로 처음 크루즈 씨가 프레쉬 베그에서 물건을 구매한 것은 아니라는 것을 알 수 있으므로 정답은 (B)이다.

Unit 18 기타 연계 지문

Part 7

 Answer 1. (D) 2. (B) 3. (D) 4. (A) 5. (A)

Questions 1-5 refer to the following letters and employee handbook.

To: Emily Lake <emily2@gmail.com>
From: Thomas Perez <Perezpersonnel@jacob.com>
Date: October 25
Subject: Job offer

Dear Ms. Emily Lake:

We are pleased to offer you employment at Jacob Electronics. We feel that your skills and background will be valuable assets to our team. Your starting date will be November 1 and you will be working under the direct supervision of the territory manager.

The enclosed employee handbook outlines the compensation, medical and retirement benefits that our company offers. If you choose to accept this offer, please sign the second copy of this letter in the space provided and return it to us. A stamped, self-addressed envelope is enclosed for your convenience. We look forward to welcoming you as a new employee at Jacob Electronics.

Sincerely,

Thomas Perez
Personnel Director

To: Thomas Perez <Perezpersonnel@jacob.com>
From: Emily Lake <emily2@gmail.com>
Date: October 26
Subject: Job offer

Dear Mr. Thomas Perez,

I'm very pleased to accept your offer of employment for the position of sales associate. I really enjoyed interviewing with Mr. Brandon Woods and look forward to working under his guidance. I have examined the employee handbook you sent to me and fully accept the job offer.

However, I have concerns about my starting day. The project I'm in charge of at my current work has not finished yet. My manager wants me to finish the task before I leave. I think it will take about two weeks. Would it be possible for me to begin work on November 14? Please let me know as soon as possible.

수신: 에밀리 레이크 <emily2@gmail.com>
발신: 토마스 페레즈 <Perezpersonnel@jacob.com>
날짜: 10월 25일
제목: 일자리 제안

에밀리 레이크 씨에게

저희는 귀하에게 제이콥 전자 회사의 일자리를 제안하게 되어 기쁩니다. 귀하의 기술과 배경이 우리 팀에게 귀중한 자산이 될 것이라고 생각합니다. 업무 시작일은 11월 1일이 될 것이고 지역 매니저의 직속 하에 일하게 될 겁니다.

동봉한 직원 안내서에는 당사가 제공하는 급료, 의료 및 퇴직 시 받게 되는 혜택이 명시되어 있습니다. 귀하께서 이 제안을 수락하신다면, 두 번째 편지의 공란에 서명해 주시고 저희에게 반송해 주시기 바랍니다. 우표를 붙인 반송용 봉투가 편의를 위해 동봉되어 있습니다. 우리는 당신을 제이콥 전자회사의 새로운 직원으로 맞이하기를 고대합니다.

토마스 페레즈
인사 부장 드림

수신: 토마스 페레즈 <Perezpersonnel@jacob.com>
발신: 에밀리 레이크 <emily2@gmail.com>
날짜: 10월 26일
제목: 작업 제안

토마스 페레즈 씨께

귀사의 영업 사원 채용 제안을 수락하게 되어 매우 기쁩니다. 저는 브랜든 우즈 씨와의 인터뷰를 즐겼고 그의 지시하에 일하기를 기대합니다. 저는 귀하께서 제게 보내주신 직원 안내서를 살펴보았고 채용 제안서를 충분히 수락하는 바입니다.

하지만 저는 제 근무 시작일에 대한 걱정이 있습니다. 현재 직장에서 제가 맡고 있는 프로젝트가 아직 끝나지 않았습니다. 매니저는 제가 퇴사하기 전에 그 일을 끝내주기를 원합니다. 대략 2주 정도 걸릴 것 같습니다. 11월 14일에 일을 시작할 수 있을까요? 가능한 한 빨리 알려 주시기 바랍니다.

Thank you and I look forward to being an employee of Jacob Electronics.

Sincerely,
Emily Lake

Emily Lake
Thermo Fisher Scientific,
New Jersey, 07676
(847) 305-8325

Jacob Electronics
215 West 5th Street
New York, NY 10013
(212) 555-8753

에밀리 레이크 드림

에밀리 레이크
써모 피셔 사이언티픽
뉴저지, 07676
(847) 305-8325

제이콥 전자
215 웨스트 5번가
뉴욕, NY 10013
(212) 555-8753

어휘 valuable 귀중한 asset 자산 supervision 감독 territory manager 지역 매니저 employee handbook 직원 안내서 compensation 급여 guidance 지도, 안내

NEW 1 When does Ms. Emily Lake want to start work?
(A) On October 25
(B) On October 26
(C) On November 1
(D) On November 14

에밀리 레이크 씨는 언제 일을 시작하고 싶어 하는가?
(A) 10월 25일
(B) 10월 26일
(C) 11월 1일
(D) 11월 14일

해설 첫 번째 이메일에서 11월 1일에 업무를 시작하라고 하자, 두 번째 이메일에서 11월 14일에 일을 시작하는 것이 가능하냐고 문의하고 있는 내용이므로 정답은 (D)이다.

NEW 2 What is the purpose of the second letter?
(A) To request an interview
(B) To accept a job offer
(C) To apply for a job
(D) To inquire about the employee handbook

두 번째 편지의 목적은 무엇인가?
(A) 면접 요청을 하기 위해
(B) 일자리 제안 수락하기 위해
(C) 일자리에 지원하기 위해
(D) 직원 안내서에 대해 문의하기 위해

해설 첫 문장 I'm very pleased to accept your offer of employment for the position of sales associate.에서 두 번째 이메일의 주된 목적은 일자리 제안을 수락하는 내용이라는 것을 알 수 있으므로 정답은 (B)이다.

NEW 3 What is Brandon Woods' position at Jacob Electronics?
(A) Secretary
(B) Sales associate
(C) Director of Human Resources
(D) Territory manager

제이콥 전자에서의 브랜든 우드 씨의 직책은?
(A) 비서
(B) 영업 사원
(C) 인사부서 이사
(D) 지역 매니저

해설 연계지문 문제이다. 첫 번째 이메일에서 you will be working under the direct supervision of the territory manager.라고 말하고 있고 두 번째 이메일에서 I really enjoyed interviewing with Mr. Brandon Woods and look forward to working under his guidance.라고 말하고 있으므로 인터뷰를 브랜든 우드 씨와 진행하였고 지역 매니저인 브랜든 우드 씨의 감독하에 일하게 될 것이라고 나와 있으므로 정답은 (D)이다.

NEW

4 Why is Ms. Emily Lake unable to start work on November 1?

(A) She hasn't finished a task at her current job
(B) She has no intention to retire.
(C) The office is being renovated.
(D) She doesn't like the working conditions.

왜 에밀리 레이크는 11월 1일에 일을 시작할 수 없는가?
(A) 현재 직장에서 일을 끝내지 못했다.
(B) 은퇴할 의사가 없다.
(C) 사무실이 수리 중이다.
(D) 근무 조건이 마음에 들지 않는다.

해설 두 번째 이메일 글에서 However, I have concerns about my starting day. The project I'm in charge of at my current work has not finished yet.라고 했다. 아직 현재 직장에서의 일을 끝내지 못했음을 알 수 있으므로 정답은 (A)이다.

NEW

5 Where is Jacob Electronics located?

(A) In New York
(B) In New Jersey
(C) In San Francisco
(D) In Chicago

제이콥 전자는 어디에 있는가?
(A) 뉴욕
(B) 뉴저지
(C) 샌프란시스코
(D) 시카고

해설 세 번째 반송 편지봉투에 나온 제이콥 전자의 주소를 보면 제이콥 전자가 뉴욕에 있고 에밀리 씨는 뉴저지에 거주함을 알 수 있으므로 정답은 (A)이다.

Unit 19 고득점을 위한 독해 연습

Practice 단일 지문 (Single Passage)　　**Answer**　1. (A)　2. (B)　3. (B)

Questions 1-3 refer to the following article.

Atlanta, Georgia
May 1
Atlanta News
Geoff Deiner

Avalon Industries, currently one of the largest firms in the country, has announced plans to sell off parts of its large business. This news comes as a shock to many.

It is also reported that the company head, Henry Dostan, will step down from his current position because of health reasons. Many worry that the company will not remain sustainable. Mr. Dostan is credited with not only saving the company but also guiding it to become a world leader in electronics.

Unfortunately, Mr. Dostan was not present at the press conference, but recently appointed Vice President Rio Franz was, and he was available to answer many questions that people had about the reasons for selling parts of the business. When asked if the company was headed towards a similar path as that of rival company GoodTech (who filed for bankruptcy last year), he stated that Avalon Industries was "simply cutting down unnecessary spending to create more high-quality products."

Many reports are stating that Rio Franz may be the first in line for the company's succession, but the company has yet to release an official statement regarding the matter.

Atlanta, Georgia
5월 1일
Atlanta News
Geoff Deiner

현재 국내에서 가장 큰 회사 중의 한 곳인 Avalon 산업이 대형 사업의 일부를 매각할 계획을 발표했다. 이 소식은 많은 사람들에게 충격을 주고 있다.

또한 회사 사장인 Henry Dostan이 건강상의 이유로 현재 직위에서 물러날 것으로 전해지고 있다. 많은 사람들은 회사가 계속 지속 가능하지 않을 것이라고 우려하고 있다. Dostan 씨는 회사를 구할 뿐만 아니라 전자제품 분야의 세계적인 선두 업체가 되도록 이끌고 있는 공로를 인정받고 있다.

아쉽게도, Dostan 씨는 기자 회견장에 나오지 않았지만, 최근에 임명된 Rio Franz 부사장이 사업 부문 매각 이유에 관한 사람들의 많은 질문에 답변해 줄 수 있었다. 회사가 라이벌이었던 (작년에 파산 신청을 한) GoodTech와 비슷한 길로 가고 있는 것이 아니냐는 질문에 그는 Avalon 산업은 "더 고급 제품을 만들기 위해 불필요한 지출을 줄이고 있는 것일 뿐이다"라고 말했다.

많은 보도들에서 Rio Franz가 그 회사의 후계 서열 1위가 될 것이라고 말하고 있지만, 회사에서는 아직 그 문제에 관해 공식적인 성명을 내놓지 않고 있다.

어휘 / firm 회사　announce 발표하다　come as a shock 충격을 주다　step down 물러나다　current 현재의　reason 이유　worry 걱정하다　sustainable 지속 가능한　guide 인도하다, 나아가게 하다　electronics 전자제품　unfortunately 안타깝게도　present 참석해 있는　press conference 기자 회견　recently 최근에　appoint 임명하다　vice president 부사장　head toward ~로 향하게 하다　similar 비슷한　path 길, 진로　file for bankruptcy 파산 신청을 하다　state 말하다　cut down 줄이다, 삭감하다　unnecessary 불필요한　spending 지출　the first in line 서열의 첫째　succession 계승, 후계　release 발표하다, 공개하다　statement 성명(서)　matter 문제

1　What is the topic of the article?

　　(A) A company is downsizing.

　　(B) A company has been sued.

　　(C) A company has gone out of business.

　　(D) A company bought a rival company.

기사의 주제는?
(A) 회사가 사업을 축소하고 있다.
(B) 회사가 소송을 당했다.
(C) 회사가 폐업했다.
(D) 회사가 경쟁사를 매입했다.

해설 글의 주제는 보통 글의 첫 부분에 나오는 경우가 많다. Avalon Industries ~ has announced plans to sell off parts of its large business.에서 대형 사업 매각 계획을 발표한 것이 주요 내용임을 알 수 있으므로, 사업을 축소하고 있다는 (A)가 정답이다.

2 What did Rio Franz mention as a reason for the company selling parts of its business?

(A) The company is being merged by a rival company.

(B) The company wishes to minimize the costs.

(C) The company is in danger of bankruptcy.

(D) The company's product is not selling well.

Rio Franz가 사업의 일부를 매각하는 이유로 언급한 것은?
(A) 회사가 경쟁사에 합병되고 있는 중이다.
(B) 회사는 경비를 최소화하기를 원한다.
(C) 회사가 파산 위험에 처해 있다.
(D) 회사 제품이 잘 팔리지 않고 있다.

해설 매각 이유에 관한 내용은 셋째 단락 마지막 부분에 나오는 simply cutting down unnecessary spending에서 찾을 수 있다. 불필요한 지출을 줄이는 것에 목적이 있으므로 (B)가 정답이다.

3 What is indicated about Rio Franz?

(A) He is retiring due to health concerns.

(B) He attended a press conference.

(C) He has worked in the company for many years.

(D) He has officially been announced as the next company president.

Rio Franz에 관해 지적되는 것은?
(A) 건강 문제로 사임할 것이다.
(B) 기자 회견장에 참석했다.
(C) 회사에서 여러 해 동안 일해왔다.
(D) 차기 사장으로 공식 발표되었다.

해설 (A)는 Dostan 씨에 관한 설명이며, (C)는 본문 내용에서 찾을 수가 없다. 후계자에 대해 공식 성명을 내놓지 않았다고 했으므로 (D)도 오답이다. 셋째 단락 첫 문장의 Rio Franz was, and he was available to answer many questions에서 그가 기자 회견장에 나와서 질문에 답을 한 사람이라는 것을 알 수 있으므로 (B)가 정답이다.

Practice 2중 지문 (Double Passage)　　**Answer**　1. (A)　2. (D)　3. (D)　4. (A)　5. (B)

Questions 1-5 refer to the following letter and invitation.

Wildwood
121 Lakeside Street
Eastern, NJ
Phone: 862-555-1674　Fax: 494-555-4186

January 9

Mrs. Linn Rummings
Meadow Apartments, Apt 32A
Eastern, NJ 18633

Dear Mrs. Rummings:

We cordially invite you to join us in celebrating the retirement of our office manager, Mr. Umbridge. Mr. Umbridge has been a part of the Wildwood family for a long time and has worked hard during his tenure. He first assumed his current position 23 years ago, after being transferred from another office. We, here at Wildwood, would like to thank Mr. Umbridge for providing us with numerous professional development opportunities. We have sincerely enjoyed working with him throughout the years and have always appreciated his support. Although Mr. Umbridge will retire

Wildwood
121 Lakeside Street
Eastern, NJ
전화: 862-555-1674　팩스: 494-555-4186

1월 9일

Linn Rummings 씨
Meadow 아파트, Apt 32A
Eastern, NJ 18633

Rummings 씨께,

사무장인 Umbridge 씨의 은퇴를 축하하는 자리에 저희와 함께하시도록 진심으로 당신을 초대합니다. Umbridge 씨는 오랫동안 Wildwood 가족의 일원이었으며, 재임 기간 동안 열심히 일했습니다. 그는 23년 전에 다른 사무실에서 이동해 와서 현재의 직책을 처음 맡았습니다. 우리 Wildwood 직원들은 무수한 직무 능력 개발 기회를 제공해 준 Umbridge 씨에게 감사를 하고자 합니다. 우리는 진심으로 그와 함께 여러 해 동안 즐겁게 일했고 그의 지원에 항상 고마워했습니다. Umbridge 씨는 다음 달 1일에 은퇴를 하지만, 퇴임식은 Olivia's Winery only on the first of next month, the retirement ceremony will be held on January 31 at Olivia's Winery. The company president will also attend this ceremony.

Moreover, this ceremony is being held unbeknownst to Mr. Umbridge, so please do not tell him. If you would like to come to the celebration, please reply to this letter. Thank you and we hope to see you on that special day!

Sincerely,

James Turner
Wildwood Offices

Dear Mr. Turner:

I received your letter about Mr. Umbridge's retirement. However, owing to a conflicting schedule that day, I regret to inform you that I will not be able to attend the ceremony. Unfortunately, my relatives from out of town will be coming to visit me the same day. I have heard that his colleagues are throwing a small party the day before the ceremony. I will probably be there for this party, though I certainly wish I could attend both events. Once again, I apologize about not being able to make it to the ceremony.

Sincerely,

Linn Rummings

어휘 cordially 진심으로 retirement 퇴직, 은퇴 tenure 재임 (기간), 종신 재직권 assume 떠맡다 transfer 옮기다, 이동하다 opportunity 기회 sincerely 진심으로 appreciate 고마워하다 support 지원 retire 퇴직하다, 물러나다 attend 참석하다 moreover 또한 unbeknownst 알려지지 않은 reply 회답하다 owing to ~ 때문에 conflicting 충돌하는 regret 유감으로 여기다 relative 친척 from out of town 다른 지역에서 colleague 동료 apologize 사과하다

NEW
1 What is the purpose of the letter?

(A) To invite a coworker to a ceremony
(B) To state a notice of tenure
(C) To reserve a restaurant
(D) To ask for driving directions

해설 보통 글의 목적은 첫머리에 나온다. We cordially invite you to join us in celebrating the retirement of our office manager에서 퇴임식에 초청하기 위한 편지임을 알 수 있으므로 (A)가 정답이다.

NEW
2 When will Mr. Umbridge retire?

(A) January 9
(B) January 30
(C) January 31
(D) February 1

해설 첫째 지문 중반부의 Mr. Umbridge will retire only on the first of next month에서 다음 달 1일에 은퇴함을 알 수 있는데, 여기서 다음 달은 편지를 쓴 날짜인 January 9의 다음 달인 2월이므로, 은퇴 날짜가 2월 1일임을 알 수 있다. 따라서 (D)가 정답이다.

NEW
3 What is true about the retirement ceremony?

(A) It coincides with Linn's birthday party.
(B) It will be at Wildwood Offices.
(C) Only his office workers will attend.
(D) It is a surprise party.

퇴임식에 관해 사실인 것은?
(A) Linn의 생일 파티와 겹친다.
(B) Wildwood에서 열릴 것이다.
(C) 사무실 직원들만 참석할 것이다.
(D) 깜짝 파티이다.

해설 (A) Linn은 둘째 지문의 편지를 보낸 인물인데, 생일 파티에 대해서는 언급되지 않았다. (B) 퇴임식 장소는 첫째 지문 후반 부에 나와 있는 Olivia's Winery이다. (C) 첫째 지문 첫 문단 끝의 The company president will also attend this ceremony.에서 사장도 참석한다고 나와 있다. 첫째 지문 후반부의 this ceremony is being held unbeknownst to Mr. Umbridge, so please do not tell him에서 이 파티는 당사자에게 비밀이라는 것을 알 수 있으므로 (D)가 정답이다.

NEW
4 What should Mrs. Rummings do if she wishes to attend?

(A) Confirm attendance through a letter
(B) Meet at a restaurant
(C) Speak with Mr. Umbridge
(D) Call or send a fax to the office

Rummings 씨가 참석을 희망한다면 해야 하는 것은?
(A) 편지를 통해 참석 확인해 주기
(B) 식당에 모이기
(C) Umbridge 씨와 이야기하기
(D) 사무실에 전화하거나 팩스 보내기

해설 첫째 지문 끝부분의 If you would like to come to the celebration, please reply to this letter.라고 했으므로 (A)가 정답이다.

NEW
5 What is suggested about Mrs. Rummings?

(A) She is the president of a company.
(B) She has another appointment.
(C) She is 23 years old.
(D) She is being transferred to another office.

Rummings 씨에 대해 암시되는 것은?
(A) 회사의 사장이다.
(B) 다른 약속이 있다.
(C) 23살이다.
(D) 다른 사무실로 전출될 것이다.

해설 (A) 첫째 지문에서 사장도 파티에 참석하기로 했다고 언급했으므로 편지를 받는 Rummings 씨는 사장이 아니다. (C)와 (D)는 지문에 언급되지 않았다. 둘째 지문 둘째 문장 However, owing to a conflicting schedule that day, I regret to inform you that I will not be able to attend the ceremony.에서 일정이 겹쳐 참석하지 못한다고 했으므로 (B)가 정답이다.

Actual Test

Answer 1. (D) 2. (B) 3. (B) 4. (C) 5. (C)

Questions 1-5 refer to the following article, expense report and e-mail.

Jan. 3

CES - International Consumer Electronics Show - is one of the world's largest trade fairs which is held every January in Las Vegas. Internationally renowned manufacturers in the electronics industry showcase here annually the latest products and a growing number of people from around the world are visiting Vegas. Visitors can find out here in depth and comprehensive information on the latest developments, trends and products.

CES 2018 will be another record breaking show, with more than four thousand companies exhibiting across 200,000 net square meters of show floor space – the largest show in CES history. We expect the show to highlight major breakthroughs in the way of transportation, smart connections and future technologies.

The CES International Consumer Electronics Show will take place for 4 days this year.

Travel Expense report

Name: Allen Herman   Employee ID: M15101200

E-mail: allenh@jkelectronics.com   Approved by James White

Date	Description	Amount	Memo
Jan. 25	Accommodation	$ 150	
Jan. 25	Meals (Lunch & Dinner)	$ 100	With clients
Jan. 26	Accommodation	$ 150	
Jan. 26	Meals (Lunch & Dinner)	$ 115	With clients
Jan. 27	Rental Car (For 3days)	$ 430	
Jan. 27	Fuel (For 3days)	$ 85	

Signature: *Allen Herman*   Date: Jan. 31

I certify that I have paid out these amounts for new smartphone model J8 promotion related activities. Please reimburse me for the expenses as soon as possible.

1월 3일

CES – 국제 가전제품 전시회 – CES는 라스베가스에서 매년 1월에 열리는 세계에서 가장 큰 업계 박람회 중 하나입니다. 전자 업계에서 국제적으로 유명한 제조업체가 여기서 매년 최신 제품을 선보이고 점점 더 많은 전 세계의 사람들이 베가스를 방문하고 있습니다. 방문객들은 여기에서 최신개발, 업계 동향, 제품들에 대한 심층적이고 포괄적인 정보를 찾아 볼 수 있습니다.

CES 2018은 CES 역사상 가장 대규모인 4천개 이상의 기업들이 이십만 평방미터의 전시장에서 전시하는 또 하나의 기록을 깨는 전시회가 될 것입니다. 우리는 전시회가 교통수단, 스마트 커넥션, 미래기술의 중요한 돌파구를 마련해 주리라 기대합니다.

CES 국제 가전제품 전시회는 올해 4일간 열릴 것입니다.

출장 경비 보고서

이름: 알렌 헐먼   직원 ID: M15101200

이메일: allenh@jkelectronics.com

승인자: 제임스 화이트

날짜	내역	금액	참고
1월 25일	숙박	150달러	
1월 25일	식사 (점심 & 저녁)	100달러	고객 대동
1월 26일	숙박	150달러	
1월 26일	식사 (점심 & 저녁)	115달러	고객 대동
1월 27일	렌터카 (3일간)	430달러	
1월 27일	연료 (3일간)	85달러	

서명: 알렌 헐먼   날짜: 1월 31일

저는 제가 위 금액을 새 스마트폰 모델 J8 프로모션 관련 활동에 사용하였다는 것을 보증합니다. 비용을 가능한 한 빨리 상환해 주시기 바랍니다.

To: Allen Herman <allenh@jkelectronics.com>
From: Amanda White <amandaw@jkelectronics.com>
Date: Feb 2
Subject: Business expenses

Dear Mr. Allen Herman,

I'm writing to acknowledge your travel expense report. As you know, receipts are required for all expenses spent over the amount of $5. Thank you and your marketing team members for contributing to raising awareness of our company. Receipts should be attached to the Travel Expense Report, and arranged in the order that they are listed on that report. Original, itemized receipts must be submitted for reimbursement:

Original itemized receipts showing what was purchased must be attached to the Travel Expense Report form. If the receipt does not show that the amount was paid in full, proof of payment must also be attached. (such as a credit card slip or statement) Please note that proof of payment alone is not sufficient. There must be an itemized list of items purchased.

Also, there must be a complete description of why the expenditure was a business expense.

If you have further questions about it, please contact me directly. Thank you.

Sincerely,

Amanda White

수신: 알렌 헐먼 〈allenh@jkelectronics.com〉
발신: 아만다 화이트 〈amandaw@jkelectronics.com〉
날짜: 2월 2일
제목: 출장경비

알렌 헐먼 씨에게

저는 귀하의 출장경비 보고서를 받았음을 알리기 위해 편지를 씁니다. 아시다시피 5불을 초과하여 사용된 모든 금액들에 대한 영수증들이 필요합니다. 귀하와 귀하의 마케팅 팀 멤버들에게 회사의 인지도를 높여주신 데 대해 감사드립니다. 영수증들은 출장경비 보고서에 첨부되어야 하는데, 보고서에 나와 있는 순서대로 정리되어 있어야 합니다. 상환을 받으시려면 원본의 그리고 항목별로 구분된 영수증들이 제출되어야 합니다.

무엇을 구매했는지를 보여주는 원본 항목별로 구분된 영수증들이 출장경비 보고서에 첨부되어야만 합니다. 만일 영수증이 전액 지불되었음을 나타내지 않은 경우에는 지급 증빙서류가 첨부되어 있어야 합니다. (신용카드 전표나 내역서). 지불증명만으로는 충분하지 않다는 것을 주지하여 주시기 바랍니다. 각 품목의 항목별로 구분한 리스트가 있어야만 합니다.

또한 왜 해당 비용이 업무용도의 비용으로 사용된 건지에 대한 완전한 설명이 있어야 합니다.

이에 대한 추가 질문이 있으시면 제게 직접 연락 주시기 바랍니다. 감사합니다.

아만다 화이트 드림

어휘 trade fair 업계 박람회 renowned 유명한 showcase 선보이다 annually 매년 in depth 심층적인 exhibit 전시하다 highlight 강조하다 breakthrough 돌파구 certify 증명하다 reimburse 상환하다 expense 비용 as soon as possible 가능한 한 빨리 acknowledge (편지, 소포 등을) 받았음을 알리다, 인정하다 awareness 인지도 itemized 항목별로 정리된 pay in full 전액 지불하다 credit card slip 신용카드 전표 description 설명 expenditure 비용

NEW

1. What is NOT suggested about CES?
   (A) It is held annually in Las Vegas.
   (B) People from all over the world participate in the show.
   (C) CES 2018 will be the largest ever.
   (D) It takes place for a week.

CES에 대해서 언급되지 않은 것은?
(A) 매년 라스베가스에서 열린다.
(B) 전 세계 사람들이 쇼에 참석한다.
(C) CES 2018은 지금까지 것 중에 가장 큰 행사가 될 것이다.
(D) 일주일간 열린다.

해설 첫 번째 기사글에서 CES가 매년 라스베가스에서 열리고, 전 세계 사람들이 참가하며, 2018년 행사가 가장 큰 행사가 될 것임이 모두 언급되어 있으나, 마지막 문장에 The CES International Consumer Electronics Show will take place for 4 days this year. (올해는 4일간 열린다.)라고 나와 있으므로 일주간 열린다는 정보는 잘못 되었다. 정답은 (D)이다.

2 In the article, the word "showcase" in paragraph 1, line 3 is closest in meaning to

(A) display
(B) introduce
(C) sell
(D) purchase

기사에서 첫 번째 단락 세 번째 줄의 "showcase"와 의미상 가장 가까운 것은?
(A) 전시하다
(B) 선보이다
(C) 팔다
(D) 구매하다

해설 showcase는 위 문장의 문맥에서는 '소개하다'의 의미로 사용되었으므로 정답은 (B) introduce이다.

---

3 When was the CES 2018 held?

(A) In early February
(B) In late January
(C) In early September
(D) In late October

CES 2018은 언제 열렸나?
(A) 2월 초
(B) 1월 말
(C) 9월 초
(D) 10월 말

해설 두 번째 출장 경비 보고서의 날짜를 보면 1월 말에 비용이 사용된 것을 알 수 있으므로 CES 2018은 1월 말에 열렸다는 것을 알 수 있다. 따라서 정답은 (B)이다.

---

4 What is the highest price Mr. Herman spent during his business trip?

(A) Accommodation
(B) Meals
(C) Rental Car
(D) Fuel

헐먼 씨가 출장 중에 사용한 금액 중에서 가장 비싼 것은?
(A) 숙박
(B) 식사
(C) 렌터카
(D) 연료비

해설 두 번째 출장 경비 보고서에서 차량을 대여한 비용 $430이 가장 비싼 비용이므로 정답은 (C)이다.

---

5 In which department most likely does Mr. Herman work?

(A) Accounting
(B) Sales
(C) Marketing
(D) Personnel

헐먼 씨는 어느 부서에서 일할 것 같은가?
(A) 회계부
(B) 영업부
(C) 마케팅부
(D) 인사부

해설 마지막 헐먼 씨에게 보내는 이메일 글에서 Thank you and your marketing team members for contributing to raising awareness of our company. 라고 말하고 있으므로 헐먼 씨는 마케팅부서에서 일하고 있다는 것을 알 수 있다. 정답은 (C)이다.

Final Test

Final Test

Answer

101. (C)	102. (D)	103. (B)	104. (C)	105. (C)	106. (D)	107. (B)	108. (C)	109. (C)	110. (B)
111. (A)	112. (C)	113. (D)	114. (C)	115. (A)	116. (A)	117. (D)	118. (D)	119. (A)	120. (A)
121. (A)	122. (B)	123. (B)	124. (B)	125. (B)	126. (B)	127. (C)	128. (C)	129. (A)	130. (C)
131. (B)	132. (A)	133. (C)	134. (A)	135. (A)	136. (B)	137. (D)	138. (B)	139. (A)	140. (C)
141. (B)	142. (D)	143. (C)	144. (D)	145. (B)	146. (B)	147. (C)	148. (B)	149. (D)	150. (B)
151. (C)	152. (B)	153. (A)	154. (B)	155. (B)	156. (D)	157. (C)	158. (C)	159. (A)	160. (A)
161. (C)	162. (B)	163. (A)	164. (D)	165. (D)	166. (C)	167. (C)	168. (A)	169. (A)	170. (B)
171. (C)	172. (A)	173. (D)	174. (B)	175. (A)	176. (D)	177. (A)	178. (C)	179. (C)	180. (B)
181. (D)	182. (D)	183. (B)	184. (C)	185. (A)	186. (D)	187. (C)	188. (A)	189. (C)	190. (C)
191. (A)	192. (D)	193. (B)	194. (B)	195. (C)	196. (D)	197. (A)	198. (C)	199. (B)	200. (B)

101 In a press conference earlier this morning, GLT Motors ------- its plan to expand its sales network across Asia, particularly in India.

(A) is announced
(B) would announce
(C) announced
(D) announces

오늘 오전 이른 시각에 열린 기자 회견에서 GLT 자동차는 아시아 전역, 특히 인도에서 영업망을 확대하겠다는 계획을 발표했다.

해설 동사 announce(발표하다)의 알맞은 형태를 묻는 문제로, 빈칸 뒤에 목적어(its plan)가 연결되어 있으므로 수동태인 (A)는 답에서 제외한다. 발표한 시점이 오늘 오전 이른 시각(earlier this morning)이므로 과거 시제인 (C)가 정답이다.

어휘 press conference 기자회견 expand 확대하다 sales network 영업망 particularly 특히

102 The advertisement showed various internship ------- for undergraduates.

(A) opens
(B) opened
(C) opening
(D) openings

그 광고는 대학생들을 대상으로 한 다양한 인턴사원직을 제시했다.

해설 빈칸은 동사 showed의 목적어 자리로 internship과 함께 복합명사를 이루는 명사가 필요한 자리이다. opening은 '공석, 빈자리'를 의미는 가산명사이고 앞에 관사 등의 한정사가 없으므로 복수형이 되어야 한다. 따라서 (D)가 정답이다.

어휘 various 다양한 internship 인턴사원직 undergraduate 학부생, 대학생

103 Sortabiz Travel offers ------- rates for hotels, transfers, and package tours at prices lower than those charged by other agencies.

(A) reflective
(B) competitive
(C) protective
(D) excessive

Sortabiz 여행사는 다른 여행사들이 청구하는 것보다 더 낮은 가격으로 호텔과 환승, 패키지 관광에 대해 경쟁력 있는 요금을 제공한다.

해설 명사 rates(요금, 가격)를 수식하기에 적절한 형용사를 고르는 문제로 다른 업체들보다 낮은 경쟁력 있는 요금을 제공한다는 의미가 적절하므로 (B)가 정답이다.

어휘 transfer 이동, 환승 charge 청구하다 reflective 반사하는 protective 보호하는 excessive 지나친, 과도한

104 A journalist from Nations Magazine suggested that Mr. Forrest was one of ------- most influential politicians last year.

(A) its
(B) some
(C) the
(D) much

Nations 잡지의 한 기자는 Forrest 씨가 작년에 가장 영향력 있는 정치인 중 한 사람이었다고 말했다.

해설 적절한 한정사를 고르는 문제로 빈칸 뒤에 최상급 형태인 'most + 형용사'가 연결되어 있으므로 빈칸에는 정관사 the가 들어가야 한다. 따라서 (C)가 정답이다.

어휘 journalist 기자, 언론인 influential 영향력 있는 politician 정치인

105 At TOPS Supermarkets, we offer a service to deliver your purchased groceries to your homes for an additional ------- of $10.

(A) bill
(B) invoice
(C) charge
(D) estimate

TOPS 슈퍼마켓에서는 추가 요금 10달러로 구입하신 식료품을 자택까지 배달해 드리는 서비스를 제공하고 있습니다.

해설 형용사 additional(추가의)의 수식을 받기에 적절한 명사를 고르는 문제. 10달러의 추가 요금으로 배달하는 서비스가 의미상 적절하므로 '(상품이나 서비스에 대한) 요금'을 의미하는 (C)가 정답이다.

어휘 groceries 식료품 및 잡화류 bill 계산서, 청구서 invoice 송장 estimate 견적서

106 The laboratory is recognized as a center of ------- in research and teaching.

(A) excel
(B) excelled
(C) excellent
(D) excellence

그 실험실은 연구와 교육에 있어서 우수한 기관으로 인정받고 있다.

해설 알맞은 품사를 선택하는 문제로 빈칸은 전치사 of 뒤에 위치해 있으므로 전치사의 목적어인 명사가 필요한 자리이다. 따라서 '탁월함'을 의미하는 명사인 (D)가 정답이다.

어휘 laboratory 실험실 be recognized 인정받다

107 As a result of the crash, the traffic surveillance team is ------- investigating the cause of the accident.

(A) evenly
(B) currently
(C) randomly
(D) meagerly

그 충돌 사고의 결과로, 교통 감시팀이 현재 사고의 원인을 조사하고 있는 중이다.

해설 동사 is investigating을 수식하기에 적절한 부사를 고르는 문제로, 현재 사고의 원인을 조사하고 있다는 의미가 적절하므로 '현재'를 뜻하는 (B)가 정답이다.

어휘 surveillance 감시 investigate 조사하다 evenly 고르게 randomly 임의로 meagerly 빈약하게

108 In addition to the standard transport containers, Zinno Shipping has special containers for the transport of ------- goods.

(A) perish
(B) perishes
(C) perishable
(D) perishables

표준 운반 컨테이너 외에도 Zinno 운송 회사는 상하기 쉬운 상품의 운반을 위한 특수 컨테이너를 가지고 있다.

해설 알맞은 품사를 고르는 문제로, 빈칸에는 뒤의 명사 goods(재화, 상품)를 수식해 줄 수 있는 형용사가 들어가야 한다. 따라서 '잘 상하는'을 뜻하는 (C)가 정답이다.

어휘 in addition to ~ 외에도 standard 표준의, 일반적인 transport 운반, 수송

109 Labels are attached on the panels ------- each section to allow shoppers to find their groceries more easily.

(A) beyond
(B) until
(C) above
(D) onto

쇼핑객들이 식료품을 더 쉽게 찾을 수 있도록 각 섹션 위쪽의 판에 라벨이 붙어 있다.

해설 전치사 선택 문제로, 라벨이 붙어 있는 판이 각 섹션 위쪽에 있다는 의미가 적절하므로 (C)가 정답이다.

어휘 label 라벨, 딱지 attach 붙이다, 첨부하다 panel 판

110 The Endikas Corporation manufactures affordable sports clothing, ------- accessories for athletes.

(A) to start with
(B) as well as
(C) moreover
(D) similarly

Endikas 사는 운동선수들을 위한 액세서리뿐만 아니라 합리적인 가격의 스포츠 의류를 제조한다.

해설 두 개의 어구(affordable sports clothing, accessories for athletes)를 연결시켜 줄 수 있는 단어를 고르는 문제로, 운동선수들을 위한 액세서리뿐만 아니라(as well as) 합리적인 가격의 스포츠 의류를 제조한다는 의미를 완성해야 하므로 '~뿐만 아니라'의 의미를 갖는 (B)가 정답이다. (A)는 의미상 어색하며, (C)는 접속부사로 절을 연결한다.

어휘 affordable (가격이) 알맞은 clothing 의류 athlete 운동선수

---

111 The book, "How to Be a Trainee" was highly ------- by interns for its thorough introduction to career success.

(A) regarded   (B) regarding
(C) regards   (D) to regards

'수습 직원이 되는 법'은 직장 생활의 성공에 대한 철저한 입문서로서 인턴사원들에게 높이 평가되는 책이다.

해설 빈칸 앞에 be동사가, 뒤에는 전치사 by가 있으므로 빈칸에는 수동태를 만드는 과거분사가 와야 한다. 따라서 (A)가 정답이다. regard는 '여기다[평가하다]'라는 의미로 be highly regarded라고 하면 '높이 평가되다'라는 의미이다.

어휘 thorough 철저한, 완전한 introduction 도입, 첫 시작 career 직업, 직장 생활

---

112 The TOSCA steel factory ------- tour groups on Wednesdays and Thursdays from 10:30 A.M. to 5:30 P.M.

(A) waits   (B) belongs
(C) welcomes   (D) remains

TOSCA 철강 공장은 수요일과 목요일 오전 10시 30분부터 오후 5시 30분까지 단체 관광객들을 맞이한다.

해설 동사 어휘 문제로 단체 관광객들을 맞이한다는 의미가 적절하므로 (C)가 정답이다.

어휘 steel 강철 wait 기다리다 belong ~에 속하다 remain 남아 있다

---

113 Conveyor belts were ------- placed to help speed up the loading process for delivery.

(A) strategic   (B) strategies
(C) strategized (D) strategically

배송을 위한 하역 과정의 속도를 높이는 데 도움을 주기 위해 컨베이어 벨트가 전략적으로 설치되었다.

해설 알맞은 품사를 고르는 문제로 빈칸은 동사 were placed 사이에 있으므로 동사를 수식하는 부사가 들어가야 한다. 따라서 '전략적으로, 전략상'이라는 의미의 (D)가 정답이다.

어휘 speed up 속도를 높이다 loading process 하역 과정

---

114 Students of Holgen Academy are meeting ------- at the Chandel Library to prepare for the upcoming final exam.

(A) more   (B) usually
(C) together   (D) highly

Holgen 아카데미의 학생들은 다가오는 기말고시에 대비하기 위해 Chandel 도서관에 함께 모일 것이다.

해설 빈칸은 동사 are meeting을 수식할 수 있는 부사가 들어가야 할 자리로 학생들이 도서관에 함께 모인다는 의미가 적절하므로 (C)가 정답이다.

어휘 upcoming 다가오는 final exam 기말고사

---

115 The IDM Guard Company has developed a network security software program ------- protects computer users from the risk of valuable data theft.

(A) that   (B) still
(C) so   (D) how

IDM 보안 회사는 귀중한 자료의 도난으로부터 컴퓨터 사용자들을 보호하는 네트워크 보안 소프트웨어 프로그램을 개발해왔다.

해설 빈칸 앞에 주어, 동사, 목적어를 모두 갖춘 완전한 문장이 있고 뒤에는 주어 없이 동사(protects), 목적어(computer users)가 연결되어 있으므로 빈칸은 앞의 선행사인 a network security software program을 수식해 주는 주격 관계대명사가 들어갈 자리이다. 따라서 (A)가 정답이다.

어휘 security 보안 risk 위험 valuable 귀중한, 가치 있는 theft 도난

---

116 Garbage from independent houses must be put in specified garbage bags and placed in ------- areas for disposal.

(A) designated (B) designation
(C) designating (D) designates

> 단독 주택의 쓰레기들은 정해진 쓰레기봉투에 넣어 지정된 처리 장소에 놓아야만 한다.

해설 명사 areas를 수식하기에 적절한 형용사를 고르는 문제로, 쓰레기를 쓰레기봉투에 넣어 지정된 장소에 놓아두라는 의미가 적절하므로 (A)가 정답이다.

어휘 independent house 단독 주택 specified 특정한, 명시된 disposal 처리, 처분 designate 지정하다 designation 지정

---

117 Mr. McKnight will be unavailable for ------- on May 13 due to his business conference in Montreal.

(A) reputation (B) confidence
(C) potential (D) consultation

> McKnight 씨는 몬트리올에서 사업 회의가 있어서 5월 13일에 상담을 할 시간이 없을 것이다.

해설 명사 어휘 문제로 사업 회의로 인해 상담을 위한 시간이 없을 것이라는 의미가 적절하므로 (D)가 정답이다.

어휘 unavailable 시간이 없는, 이용할 수 없는 reputation 명성, 평판 confidence 자신감, 확신 potential 잠재력

---

118 Economic analyst, Gerry Ford ------- that the prices of commodities have been increasing rapidly since last year.

(A) have noted (B) noting
(C) being noted (D) noted

> 경제 분석가인 Gerry Ford는 작년 이후로 상품 가격이 빠르게 증가하고 있음을 언급했다.

해설 동사 note(언급하다)의 알맞은 형태를 묻는 문제로 문장의 주어는 Gerry Ford이며, that 이하가 명사절로서 목적어 역할을 하므로 빈칸은 동사가 들어가야 할 자리이다. 보기 중 동사는 (A), (D)인데, (A)는 복수형 동사이므로 단수 주어인 Gerry Ford와 수가 일치하지 않는다. 따라서 (D)가 정답이다.

어휘 commodity 상품, 물자 rapidly 빠르게

---

119 Due ------- to weather-related disasters, the amount of insured losses over the last four years exceeded $308 billion.

(A) largely (B) large
(C) largeness (D) larger

> 주로 기상 관련 재해로 인해 지난 4년에 걸쳐 보험 손실액이 3,080억 달러를 초과했다.

해설 Due와 to 사이에 들어갈 수 있는 품사는 부사뿐이며, due largely[mainly] to는 '주로 ~ 때문에'라는 의미의 관용표현이다. 따라서 (A)가 정답이다.

어휘 disaster 재난, 재해 insured 보험에 가입된 loss 손실 exceed 초과하다 billion 10억

---

120 At NXI University, ------- offer educational opportunities to students all around the world.

(A) we (B) our
(C) us (D) ours

> NXI 대학교에서는 전 세계에 있는 학생들에게 교육 기회를 제공한다.

해설 대명사의 격을 묻는 문제로, 빈칸 앞에 전치사구가 있으며 뒤로는 동사(offer)와 목적어(educational opportunities)가 있으므로 빈칸은 주어 자리이다. 따라서 주격대명사 (A)가 정답이다.

어휘 educational 교육의 opportunity 기회

Final Test 215

121 Mr. Oscar Johnson, a successful tailor, has established more than 10 branches of his tailor shops ------- the country.

(A) throughout (B) opposite
(C) during (D) besides

성공한 재단사인 Oscar Johnson 씨는 전국에 10여 곳의 양복점 지점을 설립했다.

해설 빈칸 앞뒤에는 명사구가 연결되어 있어 전치사가 필요하며, 전국에 10여개 양복점 지점을 설립했다는 의미가 적절하므로 뒤의 장소 명사를 받아 '~ 전역에'라는 의미를 갖는 전치사 (A)가 정답이다.

어휘 tailor 재단사 branch 지점 tailor shop 양복점

122 Myology expert, Dr. Sandoval stated that women who ------- wear high heels have shortened the calf muscles.

(A) regular (B) regularly
(C) regularity (D) regulars

근육학 전문가인 Sandoval 박사는 정기적으로 하이힐을 신는 여자들은 종아리 근육을 짧게 만들어왔다고 말했다.

해설 빈칸 앞뒤의 구조는 '선행사(women)+주격 관계대명사(who) ----- 동사(wear)+목적어(high heels)'이므로 빈칸은 동사 wear를 수식하는 부사가 들어갈 자리이다. 따라서 '정기적으로'라는 의미의 (B)가 정답이다.

어휘 myology 근육학 expert 전문가 shorten 짧게 하다 calf 종아리 muscle 근육

123 Those who have not yet -------- a training presentation are expected to register for the last presentation this Friday.

(A) employed (B) attended
(C) participated (D) responded

아직 교육 발표회에 참석하지 않은 사람들이 이번 주 금요일의 마지막 발표회에 등록할 것으로 예상된다.

해설 a training presentation을 목적어로 취하는 적절한 동사를 고르는 문제로 교육 발표회에 아직 참석하지 않은 사람들이라는 의미가 적절하므로 (B)가 정답이다. (C)도 (B)와 같은 의미를 가지고 있으나 participate는 자동사로서 뒤에 목적어를 취하기 위해서는 전치사 in을 동반해야 한다.

어휘 register for ~에 등록하다 employ 고용하다 attend 참석하다 participate 참가하다 respond 응답하다

124 The ------- waters of many Southeast Asian countries have some of the world's richest ecosystems.

(A) coasts (B) coastal
(C) coaster (D) coastlines

많은 동남아시아 나라들의 연안 해역들은 세계에서 가장 풍부한 생태계의 일부를 지니고 있다.

해설 알맞은 품사를 결정하는 문제로 빈칸은 명사 waters를 수식하는 형용사 자리이므로 '해안의, 연안의'라는 의미의 (B)가 정답이다.

어휘 coastal water 연안 해역 ecosystem 생태계 coast 연안, 해안 coaster 연안 운항선 coastline 해안선, 해안 지대

125 Applicants must submit a portfolio ------- several samples of their own work before the interview.

(A) through (B) with
(C) along (D) like

지원자들은 인터뷰 전에 자신이 직접 만든 몇 가지 작품 샘플들이 들어 있는 포트폴리오를 제출해야만 한다.

해설 전치사 선택 문제로, 작품 샘플들이 들어 있는 포트폴리오를 제출해야 한다는 의미가 적절하므로 '~을 가진, ~이 있는'이라는 '소유·부속'의 의미를 나타내는 전치사 (B)가 정답이다.

어휘 applicant 지원자, 신청자 portfolio 포트폴리오, 작품집

126 -------- IRS Electronics releases its new refrigerator, the prices of older models will eventually decrease.

(A) Whether (B) When
(C) Immediately (D) Afterward

IRS 전자에서 새 냉장고를 출시하면, 이전 모델들의 가격이 결국 낮아질 것이다.

216

해설 빈칸 뒤에 주어, 동사, 목적어를 갖춘 완전한 문장이 있고 콤마(,) 뒤로도 완전한 문장이 보이므로 두 문장을 연결시켜 줄 수 있는 부사절 접속사가 필요하다. 따라서 (B)가 정답이다.

어휘 release 출시하다 refrigerator 냉장고 eventually 결국 decrease 떨어지다, 감소하다

---

127 The manufacturers of the Alvimopan have suspended all studies of the drug until data can be further ------- and approved.

(A) supervised (B) required
(C) analyzed (D) vacated

Alvimopan의 제조 업체들은 자료들이 더 깊이 있게 분석되고, 승인될 때까지 그 약에 대한 모든 연구를 중단했다.

해설 부사절의 주어 data와 어울리는 적절한 동사를 고르는 문제로, 자료들이 더 자세히 분석되고 승인될 때까지라는 의미가 적절하므로 (C)가 정답이다.

어휘 suspend 보류하다, 일시 중단하다 drug 약품 approve 승인하다 supervise 감독하다 require 필요로 하다 analyze 분석하다 vacate 비우다

---

128 Last month Medieport Inc. stated that it ------- to sell its 2.6 percent holding in Tecoz Corp. within 3 years.

(A) initiates (B) previews
(C) intends (D) considers

지난달 Medieport 사는 3년 이내에 Tecoz 사에 있는 자사의 2.6퍼센트 지분을 매각할 작정이라고 밝혔다.

해설 동사 어휘 문제로 빈칸 뒤의 to부정사를 목적어로 취할 수 있는 동사가 와야 하므로 (C)가 정답이다.

어휘 holding 보유 주식 수, 지분 initiate 시작하다, 개시하다 preview ~의 시사평을 쓰다 intend ~할 작정이다 consider 고려하다

---

129 One of Mr. Daniels' most ------- achievements is his campaign for providing the best services in the airport terminal.

(A) noteworthy (B) satisfied
(C) perceptive (D) united

Daniels 씨의 가장 주목할 만한 업적들 중 하나는 공항 터미널에서 최고의 서비스를 제공하기 위한 캠페인을 벌인 것이다.

해설 명사 achievements를 수식하기에 적절한 형용사를 고르는 문제. 가장 주목할 만한 업적들이라는 의미가 적절하므로 (A)가 정답이다. (B)는 '만족한'의 의미로, 감정동사의 과거분사 형태로서 사람을 수식할 때 쓰며, (C)는 '통찰력 있는', (D)는 '통합된'을 뜻하여 의미상 어색하다.

어휘 achievement 성취, 업적 airport terminal 공항 터미널 noteworthy 주목할 만한 satisfied 만족한 perceptive 지각하는 united 연합한

---

130 ------- who are wishing to apply for the student exchange program must finish their registration before January 10.

(A) Whoever (B) Another
(C) Those (D) Each

교환 학생 프로그램을 신청하고 싶어 하는 사람들은 반드시 1월 10일 전에 등록을 완료해야만 한다.

해설 빈칸은 관계절(who are ~ program)의 수식을 받는 주어 자리로 those who는 '~하는 사람들'이라는 의미의 관용표현이다. 따라서 (C)가 정답이다. (A)는 anyone who(~하는 사람은 누구든지)와 같은 기능을 하기 때문에 문장에 who가 없다면 답이 될 수 있다.

어휘 apply for 지원하다, 신청하다 student exchange program 교환 학생 프로그램 registration 등록

Questions 131-134 refer to the following press release.

For immediate release

18 July - FlashTech Inc. announced the appointment of Barbara Ivory as the new chief investment officer, as initially recommended by the --- 131. --- chief executive officer, Isaac Underwood.

Apart from her mutual connection with the company's ex-CEO, Ms. Ivory's impressive work experience has provided great interest to company officials. Before --- 132. --- FlashTech, her duty as chief sales manager at Quake Electronics was credited as superb, as was her service in various other roles, such as those in marketing research and product development.

She --- 133. --- her career as a part-time worker in the Telizen Post Financial Group. "We are lucky to have Ms. Ivory with us and we trust that her experience will be invaluable to our future." said Stanley Blythe, FlashTech's CEO. --- 134. ---.

즉시 발표

7월 18일 – FlashTech 사는 전임 최고경영자 Isaac Underwood가 처음에 추천한 대로 Barbara Ivory를 신임 최고 투자 책임자로 임명했음을 발표했다.

회사의 전임 CEO와 서로 관계가 있다는 점 외에도 Ivory 씨의 인상적인 업무 경력이 회사 임원들에게 큰 관심을 불러일으켰다. FlashTech에 입사하기 전, Quake 전자에서 최고 영업 책임자로서 그녀는 탁월함으로 신임을 받았는데, 마케팅 조사와 제품 개발과 같은 다양한 역할에서도 탁월하다는 인정을 받았다.

그녀는 Telizen Post 금융 그룹에서 시간제 직원으로 직장 생활을 시작했다. "우리가 Ivory 씨와 함께 하게 된 것은 행운이며, 그녀의 경험이 우리의 미래에 매우 유용할 것이라 믿습니다."라고 FlashTech의 CEO인 Stanley Blythe는 말했다. FlashTech 투자자들도 그 발표에 긍정적이다.

131 (A) nearest
 (B) former
 (C) alternate
 (D) potential

132 **(A) joining**
 (B) founding
 (C) promoting
 (D) completing

133 (A) to begin
 (B) begins
 (C) began
 (D) will begin

NEW
134 **(A) Investors of the FlashTech are also positive to the announcement.**
 (B) The new CEO plans to take a vacation after his retirement.
 (C) Everybody believes Issac Underwood will be the best CEO in the history.
 (D) All full-time workers work 8 hours a day.

---

131 **해설** 빈칸 뒤의 chief executive officer를 수식할 수 있는 형용사를 고르는 문제. 다음 문장에 the company's ex-CEO라는 표현이 나오므로 Issac Underwood가 전임 CEO였음을 알 수 있다. 따라서 (B)가 정답이다.

어휘 release 발표, 공개 appointment 임명 initially 최초에 nearest 가장 가까운 former 전임의, 이전의 alternate 번갈아 생기는, 교체의 potential 잠재력 있는 chief executive officer 최고경영자 (CEO)

---

132 **해설** 분사 형태의 알맞은 어휘를 고르는 문제로, 빈칸 뒤로 FlashTech에 입사하기 전의 경력이 나열되어 있으므로 (A)가 정답이다.

어휘 apart from ~ 외에도 mutual connection 서로 아는 사이 join 합류하다, 입사하다 found 설립하다 promote 홍보하다 complete 완료하다 duty 임무 credit 신뢰하다 superb 탁월한, 매우 뛰어난

---

133 **해설** 빈칸은 주어(She)와 목적어(her career) 사이의 동사 자리이므로 to부정사 형태인 (A)는 답에서 제외한다. 그녀가 시간제 직

218

원으로 직장 생활을 시작했다는 과거 사실을 말하고 있으므로 과거 시제인 (C)가 정답이다.

어휘 trust 믿다, 신뢰하다   invaluable 매우 유용한, 귀중한

134 해설
(A) FlashTech의 투자자들도 그 발표에 긍정적이다.
(B) 신임 최고경영자는 퇴직 이후에 휴가를 계획하고 있다.
(C) 모두가 Issac Underwood 씨가 역사상 최고의 최고경영자가 되리라 믿는다.
(D) 모든 정규직 근로자들은 하루에 8시간씩 일한다.

어휘 investor 투자자   positive 긍정적인   take a vacation 휴가를 얻다   retirement 은퇴, 퇴직

Questions 135-138 refer to the following letter.

Murray-Jones Real Estate
69 Lincoln Pl
Irvington, NJ 07111

December 15
Ms. Stella Lambert
119 Magnolia Ave.
Jersey City, NJ 07306

Dear Ms. Lambert,

My partner, Emmett Jones said to me that you had spoken with him about your plans to transfer to Irvington. --- 135. --- also mentioned that you were looking for something special due to particular requirements in your profession. I have previously assisted other individuals in similar situations, therefore I understand how difficult it may be when someone is --- 136. --- a sizeable workshop. Luckily, we were able to find a very spacious loft, which is extensible, in accordance with the specifications you made with regard to your large equipment, as you can see in the enclosed photographs.
Please inform me whether you think this room would be --- 137. --- enough for you.
We could subsequently discuss further details, and possibly arrange a mutually convenient time to visit the property, if you wish.
I will look forward to hearing from you. --- 138. ---.

Sincerely,

Ricky Murray

Murray-Jones 부동산
69 Lincoln Pl
Irvington, NJ 07111

12월 15일
Stella Lambert 씨
119 Magnolia Ave.
Jersey City, NJ 07306

Lambert 씨께,

제 파트너인 Emmett Jones는 당신이 Irvington으로 이전하는 계획에 관하여 그와 이야기하셨다고 제게 말해 주었습니다. 그는 또한 당신이 직업상 특별한 요구 사항들 때문에 무언가 특별한 것을 찾으신다는 언급도 했습니다. 제가 이전에 비슷한 상황들에 있던 다른 사람들을 도운 적이 있어서, 누군가가 상당히 큰 작업장을 찾을 때 그것이 얼마나 어려울지를 이해합니다. 운이 좋게도, 동봉해 드린 사진들에서 보실 수 있듯이, 당신이 큰 장비에 관해 알려 주신 세부 내역에 따라, 확장 가능한 넓은 꼭대기 층을 찾을 수 있었습니다.
이 공간이 당신에게 충분히 큰지 제게 알려 주세요.
원하신다면 그 후에 우리가 더 자세한 사항들을 의논하고, 아마도 그 부동산에 가 보기 위해 서로 편리한 시간을 맞출 수 있을 겁니다.
당신으로부터 소식을 듣기를 고대하겠습니다. 351-555-0943번으로 제게 연락하실 수 있습니다.

Ricky Murray

135 (A) He
(B) She
(C) We
(D) They

136 (A) selling
(B) seeking
(C) cleaning
(D) renovating

137 (A) warm
(B) close
(C) quiet
(D) big

NEW
138 (A) The real estate agent we send to you is highly qualified.
(B) You may contact me on 351-555-0943.
(C) The price of property in the region will rise considerably.
(D) Please send me the invoice as soon as possible.

---

135 **해설** 대명사의 성(性)을 일치시키는 문제로 발신자 Ricky Murray의 파트너인 Emmett Jones가 한 말들을 열거하고 있으므로 Emmett Jones를 가리키는 대명사가 정답이다. 빈칸 앞에 Emmett Jones가 남자임을 가리키는 부분(you had spoken with him)이 있으므로 (A)가 정답이다.

어휘 transfer 이전[이동]하다 look for 찾다 particular 특별한 requirement 요구 사항[조건] profession 직업

136 **해설** 적절한 의미의 분사형을 고르는 문제. 앞에서 Stella Lambert가 이전할 계획이며 특별한 무언가를 찾고 있다는 내용이 언급되었으므로, 누군가가 큰 작업장을 찾을 때라는 의미가 적절하다. 따라서 (B)가 정답이다.

어휘 sizeable 상당히 큰 workshop 작업장, 워크숍 spacious 넓은 loft 맨 위층 extensible 확장할 수 있는 in accordance with ~에 따라 with regard to ~에 관하여

137 **해설** 문맥상 알맞은 형용사를 고르는 문제. 앞에서 Stella Lambert가 상당히 큰 작업장을 찾고 있다는 내용이 언급되었으므로 자신이 추천한 공간이 충분히 크다고 생각하는지 알려 달라고 해야 의미가 자연스럽게 통한다. 따라서 (D)가 정답이다.

어휘 subsequently 그 후에 mutually 상호간에

138 **해설**
(A) 저희가 보내 드리는 부동산 중개업자는 대단히 능력이 뛰어납니다.
(B) 351-555-0943번으로 제게 연락하실 수 있습니다.
(C) 그 지역의 부동산 가격은 상당히 오를 것입니다.
(D) 가능한 한 빨리 송장을 보내 주시기 바랍니다.

어휘 real estate agent 부동산 중개업자 contact 연락하다 considerably 상당히 invoice 송장, 청구서

Questions 139-142 refer to the following memo.

To: Workers and Inspectors
From: David Keanes, Product Manager
Date: February 11
Subject: Spinex 5

I am writing to let you know that we --- 139. --- some unexpected complaints from our customers concerning the door seal on our new Spinex 5 washing machine. --- 140. ---.
Regarding this issue, I would like to remind our workers to ensure that the door seal is --- 141. --- installed during assembly.
In addition, inspectors are required to double-check these --- 142. --- and confirm that there are no problems with the product prior to shipping.
If you wish to know more information about the Spinex 5 washing machine complaints or have any questions, please contact me on 555-2829. Thank you for your continued dedication to the company.

수신: 작업자들과 검사자들
발신: David Keanes, 제품 관리자
날짜: 2월 11일
제목: Spinex 5

제가 이 글을 쓰는 것은 우리의 신제품 Spinex 5 세탁기의 문 밀폐 부분에 관해 우리 고객들로부터 뜻밖의 불만들을 접수하고 있음을 여러분에게 알려 드리기 위해서입니다. 이 메시지들의 대다수는 고객들이 문의 밀폐 부분이 닫히지 않는 것에 대해 불만이 있음을 보여 주었습니다.
이 사안에 관하여, 저는 우리 작업자들에게 조립을 할 때 문 밀폐 부분을 확실히 제대로 설치할 것을 상기시켜 드리고자 합니다.

139 (A) have received
(B) will receive
(C) receiving
(D) receive

NEW
140 (A) Almost every household is equipped with a washing machine.
(B) Spinex 5 washing machine is our latest model.
(C) The majority of these messages indicate that the customers were dissatisfied with the inability to close the door because of a faulty seal.
(D) Customers are excited to see a new model.

141 (A) rapidly
(B) properly
(C) comfortably
(D) certainly

142 (A) payments
(B) vehicles
(C) schedules
(D) parts

덧붙여, 검사자들은 이 부품들을 재차 확인하고, 발송 전에 제품에 문제가 없는지 확인해야 합니다.
Spinex 5 세탁기에 관하여 더 많은 정보를 알고 싶으시거나, 질문이 있으시면 555-2829로 저에게 연락하시기 바랍니다. 여러분의 회사에 대한 지속적인 헌신에 감사드립니다.

---

139 **해설** 동사 receive의 알맞은 형태를 고르는 문제. 회사가 고객들로부터 예상치 못한 불만들을 이미 접수하고 있는 것이므로 현재 완료 시제인 (A)가 정답이다.

어휘 unexpected 예상치 못한, 뜻밖의 concerning ~에 관하여 door seal 문 밀폐 부분

140 **해설**
(A) 거의 모든 가정에 세탁기가 구비되어있습니다.
(B) Spinex 5세탁기는 당사의 최신 모델입니다.
(C) 이 메시지들의 대다수는 고객들이 문의 밀폐 부분이 닫히지 않는 것에 대해 불만이 있음을 보여 주었습니다.
(D) 고객들은 새로운 모델을 보게 되어 매우 기뻐하고 있습니다.

어휘 household 가정, 가구 be equipped with ~을 갖추고 있다 washing machine 세탁기 latest 최신의 indicate 보여주다 be dissatisfied with ~에 불만족스러워하다 inability 무능

141 **해설** 동사 is installed를 수식하기에 적절한 부사를 묻는 문제. 앞서 문 밀폐 부분이 완전히 닫히지 않는다는 내용이 언급되었고, 이에 대해 조립 과정에서 밀폐 부분이 제대로 설치되어야 한다는 내용이 연결되어야 의미가 통하므로 (B)가 정답이다.

어휘 rapidly 급속히 properly 적절하게, 정확하게 comfortably 편안하게 certainly 확실히 assembly 조립

142 **해설** 검사자들에 대한 당부 사항이 언급되는 문장으로 문맥상 문제가 있었던 문 밀폐 부분(door seal)을 다시 한 번 점검하라는 내용이므로 문 밀폐 부분을 대신할 수 있는 명사인 (D)가 정답이다.

어휘 double-check 재차 확인하다 payment 지급, 대금 vehicle 차량 schedule 일정 part 부품 prior to ~ 이전에

Questions 143-146 refer to the following article.

Birmingham, England, 10 April – One of England's leading manufacturers of innovative electronic devices, Broswick Industries, has announced the --- 143. --- of Mr. Arnold Gilbert. Previously Broswick Industries' sales director in London, Mr. Gilbert will now be serving in the Birmingham office as global managing director.

Mr. Gilbert mentioned plans that he hopes he will increase the sales quota by 10%. --- 144. ---, he will be preparing to develop new products and improve customer services.

He also wishes to expand Broswick Industries by establishing new export markets in North America and Asia, while --- 145. --- stronger sales with the existing customer base in the United Kingdom. --- 146. ---.

143 (A) hiring
(B) preference
(C) promotion
(D) extension

144 (A) Nevertheless
(B) Rather
(C) As requested
(D) In particular

145 (A) maintain
(B) maintaining
(C) maintains
(D) maintenance

146 (A) Many other companies plan to build new factories in the area.
(B) Critics predict that other regions of Europe will also become new markets for Broswick products.
(C) Citizens expect more employment opportunities in the area.
(D) After months of deliberation, Mr. Gilbert decided to accept the proposal.

Birmingham, England, 4월 10일 – England의 앞서 나가는 혁신적인 전자 기기 제조 업체들 중 하나인 Broswick 산업은 Arnold Gilbert 씨의 승진을 발표했습니다. 이전에 London의 Broswick 산업의 영업 책임자였던 Gilbert 씨가 이제 Birmingham 사무소에서 글로벌 경영 책임자로서 근무하게 됩니다.

Gilbert 씨는 판매 할당량을 10% 늘리기를 희망한다는 계획들을 언급했습니다. 특히, 새로운 제품 개발과 고객 서비스를 향상시킬 준비를 할 예정입니다.

그는 또한 영국에 있는 기존 고객층과는 더 강력한 판매 활동을 유지하면서, 동시에 북아메리카와 아시아에 새로운 수출 시장들을 설립함으로써 Broswick 산업을 확장하기를 바라고 있습니다. 분석가들은 유럽의 다른 지역들도 Broswick 제품들을 위한 새로운 시장이 될 것이라고 예측하고 있습니다.

---

143 해설 / 명사 어휘 문제로, 빈칸 뒤의 문장에서 이전에 London에서 영업 책임자였던 Gilbert 씨가 이제 Birmingham 사무소에서 글로벌 경영 책임자로 일하게 될 것이라고 했으므로 회사가 Gilbert 씨의 승진을 발표했다고 해야 의미가 통한다. 따라서 (C)가 정답이다.

어휘 / leading 선도적인, 가장 중요한 innovative 혁신적인 hiring 고용 preference 선호 promotion 승진 extension 연장

144 해설 / 빈칸 앞뒤로 완전한 문장이 연결되어 있으므로 의미상 이 두 문장을 이어 주기에 적절한 접속부사가 와야 한다. 빈칸 앞에는 Gilbert 씨가 판매 할당량을 10% 늘리기를 바란다는 내용이고, 빈칸 뒤에는 동일한 맥락으로 새로운 제품을 개발하고 고객 서비스를 향상시킬 준비를 할 것이라는 그의 구체적인 할 일이 언급되고 있으므로 (D)가 정답이다.

어휘 / sales quota 판매 할당량 nevertheless 그럼에도 불구하고 rather 오히려, 반대로 as requested 요청받은 대로 in particular 특히, 그 중에서도

145 해설 / 빈칸 앞뒤에는 주어와 동사 없이 접속사(While)와 목적어(stronger sales)가 있으므로 주어가 생략되고, 동사가 분사로 바뀐

분사구문임을 알 수 있다. 목적어로서 명사가 연결되어 있으므로 능동의 현재분사인 (B)가 정답이다.

어휘 existing 기존의, 현존하는 customer base 고객층

146 해설

(A) 많은 다른 기업들도 이 지역에 새로운 공장을 건설할 계획입니다.
(B) 분석가들은 유럽의 다른 지역들도 Broswick 제품들을 위한 새로운 시장이 될 것이라고 예측하고 있습니다.
(C) 시민들은 그 지역에서 더 많은 일자리 기회가 있을 것이라고 기대하고 있습니다.
(D) 수개월간의 고심 끝에 길버트 씨는 그 제안을 받아들이기로 결심했습니다.

어휘 critic 비평가 predict 예측하다 citizen 시민, 주민 deliberation 숙고

Questions 147-148 refer to the following calendar.

Reservations for Room 104, April 22-26					
	Monday, Apr. 22	Tuesday, Apr. 23	Wednesday, Apr. 24	Thursday, Apr. 25	Friday, Apr. 26
9:00 A.M.	Global Economics Course A			Global Economics Course B	
11:00 A.M.		Multicultural Communication Exercise			Environmental Safety Seminar
1:00 P.M.	Lecture by Mr. Harley Logner on Entrepreneurship		Lecture by Dr. Gavin Heinrich on Socialization		
3:00 P.M.		Learning Health and Modern Medicine			Biochemistry Lab Workshop
5:00 P.M.				Voluntary Service Club Meeting	
7:00 P.M.	Study Group Session 1		Study Group Session 2		Study Group Session 3

어휘 economics 경제학 multicultural 다문화의 entrepreneurship 기업가 정신 socialization 사회화 biochemistry 생화학 voluntary service 자원봉사 활동

147 Where is Room 104 most likely located?

(A) In a community center
(B) In a business company
(C) In a university building
(D) In a science institution

104호실이 위치해 있을 가능성이 가장 높은 곳은?
(A) 주민 센터
(B) 회사
(C) 대학교 건물
(D) 과학 기관

해설 Global Economics, Lecture by Dr. Gavin Heinrich on Socialization, Study Group 등 대학교 내에서 할 수 있는 활동들의 일정이 잡혀 있으므로 (C)가 정답이다.

148 What event is scheduled on the same day as Learning Health and Modern Medicine?

(A) Environmental Safety Seminar
(B) Biochemistry Lab Workshop
(C) Voluntary Service Club Meeting
(D) Multicultural Communication Exercise

건강과 현대 의학 학습과 같은 날에 예정되어 있는 행사는?
(A) 환경 안전 세미나
(B) 생화학 실험 워크숍
(C) 자원봉사 클럽 미팅
(D) 다문화 의사소통 연습

해설 Learning Health and Modern Medicine 활동이 예정된 때는 4월 23일 화요일이므로 이날 예정된 다른 활동은 오전 11시에 있는 Multicultural Communication Exercise임을 알 수 있다. 따라서 (D)가 정답이다.

Questions 149-150 refer to the following e-mail.

To: All employees <employees@neolab.com>
From: Tierra Ashmore <tashmore@neolab.com>
Subject: Information
Date: July 20

To all employees at NeoLab Manufacturing Inc.:
I am writing to inform you of a temporary halt in the assembly line. The recent weather has caused much damage to the factory in sector C, and we are preparing to take this opportunity to renovate the facility.
Fortunately, we are ahead of the production schedule and have received no new orders. Moreover, due to these events, the board has graciously decided to grant a 1-week break to all employees in every department, starting next month.
The date of issue for paychecks will be the same as usual; however, employees in each department are required to work in weekly interval schedules.
Therefore, please submit the details of the week you would like to take off to Nigel Perrin by next week.

Sincerely,

Tierra Ashmore
General Manager

수신: 전 직원 <employees@neolab.com>
발신: Tierra Ashmore <tashmore@neolab.com>
제목: 정보
날짜: 7월 20일

NeoLab 제조사의 전 직원 여러분께:
조립 라인의 일시 중단에 대해 여러분께 알려 드리기 위해 글을 씁니다. 최근의 날씨가 C 구역에 있는 공장에 많은 피해를 유발했으므로 우리는 이 기회를 이용해 그 시설을 개보수할 준비를 하고 있습니다.
다행히, 우리는 생산 일정보다 앞서 있고 새로운 주문을 전혀 받지 않았습니다. 더욱이, 이번 일들로 인해 이사회에서 고맙게도 다음 달부터 모든 부서의 전 직원들에게 일주일간의 휴가를 제공하기로 결정했습니다.
급여 수표 발행일은 평상시와 같겠지만, 각 부서의 직원들은 일주일 간격으로 돌아가며 근무해야 합니다.
따라서 여러분이 쉬고 싶은 주에 대한 세부 사항을 다음 주까지 Nigel Perrin에게 제출해 주시기 바랍니다.

Tierra Ashmore
총괄 매니저

어휘 temporary 일시적인, 임시의 halt 중단 ahead of schedule 일정보다 빨리 graciously 자비롭게도, 고맙게도 grant 주다, 수여하다 issue 발급, 발행 paycheck 급여 (수표) interval 간격 details 세부 사항 take off 쉬다

149 Why did Ms. Ashmore send the e-mail?
(A) To clarify a machine replacement
(B) To confirm a new payroll date
(C) To introduce a new production manager
(D) To announce a paid vacation

Ashmore 씨가 이메일을 보낸 이유는?
(A) 기계 교체를 분명히 하기 위해
(B) 새로운 급여 지급일을 확정하기 위해
(C) 새로운 생산 관리자를 소개하기 위해
(D) 유급 휴가를 알리기 위해

해설 날씨로 인해 공장에 피해가 있어서 이사회에서 전 직원들에게 일주일간의 휴가를 주기로 결정했다(the board has graciously decided to grant a 1-week break to all employees in every department, starting next month.)는 소식을 알리는 것이므로 (D)가 정답이다. 급여 수표 발행일은 평상시와 같을 것이라고 했으므로(The date of issue for paychecks will be the same as usual) (B)는 오답이다.

150 What are employees asked to do?
(A) Work during the next weekend
(B) Send a desired vacation schedule
(C) Check their new working hours
(D) Decline orders from customers

직원들이 하도록 부탁받는 것은?
(A) 다음 주말에 일할 것
(B) 원하는 휴가 일정을 보내 줄 것
(C) 새로운 근무 시간을 확인할 것
(D) 고객들의 주문을 거절할 것

해설 앞에서 일주일을 쉬되 돌아가면서 쉬라고 했고, 쉬고자 하는 주에 대한 세부 사항을 제출하라고 했으므로(please submit the details of the week you would like to take off) (B)가 정답이다.

Questions 151-153 refer to the following letter.

November 6
Cherlyn Cecil
4710 Centennial Lane
Ellicott City, MD 21094

Dear Ms. Cecil,

Thank you for your continued visits to the Bellatio Club & Spa. I would like to inform you that the expiration date for your club membership is approaching very soon. To renew your status, just visit us online at www.bellatioclub.com/member and fill out a short application form. Your registration number is 182938. Once completed, we will send you your new transaction card. The card will have the same account number as before, but with a new pin code.
If you have any questions, or want to receive more information, please call us, and our front desk receptionists will be happy to assist you.

Sincerely,

Jayson Calderon

Jayson Calderon
Membership Coordinator
662-555-5013

11월 6일
Cherlyn Cecil
4710 Centennial Lane
Ellicott 시, MD 21094

Cecil 씨께,

Bellatio 클럽 & 스파에 계속 방문해 주셔서 감사합니다. 귀하의 클럽 회원권 만료일이 곧 다가오고 있음을 알려 드리고자 합니다. 귀하의 회원 자격을 갱신하시려면, 온라인상의 저희 홈페이지 www.bellatioclub.com/member를 방문하셔서 짧은 신청서를 작성하시기만 하면 됩니다. 귀하의 등록 번호는 182938입니다.
작성이 완료되자마자 귀하의 새로운 거래 카드를 보내 드리겠습니다. 카드의 계정 번호는 이전과 같지만, 인증 코드는 새로 바뀌게 됩니다.
질문이 있으시거나 더 많은 정보를 받기를 원하신다면, 저희에게 전화해 주십시오. 프런트 접수 직원이 기쁘게 도와 드릴 것입니다.

Jayson Calderon
회원권 코디네이터
662-555-5013

어휘 / continued 계속되는 expiration date 만료일 renew 갱신하다 status 지위, 상태 fill out 작성하다 transaction 거래 account number 계정 번호 pin code 인증 코드, 개인 식별 코드 receptionist 접수 직원

---

151 Why was the letter sent to Ms. Cecil?

(A) To invite her to join a club
(B) To notify her of an order completion
(C) To suggest a membership extension
(D) To inquire about a credit card status

Cecil 씨에게 편지를 보낸 이유는?
(A) 그녀에게 클럽 가입을 권유하기 위해
(B) 그녀에게 주문 완료를 알리기 위해
(C) 회원권 연장을 제안하기 위해
(D) 신용 카드 상태에 관하여 문의하기 위해

해설 첫머리의 I would like to inform you that the expiration date for your club membership is approaching very soon.에서 클럽 회원권의 만료일이 다가오고 있다고 하면서, 갱신 절차를 안내하고 있으므로 (C)가 정답이다.

---

152 What information appears in the letter?

(A) A pin code
(B) A contact number
(C) An account number
(D) An expiry date

편지에 등장하는 정보는?
(A) 인증 코드
(B) 연락처
(C) 계정 번호
(D) 만료일

해설 (A), (C), (D)는 편지에 언급만 되었으며 실제 번호나 날짜가 없으므로 답이 될 수 없다. 편지 끝부분에 발신자의 서명과 이름, 직책과 함께 연락처가 제시되어 있으므로(Jayson Calderon, Membership Coordinator, 662-555-5013) (B)가 정답이다.

153 What is Ms. Cecil instructed to do?

(A) Visit the Web site
(B) Call Jayson Calderon
(C) Attach a registration form
(D) Submit a payment for transaction

Cecil 씨가 하도록 지시받는 것은?
(A) 웹사이트를 방문할 것
(B) Jayson Calderon에게 전화할 것
(C) 등록 양식을 첨부할 것
(D) 거래 대금을 지급할 것

해설 지문에서 Jason Calderon이 Cecil 씨에게 안내한 사항은 크게 두 가지이다. 하나는 회원권 갱신을 위해 웹사이트를 방문하라는 것(To renew your status, just visit us online at www.bellatioclub.com/member and fill out a short application form.)과 다른 하나는 질문이 있으면 프런트 접수 직원에게 전화하라는 것(If you have any questions, or want to receive more information, please call us and our front desk receptionists will be happy to assist you.)이다. 따라서 (A)가 정답이다.

Questions 154-155 refer to the following receipt.

The Dublin Corner
28 Mary Ann Street
Newnan, GA 30265
770-555-6831

Customer: Nathan Hill	Sept. 17
At Your Service: Rianna Torres	14:26:18
Description	
7 Guides to Healthy Exercise	$2.00
The Sound of Love Falling	$3.50
Tales of the Chinese Tradition	$3.50
Subtotal	$9.00
Tax 7%	$0.63
Total due	$9.63
Amount tendered	$10.00
Change	$0.37

Reminder of Policy

Customers are permitted to rent a maximum of six items at a time. All items must be returned within 48 hours from the date of lease. Customers will be fully charged for any damaged or lost merchandise. Overdue fees equal to the value of the relevant item(s) will be issued upon late returns.

The Dublin Corner
28 Mary Ann Street
Newnan, GA 30265
770-555-6831

고객: Nathan Hill	9월 17일
서비스 담당자: Rianna Torres	14:26:18
물품명	
건강한 운동의 7가지 가이드	2.00달러
사랑이 떨어지는 소리	3.50달러
중국 전통 이야기	3.50달러
소계	9.00달러
세금 7%	0.63달러
지불 총액	9.63달러
지불액	10.00달러
거스름	0.37달러

정책 안내문

고객 여러분은 한 번에 최대 6개까지 대출하실 수 있습니다. 모든 물품은 대여일로부터 48시간 이내에 반납되어야 합니다. 고객 여러분은 손상되거나 분실된 물품에 대해서는 전액 청구 받으실 것입니다. 관련 물품의 가치와 동일한 연체료가 연체 시에 발생될 것입니다.

어휘 healthy 건강한 tale 이야기 tender 지불하다 reminder 상기시키는 것, 안내문 be permitted to ~하는 것이 허용되다 a maximum of 최대 ~의 lost 분실된 merchandise 상품 overdue fee 연체료 equal to ~와 동일한 relevant 관련된 issue 발행하다, 발급하다

154 What type of business is the Dublin Corner?

(A) A local bookstore
(B) A video rental shop
(C) A fitness center
(D) A language institution

Dublin Corner의 업종은?
(A) 지역 서점
(B) 비디오 대여점
(C) 헬스클럽
(D) 어학원

해설 ▶ 판매되는 물건이 어떤 종류인지는 언급되지 않았으나 Description 부분의 세 가지 제목들과 Reminder of Policy에서 등장한 rent, be returned, the date of lease, overdue fees를 토대로 이 업종이 책이나 비디오 등의 대여점(rental shop)임을 짐작할 수 있다. 따라서 (B)가 정답이다.

155 What is true about the policy?

(A) A minimum of six items can be borrowed.

(B) Items are to be returned within 2 days.

(C) Lost items are charged at double the cost.

(D) Overdue fines are issued the next day.

정책에 관하여 사실인 것은?
(A) 최소 6개의 물품을 빌릴 수 있다.
(B) 물품은 이틀 이내에 반납되어야 한다.
(C) 분실된 물품은 가격의 두 배가 청구된다.
(D) 연체료가 그 다음 날 발생된다.

해설 ▶ Reminder of Policy에서 모든 물품이 대여일로부터 48시간 이내에 반납되어야 한다(All items must be returned within 48 hours from the date of lease.)고 했으므로 48 hours를 2 days로 바꾸어 표현한 (B)가 정답이다.

Questions 156-158 refer to the following letter.

May 25
Naomi Dumas
1903 Sevier St.
Nashville, TN 37205

Dear Ms. Dumas,

Thank you for your recent inquiry regarding our business. I'm glad to hear that you are considering our services, and understand that you would like further information.
Keynote Academy has been instructing various individuals in a musical education for more than 10 years. Those interested in music, both gifted and inexperienced, young and old, have been coming to our facility to learn and practice their desired instruments with our team of 20 skilled musicians.
Keynote Academy specifically offers the following services.

- We teach courses that cover the basics of musical theory and composition.
- We have programs for one-on-one tutoring and group activities.
- We provide advanced practice sessions and a variety of musical pieces.

If you wish to receive details of prices or have a further consultation, please feel free to contact us at 615-555-4688, or visit our website at www.keynote.academy.edu

Sincerely,

Roselina Velasco
Head Instructor
Keynote Academy

5월 25일
Naomi Dumas
1903 Sevier St.
Nashville, TN 37205

Dumas 씨에게,

저희 학원에 관한 최근 문의에 대해 감사드립니다. 저희 서비스를 고려하신다는 소식을 들으니 기쁘고, 더 많은 정보를 원하실 줄로 압니다.
Keynote 아카데미는 음악 교육 분야에서 10년 넘게 다양한 사람들을 지도해왔습니다. 음악에 관심 있는 사람들은 재능 있는 사람과 미숙한 사람, 젊은이와 늙은이 모두 저희 학원에 와서 20명의 숙련된 음악가들로 구성된 저희 팀과 함께 자신이 원하는 악기를 배우고 연습하고 있습니다.
Keynote 아카데미는 특히 다음 서비스를 제공합니다.

- 음악 이론과 작곡의 기초를 다루는 과정을 가르칩니다.
- 일대일 개인교습과 단체 활동을 위한 프로그램이 있습니다.
- 고급 연습 과정과 다양한 악곡들을 제공합니다.

자세한 수강료 정보를 받고 싶으시거나 더 자세한 상담을 원하신다면, 언제든 615-555-4688로 저희에게 연락하시거나 저희 웹사이트 www.keynote.acadmy.edu를 방문해 주시기 바랍니다.

Roselina Velasco
교수부장
Keynote 아카데미

어휘 ▶ inquiry 문의 regarding ~에 관하여 further information 추가 정보 instruct 지도하다 gifted 천부적인, 타고난 inexperienced 경험이 없는, 미숙한 desired 갈망하는, 원하는 instrument 악기 skilled 숙련된 composition 작곡 one-on-one 면대면, 일대일의 tutoring 개인 교습 group activity 단체 활동 musical piece 악곡

156 Why was the letter written?

(A) To arrange a consulting schedule
(B) To recommend a job opening
(C) To plan an academic system
(D) To provide information regarding services

편지를 쓴 이유는?
(A) 상담 일정을 조정하기 위해
(B) 일자리를 추천하기 위해
(C) 학사 시스템을 계획하기 위해
(D) 서비스에 관한 정보를 제공하기 위해

해설 첫 번째 단락에서 문의해 주셔서 고맙다고 하고 나서 두 번째 단락부터 음악 학원(Keynote Academy)의 서비스에 대한 구체적인 정보를 전달하고 있으므로 (D)가 정답이다.

157 According to the letter, what does Keynote Academy NOT provide?

(A) Group-oriented programs
(B) Classes for beginners
(C) Free musical instruments
(D) Several types of instruments

편지에 따르면, Keynote 아카데미가 제공하지 않는 것은?
(A) 단체 중심 프로그램
(B) 초급자를 위한 수업
(C) 무료 악기
(D) 여러 종류의 악기

해설 제공하지 않는 것을 물었으므로 보기와 지문을 대조해 가면서 풀어야 한다. 둘째 단락의 Those interested in music, both gifted and inexperienced, young and old, have been coming to our facility to learn and practice their desired instruments에서 타고난 재능이 있는 사람과 미숙한 사람 모두가 학원에 와서 자신이 원하는 악기들을 배우고 연습한다고 했으므로 (B)와 (D)는 제공하는 서비스이며 중반부의 We have programs for one-on-one tutoring and group activities.에서 (A)를 제공하고 있음을 알 수 있다. 무료 악기에 대한 언급은 없으므로 (C)가 정답이다.

158 What is suggested about Keynote Academy?

(A) It has a competitive price.
(B) It sponsors talented students.
(C) It offers private lessons.
(D) It consists of a few instructors.

Keynote 아카데미에 관하여 알 수 있는 것은?
(A) 경쟁력 있는 가격을 제공한다.
(B) 재능 있는 학생들을 후원한다.
(C) 개인 교습을 제공한다.
(D) 몇 명의 강사들로 구성되어 있다.

해설 지문 중반부에서 Keynote Academy가 제공하는 세 가지 서비스의 하나로 언급되는 We have programs for one-on-one tutoring and group activities.에서 일대일 개인 교습 프로그램이 있다고 했으므로 one-on-one tutoring을 private lessons로 바꾸어 표현한 (C)가 정답이다.

Questions 159-161 refer to the following letter.

Vancouver View Magazine

January 21
Deshawn Quiroz
66 SW Marine Dr
Vancouver, BC
V6T 1Z4

Dear Mr. Quiroz,

We would like to give you heads-up information on our newly released TMP edition, which is enclosed in this mail package. This special edition allows you to have access to a list of the latest reviews of popular local restaurants, entertainment venues, sports facilities and clothes shops. It will also include raffle tickets for the chance to win free prizes, such as cosmetics or a vacation overseas.

Vancouver View 잡지

1월 21일
Deshawn Quiroz
66 SW Marine Dr
Vancouver, BC
V6T 1Z4

Quiroz 씨께,

저희는 귀하께 새로 발간된 TMP 판에 대해 빈틈없는 정보를 제공해 드리고자 하며, 그것이 이 우편물에 동봉되어 있습니다. 이 특별판은 인기 있는 지역 식당, 오락 장소, 스포츠 시설, 옷가게에 대한 최신 비평 목록을 이용하실 수 있게 해드립니다. 화장품이나 해외여행과 같은 무료 상품에 당첨될 기회를 드리는 경품 응모권도 포함되어 있습니다.

To show you our appreciation of your extended support, we offer this month's issue to you free of charge. If you decide to continue receiving service next month, your monthly bill will increase by only $7.50.

We are also promoting a referral program. If any of your friends or family members subscribe to our magazine on the basis of your recommendation, we will give you an extra issue for free!

For more information, please check our Web site at www.vviewmagazine.ca, or if you have any questions or concerns, call us on 405-555-4722.

Sincerely,

Isaac Gough

Isaac Gough
Customer Care Representative

귀하의 계속된 지원에 대해 고마움을 표시하기 위해 저희가 이번 호를 무료로 제공해 드립니다. 만일 다음 달에 계속 서비스를 받기로 결정하신다면, 귀하의 월간 청구액은 단돈 7.5달러가 늘어날 것입니다.

저희는 또한 소개 프로그램도 홍보하고 있습니다. 만일 친구나 가족 중 누군가가 귀하의 추천을 근거로 저희 잡지를 구독한다면 귀하께 추가로 한 호를 무료로 드릴 것입니다!

더 많은 정보를 얻기를 원하시면, 저희 웹사이트 www.vviewmagazine.ca를 확인하시거나 더 많은 질문이나 관심이 있으시면, 405-555-4722로 저희에게 전화 주십시오.

Isaac Gough
고객 관리 담당자

어휘 heads-up 빈틈없는, 재빠른 released 발간된, 발매된 access to ~의 이용, 접근 venue 장소 raffle ticket 경품 응모권 cosmetics 화장품 extended 연장된 bill 요금, 고지서 referral 소개, 추천 subscribe to 구독하다 on the basis of ~을 근거로

159 What is the purpose of the letter?

(A) To explain a new service to a client
(B) To inform a customer that a bill must be paid
(C) To commemorate a special event
(D) To advertise a television subscription

편지의 목적은?
(A) 고객에게 새로운 서비스를 설명하기 위해
(B) 고객에게 청구서를 결제해야만 한다는 것을 알리기 위해
(C) 특별 행사를 기념하기 위해
(D) 텔레비전 서비스 이용을 광고하기 위해

해설 편지의 목적은 지문의 첫머리에 등장하는 것이 일반적이다. We would like to give you a heads-up information on our newly released TMP edition, which is enclosed in this mail package.에서 새로 발간된 TMP 판에 대한 정보를 제공하려고 한다고 했으므로 새로운 서비스를 소개하기 위해 편지를 보냈음을 알 수 있다. 따라서 (A)가 정답이다.

160 What might be included in the TMP edition of the Vancouver View Magazine?

(A) Reviews of a nearby bistro
(B) Raffle tickets to win a trip to Canada
(C) Discount coupons for clothes shops
(D) Listings of upcoming local events

Vancouver View 잡지의 TMP 판에 포함될 수도 있는 것은?
(A) 근처의 식당에 대한 비평
(B) 캐나다 여행 당첨을 위한 경품 응모권
(C) 옷가게의 할인 쿠폰
(D) 다가오는 지역 행사들의 목록

해설 첫 단락의 TMP 판에 대한 소개 내용(This special edition allows you to have access to a list of the latest reviews of popular local restaurants, entertainment venues, sports facilities and clothes shops. It will also include raffle tickets for the chance to win free prizes, such as cosmetics or a vacation overseas.)에서 인기 있는 지역 식당들에 대한 비평을 제공한다고 되어 있으므로 local restaurants를 nearby bistro로 바꿔 쓴 (A)가 정답이다. (B)의 경품 응모권은 지문에 언급되어 있으나 캐나다 여행이라고 명시되어 있지는 않으며 (D)의 행사에 대한 언급은 없다.

161 What will happen if Mr. Quiroz chooses to continue receiving the magazine?

(A) He will receive a free issue.
(B) His family will be entitled to a discount.
(C) The costs will be added to his bill.
(D) The price of each product will increase.

Quiroz 씨가 잡지를 계속 받기로 선택할 경우에 일어나게 될 일은?
(A) 무료 호를 받을 것이다.
(B) 그의 가족이 할인을 받을 자격을 얻게 될 것이다.
(C) 그 가격이 청구서에 추가될 것이다.
(D) 각 제품의 가격이 오를 것이다.

해설 둘째 단락의 If you decide to continue receiving the service next month, your monthly bill will increase by only $7.50.에서 다음 달에 계속 서비스를 받기로 결정한다면 청구액이 7.5달러 늘어날 것이라고 했으므로 (C)가 정답이다.

Questions 162-165 refer to the following article.

London, December 3 — Ethan Warner, who is a business journalist from Bizilliant, a non-governmental research organization, had the opportunity to interview a couple of interesting people.

45-year-old Sebastian Lynch is a freelance travel critic. Mr. Lynch's daily routine consists of sleeping in luxurious hotels and eating in fancy restaurants, but he also spends a lot of time managing his travel review Web site. "It's surprising to see how many people want to know about the quality of services in certain locations. That's why I go ahead and enjoy it, and then write a full review, taking every single detail into account, such as testing the softness of slippers and wi-fi strengths, as well as assessing the cleanness of facilities." he said. Although Mr. Lynch's occupation does not come with a high salary, he is more than satisfied and takes pleasure in his work.

Despite her young age, 22-year-old Kate Summers is a self-employed on-site photographer. She recently began her business by taking wedding and portrait photos upon request, and sending them to her clients. She mentioned that she is pleased with her career, saying, "It's not a profitable job, but the places that I go to and the people I meet are what makes the experience more exciting. I can't get enough of it."

These two individuals have very distinct similarities. One thing they both have in common is doing what they love to do, regardless of their low income. Bizilliant general manager Jack Randall stated how more people prefer doing their dream job than a job that brings money. "Living with a job that will make you happy will bring benefit in the long run," he said. More than 1,000 people from a wide variety of occupations in London responded to a survey conducted by Bizilliant, with statistics showing more workers preferred to work happily than to work because of good pay.

12월 3일, 런던 – 민간 연구 기관인 Bizilliant의 비즈니스 기자인 Ethan Warner는 두 명의 흥미로운 사람들을 인터뷰할 기회를 가졌다.

45세의 Sebastian Lynch는 프리랜서 여행 비평가이다. Lynch 씨의 일상은 호화로운 호텔에서 잠을 자고 값비싼 식당에서 식사하는 것으로 이루어져 있지만 많은 시간을 자신의 여행 비평 웹사이트를 관리하는 데 보내기도 한다. "얼마나 많은 사람들이 특정 장소의 서비스 품질에 관해 알고 싶어 하는지를 보면 놀랍습니다. 그래서 제가 앞서 가서 그곳을 즐긴 후에 완전한 비평을 쓰는 것입니다. 시설의 청결을 평가하는 것뿐만 아니라 슬리퍼의 부드러움이나 와이파이 강도를 시험하는 것 같은 모든 세부 사항을 일일이 고려하면서 말이죠."라고 그는 말했다. 비록 Lynch 씨의 직업이 높은 급여를 받지는 않지만, 그는 아주 만족해하며 자신의 일에 기쁨을 느낀다.

22세의 Kate Summers는 젊은 나이에도 불구하고, 자유직 현장 사진가이다. 그녀는 최근에 요청에 따라 결혼이나 인물 사진을 찍어 고객들에게 보내 주는 사업을 시작했다. 그녀는 자기 직업에 만족한다고 언급하며 이렇게 말했다. "수익이 많이 나는 일은 아니지만, 제가 가는 장소들과 만나는 사람들이 그 경험을 더 신나게 만들어 줍니다. 아무리 해도 질리지 않아요."

이 두 사람은 매우 뚜렷한 유사점들이 있다. 그들 모두 공통적으로 가지고 있는 한 가지는 낮은 수입에 상관없이 정말로 하고 싶어 하는 것을 하고 있다는 점이다. Bizilliant 총괄 매니저인 Jack Randall은 점점 더 많은 사람들이 돈을 벌게 해주는 일보다 자신이 꿈꾸던 일을 하는 것을 선호한다고 말했다. "당신을 행복하게 해줄 일과 함께 사는 것은 장기적으로 혜택을 가져다 줄 것입니다." 그의 말이다. 런던에 있는 아주 다양한 직업들을 가진 1,000여명의 이상의 사람들이 Bizilliant가 실시한 설문 조사에 응답했고, 많은 근로자들이 높은 급여 때문에 일하기보다 행복하게 일하는 것을 선호했음을 보여 주는 통계가 나왔다.

어휘 journalist 기자 non-governmental 민간의 freelance 자유 계약의 critic 비평가 daily routine 하루 일과 luxurious 호화로운 fancy 값비싼, 고급의 take ~ into account ~을 고려하다 softness 부드러움 assess 평가하다 self-employed 독자적으로 일하는, 자유직의 profitable 수익성 있는 distinct 뚜렷한 in common 공통으로 regardless of ~에 상관없이

162 What is the purpose of the article?

(A) To explain how to start a new business
(B) To analyze recent job tendencies
(C) To report the benefits of self-employment
(D) To focus on a certain age group

기사의 목적은?
(A) 새 사업을 시작하는 방법을 설명하기 위해
(B) 최근의 직업 경향을 분석하기 위해
(C) 자영업의 혜택을 보도하기 위해
(D) 특정 연령 집단에 초점을 맞추기 위해

해설 기사는 자신이 좋아하는 일을 하고 있는 두 사람의 이야기를 하고 나서 많은 사람들이 높은 급여보다는 행복하게 일하는 것을 선호한다는 설문 조사 결과를 언급하고 있으므로(with statistics showing more workers preferred to work happily than to work because of good pay) 최근의 직업 경향에 대한 기사임을 알 수 있다. 따라서 (B)가 정답이다.

163 What is NOT indicated about the two interviewed individuals?

(A) They are quickly promoted.
(B) They are both self-employed.
(C) They belong to different age groups.
(D) They are both low-paid workers.

인터뷰를 한 두 사람에 관하여 지적되지 않는 것은?
(A) 빠르게 승진한다.
(B) 두 사람 모두 자유직이다.
(C) 다른 연령 집단에 속해 있다.
(D) 두 사람 모두 저임금 근로자들이다.

해설 Sebastian Lynch is a freelance travel critic / Kate Summers is a self-employed on-site photographer → (B), 45-year-old Sebastian Lynch / 22-year-old Kate Summers → (C), Although Mr. Lynch's occupation does not come with a high salary / It's not a profitable job → (D)에 해당하지만 (A)에 대한 언급은 없으므로 (A)가 정답이다.

164 Who works as a manager?

(A) Ethan Warner
(B) Kate Summers
(C) Sebastian Lynch
(D) Jack Randall

매니저로 일하는 사람은?
(A) Ethan Warner
(B) Kate Summers
(C) Sebastian Lynch
(D) Jack Randall

해설 마지막 단락의 Bizilliant general manager Jack Randall에서 매니저로 일하는 사람이 Jack Randall임을 알 수 있다. 따라서 (D)가 정답이다.

165 According to the article, what is true about the survey?

(A) It was released on December 3.
(B) It was conducted by the government.
(C) Fewer than 1,000 people responded to it.
(D) It was taken by people with different jobs.

기사에 따르면, 설문 조사에 관하여 사실인 것은?
(A) 12월 3일에 발표되었다.
(B) 정부에 의해 실시되었다.
(C) 1,000명 미만의 사람들이 설문에 응답했다.
(D) 다양한 직업의 사람들에 의해 진행되었다.

해설 끝부분의 More than 1,000 people from a wide variety of occupations in London responded to a survey에서 아주 다양한 직업을 가진 1,000여명의 사람들을 대상으로 설문이 진행되었음을 알 수 있으므로 (D)가 정답이다.

Questions 166-169 refer to the following memo.

From: Emma Stevens, Executive Secretary
To: All employees
Subject: Training Workshop
Date: August 8

As you all know by now, the Nurplex Co. training workshop will take place next Monday, August 12. Due to much concern and interest from the committee, the board has also decided to attend the workshop. Furthermore, since additional preparation is needed along with a larger space, the workshop will now be held in room 315 of the Crestview Convention Center instead of the Conference Hall in our office building. The remainder of the event, including the schedule outlined in my July 29 memo, remains unchanged.

발신: Emma Stevens, 비서실장
수신: 전 직원
제목: 교육 워크숍
날짜: 8월 8일

지금쯤 여러분 모두가 아시다시피, 다음 주 월요일인 8월 12일에 Nurplex 사 교육 워크숍이 열릴 예정입니다. 위원회의 많은 우려와 관심으로 인해 이사진도 워크숍에 참석하기로 결정했습니다. 더욱이, 더 넓은 장소와 함께 추가 준비가 필요하므로 워크숍은 이제 우리의 사무실 건물 안에 있는 대회의실 대신에 Crestview 컨벤션 센터 315호실에서 열릴 것입니다. 7월 29일에 개요된 일정을 포함하여 행사의 나머지 부분은 바뀌지 않습니다.

Since the results of last month's worker performance assessment were surprisingly unsatisfactory, the committee has decided to make this a mandatory event. Therefore, all Nurplex Co. employees are required to attend. In addition, our company president, Mr. Charlie Watkins, will be presenting the opening speech in the morning, so everyone is requested to be on time. Light snacks and refreshments will be available. Please remember that employee identification cards will be inspected by a security guard at the main door. If you have any questions, please contact me at my office on extension 559, or leave a message.

지난달의 직원 업무 수행 평가의 결과가 놀랄 만큼 만족스럽지 못했기 때문에, 위원회는 이것을 의무적인 행사로 만들기로 결정했습니다. 그러므로 Nurplex 사의 모든 직원들의 참석이 요구됩니다. 덧붙여, 우리 회사의 Charlie Watkins 사장님이 오전에 개회사를 할 예정이니, 모든 분들은 정시에 오셔야 합니다. 간단한 스낵과 다과를 이용하실 수 있습니다. 정문에서 보안 요원이 직원 신분증을 검사할 것임을 기억해 주시기 바랍니다. 다른 질문이 있으시면, 제 사무실 내선번호 559로 연락 주시거나 메시지를 남겨 주시기 바랍니다.

어휘 take place 일어나다, 발생하다 concern 우려, 관심 interest 관심, 흥미 along with ~와 함께 instead of ~ 대신에 including ~을 포함하여 assessment 평가 mandatory 의무적인 opening speech 개회사 on time 제시간에 refreshments 다과 inspect 검열하다, 조사하다 security guard 보안요원 extension 내선(번호)

166 Why was the memo sent?
(A) To remind employees of an office relocation plan
(B) To request a time change for a business dinner party
(C) To report a new location for an event
(D) To warn of an upcoming spot inspection

회람을 보낸 이유는?
(A) 직원들에게 사무실 이전 계획을 상기시키기 위해
(B) 비즈니스 저녁 파티의 시간 변경을 요청하기 위해
(C) 새로운 행사 장소를 알리기 위해
(D) 다가오는 현장 검사를 예고하기 위해

해설 앞서 교육 워크숍이 있을 거라고 하면서(training workshop will take place next Monday), 더 넓은 장소가 필요해서 워크숍 장소를 옮겼다는 내용이 언급되어 있으므로(since additional preparation is needed along with a larger space, the workshop will now be held in room 315 of the Crestview Convention Center instead of the Conference Hall in our office building.) (C)가 정답이다.

167 What is indicated about Ms. Stevens?
(A) She is the president of Nurplex Company.
(B) She conducted a performance assessment.
(C) She sent a previous memo about an event.
(D) She will be presenting an opening speech.

Stevens 씨에 관하여 언급된 것은?
(A) Nurplex 사의 사장이다.
(B) 업무 수행 평가를 실시했다.
(C) 이전에 행사에 관한 회람을 보냈다.
(D) 개회사를 발표할 것이다.

해설 Stevens 씨가 편지를 보낸 사람임을 알 수 있고(From: Emma Stevens, Executive Secretary), 첫 문단 끝의 The remainder of the event, including the schedule outlined in my July 29 memo, remains unchanged.에서 그녀가 전에 이미 이 행사에 관한 회람을 전달했음을 알 수 있다. 따라서 (C)가 정답이다.

168 The word "mandatory" in paragraph 2, line 2, is closest in meaning to
(A) compulsory
(B) unessential
(C) spontaneous
(D) annual

두 번째 단락 2행의 'mandatory'와 의미상 가장 가까운 것은?
(A) 의무적인
(B) 없어도 좋은
(C) 자발적인
(D) 연례의

해설 mandatory는 본래 '의무적인'이라는 의미의 형용사로, 해당 문장에서도 위원회가 의무적인 행사로 지정했다(the committee has decided to make this a mandatory event.)고 했으므로, '의무적인, 필수의'라는 의미의 (A)가 정답이다.

169 What are attendees requested to do?

(A) Do not be late at the event
(B) Prepare light snacks and refreshments
(C) Show identification at a parking booth
(D) Call Mr. Watkins' office on extension 559

참석자들이 하도록 요청받는 것은?
(A) 행사에 늦지 말 것
(B) 가벼운 스낵과 다과를 준비할 것
(C) 주차 부스에서 신분증을 보여 줄 것
(D) 내선 559번으로 Watkins 씨의 사무실에 전화할 것

해설 둘째 단락에서 위원회가 이 워크숍을 의무적인 행사로 지정했다고 했고, 사장이 개회사를 할 것이므로 정시에 와 있으라고 했으므로(Mr. Charlie Watkins, will be presenting the opening speech in the morning, so everyone is requested to be on time.) 지문의 is requested to be on time을 do not be late로 바꾸어 표현한 (A)가 정답이다.

Questions 170-171 refer to the text message chain.

Cara Montana	10:02
Hi, Joe. Did you hear that a new electronics store is opening tomorrow?	
Eddy Johnson	10:02
Yes, it's called Great Buy, right?	
Cara Montana	10:03
Would you like to go there with me tomorrow? They are having a big opening sale tomorrow.	
Eddy Johnson	10:03
Oh, really? What time do you want to go?	
Cara Montana	10:03
It will open at 11. So how about 10:30? Too early?	
Eddy Johnson	10:04
Let's say 10:45. I will drive and pick you up.	
Cara Montana	10:04
Thanks. Are you going to buy something?	
Eddy Johnson	10:05
I need to buy a new cell phone. My cell phone LED is broken. I have been using this for three years.	
Cara Montana	10:06
Oh, I can help you choose a right one for you. I need to drop by a grocery store to get something to eat now. See you tomorrow.	

카라 몬타나	10:02
안녕하세요 조 씨. 내일 새 전자 제품 매장이 개점한다는 소식 들었어요?	
에디 존슨	10:02
네, 그레이트 바이라고 한다죠, 그렇죠?	
카라 몬타나	10:03
내일 저랑 같이 가시겠어요? 그들은 내일 개장 빅세일을 할 거래요.	
에디 존슨	10:03
오, 정말이요? 몇 시에 가시겠어요?	
카라 몬타나	10:03
11시에 문을 연다고 하니 10시 30분은 어떨까요? 너무 이른가요?	
에디 존슨	10:04
10시 45분으로 하죠. 제가 차로 데려다 드릴게요.	
카라 몬타나	10:04
고마워요. 뭐 사시려고요?	
에디 존슨	10:05
새 휴대폰을 사야겠어요. 휴대폰 LED가 고장 났어요. 저는 이 휴대폰을 3년째 사용하고 있어요.	
카라 몬타나	10:06
제가 당신이 적당한 것을 하나 고를 수 있도록 도와드릴게요. 저는 지금 먹을 것을 좀 사러 식료품점에 들러야겠어요. 내일 만나요.	

어휘 electronics store 전자제품 매장 pick up ~을 차에 태우러 가다 be broken 고장 나다

170 At 10:05 A.M. what does Mr. Johnson most likely mean when he writes, "I have been using this for three years"?

(A) He likes his cellular phone.
(B) It's time to get a new cell phone.
(C) It's too early to replace his cell phone.
(D) He had no choice but to use it.

오전 10시 5분에 존슨 씨는 "이걸 3년 동안 사용해 왔어요"라고 한 의도는 무엇인 것 같은가?
(A) 그는 지금 휴대폰이 좋다.
(B) 새로운 휴대폰을 구입할 때가 되었다.
(C) 휴대폰을 교체하기에는 너무 이르다.
(D) 그는 그 휴대폰을 사용할 수밖에 없었다.

해설 앞 문장에서 새 휴대폰을 사야 한다고 하면서 액정이 고장 났다고 말하고 있으므로(I need to buy a new cell phone. My cell phone LED is broken.) 정답은 (B)이다.

NEW

171 What will Ms. Montana most likely do next?

(A) Ask help from sales person

(B) Purchase a new mobile phone

(C) Go to a grocery store

(D) Pick Johnson up to the electronics store

몬타나 양은 다음에 무엇을 할 것인가?

(A) 영업 사원에게 도움을 요청

(B) 새 휴대폰 구입

(C) 식료품점에 가기

(D) 전자제품 매장까지 존슨 데려다 주기

해설 마지막 문장에 먹을 것을 사러 식료품점에 가야 한다(I need to drop by a grocery store to get something to eat now.)고 말하고 있으므로 정답은 (C)이다.

Questions 172-175 refer to the following article.

2018 Summer Music Festival in Vancouver

More than 10,000 people are expected to attend the 10th annual Summer Music Festival from July 15 to 16 scheduled to be held on the weekend at Stanley park. Last year, the festival began with a dazzling show featuring over 20 popular singers. --- [1] ---

The festival is free and open to the public. There will be fantastic music and dance performances. Meals and snacks will be available for purchase. Complimentary parking is available around the park, and shuttle buses will transport guests to and from the heart of the town center at no charge. --- [2] ---

The festival hours are 3 P.M. to 8 P.M. on Saturday. The world-renowned singer-songwriter, Jennifer Bent will start the performance at 3 P.M. on the main stage. On Sunday the festival will run from 1P.M. to 10P.M. Those planning to attend should arrive early for the best seating. --- [3] --- You can enjoy the performance by the popular guitarist Steve Bell. More information is available on the website atwww.stanleypark.ca --- [4] ---

2018년 밴쿠버 여름 음악 축제

7월 15일부터 16일 주말 동안 스탠리 공원에서 열리는 제10회 연례 여름 음악축제에 1만 명 이상이 참석할 것으로 예상됩니다. 작년 축제는 20명 이상의 인기가수가 출연하는 눈부신 공연과 함께 시작했습니다. —— [1] ——

축제는 무료이며 대중에게 개방되어 있습니다. 환상적인 음악, 댄스 공연이 있을 예정입니다. 식사와 간식거리 구매가 가능합니다. 공원 주변에 무료 주차를 할 수 있고 무료로 시내에서 손님들을 태워 나를 것입니다. —— [2] ——

축제 시간은 토요일 오후 3시에서 8시입니다. 세계적으로 유명한 가수 겸 작곡가인 Jennifer Bent가 메인무대에서 3시에 공연을 시작할 것입니다. 일요일에는 오후 1시부터 10시까지 진행될 것입니다. 참석하고자 하는 분들은 좋은 좌석을 차지하기 위해 일찍 오셔야 합니다. —— [3] —— 여러분은 인기 기타리스트 Steve Bell의 공연을 즐기실 수 있습니다. 축제에 대한 더 많은 정보는 www.stanleypark.ca에 있습니다. —— [4] ——

어휘 be expected to ~할 예정이다 attend 참석하다 dazzling 눈부신 feature 출연하다 complimentary 무료의 transport 수송하다, 실어 나르다 at no charge 무료로 festival 축제 performance 공연

172 What is the purpose of the article?

(A) To provide an overview of a local event

(B) To describe the popularity of a local musician

(C) To announce the grand opening of the national park

(D) To publicize musicians from Canada

이 기사의 목적은 무엇인가?

(A) 지역 행사의 개요를 알리기 위해

(B) 지역 음악가의 인기를 서술하기 위해

(C) 국립공원의 개장을 발표하기 위해

(D) 캐나다 출신의 음악가들을 홍보하기 위해

해설 밴쿠버 스탠리 공원에서 열리는 음악축제에 대한 기사입니다. 전반부 More than 10,000 people are expected to attend the 10th annual Summer Music Festival from July 15 to 16 scheduled to be held on the weekend at Stanley park. 부분에 음악축제의 개요를 이야기하고 있으므로 정답은 (A)이다.

173 For what will guests be charged?

(A) Priority Seating   (B) Shuttle bus rides

(C) Parking   (D) Food

축제 참가자들은 어떤 비용을 내야 하는가?

(A) 우대석   (B) 셔틀버스

(C) 주차   (D) 음식

해설 좋은 좌석, 셔틀버스, 주차는 무료이며, Meals and snacks will be available for purchase. 부분에서 식사와 간식은 구매가 가능하다고 했으므로 정답은 (D)이다.

174. What is indicated about Mr. Bell?

    (A) He is a popular singer-songwriter.
    (B) He will be at Stanley park on July 16.
    (C) He has been a resident of Vancouver for ten years.
    (D) He will not be available this year's event.

Mr. Bell에 대해 언급된 것은 무엇인가?

(A) 그는 유명한 작곡가 겸 가수이다.
(B) 그는 7월 16일 스탠리 공원에 올 것이다.
(C) 그는 10년간 밴쿠버에 거주했다.
(D) 그는 올해 행사에는 올 수 없다.

해설 후반부 On Sunday the festival will run from 1 P.M. to 10P.M. Those planning to attend should arrive early for the best seating. You can enjoy the performance by the popular guitarist Steve Bell. 부분에서 그가 일요일에 공연할 것이라고 했고 일요일은 축제 두 번째 날인 7월 16일이므로 정답은 (B)이다.

NEW

175. In which of the positions marked [1], [2], [3], and [4] does the following sentence best belong?

    "This year, the festival features more than 30 musicians from across the country."

    (A) [1]
    (B) [2]
    (C) [3]
    (D) [4]

[1], [2], [3], [4] 로 표시된 곳 중에서 다음 문장이 가장 적합한 곳은?

"올해 축제에는 전국에서 온 30명 이상의 음악인들이 출연합니다."

(A) [1]
(B) [2]
(C) [3]
(D) [4]

해설 작년 축제는 20명 이상의 인기가수가 출연하는 눈부신 공연과 함께 시작했다(Last year, the festival began with a dazzling show featuring over 20 popular singers.)는 말 이후의 문장이 올해 상황에 대한 설명과 자연스럽게 이어지므로 정답은 (A)이다.

Questions 176-180 refer to the following advertisement and e-mails.

From: customerservice@widetechelectronics.com
To: TomRobins@ymail.com
Date: March 4
Subject: Order number 140325

Dear Mr. Robins,

Thank you for your purchase of a laptop computer and a document scanner for a total of $810. Your new widescreen and lightweight laptop computer will come fully equipped with an operating system(OS), 6GB RAM, and two USB cables. As a special bonus for spending over $800, you will also receive a complimentary carrying case.

Your purchase is scheduled to be delivered on March 15, but please be aware that you are eligible for our express shipping offer. For only $6, you can receive your purchase 5 days earlier, on March 10. In order for you to receive this upgrade offer, you must reply on or before March 7. Please be reminded that this offer will be invalid after March 7.

Thank you again for shopping with Widetech Electronics.

Sincerely,
Paris Anderson
Customer Service

발신: customerservice@widetechelectronics.com
수신: TomRobins@ymail.com
날짜: 3월 4일
제목: 주문번호 140325

Mr. Robins 귀하,

총 810달러의 노트북 컴퓨터와 서류 스캐너를 주문해주셔서 감사합니다. 귀하가 주문하신 신형 와이드스크린 경량 노트북 컴퓨터는 운영체제와 6기가 램 그리고 2개의 USB케이블이 완전히 갖추어져 나올 것입니다. 800달러가 넘는 제품을 구매해주신 데 대한 특별 보너스로 컴퓨터 휴대용 케이스를 무료로 받게 되실 겁니다.

귀하의 주문은 3월 15일 배달 예정입니다만, 귀하에게 빠른 선적을 해드릴 수 있다는 점을 알고 계시기 바랍니다. 6달러의 가격으로 주문품을 3월 10일에 5일 일찍 받으실 수 있습니다. 귀하께서 이 업그레이드 제안을 받아들이신다면 3월 7일 이전에 답을 주셔야 합니다. 이 제안은 3월 7일이 지나면 유효하지 않다는 점을 기억해주시기 바랍니다.

Widetech 전자를 이용해주셔서 감사합니다.

Paris Anderson
고객서비스 부서

From: TomRobins@ymail.com
To: customerservice@widetechelectroincs.com
Date: March 6
Subject: Re: Order number 140325

Dear Ms. Anderson,

Please upgrade my shipping to the express option and charge it to my credit card.

In addition, I will be moving within the next two weeks and would like the items shipped to my office. The correct address is specified in the "bill to" section on my order form. Please disregard the "ship to" information that I filled out in the form. Thank you.

Tom Robins

발신: tomrobins@ymail.com
수신: customerservice@widetechelectroincs.com
날짜: 3월 6일
제목: 회신: 주문번호 140325

Ms. Anderson 귀하,

제 배송을 속달로 업그레이드 시켜주시고 제 신용카드로 청구해주시기 바랍니다.

또한, 제가 앞으로 2주 안에 이사를 가게 되어 물건들이 제 사무실로 배송되기를 바랍니다. 정확한 주소는 제 주문 양식의 '청구지' 부분에 명시되어 있습니다. 양식에 제가 채워 넣은 '배송지' 주소는 무시해주시기 바랍니다. 감사합니다.

Tom Robins

어휘 purchase 구매 laptop computer 노트북 컴퓨터 lightweight 가벼운, 경량의 be scheduled to ~할 예정이다 be aware that ~라는 것을 알다 be eligible for ~의 자격이 있다 invalid 무효한 in addition 게다가, 또한 specify 명시하다 disregard 무시하다

---

176 What is one reason the first e-mail was sent?

(A) To place a new order
(B) To change the contracts of a shipment
(C) To report a shipping delay
(D) To present a limited-time offer

첫 번째 이메일이 보내진 이유는 무엇인가?
(A) 새로운 주문을 하기 위해
(B) 배송품에 대한 계약을 변경하기 위해
(C) 배송 지연을 알리기 위해
(D) 제한된 시간에만 제공되는 서비스 제의를 하기 위해

해설 2번째 문단의 내용이 6달러만 추가로 내면 주문한 물건을 5일 일찍 받을 수 있다고 했으므로 정답은 (D)이다.

177 According to the first e-mail, why will Mr. Robins receive a free item?

(A) He spent over a stated amount.
(B) He made a purchase before March 6.
(C) He opened a business account.
(D) He is a frequent customer.

첫 번째 이메일에 의하면 왜 Mr. Robins가 무료로 물건을 받는가?
(A) 정해진 금액보다 더 구매해서
(B) 3월 6일 전에 구매해서
(C) 사업체용 계좌를 개설해서
(D) 단골 고객이라서

해설 첫 번째 편지의 첫 문단의 마지막 부분 As a special bonus for spending over $800, you will also receive a complimentary carrying case.에서 800달러가 넘는 제품을 구매해서 무료 노트북 전용 가방을 주겠다고 했으므로 정답은 (A)이다.

178 What is NOT included with the shipment?

(A) A document scanner
(B) An operating system
(C) A screen protector
(D) A carrying case

배송품에 포함되어 있지 않은 것은 무엇인가?
(A) 문서 스캐너
(B) 컴퓨터 운영체제
(C) 화면 보호기
(D) 휴대용 케이스

해설 첫 번째 편지 첫 문단에 배송품 목록이 모두 나와 있다. 화면 보호기에 대한 언급은 없었으므로 정답은 (C)이다.

179 When will Mr. Robins most likely receive his order?

(A) On March 5
(B) On March 6
(C) On March 10
(D) On March 15

해설 두 개의 이메일을 모두 참조해야 풀 수 있는 2중지문 문제이다. 첫 번째 이메일에서 6달러를 추가로 내면 5일 빨리 물건을 받을 수 있다고 했고, 두 번째 이메일에서 속달배송으로 업그레이드 해달라고 요청했으므로 원래 배송예정일인 15일보다 5일빠른 3월 10일이 정답이다.

180 What does Mr. Robins mention in his e-mail?

(A) He would prefer to upgrade the laptop computer.
(B) He wants the shipment sent to a different address.
(C) He would like to cancel two items.
(D) He is moving to an overseas location.

해설 두 번째 이메일에서 2주 안에 이사를 가게 될 것이므로 물건을 사무실로 배송해 달라고 했으므로 정답은 (B)이다.

Questions 181-185 refer to the following e-mails.

From: joshua.hilton@tdextrade.org
To: interns@tdxtrade.org
Date: February 11, 10:50 A.M.
Subject: Chris Gardner

Dear TD X-Trade interns,

As intern stockbrokers of TD X-Trade, you are recommended to attend an upcoming seminar with Chris Gardner, who is a top-level pension fund manager of a multi-million dollar brokerage firm.
The seminar will take place on March 4 from 1 to 6 P.M. at the Glide Memorial Conference Center, 1687 Willis Avenue, one block from the Winborne Hotel. Since Mr. Gardner is a close acquaintance of Mr. Witter, chairman of TD X-Trade, the registration fee of $200 will be covered by the administration offices for this limited event.
Although this is a voluntary event, interns should take advantage of this rare opportunity, as Mr. Gardner will be providing valuable tips on investment plans, financial management, and finding new methods in earning commission from trade deals at the scheduled seminar. A book of Mr. Gardner, *Rise Above*, valued at $40, will also be handed out to attendees free of charge.
The Glide Memorial Conference Center has an auditorium with 300 seats, in addition to a well-designed business and recreation facility, and is also equipped with complimentary Internet access. The Center has also offered a discounted parking price of $4.00 per vehicle, and a free shuttle service from Malvern train station will be available.

Please do not hesitate to contact me or the other event coordinator, Thomas Carey, at 386-555-8819, for more information.

Joshua Hilton

From: thomas.carey@tdxtrade.org
To: interns@tdxtrade.org
Date: February 11, 1:14 P.M.
Subject: Re: Chris Gardner

Dear TD X-Trade interns,

There was some inaccurate information in Joshua Hilton's e-mail from earlier this morning. The scheduled seminar will be on March 5 not 4. We apologize for this error and hope it won't create any confusion in the future.

Thank you for your understanding!

Thomas Carey

어휘 stockbroker 증권 중개인 upcoming 다가오는, 곧 있을 top-level 최고 수준의 pension 연금 multi-million 수백만의 brokerage 중개 acquaintance 아는 사이 chairman 회장, 의장 voluntary 자발적인 take advantage of 활용하다 valuable 소중한, 가치 있는 commission 수수료 hand out 나눠 주다, 배포하다 auditorium 강당 in addition to ~ 외에도 be equipped with ~를 갖추다 complimentary 무료의 hesitate to ~하기를 주저하다 inaccurate 부정확한 confusion 혼동, 혼란

---

181 What is the purpose of the first e-mail?

(A) To promote a stock investment plan
(B) To advertise a new conference center
(C) To introduce a company chairman
(D) To invite participation at an educational event

해설 Joshua가 인턴들에게 보내는 이메일로, 최고위급 연금 펀드 매니저인 Chris Gardner 씨와의 세미나가 열릴 것이라고 하면서, 세 번째 단락의 Although this is a voluntary event, interns should take advantage of this rare opportunity, as Mr. Gardner will be providing valuable tips에서 세미나가 자발적 행사이지만 Gardner가 소중한 조언을 해줄 것이라고 하며 참여를 권유하고 있으므로 (D)가 정답이다.

---

182 How much is the original cost of the scheduled seminar?

(A) Free of charge   (B) $4.00
(C) $40.00   (D) $200.00

해설 두 번째 단락에서 Gardner 씨와 TD X-Trade의 회장이 서로 잘 아는 사이이기 때문에 200달러의 등록비를 총무국에서 부담할 것이라고 했으므로(Since Mr. Gardner is a close acquaintance of Mr. Witter, chairman of TD X-Trade, the registration fee of $200 will be covered by the administration offices for this limited event.) 원래의 비용은 200달러임을 알 수 있다. 따라서 (D)가 정답이다.

183 What is revealed about the Glide Memorial Conference Center?

(A) It can accommodate only 200 people.
(B) It provides free Internet services.
(C) It is located near the bus station.
(D) It does not charge parking fees.

해설 네 번째 단락에서 세미나가 열리는 장소인 Glide Memorial 콘퍼런스 센터에 대한 소개를 하고 있다. The Glide Memorial Conference Center has an auditorium with 300 seats, in addition to a well-designed business and recreation facility, and is also equipped with complimentary Internet access.에서 300석 규모의 강당과 비즈니스와 오락 시설, 그리고 무료 인터넷 접속 시설이 구비되어 있다고 했으므로 complimentary를 free로 바꾸어 쓴 (B)가 정답이다.

184 Why was the second e-mail sent?

(A) To receive feedback
(B) To support a claim
(C) To correct an error
(D) To answer a question

해설 둘째 이메일의 There was some inaccurate information ~이나 We apologize for this error ~ 등의 표현을 통해 이전 이메일의 틀린 정보를 정정하기 위해 둘째 이메일을 보냈음을 알 수 있다. 따라서 (C)가 정답이다.

185 Who sent the second e-mail?

(A) An event coordinator
(B) An executive officer
(C) A shuttle bus driver
(D) A building manager

해설 두 지문을 모두 고려해야 하는 문제로, Joshua가 쓴 첫 번째 이메일 맨 끝에서 더 많은 정보를 얻으려면 자신이나 또 다른 행사 코디네이터인 Thomas Carey에게 연락하라고 했는데, 두 번째 지문 맨 끝의 발신자 이름이 Thomas Carey로 되어 있으므로 두 번째 이메일을 보낸 사람이 다른 행사 코디네이터임을 알 수 있다. 따라서 (A)가 정답이다.

Questions 186-190 refer to the following article, e-mail and list.

Tech Economics, San Francisco
Sep, 25

In today's offices, color copiers are absolutely necessary for any industry. Whether you need to print a photo or scan multiple documents, they are extremely useful for many different projects. Premium models are equipped with special features like stapling and hole punching capabilities to make workplace document production easy.
When deciding on the perfect color copier printer for your office, first consider how it will primarily be used. Businesses that produce high volumes of color documents, such as brochures, marketing materials or reports, will find it important to purchase a photocopier with a high resolution. Generally, 1,200 x 1,200 dpi (dots per inch) is considered very good color quality. Another characteristic you want to take note of is the toner yield, which

indicates how many color images you can produce before having to change toner cartridges.
Considering all these things, the new models Kanon K-3515, JPC J-2000 and HPY Officejet X-30 can be the best pick for small and medium sized offices. These will all come into market next month. A photocopier is a necessary part of today's busy workspace. Every office relies heavily on multitasking and needs a copy machine that can handle a variety projects. With the right photocopier, you can increase your efficiency and produce high quality images that make your company stand apart from the rest.

To: Maria Lopez
From: Dorothy Clark
Date: September 28
Subject: New Color Copier

Dear Ms. Maria Lopez,

As part of our equipment updates here at Johnny AD World, I strongly suggest the purchase of a color photocopier next month. I'd like to propose that we purchase an Officejet X-30 model from HPY. This equipment was introduced in Tech Economics, San Francisco. K-3515 model can also be a great choice, but this model doesn't have automatic stapling function. As you know, our Marketing team has been using the outdated Officejet X-10 model for over 5 years. We can save the company some money but it's not competitive in the long run because employees waste too much time on copying, stapling and punching.
Let me know what you think about my suggestion. I will be in Fukuoka next week for a convention, but perhaps we can meet before then to discuss this in more detail. If you approve, I'd like to place an order with HPY as soon as the model becomes available.

Thank you.
Dorothy Clark

이 모든 사항을 고려해 보았을 때 새로운 모델 캐논 K-3515, JPC J-2000, HPY 오피스젯 X-30 모델이 중소규모 업체의 최고의 선택이 될 수 있습니다. 이 모델들은 다음달에 시판됩니다.
복사기는 오늘날의 바쁜 작업환경에 필요한 부분입니다. 모든 사무실은 멀티태스킹작업에 매우 의존하고 다양한 프로젝트를 처리할 수 있는 복사기를 필요로 합니다. 적절한 복사기로 여러분은 효율성을 향상시키고 귀사를 다른 업체와 비교해 보았을 때 특별하게 만들어 주는 고품질의 이미지를 만들어 내실 수 있습니다.

수신: 마리아 로페즈
발신: 도로시 클락
날짜: 9월 28일
제목: 새 컬러 복사기

마리아 로페즈 씨에게

여기 조니 AD월드의 우리 장비의 업데이트의 하나로 저는 컬러 복사기의 구매를 강력하게 제안하는 바입니다. 저는 HPY사의 오피스젯 X-30 모델을 구매할 것을 제안합니다. 이 모델은 테크 이코노믹스, 샌프란시스코에 소개된 모델입니다. K-3515 모델 또한 훌륭한 선택이 될 수 있지만 이 모델은 자동 스테이플링 기능을 갖추고 있지 못합니다.
아시다시피 우리 마케팅팀은 구식의 오피스젯 X-10 모델을 5년 이상 사용 중입니다. 우리는 회사에 돈을 절약시켜 줄 수 있지만 직원들이 복사하고 스테이플링하고 문서에 구멍 뚫기 작업을 하는 데 시간을 너무 많이 소모하므로 궁극적으로는 경쟁력이 없습니다.
제 제안에 대해 어떻게 생각하는지 알려주시기 바랍니다. 저는 컨벤션 행사 차 다음주에 후쿠오카에 가게 될 것입니다만 아마도 우리가 그 전에 만나서 이 문제에 대해 좀 더 자세히 이야기 할 수 있을 것입니다. 귀하께서 승인하신다면 모델이 나오는 대로 HPY 사와의 주문을 진행하고자 합니다.

감사합니다.
도로시 클락

	K-3515	J-1500	X-10	X-30
Automatic paper sorting	✔	✔	✔	✔
Automatic binding	✔	✔		✔
Automatic stapling				✔
Automatic hole punching	✔			✔

	K-3515	J-1500	X-10	X-30
자동 종이 분류	✔	✔	✔	✔
자동 제본	✔	✔		✔
자동 스테이플링				✔
자동 천공기능	✔			✔

어휘 / propose 제안하다 automatic 자동의 staple 스테이플러로 고정하다 function 기능 outdated 구식의 competitive 경쟁력 있는 in the long run 결국 suggestion 제안

NEW
186 Where would the article most likely appear?

(A) In a design magazine

(B) In a travel journal

(C) In a financial newspaper

(D) In a technology business magazine

기사는 어디에 나올 것 같은가?
(A) 디자인 잡지
(B) 여행 잡지
(C) 금융 일간지
(D) 기술 비즈니스 잡지

해설 첫 번째 리뷰 글이 복사기 선택에 대한 내용을 다루고 있고 Tech Economics라는 부분에서도 기술 비즈니스 잡지에 기사가 나왔음을 예상할 수 있으므로 정답은 (D)이다.

NEW
187 What is inferred about the X-30?

(A) It is the most expensive model in the market.

(B) It can be purchased online.

(C) It is not yet available in stores.

(D) Discount is offered for limited time.

X-30 모델에 대해 나와 있는 것은?
(A) 시장에 나온 것 중에 가장 비싼 모델이다.
(B) 온라인상으로 구매가 가능하다.
(C) 아직 시판되지 않았다.
(D) 한정된 시간에 할인가로 제공된다.

해설 연계지문 문제이다. 기사글에서 새로운 모델 캐논 K-3515, JPC J-2000, HPY 오피스젯 X-30 모델이 다음달에 시판된다고 했고 첫 번째 이메일에서 모델이 나오는 대로 HPY 사와의 주문을 진행하겠다고 이야기하고 있으므로 HPY 사의 X-30 모델은 아직 시판되는 모델이 아님을 알 수 있다. 따라서 정답은 (C)이다.

NEW
188 What is the purpose of the e-mail?

(A) To suggest a product purchase

(B) To compare magazine articles

(C) To request maintenance service for a faulty product

(D) To raise a fund to buy computers

이메일의 목적은 무엇인가?
(A) 제품 구매를 제안하려고
(B) 잡지 기사를 비교하려고
(C) 결함 있는 제품의 유지보수 서비스를 요청하려고
(D) 컴퓨터를 구매하기 위해 자금을 모으려고

해설 글의 목적은 대부분 전반부에 제시된다. 이메일의 첫 부분 I strongly suggest the purchase of a color photocopier next month.에서 다음달에 컬러 복사기의 구매를 제안한다는 내용이 나오므로 정답은 (A)이다.

NEW
189 When does Dorothy Clark want to buy the X-30 model?

(A) In August

(B) In September

(C) In October

(D) In December

도로시 클락 씨는 언제 X-30모델을 구매하고 싶어하는가?
(A) 8월
(B) 9월
(C) 10월
(D) 12월

해설 연계지문 문제이다. 첫 번째 9월25일 리뷰 글에서 X-30 모델과 여러 다른 컬러 복사기 모델이 다음달에 출시된다고 말하고 있고 9월 28일 도로시가 보낸 이메일에서 다음달에 출시되자마자 구매하고 싶다고 말하고 있으므로 정답은 (C)이다.

NEW
190 Why does Ms. Clark recommend buying a new copier model?

(A) It looks great.

(B) It is inexpensive.

(C) It will save time.

(D) It has appeared in a magazine.

왜 클락 씨는 새 복사기 모델을 구매하기를 권하는가?
(A) 외관이 훌륭해서
(B) 저렴해서
(C) 시간을 절약해 줄 것이므로
(D) 잡지에 나와서

해설 이메일의 두 번째 문단에서 We can save the company some money but it's not competitive in the long run because employees waste too much time on copying, stapling and punching.(우리는 회사에 돈을 절약시켜 줄 수 있지만 직원들이 복사하고 스테이플링하고 문서에 구멍 뚫는 작업을 하는 데 시간을 너무 많이 소모하므로 궁극적으로는 경쟁력이 없습니다.)이라고 말하며 현재 복사기가 돈은 절약되지만 시간 소모가 많아 경쟁력이 없다고 말하고 있으므로 정답은 (C)이다.

Questions 191-195 refer to the following e-mails and list.

To: The Lux Office Building tenants
From: Ms. Anna Gray, Topcare Inc.
Date: March 15

Topcare Inc. is pleased to announce that we have assumed the management of the Lux office building beginning April 1. We will be responsible for the physical management of the property, including regular maintenance and emergency repairs.

● Maintenance - We will be in charge of performing preventative property maintenance to keep the property functioning in top condition. For example, we must hire someone to, check for leaks, landscape, shovel snow and remove trash. This maintenance aims to keep current tenants happy and attract new tenants.

● Repairs - when there is an issue, we will attend to it ourselves or must hire someone to attend to it. We have a large network of reliable plumbers, electricians, carpenters and other contractors.

We are looking forward to working with you.
Thank you.

Sincerely yours,
Anna Gray, Topcare

Below is the list of important contacts in our company. Tenants now can call whenever they need help.

Legal Department
Administrative Assistant, Mr. Pat Wescon <pwescon@topcare.com>

Building Maintenance
Facilities manager, Ms. Janice Faris <jfaris@topcare.com>
(For problems with telephone lines and internet access, please contact Mr. Zack Bardon of Wirenotch & Cable directly at bardon@wirenotch.com)

Technical support
Technical support manager, Ms. Anna Gray <anna2@topcare.com>

Topcare Inc.
908-277-2405

From: Susan Lohan <slohan@smart.com>
To: Janice Faris <jfaris@topcare.com>
Date: April 2
Subject: Lock installation

My name is Susan Lohan and I work at Smart Consulting. We are located on the fifth floor of the Lux Office Building. We would like to add an additional lock to the front door of our office in order to increase security. We will need five copies of the new key and the original. I would appreciate it if you could send me an estimate of the cost by the end of the month.

Sincerely,
Susan Lohan

발신: Susan Lohan <slohan@smart.com>
수신: Janice Faris <jfaris@topcare.com>
날짜: 4월 2일
제목: 자물쇠 설치

제 이름은 Susan Lohan이고 저는 스마트 컨설팅에 근무하고 있습니다. 저희 회사는 Lux 사무실의 5층에 위치해 있습니다. 저희는 보안을 강화하기 위해 사무실 앞면에 추가 잠금장치를 설치하고자 합니다. 저희는 새 열쇠 복사본 5개와 원본 1개가 필요합니다. 이번 달 말까지 비용에 대한 견적서를 보내주시면 감사하겠습니다.

Susan Lohan 드림

어휘 assume (책임을) 맡다 physical 물리적인, 육체의 management 관리 property 부동산, 건물 be in charge of ~의 담당이다 preventive 예방적인 landscape 조경하다 shovel 삽질하다 trash 쓰레기 tenant 세입자 issue 문제 attend to 처리하다 돌보다 reliable 믿을 수 있는 plumber 배관공 electrician 전기 기사 carpenter 목수 contractor 계약업자 lock 잠금장치 security 보안 estimate 견적서

NEW
191 What kind of business is Topcare Inc.?

(A) A property management company
(B) A hardware supplier
(C) A real estate agency
(D) A construction company

Topcare 사는 어떤 종류의 사업체인가?
A) 부동산 관리 회사
(B) 하드웨어 공급업자
(C) 부동산 중개업자
(D) 건설사

해설 첫 문장 Topcare Inc. is pleased to announce that we have assumed the management of the Lux office building beginning April 1.에서 건물 관리를 하는 회사임이 드러나 있으므로 정답은 (A)이다.

NEW
192 What is indicated in the memo?

(A) The Lux office building is seeking new tenants.
(B) Telephone lines are being repaired.
(C) Topcare Inc. will hire new staff.
(D) Various individuals may be contacted for assistance.

회람에 나타나 있는 것은 무엇인가?
(A) Lux 사무실 빌딩이 새 입주자를 찾고 있다.
(B) 전화선이 공사 중이다.
(C) Topcare는 신규직원을 채용할 것이다.
(D) 도움 요청을 위해 많은 사람에게 연락할 수 있다.

해설 Below is the list of important contacts in our company. Tenants now can call whenever they need help. 부분에서 도움이 필요하면 언제든 아래 연락처로 연락할 수 있다고 했으므로 필요에 따라 여러 담당자에게 연락할 수 있다. 따라서 정답은 (D)이다.

NEW
193 To what office did Ms. Lohan write the e-mail?

(A) Legal Department
(B) Building Maintenance
(C) Technical Support
(D) General management

Ms. Lohan은 어느 사무실에 이메일을 썼는가?
(A) 법무부
(B) 빌딩 관리
(C) 기술지원
(D) 일반 관리

해설 연계지문 문제이다. Susan Lohan, 즉 Ms. Lohan이 보낸 마지막 이메일을 보면 수신인이 Janice Faris이다. 연락처 리스트 부분과 비교해 보면 Janice Faris는 빌딩 관리부서에서 근무한다는 것을 알 수 있으므로 정답은 (B)이다.

Final Test 243

NEW

194 What is the purpose of Ms. Lohan's e-mail?

(A) To report a lost key

(B) To check the cost of installing locks

(C) To seek advice on office security

(D) To request information on leasing an office

Ms. Lohan이 이메일을 쓴 목적은 무엇인가?

(A) 자물쇠 분실을 알리기 위해
(B) 자물쇠 설치에 대한 비용 확인을 위해
(C) 사무실 보안에 대한 조언을 구하기 위해
(D) 사무실 임대에 대한 정보를 얻기 위해

해설 마지막 이메일의 마지막 부분 I would appreciate it if you could send me an estimate of the cost by the end of the month.에서 자물쇠 설치에 대한 비용을 문의하고 있으므로 정답은 (B)이다.

NEW

195 In the memo, the word "assumed" in paragraph 1, line 1 is the closest in meaning to,

(A) contacted

(B) supposed

(C) taken over

(D) decided

회람의 첫 번째 단락 첫 번째 줄 'assumed'와 의미상 가장 가까운 것은?

(A) 연락했다
(B) 생각했다
(C) 책임을 맡았다
(D) 결정했다

해설 동의어 찾기 문제이다. assumed the management에서 assume은 '(책임을) 맡다.'라는 의미이므로 정답은 (C)이다.

Questions 196-200 refer to the following advertisement, price list, and e-mail.

Haevichi Hotel & Resort - Overlooking the ocean, Haevichi Hotel combines the luxury of a resort with all the services to meet your business needs. In addition to four conference rooms for large meetings, the Ruby and Emerald halls offer the perfect solution for small groups of up to thirty people. Haevichi Hotel has both a formal dining room and a more casual cafe. All rooms are wired for Internet access, and have fax machines and coffee makers. Guests can also take advantage of the indoor and outdoor swimming pool.

For reservations or information, contact Johnlee@haevichihotel.com or call 212-780-8656.

Meeting room price list

ROOM	HALF DAY RATE	FULL DAY RATE	EQUIPMENT IN SITU IN EACH ROOM
GOLD	$ 450	$ 980	Internet, Fax and Coffee maker
SILVER	$ 450	$ 900	Internet, Fax and Coffee maker
DIAMOND	$ 400	$ 800	Internet, Fax and Coffee maker
SAPPHIRE	$ 350	$ 700	Internet, Fax and Coffee maker
RUBY	$ 250	$ 500	Internet, Fax, Coffee maker, Projector and Screen
EMERALD	$ 200	$ 400	Internet, Fax and Coffee maker

※ Please make a deposit of 50% of the total amount of your reservation.

Haevichi 호텔과 리조트 – 바다가 바라다 보이는 Haevichi 호텔은 리조트의 화려함과 비즈니스를 하는 데 필요한 모든 서비스를 갖추고 있습니다. 대규모 회의를 열 수 있는 4개의 회의실을 포함해 최대 30명의 소규모 회의를 열기 적합한 루비 홀과 에메랄드 홀이 있습니다. Haevichi 호텔은 격식 있는 식당과 좀 더 편안한 분위기의 카페가 있습니다. 모든 방은 인터넷 연결이 되어 있으며, 팩스 커피 메이커를 구비하고 있습니다. 투숙객들은 실내와 실외 수영장을 이용하실 수 있습니다.

예약 혹은 문의 시 Johnlee@haevichihotel.com으로 연락 주시거나 212-780-8656번으로 전화 주십시오.

회의실 가격표

회의실	반일 가격	종일 가격	각 회의실 비치 장비
골드	$ 450	$ 980	인터넷, 팩스, 커피메이커
실버	$ 450	$ 900	인터넷, 팩스, 커피메이커
다이아몬드	$ 400	$ 800	인터넷, 팩스, 커피메이커
사파이어	$ 350	$ 700	인터넷, 팩스, 커피메이커
루비	$ 250	$ 500	인터넷, 팩스, 커피메이커 프로젝터, 스크린
에메랄드	$ 200	$ 400	인터넷, 팩스, 커피메이커

※ 예약을 위해서는 50% 예치금을 입금해 주세요.

TO: David Martin   dmartin@yoondesign.com
FROM: John Lee   Johnlee@haevichihotel.com
DATE: Aug 2, 2018
SUBJECT: Reservation

Dear Mr. Martin,

Thank you for your reservation for Aug 13. After paying the remainder, you can use the requested meeting room all day long on the designated date. It is the only venue equipped with overhead projector and screen.

As indicated in the price list, there is equipment in situ in each room. Please let us know what additional equipment you will need for your presentation so that we can prepare for you in advance.

In addition, to discuss the luncheon for your group, you should contact our catering manager Katherine Kim, at 212-780-8600. extension 132.

Sincerely,

John Lee
Reservations Manager, Haevichi Hotel & Resort

어휘 / overlook 내려다보다 combine 결합하다 luxury 호화로움 In addition to ~이외에도 both A and B A와 B 둘 다 take advantage of ~을 이용하다 indoor 실내의 outdoor 야외의 make a deposit 입금하다 remainder 나머지 designated 지정된 in situ 원위치에, 제자리에 in advance 미리, 사전에 luncheon 오찬 extension 내선번호

---

196 For whom is the advertisement most likely intended?

(A) Families
(B) Hotel managers
(C) Students
(D) Business professionals

주로 누구를 위한 광고인가?
(A) 가족
(B) 호텔 관리인
(C) 학생
(D) 비즈니스 전문가

해설 첫 문장 Overlooking the ocean, Haevichi Hotel combines the luxury of a resort with all the services to meet your business needs. 에 비즈니스 전문가들을 위한 호텔&리조트 광고라는 것이 잘 나타나 있다.

197 What is NOT mentioned as a feature of the Haevichi Hotel & Resort?

(A) An exercise center
(B) Restaurants
(C) An indoor pool
(D) In-room fax machine

Haevichi 호텔&리조트의 특징으로 언급되지 않은 것은?
(A) 운동 센터
(B) 레스토랑
(C) 실내 수영장
(D) 객실 내 팩스기계

해설 첫 번째 지문 중반부에 호텔&리조트가 갖추고 있는 시설들에 대한 내용이 잘 나타나 있다. exercise center는 언급되어 있지 않으므로 정답은 (A)이다.

NEW
198 What is suggested about Mr. Martin?

(A) He is a company president.
(B) He has stayed at the Haevichi Hotel & Resort
(C) He is responsible for a presentation.
(D) He received a discounted rate for the meeting space.

마틴 씨에 관해 알 수 있는 것은?
(A) 그는 회사의 사장이다.
(B) 그는 Haevichi 호텔&리조트에 머무른 적이 있다.
(C) 그는 프레젠테이션을 담당한다.
(D) 그는 회의실을 사용하는 데 할인을 적용 받았다.

해설 세 번째 지문의 Please let us know what additional equipment you will need for your presentation~ 부분에 마틴 씨가 프레젠테이션을 할 것이라는 점이 잘 나타나 있다.

NEW
199 What is true about the meeting?

(A) Payment for the catering service has been made.
(B) No more than thirty people will attend.
(C) Participants will receive a discount on hotel rooms.
(D) Complimentary meal will be provided during the break.

회의에 관한 사실로 옳은 것은?
(A) 출장뷔페 서비스에 대한 지불이 이루어졌다.
(B) 30명 이하의 인원이 참석하게 될 것이다.
(C) 회의 참석자는 호텔 객실 할인을 받게 될 것이다.
(D) 휴식 시간 동안에 무료 식사가 제공될 것이다.

해설 연계지문 문제이다. 첫 번째 리조트 광고의 the Ruby and Emerald halls offer the perfect solution for small groups of up to thirty people. 부분에 루비, 에메랄드 홀의 특징이 나와 있으며 세 번째 지문 편지글에서 마틴 씨가 프로젝터와 스크린을 갖춘 유일한 방을 예약한 점으로 미루어 보았을 때 루비 룸을 예약한 것으로 파악된다. 따라서 30명 이하의 인원이 참석할 것이라는 것을 알 수 있다.

NEW
200 What is the total amount of deposit David Martin has made?

(A) $ 200
(B) $ 250
(C) $ 400
(D) $ 450

David Martin 씨가 지불한 총 예치금은 얼마인가?
(A) 200불
(B) 250불
(C) 400불
(D) 450불

해설 연계지문 문제이다. 세 번째 지문 편지글에서 프로젝터와 스크린을 갖춘 루비 룸을 예약했다는 사실을 알 수 있고 두 번째 가격표 하단에 예약을 위해서는 예치금 50%를 지불해야 한다고 나와 있으므로 500불의 절반에 해당하는 금액 250불이 정답이다.